정역 중국정사 조선·동이전 3

우|리|국|학|총|서 | 10

《수서》와《북사》에 기록된 우리고대사의 진실!

正譯 中國正史 朝鮮·東夷傳 2

정역 중국정사

조선·동이전 3

문성재 역주

우리역사연구재단

〈우리국학총서〉를 펴내며

　국학(國學)은 전통문화의 정수(精粹)입니다. 국학은 과거 우리 조상들의 정신문화적 정화(精華)이자 고전(古典)들의 결집체(結集體)이며, 동아시아 공통의 인문학적 에센스인 문사철(文史哲)의 향훈(香薰) 또한 감지(感知)할 수 있는 열린 장(場)이기도 합니다. 아울러 현대를 살아가는 우리 모두에게 꼭 필요한 전통의 지혜안(智慧眼)과 미래에의 예지를 듬뿍 담고 있는 크나큰 생명양식의 곳간이라 할 수 있습니다.

　21세기 벽두부터 우리에게 불어닥치고 있는 안팎으로의 거센 광풍(狂風)과 갖가지 도전들이 대한민국의 위상을 위태롭게 하고 있는 가운데 특히 인문학(人文學)의 위기는 그간 물질적 풍요만을 추구하고 민족문화의 뿌리인 국학정신을 소홀히 해온 데서 비롯하였다고 봅니다. 이러한 국학정신의 부재는 전반적으로 정신문화계의 질적 저하와 혼란을 초래하고 있습니다.

　그리하여 우리는 다시금 인문부흥(人文復興)의 기치가 필요함을 절감합니다. 우리 국학은 그 대안(代案)입니다. 그간 우리는 국학을 너무 홀대해 왔습니다. 우리역사연구재단은 이에 우리 국학의 소외된 명작들을 새로이 발굴해 내고, 국학의 형성에 상호 영향을 주고받았던 외국의 고전들까지 그 발굴 영역을 확장하여 깊이 있고 폭넓은 열린 국학의 정수를 〈우리국학총서〉에 담아 내고자 합니다.

이번 《우리국학총서》 제10권은 문성재 박사가 역주한 《정역 중국정사 조선·동이전 3》입니다. 이미 펴낸 제1권의 《사기(史記)》, 《한서(漢書)》, 《삼국지(三國志)》, 《후한서(後漢書)》에 실린 조선전, 동이전 역주와 제2권의 《진서(晉書)》, 《송서(宋書)》, 《남제서(南齊書)》, 《위서(魏書)》, 《양서(梁書)》, 《주서(周書)》, 《남사(南史)》에 기록된 조선전, 동이전 역주에 이어 이번 제3권에서는 북주(北周)의 권신(權臣)이던 양견(楊堅)이 세운 수(隋)나라의 역사를 다룬 《수서(隋書)》와, 북위(北魏)로부터 수나라까지 중국 북방에 존속했던 6개 왕조의 역사를 망라한 《북사(北史)》에 실린 동이전(東夷傳), 즉 우리 고대사 부분을 역주하였습니다.

《수서(隋書)》, 《북사(北史)》이 두 정사(正史)는 북위(北魏: 386~535) 이래로 동위(東魏), 서위(西魏), 북제(北齊), 북주(北周)에 이어 수(隋)나라 멸망에 이르기까지의 230여 년 사이에 존재한 동이(東夷)국가인 고구려, 백제, 신라, 말갈(靺鞨: 물길勿吉)과 중원 왕조들 사이에서 이루어진 교섭과 책봉(册封), 전쟁의 연대기를 비교적 충실하게 반영하고 있습니다.

특히 신라 지배집단의 내력이나, 고구려-수나라 간의 4차에 걸친 전쟁에 대한 상세한 기록과 묘사는 우리 고대사를 객관적으로 조망할 수 있는 중요 정보들을 제공해 주고 있다 할 것입니다.

역주자인 문성재 박사는 이번 책의 가장 중요한 내용으로 고구려와 수나라 사이에 벌어진 당시 동아시아의 대전쟁이었던 소위 '요동(遼東)전쟁'의 시말(始末)을 들면서, 이의 폭넓고 자세한 이해를 돕기 위해 《수서(隋書)》의 동이열전(東夷列傳)인 《고려전(高麗傳)》, 《백제전(百濟傳)》, 《신라전(新羅傳)》, 《말갈전(靺鞨傳)》뿐 아니라, 《문제본기(文帝本紀)》, 《양제본기(煬帝本紀)》,《예의지(禮儀志)》,《우문술전(宇文述傳)》,《우중문전(于仲文傳)》,《내호아전(來護兒傳)》 등의 전쟁 관련 내용을 새로이 역주하여 추가로 부록으로 독자에게 제공하고 있으며,《자치통감(資治通鑑)》에 실린 고구려-수나라 요동전쟁 관련 기사들도 새로 번역하여 실었습니다.

문성재 박사는 고구려와 수나라 간의 4차 전쟁인 요동전쟁에서 가장 중요 문제로 '요동(遼東)'의 지리개념을 먼저 해결해야 한다고 보고, 기존 학계의 관점인 요동이 현재 요녕성(遼寧省)의 요하(遼河) 이동(以東) 지역이 아니라 훨씬 더 내륙지역인 하북성(河北城)의 난하(灤河) 이동(以東) 지역임을 밝혀내고 있습니다.

또한 요동전쟁의 중요 지리적 단서인 유성(柳城)의 위치가 기존 학계의 결론인 요녕성 조양시(朝陽市)가 아니라 하북성의 창려현 부근임을 밝혀내면서 이에 따라 기존의 요동전쟁 지도 또한 잘못되었음도 밝히며 새로운 전쟁지도 작성을 시도하였습니다.

역사적 진실에 부합된 요동전쟁의 지도가 완성되어야 그동안 왜곡되었던 요동전쟁의 실체가 제대로 규명되고 오랫동안 미궁에 빠져 있던 우리나라 고대사의 여러 쟁점들에 대한 연구도 활기를 찾을 것이라고 봅니다.

이번 책의 또 다른 특색은《수서(隋書)》와《북사(北史)》에 실린 신라 지배집단에 대한 새로운 견해입니다. 기존의 신라 건국은 기원전 57년 박혁거세에 의해 이루어졌으나, 서기 3세기경 위나라 관구검의 고구려 침공 때 고구려에서 신라에 귀화한 김씨세력이 제2의 신라를 다시 세워서 그 후 삼국시대까지 김씨 신라지배집단이 되었다는 것입니다. 이같은 사실은 7세기 당(唐)나라에서 편찬된 《수서(隋書)》의 〈신라전(新羅傳)〉과 《북사(北史)》의 〈신라전〉에 처음으로 언급되었습니다.

"신라 김씨는 원래 한(漢)나라 때의 낙랑땅에서 살았다. 간혹 사라라고 불렸다(居漢時樂浪之地, 或稱斯羅.)",

"그 나라의 왕은 본래 백제사람이었다(其王本百濟人)",

"나중에 바다로부터 도망쳐 신라로 들어갔으며, 마침내 그 나라에서 왕이 되었다(自海逃入新羅, 遂王其國)",

"왕통이 전해져 김진평(진평왕)에 이르렀다(傳祚至金眞平)"

중국 정사의 이같은 기술 내용들은 중대(中代) 신라의 한 축을 이루는 김씨 지배집단이 북방 낙랑지역에서 한반도로 이주해 온 집단임을 방증해 주며, 백제를 거쳐 신라에 귀화, 정착했음을 보여 줍니다. 《수서》, 《북사》에서 신라왕계(王系)를 소개하며 박씨, 석씨 두 초기 신라왕가는 언급도 없이 처음부터 곧바로 김진평(金眞平), 즉 김씨왕조만 소개하고 있는 것은 매우 놀랍고 흥미로운 일입니다.

이런 주장은 기사가 실린 《수서》, 《북사》의 편찬시기인 7세기에 당(唐)나라를 드나들거나 머물고 있던 김씨들이나 신라인들에게 얻은 정보나 사실들을 통해 확인된 것이라고 볼 수 있겠습니다. 이에 대한 문성재 박사의 치밀한 주석(註釋)은 많은 읽을거리를 제공하고 있습니다.

이번 《정역 중국정사 조선·동이전》 3권에도 우리 역사의 뿌리와 진실을 찾는 독자 여러분의 지속적인 관심과 격려가 있으시길 기대합니다.

2022년 12월 30일

우리역사연구재단 이사장 이세용(李世鏞)

서문

　역자는 이번 책에서 중국 역대 왕조의 정사들 중 북주(北周)의 권신이던 양견(楊堅, 541~604)이 개창한 수나라의 역사를 다룬 《수서(隋書)》와, 북위(北魏)로부터 수나라까지 중국 북방에 존속했던 6개 왕조의 역사를 망라한 《북사(北史)》를 연구대상으로 삼아 역주작업을 진행하였다. 편찬 시점을 놓고 볼 때,《수서》는 수나라가 멸망하고 당나라가 건국된 뒤인 태종(太宗)의 정관(貞觀) 3년(629)에 편찬되었으며,《북사》는 그로부터 30년 뒤인 고종(高宗)의 현경(顯慶) 4년(659)에 《위서(魏書)》·《주서(周書)》·《수서》 등의 정사 기사들을 요약·정리하여 최종적으로 완성되었다. 이 두 정사는 북위(386~535) 이래로 동위(東魏)·서위(西魏)·북제(北齊)·북주에 이어 수나라 멸망(619)에 이르기까지의 230여 년 사이에 존재한 동이(東夷)의 나라들인 고구려·백제·신라·말갈(靺鞨, 물길)과 중원 왕조들 사이에 이루어진 교섭·책봉(冊封)·전쟁의 연대기를 비교적 충실하게 반영하고 있다. 특히, 신라 지배집단의 내력이나 고구려-수나라 사이의 전쟁에 관한 상세한 기록·묘사들은, 비록 제3자의 시각이기는 하나 그 사료적 가치가 대단히 높다. 우리의 고대사를 객관적·중립적으로 조망할 수 있는 다양한 정보들을 망라하고 있기 때문이다.

　이 두 정사의 〈동이전〉에는 우리 고대사와 관련된 여러 분야의 다양한 내용들이 다루어져 있다. 그중에서도 가장 사람들의 이목을 집중시키는 화두(話頭)는 아무래도 고구려와 수나라 사이에서 네 차례에 걸쳐 요동(遼東)에서 치러진 전쟁의 시말(始末)일 것이다. 그러나 이번에 《수서》의 〈동이열전(東夷列傳)〉을 필두로 〈문제본기(文帝本紀)〉·〈양제본기(煬帝本

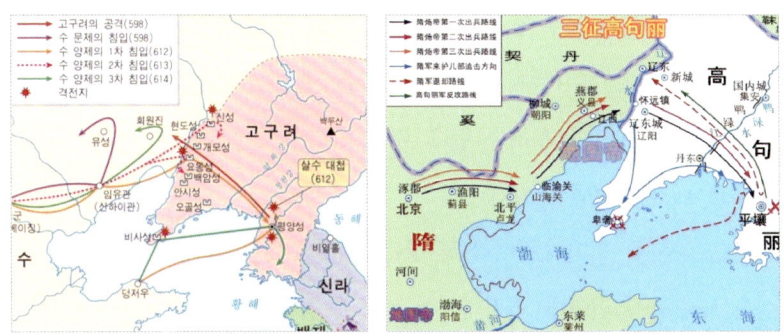

한국과 중국의 요동전쟁 지도는 '요동'의 시작을 요동반도로 보아서 문제가 많다.

紀)〉·〈예의지(禮儀志)〉·〈우문술전(宇文述傳)〉·〈우중문전(于仲文傳)〉·〈내호아전(來護兒傳)〉 등을 직접 번역·분석하는 과정에서 역자는 지금까지 우리가 당연하게 여겨 왔던 국내외 학계의 요동전쟁 관련 스토리텔링(story-telling)들이 역사적 진실과는 상당히 거리가 멀다는 사실을 깨닫게 되었다.

우리가 고구려와 수나라 사이에 치러진 네 차례에 걸친 요동전쟁을 재구성하는 과정에서 가장 중요하고 가장 우선시해야 할 문제는 '요동의 좌표를 결정하는 요수(遼水)를 어느 자리에 설정할 것인가' 하는 것이다. 그동안 국내외 학계에서는 고구려와 수나라의 네 차례에 걸친 요동전쟁을 언급할 때 '요동'이라는 지리개념을 요동반도와 동일시해 왔다. 요동이 위의 지도처럼 비사-안시-백암-요동-개모 라인 이동(以東)이라고 믿어 의심치 않은 것이다.

그러나 분명한 것은 고대의 요수는 지리적으로 지금의 요하(遼河)와는 전혀 다른 하천이라는 사실이다. 만약 지금의 요하가 고대의 요수라고 치자. 그 말은 곧 지금의 요양시(遼陽市)가 요수의 북쪽에 자리 잡고 있다는 말과 다를 바가 없다. 그러나 중국 고대의 지리인식에 따르면, '-양(陽)'은 전통적으로 '물의 북쪽 또는 산의 남쪽' 땅을 일컫는 표현으로 사용되어 왔다. '낙양(洛陽)'은 낙수(洛水) 이북의 땅, '한양(漢陽)'은 한강(漢江) 이북의 땅이라는 식이다. 문제는 현재 요양시가 자리 잡고 있는 자리는 지리적으로 요하가 아닌 태자하(太子河)의 북쪽이라는 데에 있다! 요하나 요수와는 역사적·지리적으로 전혀 상관이 없는 자리인 것이다. 이 같은 사실은 누구든지 언어학·지형학적인 접근을 통하여 손쉽게 확인할 수 있다. 여기서 역자는 또 하나의 언어학·지리학적 접근을 통하여 요동의 좌표에 대한 그간의 지루한 논란에 종지부(終止符)를 찍으려 한다.

역자는 이번 책을 준비하면서 중국에서 출판된 수·당대 금석(金石) 자료 관련 서적들을 다수 참고하였다. 금석 자료는 위조된 가짜만 잘 피하면 수·당대 중국의 고구려·백제·신라와의 교섭·전쟁의 양상을 가장 정확하게 파악할 수 있는 최고의 1차 사료이기 때문이다. 그 과정에서 수·

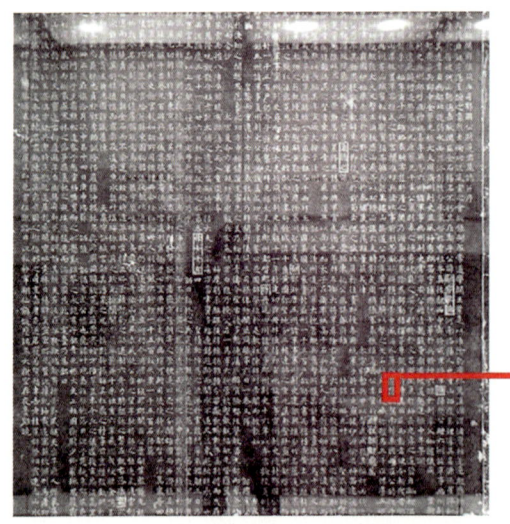
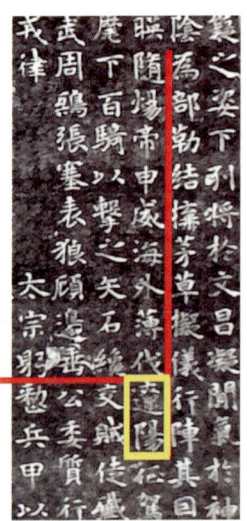

7세기 위지경덕 묘지명에 보이는 '요양'이라는 표현

당대에 중국에서 제작된 요동전쟁 참전자 또는 중국에 귀화한 고구려 후예들의 묘지명(墓誌銘)들을 대조·분석하다가 중대한 언어적 단서를 확인하였다. 그것은 바로 '요양(遼陽)'이라는 표현이다.

위지경덕(尉遲敬德, 585~658)은 수·당대의 유명한 장수로, 수나라에 이어 당나라 때에도 요동전쟁에 종군한 바 있다. 그런데 그의 묘지명에는 다음과 같은 구절이 들어 있다.

"양제를 수행하여 바다 너머에서 위엄을 떨쳐 '요양'을 정벌하였다."
隨煬帝申威海外, 薄伐遼陽.

우리가 명심해야 할 것은 여기에 언급된 '요양'이 도시 이름이 아니라 지역 이름이라는 사실이다. '요양'이 특정한 도시의 이름으로 사용되기 시작한 것은 위지경덕으로부터 300년 뒤인 918년에 거란(契丹)의 지도자 야율아보기(耶律阿保機, 872~926)가 요나라를 세우고 '[동경]요양부(遼陽府)'를 설치하면서부터이다. 그 이전에는 막연히 '요수 이북' 지역을 가리키는 표현으로만 사용되었다는 뜻이다.

그런데 그 앞에 동사로 정벌한다는 뜻의 '박벌(薄伐)'이 사용되어 '요양을 정벌한다'는 뜻을 나타내고 있다. 그렇다면 이 경우는 '요동'의 경우와 마찬가지로 요양이 지역 이름을 넘어 고구려를 뜻하는 일종의 대명사로 사용된 셈이다. 이와 같은 사례는 7세기 당나라에서 제작된 천남생(泉男生) 묘지명에서도 확인할 수 있다.

'천남생'은 고구려에서 막리지(莫離支)를 지낸 연개소문(淵蓋蘇文)의 아들이자 고구려의 멸망과 함께 당나라에 귀화한 연남생(淵男生, 634~679)을 가리킨다. 그런데 이 묘지명에도 비슷한 시기의 위지경덕 묘지명에 사

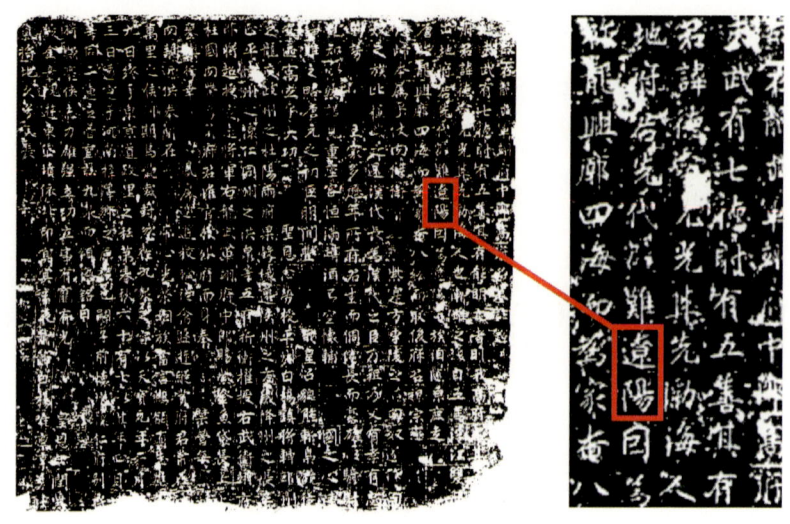

7세기 천남생(연남생) 묘지명에 보이는 '요양'

용된 '요양'이라는 표현이 등장한다. 이 두 묘지명이 위조된 유물이 아니라는 전제하에서 우리는 6~7세기에 제작된 이 두 금석 자료를 통하여 당시의 중국인들이 고구려를 언급할 때에 '요동'과 함께 '요양'이라는 표현도 자주 사용했음을 확인할 수 있는 것이다.

'요양'이 수·당대에 고구려를 뜻하는 일종의 대명사로 사용되었다. 이 말은 곧 '요양'과 '요동' 두 이름을 지도에 표시할 경우 둘 다 모두 한 지역을 가리킨다는 뜻이 된다. 만약 표시된 요양과 요동의 좌표가 일치하지 않는다면 그것은 곧 요수·요동에 대한 학계의 기존 고증에 중대한 문제가 있음을 의미한다. 그렇다면 두 곳의 좌표가 일치하는지 일치하지 않는지를 무엇으로 알 수가 있을까?

역설적이지만 그 사실을 입증하는 작업은 기술적으로 그다지 어렵지 않다. 우리는 '요동'이 '요수 이동(以東)', '요양'이 '요수 이북(以北)'임을 이미

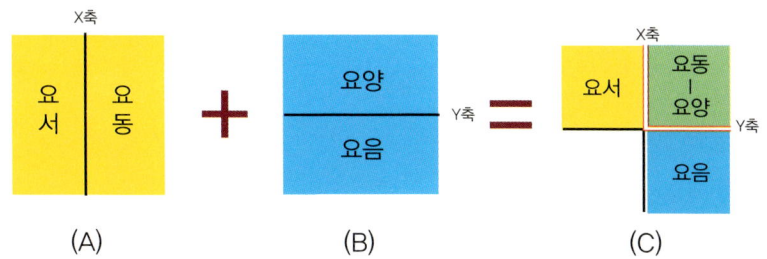

요동과 요서를 가르는 기준점(요수)은 x축에서 y축으로 흐르는 하천이다.

알고 있기 때문이다. 요동을 x축, 요양을 y축으로 설정한 다음 그 교집합을 이루는 부분인 요수 동쪽 또는 요수 이북, 즉 고구려 영역을 구하면 요수의 좌표는 저절로 구할 수가 있다.

우리는 요수가 요동과 요서, 또는 요양과 요음(遼陰)을 나누는 기준이 된다는 사실을 잘 알고 있다. 이때 위의 그래프에서 요수를 기준점으로 요동과 요서로 구분되는 것이 x축이고, 요양과 요음으로 구분되는 것이 y축이라고 치자. 이 경우 그래프상의 요수 이동(요동)과 요수 이북(요양)을 포개면 서로 중첩되는 부분은 교집합을 이루게 되는데 그 교집합 부분이 바로 고구려 땅인 것이다. 그동안은 '요동'이라는 단서(A)만 있었다. 단서가 불완전한 탓에 요수가 어느 하천인가를 놓고 논란이 끊이지 않았다. 그러나 이제 이를 보완해 줄 '요양'이라는 단서(B)가 확보되면서 요수의 실체를 확실하게 밝힐 수 있게 되었다.

그렇다면 중원과 고구려의 경계를 흐르는 요수는 어느 하천인가? 그에 대한 답안을 구하는 방법 역시 간단하다. x축에서 y축까지의 연장선이 나타나는 방향, 그것이 곧 요수가 흐르는 실제의 방향을 나타낼 것이기 때문이다.

앞서 우리는 '요동'과 '요양'의 경우를 통하여 '요수 이동, 요수 이북 =

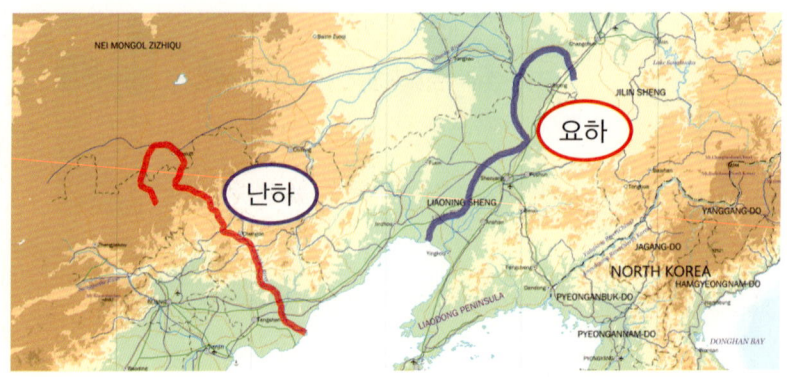

고대의 '요수'는 요하(오른쪽)인가 난하(왼쪽)인가

고구려'임을 확인하였다. 그렇다면 수나라와 고구려의 경계를 흐르는 것이 요수인 이상 지형적으로 '요수 이동, 요수 이북 = 고구려'의 조건을 충족시켜 주는 물줄기를 가진 하천이 바로 고대의 요수인 셈이다. 그런데 이 조건을 충족시켜 줄 수 있는 유일한 하천은 북쪽으로부터 동쪽으로 흐르는 물줄기를 가진 하천뿐이다. 바꿔서 말하자면 반대로 북쪽으로부터 서쪽으로 흐르는 하천은 '요수 이동, 요수 이북 = 고구려'의 조건을 충족시켜 주지 못한다는 뜻이다. 그렇게 되면 고구려가 동북쪽이 아닌 서남쪽, 즉 전혀 엉뚱한 방향에 표시되기 때문이다. 따라서 요동과 요양의 교집합으로서 저 x-y축에 표시된 물줄기(C)의 방향을 지금까지 학계에서 유력한 요수 후보와 직접 대조해 보면 어느 쪽이 진정한 요수인지를 과학적으로 확인할 수가 있는 것이다.

위의 지도에서 왼쪽에 표시된 것은 하북(河北)지역을 흐르는 난하(灤河)이고, 오른쪽에 표시된 것은 요녕(遼寧)지역을 흐르는 요하이다. 우선 국내외 학계에서 그동안 요수로 기정사실화해 왔던 요하 쪽부터 보도록 하자. 우리는 지도 속의 요하를 통하여 그 물줄기가 '북동쪽 ⇒ 서남쪽'

으로 흐르는 것을 확인할 수가 있다. 앞의 그래프에 표시된 고대 요수(C)의 물줄기와 방향이 정반대인 것이다. 게다가 가장 기본적인 충분조건인 '요수 이동, 요수 이북 = 고구려'의 공식도 전혀 성립되지 않는다.

이번에는 그 왼쪽의 난하를 보도록 하자. 그 물줄기가 북서쪽에서 동남쪽으로 흐르는 사실을 확인할 수 있다. 한눈에 보기에도 앞의 그래프에 표시된 요수의 물줄기와 상당히 근사(近似)하다. 난하야말로 한·중 고대사에서 중요한 하천인 요수임을 금방 눈치챌 수 있는 것이다. 게다가 '요수 이동, 요수 이북 = 고구려'라는 지리적 조건에도 완벽하게 부합된다. 요동과 요양은 단순한 지명의 차원에서 그치지 않는다. 그것은 수천 년 전부터 중국인들 사이에서 전승되어 온 전통적인 방위관과 지리인식을 충실하게 반영한다. 후대의 학자들이 오독하지 않는 한, 그것이 가리키는 좌표 값은 틀릴 수가 없다는 뜻이다. 이렇듯, '요동'과 '요양'이라는 두 이름만으로도 요동의 위치는 물론이고 고대의 요수가 난하임을 분명하게 확인할 수 있는 것이다.

6~7세기 한·중 고대사를 재구성하는 데에 있어 요수·요동만큼이나 중요한 지리적 단서가 유성(柳城)의 좌표이다. 유성은 고구려와 수나라, 나중에는 당나라와 사이에 치러진 여러 차례의 요동전쟁의 실체를 제구성하는 데에 대단히 중요한 역사적 현장이다. 그동안 담기양(譚其驤) 등 중국 학계에서는 유성이 모용씨(慕容氏) 북연(北燕)의 근거지로 '용성(龍城)' 또는 '창려군(昌黎郡)'으로 불렸던 점에 착안하여 그 좌표가 요녕성의 조양시에 있다고 주장해 왔다. 문제는 이 같은 결론은 엄정한 사료 분석과 지리 검증 끝에 얻어진 산물이 전혀 아니라는 데에 있다. 그것은 단지 조선시대 이래로 역사계를 지배해 온 '반도사관(半島史觀)'에 길들여진 국

내외 학자들이 "한사군은 한반도에 있었다", "평양성은 평양시에 있었다"라는 오랜 미신(패러다임)에 이끌려 기계적으로 내놓은 관념의 산물일 뿐이다. 한·중 고대사의 연쇄적인 대참사도 그렇게 한사군과 평양성의 첫 단추를 엉뚱한 곳에 끼우면서 시작되었다. 결국 한·중 고대사에서 대단히 중요한 장소인 유성 역시 자연스럽게 그 위치가 요녕성의 조양시로 굳어지게 되었다. 그리고 이때부터 유성을 축으로 삼아 진행되는 지리고증들이 번번이 잘못된 데이터들을 쏟아내기 시작한 것이다.

그러나 유성의 정확한 좌표가 어디에 있는지는 이번 책에서 다룬 《수서》·《북사》나 그 뒤의 《구당서(舊唐書)》·《신당서(新唐書)》 등의 정사 기록들을 조금만 대조·분석해 보아도 금방 알 수가 있다. 그 중요한 단서들 중의 하나가 《수서》〈우작전(虞𧦴傳)〉 기사의 바로 이 대목이다.

"행궁이 유성현의 임해돈에 멈추었다."
行宮次于柳城縣之臨海頓焉。

'임해돈'은 글자 그대로 '바다를 마주하고 있는 군사거점'을 뜻한다. 재미있는 것은 학계에서 유성의 가장 유력한 후보지로 거론되어 온 조양은 바다와는 직선거리로도 80km 이상 떨어진 북부 내륙의 도시라는 사실이다.

유성의 지리적 좌표에 관한 결정적인 단서는 아주 가까이에 있었다. 몇 년 전 언론 보도를 통하여 조선 태종 2년(1402)에 제작된 세계지도 《혼일강리역대국도지도(混一疆里歷代國都之圖)》의 존재가 바로 그것이다. 지금으로부터 620여 년 전에 제작된 이 세계지도의 서문에 당시 제작 책임자이자 조정 중신이던 권근(權近, 1352~1409)은 다음과 같은 지리정보

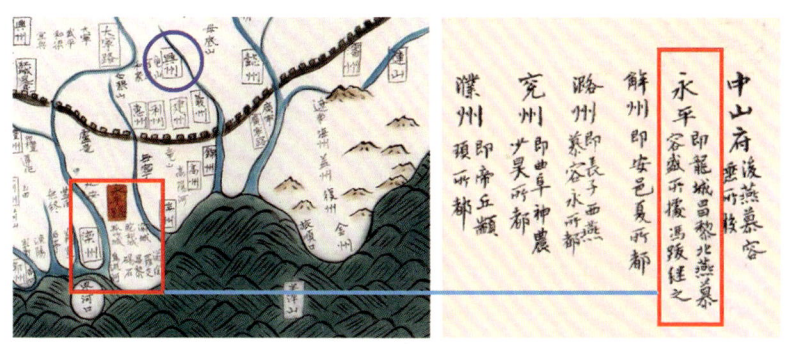

14세기 조선 초기에 제작된 《혼일강리역대국도지도》. 지도 설명에는 북연 모용씨의 발상지인 용성 또는 창려가 바로 하북의 영평부(빨간 네모 부분)라고 밝혀 놓았다.

를 남겼다.

"【영평】 바로 용성 창려이다. 북연의 모용성이 근거지로 삼았던 곳이다."

【永平】卽龍城昌黎。北燕慕容盛所據。…

권근과 동시대인 원·명대의 영평부(永平府)는 지금의 하북성 동북부인 노룡현(盧龍縣) 일대에 해당한다. 또, '용성' 또는 '창려군'은 5호 16국 시기 초기에 북연(北燕)을 세운 모용선비의 발상지로, 그 후예인 소무제(昭武帝) 모용성(慕容盛, 373~401)이 도읍으로 삼았던 곳이다. 중국 학계에서는 모용성의 연고지 '창려군 극성현(棘城縣)'을 지금의 요녕성 의현(義縣)이라고 주장해 왔다. 그런데 620여 년 전의 권근은 바로 그 용성 또는 창려군이 영평부 지역이라고 잘라 말한 것이다!《혼일강리역대국도지도》의 역사적 의의와 비중을 고려할 때, 권근의 이 같은 지리인식은 그의 개인적인 억측이 아니라 14세기 당시까지 한·중 양국의 사관·학자들에게 수백 년 동안 축적되고 공유되어 온 역사지리인식을 반영한다고 보아야 옳다. 그렇다면 굳이 다른 근거들을 찾아 헤맬 필요도 없다. 권근이 제공한 이 지리정보 하나만으로도 '유성=용성=창려=영평'의 역사적 관계가 분명하게 검증되기 때문이다.

지금까지 언급한 요동·요양·요수·유성 등의 단서들을 종합적으로 대조·검증해 볼 때, 임유관(臨渝關)·회원진(懷遠鎭) 등, 요동전쟁 과정에서 수시로 등장하는 수나라 쪽 지명들은 하북성 동북지역에서, 수나라에 맞서 싸웠던 고구려 쪽 지명들은 요녕성 서부지역에서 각각 그 좌표를 찾는 것이 합리적이라는 결론을 내리게 된다. 그렇다고 한다면 고구려와 수나라 사이의 네 차례에 걸친 요동전쟁을 재구성하고 재조명하는 작업은 무엇보다도 그동안 역사적 진실인 것처럼 뇌리에 각인되었던 기존의 전쟁지도부터 수정하는 것이 순서라고 본다. 제대로 된 전쟁지도가 완성되어야 그동안 왜곡되었던 요동전쟁의 실체가 제대로 규명되고, 요동전쟁의 실체가 규명되어야 오랫동안 미궁에 빠져 있던 우리 고대사의 각종

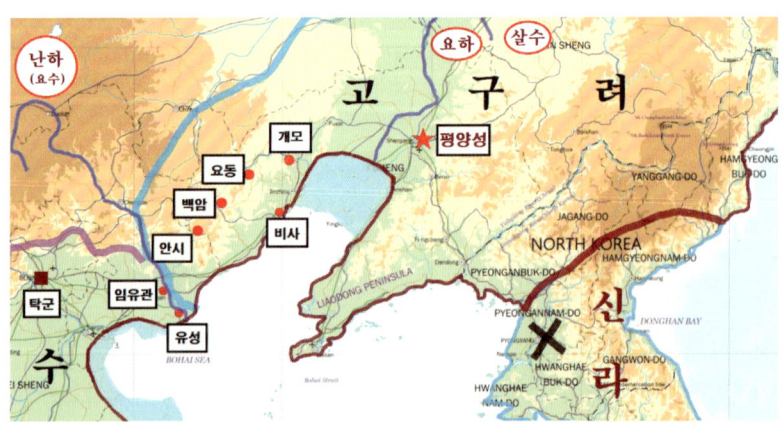

수나라와 고구려의 요동전쟁 전야의 양국 형세도

쟁점들에 대한 후속 연구들이 본궤도에 오를 수 있을 것이기 때문이다.

역자는 이번 책을 준비하는 과정에서 고구려와 수나라 사이에 치러진 요동전쟁의 시말, 이를 둘러싼 수많은 역사적 쟁점들을 보다 정확하게 재구성하고 보다 치밀하게 재고찰해 보고자 하는 독자들에게 편의를 제공해 드리고자 하여 〈동이전〉 이외에도 몇 가지 장치들을 추가로 마련하였다. 먼저, 〈고려전〉에서 간단히 기술되거나 생략된 내용들에 대해서는 《북사》·《자치통감(資治通鑑)》 등 후대 사서들의 해당 기사들을 주석으로 붙임으로써 역사적 진실을 재구성하는 과정에서 놓치는 퍼즐 조각이 없도록 최선을 다하였다. 이와 함께, 《수서》〈동이전〉 뒤에는 요동전쟁을 고찰하는 데에 중요한 자료로 손꼽히는 〈문제본기〉·〈양제본기〉 및 〈예의지〉, 그리고 〈우중문전〉·〈우문술전〉·〈내호아전〉에서 고구려 관련 내용들을 발췌하여 부록하고 역주를 가하였다.

독자들은 이번 책을 통하여 지금까지 기존의 중국 정사 관련 역주서들이 간과하거나 오독 또는 오역한 부분들을 대조하고, 그 과정에서 여태까지는 상상도 하지 못했던 새로운 사실들을 발견하는 즐거움을 누리게 될 것이다. 한 가지 아쉬운 점이 있다면, 이번 책에서는 김부식(金富軾, 1075~1151)의 《삼국사기(三國史記)》와 일연(一然, 1206~1289)의 《삼국유사(三國遺事)》 등, 국내 사서들의 기사를 충분히 소개할 수 없었다는 것이다. 그 이유는 우리 책이 중국 정사 속의 〈동이전〉을 소개하는 데에 중점을 두고 있고 두 사서의 경우, 삼국 관련 기사가 분량 면에서 너무 방대한 탓이다. 그래서 이번에는 중요한 사건이나 논란이 되는 문제들에 대해서만 두 사서의 기사들을 인용·소개하는 정도에서 멈추었음을 밝힌다.

우리역사연구재단의 '정역 중국정사 조선·동이전' 시리즈는 중국의 역대 정사들에 대한 역주서로, 중국 정사 원전의 내용을 있는 그대로 정확하게 소개하는 데에 그 무게중심을 두고 있다. 중요한 역사적 사건·사실들에 대한 역자의 주장을 자유롭게 피력하기에는 할애된 지면이 턱없이 부족하다는 뜻이다. 그래서 고구려-수나라의 요동전쟁이나 김씨 집단의 신라 정착과정 등, 이번에 역자가 주석이라는 제한된 공간에서 단편적으로 거론한 역사·고고·지리·언어학 방면의 각종 문제들에 대한 심층적인 논의는 아무래도 다음 기회로 미루는 수밖에 없을 것 같다. 특히 김씨 집단의 내력과 신라 정착과정에 관한 논의는 내년 상반기 발표를 목표로 준비 중인 《금관총의 주인 이사지왕은 누구인가》(가제)를 통하여 보다 철저하고 보다 정밀하게 검증해 볼 계획이다. 그러므로 이번 책에서 한·중 고대사의 중요한 쟁점들을 단편적으로 다룰 수밖에 없었던 점에 대해서는 모쪼록 독자들께서 너그럽게 해량(海諒)해 주시기를 바란다.

끝으로, 여러 모로 부족함이 많은 역자가 이번 책을 '국학총서(國學叢書)'의 이름으로 낼 수 있도록 배려해 주시고, 김씨 집단과 이사지왕(爾斯智王)의 비밀을 역사·고고·지리·언어학적으로 추적하는 《금관총의 주인 이사지왕은 누구인가》의 발표를 흔쾌히 재가해 주신 우리역사연구재단의 이세용 이사장님께 진심으로 존경과 감사의 말씀을 올린다. 아울러 이번 책을 준비하는 과정에서 금석학과 문자학 방면으로 많은 영감과 가르침을 주신 한국서예금석문화연구소 한상봉 소장님과 우리역사연구재단의 정재승 이사님, 그리고 부족한 역자에게 항상 격려와 도움을 아끼지 않으신 여러 선생님들께도 감사의 마음을 전한다. 독자들에게 최고의 책을 선보이고자하는 한결같은 마음으로 정성을 다해 근사한 책으로 엮어 주신 배규호 부장님과 배경태 실장님 두 분께도 고맙다는 말씀을 드려야 함은 물론이다. 만약 이 책이 누군가에게 조금이라도 도움이 된다면 그것은 오롯이 이 모든 분들의 열정과 성원 덕택일 것이다.

2022년 12월 30일
서교동 조허헌에서
문성재

일러 두기

1. 본서에서는 당나라 태종의 정관 연간에 편찬된 수나라와 북조 6개 왕조의 역사인 《수서》·《북사》에 수록된 고구려·백제·신라·말갈(물길) 관련 열전에 일련번호를 매기고 '역문 ⇒ 원문'의 순서로 배치한 다음에 역주를 가하였다.

2. 이와는 별도로 독자들이 고구려와 수나라 사이에 처러진 요동전쟁을 정확하게 이해하고 재구성할 수 있도록 돕고자 《수서》와 《북사》 사이에 〈문제본기〉(하)·〈양제본기〉(상하)와 〈예의지〉와 〈우중문전〉·〈우문술전〉·〈내호아전〉을 발췌해 본문에 배치하고, 두 정사에 보이지 않는 내용은 사마광의 《자치통감》에서 보충하여 각주 또는 본문으로 배치한 후 역주를 가하였다.

3. 두 정사 기사에 대한 번역·주석에는 일본의 국립공문서관(國立公文書館)에서 공유하는 송원대 백납본(百衲本), 명대 남감본(南監本)·북감본(北監本)·급고각본(汲古閣本), 청대 '사고전서' 무영전본(四庫全書武英殿本) 등의 판본들을 참조하였다. 또, 국내 역주서로는 국사편찬위원회에서 운영하는 '한국사 데이터베이스'판 《중국 정사 조선전 역주》(이하 '인터넷 국편위판')와 동북아역사재단에서 펴낸 《역주 중국정사 동이전》(2-4, 이하 '동북아판')을 참조하였다.

4. 본서의 번역은 고대 한문(고문)의 문법에 근거하여 현대 한국어에 최대한 가깝게 직역을 하되, 상황에 따라 의역을 병행하면서 보다 정확한 의미 전달을 위하여 영어도 활용하였다.

5. 본문에서는 한자나 한자어의 사용을 가급적 최소화하였다. 다만, 인명·지명·관명 등의 고유명사나 각주에서 다루어지지 않은 생소한 표현들의 경우에는 한자를 덧붙였다.

6. 정사 원문의 교열 및 구두(끊어읽기)는 〈국편위판〉 등 기존의 역주서들을 참조하되, 기존의 해석에 오류나 착오가 발견될 경우 역자의 판단에 따라 임의로 바로잡았다.

7. 정사 원문에는 없더라도 그 의미나 문맥을 분명히 전달하기 위하여 접속사·조사·주어·목적어 등을 위첨자 중괄호('[]')로, 같은 의미를 가지는 다른 표현은 소괄호('()')로 각각 표시하였다.

8. 각주에서 논거의 출처를 표시해야 할 때 중요한 논거들은 출처를 명시하되, 부차적인 논거들은 〈국편위판〉·〈동북아판2~4〉을 참고하여 소략하게 소개하였다. 또,《북사》의 기사는《수서》를 참조하여 작성된 까닭에 내용과 주석이 서로 중복된 경우가 많다. 그래서《수서》주석에 사서의 원문이 이미 소개된 경우《북사》주석에서는 그 원문을 생략하였다.

9. 원문에 등장하는 지명·인명 등에 사용된 한자의 고대음은 북경대학교 중문과의 곽석량(郭錫良) 교수가 펴낸《한자고음수책(漢字古音手冊)》(1986)을 주로 활용하여 표시하고 한글발음도 덧붙였다. 다만, 재구된 고대음이 절대적인 것은 아니므로 기존 어원 연구 검증에 참고용으로만 활용할 것을 권한다.

10. 본서에 사용된 도판들은 주로 문화재청국립중앙박물관의 것들을 사용했으며, 1,500년 전의 지형 상황을 반영한 바탕 지도는 미국 우주항공국(NASA) 위성사진에 기반을 둔 플러드 맵(flood map) 사이트의 것을 사용하였다. 기타 도판들의 경우 출처가 확인된 것들은 가급적 출처를 명시하였다.

〈우리국학총서〉를 펴내며 　　　　　　　／5
서문 　　　　　　　　　　　　　　　／10

수서-동이열전

고려전(高麗傳)

•001　/37	•002　/39	•003　/40
•004　/41	•005　/42	•006　/44
•007　/44	•008　/46	•009　/48
•010　/49	•011　/50	•012　/51
•013　/53	•014　/53	•015　/54
•016　/56	•017　/57	•018　/57
•019　/60	•020　/61	•021　/62
•022　/63	•023　/63	•024　/64
•025　/64	•026　/66	•027　/68
•028　/69	•029　/70	•030　/71
•031　/72	•032　/72	•033　/73
•034　/74	•035　/76	•036　/77
•037　/78	•038　/79	•039　/79
•040　/79	•041　/80	•042　/81
•043　/81	•044　/82	•045　/83
•046　/84	•047　/86	•048　/86
•049　/87	•050　/89	•051　/93
•052　/95	•053　/97	•054　/100
•055　/103	•056　/104	•057　/104
•058　/105	•059　/107	•060　/108
•061　/109	•062　/111	•063　/112
•064　/114	•065　/115	

백제전(百濟傳)

- 001 /118
- 002 /119
- 003 /120
- 004 /122
- 005 /124
- 006 /126
- 007 /128
- 008 /130
- 009 /131
- 010 /132
- 011 /133
- 012 /134
- 013 /135
- 014 /137
- 015 /138
- 016 /139
- 017 /140
- 018 /144
- 019 /144
- 020 /147
- 021 /148
- 022 /148
- 023 /150
- 024 /150
- 025 /152
- 026 /152
- 027 /154
- 028 /154
- 029 /155
- 030 /156
- 031 /157
- 032 /158
- 033 /159
- 034 /160
- 035 /160
- 036 /161

신라전(新羅傳)

- 001 /163
- 002 /165
- 004 /169
- 005 /171
- 006 /173
- 007 /174
- 008 /175
- 009 /180
- 010 /182
- 011 /187
- 012 /188
- 013 /189
- 014 /190
- 015 /191
- 016 /192
- 017 /193

말갈전(靺鞨傳)

- 001 /196
- 002 /197
- 003 /198
- 004 /199
- 005 /200
- 006 /201
- 007 /202
- 008 /204
- 009 /205
- 010 /207
- 011 /207
- 012 /208
- 013 /209
- 014 /211
- 015 /212
- 016 /213
- 017 /214
- 018 /215

- 019 /216
- 020 /216
- 021 /216
- 022 /218
- 023 /219
- 024 /221
- 025 /222
- 026 /224
- 027 /225

찬자평(撰者評)

- 001 /227
- 002 /227
- 003 /229
- 004 /230
- 005 /231
- 006 /232
- 007 /233
- 008 /234
- 009 /234

부록

《수서》〈고조본기하〉

- 001 /238
- 002 /238
- 003 /239
- 004 /240
- 005 /240

《수서》〈양제본기상〉

- 006 /242
- 007 /243
- 008 /244
- 009 /245
- 010 /246
- 011 /247

《수서》〈양제본기하〉

- 012 /249
- 013 /250
- 014 /252
- 015 /253
- 016 /254
- 017 /254
- 018 /255
- 019 /257
- 020 /257
- 021 /258
- 022 /258
- 023 /259
- 024 /260
- 025 /263
- 026 /267
- 027 /268
- 028 /269
- 029 /270
- 030 /271
- 031 /271
- 032 /272
- 033 /273
- 034 /273
- 035 /274
- 036 /275
- 037 /276
- 038 /276
- 039 /277
- 040 /278
- 041 /278

•042 /279   •043 /281   •044 /283
•045 /283   •046 /284   •047 /286
•048 /286   •049 /287   •050 /288
•051 /296   •052 /297   •053 /298
•054 /299   •055 /300   •056 /301
•057 /301   •058 /302   •059 /303
•060 /304   •061 /304   •062 /305
•063 /306   •064 /308   •065 /308
•066 /309   •067 /310   •068 /311
•069 /312   •070 /313   •071 /314
•072 /314   •073 /317   •074 /319
•075 /327   •076 /328   •077 /331
•078 /332   •079 /334   •080 /334
•081 /335   •082 /335   •083 /336
•084 /336   •085 /337   •086 /337
•087 /338   •088 /338

《수서》〈예의지3〉
•001 /341   •002 /341   •003 /342
•004 /343   •005 /344   •006 /345
•007 /345   •008 /347   •009 /347
•010 /348   •011 /350   •012 /351
•013 /352   •014 /353   •015 /354
•016 /355   •017 /355   •018 /356
•019 /357   •020 /358   •021 /359

《수서》〈우중문전〉
•022 /361   •023 /362   •024 /363
•025 /365   •026 /365   •027 /366

•028 /366   •029 /367   •030 /368

《수서》〈우문술전〉

•031 /370   •032 /371   •033 /372
•034 /372   •035 /373   •036 /373
•037 /374   •038 /375   •039 /376
•040 /377   •041 /378

《수서》〈내호아전〉

•042 /379   •043 /379   •044 /380
•045 /381   •046 /382   •047 /383
•048 /384   •049 /385   •050 /385
•051 /386   •052 /386

북사 - 열전

고려전(高麗傳)

•001 /389   •002 /391   •003 /392
•004 /392   •005 /393   •006 /395
•007 /396   •008 /397   •009 /398
•010 /399   •011 /399   •012 /400
•013 /401   •014 /402   •015 /403
•016 /405   •017 /407   •018 /409
•019 /410   •020 /412   •021 /413
•022 /414   •023 /415   •024 /416
•025 /417   •026 /418   •027 /419
•028 /419   •029 /420   •030 /421
•031 /423   •032 /425   •033 /426
•034 /428   •035 /430   •036 /432

- 037 /433
- 040 /436
- 043 /442
- 046 /448
- 049 /451
- 052 /454
- 055 /457
- 058 /460
- 061 /464
- 064 /467
- 067 /470
- 070 /473
- 073 /477
- 076 /481
- 079 /484
- 082 /489
- 085 /494
- 088 /497
- 091 /501
- 094 /503
- 097 /505
- 100 /508
- 103 /510
- 106 /514
- 109 /519
- 112 /522
- 115 /524
- 118 /527

- 038 /434
- 041 /439
- 044 /444
- 047 /449
- 050 /452
- 053 /456
- 056 /459
- 059 /461
- 062 /465
- 065 /468
- 068 /471
- 071 /474
- 074 /478
- 077 /481
- 080 /485
- 083 /491
- 086 /495
- 089 /498
- 092 /502
- 095 /504
- 098 /506
- 101 /508
- 104 /510
- 107 /516
- 110 /521
- 113 /522
- 116 /525

- 039 /435
- 042 /441
- 045 /446
- 048 /450
- 051 /453
- 054 /456
- 057 /459
- 060 /463
- 063 /467
- 066 /469
- 069 /472
- 072 /475
- 075 /480
- 078 /482
- 081 /486
- 084 /493
- 087 /496
- 090 /499
- 093 /502
- 096 /505
- 099 /506
- 102 /510
- 105 /512
- 108 /517
- 111 /521
- 114 /524
- 117 /526

백제전(百濟傳)

- 001 /529
- 002 /531
- 003 /531
- 004 /532
- 005 /532
- 006 /533
- 007 /534
- 008 /536
- 009 /537
- 010 /538
- 011 /541
- 012 /542
- 013 /545
- 014 /545
- 015 /546
- 016 /546
- 017 /548
- 018 /550
- 019 /552
- 020 /553
- 021 /553
- 022 /555
- 023 /556
- 024 /557
- 025 /560
- 026 /561
- 027 /561
- 028 /562
- 029 /563
- 030 /566
- 031 /566
- 032 /569
- 033 /569
- 034 /570
- 035 /571
- 036 /572
- 037 /572
- 038 /574
- 039 /575
- 040 /575
- 041 /576
- 042 /576
- 043 /577
- 044 /578
- 045 /578
- 046 /578
- 047 /580
- 048 /581
- 049 /582
- 050 /584
- 051 /585
- 052 /586
- 053 /587
- 054 /588
- 055 /589
- 056 /590
- 057 /591
- 058 /592
- 059 /593
- 060 /594

신라전(新羅傳)

- 001 /597
- 002 /599
- 003 /600
- 004 /602
- 005 /603
- 006 /603
- 007 /604
- 008 /606
- 009 /607
- 010 /609
- 011 /610
- 012 /612
- 013 /613
- 014 /616
- 015 /617
- 016 /622
- 017 /623
- 018 /624

- •019　/625　　•020　/625　　•021　/626
- •022　/627　　•023　/628

물길전(勿吉傳)

- •001　/630　　•002　/631　　•003　/632
- •004　/634　　•005　/635　　•006　/637
- •007　/638　　•008　/639　　•009　/640
- •010　/640　　•011　/642　　•012　/642
- •013　/643　　•014　/644　　•015　/645
- •016　/646　　•017　/647　　•018　/648
- •019　/649　　•020　/650　　•021　/650
- •022　/651　　•023　/652　　•024　/654
- •025　/654　　•026　/655　　•027　/656
- •028　/658　　•029　/659　　•030　/660
- •031　/661　　•032　/663　　•033　/664
- •034　/664　　•035　/666　　•036　/66
- •037　/667　　•038　/668　　•039　/669
- •040　/671　　•041　/673　　•042　/673
- •043　/673　　•044　/674

찬자평(撰者評)

- •001　/676　　•002　/676　　•003　/678
- •004　/679　　•005　/680　　•006　/681
- •007　/682　　•008　/683　　•009　/683
- •010　/683　　•011　/684

찾아보기　　　　　　　　　　　　　　/686

수서-동이열전

이당(李唐) 태종 문황제(太宗文皇帝) 이세민(李世民) 어찬(御撰)

이당(李唐) 시중(侍中) 위징(魏徵) 감수(監修)

주명(朱明) 국자감 제주(國子監祭酒) 방종철(方從哲) 등교(等校)

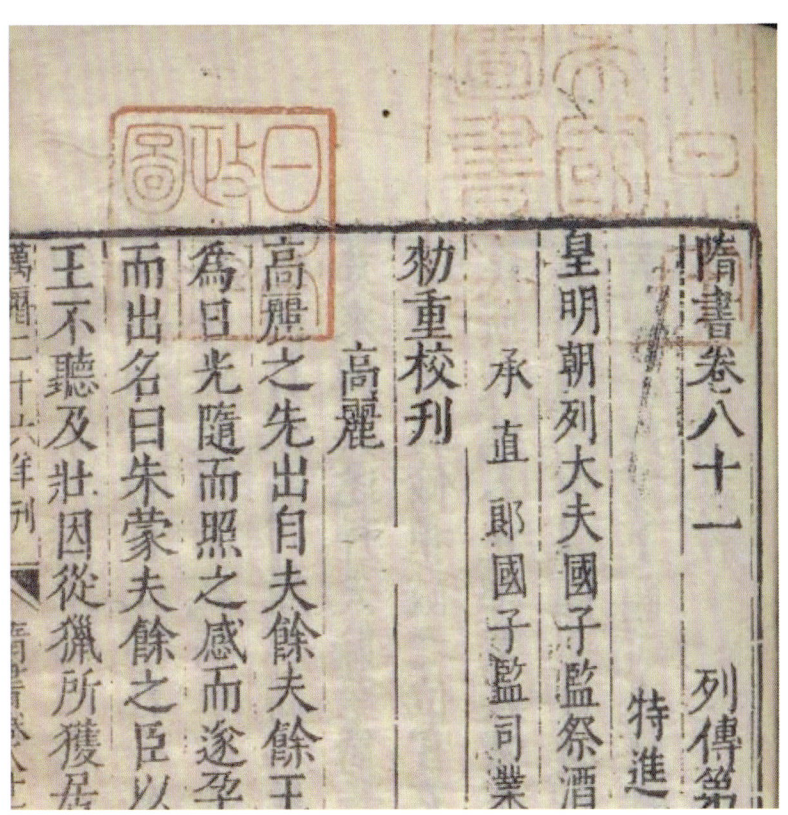

수(隋)나라의 개국군주이자 제1대 황제인 문제(文帝) 양견(楊堅)의 개황(開皇) 원년(581)으로부터 제3대이자 마지막 황제인 공제(恭帝) 양유(楊侑)의 의녕(義寧) 2년(618)까지 38년간의 수 왕조의 역사를 다룬 기전체(紀傳體) 단대사(斷代史). 당나라 고조(高祖)의 무덕(武德) 4년(621)에 양·진·북제·북주·수의 다섯 왕조의 역사를 편찬하자는 기거사인(起居舍人) 영호덕분(令狐德棻)의 건의가 받아들여져 작업이 시작되었으며, 태종의 정관(貞觀) 3년(629)에 황제의 신임을 받는 중신이던 위징(魏征)이 편찬작업을 총괄하고 안사고(顏師古)·공영달(孔穎達)·허경종(許敬宗) 등 당시의 대학자들이 편찬작업에 참여하여 정관 10년(636)에 최종적으로 완성되었다. 〈문제본기〉상하권, 〈양제본기〉상하권, 〈공제본기〉 등으로 이루어진 〈본기(本紀)〉5권과 함께 〈지(志)〉30권, 〈열전(列傳)〉50권 등, 총 85권으로 구성되어 있는데, 체제가 엄격하고 자료가 풍부한 데다가 구성도 치밀하여 역사적으로 정관 연간에 편찬된 '8대 정사' 중에서 최고의 사서라는 평가를 받고 있다. 특히, 〈지〉부분은 예의(禮儀)·음악(音樂)·율력(律曆)·천문(天文)·오행(五行)·식화(食貨)·형법(刑法)·백관(百官)·지리(地理)·경적(經籍)의 10개 분야로 구분하고, 양(梁)·진(陳)·제(齊)·주(周)로부터 수나라까지의 국가 제도들을 상세하게 설명해 놓았다. 그중에서도 상·중·하로 구성된 〈지리지〉는 대업 5년(609)까지 조사된 전체 군·현의 호구·산천 등을 기재하고 북조 5개 왕조를 거치는 동안의 연혁·풍습·현황 등을 소개해 놓아서 당시의 경제·인구·교통 상황을 연구하는 데에 사료로서의 참고가치가 높다.

주요 판본으로는 연대가 가장 오래된 북송 인종(仁宗) 천성(天聖) 2년(1024)의 천성본을 위시하여 송대의 소자본(小字本)·중자본(中字本), 원대의 십행본(十行本)·구행본(九行本), 명대의 남경국자감본(南京國子監本, 남감본)·북경국자감본(北京國子監本, 북감본)·급고각본(汲古閣本), 청대의 무영전본(武英殿本, 전본)·회남서국본(淮南書局本), 근대의 백납본(百衲本), 현대의 중화서국본(中華書局本) 등이 있다.

고려전(高麗傳)[1]

• 001

고려[2]의 선조는 부여[3]로부터 갈라져 나왔다.[4]

---

1) 고려전(高麗傳): 제목의 국호는 중국식으로 두 글자로 줄인 '고려'이지만 정작 연혁을 기술한 대목에는 '고구려'로 소개되어 있다. 열전 앞부분에는 개국군주 고주몽(추모)의 탄생으로부터 수나라 말기까지 고구려의 역사·문화·제도·습속, 중반부터는 수나라와의 교섭·책봉·전쟁 관련 내용들이 소개되어 있다. 문장 구성을 볼 때 집필 과정에서 북조계 정사《위서》《주서》 등의 기사들을 주로 참조한 것으로 보인다. 후반부의 경우, ① 고구려의 악기, ② 신년의 행사(패수 물놀이), ③ 장례과정의 진풍경 등, 풍속 관련 내용들이 새로 추가되어 있다. 그러나 집필자의 주된 관심은 6~7세기에 고구려와 수나라 사이에 이루어진 교섭·전쟁에 집중되어 있다. 특히 본문에 소개된 수나라 문제와 양제의 국서는 요동의 패권을 놓고 양국이 벌이는 신경전 등, 한·중 고대사 연구에 대단히 중요한 정보들을 제공한다. 다만, 수 양제의 고구려 정벌과정이 상대적으로 간략하게 처리된 것은 아쉬운 점이 아닐 수 없다. 우리 책에서는 고구려와 수나라의 전쟁과정을 독자들이 보다 생생하고 입체적으로 파악하는 데에 도움이 되도록 〈고조기〉·〈양제기〉나 〈우중문전〉·〈우문술전〉·〈내호아전〉 등, 요동전쟁의 전말을 간접적으로 소개한 본기와 열전들을 부록으로 추가하였다.

2) 고려(高麗): 고구려를 중국식으로 두 글자로 일컬은 이름. 인터넷 〈국편위판〉 주004에서는 고대 돌궐의 퀼테긴 비석에 등장하는 '뵈클리(Bökli)'와 당대의 산스크리트어 해석서인《범어잡명(梵語雜名)》의 '무구리(畝俱里)'를 근거로 "高句麗는 원래 句麗에 해당하는 土着語의 音에서 비롯하는 단어에 '高'字가 美稱으로 덧붙여진 것이며, 때로는 그 種族名에 따라 '貊' 字를 冠하기도 한 것"으로 해석하고 '무구리'의 발음을 '모쿨리(Mokuli)'로 재구하였다. 북경대 중문과 교수 곽석량(郭錫良, 1930~)의《한자고음수책(漢字古音手冊)》에 따르면, '이랑 무(畝)'는 '명과 지의 반절[明之切, mə]', '함께 구(俱)'는 '군과 후의 반절[群侯切, gǐwo]', '마을 리(里)'는 '래와 지의 반절[來之切, lə]', '맹수 맥(貊)'은 '명과 탁의 반절[明鐸切, meɑk]'이어서 대체로 '머교리' 정도로 재구된다. 덧붙여, 인터넷 〈국편위판〉 주004에서는 '구려(句麗)'의 어원과 관련하여 "城 또는 谷·洞·邑 등을 뜻하는 고구려어 '溝漊'에서 비롯하였다는 說이 유력하다. '忽'을 이와 같은 말로 보기도 한다"라고 소개했는데 여기에는 부연 설명이 필요하다. 고구려어의 '구루'와 '홀'은 비슷한 의미를 나타내지만 언어적 계통은 다소 다르다. '구루'는 만주-퉁구스계 언어의 '구룬(gurun)'인 반면, '홀'은 몽골계 언어의 '홋(xoτ)'이기 때문이다.

3) 부여(夫餘): 한민족의 한 갈래인 부여족이 기원전 1세기경에 세운 나라. 때로는 '부여(扶餘)'로 적기도 한다. 일찍부터 발달된 문명을 갖고 있었으나 3세기 말 선비족의 침입으로 크게 쇠퇴하고 대부분의 영토가 고구려에 편입되었다. 그 위치는 대체로 지금의 길림성과 흑룡강성 일대라는 주장이 거의 정설처럼 받아들여지고 있다. 그러나 그 좌표에 관해서는 《사기(史記)》의 〈화식열전(貨殖列傳)〉을 주목할 필요가 있다. 사마천(司馬遷, BC145?~?)이 전한대에 작성한 해당 기사에는 "대체로 연국 또한 발해·갈석 사이의 도회지이다. 남으로는 제국·조국과 연결되고 동북으로는 흉노와 접하고 있다. … 북으로는 오환·부여와 이웃하면서 동으로는 예맥·조선·진번의 이익들을 주무른다(夫燕亦勃碣之間一都會也. 南通齊趙, 東北邊胡. … 北鄰烏桓夫餘, 東綰穢貉朝鮮眞番之利)"라고 되어 있기 때문이다. 부여의 좌표는 예맥·조선·진번 쪽이 아닌 오환 쪽에서 구해야 한다는 뜻이다. '부여'의 어원학적 논의에 관해서는 문성재, 《정역 중국정사 조선·동이전1》, 제134쪽의 해당 주석을 참조하기 바란다.

4) 부여로부터 갈라져 나왔다[出自夫餘]: 이 구문을 통하여 5세기 당시 북위(北魏) 왕조는 '고구려의 뿌리가 부여에 있다'라고 인식하고 있었음을 알 수 있다. 물론, 이 같은 고구려인식은 고구려를 "부여의 또 다른 갈래(夫餘別種)"로 본 《삼국지》·《후한서》의 시각과 대체로 일치한다. 일본 학자 와다 세이(和田淸, 1890~1963)는 《구당서》에서 "발해말갈의 대조영이라는 자는 본래 고려의 별종이다(渤海靺鞨大祚榮者, 本高麗別種也)"라고 한 점을 근거로 "別"字를 붙이고 있는 것을 보면 그는 高句麗와는 同族이 아니다"라면서 "韓國史에서 高句麗를 除外시켜야 한다"라는 주장까지 하였다. 그러나 그것은 한문을 제대로 새기지 못한 데서 비롯된 무지의 소치이다. 후한의 허신(許慎, 58?~147?)은 《설문해자(說文解字)》에서 '별'은 쪼갠다는 뜻이다(別, 分解也)"라고 설명하였다. 《고훈회찬(古訓匯纂)》 역시 '별'의 첫 번째 의미로 "나눈다는 뜻이다(分也)"라고 소개하면서 원대 학자인 호삼성(胡三省, 1230~1302)이 《자치통감》《송기(宋紀)》 "태조(太祖) 원가(元嘉) 24년(447)"조에 붙인 "호와는 시조가 같지만 파가 나누어진다(與浩同宗而別族)" 등을 예로 들었다. 이처럼 '별종'에서의 '별'의 의미를 한마디로 요약하면 '쪼개[지]다(cut)', '나누[어지]다(divide)'인 것이다. 쪼개거나 나눈다는 것은 분리를 뜻하며 그 분리는 곧 분리의 근원이 되는 본체의 존재를 상정한다. 즉, 본체로부터의 분리인 것이다. 그래서 중국의 대표 검색 사이트인 빠이뚜(百度)를 위시한 거의 모든 사이트가 '별종'을 "동일한 종족의 갈래(同一種族的分支)"라는 뜻으로만 새기고 있다. 고구려와 대씨 발해의 관계는 정치적으로 분단된 이래로 70년이 흐르는 사이에 언어·습속이 서로 많이 달라져 있는 대한민국과 북한의 관계와 일치한다. 처음에는 같다가 나중에 갈라지면서 서로 달라졌다고 해서 다른 족속으로 간주하는 것은 어불성설이다.

물고기들이 끄는 수레를 타고 순시하는 하백(하남성 남양현 한화상석)

• 002

부여 왕이 하백[5)]의 딸[6)]을 잡은 적이 있었다. 그래서 [그녀를] 방 안에 가두어 두었는데 햇빛이 그녀를 따라 다니면서 비추었다. [그러다가 그 빛의] 감응을 받아 결국 임신을 하더니 큰 알[7)]을 하나 낳았다. [*8)]

---

5) 하백(河伯): 고대 중국의 전설에 등장하는 물의 신. 중국 집안(集安)에서 발견된 〈모두루 묘지명(牟頭婁墓誌銘)〉에는 '하박(河泊)'으로 적혀 있다. 인터넷 〈국편위판〉 주 006에서는 "牟頭婁墓誌銘에는 河伯으로 되어 있어 고유어에 대한 音借로 보고 '해 붉' 즉 '태양 광명'의 뜻으로 보는 예도 있다." 식으로 특별한 의미를 부여하고 있다. 그러나 '박(泊)'은 '백(伯)'을 잘못 적은 것일 뿐이다. 한문에서 '하박'은 하천과 못을 아울러 부르는 이름이기 때문이다. 본문의 내용과는 앞뒤가 맞지 않는다는 뜻이다. 《위서》는 물론이고 〈광개토대왕비〉나 435년에 고구려를 방문하고 귀국한 북위의 사신 이오(李傲)가 모두 '하백'으로 소개한 것도 그 증거이다.

6) 하백의 딸[河伯女]: 주몽(추모)의 생모. 《위서》 이래의 중국 정사들에서는 그 생모가 "하백의 딸"이라는 사실만 소개했을 뿐이며, '유화(柳花)'라는 이름이 처음 등장하는 것은 왕씨 고려 중기인 12세기부터이다. 김부식(金富軾, 1075~1151)의 《삼국사기》, 이규보(李奎報, 1168~1241)의 《동국왕 시편(東國王詩篇)》, 일연(一然, 1206~1289)의 《삼국유사》 등이 그 증거이다. 주몽의 탄생설화가 최초로 소개된 《위서》로부터 500여 년 뒤인 고려 중기까지 민간에서 전승되는 과정에서 등장한 이름이라는 뜻이다.

7) 큰 알[大卵]: 알의 크기와 관련하여 《위서》〈고구려전〉에서는 "크기가 다섯 되만큼이나 되었다(大如五升)"라고 구체적으로 소개하였다. 우리나라의 경우, 1되는 대체로

○ 高麗之先, 出自夫餘. 夫餘王嘗得河伯女, 因閉於室內, 爲日光隨而照之, 感而遂孕, 生一大卵.

• 003

[나중에 그 알에서] 사내아이 하나가 껍질을 깨고 나오매9) [*10)] '주몽'11)

1.8리터에 해당하므로 5되라면 부피가 9리터 정도 되는 셈이다.

8) *:《위서》《고구려전》에는 이 자리에 부여왕이 그 알을 개·돼지에게 주었으나 먹지 않았고 길에다 버리자 소·말이 피해 다녔으며 들판에 버리자 새들이 깃털로 품길래 그 알을 쪼개려 했지만 도저히 깨뜨릴 수가 없어서 도로 생모에게 돌려주었다는 이야기가 들어가 있다.

9) 알을 깨고 나오매[破殼而出]: 인터넷〈국편위판〉주007에서 "卵生的 要素는 新羅의 朴赫居世 및 金閼智, 加耶의 金首露 등의 탄생설화와도 상통하는 바가 있다"라고 한 것처럼, 한국고대사에서 난생 모티브는 고구려(백제)-가야-신라(김씨)의 건국설화에 공유되는 북방적 특질이다. 학계 일각에서는 태양신 모티브는 북방계로 보는 반면, 난생 모티브를 남방계로 해석하는 경우가 있다. 그러나 ① 난생 모티브를 공유하는 고구려(백제)-가야-신라(김씨)가 한결같이 그 기원을 북방에 두고 있다는 점에 유념할 필요가 있다. 이와 관련하여 흥미로운 주장을 한 것은 미국의 중국계 학자 주학연(朱學淵)이다. ② 그는《진시황은 몽골어를 하는 여진족이었다》(제115~137쪽)에서 난생 모티브가 중국의 동이계 집단이었던 은(殷)나라, 전통적으로 중국사에서 융족의 후예로 여겨진 진(秦)나라, 그리고 만주족의 푸쿠리 옹순 설화 등, 주로 만주-퉁구스계 종족의 건국설화에서 공통적으로 확인된다고 보았다. ③ 이와 함께 난생 모티브와 새 토템 신앙이 보편적인 아메리카 인디언 역시 종족적으로 만주-퉁구스계로 분류되어 그 기원이 북방에 있다는 점 역시 주목할 만하다.

10) *:《북사》《고려전》에는 이 자리에 "장성하고 나서(及長)"가 추가되어 있다.

11) 주몽(朱蒙): 고구려의 시조인 '동명성왕(東明聖王)' 추모(鄒牟, BC58~BC19)의 북위식 표기.《수서》와《북사》에서 동명성왕의 본명을 추모가 아닌 '주몽'으로 소개한 것은 두 정사가 본질적으로 북조계 사서이며, 공통적으로《위서(魏書)》를 참조했기 때문이다. 해모수(解慕漱)의 아들로 전해지는 추모는 동부여의 왕 금와(金蛙)의 아들인 대소(帶素)의 위협을 피해 졸본(卒本)으로 남하해 나라를 세우고 이름을 '구려(句麗)'라고 정하였다. 그 이름은 출전이나 시대·지역에 따라 각각 달리 표기되고 있다. 예를 들어,《주서(周書)》·《남사(南史)》·《북사(北史)》·《수서》 등의 중국 정사 및 고려시대의 삼국 역사서《삼국사기》《삼국유사》는《위서》의 예를 좇아 '주몽'으로 소개하였다. 반면에,《삼국사기》나 광개토대왕 비·모두루왕 비는 '추모(鄒

이라고 불렀다.

부여의 신하들은 '주몽은 사람이 낳은 자가 아니다'고 여기고 모두가 그를 죽일 것을 요청했으나 왕이 [그 요청을] 받아들이지 않았다.

○ 有一男子破殼而出, 名曰朱蒙。夫餘之臣以朱蒙非人所生, 咸請殺之, 王不聽。

• 004

[그가] 장성했을 때에 이르러 사냥에 따라 나서게 되었는데 잡은 짐승이 상당히 많았다. [그러자 신하들은] 이번에도 그를 죽일 것을 [왕에게] 요청하였다. [이에] 그 어머니가 주몽에게 [그 사실을] 일러 주니 주몽이 [*12)] 부여를 버리고 동남쪽으로 도주하였다.13)

慕', 일본의 《신찬성씨록(新撰姓氏錄)》는 '도모(都牟, 일본식 독음으로 쭈모)'로 소개했으며, 이 밖에도 추몽(鄒蒙)·중모(中牟, 仲牟)·중해(衆解) 등으로 표기되기도 한다. 그렇다면 동명성왕의 본명은 '추모' 또는 '주모'였으며 '주몽'은 어디까지나 북위 사람들이 자신들의 표기방식에 따라 소개한 셈이다. 참고로, 《위서》·《삼국사기》에서 "'주몽'이란 활을 잘 쏘는 것을 말한다(朱蒙者, 善射也)"라고 소개했고, 《만주원류고(滿洲源流考)》에서도 '주몽'을 '탁림망아(卓琳莽阿)', 즉 '[활] 명사수'라는 뜻으로 소개하였다.

12) *: 《위서》〈고구려전〉에는 이 사이에 "그래서 오인·오위 등 두 사람과 함께(乃與烏引烏違等二人)"라는 내용이 나온다. 참고로, 추모의 동행자에 관해서는 문헌마다 편차가 있다. ① 여기서는 오인·오위의 2인이라고 했지만 ② 《삼국사기》〈고구려본기〉 "동명성왕"조에는 조이(鳥伊)·마리(摩離)·협보(陝父)의 3인이라고 했고, ③ 이규보 《동명왕시편》의 주석에는 오이(烏伊)·마리·협보의 3인이라고 했으며, ④ 《삼국유사》에서는 "오이 등 3인"이라고 하였다. 다만, 《위서》·《동명왕 시편》·《삼국유사》를 참조할 때 '조이'의 '새 조(鳥)'는 '오이'의 '까마귀 오(烏)'를 잘못 적었거나 잘못 판각한 경우인 것으로 보인다. 동행자의 숫자와 이름이 문헌마다 달리 소개된 것은 오기·오독·오각 탓이기도 하지만 민간에서 전승되는 과정에서 허구적인 내용들이 가미되면서 새로 추가되었을 가능성도 배제할 수 없다.

13) 부여를 버리고 동남쪽으로 도주하였다[棄夫餘東南走]: 이 구절이 역사적 사실을

환인현 오녀산성의 원경. 그러나 학계에서 그동안 비정한 부여의 위치에서 주몽이 동남쪽으로 도주하고 엄체수를 건너 홀승골에 이르렀다면 그곳은 지리적으로 오녀산성일 수 없다. 적어도 부여나 오녀산성 둘 중 하나는 고증이 잘못되었다는 뜻이다.

○ 及壯, 因從獵, 所獲居多, 又請殺之. 其母以告朱蒙, 朱蒙棄夫餘東南走.。

• 005

[가는 길에] 큰 물14)을 하나 만났는데, [물이] 깊어서 건널 수가 없었다.15)

반영하고 있다는 전제하에서 말하자면, 고구려의 위치는 부여의 동남쪽이고, 부여의 좌표는 고구려의 서북쪽에서 구해야 할 것이다. 뒤집어 말하면, 고구려의 위치에 대한 기존의 고증들이 정확한 것이라면 부여의 좌표에 대한 기존의 고증은 저절로 무너지게 된다. 이 구절이 제시한 좌표에 따르면, 부여는 고구려의 서북쪽에 있을 수밖에 없기 때문이다. 부여의 정확한 위치에 관해서는 사마천이《사기》〈화식열전〉에서 이미 밝힌 바 있다. ("부여" 주석 참조) 요동·요수·한사군 등의 위치에 대한 고증 결과들을 교차·비교해 볼 때, 부여의 가장 이상적인 좌표는 중원의 북쪽인 몽골 고원 방면에서 구해진다.

14) 큰 물[大水]: 고대사에 등장하는 하천. 그 이름의 경우, 후한대 학자 왕충(王充, 27~97?)의《논형(論衡)》에는 '엄체수(掩㴲水)',《삼국지》〈고구려전〉의《위략》인용 기사에는 '시엄수(施掩水)', 〈광개토대왕비(廣開土大王碑)〉에는 '엄리대수(掩利大水)',《후한서》로부터 100여 년 뒤인 당대에 편찬된《양서(梁書)》와《수서(隋書)》에는 각각 '엄체수(淹滯水)'와 '엄수(淹水)'로 소개되어 있다. 복수의 자료들을 교차·비교해 볼 때, '엄체' 또는 '엄리'가 바르며 '시엄'은 '엄체'를 '체엄(㴲掩/滯

[그래서] 주몽이 말하였다.

"나는 하백의 외손이요 태양의 아들이다.16) 지금 어려움이 닥쳐서 [나를] 추격하는 군사가 곧 따라잡을 판국인데 어떻게 해야 [이 강을] 건널 수 있겠느냐?"

掩)' 식으로 뒤집어 표기한 것임을 알 수 있는 셈이다. 여기서 '막힐 체(滯)'는 '물이름 체(㴲)'의 별자(別字)일 가능성이 높다. 중국 서예의 초서(草書)에서는 '범 호(虎)'를 '지닐 대(帶)'와 비슷하게 써서 서로 혼동되는 경우가 많기 때문이다. 《동명왕시편》의 '엄체(淹滯)'는 《후한서》·《통전》·《삼국사기》의 '엄체(淹㴲)'를 잘못 적은 것으로 보는 편이 합리적이라는 뜻이다. 당대 초기 고종(高宗)의 아들인 장회태자(章懷太子) 이현(李賢, 655~684)은 엄체수와 관련하여 《후한서》〈고구려전〉에 "【엄체수】지금의 고구려에는 개사수가 있는데 이 강이 그것이 아닌가 싶다(【淹㴲水】今高麗中有蓋斯水, 疑此水是也)"라는 주석을 붙였다. 인터넷 〈국편위판〉 주 009에서는 이 엄체수에 대하여 "《三國史記》 註記에는 一名 蓋斯水로 지금의 鴨綠東北이라고 하고 있다"라고 소개하였다. 그러나 ① 고려 중기의 김부식이 말한 압록수를 조선시대 이래의 압록강과 동일시하는 것은 곤란하다. ② 추모의 남하는 장수왕이 평양으로 천도하기 이전에 이루어졌다. 게다가 ③ 국내외 학계에서 부여의 위치로 비정해 온 길림성 중서부 일대에서 동남쪽으로 남하했다면 지금의 백두산 이동(두만강 유역)으로 이어진다. 따라서 ④ 지리적 위치를 근거로 그 좌표를 따져 보면 압록강은 그 정반대 방향에 있으므로 건널 수가 없다. 또, ⑤ 추모는 이 강을 건넌 데에 이어 보술수(普述水)라는 하천을 다시 만났다. ⑥ 이는 곧 학계의 부여 위치 비정과 '큰 물=압록강' 위치 비정 둘 중의 어느 한 쪽이 잘못된 것임을 우회적으로 방증한다.

15) 깊어서 건널 수가 없었다[深不可越]: 《위서》〈고구려전〉과 《북사》〈고려전〉에는 이 부분이 "건너려고 해도 다리가 없었다(欲濟無梁)"로 기술되어 있다.

16) 태양의 아들[日子]: 인터넷 〈국편위판〉 주011에 따르면, 추모를 높여 부르는 호칭은 문헌에 따라 다양하게 표현된다. ① 〈광개토대왕비〉에는 '거룩한 하늘님의 아들[皇天之子]', ② 〈모두루 묘지명〉에는 '하백의 손자요 해와 달의 아들[河泊之孫, 日月之子]', ③ 《위서》에는 '태양의 아들[日子]', ④ 《삼국사기》·《삼국유사》에는 '천제의 아들[天帝之子]', ⑤ 이규보 《동명왕 시편》에는 '하늘님의 자손[天孫]'으로 표현한 것이다. 이상의 존호들을 교차·비교해 볼 때, 고구려에서는 초기에는 태양을 숭배하는 샤머니즘의 영향으로 '하늘님의 아들'로 일컫다가 나중에 도교 신선사상의 영향을 받으면서 '하백의 손자요 해와 달의 아들' 식으로 일컬은 것이 아닌가 싶다. 즉, 추모의 탄생 설화에서 북방의 샤머니즘과 동아시아 도교 신선사상의 융합을 확인할 수 있는 셈이다.

천신숭배(태양신 신앙)는 추모가 샤머니즘 전통을 공유하고 있었음을 시사해 준다. 사진은 러시아령 투바(탁발)의 샤만(《시베리아 타임즈》 사진)

○ 遇一大水, 深不可越. 朱蒙曰, 我是河伯外孫, 日之子也. 今有難, 而追兵且及, 如何得渡.

• 006
이리하여 물고기와 자라들이 포개져서 다리가 되어 주매 주몽이 마침내 [그 강을] 건널 수가 있었다. [그를] 추격하던 [부여] 기병들은 [강을] 건널 수가 없자 귀환하였다.
○ 於是, 魚鼈積而成橋, 朱蒙遂渡. 追騎不得濟而還.

• 007
[*17)] 주몽은 나라를 세우고 [국호를] 스스로 '고구려'라고 부르는 한편18)

---

17) * : 《위서》와 《북사》의 〈고려전〉에서는 이 자리에 "주몽이 그렇게 해서 보술수까지

'고'를 [자신의] 성씨로 삼았다.19)

이르렀을 때였다. [길에서] 세 사람과 마주쳤는데 그중 한 사람은 삼베옷을 입었고, 한 사람은 누더기옷을 입었고, 한 사람은 물풀 옷을 입고 있었다. [그들은] 주몽과 함께 흘승골성까지 가서 마침내 그곳에 정착하였다(朱蒙遂至普述水, 遇見三人, 其一人著麻衣, 一人著納衣, 一人著水藻衣. 與朱蒙至紇升骨城, 遂居焉)"라고 추모의 마지막 행적을 소개해 놓았다. 국내외 학계에서는 추모가 고구려를 건국한 장소를 지금의 중국 요녕성 환인현(桓仁縣) 경내의 오녀산성(五女山城)으로 비정하고 있다. 그러나 보술수의 존재는 역설적이게도 그 건국의 현장이 환인현이 아니며, 그 직전에 건넌 큰 강 역시 압록강이 아님을 반증하는 중요한 단서를 제공한다.

18) 주몽은 나라를 세우고 스스로 '고구려'라고 부르는 한편[建國, 自號高句麗]: 2016년에 중국에서 출판된 《고구려 역사편년(高句麗歷史編年)》에는 고구려의 역사 편년이 왕망(王莽) 신(新)나라의 시건국(始建國) 원년, 즉 기원후 9년에 시작된 것으로 소개되어 있다. 이 같은 편년 계산은 중국 학계의 고구려인식을 반영한다. 그러나 주몽이 고구려를 건국한 시점이 기원전이라는 사실은 초기 중국 정사들을 보면 바로 확인할 수 있다. ① '고구려'라는 국호는 개국군주인 추모가 처음 사용한 것이다. ② 반고의 《한서》《지리지》"현토군"조에 【현토군】 무제 원봉 4년에 개설되었으며 … 현은 셋으로, 고구려·상은태·서개마이다(【玄菟郡】 武帝元封四年開. … 縣三, 高句驪·上殷台·西蓋馬)라고 되어 있다. ③ 한 무제의 원봉 4년은 서기로는 기원전 106년이다. ④ 현토군의 고구려현은 추모의 고구려에서 유래한 것이라고 보아야 옳다. ⑤ 그렇다면 추모가 고구려를 건국한 시점은 오히려 현토군이 설치되기 이전이라는 추론이 가능한 것이다. ⑥ 고구려 편년의 시작을 중국 측 주장보다 최소한 최소한 120년 정도는 더 위로 끌어올려야 한다는 뜻이다.

19) "'고'를 성씨로 삼았다[以高爲氏]: 이 구절을 뒤집어 해석하면 추모의 원래 성씨는 고씨가 아니라는 뜻이 된다. 《삼국유사》《왕력편(王曆篇)》의 고구려 왕계표에서는 추모에 대해서는 "성은 고씨(姓高氏)"라고 소개하면서도 그 아들인 제2대 유리왕으로부터 손자인 제3대 대무신왕, 증손자인 제4대 민중왕까지는 모두 "성은 해씨(姓解氏)"라고 소개하였다. 이 기사 때문에 많은 학자가 고씨인 초대 국왕 추모가 죽자 2대부터는 권력투쟁을 통하여 해씨가 왕권을 찬탈하는 '역성혁명'이 발생했다고 여기는 경향이 있다. 게다가 그다음 왕부터는 성씨를 생략한 탓에 마치 해씨가 고구려가 멸망할 때까지 왕위를 세습한 것으로 여긴다. 그러나 분명한 것은 유리왕은 추모의 친아들이고, 대무신왕은 유리왕의 아들, 민중왕은 대무신왕의 아들이라는 사실이다. 추모와 성씨가 다를 수 없다는 뜻이다. 추모 역시 '해씨'인 것이다. 다소 신화적 요소가 강하기는 하지만, 이 점은 《삼국사기》와 《삼국유사》에서 공통적으로 "추모의 아버지는 해모수(解慕漱)"라고 분명히 밝혀 놓은 데서도 충분히 눈치챌 수 있는 일이다. 두 사서의 기록이 사실이라는 전제하에서 정리하자면,

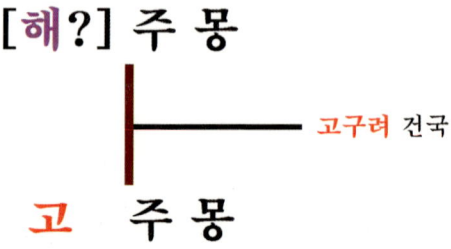

주몽은 고구려를 건국하면서 국호에서 성씨를 땄다.

○ 朱蒙建國, 自號高句麗, 以高爲氏。

• 008

[나중에] 주몽이 죽자 아들 여달[20)]이 [왕위를] 계승하였다. [*21)]

원래 해씨이던 추모가 고구려를 건국하면서 그 국호의 첫 글자를 따서 성씨를 '해 ⇒ 고'로 바꾼 것이다. 새로운 나라를 세우면서 이름이나 성씨를 바꾼 사례는 적지 않으며, 대표적인 경우가 건국과 함께 성씨를 '탁발 ⇒ 원'으로 바꾼 북위 왕조이다. 이처럼 추모의 아들·손자·증손자의 경우에 비추어 볼 때, 그 원래의 성씨는 '해'이므로 왕통의 교체나 역성혁명은 발생하지 않았던 셈이다.

20) 여달(閭達): 고구려 개국군주 추모의 아들. 부여로부터 내려왔다고 한 것을 보면 고구려 제2대 국왕인 유리왕(琉璃王)의 이름임을 알 수 있다. 인터넷 〈국편위판〉 주015에서는 "《三國史記》《高句麗本紀》에서는 琉璃王의 諱를 類利 또는 孺留라고 한다고 전하고,《三國遺事》《王曆》에서는 累利라고 한다고 하며, 여타 문헌에서도 마찬가지로 閭達은 물론 本書에서 그의 始名으로 나오는 閭諧와도 전혀 음이 다르다"라고 보았다. '여달' 또는 '여해'가 음운상으로 '유리'와는 편차가 큰 데에 의문을 품은 셈이다. 그러나 이 문제의 해결에는 발상의 전환이 필요하다. 조선의 제4대 국왕의 경우를 단적인 예로 들어 보자. 그는 이름이 '도(祹)'이지만 성년이 되어서는 '원정(元正)'이라는 자로 불렸다. 그리고 이방원이 왕위에 오르면서 왕자가 된 뒤에는 '충녕군(忠寧君)'으로 일컬어지다가 국왕으로 즉위했고 사후에는 '세종(世宗)'이라는 묘호로 존숭되었다. '여달'과 '유리'의 관계 역시 이 같은 맥락에서 이해해야 한다. ① '여해'는 유복자로 태어난 추모의 아들이 성년이 되자 모친이 되는 대로 붙여 준 초기의 이름인 반면, ② '여달'은 고구려로 남하한 뒤에 부친 추모

그의 손자 막래[22] 때에 이르러 군사를 일으켜 마침내 부여를 병합하였다.

○ 朱蒙死, 子閭達嗣。至其孫莫來興兵, 遂幷夫餘。

가 제대로 지어 준 정식 이름이라는 뜻이다. 마찬가지로 세종의 경우에서 이미 보았듯이 ③ '유리'는 주몽의 뒤를 이어 왕위에 오른 뒤나 사후에 제3자가 그의 인품·업적에 걸맞게 붙여 준 존칭 즉 '시호(諡號)'로 이해해야 옳다. 현재까지 알려져 있는 고구려 국왕들의 왕호가 사후에 붙여진 것으로, 중국의 '시호'에 해당한다는 사실을 방증하는 증거들은 많다. 국강상광개토태왕(國岡上廣開土太王)·산상왕(山上王)·고국원왕(故國原王)·장수왕(長壽王) 등은 그 전형적인 사례들이다. 유리왕이 '유리명왕(瑠璃明王)'이라는 별칭으로도 불린 점을 감안하면, 사후에 신민들이 '유리처럼 밝은 지혜를 가진 임금'이라는 뜻으로 붙여 준 시호로 이해하는 데에는 전혀 무리가 없어 보인다. 정성수,《고금음대조수책(古今音對照手冊)》에 따르면, '마을문 려(閭)'와 '이를 달(達)'은 고대음이 각각 '료(lǐo)'와 '닷(dɑt)'으로 재구되는 반면에 '조화로울 해(諧)'는 '가이(ɤei)'로 읽힌다. '료닷(료다)' 또는 '료가이'는 음운상으로 '류리', 즉 유리와는 다른 이름이라는 뜻이다.

21) ＊:《위서》〈고구려전〉에는 이 자리에 "여달이 죽자 아들 여율이 대신 옹립되었다. 여율이 죽고 …(閭達死, 子如栗代立. 如栗死, …)" 식으로 추모의 손자, 즉 여달의 아들인 여율(如栗)에 관한 내용이 들어 있다.

22) 막래(莫來): 고구려 제3대 국왕인 대무신왕(大武神王)의 아들로 추정된다. 학계에서는 고구려 왕계(王系)에 근거하여 그 동생으로 제4대 국왕인 민중왕(閔中王, ?~48), 그 아들로 제5대 국왕인 모본왕(慕本王, ?~53)을 지목하곤 한다. 실제로 대무신왕 다음 대의 국왕은 민중왕이다. 인터넷 〈국편위판〉 주018에서는 "莫來와 慕本이 그 字形이 유사함을 들어 同一人으로 보는 예도 있다"라고 소개하였다. 반면에 〈동북아판2〉(제069쪽)에서는 모본왕 당시에는 부여를 정벌한 일이 없다는 점을 들어 막래를 모본왕으로 보는 데에 유보적인 입장을 보이고 있다. 그러나 ① 대무신왕의 동생 민중왕은 재위기간이 44~48년까지 4년에 불과한 데다가 ②《위서》에 '막래'가 "여율의 아들"로 소개된 점, ③ 글자를 놓고 보더라도 '모본'과 '막래'가 대체로 모양이 유사한 점을 감안할 때, ④ 문서·금석에 기록되었던 글자가 마모되면서 '모본 ⇒ 막래'로 또는 '막래 ⇒ 모본'으로 오독되었을 가능성을 배제할 수 없다. 또, ⑤ '막래/모본'이 서기 1세기의 사람이었던 반면《위서》의 편찬시점은 6세기 이후여서 500년 이상의 시차가 발생한다. ⑥ 초기 고구려의 역사 사건이나 인물이 중국에서 회자되는 과정에서 혼동되어 전해졌을 개연성도 고려할 필요가 있다는 뜻이다. 이상의 단서들을 종합해 볼 때, '막래'는 '모본(왕)'과 동일 인물로 보는 편이 합리적이다.

•009

[그] 후손 위궁23) 때에 이르러서는 [조]위나라의 정시24) 연간에 [중국으로] 들어가 서안평25)을 침범하매 관구검26)이 그들에 맞서 [그들을] 무찔렀

---

23) 위궁(位宮): 고구려 제11대 국왕 동천왕(東川王)의 이름.《삼국사기》"동천왕"조에 서는 "이름은 우위거이며 어릴 때 이름은 교치였다(諱憂位居, 小名郊彘)"라고 하였다. 만약《삼국사기》의 기사가 역사적 사실을 반영한 것이라면, '주몽'이 추모의 북 위식 표기인 것처럼, 위궁 역시 '위거'를 북위식으로 표기했을 가능성도 높다. 정성수,《고금음대조수책》에 따르면, '자리 위(位)'는 고대음이 '위(ui)' 정도로 재구된다. 고대에 '위궁'은 '위궁' 또는 '궁'의 종성이 약화/탈락된 채 '위구'나 '위규' 정도로 읽혔을 것이다.

24) 정시(正始): 중국 삼국시대 위나라의 제왕(齊王)이던 조방(曹芳, 232~274)이 240~249년의 10년 동안 사용한 연호. 고구려의 동천왕 14년으로부터 중천왕 원년까지에 해당한다.

25) 서안평(西安平): 전한대 이래의 현 이름. 국내외 학계에서는 요령성 단동(丹東) 인근의 관전현(寬甸縣) 남쪽, 즉 압록강 북안 일대 등으로 비정하고 있다. 중국의 대표 검색 사이트인 빠이뚜에서는 "5호 16국 후연 말기에 고구려의 영토로 편입되고 나중에 박작성(泊灼城)이 되었다. 서진 함강(咸康) 7년(341)에 '후조(後趙)에서 수군을 파견해 해로로 전연의 안평(安平)을 습격해 무찔렀다'고 한 곳이 이곳이다"라고 소개하고 있다. 〈동북아판2〉 주10(제155쪽)에서도 "丹東市 동쪽으로 靉河가 압록강에 합류하는 곳의 靉河尖村에는 애하첨고성으로 불리는 토성이 있다"라고 하였다. 그러나 '서안평'의 좌표가 지금의 단동시 일대에 있다면 태조왕의 그다음 공격 대상은 낙랑군 남쪽의 대방현이 아니라 낙랑군 너머 북쪽의 모 지역이어야 정상이다. 그런데 낙랑군 중앙부에서 한나라 측 방위군들을 완전히 제압하지도 않은 상태에서 다른 현들은 거들떠보지도 않은 채 낙랑군을 관통하여 그보다 훨씬 남쪽의 대방현까지 직행하는 모험을 한다는 것은 상식적으로 있을 수 없는 일이다. 이 문제에 관해서는 문성재,《한국고대사와 한중일의 역사왜곡》, 제401~404쪽을 참조하기 바란다.

26) 관구검(毌丘儉, ?~255): 중국 삼국시대 위나라의 장수. 하동군(河東郡) 문희(聞喜) 출신으로, 형주 자사(荊州刺史)를 지내고 233년에 사지절·유주자사·호오환교위(使持節幽州刺史護烏桓校尉)에 임명되어 위나라가 요동을 경략하는 과정에서 중요한 역할을 담당하였다. 그 과정에서 요동 군벌 공손연(公孫淵, ?~238)의 강한 저항에 부딪혔으나 나중에 태위(太尉) 사마의(司馬懿)를 도와 공손씨를 멸망시키는 데에 성공하였다. 244년에는 1만의 군사를 이끌고 고구려를 침공하여 환도성(丸都城)을 함락시키고 산의 암벽에 자신의 공로를 새겼다. 245년에 재차 침공하

다.

○ 至裔孫位宮, 以魏正始中入寇西安平, 毌丘儉拒破之。

• 010
위궁의 현손의 아들은 '소열제'[27]라고 하는데, 모용씨에게 격파되었다. [이에 모용씨가] 드디어 환도[28]로 들어가서 그 나라의 궁실을 불태우고

여 수도를 공략하매 동천왕이 매구루(買溝婁)로 도주하자 현토군 태수이던 왕기(王頎)를 보내 추격하게 하였다. 그러나 고구려인들의 반격을 만나자 왕기가 패한 군대를 이끌고 회군하였다. 나중에 양주(揚州)에 주둔할 때에는 정권을 장악하고 있던 사마씨에게 반기를 들었다가 패하고 죽음을 당하였다. 일본 학자인 다나카 도시아키(田中俊明)는 이 《위서》의 '무구검'을 근거로 〈유주자사 이름은 '관구검'이 아닌 '무구검'이다〉라는 글을 기고하고 구검의 성씨가 '무'라고 주장하기도 하였다. 이처럼 구검의 성씨가 '관(毌)'인가 '무(毋)' 또는 '모(母)'인가에 대해서는 학계에서 논란이 많다. 그러나 그것은 고문자를 본 적이 없는 수백 년 뒤의 사관들이 '관'을 '무'로 잘못 읽으면서 빚어진 해프닝일 뿐이다. '관'에 대한 문자학적 분석은 문성재, 《정역 중국정사 조선·동이전1》, 제236~237쪽의 "관구검" 주석을 참조하기 바란다.

27) 소열제(昭烈帝): 여기서는 위궁 현손(증손)의 아들의 시호로 소개되었다. 그러나 이는 《수서》를 편찬하는 사관이 선행 사서인 《위서》의 본문을 잘못 끊어 읽은 데서 빚어진 착오이다. ① 역사적으로 위궁의 현손(증손) 고쇠(高釗)를 소개한 중국 정사로는 《삼국지》·《후한서》·《위서》 등이 있는데 이 세 정사에는 '소열제'를 언급한 일이 없다. 또 ②《위서》 원문이 "利子釗烈帝時與慕容氏相攻擊"라고 되어 있는 것을 보면 이 구문을 "利子釗烈帝時與慕容氏相攻擊"으로 끊어 해석했을 가능성이 높다. ③《만주원류고》 권2 〈남북조〉에서도 이 대목에 문제를 제기하면서 "따져 보건대, '열제'는 [북위] 도무제의 큰할아버지이다. 《수서》에서는 '소열제' 세 글자를 이어 붙여서 고려왕의 이름으로 보았는데 중대한 잘못이다(按, 烈帝爲道武帝之伯祖. 隋書以昭列帝三字相連爲高麗王之名, 殊誤)"라고 주석을 붙였다. 이상의 증거들을 종합해 보면 《수서》 편찬자의 착오임을 알 수가 있다.

28) 환도(丸都): 고구려 초기의 도읍. 김부식의 《삼국사기》에 따르면 산상왕(山上王) 2년(198)에 축조했고 209년에 이곳으로 도읍을 옮겼다고 한다. 동천왕(東川王) 19년(245) 관구검의 침공으로 파괴되었으며 고국원왕(故國原王) 12년(342) 전연(前燕)의 침공에 대비하여 성을 보수하고 국내성에서 환도성으로 왕성을 옮겼다.

대규모 약탈을 벌이고 나서 [자국으로] 귀환하였다.

○ 位宮玄孫之子曰昭列帝, 爲慕容氏所破, 遂入丸都, 焚其宮室, 大掠而還。

• 011

소열제는 나중에 백제[군]에게 죽음을 당하였다.

그의 증손인 [장수왕 고]련29)이 후위30)에 사신을 파견하였다. [*31)]

곽석량의 《한자고음수책》에 소개된 고대음에 따르면 '알 환(丸)'은 '관(ɤuan)', '도읍 도(都)'는 '따(tɑ)'이므로 '관따' 정도로 재구된다.

29) 고련(高璉, 394~491): 고구려의 제20대 국왕인 장수왕(長壽王)의 이름. 《삼국사기》〈고구려본기〉에서는 그 "이름이 거련이며['련'으로 쓰기도 한다], [광]개토왕의 장자이다(諱巨連[一作璉], 開土王之元子也)"라고 소개하였다. 약 80년 동안 재위하면서 대내적으로는 국내성(國內城)에서 평양성(平壤城)으로 천도하고 적극적으로 남진정책을 펼치는 한편, 대외적으로는 중원의 북조(북위)와 남조(유송·남제) 사이에서 등거리외교를 통하여 실리를 챙겼다. 실제로 그는 진 왕조로부터는 고구려왕·낙랑군공, 북위로부터는 도독요해제군사·정동대장군·영동이중랑장·요동군[개국]공·[태부]·고구려왕, 유송으로부터는 사지절·산기상시·독동영이주제군사·정동대장군(거기대장군)·의동삼사·고구려왕·낙랑공, 남제로부터는 사지절·산기상시·독영평이주제군사·표기대장군·의동삼사·고려왕·낙랑공의 작호를 차례로 챙김으로써 요동·낙랑 및 영주(營州)·평주(平州) 두 지역에 대한 영유권을 확보하였다.

30) 후위(後魏): 선비족 출신인 탁발규(拓跋珪)가 북조에서 처음으로 수립하여 386~534년까지 존속하였다. 역사적으로는 삼국시대에 북방의 군벌 조조(曹操)의 아들 조비(曹丕)가 세운 위(魏)나라 다음으로 등장했다고 하여 '나중의 위나라'라는 뜻에서 '후위(後魏)', 화북지역에 세워졌다 하여 '북위(北魏)', 탁발씨(나중의 원씨)가 세웠다고 해서 '원위(元魏)' 등으로 일컬어졌다.

31) *: 《위서》와 《북사》의 〈고려전〉에는 제20대 국왕인 장수왕(長壽王) 고련(高璉)의 치세(413~491)는 물론이고 아들 고운(高雲), 손자 고안(高安) 등 그 뒤의 고구려 국왕들과 치세에 관하여 아주 상세하게 소개되어 있다. 그러나 《수서》에는 그 내용들이 대부분 생략되어 있으며, 그조차 장수왕에서 다른 왕들은 모두 건너뛰고 바로 제25대인 평원왕(平原王) 고탕(高湯)의 치세를 다루었다.

○ 昭列帝後爲百濟所殺, 其曾孫璉, 遣使後魏。

• 012

[괴려의 6세손인 [평원왕 고]탕32)이 [북]주나라에 사신을 파견해 [조정에] 입조하고 공물을 바쳤다. [이에 북위의] 무제33)는 [고]탕을 상개부34) · 요동35)군공

---

32) [고]탕(湯): 고구려의 제25대 국왕인 평원왕(平原王)의 이름으로 보인다. 그 이름의 경우, 《수서》〈고조기(高祖紀)〉에는 '넘어질 탕(湯)'이 아닌 '볕 양(陽)'으로, 국내 사서인 《삼국사기》〈고구려본기〉에는 '양성(陽成)'으로 나와 있다. '탕'과 '양'은 몸 글자가 같으므로 둘 중 하나가 잘못 표기된 것으로 보이는데, 어느 쪽이 맞는지 알 수가 없다. 다만, 《수서》와 《삼국사기》에서 나란히 '양[성]'으로 소개한 것을 보면 평원왕의 실제 이름은 '탕'이 아니라 '양'이었을 가능성이 높다.

33) 무제(武帝): 북주의 황제인 고조(高祖) 우문옹(宇文邕, 543~578)을 가리킨다. 선비족 출신으로 서위(西魏)의 대신이던 우문태(宇文泰)의 아들로, 자는 이라돌(禰羅突)이다. 12세 때 서위에서 보성군공(輔城郡公)에 봉해지고 나중에는 포주자사(蒲州刺史) · 대사공(大司空)을 거쳐 노국공(魯國公)에 봉해졌다. 즉위 초기에는 사촌형인 우문호(宇文護)가 국권을 농단하자 천화(天和) 7년(572)에 그를 살해하고 권력을 장악하였다. 경전 · 불상 · 사원을 파괴하고 불교를 탄압했으나 도가에는 호의적이어서 장자(莊子)의 '제일만물(齊一萬物)'의 주장을 지지하였다. 노비를 해방시켜 주는 한편 탐관오리들을 응징하고 치수에 힘쓰는 등 백성들에게는 선정을 베풀었으며, 건덕 6년(577)에 북제(北齊)를 멸망시키고 화북지방을 통일하였다.

34) 상개부(上開府): 중국 고대의 관직명. 정식 명칭은 '상개부 의동대장군(上開府儀同大將軍)'이다. '개부 의동대장군'은 글자대로 풀이하면 "독자적인 집무 관청과 함께 대장군에 준하는 의전 특혜를 누린다" 정도로 해석된다. 북주 무제의 건덕(建德) 4년(575)에 설치되었으며, 지위가 개부의동대장군보다 높아서 맨 앞에 '위 상(上)'자가 추가되었다. 품계는 구명(九命)으로, 장사(長史) · 사마(司馬) · 사록(司錄) · 중랑(中郎) · 연(掾) · 속(屬) · 참군(參軍) 등의 속관(屬官)을 두었다. 주로 전장에서 공로를 세운 공신 또는 북제에서 투항한 관리들에게 부여되었으며, 정해진 직무는 없었다. 이 작호를 하사받는 사람에게는 '사지절 · 대도독 · 표기대장군 · 시중(使持節大都督驃騎大將軍侍中)'의 직함이 추가되곤 하였다. 수나라 문제(文帝) 개황(開皇) 원년(581)에 철폐되었다.

35) 요동(遼東): 중국 전국시대 이래의 지역명. 중국의 검색 사이트 빠이뚜의 백과사전에서는 "【요동】 전국시대에 연나라가 군을 설치하였다. 치소는 양평(지금의 요양시)이었으며, 관할지역은 지금의 요령성 대릉하 이동지역 및 장성 이남지역에 해

36)·요동왕37)으로 배수하였다.

당한다. 요수는 우리나라의 고대 6대 하천의 하나였다. 서진대에는 [요동]국으로 격상되기도 하였다(【遼東】戰國燕置郡. 治所在襄平[今遼陽市], 轄境相當今遼寧大凌河以東地區·長城以南地區. 遼水爲我國古代六川之一. 西晉改爲國)"라고 소개하고 있다. 또, '요수(遼水)'에 관해서는 "바로 지금의 요하의 옛 이름이다. 요수는 우리나라 고대의 6대 하천의 하나로서, 그 이름은 《산해경》《해내동경》에서 가장 먼저 보인다(即今遼河的古稱, 遼水爲我國古代六川之一, 其名最早見於山海經海內東經)"라고 설명하였다. 이 같은 요동인식은 국내외 학계에서도 보편적이지만 역사적으로는 진실이 아니다. ① 요동[군]은 요수의 동쪽에 있다고 해서 붙인 이름이다. ② '요하'라는 이름은 북방민족으로서 북방과 중원을 아울러 지배한 요나라의 역사를 다룬 《요사(遼史)》에 처음으로 등장한다. ③ '해내(海內)'란 중원 왕조가 동쪽 바다인 발해(渤海)를 기준으로 그 서쪽인 중원지역을 일컫는 상투어이므로, 《산해경》《해내동경》의 요수는 자연히 중원지역에서 찾아야 옳다. ④ 요동군 치소 '양평현'의 경우, 중국 정사인 《후한서》〈원소전(袁紹傳)〉 주석에서 "지금의 평주 노룡현 서남쪽에 있었다(在今平州盧龍縣西南)"라고 분명히 밝혀 놓았다. 노룡현은 중국에서 양평이라고 주장하는 요령성 요양시에서 직선거리로 따져도 서쪽으로 250km 이상 떨어져 있는 곳이다. 고대의 요수는 지금의 요하일 수 없으며, 요동 역시 지금의 요동반도 일대에만 한정되지 않는다는 뜻이다. 요동·요수에 관한 상세한 논증은 문성재, 《한국고대사와 한중일의 역사왜곡》, 제178~202쪽 및 제240~250쪽 등을 참조하기 바란다.

36) 군공(郡公): 중국 고대의 작호. 위·진대에 설치되기 시작했으며, 그 뒤에 역대 왕조에 인습되었다. 진나라 무제(武帝)의 함녕(咸寧) 3년(277)에 대국왕(大國王)·차국왕(次國王)·소국왕(小國王) 제도를 제정하고 군공제는 소국왕의 경우를 따랐다. 북위에 이르러 도무제(道武帝)의 천사(天賜) 원년(404)에 군공에게 나라(식읍)과 신하·관리들을 하사했는데 그 규모는 50~100명이었다. 북주시기에는 그 식읍에 1,000~8,000호까지 차등을 두었다. 나중에는 특정한 지역의 초대(제1대) 군공에게는 '□□군 개국공(□□郡開國公)' 식으로 높여 불러 예우하였다.

37) 요동왕(遼東王): 정식 명칭은 '요동군왕'이다. 인터넷 〈국편위판〉 주029에서는 이를 "蕃王에 대한 封冊으로 당시 高句麗가 실제 중국인의 인식으로 遼河 以東인 遼東 지방을 지배하였음에서 연유한 封王"이라고 소개하였다. 다만, 지역명인 '요동'을 "遼河 以東인 遼東 지방"이라고 소개한 것은 잘못이다. '요동'이 요동반도 이동 지역을 가리키는 지리개념으로 굳어진 것은 100~200년 정도밖에 되지 않았기 때문이다. 그 이전인 청대 중기 이전에 저술된 중국의 역대 정사·연혁지·지도·자료들에서는 한결같이 '요동'의 기점을 요동반도가 아닌 산해관 이동지역으로 잡고 있다.

○ 璉六世孫湯, 在周遣使朝貢, 武帝拜湯上開府遼東郡公遼東王。

• 013

고조[38)]가 [북주로부터 제위를] 선양을 받으매 [고]탕이 다시 사신을 보내어 대궐을 예방하였다. [이에 고탕을] 대장군[39)]으로 격상시키고 고려왕으로 고쳐 봉하였다. [고구려는 이로부터] 해마다 사신을 파견하여 입조하고 공물을 바치는 행렬이 끊이지 않았다.

○ 高祖受禪, 湯復遣使詣闕, 進授大將軍, 改封高麗王。歲遣使朝貢不絕。

• 014

그 나라는 동서로 이천 리, 남북으로는 일천 리가 넘는다.[40)]

---

38) 고조(高祖): 수나라의 개국군주인 양견(楊堅, 541~604)의 묘호. 서위(西魏)·북주(北周)의 군벌이던 양충(楊忠)의 아들로, 홍농군(弘農郡) 화음(華陰, 지금의 섬서성 화음현) 사람이다. 선비족 식 성씨는 보륙여(普六茹), 어릴 적 이름은 나라연(那羅延)이다. 북주에서 대장군·대사마(大司馬)로 제수되고 부친의 봉호를 계승하여 수국공(隋國公)이 되었다가 북주 황제 우문천(宇文闡)을 강제로 퇴위시키고 수나라를 건국하므로써 300여 년 동안 이어진 분열과 혼란을 종식시키고 중원을 통일하였다. 행정적으로는 청대까지 인습된 3성 6부제(三省六部制) 및 과거제(科擧制)를 시행하고 당시로서는 선진적인 율법인 '개황률(開皇律)'을 제정하였다. 그러나 재위 24년 만에 아들 양광(楊廣)에게 시해되었다. 〈동북아판2〉 주86(제162쪽)에는 "諡號는 高祖"라고 했으나 시호는 '문제(文帝)'이며, '고조'는 묘호(廟號)이다.

39) 대장군(大將軍): 중국 고대의 무관직 이름. 전국시대에 처음 설치된 이래 한대를 거쳐 역대 왕조에서 두루 인습(因襲)되었다. 장군들 중에서 지위가 가장 높고 권위가 각별하여 삼국시대를 거쳐 남북조시대까지 조정 대신들은 대부분 이 직함을 겸하였다. 수·당대에는 주로 금위군을 지휘하는 장수에게 부여되다가 당대부터 무관직 중에서는 최고의 명예직으로 간주되었다.

40) 동서로 이천 리, 남북으로 일천 리가 넘는다[東西二千里, 南北一千餘里]: 고구려 강역의 경우,《수서》보다 연대가 앞선《위서》·《주서》등 북조계 정사에서도 이와

○ 其國東西二千里, 南北千餘里.

• 015

[고구려는] 평양성[41])에 도읍을 두고 있는데 '장안성'[42])이라고 부르기도 한다. [평양성은] 동서로 여섯 리[43])이며, 산의 형세를 따라 구불구불 이어

같이 소개되어 있다. 반면에 초기 정사인《삼국지》·《후한서》나 남조의《양서》등에는 "사방으로 이천 리[정도]이다(方[可]二千里)"로 남북으로 1,000리 정도 더 넓게 소개하여 다소 편차를 보인다.

41) 평양성(平壤城): 장수왕 재위 이래의 고구려의 도읍. 국내외 학계에서는 지금의 평안도 평양시로 비정하고 있다. 그러나 이 같은 지리고증에는 문제가 있다. ① 당대 초기의 장회태자(章懷太子) 이현(李賢, 655~684)은 이 대목에서 "【개마】 그 산은 지금의 평양성 서쪽에 있다(【蓋馬】其山在今平壤城西)"라는 주석을 붙였다. 여기에 언급된 '평양성'이 이현 당시(7세기)의 고구려 도읍인 것이다. 문제는 국내에서는 통상적으로 '개마[대]산'을 백두산으로 비정한다는 데에 있다. 지금의 평양시는 아니라는 뜻이다. ② "그 산은 지금의 평양성 서쪽에 있다"라고 한 것은 그 또 다른 증거라고 할 수 있다. 한반도는 지형적으로 '동고서저(東高西低)'의 특징을 지니고 있어서 평양시 서쪽에는 드넓은 평야지대가 형성되어 있을 뿐 거대한 산줄기는 존재하지 않기 때문이다. ③ 그 지형적 특징 등을 교차·검증해 볼 때 고구려 평양성의 소재지로는 평안도 평양시보다는 중국 요녕성의 요양시(遼陽市) 일대가 더 근사해 보인다. 이 문제에 관해서는 문성재,《한국고대사와 한중일의 역사왜곡》, 제72~87쪽을 참조하기 바란다.

42) 장안성(長安城): 인터넷〈국편위판〉주036에서는 "수도를 平壤으로 옮긴 것은 長壽王 15년(427)이다. 당시 都城은 지금 平壤市의 東北쪽에 있는 大城山城의 安鶴宮址이다. 陽原王 8年(552)에 長安城을 수축하고, 平原王 28年(586)에 그곳으로 수도를 옮기니 곧 현재의 平壤市로 비정된다"라고 하였다. 그러나 앞의 "평양성" 주석에서도 설명한 것처럼, 고구려 평양성이 지금의 평양시가 아닌 이상 장안성의 좌표 역시 조정이 불가피하다고 본다.

43) 동서로는 여섯 리[東西六里]: 남북조시대에는 남조와 북조가 서로 다른 자[尺]를 사용하였다. 남조는 25.8cm 정도, 북조(북위)는 30.9cm 정도였다. 그렇다면 1리(里)의 경우, 남조에서는 464.4m이고 북조에서는 556.2m 정도였던 셈이다. 수나라는 북조에 해당하므로 동서로 6리라면 대체로 3.34km 정도 되었을 것이다.

중국 정사에 묘사된 평양성과 지형조건이 비슷한 진주성(19세기). 오른쪽은 구글 위성사진으로 본 지금의 진주성

지는데[44)], [그] 남쪽으로는 패수[45)]를 마주하고 있다.

○ 都於平壤城, 亦曰長安城, 東北六里, 隨山屈曲, 南臨浿水。

---

44) 산의 형세를 따라 구불구불 이어지는데[隨山屈曲]: 이 부분을 통하여 고구려의 평양성이 본질적으로 산의 형세를 따라 구불구불 축조된 일종의 산성이었음을 확인할 수 있다. 아울러 산을 타고 내려간 남쪽에 패수가 있는 것이다. 그런데 ① 지금의 평양시에는 금수산이 자리 잡고 있기는 하지만 가장 높은 곳인 최승대(最勝臺)가 95m여서 산이라고 할 수도 없을 정도이다. 게다가 ② 경내의 평양성은 북면만 산지와 마주하고 있을 뿐 해발 고도가 낮은 산지가 평지에 고립된 형세로 산세가 몇 리에 걸쳐 형성된 것도 아니어서 언덕 수준의 북면을 제외한 동·서·남의 3면은 평지인 평지성이다. 따라서 한 방향만 6리라는 고구려 평양성과는 규모나 지형적으로 상당히 편차가 큰 셈이다. 그 좌표를 평양시와는 다른 곳에서 찾아야 한다는 뜻이다.

45) 패수(浿水): 한중 고대사에 등장하는 하천의 이름. 인터넷〈국편위판〉주014 및〈동북아판2〉주18(제157쪽)에서는 "高句麗의 首都 平壤城의 南쪽에 임한 浿水는 곧 지금의 大同江"이라고 보았다. 국내에서는 조선시대 이래로 그 위치와 관련하여 ① 대동강설, ② 청천강설, ③ 압록강설 등과 함께 ④ 난하설, ⑤ 혼하설 등이 제기되었다. 그러나 이 중에서 지구과학적으로 가장 유력한 후보는 하북성 동북부를 흐르는 난하(灤河) 또는 그 인근의 하천으로 추정된다. 그 결정적인 근거는《사기》·《한서》의 편찬시점과 가장 가까운 후한대의 지리학자 상흠(桑欽)이《수경(水經)》에서 패수가 "동쪽으로 흘러 바다로 들어간다"라고 분명하게 언명한 데에서 찾을 수 있다. 이에 대한 보다 상세한 논의는 문성재,《한국고대사와 한중일의 역사왜곡》, 제32~38쪽을 참조하기 바란다.

• 016

[그 나라의 도읍으로는] 그 밖에도 국내성⁴⁶⁾과 한성⁴⁷⁾이 있다. [이 두 곳] 모두 그 나라의 도회지로서⁴⁸⁾, 그 나라에서는 [평양성과 함께] '삼경'⁴⁹⁾으로 불

46) 국내성(國內城): 고구려의 초기 도읍.《삼국사기》〈고구려본기〉"유리왕"조에서는 "28년에 國都를 國內로 옮겼다"라고 했으며, "고국원왕"조에서는 "12년에 王이 丸都城에 移居하였다"라고 하였다. 그렇다면 국내성은 유리왕 때부터 고국원왕 때까지 고구려의 도읍이었던 셈이다. 국내성의 좌표와 관련하여 〈국편위주〉038에서는 ① 올랄산성(兀剌山城, 도리이 류조), ② 집안현성(輯安縣城, 세키노 타다시), ③ 집안 산성자 산성(山城子山城, 시라도리 구라키치·이케우치 히로시) 등 세 가지 주장을 소개하면서 그 좌표를 대체로 "현재의 通溝 輯安縣城"에서 구했으나 모두가 100여 년 전에 반도사관에 대입하여 도출해 낸 결과여서 정확하다고 보기 어렵다.

47) 한성(漢城): 고구려의 성 이름. 조선시대 초기에 편찬된《고려사》의 〈지리지〉 "서해도(西海道)·안서대도호부(安西大都護府)"조에는 【안주】본래 고구려의 식성군[일설에는 '한성군'이라고 하고, 일설에는 일설에는 '한홀', 일설에는 '내홀'이라고 한다]이다(【安州】本高句麗息城郡[一云漢城郡, 一云漢忽, 一云乃忽])"라고 소개되어 있다. 역시 조선 초기의 연혁지인《신증동국여지승람》"황해도 재령군"조에도 같은 소개가 보인다. 인터넷 〈국편위판〉 주039에서는 이를 근거로 "대체로 지금의 載寧"으로 비정하였다. 나아가 〈동북아판2〉 주20(제157쪽)에서는 재령군 상류인 신원군 아양리 및 월당리 일대에서 발견된 남북 4.5km, 동서 4km의 도시 유적을 근거로 그 일대를 고구려의 한성으로 기정사실화하였다. 그러나 그 정확한 위치는 단정하기 어렵다.

48) 모두 그 나라의 도회지로서[並其都會之所]:《북사》에는 이 부분이 "역시 또 다른 도읍인데[亦別都也]"로 되어 있다.

49) 삼경(三京): 고구려 중기의 3대 도읍.《주서》〈고려전〉에도 "그곳 말고도 국내성 및 한성이 있는데, [이 두 곳] 역시 또 다른 도읍이다(其外有國內城及漢城, 亦別都也)"라고 소개되어 있다. 이로써 고구려 중기에 평양성을 중심으로 하면서 국내성과 한성을 보조적인 역할을 담당하는 별도의 도읍으로 삼는 3경 체제가 구축되어 있었음을 확인할 수 있다. 참고로, 비슷한 시기에 백제는 '5방(五方)' 체제, 신라의 경우는 삼국통일 이후에 '5경(五京)' 체제로 가동되었다. 중원에서는 한·당대에 장안(長安)을 도읍으로 하면서 동쪽의 낙양(洛陽)을 별도의 도읍으로 삼는 '2도(二都)' 체제가 인습되었으며, 북방민족의 경우 요나라와 금나라에서는 신라와 마찬가지로 '5경' 체제가 가동되었다.

린다.

○ 復有國內城漢城, 並其都會之所, 其國中呼爲三京。

• 017

[고구려는] 신라와는 번번이 서로 침공하고 탈취하면서 전쟁이 끊이지 않는다.[50]

○ 與新羅每相侵奪, 戰爭不息。

• 018

[그 나라의] 관직으로는 태대형[51]이 있고 다음으로는 대형[52], 다음으로

---

50) 서로 침공하고 탈취하면서 전쟁이 끊이지 않는다[每相侵奪, 戰爭不息]: 인터넷 〈국편위판〉 주042에서는 이 시점을 "新羅가 眞興王代에 이르러 高句麗를 공격하여 漢江 유역을 점유한 이래 계속되던 양국의 공방전이 특히 隋代에 이르러서는 新羅가 隋軍을 이용하고자 함에 이르렀던 상황"으로 보았다. 〈동북아판2〉(제157쪽)에서는 이 구문의 '여신라(與新羅)' 부분을 "[고구려와] 신라는" 식으로 번역하였다. 그러나 여기서의 '더불어 여(與)'는 대등관계를 나타내는 접속사 '~과-(and)'가 아니라 수반관계를 나타내는 전치사 '~과 함께(with)'의 의미로 사용되었으므로 유념할 필요가 있다.

51) 태대형(太大兄): 고구려의 관직명. 고구려의 관직명.《한원》의《고려기》인용문에 따르면, 품계는 2품이며, '막하하라지(莫何何羅支)'로 불리기도 했다고 한다. '태대형'을 '막하하라지'로도 불렀다면 '막하'는 '태'에 대응되어 '위대하다(great)'라는 의미를 나타내는 셈이다. 문제는 고구려의 관직명에 산스크리트어가 등장한다는 점이다. 그 발음과 의미를 따져 볼 때, 여기서의 '막하(莫何)'는 '모허(mohe)'로, '위대하다'는 뜻의 산스크리트어 '마하(maha)'를 발음에 가까운 한자로 표기한 경우임이 분명하다. 불교 경전《'마가'반야바라밀다심경(摩訶般若波羅蜜多心經)》의 경우처럼, 산스크리트어 '마하'는 당대 이래로 한자로는 '마가(摩訶, moge), 마합(摩哈, moha)' 등으로 표기되곤 하였다. 그런데 '태대형'의 별칭이《고려기》에 '막하하라지'로 소개되어 있는 것이다. '막하하라지' 또는 최소한 '막하'는 고구려어로 보기 어렵다는 뜻이다.

52) 대형(大兄): 고구려의 관직명.《한원》의《고려기》인용문에 따르면, 품계가 정5품

는 소형53), 다음으로는 대로54), 다음으로는 의후사55), 다음으로는 오졸56), 다음으로는 태대사자57), 다음으로는 대사자58), 다음으로는 소

(正五品)에 해당하며 '힐지(纈支)'로 불리기도 했다고 한다.

53) 소형(小兄): 고구려의 관직명.《한원》의《고려기》인용문에 따르면, 품계가 정7품에 해당하며 '실지(失支)'로 불리기도 했다고 한다.

54) 대로(對盧): 고구려의 관직명. 인터넷 〈국편위판〉 주020에서는 "語源은 분명치 않으나 族長 신분층에 속하였던 것"으로 보았다. 다만, '대로'가 순수한 고구려어인지에 대해서는 단정하기 어렵다.《양서》〈부상국전〉에서 "[부상국의] 귀인들 중 으뜸가는 이는 '대대로', 버금가는 이는 '소대로', 셋째 가는 이는 '납돌사'이다(貴人第一者爲大對盧, 第二者爲小對盧, 第三者爲納咄沙)"라고 한 것이 그 증거이다. 부상국은《양서》에서 와(倭) 너머 훨씬 동쪽에 있는 나라이다. 그런데 그 상층 귀족이 고구려와 동일한 호칭을 가지고 있는 것이다. 적어도 언어적으로는 '대로'가 고구려어인지 아니면 기록주체(양나라 사관)의 자의적인 추정인지 알 길이 없는 것이다. 곽석량의《한자고음수책》에 따르면, '대로(對盧)'의 고대음은 '뗏라(tuət-lɑ)'이거나 여기서 종성 '-ㅅ'이 약화/탈락된 '뛰라' 식으로 읽었을 것이다.

55) 의후사(意侯奢): 고구려의 관직명. 인터넷 〈국편위판〉 주047 및 〈동북아판2〉(제157쪽)에서는《한원》의《고려기》인용문에서 ① "奢가 흔히 使者와 대응되고 있어 使者系 官位의 하나"이며, ② "意侯는 고유어의 위를 의미하는 것"이므로, ③ "意侯奢는 上位使者의 異稱"이라고 추정하였다. 그러나 그 같은 추론을 뒷받침해 줄 만한 근거는 박약하다. 특히, '의사'가 고유어의 '위'를 뜻한다는 주장은 두 단어의 발음이 음운상으로 대응되지 않아서 설득력이 없어 보인다. 이 관직의 이름의 경우,《수서》에는 '의후사(意侯奢)',《주서》에는 '의사사(意俟奢)',《북사》에는 '경후사(竟侯奢)'로 나와 있지만 그 정확한 명칭은 '의후사'일 가능성이 높다. ① 첫 글자의 경우《수서》와《주서》에 근거할 때 그보다 22년 뒤에 편찬된《북사》의 '경'이 오자이다. ② 둘째 글자의 경우, 행서(行書)에서 '후'와 '사'의 모양이 흡사하고, ③《수서》와《북사》에는 '후'로 나와 있다는 것이 그 증거이다. 두 글자가 모양이 비슷한 데서 비롯된 오독 또는 오기의 사례인 셈이다. 곽석량《한자고음수책》에 따르면, '의(意)'는 '역(lək)', '사(俟)'는 '져(dʒiə)', '후(侯)'는 '호(xo)', '사(奢)'는 샤(ɕia)'이므로 '의사사'는 '역져샤', '의후사'는 '역호샤' 정도로 재구된다.

56) 오졸(烏拙): 고구려의 관직명.《주서》에는 '조졸(鳥拙)'로 나와 있다. 인터넷 〈국편위판〉의 경우, 번역문에서는 '오졸(烏拙)', 원문에서는 '조졸(鳥拙)'로 서로 다르게 표기하고 주석에서는 "그 音을 보아 他書에서 보이는 鬱折의 異稱"으로 추정하였다. 그러나 사실은 동일한 고구려어를 각자 다른 한자로 표기한 것일 뿐이다. 만약 이 관직명이 '울절(鬱折)'과 동일한 것이라면 그 이름은 '조졸'이 아니라 '오졸'이어

사자[59](), 다음으로는 욕사[60](), 다음으로는 예속[61](), 다음으로는 선인[62]()

야 옳다. 음운상으로 '울절'과 대응되는 쪽은 '오졸'이기 때문이다. 곽석량의 《한자고음수책》에 따르면, '오(烏)'는 '어(ɑ)', '울(鬱)'은 '윗(ĭwət)'이다. '어'와 '윗(워)'으로 음운상으로 대응되는 것이다. 반면에 '조(鳥)'는 '뚜(tiəu)' 식으로 재구되므로 전혀 발음이 다르다.

57) 태대사자[太大使者]: 고구려의 관직명. 《한원》에서는 〈고려기(高麗記)〉를 인용하여 "그 다음의 대부사자는 정3품에 해당하는 것으로, 명칭을 '알사'라고 하기도 한다(次大夫使者, 比正三品, 亦名謂謁奢)"라고 소개하였다. 인터넷 〈국편위판〉 주 041에서는 이와 관련하여 "大夫使者는 他書에 나오는 예로 볼 때 太大使者에 해당되는 것"으로 추정하였다. 그러나 '대부사자'는 '태대사자'의 단순 오기일 가능성이 높다.

58) 대사자[大使者]: 고구려의 관직명. 《한원》에서는 〈고려기〉를 인용하여 "다음의 대사자라는 것은 정4품에 해당하는 것으로, '대사'라고 부르기도 한다(次大使者, 比正四品, 一名大奢)"라고 소개하였다.

59) 소사자[小使者]: 고구려의 관직명. 그 이름은 《주서》·《수서》·《구당서》·《신당서》·《문헌통고》에도 보인다.

60) 욕사(褥奢): 고구려의 관직명. 곽석량의 《한자고음수책》에 따르면, '욕(褥)'은 '녹(ŋǐwŏk)', '사치할 사(奢)'는 '샤(ɕia)'이므로 욕사는 '녹샤' 정도로 재구된다. 다만, '녹'의 경우, 시간이 흐르면서 종성인 '-ㄱ'은 약화/탈락된 채로 '뇨샤' 식으로 읽었을 것이다. 우리가 이불 밑에 까는 요가 원래 한자음은 '욕(褥)'인데 '요'로 부르는 것과 같은 이치이다. 《한원》의 〈고려기〉 인용문에서는 종5품의 발위사자(拔位使者)를 "'유사'로 부르기도 한다(一名儒奢)"라고 소개하였다. 〈국편위주〉052에서는 이와 관련하여 "褥과 儒는 상통하는 것이며, 褥奢는 곧 拔位使者를 의미하는 것"으로 추정하였다. 실제로 '욕사'는 '유사'와 음운상으로 서로 대응된다. '선비 유(儒)'는 '뇨(ŋǐwo)'로, 종성 '-ㄱ'가 탈락된 '녹'과 발음이 유사하기 때문이다. 따라서 '욕사'와 '유사'는 사실상 같은 이름을 서로 다른 한자로 표기한 경우로 이해하는 편이 합리적이다.

61) 예속(翳屬): 고구려의 관직명. 곽석량의 《한자고음수책》에 따르면, '예(翳)'는 '예(ĭei)', '속(屬)'은 '죡(ʑǐwok)' 또는 '뚁(ťǐwok)'이어서 '예죡' 또는 '예뚁' 정도로 재구된다. 다만, '죡/뚁'의 경우, 종성 '-ㄱ'이 약화/탈락된 채로 '예죠' 또는 '예뚀' 식으로 읽혔을 가능성도 고려할 필요가 있다. 《한원》의 〈고려기〉 인용문에서는 "제형은 '예속'이라고 부르기도 한다(諸兄, 一名翳屬)"라고 하여 종7품 제형의 별칭으로 보았다.

62) 선인(仙人): 고구려의 관직명. 《양서》에는 '선인(先人)'으로 소개되어 있다. '선

褥 nǐwǒk 녹 뇨
　　　　　　　　　　　＋　奢 ɕia　샤
儒 nǐwo　　　　　뇨

한자 비교 – '욕'은 '유'와 음운상으로 서로 대응된다.

식으로 모두 열두 관등63)이 있다.

○ 官有太大兄, 次大兄, 次小兄, 次對盧, 次意侯奢, 次烏拙, 次太大使者, 次大使者, 次小使者, 次褥奢, 次翳屬, 次仙人, 凡十二等。

• 019

이 밖에도 내평·외평64)·오부65) 욕살66)이 있다.67)

(仙)'과 '선(先)'이 각자 의미가 다르면서도 발음이 같은 것을 볼 때 '선인'은 고구려어를 비슷한 발음의 한자로 다르게 표기한 경우일 것이다.

63) 열두 관등[十二官等]: 인터넷 〈국편위판〉 주055에서는 "《北史》·《新·舊唐書》에도 역시 12等으로 되어 있다. 《周書》에는 13等으로 되어 있다"라고 했으나 그것은 《주서》를 편찬한 사관의 착오이다. 《수서》나 《북사》의 〈고려전〉에서는 "무릇 열두 개의 관직이 있고, 추가로 내평·외평·5부 욕살이 있다(凡十二等, 復有內評外評五部褥薩)"라고 소개되어 있다. 말하자면, ① 고구려의 관등제도는 욕살을 제외한 12개 관직을 원칙으로 하며, ② 경우에 따라서 내평·외평·5부 욕살이 추가되기도 했다는 이야기이다. 따라서 ③ 욕살은 12관등과는 구분하여 이해해야 옳다.

64) 내평·외평(內評·外評): 고구려의 관직명. 인터넷 〈국편위판〉 주057에서는 "그 읍락들의 경우, 안에 있는 것을 '탁평'이라고 한다. … 나라 안에는 여섯 군데의 탁평이 있다(其邑在內曰啄評. … 國有六啄評)"라는 《양서》〈신라전〉의 기사를 근거로 "評의 의미는 분명히 전하는 바가 없다. 다만 內·外로 구분되고 다음에 五部가 이어짐을 보면 일종의 행정구역"이라고 보았다. 그 취지에는 동의하지만 고구려의 관등제도를 소개한 대목에서 신라의 사례를 대입시키는 것은 확대해석이 아닐까 싶다.

○ 復有內評外評五部褥薩。

• **020**

[그 나라] 사람들은 한결같이 가죽 관모를 쓰며, 사신들은 추가로 새깃을 꽂는다.68) 존귀한 이들은 관모에 자주색 비단을 사용하며69) 금·은으

---

65) 오부(五部): 고구려의 지방행정 편제. 여기서는 설명이 없어서 구체적인 내용을 알 수가 없다. 다만, 초기 정사인《삼국지》와《후한서》의〈고구려전〉해당 대목에서 당대 초기의 장회태자 이현은 "따져 보건대, 지금의 고려에는 5부가 있다. 하나는 내부로, '황부'라고도 하는데 바로 계루부이다. 둘째는 북부로, '후부'라고도 하는데 바로 절노부이다. 셋째는 동부로, '좌부'라고도 하는데 바로 순노부이다. 넷째는 남부로, '전부'라고도 하는데 바로 관노부이다. 다섯째는 서부로, '우부'라고도 하는데 바로 소노부이다(案, 今高驪五部, 一曰內部, 一名黃部, 即桂婁部也. 二曰北部, 一名後部, 即絶奴部也. 三曰東部, 一名左部, 即順奴部也. 四曰南部, 一名前部, 即灌奴部也. 五曰西部, 一名右部, 即消奴部也)"라고 소개한 바 있다. 이현은 7세기 사람이므로,《수서》나《구당서》에 기술된 고구려의 상황에 대하여 잘 알고 있었을 것이다. 그렇다면, 고구려의 '5부'는 계루부(내부)·절노부(북부)·순노부(동부)·관노부(남부)·소노부(서부)로 이해할 수 있겠다.

66) 욕살(褥薩): 고구려의 관직명. 곽석량의《한자고음수책》에 따르면, '요 욕(褥)'은 '뇩(ŋjwŏk)', '보살 살(薩)'은 '삿(sat)'이어서 '뇩삿' 정도로 재구된다. 다만, '뇩삿'에서 두 글자의 종성인 '-ㄱ'과 '-ㅅ'이 약화/탈락되면서 '뇨사' 식으로 변형되었을 수도 있다.《한원》의《고려기》인용문에서 "大城에는 褥薩를 두었는데 都督에 비견된다"라고 소개한 것을 보면 각 지방의 군정장관에 해당하는 셈이다.

67) 내평·외평·오부욕살[內評·外評·五部褥薩]: 이 부분의 경우, 인터넷〈국편위판〉주 060에 따르면 일본 학자 이노우에 히데오는 "褥薩이 五部뿐만 아니라 內評·外評에도 걸리는 것"(제170~171쪽)으로 보았다. 즉, '내평욕살·외평욕살·오부욕살' 식으로 해석한 셈이다. 그러나 전후 맥락을 따져 볼 때, 이 부분은 '내평·외평'과 '오부[의] 욕살'로 분리해서 이해해야 옳다.

68) 사신들은 추가로 새깃을 꽂는다[使人加揷鳥羽]:《위서》에서는 "머리에 절풍을 쓰는데, 그 모양이 변을 닮았으며, 옆에는 새깃을 꽂는다(頭著折風, 其形如弁, 旁揷鳥羽)",《북사》에서는 "병사들은 거기에 추가로 새깃을 2개 꽂았고, 존귀한 자의 경우는 그 모자를 '소골'이라고 한다(士人加揷二鳥羽, 貴者, 其冠曰蘇骨)"라고 소개하였다. 이와 관련하여, 당나라 승려 의정(義靜, 7세기)의《대당서역구법고승전(大唐西域求法高僧傳)》"아난야발마(阿難耶跋摩)"조의 주석에서는 "'계귀'란 산스크리

로 장식한다.

○ 人皆皮冠, 使人加挿鳥羽。貴者冠用紫羅, 飾以金銀。

•021

[남자는] 큰 소매의 저고리에 통 넓은 바지, 흰 가죽, 누런 가죽신을 착용한다.

부녀자는 치마와 저고리에 테를 둘렀다.

○ 服大袖衫, 大口袴, 素皮帶, 黃革履。婦人裙襦加襈。

트어로 '쿡쿠때쉬바라(Kukkuṭeśvara)'이다. '쿡쿠따(kukkuṭa)'는 [수]닭, '이쉬바라(Īśvara)'는 귀인(수장)으로, 바로 고려국을 말한다. 전하는 말에 따르면, 그 나라는 닭의 신을 경외하며 존귀하게 여겨서 깃을 꽂아 장식으로 삼는다고 한다. … 서역에서는 고려를 쿡쿠때쉬바라라고 부른다(雞貴者, 梵云矩矩吒䃜說羅。矩矩吒是雞, 䃜說羅是貴, 即高麗國也。相傳云, 彼國敬雞神而取尊, 故戴翎羽而表飾矣。… 西方喚高麗爲矩矩吒䃜說羅也)"라고 설명하였다. 인도를 포함한 서역에서 고구려를 '쿡쿠때쉬바라(쿡쿠따+ㅣ+쉬바라)'라고 부른 것은 고구려에서 닭의 신을 숭배해서라기보다는 수닭의 깃을 모자에 꽂고 다녔기 때문이라고 보는 편이 합리적이다. 다음 세기인 8세기 당대의 두우(杜佑)는 《통전(通典)》 악지·사방악(樂志·四方樂)》 "고려악"조에서 "고구려의 악공은 새깃으로 장식한 자주색 비단모자와, 노란색 큰 소매의 옷과 자주색 비단 띠에 통 넓은 바지를 입었으며, 붉은 가죽신을 신고 오색의 끈을 매었다(高麗樂工人紫羅帽, 飾以鳥羽, 黃大袖, 紫羅帶, 大口袴, 赤皮鞾, 五色縚繩)"라고 고려악 예인들의 복장을 묘사한 바 있다. 이를 통하여 고구려인들은 절풍을 착용할 때 새깃과 함께 때로는 금 등의 귀금속으로 만든 꽃 등의 장식물을 꽂아 멋을 부렸음을 짐작할 수 있다. 참고로, 《주서》〈백제전〉에서는 "만약 조정의 의례나 제사가 있을 때에는 그들의 관[모] 양쪽 옆에 새깃을 꽂는데, 전시에는 그렇게 하지 않는다(若朝拜祭祀, 其冠兩廂加翅, 戎事則不)"라고 하였다. 《북사》〈백제전〉 역시 비슷하게 소개하였다. 이를 통하여 고구려와 백제의 남성 복장 예절이 대체로 동일했음을 알 수 있다.

69) 관모에 자주색 비단을 사용하며[冠用紫羅]: 이 부분의 경우, 《구당서》와 《신당서》에서는 "관리들 중에 존귀한 경우에는 푸른 비단으로 관을 짓는다. 다음은 진홍색 비단을 쓴다(官之貴者, 則靑羅爲冠, 次以緋羅)"라고 소개하였다. 고구려 고관이 착용하는 모자의 색깔이 수나라 때에는 자주색이었을 가능성도 있는 셈이다.

• 022

[그 나라] 병기는 중국과 대체로 동일하다.[70)]

봄·가을이 되면 사냥 대회를 여는데[71)] 국왕이 직접 그 자리에 참석한다.

○ 兵器與中國略同。每春秋校獵, 王親臨之。

• 023

인[두]세는 베 다섯 필·곡식 다섯 섬이다. [호구가 없는] 떠돌이들[72)]은 삼년에 한 번 세를 내는데 열 사람이 올이 가는 베 한 필을 낸다.

[농작]세로는 [형편이 넉넉한] 집집마다 한 섬을 내며, 다음은 일곱 말, 그다음은 다섯 말을 낸다.

○ 人稅布五匹, 穀五石。遊人則三年一稅, 十人共細布一匹。租戶一

---

70) 병기는 중국과 대체로 동일하다[兵器與中國略同]: 여기에는 고구려 병기가 간단히 언급되었으나 《주서》〈고려전〉에서는 이 부분이 "병기로는 갑옷·쇠뇌·활·화살·미늘창·큰 창·장창·작은 쇠자루 창이 있다(兵器有甲弩弓箭戟稍矛鋋)"고 상세하게 소개해 놓았다.

71) 사냥 대회를 여는데[校獵]: '교렵(校獵)'은 나무 울타리를 짜서 사냥터에 세우고 짐승들을 몰아붙인 다음 활로 쏘아 사냥하는 것을 말한다. '교(校)'는 그때에 세우는 나무 울타리를 말한다. 여기서는 편의상 "사냥 대회"로 의역하였다.

72) 떠돌이들[遊人]: '유인(遊人)'의 해석과 관련하여 〈동북아판2〉 주42(제159쪽)에서는 ① 빈민·소작민, ② 한시적 일반호, ③ 외국인 포로집단, ④ 유목·수렵민 등의 해석들을 소개하였다. 그러나 글자 그대로 직역하면 '떠도는 사람들'이라는 뜻이어서 떠돌이, 즉 유랑자나 유민들을 일컫는 말임을 알 수가 있다. 물론, 이 두 글자만으로는 이 떠돌이들의 성격이 화전민·유목민처럼 직업적인 이유에 따른 것인지 유민처럼 사회적인 이유(혼란·전쟁 등)에 따른 것인지 단정하기 어렵다. 이 대목에서 이들에 대한 세금 징수를 1년마다 1번이 아닌 3년마다 1번씩으로 정한 것도 이들이 붙박이(정착) 생활을 하지 않고 수시로 이동했기 때문일 것이다. 그럼에도 불구하고 세금을 매겼다는 것은 이들이 원래의 터전으로 되돌아오곤 했기 때문일 것이다.

石, 次七斗, 下五斗。

• 024

[그 나라 형법에서] 반역을 저지른 경우에는 기둥에 묶고 불로 태운 다음 그 목을 베고, 그 가솔들은 호적을 박탈하였다.[73] 도둑질을 하면 [훔친 물건의] 열 갑절[74]을 배상해야 한다. 내리는 형벌이 가혹하기 때문에 [국법을] 어기는 이가 드물다.

○ 反逆者縛之於柱, 爇而斬之, 籍沒其家。盜則償十倍。用刑旣峻, 罕有犯者。

• 025

악기로는 오현[75] · 금[76] · 쟁[77] · 필률[78] · 횡취[79] · 소[80] · 북 같은 것

---

73) 호적을 박탈하였다[籍沒]: 원래 '적몰(籍沒)'은 글자 그대로 직역하면 '호적을 말소한다' 정도로 번역된다. 그러나 이와 함께 특정인의 재산이나 가솔을 관청의 장부에 기재한 다음 그것들을 관청에서 몰수하여 공적인 용도에 충당하는 모든 과정을 아울러 일컫기도 한다. 여기서는 편의상 원래의 의미 그대로 "호적을 박탈하였다"로 번역하였다.

74) 열 갑절[十倍]: 배상의 규모에 관해서는 사서마다 다소 편차를 보여서 《주서》〈고려전〉에서는 '열 갑절 넘게(十餘倍)', 《구당서》〈고려전〉에서는 '열 갑절(十二倍)'로 기술되어 있다.

75) 오현(五絃): 중국 고대 현악기의 일종. 정식 이름은 '오현비파(五弦琵琶)'이다. 두우의 《통전(通典)》과 《구당서》〈음악지(音樂志)〉에는 "오현비파는 [일반 비파보다] 좀 작은데, 북방의 나라에서 유래한 것으로 보인다(五弦琵琶稍小, 蓋北國所出)"라고 하였다. 5~6세기에 북조를 중심으로 유행했으며, 당대에는 좌부기(坐部伎, 앉아서 연주)·입부기(立部伎, 서서 연주) 계열의 음악에서 자주 사용되다가 송대에 실전되었다.

76) 금(琴): 중국 고대 현악기의 일종. '요금(瑤琴)·옥금(玉琴)'으로 불리기도 했으며, 지금은 '고금(古琴)·칠현금(七弦琴)'으로 불린다. 춘추전국시대부터 사용되었으며, 공자(孔子)로부터 사마상여(司馬相如)·채옹(蔡邕)·혜강(嵇康) 등도 금의 달인

들이 있으며, 갈대[떨개]를 불어 [반주] 가락에 맞추기도 한다[81].

으로 유명하였다. 〈동북아판2〉 주45(제160쪽)에서는 "五絃은 현악기 五絃琴을 의미하므로 하나의 단어로 번역하였다. 五絃琴은 오현으로 된 거문고이며 舜임금이 만들었다고 한다"라고 했으나 오해이다. 금은 고대로부터 사용된 중국의 전통 악기이지만 오현은 기원후 5~6세기가 되어서야 북방에서 전래된 외래 악기이기 때문이다. 외형에 있어서도 오현은 현이 5줄인 반면에 금은 7줄이며, 연주방법도 전자는 기타처럼 손으로 연주하지만 후자는 나무채로 튕기면서 연주해서 많이 다르다.

77) 쟁(箏): 중국 고대 현악기의 일종. 전국시대 진(秦)나라의 재상 이사(李斯, ?~BC208)가 〈간축객서(諫逐客書, 객경들을 추방할 것을 건의하는 글)〉에서 "무릇 옹기를 치고 장군을 두드리며 쟁을 연주하고 허벅지를 두드리면서 떠들썩하게 노래 부르며 귀와 눈을 즐겁게 하는 것이야말로 참된 진나라 음악입니다(夫擊瓮叩缶, 彈箏搏髀, 而歌呼嗚嗚快耳目者, 眞秦之聲也)"라고 한 데서 볼 수 있듯이, 전국시대부터 진나라(섬서지역)를 중심으로 유행하여 '진쟁(秦箏)'으로 불리기도 하였다.

78) 필률(篳篥): 중국 고대 관악기의 일종. 대롱에 구멍을 9개 뚫고 그 끝에 갈대 속으로 된 떨림판을 끼워서 분다. 때로는 '필률(觱篥)·필률(必栗)·비률(悲篥)' 등으로 표기하지만 발음과 내용은 모두 동일하며, '핏륏 ⇒ 피뤼 ⇒ 피리' 식의 음운변화를 거쳐 지금의 한국어 '피리'로 굳어졌다. 당나라 단안절(段安節, 9세기)의 《악부잡록(樂府雜錄)》에서 "'필률'이라는 것은 본래 구자국의 악기이다. '비률'이라고도 하는데 [호]가와 비슷하다(觱篥者, 本龜玆國樂也. 亦曰悲篥, 有類于笳)"라고 소개하였다. 《구당서》〈음악지〉에서는 "오랑캐들이 그것을 불어 중국의 말들을 놀라게 만들곤 하였다(胡人吹之以驚中國馬)"라고 소개하였다. 서역에서 중국으로 전래된 것임을 알 수 있는 셈이다.

79) 횡취(橫吹): 중국 고대 관악기의 일종. 글자 그대로 직역하면 '가로로 분다'는 뜻으로, 횡적(橫笛)을 말하며, '단소(短簫)'로 불리기도 하였다. 송대의 곽무천(郭茂倩)이 저술한 《악부시집(樂府詩集)》에 〈횡취곡사(橫吹曲辭)〉라는 제목으로 여러 단원이 있을 정도로, 군대의 군악에 자주 사용되었다.

80) 소(簫): 중국 고대 관악기의 일종. 중국의 전통적인 악기로, 하나의 대롱을 세로로 부는데, 동소(洞簫), 통소)·금소(琴簫) 등이 있다. 구멍 개수에 따라서 '6공소(六孔簫)·8공소(八孔簫)' 등으로 불리기도 하였다.

81) 가락에 맞추기도 한다[和曲]: '화곡(和曲)'은 음악에 맞추어서 악기를 연주하는 것을 말한다. 인터넷 〈국편위판〉에서는 이 부분을 "曲調에 맞추어 … 합주한다"라고 번역했는데, 반주와 혼동한 것이 아닌가 싶다.

돈황벽화 속의 필률(좌)과 횡취(우). '피리'라는 이름은 필률에서 유래하였다.

○ 樂有五絃琴箏篳篥橫吹簫鼓之屬, 吹蘆以和曲.

• 026

해마다 연초에는82) [사람들이] 패수 가에 모여 노는데, 국왕도 요여83)를

---

82) 해마다 연초에는[每年初]: 여기서의 '연초'는 음력 1~2월이므로 양력으로 따지면 대체로 2~3월에 해당하는 셈이다.

83) 요여(腰輿): 중국 고대의 가마의 일종. 탑승했을 때의 가마 높이가 허리까지 온다고 해서 그렇게 불렸다고 한다. 호삼성도 《자치통감》에서 "요여는 사람이 들게 하는데 그 높이가 허리까지 온다(腰輿, 令人擧之, 其高至腰)"라고 하였다. 실제로 《구당서》〈왕방경전(王方慶傳)〉에 따르면, "측천무후가 만안산의 옥천사에 행차했을 때에 산길이 가파른 탓에 요여를 타고 올라가려고 하였다(則天嘗幸萬安山玉泉寺, 以山徑危懸, 欲御腰輿而上)"라고 한다.

당대의 화가 염립본이 그린 〈당태종보련도(唐太宗步輦圖)〉. '보련' 은 요여의 일종으로 보인다.

타고 나가 깃으로 장식된 깃발을 든 의장대84)를 늘어세워 놓고 그 모습을 구경한다.

[그리고] 놀이가 끝나면 국왕은 [자신의] 옷을 물에 넣고 [자신의 측근] 좌·우를 두 패로 나누어서85) 서로 물과 돌을 뿌리거나 던지면서 떠들썩하게 소리를 지

---

84) 깃으로 장식된 기치를 든 의장대[羽儀]: '우의(羽儀)'는 새깃으로 장식한 화려한 깃발로, 천자나 황후·비빈이 대궐 밖으로 행차할 때에 대열 앞에 앞세웠다. 북송대 사서인 《자치통감》《진기(晉紀)》"성제(成帝) 함강 2년(336)"조에서도 "우의를 잡고 취타를 연주하였다(執羽儀, 鳴鼓吹)"고 한 것을 보면 행차 때마다 우의와 함께 어김없이 음악을 연주했음을 알 수 있다. 여기서는 '우의'를 의장대로 번역하였다.

85) 좌·우를 두 패로 나누어서[分左右爲二部]: 《북사》에는 이 부분이 '분위좌우2부(分爲左右二部)'로 되어 있으므로 "[사람들은] 좌·우 두 패로 나누어서" 식으로 번역해야 된다. 그런데 《수서》에는 이 부분이 '분좌우위2부(分左右爲二部)'로 되어 있다. 이 경우에는 '[자신의 신하] 좌우를 나누어 두 패로 삼아서' 식으로 번역되어서 어감이 좀 다르다.

르고 쫓아가는데, [그렇게] 두세 차례 하고 나서야 그친다.[86)]

○ 每年初, 聚戲於浿水之上, 王乘腰輿, 列羽儀以觀之。事畢, 王以衣服入水, 分左右爲二部, 以水石相濺擲, 諠呼馳逐, 再三而止。

• 027

민간에서는 쪼그리고 앉기를 좋아한다.[87)]

깔끔하고 깨끗한 것을 좋아하며, 잰걸음으로 걸음으로써 [상대에 대한] 존

---

86) 두세 차례 하고 나서야 그친다[再三而止]: 인터넷 〈국편위판〉 주071에서는 "豊年을 기원하는 행사로 물의 呪術的인 효과를 높이는 목적이 있다는 이해가 있다"라고 해석한 이노우에 히데오의 주장을 소개하였다. 그러나 돌을 던지거나 물을 뿌리고 노는 행위에까지 종교적 의미를 부여하는 것은 지나친 확대해석이 아닌가 싶다.

87) 쪼그리고 앉기를 좋아한다[好蹲踞]: '준거(蹲踞)'는 기마 자세나 배변 자세처럼 두 다리를 세우고 엉덩이를 띄운 채 '쪼그려 앉는 것(squat)'을 가리킨다. 지금은 그렇지 않지만 북방의 영향을 덜 받은 한·진·남조만 해도 중국에서는, 지금의 우리나라 일본처럼, 두 무릎을 꿇고 앉는 것을 예의바른 자세로 여겼다. 반면에 다리를 뻗고 앉거나 쪼그려 앉는 것은 대단히 무례하고 불경스럽게 여겼다. 전국시대 사상가 맹자(孟子, BC372~BC289)가 자기 아내가 쪼그려 앉았다는 이유 때문에 이혼하려 했다는 이야기는 유명하다. 《회남자(淮南子)》《설산훈(說山訓)》에서 "무례한 짓을 예의 바르다고 여기는 경우를 예로 들면 벌거벗고 뛰어서 미친 사람을 쫓아간다거나 … 쪼그리고 앉아 경전을 외우는 경우 등이다(以悲禮爲禮, 譬猶倮走而追狂人, … 蹲踞而誦詩書)"라고 한 것도 그 예이다. 쪼그려 앉는 것이 배변하는 자세와 비슷하기도 하고 치부를 드러내는 경향도 있다 보니 앞에서 보든 뒤에서 보든 상당히 불미스럽다고 여긴 탓이었을 것이다. 물론, 이 같은 선입견은 바지로 일차적으로 하반신을 덮는 북방계(동이)의 투피스 문화와는 달리 하나의 긴 두루마기로 하반신을 가리기만 하는 중원의 원피스 문화 사이의 문화적 차이에서 기인한 것이다. 중국에서도 이민족들과 똑같이 쪼그려 앉기 시작한 것은 북방민족의 영향을 심대하게 받은 북조·수·당 무렵부터이다. 〈동북아판2〉 주51(제160쪽)에서는 '준거(蹲踞)'를 '걸터앉다(perch)'라고 번역했지만 쪼그려 앉는 것과는 전혀 다른 자세이므로 유념할 필요가 있다. 〈동북아판2〉에서는 또 이노우에 히데오(1974)가 무릎을 꿇고 두 손을 땅에 댄 자세의 하니와(埴輪) 토용을 근거로'준거'를 "양 무릎을 꿇고 허리를 낮추는 것"으로 해석했다고 소개하였다. 이노우에가 정말 그런 주장을 했는지는 확인할 수 없지만 그 해석은 잘못된 것이다.

당나라 화가 장훤(張萱) 《도련도(搗練圖)》의 쪼그려 앉은 당나라 미인. 이민족이 본격적으로 중원으로 진출한 5호 16국시대 이전에는 쪼그려 앉는 것은 대단히 불경한 자세였다.

경의 뜻을 나타낸다.

• 028

절을 할 때에는 한쪽 다리를 뻗으며, 서 있을 때에는 저마다[88] 뒷짐을 지는데, [걸음을] 걸을 때에는 어김없이 팔을 흔든다.[89]

---

88) 저마다[各]: 《북사》에는 두 번째 글자가 '많을 다(多)'여서 "뒷짐을 지는 경우가 많다(立多反拱)" 식으로 해석된다. 그런데 ① 문법적으로 따지더라도 '각기 각(各)'은 자연스럽지 못한 데다가, ② 초서(草書)로 한자를 쓸 때에는 '각(各)'의 모양이 '다(多)'와 비슷하다. 따라서 ③ 두 번째 글자는 《수서》의 '각'이 아닌 《북사》의 '다'로 해석해야 옳다.

89) 걸을 때에는 어김없이 팔을 흔든다[行必搖手]: 이 부분의 경우, 《북사》에는 동사가 "걸을 때에는 어김없이 손을 꽂고 다닌다(行必揷手)"라고 되어 있다. 인체공학적으로 따질 때 《수서》쪽이 더 자연스럽다는 것은 논외로 치더라도, ① 《수서》가 《북사》보다 20년 이상 앞서 편찬된 점에 유념할 필요가 있다. 따라서 ② 《북사》 편찬자들이 그 선행 사서인 《수서》를 수시로 참조했을 것은 자명하다. 게다가 ③ '요

초서로 쓴 '각(各)'과 '다(多)'. 얼핏 보기에는 모양이 비슷하여 혼동하기 쉽다.

○ 俗好蹲踞, 潔淨自喜, 以趨走爲敬, 拜則曳一脚, 立各反拱, 行必搖手。

• 029

[그 나라 사람들의] 기질은 남을 속이거나 속을 드러내지 않는 경우가 많다.⁹⁰⁾ [*⁹¹⁾] 아버지와 아들이 한 시냇물에서 몸을 씻거나 한 방에서

(搖)'와 '삽(揷)'은 글자 모양이 비슷하므로 필사하는 과정에서 잘못 베꼈을 가능성이 높다.

90) 남을 속이거나 속을 드러내지 않는 경우가 많다[多詭伏]: 글자 그대로 직역하면 이런 의미이지만 다른 의미로는 자신의 속내를 쉽게 드러내지 않는다는 뜻으로 이해할 수 있겠다. 이 부분은《수서》에 새로 추가된(?) 내용으로, 이전의 정사 기록에는 보이지 않는다. 그렇다면 외교관계가 경색된 수나라의 고구려에 대한 복잡한 정서를 반영하고 있음을 염두에 둘 필요가 있다고 본다. 참고로, 인터넷〈국편위판〉에서는 "[사람들의] 성격은 간사한 점이 많다"라고 오역했으나 문법에 맞추어 번역하자면 "간사한 경우가 많다"가 되어야 옳다.

91) *:《주서》〈고려전〉에는 이 부분에 "가깝고 멀고를 가리지 않는다[不簡親疏]"라는 내용이 먼저 나온다.《주서》의 앞 구절과《수서》의 이 구문은 두 구문은 얼핏 상관관계가 있는 것 같아 보인다. 그래서 기존의 역주서는 모두 이 네 글자를 그다음 구절에 붙여 해석하였다.〈동북아판2〉(제097쪽)에서 이 부분을 "친소를 가리지 않아 심지어 한 냇물에서 목욕하고 같은 방에서 잔다" 식으로 번역한 것이 그 예이

잠을 자곤 한다.

여인은 음란하여 [야반]도주하는 경향이 있으며, 민간에는 밖으로 나도는 여자가 많다.

○ 性多詭伏. 父子同川而浴, 共室而寢. 婦人淫奔, 俗多遊女.

• 030

혼인을 하고 아내를 맞이할 때의 경우에는 남녀가 서로 좋아하는 쪽을 골라서 바로 부부로 맺어 준다.

남자 집에서는 돼지[고기]와 술만 보낼 뿐으로, 재물이나 폐백 같은 [것을 보내는] 예법은 없다. 혹시라도 [여자 집에서] 재물을 받기라도 하면 남들이 다같이 그를 부끄럽게 여긴다.[92]

다. 그러나 아버지와 아들 사이는 가까운 사이이기 때문에 "가깝고 멀고를 가리지 않고" 식의 상황을 설정하는 것은 아무 의미가 없다. 반면에, 언어의 경우에는 존댓말과 예삿말, 존칭과 비칭(卑稱)의 관계처럼 나와의 관계가 가까냐 머냐에 따라 표현이 달라지며, 관례에서 벗어난 표현을 쓰면 비난의 대상이 되기도 한다. 따라서 이 네 글자는 그 앞의 "말은 비속하고 거칠며" 쪽에 연결시켜 이해하는 편이 훨씬 자연스럽다.

[92] 재물을 받기라도 하면 남들이 다같이 그를 부끄럽게 여긴다[或有受者, 人共恥之]: 〈동북아판2〉 주58(제161쪽)에서는 이 대목과 관련하여 《삼국지》〈고구려전〉의 "…이렇게 두세 번 하고 나면 여자의 부모는 곧바로 [그 요구를] 받아들여 작은 집으로 가서 동침하게 해 주는데, [신랑이 가져온] 돈과 예단은 [작은 집] 옆에 놓아둔다 (如是者再三, 女父母乃聽, 使就小屋中宿, 傍頓錢帛)" 부분을 인용하면서 "[《삼국지》의] 이른바 壻屋의 혼인풍속과 비교해 보면 5~6세기 이후의 변화가 생각된다. 이때《삼국지》시기는 신랑 측에서 신부 측에 錢帛을 주었다고 하였다"라고 하여 고구려 초기에는 재물을 주고받는 것을 자연스럽게 여기다가 5~6세기에 이르러 그런 행위를 수치스러운 행위로 인식하게 되었다고 해석하였다. 그러나 《삼국지》를 보면 대목 중간에 "[서옥] 옆에 돈과 명주천을 재어 놓는다(傍頓錢帛)"라고만 되어 있을 뿐이어서 그것이 신랑 측의 예물인지 신부 측의 지참금인지 분명히 알 수가 없다. 그 구절 하나만으로는 고구려의 혼인 습속이 몇 세기 만에 바뀌었다고 단정하기 곤란하다는 뜻이다.

○ 有婚嫁者, 取男女相悅, 然即爲之, 男家送猪酒而已, 無財聘之禮. 或有受財者, 人共恥之.

• 031
사람이 죽으면 [시신을 담은 관을] 집 안에 안치해 두는데 삼 년이 지나면 좋은 날을 잡아서 장례를 치러 준다. 부모 및 남편의 상을 치를 때에는 [93)] 기간이 한결같이 삼 년이며, 형제인 경우에는 석 달이다.

○ 死者, 殯於屋內, 經三年, 擇吉日而葬. 居父母及夫之喪, 服皆三年, 兄弟三月.

• 032
임종을 맞은 직후에는 곡을 하면서 눈물을 흘리지만 장례를 치르고 나

---

93) 부모 및 남편의 상을 치를 때에는[父母及夫喪]: 유자민·묘위《중국정사 고구려전 상주 및 연구》(제165쪽)에서는 이를 중원의 유가사상의 영향으로 해석하였다. 실제로 중국에서는 전통적으로 부모나 남편이 죽으면 3년상을 치렀다.《의례(儀禮)》〈상복(喪服)〉에는 자식이 부모를 위해, 아내가 남편을 위해, 신하가 군주를 위해 3년상을 치렀다고 기술되어 있다. 시간이 흐르면서 3년상을 제도·법률적으로 강제하기 시작하여 남북조시대에는 이를 어기면 형률로 다스리기도 하였다. 그러나 실제로는 공자(孔子)의 제자들이 공자의 상을 치른 때를 제외하고는 춘추·전국시대부터 한대 초기까지 상주가 3년을 다 채운 적이 없으며, 입관해 매장하면 모든 장례 절차가 끝난 것으로 간주되었다. 그래서 중국 화중사대(華中師大)의 저명한 교수인 오천명(吳天明)은〈공맹이 창도한 '3년상'의 정치적 목적과 문화적 의도(孔孟倡導 "三年之喪" 政治目的和文化考量)〉(《호북사회과학》, 2018년 제3기)에서, 유자민·묘위의 주장과는 정반대로, 3년상이 원래는 동이(은나라)지역의 문화전통이었는데, 그 후예인 공자를 필두로 맹자 등 유가에서 주나라의 전통 부흥이라는 정치적 목적으로 적극적으로 창도하면서 중원지역까지 확산되었다는 주장을 개진한 바 있다. 고구려의 3년상을 중원문화의 영향으로 단정하는 것은 지나친 확대해석이라는 뜻이다.

면 북 치고 춤추고 풍악을 울리면서[94] 망자를 [장지로] 떠나보낸다. [이어서 땅에] 안장하고 나면 망자가 살아 있을 적에 썼던 의복·장난감·수레·말 같은 것들을 모두 가져다가 무덤 옆에 놓아두는데, 장례에 모였던 사람들이 다투어 [그것들을] 가지고 간다.

귀신을 섬기며 법도를 벗어난 제사[95]가 많다.

○ 初終哭泣, 葬則鼓儛作樂以送之。埋訖, 悉取死者生時服玩車馬置於墓側, 會葬者爭取而去。敬鬼神, 多淫祠。

• 033

개황 연간 초기[96]에는 빈번하게 사신이 [수나라에] 입조하곤 하였다. [그러다가] 수나라가 진나라를 평정하자 [고]탕은 [수나라를] 크게 두려워하면서[97] 군사를 배치하고 식량을 비축함으로써 [나라를] 지키며 [수나라에] 맞설 대책으로 삼았다.

---

94) 북 치고 춤추고 풍악을 울리면서[鼓儛作樂]: 이 부분은 고구려의 전통적인 장례의식과 내세관을 보여 준다. 유자민·묘위《중국정사 고구려전 상주 및 연구》(제165쪽)에서는 장례의식에서 북 치고 춤추고 풍악을 울리는 것을 고구려에 있는 특유의 장례문화로 중국과는 구별된다고 보았다.

95) 법도를 벗어난 제사[淫祀]:《예기》〈곡례(曲禮)〉에서는 "제사를 지낼 대상이 아닌데도 제사를 지내는 것을 '음사'라고 한다. 음사로는 복 받을 일이 없다(非其所祭而祭之, 名曰淫祀, 淫祀無福)"라고 하였다. 여기서는 나라에서 국법으로 규정하여 천지·사직에 지내는 공적인 제사나 조상에 대한 제사를 제외한 나머지 제사의식들을 가리키는 것으로 이해할 수 있겠다.

96) 개황 연간 초기[開皇初]: 중국사에서 '개황'은 수나라 문제(文帝) 양견(楊堅, 541~604)이 서기 581~600년까지 20년 동안 사용한 연호이다. "개황 연간 초기"라면 대체로 서기 581~587년 전후로, 백제 제27대 국왕인 위덕왕(554~598) 시기에 해당한다.

97) 크게 두려워하면서[大懼]: 수나라가 진나라를 멸망시켰다는 소식을 들은 영양왕이 수나라가 진나라에 이어 고구려를 침공할까 두려워한 것으로 해석된다.

1930년대에 일본인이 찍은 고구려 장군총

○ 開皇初, 頻有使入朝。及平陳之後, 湯大懼, 治兵積穀, 爲守拒之策。

• 034
[개황] 17년⁹⁸⁾에 주상⁹⁹⁾은 [고]탕에게 국서¹⁰⁰⁾를 내려 말하였다.

---

98) 17년(十七年): 이 연대의 경우, 명대의 남경국자감본(남감본)과 청대의 무영전본에는 '70년(七十年)'으로 되어 있다. 그러나 ① 양견은 재위기간이 24년인 데다가, ② 죽을 때의 나이도 64세였다. '70년'은 잘못임을 알 수 있다. 이와 관련하여 인터넷 〈국편위판〉 주079에서는 "《三國史記》 및 《隋書》〈高祖紀〉에 의하면 平原王은 開皇 10년에 서거한 것으로 전하며, 《三國史記》 平原王 32年條의 分註에도 이 기년이 잘못되었음을 지적하고 있다"는 점에 주목하여 개황 17년이 아니라 개황 10년이 옳다고 보았다.

99) 주상[上]: 수나라의 개국군주 양견(楊堅, 541~604)을 말한다. 양견에 관해서는 앞의 "고조" 주석을 참조하기 바란다.

100) 국서[璽書]: '새서(璽書)'는 원래 진흙으로 밀봉하고 관인을 찍은 문서를 말한다. 위소(韋昭)는 《국어(國語)》〈노어하(魯語下)〉에서 "'새서'는 관인을 찍고 밀봉한 문서이다(璽書, 印封書也)"라고 주석을 붙였다. 진(秦)나라 때부터는 황제를 조서(詔書)를 가리키는 말로 전용되기 시작하였다. 우리 책에서는 편의상 "국서"로 번역하였다.

황제의 옥새가 찍힌 국서를 '새서'라고 불렀다. 사진은 청대 황제의 옥새 (중국 고궁박물원 소장)

"짐이 천명을 받아 온 누리를 사랑하고 길러 왔소. [고구려] 왕에게 바다의 한 자락을 맡기고101) [우리] 조정의 교화를 선양함으로써 세상의 온갖 사람들102)이 저마다 그 뜻을 이루게 하고자 하였소.

○ 十七年, 上賜湯璽書, 曰, 朕受天命, 愛育率土, 委王海隅, 宣揚朝化, 欲使圓首方足各遂其心。

---

101) 바다의 한 자락을 맡기고[委王海隅]: 수나라 문제 양견이 영양왕을 '고려국왕'으로 책봉한 일을 두고 한 말이다. 여기에 언급된 "바다"는 중국 동북방의 바다인 발해(渤海)를 가리키며, "바다의 한 자락을 맡겼다"는 발언은 고구려의 영토가 지리적으로 발해를 끼고 있음을 시사해 준다.

102) 온갖 사람들[圓首方足]: '원수방족(圓首方足)'은 글자 그대로 직역하면 '둥근 머리에 각 진 발'이라는 뜻으로, 사람들(human)을 말한다. 《회남자(淮南子)》〈정신(精神)〉에서는 "머리가 둥근 것은 하늘을 닮았고 발이 각 진 것은 땅을 닮은 것이다(頭之圓也象天, 足之方也象地)"라고 한 것은 사람을 두고 한 말이다.

•035

[고구려]왕은 번번이 사신을 파견할 때마다 해마다 어김없이 입조해 공물을 바쳐 왔소. [그러나 말로는] '번신103)'이라고 일컬으면서도 충성과 절개는 다하지 않는 것 같구려. 왕이 남의 신하인 이상 짐과 덕화를 함께 하여야 옳소. 그런데 [그대는] 말갈을 몰아내고 핍박하는가 하면104) 거란 [이 중국과 교류하는 짓]을 단단히 막고 있구려.105)

103) 번신(藩臣): 중원 왕조의 입장에서 이민족 또는 이방의 군주를 자의적으로 일컬은 명칭. 글자 그대로 직역하면 "변방을 지키는 신하"라는 뜻이다. 《시경》〈대아·판(大雅·板)〉에서 "갑옷 입은 사람들이 울타리가 되어 주네(价人維藩)"라고 한 것이나, 후한대의 허신(許愼)이 《설문해자》〈초부(艸部)〉에서 "'번'은 담이라는 뜻이다(藩, 屛也)"라고 한 것에서 볼 수 있듯이, '번'은 울타리 또는 담장을 뜻한다. 중원 왕조의 입장에서 사방의 오랑캐들의 공격과 위협으로부터 지켜 주는 울타리나 담장과도 같은 역할을 해 주는 우호적인 신하라는 뜻으로 그렇게 부른 것이다. 때로는 '변방을 지키는 나라'라는 뜻에서 '번국(藩國)'으로 부르기도 하였다.

104) 말갈을 몰아내고 핍박하는가 하면[驅逼靺鞨]: 여기서의 "말갈"은 당시 고구려와 접경지역에 있었던 흑수말갈(黑水靺鞨)을 가리키는 것으로 보인다. 《수서》〈말갈전〉에는 양제 초기에 고구려 원정에 나섰을 때 흑수말갈의 추장 도지계(돌지계)가 그 소식을 듣고 무리를 데리고 귀순해 왔다고 기술되어 있다. 시기적으로 나중의 일이기는 하나 고구려에 복속한 다른 말갈집단과는 달리 흑수말갈은 당시까지도 고구려의 통제에서 벗어나 있었다. 중국의 유자민(劉子敏)·묘위(苗威)의 《중국정사 고구려전 상주 및 연구(中國正史高句麗傳詳注及研究)》(제161쪽)에서는 이 부분을 "고구려가 말갈과 작당하여 요서를 침범한 일을 가리킨다"라고 보았다. 그러나 ① 그것은 고구려와 흑수말갈의 관계를 잘못 이해한 데서 빚어진 착오이다. ② 고대 한문에서 '쫓아내고 압박하다(eject and persecute)'는 뜻을 나타내는 '구핍(驅逼)'을 흑수말갈을 대상으로 사용한 것도 그 증거이다.

105) 거란을 단단히 막고 있구려[固禁契丹]: 위만의 고조선이 그러했듯이, 고구려가 중원과 북방의 중간에 자리 잡은 지리적 이점을 이용하여 중원 왕조와 직접 내왕하려 하는 거란을 중간에서 수시로 가로막은 일을 가리킨다. 인터넷 〈국편위판〉 주081에서는 "《遼史》〈世表〉에 의하면 北齊의 天寶 4년 이후 高句麗의 경내에 있었음을 전하고 있으며, 《隋書》〈煬帝紀〉 및 《三國史記》〈高句麗本紀〉 嬰陽王 23年 條에 전하는 煬帝 大業 8년의 出師의 詔에서도 高句麗가 契丹을 兼倂하고 있음을 전한다"라는 점을 근거로 "당시 契丹이 高句麗의 영역에 있었다"라고 보았다. 이

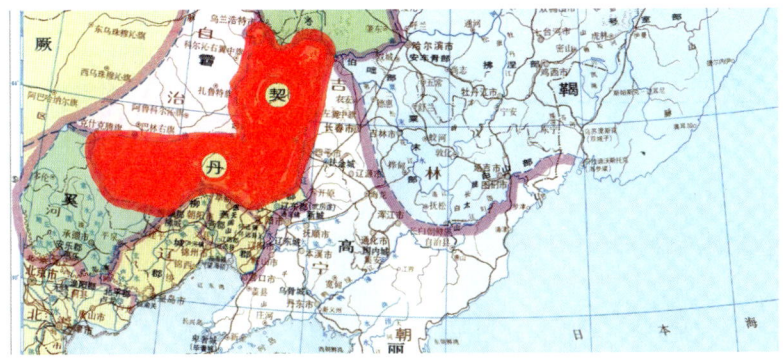

중국 역사지리학자 담기양이 그린 수나라 때의 거란 위치(빨간 표시). 고구려 강역을 기괴하게 왜곡한 것은 둘째치고 거란 역시 "고구려가 거란의 중국 조공을 막았다"는 《수서》의 기록과 맞지 않는 엉뚱한 자리에 있다. 당시 거란은 말갈과 마찬가지로 고구려의 영토 안에 있었다. 거란이 정말 저 자리에 있었다면 고구려가 거란의 중국 조공을 막을 수가 없었을 것이다.

○ 王每遣使人, 歲常朝貢, 雖稱藩附, 誠節未盡。王旣人臣, 須同朕德, 而乃驅逼靺鞨, 固禁契丹。

•036

번국들은 머리를 조아리며 나의 신하·애첩이 되고자 하오. [그런데 그대는] 좋은 사람이 [짐의] 도의를 흠모하는 모습에 분개하니 어이 하여 [남들을]

기사를 통하여 고구려의 지배를 받고 있던 거란 집단이 중원 왕조와의 독자적인 교류를 지속적으로 시도하고 있었고, 거란이 중국과 내통할 것을 우려한 고구려가 거란의 수나라 입조를 막았음을 알 수가 있다. 참고로, 중국의 역사지리학자 담기양(譚其驤)이 그린 수나라 강역도를 보면 고구려 강역을 기괴하게 그려 놓고 거란의 영역을 그 서계(西界) 바깥에 표시해 놓았다. 그러나 ① 그 지도는 "고구려가 거란의 수나라 입조를 막았다"라는 《수서》의 기록과 정면으로 배치된다. ② 거란과 수나라의 교류를 막으려면 고구려가 그 중간에 자리 잡고 있어야 하기 때문이다. 거란은 고구려 영토 안에 존재했다는 뜻이다. ③《수서》와《북사》의 기사는 고구려가 당시에 말갈과 함께 거란을 실질적으로 영유하고 있었음을 방증한다. ④ 지도 속의 거란·말갈의 영역은 담기양이 인위적으로 찌그러뜨려 놓은 고구려의 강역 안에 표시해야 옳다는 뜻이다.

모질게 해치려는 마음이 그다지도 깊단 말이오?

○ 諸藩頓顙, 爲我臣妾, 忿善人之慕義, 何毒害之情深乎。

• 037

[우리나라] 태부106)의 장인들은 그 수가 적지 않소. [그러니 고구려]왕이 꼭 써야 하겠다면 [내게] 상소를 올려도 될 일이오. [그런데도] 지난 번에는 은밀히 재물을 써서 잇속으로 [우리나라의] 소인배들을 끌어들이고 움직여107) 멋대로 노궁수를 데리고 그대의 나라로 도망쳤소. [이 같은 행태들이] 어찌 병기를 갖추고 불순한 짓을 벌이면서 외부에서 [그 일을] 알아챌까 두려워하며 의도적으로 도둑질을 벌인 것이 아니겠는가?

노궁에 화살을 재는 병사(송대 《무경총요(武經總要)》)

---

106) 태부(太府): 중국 고대의 관서 이름. 《주례(周禮)》에서는 천관(天官) 태재(太宰)의 속관으로 분류되었는데, 전국의 공물·조세의 수지와 보관을 담당하였다. 남북조시대의 양나라와 북위에서는 지위가 제경(諸卿)의 반열에 이르러 '태부경(太府卿)'으로 일컬어졌다. '태부시(太府寺)'로 개칭한 북제시기에는 태부시경(太府寺卿)과 그를 보좌하는 태부소경(太府少卿)을 두고 좌중우 3상방(左中右三尙方)·좌우장(左右藏)·사염(司染)·제야동서도(諸冶東西道)·황장(黃藏)·세작(細作)·좌교(左校)·견관(甄官) 등의 분과별 분서들을 설치하고 야금·주조·염색·세공·수공업 등의 업무들까지 관장하였다. 이 대목을 통하여 노궁과 그 장인들까지 태부에서 직접 관리했음을 알 수 있다.

107) 소인배들을 끌어들이고 움직여[利動小人]: '소인배[小人]'란 고구려의 뇌물에 매수된 수나라의 관리들, 특히 각 분야의 장인들을 관장하는 태부의 관리들을 두고 한 말이다.

○ 太府工人, 其數不少, 王必須之, 自可聞奏。昔年潛行財貨, 利動小人, 私將弩手逃竄下國。豈非修理兵器, 意欲不臧, 恐有外聞, 故爲盜竊。

•038
[짐이] 수시로 사자에게 명령하여 그대의 나라를 어루만지고 위로하게 한 것은 따지고 보면 그 쪽의 상황을 묻고 그쪽에 국정의 방략을 가르쳐 주고자 함이었소. [그런데 고구려]왕은 [우리 나라의] 사신들을 텅 빈 객관에 앉혀 놓고 삼엄하게 막고 지키며 그들의 눈과 귀를 막아 영영 듣지도 보지도 못하게 하였소. [도대체] 무슨 음흉하고 고약한 속셈이 있기에 남에게는 알리려 들지도 않고 [우리] 관아를 막고 통제하면서 그들이 방문하고 살피는 것을 두려워하는 게요?
○ 時命使者, 撫慰王藩, 本欲問彼人情, 敎彼政術。王乃坐之空館, 嚴加防守, 使其閉目塞耳, 永無聞見. 有何陰惡, 弗欲人知, 禁制官司, 畏其訪察。

•039
거기다가 수시로 말을 탄 기병들을 파견하여 [우리] 변방 사람들을 죽이고 해치며 여러 차례 간교한 모략을 벌이고 사악한 주장들을 수시로 늘어놓으니 [그] 마음이 [짐에게] 복종하지 않겠다는 데에 있는 셈이오.
○ 又, 數遣馬騎, 殺害邊人, 屢騁姦謀, 動作邪說, 心在不賓。

•040
짐은 만백성을 한결같이 [짐이 낳은] 아이처럼 대하는 심정으로 [고구려]왕에게 땅을 내리고 왕에게 관작을 내림으로써 그 깊은 은혜와 남다른 덕택을 먼 곳까지 드러내려 해 왔소. [그러나 그대 고구려]왕은 오로지 [짐을] 믿지 않는 마음을 품고 언제나 혼자서만 [짐을] 시샘하고 의심하며 늘 사신을 파견하여 [우리나라] 소식을 염탐하기에 급급하는구려. 순수한 신하로서의 도리가 어찌 이 같을 수가 있겠소?

○ 朕於蒼生悉如赤子, 賜王土宇, 授王官爵, 深恩殊澤, 彰著遐邇. 王專懷不信, 恒自猜疑, 常遣使人密覘消息, 純臣之義豈若是也.

• 041

[이 모든 것이] 아마도 짐이 가르침과 지도를 분명히 하지 못한 데서 비롯된 것일 게요!

[그래서] 왕의 과오를 모두 관대하게 용서하려 하오. [그러니] 오늘 이후로는 반드시 고치고 바꾸어야 할 것이오. [우리] 변방을 지키는 신하로서의 절개를 지키고 조정에서 정한 법도를 받들며 그대의 나라를 스스로 교화시키고 남의 나라와 낯을 붉히지 않도록 하시오. [그렇게만 한다면] 길이 부귀를 누리게 될 테니 [그거야말로] 참으로 바라는 바이오.

○ 蓋當由朕訓導不明, 王之愆違, 一已寬恕, 今日以後, 必須改革. 守藩臣之節, 奉朝正之典, 自化爾藩, 勿忤他國, 則長享富貴, 實稱朕心.

진 후주 숙보 초상

•042

그쪽의 지경이 아무리 땅이 좁고 사람이 적다고는 하지만 이 하늘 아래에서는 모두가 짐의 신하인 셈이오. 지금 만약 왕을 쫓아낸다 하더라도 [그 자리를] 비워 둘 수는 없는 법이니 결국에는 새로 [우리 조정의] 관속들을 선발해 그쪽으로 보내어 [그곳 백성들을] 어루만지고 도닥거리는 수밖에 없소. 왕이 만약 [그] 마음을 씻고 행동을 고쳐 매사에서 [우리나라의] 법도를 따른다면 그거야말로 짐의 훌륭한 신하가 되는 격이오. [그렇게만 된다면] 따로 인재를 파견하는 수고를 할 필요가 어디 있겠소?

○ 彼之一方, 雖地狹人少, 然普天之下, 皆爲朕臣. 今若黜王, 不可虛置, 終須更選官屬, 就彼安撫. 王若洒心易行, 率由憲章, 卽是朕之良臣, 何勞別遣才彦也.

•043

옛날에는 제왕이 법률을 만들 때에는 인덕과 신용을 으뜸으로 삼았소. [그래서 짐도] 선행을 하면 반드시 상을 내리고 악행을 저지르면 반드시 벌을 내리니 온 천하가 한결같이 짐의 뜻을 받들었소. [그런데] 만약 왕에게 죄가 없음에도 불구하고 짐이 갑자기 [왕의 나라를] 정벌에 나선다면 나머지 번국들이 짐을 두고 뭐라고 하겠소? [그러니] 왕은 반드시 마음을 비우고 짐의 이 뜻을 받아 들여 신중한 마음가짐으로 [짐을] 의심하거나 따로 다른 마음을 품지 않도록 하시오.[108]

---

108) 신중한 마음가짐으로 의심하거나 새로 딴 마음을 품지 않도록 하시오[愼勿疑惑, 更懷異圖]: 이 대목의 경우, 인터넷 〈국편위판〉에서는 "의혹을 갖지 말고 다시 생각을 돌리기 바라오", 〈동북아판2〉(제164쪽)에서는 "의심하지 말고 다시 다른 마음을 품지 말라"라고 번역하였다. 그러나 '회이도(懷異圖)'는 '다른 마음을 품다'는 뜻이어서 이 부분을 이해하는 데에 주의가 필요하다. 얼핏 인터넷 〈국편위판〉

○ 昔帝王作法, 仁信爲先, 有善必賞, 有惡必罰, 四海之內, 具聞朕旨。王若無罪, 朕忽加兵, 自餘藩國謂朕何也。王必虛心納朕此意, 愼勿疑惑, 更懷異圖。

• 044

지난날 진숙보[109]는 대대로 강음[110]에 있으면서 백성들을 잔혹하게 해치며 우리 봉수대를 놀라게 만들고 우리 변경을 약탈하곤 했소. [그럼에도 불구하고 그런 그를] 짐은 여러 차례 깨우치며 십 년이라는 세월을 거쳐 왔던 것이오. [그런데] 그는 [자신이] 장강 너머에 자리 잡고 있다는 것만 믿

처럼 보아야 할 것 같지만 문법적으로는 사실은 "愼勿[疑惑, 更懷異圖]" 식의 수식구조로 이루어져 있기 때문이다. '의심하는 것'과 '다른 마음을 품는 것'을 동시에 금지한다는 의미라는 뜻이다.

109) 진숙보(陳叔寶, 553~604): 남조 진(陳)나라의 제5대이자 마지막 군주. 폭정과 향락으로 국운이 기울자 북조를 통일한 수나라의 개국군주인 양견(楊堅)이 이 해에 대군을 동원하여 광릉(廣陵)·경구(京口)에 이어 그 도성인 건강(建康, 지금의 남경시)까지 함락시킴으로써 진나라를 멸망시켰다. 망국의 군주로 전락한 진숙보는 수나라의 도읍인 장안(長安)까지 끌려갔지만 장성현공(長城縣公)에 봉해져 저택을 하사받고 후한 대우를 받다가 죽어서 낙양(洛陽)의 망산(邙山, 북망산)에 안장되었다. 수나라에서는 그를 대장군(大將軍)을 추증하고 '양(煬)'이라는 시호를 내렸다. 중국 고대의 시법(諡法)에 따르면, 이 시호는 여색을 탐내고 도의를 저버린 채 백성들을 학대하고 하늘의 뜻을 거슬렀다는 뜻으로 내린 것이었다. 그러나 문제의 아들 양광(楊廣)이 자신을 시해하고 폭정과 전쟁을 일삼은 끝에 진숙보에 이어 '양제(煬帝)'라는 시호를 받고 조롱의 대상이 된 것은 역사의 아이러니라고 하겠다.

110) 강음(江陰): 중국 고대의 지역명. '장강의 남쪽'이라는 뜻이다. 중국과 우리나라에서는 고대부터 특정한 지역에서 산의 남쪽 또는 강의 북쪽을 '□양(□陽)', 산의 북쪽 또는 강의 남쪽을 '□음(□陰)' 식으로 부르곤 하였다. '화음(華陰)'이 화산의 북쪽, '낙양(洛陽)'이 낙수의 북쪽이라는 뜻인 것처럼, '강음'도 장강의 남쪽, 즉 강남(江南)과 같은 뜻이다. 우리나라에서도 '한양'은 한강 북쪽의 도시, '한음'은 한강 남쪽 땅이라는 뜻이다. 이 문제에 관해서는 서문의 '요양' 부분을 참조하기 바란다.

수당대 승주 유림성(12연성, 지금의 내몽골 오르도스)의 봉수대

고 한 구석의 무리를 모아 어리석고 망령되게도 교만하게 처신하며 짐의 말을 따르지 않았소. 그런 까닭에 [짐은] 장수들에게 명령하여 [황제의] 군사를 출동시켜 그 흉악한 역도를 제거했나니, [그곳을] 오가는 데에는 한 달도 넘기지 않았으며 [출동시킨] 군사도 수천을 넘기지 않았었소.

○ 往者陳叔寶代在江陰, 殘害人庶, 驚動我烽候, 抄掠我邊境。朕前後誡勅, 經歷十年, 彼則恃長江之外, 聚一隅之衆, 慆狂驕傲, 不從朕言。故命將出師, 除彼凶逆, 來往不盈旬月, 兵騎不過數千。

• **045**

[그리하여] 대를 이어 활개치던 도적[의 무리]을 하루아침에 깨끗이 소탕하매 멀고 가깝고를 가릴 것 없이 모두가 평안해지고 사람과 신명들까지 모두가 기뻐하였소. [그럼에도 불구하고] 유독 왕만은 [이 같은 태평성대를] 한숨 쉬고 못마땅해 하면서 혼자 슬픔에 젖어 있구려. 잘못한 자를 쫓아내고 잘한 이를 드러내는 것은 [그들을 관장하는] 관련 관아의 직무인 바, 왕에게 벌을 주는 것은 진나라가 멸망해서가 아니요 왕에게 상을 주는 것도 진나라가 존재해서가 아니라는 뜻이오. [그런데도 우리나라의] 불행을 즐거워하고 [우리나라의] 혼란을 반가워하다니 [이것이] 대체 어떻게 된 일

이오?

○ 歷代逋寇, 一朝淸蕩, 遐邇乂安, 人神胥悅. 獨王歎恨, 獨致悲傷, 黜陟幽明, 有司是職, 罪王不爲陳滅, 賞王不爲陳存, 樂禍好亂, 何爲爾也.

• 046

왕이여 말해 보시오. 요수[111]의 너비가 어찌 장강만 하겠소? 고려의

---

111) 요수(遼水): 중국 고대사에 등장하는 하천 이름. 중국 검색 사이트 빠이뚜의 백과사전에서는 "【요수】바로 지금의 요하의 옛 이름이다. 요수는 우리나라 고대의 6대 하천의 하나로서, 그 이름은《산해경》《해내동경》에서 가장 먼저 보인다(【遼水】卽今遼河之古稱, 遼水爲我國古代六川之一, 其名最早見於山海經海內東經)"라고 소개하였다. 이 같은 요수인식은 국내외 학계에서도 보편적이다. 인터넷〈국편위판〉주084에서도 "遼水는 곧 遼河로 당시 高句麗와 隋간의 국경이다"라고 한 것이 그 증거이다. 그러나 이 같은 주장들은 역사적 진실과 거리가 멀다. ① 요동[군]은 요수의 동쪽에 있다고 해서 붙인 이름이며, ② '요하'라는 이름은 요나라의 역사를 다룬 14세기의《요사(遼史)》에 처음 등장한다. ③ '해내(海內)'란 중국의 동쪽 바다인 '발해'의 안쪽, 즉 중원지역을 일컫는 말이다.〈해내동경〉의 요수는 당연히 중원에서 찾아야 옳다는 뜻이다. 그렇다면 ④ 중원에서 멀리 떨어진 '해외(海外)'인 요동반도에 있는 [동]요하는 요수일 수 없다. ⑤ 요하가 '해외'에 있음을 의식한 중국 학계는 내몽고 고원에서 발원하는 샤르모른(Шар морөн, 누런 강), 즉 황수(潢水)에 억지로 '서요하(西遼河)'라는 이름을 붙였다. 그러나 분명히 해 두어야 할 점은 '서요하'라는 지리개념이 처음 등장하는 것은 청대 말기(19세기)부터라는 사실이다. 무엇보다도 ⑥ 요동군 치소 '양평현'의 경우,《후한서》〈원소전(袁紹傳)〉에 당대의 이현이 붙인 주석에는 "【양평】지금의 평주 노룡현 서남쪽에 있었다(【襄平】在今平州盧龍縣西南)" 노룡현은 중국에서 양평이라고 주장하는 요령성 요양시에서 직선거리로 서쪽으로 250km 이상 떨어져 있다. 또, ⑦ 청대 중기 이전에 중국에서 제작된 수많은 고지도들에서 '요동'이라는 지역명이 시작되는 기점은 요령성의 요동반도가 아닌 하북성 동북부 산해관(山海關) 동쪽부터이다. 마지막으로, ⑧《구당서》〈위정전(韋挺傳)〉에서 고구려 정벌을 준비하던 당 태종 스스로 "유주 이북 요수 2,000여 리에는 주나 현이 없다(幽州以北, 遼水二千餘里, 無州縣)"라고 말하고 있다. 요수가 유주(하북성 동북)의 북쪽에 있다는 뜻이다. 이상의 근거들을 종합해 볼 때, 고대의 요수는 지금

남경 구간의 장강(양자강) 모습

인구가 진나라보다 [많아 보았자] 얼마나 많다는 말이오?[112) 짐이 만약 [고려에 대하여] 관대하고 길러 주고자 하는 마음이 없이 왕의 왕년의 과오를 꾸짖으려 들자면 장수 하나에게 명령을 내리기만 해도 충분한 것을 어디 많은 힘을 쓸 필요가 있겠소? [이에 그대를] 정성스레 깨우치며 그대에게 스스로 새 사람이 될 기회를 주겠소. [그러니] 짐의 뜻을 헤아려 스스로 많은 복을 구하는 편이 옳을 것이오!"

○ 王謂遼水之廣何如長江。高麗之人多少陳國。朕若不存含育, 責王前愆, 命一將軍, 何待多力。慇懃曉示, 許王自新耳。宜得朕懷, 自求多福。

의 요동반도의 요하일 수 없으며, 요동 역시 지금의 요동반도 이동일 수가 없는 것이다. 요수의 좌표에 관해서는 우리 책의 서문을 참조하기 바란다.

112) 요수의 너비가 어찌 장강만 하겠소~[遼水之廣何如長江~]: 인터넷 〈국편위판〉에서는 "王은 遼水의 폭이 長江과 어떠하며, 高[句]麗의 人家이 陳國과 어떠하다고 보고 있소?" 식으로 번역하였다. 그러나 이 구문은 요수의 강폭이 넓어 접근하기 어려운 것만 믿고 기염을 토하는 고구려왕을 비꼬는 뜻에서 한 말이다. 그 넓은 장강 너머의 진숙보도 토벌했는데 작은 요수 너머의 고구려를 정벌하는 것은 누워서 떡먹기라는 뜻에서 한 말이다.

• 047

[평원왕 고]탕은 국서를 받자 놀랍고 두려운 나머지 표를 갖추어 사죄의 뜻을 표명하려 하였다. [그러다가] 공교롭게도 병이 들어 죽고 말았다.

○ 湯得書惶恐, 將奉表陳謝, 會病卒。

• 048

[고탕의] 아들 [고]원113)이 [왕위를] 계승하여 [국왕으로] 옹립되었다. 고조는 사신을 보내어 [영양왕 고]원을 상개부의동삼사114)에 배수하고 요동군공의 작호를 세습하게 하는 한편 의복도 일습115)을 하사하였다.

---

113) 고원(高元, ?~618): 고구려 제26대 국왕인 영양왕(嬰陽王)의 이름. 고탕(高湯)의 아들로, 수 문제 때에 요동군공에 배수되었다. 그러나 개황(開皇) 18년(598)에 말갈 기병 1만여 기를 이끌고 요서지역을 공략하였다. 이에 문제가 한왕 양량으로 하여금 수군과 육군 30만을 이끌고 정벌에 나서자 사신을 보내어 사죄하였다. 나중에 즉위한 양제가 입조할 것을 요구했으나 보복을 우려하여 끝까지 거부하였다. 대업 8년(612)에 직접 정벌에 나섰다가 패한 양제는 이듬해에 제2차 정벌, 대업 10년에 제3차 정벌에 나섰으나 끝까지 수나라에 입조하기를 거부하였다.

114) 상개부 의동삼사(上開府儀同三司): 위·진·남북조 시기의 작호. '개부·의동삼사'는 글자대로 직역하면 "독자적인 집무 관청과 함께 '삼사'에 준하는 의전 특혜를 누린다"는 뜻이다. 관직이라기보다는 의전의 범위를 설정한 명칭인 셈이다. 지정된 지점에 독립적인 관부(官府)를 개설했는데 그 등급이나 의전은 동삼사(同三司), 즉 '삼사(三司)'에 준하는 수준으로 허용되었다. 품계가 정1품(正一品)인 '삼사'는 태위(太尉)·사도(司徒)·사공(司空)의 '3공(三公)'과 태사(太師)·태부(太傅)·태보(太保)의 '3사(三師)'를 말한다. '3사'는 천자가 스승으로 받드는 관직으로 총괄하는 직무는 없었고 해당자가 없으면 자리를 비워 두기도 하였다. '3공'은 천자를 보필하는 관직으로 국정에 참여하였다. '상개부의동삼사'는 그 지위가 개부의동삼사보다 높다는 뜻에서 맨 앞에 '위 상(上)'자를 추가한 경우이다. 수나라 때에 종3품 명예직으로 시행되다가 대업 3년(607)에 철폐되었으며 당대에 다시 설치되고 무덕 7년(624)에 상경거도위(上輕車都尉)로 개칭되었다.

115) 일습(一襲): '습(襲)'이란 일종의 단위사(單位詞)로, 중국 고대에 상의·하의와 함께 모자·허리띠·신·장신구 등까지 모두 포함하는 복장을 세는 데에 사용했으며,

저고리 바지는 물론 모자 신발 거기에 맞춘 허리띠와 장신구들까지 합쳐서 '일습'이라고 부른다. 사진은 신라 고분 피장자의 경우

• 049

[이에 고]원이 표를 올려 황은에 감사하면서 아울러 상서로운 징조를 축하하고 [그 일을 계기로 고구려]왕으로 책봉해 줄 것을 요청하였다. 고조는 [그

영어의 '셋(set)'에 해당한다. 여기서 단위사를 '습'으로 쓴 것을 보면 당시 수나라의 조회(朝會)에서 제후나 대신이 착용하는 정장인 조복(朝服)이었을 가능성이 높다. 인터넷 〈국편위판〉과 〈동북아판2〉에서는 각각 "한 벌", "1벌"로 번역했으나 상·하로 된 의복만 가리키는 '벌'과는 의미상으로 거리가 있다.

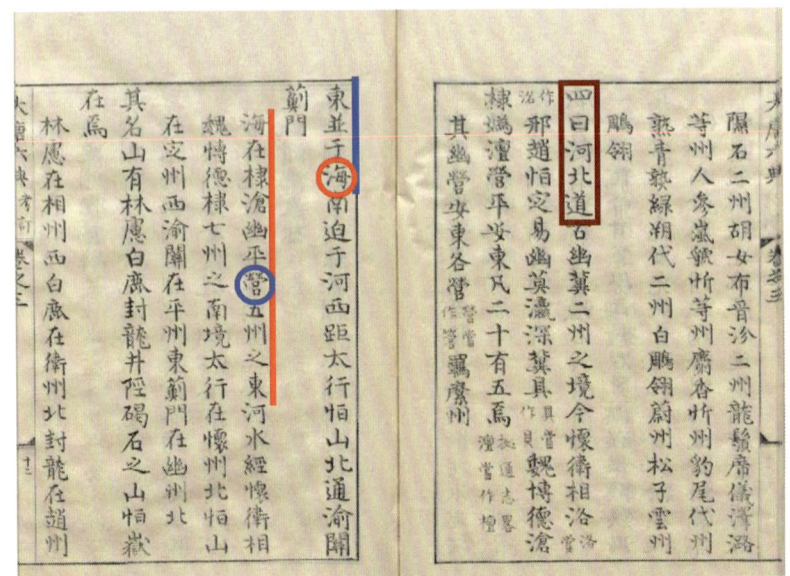

이임보의 《당육전》에 따르면 영주는 발해를 접한 지역이어야 하기 때문에 내륙 깊숙한 곳의 조양은 영주일 수가 없다.

에게] 책서를 내려116) [고]원을 왕으로 봉하였다. [*117)]

○ 子元嗣立。高祖使使拜元爲上開府儀同三司, 襲爵遼東郡公, 賜衣一襲。元奉表謝恩, 并賀祥瑞, 因請封王。高祖優册元爲王。

116) 책서를 내려[優册]: 인터넷 〈국편위판〉과 동복아판2에서는 '우(優)'를 '특별히'로 해석하였다. 그러나 여기서는 '책(册)'이 임명장(certificate)이라는 뜻의 명사이다. '우'는 그 '책'과 관련된 행위를 나타내는 [타]동사로 보아야 옳은 것이다. 고대 한문에서 타동사로 사용된 '우'는 '예우하다, 우대하다'는 의미를 나타낸다. 또, '책'은 '책으로(by appointment certificate)' 식으로 보어로 사용되었으며, 목적어는 '책' 뒤에 나오는 '[고]원(元)'이다. 즉, '우책원(優册元)'은 '임명장(국왕 인증서)을 내림으로써 고원을 예우하였다' 정도로 번역되는 셈이다.

117) *: 호삼성《자치통감》《수기》 "문제 개황 년"조의 이 대목에 주석을 붙여 "이때부터 수나라는 끝까지 고려를 의식하게 되었고 나중에는 결국 전쟁을 벌이는 바람에 나라가 망하고 말았다(自時隋終以高麗爲意, 後遂以佳兵亡國)"고 하였다.

•050

이듬해[118]에 [고]원은 말갈의 무리를 만 기 넘게 이끌고 요서[119]를 침범하였다. [그러자] 영주[120] 총관[121]이던 위충[122]이 그들을 공격하여 물

---

118) 이듬해[明年]: 인터넷 〈국편위판〉 주088에서는 "여기서 明年은 그 기사 내용을 《隋書》〈高祖記〉 및 《三國史記》 嬰陽王條의 기사와 대조할 때 開皇 18년, 즉 嬰陽王 9년의 기사와 일치하고 있어 그와 관계없이 開皇 17년의 明年, 즉 18년으로 보아야 할 것"이라고 보았다. 영양왕이 수나라의 요서군을 공략한 시점이 개황 18년(598)이라고 본 것이다. 실제로 북송 초기의 역사가인 사마광이 편찬한 《자치통감》〈수기(隋紀)〉 "고조(高祖)"조에는 "[개황] 18년, 2월, 갑진일(양력 3월 15일)에 고려왕 고원이 말갈의 무리를 만 기 넘게 이끌고 요서를 침범하매 영주 총관 위충이 이를 공격해 몰아내었다. 주상이 그 소식을 듣고 크게 성을 내었다(十八年, 二月甲辰日, 高麗王元帥靺鞨之衆萬餘, 寇遼西, 營州摠管韋冲擊走之, 上聞而大怒)"라고 기술하였다. 〈동북아판2〉 주78(제166쪽)에서는 "《수서》〈고려전〉의 찬자는 고조가 평원왕에게 璽書를 보낸 시점을 597년으로 보았으므로" 598년을 '이듬해'로 본 것이라고 해석하였다.
119) 요서(遼西): 중국 고대의 군 이름. 그 관할 현과 민호의 추이를 보면, 《진서》〈지리지〉에는 진대에 양락(陽樂)·비여(肥如)·해양(海陽)의 3개 현에 민호는 2,800호, 《위서》〈지형지(地形志)〉에는 북위 시기에 비여·양락·해양의 3개 현에 민호는 537호(1,905명)이었다. 그리고 《수서》〈지리지〉에 이르면 관할 현은 1개(유성현)에 민호는 751호(統縣一, 戶七百五十一)로 소개되어 있다. 진대 이래로 그 규모는 관할 현뿐만 아니라 민호도 "2,800호 ⇒ 537호 ⇒ 751호"로 대폭 줄어든 것이다. 이는 요서군이 5호 16국과 남북조시기를 거치면서 북방민족과 군벌들의 할거와 잦은 전란으로 인한 관할 지역 축소와 인구 유출 때문일 것이다. 인터넷 〈국편위판〉 주089에서는 요서의 위치와 관련하여 "일반적으로는 遼河의 서편 지역을 일컫는 것으로 지금의 遼寧省 遼河以西 地域"이라고 하였다. 그러나 ① 요서와 요동을 구분하는 기준이 되는 하천인 요수는 요하와는 별개의 하천이며, ② 중국에서 '요동'은 200년 전만 해도 그 기점이 산해관이었다는 것은 사서 기록은 물론 중국·서양의 지도들을 통해서도 확인되는 바이다. 게다가 ③ 비여·양락·해양은 난하(灤河)를 기준으로 할 때 그 서안(西岸)에 해당한다. 요서와 요동의 척도가 되는 하천이 난하이며, 난하 서안에 있어서 요서군으로 일컬어졌다는 뜻이다. ④ 따라서 요서의 영역 역시 자연히 요동의 기점이 되는 산해관 이서, 즉 하북성 동북부로 좌표를 수정해야 옳은 것이다.
120) 영주(營州): 중국 고대의 지역명. 《수서》〈지리지〉에서 "요서군"에 관하여 "예전(북위)에는 영주를 설치하였다. 개황 연간 초기에 총관부를 설치했다가 대업 연

간 초기에 철폐되었다(舊置營州. 開皇初置總管府, 大業初, 府廢)"라고 하였다. 그런데 이 기사에서 요서를 침범한 고구려 말갈 기병대를 격퇴한 위충의 직함이 '영주'총관인 것을 보면 문제의 개황 연간까지는 '영주[총관부]'로 일컫다가 양제의 대업 연간에 '영주총관부 ⇒ 요서군'으로 개칭했음을 알 수 있다. 《자치통감》에서도 호삼성은 이 자리에 주석을 붙여 "요서군의 치소는 유성으로, 수나라 때에는 영주총관부를 설치하였다(遼西郡治柳城,隋置營州總管府)"라고 확인해 주었다. 이로써 수나라 당시의 요서군이 곧 영주의 영역임을 알 수 있는 셈이다. 인터넷 〈국편위판〉 주090에서는 "지금의 朝陽"이라고 하면서 《위서》〈지형지〉 "영주"조의 기사를 근거로 그 좌표를 "대략 지금의 河北省에서 遼寧省에 이르는 지역"으로 소개하였다. 그러나 ① 정작 〈지형지〉 원문에는 "【영주】치소는 화룡성. 태연 2년(436)에 영주진으로 삼고, 태평진군 5년(444)에 영주로 고쳐 설치하였다. 영안 연간 말기에 함락되었다가 천평 연간 초기에 회복하였다(【營州】治和龍城. 太延二年爲鎭, 眞君五年改置, 永安末陷, 天平初復)"라고 소개되어 있을 뿐이다. ② 심지어 《수서》〈지리지〉에는 수나라 때의 요서군은 관할 현이 이전(북위)의 비여·양락·해양의 3개에서 유성의 1개로 줄어든 "1현 751호" 상태를 유지했다고 기재되어 있다. 중국 정사 어디에도 그 영역이 "河北省에서 遼寧省에 이르는" 드넓은 규모라고 주장한 적이 없는 것이다. 게다가 ③ 영주가 하북지역의 지명이라는 사실은 《위서》·《수서》에서 영주가 소개된 대목이 대부분 하북지역 지명들로 채워져 있는 점을 통해서도 짐작할 수 있다. ④ 《자치통감》《당기》 "정관 19년"조에서 호삼성이 "영주에서 낙양까지는 2,910리 떨어져 있다(營州, 至洛陽二千九百一十里)"라는 주석을 붙인 것 역시 그 증거이다. 현재의 낙양시에서 조양시까지는 직선거리로 따져도 1,100km가 넘는다. 우회거리까지 감안한다면 그보다 훨씬 멀다는 뜻이다. 가장 결정적인 증거는 당대에 이임보(李林甫, 683~753)가 제공해 준다. ⑤ 이임보는 《당육전(唐六典)》《상서호부(尙書戶部)》의 "넷째가 하북도인데, 옛 유주·기주의 지경으로, … 무릇 25개 주가 있다. 동으로는 발해와 만나고 남으로는 황하와 가까우며 서로는 태행산·항산을 마주하고 북으로는 유관·계문으로 통한다(四曰河北道, 古幽冀二州之境, … 凡二十有五州焉. 東并于海, 南迫于河, 西距太行恒山, 北通渝關薊門)" 부분에 대하여 "바다(발해)는 태주·창주·유주·평주·영주 이 5개 주의 동쪽에 있다(海在棣滄幽平營五州之東)"라는 주석을 붙였다. 이 주석에 따르면, 5개 주의 하나인 영주는 바다(발해)를 접한 지역이라는 뜻이 된다. 이상의 근거들을 종합해 보면 바다에서 멀리 깊숙한 내륙에 자리 잡은 조양시는 영주일 수 없다는 결론이 나온다.

121) 총관(總管): 중국 고대의 고급 무관직 이름. 그 명칭은 남북조시대 말기인 북주(北周) 때에 비롯되었으며, 수나라를 거쳐 당대 초기에 각 주(州)에는 총관, 규모가 큰 주나 변방의 군사도시인 진(鎭)에는 대총관을 각각 설치하고 해당 지역의 군정을 총괄하게 하였다. 나중에는 '도독(都督)'으로 개칭했으나, 이때에도 군사

리쳤다.[123)

고조는 [그 소식을] 듣고 크게 성을 내면서 한왕 [양]량[124)]을 원수로 임명하고[125)] 수군과 육군을 총동원하여[126)] 고구려 토벌에 나서게 하였

를 이끌고 정벌에 나서는 장수는 원래대로 총관으로 일컬었다. 북송대까지도 여전히 지방의 군정 장관에 해당했으며 각자 절도사(節度使)·지부(知府)·지주(知州) 등이 겸임하였다.

122) 위충(韋冲): 수나라의 장수. 경조(京兆) 두릉(杜陵, 지금의 서안시 동남쪽) 사람으로, '세충(世冲)'은 자이다. 북주의 예조참군(禮曹參軍)으로 대장군 원정(元定)을 따라 진(陳)나라 정벌에 나섰다가 싸움에 패하고 포로가 되었다. 북주의 무제(武帝) 때에 송환되어 분주자사(汾州刺史)에 제수되었다. 양견이 수나라를 건국한 뒤로는 산기상시(散騎常侍)를 겸하고 고안현후(固安縣侯)에 봉해졌다. 석주자사(石州刺史)를 지낼 때에는 북방민족들의 환심을 얻기도 했으나 남녕주 총관(南寧州總管)을 지낼 때에 그 형이 범한 죄에 연루되어 면직되었다. 나중에 검교괄주사(檢校括州事)로 복귀한 데 이어 영주총관이 되었으며 딸이 예장왕(豫章王)의 왕비가 되면서 호부상서(戶部尙書)가 되었다.

123) 영주 총관이던 위충이 그들을 공격하여 물리쳤다[營州總管韋冲擊走之]: 고구려 영양왕의 요서 공략에 대응한 군사가 영주의 주둔군이었다는 것은 곧 수·당대의 요서가 영주 총관의 관할하에 있었다는 사실을 방증한다. 앞서 언급했듯이, 요서는 산해관 안쪽인 하북성 동북부이며, 요서와 요동을 구분하는 척도가 되는 지형지물은 난하이다. 따라서 영주의 좌표 역시 산해관 이서지역에서 찾을 수밖에 없는 것이다.

124) 량(諒): 문제 양견의 다섯째 아들 양량(楊諒, 575~605)을 말한다. 자는 덕장(德章)이며 이름은 '걸(傑)'로 불리기도 하였다. 문제의 총애로 한왕에 봉해졌으며, 상주국(上柱國)·좌위대장군(左衛大將軍)의 신분으로 병주총관(幷州總管)에 임명되면서 관동(關東)의 52개 주를 지배하였다. 그러나 제1차 고구려 정벌에 실패하고 문제 사후에는 양제 양광에게 반기를 들었으나 신하들의 충언을 듣지 않고 작전을 지체했다가 싸움에 패하는 바람에 서인(庶人)으로 강등되어 감옥에서 죽었다.

125) 한왕 량을 원수로 임명하고[命漢王諒爲元帥]: 이 부분의 경우,《수서》〈왕세적전(王世積傳)〉에는 "세적과 한왕을 나란히 행군원수로 삼았다(世積與漢王並爲行軍元帥)"라고 기술되어 있다. 사마광의《자치통감》〈수기〉 "고조 개황 18년(598)"조에도 "한왕 양과 왕세적을 나란히 행군원수로 삼았다(以漢王諒王世積並爲行軍元帥)"라고 나와 있다.

마테오 리치, 《곤여만국전도》에 그려진 말갈(동그라미). 그 바로 동남쪽에 장백산(백산)이 보인다. 여진족의 발상지인 장백산은 백두산과 다른 산이다.

다.[127] [그리고] 조서를 내려 그의 작호를 박탈하였다.

○ 明年, 元率靺鞨之衆萬餘騎寇遼西, 營州總管韋沖擊走之. 高祖聞而

---

126) 수군과 육군을 총동원하여[總水陸]: 《수서》〈고조 본기〉 "개황 18년"조에는 "2월, 을사일(양력 3월 16일)에 한왕 양을 행군원수로 삼아 수군과 육군 30만으로 고려를 정벌하였다(二月, 乙巳, 以漢王諒爲行軍元帥, 水陸三十萬伐高麗)"라고 기술되어 있다. 사마광의 《자치통감》 "고조 개황 18년"조에는 "2월, 을사일에 … 수군과 육군 30만으로 고려를 정벌하게 하면서 상서우복야 고경을 한왕의 장사로 삼고 주라후를 수군총관으로 삼았다(二月乙巳, … 將水陸三十萬伐高麗, 以尚書右僕射高熲爲漢王長史, 周羅睺爲水軍總管)"라고 보다 구체적으로 소개되어 있다.

127) 고구려 토벌에 나서게 하였다[討之]: 〈고조본기 하〉 "개황 18년"조에 따르면 고구려 침공은 2월 을사일(3월 16일)에 시작되었다. 반면에, 영양왕의 관작을 박탈한 시점은 이보다 한참 나중인 6월 병인일(8월 5일)이다.

大怒, 命漢王諒爲元帥, 總水陸討之, 下詔黜其爵位。

• 051

[그러나] 이때 군량의 수송이 원활하지 못하였다.[128)] [그래서] 육군[129)]은 식량이 부족한 상태로 군사가 임유관[130)]을 나섰고[131)] 거기다가 돌림

---

128) 군량의 수송이 원활하지 못하였다[餽運不繼]: 여기서 '불계(不繼)'란 중단되었다기보다는 수송이 이루어졌다 끊어졌다 하는 상황, 즉 군량 등 군수 물자의 수송이 원활하지 못한 것을 뜻한다.

129) 육군(六軍): 중국 고대의 군대 편제. '황제가 직접 지휘하며 평소에 황제를 경호하고 대궐을 경비하는 금군(禁軍, 금위부대)을 말한다. 당대의 경우, 금군은 남아(南衙)와 북아(北衙)로 편성되었다. 특히, 남아의 금군은 12개 위(衛)에서 통솔하는 부병(府兵)들이 번갈아 담당하여 주로 조회(朝會)가 열리는 현장에서 의장을 들거나 궁성 남면의 대문과 관서를 수위하였다. 반면에, 북아의 금군은 '원종금군(元從禁軍)'이라 하여 당나라 건국 당시 이연(李淵)이 태원(太原)에서 거병할 때에 그를 추종한 군사와 그 자손들로만 편성된 친위대로, 주로 궁성 북면의 대문을 수위하거나 황제가 사냥을 나갈 때 직접 수행하였다. 그래서 당대의 금군은 일반적으로 북아 금군을 말한다. 태종의 정관 12년(638)에 현무문(玄武門)에 좌우 둔영(屯營)을 설치했으며, 용삭 2년(662)에는 좌우 둔위(屯衛)를 위위(威衛)로 개칭하고, 좌우 둔영은 좌우 우림군(羽林軍)으로 개편하였다. '비기(飛騎)'로 불린 우림군은 태종 때에는 규모가 100기였으나 측천무후 때에는 1,000기, 중종 때에는 10,000기로 확충되고 '용무군(龍武軍)'으로 불리면서 북아가 '4군(四軍)'을 보유하였다. 안녹산(安祿山)의 반란이 평정된 숙종(肅宗) 때에 북아를 자신을 옹립한 관원들의 자제들로 채운 '신무군(神武軍)'을 가동하면서 '6군(六軍)'으로 확충되었다. 이때부터 당대의 '6군'은 좌우 우림군, 좌우 용무군, 좌우 신무군을 통틀어 일컫는 이름이 되었다.

130) 임유관(臨渝關): 중국 고대의 관문 이름. 수나라 개황 3년(583)에 설치되었다. 때로는 유관(渝關)으로 부르기도 하는데, 글자 그대로 직역하면 '유수를 마주한 관문'이라는 뜻으로, '연산(燕山)' 동쪽 자락에서 발원한 유수(渝水)의 급한 물줄기를 따라 지어서 그렇게 명명되었다. 그러나 요·금·원대를 거치면서 차츰 황폐해지다가 명대 초기인 홍무(洪武) 연간에 다시 설치되었으나 유수의 수량이 감소하고 유속이 느려져 군사적 효율성이 떨어지자 동쪽의 석하(石河) 연선으로 이전되었다. 후대의 사서들 중에는 그 이름을 '유관(楡關)·임유관(臨楡關)'으로 적은 경우도 보인다. 그러나 '느릅나무 유(楡)'는 어원상으로는 잘못 사용된 글자이다.

병까지 만나는 바람에 황제의 군사가 위엄을 떨치지 못하였다.[132)]

> Ⓐ '마주할 임(臨)'은 한대 이래로 대부분 하천을 끼고 있는 도시에 붙여졌으며, Ⓑ 문헌의 편찬연대를 따져 보더라도 '물이름 유(渝)'가 '느릅나무 유(楡)'보다 수백 년 전부터 사용되었다. Ⓒ '느릅나무 유'는 모양이 비슷하여 잘못 쓴 글자라는 뜻이다. 그 좌표의 경우, ① 북송 허항종(許亢宗)《행정록(行程錄)》, 홍호(洪皓)《송막기문(松漠紀聞)》, 장체(張棣)《금로도경(金虜圖經)》,《대명일통지(大明一統志)》등의 기록들을 근거로 지금의 하북성 동북부인 무녕현(撫寧縣) 동쪽 20리 지점의 유관진(楡關鎭)으로 보거나, ② 청대의 현지 연혁지인《임유현지(臨渝縣志)》·《가경일통지(嘉慶一統志)》등을 근거로 지금의 산해관(山海關)으로 보기도 한다. ③ 고조우(顧祖禹)는《독사방여기요(讀史方輿紀要)》《직예8(直隷八)》에서 그 두 주장을 절충하는 중립적인 입장을 취하였다. 그러나 ④ 후자는 전자보다 1,000년 뒤에 제기된 주장이므로 전자가 정확하다고 보아야 한다. ⑤ 호삼성은《자치통감》에 붙인 주석에서 "【임유관】 유성에서 서쪽으로 480리 지점에 있다. 이른바 '노룡의 험지'이다【臨渝關】 在柳城西四百八十里, 所謂盧龍之險也)"라고 하였다. 노룡은 지금의 노룡현이므로, 노룡에서 동쪽으로 480리 지점에 유성이 있는 셈이다.

131) 임유관을 나섰고[出臨渝關]: 여기서 임유관은 중원과 동이지역을 나누는 랜드마크(landmark)를 상징한다. "임유관을 나섰다"는 것 자체가 임유관이 바로 수나라 강역의 동쪽 끝, 즉 동계(東界)임을 시사하는 표현이다. 이는 임유관을 기준으로 그 안쪽(서쪽)이 수나라인 반면 그 바깥쪽(동쪽)은 수나라 영역 너머, 즉 고구려의 영토(요동)라는 뜻으로도 해석이 가능하다.《자치통감》《당기》"정관 19년(645)"조에서 호삼성은 "한나라 요서군에 임유현이 있었다.《당서》《지리지》에는 '영주에 유관수착성이 있다'고 했으며, 두우는 '임유관이 평주 노룡현 [현]성 동쪽 180리 지점에 있다'고 하였다(漢遼西郡有臨渝縣. 唐志, 營州有渝關守捉城. 杜佑曰, 臨渝關在平州盧龍縣城東百八十里)"라고 하였다. 이로써 요서와 영주(유성)가 모두 임유관 안쪽(중원), 즉 하북성 동북부에 자리 잡고 있었음을 확인할 수 있는 셈이다. 만약에 유서나 영주(유성)의 위치가 지금의 요녕성 조양시 일대에 있었다면 이 대목의 기사에서 해당 지[역]명들이 모두 수나라 군이 임유관을 나선 뒤에 언급되었을 것이다. 요서와 영주(유성)에 대한 기존의 국내외 학계의 지리고증은 재고되어야 한다는 뜻이다.

132) 황제의 군사가 위엄을 떨치지 못하였다[王師不振]: 이는 ① 출병 당시부터 군량이 부족한 데다가, ② 태풍의 영향으로 폭우와 홍수에 큰 피해를 당하고, ③ 돌림병까지 창궐하면서 수나라 군대가 고구려와 전쟁을 벌이기도 전에 지리멸렬된 것을 두고 한 말이다. 〈고조본기 하〉"개황 18년"조에 따르면, 10명 중에 8~9명

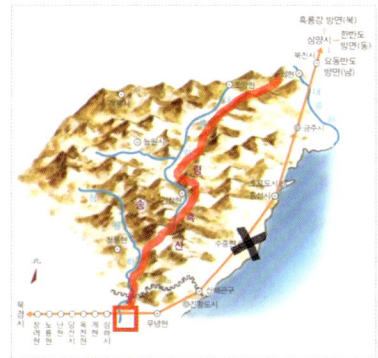

'요서주랑'은 산해관에서 금주를 거쳐 심양까지 이어지는 유명한 해안도로이다. 우리의 동해안 7번 국도와 비슷한 지형조건을 가지고 있으나 수당대까지만 해도 수레가 겨우 지나갈 정도로 좁아서 지도의 육로(임유관, 빨간표시)를 통해서만 북방과 왕래할 수 있었다.

○ 時, 餽運不繼, 六軍乏食, 師出臨渝關, 復遇疾疫, 王師不振.

•052

[황제의 군사가] 요수에 이르렀을 때였다.¹³³⁾ [＊¹³⁴⁾] [그러자 고]원은 놀라고

이 죽자 한왕 양량이 회군한 시점은 9월 기축일(10월 26일)이다.

133) 요수에 이르렀을 때였다[及次遼水]: 〈동북아판2〉 주85(제167쪽)에서는 《수서》〈왕세적전(王世積傳)〉의 "요동의 전쟁이 일어남에 이르러 [왕]세적과 한왕 [양]량은 나란히 행군원수에 임명되어 유성에 이르렀다가 돌림병을 만나는 바람에 귀환하고 말았다(及起遼東之役, 世績與漢王並爲行軍元帥, 至柳城, 遇疾疫而還)" 기사를 인용하여 "수의 육군이 영주총관부의 치소인 柳城에 머물다가 회군"한 일을 소개하였다. 여기서 우리가 주목해야 할 부분이 바로 유성의 좌표이다. 이 대목과 바로 앞 대목을 통하여 유성이 임유관과 요수 사이에 자리 잡고 있었음을 알 수가 있기 때문이다.

134) ＊: 〈고려전〉에는 언급되지 않았으나 수나라 대군은 요수에 이르렀을 때 이미 수군과 육군이 모두 다음의 곤경들에 직면하게 된다. 관련 기사가 먼저 보이는 수군의 경우, 〈주라후전(周羅睺傳)〉에서는 "[개황] 18년(598)에 요동의 전쟁이 일어나자 수군총관으로 징용되어 동래로부터 바다를 넘어 평양성으로 달려갔으나 바람(태풍)을 만나 배가 대부분 쓸려가고 침몰하는 바람에 공도 세우지 못한 채 귀

두려워졌던지 [135] 사신을 보내어 [자신의] 죄를 빌면서 표를 올리고 "요동 비루한 땅의 신 [고원]" 운운하고 일컫는 것이었다.

주상은 이리하여 전쟁을 멈추고 그를 당초와 같이 대해 주었다. [이에 고]원은 해마다 [사신을] 파견하여 입조하고 공물을 바쳤다. [* 136)]

○ 及次遼水, 元亦惶懼, 遣使謝罪, 上表稱 遼東糞土臣元云云。上於

환하였다(十八年, 起遼東之役, 徵爲水軍總管, 自東萊汎海, 趣平壤城, 遭風, 船多漂沒, 無功而還)"라고 하였다. 《자치통감》《수기》 "고조 개황 18년"조에서도 "6월, 병인일에 주라후가 동래로부터 바다를 넘어 평양성으로 달려갔으나 마찬가지로 바람(태풍)을 만나 배가 대부분 쓸려가고 침몰하였다(六月丙寅, 周羅睺自東萊泛海, 趣平壤城, 亦遭風, 船多漂沒)"라고 하였다. 《중국고대만년력》에 따르면, 개황 18년(598)은 6월 병인일이 양력으로는 8월 5일이다. 남태평양에서 태풍이 수시로 북상하는 시기인 것이다. 따라서 "배가 대부분 쓸려 가거나 침몰했다"는 것은 이때 그만큼 태풍 피해가 컸음을 방증하는 셈이다. 이 같은 상황은 이어지는 육군 쪽도 마찬가지였다. 《수서》《고조본기》 "개황 18년"조에서는 "9월 기축일(10월 26일)에 한왕 [양]량이 돌림병을 만나는 바람에 군사를 돌렸다. 죽은 자가 10명 중에서 8~9명이나 되었다(十八年九月己丑, 漢王諒師遇疾疫而旋, 死者十八九)"라고 하였다. 《자치통감》《수기》 "고조 개황"조도 마찬가지이다. 이를 통하여 당시에 고구려 정벌에 나선 수나라의 육군과 수군이 한결같이 고구려와 전쟁을 시작하기도 전에 이미 치명적인 피해를 입은 상태였음을 알 수가 있다.

135) 고원대로 놀라고 두려워졌던지[元亦惶懼]: 영양왕이 이 무렵 문제에게 사죄의 표를 올린 것을 보면 육군과 수군이 동시에 출병했다는 첩보만 받고 이 같은 내막은 알지 못한 상태에서 이루어졌을 가능성이 높다. 앞서 언급했듯이, 양력 8월에 출격한 수나라 수군과 양력 10월에 행군 중이던 수나라 육군은 생소한 기후와 풍토로 인하여 함대가 거의 전몰되고 돌림병까지 퍼지면서 고구려와 정식으로 전투를 벌이기도 전에 사기가 땅에 떨어져 있는 상태였다. 만약 영양왕이 이때 수나라와 전쟁을 벌였더라면 전황이 크게 불리하지는 않았을 것이다.

136) *: 《자치통감》《수기》 "문제 개황 18년"조에는 이 자리에 다음과 같은 기사가 추가되어 있다. "백제왕 [부여창]은 사신을 파견하여 표를 올리고 수나라군의 길잡이가 되기를 자청하였다. 황제는 조서를 내려 '고려가 죄를 인정했기에 짐이 벌써 용서해 주었으니 정벌해서는 안 되오' 하고 다독거리고 그 사신에게 후한 상을 내려 귀환시켰다. 고려는 그 일을 알고 군사를 동원하여 그 나라 지경을 침략하였다 (百濟王昌遣使奉表, 請爲軍導. 帝下詔諭以 '高麗服罪, 朕已赦之, 不可致伐', 厚其使而遣之. 高麗頗知其事, 以兵侵掠其境)."

是罷兵, 待之如初, 元亦歲遣朝貢.

•053

양제[137])가 [고조의] 황제 자리를 계승하였다.[138])

[이때] 천하가 두루 전성기를 구가하니, 고창[국]왕[139])과 돌궐[140])의 계인

---

137) 양제(煬帝): 수나라 제2대 황제인 양광(楊廣, 569~618)을 말한다. 본명은 양영(楊英)이며, 홍농(弘農) 화음(華陰, 섬서성 화음시) 사람이다. 문제 양견과 문헌황후(文獻皇后) 독고가라(獨孤伽羅)의 둘째아들로, 외모가 수려하고 젊어서부터 총명하였다. 처음에 안문군공(雁門郡公)에 봉해지고 개황 원년(581)에 진왕(晉王)으로 책립되어 남조의 진(陳)나라 정벌에 공을 세워 개황 20년(600)에 황태자로 책립되었다. 인수(仁壽) 4년(604)에 문제가 죽자 7월에 황제로 즉위하였다. 재위기간에는 행정적으로는 기존의 '주(州)'를 '군(郡)'으로 개칭하고 도량형을 옛 방식으로 환원하였다. 그리고 막대한 인력·물력을 총동원하여 이전의 소규모 운하들을 준설하고 연결하여 탁군(涿郡, 유주)-낙양(洛陽)-항주(杭州)에 이르는 대운하를 건설하였다. 이와 함께 원래의 도읍인 장안의 동쪽에 있는 낙양에 제2의 도읍을 건설하여 사치와 주색을 일삼았다. 대외적으로도 서쪽의 토욕혼(吐谷渾)을 정벌하는가 하면 3번이나 고구려를 정벌하는 등, 주변 이민족들과 빈번하게 전쟁을 벌였다. 이렇게 국력을 낭비하고 백성들을 혹사시키자 견디다 못한 농민들이 전국에서 봉기하더니 결국 대업 14년(618)에 강도(江都, 지금의 강소성 양주시)에서 우문술의 아들로 정변을 일으킨 우둔위장군(右屯衛將軍) 우문화급(宇文化及)의 부하에게 목이 졸려 살해되었다. 사후에 '명제(明帝)'라는 시호와 '세조(世祖)'라는 묘호를 받았으나 당나라 고조 이연(李淵)이 그를 비판하는 뜻에서 '양제(煬帝)'라는 시호를 내렸다.

138) 양제가 제위를 계승하였다[煬帝嗣位]: 〈양제본기 상〉 "대업 원년(605)"조에 따르면, 양광은 인수(仁壽) 4년(604) 7월에 황제로 즉위하고 그 이듬해인 605년 정월 임진일 초하루(양력 1월 25일)에 연호를 '대업'으로 바꾸었다.

139) 고창왕(高昌王): 국씨(麴氏) 고창국(高昌國)의 제8대 국왕인 국백아(麴伯雅, ?~623)를 말한다. 제7대 국왕인 국건고(麴乾固)의 서자로, 왕위를 계승하고 나서 연호를 연화(延和, 602~613)로 바꾸었다. 대대로 돌궐에 복속하여 돌궐 칸의 딸을 왕비로 맞아들여 자신도 돌궐 칸의 딸을 들였으나 대업 4년(608)에 수나라에 조공을 하고 화용공주(華容公主)를 왕비로 맞아들였다. 양제를 따라 고구려 정벌에 종군한 뒤로는 변발을 하고 옷깃을 왼쪽으로 여미는 돌궐의 풍습을 버리고 중원 문화 수입에 적극적이었다. 614년의 정변으로 퇴위했다가 620년에 다

가한141)이 나란히 직접 [수나래] 대궐을 예방하고 공물을 바쳤다. 이때에 142) [양제가 고]원을 소환하여 입조하게 했으나143) [고]원은 두려워서 번

시 왕위에 복귀하고 해마다 수나라에 사신을 보내어 조공하였다.

140) 돌궐(突厥): 중국 고대의 북방민족의 하나. '돌궐'은 '튀르크(Türk)'를 한자로 표기한 것이다. 6세기 중엽에 알타이산 지역의 유목부락에서 시작되었으며, 그 뒤로 중국의 북방·서북방에서 튀르크어를 사용하는 종족을 일컬었다. 552년에 유연(柔然)을 멸망시키고 돌궐 한국(突厥汗國, 튀르크 칸의 나라)을 세웠으며, 알타이산을 경계로 동·서 한국으로 구분되었다. 그러나 630년에 동돌궐한국을 격파한 당나라가 657년에 위구르(回紇)와 합세하여 서돌궐한국을 멸망시키고 그 판도를 장악하였다. 682년에는 북방에 안치되었던 동돌궐의 무리가 당나라에 반기를 들고 후돌궐한국을 세웠다가 평정되고 당나라로부터 회인가한(懷仁可汗)으로 봉해진 위구르 지도자 골력배라(骨力裴羅)가 그 자리에 위구르 한국을 세웠다. 8세기 중후기에 와해된 돌궐은 서쪽의 중앙아시아로 이동하는 과정에서 현지 민족들과의 융합을 통하여 지금의 백인계 튀르키예 민족으로 거듭났다. 따라서 초기의 튀르크 종족은 지금의 튀르키예 민족과는 상당한 거리가 있음에 유념할 필요가 있다.

141) 계인가한(啓人可汗): 동돌궐의 제10대 칸인 자미 카간(Jamï qaɣan, ?~609)의 중국식 이름. 사발략가한(沙鉢略可汗, 이시바르 카간)의 아들로, 성은 아시나(Ashina, 阿史那), 이름은 '셴간(染干)'이다. '계인가한'은 '슬기롭고 강인하신 칸'이라는 뜻의 '엘 이둑 자미 카간(El ïduk jamï qaɣan, 意利珍豆啓民可汗)'을 줄여 부른 것이다. 《수서》《돌궐전》에서 '계인가한'으로 소개한 것은 당대에 《수서》 편찬자들이 태종 이세민(李世民)의 이름자를 피하기 위하여 고쳤기 때문이다. 개황 17년(597)에 수나라와 연합하면서 수나라의 안의공주(安義公主)를 아내로 맞이들였다. 대칸인 도란(都蘭) 칸이 군사를 일으켜 토벌에 나서자 개황 19년에 수나라에 귀순했으며, 수나라에서는 그를 '의리진두 계민가한'으로 봉하고 그 무리 20~30만을 산서지역인 삭주(朔州)에 안치하였다. 같은 해에 서돌궐의 달두(達頭) 칸이 동·서돌궐을 통치하면서 수시로 수나라와 계민 칸의 영지를 침범하였다. 인수 3년(603)에 철륵(鐵勒, 튀르크)의 부락들이 달두 칸에게 반기를 들자 막북(漠北)으로 돌아가 정권을 장악하였다.

142) 이때에[於是]: 〈양제본기 상〉에 따르면, 수 양제가 계민가한의 막사에서 고구려 사신을 발견하고 영양왕의 입조를 재촉한 것은 대업 3년(607) 8월 을유일(양력 9월 5일)이다.

143) 고원을 소환하여 입조하게 했으나[徵元入朝]: 《수서》《양제본기》 "대업 3년(607)"

당대의 염립본이 그린 수나라의 개국군주 문제 양견의 초상

조에는 "8월, 을유일(양력 9월 5일)에 … 계민은 막사를 꾸미고 길목을 청소한 뒤에 어가를 기다렸다. 황제가 그의 막사에 행차하매 계민이 술을 바치고 장수를 빌자 [황제가 그에게] 주연을 몹시 후하게 베풀었다. [이 자리에서] 주상은 고려의 사자에게 말하였다. '[본국으로] 돌아가 너희 왕에게 일러라. 일찍 와서 짐을 알현함이 옳다. 그렇게 하지 않는다면 나는 계민과 함께 그곳까지 달려갈 것이다!'"라고 기술되어 있다. 여기서 "입조하게 했다"고 한 것은 바로 이때의 일을 두고 한 말로 보인다. 여기서는 양제가 고구려 사신과 대면하는 장면을 소략하게 다루었다. 그러나 〈돌궐전〉에는 "이에 앞서 고려가 계민의 처소에 몰래 사신을 파견하였다. [그러나] 계민이 충심으로 수나라를 받들어 외국과 교류한 일을 감출 엄두를 내지 못하였다. 이날, 고려 사신을 데리고 [황제에게] 알현시키니 칙명을 내려 우홍으로 하여금 어명을 전하여 이렇게 말하게 하였다. '짐이 계민이 충심으로 나라를 받드는 것을 어여삐 여겨 직접 그의 처소까지 온 것이다. [고려는] 내년에 탁군(유주)으로 가야 할 것이다. 너는 본국으로 돌아가 고려 왕에게 알리고 속히 와서 입조할 것이요 의심하거나 두려워하지 말라고 전하라. [그렇게만 한다면 짐이] 살리고 기르는 예우가 계민과 같을 것이다. [그러나] 만약 혹시라도 입조하지 않는다면 기필코 계민을 데리고 그 땅까지 순행하리라!' 그러자 사신은 몹시 두려

신으로서의 도리를 상당히 소홀히 하였다.144)

○ 煬帝嗣位, 天下全盛, 高昌王突厥啓人可汗並親詣闕貢獻, 於是, 徵元入朝. 元懼, 藩禮頗闕.

•054

대업 7년에 황제는 [평원왕 고]원의 죄를 따지기로 하였다.145) [*146)] [이

위하는 것이었다(先是, 高麗私通使啓民所, 啓民推誠奉國, 不敢隱境外之交. 是日, 將高麗使人見, 勅令牛弘宣旨謂之曰: '朕以啓民誠心奉國, 故親之其所. 明年當往涿郡. 爾還國, 語高麗王知, 宜早來朝, 勿自疑懼. 存育之禮, 當同於啓民. 如或弗朝, 必將啓民巡行彼土.' 使人甚懼)"라고 기술되어 있다.

144) 번신으로서의 도리를 상당히 소홀히 하였다[藩禮頗闕]: 〈양제본기 상〉을 보면, 실제로 수 양제가 계민가한의 막사에서 고구려 사신에게 영양왕의 입조를 촉구한 뒤로 대업 4년(608)과 대업 7년(611)의 기사에는 백제 사신의 입조 사실만 소개되어 있다.

145) 황제는 고원의 죄를 따지기로 하였다[帝將討元之罪]: 수나라의 고구려 정벌과 관련하여 《수서》 배구전(裴矩傳)에서는 "[영양왕] 고원이 칙명을 받들지 않자 비로소 요동 정벌의 책략을 마련하였다(高元不用命, 始建征遼之策)"라고 밝히고 있다. 영양왕이 양제의 압박에 무시로 일관하자 응징 차원에서 고구려를 정벌하기로 결심한 셈이다. 《수서》식화지(食貨志)에는 양제의 정벌 준비과정이 이렇게 기술되어 있다. "[대업] 6년(610)에 장차 고려를 정벌하려 하자 관련 관서에서 '병마에 이미 손실이 많다'고 상소하였다. [이에] 조서를 내려 다시 천하의 부자들에게 세금을 물려 그 자산을 따져 보고 돈을 내어 군마를 사 들여서 원래의 숫자대로 채우게 하였다. [그리고] 명령에 따라 충분히 확보되면 다시 군사를 정비하고 병기와 장비들을 갖추어 모두가 정교하고 새롭게 차리게 하되 수준이 미달되면 사자가 즉시 목을 베게 하였다. 이리하여 마필이 10만에 이르렀다(六年, 將征高麗. 有司奏兵馬已多損耗. 詔又課天下富人, 量其貲產, 出錢市武馬, 填元數. 限令取足. 復點兵具器仗, 皆令精新, 濫惡則使人便斬. 於是, 馬匹至十萬)."

146) *: 〈양제본기〉에는 이 자리에 수 양제가 "대업 7년(611)" 2월 임오일(4월 14일)에 고구려 정벌을 선언하는 조서와 함께, "대업 8년(612)" 정월 임오일(2월 8일) 및 2월 갑인일(3월 11일)에 고구려 정벌의 대의명분과 행군 지령을 담은 조서 전문이 상세하게 소개되어 있다.

리하여] 어가가 요수를 건넜다. **147)**

주상은**148)** 요동성 **149)**아래에 군영을 세우기에 이르렀다. [그리고] 길을

147) 어가가 요수를 건넜다[車駕渡遼]: 〈양제본기 상〉 "대업 7년"조에 따르면, 수 양제가 유수를 건넌 시점은 3월 갑오일(4월 20일)이다.

148) 주상은[上]: 이 글자의 경우, 여기에는 '위 상(上)'으로 되어 있으나 《북사》에는 '멈출 지(止)'로 나와 있다. 어느 쪽이든 의미상으로는 큰 문제가 없다. 다만, ① 앞에서 이미 대주어 '황제[帝]'가 제시된 데다가, ② 전후 문맥을 따져 보더라도 '요수를 건너고 ⇒ 멈추어 ⇒ 병영을 세우다' 쪽이 훨씬 자연스럽다. 즉, ③ 원래는 뒤의 '영(營)'과 결합되어 '멈추어 병영을 세우다' 식의 복합동사로 사용된 것을 ④ 후대의 필사자들이 《수서》의 이 대목을 필사하는 과정에서 '멈출 지'를 모양이 비슷한 '상'으로 잘못 베꼈을 가능성이 높다.

149) 요동성(遼東城): 《북사》에는 이 부분이 "요동 땅[遼東城]"으로 되어 있다. 그러나 문법적으로나 맥락상으로나 '요동 땅' 쪽이 '요동성'보다 자연스럽다. 정황상으로도 요동성은 고구려 경내에 있는 고구려의 성이었으므로 양제가 요동성 안에 군영을 구축했다고 보기는 어렵다. 따라서 양제와 수나라 대군은 요동성을 공격하는 입장이었으므로 그 위치를 요동성 바깥, 즉 '요동성 아래' 또는 '요동성 가까이'로 이해하는 편이 합리적이다. 실제로 《수서》〈우작전(虞綽傳)〉에서는 "'대업 8년 임신년(612) 여름 4월 병자일(양력 6월 1일)에 황제가 요수·갈석 일대를 평정하기에 이르매, … 행궁이 유성현의 임해돈에 멈추었네. …'(維大業八年, 歲在壬申, 夏四月丙子, 皇帝底定遼碣, … 行宮次于柳城縣之臨海頓焉)"라고 하였다. 양제가 군영을 세운 곳이 요동성 안이 아니라 유성현의 임해돈이라고 분명히 밝힌 것이다. 덧붙여, 인터넷 〈국편위판〉 주099에서는 "지금의 遼陽으로 종래 중국의 遼東郡의 郡治였으나 隋代에는 高句麗의 영역으로 遼東城이라 불렀으며, 《三國史記》卷37〈地理志〉에 의하면 본시 烏列忽이라 하였다"라고 소개하였다. 그러나 ① 고대 '요동'의 기준점은 산해관이었으며 요동반도가 기준점이 된 시기는 길어도 200년을 넘지 못한다. 고대로부터 청대 중기까지의 '요동'은 예외 없이 산해관으로부터 그 동쪽을 가리키는 지역명이었다는 뜻이다. ② 이는 앞서 양제의 군영이 유성현 임해돈에 있다고 한 데서도 충분히 짐작할 수가 있는 일이다. '임해돈'은 글자 그대로 직역하면 '바다를 마주한 군영' 정도로 번역된다. 바로 그 임해돈이 있는 유성현이 바다를 끼고 있는 도시라는 뜻인 것이다. 그렇다면 ③ 유성의 좌표를 요동반도 인근에 있으면서 바다와 멀리 떨어진 내륙에 자리 잡은 요녕성 조양시 인근에서 찾는 것은 적절하지 못한 셈이다. 《자치통감》〈수기〉 "대업 8년(612)"조에서 사마광은 "군대들이 이긴 기세를 타고 진격하여 요동성을 포위하니 바로 한대의 양평성이다(諸軍乘勝進圍遼東城, 即漢之襄平城也)"라고 하였다. 양평은 지금의 평주 노룡현 인근이다.

요동성은 한대의 양평성인가. 《자치통감》에서 사마광은 요동성이 '한대의 양평성'이라고 소개하였다. 청대 사고전서판(문연각본) 《자치통감》

나누어 군사를 출진시키매[150] 저마다 그 나라의 [요동?]성 아래에 병력

150) 길을 나누어 군사를 출동시키매[分道出師]: 《수서》〈양제본기〉에 따르면, 양제는 고구려 정벌을 위하여 좌 12군(左十二軍)과 우 12군(右十二軍)의 총 24개 군대를 24개 방면으로 발진시킨 것으로 소개되어 있다. 구체적인 군대 구성 및 행군 상황은 《수서》〈양제본기〉와 《자치통감》〈수기〉 "양제 대업 7년(611) 봄 4월(양력 5~6월)"조에 비교적 자세하게 소개되어 있다. 이 대목에서 수나라 군이 고구려 정벌 과정에서 군대를 총 24개 방면으로 발진시켰다는 것은 곧 발진기지인 탁군(유주)에서 고구려에 이르는 지역에 지형적으로 대부분 고도가 높고 험한 산지들이 자리 잡고 있었음을 방증한다. 행군 길(방면)이 많다는 것은 지형적으로 해당 구역에 계곡이나 하천이 많은 공간, 즉 해발 고도가 높은 산지일 가능성을 상정하기 때문이다. 고도가 낮은 평지나 저지대라면 계곡이나 하천들이 복잡하게 형성될 리가 없으니 굳이 군사를 20개가 넘는 소규모 병력으로 갈가리 쪼개어 행군할

을 주둔시켰다.

○ 大業七年, 帝將討元之罪, 車駕渡遼水, 上營於遼東城, 分道出師, 各頓兵於其城下。

• 055

고려는 군사를 이끌고 [성을] 나와 [황제의 군사에] 맞섰으나 전황이 이롭지 못한 때가 많았다. 그렇게 되자 한결같이 성에 의지하여[151] 굳게 지키는 것이었다.[152] [이에] 황제는 전군에 명령을 내려 그 성을 공격하게 하였다.[153] 그러고는 장수들에게는 이렇게 조칙을 내렸다.

필요가 없다. 만일 탁군-고구려 일대가 평지였다면 군대를 횡대로 최대한 늘여 일제히 발진시킴으로써 작전상의 효율성을 극대화시켰을 것이라는 뜻이다. 그런데 정벌에 동원한 군대를 24개 방면으로 쪼갰다는 것은 요동지역이 해발 고도가 높아 골짜기와 사잇길들이 많이 갈라져 있는 산지 지형이어서 불가피한 조치였기 때문이다.

151) 성에 의지하여[嬰城]: 성벽을 방패 삼아 농성했다는 말이다. 한대 학자 허신이 《설문해자》에서 "'영'은 목 장식이다(嬰, 頸飾也)"라고 한 것처럼, '영'은 원래 목걸이 같이 목에 둘러 꾸미는 장식품을 가리키는 명사이지만 때로는 '두르다(wrap [a]round)'라는 의미의 동사로 사용되기도 하였다. 《한서》〈괴통전(蒯通傳)〉의 '영성(嬰城)'에 대하여 안사고(顔師古, 581~645)가 맹강(孟康, 3세기)의 설명을 인용하여 "'영'은 성으로 자신을 둘러싸는 것(嬰, 以城自繞)"이라고 한 것이 그 증거이다. 청대 말기의 학자 왕선겸(王先謙) 역시《한서 보주(漢書補注)》에서 "성으로 둘러싸고 스스로를 지키기는 것을 말한다(謂繞城自守耳)"라고 하였다. 따라서 '영성(嬰城)'은 성을 지키는 군사들이 성을 둘러싸듯이 성 안에 서서 방어하는 모습을 빗대어 한 말인 셈이다. 여기서는 편의상 "성에 의지하여"로 번역하였다.

152) 굳게 지키는 것이었다[固守]: 〈양제본기 상〉에 따르면, 고구려군이 수나라군을 상대로 농성전을 벌인 시점은 5월 임오일(6월 7일) 무렵이다.

153) 그 성을 공격하게 하였다[攻之]: 〈양제본기 상〉에 따르면 수 양제가 요수 동쪽으로 행차하여 장수들을 꾸짖고 요동성 서편에 육합성(六合城)을 세우고 공성을 독려한 시점은 6월 기미일(양력 7월 14일)이다.

"고려가 만약에 항복하면 즉시 보듬어 받아들임이 옳은 바, 함부로 군사를 풀어서는 안 될 것이다!"

○ 高麗率兵出拒, 戰多不利, 於是, 皆嬰城固守。帝令諸軍攻之, 又勑諸將, 高麗若降者, 卽宜撫納, 不得縱兵。

• 056

[그렇게 하여 요동]성이 함락되려 하기만 하면 적들은 그때마다 "항복하겠다"고 둘러대었다. [그러면] 장수들은 [당초의] 어명을 받들어 그 기회를 노릴 엄두를 내지 못하고 일단 [황제에게] 신속히 달려가 아뢰게154) 하곤 하였다.

○ 城將陷, 賊輒言請降, 諸將奉旨不敢赴機, 先令馳奏。

• 057

[그러나 그] 보고가 당도할 때가 되면 적들은 적들대로 수비를 정비하고 다시 [성을] 나와 [수나라 군사에] 맞서 싸우곤 하였다. 그렇게 하기를 두세 차례나 반복했건만155) 황제가 [상황을] 깨닫지 못하였다.

---

154) 일단 신속하게 달려가 아뢰게[先令馳奏]: 양제가 머무는 군영으로 파발을 보내어 보고했다는 말이다. 《수서》〈우작전〉에는 양제의 군영에 관하여 다음과 같이 묘사하였다. "[황제를] 따라 요동 정벌에 나섰다. 황제는 임해돈에 머물 때에 큰 새를 발견하고 신기하게 여기고 우작에게 황제의 명령을 내려 명문을 새기게 하였다. 그 기사는 이렇다. '대업 8년 임신년(612)에 … 유성현의 임해돈에 멈추었네. …' 황제는 그것을 보고 잘 지었다고 여겨 관련 관서에 명하여 바다 위에 새기게 하였다. 그러고는 요수를 건너는 데에 공을 세웠다 하여 건절위를 제수하였다(從征遼東, 帝舍臨海頓, 見大鳥, 異之, 詔綽爲銘. 其辭曰, '維大業八年, 歲在壬申, 夏四月丙子, 皇帝底定遼碣, … 行宮次于柳城縣之臨海頓焉. …' 帝覽而善之, 命有司勒於海上. 以渡遼功, 授建節尉)"라고 하였다.

155) 그렇게 하기를 두세 차례나 했는데도[如此者再三]: 《북사》에는 이 부분이 "그렇

중국 학계는 '무려라'를 요하 서쪽 신민시(노란표시)로 주장하지만 잘못된 고증이다. '요동'은 200년 전만 해도 산해관 동쪽을 가리켰으니 흰 동그라미 쪽에서 찾아야 옳다.

○ 比報至, 賊守禦亦備。隨出拒戰。如此者再三, 帝不悟。

• 058

이로 말미암아 식량이 바닥나고 군사들이 지친 데다가 수송조차 원활하게 이루어지지 못한 탓에 전군이 [싸움에서] 패하는 일이 잦아졌다.[156) [*157)] 이리하여 [결국은] 군사를 되돌리고 말았다.[158)

게 하기를 세 차례나 했는데도[如此者三]"로 되어 있다.
156) 전군이 패하는 일이 잦아졌다[諸軍多敗績]: 〈양제본기 상〉의 이 대목에는 7월 임인일(8월 26일)에 우문술(宇文述)과 우중문(于仲文)의 대군이 살수(薩水)에서 을지문덕(乙支文德)이 이끄는 고구려군에게 참패한 일이 소개되어 있다. 살수대첩에 관해서는 부록된 〈우중문전〉과 〈우문술전〉을 참조하기 바란다.
157) *:《통전》〈변방2〉 "고구려"조에는 이 사이에 "귀환한 자는 1,000명뿐이었다(還者千人而已)"라고 소개되어 있다. 생환자의 수가 《수서》에 기술된 2,500명보다 훨씬 적게 소개되어 있는 것이다.
158) 군사를 되돌리고 말았다[班師]: 〈양제본기 하〉 "대업 8년(612)"조에 따르면, 고

고려전(高麗傳)

이번 출정의 경우, 고작해야 요수 서쪽에서 적측의 무려라[159]를 확보하고[160] [그 자리에] 요동군 및 통정진을 설치하고[161] 귀환하는 데서 그

구려에서 참패한 수 양제가 군사를 돌린 시점은 7월 계묘일(8월 27일), 낙양으로 귀환한 시점은 9월 경진일(10월 3일)이다. 그리고 11월 갑신일(12월 6일)에 참패한 책임을 물어 우문술·우중문 등의 관작을 박탈하고 을지문덕을 풀어 준 유사룡을 참수하였다.

159) 무려라(武厲邏): 요수 서쪽 기슭에 구축된 고구려 군사 거점의 하나. 그 이름의 경우, 《수서》〈이경전(李景傳)〉에는 "무려성(武厲城)", 《통전》〈변방2〉"고구려"조에는 "무열라(武列邏)"로 조금씩 다르게 소개되어 있다. 여기서 '라(邏)'는 '순라를 돌다', 즉 '순찰하다'는 뜻의 동사이다. 이것이 '나소(邏所)' 식으로 사용되면 순라꾼 또는 순찰병들이 머무는 초소라는 뜻의 명사가 된다. 실제로 원대의 호삼성도《자치통감》〈수기〉"양제 대업 8년(612) 7월"조에 대한 주석에서 "고려가 요수 서쪽에 나소를 설치하여 요수를 건너는 자들을 경계하고 살핀 것이다(高麗置邏於遼水之西, 以警察度遼者)"라고 해석하였다. 그런데 바로 뒤에서 요서에 있는 무려라 자리에 "요동군과 통정진을 설치하였다"라고 한 것을 보면 상당한 면적을 유지하고 있었다는 뜻으로 해석된다. 그렇다면 무려라는 통상적인 성채(castle)가 아니라 우리나라의 DMZ처럼 특정 지역을 순찰·수비하는 경비구역(Security Area) 정도의 의미로 이해하는 편이 합리적이라는 뜻이다. 그 위치의 경우, 이노우에 히데오·이병도 등은 "遼寧省 新民府"로, 중국 학계도 대체로 신민현(신민부의 나중 이름) 동북쪽의 요빈탑(遼濱塔)으로 보았다. 〈동북아판2〉 주94(제188쪽)에서도 지금의 요하 인근으로 비정한 한·중·일 삼국 학자들의 주장들을 소개해 놓았다. 그러나 그 주장들은 예외 없이 반도사관에 입각해서 도출해 낸 잘못된 좌표들이다. 앞서 이야기 했듯이, 200년만 해도 '요동'의 기준점은 요동반도가 아닌 산해관이었기 때문이다. 그렇다면 요수 서쪽에 설치되고 고구려 통제하에 있던 무려라의 좌표는 당연히 산해관의 서쪽 모처에서 구할 수밖에 없다.

160) 요수 서쪽에서 적측의 무려라를 확보하고[遼水西拔賊武厲邏]:《고훈회찬(古訓匯纂)》(제871쪽)에 따르면, "'발'이란 성읍을 격파하여 차지하는 것이다(拔者, 破城邑而取之)." 여기서도 "적측의 무려라(賊武厲邏)"라고 한 것을 보면 양제가 요동 정벌에 나설 시점에 고구려가 자국 영토인 요수 이동지역은 물론이고 그 맞은편인 요수 이서지역의 일부도 자국의 거점으로 확보하고 있었음을 유추할 수 있다.

161) 요동군 및 통정진을 설치하고[置遼東郡及通定鎭]: 양제는 이 해의 고구려 정벌에 실패하고 요동성을 함락시키지도 못한 상태에서 회군하였다. 그런 상황에서 요동군과 통정진을 설치했다는 것은 곧 고구려의 요동성 이서지역을 점령하는 정도에서 그쳤다는 뜻으로 해석된다. 국내외 학계에서는 통정진을 신민현 서북쪽인

쳤을 뿐이었다. [＊162)]

○ 由是食盡師老, 轉輸不繼, 諸軍多敗績, 於是, 班師。是行也, 唯於遼水西拔賊武厲邏, 置遼東郡及通定鎭而還。

• 059

[대업] 9년에 황제가 다시 [고구려] 정벌에 직접 나섰다.163) [＊164)]

요하(遼河)의 서쪽 기슭으로 비정하는 것이 통설이다. 그러나 통정진의 좌표에 관해서는 《책부원구》〈제왕부·사유2(帝王部·赦宥二)〉에 수록된 〈평요동대사조(平遼東大赦詔)〉가 참고할 만하다. 양제가 무려라에 요동군·통정진을 설치한 기념으로 특별사면령을 내린 이 조서에는 국역에 동원된 백성들에 대한 상벌을 언급하면서 "그들 중 각 군에서 군사 물자를 공급하는 자는 일률적으로 급여를 다시 1년간 주고, 부역에 참여하는 장정·장인들로서 탁군까지 간 자는 다시 2년간 주며, 임유관 이서까지 간 자는 다시 3년을, 유성 이서까지 간 자는 다시 5년을, 통정진 이서까지 간 자는 다시 7년을, 요수 건너편 진지까지 간 자는 다시 10년을 주도록 하라(其諸郡供軍事者並給復一年, 其所役丁夫匠至涿郡者復二年, 至臨楡關已西者復三年, 至柳城已西者復五年, 至通定鎭已西者復七年, 至渡遼鎭者復十年)"라고 하였다. 내지(중원)에서 변방(요동) 쪽으로 거리가 멀어질수록 더 큰 보상을 해 주는 식인 셈이다. 여기서 그 지명들은 '[중원 ⇒] 탁군(유주) ⇒ 임유관 ⇒ 유성 ⇒ 통정진 ⇒ 요수[⇒ 요동]'의 순서로 나열되어 있으며, 통정진은 요수를 건너기 전의 위치에 소개되어 있다. 통정진이 요수와 유성 사이에 있는 곳임을 알 수 있는 셈이다. 양제가 이때 설치한 요동군과 통정진의 좌표는 요수 이동(요동)이 아니라 요수 이서(요서)에서 찾아야 한다는 뜻이다.

162) ＊: 《자치통감》〈수기〉 "양제 대업 8년"조에는 이 자리에 다음의 내용이 추가되어 있다. "8월에 어명을 내려 여양·낙양·낙구·태원 등지의 곳간의 양곡을 수송하여 망해돈으로 향하게 하였다(八月, 敕運黎陽洛陽洛口太原等倉穀, 向望海頓)" 호삼성은 "망해돈은 요서의 지경에 있어야 옳다(望海頓, 當在遼西界)"라고 하였다.

163) 다시 정벌에 직접 나섰다[復親征之]: 〈양제본기 하〉 "대업 9년(613)"조에 따르면, 이 해 정월 정축일(1월 28일)에 전국에서 징집한 군사를 탁군에 집결시키고 신묘일(2월 11일)에 군사 편제를 정비하였다. 이어서 2월 임오일(4월 3일)에는 원활한 작전 수행을 위하여 지난해에 처벌했던 우문술 등의 관작을 회복시킨 다음 고구려 침공에 투입하였다.

164) ＊: 〈양제본기 하〉의 이 대목에는 수 양제가 3월 무인일(3월 30일)에 요수 동쪽

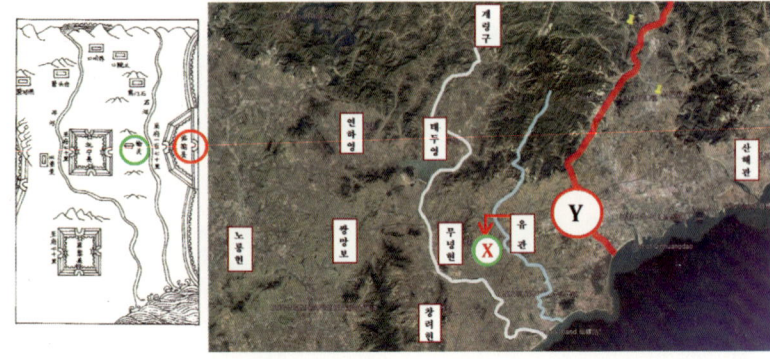

강희 50년에 간행된 《영평부지(永平府誌)》에 소개된 임유관(그림의 파란 동그라미). 지도에서도 그림 속의 임유관(X)과 임유현(Y) 그리고 그 사이를 흐르는 유수를 확인할 수 있다

이어서 [황제는] 조칙을 내려 전군이 상황에 맞추어 [적절하게] 대응하도록 일렀다.[165)]

○ 九年, 帝復親征之, 乃勅諸軍以便宜從事。

• 060

[그러자] 장수들은 길을 나누어 성들을 공격하니[166)] 적들의 기세가 날이

에 행차하고, 4월 경오일(5월 21일)에 요수를 건넌 일, 임신일(5월 23일)에 우문술·양의신 등을 평양 전선에 투입한 일 등이 소개되어 있다. 《자치통감》《수기》 "양제 대업 9년"조에는 이와 함께 이 대목에 요동성 공성전을 독려하고 용맹을 떨친 심광(沈光)에게 벼슬을 내린 일 등이 추가로 기술되어 있다.

165) 조칙을 내려 상황에 맞추어 대응하도록 일렀다[勅便宜行事]: '편의행사(便宜行事)'란 임기응변(臨機應變)과 같은 뜻으로, 지휘관이 최고 군 통수권자(황제)의 명령을 기다리지 않고 자신의 판단에 따라 상황에 맞게 적절하게 대응하는 것을 말한다. 〈양제본기 하〉에 따르면, 이 같은 수 양제의 지시는 4월 임신일(양력 5월 23일) 이후에 내려졌다.

166) 장수들은 길을 나누어 성들을 공격하니[諸將分道攻城]: 인터넷 〈국편위판〉 주 106에서는 《隋書》와 《三國史記》〈高句麗本紀〉 嬰陽王 24年條에 扶餘道·碣石道·朝鮮道 등이 보이며 于仲文 등은 陸路로, 그리고 來護兒는 水路로 평양으로

갈수록 위축되어 갔다.[*167)]

[그런 상황에서] 공교롭게도 양현감168)이 반란을 일으켰다.[그] 반란 사실을 알리는 급보가 당도하자 황제는 몹시 두려워하면서 [급보가 당도한] 그날 바로 육군을 일제히 귀환시켰다.169)

○ 諸將分道攻城, 賊勢日蹙。會楊玄感作亂, 反書至, 帝大懼, 卽日六軍並還。

• 061

[*170)] 병부 시랑171)이던 곡사정172)이 도망쳐 고려로 들어갔다.173)

진격하고, 王仁恭은 新城, 薛世雄은 烏骨城, 煬帝는 遼東城을 공격하는 기사가 보인다"라고 하였다.

167) *: 〈양제본기 하〉에 따르면, 수나라군은 비루·깃대·운제·지도를 써서 사방에서 밤낮 없이 전방위적으로 공성전을 펼쳤으나 고구려군은 임기응변하면서 20일이 넘도록 맞서 싸웠다.

168) 양현감(楊玄感, ?~613): 수나라 대신. 홍농(弘農) 화음(華陰) 사람으로, 수나라 대신 양소(楊素)의 아들이다. 양소의 봉호인 초국공(楚國公)을 세습하고 벼슬이 예부상서(禮部尙書)에 이르렀다. 대업 9년(613)에 양제의 명령으로 여양(黎陽)에서 군량 수송을 감독하였다. 그러나 전국에서 농민들이 봉기하자 양제의 폭정에 불만을 품고 6월에 군사를 일으켜 반기를 드니 그 무리가 10만을 넘을 정도였다. 처음에는 낙양을 포위할 정도로 기세가 등등했으나 한 달이 넘도록 함락시키지 못하자 서쪽의 관중(關中)을 점령하기 위하여 문향(閿鄕, 하남성 영보시 서쪽)으로 향하다가 추격해 온 우문술(宇文述)의 관군에게 패하고 죽음을 당하였다. 양현감이 반란을 일으킨 내막에 관해서는 《자치통감》〈수기〉"양제 대업 9년"조에 비교적 자세하게 소개되어 있다.

169) 그날 바로 육군을 일제히 귀환시켰다[卽日六軍並還]: 〈양제본기 하〉에서는 양현감의 반란이 일어난 시점을 6월 을사일(6월 25일), 양제가 군사를 되돌린 시점을 6월 경오일(7월 20일)로 각각 소개하였다. 양제가 반란 소식을 알리는 급보를 접하자마자 그날 바로 군사를 돌렸다고 했으므로 급보가 도착한 시점 역시 6월 경오일이었던 셈이다.

170) *: 《자치통감》〈수기〉에는 이 앞에 "황제가 현종 등의 무리를 모조리 다스리려 하

고려전(高麗傳) 109

[**174)**]

자 [곡사]정은 안에서 마음을 놓지 못하고 무진일(양력 7월 18일)에 … (帝將窮治玄縱等黨與, 政內不自安, 戊辰, …)" 부분이 추가되어 있다. 곡사정이 고구려로 망명한 것이 무진일인 것이다.

171) 병부시랑(兵部侍郞): 중국 고대의 관직 이름. 지금으로 치면 국방부 차관 정도에 해당한다. '시랑(侍郞)'의 경우, 처음에는 궁정의 근시(近侍)였으나 후한대 이후로는 상서(尙書)의 속관(屬官)으로 굳어졌다. 당대에 이르러 시랑을 중서성(中書省)·문하성(門下省)·상서성(尙書省)의 수장인 상서(尙書)의 부관으로 삼았으며, 나중에 '6부(六部)' 제도가 확립되면서 각 부 상서의 업무를 보좌하였다.

172) 곡사정(斛斯政, 590~670): 수나라 관원. 하남 사람으로, 북위의 선비족 출신 상서령(尙書令)인 곡사춘(斛斯椿)의 손자이다. 유능하여 양제의 신임을 받았으나 나중에는 의동(儀同)에 제수되면서 조정 중신이던 양소의 눈에 들면서 그 아들 양현감 형제와 가까워졌다. 고구려 정벌 당시 유능하다 하여 양제가 병부시랑에 제수하고 대단히 신임하였다. 그러나 요동에 종군하면서 양현감과 내통하다가 양제가 양현감의 붕당을 숙청하자 고구려로 망명하였다. 이듬해에 양제가 다시 요동 정벌에 나서자 고구려에서 항복의 대가로 그를 쇠사슬로 묶고 함거에 태워 수나라로 송환시키는 바람에 기둥에 묶인 채로 수나라 문무백관이 난사한 화살에 맞아 비참한 최후를 맞았다.

173) 도망쳐 고구려로 들어갔다[亡入高麗]: 〈양제본기 하〉에서는 곡사정이 고구려로 망명한 시점을 6월 무진일(양력 7월 20일)로 소개하였다. 이와 관련하여 《수서》〈염비전(閻毗傳)〉에서는 "병부시랑 곡사정이 요동으로 도망쳤다. 황제가 염비로 하여금 기병 2,000을 이끌고 추격하게 했으나 따라잡지 못하였다. 곡사정은 고려의 백애성에 머물렀다(兵部侍郞斛斯政奔遼東, 帝令毗率騎二千追之, 不及. 政據高麗柏崖城)"라고 기술하였다. '백애성(柏崖城)'은 곧 백암성을 말한다. 이로써 고구려로 망명한 곡사정이 백암성에 머물고 있었음을 알 수가 있다.

174) **＊**: 《자치통감》〈수기〉에는 이 자리에 다음의 내용이 추가되어 있다. "경오일(7월 20일) 새벽 2경 나절에 양제는 비밀리에 장수들을 소집하여 군사를 이끌고 귀환하도록 일렀다. 귀환할 때는 황제의 명령에 따라 군수 물자·장비·공격도구 등을 산더미처럼 쌓아 놓고, 병영·보루·막사를 그 자리에서 건드리지도 않은 채 모두가 다 내팽개치고 떠났다. 수나라 군은 놀랍고 두려운 나머지 더 이상 소속도 나누지 않은 채 각 방면군이 [뿔뿔이] 쪼개져 흩어졌다(庚午, 夜二更, 帝密召諸將, 使引軍還. 還從宣, 軍資器械攻具, 積如丘山, 營壘帳幕, 按堵不動, 皆棄之而去. 衆心恟懼, 無復部分, 諸道分散)" '소속도 나누지 않은 채'는 각 부대마다 대열을 유지하면서 순차적으로 철수하지 않고 무질서하게 서둘러 허둥지둥 철수하는 광경을 두고 한 말이다.

고려는 [수나라의] 상황을 낱낱이 알고 정예 병력을 총동원해 와서 추격하는 바람에 전군이 대부분 패하고 말았다.175) [*176)]

○ 兵部侍郎斛斯政亡入高麗, 高麗具知事實, 悉銳來追, 殿軍多敗.

• 062

[대업] 10년에 [황제는] 이번에도 온 나라의 군사를 동원하였다.177) [그러나]

---

175) 이번에도 온 나라의 군사를 동원하였다[又發天下兵]:《자치통감》〈수기〉에는 이 대목이 다음과 같이 소개되어 있다. "고려는 즉각 상황을 눈치챘다. 그러나 [성을] 나올 엄두를 내지 못한 채 성 안에서 북을 울리며 고함만 질러 대더니 이튿날 오시가 되어서야 차츰 밖으로 나오기 시작하였다. [고려군은] 사방으로 멀리 정찰하고 나서도 '수나라군이 속임수를 쓰는 것이 아닌가' 의심하였다. [그렇게] 이틀이 지나고 나서야 수천 명의 군사를 내어 추격에 나섰으나 수나라군의 [압도적인] 무리를 두려워하여 몰아붙일[逼] 엄두를 내지 못한 채 번번이 80~90리씩 거리를 두곤 하였다. [그렇게] 요수까지 이르게 되었을 때 황제의 군대가 [요수를] 다 건넌 사실을 알고 그제야 후군을 몰아붙였다. 이때에 후군은 [요수를 미처 건너지 못한 인원이] 그래도 수만 명이나 되었는데 고려군이 수시로 기습하는 바람에 마지막에는 허약한 군사 수천 명이 그들에게 죽음을 당하였다(高麗卽時覺之, 然不敢出, 但於城內鼓譟. 至來日午時, 方漸出外, 四遠覘偵, 猶疑隋軍詐之. 經二日, 乃出數千兵追躡, 畏隋兵之衆, 不敢逼, 常相去八九十里. 將至遼水, 知御營畢渡, 乃敢逼後軍. 時, 後軍猶數萬人, 高麗隨而抄擊, 最後羸弱數千人爲所殺略)"

176) *:〈양제본기 하〉"대업 9년"조에 따르면, 군사를 돌려 자국의 영토인 임유관(臨渝關)으로 들어온 수 양제의 행렬이 상곡(上谷)에 당도한 시점은 9월 갑오일(양력 10월 12일)이다. 그 뒤에(10월? 11월?) 낙양(동도)에 귀환한 양제는 양현감의 반란에 동조한 양적선 등 10명이 넘는 공모자의 사지를 거열(車裂)하였다.

177) 이번에도 온 나라의 군사를 동원하였다[又發天下兵]:〈양제본기 하〉"대업 10년(614)"조에 따르면, 수 양제는 2월 신미일(양력 3월 18일)에 조정에서 고구려 침공을 거론했으나 며칠이 지나도록 아무도 의견을 내지 않자 무자일(4월 4일)과 신묘일(4월 7일)에 연거푸 조서를 내리고 고구려 침공의 대의명분을 천명하였다. 그리고 다음 달인 3월 임자일(4월 28일)에 탁군에 군사를 집결시킨 양제는 계해일(5월 9일)에 [임유관 경내의] 임유궁에서 전쟁의 신(황제)에게 마제를 거행하고 반란자들을 제물로 바침으로써 정식으로 제4차 고-수 전쟁의 서막을 열었다.

공교롭게도 도적들이 [각지에서] 벌떼처럼 일어나는 바람에 사람들이 유랑하거나 도망치는 경우가 많아져 [… 군사가] 집결한 곳과 [연락이] 두절되는 바람에 군사가 [작전의] 적기를 놓치는 일이 많았다. 178)

○ 十年, 又發天下兵, 會盜賊蜂起, 人多流亡, 所在阻絶, 軍多失期.

• 063

[* 179)] [수나라 군이] 요수에 이르렀다.

[이 무렵] 고려는 고려대로 [국력이] 궁핍하고 피폐해진 상태였다. [그래서] 사신을 파견하여 항복을 요청하더니 180) 곡사정을 [함거에] 가두어 보내 줌으로써 지은 죄를 갚으려 하였다.

[그래서] 황제는 그것을 허락하고 나서 회원진 181)에서 어가를 멈추고 그

---

178) 적기를 놓치는 일이 많았다[多失期]: 24개 방면으로 편성된 수나라 군대가 각지 농민들의 봉기로 수시로 연락이 두절되거나 제때에 도착·합류하지 못하는 바람에 병력을 총집결하여 고구려를 상대로 원만하게 작전을 수행하지 못했다는 뜻이다.

179) *: 〈양제본기 하〉 "대업 10년"조에 따르면, 수 양제는 4월 갑오일(6월 9일)에 북평(北平)에 당도하고 7월 계축일(8월 27일)에 회원진에 도착하였다. 고구려에서 곡사정을 수 양제에게 인계한 시점이 갑자일(9월 7일)이므로 수나라군이 요수에 도착한 시점은 계축일과 갑자일 사이의 어느 날이었을 것이다.

180) 사신을 파견하여 항복을 요청하더니[遣使請降]: 〈양제본기 하〉 "대업 10년"조에는 고구려가 수 양제에 항복을 제안한 시점은 갑자일(9월 7일)이다. 곡사정의 인수인계는 양국 간에 어느 정도 협의가 끝난 상태에서 이루어졌을 것이다.

181) 회원진(懷遠鎭): 중국 고대의 지명. 그 위치의 경우, 국내외 학자들은 과거에는 지금의 요녕성 북진시(北鎭市) 부근으로 비정해 왔는데 중국 학계에서는 최근 요녕성 요중현(遼中縣) 인근으로 비정하였다. 그러나 고구려-수나라 전쟁과 관련된 한·중·일 학자들의 기존의 지리고증들은 대부분 반도사관에 대입하여 산출된 결과물이다. 역사적 사실에 부합된다고 보기 어렵다는 뜻이다. 실제로 ①《구당서》〈지리지〉 "하북도 영주상도독부(河北道營州上都督府)"조에는 [연주] 수나라 때의 요서군으로 … 요수·노하·회원의 3개 진을 관할하였다(領遼西瀘河懷遠三

수나라 온양부(좌)와 영창부(우)의 군정장관이 지녔던 호부. 조정에서 한 짝을 보관하다가 군정장관의 것을 '열 십'자 부분에 끼워서 맞으면 군사를 내주었다고 한다

의 항복을 받아들였다.[182] 그리고 포로와 노획한 물자들을 가지고 귀

縣(【燕州】隋遼西郡 … 領遼西瀘河懷遠三縣)", ②《신당서》〈지리지〉 "하북도 영주(河北道營州)"조에는 "【유성군】… 이와 함께 여라·회원·무려·양평의 네 수착성이 있다(【柳城郡】… 又有汝羅懷遠巫閭裏平四守捉城)"라고 하였다. ③ 북송대의 연혁지인《태평환우기》의〈하북도〉 "연주(燕州)"조 역시 "양제 대업 8년 요서군을 설치하고 요서·회원·노하의 3개 현을 합병해 통치하였다. … 당나라 무덕 원년에 연주총관부로 개칭하고 요서·노하·회원의 3개 현을 관할하였다. … 정관 원년에는 도독부를 철폐하고 나아가 회원현을 줄였다(煬帝大業八年爲置遼西郡, 幷遼西懷遠瀘河三縣, 以統之. … 唐武德元年改爲燕州總管府, 領遼西瀘河懷遠三縣. … 貞觀元年廢都督府, 仍省懷遠縣)"라고 되어 있다. 또, ④《수서》〈곽영전(郭榮傳)〉에는 "이듬해에 다시 황제를 수행하여 유성까지 왔으나 병을 얻는 바람에 … 회원진에서 죽었다(明年, 復從帝至柳城, 遇疾, … 卒於懷遠鎭)"라고 하여 그 대체적인 위치를 가늠할 수가 있다. 이상의 기록들을 종합해 볼 때, 회원진은 요녕성이 아니라 하북성(동북부) 경내에 있었음을 알 수가 있다.

182) 회원진에서 어가를 멈추고 그의 항복을 받아들였다[頓於懷遠鎭, 受其降款]:〈양제본기 하〉"대업 10년"조에서는 수 양제의 행렬이 회원진에 당도한 시점이 7월 계축일(8월 27일)이라고 기술하였다. 그렇다면 고구려가 항복 의사를 전하는 사신을 양제에게 보낸 시점은 그 뒤의 어느 날이었을 것이다. 고구려로부터 곡사정을 인계받은 양제는 회원진에서 바로 군사를 돌려 귀환하였다. 따라서 앞서의 "요수에 이르렀다"와 결부시켜 따져 본다면 수 양제의 최종 경유지는 회원진 인

중국 서안시 교외의 이정훈(李靜訓) 묘에서 출토된 남녀 시종 도용
(심종문,《중국복식사연구》)

국하였다.183)

○ 至遼水, 高麗亦困弊, 遣使乞降, 囚送斛斯政以贖罪. 帝許之, 頓於 懷遠鎭, 受其降款. 仍以俘囚軍實歸.

• 064

[황제는] 도읍184)에 당도하자185) 고려 사자를 끌고 태묘186)에 직접 고하

근이었으며, 회원진의 좌표는 요수를 건너기 전의 요수 서편, 즉 요서에서 찾아야 하는 셈이다.

183) 귀국하였다[歸]:〈양제본기 하〉"대업 10년"조에 따르면, 고구려의 조치에 만족한 양제가 군사를 돌린 시점은 8월 기사일(9월 12일)이며, 그 뒤로 10월 정묘일(11월 9일)에 낙양을 거쳐 기축일(12월 1일)에 장안에 도착하였다.

184) 도읍[京師]: '경사(京師)'는 중국 고대에 황제가 머무는 도성, 즉 서울을 높여 부른 이름이다. 중국 춘추시대의 사서인《공양전(公羊傳)》"환공 9년(桓公九年)"조에서는 '경사'의 의미에 대하여 "'경사'란 무엇인가? 천자께서 계시는 곳이다. '경'이란 무엇인가? 땅이 크다는 뜻이다. '사'란 무엇인가? 사람이 많다는 뜻이다. 천자께서 계시는 곳이기에 사람이 많고 땅이 크다는 말로 표현할 수밖에 없는 것이

였다.

그리고 나서 그 사자를 억류하였다. 이어서 [고]원을 소환하여 입조할 것을 종용했으나 [고]원은 끝까지 [도읍으로] 오지 않았다.[187)

○ 至京師, 以高麗使者親告於太廟, 因拘留之. 仍徵元入朝, 元竟不至.

• 065

[이에] 황제는 [칙명을 내려] 군사들에게 군장을 단단히 갖추게 하고 또다시

다(京師者何? 天子之居也. 京者何? 大也. 師者何? 衆也. 天子之居, 必以衆大之辭言之)"라고 설명하였다. 여기서는 북위의 초기 도읍인 평성(平城), 즉 지금의 산서성 대동시(大同市) 일대를 말한다. 〈동북아판2〉(제088쪽)에서는 '경사'를 낙양(洛陽)으로 소개하였다. 그러나 북위 왕조에서 낙양 천도는 효문제(孝文帝)의 태화 18년(494)에 이루어졌다. 문제는 여기서 물길 사신들이 북위에 조공을 온 시점은 태화 12년(488)이라는 데에 있다. 여기서의 '경사'는 당연히 천도 직전의 도읍인 평성으로 보아야 옳다는 뜻이다. 이 이후로 물길의 조공은 목적지가 평성에서 중원의 낙양으로 변경된다.

185) 도읍에 당도하자[還京師]: 〈양제본기 하〉"대업 10년"조에는 수 양제가 장안에 도착한 시점이 기축일로 소개되어 있다. 수 양제는 이로부터 7일 뒤인 11월 병신일(12월 8일)에 금광문 밖에서 곡사정의 사지를 찢어 죽였다.

186) 태묘(太廟): 중국 고대에 황제의 조상들을 봉안하고 제사를 지내기 위하여 지은 묘당. 여기서 "태묘에 직접 고한" 주체는 고구려 사신이 아니라 수나라 양제 자신이다. 인터넷 〈국편위판〉에서는 이 부분을 "高[句]麗의 使者로 하여금 친히 太廟에 告하도록 한 뒤" 식으로 번역했으나 기사를 잘못 이해하였다. 태묘는 언제나 황제만 출입할 수 있는 어용 공간이며 '몸소 친(親)' 역시 황제를 염두에 두고 쓴 글자이기 때문이다. 고구려 사신 이야기를 하면서 '친'을 쓸 이유가 없는 것이다. 실제로 《수서》〈곡사정전〉에도 "서울에 당도하자 곡사정을 끌고 태묘에 고하였다(至京師, 以政告廟)" 식으로 같은 구조의 구문이 보이므로 〈以 + X〉는 'X를 끌고' 또는 'X 건을' 식으로 이해해야 옳다.

187) [고]원은 끝까지 오지 않았다[元竟不至]: 〈양제본기 하〉"대업 11년(615)"조에 따르면, 정월 초하루인 갑오일(양력 2월 4일) 이래로 돌궐·신라·말갈·거란 등의 나라에서 사신을 보냈으나 정작 고구려 사신은 빠져 있다.

명대 태묘 (북경)

뒤이은 정벌을 도모하였다. [그러나] 공교롭게도 천하가 크게 어지러워지는 바람에 결국 다시는 진행할 수 없었다.**188)**

---

188) 다시는 진행할 수 없었다[不克復行]: 자국의 혼란으로 정벌 계획을 실천할 수 없었다는 뜻이다. 이와 관련하여《자치통감》〈수기〉 "양제 대업 11년"조에서는 "8월에 … 내사시랑 소우는 '… 고려를 사면하고 돌궐만 토벌한다는 명령을 내리신다면 사람들이 평안해져 다들 자진해서 싸우려 할 것입니다'라고 하였다. … 우세기 역시 황제에게 포상을 각별히 내리고 요동 정벌을 중단하라는 조서를 내리기를 권하였다. 황제가 그 주청을 따랐다(八月, … 內史侍郞蕭瑀以爲, … 諭以赦高麗, 專討突厥, 則象人皆安, 人自爲戰矣. … 虞世基亦勸帝重爲賞格, 下詔停遼東之役. 帝從之)"라고 하였다. 이처럼 농민들의 봉기와 반란이 잇따른 데다가 만리 이역인 고구려 정벌에 집착하기보다 돌궐 토벌에 집중하라는 것이 조정 여론의 대세를 이루었다. 게다가 "대업 12년(616)"조에 따르면 양제에 납언(納言) 소위(蘇威)에게 다시 고구려 정벌에 나서도 되겠냐고 물었지만, "소위는 황제로 하여금 천하에 도적들이 얼마나 많은지 깨우치기 위하여 이렇게 대답하였다. '지금 이번 정벌에는 군사를 징발하실 것 없이 그저 도적떼들을 사면하기만 하시면 수십만을 얻을 수 있습니다. 그들을 요동 원정에 파견하신다면 놈들도 죄를 사면 받는 것을 기뻐하면서 다투어 공을 세우려 들 테니 고려를 멸망시킬 수 있겠지요' 하고

○ 帝勅諸軍嚴裝, 更圖後擧, 會天下大亂, 遂不克復行.

대답하였다. 그러자 황제가 언짢아하였다(威欲帝知天下多盜, 對曰, 今茲之役, 怨不發兵, 但赦群盜, 自可得數十萬, 遣之東征. 彼喜於免罪, 爭務立功, 高麗可滅. 帝不懌)"라고 한다. 한마디로 국내의 민심이 불안하고 도적떼들이 수십만이 넘게 준동하는 상황에서 무슨 전쟁이냐는 비아냥인 셈이다. 이렇게 해서 양제도 결국 마지막 정벌을 포기하고 만다.

백제전(百濟傳)[189]

• 001

백제의 선조[190]는 고려국에서 갈라져 나왔다.[191]

그 나라 왕에게 어떤 시녀가 있었는데 어느 날 갑자기 아이를 배었다. [그래서] 왕이 그녀를 죽이려 하자 시녀가 말하는 것이었다.

"웬 달걀 같은 형상의 물체가 제게 와서 감응이 있더니 임신을 했습니

---

189) 백제전(百濟傳): 열전의 내용은 크게 수나라 이전과 수나라 당대의 두 부분으로 구성되어 있다. 이 중에서 수나라 이전의 백제의 내력·제도·풍습 등은 《양서》·《주서》 등 선행 정사 기사들을 요약·소개해 놓았다. 수나라 당대 부분의 경우, 백제의 제27대 위덕왕(威德王, 부여창)으로부터 제30대 무왕(武王, 부여장)까지의 기간 동안 백제에서 발생한 백제의 악기·8대 씨족·수나라 전선의 표류·고구려 정벌 요청 등의 주목할 만한 내용들이 새로 추가되어 있다. 특히, 수나라 전선의 표류를 계기로 백제와 수나라 사이에 이루어지는 교섭·외교나, 요동의 패권을 둘러싸고 수 양제가 고구려를 침공하는 과정에서 양자 사이에서 어부지리를 도모하는 무왕의 외교전이 비교적 상세하게 소개되어 있어서 6~7세기 한·중 고대사 연구에 대단히 유용한 정보들을 제공한다.

190) 백제의 선조[百濟之先]: 백제의 선조는 백제의 개국군주인 구태(온조)의 아버지인 추모(동명)이다. 그리고 추모가 세운 나라가 고구려이다. 그런데《수서》등 일부 중국 사서에는 이 선후 관계를 무시하는 듯하다. 그 증거는 백제 선조가 "장성하고 나서도 고려왕이 그를 꺼렸다", 그리고 맨 끝에서 그 백제 선조가 "엄수에 이르매 부여 사람들이 다 함께 그를 왕으로 받들었다"라고 한 대목이다. 국내외 역사 기록에서 고구려는 부여에서 비롯된 것으로 분명하게 기록되어 있다. 그런데 여기서는 부여가 건국되기 전에 이미 고구려가 존재하고 있는 것이다.

191) 갈라져 나왔다[出自]: 인터넷 〈국편위판〉 주005의 "高句麗의 出自에 관하여", 〈동북아판2〉 주2(제154쪽)의 "'東夫餘'로부터 출자하였다" 식으로, 국내 학계에서는 '출자(出自)'를 '내력, 출신배경'이라는 뜻의 명사로 사용하는 경향이 있다. 그러나 이 대목에서 확인할 수 있듯이, '출자'는 일종의 동사구(verbal phrase)로서, '~로부터 비롯되다, ~에서 유래하다'는 의미를 나타낸다. 이를 명사로 쓰는 기존의 관행은 문법적으로나 역사적으로 엄연히 잘못된 사용법이다. 앞으로는 '내력'이나 '출신배경' 식의 정확한 표현을 써야 옳다.

다."

[그러자] 왕이 그녀를 풀어 주었다.

○ 百濟之先, 出自高麗國。其國王有一侍婢, 忽懷孕, 王欲殺之。婢云, 有物狀如雞子, 來感於我, 故有娠也。王捨之。

• 002

[그 시녀는] 나중에 마침내 아들을 하나 낳았다. [그래서 왕이] 그 아이를 돼지우리[192]에 버렸더니 한참이 지나도록 죽지 않는 것이었다. [… 그래서 그 아이를] 신령스럽게 여겨 [그 시녀로 하여금] 그 아이를 기르도록 이르고, '동명'이라는 이름을 지어 주었다. [193]

---

192) 돼지우리[廁溷]: 이 부분을 인터넷 〈국편위판〉에서는 '측간', 〈동북아판4〉(제103쪽)에서는 '변소'로 번역하였다. 그러나 정확하게 말하면 뒷간과 돼지우리가 일체로 구성된 '[중국 식] 돼지우리'를 말한다. 자세한 것은 문성재, 《정역 중국정사 조선·동이전1》, 제273~275쪽의 "뒷간" 주석을 참조하기 바란다.

193) '동명'이라는 이름을 지어 주었다[名曰東明]: '동명'은 글자 그대로 직역하면 '동방의 빛'이라는 뜻이다. 《위서》에서는 '주몽(朱蒙)'으로 소개한 데 비하여 여기서는 '동명'으로 소개하고 있다. 인터넷 〈국편위판〉 주012의 설명처럼, "中國正史에 있어서 高句麗의 始祖를 東明이라고 전하는 예는 本傳이 처음"이다. … 부여의 건국 시조 동명에 관한 기록은 후한의 학자 왕충(王充, 27~97?)이 저술한 《논형(論衡)》을 위시하여 《삼국지》에 인용된 《위략(魏略)》 기사·《수신기(搜神記)》·《양서》·《수서》·《북사》·《법원주림(法苑珠林)》 등, 중국 측의 각종 사서·문헌들에서 확인된다. 반면에 《삼국사기》·《삼국유사》 등 국내 사서·문헌들에는 부여와 관련하여 북부여의 해모수(解慕漱) 및 동부여의 금와(金蛙) 신화만 소개되어 있을 뿐, 동명 신화에 관한 언급이 없으며 그 신화 모티브를 공유하는 주몽 신화만 소개되어 있다. 일본 학자 나카 미치요(那珂通世, 1851~1908)·이병도 등은 '탁리' 또는 '고리'의 자형이나 발음이 '[고]구려'와 비슷한 점 등을 근거로 동명 신화를 부여의 건국 시조 신화가 아니라 고구려 시조 추모 신화의 또 다른 버전으로 보았다. 반면에 중국의 이옥(李玉)·이복규(李福揆) 등은 《수서》·《북사》 등의 정사 기록이나 동명 신화의 유형구조가 추모 신화와는 별개의 것이라고 보았다. 학자들이 혼동하는 경우가 많지만 동명은 부여의 시조가 아니라 '부여 출신'일 뿐이다.

○ 後遂生一男, 棄之廁溷, 久而不死, 以爲神, 命養之, 名日東明.

• 003

[동명이] 장성하고 나서도 고려왕은 그를 꺼렸다. [… 그러자] 동명은 두려운 나머지 도망하여 엄[체?]수194)에 이르매 [⋯] 부여 사람들이 다 함께 그

이미 존재하는 부여라는 집단의 일원이란 곧 그 '이외의' 다른 나라의 시조라는 뜻이다. 〈국편위판1〉(제233~234쪽 주31) 역시 "夫餘 建國者인 東明의 誕生說話에는 日光에 의한 感精 出誕이라고 하는 蒙古·滿洲에 널리 퍼져 있는 이른바 '感精型' 神話의 요소만 있는 데 비하여 朱蒙說話에는 北方系의 日光感精要素와 南方海洋諸族의 卵生要素가 복합되어 나타나고 있다. 따라서 東明神話와 朱蒙神話는 별개의 建國神話"라고 해석하였다. 그러나 난생 모티브는 남방계 신화에도 보이지만, 만주·퉁구스 등 북방계 신화에서도 쉽게 확인할 수가 있다.

194) 엄수[淹水]: 중국 정사에 등장하는 하천 이름. 후한대 학자 왕충(王充, 27~97?)의 《논형(論衡)》에서는 '엄체수(掩㴲水)', 《삼국지》〈고구려전〉의 《위략》 인용 기사에는 '시엄수(施掩水)', 〈광개토대왕비(廣開土大王碑)〉에는 '엄리대수(掩利大水)', 《후한서》로부터 100여 년 뒤인 당대에 편찬된 《양서(梁書)》와 《수서(隋書)》에는 각각 '엄체수(淹滯水)'와 '엄수(淹水)'로 되어 있다. 그렇다면 복수의 자료들을 통하여 '엄체' 또는 '엄리'가 바르며 '시엄'은 '엄체'를 '체엄(㴲掩/滯掩)' 식으로 뒤집어 표기한 경우인 셈이다. 그 위치의 경우, 인터넷 〈국편위판〉 주113에서는 "이 '掩㴲水'는 夫餘 建國說話로 보면 대체로 松花江을 지칭하는 것"이라고 보았다. 그러나 확실한 것은 아니다. 당대 초기의 장회태자 이현은 엄체수에 대하여 《후한서》〈고구려전〉 주석에서 "지금의 고구려에는 개사수가 있는데 이 강이 그것이 아닌가 싶다(今高麗中有蓋斯水, 疑此水是也)"라고 하였다. 인터넷〈국편위판〉에서는 이현이 언급한 '개사수'를 "지금의 鴨綠 東北" 또는 "一說에는 그 지리적 조건으로 보아 松花江"으로 비정하였다. 그러나 추모의 남하는 장수왕이 평양으로 천도하기 이전이라는 점에 유념해야 한다. 지리적으로 그 하천이 압록강일 가능성은 제로에 가깝다는 뜻이다. 그 발음의 경우, 정성수의 《고금음대조수책》(제147쪽)에 따르면, '엄(淹)'은 '얌(ĭam)', '리(利)'는 '렛(lĭet)' 정도로 읽혀졌다. 그렇다면 여기서의 큰 강의 이름은 '얌렛' 정도로 재구되므로 'ㅡㅅ' 종성이 약화/탈락되면서 '얌례' 정도로 읽었을 것이다. 이와 함께, 이규보《동명왕시편》의 '체(滯)'는 '닷(dĭat)'이고 《후한서》·《통전》·《삼국사기》의 '체(㴲)'는 《당운(唐韻)》에 따르면 '셰(sĭe)' 정도이다. 다만, 전자는 후자의 별자(別字)일 가능성이 높다. 중국 서예의 초서체에서는 '범 호(虎)'를 '지닐 대(帶)'와 비슷하게 써서 서로 혼동

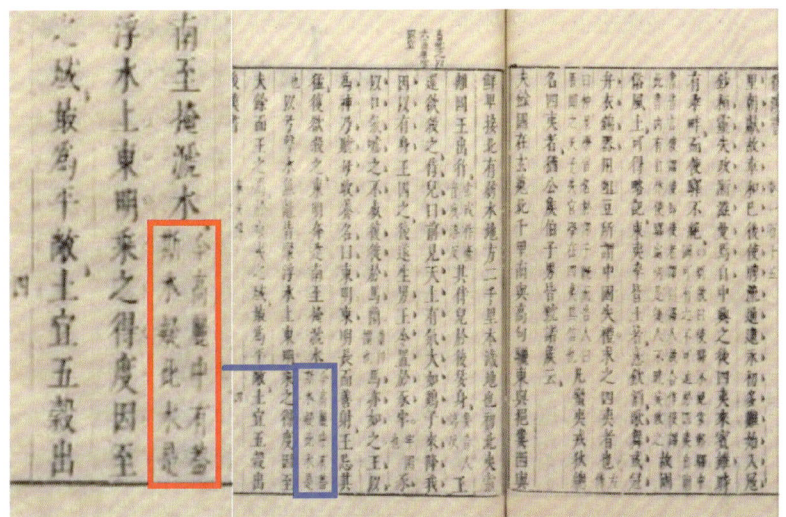

당대의 이현은 엄체수를 개사수로 추정하였다. 국내외 학계에서는 개사수를 압록강으로 비정하는 것이 통설이지만 그 지리적 좌표를 따져 볼 때 압록강과는 방향이 정반대이다.

를 [왕으로] 섬겼다.195)

되는 경우가 많기 때문이다. 여기서도 《동명왕시편》의 '엄체(淹滯)'는 《후한서》·《통전》·《삼국사기》의 '엄체(淹㴲)'를 잘못 적은 것으로 보는 편이 합리적이다.

195) 다 함께 그를 섬겼다[共奉之]: 이 부분은 선후 관계가 뒤집힌 것으로 보인다. 국내외의 각종 사서·문헌들에서 기술한 고구려-백제의 역사를 살펴볼 때, 고구려는 부여에서 갈라져 나온 '부여 별종'이다. 그런데 여기서는 고구려가 이미 존재하고 있는 마당에 거기서 갈라져 나온 것이 부여라고 소개해 놓은 것이다. 이는 역사적 실제와는 모순된 주장이다. 이 같은 역사적 괴리는 무엇에서 비롯된 것일까? 가장 큰 가능성은 무엇보다도 ① 《수서》 편찬자들의 고구려-백제의 역사에 대한 무지에서 찾을 수 있지 않을까 싶다. 그것이 아니라면 이는 아마도 ② 자국 역사에 대한 백제 자신의 의도적인 재해석일 수도 있다. 고구려와 정치적으로 완전히 결별한 백제가 자국의 역사를 '새로 쓴 흔적'이 아닌가 싶다. 자국의 역사에서 고구려의 흔적을 완전히 지우기 위하여 역사적 선후관계를 비틀어 놓았다는 뜻이다. ③ 실제로 백제의 입장에서 생각할 때, 부여보다 고구려가 앞서 존재했던 것으로 역사를 기술하면 백제는 부여의 직계 적통이 되며 이웃의 적국인 고구려는 자신들과는 연고가 없는 남남으로 변한다.

○ 及長, 高麗王忌之, 東明懼, 逃至淹水, 夫餘人共奉之。

• 004
동명의 자손196)으로 구태197)라는 이가 있었는데, 인덕과 신의[를 지키는

---

196) 동명의 자손[東明之後]: 여기서의 '뒤 후(後)'는 문법적으로 두 가지 해석이 가능하다. ① 시간적으로 앞의 대상(동명)보다 '나중(later)'이라는 뜻으로 해석하거나 ② 계보상으로 앞의 대상의 '자손(descendant)'이라는 뜻으로 해석하는 것이 그것이다. 학계에서는 '동명지후(東明之後)'를 "동명의 후손" 정도로 번역하는 경향이 보편적이다. 그러나 이 중에서 어느 쪽으로 번역하더라도 동명 뒤에 구태가 그 정통성을 계승했다는 점 자체에는 변동이 없다. 편의상 여기서는 "자손"으로 번역하였다.

197) 구태(仇台): 백제의 시조이자 건국자의 이름. 인터넷 〈국편위판〉 주114에는 '백제의 건국 시조가 누구냐'와 관련하여 대체로 ① 온조설(삼국사기), ② 비류설(삼국사기), ③ 도모설(속일본기), ④ 구태설(주서/수서) 정도로 소개하였다. 실제로, 국내 학계에서는 온조[왕](BC18~AD27)과 구태를 서로 다른 인물로 간주하는 경향이 지배적이다. 그러나 그 같은 구태인식에는 문제가 매우 많다. 일단 추모의 일본식 표기인 도모(都慕, 쭈모÷추모)는 논외로 치고, ① '온조(溫祚)'는 '광개토(廣開土)·장수(長壽)·무녕(武寧)·무열(武烈)' 등과 같이 그 왕을 규정하는 특징과 업적들을 함축한 시호(諡號)이자 왕호(王號)이며, '구태'야말로 아무 수식 없는 오롯한 이름이기 때문이다. ②《북사》·《수서》에서 구태를 소개하면서 "동명[성왕]의 자손으로 구태라는 자가 있다(東明之後有仇台)"라고 한 것이 그 증거이다. ③ 두 사서에서 "[백성들에 대한] 사랑과 [국정에 대한] 성실함이 각별하였다(篤於仁信)"라고 한 것도 또 다른 증거이다. ④ 중국의 전통적인 시법(諡法)에서 자상함[仁]과 성실함[信]은 언제나 '따뜻함[溫]'과 동반되는 개념이었기 때문이다. 이와 함께, 백제의 개국군주의 이름 '구태'가 '구이'라는 또 다른 발음으로 읽혀졌을 가능성도 염두에 둘 필요가 있다. 곽석량,《한자고음수책》에 따르면, '구(仇)'는 '겨우(gĭəu)', '태(台)'는 '터이(tɒi)' 또는 '여(jĭe)'이므로 '겨우터이' 또는 '겨우여' 정도로 재구된다. 학계 일각에서는 '구이'를 고이왕(古爾王, ?~286)으로 추정하는 경향이 있다. 그러나 Ⓐ '고(古)'는 '꾸(ku)', '이(爾)'는 '례(ďe)'이어서 '꾸례'로 읽히므로 '거우여'로 재구되는 '구이'와는 음운상으로 대응관계가 성립되지 않는다. 게다가 Ⓑ 굳이 온조왕을 거론하지 않더라도, 백제의 건국은 서기전 18년에 이루어졌다는 것이 통설이다. Ⓒ 서기 234~286년까지 재위한 고이왕과는 연대 차이가 200년 넘게 벌어진다는 뜻이다.

데]에 노력하여198) 처음에 그 나라를 대방 옛 땅199)에 세웠다. 200)

198) 인덕과 신의에 노력하여[篤於仁信]: 인터넷 〈국편위판〉에서는 이 부분을 "매우 어질고 信義가 두터웠다"라고 번역하였다. 그러나 이 부분은 문법적으로 〈동사+보어구〉 구조에 해당한다. 따라서 '돈독할 독(篤)'은 동사적으로 해석하여 '노력하다, 애쓰다'의 의미로 번역하는 편이 옳다.

199) 대방 옛 땅[帶方故地]: 고대 한문에서 '옛 고(故)'는 명사 앞에 사용되면 관형어로 작동하여 '옛날의(former)'라는 의미의 형용사로 사용된다. 이를 바꿔서 말하자면, 《수서》·《북사》를 편찬할 시점의 나중의 백제와는 '다른 곳'이라는 뜻으로 해석된다. 이병도는 두 사서에서 '대방 옛 땅'이라고 한 것을 "百濟建國의 地가 곧 帶方郡의 前身인 舊眞番郡의 一部分이었기 때문에 특히 帶方의 故地라고 했다"라고 해석하였다. 그러나 ① 수나라 때에는 대방이 존재하지 않았기 때문에 '과거에 대방이 있던 땅'이라는 뜻에서 '대방 옛 땅'이라고 한 것일 뿐이다. 또, ② "帶方은 지금의 黃海道一帶를 가리키며 이른바 '帶方故地'란 것은 帶方의 前身인 舊眞番의 一部(南半部=漢江 以北의 京畿道)"라고 본 것도 문제가 많다. 대방의 좌표는 한반도가 아닌 중국에서 구해야 옳기 때문이다. 그 좌표에 관한 고증은 문성재, 《한국고대사와 한중일의 역사왜곡》, 제365~387쪽을 참조하기 바란다.

200) 마침내 그 나라를 대방 옛 땅에 세웠다[始立其國于帶方故地]: 이 내용의 경우, 연대가 빠른 《주서》에는 "대방에서 나라를 시작하였다(始國於帶方)", 《수서》에는 "비로소 그 나라를 대방의 옛 땅에 세웠다(始立其國于帶方故地)"로 기술되어 있다. 구태가 처음으로 백제를 세운 장소가 대방[의 옛] 땅이라는 뜻이다. 이 부분의 경우, ① 그 뒤에 바로 "차츰 번창하여 동이 땅의 강한 나라로 성장하였다", "당초에 '백가가 [바다를] 건너 왔다'고 하여 그 일을 계기로 '백제'로 부르게 되었다" 등의 내용이 이어지는 것을 볼 때, ② 나라를 세운 상태에서 백가를 거느리고 바다를 건넜다면 당초 발상지와 현재의 나라는 엄연히 좌표가 다르다고 보아야 옳다. 그렇다면 ③ 온조왕(구태)이 처음에 옛 대방 땅에 나라를 세웠으나 모종의 이유로 말미암아 ④ '바다 넘어' 동이 땅으로 '건너와서' 왕통을 계속 이어 갔다는 해석이 가능해진다. 하북지역('대방고지')에서 나라를 세우고 나서 바다를 건너 제3의 땅(한반도)로 와서 정착했다고 볼 수도 있다는 뜻이다. ⑤ 당대의 문헌인 《당회요(唐會要)》 권95 "백제"조 및 《책부원구》《외신부·종족》 "백제"조에서도 "백제라는 나라는 본래 부여의 또 다른 갈래이다. 마한(대방)의 옛 땅을 점유하고 있었는데 그 뒤에 등장한 구태가 고구려에 패하여 백가를 데리고 바다를 건넜으며 그래서 '백제'로 일컫게 되었다(百濟者, 本扶餘之別種. 當馬韓之故地, 其後有仇台者, 爲高麗所破, 以百家濟海, 因號百濟焉)"식으로 교통정리를 분명하게 해주고 있다. 즉, '마한에 복속 ⇒ 구태 등장 ⇒ 고구려와의 경쟁에서 실패 ⇒ 백가를 데리고 바다 건넘'의 과정을 거쳐 한반도에 정착한 셈이다. ⑥ 실제로 《삼국사

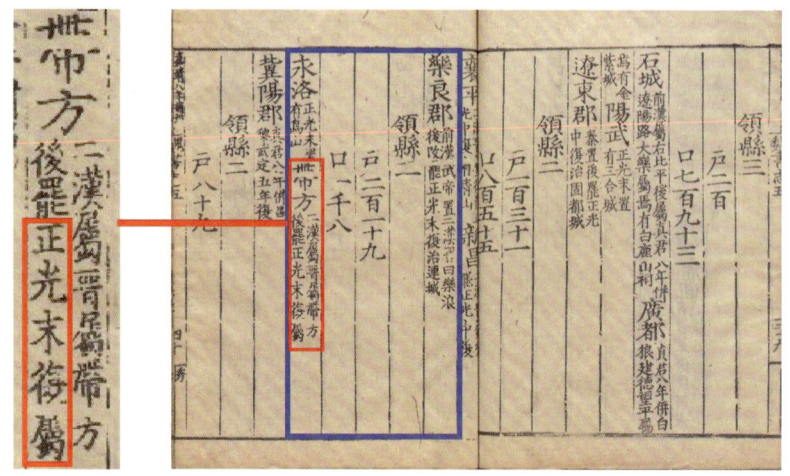

《위서》〈지형지〉에는 낙랑군의 대방현에 관하여 "한대에 [낙랑군에] 속하고 진대에는 대방군에 속했다가 나중에 철폐되었다. 정광 연간(520~525)에 도로 낙랑군에 속하였다"고 소개되어 있다. 6세기의 평안도·황해도는 고구려 영토이므로 낙랑과 대방은 중국에 있었을 수밖에 없다.

○ 東明之後, 有仇台者, 篤於仁信。始立其國于帶方故地。

• 005

[후] 한나라의 요동태수이던 공손도[201]가 딸을 그에게 아내로 주었는데

기》의 초기 백제 기사들에 '낙랑(樂浪)·말갈(靺鞨)'과의 분쟁·교섭 사실들이 수시로 소개된 것도 그 같은 가능성을 방증해 준다. 덧붙여, 국내외 학계에서는 과거에 대방군의 위치를 황해도 및 경기도 일대로 비정해 왔다. 심지어 2022년 현재 중국의 빠이뚜는 "공손강(公孫康)"조에서 그 좌표를 한참 더 끌어내려 "경기도 및 충청도 땅(京畿道幷忠淸道之地)"으로 소개해 놓았다. 그러나 이 같은 지리 고증은 반도사관이 만들어 낸 허상으로 역사적 실체와는 괴리가 크다.

201) 공손도(公孫度, 150~204): 후한대의 대표적인 군벌. 요동군 양평현(襄平縣) 사람으로, 처음에는 현토군의 관리이다가 조정에 발탁되어 상서랑(尙書郞)을 지냈으며, 동탁(董卓, 132~192)이 정권을 장악하자 요동태수에 제수되었다. 황건적의 난으로 나라가 어지러워지자 '요동후(遼東侯)'를 자처하면서 자신의 관할지역이던 요동군을 요서(遼西)·중료(中遼) 두 군으로 나누고 스스로 태수를 임명하면

202) [나라가] 차츰 번창하여 동이 땅의 강한 나라로 성장하였다. [그 나라는] 당초에 '백 가를 거느리고 [바다를] 건넜다' 하여 그때부터 [나라 이름을] '백제'로 부르게 되었다. 203)

― 서 요동지역에서 독자적인 정치세력을 형성하였다. 이어서 평주(平州)를 설치하고 '평주목(平州牧)'을 자처하는 한편, 발해 너머 산동반도까지 세력을 확장하여 동래(東萊) 등의 현들을 복속시키고 영주(營州)에 자사(刺史)를 두기도 하였다. 중국의 학자와 연구서들은 그의 출신지인 양평현을 요녕성 요양시(遼陽市)로 비정해 왔다. 그러나 16~18세기에 조선과 명·청대에 간행된 《후한서》《원소전(袁紹傳)》을 보면, 당대의 장회태자 이현이 1,300여 년 전에 이미 "【양평】 요동군의 옛 성에 속하며, 지금의 평주 노룡현 서남쪽에 있다(【襄平】 屬遼東郡故城, 在今平州盧龍縣西南)"라고 그 좌표를 분명하게 밝혀 놓았다. 그동안의 학자들의 비정과는 달리, 양평현은 처음부터 하북성 동북부 또는 산해관(山海關)을 넘어선 적이 없었던 것이다.

202) 공손도가 그에게 아내로 주었는데[公孫度以女妻之]: 인터넷 〈국편위판〉 주116에서는 "'仇台'를 古爾王 즉, 百濟의 실제적인 건국 始祖로 보는 李丙燾는 이에 대해 《周書》의 仇台를 《三國志》 夫餘傳에 보이는 夫餘王 尉仇台와 混同한 것이므로, 일고의 가치도 없는 것이라 하였다. 실제로 2C 말경에 公孫度가 遼東에 독자적인 세력을 만들어 東方의 覇者로 군림하여서는(A.D.190~204) 夫餘王 尉仇台가 公孫度의 家女와 결혼하여 일종의 婚姻同盟을 맺기도 하였던 것"이라고 해명하였다. 그러나 이는 이병도가 첫 단추를 잘못 끼운 탓에 빚어진 대참사이다. 이병도가 ① '구태'를 백제의 개국군주인 온조보다 수백 년 뒤의 고이왕에게 끼워 맞추다 보니 ② 이 내용과 연대를 맞추기 위하여 부여의 위구태를 끌어낼 수밖에 없었고, ③ 급기야 2세기의 공손도(150~204)와 기원 전후의 구태가 사돈이 되는 중국 정사 어디에도 없는 촌극이 벌어진 것이다.

203) '백 가를 거느리고 건넜다' 하여 그때부터 '백제'로 부르게 되었다[以百家濟海, 因號百濟]: 《북사》《백제전》에는 "'백 가를 거느리고 건너왔다' 하여 그 일을 계기로 '백제'로 부르게 되었다(以百家濟, 因號百濟)" 식으로 '바다 해(海)'가 빠져 있다. 이 내용이 역사적 사실이라는 전제하에서, 백제가 '백제'로 불리게 된 것은 바다를 건넌 뒤부터인 셈이다. 발상 초기와 바다를 건넌 뒤의 백제의 좌표가 서로 다르다는 뜻이다. 만일 바다를 건넌 뒤의 백제가 지금의 경기·충청·전라지역이라면 발상 초기의 백제는 바다 너머에 있어야 정상이다. 참고로, 김부식의 《삼국사기》《백제본기》"온조왕"조에서는 "10명의 신하가 [자신을] 보좌한다는 점을 들어 나라를 '십제'라고 불렀다. 이때가 전한 성제 홍가 3년(BC18)이었다. 나중에 [바다를 건너] 올 때에 백성들이 기꺼이 [자신을] 따랐다 하여 '백제'로 고쳐 부르기

중국의 담기양이 그린 공손씨의 요동속국(좌). 그러나 국내 지리학자 윤순옥 등에 따르면 저지대 습지인 해당 지역은 당시에는 대부분(초록 표시) 바다 밑에 있었다. 역사기록과 과학적 증거는 모두 하북성 동북부(빨간색)를 가리키고 있다.

[백제는 그로부터] 열 대 넘게 거치면서[204] 대대로 중국에 신하로 복종하였다. 전대의 사서들에 그 기록들이 소상하게 실려 있다.

○ 漢遼東太守公孫度以女妻之, 漸以昌盛, 爲東夷强國. 初以百家濟海, 因號百濟。歷十餘代, 代臣中國, 前史載之詳矣。

• 006

개황 연간 초기[205]에 그 나라의 왕인 [부]여창이 사신을 파견하여 특산

에 이르렀다(以十臣爲輔翼, 國號十濟. 是前漢成帝鴻嘉三年也. … 後以來時, 百姓樂從, 改號百濟)"라고 기술하였다. 말하자면 온조왕이 처음에는 국호를 '십제'로 쓰다가 나중에 "백제'로 고쳤다는 뜻이다. '십제 ⇒ 백제'의 개명의 진실 여부를 확인할 수는 없으나 중국 정사에는 '십제'에 대해서는 언급이 보이지 않는다.

204) 열 대 넘게 거치면서[歷十餘代]: 현행 백제 국왕 계보에 따르면, 개국군주인 온조왕으로부터 10대 국왕은 분서왕(汾西王, 298~304), 11대 국왕은 비류왕(比流王, 304~344), 12대 국왕은 계왕(契王, ?~346), 13대 국왕은 근초고왕(近肖古王, ?~375)에 해당한다. 이 중에서 정확하게 어느 왕까지인지는 단정하기 어렵다.

205) 개황 연간 초기[開皇初]: 인터넷 〈국편위판〉 주118에서는 "百濟 威德王(昌)이 사

물을 바치니 [수나라에서 부여]창을 상개부206) · 대방군공207) · 백제왕으로

신을 보내 隋王朝 建國을 慶賀한 사실을 《隋書》〈高祖紀〉開皇 元年 冬10月 乙酉條에서는 '百濟王扶餘昌遣使來賀 授昌上開府儀同三司帶方郡公'이라 기재하고 있다"는 점을 근거로 여기서의 '개황 연간 초기[開皇初]'를 개황 원년, 즉 서기 581년으로 보았다. 그러나 '개황초(開皇初)'는 글자 그대로 '개황 연간 초기'라는 뜻이다. 중국사에서 '개황'이라는 연호는 서기 581년부터 600년까지 20년 동안 사용되었다. 따라서 '개황 연간 초기'라면 대체로 581~587년 전후까지로 볼 수 있는 셈이다. 백제 왕계와 대조해 보면 제27대 국왕인 위덕왕(威德王, 554~598) 시기에 해당한다. (부여 능산리 고분군 출토 사리함에는 555년 즉위)《삼국사기》〈백제본기〉 "위덕왕"조에 따르면, 백제에서는 재위 28년인 581년과 29년(582), 31년(584), 33년(586)에 차례로 수나라에 사신을 파견했으며, 그중 581년에 고조가 위덕왕을 백제왕·상개부의동삼사·대방군공으로 제수했다고 나와 있다.

206) 상개부(上開府): 중국 고대의 작호. 정식 명칭은 '상개부의동대장군(上開府儀同大將軍)'으로, 개부의동대장군보다 높다는 뜻에서 그 앞에 '윗 상(上)'자를 추가한 것이다. 북주(北周) 무제(武帝)의 건덕(建德) 4년(575)에 설치되었는데. 주로 공훈을 세운 공신이나 북제(北齊)에서 투항한 고관들에게 부여되었으나 구체적인 직무는 없는 일종의 명예직이었다. 수나라 양제의 대업(大業) 3년(706)에 폐지되었다.

207) 대방군공(帶方郡公): 중국 남북조시대 이래로 중원왕조에서 사용된 봉호. 낙랑과 대방은 중국 동북방에 자리 잡은 지역이었기 때문에 북조에서 주로 사용되었다. 실제로, ① 4세기에는 선비족 출신인 모용씨(慕容氏)인 전연(前燕)의 모용온(慕容溫)과 후연(後燕)의 모용좌(慕容佐)가 각각 '대방왕(帶方王)'에 봉해졌으며, ② 후연의 모용보(慕容寶) 시기에는 고구려왕 고안(高安)에게 '평주목·요동대방이국왕(平州牧遼東帶方二國王)'의 관작이 내려지기도 하였다. 그 뒤를 이은 ③ 북위(北魏) 초기에도 태무제(太武帝)를 따라 정벌에 나선 공신 나자근(羅子斤)이 조·손 3대에 걸쳐 '대방군공'에 봉해졌다. ④ 효문제(孝文帝) 때에는 그 격을 '후(侯)'로 낮추고 나자근의 증손 나아노(羅阿奴), 현손 나살귀(羅殺鬼)이 차례로 대방후에 봉해졌다. ⑤ 북위 고종(高宗) 문성제(文成帝)의 흥안(興安) 2년(453)에도 황제의 외척이던 상희(常喜, 453~?)가 잠시 대방군공에 봉해졌다. ⑥《원모묘지(元侔墓誌)》에는 황족인 원모의 외조부 질라흥(叱羅興)이 '대방정공(帶方靜公)'으로 봉해졌다고 밝힌 바 있다. ⑦ 그 수혜자가 백제 국왕으로 한정된 것은 수·당대(7세기)부터인데, 경우에 따라서는 '대방군왕(帶方郡王)'으로 격을 높였다. 당나라 무덕(武德) 4년(621)·7년(624)에는 부여장(扶餘璋, 무왕)이 과하마를 진상하자 사신을 보내어 '대방군왕·백제왕'으로 책봉한 일이 있다. 국내외 학계에서는 '대방[군]'을 지금의 황해·경기 일대로 비정하는 경향이 지배적이다. 그

神利子王十丁	정유년 2월 15일
化二立昌五酉	백제왕 창이 죽은 왕자를 위해
爲枚刹爲日年	절을 세웠다. 본래 사리는
三葬本亡百二	2개였으나 [시신을] 안장할 때
時舍王濟月	신기하게도 3개로 변하였다.

부여 왕흥사지에서 2007년에 출토된 사리기. 겉면에 '정유년 2월 15일'로 새겨져 있는 것을 보면 위덕왕24년(577) 양력 3월 19일에 왕흥사가 창건되었음을 알 수 있다.

삼았다.

○ 開皇初, 其王餘昌遣使貢方物, 拜昌爲上開府帶方郡公百濟王.

•007

그 나라는 동서로는 사백오십 리이고 남북으로는 구백 리가 넘는

러나 지금까지 살펴보았듯이 봉호와 책봉 주체·대상들을 따져 볼 때 '대방'은 한반도가 아닌 중국 북방의 모 지역으로 보는 것이 합리적이라고 본다. '대방' 봉호의 사용 사례들에 관해서는 중국 학자 풍군립(馮君立: 2017)의 〈대방군왕 작호고 – 중국과 백제 관계의 시각(帶方郡王爵號考 – 中國與百濟關係的視角)〉을 참조하기 바란다.

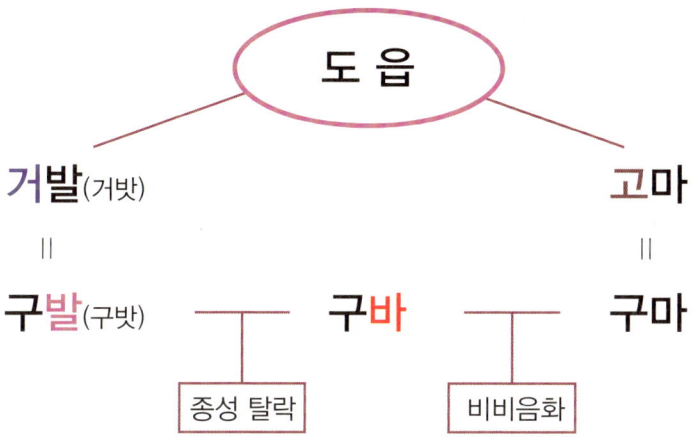

'거발(구발)'은 '구마'와 같은 말로 '도읍'을 뜻하는 일반명사이다.

다.208)

남쪽으로는 신라와 국경이 맞닿아 있고209) 북쪽으로는 고려와 마주하고 있다. 그 나라의 도읍은 '거발성'210)이라고 한다. [＊211]

---

208) 동서로는 사백오십 리이고 남북으로는 구백 리가 넘는다[東西四百五十里, 南北九百餘里]: 인터넷 〈국편위판〉 주119에서는 "千寬宇는 扶餘時代 百濟의 北界인 牙山~天原·木川線이 扶餘에서 대략 300里, 그 南界인 珍島~海南線이 夫餘에서 대략 1,000里 이상이므로, 百濟 全域의 南北은 대략 1,300里 이상이 되는데, 이것을 900餘里라고 한 것은 五方의 管割地域만을 말한 것"이라고 보았다. 그러나 《북사》 또는 《수서》는 원칙적으로 6~7세기 백제의 상황을 반영한다고 보아야 옳다. 여기에 소개된 백제의 영토는 전성기인 한성백제(漢城百濟) 시기가 아니라 고구려의 남진으로 충남까지 밀려난 사비백제(泗沘百濟) 시기의 것이라는 뜻이다.

209) 남쪽으로는 신라와 국경이 맞닿아 있고[南接新羅]: 선행 정사인 《위서》〈백제전〉에는 이 대목이 "동쪽으로는 신라에서 끝나고(東極新羅)"로 소개되어 있다.

210) 거발성(居拔城): '서울'을 뜻하는 백제어. 곽석량이 재구한 고대음에 따르면, '거발'은 '껴밧(kiə-biyɑt)' 정도로 재구되는데, 종성 '-ㅅ'이 약화/탈락되면 '껴뱌' 식으로 읽힌다. 인터넷 〈국편위판〉 주120에서는 "지금의 扶餘를 가리키며《北史》百濟傳에는 '俱拔城'으로,《翰苑》所引《括地志》에는 '居狄城'으로 되어 있다. … 그

○ 其國東西四百五十里, 南北九百餘里, 南接新羅, 北拒高麗。其都曰居拔城。

• 008
[백제의] 관직으로는 열여섯 품계가 있다. 그중에서 으뜸은 좌평[212]이

리고 扶餘의 古號가 《三國史記》에는 '所夫里'–'泗沘'인데 대하여 中國記錄에는 '居拔'(《隋書》)·俱拔(《北史》)·'居狄'(《括地志》)으로 되어 있는 것은 百濟語의 二重構造(馬韓系·夫餘系 中 어느 하나일 듯) 때문이라고 추측하였다"라고 보았다. 그러나 '거발·구발'은 '고마(固麻)'와 한자만 다를 뿐 동일한 발음과 동일한 의미(도읍, 서울)를 가지는 일반명사이다. '부여' 등의 고유명사와는 무관하다는 뜻이다. 이는 '고마'가 '공주'라는 도시와 무관한 것과 같은 이치이다. 일본 학자 사카모토 요시타네(坂元義種)는 "《隋書》百濟傳에는 '居拔城'이라 되어 있고, 當時의 國都는 泗沘(忠淸南道 扶餘의 地)이므로 固麻城은 大城(王城)을 의미한다고 하였다"라고 하여 '거발'과 '고마'를 분리하여 이원적으로 해석하려 하였다. 그러나 이 역시 두 이름이 사실은 동일한 발음과 동일한 의미의 동일한 명사를 시대(지역)에 따라 다른 한자로 표기한 것임을 깨닫지 못한 데서 빚어진 해프닝이다. 마찬가지로, 《한원》과 《괄지지》의 '거적(居狄)'은 '거발'을 잘못 베낀 것이다. '고마'와 '거발'에 관한 상세한 분석은 역자의 전작 《정역 중국정사 조선·동이전2》〈양서·백제전〉의 "고마" 주(제389~390쪽)를 참조하기 바란다.

211) *: 《북사》《백제전》에는 이 자리에 《주서(周書)》를 참조하여 도성 밖의 지방 행정 단위인 '다섯 방[五方]'과 왕과 왕비에 대한 백제식 호칭을 소개한 내용이 추가되어 있다.

212) 좌평(左平): 백제의 고위 관직 이름. 《수서》의 선행 정사인 《주서》에 따르면 "좌평은 5명으로, 1품이다(左平五人, 一品)" 그 명칭은 시대나 사서에 따라 편차가 있어서, 당대 초기에 편찬된 《주서》·《북사》·《괄지지》와 북송대의 《책부원구》에는 '좌평(左平)', 고려·송대의 《구당서》·《신당서》·《삼국사기》·《일본서기》에는 '좌평(佐平)', 당대 중기의 《통전》《변방》 "백제"조에는 '좌솔(左率)'로 소개되어 있다. 그 직무의 경우, 《구당서》·《신당서》에서는 "[그 나라에] 설치된 내관은 '내신좌평'이라 하는데 왕명의 출납을 관장하며, '내두좌평'은 국고 업무를 관장하고, '내법좌평'은 의례 업무를 관장하고, '위사좌평'은 숙위 업무를 관장하고, '조정좌평'은 형옥 업무를 관장하고, '병관좌평'은 도성 밖 병마 관련 업무를 관장하였다(所置內官曰內臣佐平, 掌宣納事, 內頭佐平, 掌庫藏事, 內法佐平, 掌禮儀事, 衛士佐平, 掌宿衛兵事, 朝廷佐平, 掌刑獄事, 兵官佐平, 掌在外兵馬事)"라고 소개하였다.

다.

○ 官有十六品, 長曰左平。

• 009

그다음은 대솔213), 다음은 은솔214), 덕솔215), 다음은 우솔216), 다음은

> 또,《삼국사기》"전지왕 4년"조에서는 "부여신을 상좌평으로 배수하여 군사·내정의 정사를 위임하였다. 상좌평의 직함은 이때 비롯되었는데 지금의 가재(집사?)와 같다(拜餘信爲上佐平, 委以軍國正事. 上佐平之職始於此, 若今之家宰)"라고 하였다. 그렇다면 주로 궁내의 업무를 관장한 일종의 내관임을 알 수가 있다.《일본서기》의〈민달기(敏達紀)〉에는 '태좌평(太左平)',〈흠명기(欽明紀)〉에는 '상좌평·중좌평·하좌평' 등의 이름들이 등장하는데 그 지위가 좌평과 동일한 것인지 새로 설치된 것인지는 알 수 없다.

213) 대솔(大率): 백제의 관직 이름.《수서》와《책부원구》에서는 '대솔'로 소개했으나 당대의《주서》·《북사》·《괄지지》·《통전》과 고려의《삼국사기》, 일본의《일본서기》권20 등에는 '달솔(達率)',《문헌통고》에는 '좌솔(佐率)'로 소개되어 있다. 다만,《책부원구》의 주석에서 "'달솔'이라고 하기도 한다(一名達率)"라고 한 것을 보면 '대'와 '달'의 차이는 내용(직무)상의 구분이라기보다는 같은 발음을 서로 달리 표기한 경우인 것으로 보인다.《북사》·《한원》에서는 "달솔은 30명으로, 2품이다. … 5방에 각자 방령이 1명씩 있는데, 달솔을 임명한다(達率三十人, 二品. … 五方各有方領一人, 以達率爲之)"라고 하였다. 좌평 다음의 관직으로, 그 명칭은 사서마다 편차를 보인다.〈동북아판3〉(제093쪽)에서는《수서》와《책부원구》에는 달솔이 '대솔(大率)'로 소개되어 있는 점에 착안하여 "'달솔'은 '크다'라는 뜻의 백제어를 소리 나는 대로 한자로 옮겨 적은 것이고, '대솔'은 뜻을 살펴 한자로 번역한 것"이라고 보았다. 그러나 실제로는 '대'와 '달'은 똑같이 동일한 발음을 한자로 표기한 음차(音借)의 사례에 해당한다. '대(大)'는 '닷(dat)', '달(達)'은 '닷(dɑt)' 정도로 재구되는데, '닷'은 종성 '-ㅅ'이 약화/탈락되면서 발음이 '다'에 가깝게 나게 된다. 실제로 현대음에서는 둘 다 '다(da)로 읽는다. '솔(率)'은 '시윗(ʃiwət)'이므로, '달솔'은 '닷시윗', 종성이 약화/탈락되면서 '다시눠' 정도로 읽었을 것이다.

214) 은솔(恩率): 백제의 관직 이름.《주서》·《북사》에는 "은솔은 3품(恩率, 三品)"이라고 소개되어 있다.《일본서기》에도 그 명칭이 보인다.

215) 덕솔(德率): 백제의 관직 이름.《주서》에는 "덕솔은 4품이다. … 방마다 10개의 군이 있는데 군의 장수는 3명이며 덕솔을 임명한다(德率, 四品. … 方有十郡, 郡

내솔[217], 다음은 장덕[218]으로, [이상은 모두] 자주색 띠를 두른다.

○ 次大率, 次恩率, 次德率, 次杆率, 次奈率, 次將德, 服紫帶。

• 010

그다음은 시덕[219]인데 검은색 띠를 두르고, 다음은 고덕[220]인데 붉은

---

216) 우솔(杆率): 백제의 관직 이름. 그 명칭의 경우,《수서》와《북사》에는 "우솔은 5품(杆率, 五品)"이라고 소개되어 있다. 그러나《주서》에 "한솔은 5품(捍率, 五品)",《책부원구》에는 "다음은 간솔로, 5품(次杆率, 五品)", 국내 사서인《삼국사기》〈백제본기〉"무왕 8년(607)"조에는 "저솔 연문진(杵率燕文進)" 식으로 첫 글자가 '잔 우(杆)', '막을 한(扞·捍)', '박달나무 간(杆)', '절굿공이 저(杵)' 등으로 서로 다르게 소개되어 있다. 문자학·음운학적 견지에서 볼 때, ① 이 중에서 관직명의 첫 글자로 가장 가능성이 큰 글자는 '간(杆)' 또는 '한(扞·捍)'이다. ② '우(杆)'나 '저(杵)'는 모양이 비슷한 '간(杆)'을 잘못 베낀 경우이기 때문이다. 음운학적으로 보더라도, ③ '간'과 '한'의 초성(자음)이 'ㄱ(g)'와 'ㅎ(h)'로, 중성(모음)과 종성(받침)이 모두 '안(an)'으로 서로 거의 일치한다. 아마도 초기 편찬 단계에서 종이에 필사하거나 송대 이후에 목판에 판각하는 과정에서 잘못 새겨졌을 가능성이 높다.

217) 내솔(奈率): 백제의 관직 이름.《주서》·《북사》에는 "내솔은 6품이다. 이 위로는 관모를 은제 꽃으로 장식한다(奈率, 六品. 已上冠飾銀華)"라고 소개되어 있다. 정덕본·옥산서원본 등《삼국사기》의《북사》기사 인용 부분에는 "이 위로는(已上)"이 "이 아래로는(已下)"으로 되어 있다. 그러나 김부식이 인용한《북사》원문에는 "이 위로는"으로 되어 있는 데다가 다른 중국 정사들 역시 그렇게 소개되어 있으므로 "이 아래로는"은 글자를 잘못 적은 것으로 보아야 옳다.《일본서기》권21 등에는 '나솔(那率)'이라는 관직명이 보이는데 '내'는 음운상 '나'와 대응되므로 같은 명칭으로 보인다.

218) 장덕(將德): 백제의 관직 이름.《주서》·《북사》에는 "장덕은 7품이다. 자주색 띠를 두른다(將德, 七品, 紫帶)"라고 소개되어 있다.

219) 시덕(施德): 백제의 관직 이름.《주서》·《북사》에는 "시덕은 8품이다. 검은색 띠를 두른다(施德, 八品, 皁帶)"라고 소개되어 있다.

220) 고덕(固德): 백제의 관직 이름.《주서》·《북사》에는 "고덕은 9품이다. 붉은색 띠를 두른다(固德, 九品, 赤帶)"라고 소개되어 있다.

관등	1	2	3	4	5	6	7	8	9	10	11	12	13	14	15	16
관직	좌평	대솔	은솔	덕솔	우솔	내솔	장덕	시덕	고덕	이덕	대덕	문독	무독	좌군	진무	극우
띠색																
장식		은꽃 장식 [銀華]														

백제의 관등제도 및 복장 구분표

색 띠를 두르며, 다음은 이덕[221)]인데 푸른색 띠를 두른다. 그다음의 대덕[222)] 아래로는 일률적으로 누런색 띠를 두른다.

○ 次施德, 皂帶, 次固德, 赤帶, 次李德, 次對德, 以下, 皆黃帶。

• 011

[그리고 무관직인?] 그다음은 문독[223)], 다음은 무독[224)], 다음은 좌군[225)],

將三人, 以德率爲之)"라고 소개되어 있다.《일본서기》에도 그 명칭이 보인다.

221) 이덕(李德): 백제의 관직 이름.《주서》·《북사》에는 "계덕은 10품이다. 푸른색 띠를 두른다(季德, 十品, 靑帶)"라고 소개되어 있다.《한원》에 인용된《괄지지》및 송대의《책부원구》에도 '계덕'으로 소개되어 있다. 이를 통하여 '오얏 리(李)'가 '끝 계(季)'를 잘못 적은 것임을 알 수가 있다.

222) 대덕(對德): 백제의 관직 이름.《주서》·《북사》에서는 "대덕은 11품, … 나란히 누런색 띠를 두른다(對德, 十一品, … 皆黃帶)"라고 하였다.

223) 문독(文督): 백제의 관직 이름. 글자대로 풀이하자면 중국의 '어사(御史)'처럼, 문관들을 감찰하는 직무를 담당한 것이 아닌가 싶다.《주서》에는 "문독은 12품으로, [대덕과] 나란히 누런색 띠를 두른다(文督, 十二品, 皆黃帶)"라고 소개되어 있다. 이는《통전》·《책부원구》등의 문헌들도 마찬가지이다. 다만,《한원》에 인용된《괄지지》기사 및《삼국사기》에서는 "문독 제12품, 무독 제13품 아래로는 모두 흰색 띠를 두른다(文督第十二武督第十三以下皆白帶)"라고 다르게 설명하고 있다. 그러나《주서》·《북사》·《통전》·《책부원구》·《문헌통고》·《태평어람》등 다수의 사서·문헌들에는 한결같이 문독까지 누런색 띠를 두른다고 소개되어 있다. 연대

백제 무녕왕(좌)과 왕비(우)의 금꽃 관모 장식. 신하들은 은꽃으로 관모를 장식하였다.

다음은 진무[226], 다음은 극우[227]로, [이상은] 일률적으로 흰색 띠를 두른다.

○ 次文督, 次武督, 次佐軍, 次振武, 次剋虞, 皆用白帶。

• 012

그 나라의 관모 양식은 모두 동일하다. 다만, 내솔 이상은 은[으로 만든] 꽃으로 [관모를] 장식한다.[228]

가 앞서거나 복수의 사서에 기록된 내용이 보다 정확하다고 전제한다면 제13품인 무덕부터 흰색 띠를 둘렀다고 보는 것이 옳다.

224) 무독(武督): 백제의 관직 이름. 《주서》·《북사》·《책부원구》에는 "무독은 13품(武督, 十三品)"이라고 소개되어 있다.

225) 좌군(佐軍): 백제의 관직 이름. 《주서》·《북사》·《책부원구》에는 "좌군은 14품(佐軍, 十四品)"이라고 소개되어 있다.

226) 진무(振武): 백제의 관직 이름. 《주서》·《북사》·《책부원구》에는 "진무는 15품(振武, 十五品)"이라고 소개되어 있다.

227) 극우(剋虞): 백제의 관직 이름. 《주서》·《북사》·《책부원구》에는 "극우는 15품(剋虞, 十五品)"이라고 소개되어 있다. 다만, 그 명칭의 경우, 《주서》·《북사》에는 '극우(克虞)'로 표기되어 있으며, 《책부원구》에는 그 명칭 옆에 "'상우'로 적기도 한다(一作喪虞)"라는 주석이 붙어 있다.

228) 내솔 이상은 은꽃으로 장식한다[奈率以上, 飾以銀花]: 《주서》·《북사》에는 "[6품

장사229)는 삼 년에 한 번씩 교체한다. [＊230)]

○ 其冠制並同, 唯奈率以上飾以銀花. 長史, 三年一交代.

•013
경기 지역 경내는231) 다섯 부232)로 나뉘며 부마다 다섯 항233)이 있는

이상은 관모를 은꽃으로 장식한다(已上, 冠飾銀華)"라고 기술되어 있다. 정덕본·옥산서원본《삼국사기》에는《북사》기사를 인용하면서 "내솔 이하는 관모를 은꽃으로 장식한다(奈率以下, 冠飾銀華)"라고 하였다. 그러나《북사》원문에는 "내솔 이상"으로 되어 있으므로 김부식 또는 후대의 목판 판각공이 글자를 잘못 새긴 것을 알 수가 있다.《책부원구》에서는 같은 내용이 "내솔 이상은 은꽃으로 장식하는 것을 허용하였다(准奈率以上飾以銀花)" 식으로 첫 글자 '오직 유(唯)'가 '인준할 준(准)'으로 되어 있다.

229) 장사(長史): 백제의 관직 이름.《북사》및《책부원구》에는 '장리(長吏)'로 소개되어 있다. 다만,《괄지지》에는 "관장의 재임은 한결같이 3년마다 1번씩 교대하게 되어 있다(官長在任皆三年一代)"라고 기술되어 있다. 고대 중국에서 '장리(長吏)'는 하급 관서의 관리들을 통솔하는 수장을 부르는 이름이었다. 따라서 글자 그대로 직역하면 '우두머리[를 맡는] 관리'라는 뜻이어서 특정 관서의 수장이라는 의미로도 해석이 가능하다. '관장(官長)' 역시 특정 관서의 수장이라는 의미이다. 따라서 '장사'가 '장리'를 잘못 적은 것이라 하더라도 의미상으로는 큰 차이가 없는 셈이다.《북사》에는 장사에 관한 내용이 보이지 않는다.

230) ＊:《북사》에는 이 자리에 국왕이 기거하는 왕궁의 내관과 각 부서들에 대한 소개 내용이 추가되어 있다.

231) 경기 지역 경내는[畿內]:《북사》에는 이 부분이 "도성 안에는 일만 가가 사는데(都下有一萬家)"로 기술되어 있다.

232) 다섯 부[五部]: '5부(五部)'는 백제 도읍의 5개 구역(district)을 아울러 일컬은 이름으로, 상부(上部, 동부), 전부(前部, 남부), 중부(中部, 중앙), 하부(下部, 서부), 후부(後部, 북부)를 말한다. 인터넷 〈국편위판〉 주127에서는 "武寧王陵塼銘에 部名이 보이는 것으로 보아 首都 5部制의 시작은 熊津時代부터"였다고 보았다. 다만, 어째서 도읍에서 5부제를 시행했는가에 관해서는 이마니시 류의 주장을 근거로 "諸貴族을 首都에 定住시키고 部名을 官名에 冠하여 大小貴族의 住居地 또는 住處地를 표시케 함으로써 貴族들에 대한 지역적 통제를 용이하게 하고자" 했다는 주장을 소개하였다. 물론, 5부제의 시행에는 나름의 이유가 있었을 것이 분명하다. 그러나 이마니시 류의 해석은 일본 근세에 도쿠가와(德川) 막부(幕府)가 전

데, 관리들234)이 산다.

다섯 방235)에는 저마다 방의 수령236)을 한 명씩 두는데 [＊237)] 방좌가 그를 보좌한다. 방마다 열 개의 군이 있으며 군마다 장수가 있다.

국의 지방 영주(다이묘)들 가족을 에도(江戶, 지금의 도쿄)에 인질로 억류함으로써 영주들을 통제한 '산킨교다이(參勤交代)' 제도에서 착안한 것으로 보인다. 그러나 백제 5부제의 실체가 밝혀지지 않은 상태에서 양자를 결부시키는 것은 지나친 일반화의 오류가 아닌가 싶다.

233) 다섯 항[五巷]: '항(巷)'은 원래 골목(alley)을 가리키는 명사이다. 그런데 여기서는 관리들이 거주하는 곳으로 소개된 것을 보면 일종의 구간(block)의 개념으로 사용된 것으로 보인다.

234) 관리들[士人]: 《북사》에는 '사인(士人)'이 '사서(士庶, 관리와 평민)'로 소개되어 있다. 그러나 '사인' 자체는 평민을 제외하고 일컫는 이름이어서 여기서는 편의상 원문대로 "관리들"로 번역하였다. 〈동북아판4〉(제106쪽)에서는 "벼슬아치와 백성들"로 번역했는데 '사서'를 그대로 번역한 것이어서 여기에는 어울리지 않는다.

235) 다섯 방[五方]: 조선시대 학자인 정약용(丁若鏞)은 《여유당전서(與猶堂全書)》《강역고(疆域考)》에서 "백제의 5부는 아마 그 나라 도읍을 둘러싸고 있는 것으로, 지금의 광주나 화성의 경우와 비슷한 것이었을 것이다. 모두 다 부여의 근교에 있었을 것이며, 지금의 전라남도 나주·남원 등은 5부의 지경 안에 있지 않았을 것(百濟五府, 蓋所以衛其京邑, 若今廣州華城之制, 皆在扶餘之近畿, 今全羅南道羅州·南原之等, 不在五府之界內也)"이라고 보았다. 그러나 여기서의 '방'은 지방 행정 단위의 일종으로, 지금의 '도(道)'나 '성(省)'에 해당하는 개념(province)으로 이해하는 편이 합리적이다. 참고로, 천관우는 《양서》·《주서》·《수서》 등에서 "그 도읍은 거발성으로, 고마성이라고도 한다. 그 밖에 별도로 5개의 방이 있다(其都曰居拔城, 亦曰固麻城, 其外更有五方)"라고 한 데 대하여 "종래의 史書에 보인 兩都의 混同을 文脈上으로 合理化"했다고 보았다. 그러나 거발성과 고마성은 '도읍'이라는 의미를 각자 다른 한자로 표기한 사례(일반명사)일 뿐으로, '부여·공주' 식의 특정한 도시(고유명사)를 뜻하는 말이 아니다. 이 문제에 관해서는 문성재, 《정역 중국정사 조선·동이전2》, 제389~390쪽, "고마" 주석을 참조하기 바란다.

236) 방의 수령[方領]: 인터넷〈국편위판〉에서는 '방령(方領)'을 고유명사로 해석하였다. 그러나 본서에서는 일반명사로 해석하여 "방의 수령"으로 번역하였다. 지금으로 따지면 대체로 각 지역의 지역(군) 사령관에 해당하는 것으로 보인다.

237) ＊: 《북사》에는 이 자리에 "달솔을 그 자리에 임명한다(以達率爲之)"라는 내용이 추가되어 있다.

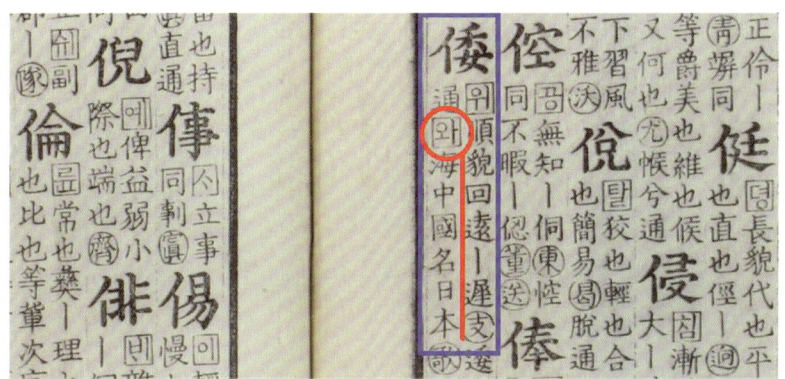

253년 전 조선 정조시기(1769)에 간행된 《옥편》에 소개된 '와'. 지금 쓰는 '왜'는 잘못된 발음이다.

[* 238)]

○ 畿內爲五部, 部有五巷, 士人居焉。五方各有方領一人, 方佐貳之. 方有十郡, 郡有將。

• 014

그 나라 사람들로는 신라·고려·와239) 등이 섞여 있으며, 중국 사람도

---

238) * : 《북사》에는 이 자리에 "장수를 세 명씩 두는데, 덕솔을 그 자리에 임명하였다 (有將三人, 以德率爲之)"라는 내용과 함께 통솔하는 군사의 규모 및 성내 백성 및 도시들의 소속에 관한 내용들이 추가되어 있다.

239) 와(倭): 《북사》 판본에는 이 글자가 '나약할 퇴(倭)'로 적혀 있다. 그러나 중국 고대에는 문서를 필사하는 과정에서 '위(委)'의 획수를 줄여서 '타(妥)'로 베끼는 경우가 많았는데, '두릅나무 유(楰)'를 '무리참나무 유(桵)', '갓끈 유(緌)'를 '편안할 수(綏)' 식으로 줄여 쓴 것이 그 예이다. 여기서도 같은 원리에 따라 '倭 ⇒ 倭' 식으로 적은 것이다. 참고로, '倭'의 발음의 경우, 현재는 '왜'로 굳어졌지만 원래 발음은 '와'이다. 여기에 목적격 조사 '~을'에 해당하는 '이'가 뒤에 붙어 '와+ㅣ = 왜' 식으로 사용되던 것이 그대로 명사형으로 잘못 굳어진 것이 지금의 '왜'라는 뜻이다.

백제전(百濟傳)

쌍영총(좌)과 수산리 고분(우)에 그려진 고구려 미인. 머리를 틀어올리고 뺨에 연지를 찍고 주름치마를 입은 것은 전형적인 고구려 여인상으로 제시된다.

있다.[240)

○ 其人雜有新羅高麗倭等, 亦有中國人。

• 015

그[나라 사람들의] 의복은 고려와 대체로 동일하다.[241) 부녀자들은 분이나

---

240) 신라·고려·와 등이 섞여 있으며[雜有新羅·高麗·倭等]: 이 부분은 당시의 백제가 주변 국가들 사이에서 이주·교류가 활발하게 이루어지고 있었음을 우회적으로 방증해 준다.

241) 의복은 고려와 대체로 동일하다[其衣服與高麗略同]: 이미 5세기 북위의 역사를 다룬 《위서》에서 "그들의 의복·음식은 고구려와 같다(其衣服飲食與高句麗同)", 《주서》에서도 "그들의 의복은 남자의 경우 고려와 대체로 같다(其衣服男子略同於高麗)", 《북사》에서도 "그들의 음식·의복은 고려와 대체로 같다(其飲食衣服, 與高麗略同)"라고 소개하였다. 그런데 《양서》〈고구려전〉에서 "그들의 공식 모임에서의 의복은 한결같이 비단에 수를 놓고 금·은으로 자신을 꾸몄다(其公會衣服, 皆錦繡金銀以自飾)", 〈백제전〉에서 "모자를 '관', 저고리를 '복삼', 바지를 '고'라고 한다(呼帽曰冠, 襦曰複衫, 袴曰褌)"라고 한 것을 보면 백제 및 고구려의 대체적인 의복체제를 이해할 수 있을 듯하다. 이와 함께, 인터넷〈국편위판〉주에서는 "《北史》와 《舊唐書》의 新羅傳에 보면 '風俗·刑政·衣服略與高麗·百濟同' 및 '其風

고대에 점을 치는 데에 사용한 톱풀[蓍草]

눈썹을 바르지 않으며,

[출가하기 전의] 여자는 머리를 땋아 뒤로 늘어뜨리며[242] 출가하고 나면 [그 머리를] 두 갈래로 나누어 머리 위로 틀어 올린다.

○ 其衣服與高麗略同。婦人不加粉黛, 女辮髮垂後, 已出嫁則分爲兩道, 盤於頭上。

• 016

[그 나라] 민간에서는 말타기와 활쏘기[243]를 숭상한다. 고전과 사서를 읽으며 관리로서의 업무도 잘 해낸다. 마찬가지로 의학·약학은 물론이고 톱풀점·거북점과 점·관상 등의 학문들도 안다.

俗·刑法·衣服 與高麗·百濟略同 而朝服尙白'이라 되어 있어 三國의 衣服을 대략 같은 것"으로 보았다.

242) 머리를 땋아[辮髮]:《북사》에는 동사가 '엮을 편(編)'으로 나와 있으나 의미상으로는 큰 차이가 없다.

243) 말타기와 활쏘기[騎射]: '기사(騎射)'는 때로는 말을 탄 채로 활을 쏘는 행위를 일컫는 말로 사용되기도 하지만 고대 한문에서는 거의 예외 없이 '말타기[騎]'와 '활쏘기[射]'를 아울러 일컫는 말로 사용되었다.

[절을 할 때에는] 두 손으로 땅을 짚음으로써 [상대를] 공경하는 마음을 나타낸다. 비구와 비구니가 있고 절과 탑이 많다.244)

○ 俗尚騎射, 讀書史, 能吏事, 亦知醫藥蓍龜占相之術。以兩手據地爲敬。有僧尼, 多寺塔。

• 017

[백제에는] 북과 뿔피리245) · 공후246) · 쟁247) · 우248) · 지249) · 적250) 같

---

244) 절과 탑이 많다[多寺塔]: 《주서》〈백제전〉에는 이 뒤에 "그러나 도사는 없다(而無道士)"라는 내용이 덧붙여져 있다. 《수서》를 편찬하는 과정에서 삭제된 것으로 보인다. 이에 관해서는 《정역 중국정사 조선·동이전2》〈주서·백제전〉, 제456쪽의 "도사는 없다" 주석을 참조하기 바란다.

245) 북과 뿔피리[鼓角]: 중국 고대의 악기. 군대에서 명령을 전달하거나 시각을 알리거나 군사들에게 주의를 환기시키거나 군세를 과시하는 데에 사용하였다. 원대의 마단림(馬端臨, 1254~1340)은 자신이 편찬한 백과전서인 《문헌통고(文獻通考)》〈악고11(樂考十一)〉 "경각(警角)"조에서 "군대가 지키는 성 및 외지에서 야영하거나 행군할 때에는 일출·일몰 때마다 북을 1,000번 치는데, 333번을 1통으로 친다. 호각은 12마디를 부는 것을 1질이라고 한다. 호각을 3번, 북을 3번 치면 날이 저물고 밝아지는 일이 끝난다(軍城及野營行軍在外, 日出沒時過鼓千槌, 三百三十三槌爲一通。吹十二聲爲一迭。三角三鼓而昏明畢)"라고 소개하였다.

246) 공후(箜篌): 중국 고대의 현악기의 일종. 때로는 '공후(空侯), 감후(坎侯)' 등으로 불리기도 하였다. 외형은 슬(瑟)과 비슷하지만 좀 작으며, 현은 5줄에서 많을 때에는 25줄까지 사용되었다. 일본 나라현(奈良縣)의 왕실 수장고인 정창원(正倉院)에는 백제에서 전해진 공후가 '백제금(百濟琴)'이라는 이름으로 소장되어 있다.

247) 쟁(箏): 중국 고대의 현악기의 일종. 가야금과 마찬가지로 장방형의 울림통을 몸체로 삼는다. 그 현은 고대에는 5줄, 한·진(漢晉) 이전에는 12줄이었으며 수·당대에는 13줄로 늘어났다. 한대 학자 응소(應劭)는 《풍속통(風俗通)》〈성음(聲音)〉 "쟁"조에서 "삼가 《주례》〈악기〉를 따져 보건대, '쟁은 5줄에 축의 몸체로 되어 있다'고 하였다. 그런데 지금 병주·양주 두 고을의 쟁은 외형이 슬을 닮았는데 누가 고쳐 만들었는지 모르겠다(謹按禮樂記, '箏, 五絃筑身也'. 今并涼二州箏形如瑟, 不知誰所改作也)"라고 소개하였다. 또, 《구당서(舊唐書)》〈음악지2(音樂志二)〉에서는 "'쟁'은 본래 진나라 악기이다. 전해지는 바에 따르면 '몽염이 만들었다'고

은 악기가 있고, 투호[251]·바둑[252]·저포[253]·악삭[254]·농주[255] 같

하지만 그렇지 않다. 체제는 슬과 같지만 현이 적다. 생각해 보건대 '경방(BC77~BC37)이 음율 측정기인 준을 만들었는데 슬과 비슷하며 13줄이다'라고 했는데 이것이 바로 쟁이다(箏, 本秦聲也. 相傳云蒙恬所造, 非也. 制與瑟同而絃少. 案京房造五音準, 如瑟, 十三絃, 此乃箏也)"라고 하였다.

248) 우(竽): 중국 고대의 관악기의 일종. 한대 허신(許愼)의 《설문(說文)》에서는 "대롱이 36개이다(管三十六簧也)"라고 하였다. 그러나 1972년에 호남성 장사시(長沙市) 마왕퇴(馬王堆)에서 출토된 것은 대롱이 22개여서 그 개수가 가변적이었던 것으로 보인다. 《풍속통》에 따르면 크기는 4자 2마디였으니 지금의 1m 정도에 해당하는 셈이다. 전국시대 사상가인 한비(韓非)는 《한비자(韓非子)》〈해로(解老)〉에서 "'우'라는 것은 악기들의 으뜸이다. 그래서 우를 먼저 불어야 종·슬 등의 악기들이 일제히 그 뒤를 따르며, 우가 울려야 다른 악기들이 일제히 화답한다(竽也者, 五聲之長者. 故竽先則鐘瑟皆隨, 竽唱則衆樂皆和)"라고 하였다. 인터넷 〈국편위판〉 주136에서는 "모양은 뒤엉켜 있어 새(鳥)의 침(唾)을 본떴다"라고 했는데 무슨 뜻인지 알 수가 없다.

249) 호(箎): 중국 고대의 관악기의 일종. '지'는 '피리 지(箎)'의 오자이다. 송대 진양(陳暘, 1064~1128)의 《악서(樂書)》에서는 "지는 [한쪽 끝이] 막힌 피리이다. 가로로 분다(箎, 有底之笛也, 橫吹之)"라고 소개하였다. 원래는 민간에서 유행했으며, 당·송대부터는 궁정 아악으로만 전해졌다. 편종(編鐘)·편경(編磬)·생황[笙]·퉁소[簫]·슬 등과 함께 제사나 연회에서 주로 연주되었다. 소리를 내는 구멍 개수는 10개·8개·7개·6개 등으로, 시대·문헌마다 조금씩 편차를 보인다.

250) 적(笛): 중국 고대의 관악기의 일종. 일반적으로 대나무로 만들며 가로로 부는 피리. 허신은 《설문(說文)》〈죽부(竹部)〉에서 "'적'은 구멍이 7개인 통이다. 대나무의 뜻을 따르며 발음은 '유'이다. 강족(羌族)의 적은 구멍이 3개이다(笛, 七孔筒也. 从竹由声, 羌笛三孔)"라고 소개하였다. 이로써 '적(笛)'의 원래 발음은 '유(由)'이며, 구멍도 일반적으로 7개이지만 종류에 따라서는 차이가 있었음을 알 수 있다.

251) 투호(投壺): 중국 고대의 놀이의 일종. 글자대로 직역하면 '항아리에 던진다' 정도로 번역된다. 술자리에 참석한 손님과 주인이 차례로 화살을 던져 항아리 안에 들어간 개수로 승부를 겨루었으며, 이긴 사람이 따른 술을 진 사람이 벌로 마셨다고 한다. 고대에는 투호가 놀이인 동시에 술자리 예절이기도 해서, 노는 방법과 절차는 《예기(禮記)》〈투호(投壺)〉에 상세하게 소개되어 있다.

252) 바둑[圍棊]: 중국 고대의 놀이의 일종인 위기(圍棊/圍碁)는 춘추시대부터 보급되었으며 남북조시대에 이르러 고구려·백제·신라를 거쳐 일본에까지 전해졌다. 두 사람이 마주앉고 검은 돌을 잡은 이가 먼저 두는데 대국이 끝나면 바둑판의 집

(빈 자리)과 바둑알 개수를 합산하거나 집 개수를 세어 많은 쪽이 이긴 것으로 쳤다. 두는 방법은 간단하지만 어떻게 두느냐에 따라 변화가 무쌍하여 상류층의 놀이로 큰 인기를 얻었다. 일본 나라현(奈良縣)의 정창원(正倉院)에는 백제의 의자왕이 천황에게 선물했다는 바둑판과 바둑알이 소장되어 있는데 정교함과 화려함의 극치를 보여 준다. 신라의 경우, 몇몇 고분에서 조약돌을 임시로 사용한 바둑알이 더러 출토되었으나 의자왕의 것처럼 제대로 만들어진 바둑알과 바둑판은 출토된 적이 없다. 《수서》보다 늦게 편찬된 《북사》에는 빠져 있다.

253) 저포[樗蒲]: 중국 고대의 도박의 일종. '저(樗)'는 가죽나무를 뜻하며, '포(蒲)'는 '놀이'를 뜻하는 '박(博)'을 다른 한자로 표기한 것이다. 한대 말기에 서방에서 전래되어 유행하기 시작했는데, 놀 때 던지는 나무 조각을 가죽나무로 만들어서 '저포'라고 부르게 되었다고 한다. 우리나라의 윷처럼 한쪽 면에 색을 칠한 다섯 개의 나무막대를 던져 나오는 색깔에 따라 점수를 매기고 승부를 겨루는 식으로 놀이가 진행되었다. 나중에는 나무막대가 주사위로 변형되고 도박으로 전용되는 일이 많았기 때문에 도박의 대명사로 일컬어지기도 한다. 우리나라의 윷놀이는 저포가 오랜 세월을 거치면서 변형되고 간소화되면서 나타났을 것이다. 인터넷 〈국편위판〉 주141에서는 "도박의 일종으로 博弈·袁玄道라고도 불리워졌다"라고 소개하였다. 그러나 '박혁(博弈)'은 놀이나 도박을 아울러 일컫는 이름이지만 '원현도(袁玄道)'는 잘못된 설명이 아닌가 싶다.

254) 악삭(握槊): 중국 고대의 놀이의 일종. 남북조시대에 서방(서역)에서 전래된 것으로, 뼈를 정육면체로 깎고 검은색과 붉은색 점을 찍어 사용하였다. 《위서(魏書)》〈술예전(術藝傳)〉에 따르면, "이는 [서역]오랑캐의 놀이인데 근래에 중국으로 전래되었다. 그 오랑캐 나라 왕에게 죄를 지은 아우가 하나 있었는데 그를 죽이려 하자 그 아우가 감옥에서 이 놀이를 만들어 바쳤는데, … 세종 이후로 당시에 크게 성행하였다(此蓋胡戲, 近入中國. 云胡王有弟一人遇罪, 將殺之, 弟從獄中爲此戲以上之, … 世宗以後大盛於時)" 명대의 방이지(方以智, 1611~1671)는 백과전서인 《통아(通雅)》〈기용·희구(器用戲具)〉에서 "악삭·장행국·파라새·쌍륙은 같은 것일 것(握槊長行局波羅塞雙陸, 要一類也)"이라고 보았다.

255) 농주(弄珠): 중국 고대의 놀이의 일종. 원래 고대 이집트에서 기원한 것으로, 두 손을 일정한 순서와 리듬에 맞추어 연속적으로 놀리면서 둘 이상의 구슬(또는 공)을 공중에 던지고 받는 저글링(juggling)을 말한다. 글자대로 직역하면 '구슬을 논다'로 번역되는데, 시대·지역에 따라서는 '농완(弄丸)·도완(跳丸)·포완(抛丸)' 등으로 불렸다. 전국시대의 문헌인 《장자(莊子)》〈서무귀(徐無鬼)〉에서 "저잣거리 남쪽의 의료가 구슬을 놀았다(市南宜僚弄丸)"라고 한 것을 보면 이미 전국시대 이전에 서방(서역)에서 전래된 것으로 보인다. 진·한대에 이르면 구슬(공) 대신 단도를 사용하는 경우도 확인된다. 산동 기남(沂南)의 한대 고분에서 출토

수산리 고분에 그려진 고구려의 놀이들. 7개의 구슬을 노는 사람(우) 옆에 바퀴를 노는 사람(좌)이 보인다. 이를 통하여 이집트에서 기원한 저글링이 페르시아를 거쳐 중국과 고구려로 전해졌음을 알 수 있다.

은 놀이가 있다.

○ 有鼓角箜篌箏竽篪笛之樂, 投壺圍棊樗蒲·握槊·弄珠之戲。

된 화상석(畵像石)을 보면 두 손으로 단도를 놀리면서 두 발로는 구슬 5개를 노는 모습이 묘사되어 있다. 여기에는 백제의 놀이로 소개되었지만 고구려 벽화에도 이 놀이가 그려져 있어서 삼국에 모두 전파되었다고 보아야 옳다. 인터넷 〈국편위판〉 주143에서는 '농완주(弄椀珠)'도 소개했는데, 이는 구슬과 함께 [나무] 주발[椀]을 노는 것도 함께 일컬은 것이다.

백제전(百濟傳) 143

• 018

[유]송나라의 원가 연간에 제정된 역법256)을 쓰기 때문에 인월257)을 한 해의 첫 달로 삼는다. [*258)]

○ 行宋元嘉曆, 以建寅月爲歲首。

• 019

나라에는 [세력이] 큰 성씨로 여덟 씨족이 있는데, 사씨259)·연씨260)·

---

256) 원가 연간에 제정된 역법[元嘉曆]: 남북조시대 유송(劉宋)의 천문학자 하승천(何承天, 370~447)이 창안한 역법. 문제(文帝)의 원가(元嘉) 20년(443)에 제정되었다 하여 '원가력(元嘉曆)'으로 불린다. 인터넷 〈국편위판〉 주144에 따르면 "百濟에서 採用되고 있었음은 本文의 句節 및 《隋書》·《北史》에도 보이거니와 武寧王陵의 買地券銘文에서 確認되었다." 이 역법은 백제에 전래된 뒤로 554년에 일본에까지 전해졌으며, 백제가 멸망한 뒤인 661년까지 사용된 것으로 알려져 있다.

257) 인월(寅月): 음력 정월, 즉 양력 2월을 가리킨다. '세수(歲首)'는 한 해가 시작되는 달로, 정월과 같은 의미를 가지고 있지만 '인월'과 구분하기 위하여 '한 해의 첫 달'로 번역하였다.

258) *: 《북사》에서는 이 자리에 《주서》《백제전》를 참조하여 백제의 조세·형벌·풍속 등에 관한 내용들이 추가되어 있으며, 상례·기후·지형·산물 관련 내용들은 위치가 바뀌어 뒤에 나온다.

259) 사씨(沙氏): 백제 8대 씨족들 중 하나. 유력 씨족들 중에서 '사(沙)'를 사용한 경우는 2009년 미륵사 서석탑에서 수습된 〈금제사리봉안기(金製舍利奉安記)〉(기해년(639년) 정월 29일)의 '사탁(沙乇)', 《일본서기》의 '사택(沙宅)', 《사택지적비(砂宅智積碑)》의 '사택(砂宅)', 그리고 《구당서》·《신당서》·《자치통감》 등 중국 정사들 속의 '사타(沙吒)' 정도이다. 그렇다면 여기서의 '사씨'는 두 글자 성씨인 사택·사타를 중국식으로 한 글자로 줄인 경우임을 알 수 있다. 실제로 《삼국사기》《백제본기》"동성왕(東城王) 6년"조의 "내법좌평이던 사약사(沙若思)를 남제에 보내어 입조하고 공물을 바치려 하였다. 약사는 서해에 이르러 고구려군을 마주치는 바람에 더 이상 가지 못하였다"라는 대목에도 '사씨'로 소개되었다. 참고로, 탁(乇)·택(宅)·타(吒)는 국내에서는 발음을 각자 달리 읽지만 종성 'ㄱ'이 약화되면 음운상으로 대체로 대응된다.

리씨261)·해씨262)·정씨263)·국씨264)·목씨265)·백씨266)이다.

---

260) 연씨(燕氏): 백제 8대 씨족들 중 하나. 이홍식은《삼국사기》에 등장하는 연신(燕信, 삼근왕 2년조)·연돌(燕突, 동성왕 12년조)·연문진(燕文進, 무왕 8년조)·연막(燕謨) 등의 경우를 근거로 "燕氏는 中國系 漢民族의 姓氏로서 帶方郡이 百濟에 沒入할 때 百濟에 귀화한 姓氏"라고 추정하였다. 그러나 단순히 '연'자만을 근거로 해당 씨족이 중국계 성씨라고 단정하기는 어렵다.

261) 리씨(刕氏): 백제 8대 씨족들 중 하나. 중국 정사에는 성씨만 소개되었을 뿐 구체적인 이름은 언급된 적이 없다. 국내의 경우《삼국사기》"개로왕(蓋鹵王) 21년"조에 "문주왕은 이에 목협만치·조미걸취와 함께 남쪽으로 갔다(文周乃與木刕滿致祖彌桀取南行焉)"라는 기사에 착안하여 '목협만치'를 '목리만치(木刕滿致)'로 보아 '목리씨'의 근거로 삼았다. 국편위판《삼국사기》"개로왕 21년"조의 주17에 소개된 것처럼 일본 측 사서인《일본서기》에는 '목리불마갑배(木刕不麻甲背, 516)·목리금돈(木刕今敦, 522)' 등과 같이 목리씨 인물이 몇 군데에 소개되어 있다. 이에 비하여《수서》에서는 '목리'를 '목·리' 두 성으로 구분해 소개하고 있어서 논란을 야기한다. 이 문제에 관해서는《삼국사기》를 편찬한 김부식조차 "《수서》에서는 '목'과 '리'를 2개의 성씨로 보았는데 어느 쪽이 옳은 지는 알 수가 없다(隋書以木刕爲二姓, 未知孰是)"라고 유보적인 입장을 취하였다. 그러나 이 대목만 놓고 따져 볼 때, ① 목씨와 리씨가 잇따라 제시되었다면 '목리씨'의 착오일 가능성이 있겠지만, ② 리씨를 세 번째로 언급한 반면 목씨는 일곱 번째로 언급한 점, ③ 그 같은 씨족 정보의 출처가 당시 수나라와 교류가 비교적 많았던 백제에서 나왔을 것이라는 점을 감안하면 ④ '리씨'와 '목씨'는 서로 별개의 씨족으로 이해하는 편이 합리적이지 않을까 싶다. 덧붙여, 노중국(1994)은 "'刕'과 '刕'는 자형이 유사하고, '刕'와 '羅'는 음운이 상통하므로 '木刕'·'木刕'·'木羅'는 동일 실체에 대한 다른 표기"라고 보았다. 문자학적 측면에서 볼 때 '협'과 '리'의 모양이 유사한 것은 맞다. 다만, '리'와 '라'가 음운상으로 대응된다고 보기는 어렵다.

262) 해씨(解氏): 백제 8대 씨족들 중 하나.《삼국유사》의 소개가 역사적 사실이라는 전제하에서, ① 유리왕이 추모의 친아들이고, 대무신왕이 유리왕의 아들, 민중왕이 대무신왕의 아들인 점, ② 추모의 아버지로 해모수(解慕漱)라는 인물이 제시된 점, ③ 추모가 고구려를 건국한 뒤에 자신의 성씨를 '고'로 바꾼 점 등을 종합해 볼 때 ④ 추모의 아들·손자·증손자가 '해씨'이므로 그 원래의 성씨는 '해'일 수밖에 없다. 백제 해씨는 고구려의 전신인 부여계 성씨였을 개연성이 높다는 뜻이다. 고구려 국성(國姓)으로서의 해씨에 관해서는《정역 중국정사 조선·동이전2》, 제201~202쪽의 관련 주석을 참조하기 바란다.

263) 정씨(貞氏): 백제 8대 씨족들 중 하나.《수서》와《신당서》에는 '정씨'로 소개되어 있다. 반면에《북사》와《괄지지》·《통전》·《삼국사기》 등에는 '진씨(眞氏)'로 소개

백씨의 경우, 《북사》에는 '묘', 《괄지지》에는 '수', 《통전》에는 '백'으로 소개되어 있다. 그러나 《통전》의 저자 두우가 '발음이 백이다'라고 했으므로 '묘'와 '수'는 '백'을 잘못 적은 것인 셈이다.

되어 있다. 문자학적 견지에서 볼 때 '정'과 '진'은 모양이 비슷해서 혼동되는 경우가 많다. 어느 쪽이 정확한 성씨인지 단정하기 어렵다는 뜻이다. 다만, ① '정씨'로 소개된 《수서》의 편찬시점이 당 태종의 정관(貞觀) 10년(636)으로 상대적으로 빠르기는 하지만, ② 태종의 4자인 이태(李泰, 620~652)가 《괄지지》를 저술한 점, ③ 《북사》가 비슷한 정관 17년(643)에 편찬된 점, 다소 연대가 늦기는 하지만 ④ 당나라 헌종(憲宗)의 정원(貞元) 17년(801)에 편찬된 《통전》이나 ⑤ 김부식의 《삼국사기》 등 복수의 사서·문헌들의 상호 교차·검증을 통하여 ⑥ '진씨'가 맞으며 ⑦ 해당 대목이 오독되면서 '진 ⇒ 정'으로 와전되었을 가능성이 높다.

264) 국씨(國氏): 백제 8대 씨족들 중 하나. 《수서》 등 중국 정사에는 성씨만 소개되어 있으나 국내 사서인 《삼국사기》〈고구려본기〉 "영양왕 23년"조에서는 "[백제왕 부여]장이 그 신하인 국지모를 파견하여 수나라로 들어가게 하여 출병 날짜를 알려줄 것을 요청하였다(璋使其臣國知牟入隋請師期)"라고 하였다. 이로써 백제 조정에서 대단히 중요한 위치에 있는 씨족이었음을 알 수 있다. 노중국(1999)은 《일본서기》에 등장하는 '국사리(國沙利)'를 근거로 국씨의 내력을 가야에서 찾았다. 그러나 백제의 8대 씨족은 본질적으로 부여·고구려에서 건너온 건국집단이므로 가야계로 단정하기에는 무리가 따른다.

265) 목씨(木氏): 백제 8대 씨족들 중 하나. 동북아판의 주40(제107쪽)에서는 《일본서기》의 4~5세기 기사에 등장하는 목라근자(木羅斤資)·목리만치(木刕滿致) 등을 근거로 이들을 목씨로 보았다. 그러나 두 인물의 경우 '목라'와 '목리' 식의 복성(複姓, 두 글자 성씨)일 가능성이 높기 때문에 원래부터 목씨였다고 단정하기는 어렵다.

○ 國中大姓有八族, 沙氏燕氏刕氏解氏貞氏國氏木氏苩氏。

•020

혼인을 하고 아내를 들이는 예법은 중국과 대체로 동일하다.

상을 치르는 제도는 고려와 닮았다.[267]

오곡·소·돼지·닭이 있으나 불로 익혀 먹지 않는 경우가 많다.[268]

---

266) 백씨(苩氏): 백제 8대 씨족들 중 하나. 이 성씨의 경우, 연대가 가장 빠른 《북사》에는 '모 묘(苗)', 이태의 《괄지지》에는 '머리 수(首)', 《통전》에는 '꽃 백(苩)'으로 차이를 보인다. 문자학적 견지에서는 정답을 찾기가 어렵다는 뜻이다. 다만, ① 《통전》의 이 대목에서 저자인 두우(杜佑, 735~812)가 '발음은 백이다(音白)'이라는 주석을 붙인 점, ② '백'이라는 발음에 대응되는 글자는 《통전》의 '꽃 백'뿐이라는 점, ③ 문헌적으로도 국내 사서인 《삼국사기》 "동성왕(東城王)"조에 '백가(苩加)', "무녕왕(武寧王)"조에 '백기(苩奇)' 등의 인물이 등장하는 점 등을 종합해 볼 때 문제의 성씨는 '묘'나 '수'가 아닌 '백'임을 분명히 알 수가 있다.

267) 상을 치르는 제도는 고려와 닮았다[喪制如高麗]: 백제의 상례에 관한 구체적인 언급이 없어서 어떤 점이 서로 닮았는지는 추정하기 어렵다. 다만, 이보다 앞서 편찬된 《주서》《백제전》과 《북사》《고려전》을 대조해 볼 때, 두 정사에 공통적으로 소개된 사실, 즉 적어도 "부모나 남편의 상을 당했을 경우에는 3년 동안 상을 치르지만 형제인 경우에는 3개월로 끝낸다"는 풍습에서는 공통점을 가지고 있었을 가능성이 높다. 《북사》《고려전》에는 이와 함께 "죽으면 집 안에 안치해 두는데 3년이 지나면 좋은 날을 잡아서 장례를 치러 준다. … 임종을 맞은 직후에는 곡을 하면서 눈물을 흘리지만 장례를 치르고 나면 북 치고 춤추고 풍악을 울리면서 망자를 운반한다. 안장하고 나면 망자가 살아 있을 적에 썼던 의복·장난감·수레·말 같은 것들을 가져다가 무덤 앞에 놓아두는데, 장례에 모인 사람들이 다투어 가지고 간다"라는 사실이 추가로 소개되어 있다.

268) 불로 익혀 먹지 않는 경우가 많다[多不火食]: '화식(火食)'은 불로 조리해서 먹는다는 뜻이다. 이 부분의 경우, 인터넷 〈국편위판〉에서는 "火食을 하지 않는다", 〈동북아판4〉(제107쪽)에서는 "불로 구워 먹지 않는다" 식으로 번역하였다. 그러나 불을 사용하는 조리법으로는 삶거나 찌는 것도 포함되므로 이 같은 번역은 그다지 정확하다고 할 수 없다. 이 같은 기록이 사실에 입각한 것인지는 알 수 없으나, 불로 익혀 먹지 않는 경우가 많다는 것은 곧 백제 사람들은 곡식이나 육류를 날(회?)로 먹는 경우도 많았다는 뜻으로 해석된다.

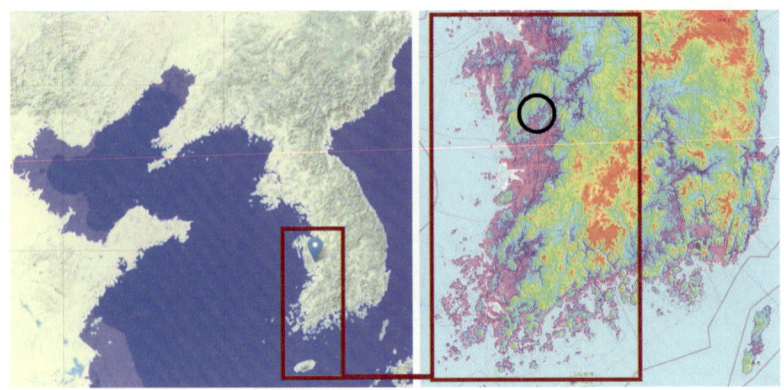

백제는 지형적으로 동쪽의 신라에 비하여 고도가 낮고 습한 지대에 자리 잡고 있었다. 지형도에서 파란색은 해발 10m, 자주색은 30m 정도로 매우 낮은 것을 확인할 수 있다. 검은 동그라미는 사비성(부여읍)

○ 婚娶之禮, 略同於華。喪制如高麗。有五穀牛猪雞, 多不火食。

• 021

그 밭은 [지대가] 낮고 습하며 [⋯] 사람들은 한결같이 산[지]에서 산다.[269] 굵은 밤이 난다.

○ 厥田下濕, 人皆山居。有巨栗。

• 022

[해마다 각 철의] 네 둘째 달[270]에는 왕이 하늘 및 오제 같은 신들[271]에게

---

[269] 그 밭은 낮고 습하며[厥田下濕]: 이 대목의 경우, 《위서》〈백제전〉에는 "땅은 많은 경우 낮고 습하다(地多下濕)"로 되어 있고, 《주서》〈백제전〉에는 "토지는 낮고 습하며(土田下濕)"로 되어 있다. 이로써 《수서》 편찬자가 《주서》〈백제전〉을 주로 참조했음을 알 수가 있다. 한반도에서 산지가 70%를 넘으면서도 전형적인 동고서저(東高西低)의 지형이 형성되어 있으며, 충청남도나 전라북도 일대가 다른 지역에 비하여 해발 고도가 상당히 낮으면서도 넓은 평야지대를 형성하고 있다는 점에서 기사의 내용과도 부합되는 셈이다.

제사를 지낸다.

그 시조인 구태의 사당을 도읍에 세웠는데 해마다 네 차례 그 신에게 제사를 지낸다.272)

○ 每以四仲之月, 王祭天及五帝之神。立其始祖仇台廟於國城, 歲四祠之。

---

270) 둘째 달[仲月]: 각 계절의 두 번째 달. 두 번째 달이 그 계절의 중간이라고 해서 '중월(仲月)'이라고 부르고 계절마다 '중춘(仲春)·중하(仲夏)·중추(仲秋)·중동(仲冬)'으로 일컬었다. 일반적으로 음력으로 2월·5월·8월·11월에 해당한다.

271) 오제 같은 신들[五帝之神]: 중국 고대 전설에 '동·서·남·북·중'의 다섯 방향을 주관하는 것으로 믿어진 신들. 인터넷 〈국편위판〉 주085에서는 "5帝를 《史記》《五帝紀》에서는 黃帝·顓頊·帝嚳·堯·舜이라 하였다"라고 했는데, 오제신은 전설상의 '삼황오제(三皇五帝)'와는 관계가 없다. 일반적으로 오행설(五行說)에 입각해서 중앙신인 황제(黃帝)를 축으로 하여 동방신은 청제(靑帝, 또는 蒼帝), 남방신은 적제(赤帝, 또는 炎帝), 서방신은 백제(白帝), 북방신은 흑제(黑帝)로 숭배되었다. 그리고 그 화신은 중앙의 기린(麒麟)을 중심으로 청룡(靑龍)·주작(朱雀, 또는 朱鳥)·백호(白虎)·현무(玄武)로 형상화되었다.

272) 해마다 네 차례 그 신에게 제사를 지낸다[歲四祠之]: 이 부분의 경우, 《수서》·《북사》와 《삼국사기》에는 "해마다 네 차례 그 신에게 제사를 지낸다(歲四祠之)"로, 《주서》·《통전》·《문헌통고》 등에는 "해마다 그 시조 구태의 묘당에서 네 번 제사를 지낸다(每歲四祠其始祖仇台之廟)"로 소개되어 있다. 반면에, 《한원》에 인용된 《괄지지》 기사에서는 "백제 도성에서는 그 시조 구태의 묘당을 세우고 철마다 그 신에게 제사를 지낸다(百濟城立其祖仇台廟, 四時祠之也)"라고 소개하였다. 〈동북아판4〉 주43(제108쪽)에서는 2012년에 발견된 이른바 '집안고구려비(?)'를 근거로 고구려 역시 백제와 마찬가지로 철마다 제사를 지냈다고 해석하였다. 철마다 제사를 지내는 사례는 고대사에서 자주 볼 수 있는 장면이다. 백제와 종족적으로 동일한 계통에 속한 고구려에서 철마다 제사를 지냈을 가능성도 높다. 다만, 그 근거로 이른바 '집안고구려비(?)'를 든 것은 적절하지 않아 보인다. 해당 비석은 금석·언어 등 여러 측면에서 따져 볼 때 위작일 가능성이 높기 때문이다. 이에 관해서는 문성재(2013), 〈집안 마선비의 건립 연대 및 비문 단구 문제〉를 참조하기 바란다.

• 023

나라 서남쪽에는 사람이 사는 섬이 열다섯 군데 있는데, 한결같이 성을 두른 읍락이 있다. [＊273)]

○ 國西南, 人島居者十五所, 皆有城邑.

• 024

[수나라가] 진나라를 평정한 해274)에 어떤 전선 한 척이 파도에 떠밀려서 275) 바다 동쪽[너머?]의 [탐]모라국276)에 닿았다. 그 배는 무사히 귀환할

---

273) ＊:《북사》에는 이 뒤에 백제에 대한 북위의 봉작 및 북위에 대한 백제의 조공과 표문에 관한 내용들이 소개되어 있는데 선행 정사인《주서》의 기사를 참조한 것으로 보인다.

274) 진나라를 평정한 해[平陳之歲]: 수나라 문제의 개황(開皇) 9년, 즉 서기 589년을 가리킨다. 남조의 진(陳)나라는 마지막 군주인 진숙보(陳叔寶, 553~604)의 폭정과 향락으로 국운이 기울고 민심이 흉흉하였다. 마침 북조를 통일한 문제 양견(楊堅)은 정월에 광릉(廣陵, 지금의 양주시)에서 대군을 이끌고 장강을 건너 진나라를 공략하여 도성인 건강(建康, 지금의 남경시)을 함락시키고 진나라를 멸망시켰다. 망국의 군주로 전락한 뒤에는 수나라의 도읍인 장안(長安)까지 끌려가서 장성현공(長城縣公)에 봉해지고 저택을 하사받아 후한 대우를 받다가 낙양에서 죽었다.

275) 파도에 떠밀려[漂至]: 아마 이 수나라 전선은 개황 9년(589) 정월부터 장강을 건너 진나라를 공략하다가 뱃사람도 없이 장강 하류를 따라 상해로 흘러간 다음 황해(동중국해)로 나가 조류를 타고 백제 땅까지 떠내려갔을 것이다. 수나라 전선이 황해로 흘러 나갔을 상해의 장강구(長江口)는 위도상으로 제주도보다 남쪽에 자리 잡고 있다. 통상적인 경우에는 황해로 빠져나간 배는 남쪽으로 떠밀려 태평양 방향으로 흘러가기 마련이다. 그런데 위도상으로 그보다 위쪽인 제주도 방향으로 떠밀린 것을 보면 태평양에서 발생한 태풍이 북상하는 7~8월 무렵이었거나 쿠로시오 난류를 타고 북쪽으로 떠밀렸던 것으로 보인다.

276) 모라국(牟羅國): 중국 고대에 중국 동쪽에 있었다는 나라 이름. 그 위치에 관해서는 학자들마다 이견이 분분하다.〈동북아판4〉(제108쪽)에 따르면, 이 나라와 관련하여 ① 미시나 쇼에이(三品彰英, 1962)·이용현(1999)은《일본서기》"계체(繼體) 2년(508) 12월"조의 '탐라(耽羅)'에 근거하여 제주도로 비정하였다. 반면

수나라 전선은 남경에서 장강구까지 떠밀려서 태평양 쪽으로 내려가다가 쿠로시오 해류(또는 태풍)를 타고 도로 제주도까지 밀려 올라갔을 것이다.

수 있었는데, 백제를 거쳐 갈 때에 [위덕왕] 부여창이 [소요] 물자들을 무척 후하게 전달해 왔다. 아울러 사신을 파견하여 [수나라 문제에게] 표를 올리고 진나라를 평정한 일을 축하하였다.

○ 平陳之歲, 有一戰船漂至海東牟羅國, 其船得還, 經于百濟, 昌資送之甚厚。并遣使奉表賀平陳。

에 ② 이병도(1976)·노중국(2011)은 강진, ③ 이도학(1995)은 해남, ④ 김명심(2013)은 해남·강진 일대로 각각 비정하였다. 그러나 여기서 유념해야 할 점은 《수서》의 이 부분이 백제인들의 증언을 토대로 기사로 작성되었다는 사실이다. 역사적 사실을 반영하고 있다는 뜻이다. 실제로 이 국명의 경우, 23년 뒤에 편찬된 《북사》에는 '탐모라국(耽牟羅國)', 국내 사서인 《삼국사기》에는 '탐라(耽羅)'로 소개되어 있다. 신뢰도가 떨어지기는 하지만 《일본서기》에도 '탐라', '침미다례(忱彌多禮)'가 언급되어 있다. 따라서 여기서의 '모라국'은 《북사》와 《삼국사기》 두 정사의 기록을 참작할 때 '탐라국'으로 이해하고 지금의 제주도로 보는 편이 합리적일 것이다.

• 025

[수나라] 고조는 그 일을 갸륵하게 여기고 이렇게 조서를 내렸다.
"백제의 왕이 [짐이] 진나라를 평정한 소식을 듣고 멀리서 [사신으로 하여금 축하의] 표를 올리게 했구려. 그러나 [사신이 그 먼 길을] 왕래하기는 지극히 어려운바 만약에 풍랑이라도 만난다면 [인명을] 다치거나 잃고 말 것이오.

○ 高祖善之, 下詔, 曰, 百濟王旣聞平陳, 遠令奉表, 往復至難, 若逢風浪, 便致傷損。

• 026

백제왕의 마음이 진실되고 지극하다는 것은 짐도 이미 분명히 알았소. [우리가] 서로 떨어져 있는 거리가 아무리 멀다 해도 [짐을] 섬기는 마음은 얼굴을 마주하고 이야기하는 것 같구려. [그러니] 굳이 빈번이 사신을 파견하여 [이쪽 상황을 세세한 것까지] 다 알 필요가 어디 있겠소? 이제부터는 해마다 따로 [중국에] 입조해 공물을 바칠 필요는 없소. 짐 또한 사신을 파견하지 않을 것이니 왕은 그 점을 알아주기 바라오."
[그러자 백제] 사신은 배무를 추고 나서277) [그 자리를] 물러갔다.

---

277) 사신은 배무를 추고 나서[使者舞蹈]: 인터넷 〈국편위판〉과 〈동북아판4〉(제109쪽)에서는 "사신은 춤을 추며" 식으로 번역했으나 사실과 다르다. '배무(拜舞)'는 중국 중·근세에 신하가 황제의 은혜에 감사의 뜻으로 갖추었던 예절로, '배무례(拜舞禮)'로 불리기도 하였다. 원래 중국의 고유한 습속은 아니며 5호 16국시기를 거치면서 북방에서 중원으로 전래된 외래문화로 보이는데, 수나라를 거쳐 당대에 크게 유행하였다. 《신당서》·《자치통감》 등의 사서들은 위구르의 모우가한(牟羽可汗, 재위 759~780)이 당나라 덕종(德宗) 이괄(李适, 742~805)에게 배무를 추게 하여 갈등이 발생한 일을 소개한 것이 그 증거이다. 배무를 추는 방법의 경우, 중국에는 관련 기록이 보이지 않지만 일본에는 기록이 일부 남아 있다. 당나라와 비슷한 시기인 헤이안[平安] 시대(794~1185)에 일본 궁중에서 당나라의 배무를 모방하여 서훈·임관이나 녹읍을 하사할 때에 관작을 받는 쪽이 추었

《중국사회통사》(수당권)에 소개된 수수나라의 여성 악단 도용

○ 百濟王心迹淳至, 朕已委知。相去雖遠, 事同言面, 何必數遣使來相體悉。自今以後, 不須年別入貢, 朕亦不遣使往, 王宜知之。使者舞蹈而去。

다는 하이무(拜舞, 또는 '하이부')의 경우가 그것이다. 이때 해당자는 상체만 움직여 왼쪽-오른쪽-왼쪽의 순서로 절을 했다고 한다. 이 경우 서거나 앉아 손을 움직이고 좌우를 돌아보는가 하면 기쁜 나머지 손을 흔들고 발을 구르며 기쁜 마음을 표현했다고 한다. 일본의 고전인 《슈가이쇼(拾芥抄)》《고오시코지 나이후쇼(後押小路内府抄)》에 따르면, 두 번 절을 하고 나서 선 채로 허리 이상을 왼쪽으로 향하게 하고, 두 손을 왼쪽으로 펴 소매를 맞추고, 이를 오른쪽 또는 왼쪽으로 향하게 하고, 또 무릎을 꿇어 왼쪽 무릎을 땅에 대고, 같은 식으로 절을 했다고 한다. 《고시다이쇼(江次第抄)》에서도 '처음에 두 번 절하는 것은 황제가 내린 명령을 삼가 받든다는 뜻이고, 나중에 춤을 추는 것은 황제의 은혜를 입은 것을 기뻐한다는 뜻'이라고 소개하였다. 물론, 그 방식에는 시대에 따라 변동이 있었다. 《세조쿠센신히쇼(世俗浅深秘抄)》에 의하면, 조정의 조회나 천황이 행차할 때에 천황은 '왼쪽 ⇒ 오른쪽 ⇒ 왼쪽', 신하는 '오른쪽 ⇒ 왼쪽 ⇒ 오른쪽'의 순서로 절을 했던 것이 나중에는 반대로 천황이 '오른쪽 ⇒ 왼쪽 ⇒ 오른쪽', 신하가 '왼쪽 ⇒ 오른쪽 ⇒ 왼쪽'의 순서로 절을 했다고 한다. 중국의 경우 당대로부터 한참 지난 명대의 《태조실록(太祖實錄)》 "홍무 8년(1375) 2월 신묘삭일에 주상께서 역대 제왕에게 제사를 올리시다(洪武八年二月辛卯朔, 上躬祀歷代帝王)"라는 대목에서는 명대의 배무례의 절차·방법 등을 비교적 상세하게 소개해 놓았는데, 대체로 춤을 추면서 머리를 조아리고 '만세'를 외치는 식으로 진행되었다고 한다.

- **027**

개황[278] 18년에 [부여]창이 그의 장사[279] 왕변나를 사신으로 보내어 [중국에] 와서 특산물을 바쳤다. [그때 수나라가] 마침 요동[에서]의 전쟁을 일으키자 [백제는] 사신을 파견하여 표를 올리고 [수나라 군의] 길잡이가 되기를 자청하였다.[280]

○ 開皇十八年, 昌使其長史王辯那來獻方物, 屬興遼東之役, 遣使奉表, 請爲軍導。

- **028**

[그러자] 황제는 이렇게 조서를 내렸다.

"지난해에는 고려가 조공의 의무를 다하지 않은 데다가 신하로서의 예의도 없었소. 그래서 장군들에게 명령을 내려 그들을 토벌하게 하였소. [그러자] 고원 쪽에서 군신이 모두 두려운 나머지 [짐에게] 복종하며 [자신의] 죄를 인정한 데다가 짐은 짐대로 이미 그의 죄를 용서해 주었기에 토벌할 수가 없[을 것 같]구려."

[그리고는] 그 사신을 후하게 대접하고 나서 본국으로 [돌려]보내 주었다.

○ 帝下詔, 曰, 往歲爲高麗不供職貢, 無人臣禮, 故命將討之。高元君臣

---

278) 개황(開皇): 수나라의 개국군주인 문제(文帝) 양견(楊堅)이 581~600년까지 19년 동안 사용한 연호. "개황 18년"은 서기로는 598년에 해당한다.

279) 장사(長史): 중국 고대의 관직 이름. '관리들의 수장[諸史之長]'이라는 뜻으로, 원래는 진(秦)나라에서 처음으로 설치하고 역대 왕조에 대대로 인습되었다. 관장하는 직무는 다양하지만 대부분 비서 또는 막료의 역할을 담당한 경우가 많았다. 남북조시대에는 각 주·군의 행정관 휘하에, 당대에는 자사(刺史) 휘하에 두었다.

280) 길잡이가 되기를 자청하였다[請爲軍導]: 국내 사서인 《삼국사기》의 정덕본(1512)과 옥산서원본(1573) 두 판본에는 마지막 글자가 '이끌 도(導)'가 아닌 '길 도(道)'로 새겨져 있다. 그러나 전후 맥락을 따져 볼 때 '이끌 도'로 써야 옳다.

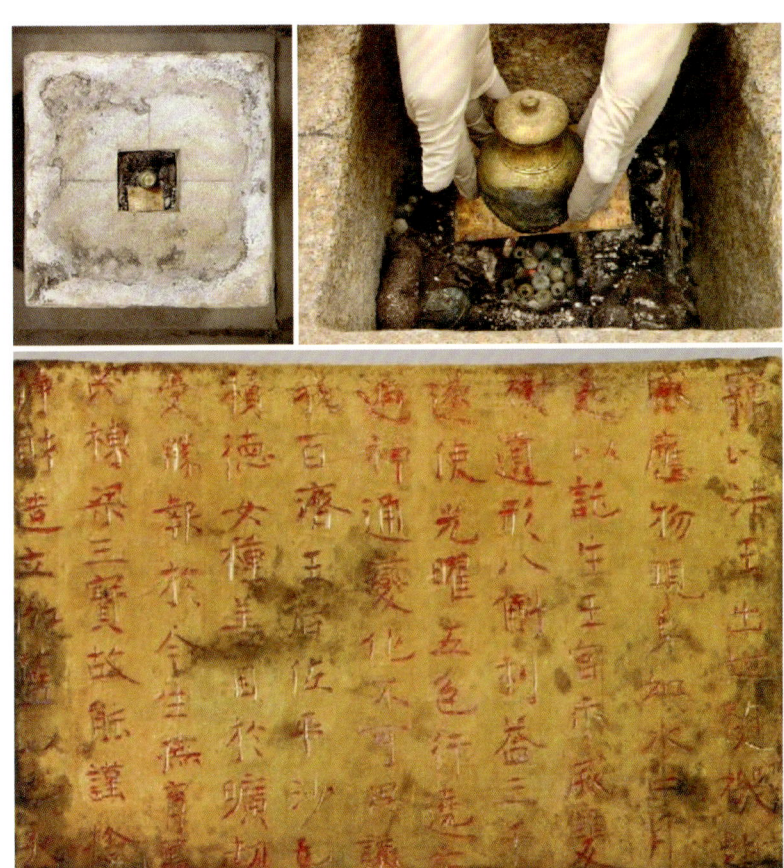

익산 미륵사지 서탑(좌)에서 출토된 사리장엄구(우)와 그 안에서 발견된 사리봉영기(아래). 문화재청 사진

恐懼, 畏服歸罪, 朕已赦之, 不可致伐。厚其使而遣之。

• 029

[그러자] 고려에서는 그 사실을 어느 정도 알고 군사를 동원하여 그 나라의 지경을 침공하였다.

[부여]창이 죽자 [그] 아들 [부]여선이 옹립되었으나 [그가] 죽는 바람에 [그]

아들 [부]여장이 옹립되었다.281)

○ 高麗頗知其事, 以兵侵掠其境。昌死, 子餘宣立, 死, 子餘璋立。

• 030

대업 3년에 [무왕 부]여장이 사신 연문진282)을 [수나라로] 파견하여 입조하고 공물을 바쳤다.

그해에 이어서 사신 왕효린283)을 파견하여 [중국에] 입조하여 공물을 바

---

281) 창이 죽자 아들 여선이 옹립되었으나 죽는 바람에 아들 여장이 옹립되었다[昌死, 子餘宣立, 死, 子餘璋立]: 부여창은 백제 제27대 국왕 위덕왕의 이름이며 부여선은 제29대인 법왕(法王, 599~600)의 이름이다. 그리고 부여장은 제30대 국왕인 무왕(武王, 600~641)의 이름이다. 《수서》는 물론이고 《북사》·《책부원구》에서도 법왕을 위덕왕의 아들로 소개했으나 이 역시 역사적 사실과는 다르다. 법왕 부여선은 제28대 국왕인 혜왕(惠王, 598~599) 부여계(扶餘季)의 아들이지만, 위덕왕은 혜왕의 형이기 때문이다. 법왕은 위덕왕의 조카라는 뜻이다. 그런데 공교롭게도 혜왕과 법왕 모두 1년 남짓 재위한 상태에서 갑자기 죽으면서 이 같은 혼선이 발생한 셈이다. 그래서 《백제역사편년》(제217쪽)에서는 재위기간이 1년밖에 되지 않은 혜왕이 자신의 즉위를 알리는 사신을 수나라에 미처 보내지 못한 것으로 보았다. 수나라에서 백제의 상황을 알지 못한 상태에서 그 뒤를 이은 법왕에 이르러서야 사신을 파견했는데 그 내막을 수나라 황제에게 알리고 수나라 사관들이 그 일을 사초(史草)로 옮기는 과정에서 그 절차들을 줄이기 위하여 '부여선(혜왕) ⇒ 부여창(위덕왕)의 아들' 식으로 되는 대로 기재했다는 것이다.

282) 연문진(燕文進): 백제의 고관. 중국 쪽 정사들에는 그 직함에 대한 소개 없이 간단히 '사신[使]' 또는 '사자(使者)' 정도로 소개되어 있다. 그러나 《삼국사기》 "무왕 8년(607)"조에는 "봄 3월에 저솔 연문진을 파견하여 수나라에 들어가 입조하고 공물을 바쳤다(春三月, 遣杵率燕文進, 入隋朝貢)"라고 기술되어 있다. '저솔'의 '절굿공이 저(杵)'는 모양이 비슷한 '박달나무 간(杆)'을 잘못 베낀 것으로 '간솔(杆率)'로 적어야 옳다. 간솔은 백제의 16관등 중에서 제5등에 해당하는 고위직이었다.

283) 왕효린(王孝鄰): 중국 쪽 정사들에는 왕효린이 간단히 '사자(使者)' 정도로 소개되어 있다. 그러나 《삼국사기》《백제본기》 "무왕 8년(607)"조에는 "이어서 좌평 왕효린을 파견하여 입국하고 공물을 바치게 하면서 겸하여 고구려 토벌을 요청하였다(又遣佐平王孝鄰入貢, 兼請討高句麗)" 식으로 그 직함을 분명히 명시해 놓

치고 고려를 토벌할 것을 요청하였다.

○ 大業三年, 璋遣使者燕文進朝貢。其年, 又遣使者王孝鄰入獻, 請討高麗。

• 031

[그러자] 양제는 그것을 윤허하고 [그 나라에] 명령하여 고려의 동정을 엿보게 하였다. 그랬더니 [부]여장은 비밀리에 고려와 내통하고 우호관계를 유지하면서 [황제를] 속일 마음을 품고 중국[의 실정]을 엿본 것이었다.[284)]

○ 煬帝許之, 令覘高麗動靜。然, 璋內與高麗通和, 挾詐以窺中國。

았다. '좌평'은 백제의 16관등 중에서 제1등에 해당하는 최고위직이었다. 왕효린이 양제에게 고구려 토벌을 요청한 것은 그 직전에 고구려가 백제를 공격했기 때문이었다. 《삼국사기》《고구려본기》 "영양왕 18년(607)"조 및 〈백제본기〉 "무왕 8년(607)"조에 따르면 "여름 5월에 군사를 파견해 백제 송산성을 공격하였다. 그러나 함락되지 않자 군사를 옮겨 석두성을 습격하여 남녀 3,000명을 사로잡아 귀환하였다(夏五月, 遣師攻百濟松山城, 不下, 移襲石頭城, 虜男女三千而還)" 그렇다면 왕효린이 수나라에 파견된 시점은 5월 이후였을 것이다. 〈왕효린의 끝 글자 '이웃 린'의 경우, 《수서》·《북사》에는 '鄰', 《책부원구》·《삼국사기》에는 '隣'으로 소개되어 있다. 전자가 후자의 본래 글자이며, 김부식이 《삼국사기》를 편찬하는 과정에서 《책부원구》를 원용한 것을 감안하면 당시 처음 기록된 글자는 전자 '鄰'라고 보아야 할 것이다.

284) [부]여장은 비밀리에 고려와 내통하고 우호관계를 유지하면서~[璋內與高麗通和]: 이것은 양국의 관계를 알지 못한 수나라 양제의 착각이다. 백제는 이미 위덕왕 때부터 고구려와 국지전 수준의 군사 충돌을 이어가고 있었으며, 수나라에 대해서도 598년과 607년에 지속적으로 고구려 정벌을 요청하고 있었기 때문이다. 그래서 무왕 때에 왕효린·국지모 등 대신급 사신을 잇따라 수나라에 파견하여 고구려 정벌에 나서 줄 것을 호소한 것이다.

• 032

[대업] 7년[285])에 황제가 직접 고려 정벌에 나섰다. [그러자 부]여장이 그 신하인 국지모[286])를 사신으로 파견하여 [중국으로] 와서 [정벌] 출발 일자를 알려 줄 것을 요청하였다.

[그러자] 황제는 크게 기뻐하면서 상을 후하게 내리고 상서기부랑[287])인 석률을 파견하여 백제를 방문하고 [그 일자를] 서로 알려 주게 하였다.[288])

---

285) 7년[七年]: 수나라 양제의 대업(大業) 7년을 말한다. 대업 7년은 서기로는 611년에 해당한다. 《삼국사기》〈백제본기〉 "무왕 12년"조에 따르면, 무왕은 이 해에 양제의 고구려 정벌에 발맞추어 "가을 8월에 적암성을 쌓고(秋八月, 築赤巖城)", "겨울 10월에는 신라의 가잠성을 포위하여 성주 찬덕을 죽이고 그 성을 함락시키고(冬十月, 圍新羅椵岑城, 殺城主讚德, 滅其城)"있다. 양제가 고구려를 공격하는 사이에 고구려에 대한 방비 강화와 함께 신라를 공격하여 자국의 실리를 챙긴 것으로 보인다.

286) 국지모(國智牟): 백제의 고관. 《삼국사기》에는 이름이 '국지모(國知牟)'로 소개되어 있다.

287) 상서기부랑(尙書起部郎): 중국 고대의 관직 이름. 서진·동진·남북조시대에 기부(起部)를 설치하고 건설(토목?)을 관장하게 하였다. 수·당대부터는 '공부(工部)'로 개칭되었다. 그러나 명대 이일화(李日華)의 《관제비고(官制備考)》〈칭호·경관(稱號京官)〉에서 "공부의 상서와 시랑은 '기부'라고 부른다(工部尙書侍郎, 起部)"라고 소개하고 있는 것처럼, 그 뒤로도 원래의 '기부'를 관례적으로 사용하는 경우가 많았다.

288) 서로 알려 주게 하였다[與相知]: 이 대목과 관련하여 《삼국사기》〈고구려본기〉 "영양왕 23년(612)"조에는 을지문덕(乙支文德)의 살수(薩水) 대첩을 소개하면서 "처음에 백제왕 부여장은 [수나라에] 사신을 파견하여 고구려를 토벌해 줄 것을 요청하더니 … 부여장이 안으로는 우리[고구려]와 은밀히 내통하였다. … 수나라 군사가 요수를 건널 때에 이르자 백제 역시 [자국] 변경에 군기가 삼엄한 군사를 배치하고 '수나라를 돕는다'고 대놓고 말하면서도 실제로는 양단책을 구사하였다(初, 百濟王璋遣使, 請討高句麗, … 璋內與我潛通. … 及隋軍渡遼, 百濟亦嚴兵境上, 聲言助隋, 實持兩端)"라고 기술되어 있다. 즉, 백제가 수나라에게는 고구려 공략을, 고구려에게는 수나라 협공을 약속하고 실제로는 고구려와 수나라가 서로 맞붙어 혈전을 벌이는 사이에 어부지리(漁父之利)를 노릴 계산이었던 셈이다.

○ 七年, 帝親征高麗, 璋使其臣國智牟來請軍期. 帝大悅, 厚加賞錫, 遣尙書起部郎席律詣百濟, 與相知.

• 033

이듬해에 [수나래] 육군[289]이 요수[290]를 건넜다.
[이에 부]여장은 여장대로 [자국의?] 국경에 군사를 삼엄하게 배치하였다. [그러나] '[수나래] 군사를 돕겠다'고 공공연히 말하기는 했지만 사실은 임기응변을 노린 것이었다.[291]

중국 강소성 양주시의 수 양제묘에서 출토된 무인상

---

289) 육군(六軍): 중국 고대의 군사 편제. 황제가 직접 지휘하며 평소에 황제를 경호하고 대궐을 경비하는 금군(禁軍, 금위부대)을 말한다.

290) 요수를 건넜다[渡遼]: 이 부분의 경우, 〈동북아판4〉(제109쪽) 및 국편위판《삼국사기》〈백제본기〉"무왕 13년(612)"조에서는 '요(遼)'를 '요하(遼河)'로 번역했으나 인터넷 〈국편위판〉처럼 '요수(遼水)'로 번역해야 옳다. 요수와 요하는 역사적으로 엄연히 서로 다른 하천이므로 그 이름을 분명하게 구분해야 옳기 때문이다. 한대로부터 청대까지 중국의 역대 정사를 확인한 결과, '요하'라는 이름은 요나라의 역사를 소개한 14세기의 《요사(遼史)》에서부터이다. 이에 관해서는 반드시 문성재, 《한국고대사와 한중일의 역사왜곡》, 제175쪽의 표를 참조하기 바란다.

291) 사실은 임기응변을 노린 것이었다[持兩端]: 이 부분의 경우, 인터넷 〈국편위판〉에서는 "兩端策을 쓰고 있었다", 〈동북아판4〉(제131쪽)에서는 "두 마음을 가지고 있었다"라고 번역하였다. 글자 그대로 직역하면 '양쪽 끝을 잡는다'라는 뜻으로, '양단간의 선택'과 비슷한 말이다. '임기응변(臨機應變)'이라는 말처럼, 서로 상반되는 두 상황을 상정하고 상황에 따라 입장을 바꾸어 대응하는 것을 가리킨다. 여기서는 수나라가 자국과 고구려 사이에서 기회주의자처럼 처신하는 백제를 비꼬는 말로 사용되었다. 그러나 이 같은 인식은 수나라의 착각이었다. 앞의《삼국사기》〈고구려본기〉"영양왕 23년"조 기사를 볼 때, 백제는 당시 수나라에는 고구려 정벌을, 고구려에는 수나라 협공을 설득하면서 두 나라가 맞붙어 혈전을 벌이면 그 사이에서 어부지리를 챙길 작정이었기 때문이다.

얼마 뒤에는 [백제가] 신라와 틈이 생겨 번번이 서로 전쟁을 벌였다.

○ 明年, 六軍渡遼, 璋亦嚴兵於境, 聲言助軍, 實持兩端。尋與新羅有隙, 每相戰爭。

• 034

[대업] 10년에 다시 사신을 파견하여 [중국에] 입조하고 공물을 바쳤다. [그러나] 나중에는 천하가 어지러워지면서 [그 나라] 사신도 결국 끊어지고 말았다.

○ 十年, 復遣使朝貢。後, 天下亂, 使命遂絕。

• 035

그 나라 남쪽 바다를 통하여 석 달을 가면 탐모라국이 있다.[292]

---

292) 그 나라 남쪽 바다를 통하여 석 달을 가면 탐모라국이 있다[其南行三月, 有躭牟羅國]: '탐모라(躭牟羅)'의 경우, 고대음은 '탐뮤라(tham-mi ̯əu-lɑ, 타무라?)' 정도로 재구된다.《수서》에는 이 나라와 관련하여 ① 그 나라로 가려면 "백제에서 남쪽으로 바다를 통하여 세 달을 가야 한다(其南海行三月)", ② 그 나라의 크기가 "남북으로 천여 리, 동서로 수백 리(南北千餘里, 東西數百里)"라고 명시하였다. 이 당시에 중국에서 '1리'는 지금의 미터법으로는 대략 460m 정도이므로 상당히 큰 땅인 셈이다. ③《수서》〈왜국전(倭國傳)〉에서는 "이듬해(608)에 주상이 문림랑 배청을 사신으로 파견하였다. 백제를 건너 죽도에 이르러 남쪽으로 탐라국을 바라보며 도사마국을 거치니 망망대해였다. 더 동쪽으로 일지국에 이르고 다시 죽사국에 이르러 더 동쪽으로 가면 진왕국에 이른다. … 다시 10여 국을 거치면 해안에 당도한다. 죽사국으로부터 그 동쪽으로는 모두가 왜국에 부용하고 있다(明年, 上遣文林郞裵淸使于倭國. 度百濟, 行至竹島, 南望躭羅國, 經都斯麻國, 乃在大海中. 又東至一支國, 又至竹斯國, 又東至秦王國. … 又經十餘國, 達于海岸. 自竹斯國以東, 皆附庸于倭)"라고 하였다. 음운을 따져 볼 때, 도사마국은 쓰시마 섬이며, 일지국은 잇키 섬, 죽사국은 츠쿠시(筑紫, 후쿠오카)에 대응된다. 위의 항해 경로나 소요 시간 및 그 지형적 조건을 기본적으로 충족시켜 줄 수 있는 곳은 일본의 규슈(九州) 지역 정도가 아닐까 싶다. ④ 한반도와 일본열도 사이에서

크기가 남북 1,000리, 동서 수백리라면 '탐모라'는 지금의 규슈(九州)일 가능성이 있다.

[그 나라는] 남북으로는 천 리가 넘고 동서로는 수백 리가 된다.

○ 其南海行三月, 有牟羅國, 南北千餘里, 東西數百里。

• 036

그 땅에는 노루와 사슴이 많다.

[그 나라는] 백제에 [정치적으로] 예속되어 있다. '백제에서 서쪽으로 사흘을 가서293) 맥국294)까지 이른다'고 한다. [*295)]

남북 길이가 동서 길이의 갑절이나 되는 큰 땅은 규슈 정도이며, 그 지역에는 꽃사슴·노루 등의 들짐승들이 서식하고 있다.

293) 백제에서 서쪽으로 사흘을 가면[百濟自西行三日]: 〈동북아판4〉(제110쪽)에서는 "백제 서쪽으로부터 3일을 가면"이라고 했으나 번역에 유념할 필요가 있다. 《북사》의 이 대목에는 '백제' 두 글자가 빠진 채로 "서쪽으로 사흘을 가면[西行三日]"으로 나와 있다. 문법적으로 따져 볼 때 '백제'가 들어가 있으면 부자연스러운 데다가, 여기서의 '백제'는 앞에 이미 언급된 "백제에 예속되어 있다(附庸於百濟)"의 '백제'가 중복되면서 잘못 들어간 것으로 보인다.

○ 土多麞鹿。附庸於百濟。百濟自西行三日, 至貊國云。

294) 맥국(貊國): 중국 고대의 나라 이름. 백제에서 고구려를 비하한 표현이 아닌가 싶다. 참고로, '맥(貊)'의 경우,《일본서기》에서는 고구려를 '박(狛)'으로 적고 발음을 '코마(こま)'라고 붙여 놓았다. 이 글자는 현대음이 '박'이지만 고대에는 '백'으로 읽혀졌다.《설문해자》에서 "'박'은 늑대를 닮은 짐승으로, 양몰이를 잘한다. 개의 의미를 따르고 발음은 '백'을 따른다(如狼, 善驅羊. 从犬白聲)"라고 한 것이 그 증거이다. 문제는 이 한대의 자전에는 '백(狛)'만 나오고 '맥(貊)'이 보이지 않는다는 것이다. '狛 ⇒ 貊' 식으로 원래는 '백'이던 것이 글자와 발음이 비슷한 '맥'으로 변형되었을 가능성이 높다는 뜻이다.

295) *:《북사》에는 이 자리에 "[그 나라는] 천 리가 넘는다(千餘里)"라는 내용이 들어 있다.

신라전(新羅傳)[296]

• 001

신라국[297]은 고려 동남쪽에 있다.[298]

---

296) 신라전(新羅傳): 앞서의 〈고려전〉·〈백제전〉과는 대조적으로, 이 열전에는 선행 정사 기사들을 참조한 내용이 거의 보이지 않는다. 오히려 대부분의 내용은 수나라가 존립하는 기간 동안에 포착된 신라의 내력·제도·풍습·지리를 소개하는 데에 집중되어 있다. 신라 제26대 진평왕(眞平王)의 재위기간 전후의 각종 사건·상황들을 중심으로 구성되어 있다는 뜻이다. 그중에서도 집필자가 공을 들인 부분은 신라 지배집단의 내력을 다룬 대목이다. 중국의 역대 정사들 중에서 낙랑을 신라와 결부시킨 것은 당대 초기인 정관 10년(636)에 편찬된《수서》가 처음이다. ① 신라 건국세력의 발상지(한대의 낙랑지역), ② 그들의 신라 정착과정('낙랑 ⇒ 고구려 ⇒ 백제 ⇒ 가라'), ③ 신라 왕가의 내력(백제 출신), ④ 신라의 독특한 의결방식(화백제도) 등은《수서》에 처음으로 소개된 것으로, 중국의 선행 정사들에서는 언급된 적이 없었다. 그런 의미에서 이 열전은 한·중 고대사는 물론 신라사 연구에도 대단히 중요한 정보들을 제공해 준다고 할 수 있다. 다만, 이 열전을 이해하는 데에는 각별히 유념할 필요가 있다.《수서》이전의 선행 정사들의 〈신라전〉은 신라라는 나라 전체의 연혁을 소개한 반면에, 이 열전에서는 김씨 왕가 중심의 신라 연대기를 중심으로 기술되어 있기 때문이다.

297) 신라국(新羅國): 삼한시기 변·진한 24개국의 하나인 사로국(斯盧國)에서 유래한 나라. 역사적으로 '사로(斯盧)·사라(斯羅)·신라(新羅)·서나(徐那)·서나벌(徐那伐)·서라(徐羅)·서라벌(徐羅伐)' 등, 다양한 발음과 한자로 표기되었으나 사실은 이 모두가 '시라(sira)' 또는 '실라(sila)'라는 이름을 서로 다른 한자와 방식으로 표기한 것들이다. 그리고 '시라' 또는 '실라'에 대한 한자 표기가 '新羅'로 통일된 것은 지증마립간(智證麻立干, 437~514) 때이다. 일부 학자는《삼국사기》〈신라본기〉"기림이사금 10년(307)"조의 "나라이름을 다시 신라로 하다(復國號新羅)"를 근거로 신라에서 국호를 '新羅'로 정한 것이 기림이사금(基臨尼斯今)이라고 주장한다. 〈동북아판4〉(제58쪽)에서도 역사적으로 국호를 '신라(新羅)'로 쓴 사례로 ① 동진 효무제(孝武帝) 태원(太元) 2년(337)의 중국 사서 기록, ② 내물왕 6년(381)에 전진(前秦)에 사신을 파견할 때 등의 문헌 기록, ③ 414년에 세워진 것으로 알려진 광개토대왕비, ④ 5세기의 울진봉평신라비 및 충주고구려비 등의 금석 기록들을 소개하였다. 그러나 이 사례들은 3~4세기에 '신라'라는 표기가

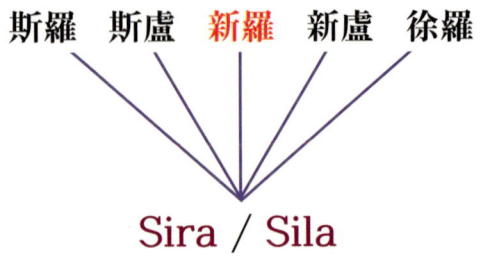

'사라, 사로, 신라, 신로, 서라' 등은 한자발음이 서로 다르지만 모두가 같은 이름('시라')을 한자로 표기한 것들이다.

앞서의 다른 표기들과 함께 혼란스럽게 사용되었음을 보여 줄 뿐이다. 반면에 5세기 지증왕(智證王, 437~514)은 다른 이름들과 함께 사용되던 '신라'를 유일한 법정표기로 선포함으로써 최종적으로 그 우월적인 독점권을 부여하였다. 지증왕 때에 이르러서야 자신의 정치이상을 담은 '신라'에 정치적 의미까지 부여함으로써 기존의 다른 표기들을 제치고 유일하고 배타적인 공식 국호로 확립시켰다는 뜻이다. 그 문헌적 증거가《삼국사기》〈신라본기〉"지증마립간 4년(503)"조의 "'신'이란 덕업이 날로 새로워진다는 뜻이요, '라'란 온 누리의 백성들을 다 끌어안는다는 뜻이다(新者, 德業日新. 羅者, 網羅四方之民)"라는 기사이다. 이상적인 유교국가를 건설하고자 하는 지증왕의 염원을 매력적인 의미(슬로건)를 담은 '신라'라는 국호에 함축해 놓은 것이다. 참고로, '신라'의 의미에 관해서는 그동안 학계에서 ① 새 나라(한진서), ② 동쪽 나라(양주동), ③ 산골 나라(전몽수), ④ 골짝 나라(안재홍), ⑤ 으뜸가는 나라(이병도), ⑥ 신의 나라(조지훈), ⑦ 쇠의 나라(스에마츠·미시나·이마니시·문경현), ⑧ 황금의 나라(김정위) 등, 다양한 주장들이 제시되었으나 어느 쪽도 확실한 근거는 없다.

298) 신라전(新羅傳): 앞서의 〈고려전〉·〈백제전〉과는 대조적으로, 이 열전에는 선행 정사 기사들을 참조한 내용이 거의 보이지 않는다. 오히려 대부분의 내용은 수나라가 존립하는 기간 동안에 포착된 신라의 내력·제도·풍습·지리를 소개하는 데에 집중되어 있다. 신라 제26대 진평왕(眞平王)의 재위기간 전후의 각종 사건·상황들을 중심으로 구성되어 있다는 뜻이다. 그중에서도 집필자가 공을 들인 부분은 신라 지배집단의 내력을 다룬 대목이다. 중국의 역대 정사들 중에서 낙랑을 신라와 결부시킨 것은 당대 초기인 정관 10년(636)에 편찬된《수서》가 처음이다. ① 신라 건국세력의 발상지(한대의 낙랑지역), ② 그들의 신라 정착과정('낙랑 ⇒ 고구려 ⇒ 백제 ⇒ 가라'), ③ 신라 왕가의 내력(백제 출신), ④ 신라의 독특한 의결방식(화백제도) 등은《수서》에 처음으로 소개된 것으로, 중국의 선행 정사들에서는 언급된 적이 없었다. 그런 의미에서 이 열전은 한·중 고대사는 물론 신라사 연구에도 대단히 중요한 정보들을 제공해 준다고 할 수 있다. 다만, 이 열전을 이

○ 新羅國, 在高麗東南.

• 002
[신라 김씨는 원래] 한나라 때의 낙랑299) 땅300)에서 살았다.301) [＊302)]

해하는 데에는 각별히 유념할 필요가 있다. 《수서》 이전의 선행 정사들의 〈신라전〉은 신라라는 나라 전체의 연혁을 소개한 반면에, 이 열전에서는 김씨 왕가 중심의 신라 연대기를 중심으로 기술되어 있기 때문이다.

299) 한나라 때의 낙랑 땅[漢時樂浪]: 국내외 학계에서는 낙랑군을 평안도 일대, 그 치소(조선현)를 평양시 일대로 비정하는 것이 통설이다. 그러나 낙랑 유물 진위에 대한 정인보의 금석학적 소견들(정인보, 《조선사연구》), 일제강점기 일본인 학자들의 각종 고고 조작 의혹들, 낙랑 유물을 중국(북경)에서 구입해 들여왔다고 밝힌 세키노의 일기(문성재, 《한사군은 중국에 있었다》) 등을 종합해 볼 때, 기존의 '낙랑평양설'은 이미 고고적으로 성립되기 어렵다. 그 정확한 좌표는 5~6세기 북위의 역사를 다룬 《위서》에 분명히 소개되어 있다. 〈지형지(地形志)〉 "낙랑군"조에서 "【낙랑군】 전한의 무제가 설치하였다. 전한·후한·진대에는 '낙랑'으로 부르다가 나중에 ['낙랑'으로] 고치고 감축했으며 정광 연간 말기에 도로 복원되었다. 치소는 연성이다(【樂良郡】 前漢武帝置. 二漢晉曰樂浪, 後改罷, 正光末復, 治連城)"라고 한 것이 그 증거이다. 〈지형지〉의 설명에 따르면, 낙랑군의 좌표는 북위 때는 물론이고 당초 '한4군' 설치 당시부터 평양시가 아닌 지금의 하북성 동북부에 있었던 것이다. 낙랑군 소멸시기도 마찬가지이다. 국내 학계에서는 그 시점이 미천왕 14년, 즉 서기 313년이라는 것이 통설이다. 그러나 이 역시 앞의 〈지형지〉를 통하여 북위 당시까지 존속되고 있었음을 확인할 수 있다. 중국에서 출판된 《고구려 역사편년》 "건흥 원년(313)"조(제52쪽)에서도 "이 해 4월에 낙랑군이 함락되었다는 것은 절대 아니다. 낙랑군은 이 해에도 존재했으며 334년에 가서야 완전히 함락된 사실을 확인할 수 있다(幷非表明此年四月樂浪郡失守. 樂浪郡此年仍然存在, 至少在三三四年才能確認完全失守)"라고 밝히고 있다. '낙랑 교치(樂浪僑置)'는 애초부터 없었던 것이다. 이 문제에 관해서는 문성재, 《한국고대사와 한중일의 역사왜곡》, 제284~327쪽을 참조하기 바란다.

300) 한나라 때의 낙랑 땅에서 살았다[居漢時樂浪之地]: 앞의 〈신라전〉 소개에서 언급했듯이, 이 부분은 《북사》보다 30여 년 앞서 편찬된 《수서》 〈신라전〉의 기사를 참조한 것으로 보인다. 이 대목은 신라의 위치를 소개한 것이라기보다는 중대 신라를 여는 신라 김씨의 내력을 소개한 것으로 보아야 옳다. ①《사기》 등 역대 중국 정사들을 확인한 결과, 낙랑 등 한사군은 역사적으로 그 좌표가 지금의 하북성 동북부를 떠난 적이 없었다. ② 설사 '낙랑이 평안지역'이라는 기존 학계의 통설을

어떤 경우에는 '사라303)'로 일컫기도 한다. 304)

따르더라도 신라의 위치는 통상적으로 알려져 있는 낙랑군과는 상당히 멀리 떨어져 있다. 게다가 ③ '신라가 낙랑에 있다'는 명제를 충족시키려면 신라의 좌표는 평안지역에서 찾을 수밖에 없게 된다. ④ 신라 국왕이 중국 왕조로부터 '낙랑군공' 식으로 '낙랑' 관련 봉작을 받는 것은 선덕여왕의 부친인 진평왕 때부터이다. 따라서 ⑤ 여기서의 "한나라 때의 낙랑 땅에서 살았다"라는 주장은《수서》편찬자의 단순한 착각일 개연성을 배제할 수 없다. 만약 그것이 착각이 아니라는 전제하에서 말하자면, ⑥ 이 언급은 신라국의 한 축을 이루는 정치집단(김씨 집단)이 낙랑지역에서 한반도로 이주해 온 집단임을 방증해 주는 셈이다. ⑦ 다음 대목에서 신라 왕계를 소개하면서 박·석 두 왕가는 언급도 없이 처음부터 곧바로 김진평, 즉 김씨 왕조만 소개한 것만 보아도 그렇다.

301) 한나라 때 낙랑의 땅[漢時樂浪之地]: 이 부분은 신라의 초기 영토인 경상남북도가 '한나라 때의 낙랑군'이었다는 뜻이 아니라 신라 지배집단의 한 갈래가 '한나라 때의 낙랑 땅'으로부터 건너왔다는 뜻으로 이해해야 옳다. 왜냐하면 이는 한대 이래의 낙랑군의 영역을 지금의 평안남북도 및 함경남북도 일대, 그 치소를 지금의 평양시 일대로 비정해 온 국내외 학계의 통설과는 상당히 배치되기 때문이다. 신라의 발상지가 '한나라 때 낙랑의 땅'이라는 주장은 636년에 편찬된《수서》에서 처음으로 언급되었다. 수나라는 589년에 건국되었고,《수서》가 편찬된 것은 당대 초기인 태종의 정관 10년(636)이다. 또, 수나라와 당나라는 역사적으로 신라가 가장 활발하게 교류한 중원 왕조였다. 그렇다면 이 같은 주장은 6~7세기에 당나라를 드나들거나 머물고 있던 김씨를 주축으로 하는 신라 사람들의 증언과 검토를 통하여 진위 여부가 확인되었다고 보아야 옳다. 실제로 6~7세기에 신라를 지배한 것은 김씨 왕가였으며, 당시 사신·유학생·숙위(볼모)의 신분으로 당나라를 내왕한 사람들도 다수가 김씨 등 신라의 왕족·귀족 집단이었다. '신라의 발상지가 한나라 때의 낙랑 땅'이라는 주장의 최초 발신자는 신라 김씨들이었을 것이라는 뜻이다. 같은 맥락에서, 이로써 그 주장의 주인공으로 과거에 낙랑 땅에 살았었다는 집단 역시 김씨 집단으로 유추할 수 있는 셈이다.

302) ＊:《북사》〈신라전〉에는 이 자리에 진한의 내력·풍습·언어·역사 등을 다룬 내용이 추가되어 있다.

303) 사라(斯羅): 신라의 또 다른 한자 표기.《북사》에는 '사로(斯盧)'로 소개되어 있는데, 표기 방식만 서로 다를 뿐 그 내용(의미)은 동일하다. 신라는 그 이름이 역사적으로 초기에는 '사로(斯盧)·사라(斯羅)·설라(薛羅)·서나(徐那)·서나벌(徐那伐)·서라(徐羅)·서라벌(徐羅伐)' 등 서로 다른 발음과 한자로 표기되었다. 중국의 고문 사전 사이트인《한전(漢典)》에서 중고음(수·당대)을 찾아보면 '사(斯)'는 '세(sie)', '서(徐)'가 '슈(siu)'로 읽히고, '설(薛)'은 '셋(siet)'이지만 종성이 약

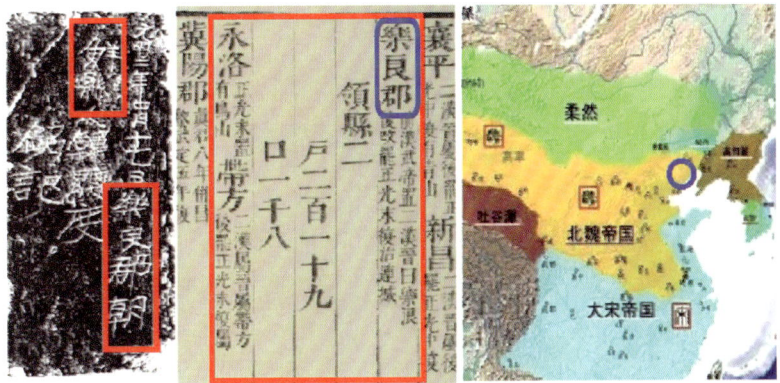

북경 삼합장촌 고분군에서 발견된 '낙랑군 조선현 한현도' 명문과 《위서》〈지형지〉의 '낙랑군'조. 5세기는 고구려의 전성기이고 북위의 우방이었다. 그런데 북위가 평양까지 침공해 포로를 끌고 왔다는 주장은 어불성설이다. 한 무제의 낙랑군은 한 번도 그 자리(파란 동그라미)를 벗어난 적이 없었다.

○ 居漢時樂浪之地。或稱斯羅。

화·탈락되면서 '셰'에 가깝게 읽혀져서 대체로 일치하는 편이다. 뒷글자의 발음의 경우, '비단 라(羅)'와 '어찌 나(那)'를 보면 대체로 '나(na)'로 추정된다. 간혹 '밥그릇 로(盧)'로 표기된 경우도 있지만 이 역시 고대음은 '라(la)'여서 대체로 부합되는 셈이다. 실제로 일본에서 신라를 '시라기(しらぎ)'라고 부른 것을 보면 '로' 역시 '라'의 또 다른 표기의 사례로 유추할 수 있다. 신라의 정확한 발음은 '신라'가 아니라 '시라 (sira)' 또는 '실라'였다는 뜻이다. 《삼국사기》 일부 대목에는 '서야벌(徐耶伐)'로 나오는데 이는 글자 모양이 비슷한 '나(那)'를 '야(耶)'로 잘못 적은 경우이다.

304) 어떤 경우에는 '사라'로 일컫기도 한다[或稱斯羅]: 이 부분은 '사라'가 '신라'의 또 다른 표기방식이라는 뜻으로 해석된다. 《삼국지집해(三國志集解)》에서 노필(盧弼)은 '사로'가 '신라'로 표기되기도 한 데 대하여 "사로는 바로 신라이다. 바로 [원어] 발음을 [한자로] 번역하는 과정에서 [발음이] 변형된 경우이다(斯盧, 即新羅, 乃譯音之轉)"라고 해석하였다. 실제로 중국의 역대 정사들에서는 '신라(新羅)' ⇔ '신로(新盧)', '사로(斯盧)' ⇔ '사라(斯羅)' 식으로, 《사기》 이래로 중국의 역대 정사에서는 외국의 인물이나 지명을 한자로 옮기는 과정에서 발음이 비슷한 '로(盧)'와 '라(羅)'를 통용하는 경향을 보인다. 이는 남북조시대의 중국 정사들에서

• 003

[*305)] [조]위나라 장수인 무구검306)이 고려 토벌에 나서서 그들을 무찌르자 [고구려인들이] 옥저 땅으로 도망쳤다.

그 뒤에 도로 고국으로 귀환했지만307) [이 때 그들을 따라가지 않고 신라 땅에] 남은 이들은308) 마침내 신라 사람이 되었다.309)

백제의 지명(왕호)에서 '매라(邁羅)'와 '매로(邁盧)'를 혼용한 양상과 유사하다. 다만, 이 현상의 경우, 그것이 신라 자체의 고유한 표기법이 아니라 〈신라전〉을 집필한 중국 사관들이 자신들의 입장에서 일방적으로 적용한 표기법이었을 가능성도 염두에 둘 필요가 있다. '사로'의 경우, 〈동북아판4〉(제76쪽)에서는 그 의미를 "마을[邑里]을 뜻한다"라고 소개하였다. 그러나 그 같은 주장을 어원학적으로 뒷받침해 줄 만한 근거는 존재하지 않는다. '사로'와 '신라'는 글자가 다를 뿐이지 사실상 발음이나 의미는 양자가 동일하기 때문이다.

305) *:《수서》보다 34년 뒤에 편찬된《북사》에는 이 자리에 "사라"로 일컫기도 한다(或稱斯羅)"라는 구절이 추가되어 있다.

306) 무구검(毌丘儉): 삼국시대 위나라의 장수인 관구검(毌丘儉, ?~255)을 말한다. 관구검과 그의 성씨 '관'에 대한 문자학적 분석은 앞의 〈고려전〉 또는 문성재,《정역 중국정사 조선·동이전1》, 제236~237쪽의 "관구검" 주석을 참조하기 바란다.

307) 도로 고국으로 귀환했지만[復歸故國]: 이 부분을 살펴보면 얼핏 이 기술의 대상이 되는 집단이 고구려인들인 것처럼 여겨진다. 그러나 ① 여기에 언급된 신라인이 주류 고구려인이 아니라 고구려에 정착한 제3의 집단이며, 마찬가지로 ② 신라의 건국 주체가 아니라 신라 사회의 한 갈래로 나중에 신라의 한 축을 이루는 귀화집단으로 상정할 수가 있다. ③ 신라인 전체가 아니라 그 일부, 즉 한 갈래라고 이해해야 옳다는 뜻이다. 그런 점에서 ④ 여기에 소개된 관구검의 고구려 원정을 전후하여 고구려를 거쳐 신라에 정착하고 주류로 부상하게 되는 집단은 신라 김씨 왕족이었을 가능성이 높다.

308) 남은 이들은[留者]:《북사》에는 이 부분이 "남은 이들이 있었는데[有留者]"로 기술되어 있다. 의미상으로는 큰 차이가 없다.

309) 마침내 신라 사람이 되었다[遂爲新羅]: 이 부분의 경우, 인터넷 〈국편위판〉에서는 "마침내 新羅를 세웠다", 〈동북아판4〉(제76쪽)에서는 "마침내 신라가 되었다" 식으로 번역하였다. 관구검이 고구려를 정벌할 때 남하한 집단이 신라를 건국했다고 보고 있는 셈이다. 그러나 이 같은 신라인식은 역사적 사실과는 완전히 배치된

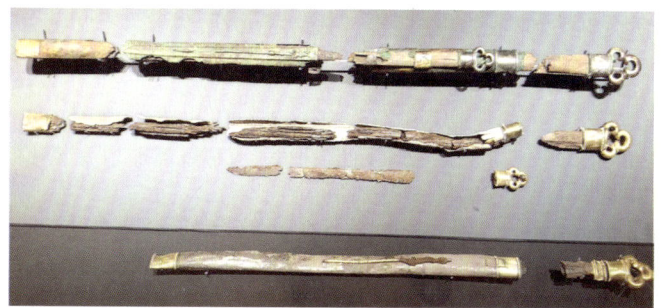

금관총에서 출토된 이사지왕 환두대도. 환두대도는 가라와 신라에 정착한 북방계 이주집단이 남긴 흔적일까

○ 魏將毌丘儉討高麗, 破之, 奔沃沮。其後, 復歸故國, 留者遂爲新羅焉。

• 004
그 나라 사람들 사이에는 중화·고려·백제의 족속들이 섞여 있는데

다. 국내 사서인 김부식의 《삼국사기》와 일연의 《삼국유사》에 따르면, ① 역사적으로 신라의 건국은 관구검 당시보다 300여 년이나 앞선 기원전 57년 무렵에 박혁거세(朴赫居世)에 의하여 이루어졌다는 것이 정설이기 때문이다. ② 이 대목에서의 "爲新羅"는 신라의 건국을 가리키는 말이 아니라 "신라 사람이 되었다", 즉 신라에 귀화했다는 뜻으로 이해해야 옳다. ③ 고구려로부터 이탈된 이주집단이 신라 사회에 귀화·편입되는 과정을 가리킨다는 뜻이다. 이는 곧 ④ 진한 당시의 사로국 건국세력과 관구검의 고구려 정벌 당시인 3세기의 신라 귀화세력은 서로 별개의 집단이라는 뜻이다. ⑤ 그 증거는 7~8세기 신라와 당나라의 금석 자료들에서도 객관적으로 확인된다. 7세기의 문무왕릉 비문과 8세기의 《대당 고 김씨 부인 묘지명(大唐故金氏夫人墓誌銘)》이 그 증거이다.

310), 옥저 311) · 부내 312) · 한 · 예 313)의 땅들을 병합하여 314) 점유하였

310) 섞여 있는데[雜有]: 《북사》에는 이 구절의 앞 글자가 '섞일 잡(雜)'이 아닌 '말 잘 할 변(辯)'으로 되어 있다. 그러나 전후 맥락을 따져 볼 때에 '변'은 '잡'을 잘못 읽 거나 잘못 적은 경우로 보아야 옳다.

311) 옥저(沃沮): 고대의 북방민족의 한 갈래. '옥저'는 특정 족속을 일컫는 고유명사가 아니라 '숲에 사는 사람들' 정도의 의미를 나타내는 일반명사였을 개연성이 높다. ①《만주원류고》의 '와집(窩集)'은 물론이고, ② 명대 '동해여진(東海女眞)' 부족 의 한 갈래인 와집(窩集) · 악집(渥集) · 오계(烏稽) · 와계(窩稽) 등이나, ③《삼국 지》의 '옥저', ④《위서(魏書)》에서부터 등장하는 '물길(勿吉)' 등은 공통적으로 '워지'를 다른 한자로 표기한 실례들이다. 청대의 문헌들에 등장하는 혁철(赫 哲) · 혁차(赫車) 역시 자음 'ㅇ[w]'가 'ㅎ[h]'로 강화된 경우로, 음운상으로 대응된 다. 다만, 이상의 언어대조에서 볼 수 있듯이, '옥저' 또는 '와집'이라는 이름은 종 족적 특징을 근거로 한 것이 아니라 주거 · 환경적 특징들을 근거로 중원왕조가 일 방적으로 붙인 이름임에 유념할 필요가 있다.

312) 예(濊): 중국 고대의 북방민족의 한 갈래. 인터넷〈국편위판〉주130에 따르면, 그 종족적 계통과 맥(貊)과의 관계에 관해서는 양자가 동일 족속이라는 입장과 서로 다른 족속이라는 입장이 공존한다. 그러나 ① 중국 정사에서 예와 맥은 언어적으 로 동일한 알타이 어족 내에서도 서로 다른 언어를 사용한 것으로 소개된다. ② 실제로 정사 기사에서는 부여 등 맥계 종족이 예의 땅으로 진출하여 지배층을 이 루었다고 기술하였다. 또, ③ 춘추전국시대 중국에서는 맥이 중원 북쪽의 북방민 족을 일컫는 이름으로 사용되었다. 이 같은 사실들을 감안할 때, 예는 중원지역 산해관 너머 지금의 요령 · 길림 · 흑룡강지역에 흩어져 분포하면서 수렵 · 농경에 종사하던 만주-퉁구스계 원주민이고, 맥은 중원지역 서북쪽 몽골지역에서 유 목 · 정복활동에 종사하다가 차츰 동쪽으로 세력권을 넓혀 예의 땅을 공략 · 점유한 몽골계 이주민들로 구분하는 편이 합리적이라고 본다. 이를 고구려의 경우에 대 입하여 설명하자면, 건국과정에서 북쪽(부여)으로부터 졸본(卒本)으로 남하해 소 서노(召西奴) 집단을 흡수하고 고구려를 건국한 주몽이 이주 · 정복자로서의 맥족 (부여계) 출신이라면, 고구려의 발상지 졸본과 그 뒤로 고구려의 영역으로 편입 되는 지역들은 예족의 땅으로 구분할 수 있겠다. 고구려 금석자료인 광개토대왕 비(廣開土大王碑)만 보더라도, 광개토대왕은 아들 장수왕에게 "만약 내가 세상을 떠나고 나면 내 묘를 안녕히 지킬 자들로는 내가 [생전에] 직접 정벌에 나섰을 때 포로로 잡아 온 한과 예들만 데려다가 [그들로 하여금 매사를] 장만하고 관리하 게 하라(若吾萬年之後, 安守墓者, 但取吾躬巡所略來韓穢, 令備掃)"라고 당부하고 있다. 적어도 광개토대왕 당시인 4~5세기까지만 해도 '한'과 '예'는 고구려 지배 층인 '맥'과는 종족적 정체성이 다르다고 인식했던 것이다.

다.315)

○ 故其人雜有華夏高麗百濟之屬, 兼有沃沮不耐韓濊之地.

•005
그 나라의 왕은 본래 백제 사람이었다.316)

---

313) 부내(不耐): 중국 삼국시대 무렵의 예국(濊國)의 도읍.《한서》〈지리지〉에는 '부이(不而)'로 되어 있으나,《삼국지》〈관구검전〉과 〈예전〉에는 '부내(不耐)'로 소개되어 있다. 그 좌표의 경우, 학계에서는 과거에 지금의 함경도 안변(安邊)·원산(元山) 일대로 비정하였다. 그러나 현지에는 고고학적 흔적이 확인되지 않아서 일각에서는 부내와 발음이 비슷한 불내(弗奈)·불눌화(佛訥和) 등을 근거로 그 위치를 두만강 유역이나 호이합하(瑚爾哈河) 연안으로 비정하기도 한다. 그러나 적어도 음운상으로는 양쪽이 대응된다고 보기 어렵다.

314) 병합하여[兼]: '겸(兼)'의 경우, 인터넷 〈국편위판〉에서는 따로 번역을 하지 않았고, 〈동북아판3〉(제77쪽)에서는 '아울러'로 번역하였다. 그러나 이 부분에서는 뒤의 '점유하다(occupy)'라는 의미를 나타내는 '있을 유(有)'와 함께 복합동사로 작동하고 있다. 따라서 그 동사적 의미를 살려 '합치다, 병합하다(merge)'로 새겨야 옳다. '겸유(兼有)'는 복합동사이기 때문에 '합쳐서 점유하다(merge and occupy)'라는 식으로 새겨야 한다는 뜻이다.

315) 옥저·부내·한·예의 땅을 병합하여 점유하였다[兼有沃沮不耐韓濊]: 이 대목은《수서》가 편찬된 7세기까지의 상황이다. 이 기술 내용이 역사적 사실이라고 전제할 때, 이로써 7세기 신라의 강역이 상당한 규모로 확장되었음을 짐작할 수 있다. 실제로《구당서》에는 신라가 고구려와의 화친을 놓고 당나라에 중재를 요청하자 연개소문이 "신라가 고려의 성 40개소를 빼앗아 갔다"고 불만을 토로한 일이 소개되어 있다.

316) 그 나라의 왕은 본래 백제 사람이었다[其王本百濟人]: 이 부분 역시 이해하는 데에 각별히 유념할 필요가 있다. '신라의 왕들은 종족상으로 백제인이 아니라 국적상으로 백제인'이라는 해석도 가능하다는 뜻이다. 문제는 이 내용이 〈신라전〉의 첫머리를 장식한 "이들이 ① 처음에 낙랑 땅에 살았으며, ② 관구검의 원정 때 신라로 피신한 고구려인들"이라는 명제와 정면으로 배치된다는 데에 있다. 그렇다면 ③ 이들은 종족적으로 백제계라고 보기는 어려우며, 고구려에서 백제로 이주하여 몇 세대에 걸쳐 동화되면서 백제 국적을 취득한 경우로 보아야 옳다. 여기에 언급된 상황들이 역사적 사실이라고 전제할 때, 신라 지배집단의 한 갈래가 관구검의 고구려 정벌을 계기로 (이 역시 종족적으로까지 고구려계라는 속단은 금물

흉노 김씨가 신라에 정착하는 대장정 경로 추정도. 유주–고구려 평양성(요동)–백제 한성–가라–신라 금성

[나중에] 바다로부터317) 도망쳐 신라로 들어갔으며 마침내 그 나라에서 왕이 되었다. 318) [＊319)]

임) 백제에 정착했다가 과도한 군역으로 재차 신라로 이주했다는 해석도 가능해진다. 신라는 박혁거세를 시조로 삼아 여섯 부락[六村]의 연맹으로 건국되었고 초기에는 박·석·김의 세 씨족이 번갈아 국왕으로 옹립되었다는 것이 학계의 통설이다. 그렇다면 6~7세기의 상황을 반영한 이 대목의 기술 내용은 당연히 초기에 신라 건국을 주도한 토착 지배세력인 박·석 집단이 아니라 나중에 신라에 합류한 북방계 이주 집단(김씨?)일 수밖에 없는 것이다.

317) 바다로부터 도망쳐[自海逃]: 인터넷 〈국편위판〉에서는 '바다로 도망쳐'로 번역했으나 잘못된 번역이다. 고대 한문에서 '스스로 자(自)'는 명사 앞에 사용될 경우 '~로부터(from)'라는 뜻의 전치사로 작동한다. 따라서 '자해도(自海逃)'를 글자대로 직역하면 '바다 쪽으로부터 [신라로] 도망쳐' 식으로 번역된다. 그들의 이동 방향이 '내륙 ⇒ 바다'가 아니라 '바다 ⇒ 내륙'인 것이다. 동해 바다는 신라의 영역이므로 여기에 언급된 '바다'는 서해로 보아야 옳다. 이 기사가 역사적 사실이라는 전제하에서 말하자면, 문제의 이주집단은 '서해(충남) ⇒ 내륙(서경남) ⇒ 신라(동경북)' 식으로 서해 방향에서 육로를 통하여 신라 지경까지 이동했음을 확인할 수 있는 셈이다. 물론, 이 이주집단은 사서·유물·정황 등의 증거들을 고려할 때 김씨 집단으로 보아야 옳다.

318) 마침내 그 나라에서 왕이 되었다[遂王其國]: 이 부분에 따르자면 요동에서 '고구려 ⇒ 백제(⇒ 가야)'를 거쳐 최종적으로 신라에 정착한 이 이주집단이 일정한 기간을 거치고 나서 신라의 지배집단, 즉 왕가로 성장한 셈이다. 《북사》의 경우, 여기까지는 문제의 이주집단이 어떤 무리인지 분명히 언급하지 않은 상태였다.

○ 其王本百濟人, 自海逃入新羅, 遂王其國。

• 006
[신라의] 왕통이 전해져 [김]진평320)에 이르렀다. 321)

그러나 뒤에 바로 이어지는 "왕통이 전해져 진평에 이르렀다"라는 구절을 통하여 문제의 이주집단이 바로 김씨 집단임을 확인할 수 있다. 〈신라전〉 첫머리에서 "[처음에] 한나라 때의 낙랑 땅에 살았다"라고 한 것 역시 이 김씨 집단을 두고 한 말임이 확실해지는 셈이다.

319) ＊ : 《북사》에는 이 자리에 신라가 처음에는 백제에 의존하다가 이들의 유입을 통하여 강한 나라로 거듭났다는 내용이 추가되어 있다.

320) 진평(眞平): 신라의 제26대 국왕인 김진평(金眞平, ?~632)을 말한다. 그 이름의 경우, ① 《수서》 및 《북사》에는 '진평'으로만 소개되어 있다. 당대 중기 두우의 《통전》에는 "성은 김이고 이름은 진평이다(姓金, 名眞平)"이라고 나와 있다. 이에 비하여 ② 국내 사서인 《삼국유사》의 경우, 〈왕력(王曆)〉에서 "진평왕은 이름이 백정이다(眞平王, 名白淨)", 〈기이(紀異)〉에서는 "제26대 백정왕은 시호가 진평대왕으로, 김씨이다(第二十六白淨王, 諡眞平大王, 金氏)"라고 하여 시호는 '진평'이고, '백정'은 이름이라고 소개하였다. 또, ③ 《삼국유사》의 일부 판본에는 이름이 '황지(皇地)'라고 소개되어 있다. 편찬 연대로는 6~8세기의 《수서》·《북사》·《통전》이 《삼국유사》보다 300년 이상 앞서므로 신빙성이 있어 보이기는 하지만 어느 쪽이 역사적 진실에 가까운지는 단정하기 어렵다.

321) 왕통이 전해져 [김]진평에 이르렀다[傳祚至眞平]: 《수서》보다 33년 늦게 편찬된 《북사》에는 이 대목이 "왕통이 서른 대에 걸쳐 전해졌으며(傳世三十)"라고 소개되어 있다. 그렇다면 이 부분은 백제에서 신라로 이주한 김씨 집단의 역사가 30대나 이어져 진평왕에 이르렀다는 뜻으로 해석할 수 있는 셈이다. 여기서 "왕통이 30대를 전해져 김진평에 이르렀다" 부분은 두 가지 해석이 가능하다. ① 신라 전체의 박·석·김의 세 왕가의 역사까지 합쳐서 제30대에 해당하는 국왕이 진평왕이라는 해석과 ② 세 왕가 중에서도 김씨 혈통을 가진 국왕들 중에서 제30대가 진평왕이라는 해석이 그것이다. 국내외 학계의 연구에 따르면, 서기 579~632년까지 재위한 진평왕은 제26대 국왕이라는 것이 정설이다. 이 중에서 어느 쪽 해석이 역사적 진실에 부합하는지 단언하기 어렵다는 뜻이다. 참고로, 진평왕의 경우, 신라 전체의 역사에서는 제26대 국왕이지만 김씨 집단이 왕위를 계승하기 시작한 것은 제13대 국왕인 미추왕(味鄒王, 261~284) 때부터이다. 김씨 혈통의 국왕들만 놓고 따지면 제14대 정도에 해당하는 셈이다. 《북사》의 기사가 역사적

○ 傳祚至金眞平。

• 007

[진평왕은 수나라] 개황 14년[322)]에 사신을 파견하여 특산물을 바쳤다. [이에] 고조는 [김]진평을 상개부[323)]·낙랑군공[324)]·신라왕으로 배수하였다.

사실을 토대로 작성되었다는 전제하에서 말하자면, 김씨 집단은 그 이전부터 독자적인 왕계를 유지하고 있었을 가능성이 높다. 이 같은 가능성은 《문무왕 비문》·《김씨부인 묘지명》 등 당시의 금석 자료들에 보이는 독특한 세계(世系) 계산법을 통해서도 방증된다. 당대 초기인 660년 경에 장초금(張楚金)이 저술한 일종의 백과전서인 《한원(翰苑)》에 "김씨는 차례로 서른 대 넘게 계승되었다(金姓相承三十餘葉)"라고 소개되어 있는 것도 그 증거이다. 그렇다면 《수서》 및 《북사》에서 백제에서 신라로 이주한 왕계는 김씨 집단이며, "30대"라는 계산법 역시 김씨 왕가만 따진 계산법이라는 뜻이 되는 셈이다.

322) 개황 14년(開皇十四年): 서기 594년이며, 신라 기년으로는 진평왕 16년에 해당한다.

323) 상개부(上開府): 중국 고대의 작호. 정식 명칭은 '상개부의동대장군(上開府府儀同大將軍)'이며, '개부의동대장군'보다 서열이 높았다. 북주(北周) 무제(武帝)의 건덕(建德) 4년(575)에 처음으로 설치되었으며, 공신이나 북제(北齊)에서 귀순한 대신에게 일종의 명예직으로 부여되었다. 처음에는 이 작호와 함께 사지절(使持節)·대도독(大都督)·표기대장군(驃騎大將軍)·시중(侍中) 등의 직함이 추가되기도 하였다. 그 속관(屬官)으로는 장사(長史)·사마(司馬)·사록(司錄)·중랑(中郞)·연(掾)·속(屬)·참군(參軍) 등을 두었다. 수나라 문제의 개황 원년(581)에 폐지되었다.

324) 낙랑공(樂浪公): 중국 고대의 봉호. '낙랑군을 영지로 하사 받은 공작'이라는 뜻이 된다. 처음에는 고구려의 장수왕과 문자명왕(文咨明王)이 '낙랑공'으로 봉해졌으나 나중에는 고구려가 아닌 신라 국왕에게도 부여되었다. 실제로 《북제서(北齊書)》〈무성제기(武成帝紀)〉 "하청(河清) 4년(565)"조에서 "2월 갑인일에 조서를 내려 신라 국왕 김진흥을 사지절·동이교위·낙랑군공·신라왕으로 삼게 하였다(二月甲寅, 詔以新羅國王金眞興爲使持節東夷校尉樂浪郡公新羅王)"라고 한 것처럼, "진흥왕 이후 진지왕(眞智王)·무열왕(武烈王)·효소왕(孝昭王)을 제외하고는 성덕왕(聖德王)까지의 7왕"이 '낙랑군공' 또는 '낙랑군왕'에 봉해졌다. 진평왕 또한 재위 16년(594)에 수 문제로부터 '낙랑군공'에 봉해졌다. 인터넷 〈국편위판〉 주010에서는 이를 "낙랑군이 소멸된 후에도 중국의 여러 왕조가 낙랑을 그들의

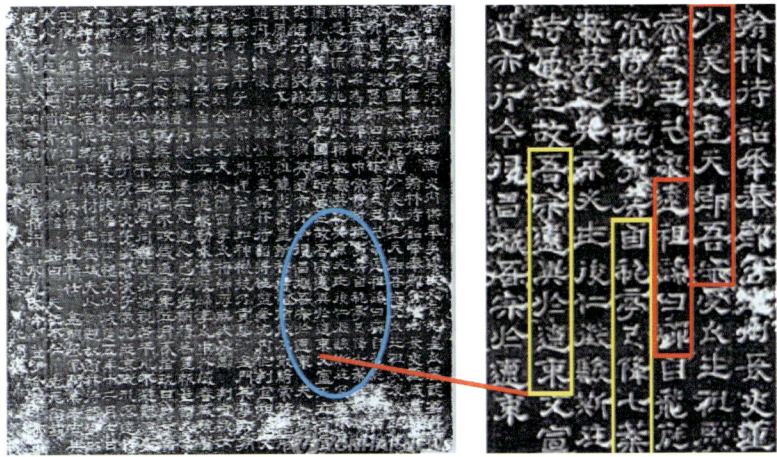

9세기에 제작된 대당고김씨부인묘명(大唐故金氏夫人墓銘). 1954년에 중국 섬서성 서안시(옛 장안) 교외에서 출토된 것으로, 신라 김씨가 한대의 흉노 출신 중신이던 김일제에서 비롯되었다고 소개하였다(연합뉴스 2009년 4월 22일 보도).

○ 開皇十四年, 遣使貢方物。高祖拜眞平爲上開府樂浪郡公新羅王。

• 008
그 선조들은 백제에 예속되어 있었다.[325)]

동방 영역의 개념으로 사용한 데에서 온 것"이라고 해석하면서 "고구려왕에 대한 낙랑공의 봉작은 당대에 이르러 고구려의 수도였던 평양에 낙랑군의 중심지가 있었다는 설이 성립되는 것과 일정한 상관관계가 있는 것"으로 보았다. 그러나 정말 그렇다면 신라가 삼국을 통일하기 전에 그 국왕들이 '낙랑공'의 봉작을 받은 일이 제대로 해명되지 않는다. 고구려의 '요동군왕'이나 백제의 '대방군왕'처럼, 신라의 국왕들에게도 '낙랑군왕'이라는 봉작을 받을 만한 사유가 있었을 것이라는 뜻이다.

325) 그 선조들은 백제에 예속되어 있었다[其先附庸於百濟]: 이 부분을 이해하는 데에는 각별한 주의가 필요하다. 여기서 '그 선조들[其先]'은 진평왕의 조상들, 즉 김씨 집단을 가리킨다. 역사적으로 신라가 백제의 침공을 많이 받기는 했지만 종속된 적은 한 번도 없었다. 따라서 김씨 집단이 백제에 예속되어 있었다는 기사는 신라가 백제에 종속되어 있었다는 뜻이 아니라 '김씨 집단이 백제에 종속되어 있

[그러다가] 나중에 백제가 고려를 정벌한 일326)로 말미암아327) 고려인 327)

었다'는 의미로 이해해야 옳다. 고구려에 머물 때에도 그랬겠지만, 김씨 집단은 백제에서 위만(衛滿)이나 게르만족의 경우처럼 일종의 용병(傭兵)으로 머물고 있었던 것이 아닌가 싶다. ① 이들이 관구검이 고구려를 정벌할 때 고구려에서 백제로 이주한 점, ② 신라에 최종적으로 정착하게 된 직접적인 계기도 고구려 공략에 집중하던 백제의 과도한 군역이었던 점, ③ 이들이 귀화한 뒤로 신라가 강성해졌다는 점, ④ 백제를 습격하면서 가라국(가야)에 예속되었다고 한 점 등을 종합적으로 검토해 볼 때, 외부에서 도래한 이방인이 '고구려 ⇒ 백제 ⇒ 가라 ⇒ 신라'까지 그 능력을 인정받고 높은 지위에까지 오르자면 그 나라의 원주민들과는 구분되는 남다른 가치를 지니고 있어야 하기 때문이다. ⑤ 고대에 이방인 또는 비주류가 능력을 인정받고 출세할 수 있는 유일한 길은 전쟁에서 전공을 세우는 것뿐이었다. ⑥ 그렇다면 그 나라들과는 차별화된 우월한 군사력(군대)과 군사장비(무기)·군사기술(기마)을 지닌 용병 집단이었다고 볼 수밖에 없는 것이다. ⑦ 5세기를 분수령으로 하여 고분·유물·혼속·계급 등에서 기존의 신라와는 구분되는 흉노(匈奴) 등 북방문화적 요소들이 강하게 발현되는 점도 또 다른 증거로 볼 수 있을 것이다. 〈동북아판4〉 주26(제62쪽)에서는 이 부분과 관련하여 "본 내용은 《삼국지》와 《후한서》·《진서》 등에 보이는 마한왕을 임금으로 삼고 스스로 자립할 수 없었다는 기사에 근거한 것"으로 해석하였다. 그러나 ① 그 같은 해석은 문제의 신라 지배집단을 박혁거세, 즉 신라 초기의 왕가로 인식한 데서 비롯된 오해이다. ② 《북사》의 이 대목에서 이들과 관계하는 국가로 시종일관 '마한'이 아닌 '백제'가 언급되는 데다가, ③ 연대를 따져 보더라도 이 지배집단의 귀화는 삼한시대 이후인 삼국시대의 일이기 때문이다.

326) 백제가 고려를 정벌한 일[百濟征高麗]: 《삼국사기》의 기사들을 살펴보면, 역사적으로 백제가 369년에 마한을 정복하는 틈을 타서 고구려의 고국원왕이 백제(치양)를 공격한 일을 시작으로 양국은 크고 작은 공방을 벌였다. 그중에서 백제가 고구려에 대규모 공세를 취한 시기로는 근초고왕·아신왕·비유왕·무녕왕 시기가 대표적이다. 그런데 여기에 소개된 신라 왕가가 김씨 집단이 맞다면 연대에서 문제가 생긴다. 김씨 집단에서 왕을 배출한 것은 석(昔)씨인 제11대 국왕 조분이사금(助賁尼師今, 재위 230~247)이 죽자 사위 신분으로 왕위를 승계하는 미추왕(味鄒王)이 최초이기 때문이다. 미추왕은 262~284년의 23년 동안 재위했으므로 3세기 사람이다. 김씨 집단이 백제의 징용을 피해 신라로 이주한 시점은 3세기 전후였다는 뜻이다. 《삼국사기》에도 이 시기에 백제와 전쟁을 벌인 상대로는 고구려가 아닌 말갈(靺鞨)과 신라만 언급되었을 뿐이다.

327) 백제가 고려를 정벌한 일로 말미암아[因百濟征高麗]: 이 구절 첫 글자인 '말미암

328)들이 [과도한] 군역을 견디다 못하여 서로 무리를 지어 그 나라에 귀순하매329) 마침내 강성해지기에 이르렀다. [나중에는] 백제를 습격한 일을 계기로330) 가라국331)에 예속되었다.332)

▄

을 인(因)'은 고대 한문에서 특정한 행위의 동기를 표시하는 역할을 한다. 여기서도 [고구려에서 귀화한] 백제 출신의 신라 왕가가 백제에서 신라로 망명하게 된 결정적인 계기를 제시해 주고 있다. 백제의 고구려 정벌로 인한 빈번한 징용이 이들의 신라 망명을 촉발한 직접적·결정적 계기라고 본 것이다.《북사》·《태평어람》등에는 '인'자가 빠져 있다. 이보다 나중에 나오는 "백제를 습격한 일로 말미암아(因襲百濟)"의 '인' 역시 같은 용법으로 사용된 것이다.

328) 고려인(高麗人): 관구검의 244~246년 고구려 정벌 이후에 백제에 귀순했다가 그대로 정착한 고구려인들을 가리킨다. 이 내용은《수서》에서 처음으로 소개되고 34년 뒤에《북사》에도 언급되었다. 다만, 이 대목이《북사》에서는 "백제가 고려를 정벌할 때에 군역을 견디다 못하여 나중에는 서로 무리를 지어 그 나라에 귀순하였다" 식으로 행위주체가 맨 앞의 '백제 출신의 신라 왕가'로 일관되고 있는 반면, 이《수서》에는 중간에 따로 소주어(小主語) '고려인'이 추가된 점이 특이하다. 행위주체로 '고려인'을 명시함으로써 신라 왕계의 한 갈래(김씨)가 '고구려로부터 유입된 고구려인들'임을 분명히 한 것이다. 물론, 여기서의 '고려인'은 국적이 고구려라는 뜻으로 이해해야 한다. 종족적으로도 고구려계라고 단정해서는 곤란하다는 뜻이다.

329) 그 나라에 귀순하매[歸之]: 이 부분은 문법적으로 〈동사+보어〉구조이므로 "~에 귀순하다" 식으로 해석된다. 이 두 글자를 통하여 이 집단이 처음부터 신라의 토착 원주민이 아니라 나중에 신라로 유입된 도래인들임을 알 수 있는 셈이다. 바로 뒤에 "마침내 강성해지기에 이르렀다"는 말이 따라 나왔다는 것은 이들이 군사적으로 기존의 신라 군대보다 장비나 전투력 면에서 우월한 존재들이었음을 시사해 준다. 5세기에 고분·유물·혼속·계급 등에서 갑자기 초기 신라와는 이질적인 흉노(匈奴) 등 북방문화적 요소들이 강하게 발현되기 시작하는 것이 그 증거이다. 그렇다면 이들은 단순 이주민이 아니라 위만(衛滿)의 경우가 그러하고 한대의 남흉노(南匈奴), 로마제국의 훈족·게르만족의 경우가 그러했듯이, 신라의 군사력을 강화하는 일종의 용병(傭兵)으로 수용되었다고 보는 편이 합리적이다.

330) 백제를 습격한 일을 계기로[因襲百濟]: 이 부분에서는 김씨 집단이 백제를 등지고 신라로 이주하게 된 결정적인 계기에 관하여 언급하였다. 이 집단이 백제를 공격한 일로 생존에 위협을 느끼고 백제를 탈출했을 것이라는 뜻이다. 두우의《통전》에는 이 부분이 "가라·임나 등의 나라들을 습격한 일을 계기로 그들을 멸망시키니 그 서북계(또는 서계와 북계?)가 개 이빨처럼 [지그재그로] 고려와 백제 사

이로 삐져 나갔다(因襲加羅任那諸國, 滅之, 其西北界犬牙出高麗百濟之間)"라고 기술되어 있다. 인터넷 〈국편위판〉에서는 금관·고령 등의 가야국들이 신라에 병합되었다는 《삼국사기》의 기사들을 근거로 원문의 '부용'과 '가라국' 사이의 글자를 '~에게'라는 뜻의 '어조사 어(於)'가 아닌 '여러'라는 뜻의 '모두 제(諸)'를 잘못 베낀 것으로 보았다. 그러나 ① 무엇보다도 정관 10년(636)년에 완성된 《수서》는 편찬 시점이 정원(貞元) 17년(801)에 완성된 《통전》보다 160년 이상 앞선 데다가, ② 문자상으로 두 글자는 모양이 상당히 달라서 잘못 쓸 가능성이 낮고, ③ 그럴 경우 문법상으로도 자연스럽지 못하다. 게다가 ④ 해당 대목의 대주어는 진평왕 당대가 아닌 "그 선조들[其先]"이어서 최소한 진평왕 이전의 일들일 가능성을 상정하는 데다가 ⑤ 역사적으로 초기 신라는 가야나 왜국의 공격을 받을 정도로 약소국이었던 점, ⑥ 《수서》 직후의 정사인 《북사》에도 똑같이 기술된 점 등을 종합적으로 고려한다면 이를 단순히 오자로 처리하는 것은 무리라고 본다.

331) 가라국(加羅國): '가라(加羅)'는 중국 정사에서 고대 국가의 하나인 가야(加耶)를 말한다. 그 국명이 처음으로 소개된 5세기의 중국 정사 《남제서》에 '가라(加羅)'로 표기되어 있고, 여기에도 '가라(加邏)'로 소개되어 있다. 비슷한 시기의 일본 측 사료들 역시 '가라(加羅)·가량(加良)' 식으로 소개되어 있다. 중국이나 일본에는 그 호칭이 '가라'로 알려져 있었던 셈이다. 반면에, 우리에게 익숙한 '가야(加耶·伽耶)'라는 이름은 그보다 500년 넘게 지난 고려의 《삼국사기》·《삼국유사》 전후부터이다. 사서들의 편찬 연대를 따져 볼 때, 당초의 이름은 '가라'이던 것이 전승되는 과정에서 '가라 ⇒ 가야'로 변형되었다는 추론이 가능한 셈이다. 곽석량에 따르면, '가라(加羅)'는 고대음이 '까라(ka-lɑ)'로 재구된다. 다만, '까라'가 원래에 발음에 가까운 것인지는 확인할 길이 없다. 참고로, 이병도는 '가야'라는 국호에 대하여 "'갓나라(邊國)'를 뜻하는 말"이라고 주장하였다. 그러나 그 같은 해석은 기존의 역사 연구 및 지리 고증을 참고하고 그 지도상의 위치를 보고 자의적으로 추정한 것에 불과하다. 언어학으로도 한자의 의미나 발음에서 '가야'를 '가장자리의 나라'로 해석할 근거는 어디에도 없다는 뜻이다.

332) 가라국에 예속되었다[附庸於迦羅國]: 이 부분의 경우, 인터넷 〈국편위판〉에서는 "迦羅國을 附庸國으로 삼았다", 〈동북아판4〉(제77~78쪽)에서는 "가라국을 부용[종속]하였다"로 각각 번역하였다. 그러나 두 책 모두 잘못된 번역이다. 역사적 사실 여부는 접어 두고, 적어도 문법대로 따지면 이 구절은 〈동사+전치사+보어〉 구조로, '~에 부용하다(under the control of)' 식으로 해석된다. 두 번역서와는 정반대의 의미, 즉 "[이들이] 가라국에 예속되었다" 식으로 번역해야 옳다는 뜻이다. 이 점은 앞서 제시된 같은 구조의 "처음에는 백제에 부용하였다(初, 附庸於百濟)"와 대조해 보아도 쉽게 확인할 수 있다. 정작 여기서 문제가 되는 것은 '그들이 가라국에 예속된 시점이 언제 쯤인가' 하는 것이다. 〈동북아판4〉와 인터넷 〈국

'백제에 예속되어 있었다'를 신라가 백제에 예속되어 있었다고 이해하면 곤란하다. 위만의 경우처럼, 신라 지배집단의 한 갈래(김씨)가 초기에 백제에 예속되어 있었다는 의미이기 때문이다.

○ 其先附庸於百濟, 後因百濟征高麗, 高麗人不堪戎役, 相率歸之, 遂致强盛, 因襲百濟, 附庸於迦羅國。

편위판)에서는 역사적으로 "진흥왕은 재위 15년(554) 군사를 돌려 백제가 차지한 한강 하류지역을 빼앗았다. … 120년 동안 계속된 나제동맹은 깨지고 백제는 멸망 때까지 신라와 적대관계에 있게 되었다"라고 보았다. 신라가 가라(가야)에 예속된 시점을 6세기 중기로 본 셈이다. 그러나 이는 역사적 사실과는 크게 다르다. 이때 정확한 연대를 추정하는 단서가 되는 것이 바로 가라(가야)의 존재이다. 가야의 전성기는 일반적으로 철 생산과 대외 무역을 통하여 백제·신라도 무시할 수 없을 정도로 위세를 떨치던 연맹 초기, 즉 3~4세기 무렵이다. 그렇다면 신라(의 왕가)가 가야에 예속된 시점은 빠르면 3세기 늦어도 4세기일 수밖에 없는 것이다. 신라의 백제 공격은 진흥왕보다 최소 수백 년 전일 것이라는 뜻이다.

신라전(新羅傳)

• 009

그 나라의 관직은 열일곱 등급이 있다.333)

제1등은 이벌간334)이라고 하는데, 존귀하기가 [중국의] 상국335)과 비슷하다.336)

---

333) 그 나라의 관직은 열일곱 등급이 있다[其官有十七等]: 신라 관등의 경우, 이보다 앞서 편찬된 선행 정사인 《양서》에서는 "자분한지·제한지·알한지·일고지·기패한지가 있다(有子賁旱支齊旱支謁旱支壹告支奇貝旱支)"라고 했으며, 《남사》에서는 여기에 하나가 추가된 "자분한지·일한지·제한지·알한지·일고지·기패한지가 있다(有子賁旱支壹旱支齊旱支謁旱支壹告支奇貝旱支)"라고 하였다. 그런데 《수서》와 《북사》에 이르면 '17개 관등이 있다(有十七等)'고 소개되고 있다. '5등 ⇒ 6등 ⇒ 17등'으로 갑절이나 늘어난 셈이다. 이는 남북조시대를 지나 수·당대로 진입할 무렵에 신라가 사회적으로 급격한 변혁을 거치면서 국가의 규모가 커졌음을 산술적으로 방증하는 셈이다.

334) 이벌간(伊罰干): 신라 17관등 중에서 으뜸가는 관직의 이름. 《수서》·《북사》·《책부원구》·《통전》에는 '이벌간(伊罰干)', 《한원》에는 '이벌간(伊伐干)', 《삼국사기》에는 '이벌찬(伊伐飡)', 《진흥왕순수비》·《창녕비》에는 '일벌간(一伐干)'으로 소개되었다. '벌(罰·伐)'은 '분(賁)'에 대응되고, '간(干)' 또는 '찬(飡)'은 '한(旱)'에 대응된다. '이(伊)' 또는 '일(一)'에 대응되는 글자는 '자'일 수가 없다는 뜻이다. 《양사》와 그 기사를 추린 《남사》에는 '자분한지(子賁旱支)'로 나와 있다. 그러나 앞서의 각종 사서들의 표기에 근거할 때, 첫 글자 '자(子)'는 모양이 비슷한 '우(于)'를 잘못 옮긴 것이다. 발음을 비교해 보아도 '자'는 너무 동떨어진 글자이기 때문이다. 곽석량에 따르면, '우(于)'는 '유(jĭu)', '자(子)'는 '쩌(tsĭə)', '분(賁)'은 '뷘(biwən)', '한(旱)'은 '간(ɤɑn)', '지(支)'는 '제(tɕĭe)' 정도로 고대음이 재구된다. 여기서 첫 글자가 '우'이면 '유뷘간[제]' 식이지만 '자'는 '쩌뷘간[제]' 식으로 읽혀진다. '자'와 '우'는 모양이 비슷해서 '우'로 적혀 있던 것을 '자'로 오독했을 가능성이 높다. 그 증거는 다른 정사들에서 쉽게 확인할 수가 있다.

335) 상국(相國): 중국 고대의 관직 이름. 관원들의 수장으로, 춘추전국시대에 초(楚)나라를 제외한 제후국에서 상국·상방(相邦)·승상(丞相) 등의 명칭으로 설치되었다. 진나라가 중원을 통일한 뒤로는 주로 재상(宰相)으로 일컬어졌으나 더러 별칭으로 '상국'을 쓰기도 하였다. 여기에도 '상국'으로 소개된 것을 보면 수·당대에 재상을 '상국'으로 일컫기도 했음을 알 수 있다.

336) 존귀하기가 상국과 비슷하다[貴如相國]: '여(如)'는 국내에서 일반적으로 '같다(same)'의 의미로 새기는 경우가 많다. 그러나 엄밀한 의미에서는 '같다'에 해당

○ 其官有十七等, 其一曰伊罰干, 貴如相國。

출전	직함				추정 발음	비고
	분야	~의	호칭	존칭		
남사	壹	-	旱	智	옛-간	간 ∥ 깐 ∥ 찬 ∥ 한 ∥ 칸
구당서	一	尺	-	-	이ㅅ깐	
수서/북사	伊		干	-	이ㅅ깐	
구당서	伊	-		-	이-깐	
삼국사기	伊	-	湌	-	이-찬	
	翳	-		-	예-찬	
	乙	-	粲	-	잇-찬	
의미	국	[의]	장	님		

신라의 관직명인 일한-이척간-일척간-이간-이찬-예찬-을찬 등은 사서마다 표기가 달라서 얼핏 다른 명칭들 같지만 사실은 같은 이름을 서로 다른 한자, 방식으로 표기한 것뿐이다.

하는 글자는 '동(同)'이며, '여'나 '사(似)'는 '비슷하다(alike)' 또는 '유사하다(similer)'는 의미에 가까우므로 그 어감에 각별히 주의할 필요가 있다.

• 010

다음은 이척간³³⁷⁾, 다음은 영간³³⁸⁾, 다음은 파미간³³⁹⁾, 다음은 대아척

337) 이척간(伊尺干): 신라의 관직명. 17관등 중에서 두 번째 관직으로, 상대등(上大等)이나 집사부(執事部)의 중시(中侍), 병부(兵部) 등 중앙 관청의 수장을 담당하였다. 사서에 따라서는 '이찬(伊湌)·이간(伊干)·예찬(翳湌)·일척간(一尺干)·이척간(伊尺干)' 등으로 표기되기도 했는데, 여기서 이찬·이간·예찬은 음운학적으로 '일한'과 대응된다. '일척간·이척간'도 글자수 때문에 다른 명칭 같지만 이때의 '척(尺)'은 일종의 촉음(促音, 사잇소리)이므로, 실제로는 '이ㅊ간', 즉 '잋간' 식으로 발음되었을 것이다. 남북조시대 사서인《남사》에는 '일한지(壹旱支)'로 소개되었다. 그보다 연대가 빠른《양서》에는 이 관직명이 보이지 않지만《남사》가《양서》의 기사를 간추린 것임을 감안하면 편찬과정에서 '일한지'가 누락되었음을 짐작할 수 있다. '일척간'의 발음이 '이ㅊ간(잋칸)'인데 '일한'의 고대음이 '잇한(이칸)'이므로 음운상으로 대응되는 셈이다. 실제로, 곽석량에 따르면, '이(伊)'는 '이(i)', '예(翳)'는 '예ㅣ(lei)', '일(一/壹)'은 '옛(iět)', '척(尺)'은 '첵(ʨʻiɛk)'이어서 음운상으로 서로 유사하다. 또, '간(干)'은 '깐(kɑn)', '찬(湌)'은 '찬(tsʻan)'이어서 '깐'과 '찬' 역시 초성(자음)을 제외한 중성(모음)과 종성(받침)이 음운적으로 대응된다. '찬'의 경우, 현재 발음이 '찬'으로 읽히지만 언제나 '간' 또는 '한(汗, 旱)'과 대응되는 것을 보면 삼국·고려시대에는 그 발음이 '찬'보다는 '간' 또는 '한'에 가까웠을 가능성이 높다.

338) 영간(迎干): 신라의 관직명. 17관등 중에서 세 번째 관직.《남사》에도 등장하는 이 관직명은《창녕척경비》·《마운령비》·《황초령비》 등의 금석과《한원》에는 '잡간(迊干)',《수서》·《통전》에는 '영간(迎干)'으로 표기되었으며,《양서》에는 '제한지(齊旱支)'로 소개되어 있다. 물론, 여기서의 '맞을 영(迎)'은 '두를 잡(迊)'을 잘못 쓴 글자이다. 왜냐하면 ① 두 글자의 모양이 서로 비슷해서 '잡'을 '영'의 약자로 차용하기도 한다. 그런데 ② 이 관직명을 '제한지'로 소개한《양서》의 소개가 정확한 것이라는 전제하에서, '제'와 '잡'은 음운상으로 '영'보다 더 가깝다. 허신의《설문해자》에 따르면, '영'은 '영(jieŋ)' 정도로 재구된다. 반면에,《광운(廣韻)》에 따르면, '잡'은 '잡(tsʋp)' 정도로 재구되기 때문이다.

339) 파미간(破彌干): 신라의 관직명. 17관등 중에서 네 번째 관직이다. 신라시대 금석자료인《울산천전리비》·《적성신라비》에는 각각 '피진간지(彼珍干支)'와 '파미간지(彼尔干支)'로 새겨져 있다. 반면에 중국측 정사인 당대의《수서》·《북사》, 송대의《태평어람》에는 '파미간', 당대의《한원》에는 '파진간(波珍干)' 등으로 되어 있다. 일본 측 사서인《일본서기》에서는 '미질기지파진간기(微叱己知波珍干岐, 미시코치하토리칸키)'로 소개하고 있다. 그렇다면 정식 명칭은 '파진간' 또는 '파진찬'으로 보는 편이 합리적일 듯하다. 인터넷〈국편위판〉주137에서는 "破彌干은

간340), 다음은 아척간341), 다음은 을길간342), 다음은 사돌간343), 다음

신라 제4위의 관등인 破珍湌을 말한다.《隋書》와《通典》의 이러한 표기와는 달리 破彌干이라고도 기록되어 있는데, 아마도 彌는 珎의 잘못된 표기로 생각된다"라고 하였다.

340) 대아척간(大阿尺干): 신라의 관직명. 17관등 중에서 다섯 번째 관직. 신라 금석자료들 중에서《마운령비》·《황초령비》에는 '대아간(大阿干)',《봉평신라비》·《적성신라비》에는 '대아간지(大阿干支)',《삼국사기》에는 '대아찬(大阿湌)' 등으로 표기되어 있다. 인터넷〈국편위판〉주138에서는 "眞骨과 六頭品 계열과를 구별짓는 관등으로서, 大阿湌 이상의 관등은 진골만이 될 수 있다"라고 보았다. 최치원(崔致遠, 857~?)이 발해 사신이 신라 사신보다 상석에 앉는 것을 부당하다고 여겨 올린〈사불허북국거상표(謝不許北國居上表)〉에서 "[대조영이] 초기에는 신의 나라에서 제5품 대아찬의 품계를 받았다(始受臣藩第五品大阿餐之秩)"라고 한 것을 보면 '대아찬(大阿餐)'으로 쓰기도 한 것으로 보인다. 음운상으로 재구해 볼 때 그다음 등급인 여섯 번째 관직인 '아찬'이 때로는 '아척간'이라고 표기되고, 이 경우 '척'이 일종의 촉음(사잇소리) 대용으로 사용된다는 점 등을 감안하면, 대아척간은 '대아ㅊ간', 즉 '대아칸(대아찬)'으로 발음되었을 것이다.

341) 아척간(阿尺干): 신라의 관직명. 17관등 중에서 여섯 번째 관직이다. 이 관직명은《냉수리신라비》·《봉평신라비》·《적성신라비》에는 '아간지(阿干支)', 대구《무술명오작비(戊戌銘塢作碑)》및《수서》·《통전》에는 '아척간(阿尺干)',《양서》·《남사》에는 '알한지(謁旱支)',《창녕척경비》및《삼국유사》에는 '아간(阿干)'이 보이며,《삼국사기》에는 '아찬(阿湌·阿粲)'과 '아척간'이 고루 확인된다. 이로써 '아간'·'알한'·'아척간'이 음운상으로 '아찬'과 대응된다는 것을 알 수 있다. 인터넷〈국편위판〉주120에서는 '알한'이 "아찬阿湌의 별칭"이라고 보았다. 그러나 정확하게 말하자면 '아찬'과 '아척간'과 '알한'은 한자 표기방식이 서로 다를 뿐 모두 동일한 이름이다. 곽석량의《한자고음수책》의 고대음에 따르면, '알(謁)'은 '엣(ʔet)', '한(旱)'은 '간(ɣan)' 정도로 재구된다. 앞 글자인 '엣'은 종성 '-ㅅ'이 약화/탈락되면서 '에'로 발음되었을 것이다.

342) 을길간(乙吉干): 신라의 관직명. 17관등 중에서 일곱 번째 관직이다. 신라 금석자료의 경우,《냉수리신라비》에는 '일간지(壹干支)',《봉평신라비》·《울진봉평리비》에는 '일길간지(一吉干支)',《창녕척경비》에는 '일길간(一吉干)' 등으로, 사서의 경우에는《양서》에 '일고지(壹告支)',《남사》에 '일길지(壹吉支)',《수서》·《통전》·《한원》에 '을길간',《삼국사기》에 '일길찬(一吉湌)',《삼국유사》에 '일길간(一吉干)' 등으로 새겨졌다. 인터넷〈국편위판〉주139에서는 "일길지壹告支는 신라 관등新羅官等의 제7위인 일길찬一吉湌의 별칭"이라고 하였다. 다만, ① 두 번째 글자의 경우, '알릴 고(告)'는 모양이 비슷한 '좋을 길(吉)'을 잘못 적은 것이다.

신라전(新羅傳) **183**

은 급복간344), 다음은 대내마간345), 다음은 내마346), 다음은 대사347),

또, ② '알한'과 '아찬'처럼, 별칭이 아니라 신라에서 '일길찬'으로 적은 것을《양서》편찬자들이 다른 한자인 '일길지(壹吉支)'로 표기했을 것이다. ③ 어쨌든 모두가 실제로는 동일한 발음의 같은 이름이다. 곽석량의《한자고음수책》에 따르면, '일(壹)'은 '옛(ĭĕt)', '고(告)'는 '까우(kɑu)', '길(吉)'은 '껫(kĭĕt)' 정도로 재구된다. '일고'는 '옛까우', '일길'은 '옛껫'에 가깝게 읽혔던 셈인데, 종성 '-ㅅ'의 약화/탈락을 감안하면 각각 '예까우'와 '예께' 식으로 발음되었을 것이다.

343) 사돌간(沙咄干): 신라의 관직명. 17관등 중에서 여덟 번째 관직.《중성리비》·《천전리비》에는 '사간지(沙干支)',《창녕비》에는 '사척간(沙尺干)',《마운령비》·《황초령비》에는 '사간(沙干)'으로, 사서인《수서》·《한원》에는 '사돌간',《삼국사기》에는 '사찬(沙湌)·살찬(薩湌)·사돌간' 등으로 표기되어 있다. '살찬'은 '삿찬(sat-tshan)' 정도로 재구된다. 종성 '-ㅅ'이 약화/탈락되면 '사찬'으로 읽힌다. 또, 사돌간의 '돌'은 사척간의 '척'과 마찬가지로 일종의 촉음(사잇소리)으로 사용된 것이며, 그 발음은 대체로 '사ㄷ간', 즉 '삳간'이어서 실제로는 '사칸' 식으로 읽혀졌을 것이다. 이상의 다른 곳의 표기들이 음운상으로 서로 거의 대응되는 것이다.

344) 급복간(及伏干): 신라의 관직명. 17관등 중에서 아홉 번째 관직이다. 신라 금석 자료의 경우,《진흥왕순수비》에는 '급척간(及尺干)',《냉수리비》·《봉평비》·《천전리비》에는 '거벌간지(居伐干支)',《마운령비》·《황초령비》에는 '급간(及干)',《적성비》에는 '급간지(及干支)'로 새겨졌다. 사서들의 경우,《양서》·《남사》에는 '기패한지(奇貝旱支)',《통전》에는 '급벌간(級伐干)',《한원》에는 '급대간(級代干)',《삼국사기》에는 '급벌찬(級伐湌)·급찬(及湌)·급벌우(及伐于)' 등으로 표기되었다. 물론, 한자나 표기 방식은 서로 다르지만 모두가 같은 이름을 적은 것이다. '급복간' 또는 '급찬'과 '기패한[지]'의 경우, 발음에 유사성이 없어서 얼핏 "급찬級湌의 별칭"이거나 별개의 관직명처럼 보인다. 그러나 '기패한'은《양서》편찬자들이 다른 한자로 표기한 경우일 뿐이다. 만약 앞서의 '돌'이나 '척'의 경우처럼, '패'를 일종의 촉음으로 상정하면 기패한은 '기ㅍ한', 즉 '깊한'이 되어서 '급한(급찬)'과 음운상으로 거의 대응된다. 여기서 존칭인 '-간[지], -찬'을 제외한 상태에서 어간(語幹)에 해당하는 '급복-, 급척-, 급벌-, 거벌-, 기패-'만 놓고 따져 보면 예외 없이 '급-'에 촉음이 추가된 구조를 공유하고 있음을 확인할 수 있다. 발음이 모두 '급ㅂ간', 즉 '급칸'인 것이다.

345) 대내마간(大柰摩干): 신라의 관직명. 17관등 중에서 열 번째 관직.《봉평비》에는 '대내마(大柰摩)',《창녕비》·《마운령비》에는 '대내말(大柰末)',《북한산비》에는 '대내(大柰)'로, 사서의 경우《수서》에 '대내마간(大柰摩干)',《한원》에 '대내말(大柰末)',《태평어람》에는 '대내마간',《삼국사기》에는 '대내마(大柰麻)·대내말(大柰末)'로 되어 있다. 인터넷〈국편위판〉주142 "大柰摩干은 신라 관등 제10위인

다음은 소사[348], 다음은 길사[349], 다음은 대오[350], 다음은 소오[351],

大奈麻를 말한다. 大奈末(〈昌寧碑〉)·韓那末·大那末로 별칭되기도 한다." 이로써 '대내매간'을 제외한 나머지 표기들은 관리에 대한 존칭인 '-간'이 생략된 경우임을 알 수 있는 셈이다. 참고로, 곽석량에 따르면 '내'와 '나'의 고대음은 둘 다 '나(na)'로 재구된다.

346) 내마(奈摩): 신라의 관직명. 17관등 중에서 열한 번째 관직. 《중성리비》·《냉수리비》·《봉평비》·《천전리비》 등에는 '내마(奈摩)'로, 《창녕비》·《마운령비》·《황초령비》·《북한산비》에는 '내말(奈末)'로 새겨져 있으며, 중국 측 사서인 《수서》에는 '내마', 《한원》에는 '내말', 국내 사서인 《삼국사기》에는 '내마(奈麻)'와 '내말(奈末)'로 표기되어 있다. '마'와 '말'의 관계는 앞의 대내마간의 경우와 동일하다. 곽석량이 재구한 고대음에 따르면, '마'는 '뫄(mɑα)', '말'은 '뫘(mɑαt)'인데, '뫘'의 경우 종성 '-ㅅ'이 약화/탈락되면 '뫄'가 되므로 서로 대응된다. 내말과 내마 모두 '나뫄'라는 뜻이다.

347) 대사(大舍): 신라의 관직명. 17관등 중에서 열두 번째 관직. 이 명칭은 《창녕비》·《마운령비》·《황초령비》·《남산산성비》에는 '대사(大舍)', 《천전리비》에는 '대사제지(大舍帝智)', 《영천청제비》에는 '대사제(大舍第)'로 새겨졌다. 사서들의 경우, 《수서》·《북사》·《한원》에 '대사', 《삼국사기》에는 '대사'와 '한사(韓舍)'로 각각 표기되어 있다. 참고로, '대사'의 또 다른 표기인 '한사'를 통하여 신라에서 '크다, 위대하다(great)'라는 의미의 '큰 대(大)'에 대응되는 신라어가 '한(han)'이었을 것임을 시사해 준다.

348) 소사(小舍): 신라의 관직명. 17관등 중에서 열세 번째 관직. 이 명칭은 《마운령비》·《황초령비》·《남산산성비》에는 '소사(小舍)', 《봉평비》에는 '소사제지(小舍帝智)', 《영천청제비》에는 '소사제(小舍第)'로 새겨졌으며, 사서의 경우 《수서》·《북사》·《한원》에는 '소사', 《삼국사기》에는 '소사'와 함께 '사지(舍知)'로 표기하였다.

349) 길사(吉士): 신라의 관직명. 17관등 중에서 열네 번째 관직. 《마운령비》·《황초령비》에는 '길지(吉之)', 《봉평비》에는 '길지지(吉之智)'로 새겨졌으며, 사서의 경우 《수서》·《북사》·《한원》에는 '길사', 《삼국사기》〈직관지(職官志)〉에는 '길사'로 소개하면서 주석을 붙여 "어떤 이는 '계지', 어떤 이는 '길차'라고 한다(或云稽知, 或云吉次)'고 하였다. 그렇다면 '길사 = 계지 = 길차'는 같은 이름('깃시/기시'?)을 서로 다른 [발음의] 한자로 표기한 경우인 셈이다. 〈동북아판4〉 주52(제67쪽)에서는 "《주서》 백제전에 보이는 鞬吉支의 吉支와 통하며, 《고사기》 중권에 보이는 阿知吉師의 吉師와 같은 것"이라고 보았다. 그러나 ① 신라와 백제는 엄연히 서로 다른 나라인데 관직에 남의 나라 이름을 차용한다는 것 자체가 상식적이지 않다. ② 국왕에 대한 호칭을 고위직도 아니고 하위직에 사용한다는 것도 있을 수 없는 일이다. ③ '길사-길지'로 발음이 비슷하다고 해서 무조건 비슷한 개념으로

출전	연대	직함				비고
		분야	~의	호칭	존칭	
진흥왕 순수비	6세기	급	척	간		'척'은 사잇소리[促音]
수서/북사	7세기	급	복	간		'복'은 사잇소리
한원	7세기	급	대	간		'대'는 '벌'의 착오
통전	8세기	급	벌	간		'벌'은 사잇소리
삼국사기	12세기	급	벌	우		'우'는 '간'의 착오
		급	벌	찬		'찬'은 '간'과 의미·발음 동일
		급	–	찬		
마운령비/황초령비	6세기	급	–	간		
단양 적성비	6세기	급	–	간	지	'지'는 '님' 또는 '각하' 정도?
냉수리비/천전리비	5-6세기	거	벌	간	지	'거'는 '급'과 의미·발음 동일
양서/남사	7세기	기	패	한	지	'기패'는 '급벌'의 착오

급복–급척–급벌–거벌–기패는 의미–발음상 '급'과 부합되며, 복–척–벌–패는 모두 사잇소리(촉음)에 해당한다.

보는 것은 일반화의 오류이다. '사'는 '지'처럼 그 발음만 차용한 경우이기 때문이다. 또, ④《고사기》의 '아지길사(阿知吉師, 아치키시)'는 백제에서 일본으로 파견된 사신인 아직기(阿直岐·阿知吉, 아치키)를 높여 부른 것으로, '阿知-吉師(아지-길사)'가 아니라 '阿知吉-師(아직기-선생님)' 구조로 조합되어서 '길사'와는 전혀 무관하므로 유념할 필요가 있다.

다음은 조위[352]이다.

[도성] 바깥으로는 군·현들이 있다.

○ 次伊尺干, 次迎干, 次破彌干, 次大阿尺干, 次阿尺干, 次乙吉干, 次沙咄干, 次及伏干, 次大奈摩干, 次奈摩, 次大舍, 次小舍, 次吉士, 次大烏, 次小烏, 次造位。外有郡縣。

• 011

[그 나라의] 글자[353]와 갑옷·병기는 중국과 같다.

---

350) 대오(大烏): 신라의 관직명. 17관등 중에서 열다섯 번째 관직.《적성신라비》에는 '대오지(大烏之)',《영천청제비》에는 '대오제(大烏第)'로 새겨졌으며, 사서에는《수서》·《북사》·《한원》에는 '대오',《삼국사기》에는 '대오'와 '대오지(大烏知)'로 표기되어 있다.《태평어람》에는 '소언(小焉)'으로 소개되어 있으나, '언(焉)'은 모양이 비슷한 '오(烏)'를 잘못 베낀 것이다.

351) 소오(小烏): 신라의 관직명. 17관등 중에서 열여섯 번째 관직.《영천청제비》에는 '소오',《봉평비》에는 '소오제지(小烏第智)'로 새겨졌으며, 사서에는《수서》·《북사》·《한원》에는 '소오',《삼국사기》에는 '소오'와 '소오지(小烏知)'로 표기되어 있다.《태평어람》에는 '소언(小焉)'으로 소개되었으나 '언'이 모양이 비슷한 '오'를 잘못 베낀 것임을 알 수 있다.

352) 조위(造位): 신라의 관직명. 17관등 중에서 열일곱 번째 관직. 신라 금석 자료인《봉평비》에는 '사족지(邪足智)'로 새겨졌으며, 사서의 경우《수서》·《북사》·《한원》에 '조위',《삼국사기》에는 '조위'와 함께 '선저지(先沮知)'로 소개되어 있다.《태평어람》에는 '달위(達位)'로 소개되었으나 '달(達)'은 '조(造)'를 잘못 베낀 경우이다. 〈동북아판4〉 주55(제67쪽)에서는 "《봉평비》의 사족지는 음운상으로 선저지와 같은 것으로 생각된다"라고 보았다. 그러나 음운상으로는 개연성이 없지 않지만 양자의 성격이 확인되지 않은 상황에서는 쉽게 예단할 수 없다.

353) 글자와 갑옷·병기는 중국과 같다[其文字甲兵, 同於中國]:《수서》보다 편찬 연대가 빠른 남북조시대의 정사인《양서》와 그 뒤에 편찬된《남사》에서는 신라에는 "글자가 없기 때문에 나무를 새겨 신표로 삼는다(無文字, 刻木爲信)"라고 하였다. 그런데《수서》와 그 뒤의《북사》에는 모두 "글자 … 는 중국과 같다"라고 기술되어 있다. 이를 통하여 남북조시대를 거쳐 수·당대에 진입할 무렵 신라가 중원으로부터의 이주 집단 또는 중원 왕조와의 교류를 통하여 한자 등 중국의 선진 문

사람들 중에서 건장한 [남]자를 선발하여 모두 [군대에] 입대시키며, 봉수·수변·순라 [등의 병과들]의 경우354) 어김없이 주둔하고 [이를] 관장하는 부대를 갖추고 있다.355)

○ 其文字甲兵, 同於中國。選人壯健者, 悉入軍, 烽戍邏俱有屯管部伍。

• 012

[그 나라의] 풍속·형벌356)·의복은 고려·백제와 대체로 같은 편이다.

물을 적극적으로 도입했음을 짐작할 수 있다. 물론, 김씨 집단은 그 이주 집단들 중의 한 갈래였을 것이다.

354) 봉수·수변·순라의 경우 어김없이[烽戍邏俱]: 이 대목의 경우, 인터넷〈국편위판〉에서는 "건장한 남자는 선발하여 모두 군대에 편입시켜 烽燧·邊戍·巡邏로 삼았으며, 屯營마다 部伍가 조직되어 있다",〈동북아판4〉(제79쪽)에서는 "봉(봉수)·수(변수)·라(순라)로 삼았으며, 둔(둔영)에는 대열(부오)이 갖추어져 있었다"라고 번역하였다. 그러나 고대 한문에서 '구(俱)'는 특정한 상황이 전개되는 범위를 설정하는 범위부사로 사용되었다. 따라서 이 구절은 그다음 구절과 연결시켜 해석해야 옳다. 봉수·경계·순라 등 각 병과가 예외 없이 저마다 군영과 부대를 갖추고 있었다는 뜻이다.〈동북아판〉에는 '수자리 수(戍)'가 '개 술(戌)'로 표기되어 있으나 잘못이다.

355) 주둔하고 관장하는 부대를 갖추고 있다[屯管部伍]: 이 부분은《수서》에는 '둔관부오(屯管部伍)',《북사》와《통전》에는 '둔영부오(屯營部伍)'로 되어 있다. 고대 한문에서 '관(管)'은 '관리하다(supervise)', '영(營)'은 '병영(camp)'이라는 뜻을 나타낸다. 따라서 네 글자를 직역하면,《수서》는 '주둔하고 관장하는 부대',《북사》는 '주둔하는 병영의 부대'여서《수서》쪽이 더 자연스럽다.

356) 형벌[刑政]: '형정(刑政)'은 형사 행정이라는 뜻이지만 편의상 '형벌[제도]'로 번역하였다. 인터넷〈국편위판〉주180에서는 신라의 형벌을 언급하면서 "… 令(敎)은 상급법이며, 命(驅)·制은 하급법(시행규칙)이었다. 따라서 전자는 특정한 官府에 내리는 것이 아니었지만, 후자는 해당관청(有司)에 下命되는 시행규칙이었다"라는 주장을 소개하였다. 물론, 역사적으로 '명'과 '령'을 실제로 구별해 사용했을지 모르지만 중국 정사에서는 두 글자가 혼용되는 경우가 많다. 양자의 용법이나 층위를 구분하여 사용했다고 보기 어렵다는 뜻이다.

○ 風俗刑政衣服, 略與高麗百濟同。

• 013

매년 정월 초하루에는 서로 [안녕을] 빌어 준다. 357) [이때] 왕은 연회를 베풀고 조정에서 관원들에게 상을 내린다. 358)

[그리고] 이 날은 일신과 월신에게 절을 드린다. 팔월 열닷새(대보름)에는 풍악을 베풀고 관원들로 하여금 활을 쏘게 하여 말이나 베를 상으로 내린다.

첨성대는 천문대가 아니라 김씨 왕가 능원의 랜드마크였을 가능성이 높다. 실제로 첨성대는 신라 고분들의 중심에 자리 잡고 있다.

○ 每正月旦相賀, 王設宴會, 班賚群官。其日拜日月神。至八月十五日, 設樂, 令官人射, 賞以馬布。

---

357) 매년 정월 초하루에는 서로 축하해 준다[每正月旦相賀]: [섣달 그믐밤부터] 새해 초하루에 지인들과 새해 덕담을 나누는 것은 인류사회에서 보편적인 행사이다. 《북사》에는 "매년 정월 초하루[每正月旦]"가 "매달 초하루[每月旦]"로 나와 있다. 그러나 전후 맥락을 따져 보거나 뒤에 '축하할 하(賀)'가 사용된 것을 보면 《북사》의 원문에서 정월을 가리키는 '바를 정(正)'이 누락된 것임을 알 수 있다. 달마다 그렇게 자주 축하인사를 한다는 것은 자연스럽지 않기 때문이다.

358) 관원들에게 상을 내린다[賚群官]: 인터넷 〈국편위판〉에서는 "노고를 치하한다", 〈동북아판4〉(제79쪽)에서는 "뭇 관원을 차례로 대접하였다"라고 번역하였다. 그러나 고대 한문에서 '뢰(賚)'는 제왕이 특정한 물건을 신하에게 '하사하다(bestow)' 또는 '선물하다(present)' 등의 뜻을 나타내는 경우가 많다. 구체적으로 어떤 물건을 하사했는지는 알 수가 없으나, '뢰'는 당연히 '상을 내리다' 식으로 번역해야 옳다.

후랄다이 또는 후룰타이는 초원지대 북방민족들의 공통적인 정치의결제도이다. 사진은 튀르크 부족의 회의 장면. 암마르 유나스(Ammar Younas) 사진

• 014

그 나라에 중대한 일이 일어나면 관원들을 소집하여 자세하게 의논하고 나서 결정을 내린다.[359)

○ 其有大事, 則聚群官詳議而定之。

---

359) 관원들을 소집하여 자세하게 의논하고 나서 결정을 내린다[聚群官詳議而定之]: 《신당서》《신라전》에는 여기서 한 걸음 더 나아가 "[나랏]일은 반드시 사람들과 의논하기 때문에, '화백'이라고 하는데, 한 사람이라도 [의견이] 다르면 [결정을] 중단하였다(事必與衆議, 號和白, 一人異則罷)"라고 기술되어 있다. 이로써 신라가 수·당대(6~7세기)까지만 해도 특정한 사안에 대한 결정이 국왕 개인이 아니라 귀족집단으로 구성된 의결체인 화백을 통하여, 그것도 기본적으로 만장일치의 원칙에 따라 이루어졌음을 확인할 수 있는 셈이다. 중국 정사를 살펴볼 때, 이 같은 중의제도(衆議制度)는 신라는 물론이고 부여(扶餘)·고구려(高句麗) 및 고대의 흉노(匈奴)·선비(鮮卑)·오환(烏桓), 나아가 중세의 돌궐(突厥)·몽고(蒙古)·여진(女眞)·만주(滿洲) 등 초원의 북방 민족 사회에서도 보편적으로 확인된다. 가장 전형적인 본보기는 바로 13세기 몽골제국의 후랄다이(Хуралдай, 튀르크어로는 쿠룰타이)이다. 이를 통하여 신라, 특히 김씨 집단의 의결 전통의 기원을 유추할 수 있는 셈이다.

• 015

의복의 색깔로는 염색하지 않은 색을 높게 친다.[360] 부녀자들은 머리를 땋아 머리 주위로 두르고[361] 여러 가지 비단 내지는 구슬로 꾸미곤 한다.

혼인을 하거나 출가시키는 의례에는 술과 음식만 쓰는데, 차려 내는 음식의 적고 많음은 [그 집의 형편이] 가난한가 부유한가에 따라 결정된다. 신혼날 저녁[362]에 신부는 먼저 시부모에게 절을 드리고 그다음에는 남편[363]에게 절을 한다.

---

360) 의복의 색깔로는 염색하지 않은 색을 높게 친다[服色尚素]: 인터넷 〈국편위판〉 주184에서는 이 부분과 관련하여 "흰색을 좋아하는 것은 夫餘의 '在國衣尙白'과 같다. 이로 미루어 보아 夫餘·高句麗·新羅도 크게는 한 종족이었던 듯하다"라고 해석하였다. 실제로 《삼국지》《부여전》에서는 "[부여인들이] 나라에서 옷을 입을 때에 흰 색을 높게 친다(在國衣尙白)"라고 소개한 바 있다. 다만, 유념해야 할 것은 〈부여전〉에서는 '흰 백(白)'을 직접 사용했으나 여기서는 '바탕 소(素)'를 사용했다는 사실이다. 국내에서는 전통적으로 '소(素)'를 '희다(white)'는 의미로 새겨 '백(白)'과 혼용하는 경우가 많다. '소복(素服)'이라는 단어에서 '흰옷[白衣]'을 연상하는 것이 그 증거이다. 그러나 어원학적으로 따질 때, '소'는 염색을 하지 않은 천연[의 본질적인 색깔](raw)을 뜻한다(문성재, 《처음부터 새로 읽는 노자 도덕경》, 제192쪽 참조). 이를 통하여 신라인이 보통은 염색을 하지 않은 천으로 소박하게 옷을 지어 입었다는 것을 알 수 있는 셈이다.

361) 머리를 땋아 머리 주위로 두르고[辮髮遶頭]: 《북사》의 같은 대목에는 "머리를 땋아 목 주위로 두르고(辮髮遶頸)"로 되어 있다. 그러나 북송대 초기에 편찬된 《오대사》에도 "머리로 머리 주위로 두르고(以髮遶頭)"로 되어 있다. 머리를 목도리처럼 목 주위로 두른다는 것은 자연스럽다고 할 수 없다. 《북사》의 '목 경(頸)'은 사관들이 '머리 두(頭)'를 오독한 결과로 보는 것이 합리적이라는 뜻이다.

362) 신혼날 저녁[新婚之夕]: 《북사》에는 이 부분의 두 번째 글자가 '혼인할 혼(婚)'이 아닌 '며느리 부(婦)'로 나와 있다. 그러나 전후 맥락을 따져 볼 때 이 경우에는 '혼'을 '부'로 잘못 적었음을 알 수가 있다.

363) 남편[夫]: 《북사》에는 이 부분이 '맏형과 남편(大兄·夫)'으로 소개되어 있다. 어느 쪽이 역사적 사실에 부합되는지는 단정할 수 없다. 다만, ①《수서》가 《북사》보다 33년 앞서 편찬된 선행 정사이고, ② 그 내용을 간추려 다시 구성한 것이 《북사》

○ 服色尙素。婦人辮髮繞頭, 以雜綵及珠爲飾。婚嫁之禮, 唯酒食而已, 輕重隨貧富。新婚之夕, 女先拜舅姑, 次卽拜夫。

• 016

[사람이] 죽으면 [그 시신을] 널에 모시는 절차가 있으며364), [땅에] 안장한 다음 봉분을 올린다. 365) 국왕 및 부모·처자식이 세상을 떠나면 한 해 동안 [자리를] 지키며 상을 치른다. 366)

이므로, ③《수서》의 기록이 옳다고 보아야 한다. '맏형[大兄]'은 잘못 들어간 내용일 가능성이 높다는 뜻이다.

364) 죽으면 널에 모시는 절차가 있으며[死有棺斂]: 이 부분의 경우, 인터넷 〈국편위판〉에서는 "사람이 죽으면 斂襲하여 棺에 넣고", 〈동북아판4〉(제080쪽)에서는 "사람이 죽으면 염습(斂襲)하여 관(棺)에 넣고"라고 번역하여 염습(殮襲)과 입관(入棺)을 구분하였다. 그러나 '관렴(棺斂)'은 시신을 널 속에 모시는 과정, 즉 염습과 입관을 아울러 일컫는 말이다. 고대 한문에서 '렴(斂)'은 '거두다, 수습하다(lay in)'는 뜻을 나타내는데, 이를 상례(喪禮)에 한정하여 사용할 때에는 '렴(殮)'이라고 쓴다. 고대 중국에서는 일반적으로 시신에 수의를 입히는 것을 '소렴(小殮)', 시신을 널에 모시는 것을 '대렴(大殮)'이라고 불렀다.

365) 안장한 다음 봉분을 올린다[葬起墳陵]: 《수서》보다 33년 뒤에 편찬된 《북사》에는 '묻을 장(葬)' 다음에 '보낼 송(送)'이 추가되어 "안장하여 망자를 보내 드린 다음 봉분을 올린다(葬送起墳陵)"로 기술되어 있다. 내용상으로는 큰 차이가 없지만 '송'은 잘못 들어간 글자이다.

366) 한 해 동안 지키며 상을 치른다[持服一年]: 인터넷 〈국편위판〉과 〈동북아판4〉(제70쪽)에서는 이 부분을 "1년간 服을 입는다"고 번역했는데 잘못된 번역이다. 고대 한문에서 '옷 복(服)'은 동사로 사용될 경우 '복무(服務)·복역(服役)·복상(服喪)'처럼 특정한 임무를 '이행하는 것(serve)'을 가리킨다. 마찬가지로, '지복(持服)'은 자신이 있는 자리를 지키며 상주로서의 역할을 이행하는 것을 말한다. 그래서 《북사》에서는 이 부분을 '머물며 의무를 진다'는 뜻에서 '거복(居服)'이라고 표현하였다. 《주서》에 따르면, 고구려에서는 "부모나 남편의 상을 당했을 경우, 그 나라에서 상을 치르는 제도는 중국과 같지만 형제인 경우에는 3개월로 제한한다(父母及夫喪, 其服制同於華夏. 兄弟則限以三月)", 백제에서는 "부모 및 남편이 죽었을 때에는 3년 동안 상을 치르고 나머지 친척일 경우에는 안장을 마치면 상복을 벗는다(父母及夫死者, 三年治服, 餘親, 則葬訖除之)"라고 하였다. 고구려와

[전답의 경우] 농지가 무척 좋고 기름져서 논으로도 밭으로도 겸하여 [곡식을] 심을 수 있다.367)

[그 나라에서] 다섯 가지 곡물368)·과일·채소·새·짐승·특산물은 대체로 중국과 같다.

○ 死有棺斂, 葬起墳陵。王及父母妻子喪, 持服一年。田甚良沃, 水陸兼種。其五穀果菜鳥獸物産, 略與華同。

• 017

대업 연간369) 이래로 해마다370) [수나라에 사신을] 파견하여 [대궐에] 입조하

백제의 장례 습속이 비슷했던 셈이다. 그런 의미에서 1년만 상을 치르는 신라의 경우는 상당히 이채롭다. 이로써 당시까지만 해도 신라가 고구려·백제에 비하여 관혼상제에서 중국의 영향을 상대적으로 덜 받고 있었음을 짐작할 수가 있다.

367) 논으로도 밭으로도 겸하여 심을 수 있다[水陸兼種]: 이 부분의 경우, 인터넷 〈국편위판〉에서는 "논곡식과 밭곡식을 모두 심을 수 있다", 〈동북아판4〉(제80쪽)에서는 "논농사와 밭곡식을 모두 심을 수 있었다" 식으로 번역했으나 오역이다. 여기서 '수륙겸종(水陸兼種)'은 곡식의 종류를 나타내는 것이 아니라 토질이 워낙 비옥해서 농지의 용도를 변경하여 논으로든 밭으로든 전천후로 농사가 가능하다는 뜻으로 이해해야 옳다.

368) 다섯 가지 곡물[五穀]: 오곡(五穀)의 종류에 관해서는 고대에도 지역이나 작자에 따라 여러 가지 구분법이 존재해 왔다. 그중에서도 가장 대표적인 구분법은 ① 후한의 학자 정현(鄭玄, 127~200)이 《주례(周禮)》에 붙인 주석에서 삼[麻]·메기장[黍]·차기장[稷]·보리[麥]·콩[豆]으로 구분한 경우와, ② 역시 비슷한 시기의 학자 조기(趙歧, ?~201)가 《맹자(孟子)》에 붙인 주석에서 벼[稻]·메기장·차기장·보리·콩[菽]으로 구분한 경우의 두 가지 정도로 정리할 수 있다. 그런데 은대 이래로 진·한대를 지나 5호 16국시대에 이르기까지 고대 중국의 경제·문화의 중심지는 북방인 황하(黃河) 유역이었던 반면에, 벼의 주요한 생산지는 남방에 있었다. 그렇다면 처음에는 삼·메기장·차기장·보리·콩이 대표적인 '오곡'이다가 나중에 강역이 남방으로 확장되면서 마는 빠지고 벼가 새로 추가된 것으로 이해할 수 있는 셈이다.

369) 대업 연간[大業]: 수나라 제2대 황제인 양제(煬帝) 양광(楊廣)이 605~616년까지 13년 동안 사용한 연호.

신라전(新羅傳) 193

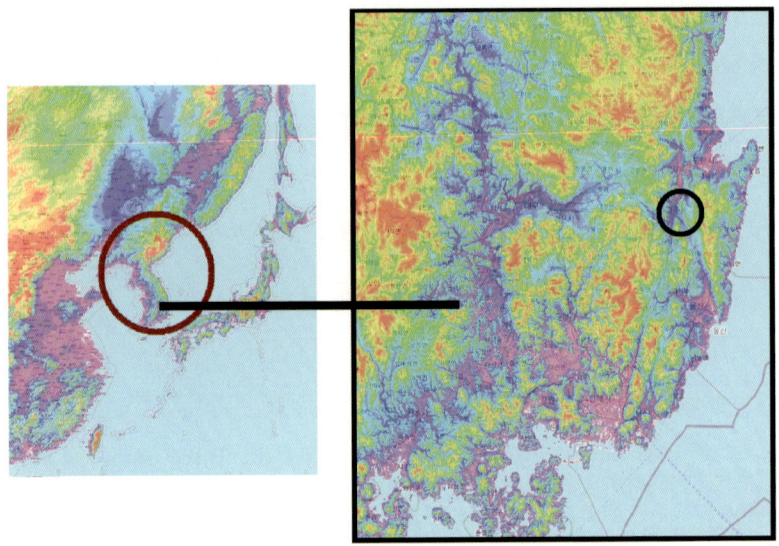

한반도는 지형적으로 동쪽이 높고 서쪽이 낮은 '동고서저'의 지형이 우세하다. 고도가 높고 고립된 동쪽에 자리잡은 신라의 입지조건은 국가발전에 상당히 불리하였다. 까만동그라미는 금성(경주시)

고 공물을 바쳤다.

370) 대업 연간 이래로 해마다~[大業以來歲遣]: 인터넷 〈국편위판〉 주186에서는 중원 왕조(수나라)에 대한 신라의 조공이 삼국 중에서 가장 부진했던 이유를 "地理的인 격리성도 있었지만, 무엇보다도 정치적 후진성에 있었다"라고 보았다. 그러나 그 같은 해석은 일반화의 오류가 아닌가 싶다. 신라의 중국과의 교섭이 고구려·백제보다 현저하게 늦게, 현저하게 적게 이루어지게 된 가장 원초적이고 결정적인 이유는 그 입지조건에서 찾아야 옳기 때문이다. ① 지리적으로 중국과는 방향이 정반대인 한반도 동남쪽에서 발상한 데다가, ② 중원의 역대 왕조와 교류할 때에는 반드시 백제·고구려를 경유할 수밖에 없는데 ③ 정치·외교적 풍향에 따라 번번이 그 의지가 좌절되는 경우가 많았기 때문이다. ④ 역사적으로 신라가 고구려·백제와 마찬가지로 중국과의 교섭과 선진 문물의 수입에 적극적이었던 점이 그 증거이다. 신라의 중국과의 교섭이 본격화되는 것은 진흥왕의 한강 유역 확보로 그동안의 지리적 약점을 극복하고 중국과 교류할 수 있는 통로를 확보하면서부터였다.

신라는 지형적으로 산세가 험한 경우가 많다.³⁷¹⁾ [그래서] 백제와 아무리 사이가 나쁘다 해도 백제의 입장에서도 그 나라를 도모하기는 여의치 않다.³⁷²⁾

○ 大業以來, 歲遣朝貢. 新羅地多山險, 雖與百濟構隙, 百濟亦不能圖之.

---

371) 지형적으로 산세가 험한 곳이 많다[地多山險]: 인터넷 〈국편위판〉에서는 이 부분을 "지리상 산이 많고 길이 험하므로" 식으로 번역했으나 오역이다. 해당 부분은 "신라지다산험"으로 끊어서 해석해야 옳다. 이때 '지(地)'는 부사로 보아 '지형적으로' 식으로, '많을 다(多)'는 뒤의 상황이 전개되는 범위를 한정하는 범위부사로 작동하므로 '대부분' 또는 '많은 경우' 정도의 의미로 번역해야 한다.

372) 백제의 입장에서도 그 나라를 도모하기는 여의치 않다[百濟亦不能圖之]: 고대 한문에서 '불능(不能)'은 능력상으로 불가능한 것(can not)을 나타내는 것이 아니라 잘 해내지 못하는 것(not good enough)을 주로 나타내었다. 여기에서도 정벌할 수 없다는 뜻이 아니라 정벌하기가 쉽지 않다는 뜻에서 한 말로 이해해야 옳다.

말갈전(靺鞨傳)[373]

• 001

말갈[374]은 고려의 북쪽에 있다.[375]

373) 말갈전(靺鞨傳): 이 열전은 크게 수나라 이전과 수나라 당대의 두 부분으로 구성되어 있다. 그중에서 말갈의 선행집단인 물길의 내력·지리·풍습·제도를 소개한 수나라 이전 부분은《삼국지》·《위서》등, 선행 정사들을 참조하여 작성되었다. ① 도태산을 소개한 대목, ② 소금기를 띤 환경과 ③ 독화살의 사용 등을 소개한 대목이 그것들이다. 수나라 당대 부분의 경우, 문제와 양제가 재위한 6~7세기까지 포착된 말갈 집단의 분포 상황·풍속·환경 등의 내용들이 주로 소개되어 있다. 집필자는 문제의 개황 연간에 입조한 말갈 사신들의 행적, 수나라에 귀순한 흑수말갈의 지도자인 도지계의 행적 등, 수나라와 접촉한 말갈 집단의 동선을 소개하는 데에 상당한 지면을 할애하였다. 그중에는 고구려와 말갈의 관계를 엿볼 수 있는 내용도 일부 다루어져 있어서 한·중 고대사 및 고구려·발해사 연구에 유용한 정보들을 제공한다. 다만, 이 열전에 소개된 내용은 말갈이라는 족속 전체의 보편적인 상황들이라기보다는 수나라와 교섭한 말갈의 일부 세력과 그들의 사적을 중심으로 한 것임에 유념할 필요가 있다.

374) 말갈(靺鞨): 북위시기까지는 '물길(勿吉)'로 불렸으며 수나라에 이르러 '말갈'로 불리기 시작하였다. 인터넷 〈국편위판〉 주188에서는 그레벤스치코프(Grebenščikov)의 주장을 근거로 "靺鞨이란 原音이 Moxo, 또는 Moho로서 滿洲의 女眞語의 물(水)을 뜻하는 Muke에서 나온 것이라 생각된다. … 이로 보아 靺鞨이란 말은 '물가에서 생활하던 사람들'을 가리키는 용어임에 틀림없다. 이것은 勿吉(Wu-tsi)이란 말이 '森林에서 生活하던 사람들'을 가리키는 것과 서로 對比된다"라고 보았다. 그러나 그 같은 추론은 잘못된 것이다. ① '모허(Moho)'는 고대의 한자음이 아니라 현대식 한자음이다. 원대의 호삼성은 "말은 발음이 '말', 갈은 발음이 '갈'(靺,音末, 鞨,音曷)"이라고 했는데 그 고대음은 '막과 발의 반절[莫拔切, moɑt]'과 '호와 갈의 반절[胡葛切, ghɑt]'이다. '못갓' 정도로 재구되는데 종성 '-ㅅ'이 탈락되면 '뫄가'가 된다. '모허'와 '뫄가'는 음운적 형질이 상당히 다른 것이다. 지금의 발음을 1,400년 전의 이름에 끼워 맞추는 것 자체가 잘못된 논증이라는 뜻이다. ② 미국 학자 주학연은《진시황은 몽골어를 하는 여진족이다》(제233~234쪽)에서 '말갈'의 고대음이 헝가리인의 선조 종족 이름 '마갸르(magyar)'와 어원적으로 일치한다고 보았다. 실제로 종성 '-ㅅ'이 탈락된 고대음 '뫄가'는 음운상으로 '마갸르'와 거의 완벽하게 일치한다. ③ 따라서 음운·어원적으로 첫

○ 靺鞨, 在高麗之北。

• 002

[그 땅의] 읍락들은 저마다 추장이 있지만 서로가 단일하게 통합되어 있지는 않다. 376) [*377)]

단추를 잘못 끼운 '모허'를 만주어 '무커(muke)'와 결부시키고 비교하는 것 역시 잘못된 결론을 도출할 수밖에 없다. ④ 역대 중국 정사에서는 말갈은 말을 방목하면서 수렵과 약탈을 일삼았다고 적고 있다. ⑤ 무엇보다도 '말(靺)'과 '갈(鞨)' 두 이름자에 모두 '가죽 혁(革)'이 들어 있다는 것 자체가 말갈의 기마민족적 특질을 잘 보여 준다. 말갈과 만주족은 생활 방식이 전혀 다른 것이다. '모허'가 '무커'에서 유래했다는 것은 어원학적으로도 역사적으로도 어불성설이라는 뜻이다. 애초에 '물길'과 '말갈'은 중원 왕조의 구성 종족 및 한자 표기 방식에 따라 북위까지는 '물길'로 표기하다가 수·당대부터 '말갈'로 표기한 경우일 뿐이다. 그 정확한 의미는 단정할 수 없으나 그 둘이 사실상 동일한 이름이며 동일 계통의 종족 집단이라는 뜻이다. '물길'과 '말갈'은 같은 의미를 가진 명사를 다른 한자로 표기한 것인데 이를 두고 '전자는 숲에 사는 집단, 후자는 물가에 사는 집단'이라는 엉뚱한 의미를 부여하는 것 자체가 논리적 비약이다. 참고로, 주학연은 668년에 고구려의 멸망으로 구심점을 잃은 말갈이 유럽으로 이동하여 헝가리를 세운 마갸르와 동일 족속이라고 보았다.(같은 책, 제231~245쪽)

375) 고려의 북쪽에 있다[在高麗之北]: "고려의 북쪽"이란 고구려 강역 내의 북방이 아니라 고구려 국경선 이북을 말한다. 국내의 일부 고대사 지도를 보면 말갈의 일곱 갈래의 분포지를 고구려 경내에 표시하는 경우가 있다. 그러나 적어도 《구당서》〈말갈전〉에 소개된 말갈 부족들의 경우를 놓고 본다면 그 분포지는 고구려 강역 너머에 표시되어야 옳다. 해당 〈말갈전〉에서 속말부를 소개하면서 ① 고구려와 [국경이] 맞닿아 있었고, ② 번번이 고구려 땅을 침입하곤 했다고 기술한 것이 그 증거이다.

376) 서로가 단일하게 통합되어 있지는 않다[不相總一]: 이 부분은 그 읍락들을 총괄해 지배하는 중앙집권적인 통치자는 존재하지 않고 읍락마다 개별적으로 추대된 수장들이 해당 읍락을 독자적으로 지배하는 읍락국가의 면모를 지니고 있었다는 뜻으로 해석된다. 《수서》가 편찬된 6~7세기 수·당대까지도 말갈(물길)은 부족국가·읍락국가의 특징을 지니고 있었다는 뜻이다. 인터넷 〈국편위판〉 주124~125에 따르면, 능순성이나 시로코고로프·짜하로프 등은 만주족·나나이족 집단 연구를 토대로 물길의 민족지(民族誌, Ethnography)를 재구하려 하였다. 그러나 두

그 부족의 부류로는 통틀어 일곱 갈래가 있다.378)

〇 邑落俱有酋長, 不相總一。凡有七種。

•003

그중 하나는 '속말부'379)라고 부르는데, 고려와 [국경이] 맞닿아 있다.

집단 사이에 1,000년이 넘는 시차가 발생하는 데다가 물길의 전통을 온전히 계승했다는 증거가 박약한 상황에서 물길 읍락사회를 만주족 씨족사회와 동일시하는 것은 지나친 일반화의 오류가 아닌가 싶다.

377) *:《북사》에는 이 자리에 물길(말갈)의 언어·기질·좌표 등에 관한 내용이 상세하게 소개되어 있다. 특히, 낙양과 화룡(영주)로부터 물길까지의 거리를 제시하고 있어서 좌표 연구에 유용한 정보를 제공해 준다.

378) 통틀어 일곱 갈래가 있다[凡有七種]: 여기에 소개된 말갈의 7대 집단은, 속말부·흑수부·백산부 등에서 보듯이, 그 이름만 놓고 따져 보면, 그 구분의 기준이 되는 것은 종족이 아니라 [분포]지역이 아닌가 싶다.《신당서》〈흑수말갈전〉에는 위의 7대 집단 중에서 호실부가 빠진 여섯 집단만 소개되어 있다.

379) 속말부(粟末部): 수·당대의 말갈 부락.《수서》원문에는 '속미(粟未)'로 소개되어 있으나《신당서》등 다른 사서들과 대조해 볼 때, '미'는 '말'과 모양이 비슷한 데서 빚어진 착오이다. '속말(粟末)'은 '속말(束末, 涑沫)'로 쓰기도 하는데, 고대음이 'ㅅㅛㄱ-muɑt'이므로 종성 '-ㄱ'과 '-ㅅ'이 약화·탈락될 경우 '쇼와' 식으로 읽었을 것이다. 지금의 길림성과 흑룡강성을 흐르는 하천인 송화강(松花江)의 다른 이름이다.《신당서》〈흑수말갈전〉에서 "속말부는 [말갈 집단 중에서] 가장 남쪽에 사는데 태백산[도태산이라고도 한다]에 이르러 고구려와 [국경을] 접한다. 그 하천은 산 서쪽에서 발원하여 북쪽으로 타루하로 유입된다(粟末部, 居最南, 抵太白山, 與高麗接, 依粟末水以居。水源于山西, 北注它漏河)"라고 한 것이 그 증거이다. 인터넷〈국편위판〉주189에서는 속말부의 근거지와 관련하여 ① 길림(吉林)·오랍(烏拉, 울라) 일대, ② 송화강의 북쪽 지류, ③ 휘발하(輝發河)·이통하(伊通河)·송화강 유역이라 하여 모두 길림·오랍 일대를 중심지로 보았으며, ④ 송화강 중류 이북지역이라는 주장도 소개했는데 어느 쪽 주장이 옳은지는 알 수가 없다. 한 가지 분명한 사실은 말갈 집단 중에서 속말부가 가장 남쪽에 분포했다는 것이다. 속말부를 포함한 말갈의 7대 집단의 분포지는 모두 고구려의 국경을 넘어 그 북쪽에 표시되어야 옳다는 뜻이다.

중국에서 그린 말갈 7부 위치 추정도. 그러나 '중원에서 가장 가까운 것이 백산부와 속말부이며, 흑수부가 안거골부의 서북쪽에 있다'고 한 《수서》 기사와는 상반되게 그려서 문제가 많다.

정예 병력이 수천으로, 용맹하고 굳센 경우가 많아서 번번이[380] 고려 땅을 침입하곤 하였다.

○ 其一號粟末部, 與高麗相接, 勝兵數千, 多驍武, 每寇高麗中。

• 004

그 둘째가 백돌부[381]인데, 속말[부]의 북쪽에 있으며, 정예 병력이 칠천

---

380) 번번이 고려 땅을 침입하곤 하였다[每寇高麗中]: 인터넷 〈국편위판〉에서는 '매(每)'를 '항상(always)'으로 번역했으나 정확하게 표현하자면 '걸핏하면(frequently)' 정도의 의미로 이해해야 옳다.

381) 백돌부(伯咄部): 수·당대의 말갈 부락. '백돌(伯咄)'은 '멱돌(汨咄)'로 쓰기도 하는데, 그 고대음은 '빡뜻(pak-tuət)'이므로 종성 '-ㄱ'과 '-ㅅ'이 약화·탈락될 경

이다. 그 셋째는 안거골부382)인데, 백돌[부]의 동북쪽에 있다.

○ 其二曰伯咄部, 在粟末之北, 勝兵七千. 其三曰安車骨部, 在伯咄東北.

• 005

그 넷째는 불열부383)로서, 백돌[부]의 동쪽에 있다.

우 '빠뚀' 식으로 재구된다. 중국 쪽에서는 이 "속말의 북쪽에 있다"를 근거로 지금의 제2 송화강의 납림하(拉林河) 유역(길림성 부여현 경내)으로 비정하기도 한다. 수·당대에 고구려에 복속하면서 고-당 전쟁 당시에는 고구려를 도와 당나라 군과 맞서 싸웠다. 고구려가 멸망한 뒤에는 그 무리가 뿔뿔이 흩어졌으며, 근거지에 잔류한 무리는 나중에 대조영이 건국한 발해에 흡수되었다.

382) 안거골부(安車骨部): 수·당대의 말갈 부락. '안거골'의 두 번째 글자는 '살 거(居)'와 통용되기도 한다. 이로써 이름에 사용된 '車'의 발음이 '차 차('처')'가 아니라 '수레 거('쥐')'임을 확인할 수 있는 셈이다. '안거골'의 고대음은 '안께껫(an-ki-oe-kuət)' 정도로 재구된다. 백돌부와 마찬가지로 고-당 전쟁에서 고구려와 함께 당나라군에 맞서 싸웠으며, 고구려가 멸망한 뒤에는 무리가 뿔뿔이 흩어졌으며 그 일부는 발해에 흡수되었다. 학계에서는 "백돌의 동북쪽에 있다"는 소개에 근거하여 그 근거지를 대체로 지금의 흑룡강성 의란현(依蘭縣) 및 그 동쪽인 아륵초객(阿勒楚喀) 오상현(五常縣) 일대로 비정했고, 어떤 학자는 안'거'골을 안'차'골로 새겨 '아륵초객'이 안거골에서 유래한 지명이라고 주장하기도 한다. 그러나 '車'의 경우, '차'는 근대음이고 당초의 고대음은 '거'이다. 따라서 안'거'골과 아륵'초'객은 음운상으로 대응되지 않는다.

383) 불열부(拂涅部): 수·당대의 말갈 부락. '불열'의 고대음은 '퓻넷(phyiuət-net)'이므로 종성 '-ㅅ'이 약화·탈락될 경우 '퓨네' 식으로 읽혔을 것이다. 고구려가 멸망한 뒤로 당나라에서 불열주(拂涅州)를 설치하고 하북도(河北道)의 안동도호부(安東都護府)에 귀속시켰다. 대조영이 발해를 건국한 뒤로는 차츰 북쪽으로 이주해 가면서 그대로 독자적인 세력을 이루었다. 《신당서》〈흑수말갈전〉에 따르면, 나중의 흑수말갈 16부의 하나로 "또 불열·우루·월희·철리 등의 부락이 있다. … 불열은 '대불열'로 일컫기도 하는데, 개원·천보 연간에 중국에 여덟 차례나 와서 고래눈알·담비가죽·흰토끼가죽을 바쳤다(又有拂涅虞婁越喜鐵利等部. … 拂涅, 亦稱大拂涅. 開元天寶間入來, 獻鯨睛貂皮白兔皮)"라고 하였다. 개원 6년(718)에는 대수령이 당나라로부터 수중낭장(守中郎將)·중랑장(中郎將)·좌무위절충(左武衛折冲) 등의 관직을 제수받았다. 그러나 당대 말기인 발해 선왕(宣王) 대인수

그 다섯째는 호실부384)인데, 불열[부]의 동쪽에 있다.

○ 其四曰拂涅部, 在伯咄東。其五曰號室部, 在拂涅東。

• 006
그 여섯째는 흑수부385)로서, 안거골[부]의 서북쪽에 있다.

(大仁秀) 시기에 이르러 발해에 병합되면서 동평부(東平府)가 설치되었다. 중국 쪽에서는 "백돌부의 동쪽에 있다"는 소개에 근거하여 지금의 흑룡강성 영안시(寧安市) 이북지역 일대로 비정하고 있으나 신중한 접근이 필요하다.

384) 호실부(號室部): 수·당대의 말갈 부락. '호실'의 고대음은 '고싯(ghau-sjit)'이므로 종성 '-ㅅ'이 약화·탈락될 경우 '고시' 정도로 재구된다. 중국 쪽에서는 "불열부의 동쪽에 있다"는 소개에 근거하여 지금의 흥개호(興凱湖) 부근 및 수분하(綏芬河) 상·중류지역 일대로 비정하고 있다. 백돌·안거골의 경우와 마찬가지로 고구려와 함께 당나라군에 맞서 싸웠으며 고구려 멸망과 함께 무리가 뿔뿔이 흩어지면서 발해에 흡수되었다고 한다.

385) 흑수부(黑水部): 수·당대의 말갈 부락. 그 이름에서 짐작할 수 있듯이, 흑수 지역을 근거지로 삼았다. 《구당서》에서는 "안거골의 서북부에 있다(在安車骨之西北)"라고 하였다. 그 위치와 관련하여 중국의 빠이뚜 백과에서는 "안거골의 서북쪽에 있다. 안거골은 지금의 아십하이다. 전통적인 관점으로는 흑수는 흑룡강의 대명사이며, 그 방향은 대체로 아십하의 동북쪽이다. 그동안의 상당한 고고적 연구를 통하여 흑수부는 흑룡강 유역 및 송화강과의 합류지점에 이르는 광대한 지역에 있었을 것이다(在安車骨西北. 安車骨是現今的阿什河, 傳統管簧認爲, 黑水是黑龍江的代稱, 其方向大致在阿什河的東北. 根據相當考古硏究發現, 黑水部應該在黑龍江流域以及與松花江滙合處的廣大地區)"라고 하였다. 중국에서는 그 근거지는 안거골의 북쪽, 즉 지금의 흑룡강 중·하류 지역으로 추정하는 편이다. 그러나 원문에는 안거골의 "서북쪽"이라고 했으니 그 지리적 좌표에 편차가 큰 셈이다. 당대 초기에 흑수주(黑水州)가 설치되었고, 개원 10년(722)에 그 추장인 예속리계(倪屬利稽)가 당나라에 입조하자 현종이 '발리주자사(勃利州刺史)'로 제수하였다. 개원 13년(725)에는 안동도호부의 설태(薛泰)의 요청으로 흑수부(黑水府)를 설치하고 부족장을 도독·자사로 삼았으며, 당나라에서는 장사(長史)를 두고 그들을 감시하였다. 16년(728)에는 흑수부 도독에게 국성(國姓)인 이씨 성과 이름 헌성(獻誠)을 내리는 한편, 운휘장군 겸 흑수경략사(雲麾將軍兼黑水經略史)를 제수하고 유주도독(幽州都督)의 지휘를 받게 하였다. 나중에 발해가 강성해지자 결국 발해에 흡수되었다.

그 일곱째는 백산부[386)]이며, 속말[부]의 동남쪽에 있다.

○ 其六曰黑水部, 在安車骨西北。其七曰白山部, 在粟末東南。

•007
[속말부를 제외한 여섯 부족은] 정예 병력이 한결같이 삼천을 넘지 않는데[387)]

[그 중에서는] 흑수부가 특히 강하고 튼튼하였다.

불열[부]로부터 동쪽은 [사용하는] 화살이 한결같이 돌촉[388)]이다. 바로 옛

---

386) 백산부(白山部): 수·당대의 말갈 부락. 속말부·흑수부와는 달리 고구려가 멸망할 때까지 고구려에 복속되어 있었다. 고구려가 멸망한 뒤로는 고구려 유민 및 현지의 속말부 말갈과 함께 대조영의 발해 건국에 힘을 모았다.《구당서》에서는 그 위치를 "속말부의 동남쪽에 있다(在粟末東南)"라고 보았다. 중국 빠이뚜 백과에서는 "백산부는 말갈 7부 중에서 지역적으로 가장 남쪽에 있는 부락이었다(白山部是靺鞨七部中地域最南的一部)"라고 보았다. 그래서 중국 학자들은 그 위치를 대체로 길림성 화룡시(和龍市)-훈춘시(琿春市) 일대로 비정하고 있다. 심지어 빠이뚜 백과에서는 이들이 "흑수부의 정남쪽으로, 태백산[지금의 백두산] 가까이에 있었기 때문에 그렇게 일컬어졌다. 활동지역은 대체로 지금의 중국 길림성 백산시와 북한 함경남북도에 해당한다(黑水部的正南。因毗鄰太白山[今長白山]而得名。活動區域大概相當於今中國吉林省白山市和朝鮮咸鏡南北二道)"라는 주장까지 하고 있다. 그러나 그것은 속말부와 혼동한 결과로서, '백산'을 지금의 백두산과 동일시하여 좌표를 잘못 잡으면서 빚어진 오류이다.

387) 삼천을 넘지 않는데[不過三千]: 인터넷 〈국편위판〉에서는 이 부분을 "삼천 명에 불과한데"로 번역했으나 오역이다. 물론, 현대의 한국어·중국어에서는 '불과(不過)'가 '~에 지나지 않는다'라는 의미로 사용된다. 그러나 고대 한문에서는 "[규모가] ~를 넘지 않는다", 즉 '미만(未滿)'의 의미로 사용된다. '불과삼천(不過三千)'은 '삼천에 지나지 않는다(only 3,000)'가 아니라 '삼천도 되지 않는다(under 3,000)'로 이해해야 옳다는 뜻이다.

388) 돌로 만든 살촉[石砮]: 숙신이 살촉을 만드는 데에 사용된 돌이 어떤 종류인지는 알 수가 없다. 그러나《삼국지》및《후한서》의 〈읍루전〉에는 "청석으로 살촉을 만들었다"라고 소개되어 있다.《고훈회찬》(제2467쪽)에 따르면,《상서(尙書)》〈우공(禹貢)〉의 "그 땅은 [검]푸르거나 검다(厥土靑黎)", "어떤 데는 희게 만들고 어떤 데는 [검]푸르게 만들었다(或素或靑)"라는 기록들 속의 '푸를 청(靑, blue)'자는 '검을 흑(黑, black)'의 의미로 해석된다고 한다. 〈국편위판1〉(제273쪽 주7)

여진족의 석촉. 숙신은 여진의 전신으로 전해진다.

날의 숙신씨³⁸⁹⁾[인 것]이다. [*³⁹⁰⁾]

에서는 '청석'이 석영(石英) 계통의 돌일 것으로 보았다. 실제로 고대 유물들을 보면 검은색 석영 재질의 돌촉이 자주 확인되고 있다. 석영에는 여러 가지 종류가 있지만 대체로 검은색을 띠면서 푸른빛이 도는 경우가 많다. 《삼국지》·《후한서》의 '청석' 역시 푸른 돌이 아니라 검푸른 돌, 또는 검은 돌을 가리키는 것일 개연성이 높다는 뜻이다. 염약거(閻若璩) 등 청대 학자들의 고증은 문성재, 《정역 중국정사 조선·동이전1》, 제281~284쪽의 집해 주들을 참조하기 바란다.

389) 숙신씨(肅愼氏): 중국 고대사에 등장하는 북방민족의 한 갈래. 그 이름이 중국사에 처음으로 등장하는 것은 춘추시대 좌구명(左丘明)의 《춘추좌전(春秋左傳)》에서부터이다. 그 "소공(昭公) 9년(BC533)"조에서는 춘추시대 주(周)나라의 대부(大夫)이던 첨환백(詹桓伯)은 "무왕께서 상나라를 정벌하실 적에 포고·상엄은 우리나라의 동쪽 땅이며, 숙신·연·박은 우리나라 북쪽의 땅(及武王克商, 蒲姑·商奄, 吾東土也。肅愼·燕·亳, 吾北土也)"이라고 하였다. 그 이름은 그 이후에도 《국어(國語)》 등에 보이며, 《사기》에는 '식신(息愼)·직신(稷愼)' 등으로 소개되었다. 서천왕(西川王, 270~292) 때 그 일부가 고구려에 복속되었으며, 광개토대왕 8년(398)에 고구려에 완전히 흡수되었다. 나중에 일어난 읍루·말갈은 숙신의 후예로 추정되기도 한다. 곽석량에 따르면, '숙신'의 고대음은 '슉졘(sieuk-zien)' 정도로 재구된다. 미국 학자 주학연(朱學淵)의 《진시황은 몽골어를 하는 여진족이었다》(제138~152쪽)에 따르면, 주대(周代) 이래의 숙신의 이름들 중에서 '주신(朱申)·주리진(朱里眞)·여진(女眞)·노아진(奴兒眞)'은 모두가 '주[르]첸(Ju[r]chen)'을 각자 다른 한자·방식으로 표기한 것들이다. '숙신' 역시 '슉졘' 또는 '숙신'에서 종성 '-ㄱ(g)'가 약화/탈락되면 '슈졘/수신'이어서 '주[르]첸'과 대응된

○ 勝兵並不過三千, 而黑水部尤爲勁健。自拂涅以東, 矢皆石鏃, 卽古之肅愼氏也。

•008

[물길 사람들은] 사는 곳이 산이나 물[의 형세]에 의지한 경우가 많다. [그들의] 우두머리는 '대모불만돌'[391]이라고 한다. 동이 지역에서는 강한

다. 음운·어원상으로 친연성을 공유하고 있다는 뜻이다. 인터넷 〈국편위판〉에서는 숙신이 한대에는 '주신(朱申)', 당대에는 '철아적(徹兒赤)'으로 일컬어졌다고 소개했는데 잘못된 설명이다. '주신'은 '주신(珠申)'으로 적기도 해서《만주원류고(滿洲源流考)》에서는 "《대금국지》에서 '금나라는 본래 이름이 주리진'이라고 했는데, 우리 왕조(청)에서 이전에 자기 부락을 일컫던 '주신'과 유사한데, 실은 '숙신'의 발음이 변한 것이다. 오대 이후로 말갈의 옛 부락들을 모두 흡수했는데 이리하여 '여진'이라는 이름이 등장하였다(大金國志言, 金國, 本名珠里眞. 與本朝舊稱所屬曰珠申相近, 實卽肅愼之轉音也. 五代以後盡倂鞨舊部, 於是, 女眞之名始著)"라고 하였다. 그렇다면 '주신'은 원·명대 이후에 나타난 이름인 셈이다. '철아적'은 원대의 관직명인 '다루가치(達魯花赤)'의 접미사 '치(赤)'가 붙은 것을 보면 원대 전후의 표기로 보인다. 참고로, '읍루'의 경우는 피상적으로 보기에도 '숙신'과 전혀 유사성이 없다. 어원·음운상으로 서로 전혀 무관하다는 뜻이다.

390) *:《북사》〈물길전〉에는 이 자리에 "동이 지역에서는 강한 나라이다(東夷中爲强國)"라는 구절이 들어가 있다. 그러나 이《수서》에는 이 구절이 '대막불만돌' 뒤에 붙어 있다.

391) 대막불만돌(大莫弗瞞咄): 부락의 지도자를 일컫는 말갈어. 이것이 '족장(head)' 식의 일반적인 호칭인지 '각하(lord)' 식의 존칭인지는 알 길이 없다. 청대의《흠정 만주원류고》〈부족5〉"말갈"조에서는 이와 관련하여 주석을 붙여 "따져 보건대, 만주어에서는 우두머리를 '다'라고 한다. 노인을 '삭-다마파'라고 하는 것이 그것이다. '대막불' 3자는 '다마파'일 것이다. '만돌' 2자는 '만주'와 발음이 비슷하다(案, 滿洲語謂長曰達, 稱老翁曰薩克達瑪法是. 大莫弗三字, 當係達瑪法也. 瞞咄二字, 與滿珠音相近)"라고 하였다. 청대 학자들은 이를 '만주족 추장'이라는 뜻으로 인식했던 셈이다. 그래서 인터넷 〈국편위판〉 주197에서는 "大는 肅愼語의 Da로서 수령, 두목을 뜻한다. … 莫弗은 肅愼語 Mafa를 나타내고 瞞咄은 Mandu를 나타내는데, 모두 酋長을 의미하는 말이다. … 渤海의 姓인 大氏도 이와 關係가 있는 것"이라고 주장하였다. 그러나 ① '달'과 '막불'과 '만돌'을 모두

나라이다.

○ 所居多依山水, 渠帥曰大莫弗瞞咄, 東夷中爲强國。

• 009

도태산392)이라는 산이 있는데, [그 나라] 민간에서는 그 산을 무척 공경

수장의 뜻으로 본 것은 착오가 아닌가 싶다. 또, ② '다'나 '마파'는 만주어이지 숙신어가 아니다. 생활습관으로 볼 때, 말갈은 여진·만주족과 차이가 많아서 동일 계통으로 단정하기는 어렵다. 수·당대 말갈어에서도 그렇게 발음되고 그런 의미를 나타냈다고 단정하기 어렵다는 뜻이다. ③ '다'를 확실한 근거도 없이 발해국의 국성인 '대'에까지 결부시킨 것 역시 지나친 논리적 비약이다. 아울러 ④ 대막불만돌은 5자 모두 고유명사일 수도 있지만 대-대로(大對盧)·대-막리지(大莫離支)의 경우처럼, '대-막불만돌(위대한 막불만돌)' 식의 복합명사일 가능성도 배제할 수 없다. 참고로, 곽석량에 따르면 '대막불만돌'의 고대음은 '다막뿻뫈뚯(dɑ-mɑk-pyiuət-muɑn-tuət)' 정도여서 종성인 '-ㄱ'과 '-ㅅ'이 약화/탈락되면서 '다마뷰뫈뚜(다마부만도?)' 식으로 읽혔을 것이다.

392) 도태산(徒太山): 중국 고대사에 등장하는 산 이름.《위서》〈물길국전〉에서는 "위나라 말로 '아주 웅장하다'는 뜻(魏言大皇)"이라고 하였다. 곽석량《한자고음수책》에 따르면 '도태'는 '다탓(dɑ-tʼɑt)' 정도로 재구되므로 종성이 약화/탈락되면서 '다타' 식으로 읽혀졌을 것이다. 인터넷〈국편위판〉주141에서는 "오늘날의 白頭山을 말한다"라고 보았다. 그러나 정작 그 이름이 처음 등장하는《위서》에서는 "물길의 남쪽 지경에 자리 잡고 있는데 북위(선비) 말로는 '태황'이라는 뜻(國南有徒太山, 魏言太皇)"이라고 하였다. 여기서도 "[말갈은] 고려의 북쪽에 자리 잡고 있다. … '도태산'이라는 산이 있다(在高麗之北, … 有徒太山者)"라고 하였다. 반면에, 청대의 문헌인《만주원류고》에서는 이를 백두산으로 보아 "【장백산】[현지에서는 '골민 샹킨 아린'이라고 한다.《산해경》에는 '불함산',《위서》및《북사》에는 모두 '도태산',《당서》에는 '태백산' 또는 '백산'이라고 하였다] 울라의 남쪽 1,300여 리 지점에 있는데, 높이가 200리이다(【長白山】[土名歌爾民商堅阿鄰. 山海經作不咸山, 魏書及北史皆曰徒太山, 唐書作太白山或又作白山] 在烏喇南千三百餘里, 高二百里)"라고 하였다.《흠정 성경통지(欽定盛京通志)》에서는 여기서 더 나아가 "【도태산】[… 따져 보건대, '도태'는 바로 지금의 장백산이다](【徒太山】[… 按徒太郎今長白山])"라고 소개하였다. 건륭제의 치세인 청대 중기부터 도태산을 장백산으로 비정하기 시작한 것이다. 국내외 학계에서 '도태산'을 백두산으로 비정하는 것이《만주원류고》등, 당초의《위서》·《수서》보다 1,000년 뒤인

말갈전(靺鞨傳) 205

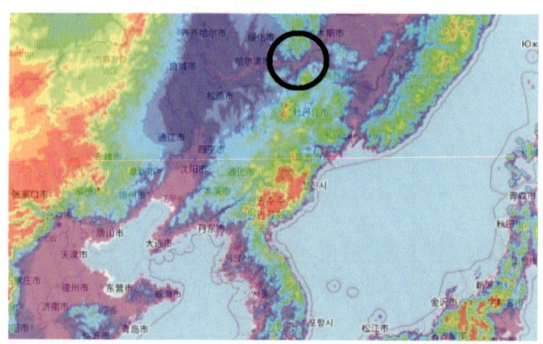

도태산의 좌표는 흑룡강-길림 접경의 대독정자산(大禿頂子山, 장광재령, 동그라미)의 위도까지는 올라가야 찾을 수 있다.

하고 두려워한다. [그] 산에는 곰393)·큰곰·표범·이리가 있는데 한결같이 사람을 해치지 않으며394), 사람들 또한 [그들을] 죽일 엄두를 내지

> 청대 중기 이후의 문헌 고증을 따른 결과라는 뜻이다. 그러나 여기서 반드시 유념해야 할 점이 있다. ① 정작 '도태산'을 처음 소개한 《위서》와 그 직후의 《수서》에서는 그 산이 백두산이라고 이야기한 적이 없다. ② 북위 시기(5~6세기)의 고구려 강역에도 주목해야 한다. 이 시기에 말갈은 광개토대왕과 장수왕의 최전성기를 구가하고 있던 고구려의 북계(北界)는 백두산보다 훨씬 북쪽 너머에까지 확장되어 있었다. 도태산이 지리적으로 백두산보다 훨씬 북쪽에 있어야 정상인 것이다. ③ 그 좌표는 압록강 인근이 아니라 적어도 현재 학계에서 통설로 여겨지는 장수왕 시기의 고구려 북계(흑룡강성 인근?)에서 구해야 옳다는 뜻이다. ④ 이런 단서들을 종합해 보면, 고구려의 북계가 지금의 압록강이 아닌 이상, 《위서》나 《수서》·《신당서》에 소개된 도태산이 백두산일 수 없다는 데에는 의심의 여지가 없는 셈이다. 〈동북아판4〉 주6(제172쪽)에서는 "5~6세기 勿吉의 중심지에 대한 검토를 통해, 吉林省과 黑龍江省의 경계에 위치해 있는 張廣才嶺 중심의 大禿頂子山일 가능성이 높다고 보기도 한다(김락기, 2009)"라는 주장을 소개하였다. 위의 단서들을 근거로 그 좌표를 지리적으로 따져 볼 때 도태산의 자리로는 이 산이 훨씬 설득력이 높다.

393) 곰[熊]: 《수서》보다 80여 년 앞선 《위서》에는 '범[虎]'으로 소개되어 있다. 물길(말갈) 지역의 기후·자연환경이 몇 백 년 사이에 급변했을 가능성은 낮다는 점을 감안할 때, '범 ⇒ 곰'의 변경은 단순한 오기일 개연성이 높다.

394) 사람을 해치지 않으며[不害人]: 선행 정사 《위서》에는 정반대로 "사람을 해친다

못한다.

○ 有徒太山者, 俗甚敬畏, 上有熊羆豹狼, 皆不害人, 人亦不敢殺。

• 010

[그 나라는] 지대가 낮고 습기가 많다.395)

[그래서] 흙을 둑처럼 쌓거나396) 움을 파서 사는데397), 출입구를 틀 때에는 위쪽을 향하게 해서 사다리로 드나든다.

○ 地卑濕, 築土如堤, 鑿穴以居, 開口向上, 以梯出入。

• 011

[두 사람이] 서로 짝을 지어 밭을 간다.398)

(害人)"라고 소개되어 있다. 어느 쪽이 옳은 지는 확인할 길이 없다. 다만, 《위서》에서 대소변과 결부시켜 이 짐승들을 언급한 것을 보면 전자로 이해하는 편이 합리적이다. 짐승들이 인간이 남긴 냄새를 따라 와서 습격하는 것을 방지하기 위하여 대소변을 챙겨 간 것으로 해석하는 편이 논리적이기 때문이다.

395) 지대가 낮고 습기가 많다[地卑濕]: 이를 통하여 물길(말갈)의 거주지역이 기본적으로 해발 고도가 낮은 초원·평원지대임을 추정할 수 있다. 더욱이 "습기가 많다"라고 한 것을 보면 그 주변에 하천 또는 호수나 늪처럼 물기가 많은 저습지(低濕地)임을 짐작할 수 있다. 마찬가지로, 바로 뒤에서 "움집에서 산다"라고 한 것을 통하여 그 지역이 지질학적으로 퇴적된 토층이 두텁고 암석층이 드문 곳임을 확신할 수 있다.

396) 흙을 둑처럼 쌓거나[築土]: 《위서》에는 이 부분이 "성을 쌓거나 움집에서 산다(築城穴居)"로 소개되어 있다.

397) 움을 파서 사는데[鑿穴以居]: 여기서의 '움집'은 천연의 동굴이 아니라 인공으로 땅을 파서 움의 형태로 만든 집으로 이해된다. 실제로 《구당서》《말갈전》에서는 말갈의 주거환경을 "집 건물이 없이 모두 산과 물[의 형세]에 따라 땅을 파서 움을 만들고 나무를 위에 얽은 다음 흙으로 그 위를 덮는데 모양이 중국의 무덤 같다(無屋宇, 並依山水掘地爲穴, 架木於上, 以土覆之, 狀如中國之塚墓)"라고 소개하였다. 물길의 움집에 관해서는 문성재, 《정역 중국정사 조선·동이전1》, 제271~272쪽의 관련 주석을 참조하기 바란다.

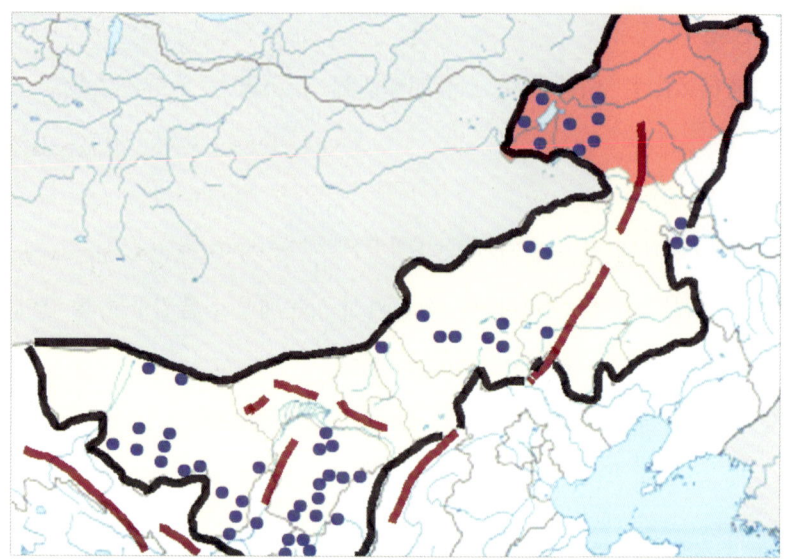

내몽골 지역의 주요 염호 분포도. 빨간 표시 부분이 내몽골 동북방 4대 염호의 1인 훌룬보이르이다. 흑수말갈의 본거지는 염호 근처에 있었을 것이다.

땅에서는 조·보리·검은 기장이 많이 난다. [＊399)]

○ 相與偶耕, 土多粟麥穄。

• 012

수증기에는 소금기가 있어서 나무껍질 표면에 소금이 엉긴다. 400)

398) 서로 짝을 지어 밭을 간다[相與偶耕]: '우경(偶耕)'이란 두 사람이 짝을 이루어 한 사람이 소처럼 쟁기를 끌고 다른 한 사람이 밭을 가는 원시적인 농경법을 말한다. 인터넷 〈국편위판〉 주135에서는 말갈에 말이 있음에도 농사에 사용하지 않은 점에 대하여 "유목사회의 성격이 강하여 말을 사냥하는 데만 이용하였기 때문"이라고 추정하였다. 그러나 유목문화가 발전한 유럽지역에서는 중세 이전에도 말을 사용한 농경의 흔적들이 많이 관찰되는 것을 보면 다른 이유가 있을 수도 있다고 본다.

399) ＊:《북사》에는 이 자리에 선행 정사인《위서》를 참조하여 "채소로는 아욱이 있다(菜則有葵)"라는 내용을 추가해 놓았다.

○ 水氣鹹, 生鹽於木皮之上。

•013

그 나라의 가축으로는 돼지가 많다.[401)]

쌀을 씹어서 술을 만드는데[402)] [그것을] 마시면 [살짝] 취하기도 한다.[403)]

---

400) 수증기에는 소금기가 있어서 나무껍질 표면에 소금이 엉긴다[水氣鹹, 生鹽於木皮之上]: 인터넷 〈국편위판〉에서는 '수기(水氣)'를 "물맛", 〈동북아판4〉(제172쪽)에서는 '목피지상(木皮之上)'을 "나무껍질에서"로 각각 번역하였다. 그러나 '수기'는 '수증기', '목피지상'은 "나무껍질 위에"로 번역해야 옳다. 또, 〈동북아판4〉 주9에서는 "나무껍질에서 소금이 생긴다." 부분과 관련하여 "木鹽樹를 말한다. 이 樹種은 黑龍江과 吉林省 접경지대에 분포해 있는데, 여름철에 배출된 水液이 마르면 소금이 된다"라고 주장하였다. 그러나 여기서 소금기의 원인은 나무가 아니라 수증기이다. 나무 자체에서 소금 성분이 생성되는 것처럼 이해하는 것은 잘못이라는 뜻이다. 이와 관련하여 주목해야 할 것이 "염천이 있어서 그 증기가 뿌옇게 끼는데 소금기가 나무 표면에 엉긴다(有鹽泉, 氣蒸薄, 鹽凝樹頳)"라고 한 《신당서》《흑수말갈전》의 기사이다. 그렇다면 전후 맥락을 따져 볼 때, 해염·암염 또는 토양 속의 소금 성분이 기화(氣化)한 수증기가 나무 표면에 착상되면서 소금기를 띠게 된 셈이다. 고대 말갈(물길)의 거주지가 지질적·환경적으로 소금기가 많은 지대가 형성되어 있었다는 뜻이다. 실제로, 《염호중국지(鹽湖中國誌)》·《염호내몽고자원(鹽湖內蒙古資源)》 등의 관련 자료들을 찾아보면 몽골고원으로부터 흑룡강성까지 도처에 염호(소금기를 가진 호수)가 분포하고 있는 것을 확인할 수가 있다. 중국과학원 산하의 청해염호연구소(靑海鹽湖硏究所)의 통계에 따르면, 내몽골지역에는 375개의 염호가 분포하는데, 그중에서도 가장 큰 4대 염호지역으로는 훌룬보이르(Хөлөнбуйр, 呼倫貝爾)·시링골(Шилийн Гол, 錫林郭勒)·오르도스(Ордос, 鄂爾多斯)·알샤(Алшаа, 阿拉善)가 있다. 이 중에서 말갈(물길)과 관련되면서 입지환경이 가장 가까운 곳은 훌룬보이르이다. 분명한 사실은 근처에 염호가 형성되어 있으면서 나무가 존재하는 지역, 그곳이 바로 물길(흑수말갈)의 주요 거주지였을 것이라는 것이다.

401) 돼지가 많다[多豬]: 이것이 사실이라면 고대의 물길(말갈)이 양을 방목하면서 떠돌아다니는 유목집단이 아니라 한 곳에 정착해 돼지 등 가축들을 치면서 농경·수렵 위주의 생활을 영위한 집단이었음을 짐작할 수 있다. 나중에 편찬된 《북사》에는 이 뒤에 "양은 없다(無羊)"라는 내용이 추가되어 있다.

402) 쌀을 씹어서 술을 만드는데[嚼米醞酒]: 쌀을 타액으로 발효시켜 빚었다면 일종의

옥수수를 타액으로 발효시킨 치차와 쌀밥을 누룩으로 발효시키는 막걸리. 둘 다 도수가 그다지 높지 않은 발효주이다. 말갈의 술 역시 마찬가지였을 것이다.

○ 其畜多猪。嚼米爲酒, 飮之亦醉。

막걸리였던 셈이다. 물길의 양조법과 가장 유사한 경우가 잉카제국(1200?~1532)의 신성한 술인 치차(chicha)이다. 치차는 제국 전역에서 쿠스코로 모인 젊은 여성들이 옥수수를 씹어 그 타액으로 발효시킨 술이었다(미야자키 마사카쓰, 《술의 세계사》, 제80~81쪽) 재료에서 쌀과 옥수수로 차이를 보이기는 하지만, 재료를 씹어 타액의 효소로 발효시키는 양조 방식 자체는 완전히 일치하는 셈이다. 《이종기 교수의 술 이야기》(제22~23쪽)에 따르면, 농경사회에서 곡물을 씹어 술을 빚는 양조법은 지금도 아프리카나 남태평양 군도 등지에서도 관찰될 정도로 널리 이용된다. 인터넷 〈국편위판〉 주137에서는 혁철족(나나이 족)의 양조법을 소개한 능순성의 연구를 인용하여 "原料를 솥 안에 푹 익힌 뒤 발로 짓밟고, 다시 무거운 물건을 사용하여 그것을 눌러서 짜 그 汁이 흘러나오면 곧 술이된다"라고 설명하였다. 그러나 이것은 포도주를 만들 때처럼 재료가 대량으로 확보되었을 때에나 해당되는 방법이다. 게다가 프랑스처럼 발로 밟아서 발효시킨다는 점도 미심쩍다. 그 양조법을 물길의 양조법과 동일시하는 데에는 무리가 있다는 뜻이다.

403) 마시면 취하기도 한다[飮之亦醉]: 인터넷 〈국편위판〉 주205에서는 "그 술이 毒하여 마시면 몹시 취하여 인사불성이 되었다고 한다. 《松漠紀聞》에 의하면 '술에 취하면 깨어날 때까지 나무에 매달아 둔다'라고 하였는데, 이것으로 이 地方의 술이 毒하였음을 알 수 있다"라고 하였다. 그러나 그것은 원문을 잘못 이해한 데서 빚어진 명백히 잘못된 해석이다. ① 쌀 등의 곡물을 침·누룩 등의 효소로 빚는 이른바 '발효주'들은 알콜 도수가 그다지 높지 않아 살짝 취할 정도인 경우가 많다. ② 중국사에서 도수가 높은 소주 계통의 '희석주'가 등장하는 것은 근세인 송·금대(12~13세기?)부터라는 것이 통설이다. 《송막기문》은 북송의 사신인 홍호(洪皓, 1088~1155)가 금나라에 사행을 갔다가 겪은 경험을 기술한 책이다. ③ 문법적

가죽옷을 입은 러시아 네네츠(혁철)족 가족. 말갈(물길)이 불결하다는 중국인들의 인식은 그들의 환경에 무지한 데서 비롯된 편견이다(fb.ru 사이트 사진).

• 014

부녀자들은 베로 만든 치마를 입으며, 남자는 돼지나 개 가죽을 옷으로 입는다.

민간에서는 오줌으로 손과 얼굴을 씻는 등[404], [동쪽] 오랑캐들 중에서

으로 보더라도, '음지취(飮之醉)'는 '술을 마시면 취한다'이지만 '음지역취(飮之亦醉)'는 부사 '또 역(亦)'이 들어가면서 '술을 마시면 취하기도 한다' 식으로 예외적인 상황을 상정한다. ④ 금나라 사람이 마신 술은 말갈의 발효주(막걸리)와는 달리 도수가 아주 높은 희석주(소주)였다는 뜻이다.

404) 오줌으로 손과 얼굴을 씻는 등[以溺洗手面]: 이와 관련하여 인터넷 〈국편위판〉 주206와 〈동북아판4〉 주11(제172쪽)에서는 "3~4세기 挹婁에서 4~6세기의 勿吉·靺鞨, 그리고 7~8세기 黑水靺鞨에 이르기까지 東部地域에 살던 여러 民族은 人尿를 使用하는 傳統的 습관을 가지고 있었다"라고 단정하였다. 그러나 그것은 지나친 일반화의 오류이다. 중국의 역대 정사들 중에서 오줌으로 손과 얼굴을 씻는 습속을 최초로 소개한 것은 6세기(554)의 《위서》〈물길국전〉이다. 그 뒤로 《수서》·《북사》·《당서》에도 그 기사를 인용하거나 부연한 내용이 소개된 것이다. 반

가장 불결하다.⁴⁰⁵⁾ [＊⁴⁰⁶⁾]

○ 婦人服布, 男子衣猪狗皮。俗以溺洗手面, 於諸夷最爲不潔。

• 015
그 나라의 풍속은 음탕하고 투기가 많다.
그[들의] 아내는 외간 남자와 간통을 저지르는데 남이 그 남편에게 알려 줄 경우, 남편은 어김없이 아내를 죽이지만 나중에는 뉘우치고 반드시 그 알려 준 자를 죽인다.⁴⁰⁷⁾ 그렇다 보니 간음하는 일은 끝까지 드러나지 않는다.

면에, 3~4세기 읍루 습속의 경우, 《삼국지》와 《후한서》의 〈읍루전〉에서는 "뒷간을 집 한가운데에 만들어 놓고 사람들은 그 바깥쪽에서 둥그렇게 모여서 산다"는 정도만 소개해 놓았을 뿐이다. 소변으로 몸을 씻는다는 언급은 어디에도 없다는 뜻이다. '읍루'와 '물길(말갈)'은 음운상으로 대응되지 않아서 양자가 동일한 족속인지도 확실치 않다. 그럼에도 불구하고 〈물길국전〉과 〈흑수말갈전〉의 정황만으로 3~4세기의 읍루까지 오줌으로 세수를 했다고 주장하는 것은 지나친 확대해석이 아닌가 싶다. 읍루의 뒷간에 관해서는 문성재, 《정역 중국정사 조선·동이전 1》, 제273~275쪽의 "뒷간" 주석을 참조하기 바란다.

405) 오랑캐들 중에서 가장 불결하다[於諸夷最爲不潔]: 이 부분은 말갈(물길) 등 북방 민족들의 생활 습속을 제대로 알지 못하는 중원 왕조의 종족적 편견의 일면을 보여 준다. 과거에 중국인에 대한 우리의 선입견과 마찬가지로, 말갈 등이 불결한 것은 게으르거나 씻는 행위 자체를 싫어해서가 아니라 몸이나 옷을 씻는 데에 충분한 수자원을 확보하지 못하기 때문이었을 것이다. 우리는 오히려 이로써 우회적으로 그들이 물을 구하기 어려운 환경에 노출되어 있었음을 눈치챌 수 있다.

406) ＊: 《북사》에는 이 자리에 물길(말갈)의 혼인 습속을 소개해 놓았다.

407) 반드시 그 알려 준 자를 죽인다[必殺告者]: 이 대목은 선행 정사들에는 전혀 보이지 않았던 사회현상으로, 《수서》에서 갑자기 튀어나왔으며 나중에 《통지》·《문헌통고》에까지 전재되었다. 따라서 7세기 수나라 당시의 말갈(물길)에서 새로 확인된 사회현상인지 《수서》 편찬자들이 편찬과정에서 잘못 소개한 것인지 알 수가 없다. 이 현상을 말갈(물길)의 전통적인 관습으로 단정하는 데에는 신중할 필요가 있다는 뜻이다.

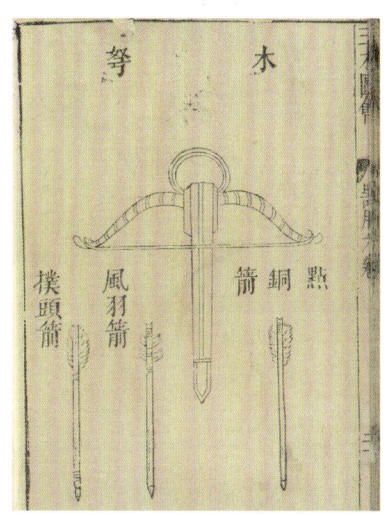

활 3자, 화살 1.2자는 곧 말갈의 활이 노궁이라는 뜻으로 해석된다. 그림은 명대의 노궁과 화살(삼재도회)

○ 其俗淫而妬, 其妻外婬, 人有告其夫者, 夫輒殺妻, 殺而後悔, 必殺告者, 由是, 姦婬之事終不發揚。

• 016

[그 나라] 사람들은 한결같이 [⋯] 활로 사냥하는 것을 생업으로 삼는다.
[쇠]뿔로 만든 활408)은 길이가 석 자이고 화살은 길이가 한 자 두 치이다.409)

---

408) 뿔로 만든 활[角弓]: '각궁(角弓)'은 나무로 된 활대 안쪽에 짐승 뿔을 덧대어 활의 강도와 사거리를 높인 일종의 합성궁(composite bow)을 말한다. 선행 정사인《진서(晉書)》의〈숙신씨전〉에는 '단궁(檀弓)'으로 소개되어 있는 것을 보면, 시간이 지나면서 '목궁 ⇒ 각궁(합성궁)'으로 진화한 것이 아닌가 싶다. 인터넷〈국편위판〉주208에서는 "靺鞨人들은 짐승의 뿔을 녹여서 활을 만든 것 같다"라고 설명하였다. 그러나 뿔은 녹는 물질이 아니다. 아교를 뿔과 혼동한 것이 아닌가 싶다.

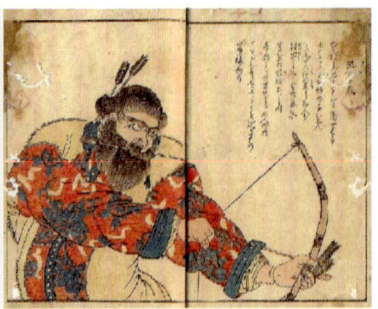

스웨덴 스톡홀름 박물관에 소장된 아이누의 독화살(출처 TOTA)과 마츠우라 타케시로의
《에조 망가(蝦夷漫畵)》에 그려진 아이누인

○ 人皆射獵爲業, 角弓長三尺, 箭長尺有二寸。

•017

[물길에서는] 어김없이 칠팔 월이면 독약을 만들어 살촉에 바르는데[410]

---

409) 활은 길이가 석 자이고 화살은 길이가 한 자 두 치이다[角弓長三尺, 箭長尺有二寸]: 말갈(물길)의 활과 화살의 크기의 경우, 《진서》《숙신씨전》에서는 "석 자 다섯 치인 활과 한 자 몇 치의 호시"라고 했으며, 《위서》《물길국전》에서는 "활이 석 자, 화살은 한 자 두 치"라고 소개하였다. '1자'는 왕조별로 각각 30.9cm(북위), 29.6cm(수), 30.7cm(당) 정도에 해당한다. 그렇다면 "3자"라면 북위·수·당대는 평균 92~93cm 정도, "1자 2치"라면 평균 37cm 정도였던 셈이다. 활은 93cm, 화살은 37cm 정도였다는 뜻이다. 그렇다면 말갈의 활과 화살은 통상적인 종류와는 다른 것이었을 것이다. 〈위키백과〉에 따르면, 국궁(國弓)의 경우, 활이 116cm~130cm, 화살은 살촉부터 오니까지가 80.30cm 정도이다. 국궁과 비교할 때, 말갈의 활·화살은 크기가 절반밖에 되지 않는 것이다. 통상적으로 크기가 93cm인 활은 시위를 당겼을 때 그 사이가 1m 정도까지 벌어진다. 37cm짜리 화살은 시위에 잴 수조차 없다는 뜻이다. 이런 점들을 종합해 볼 때, 말갈(물길)의 활은 눕혀서 쏘는 쇠뇌, 즉 노궁(弩弓, catapult)이었을 가능성이 높다.

410) 독약을 만들어 살촉에 바르는데[造毒藥傅箭鏃]: 중국 정사에서 독화살은 숙신·읍루·물길과 함께 거론되는 무기이다. 인류사에서 독화살은 이미 석기시대부터 세계적으로 널리 사용되었다. 그러나 사용하는 독의 종류는 지역마다 달라서, 시베리아에서는 투구꽃(Aconitine, 烏頭), 동남아에서는 이포(Antiaris toxicar-

새나 짐승을 쏘아서 맞히면 즉사한다. [* 411)]

○ 常以七八月造毒藥, 傅矢以射禽獸, 中者立死。

• 018

[수나라의] 개황412) 연간 초기에 [여러 부족이] 서로 이끌며 사신을 파견해 [중국에] 입조하여 공물을 바쳤다. 413)

○ 開皇初, 相率遣使貢獻。

ia), 아프리카에서는 협죽도(Apocynaceae), 남미에서는 쿠라레(Curare)의 독을 썼다. 이 중에서 투구꽃(오두)은 만주·연해주·시베리아 등 북반부의 온대지역에 주로 분포한다. 실제로 사람이나 동물이 이 독을 먹거나 맞으면 호흡 곤란·구토 등을 통해 심정지로 몇 시간 내에 죽게 된다. 민족지(民族誌) 학자들의 보고에 따르면, 홋카이도의 아이누는 그 뿌리와 줄기에서 추출한 독을 발라 사슴과 불곰을 잡았으며, 알라스카의 에스키모 역시 투구꽃 독화살을 사용한 사실이 1763년 러시아 페테르부르크에서 보고되기도 하였다. 중국을 제외한다면 독화살에 투구꽃 즙을 발라 사용한 사례가 근현대까지도 시베리아·동북아에서 알래스카까지 두루 관찰되었던 셈이다.

411) *: 《북사》에는 이 자리에 선행 정사 《위서》를 참조하여 물길의 독특한 장례 습속과 함께 을력지(乙力支)·후니지(侯尼支) 등 물길의 사신들이 북위 이래로 역대 왕조들에 조공을 간 일, 나아가 그 주변 국가들에 관한 내용들을 소개해 놓았다.

412) 개황(開皇): 수나라 개국군주인 문제(文帝) 양견(楊堅)이 581~600년까지 19년 동안 사용한 연호.

413) 서로 이끌며 사신을 파견해[相率遣使]: 말갈의 7대 집단이 동시에 때로는 패를 나누어 중국에 사신을 보낸 것을 말한다. 이 부분에서는 〈말갈전〉 첫머리에서 수나라 당시까지만 해도 말갈이 중앙집권적인 고대국가가 아니라 지방분권적인 읍락국가·부족국가였다고 소개한 점에 주목할 필요가 있다. 이때 사신을 파견한 말갈은 중앙집권적인 통치자(제왕)이 파견한 것이 아니라 7대 부락이 개별적으로, 또는 주변의 부락과 패를 지어 함께 사신을 파견했다고 보아야 옳다. 인터넷 〈국편위판〉 주210에 따르면, 실제로 도리야마 기이치(鳥山喜一)도 "黑水靺鞨의 支派로 생각되는 鐵利·越喜 등도 各各 部落單位로 中國에 使者를 보내어 朝貢한 記錄이 보인다"라고 추정하였다.

• 019

[그래서] 고조가 그 사신들에게 이렇게 조서를 내렸다.

"짐은 그 땅의 사람들이 용감하고 민첩하다고 들었다. 그런데 지금 온 사신들을 보니 참으로 짐이 생각했던 바와 부합되는구나. 짐은 너희들을 자식처럼 여기나니 너희들도 짐을 아버지처럼 공경해야 할 것이니라."

○ 高祖詔其使, 曰, 朕聞彼土人庶多能勇捷, 今來相見, 實副朕懷。朕視爾等如子, 爾等宜敬朕如父。

• 020

[그러자 사신들이] 이렇게 대답하였다.

"신들은 외진 한쪽 땅에 살고 있사온데 길은 아득히 멀지만 '중국에 거룩한 분께서 계시다'고 들었습니다. 그래서 찾아 와서 입조하고 절을 올리게 된 것입니다. 이제 거룩한 용안을 직접 뵈었으니 아랫사람으로서 기쁨을 억누를 길이 없습니다. 바라건대 오래도록 [폐하의] 노복이 되기를 바라나이다!"

○ 對曰, 臣等僻處一方, 道路悠遠, 聞內國有聖人, 故來朝拜。旣蒙勞賜, 親奉聖顔, 下情不勝歡喜, 願得長爲奴僕也。

• 021

그 나라는 서북쪽은 거란[414]과 국경을 서로 마주하고 있어서[415] 번번

---

414) 거란(契丹): 중국 고대·중세의 북방민족의 이름. 동호(東胡)에서 유래했으며, 후위(後魏)에 이르러 '거란'으로 일컫기 시작했다고 추정된다. 처음에는 8개 부락[八部]으로 나뉘어 있다가 당대 말기에 야율아보기(耶律阿保機, 872~926)가

《수서》에서는 '말갈의 서북쪽에 거란이 있다'고 했으나 중국의 역사지리학자 담기양이 그린 지도에는 그 서북쪽에 거란이 아닌 실위가 그려져 있다. 담기양은 중국 정사와 기록을 전혀 참작하지 않은 듯하다.

주변 부족들을 흡수하면서 왕권국가인 요(遼)나라로 발전하였다. 거란의 한자 표기('契丹')의 경우, 송대 초기(1039)의 음운학 참고서인 《집운(集韻)》에서는 앞 글자를 "기와 흘의 반절로 발음이 '걸'(欺訖切,音乞)"이라고 소개하였다. '걸'은 우리나라에서는 종성이 '-ㄹ(l)'이지만 중국에서는 '-ㅅ(t)'이어서 '켯(kiət)'으로 발음되는데 이 종성이 약화/탈락되면서 '켯단 ⇒ 킷딴 ⇒ 키딴'으로 변천한 것이다. 우리나라에서는 발음이 '계'여서 '계단'에서 둘째 글자 '단'이 '계단 ⇒ 계란'으로 변형되면서 최종적으로 '거란'으로 굳어진 것으로 추정된다.

415) 서북쪽은 거란과 국경을 서로 마주하고 있어서[西北與契丹相接]: 이 구절은 말갈(물길)의 존재가 거란의 좌표를 설정하는 데에 대단히 중요한 척도라는 점을 시사해 준다. ① "서북쪽으로 거란과 국경을 접하고 있다"는 말은 말갈 서북쪽에 거란이 있었다는 뜻으로 해석된다. ② 말갈은 위도상으로 상당히 북쪽에 있는 나라이지만 ③ 거란보다는 상대적으로 위도가 낮은 동남쪽 또는 동남-동쪽에 걸쳐 있었을 것이다. 인터넷 〈국편위판〉 주211에서는 말갈과 거란의 각축을 소개하면서 거란의 좌표를 "靺鞨 7部가 滿洲 一圓을 차지하고 있을 때, 그 西北쪽의 外興安嶺 山脈의 東쪽 一帶에는 契丹族이 자리 잡고 있었다"라고 소개하였다. 그러나 외흥안령(外興安嶺)은 러시아의 스타노보이(Становой) 산맥의 중국식 이름이며, 그 동쪽 가까이에는 바로 사할린이 있는 오호츠크해가 있다. 말갈의 서북쪽이 거란이라고 했는데 방향이 정반대라는 뜻이다. 인터넷 〈국편위판〉에서 대흥안령(大興安嶺)과 혼동한 것으로 보인다. 대흥안령은 중국 북동부 내몽골 자치구 동쪽에

이 서로 침범해 약탈을 일삼곤 하였다. [그러다가] 나중에 그 나라 사신이 오자 [수나라] 고조는 그들을 이렇게 타일렀다.

"내가 거란을 가엾게 여기는 것은 너희들의 경우와 다를 것이 없다. [그러니 너희 나라들이] 저마다 [자국의] 지경을 지키는 것이 마땅하다. [그렇게만 한다면 모두가] 어찌 편안하고 즐겁지 않겠는가? 무엇 때문에 걸핏하면 서로 공격을 한단 말인가! [그것은] 내 뜻과는 몹시 어긋나는 일이다."

[그러자] 사신들이 사죄하였다.

○ 其國西北與契丹相接, 每相劫掠。後, 因其使來, 高祖誡之, 曰, 我憐念契丹與爾無異, 宜各守土境, 豈不安樂。何爲輒相攻擊, 甚乖我意。使者謝罪。

• 022

고조는 그래서 그들[의 노고]을 후하게 위로하고 어전에서 연회를 베풀어 술을 마시게 해 주었다.

[그러자] 사신과 그 무리가 다 함께 일어나 춤을 추는데 몸을 구부리고 팔다리를 꺾는416) 그 모습들은 전투를 벌이는 상황을 묘사한 경우가

서 남북으로 뻗은 큰 산맥으로, 그 동쪽에 만주, 그 서쪽에 몽골 고원이 자리 잡고 있다. 거란의 주요한 활동무대나 그 이후로 중국사에 언급되는 거란의 거점들을 염두에 두더라도 그 정확한 좌표는 몽골 고원 쪽에서 찾는 편이 합리적이라는 뜻이다.

416) 몸을 구부리고 팔다리를 꺾는[其曲折]: 수·당대 말갈족의 전통 무용 동작. 이 부분과 관련하여 인터넷 〈국편위판〉에서는 "몸놀림이 대개 전투를 하는 자세였다", 〈동북아판4〉(제174쪽)에서는 "그 동작에 전투의 모양이 많았다"로 각각 번역하였다. 고대 한문에서 '곡절(曲折)'은 지형이나 사물이 구부러지고 꺾이는 양상을 형용하는 표현이다. 두우(杜佑)의 《통전(通典)》〈주군13(州郡十三)〉 "파산 고한관(巴山古捍關)"조에서 "지금의 현 북쪽에 산이 있는데 구부러지고 꺾인 모습이 '巴'자처럼 생겼다(今縣北有山, 曲折似巴字)"라고 한 것이 그 예이다. 여기서는

몽골족의 전통무 동작. 팔다리를 많이 써서 상당히 역동적이고 격정적인 것이 특징이다.

많았다.

○ 高祖因厚勞之, 令宴飮於前。使者與其徒皆起舞, 其曲折多戰鬪之容。

• 023

[그래서] 주상이 고개를 돌려 시중을 드는 신하에게 말하였다.

"하늘과 땅 사이에 이런 경우가 다 있구나! [그래서] 언제나 군사를 쓸 마음을 가지는 게지. 어쩌면 이다지도 심하단 말인가?"

그러나 그 나라들은 수나라와 아주 멀리 떨어져 있고 속말[부]와 백산

춤을 출 때 팔이나 다리를 관절에 따라 구부리고 꺾는 모습을 묘사한 말로 사용되었다. 실제로 팔·다리의 율동으로 말을 몰면서 칼싸움과 활쏘기로 전투를 벌이는 장면을 연출하는 무용 동작은 몽골·까자크(코사크) 등 기마민족의 전통 무용에서도 수시로 확인할 수 있다. 참고로, '곡절'이 내막 또는 사정의 뜻으로 사용된 것은 근대 일본에서부터이다.

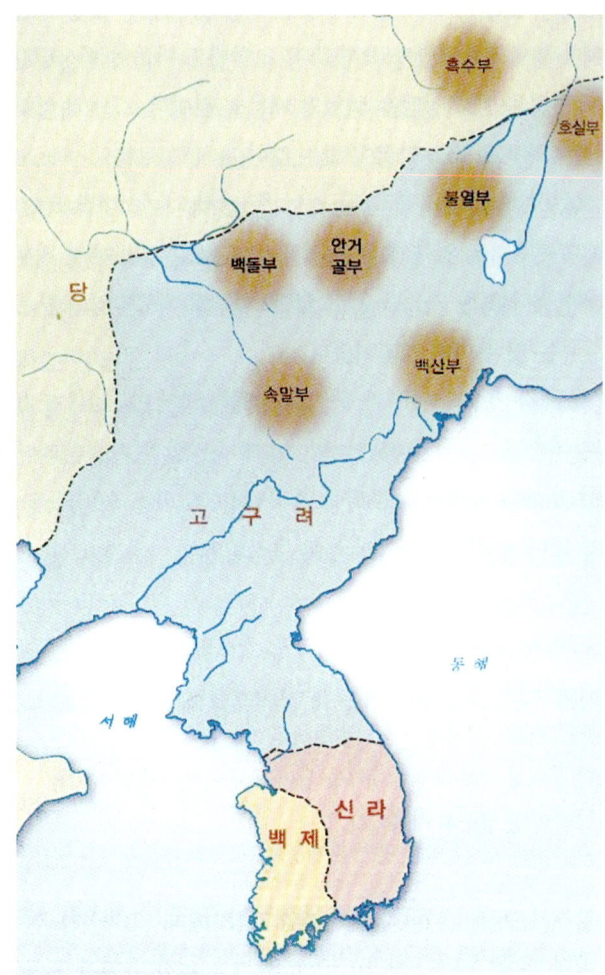

국내 사이트에 소개된 말갈 7부 위치 추정도. 말갈부락들 중에서 속말부와 백산부가 중원에서 가장 가까이 있었다. 기존의 고증과는 거리가 있다는 뜻이다.

[부]만 지척에 있을 뿐이었다. 417)

417) 속말과 백산만 지척에 있을 뿐이었다[唯粟末白山爲近]: 이 부분은 당시 수나라(중원)의 관점에서 한 말이다. 다른 말갈 부락들과 비교할 때, 속말부와 백산부가

○ 上顧謂侍臣, 曰, 天地間乃有此物, 常作用兵意, 何其甚也。然, 其國與隋懸隔, 唯粟末白山爲近。

• 024

[수나라] 양제 초기에 고려와 전쟁을 벌일 때 그 무리를 번번이 무찔렀다.⁴¹⁸⁾

[그 뒤로 흑수부 말갈의] 우두머리 도지계⁴¹⁹⁾가 그 무리를 거느리고 와서 항

중원으로부터 지리적으로 가장 가까이 있었다는 뜻이다. 마찬가지로, ① 이 구절의 존재는 백산부의 본거지가 그동안 알려져 있던 백두산–두만강 인근이 아닐 가능성이 높다는 점을 시사해 준다. ② 백두산–두만강 지역은 지리적으로 수나라가 자리 잡고 있는 중원에서 북동쪽으로 한참 멀리 떨어진 곳이기 때문이다. 동시에 ③ 속말과 백산이 나란히 언급된 것 역시 두 부락이 지리적으로 서로 이웃해 있었다는 뜻으로 해석된다. ④ 학계에서는 속말부의 보수적인 좌표를 '요서'인 요령성 서·중부에서 찾고 있는데, 그렇다면 그 이웃인 백산부는 자연히 그 인근에서 찾아야 옳다. 백산부의 좌표에 대한 기존의 고증에 문제가 있다는 뜻이다.

418) 그 무리를 번번이 무찔렀다[頻敗其衆]: 여기에 기술된 내용이 사실이라고 전제할 때, 말갈족이 수 양제의 고구려 침공 당시에 수나라 대군을 상대로 한 여러 전투에서 고구려의 중요한 기동부대로 맞서 싸웠음을 알 수가 있다. 이를 통하여 말갈족이 수나라 이전으로 〈물길전〉이 최초로 소개된 남북조시대에도 고구려에서 중요한 군사 역량으로 가동되고 있었다는 추론도 가능한 셈이다.

419) 도지계(度地稽, 7세기): 수나라 때의 흑수부 말갈의 추장. 《북사》〈물길전〉과 《구당서》〈말갈전〉에는 '돌지계(突地稽)'로 소개되어 있다. 그러나 '도(度)'와 '돌(突)'은 그 고대음이 각각 '도(do)'와 '뒷(duət)'이다. '뒷'에서 종성 '-ㅅ'이 약화/탈락되면서 '뒤'로 읽히면 '도'와 음운상으로 서로 대응된다. 양자는 한자 표기 방식이 좀 다를 뿐이지 사실상 동일한 인물이라는 뜻이다. 개황 연간 초기에 그 무리를 데리고 수나라에 귀순하매 문제가 요서군을 설치하여 그들을 안치하는 한편, 금자광록대부·요서태수·부여후(扶餘侯)를 제수하였다. 양제의 대업 연간에 유성(柳城)에 정착하고 양제가 고구려를 정벌하자 용병으로 종군하여 여러 차례 공을 세웠다. 북송의 악사(樂史)가 저술한 연혁지인 《태평환우기》〈하북도〉"연주(燕州)"조에서는 수나라 때에 저술된 《북번풍속기(北蕃風俗記)》를 인용하여 "홀사래부·굴돌시부·열계몽부·월우부·보호뢰부·파해부·보보괄리부 등 8개 부락 및 강병 수천 명을 거느리고 부여성 서북쪽으로부터 부락을 모두 이끌고 임유관 안으

복하였다.[420)]

○ 煬帝初, 與高麗戰, 頻敗其衆, 渠帥度地稽率其部來降。

• 025

[이에 그를] 우광록대부[421)]로 배수하고 그를 유성[422)]에 정착하게 해 주었

로 들어와 귀순하매, 그들을 유성에 안치하였다(率忽使來部窟突始部悅稽蒙部越 羽部步護賴部破奚部步步括利部, 凡八部, 勝兵數千人, 自扶餘城西北擧部落向關內 附, 處之柳城)"라고 하였다. 당나라 무덕(武德) 연간(618~626) 초기에는 고조 이연(李燕)에게 조공을 바치자 그 무리가 머물던 곳에 연주(燕州)를 설치하고 그 를 총관(總管)으로 임명했고, 태종의 정관 연간(627~649) 초기에는 우위장군 (右衛將軍)에 배수되고 국성인 이씨 성을 하사받았다. 그 아들이 훗날 고구려 정 벌에서 큰 공을 세운 이근행(李謹行)이다.

420) 그 무리를 거느리고 와서 항복하였다[率其部來降]: 〈동북아판2〉 주36에서는 돌 지계의 귀화과정을 소개하면서 《태평환우기》《하북도》 "연주"조를 인용하였다. 해 당 대목은 돌지계의 귀화과정을 상세하게 소개하는 동시에 유성의 좌표에 관해 서도 중요한 단서를 제공한다. 그러나 〈동북아판2〉의 소개·번역은 너무 부실하 여 이 자리에서 전문을 새로 번역·소개한다. "【연주】… [여기서의] '말갈'은 본래 속래(속말)말갈 종족이다. 수나라의 《북번풍속기》에 따르면, '당초인 개황 연간에 는 속래말갈이 고려와 싸워 이기지 못하였다. 궐계부의 수장으로 돌지계라는 이 가 있었는데 … 모두 8개 부락의 용맹스러운 군사 수천 명이 부여성 서북쪽으로 부터 전 부락이 [유]관 안으로 귀순해 들어와서 그들을 [관내의] 유성에 안치했 다'고 한다(【燕州】… 靺鞨本粟末靺鞨種也。隋北蕃風俗記云, 初開皇中, 粟末靺鞨 與高麗戰不勝, 有厥稽部渠長突地稽者, 卒忽賜來部窟突始部悅稽防部越羽部步防 賴部破奚部步步括利部凡八部勝兵數千人, 自扶餘城西北, 齊部落向關內附, 處之柳 城, 乃燕都之柳城在燕都之北。煬帝大業八年, 爲置遼西郡, 幷遼西懷遠瀘河三縣, 以統之。取秦漢遼西郡爲名也。唐武德元年, 改爲燕州總管府, 領遼西瀘河懷遠三縣, 其年廢瀘河縣, 六年, 自營州南遷寄治于幽州城內。貞觀元年, 廢都督府, 仍省懷遠 縣, 開元二十五年, 移治所于幽州北桃谷山, 天寶元年, 改爲歸德郡, 乾元元年, 復爲 燕州)" 이에 따르면, ① 돌지계가 무리를 이끌고 부여성 서북부로부터 ② 하북지 역인 유관(渝關, 임유관) 관내로 들어와 귀순했으며 ③ 수나라에서는 그들을 하 북 관내의 유성에 안치했다는 것이다. 그렇다면 ④ 유성은 하북 경내에 있는 도시 이므로 관외의 조양시일 수 없는 셈이다.

421) 우광록대부(右光祿大夫): 중국 고대의 관직 이름. 황제의 고문을 담당하거나 조

정에서의 의논을 관장하게 하였다. 한 무제 때에 전국시대 이래의 중대부(中大夫)를 고쳐 광록대부를 설치했으며, 곽광(霍光)·김일제(金日磾) 등, 황실 국척이나 조정 대신에게 일종의 명예직으로 부여되었다. 당대에 이르러 건국 초기에 좌·우로 나뉘고 태종의 정관 연간 이후로는 종2품(從二品) 품계의 광록대부·금자(金紫)광록대부·은청(銀靑)광록대부를 두었다.

422) 유성(柳城): 중국 고대의 지명. 한대의 요서군에 속한 현으로, 나중에 모용씨(慕容氏)가 세운 전연(前燕)·후연(後燕)의 근거지가 되었다. 인터넷〈국편위판〉주214에서는 "隋代의 熱河省 朝陽縣을 말한다. 唐代에는 이를 營州라고 불렀다"라고 소개하였다. '유성(한) ⇒ 유성(수) ⇒ 영주(당) ⇒ 조양'이라고 주장한 셈이다. 그러나 이는 요수(遼水)를 지금의 요하(遼河)로 비정한 데 따른 착시의 산물이어서 재고가 필요하다. 그 위치와 관련하여 ①《수서》〈지리지〉"요서군"조에는 "【유성】후위 때에 영주를 화룡에 설치하고 건덕·기양·창려·요동·낙랑·영구 등의 군과, 용성·대흥·영락·대방·정황·석성·광도·양무·양평·신창·평강·유성·부평 등의 현을 관할하게 하였다. … [수나라 때에는 요서군을] 개황 원년에는 건덕의 1개 군과 용성의 1개 현만 유지했고 … [개황] 18년에는 [현 이름을 용성에서] 유성으로 개칭하였다. 대업 연간 초기에 [다시] 요서군을 설치하였다【柳城】後魏置營州於和龍城, 領建德冀陽昌黎遼東樂浪營丘等郡, 龍城大興永樂帶方定荒石城廣都陽武襄平新昌平剛柳城富平等縣. … 開皇元年, 唯留建德一郡龍城一縣, … 十八年, 改爲柳城. 大業初置遼西郡)"고 되어 있다. ②《구당서》〈지리지〉"하북도 영주상도독부(營州上都督府)"조에는 "【유성】한대의 현으로, 요서군에 속하였다. 실위·말갈의 부락들이 나란히 동북방에 있는데, 먼 경우는 6,000리, 가까운 경우는 2,000리로, 서북으로는 해와 경계가 맞닿아 있고 북으로는 거란과 경계가 맞닿아 있었다(【柳城】漢縣. 屬遼西郡. 室韋靺鞨諸部, 并在東北, 遠者六千里, 近者二千里. 西北與奚接界, 北與契丹接界)"라고 그 좌표를 구체적으로 제시하였다. ③《수서》〈우작전〉에서 "행궁이 유성현의 임해돈에 멈추었네(行宮次于柳城縣之臨海頓焉)"라고 한 것도 그 증거이다. '임해돈'은 '바다를 마주한 군영' 정도로 직역되므로, 이를 통하여 유성현이 바다를 낀 도시였음을 짐작할 수 있는 셈이다. ④ 그 좌표를 바다에서 한참 멀리 떨어진 내륙 도시인 조양시에서 찾는 것은 번지수를 잘못 찾는 격이라는 뜻이다. 실제로 ⑤ 조선의 태종 2년(1402년)에 대신인 권근(權近)이 제작한 세계지도《혼일강리역대국도지도(混一疆理歷代國都之圖)》에도 "【영평】바로 용성 창려다. 북연의 모용성이 근거지로 삼은 곳이었다(【永平】卽龍城昌黎. 北燕慕容盛所據)"라고 소개되어 있다. '용성'은 유성의 또 다른 이름이며, '영평'은 하북성 노룡현(盧龍縣), '창려'는 역시 하북성 창려현(昌黎縣)을 가리킨다. ⑥ 14세기 이전의 한·중 양국의 학자·사관들은 유성의 위치를 요녕성 조양시가 아닌 하북성 동북부 창려현 인근으로 확신했다는 뜻이다.

《수서》〈지리지〉에 소개된 유성의 연혁. 북위의 영주 관할이던 유성은 여러 왕조를 거치며 존폐를 거듭하다가 수 양제의 대업 연간에 요서군에 귀속되었다. 그 주위로 낙랑·대방·양평이 보인다. 이로써 유성이 조양시라는 기존의 비정과는 달리 산해관 안에 있었음을 알 수 있다.

다.[423] [그는] 변방의 [수나라] 사람들과 내왕하는 동안 중국의 풍속을 좋아한 나머지 [수나라의] 관모와 옥띠를 착용하기를 자청하였다. 황제는 그를 갸륵하게 여겨 화려한 비단을 상으로 내리고 그를 각별히 총애하였다.

○ 拜爲右光祿大夫, 居之柳城, 與邊人來往, 悅中國風俗, 請被冠帶. 帝嘉之, 賜以錦綺而褒寵之.

• 026

요동[에서]의 전쟁 당시에는 도지계가 그 무리를 거느리고 종군했는데, 전공을 세울 때마다 [황제가] 상을 아주 후하게 내렸다.

○ 及遼東之役, 度地稽率其徒以從, 每有戰功, 賞賜優厚.

423) 유성에 정착하게 해 주었다[居之柳城]: 인터넷〈국편위판〉에서는 앞의 상황이 이 다음 문장까지 이어지는 것으로 번역하였다. 그러나 이어지는 "변방의 사람들과 내왕하는 동안 중국의 풍속을 좋아한 나머지~"는 맥락상 서로 별개의 상황이므로 여기에서 끊어야 옳다.

이밀 묘지명과 덮개(중국 준현박물관 소장)

• 027

[대업] 13년⁴²⁴⁾에 [도지계가] 강도로 행차하는 황제를 수행했으며, 얼마 뒤에 [황제는 그가] 유성으로 돌아가게 해 주었다. [그는] 도중에 이밀⁴²⁵⁾의 반란을 만나 이밀이 군사를 파견하여 그를 도중에 공격하매 그때를 전후

---

424) 13년(十三年): 수 양제의 대업 13년을 말한다. 서기 617년으로, 고구려 기년으로는 영양왕 27년에 해당한다.

425) 이밀(李密, 582~619): 수나라 때의 농민봉기군 지도자. 자는 현수(玄邃) 또는 법주(法主)이며, 경조(京兆)의 장안(長安, 지금의 서안시) 사람이다. 선대의 본관은 요동(遼東) 양평(襄平, 지금의 하북성 노룡현 인근)이다. 대업 9년(613)에 양현감(楊玄感)을 따라 봉기했으나 반란이 진압되자 도주하여 조정에 반기를 든 와강군(瓦崗軍)에 가담하였다. 낙양을 점령한 뒤인 대업 13년(617)에는 낙구(洛口)에서 '위공(魏公)'을 자처하면서 연호를 '영평(永平)'으로 바꾸더니 전국의 봉기 집단을 흡수하면서 맹주로 급부상하였다. 그러나 양제를 죽이고 10만 대군을 거느린 우문화급(宇文化及)에게 패하자 당나라에 투항하였다. 나중에는 당 고조(高祖, 이연)의 명령에 반발하여 반기를 들었다가 참수되었다. 인터넷 〈국편위판〉 주217에서는 이밀의 관향인 양평(襄平)을 "遼寧省 朝陽縣"으로 소개하였다. 현대에 출판된 중화서국(中華書局)판에는 누락되어 있지만, 수백 년 전에 조선·명대에 간행된《후한서》〈원소전(袁紹傳)〉에서는 당 고종의 아들인 장회태자 이현(李賢)이 붙인 "【양평】 지금의 평주 노룡현 서남쪽에 있었다(【襄平】 在今平州盧龍縣西南)"라는 주석을 확인할 수가 있다. 조양시는 양평과는 전혀 상관이 없는 곳이라는 뜻이다. 이 문제에 관해서는 문성재,《한국고대사와 한중일의 역사 왜곡》, 제240~250쪽을 참조하기 바란다.

하여 열 차례 넘게 싸움을 벌인 끝에 가까스로 위기를 모면하였다. 고양426)에 이르자 이번에는 왕수발427)에게 함락되매 얼마 되지 않아 도망쳐 나예428)에게 귀순하였다.429)

○ 十三年, 從帝幸江都, 尋放歸柳城。在塗遇李密之亂, 密遣兵邀之, 前後十餘戰, 僅而得免。至高陽, 復沒於王須拔。未幾, 遁歸羅藝。

426) 고양(高陽): 중국 고대의 현 이름. 인터넷 〈국편위판〉 주218에서는 "出東省 臨緇縣 西北쪽으로 비정된다", 〈동북아판2〉 주40(제150쪽)에서는 "지금의 중국 山東省 臨淄이다"라고 소개했으나 잘못된 설명이다. 고양은 지금의 하북성 중부 보정시(保定市) 일대에 대한 옛 이름이기 때문이다. 그 지역이 산동이 아닌 하북이라는 사실은 그 뒤에 나오는 왕수발의 행적을 통해서도 증명된다.

427) 왕수발(王須拔, 7세기): 수나라 말기의 농민봉기군 지도자. 상곡(上谷), 즉 지금의 하북성 역현(易縣) 사람이다. 양제의 대업 11년(615)에 하북에서 봉기하고 무리가 10만을 넘자 스스로 '만천왕(漫天王)'을 자처하면서 국호를 '연(燕)'으로 정하였다. 그 뒤로 하북·산서 일대 각지에서 관군과 싸움을 벌여 고양을 점령하기도 하였다. 대업 14년(618)에는 유주(幽州, 지금의 북경)를 공격하던 중 전사하였다. 일설에 의하면 유주 싸움에서 패하자 돌궐 땅으로 도망쳤다고 한다.

428) 나예(羅藝, 7세기): 당대 초기의 장수. 자는 자연(子延)이며, 양주(襄州) 양양(襄陽, 지금의 호북성 양번) 사람이다. 수나라 말기에 호분낭장(虎賁郎將)에 임명되어 탁군(涿郡, 유주)에 주둔하였다. 무덕 원년(619)에 당나라에 귀순하여 국성인 이씨 성을 하사받고 '연공(燕公)'에 봉해졌다. 나중에는 연군왕(燕郡王)에 봉해지자 당나라를 도와 유흑달을 격파하고 경주(涇州, 감숙성 경천현)에 주둔하였다. 그러나 당 태종의 정관 원년(627)에 조정에 반기를 들었다가 관군에게 패하고 오지(烏氏, 경천현 북쪽)에서 부하에게 살해되었다.

429) 나예에게 귀순하였다[歸羅藝]: 인터넷 〈국편위판〉에서는 마지막 구절을 "얼마 안 되어 羅藝로 도망쳐 갔다"라고 번역했으나 오역이다. 위의 주석에서 확인할 수 있듯이, '나예'는 지명이 아니라 인명이기 때문이다.

찬자평(撰者評)

• 001

[사관은] 이렇게 논평하였다.

'골짜기가 넓고 개천이 크다 보면 [양 편의] 제도도 다른 법'이듯이, 그 사이에서 사는 사람들도 다른 풍속의 영향으로[430] 좋아하는 바도 똑같지 않을 뿐더러 언어 역시 통하지 않는다. 거룩한 분은 때에 맞추어 가르침을 베풀었으며, 이로써 그의 의사를 전달하고 그의 풍속을 통하게 만드신 것이다.

○ 史臣曰, 廣谷大川異制, 人生其間異俗, 嗜欲不同, 言語不通, 聖人因時設敎, 所以達其志而通其俗也。

• 002

구이[431]가 사는 곳은 중국과는 아주 멀리 떨어져 있다. 그러나 천성이 부드럽고 순한 데다가 횡포한 기풍이 없다. 그래서 아무리 산과 바다들로 아득히 멀리 떨어져 있어도 도의로 이끌기가 수월한 것이다. [그들은] 하나라·은나라 시절에도 때에 따라 이따금 임금을 알현하고자 찾

---

430) 골짜기가 넓고 개천이 크다 보면 제도가 다른 법~[廣谷大川異制, 民生其間異俗]: 《예기(禮記)》〈왕제(王制)〉에 나오는 말. 서로 거리가 많이 떨어져 있거나 격리되어 있는 지역들은 제도나 풍속도 조금씩 다른 양상을 보이기 마련이라는 뜻에서 한 말이다.

431) 구이(九夷): 고대 중국에서 동방의 이민족들을 아울러 일컫던 이름. 춘추시대의 사상가·교육자인 공자(孔子)의 어록을 모아 놓은 《논어(論語)》〈자한(子罕)〉의 "[공]선생님께서는 구이의 땅에 살려고 하셨다(子欲居九夷)"에 처음으로 등장한다. '구이'에 관해서는 문성재, 《정역 중국정사 조선·동이전1》, 제387~388쪽을 참조하기 바란다.

아 왔다. 기자432)가 조선으로 피신하면서433) 비로소 여덟 항목의 금지 사항434)을 두매 [그 법망이 아무리] 성글어도 [죄를 지은 자들을] 놓치지 않았고 [그 법제가 아무리] 단출해도 오래도록 이어 갈 수가 있었다. [이리하여] 교화로 감화를 미치는 바가 천년이 흐르도록 끊이지 않았[던 것이]다.

---

432) 기자(箕子): 중국 역사상 3대 인자(仁者)의 한 사람. 은(殷)나라 주왕(紂王, BC1105~BC1046) 시기에 태사(太師)를 지냈다. 기자가 조선에 왔다는 이른바 '기자동래설(箕子東來說)'은 《사기》〈미자세가(微子世家)〉와 《한서》〈지리지〉, 복승(伏勝)의 《상서대전(尚書大傳)》 등에 소개되어 있다. 그러나 ① 그 내용에는 허구적인 설화의 요소들이 다분한 데다가, ② 기자가 망명했다는 '동방' 역시 그 좌표는 한반도가 아닌 요동에 있다. ③ 기자가 '한반도'로 건너가서 백성들을 교화시켰다는 주장은 역사적 진실이 아니라는 뜻이다.

433) 기자가 조선으로 피신하면서[暨箕子避地朝鮮]: 위만 조선(衛滿朝鮮)을 정벌한 한 무제의 조부 문제(文帝) 유항(劉恒, BC203~ BC157) 당시에 저술된 《상서대전》에서는 ① 기자가 "도망쳐 조선으로 갔고(走之朝鮮)", 그 소식을 들은 ② 주나라 무왕이 "내친 김에 조선 땅에 그를 책봉했다(因以朝鮮封之)"라고 기술하였다. 이 기사가 역사적 사실이라고 전제할 때, 이 구절은 기자가 무왕을 피하여 망명하기 전부터 '조선'이라는 나라 또는 정치집단이 중원의 동쪽에 이미 존재하고 있었다는 뜻으로 해석된다. 무왕이 기자를 '조선후'로 책봉했다는 대목 역시 조선에서의 기자의 기득권을 '뒤늦게 추인해 준 것'으로 이해할 수 있다. 그 이전부터 '조선'으로 불리고 있어서 그 이름을 붙여 '조선후'라고 한 것이지 무왕이 '조선'이라는 이름을 만들어 붙인 것이 아니라는 뜻이다. 우리가 알고 있는 역사 지식에 근거할 때, 기자 이전부터 동방에 있었던 기원전 12세기의 조선은 단군계 조선뿐이다. 이와 관해서는 문성재, 《한사군은 중국에 있었다》, 제25~29쪽을 참조하기 바란다.

434) 여덟 가지의 금지 사항[八條之禁]: 《한서》〈지리지〉에 따르면, "은나라의 법도가 시들해지자 기자가 [나라를 떠나] 조선으로 가서 그곳 백성들에게 예절·도의·농사·양잠·방직 등을 가르쳤다. 낙랑과 조선의 백성들은 금지한 8개 조항을 범할 경우, 살인을 하면 당장 죽음으로 갚고, 상해를 가하면 곡식으로 갚으며, 도둑질을 한 경우에는 남자는 재산을 몰수하고 그 집안의 노비로 삼고 여자는 여 종으로 삼았는데 자신의 죄를 면제받으려면 사람마다 50만[전]을 내었다(漢書地理志云, 殷道衰, 箕子去之朝鮮, 敎其民以禮義田蠶織作. 樂浪朝鮮民, 犯禁八條, 相殺以當時償殺, 相傷以穀償, 相盜者, 男沒入爲其家奴, 女子爲婢. 欲自贖者, 人五十萬)" 앞에서는 "8개 조항"을 언급했으나 그중 살인·상해·절도만 소개되어 있을 뿐이다.

구이의 나라 지도(중국 CCTV 다큐)

○ 九夷所居, 與中夏懸隔, 然天性柔順, 無獷暴之風, 雖絡邈山海, 而易以道御。夏殷之代, 時或來王。暨箕子避地朝鮮, 始有八條之禁, 疎而不漏, 簡而可久, 化之所感, 千載不絶。

• 003

이제 요동435)[너머]의 여러 나라들 중에서 어떤 나라는 입고 걸침에 있

---

435) 요동(遼東): 중국 전국시대 이래의 지역명. 중국의 대표 사이트 빠이뚜에서는 '요동'에 관하여 "전국시대에 연나라가 군을 설치하였다. 치소는 양평(지금의 요양시)이었으며, 관할지역은 지금의 요령성 대릉하 이동지역 및 장성 이남지역에 해당한다. 요수는 우리나라의 고대 6대 하천의 하나였다. 서진대에는 [요동]국으로 격상되기도 하였다(戰國燕置郡. 治所在襄平[今遼陽市], 轄境相當今遼寧大凌河以東地區·長城以南地區. 遼水爲我國古代六川之一. 西晉改爲國)"라고 소개하였다. 이 같은 요동인식은 국내외 학계에서도 보편적인 현상이다. 그러나 그것은 역사적 진실이 아니다. ① 요동[군]은 '요수 동쪽'에 있다고 해서 붙인 이름이다. ② '요하'라는 이름은 북방민족인 거란(契丹)이 세운 요나라의 역사를 다룬《요사(遼史)》에 처음으로 등장한다. ③ '해내(海內)'란 전통적으로 역대 중원 왕조가 중국의 동쪽 바다인 발해(渤海)의 서쪽인 중원지역을 일컫는 상투어이다. 따라서《산

어 관모니 면류관 같은 모양을 갖추기도 하고 어떤 나라는 마시고 먹음에 있어 조니 두 같은 그릇을 갖추기도 하였다. [그리고] 경전과 학술을 즐기고 받들거나 문학과 역사를 사랑하고 즐기면서 도읍을 찾아 학문을 닦는 이들이 오가면서 [그 행렬이] 끊어지지 않았다. [심지어] 어떤 경우에는 세상을 떠날 때까지도 [자기 나라에?] 돌아가지 않는 경우도 있을 정도였다. [이런 면면들이] 옛날의 철인들께서 남기신 기풍이 아니었더라면 그 누가 이 정도까지 [영향을] 미칠 수가 있었겠는가?

○ 今遼東諸國, 或衣服參冠冕之容, 或飲食有俎豆之器, 好尙經術, 愛樂文史, 遊學於京都者, 往來繼路, 或亡沒不歸. 非先哲之遺風, 其孰能致於斯也.

• 004
그래서 공자도 '말이 참되고 믿음직스러우며 행실이 두텁고 공손하다

해경》《해내동경)에 소개된 요수는 자연히 중원지역에서 찾아야 옳다. ④ 중원에서 한참 멀리 떨어진 '해외(海外)'인 요동반도에 있는 요하 요수가 아니라는 뜻이다. ⑤ 중국에서는 요하가 '해외'에 있음을 의식하여 근래에 그 발원지가 내몽고 고원에 있는 샤르모른(Шар мөрн, 시라무롄) 강에 억지로 '서요하(西遼河)'라는 이름을 붙였다. 그러나 '서요하'라는 지리 개념이 처음 등장하는 것은 19세기 청대 문헌부터이다. ⑥ 요동군의 치소로 소개된 양평현의 경우,《후한서》《원소전)에 "【양평】 지금의 평주 노룡현 서남쪽에 있었다(【襄平】 在今平州盧龍縣西南)"라는 주석이 붙어 있다. 노룡현은 중국에서 양평이라고 주장하는 요령성 요양시에서 직선거리로 따져도 서쪽으로 250km 이상 떨어져 있는 곳이다. ⑦ 중국에서 제작된 복수의 고대 지도들에서 '요동'으로 표시된 지역은 얼핏 요동반도인 것처럼 보인다. 그러나 사실은 해수면이 6~7m 상승된 2,000년 전의 하북성 동북부의 모습과 정확하게 일치한다. 이상의 근거들을 종합해 볼 때 고대의 요수는 지금의 요동반도의 요하일 수 없으며, 요동 역시 지금의 요동반도 일대일 수가 없는 것이다. 요동과 요수에 관한 자세한 논의는 문성재,《한국고대사와 한중일의 역사왜곡》, 제178~202쪽 등을 참조하기 바란다.

면 아무리 야만스러운 오랑캐의 나라에서일지라도 소통할 수가 있다'436)고 한 것이다. [이제 보니] 참되구나 그 말씀이! 그들의 풍속들 중에서 쓸 만한 것이 어찌 단순히 호시437) 같은 공물뿐이겠는가?

○ 故孔子曰, 言忠信, 行篤敬, 雖蠻貊之邦行矣。誠哉斯言。其俗之可採者, 豈徒楛矢之貢而已乎。

공자 초상(삼재도회)

• 005

고조께서 [북]주나라의 남겨진 백성들을 어루만지신 이래로 이 중국에 [큰] 은혜가 베풀어졌다. [그러다가] 개황 연간 끝자락에 이르렀을 때438)

---

436) 말이 참되고 믿음직스러우며 행실이 두텁고 공손하다면~[言忠信, 行篤敬, 雖蠻貊之邦行矣]: 공자가 '남들이 자신의 주장에 어떻게 수긍하게 만들 수 있는가'라는 제자 자장(子張)의 질문에 대답으로 한 말로,《논어》《위령공(衛靈公)》의 "자장문행(子張問行)"장에 나온다. 말이 참되어 남들에게 믿음을 주고 행실이 두터워 남들을 공손하게 대하면 자기 동리뿐만 아니라 오랑캐의 나라에서도 보편적으로 수긍되고 인정받을 수 있다는 뜻으로 한 말이다.

437) 호시(楛矢): 고대에 숙신에서 사용한 화살. 인터넷 〈국편위판〉 주066에서는 살대의 재료와 관련하여 "楛矢가 싸리나무로 만든 화살대라고 斷定하기는 어렵다. … 楛木은 곧으며 습기나 건조함에 따라 휘어지지 않아 화살대로 적합하다. 만주 지역, 특히 밀림으로 덮여진 長白山脈의 山麓에서 많이 자라고 있다"라고 소개하면서도 정작 어떤 종류의 나무인지는 밝히지 않았다. 그러나 '호(楛)'는 북방에서 보편적으로 관찰되는 자작나무(Betula platyphylla)로 보아야 옳다. 이에 관해서는 문성재,《정역 중국정사 조선·동이전1》, 제281~284쪽 분문의 집해 주와 제277~279쪽의 "자작나무" 주석을 참조하기 바란다.

438) 개황 연간 끝자락에 이르렀을 때[泊開皇之末]: '개황(開皇)'은 수나라 문제가 사용한 연호로, 서기 581~600년까지 20년 동안 사용되었다. 개황 말기는 대체로

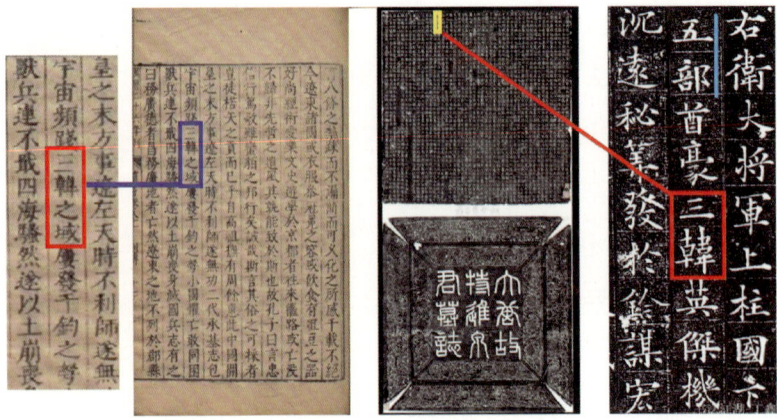

수당대에는 '삼한'을 '5부'와 함께 고구려의 강역을 일컫는 말로 사용한 사례를 수시로 찾아볼 수 있다. '삼한'의 좌표에 대한 기존의 고증은 재고되어야 할 것인가. 왼쪽은 《수서》 〈동이전〉, 오른쪽은 《천남생묘지명》에 '삼한'이 언급된 대목

요동을 정벌하기에 이르렀으나 천시가 이롭지 못하여 [황제의] 군사가 결국 [전쟁에서 세운] 공이 없었다.

○ 自高祖撫有周餘, 惠此中國, 開皇之末, 方事遼左, 天時不利, 師遂無功.

• 006

[수나라의 문제·양제] 양대439)에 걸쳐 [왕조의] 기업을 계승하자 우주조차 포용할 듯한 야망으로 번번이 삼한의 땅440)을 짓밟고 수시로 천 균441)이

595~600년 무렵에 해당하며 수 문제는 598년에 고구려 정벌에 나선다.

439) 양대[二代]: 수나라의 개국군주인 문제(文帝)와 제2대이자 마지막 황제인 양제(煬帝) 두 사람의 재위기간(총 39년)을 말한다.

440) 삼한의 땅[三韓之域]: 글자 그대로 직역하면 '마한·진한·변한의 강역'이라는 뜻이지만 여기서는 고구려를 두고 한 말로 해석된다. 실제로 당대에 제작된 고구려 왕족·귀족의 묘지명(墓誌銘)에는 수시로 '삼한'이 언급된다.

나 되는 쇠뇌를 쏘아 대었다. [그러자] 작은 나라442)는 멸망할까 두려워하며 기꺼이 궁지에 몰린 짐승처럼 [결사항전에] 나섰다.

○ 二代承基, 志包宇宙, 頻踐三韓之域, 屢發千鈞之弩。小國懼亡, 敢同困獸。

• 007
[그렇게] 전쟁이 이어지며 그칠 줄 모르자 천하가 어지러워지더니 급기야 [수나라는] 흙더미처럼 무너져 내려 [양제는] 목숨을 잃고 나라도 망하고 말았다.
병서에 이런 말이 있다.443)
"덕을 넓히는 데에 전념하는 이는 번창하지만 땅을 넓히는 데에 전념

---

441) 균(鈞): 중국 고대의 도량형 단위. 당대 초기의 공영달(孔穎達, 574~648)은 《상서(尚書)》〈오자지가(五子之歌)〉에 붙인 주석에서 "《율력지》에서는 '24수가 1냥, 16냥이 1근, 30근이 1균, 4균이 1석'이라고 하였다(律曆志云, 二十四銖爲兩, 十六兩爲斤, 三十斤爲鈞, 四鈞爲石)"라고 소개하였다. 1균은 30근(斤)에 해당하므로, 미터법으로 따지면 대체로 15kg에 해당한다. '1,000균'이라면 15,000kg에 해당하는 셈이다. 참고로, 여기에의 '1,000균'은 쇠뇌 자체의 무게를 뜻하는 것이 아니라 쇠뇌가 버틸 수 있는 하중(荷重)을 말한다.
442) 작은 나라[小國]: 여기서는 고구려를 가리킨다.
443) 병서에 이런 말이 있다[兵志有之曰]: 여기서 "병서[兵志]"는 진·한대의 병가 사상가인 황석공(黃石公, ?~BC195)이 지었다는 《황석공기(黃石公記)》를 가리키는 것으로 보인다. '고구려·오환·선비를 시켜 좌익을 공격하고 하서 4군·천수·농서의 강호(羌胡)를 시켜 그 우익을 공격하여' 흉노를 멸망시키자는 논의가 조정에서 일어나자 후한의 중흥군주인 광무제(光武帝) 유수(劉秀)가 건무(建武) 27년(51)에 조서를 내려 그 논의를 중단시키면서 《황석공기》를 언급하고 있기 때문이다. 황석공은 진나라 말기에 유방(劉邦)을 보필하여 한나라를 세운 개국공신 장량(張良)을 세 번이나 시험해 보고 《태공병법(太公兵法)》을 전수했다는 일화로 유명하다. 《황석공기》는 《태공병법》의 다른 이름일 것이다.

하는 자는 멸망하고 만다."[444)]

○ 兵連不戢, 四海騷然, 遂以土崩, 喪身滅國。兵志有之, 曰, 務廣德者昌, 務廣地者亡。

• 008

그러나 요동의 땅은 [중국의] 군·현(강역)에 포함되지 않게 된 지가 오래되었다. [그런데도 동이 지역의] 나라들은 새해를 축하하고자 입조하고 공물을 바치면서 [거의] 세시 [조공의 의무]를 빠뜨린 적이 없었다.

○ 然遼東之地, 不列於郡縣久矣。諸國朝正奉貢, 無闕於歲時。

• 009

[그럼에도 불구하고] 양대 [황제]에 [국위를] 떨치자 거기에 자만하여 '남들이 자기만도 못하다'고 여기면서 온유한 인덕으로 끌어안지는 못하고 난데없이 전쟁을 일으켰다. [이리하여] 안으로는 부유하고 강한 것만 믿고 밖으로는 영토를 넓히는 데에만 집착하는 바람에 그 교만한 마음으로 말미암아 [그들의] 원한을 사고 그 [무모한] 분노로 말미암아 [무모한] 군사를 일으켰다. [그러니] 그렇게 하고서도 멸망하지 않은 경우는 예로부터 그런 사례를 들어 본 적이 없었다. 그렇다고는 하지만 사방의 오랑캐들이 [중국에 남겨 준] 교훈을 어찌 깊이 곱씹어 보지 않을 수가 있겠는가?

444) 덕을 넓히는 데에 전념하면 번창하지만~[務廣德者昌, 務廣地者亡]: 남에게 덕을 베푸는 이는 번창하지만 남의 것을 빼앗기에만 급급하는 이는 자멸하고 만다는 뜻으로, 제왕이 정사에 임할 때에는 인덕을 베푸는 것을 최고의 가치로 삼을 것을 주문하는 말이다. 이 두 구절의 경우, 광무제의 건무 27년 조서 등, 초기에 소개된 한대의 문헌들에는 "땅을 넓히는 데에 전념하면 파멸하고 덕을 넓히는 데에 전념하면 강해진다(務廣地者荒, 務廣德者彊)"로 되어 있는 반면, 《북사》 등 당대의 문헌들에는 이 대목처럼 구절 순서가 정반대로 바뀌고 글자에도 변동이 있다.

중국사회과학원 고고연구소가 발굴한 양주시내 양제묘의 수 양제 안치 구역 및 그 어금니. 중국 왕이(網易) 사이트 사진

○ 二代震而矜之, 以爲人莫若己, 不能懷以文德, 遽動干戈。內恃富强, 外思廣地, 以驕取怨, 以怒興師。若此而不亡, 自古未之聞也。然則四夷之戒, 安可不深念哉。

부록

고조본기하 예의지3
 우중문전
양제본기상 우문술전
양제본거하 내호아전

《수서》〈고조[1] 본기 하〉

○ 개황 17년 (597, 丁巳年)

• 001

오월, … 고려가 사신을 파견하여 특산물을 바쳤다. …

[*[2])]

○ 五月, … 高麗遣使貢方物。…

○ 개황 18년 (598, 戊午年)

• 002

[*[3])] 이월, 을사일[4)]에 한왕 [양]량[5)]으로 하여금 행군 원수[6)]를 맡게 하

---

1) 고조(高祖): 수나라의 개국군주인 양견(楊堅, 541~604)의 묘호. 서위(西魏)·북주(北周)의 군벌이던 양충(楊忠)의 아들로, 홍농군(弘農郡) 화음(華陰, 지금의 섬서성 화음현) 사람이다. 선비족 식 성씨는 보륙여(普六茹), 어릴 적 이름은 나라연(那羅延)이다. 북주에서 대장군·대사마(大司馬)로 제수되고 부친의 봉호를 계승하여 수 국공(隋國公)이 되었다가 북주 황제 우문천(宇文闡)을 강제로 퇴위시키고 수나라를 건국함으로써 300여 년 동안 이어진 분열과 혼란을 종식시키고 중원을 통일하였다. 행정적으로는 청대까지 인습된 3성 6부제(三省六部制) 및 과거제(科擧制)를 시행하고 당시로서는 선진적인 율법인 '개황률(開皇律)'을 제정하였다. 그러나 재위 24년 만에 아들 양광(楊廣)에게 시해되었다. 동북아판2 주86(제162쪽)에는 "諡號는 高祖"라고 했으나 시호는 '문제(文帝)'이며, '고조'는 묘호(廟號)이다.
2) *: 〈고려전〉에는 이 해(개황 17년)에 수 문제가 당시의 고구려 국왕이던 영양왕에게 보낸 국서 전문이 소개되어 있다.
3) *: 〈고려전〉에는 이에 앞서 이 해(개황 18년)에 고구려의 영양왕이 말갈 기병 1만을 거느리고 요서 땅을 공략한 일이 소개되어 있다.
4) 이월, 을사일[二月, 乙巳]: 중국의 임도심(林道心)이 엮은 《중국고대만년력(中國古代萬年曆)》(하북인민출판사, 2003)에 따르면, 양력으로는 597년 3월 16일에 해당한다.

고 수군과 육군 총 삼십만으로 고려 정벌에 나섰다.[7)]

○ 二月, 乙巳, 以漢王諒爲行軍元帥, 水陸三十萬伐高麗。

• 003

유월, 병인일[8)]에 조서를 내려 고려 국왕 고원[9)]의 [기존의] 관작을 박탈하였다. [* [10)]]

---

5) 량(諒): 문제 양견의 다섯째 아들 양량(楊諒, 575~605)을 말한다. 자는 덕장(德章)이며 이름은 '걸(傑)'로 불리기도 하였다. 양견의 총애로 한왕에 봉해졌으며, 상주국(上柱國)·좌위대장군(左衛大將軍)의 신분으로 병주총관(并州總管)에 임명되면서 관동(關東)의 52개 주를 장악하여 측근 장수만 해도 수만 명에 이를 정도였다. 그러나 문제 사후에 양제 양광에게 반기를 들었다가 싸움에 패하고 서인(庶人)으로 강등되어 감옥에서 죽었다.

6) 행군 원수(行軍元帥): 중국 고대의 무관직 이름. 남북조시대에 북주(北周)에서 임시로 설치되었던 최고위 군사지휘관으로, 수나라를 거쳐 당대에까지 인습되었다. 일반적으로 비상시에 한 방면('道') 또는 여러 방면의 방면군을 지휘하는 사령관 격의 행군총관(行軍總管)들을 통솔했는데, 황족 출신의 친왕(親王)이나 조정 중신이 주로 임명되었다.

7) 수군과 육군 총 삼십만으로[總水陸]: 사마광의《자치통감》"고조 개황"조에는 "18년 2월 을사일에 … 수군과 육군 30만으로 고려를 정벌하게 하면서 상서우복야 고경을 한왕의 장사로 삼고 주라후를 수군총관으로 삼았다(十八年二月乙巳, … 將水陸三十萬伐高麗, 以尙書右僕射高熲爲漢王長史, 周羅睺爲水軍總管)"라고 상세하게 소개되어 있다.

8) 유월, 병인일[六月, 丙寅]: 양력으로는 598년 8월 4일에 해당한다.

9) 고원(高元, ?~618): 고구려 제26대 국왕인 영양왕(嬰陽王)의 이름. 고탕(高湯)의 아들로, 수 문제 때에 요동군공에 배수되었다. 그러나 개황(開皇) 18년(598)에 말갈 기병 1만여 기를 이끌고 요서지역을 공략하였다. 이에 문제가 한왕 양량으로 하여금 수군과 육군 30만을 이끌고 정벌에 나서자 사신을 보내어 사죄하였다. 나중에 즉위한 양제가 입조할 것을 요구했으나 보복을 우려하여 끝까지 거부하였다. 대업 8년(612)에 직접 정벌에 나섰다가 패한 양제는 이듬해에 제2차 정벌, 대업 10년에 제3차 정벌에 나섰으나 끝까지 수나라에 입조하기를 거부하였다.

10) * :《자치통감》에는 이 대목에 수나라 대군이 임유관을 나온 뒤에 겪은 역경들이 구체적으로 소개되어 있다.《자치통감》의〈고조본기(高祖本紀)〉"개황 18년(598)"

○ 六月, 丙寅, 下詔黜高麗王高元官爵。

• 004

구월, 기축일11)에 한왕 [양]량의 군사가 돌림병을 만나는 바람에 회군하였다. 12) [이때] 죽은 이가 열 명 중에 팔구 명이나 되었다.

○ 九月, 己丑, 漢王諒師遇疾疫而旋, 死者十八九。

○개황 20년 (600, 庚申年)

• 005

봄, 정월, 신유일 초하루13)에 주상이 인수궁14)에 머물렀다.

조에서는 앞의 관작 박탈 기사에 이어 다음의 내용이 기술되어 있다. "6월, 병인일, … 한왕 [양]량의 군사가 임유관을 나섰다. 때마침 큰 물이 부는 바람에 군량 수송이 원활치 못하여 군영에 식량이 부족했으며 거기다가 돌림병까지 만났다(六月, 丙寅, … 漢王諒軍出臨渝關, 值水潦, 餽運不繼, 軍中乏食, 復遇疾疫)"라고 하였다.

11) 구월, 기축일[九月, 己丑]: 양력으로는 598년 10월 26일에 해당한다.

12) 돌림병을 만나는 바람에 회군하였다[遇疾疫而旋]:《수서》에서는 회군의 원인을 돌림병과 수해로 꼽았다. 이와 관련하여 〈고경전(高熲傳)〉에서는 "[고경은] 한왕을 좇아 요동 정벌에 나섰는데 큰 비와 큰 물로 인한 돌림병을 만나는 바람에 불리하자 귀환하고 말았다(從漢王征遼東, 遇霖潦疾疫, 不利而還)"라고 기술하였다. 여기서 '장마 림(霖)'은 굵은 비가 장기간에 걸쳐 쏟아지는 것, '큰 물 료(潦)'는 큰 비로 물이 넘치고 땅이 잠기는 것을 각각 뜻한다. 그렇다면 한왕 양량이 이끄는 수나라 육군은 장기간에 걸쳐 큰 비와 홍수에 시달리고 그로 말미암아 군량 공급에 차질이 빚어지는 한편 이질 등 수인성 전염병에 시달린 끝에 결국 본국으로 철수한 셈이다. 이를 통하여 수나라 대군이 고구려 정벌에 나선 시점이 남태평양에서 태풍이 북상하고 폭우·홍수가 빈번하게 발생하는 양력 8~9월이었음을 짐작할 수가 있다.

13) 정월, 신유일, 초하루[正月辛酉朔]: 양력으로는 600년 1월 21일에 해당한다.

14) 인수궁(仁壽宮): 중국 고대의 궁전 이름. 황제가 더위를 피할 목적으로 수나라 문제의 개황 15년(595)에 지금의 중국 섬서성 인유현(麟遊縣)에 조성되었다.

[이때] 돌궐15) ·고려·거란16)이 나란히 사신을 파견하여 특산물을 바쳤다.

○ 春, 正月, 辛酉, 朔, 上在仁壽宮。突厥高麗契丹並遣使貢方物。

---

15) 돌궐(突厥): 중국 고대의 북방민족의 하나. '돌궐'은 '튀르크(Türk)'를 한자로 표기한 것이다. 6세기 중엽에 알타이산 지역의 유목부락에서 시작되었으며, 그 뒤로 중국의 북방·서북방에서 튀르크어를 사용하는 종족을 일컬었다. 552년에 유연(柔然)을 멸망시키고 돌궐 한국(突厥汗國, 튀르크 칸의 나라)을 세웠으며, 알타이산을 경계로 동·서 한국으로 구분되었다. 그러나 630년에 동돌궐 한국을 격파한 당나라가 657년에 위구르[回紇]와 합세하여 서돌궐 한국을 멸망시키고 그 판도를 장악하였다. 682년에는 북방에 안치되었던 동돌궐의 무리가 당나라에 반기를 들고 후돌궐 한국을 세웠다가 평정되고 당나라로부터 회인가한(懷仁可汗)으로 봉해진 위구르 지도자 골력배라(骨力裴羅)가 그 자리에 위구르 한국을 세웠다. 8세기 중후기에 와해된 돌궐은 서쪽의 중앙아시아로 이동하는 과정에서 현지 민족들과의 융합을 통하여 지금의 백인계 튀르키예 민족으로 거듭났다. 따라서 초기의 튀르크 종족은 지금의 튀르키예 민족과는 상당한 거리가 있음에 유념할 필요가 있다.

16) 거란(契丹): 중국 고대·중세의 북방민족의 이름. 동호(東胡)에서 유래했으며, 후위(後魏)에 이르러 '거란'으로 일컫기 시작했다고 추정된다. 처음에는 8개 부락[八部]로 나뉘어 있다가 당대 말기에 야율아보기(耶律阿保機, 872~926)가 주변 부족들을 흡수하면서 왕권국가인 요(遼)나라로 발전하였다. 거란의 한자 표기('契丹')의 경우, 송대 초기(1039)의 음운학 참고서인《집운(集韻)》에서는 앞 글자를 "기와 흘의 반절로 발음이 '걸'이다(欺訖切, 音乞)"라고 소개하였다. '걸'은 우리나라에서는 종성이 '-ㄹ(l)'이지만 중국에서는 '-ㅅ(t)'이어서 '켯(kiət)'으로 발음되는데 이 종성이 약화/탈락되면서 '켯단 ⇒ 킷딴 ⇒ 키딴' 식으로 변형된 것이다. 우리나라에서는 발음이 '계'여서 '계단'에서 둘째 글자 '단'이 '계단 ⇒ 계란'으로 변형되면서 최종적으로 '거란'으로 고정된 것으로 보인다.

《수서》〈양제[17] 본기 상〉

○ 대업 원년 (605, 乙丑年)

• 006

봄, 정월, 임진일, 초하루[18]에 크게 사면을 내리고 연호를 바꾸었다. 왕비이던 소씨를 책립하여 황후로 삼았다. …

병신일에 진왕 [양]소를 책립하여 황태자로 삼았다.

정유일에 상주국[19]이던 우문술을 좌위대장군으로 삼고, 상주국 곽연

---

17) 양제(煬帝): 수나라 제2대 황제인 양광(楊廣, 569~618)을 말한다. 본명은 양영(楊英)이며, 홍농(弘農) 화음(華陰, 섬서성 화음시) 사람이다. 문제 양견과 문헌황후(文獻皇后) 독고기라(獨孤伽羅)의 둘째아들로, 외모가 수려하고 젊어서부터 총명하였다. 처음에 안문군공(雁門郡公)에 봉해지고 개황 원년(581)에 진왕(晉王)으로 책립되어 남조의 진(陳)나라 정벌에 공을 세워 개황 20년(600)에 황태자로 책립되었다. 인수(仁壽) 4년(604)에 문제가 죽자 7월에 황제로 즉위하였다. 재위기간에는 행정적으로는 기존의 '주(州)'를 '군(郡)'으로 개칭하고 도량형을 옛 방식으로 환원하였다. 그리고 막대한 인력·물력을 총동원하여 이전의 소규모 운하들을 준설하고 연결하여 탁군(涿郡)-낙양(洛陽)-항주(杭州)에 이르는 대운하를 건설하였다. 이와 함께 원래의 도읍인 장안의 동쪽에 있는 낙양에 제2의 도읍을 건설하여 사치와 주색을 일삼았다. 대외적으로도 서쪽의 토욕혼(吐谷渾)을 정벌하는가 하면 3번이나 고구려를 정벌하는 등, 주변 이민족들과 빈번하게 전쟁을 벌였다. 그렇게 국력을 낭비하고 백성들을 혹사시키자 견디다 못한 농민들이 전국에서 봉기하더니 결국 대업 14년(618)에 강도(江都, 지금의 강소성 양주시)에서 우둔위장군(右屯衛將軍) 우문화급(宇文化及)의 부하에게 목이 졸려 살해되었다. 사후에 '명제(明帝)'라는 시호와 '세조(世祖)'라는 묘호를 받았으나 당나라 고조 이연(李淵)이 그를 비판하는 뜻에서 '양제(煬帝)'라는 시호를 내렸다. 2013년에 중국 양주시에서는 역사적으로 양제의 묘로 알려져 있었던 지점으로부터 5km 정도 떨어진 조장(曹莊)에서 진짜 묘가 발견되었다. 당시 묘에서는 일부 부장품들과 함께 양광의 치아만 2개가 발견되었다고 하니 그 비참한 최후를 미루어 짐작할 수 있을 듯하다.

18) 정월, 임진일, 초하루[正月壬辰朔]: 양력으로는 605년 1월 25일에 해당한다.

을 좌무위대장군으로 삼고, 연수공 우중문을 우위대장군으로 삼았다.

○ 春, 正月, 壬辰 朔, 大赦, 改元。立妃蕭氏爲皇后。… 丙申, 立晉王昭爲皇太子。丁酉, 以上柱國宇文述爲左衛大將軍, 上柱國郭衍爲左武衛大將軍, 延壽公于仲文爲右衛大將軍。

○ **대업 3년** (607, 丁卯年)

• 007

팔월, 임오일[20]에 어가가 유림[21]을 출발하였다.

을유일[22]에 계민[23]은 막사를 꾸미고 길목을 청소한 뒤에 어가를 기다렸다. 황제[24]가 그의 장막에 행차하니 [＊[25]] 계민이 술을 바치고 장

---

19) 상주국(上柱國): 중국 고대의 훈작. 전국시대에 초(楚)나라에서 처음 설치되었으며, 적장을 베는 큰 공을 세운 이에게 내려졌다. 북위에 이르러 주국대장군(柱國大將軍)이 설치되고 북주에서는 상주국대장군이 추가로 설치되었다. 당·송대에는 무관들 중에서 최고위 훈작으로 굳어졌으며, 그다음이 주국(柱國)이었다.
20) 팔월, 임오일[八月壬午]: 양력으로는 607년 9월 2일에 해당한다.
21) 유림(楡林): 중국 고대의 변방 도시. 지금의 섬서성 최북단인 섬북(陝北)의 황토 고원지대와 내몽골지역인 하투(河套)의 사막지대 사이에 자리 잡고 있어서 역사적으로 대단히 중요한 군사 요충지로 간주되었다.
22) [팔월] 을유일[乙酉]: 양력으로는 607년 9월 5일에 해당한다.
23) 계민(啓民): 동돌궐의 제10대 칸인 자미 카간(Jamï qaɣan, ?~609)의 중국식 이름. 사발략가한(沙鉢略可汗, 이시바르 카간)의 아들로, 성은 아시나(Ashina, 阿史那), 이름은 '센간(染干)'이다. '계인가한'은 '엘 이둑 자미 카간(El ïduk jamï qaɣan, 意利珍豆啓民可汗)'을 줄여 부른 호칭으로, '슬기롭고 강인하신 칸'이라는 뜻이다. 《수서》〈돌궐전〉에서 '계인가한'으로 소개한 것은 당대에 《수서》 편찬자들이 태종 이세민(李世民)의 이름자를 피하기 위하여 고쳤기 때문이다. 자세한 내용은 《수서》〈고려전〉의 "계인가한" 주석을 참조하기 바란다.
24) 황제[帝]: 수나라 제2대 황제인 양제(煬帝) 양광(楊廣)을 말한다.
25) ＊:《자치통감》〈수기〉 "양제 대업 6년"조에는 이 자리에 "고려 사자가 계민의 처소에 있었다(高麗使者在啓民處)"라는 내용이 추가되어 있다.

수를 빌자 [황제가 그에게] 주연을 몹시 후하게 베풀었다.

○ 八月, 壬午, 車駕發楡林. 乙酉, 啓民飾廬淸道, 以候乘輿. 帝幸其帳, 啓民奉觴上壽, 宴賜極厚.

• 008

[*26)] [이 자리에서] 주상은 고려의 사자에게 말하였다.

"[본국으로] 돌아가 너희 왕에게 일러라. '일찍 와서 [짐을] 알현함이 옳다. 그렇게 하지 않는다면 내가 계민과 함께 그 곳까지 행차할 것이다!' [*27)]

---

26) *:《수서》《배구전(裴矩傳)》에는 이 대목에 다음의 내용이 들어 있다. "이때, 고려에서는 사신을 파견하여 먼저 돌궐과 내통하였다. 계민은 [그 일을] 숨길 엄두를 내지 못하고 그를 이끌어 황제에게 알현케 하였다. 배구가 그래서 장계를 올려 말하였다. '고려의 땅은 본래 고죽국이었습니다. 주대에 그 땅을 기자에게 봉해 주고 한대에는 쪼개어 3개 군으로 삼았으며 진나라도 마찬가지로 요동에 통합시켰습니다. 지금은 신하로 복속하지 않고 따로 외국 땅이 되고 말았습니다. 그래서 선제 때에 괘씸하게 여기시어 정벌하려 하신 지가 오래되었습니다. … 지금 그 나라 사신이 돌궐에 입조하여 계민을 만났으니 … [우리 수나라에] 입조하도록 겁박하면 분명히 올 것입니다.' 그래서 황제가 '어떻게?' 하니 배구가 말하였다. '그 사신 앞에서 조서를 내리시고 본국으로 돌려보내시어 그 나라 임금에게 이르시기를 지금 당장 입조하라 그렇지 않으면 돌궐의 군사를 이끌고 당장 주륙할 것이라고 하십시오.' 그러자 황제가 그 주장을 받아들였다(時高麗遣使先通于突厥. 啟民不敢隱, 引之見帝. 矩因奏狀, 曰, 高麗之地, 本孤竹國也. 周代以之封于箕子, 漢世分爲三郡, 晉氏亦統遼東. 今乃不臣, 別爲外域, 故先帝疾焉, 欲征之久矣. … 今其使者朝於突厥, 親見啟民, … 脅令入朝, 當可致也. 帝曰, 如何. 矩曰, 請面詔其使, 放還本國, 遣語其王, 今速朝覲. 不然者, 當率突厥, 卽日誅之. 帝納焉)"

27) *:《수서》《원홍사전(元弘嗣傳)》에는 이 대목에 다음의 내용이 들어가 있다. "대업 연간 초기에 양제가 요동을 차지할 마음을 몰래 품고 [원]홍사를 파견하여 동래로 가서 바다어귀에서 전선을 건조하는 일을 감독하게 하였다. 여러 주의 장정들은 채찍질에 고통을 당했으며, 관리들은 [그들대로] 작업을 독려하느라 밤낮 없이 물속에 선 채로 거의 쉴 엄두조차 내지 못하는 바람에 허리부터 아래로 구더기가 생기지 않은 이가 없을 지경이어서 죽은 이가 열 명 중에 서넛이나 되었다. … 요동 전

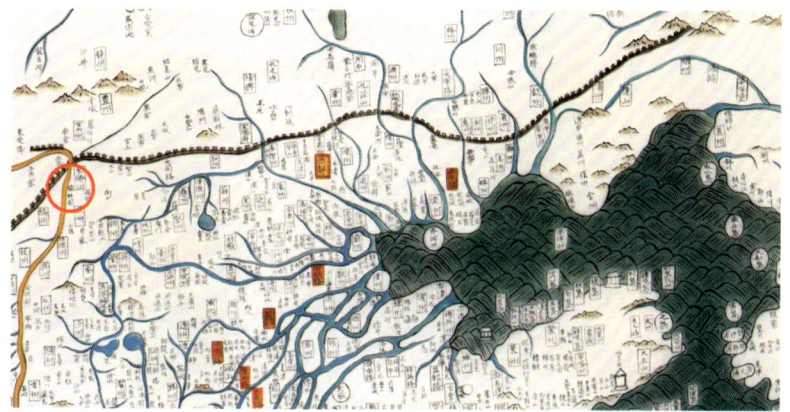

14세기 조선 초기에 제작된 《혼일강리역대국도지도(混一疆理歷代國都之圖)》에 그려진 유림의 위치(왼쪽 붉은 동그라미)

○ 上謂高麗使者, 曰, 歸語爾王, 當早來朝見。不然者, 吾與啓民巡彼土矣。

○ **대업 4년** (608, 戊辰年)

• 009

삼월, 임술일[28]에 백제·와·적토[29]·가라사국[30]에서 나란히 사신을

쟁으로 [홍사는] 금자광록대부로 승진하였다. 이듬해에 황제가 다시 요동 정벌에 나섰으나 공교롭게도 노적들이 농우(농서)를 침범했기에 조서를 내려 홍사로 하여금 그들을 치게 하였다.(大業初, 煬帝潛有取遼東之意, 遣弘嗣往東萊海口監造船. 諸州役丁苦其捶楚, 官人督役, 晝夜立於水中, 略不敢息, 自腰以下, 無不生蛆, 死者十三四. … 遼東之役, 進位金紫光祿大夫. 明年, 帝復征遼東, 會奴賊寇隴右, 詔弘嗣擊之)"

28) 삼월, 임술일[三月壬戌]: 양력으로는 608년 4월 9일에 해당한다.

29) 적토(赤土): 고대의 나라 이름. 그 나라의 토양이 붉은색을 띠고 있어서 그렇게 불렀다고 하는데 그 정확한 위치는 알 수가 없다. 역사적으로 ① 인도네시아, ② 말레이지아 등 말레이 반도의 모 지역으로 비정하고 있다. 당나라 제3대 황제인 고종의 총장(總章) 2년(669)에도 중국에 사신을 파견하였다.

파견하여 특산물을 바쳤다.

○ 三月, 壬戌, 百濟倭赤土迦羅舍國並遣使貢方物.

○ **대업 7년** (611, 辛未年)

• **010**

이월, … 경신일[31]에 백제에서 사신을 파견하여 [조정에] 입조하고 공물을 바쳤다.

을해일[32]에 주상이 강도[33]로부터 용주[34]를 타고 통제거[35]로 진입하여 [＊[36]] 마침내 탁군[37]에 행차하였다.

---

30) 가라사국(迦羅舍國): 고대의 나라 이름. 가라사불(迦羅舍佛)·가라사분국(哥羅舍分國)으로 일컬어지기도 하였다. 그 위치를 알 수는 없으나 지금의 태국으로 비정되고 있다.

31) 이월, … 경신일[二月, … 庚申]: 양력으로는 611년 3월 30일에 해당한다.

32) [이월] 을해일[乙亥]: 양력으로는 611년 4월 9일에 해당한다.

33) 강도(江都): 중국 고대의 지명. 지금의 강소성(江蘇省) 양주시(揚州市)에 해당한다. 수나라 때에 양제가 지은 대운하(大運河)의 종착지이기도 하다.

34) 용주(龍舟): 용 모양으로 만든 대형 유람선.

35) 통제거(通濟渠): 고대 운하 이름. 황하와 회하(淮河)를 연결하는 구간으로, 수나라 양제의 대업 원년부터 건설되었으며 양제가 강남지역을 유람하는 데에 사용한 주요 경로이기도 하였다.

36) ＊:《수서》《예의지(禮儀志)》에는 이 부분에 다음의 내용이 소개되어 있다. "… 양제가 장수들을 계성 남쪽 상건하 유역으로 파견하여 사단과 직단을 세우고 사방으로 담을 친 다음 의사의 제례를 거행하게 하였다. …(煬帝遣諸將於薊城南桑乾河上築社稷二壇, 設方墠, 行宜社禮. …)"

37) 탁군(涿郡): 중국 고대의 지명. 수나라 양제의 대업 연간 초기에 유주(幽州)를 고쳐 설치했으며, 치소는 계현(薊縣, 지금의 북경시 서남부)이었다. 양제 때에 남쪽으로 황하까지 건설된 운하인 영제거(永濟渠)의 북쪽 기점이었다. 여기서 "탁군에 행차했다"는 것은 대운하의 북쪽 끝(북경지역)까지 올라갔다는 뜻이다. 당나라에 이르러 고조(高祖) 이연(李淵)의 무덕(武德) 연간 초기에 원래의 이름('탁군 ⇒ 유주')으로 환원되었다.

수 양제가 건설한 대운하. 탁군(북경시)에서 낙양을 거쳐서 강도(양주시)까지 연결되었다.

○ 二月, 庚申, 百濟遣使朝貢。乙亥, 上自江都御龍舟入通濟渠, 遂幸于涿郡。

• 011
임오일[38]에는 다음과 같이 조서를 내렸다.
"무에는 일곱 가지 덕목이 있는데 으뜸가는 것이 백성들을 안정시키는 일이다. 정사에는 여섯 가지 근본이 있는데 으뜸으로 여기는 것이 도의를 가르치는 일이다. 고려의 고원은 [우리나라의] 변경을 지키는 신하로

---

38) [삼월] 임오일[壬午]: 양력으로는 611년 4월 14일에 해당한다.

서의 예의를 저버렸다. 이에 요동[39]에서 그 죄를 따지고 승리의 방략을 크게 떨치고자 한다. [다만] 아무리 그 나라를 정벌할 작정이라고는 하나 그래도 각지를 순방하는 [황제로서의] 소임은 다해야 할 터. [그래서] 이제 탁군으로 가서 민정과 풍속을 살피고 어루만지려 한다. 저 하북의 군들 및 산서·산동에서 나이가 아흔 이상인 이들에게는 태수 벼슬을 제수하고 여든[이상?]인 이들에게는 현령 벼슬을 제수하도록 하라."
[* 40)]

○ 壬午, 詔曰, 武有七德, 先之以安民。政有六本, 興之以敎義。高麗高元虧失藩禮, 將欲問罪遼左, 恢宣勝略。雖懷伐國, 仍事省方。今往涿郡, 巡撫民俗。其河北諸郡及山西山東年九十已上者, 版授太守。八十者, 授縣令。

---

39) 요동(遼東): 중국 전국시대 이래의 지역명. 여기서는 '고구려'를 두고 한 말이다. 중국의 검색 사이트 빠이뚜의 백과사전에서는 "【요동】 전국시대에 연나라가 군을 설치하였다. 치소는 양평[지금의 요양시]이었으며, , 관할지역은 지금의 요령성 대릉하 이동지역 및 장성 이남지역에 해당한다. 요수는 우리나라의 고대 6대 하천의 하나였다. 서진대에는 [요동]국으로 격상되기도 하였다"라고 하였다. 그러나 ① 요동[군]은 '요수의 동쪽'이라는 뜻에서 붙여진 이름이다, ② '요하'라는 이름은 요나라의 역사를 다룬 14세기의《요사(遼史)》에 이르러서야 처음으로 등장한다. ③ 요동군 치소 '양평현'의 경우, 중국 정사인《후한서》〈원소전(袁紹傳)〉 주석에 "지금의 평주 노룡현 서남쪽에 있었다(在今平州盧龍縣西南)"라고 분명히 소개되어 있다. 노룡현은 중국에서 양평이라고 주장하는 요령성 요양시에서 직선거리로 따져도 서쪽으로 250km 이상 떨어져 있는 곳이다. 고대의 요수는 지금의 요하일 수 없으며, 요동 역시 지금의 요동반도 일대에만 한정되지 않는다는 뜻이다.

40) *:《자치통감》《수기》"양제 대업 7년"조에는 이 자리에 다음의 내용이 추가되어 있다. "동래의 해구(바다 어귀)로 가서 배 300척을 건조하였다. 관리들이 그 작업을 독려하면서 밤낮으로 바닷물 속에 서 있으면서 거의 쉴 엄두조차 내지 못하니 허리부터 아래로 온통 구더기가 생겨서 죽은 이가 열 명 중에 서너 명이나 되었다.(往東萊海口, 造船三百艘. 官吏督役, 晝夜立水中略不敢息, 自腰以下皆生蛆, 死者什三四)"

《수서》〈양제 본기 하〉

○ 대업 8년 (612, 壬申年)

• 012

[＊41)] 봄, 정월, 신사일42)에 대군이 탁군에 집결하였다. [＊43)] 병부

---

41) ＊: 두우의 《통전》《식화·조운(食貨·漕運)》에서는 대업 7년 겨울의 상황을 이렇게 소개하였다. "탁군에서 대규모로 회합하였다. 강·회 이남의 군사들을 나누어 구위대장군 내호아에게 배치해 주고 따로 수군을 거느리고 창해(발해)를 건너게 하니 거대한 전함의 행렬이 수백 리나 되었다. [그 전함들은] 한결같이 군량을 싣고 날짜를 정하여 대군과 평양에서 회합하기로 하였다(大會涿郡. 分江淮南兵, 配驍衛大將軍來護兒, 別以舟師濟滄海, 舳艫數百里. 並載軍糧, 期與大兵會平壤)" 또, 〈내호아전〉에서는 "요동 전쟁에 [내]호아가 누선을 이끌고 창해로 향하였다(遼東之役, 護兒率樓船, 指滄海)"라고 하였다. 이를 통하여 내호아가 이끄는 수나라 수군이 탁군(북경)에서 발진하여 창해(발해)를 넘어 평양성으로 향했음을 확인할 수가 있다. 또, 내호아의 전함들이 '누선'이었다는 대목을 통하여 이들이 전통적인 연안항법에 따라 해안선을 따라 항해했음을 짐작할 수 있다. 당대는 몰라도 이때까지만 해도 황해를 횡단하거나 묘도군도-요동반도로 징검다리 항해를 하지 않았다는 뜻이다.

42) 정월, 신사일[正月辛巳]: 양력으로는 612년 2월 7일에 해당한다.

43) ＊: 《수서》《식화지(食貨志)》에서는 이때의 장관을 다음과 같이 소개하고 있다. "[대업] 7년(611) 겨울에 대군이 탁군에서 집결하였다. 장강·회수 남쪽의 군사를 쪼개어 교위대장군 내호아 휘하에 배치시켜 따로 수군을 동원하여 발해를 건너게 하니 전선의 대열이 수백 리나 이어질 정도였다. [그 전선들은] 한결같이 군량을 가득 싣고 [수나라의] 대군과 평양에서 합류하기로 약속하였다. 이 해에, 산동과 하남에서 큰 홍수가 나서 마흔 개가 넘는 군이 물에 잠겼다. 거기다가 요동에서 참패하는 바람에 죽은 이가 수십만 명이나 되었다. 그로 말미암아 돌림병이 돌았는데 산동지역에 특히 극심하였다. [군사가] 주둔하는 곳은 한결같이 조세를 거두어 군대에서 사용할 물자를 공급하는 일을 의무로 삼으니 백성들이 아무리 곤란한 지경에 처해도 누구 하나 딱하게 여기는 이가 없을 지경이었다. 급한 노역과 조세가 필요할 때마다 징수하다 보니 지방의 관리들은 어김없이 우선 싼 값에 그것들을 사들였다. 그러고 나서 [조정에서] 다시 명령을 내리면 비싸게 남들에게 팔아 치우니 하루 사이에도 곡식 값이 몇 갑절이나 뛰었다. 백성들의 재물을 가혹하게 뜯고 순식간에

상서[44)] 단문진[45)]으로 하여금 좌후위대장군을 맡게 하였다.

○ 春, 正月, 辛巳, 大軍集于涿郡。以兵部尙書段文振爲左候衛大將軍。

• 013

임오일[46)]에 [양제는] 다음과 같이 조서를 내렸다.

주나라 무왕 초상(삼재도회)

"천지는 큰 덕을 가지고 있어 가을철에 서리를 내리며, 성현은 큰 인을 지니고 있어 형법에 전쟁에 관한 내용을 적어 놓으셨다. 그래서 [천지의]

챙기기 일쑤였다. [그러다 보니] 강한 사람이라면 모여서 도적질을 일삼고 약한 사람은 자신을 팔아 노비가 되었다.(七年冬,大會涿郡。分江淮南兵, 配驍衛大將軍來護兒, 別以舟師濟滄海, 舳艫數百里。並載軍糧, 期與大兵會平壤。是歲, 山東河南大水, 漂沒四十餘郡, 重以遼東覆敗。死者數十萬。因屬疫疾, 山東尤甚。所在皆以徵斂供帳軍旅所資爲務, 百姓雖困, 而弗之恤也。每急徭卒賦, 有所徵求, 長吏必先賤買之, 然後宣下, 乃貴賣與人, 旦暮之間, 價盈數倍。哀刻徵斂, 取辦一時, 强者聚而爲盜, 弱者自賣爲奴婢)"

44) 병부상서(兵部尙書): 중국 고대의 관직 이름. 군사 관련 중앙 관서인 병부(兵部)의 수장으로, 지금의 국방부 장관에 해당한다.

45) 단문진(段文振, ?~612): 중국 북주·수나라 때의 장수. 북해(北海, 지금의 산동성 동북부) 사람으로, 자는 원기(元起)이다. 요서군 영지현(令支縣, 지금의 하북성 천안현) 일대에서 활동한 단(段)씨 선비족 출신으로, 서진(西晉) 대의 유주자사 단필제(段匹磾)의 후손이다. 북주 시기에는 우문호(宇文護) 및 나중의 수나라 개국군주 양견(楊堅)의 측근으로, 상의동(上儀同)·양국현공(襄國縣公) 등을 지냈다. 수나라 양제 때에는 병부상서에 이어 토욕혼(吐谷渾) 정벌로 우광록대부(右光祿大夫)에 제수되었으며, 나중에는 좌후위대장군(左侯衛大將軍)에 임명되어 고구려 정벌에 종군했다가 병사하였다.

46) 정월 임오일[壬午]: 양력으로는 612년 2월 8일에 해당한다.

조화에 시드는 일이 있는 것도 그 뜻은 사사로움(편애)이 없다는 데에 있다. 제왕이 방패와 창을 드는 것은 자신이 무엇을 얻자고 하는 일이 아니다.

[황제의] 판천47)의 전쟁이며 [당요의] 단포48)의 전쟁도 하늘의 응징 아닌 것이 없었나니 어지러운 자를 공격하고 어리석은 자를 무너뜨리는 것이 모두가 시운을 좇아 움직인 것이었다. 하물며 감천 교외49)에서 군사들을 사열함으로써 하나라50)가 위대한 우51)의 기업을 이어 간 일, 상나라52)가 도읍 교외에서 죄를 따진 일, 주나라53)가 성왕54)과 문왕

---

47) 판천(阪泉): 중국 고대의 지명. 황제(黃帝)와 염제(炎帝)가 싸운 곳으로, 지금의 하북성 탁록현(涿鹿縣) 동남쪽에 해당한다.
48) 단포(丹浦): 중국 고대의 지명. 당요(唐堯)가 삼묘(三苗)와 싸운 곳으로, 지금의 섬서성 남부와 하남성 서부 일대에 해당한다.
49) 감야(甘野): 중국 고대의 지명. 하(夏)나라의 초대 군주인 우(禹)의 아들이자 제2대 군주인 계(啓)가 유호씨(有扈氏)와 싸워 이긴 곳이다.
50) 하나라[夏]: 중국 역사상 최초의 세습 왕조. 중국에서는 기원전 2070~1600년까지 14대에 걸쳐 존속했다고 주장하고 있다.
51) 우(禹): 하나라의 개국군주. 성은 사(姒), 씨는 하후(夏后), 이름은 문명(文命)이다. 홍수를 다스린 공으로 순(舜)으로부터 선양을 받아 임금이 됨으로써 하나라를 열었다.
52) 상나라[商]: 중국 역사상 두 번째 세습 왕조. 황하 중하류에서 세력을 형성한 탕(湯)이 명조(鳴條)에서 하후씨를 멸망시키고 세운 왕조로, 기원전 1600~1046년까지 500년 동안 17대에 걸쳐 지속되었다. 처음에는 박(亳)에서 개국했으며 그 후예 반경(盤庚)이 도읍을 은(殷)으로 천도한 뒤로는 '은상(殷商)' 또는 '은(殷)'으로 불려졌다.
53) 주나라[周]: 중국 역사상 세 번째 세습 왕조.
54) 성왕(成王): 주(周)나라의 제2대 군주인 희송(姬誦, BC1055~BC1021)을 말한다. 무왕(武王) 희발(姬發)의 아들로, 어린 나이로 즉위하여 숙부 주공(周公) 희단(姬旦)의 보필을 받았으며, 삼감(三監)의 난을 평정하였다.

55)의 뜻을 실천한 일 등에서랴! [이렇듯] 영원토록 전대의 일을 본보기 삼으며 이제는 짐이 직접 나설 때가 되었다.

○ 壬午, 下詔曰, 天地大德, 降繁霜於秋令, 聖哲至仁, 著甲兵於刑典。故知造化之有肅殺, 義在無私, 帝王之用干戈, 蓋非獲已。版泉丹浦, 莫匪龔行, 取亂覆昏, 咸由順動。況乎甘野誓師, 夏開承大禹之業, 商郊問罪, 周發成文王之志。永監前載, 屬當朕躬。

• 014

우리 수 왕조는 천명을 받들어 [천지인] 삼재를 아우르며 지존을 일으키고 온누리를 통일하여 일가로 만들었다. 강역의 확장은 [해 지는] 세류·반도56) 너머까지 이루어졌으며, 교화의 확산은 [우리와 언어가 다른] 자설·황지의 영역57)까지 이루어졌다. [이리하여] 먼 나라에서 찾아오고 가까운 나라는 평안해지니 조화롭게 어우러지지 않는 경우가 없으니 공로를 이루고 정사가 안정된 것이 바로 지금이 아니겠는가.

○ 粵我有隋, 誕膺靈命, 兼三才而建極, 一六合而爲家。提封所漸, 細柳盤桃之外, 聲教爰曁, 紫舌黃枝之域。遠至邇安, 罔不和會, 功成治定, 於是乎在。

---

55) 문왕(文王): 주나라의 기틀을 다진 희창(姬昌, BC1152~BC1056)을 말한다. 주나라의 개국군주 희발의 부친으로, 기주(岐周, 지금의 섬서성 기산) 사람이다. 서백(西伯)을 거쳐 왕을 일컬었으며, 나중에 '문왕'으로 추존되었다.

56) 세류·반도(細柳盤桃): 중국 고대에 황제의 교화가 미치지 않는 상상 속의 외국 땅 이름.

57) 자설·황지의 영역[紫舌黃支之域]: 중국 고대에 중국과 언어가 다른 상상 속의 외국 땅 이름.

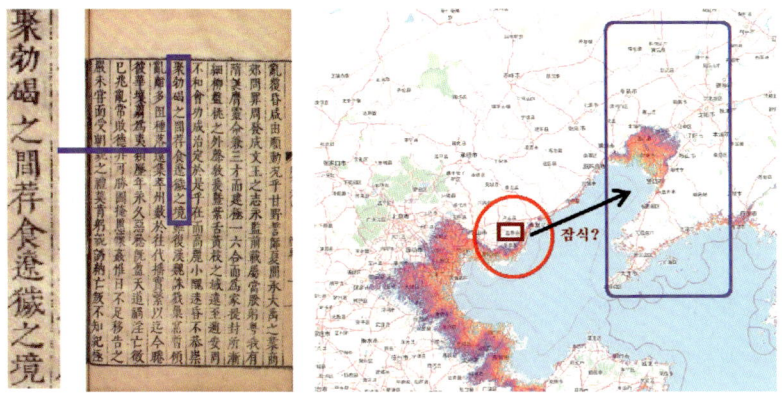

파란색 네모는 국내외 학계가 주장하는 고구려와 수나라의 접경지대. 그러나 수 문제가 "발해와 갈석 일대에까지 몰려 들어 요동과 예맥의 지경까지 집어삼키는구나"라고 한 것을 보면 요동과 예맥의 좌표는 발해와 갈석의 인근에서 찾아야 한다. 학계의 주장처럼 예맥의 자리가 한반도 쪽이라면 고구려의 영역이어서 자국의 영토를 "집어삼킨다"고 한 수 문제의 논리는 성립되지 않기 때문이다. 동그라미 속 갈색 네모는 갈석산(창려현)

• 015

그럼에도 불구하고 고려라는 하찮고 추악한 무리는 [정신이] 미혹되고 아둔한 데다가 [상국에] 공손하게 처신하지 못하고 발해와 갈석 일대58)에까지 몰려 들어 요동과 예맥의 지경59)까지 집어삼키는구나!

---

58) 발해와 갈석 일대[渤碣之間]: 중국 고대 세계관에서 중원의 동북방 변경지역을 일컫던 말. 여기서 '발(渤)'은 중원의 동북방인 하북지역에 걸친 바다인 발해(渤海), '갈(碣)'은 역시 하북지역 동북방에 있는 갈석(碣石)을 가리킨다. 중국의 역대 정사에서 발해와 갈석은 중국 영토의 동북방 경계지역을 부르는 대명사로 수시로 등장하고 있다. 여기서는 고구려가 수시로 중원지역을 침범한 일을 두고 한 말이다. 발해와 갈석에 관한 상세한 설명은 문성재,《정역 중국정사 조선·동이전 1·2》의 관련 주석들을 참조하기 바란다.
59) 요동과 예맥의 지경[遼獩之境]: 앞의 "발해와 갈석 일대[渤碣之間]"와 마찬가지로, 중국 고대 세계관에서 중원의 동북방 변경지역을 일컫는 말로 사용되었다. 여기서 '요(遼)'는 중원 땅인 요서(遼西)와 북방민족의 땅인 요동(遼東)을 나누는 하천인 요수를 가리키며, '예(獩)'는 중국 고대에 중원 북쪽에 살던 북방민족('예')을 두루 일컫던 이름이다. 여기서는 고구려가 수시로 중원지역을 침범한 일을 두고 한 말이

○ 而高麗小醜, 迷昏不恭, 崇聚勃碣之間, 荐食遼濊之境。

• 016

비록 한·위 양대의 살육60)을 반복하여 [놈들의?] 소굴이 잠시 무너지고 동란과 이산으로 가로막히는 이들 많아지겠지만 종족과 부락들은 다시 모이기 마련이다. 시내와 연못을 지난 시대에 모아서 씨 뿌리고 열매 맺으며 지금에 이르렀다.
저 중화의 땅61)을 돌아보건대 오랑캐 무리에게 짓밟히더니 세월이 오래되면서 악행이 차고도 넘쳐 하늘의 도의가 그 지나침에 재앙을 내리시매 망국의 징조가 이미 드러났다.

○ 雖復漢魏誅戮, 巢窟暫傾, 亂離多阻, 種落還集。萃川藪於往代, 播實繁以迄今。眷彼華壤, 翦爲夷類。歷年永久, 惡稔旣盈, 天道禍淫, 亡徵已兆。

• 017

[급기야] 윤리를 어지럽히고 덕행을 망치는 짓들은 [그 사례들을] 이루 헤아릴 수조차 없을 지경이요 간특함을 감추고 간사함을 끌어안는 짓들은

다. 요동과 예맥에 관한 상세한 설명은 문성재,《정역 중국정사 조선·동이전 1·2》의 관련 주석들을 참조하기 바란다.

60) 한·위 양대의 살육[漢魏誅戮]: 중국의 한대와 삼국시대에 중원 왕조가 흉노(匈奴)·동호(東胡)·조선(朝鮮)·오환(烏桓) 등의 북방민족들에 대하여 대대적인 공세·정벌을 벌인 일을 두고 한 말이다. 이때에 북방민족들은 중원 바깥으로 물러가거나 용병(傭兵) 등의 형태로 중원 왕조에 흡수되는 경우가 많았다.

61) 중화의 땅[華壤]: '중화(中華)' 또는 '중국(中國)'은 전통적으로 중국을 미화하여 일컬은 표현으로, 이민족 또는 이민족의 땅에 상대적인 개념으로 제시되곤 하였다. 여기서는 고구려 영토가 된 요동 땅을 두고 한 말이다.

[그것을 일일이 열거할] 시간이 부족할 지경이다. [짐이 아무리] 글을 보내어 꾸짖어도 여태껏 모습을 드러내고 받들지 않고 [변신이 받들어야 할] 입조하고 알현하는 예절도 직접 이행하려 든 법이 없었다.

○ 亂常敗德, 非可勝圖, 掩慝懷姦, 唯日不足. 移告之嚴, 未嘗面受, 朝覲之禮, 莫肯躬親.

• 018

[우리나라에서] 도망치거나 반란을 일으킨 무리를 꼬드기고 받아들이며 그칠 줄을 모른 채 변방 땅을 채우며 [우리] 봉화대를 매번 수고롭게 하는 바람에 [우리] 변방이 이로써 평안하지 못하게 되고 백성들은 이로써 생업을 포기하기에 이르렀다.

과거에 [놈들을] 응징하기는 했으나 지금은 하늘의 법망을 벗어나는 바람에 앞서의 사로잡혀 도륙될 죄를 유예 받고 거기다가 나중의 주살도

담기양이 그린 거란의 본거지 임황(臨潢) 인근을 흐르는 샤르무른(潢水, 고동)과 노합하(파랑). 임황을 너무 멀리 그려 놓았다.

받지 않았건만 그 은혜를 마음에 새기지 않고 변심하여 계속 악행을 자행하더니 거란의 무리와 작당하여 [우리] 바다의 방벽을 약탈하고 말갈62)의 [고구려에 대한] 복종에 익숙해져 [이제는 우리] 요서63) 땅까지 침범하는구나.

○ 誘納亡叛, 不知紀極, 充斥邊垂, 亟勞烽候, 關柝以之不靜, 生人爲之廢業。在昔薄伐, 已漏天網, 旣緩前擒之戮, 未卽後服之誅, 曾不懷恩, 翻爲長惡, 乃兼契丹之黨, 虔劉海戍, 習靺鞨之服, 侵軼遼西。

---

62) 말갈(靺鞨): 중국 고대·중세 북방민족의 한 갈래. 북위시기까지는 '물길(勿吉)'로 불렸으며 수나라에 이르러 '말갈'로 불리기 시작하였다. '물길'과 '말갈'의 경우, 지금은 발음이 달라져서 얼핏 다른 집단·지역으로 여기는 경향이 있다. 그러나 그 이름은 시대나 왕조마다 같은 이름을 다른 한자로 표기하면서 변형되었을 뿐 사실상 동일한 종족 집단을 부르는 같은 이름이다. '말갈'과 '물길'과 '무커'에 대한 자세한 어원적·역사적 고찰에 관해서는《수서》의 "말갈" 주석을 참조하기 바란다.

63) 요서(遼西): 중국 고대의 군 이름. 그 관할 현과 민호의 추이를 보면,《진서》〈지리지〉에서는 양락(陽樂)·비여(肥如)·해양(海陽)의 3개 현에 민호는 2,800호였다. 그러나《수서》〈지리지〉에 이르면 관할 현은 1개(유성현)에 민호는 751호(統縣一, 戶七百五十一)로 소개되어 있다. 진대 이래로 그 규모는 관할 현뿐만 아니라 민호도 "3현 2,800호(진대) ⇒ 3현 537호(북위) ⇒ 1현 751호(수대)"로 대폭 줄어든 것이다. 이는 요서군이 5호 16국과 남북조시기를 거치면서 북방민족과 군벌들의 할거와 잦은 전란으로 인한 인구 유출 때문일 것이다. 인터넷〈국편위판〉주089에서는 요서의 위치와 관련하여 "일반적으로는 遼河의 서편 지역을 일컫는 것으로 지금의 遼寧省 遼河以西 地域"이라고 하였다. 그러나 ① 요서와 요동을 구분하는 기준이 되는 하천인 요수는 요하와는 별개의 하천이며, ② 중국에서 '요동'은 200년 전만 해도 그 기점이 산해관이었다는 것은 사서 기록은 물론 중국·서양의 지도들을 통해서도 확인되는 바이다. 게다가 ③ 비여·양락·해양은 난하(灤河)를 기준으로 할 때 그 서안(西岸)에 해당한다. ④ 요서와 요동의 척도가 되는 하천이 난하이며, 난하 서안에 있어서 요서군으로 일컬어졌다는 뜻이다. 그렇다면 요서의 영역 역시 자연히 요동의 기점이 되는 산해관 이서, 즉 하북성 동북부로 좌표를 수정해야 옳은 것이다.

• 019

또한, 청구[64] 너머에서 다 함께 조공의 직무를 갖추고 푸른 바다[65] 기슭에서 똑같이 [자기네] 본국의 역서를 바쳐 왔다. 그런데 [고구려는] 급기야 [그들이] 바치는 공물을 가로채고 왕래[하는 사신들]를 가로막아 그 폭악함이 무고한 이들에게까지 미치니 [그들은] 충성을 다했건만 재앙을 만난 격이었다.

○ 又, 青丘之表, 咸修職貢, 碧海之濱, 同稟正朔, 遂復奪攘琛賮, 遏絶往來, 虐及弗辜, 誠而遇禍。

• 020

[수나라에서] 조정의 명령을 받든 사신이 [발]해동[쪽][66]에 이르자 사신의 행렬이 멈추고 도중에 번국의 지경을 지나건만 [그들의] 길을 가로막고 황제의 사절을 거절하니 [이는] 주군을 섬기려는 마음이 없는 것이니 [이것이] 어찌 신하로서의 도리라고 하겠는가? 이것을 참을 수 있다면 어느

---

64) 청구(青丘): 중국 고대의 전설상의 땅 이름. 후한대의 학자인 복건(服虔, 2세기)은 《자허부(子虛賦)》의 "가을에는 청구에서 사냥을 하지(秋獵于青丘)"에 대하여 "청구국은 바다 동쪽 300리 지점에 있다(青丘國, 在海東三百里)"라는 주석을 붙였다. 여기서 '바다'는 중국의 동해인 발해(渤海)를 말하므로 발해 동쪽으로 300리 떨어진 거리에 자리 잡은 곳인 셈이다.
65) 푸른 바다[碧海]: 중국대륙의 동쪽에 있는 발해(渤海)를 말한다. 바다로 유입되는 황하의 황톳물의 영향으로 물이 누렇고 흐린 산동반도 남쪽의 황해(黃海)와는 대조적으로 물이 푸르고 맑아서 그렇게 부른 것이다.
66) 해동(海東): 글자 그대로 직역하면 '바다 동쪽' 정도로 번역된다. 학계에서는 이를 황해 동쪽 또는 한반도를 가리키는 말로 사용된다. 다만, 중국에서는 고대부터 바다 중에서도 황해의 북반부에 있는 바다인 발해(渤海)의 동쪽, 즉 발해 너머를 가리키는 말로 사용되곤 하였다. 여기서는 발해 너머의 땅, 즉 이민족들의 땅을 가리키는 말로 사용되었다.

것인들 참을 수 없겠는가!

○ 輶軒奉使, 爰曁海東, 旌節所次, 途經藩境。而擁塞道路, 拒絶王人, 無事君之心, 豈爲臣之禮。此而可忍, 孰不可容。

• 021

거기다가 [고구려는] 법령이 가혹하고 잔인하며 세금이 많고 무거운 데다가 권신과 호족이 저마다 국권을 농단한다. [또] 붕당이 저마다 작당하여 그것이 관행이 되다시피 하니 뇌물이 저잣판처럼 넘쳐 나도 억울함조차 하소연할 데가 없다. 설상가상으로 몇 년째 재해가 심각하여 집집마다 기근이 들고 전쟁이 그치지 않는 데다가 노역조차 시도 때도 없어서 기를 쓰고 [세금으로 낸] 양식을 운반하고 나면 [기진맥진한] 그 몸은 [죽어] 골짜기를 채운다.

[그러니] 백성들은 슬프고 고되어도 어디를 가고 누구를 따를 것인가? [고구려] 경내가 [이토록] 슬프고 두렵건만 그 폐해를 주체할 수가 없을 정도이다.

○ 且法令苛酷, 賦斂煩重, 强臣豪族, 咸執國鈞, 朋黨比周, 以之成俗, 賄貨如市, 冤枉莫申。重以仍歲災凶, 比屋饑饉, 兵戈不息, 徭役無期, 力竭轉輸, 身塡溝壑。百姓愁苦, 爰誰適從。境內哀惶, 不勝其弊。

• 022

[또] 국내로 고개를 돌려 보면 저마다 목숨이 [언제] 달아날지 모른다는 걱정을 품고 노인이든 아이든 한결같이 잔인하고 악독하다며 한숨을 쉰다. [이에 짐이 국내의] 민간을 돌아보고 풍속을 살피고자 이에 유주[67)

북쪽[68])까지 와서 [우리] 백성들을 위문하고 [고구려의] 죄를 따지고자 하니 [짐이] 다시 행차하기를 기다릴 틈조차 없다.

이리하여 [짐은] 몸소 천자의 군대를 지휘하여 토벌의 아홉 가지 이유를 피력하고 그들이 당한 위험에서 구해 주고 하늘의 뜻을 다 함께 따르며 이 도망친 악인들을 섬멸하고 선대의 방략을 계승하고자 한다.

○ 迴首面內, 各懷性命之圖, 黃髮稚齒, 咸興酷毒之歎。省俗觀風, 爰屆幽朔, 弔人問罪, 無俟再駕。於是, 親總六師, 用申九伐, 拯厥阽危, 協從天意, 殄茲逋穢, 克嗣先謨。

• 023

이제 군율을 내려 출병시켜 군대를 나누어 길을 나서서 [우리 군사가] 발해를 뒤덮으며 우레처럼 울리고 부여[69]) 땅을 누비며 번개처럼 휩쓸어

---

67) 유주(幽州): 중국 고대의 지방 행정구역 이름. 《주례(周禮)》〈직방(職方)〉에서는 "[중원의] 동북방은 '유주'이다(東北曰幽州)"라고 하였다. 한대에는 '13자사부(十三刺史部)' 중의 하나로서 주요한 군사거점이었으며, 수·당대에도 교통·상업적으로도 중요한 지역으로 간주되었다. 치소는 계현(薊縣)으로, 지금의 북경시 서남쪽 광안문(廣安門) 인근이었으며, 역사적으로 대군(代郡)·상곡군(上谷郡)·탁군(涿郡)·광양군(廣陽郡)·어양군(漁陽郡)·우북평군(右北平郡)·요서군(遼西郡)·요동군(遼東郡)·현토군(玄菟郡)·낙랑군(樂浪郡)·요동속국(遼東屬國)을 관할하였다. 위·진대에는 관할 군·국이 23개까지 증가했으나(태강 원년) 각지 군벌의 발호와 북방민족들의 남하로 그 영역이 점차 축소되었다.

68) 유주 북쪽[幽朔]: 고대 중국에서는 유주(幽州)가 중원 왕조의 강역의 가장 동북방에 있는 변경지역으로 간주되었다. 여기서도 "유주 북쪽"은 황제가 백성들을 위문하기 위하여 중원에서 멀리 떨어지고 오랑캐(고구려)가 지척에 있는 오지까지 행차한 것을 강조할 목적으로 사용한 표현이다.

69) 부여(夫餘): 한민족의 한 갈래인 부여족이 기원전 1세기경에 세운 나라. 때로는 '부여(扶餘)'로 적기도 한다. 일찍부터 발달된 문명을 갖고 있었으나 3세기 말 선비족의 침입으로 크게 쇠퇴하고 대부분의 영토가 고구려에 편입되었다. 그 위치는 대체로 지금의 길림성과 흑룡강성 일대라는 주장이 거의 정설처럼 받아들여지고 있

마땅하다. 무기를 들고 군사를 멈춘 채 필승을 다짐하고 나서 출병하여 몇 번이나 군령을 내려 필승의 의지를 굳힌 다음 싸움에 나서도록 하라!

○ 今宜授律啓行, 分麾屈路, 掩勃澥而雷震, 歷夫餘以電掃。比戈按甲, 誓旅而後行, 三令五申, 必勝而後戰。

• 024

좌익70)의 경우,

제1군은 누방도71), 제2군은 장잠도72), 제3군은 해명도73), 제4군은

다. 그러나 그 좌표에 관해서는《사기(史記)》의〈화식열전(貨殖列傳)〉을 주목할 필요가 있다. 사마천(司馬遷, BC145?~?)이 전한대에 작성한 해당 기사에는 "대체로 연국 또한 발해·갈석 사이의 도회지이다. 남으로는 제국·조국과 연결되고 동북으로는 흉노와 접하고 있다. … 북으로는 오환·부여와 이웃하면서 동으로는 예맥·조선·진번의 이익들을 주무른다(夫燕亦勃碣之間一都會也。南通齊趙, 東北邊胡。… 北鄰烏桓夫餘, 東綰穢貉朝鮮眞番之利)"라고 되어 있기 때문이다. 그 좌표를 예맥·조선·진번 쪽이 아닌 오환 쪽에서 구해야 한다는 뜻이다.

70) 좌익(左翼): 수나라가 서쪽, 고구려가 동쪽이므로 좌익군의 지명들은 자연히 그 좌표를 수나라군의 발진기지인 탁군의 서북면에서 찾아야 하는 셈이다. 마찬가지로, 우익군의 지명들은 탁군의 동북면에 분포한다고 할 수 있겠다. 참고로, 각 방면도의 명칭('□□도')은 출발지가 아니라 도착지를 가리킨다. 즉, '현토도'의 현토나, '임둔도'의 임둔 등은 수나라군의 출발지가 아니라 도착지 또는 경유지로 보아야 옳다는 뜻이다.

71) 누방(鏤方): 양수경은 함경남도 영흥군(永興郡) 이남, 담기양·이병도는 지금의 평안남도 성천(成川)·양덕(陽德) 두 군 사이로 보았다. 그러나 한대의 허신은《설문해자》에서 "패수는 낙랑군의 누방현에서 발원한다(浿水出樂浪鏤方)",《수경》에서는 "패수는 낙랑군 누방현에서 발원하여, 동남쪽으로 임패현을 지난다(浿水出樂浪鏤方縣, 東南過於臨浿縣)"라고 소개하였다. 국내외 학계의 통설에서 '패수'는 대동강이다. 문제는 대동강의 발원지는 평안남도의 동북방인 낭림산맥의 서쪽 자락 대흥군 쪽이라는 데에 있다. 한참 남쪽인 성천·양덕 쪽 물줄기와는 다른 하천인 것이다. 패수는 동쪽으로 흘러 바다로 들어가는 하천인데 '동고서저'의 지형인 국내에는 서쪽으로 흘러 바다로 들어가는 하천이 대부분이다. 누방은 대부분의 하천이 동

개마도74), 제5군은 건안도75), 제6군은 남소도76), 제7군은 요동도77),

쪽으로 흘러 바다로 들어가는 중국 하북성 동북부에서 찾을 수밖에 없다는 뜻이다.

72) 장잠(長岑): 국내에서는 황해도 장연군(長淵郡) 북쪽으로 비정하고 있다. 그러나 당 고종의 아들 장회태자 이현은 《후한서》《최인전(崔駰傳)》의 '장잠장(長岑長)'에 붙인 주석에서 "【장잠】현으로, 낙랑군에 속하며, 그 땅은 요동지역에 있다(【長岑】縣, 屬樂浪郡, 其地在遼東)"라고 하였다. 행정적으로 낙랑군에 속하면서 지리적으로는 요동지역에 속한다면 낙랑군 북쪽 요동군 남쪽으로 추정할 수 있는 셈이다. 한반도의 황해도와는 무관하다는 뜻이다.

73) 해명(海冥): 안사고(顔師古)의 주석에 따르면 "왕망 당시에는 '해환'으로 불렸다(莽曰海桓)"라고 한다. 《진서》《지리지》"대방군"조에서는 "【대방군】공손도가 설치하였다. 관할 현은 7개, 호구는 4,900호이다. 대방·열구·남신·장잠·제해·함자·해명.(【帶方郡】公孫度置. 統縣七, 戶四千九百. 帶方列口南新長岑提奚含資海冥)"으로 소개하였다. 낙랑군 남쪽인 대방군의 남쪽으로 바다를 접하고 있는 곳임을 짐작할 수 있다.

74) 개마(蓋馬): 《한서》《지리지》"현토군"조에서는 "【현토군】무제의 원봉 4년에 설치하였다. … 현은 3개: 고구려, … 상은태, … 서개마. 마자수는 서북으로 염난수에 합류되어 서남쪽으로 서안평에 이르러 바다로 흘러 들어가는데 2개 군을 지나고 2,100리를 흐른다(【玄菟郡】武帝元封四年開. … 縣三: 高句驪, … 上殷台, … 西蓋馬. 馬訾水西北入鹽難水, 西南至西安平入海, 過郡二, 行二千一百里)"라고 한다. 낙랑군과 비교할 때 개마현의 좌표는 그 북쪽에서 찾아야 하는 셈이다.

75) 건안(建安): 건안성(建安城)을 가리키는 것으로 보인다. 중국에서는 지금의 요녕성 개주시(蓋州市) 동북쪽의 청석관(靑石關)으로 비정하고 있다. 그러나 이는 '요동'의 기점을 요동반도로 보았을 때에 해당하는 사항이다. 만약 '요동'의 시작을 산해관(山海關)으로 본다면 그보다 훨씬 서쪽에서 그 좌표를 찾아야 옳다. 실제로 《자치통감》《진기》"융안(隆安) 2년(398)"조에서 후연(後燕) 모용보(慕容寶)의 "(意欲還龍城, 不肯留冀州, 乃北行, 至建安)" 기사를 근거로 지금의 하북성 동북부인 천안현(遷安縣) 동북방으로 비정하는 주장도 있다. 후자(천안현)로 보는 편이 합리적이라는 뜻이다. 호삼성도 이 대목에 "【건안성】영지의 북쪽, 을련의 남쪽에 있다(【建安城】在令支之北, 乙連之南)"라고 주석을 붙인 바 있다. '영지(令支)'는 중국 고대의 지명으로, 지금의 하북성 난현(灤縣)과 천안현 사이에 해당한다.

76) 남소(南蘇): 호삼성은 《자치통감》《진기》"함강(咸康) 4년(338)"조에 주석을 붙여 "【신성】고구려의 서쪽 변경. 소남으로는 산을 끼고 동북으로는 남소·목저 등의 성을 접하고 있다(【新城】高句麗之西鄙, 西南傍山, 東北接南蘇木底等城)"라고 하였다. 남소의 좌표를 고구려 서단의 신성 동북방에서 찾아야 하는 셈이다.

《수서》〈양제 본기 하〉 261

제8군은 현토도[78], 제9군은 부여도[79], 제10군은 조선도[80], 제11군은 옥저도[81], 제12군은 낙랑도[82]를 통하여 출병하는 편이 좋을 듯하

---

[77] 요동(遼東): 요수의 동쪽. 《후한서》〈효안제기(孝安帝紀)〉의 "현토"에 대하여 당 고종의 아들 장회태자 이현이 주석을 붙여 "【현토】군 이름. 요동의 동쪽에 있다(【玄菟】郡名, 在遼東東)"라고 하였다. 요동군이 현토군의 서[남?]쪽에 있다는 뜻인 셈이다. 《자치통감》에는 요동도(제7군)의 총관을 좌효위대장군(左驍衛大將軍) 형원항(荊元恒)으로 소개하였다.

[78] 현토(玄菟): 당 고종의 아들 장회태자 이현은 《후한서》〈효안제기(孝安帝紀)〉에 "【현토】군 이름. 요동의 동쪽에 있다(【玄菟】郡名, 在遼東東)"라는 주석을 붙였다. 《자치통감》에는 현토도(제8군)의 총관을 좌둔위장군(左屯衛將軍) 신세웅(辛世雄)으로 소개하였다.

[79] 부여(扶餘): 수·당대에 옛 부여의 강역에 세워졌던 부여성(扶餘城)을 가리키는 것으로 보인다. 수나라 때에 흑수말갈(黑水靺鞨)의 지도자 돌지계(突地稽)가 중원으로 남하할 때 거쳐 간 곳으로, 《요사》〈지리지〉 "동경도(東京道)"조에는 "【통주】안원군, 절도. 본래 부여국의 왕성으로, 발해에서는 '부여성'으로 불렸다(【通州】安遠軍, 節度. 本扶餘國王城, 渤海號扶餘城)"라고 소개되어 있다. 그 위치에 관해서는 ① 당대의 경우는 지금의 하북성 천진시(天津市) 계현(薊縣) 서북쪽, ② 요대의 경우는 지금의 길림성 사평시(四平市) 일면성(一面城) 옛 성터의 두 가지 주장이 제기되었다. 수나라의 입장에서 사평시는 고구려의 후방이기 때문에 정확하다고 보기 어렵다. 《자치통감》에는 부여도(제9군)의 총관을 좌익위대장군(左翊衛大將軍) 우문술(宇文述)로 소개하였다.

[80] 조선(朝鮮): 낙랑군의 치소인 조선현(朝鮮縣)을 말한다. 국내외 학계에서는 그 자리를 지금의 평안남도 평양시 대동강 남안으로 비정하는 것이 통설이다. 그러나 청대 중기 이전의 중국 측 정사·지리서·연혁서들은 대부분 지금의 하북성 동북부인 노룡현(盧龍縣) 일대로 비정하였다. 중국에서 조선현을 평양시로 비정한 것은 대체로 청대 후기부터이다.

[81] 옥저(沃沮): 《요사》〈지리지〉 "동경도"조에서는 "【해주】남해군, 절도. 본래 옥저국의 땅이다. 고려의 비사성이며, … 발해 때에는 '남경 남해부'로 불렸다(【海州】南海軍, 節度. 本沃沮國地. 高麗爲沙卑城, … 渤海號南京南海府)"라고 하였다. 국내에서는 남경 남해부의 좌표를 지금의 함경북도 함흥이나 북청(北靑)에서 구하지만 두 곳은 고구려 후방이므로 해당되지 않는다. 《자치통감》에는 낙랑도(제12군)의 총관을 우익위대장군(右翊衛大將軍) 설세웅(薛世雄)으로 소개하였다.

[82] 낙랑(樂浪): 《산해경》에서는 "【조선】열양의 동쪽에 있다. 바다의 북쪽이자 산의 남쪽이다(【朝鮮】在列陽東, 海北山南)"라고 하였다. 고도상으로 북쪽이 높고 남쪽이

다.[83)]

○ 左第一軍可鏤方道, 第二軍可長岑道, 第三軍可海冥道, 第四軍可蓋馬道, 第五軍可建安道, 第六軍可南蘇道, 第七軍可遼東道, 第八軍可玄菟道, 第九軍可扶餘道, 第十軍可朝鮮道, 第十一軍可沃沮道, 第十二軍可樂浪道.

• 025

우익의 경우,

제1군은 점선도[84)], 제2군은 함자도[85)], 제3군은 혼미도[86)], 제4군은

낮으며, 지형적으로 남쪽에 바다 북쪽에 산을 끼고 있는 곳이라는 뜻이다. 반고의 《한서》〈지리지〉에서는 "패수는 요동 변새 너머에서 발원하여 서남쪽으로 낙랑현 서쪽에 이르러 바다로 흘러 들어간다(浿水出遼東塞外, 西南至樂浪縣西入海)"라고 하였다. 《자치통감》에는 낙랑도(제12군)의 총관을 우익위대장군(右翊衛大將軍) 우중문(于仲文)으로 소개하였다.

83) ~를 통하여 출병하는 편이 좋을 듯하다: 《자치통감》〈수기〉 "양제 대업 8년"조에서 호삼성은 다음과 같은 주석을 붙였다. "황제가 군대들이 출병하는 길들을 지정하여 [직함을] 제수하는 데에는 대부분 한나라 당시 현들의 옛 이름을 사용하였다. 《한서》〈지리지〉에서 누방·장잠·조선은 낙랑군에 속했다. 개마는 현토군에 속했는데 개마대산이 있었다. 요동은 한대의 군 이름이다. 명해는 아마도 바로 한대 낙랑군의 해명현일 것이다. 건안·남소·부여는 모두 고려의 국성을 지키는 곳이다. 옥저 역시 옛 지명인데, 이때는 그 땅이 이미 신라의 지경으로 편입되어 있었다(帝指授諸軍所出之道, 多用漢縣舊名. 漢志, 鏤方長岑朝鮮, 屬樂浪郡. 蓋馬, 屬玄菟郡, 有蓋馬大山. 遼東, 漢郡名. 溟海, 蓋即漢樂浪郡之海冥縣. 建安南蘇扶餘, 皆高麗國城守之處. 沃沮, 亦古地名, 是時其地已入新羅界)"

84) 점선(黏蟬): 안사고는 《한서》〈지리지〉의 주석에서 "【탄열】분려산은 열수가 발원하는 곳이다. 서쪽으로 점선현에 이르러 바다로 흘러 들어가는데, 820리를 흐른다【吞列】分黎山,列水所出,西至黏蟬入海,行八百二十里)"라고 하였다. 열수가 바다로 진입하는 길목에 자리 잡은 곳인 셈이다. 그런데 진대의 곽박(郭璞)은 《산해경》에서 "열수는 요동에 있다(列水在遼東)"라고 했으니 점선은 자연히 요동지역에서 좌표를 찾아야 옳은 셈이다. 국내에서는 일제강점기에 평안남도 용강군 해운면에서 이른바 '점제현신사비'가 발견된 이래로 그 일대를 점제현으로 비정해 왔으나

임둔도[87], 제5군은 후성도[88], 제6군은 제해도[89], 제7군은 답돈도[90],

위당 정인보(鄭寅普)가 《조선사연구》상권(문성재 역주)에서 금석학적 분석을 통하여 점제현신사비가 위조임을 입증하였다. 역사지리적으로도 용강군은 낙랑군 자리인 중국 하북성에서 너무 멀리 떨어져 있다.

85) 함자(含資): 국내외 학계에서는 지금의 황해도 봉산군 이동의 서흥군(瑞興郡)으로 비정하고 있다. 그 좌표의 경우, ① 한성 남쪽(대청일통지), ② 강원도 영월 이북(양수경), ③ 이천·안협·삭녕·연천(정약용), ④ 충북 충주시(쓰다 소키치, 시라토리 구라키치), ⑤ 황해도 서흥군(이병도) 등의 주장이 있다. 안사고는 《한서》《지리지》의 주석에서 "대수는 서쪽으로 대방까지 이르러 바다로 흘러 들어간다(帶水, 西至帶方入海)"라고 하였다. 《한서》·《후한서》에는 '낙랑군', 《진서》에는 '대방군'으로 소개된 것을 보면 낙랑군 남쪽에 있는 곳임을 알 수가 있다.

86) 혼미(渾彌): 반고의 《한서》《지리지》에 유일하게 그 이름이 소개되어 있다. 당대의 학자 안사고는 해당 대목에 "'혼'은 발음이 하와 곤의 반절(혼)이다(渾音下昆反)"라고 발음을 소개하였다. 그러나 역대 중국 정사들 중에서 그 위치를 고찰한 사례는 한 번도 없었다. 국내 학계에서는 평안남도 안주구(安州區) 동남부로 비정했으나 전혀 근거가 없는 주장이다.

87) 임둔(臨屯): 국내외 학계에서는 지금의 강원도 강릉시 일대로 비정하고 있다. 그러나 2013년에 중국의 길림대 발굴조사단이 요녕성 호로도시(葫蘆島市)의 태집둔(邰集屯)에서 한대 유물들과 함께 '임둔태수장(臨屯太守章)' 봉니를 발견하였다. 요서에 해당하는 태집둔 인근이 고대의 임둔군 자리임을 확인할 수 있는 셈이다. 지리적으로 중원에서 가까운 낙랑·대방·현토·요동의 4개 군은 모두 이보다 서쪽에서 좌표를 찾아야 한다는 뜻이다. 당대 중기의 두우는 《통전》《변방10(邊防十)》에서 한 무제의 4군 설치를 언급하면서 "진번·임둔·낙랑·현토의 네 군은 모두 다 지금의 안동[도호]부 동쪽에 해당한다(眞番臨屯樂浪玄菟四郡, 并今安東府之東)"라는 주석을 붙였다.

88) 후성(候城): 중국에서는 요녕성 심양시(瀋陽市) 동남쪽 20리 지점의 옛 성[古城子]으로 비정하고 있다. 그런데 《후한서》《군국지》 "현토군"조에서는 그 속현들을 소개하면서 "【후성】 예전에는 요동군에 속해 있었다(【候城】 故屬遼東)"라고 하였다. 장회태자 이현은 이와 관련하여 주석을 붙여 "《동관한기》에서는 '안제가 즉위하던 해에 [고현·후성·요양] 세 현을 쪼개어 와서 귀속시켰다(東觀書, 安帝即位之年, 分三縣來屬)"라고 하였다. 원래 요동군의 속현이었다가 현토군으로 귀속된 셈이다. 이현이 다른 주석에서 "【현토】 군 이름. 요동의 동쪽에 있다(【玄菟】 郡名, 在遼東東)"라고 했으니 후성현의 좌표는 당연히 요동군의 동쪽이자 현토군의 서쪽에서 찾아야 하는 셈이다.

제8군은 숙신도[91], 제9군은 갈석도[92], 제10군은 동이도[93], 제11군은 대방도[94], 제12군은 양평도[95]를 통하여 출병하는 편이 좋을 듯하

---

89) 제해(提奚): 국내외 학계에서는 황해도 평산군(平山郡) 서남쪽 또는 서흥군 동남 및 개성시(開城市) 서북쪽 정도로 비정하고 있다. 그런데《진서》〈지리지〉"대방군"조에서 "【대방군】 … 관할 현은 7개, 호구는 4,900호이다. 대방·열구·남신·장잠·제해·함자·해명.【帶方郡】 … 帶方列口南新長岑提奚含資海冥)"으로 소개한 것을 보면 원래 낙랑군에 속했다가 공손씨가 그 남쪽에 새로 대방군을 설치하면서 대방군에 편입된 곳임을 알 수 있다.

90) 답돈(踏頓): 원래는 후한대의 요서(遼西) 오환(烏桓)의 지도자 이름이지만 여기서는 지명으로 사용되었다. 역사적으로 후한의 건안(建安) 12년(207)에 오환(烏桓) 정벌에 나섰던 조조(曹操)가 8월에 유성(柳城)의 백랑산(白狼山)에서 답돈을 죽이고 오환과 원(袁)씨의 군사를 대파한 점을 감안할 때 유성 일대의 별명이 아닌가 싶다. 유성의 경우, 국내외 학자들은 그 좌표를 요녕성 의현(義縣) 등지로 비정하지만 실제로는 지금의 하북성 동북부인 산해관 인근으로 추정된다.

91) 숙신(肅愼): 옛 숙신씨의 땅. 여기서는 말갈족들이 사는 지역을 뜻하는 말로 사용되었다.

92) 갈석(碣石): 지금의 하북성 동북부인 창려현(昌黎縣) 경내의 산 이름. 산이 아니라 비석 모양의 바위라는 주장도 있다. 다만, 중국의 역대 정사에서 "발해와 갈석 사이[渤碣之間]" 식으로 항상 발해와 나란히 언급되는 것을 보면 그 좌표에는 큰 차이가 없음을 알 수가 있다. 《자치통감》에는 갈석도(제9군)의 총관을 우무후장군(右武候將軍) 조소재(趙笑才)로 소개하였다. 미국 우주항공국(NASA)의 시뮬레이션 홍수지도(flood map)에 따르면 해수면이 지금보다 7~8m 상승되었을 때 갈석산이 바다와 접하는 것으로 확인되었다. 지금은 1,500년이 넘는 오랜 퇴적과 간척을 통하여 바다였던 그 일대에 도시(창려현)가 형성되어 있다.

93) 동이(東暆): 임둔군의 치소. 국내외 학계에서는 대체로 지금의 강원도 강릉시 또는 원산시 일대로 비정하고 있다. 그러나 앞서 "임둔" 주석에서 본 것처럼, 동이현이 속한 군인 임둔의 각종 유물과 봉니들이 지금의 요녕성 호로도시 태집둔 인근에서 대량 발견되었으므로 기존의 강원도설은 자동으로 붕괴되는 셈이다. 정확한 좌표를 단정할 수는 없으나 대체로 호로도시 일대로 추정할 수 있을 것이다.

94) 대방(帶方): 중국 고대에 동북방에 설치된 군·현. 국내외 학계에서는 '대방[군]'을 지금의 황해·경기 일대로 비정하는 경향이 지배적이다. 그러나 ① 4세기 전연(前燕)의 모용온(慕容溫)과 후연(後燕)의 모용좌(慕容佐)가 '대방왕(帶方王)'에 봉해진 점, ② 후연의 모용보(慕容寶)가 광개토대왕(고안)을 '평주목·요동대방이국왕(平州牧遼東帶方二國王)'으로 봉한 점, ③ 북위 태무제(太武帝)의 공신 나자근(羅子斤)

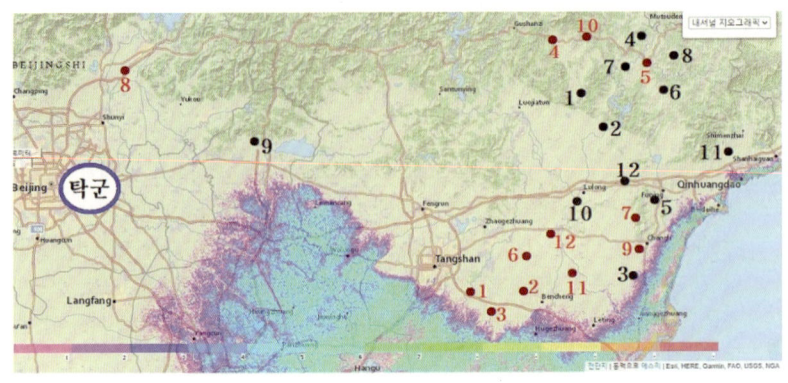

좌익	누방	장잠	해명	개마	건안	남소	요동	현토	부여	조선	옥저	낙랑
군별	1	2	3	4	5	6	7	8	9	10	11	12
우익	점선	함자	혼미	임둔	후성	제해	답돈	숙신	갈석	동이	대방	양평

수나라 백만대군의 출정 추정도. 수 양제는 좌익 12도 우익 12도 등 총 24개 방면으로 출병하였다. 그렇다면 좌우익의 구분은 발진기지인 탁군을 기준으로 이루어졌을 것이다.

다.96)

○ 右第一軍可黏蟬道, 第二軍可含資道, 第三軍可渾彌道, 第四軍可

이 3대에 걸쳐 '대방군공'에 봉해진 점, ④ 효문제(孝文帝) 때에 나씨 일족이 '대방후'에 봉해진 점, ⑤ 북위 문성제(文成帝)의 흥안(興安) 2년(453)에 황제의 외척 상희(常喜, 453~?)가 '대방군공'에 봉해진 점, ⑥《원모묘지(元侔墓誌)》에 외척 질라흥(叱羅興)이 '대방정공(帶方靜公)'에 봉해진 점, ⑦ 수·당대(7세기)부터 '대방군왕(帶方郡王)'으로 봉해진 백제 국왕의 발상지가 대방군이었던 점 등을 종합적으로 따져 볼 때, '대방'은 한반도가 아닌 중국 북방의 모 지역으로 보아야 옳다.

95) 양평(襄平): 국내외 학계에서는 지금의 요녕성 조양시(朝陽市) 일대로 비정하고 있다. 그러나 현대의 중화서국(中華書局)판에는 빠져 있으나, 수백 년 전인 조선·명대에 간행된《후한서》〈원소전(袁紹傳)〉에는 당 고종의 아들인 장회태자 이현(李賢)이 붙인 "【양평】지금의 평주 노룡현 서남쪽에 있었다(【襄平】在今平州盧龍縣西南)"라는 주석이 확인된다. 양평은 하북성 동북부의 도시이며 요녕성의 조양시와는 전혀 상관이 없다는 뜻이다.《자치통감》에는 양평도(제12군)의 총관을 우위위장군(右禦衛將軍) 장근(張瑾)으로 소개하였다.

臨屯道, 第五軍可候城道, 第六軍可提奚道, 第七軍可踏頓道, 第八軍可肅愼道, 第九軍可碣石道, 第十軍可東暆道, 第十一軍可帶方道, 第十二軍可襄平道。

• 026

이상의 군대들은 우선 조정의 방략을 받들어 [대오가] 끊임없이 행군하여 전군이 평양97)으로 집결하도록 하라.

[우리 군사들은] 승냥이·표범 같은 용사들이요 백전백승의 영웅들 아닌 이가 없는바 돌아보기만 하면 큰 산조차 무너져 버리고 함성을 지르기만 하면 바람·구름조차 날려가 버릴 정도이다. 마음과 덕행이 한결

---

96) ~하는 편이 좋을 듯하다[可~]: 《자치통감》《수기》 "양제 대업 8년"조에 대하여 호삼성은 다음과 같은 주석을 붙였다. "《한서》《지리지》에서 점선·함자·혼미·제해·동이·대방 등의 현들은 낙랑군에 속하였다. 후성·양평은 요동군에 속하였다. 임둔 역시 한 무제가 설치한 군의 이름이다. 탑돈은 바로 한나라 말기에 요서의 오환인 탑돈이 살던 곳이다. 숙신은 옛 숙신씨의 나라로, 그 땅에 당시는 말갈족이 살고 있었다. 갈석은 우공의 갈석이다. 두우는 '이 갈석이 고려 땅에 있다'고 여겼다(漢志, 黏蟬含資渾彌提奚東暆帶方等縣, 屬樂浪郡. 候城襄平, 屬遼東郡. 臨屯, 亦漢武帝所置郡名. 蹋頓, 即漢末遼西烏丸蹋頓所居. 肅愼, 古肅愼氏之國, 其地時爲靺鞨所居. 碣石, 禹貢之碣石也. 杜佑以爲, 此碣石在高麗中)"

97) 평양(平壤): 장수왕 재위 이래의 고구려의 도읍. 국내외 학계에서는 지금의 평안도 평양시로 비정하고 있다. 그러나 ① 당대 초기의 장회태자(章懷太子) 이현(李賢, 655~684)은 이 대목에서 "【개마】 그 산은 지금의 평양성 서쪽에 있다(【蓋馬】其山在今平壤城西)"라는 주석을 붙였다. 여기에 언급된 '평양성'이 이현 당시(7세기)의 고구려 도읍인 것이다. 문제는 국내에서는 통상적으로 '개마[대]산'을 백두산으로 비정한다는 데에 있다. 지금의 평양시가 아니라는 뜻이다. ② "그 산은 지금의 평양성 서쪽에 있다"라고 한 것은 그 또 다른 증거라고 할 수 있다. 한반도는 지형적으로 '동고서저(東高西低)'의 특징을 지니고 있어서 평양시 서쪽에는 드넓은 평야지대가 형성되어 있을 뿐 거대한 산줄기는 존재하지 않는다. ③ 그 지형적 특징 등을 교차·검증해 볼 때 고구려 평양성의 소재지로는 평안도 평양시보다는 중국 요녕성의 요양시(遼陽市) 일대가 더 근사해 보인다.

같은 용사들이 여기에 있도다!

○ 凡此衆軍, 先奉廟略, 駱驛引途, 總集平壤。莫非如豼如貙之勇, 百戰百勝之雄, 顧眄則山岳傾頹, 叱咤則風雲騰鬱, 心德攸同, 爪牙斯在。

• 027

짐은 직접 대군을 이끌고 그 지휘자가 되어 요수[98]를 건너 동쪽으로 향하고 발해의 우안을 돌아 진군할 것이다.[99] [그렇게 하여] 머나먼 이역

---

98) 요수(遼水): 중국 고대사에 등장하는 하천 이름. 중국 검색 사이트 빠이두의 백과사전에서는 "【요수】 바로 지금의 요하의 옛 이름이다. 요수는 우리나라 고대의 6대 하천의 하나로서, 그 이름은 《산해경》〈해내동경〉에서 가장 먼저 보인다"라고 소개하였다. 이 같은 요수인식은 국내외 학계에서도 보편적이다. 그러나 이 같은 주장들은 역사적 진실이 아니다. ① 요동[군]은 요수의 동쪽에 있다고 해서 붙은 이름이다. ② '요하'라는 이름은 북방민족인 거란족이 세운 요나라의 역사를 다룬《요사(遼史)》에 처음으로 등장한다. ③ "해내(海內)"란 중국에서 그 동쪽 바다인 '발해의 안쪽', 즉 중원지역을 일컫는 상투어이다. 〈해내동경〉의 요수는 당연히 중원지역 안에서 찾아야 옳다는 뜻이다. ④ 중원에서 멀리 떨어진 '해외(海外)'인 요동반도의 [동]요하는 요수일 수 없기 때문이다. ⑤ 중국에서는 요하가 '해외'에 있음을 의식하여 그 발원지가 내몽고 고원에 있는 하천인 샤르무른(시라무렌), 즉 황수(潢水)에 억지로 '서요하(西遼河)'라는 이름을 붙였다. 그러나 '서요하'라는 지리개념이 처음 등장하는 것은 청대 말기인 19세기 무렵부터이다. 무엇보다도 ⑥ 요동군의 치소로 소개된 "양평현"의 경우,《후한서》〈원소전〉에는 이현이 붙인 "【양평】 지금의 평주 노룡현 서남쪽에 있었다"라는 주석이 붙어 있다. 노룡현은 중국에서 양평이라고 주장하는 요령성 요양시에서 직선거리로 서쪽으로 250km 이상 떨어져 있다. 또, ⑦ 청대 중기 이전에 중국에서 제작된 복수의 고지도들에서 "요동"이라는 지역명이 시작되는 기점은 100% 모두 하북성 동북부 산해관(山海關) 이동부터이다. 이상의 근거들을 종합해 볼 때, 고대의 요수는 지금의 요동반도의 요하일 수 없으며, 요동 역시 지금의 요동반도 이동일 수가 없는 것이다. 그 대체적인 좌표는 우리 책 서문을 참조하기 바란다.

99) 발해의 우안을 돌아[循海之右]: 고대 한문에서 '해우(海右)'는 바다의 서쪽을 뜻하는 말로 사용되곤 하였다. '발해의 우안(海之右)'은 발해의 서쪽을 말한다. 따라서 "발해의 우안을 돌아서 간다"는 말은 발해의 해안선을 따라서 항해하는 것을 가리

에서 거꾸로 매달려 괴로워 하는 [우리] 백성들을 풀어 주고 전란에서 살아남은 백성들의 고초를 위문할 것이다. 그 밖에서는 가벼운 무장으로 순시하면서 때에 맞추어 달려가 호응할 것이며 갑옷을 [단단히] 싸매고 함매100)를 문 채 불의의 상황에 대비할 것이다.

○ 朕躬馭元戎, 爲其節度, 涉遼而東, 循海之右, 解倒懸於遐裔, 問疾苦於遺黎。其外輕齎遊闕, 隨機赴響, 卷甲銜枚, 出其不意。

• 028

이와 함께 창해도101)로는 천 리에 걸쳐 행렬을 이루는 군선들이 돛을 높게 달고 번개처럼 치닫도록 하라. 거대한 군함이 구름처럼 날아가 패강102)을 횡단하여 곧바로 평양까지 간다면 [고구려는] 절해고도에 갇힌

키는 셈이다. 이 당시까지만 해도 바닷길로 동이 지역(고구려)으로 이동할 경우 횡단이 아니라 연안항법(沿岸航法)을 따랐음을 알 수가 있는 것이다. 연안항법은 대항해시대를 연 탐험가 마젤란(1480~1521) 당시까지도 항해의 불문율로 간주되었다. 인류 역사상 최초로 연안항법의 패러다임을 탈피해 오로지 돛과 풍력에 의존하여 대항해를 시도한 것은 아이러니하게도 역발상으로 동쪽이 아닌 서쪽으로 인도를 찾아간 [그리고 결국 실패하고 엉뚱한 곳에 도달한] 콜럼버스(1450~1506)부터이다. 15세기까지만 해도 인류의 항해는 [거의 100%] 연안항법에 절대적으로 의존하고 있었다는 뜻이다.

100) 함매(銜枚): 중국 고대에 행군하는 과정에서 소리나 기척을 내는 것을 방지하기 위하여 입에 물던 나뭇가락.
101) 창해(滄海): 중국의 동쪽에 있는 바다인 발해의 다른 이름. 그 물이 [동남방의 황해와 비교할 때 상대적으로] 맑다고 해서 역사적으로 '창해(蒼海·滄海)', 중국의 동쪽에 위치해 있다고 해서 '동해(東海)'로 일컬어지곤 하였다. 이와 관련하여 당대의 학자 서견(徐堅, 660~729)은 서진(西晉)의 학자 장화(張華, 232~300)의 《박물지(博物志)》를 인용하여 "동해에는 따로 '발해'가 있다. 따라서 '동해'라는 이름으로 발해까지 함께 일컬으며, 때로는 이를 통틀어 '창해'라고 부르기도 하였다(東海之別有渤解, 故東海共稱渤海, 又通謂之滄海)"라고 소개한 바 있다. '창해도'는 아마 발해의 해안선을 따라 동이 지역(고구려)으로 항해하는 항로였을 것이다.
102) 패강(浿江): 고구려 평양성 주위를 흐르는 강의 이름. 국내외 학계에서는 지금의

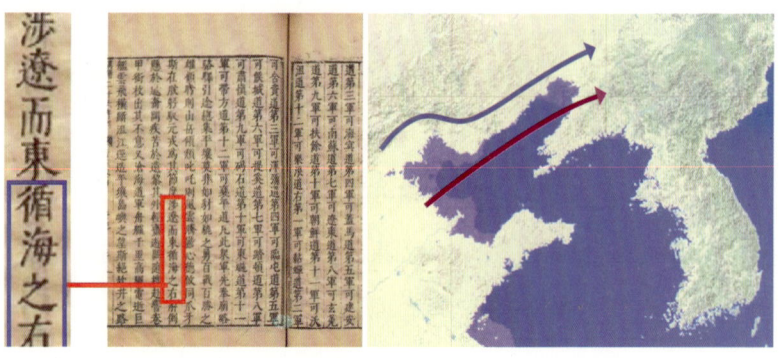

《수서》에는 육군은 '요수를 건너 동진하고', 수군은 '발해의 우안을 돌아 진군했다'고 되어 있다. 이는 수나라 수군이 연안항법으로 발해를 따라 항해했다는 증거이다. 황해를 횡단하거나 묘도군도를 거치지 않았다는 뜻이다.

것처럼 희망을 놓을 것이요 함정에 빠진 것처럼 [달아날] 길이 끊기게 될 것이다.

○ 又, 滄海道軍舟艫千里, 高帆電逝, 巨艦雲飛, 橫斷浿江, 逕造平壤, 島嶼之望斯絶, 坎井之路已窮。

• 029

그러면 머리를 늘어뜨리고 왼쪽으로 옷깃을 여민 그 밖의 [중국에 귀순한 북방의] 이민족들은 화살을 잰 채로 쏘기만을 기다리고 미103) · 로104) · 팽105) · 복106)의 군대들이 상의를 하기도 전에 뜻을 같이 할 것이다.

평양시를 흐르는 대동강으로 비정하고 있으나 잘못된 고증이다.

103) 미(微): 중국 고대의 경전인 《서경(書經)》《목서(牧誓)》에 등장하는 고대의 땅 이름. 서남방의 제후국으로, 지금의 섬서성 미현(郿縣) 일대에 해당한다.

104) 로(盧): 《서경》《목서》에 등장하는 고대의 땅 이름. 서남방의 제후국으로, 지금의 호북성 남창현(南彰縣) 일대에 해당한다.

105) 팽(彭): 《서경》《목서》에 등장하는 고대의 땅 이름. 서남방의 제후국으로, 지금의 감숙성 진원현(鎭原縣) 동쪽에 해당한다.

곤장은 [수나라 대군을] 맞은 반역의 적군들을 순종하게 만들고 장병들은 그 용맹을 백 갑절 발휘하리라. [그렇게 해서] 이 군사로 [고구려와] 싸운다면 [적들의] 기세는 꺾인 고목 꼴과 같게 되리라!

○ 其餘被髮左衽之人, 控弦待發微盧彭濮之旅, 不謀同辭。杖順臨逆, 人百其勇, 以此衆戰, 勢等摧枯。

• 030
그렇기는 하나 천자의 군사는 대의를 살육을 저지하는 데에 두고 있으니 성인의 가르침이 기필코 잔인한 무리를 이길 것이다! 하늘께서 죄가 있는 자들을 벌하실 때에도 그 목표는 원흉에게만 두신다. 그 백성들이 바르지 않은 경우 많다 해도 마지못해 [원흉에게] 복종한 자들은 처벌하지 않는 법.

○ 然則王者之師, 義存止殺, 聖人之敎, 必也勝殘。天罰有罪, 本在元惡, 人之多僻, 脅從罔治。

• 031
만약 고원이 원문107) 앞에서 얼굴에 진흙 칠을 한 채108) [자신의] 죄를

---

106) 복(濮): 《서경》〈목서〉에 등장하는 고대의 땅 이름. 서남방의 제후국으로, 지금의 호북성 북운현(北鄖縣)과 하남성 등현(鄧縣) 일대에 해당한다.
107) 원문(轅門): 중국 고대의 군영 출입문. 고대에는 황제가 영토를 둘러보거나 사냥을 나갔을 때에는 행궁 주위에 수레들을 늘어놓아 울타리로 삼았는데, 출입구 쪽에는 수레 두 대를 하늘을 바라보도록 뒤집어 놓고 '원문'이라고 불렸다고 한다. 나중에는 군대를 통솔하는 장군의 군영을 드나드는 문을 가리키는 말로 사용되었다.
108) 얼굴에 흙칠을 한 채[泥首]: 고대 중국에서 얼굴에 진흙을 바름으로써 자신의 죄를 인정하고 용서를 빌던 행동. 나중에는 땅바닥에 머리를 조아리는 것을 가리키

중국 드라마 《삼국연의》에서 여포가 방천화극에 화살을 쏘는 대목. 원문 가운데에 방천화극이 세워져 있다.

인정하고 스스로 사구109)에게 몸을 내맡긴다면 오랏줄을 풀어 주고 [그가 들어가 누울] 관을 태워 없앰으로써 [황제의] 황은으로 그에게 관용을 베풂이 마땅하다.

○ 若高元泥首轅門, 自歸司寇, 即宜解縛焚櫬, 弘之以恩。

• 032

그 나머지 [고구려] 신하들은 조정으로 돌아가 순리를 받들어 다 함께 [백성들을] 어루만지며 [그들이] 저마다 생업에 편안히 몰두하게 한 자면 재능에 따라 발탁해 씀에 있어 이민족과 중국인에 차별이 없도록 할 것이다.

병영과 보루가 이르는 곳은 가지런하고 엄숙해야 하리니 [그 앞에서] 가축을 먹이거나 땔감을 하는 것은 금지하되 터럭만치도 명령을 어기는 일

는 말로 사용되기도 하였다.

109) 사구(司寇): 중국 고대에 형법을 관장한 관리. 여기서는 관청에 자수하는 것을 가리킨다.

이 없도록 해야 할 것이다.
- 其餘臣人歸朝奉順, 咸加慰撫, 各安生業, 隨才任用, 無隔夷夏。營壘所次, 務在整肅, 芻蕘有禁, 秋毫勿犯。

• 033
은덕으로 [그들에게] 용서를 베풀고 불행과 행복을 들어 [그들을] 깨우치도록 하라. [그러나] 만약 그들이 악인과 함께 서로 도우며 관군110)에게 저항한다면 나라에도 정해진 형벌이 있으니 [죄인으로 하여금 그 죄를] 빠져나가는 자가 없게 할 것이다.
[이상의 일들을] 분명하게 [고구려 백성에게] 일깨워 짐의 뜻에 부합되도록 하라!"
- 布以恩宥, 喻以禍福。若其同惡相濟, 抗拒官軍, 國有常刑, 俾無遺類。明加曉示, 稱朕意焉。

• 034
[그렇게 수나라 군사가] 다 합쳐 일백십삼만 삼천팔백 명인 것을 '이백만'으로 일컫게 하는 한편, 군량을 수송하는 인원도 [그 인원대로] 갑절로 부풀렸다.111)
[이리하여] 계미일112)에 제1군부터 출발해서 마흔 날이 지나고 나서야

---

110) 관군(官軍): 정부군을 가리키는 말로, 여기서는 수나라 군을 두고 한 말이다.
111) 군량을 수송하는 인원도 갑절로 부풀렸다[其餽運者倍之]: 병참부대의 인원도 평소보다 2배로 부풀렸다는 뜻으로 해석된다. 이로써 앞서의 113만 3,800명이라는 인원이 순수하게 전투부대의 병사들만 센 숫자임을 알 수가 있다. 여기에 병참부대 인원까지 포함시키면 아마 200만을 넘어 섰을 것이다.
112) [정월] 계미일[癸未]: 양력으로는 612년 3월 11일에 해당한다.

중국에서 '연(燕)'은 북경을 중심으로 그 일대를 일컫는 지역명이었다.

113) 병력의 이동이 비로소 끝났는데, 그 기치들이 천 리에 걸쳐 이어지니 근래에 군대가 출병하는 성황으로는 여태껏 한 번도 보지 못한 장관이었다.**114)**

○ 總一百一十三萬三千八百, 號二百萬, 其餽運者倍之。癸未, 第一軍發, 終四十日, 引師乃盡, 旌旗亘千里。近古出師之盛, 未之有也。

• **035**

이월, 갑인일**115)**에 [양제는] 이렇게 조서를 내렸다.

"짐은 [옛] 연 땅 끝자락**116)**의 민정과 풍속을 살피고 요수 기슭에서 [고구

---

113) 마흔 날이 지나고 나서야[終四十日]: 40일이 실제의 숫자라면 수나라 대군의 이동은 양력 2월 9일에 시작되어 4월 19일 무렵에 완료된 셈이다.

114) 여태껏 한 번도 보지 못한 장관이었다[近古出師之城, 未之有也]: 이때의 수나라 군의 편제나 행군 양상에 관해서는 이번 책에 부록된 〈예의지(禮儀志)〉 부분을 참조하기 바란다.

115) 이월, 갑인일[二月甲寅]: 양력으로는 612년 2월 9일에 해당한다.

116) 연 땅 끝자락[燕裔]: '연(燕)'은 고대로부터 중국 하북성의 북경(北京) 지역, 나아

려 왕의] 죄를 따지려 하매 문무백관들은 협력하고 군사들은 분투하며 무기를 들고 어가를 지키고 집을 등지고 종군하지 않는 이가 없다. [그래서] 곳간에는 물자를 비축한 경우가 드물고 거기다가 씨를 뿌리고 작물을 키우는 일에까지 지장이 생겼다.

○ 二月, 甲寅, 詔曰, 朕觀風燕裔, 問罪遼濱。文武協力, 爪牙思奮, 莫不執銳勤王, 捨家從役, 罕蓄倉廩之資, 兼損播殖之務。

• 036

짐은 그 일로 밤늦게까지 근심하며 언짢아하며 그것들이 부족해질까 걱정하였다. 아무리 공밥을 먹는 무리라 한들 기꺼이 사심을 잊고 [짐이] 부리는 것을 기뻐하는 이들이라면 그들을 두텁게 대우함이 마땅하다. 각 군의 행렬 중에서 종1품117) 이하 무관·모병인 이상의 집의 경우, 각 군·현에서 [그 집들을] 자주 방문하여 위로함이 마땅하다. 혹시라도 양식이 부족하면 어김없이 챙겨서 줌이 마땅하다.

○ 朕所以夕惕愀然, 慮其匱乏。雖復素飽之衆, 情在忘私, 悅使之人,

가 북경을 중심으로 그 주변 지역까지를 아울러 일컫는 지역명으로 사용되었으며, '예(裔)'는 여기서 '변두리·가장자리'라는 뜻으로 사용되었다. '연예(燕裔)'는 여기서 더 나아가 '동이 지역'과 상대적인 개념인 중원의 변방, 중원의 최동단이라는 의미로 이해하는 것이 합리적이라고 본다.

117) 종1품(從一品): 수·당대에 최고 무관직을 두고 한 말이다. 고대 중국에서는 전국의 관료를 총 9품 18개 등급으로 구분하되 문관에게는 정품(正品), 무관에게는 종품(從品)을 부여하는 경우가 많았다. 고대 사회에서는 문관을 무관보다 높게 쳤기 때문에 지위에 있어서도 정품이 종품보다 높은 것으로 간주되었다. '종1품'은 무관이 오를 수 있는 최고의 품계라는 뜻이다. 참고로, 종1품에 해당하는 관직의 경우, 수나라에는 상주국(上柱國)·군왕(郡王)·국공(國公)·개국군공(開國郡公)·개국현공(開國縣公) 등이, 당나라에는 개부의동삼사(開府儀同三司)·태자태사(太子太師)·태자태부(太子太傅)·태자태보(太子太保)·표기대장군(驃騎大將軍)·사왕(嗣王, 제위 계승자)·군왕(郡王)·국공(國公) 등이 있었다.

宜從其厚。諸行從一品以下，佽飛募人以上家口，郡縣宜數存問。

•037

혹시 비록 토지를 소유하고 있더라도 가난하거나 허약하여 스스로 농사를 짓기 어려운 경우에는 장정이 많은 부유한 집안에서 격려하면서 도와줄 수 있을 것이다. [그런 식으로] 무릇 [집에] 남은 이들에게 수확하고 비축하는 작물이 넉넉하게 해 줌으로써 종군하는 군사들로 하여금 집 걱정을 할 필요가 없도록 해 주도록 하라.”

○ 若有糧食乏少，皆宜賑給，或雖有田疇，貧弱不能自耕種，可於多丁富室勸課相助。使夫居者有斂積之豊，行役無顧後之慮。

•038

삼월, … 계사일[118]에 주상이 황제의 군사를 통솔하였다. 갑오일[119]에는 요수 다리에서 군대들을 직접 사열하였다. [그러나] 무술일[120]에 대군이 적군의 저항을 만나면서 도강을 완수하지 못하였다.[121] 우둔위대장군[122] · 좌광록대부[123]이던 맥철장과 무분낭

---

118) 삼월, … 계사일[三月, … 癸巳]: 양력으로는 612년 2월 9일로부터 40일째 되는 4월 19일에 해당한다.
119) [삼월] 갑오일[甲午]: 양력으로는 612년 4월 20일에 해당한다.
120) [삼월] 무술일[戊戌]: 양력으로는 612년 4월 24일에 해당한다.
121) 도강을 완수하지 못하였다[不果濟]: 《자치통감》《수기》 "양제 대업 8년"조에는 이 대목이 이렇게 소개되어 있다. "진격하여 요수에 당도하였다. 전국은 모두 회합하고 요수를 마주한 채로 크게 진을 쳤다. [그러나] 고려군이 막으며 맞서 지키는 바람에 수나라군이 [요수를] 건널 수가 없었다. 좌둔위대장군 맥철장은 … 이에 선봉이 되기를 자청하였다. … 황제는 공부상서 우문개에게 명하여 부교 3개를 요수 서쪽 기슭(요서)에 짓게 하였다. 완성되자 [군사를] 부교로 이끌어 [요수의] 동쪽 기슭으로 달리는데 다리가 짧아서 기슭까지는 한 장 넘게 부족하였다. [그

장[124)] 전사웅 · 맹금차 등이 모두 [이때에] 죽었다.[125)]

○ 三月, 癸巳, 上御師. 甲午, 臨戎于遼水橋. 戊戌, 大軍爲賊所拒, 不果濟. 右屯衛大將軍左光祿大夫麥鐵杖, 武賁郎將錢士雄孟金叉等, 皆死之.

• 039

[*[126)]] [다시 한 달 뒤의] 갑오일에 [드디어] 어가가 요수를 건넜다.

러다가] 고려군이 들이닥치자 수나라군은 용감하게 앞다투어 요수로 달려가 접전을 벌였다. 고려군이 높은 지대에 있는 틈을 타서 그들을 치니 수나라군은 [동쪽] 기슭에 올라가지도 못한 채 죽은 이가 무척 많았다.(進至遼水. 衆軍總會, 臨水爲大陳. 高麗兵阻拒守, 隋兵不得濟. 左屯衛大將軍麥鐵杖 … 乃自請爲前鋒. … 帝命工部尙書宇文愷造浮橋三道於遼水西岸. 旣成, 引橋趣東岸, 橋短不及岸丈餘. 高麗兵至, 隋兵驍勇爭赴水接戰. 高麗兵乘高擊之, 隋兵不得登岸, 死者甚衆)

122) 우둔위대장군(右屯衛大將軍): 중국 고대의 무관직. 수 양제의 대업 3년(607)에 우영군부(右領軍府)를 우둔위로 개칭하고 정3품의 무관을 수장으로 삼았다. 당 고종의 용삭(龍朔) 2년(662)에 우위위대장군(右威衛大將軍)으로 개칭되었다.

123) 우광록대부(右光祿大夫): 중국 고대의 관직 이름. 황제의 고문을 담당하거나 조정에서의 의논을 관장하게 하였다. 한나라 무제 때에 전국시대 이래의 중대부(中大夫)를 고쳐 광록대부를 설치했으며, 곽광(霍光)·김일제(金日磾) 등, 황실 국척이나 조정 대신에게 일종의 명예직으로 부여되었다.

124) 무분낭장(武賁郎將): 중국 고대의 무관직. 수나라 때에 중앙의 각 위(衛)에 정4품의 호군(護軍) 4명을 두고 장군을 보좌하게 했는데 나중에 무분낭장으로 개칭하였다.

125) *:《자치통감》《수기》 "양제 대업 8년"조에는 이 대목이 이렇게 소개되어 있다. "그리고 군사를 거두어 다리로 인솔하여 다시 [요수를 건너] 서쪽 기슭으로 갔다(乃斂兵, 引橋復就西岸)" "서쪽 기슭으로 갔다"는 것은 곧 요동에서 요수를 건너 요서로 넘어갔다는 뜻이다.

126) *:《자치통감》《수기》 "양제 대업 8년"조에는 이 대목이 이렇게 소개되어 있다. "[양제가] 이어서 소부감 하조에게 명령을 내려 부교를 연장하게 하니 이틀 만에 완성되었다. [그러자] 군대들은 차례로 계속 진군하여 [요수의] 동쪽 기슭에서 큰 전투를 벌였다. [이때] 고려군은 크게 패하여 죽은 이가 만 명을 넘었다. [이에]

[그리고 요수의] 동쪽 기슭에서 큰 전투를 벌인 끝에 적군을 공격해 무찌르고 요동으로 진군하여 [성을] 포위하는 데에 성공하였다.
○ 甲午, 車駕渡遼。大戰于東岸, 擊賊破之, 進圍遼東。

• 040

을미일[127)에 [진군을 멈추고 군사가] 주둔하고 있을 때 큰 새 두 마리를 발견하였다. [그 새는] 키가 한 장이 넘고 하얀 몸에 붉은 다리로 자유롭게 헤엄을 치는 것이었다. 주상은 그것을 신기하게 여기고 화공에게 명령하여 그림으로 그리게 하는 한편 비석을 세우고 글월을 새겨 [그 새를] 예찬하도록 일렀다.128)
○ 乙未, 大頓, 見二大鳥, 高丈餘, 皜身朱足, 遊泳自若。上異之, 命工圖寫, 并立銘頌。

• 041

오월, 임오일129)에 납언130)이던 양달이 죽었다.

군대들은 이긴 기세를 타서 진군하여 요동성을 포위하니, [그곳은] 바로 한대의 양평성이었다.(更命少府監何稠接橋, 二日而成, 諸軍相次繼進, 大戰于東岸, 高麗兵大敗, 死者萬計, 諸軍乘勝進圍遼東城, 卽漢之襄平城也)"

127) [사월] 을미일[乙未]: 양력으로는 612년 4월 21일에 해당한다.

128) 글월을 새겨 예찬하도록 일렀다[立銘頌]: 《수서》《우작전》에는 양제의 군영에 관하여 다음과 같이 묘사하였다. "[황제를] 따라 요동 정벌에 나섰다. 황제는 임해돈에 머물 때에 큰 새를 발견하고 신기하게 여기고 우작에게 황제의 명령을 내려 명문을 새기게 하였다. 그 기사는 이렇다. '대업 8년 임신년(612)에 … 유성현의 임해돈에 멈추었네. …'.(從征遼東, 帝舍臨海頓, 見大鳥, 異之, 詔綽爲銘. 其辭曰, 維大業八年, 歲在壬申, 夏四月丙子, 皇帝底定遼碣, … 行宮次于柳城縣之臨海頓焉. …)"라고 하였다. 이로써 양제 일행이 큰 새를 발견한 지점이 유성의 임해둔이었음을 알 수가 있다.

수 양제가 세운 행궁 '육합성'의 규모가 자세하게 소개되어 있는 《수서》 〈예의지〉의 기사

이때에 장수들은 저마다 어명을 받든 탓에 그 기회를 노릴 엄두를 내지 못하였다. 그리고 나서 고려에서는 저마다 성을 [굳게] 지키니 그들을 공격해도 함락시킬 수가 없었다.

○ 五月, 壬午, 納言楊達卒。于時諸將各奉旨, 不敢赴機。既而高麗各城守, 攻之不下。

• 042
유월, 기미일[131]에 [황제가] 요수 동쪽으로 행차하여 장수들의 책임을 추궁하면서 성을 내었다.
[그리고 나서 아직 함락되지 않은? 요동]성에서 서쪽으로 몇 리 떨어진 자리에 행

---

129) 오월, 임오일[五月壬午]: 양력으로는 612년 6월 7일에 해당한다.
130) 납언(納言): 중국 고대의 관직명. 황제의 명령을 신하들에게 전달하거나 신하들의 의견을 황제에게 전달하는 직무를 담당하였다.
131) 유월, 기미일[六月己未]: 양력으로는 612년 7월 14일에 해당한다.

차를 멈추고 육합성[132]을 통솔하였다. [*[133]]

---

132) 육합성(六合城): 육합성의 위용에 관해서는 《수서》〈예의지7〉에 아주 상세하게 묘사되어 있다. 그중 일부만 소개하면 다음과 같다. "대업 4년에 이르러 양제가 북녘을 순행하면서 변경을 나서서 행궁에 육합성을 설치하였다. 한 면이 120걸음이고 높이는 4장 2자이었다. '육합'은 나무로 만들었는데 한 면이 6자이고 겉면 한쪽은 널을 붙여 열렸다 닫혔다 하게 만들고 푸른색으로 칠하였다. [그렇게] 널을 여섯 개 포개서 성으로 만들었는데 높이가 3장 6자이며, 위로는 여장 널을 덧대었는데 [여장의] 높이가 6자이며 남북으로 문을 내었다. … 밤중에 중앙에 육합성을 설치했는데 둘레가 8리나 되었다. 성과 여장은 합쳐서 높이가 10인(16m)이었고 위에는 무장한 병사를 배치했으며 의장과 깃발을 세웠다. 또, 네 모서리에는 궐(망루)이 있는데 각 면은 별도로 전망대가 있고 그 아래로는 문을 3개 내었다. 그 중앙에는 행전을 만들었는데 행전에는 시중을 드는 신하와 3위의 위병들을 수용했으며 다 합쳐서 600명이었다. [그것을 단] 하룻밤 만에 만들어서 그것을 멀리서 바라보면 진짜 같아서 고려군도 아침에 불현듯 발견하고 '신이 나타났다'고 할 정도였다.(及大業四年, 煬帝北巡出塞, 行宮設六合城. 方一百二十步,高四丈二尺. 六合, 以木爲之, 方六尺, 外面一方有板, 離合爲之, 塗以靑色. 壘六板爲城, 高三丈六尺, 上加女牆板, 高六尺. 開南北門. … 夜中設六合城, 周迴六里. 城及女垣, 合高十仞, 上布甲士, 立仗建旗. 又, 四隅有闕, 面別一觀, 觀下開三門. 其中施行殿, 殿上容侍臣及三衛仗, 合六百人. 一宿而畢, 望之若眞, 高麗旦忽見, 謂之爲神焉)" 호삼성이 이와 관련하여 주석에서 "[사마광의] 《자치통감고이》에서 이르기를, '《잡기》에서 '황제가 계민[가한]의 막사에 행차했을 때에 행성을 지었는데 둘레가 2천 걸음, 높이가 20여 장이나 되었다(考異曰, '雜記云, 帝幸啓民帳時造行城, 周二千步, 高二十餘丈)"라고 하였다.

133) *: 《자치통감》〈수기〉 "양제 대업 8년"조에는 이 자리에 다음의 내용이 추가되어 있다. "좌익위대장군 우문술은 군사를 이끌고 부여도로 출병하고, 우익위대장군 우중문은 군사를 이끌고 낙랑도로 출병하고, 좌효위대장군 형원항은 군사를 이끌고 요동도로 출병하고, 우익위장군 설세웅은 군사를 이끌고 옥저도로 출병하고, 좌둔위장군 신세웅은 군사를 이끌고 현토도로 출병하고, 우어위장군 장근은 군사를 이끌고 양평도로 출병하고, 우무후장군 조효재는 군사를 이끌고 갈석도로 출병하고, 탁군태수·검교좌무위장군 최홍승은 군사를 이끌고 수성도로 출병하고, 검교우어위호분랑장 위문승은 군사를 이끌고 증지도로 출병하는 등, 각 로의 대군이 모두 압록수 서쪽 기슭까지 가서 집결하였다." 우문술 등은 군사를 이끌고 노하·회원 두 진을 따라 출발했는데, 병사와 군마에는 100일치 군량을 지급하고 거기다가 갑옷·창대 및 피복·융구·화막까지 지급하니 1명이 각각 3석 이상의 짐을 져야 해서 몸을 가눌 수조차 없을 지경이었다. [우문술은] '군량을 버리는 병

○ 六月, 己未, 幸遼東, 責怒諸將。止城西數里, 御六合城。

• 043

칠월, 임인일[134)]에 우문술 등이 살수[135)]에서 참패하였다.[136)] 우둔위 장군이던 신세웅이 [이때에] 죽었다. 구군[137)]이 모조리 궤멸되고 장수들

사는 목을 벨 것'이라는 명령까지 내렸으나 군사들은 모두 막사 아래에 구덩이를 파서 군량을 묻으니 겨우 중간 정도 행군하고 나니 군량이 벌써 거의 바닥 날 정도였다." 참고로, 당대의 1석은 무게가 53kg 정도에 해당한다. 그렇다면 1인당 159kg을 져야 했다는 소리가 되는데 물리적으로 가능했는지 의문이다.

134) 칠월, 임인일[七月壬寅]: 양력으로는 612년 8월 26일에 해당한다.

135) 살수(薩水): 고구려 명장 을지문덕이 우문술이 이끄는 수나라 대군을 공격해 대첩을 거둔 하천. 국내외 학계에서는 그 위치를 지금의 평안북도에 있는 청천강(淸川江)으로 비정하는 것이 통설이다. 그러나 요수와 요동의 좌표가 지금의 요동반도가 아닌 산해관 인근에 있다고 본다면 요동반도에서 산해관만큼의 거리를 서쪽으로 끌어내야 제대로 된 좌표를 도출해 낼 수가 있다. 요동을 요동반도로 볼 때 청천강에 해당하는 살수는 요동을 산해관 인근으로 볼 경우 자연히 그 좌표가 훨씬 더 서북쪽에 가 있어야 옳다는 뜻이다. 《흠정 성경통지(欽定盛京通志)》〈산천4(山川四)〉 "살수(薩水)"조에서는 "【살수】《신당서》에서는 '남건이 군사 5만으로 부여를 습격하자 이적이 그들을 살하수에서 무찔렀다'고 했고, 《대명일통지》에서는 '살수는 압록강 동쪽과 평양성 서쪽에 있다'고 하였다. 따져 보건대, 살수는 바로 살하수로, 변경지대에 있었을 것이 분명하다【薩水】新唐書, 男建以兵五萬襲扶餘, 李勣破之薩賀水上. 明一統志, 薩水在鴨淥江東平壤城西. 按, 薩水卽薩賀水, 應在邊界)"라고 소개하였다. 《신당서》와 《대명일통지》의 기사에 대한 분석을 토대로 압록수 동쪽과 평양성 서쪽을 흐르는 '살하수'가 '살수'라고 본 것이다. 호삼성은 '살'의 발음을 "살은 상과 갈의 반절(薩, 桑葛翻)"이라고 하였다.

136) 살수에서 참패하였다[敗績于薩水]: 《자치통감》〈수기〉 "양제 대업 8년"조의 이 대목에서 호삼승은 "을지문덕이 7번 싸워 7번 진 것은 주위를 맴돌면서 적군을 굶주리고 지치게 한 것이며, 마찬가지로 지구전의 개념과 같은 것이다(文德七戰七北, 遷延令敵饑疲, 亦同持久之義])"라고 해석하였다.

137) 구군(九軍): 대군을 말한다. 《장자(莊子)》〈덕충부(德充符)〉의 '구군'에 대하여 당대 초기의 성현영(成玄英, 608~669)은 주석을 붙여 "천자는 6군을 거느리고 제후는 3군을 거느려서 [합쳐서] '9군'인 것이다(天子六軍, 諸侯三軍, 故九軍也)"라고 설명하였다. 그만큼 엄청난 규모의 군대임을 뜻하는 것으로 해석된다. 그 구체

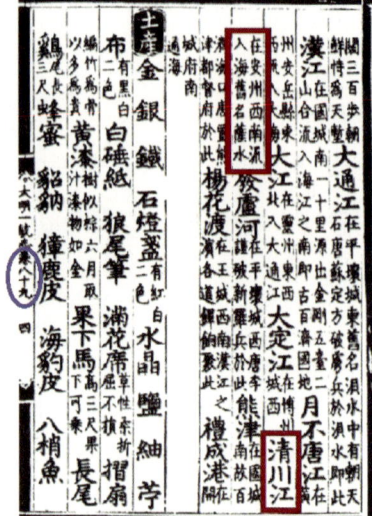

명대의 관찬 연혁지 《대명일통지(大明一統志)》〈요동도지휘사사(遼東都指揮使司)〉 "산천" 조에 요양 인근의 하천으로 소개되어 있는 살수. 오른쪽이 〈조선〉 "산천"조에 소개된 청천강. 중국인들은 살수를 청천강과 별개의 하천으로 인식했다는 뜻이다.

중에 도망쳐 돌아온 것은 [기병] 이천여 기뿐이었다.[138)]

계묘일[139)]에 군사를 되돌렸다.

○ 七月, 壬寅, 宇文述等敗績于薩水, 右屯衛將軍辛世雄死之。九軍並陷, 將帥奔還亡者二千餘騎。癸卯, 班師。

적인 숫자에 대해서는 《북사》의 〈우문술전〉에서 "처음에 요수를 건널 때 구군은 30만 5,000명이었다(初度遼, 九軍三十萬五千人)"라고 분명히 밝혔다. 같은 시기, 같은 정사의 기록이므로 여기서의 '구군'은 30만 5,000명임을 알 수가 있다.

138) 도망쳐 돌아온 것은 이천여 기뿐이었다[奔還亡者二千餘騎]: 이와 관련하여 《수서》〈오행지 상〉에서는 다음과 같이 언급하였다. "대업 8년에 천하가 가물어 백성들이 터전을 떠났다. 이때 전국의 군사들을 징용하여 황제가 직접 고려를 정벌했지만 육군이 추위와 굶주림에 시달리다가 죽은 이가 열에 8~9명이나 되었다(大業八年, 天下旱, 百姓流亡. 時發四海兵, 帝親征高麗, 六軍凍餒, 死者十八九)"

139) [팔월] 계묘일[癸卯]: 양력으로는 612년 8월 27일에 해당한다.

• 044

구월, 경진일140)에 주상이 동도141)에 당도하였다. …

○ 九月, 庚辰, 上至東都.

• 045

십일월, … 갑신일142)에 [전쟁에서] 패한 장수 우문술·우중문 등에 대하여 모두 군적에서 제명하여 평민으로 강등하고143) 상서 우승144)이던 유사룡은 참수하여 천하[사람들]에 사죄하였다. [＊145)]

140) 구월, 경진일[九月庚辰]: 양력으로는 612년 10월 3일에 해당한다.
141) 동도(東都): '동쪽 도읍'이라는 뜻으로, 당대에는 지금의 하남성 낙양(洛陽)을 가리키는 말로 사용되었다. 당나라의 공식적인 도읍은 장안(長安), 즉 지금의 서안(西安)이었으며, 낙양은 그 동쪽에 자리 잡고 있었기 때문에 장안을 기준으로 하여 '동도'로 부른 것이다.
142) 십일월, … 갑신일[十一月, … 甲申]: 양력으로는 612년 12월 6일에 해당한다.
143) 군적에서 제명하여 평민으로 강등하고[除名爲民]: 《자치통감》〈수기〉 "양제 대업 8년"조에는 이 대목이 이렇게 기술되어 있다. "우문술은 평소에 황제의 신임을 받고 있었다. 거기다가 그 아들 사급은 황제의 딸 남양공주에게 장가를 들었다. 그래서 황제가 차마 [우문술을] 주살하지 못하였다. 갑신일에 우중문 등은 모두 병적에서 이름을 삭제하고 평민으로 만들고, 유사룡은 목을 베어 천하의 사람들에게 사죄하였다.(宇文述素有寵於帝, 且其子士及尙帝女南陽公主, 故帝不忍誅。甲申, 與于仲文等皆除名爲民, 斬劉士龍以謝天下)" 우문술과 우중문·유사룡을 처벌한 날짜를 서로 다르게 소개하였다.
144) 상서우승(尙書右丞): 중국 고대의 관직명. 후한대에 처음 설치되었으며, 품계는 위·진·송대에는 6품이다가 북위·북제에서는 종4품이었다. 수·당대에는 병부·형부·공부를 감독했고, 수나라에서는 종4품, 당나라에서는 '정4품하'로 굳어졌다. 당나라 중기 이후로는 상서좌승과 함께 상서성의 일상적인 정무들을 주재하였다.
145) ＊: 《자치통감》〈수기〉 "양제 대업 8년"조에는 이 자리에 다음의 내용이 추가되어 있다. "살수에서의 패배로 고려는 설세웅을 추격해 백석산에서 포위하였다. [그러자 설]세웅은 분투하여 그들을 쳐서 무찔렀다. 이 일로 [설세웅은] 혼자 파면 처분을 피할 수 있었다. 위문승을 금자광록대부로 삼았다. 장수들은 한결같이 죄

이 해에 큰 가뭄과 전염병이 발생하는 바람에 사람들이 죽는 경우가 많았는데 산동 지역이 특히 극심하였다. (…)

○ 十一月, 甲申, 敗將宇文述, 于仲文等並除名爲民, 斬尙書右丞劉士龍以謝天下。是歲, 大旱, 疫, 人多死, 山東尤甚。

○ 대업 9년 (613, 癸酉年)

• 046

봄, 정월, 정축일[146]에 천하의 병력을 징집하고 평민들을 교과군[147]으로 모집하여 탁군[148]에 집결시켰다. [*[149]]

를 우중문에게 전가하니 황제가 장수들은 풀어 주고 [우]중문만 체포하였다. [우]중문은 시름과 분노가 병으로 발전하더니 병세가 위급할 지경에 이르렀다. 이리하여 그를 석방해 감옥에서 풀어 주자 집에서 죽었다.(薩水之敗, 高麗追圍薛世雄於白石山, 世雄奮擊, 破之, 由事獨得免官. 以衛文昇爲金光祿大夫. 諸將皆委罪於于仲文, 帝旣釋諸將,獨繫仲文. 仲文憂恚, 發病困篤, 乃出之, 卒于家)" 호삼성은 우중문의 최후와 관련하여 《자치통감고이》에서는 《약기》에서 우중문 이하[의 장수]가 저잣거리에서 참수되었다고 하였다'고 하였다. 여기서는 《수서》를 따랐다(考異曰, '略記, 于仲文以下斬於市', 今從隋書)"라고 하였다.

146) 정월, 정축일[正月丁丑]: 양력으로는 613년 1월 28일에 해당한다.

147) 교과군[驍果]: '교과'는 '교과군(驍果軍)'을 줄인 말로, 수나라 때에 황제 양제를 경호한 금위군(禁衛軍)을 가리킨다. 군사들 중에서 용맹스럽고 죽음을 마다하지 않는 정예병들을 선발하여 부대를 구성했기 때문에 '교과'라고 불렀다. 대업 9년에 절충(折衝)·과의(果毅)·무용(武勇)·웅무(雄武) 등의 부대의 낭장(郎將)들로 하여금 이들을 통솔하게 하였다. 그러나 강도(양주)로 내려간 양제는 대업 14년(618)에 정변을 일으킨 우둔위장군(右屯衛將軍) 우문화급(宇文化及)에게 죽음을 당하였다.

148) 탁군(涿郡): 중국 고대의 지명. 수나라 양제의 대업 연간 초기에 유주(幽州)를 고쳐 설치했으며, 치소는 계현(薊縣, 지금의 북경시 서남부)이었다.

149) *: 《자치통감》에는 이 자리에 "요동 옛 성을 수축하여 군량을 비축하였다(修遼東古城, 以貯軍糧)"는 내용이 들어 있다. 호삼성은 이와 관련하여 주석을 붙이고 "한·진 이래로 요동군은 한결같이 치소가 양평이었으며, 모용씨에 이르러 비로소

수양제 묘에서 출토된 철제 종

신묘일150)에 절충151)·과의152)·무용153)·웅무154) 등의 낭장관을 설치하여 교과군을 지휘하게 하였다.

○ 春, 正月, 丁丑, 徵天下兵, 募民爲驍果, 集于涿郡。… 辛卯, 置折衝果毅武勇雄武等郎將官, 以領驍果。

평곽에 주둔하였다. 앞에서 '고려를 정벌할 때 요동을 포위했다'고 한 것은 바로 한대의 양평성을 두고 한 말이다. 그런데 여기서 다시 '옛 성을 수축했다'고 한 것을 보면 아마 성곽이 이전되었던 것 같다(漢晉以來, 遼東郡皆治襄平, 慕容氏始鎭平郭. 前伐高麗圍遼東, 言即漢襄平城, 今言復修古城, 蓋城郭有遷徒也)"라고 하였다.

150) [정월] 신묘일[辛卯]: 양력으로는 613년 2월 11일에 해당한다.
151) 절충(折衝): 수·당대의 무관직. 북위 때의 절충장군(折衝將軍)으로, 수 양제 때에 이르러 좌·우 비신부(備身府)에 금위군의 하나 절충낭장(折衝郎將)과 과의낭장을 3명씩 배치하였다. 당대에는 정관 10년(636)에 수나라의 제도를 인습하여 부병군부(府兵軍府)를 '절충부'로 개칭하였다.
152) 과의(果毅): 수·당대의 무관직. 수 양제 때에 금위군의 하나로 설치된 과의낭장을 말한다. 종4품으로, 교과군을 통솔하는 절충낭장의 직무를 보좌하였다.
153) 무용(武勇): 수·당대의 무관직. 수 양제 때에 금위군의 하나로 설치된 무용낭장을 말한다. 대업 3년(607)에 좌·우 웅무부(雄武府)가 설치된 뒤로 교과군을 통솔하는 웅무낭장의 직무를 보좌하였다. 품계는 종5품이다.
154) 웅무(雄武): 수·당대의 무관직. 수 양제 대업 3년(607)에 금위군의 하나로 설치된 좌·우 웅무부의 수장인 웅무낭장을 말한다. 품계는 정5품으로, 금위군인 교과군을 통솔하였다.

• 047

이월, … 임오일[155]에 우문술 등의 관작을 회복시켜 주었다. [*[156]]
이어서 군사를 징집하여 고려 정벌에 나섰다.

○ 二月, … 壬午, 復宇文述等官爵。又徵兵討高麗。

• 048

삼월, … 무인일[157]에 [황제가] 요수 동쪽으로 행차하였다. [그리고] 월왕
[양]동[158]과 민부상서[159] 번자개로 하여금[160] 동도에 남아 [도성을] 지키

---

155) 이월, … 임오일[二月, … 壬午]: 양력으로는 613년 4월 3일에 해당한다. 호삼성은 이 일과 관련하여 주석을 붙여 "《자치통감고이》에서는 《잡기》에서 작년 12월이라고 하였다'고 했으나 여기서는 《수서》쪽을 따르기로 한다(考異曰, '雜記, 在去年十二月', 今從隋書)"라고 하였다.

156) *: 《자치통감》《수기》 "양제 대업 9년"조에는 이 대목이 이렇게 기술되어 있다. "조서를 내려 '우문술은 군량이 제대로 조달되지 않는 바람에 급기야 천자의 군대를 잃었다. 그러나 [그것은] 군대의 관리가 제때에 군량을 지급하지 못한 것이지 우문술의 죄는 아니다. 그러니] 그 관작을 회복시켜 줌이 옳다. [그리고] 얼마 지나지 않아 다시 개부·의동삼사를 추가로 제수해 주었다.(詔, '宇文述以兵糧不繼, 逐陷王師. 乃軍吏失於支料, 非述之罪, 宜復其官爵, 尋又加開府儀同三司)"

157) 삼월, … 무인일[三月, … 戊寅]: 양력으로는 613년 3월 30일에 해당한다.

158) 동(侗): 수나라의 마지막 황제인 양동(楊侗, 604~619)을 말한다. 자는 인근(仁謹)으로, 홍농(弘農) 화음(華陰, 섬서성 화음시) 사람이다. 수 양제의 손자로, 대업 2년에 월왕에 봉해졌으며, 양제가 외지를 순행할 때마다 '동도' 낙양의 유수(留守, 남아서 지킴)를 맡았다. 양현감의 반란을 평정하는 데에 참여하고 고양태수(高陽太守)에 임명되었다. 대업 14년에 양제가 살해되자 낙양에서 황제로 즉위하고 연호를 황태(皇泰)로 정하였다. 그러나 당국공(唐國公) 이연(李淵) 세력의 압박으로 제위를 이연에게 선양하고 노국공(潞國公)으로 강등되었다가 16세의 나이에 살해되었다. 시호는 당나라에 공손했다 하여 '공제(恭帝)'로 일컬어졌으나 역사적으로는 '황태주(皇泰主)'로 불렸다.

159) 민부상서(民部尙書): 지금의 경제부 장관에 해당하는 호부상서(戶部尙書)의 다른 이름. 호삼성은 주석에서 "개황 3년에 탁지상서를 호부상서로 개칭했는데, 황제가 이때 민부상서로 개칭하였다(開皇三年, 改度支尙書爲戶部尙書, 帝乃改爲民部

게 하였다.

○ 三月, … 戊寅, 幸遼東。以越王侗民部尚書樊子蓋留守東都。

• 049

여름, 사월, 경오일161)에 어가가 요수를 건넜다.

임신일162)에는 우문술·양의신163)을 파견하여 평양으로 달려가게 하였다.

○ 夏, 四月, 庚午, 車駕渡遼。壬申, 遣宇文述楊義臣趣平壤。

• 자치통감 01

좌광록대부164) 왕인공165)은 군사를 이끌고 부여도로 출병하였다.

尙書)"라고 소개하였다.

160) 월왕 동과 민부상서 번자개로 하여금[以越王侗民部尙書樊子蓋]: 《자치통감》에는 이 대목이 "민부상서 번자개 등으로 하여금 월왕 동을 보필하여 동도에 남아 지키게 하였다(命民部尙書樊子蓋等輔越王侗留守東都)"로 기술되어 있다.

161) 사월, 경오일[四月庚午]: 양력으로는 613년 5월 21일에 해당한다.

162) [사월] 임신일[壬申]: 양력으로는 613년 5월 23일에 해당한다.

163) 양의신(楊義信): 《자치통감》에는 양의신의 직함이 '상장군(上將軍)'으로 소개되어 있다.

164) 좌광록대부(左光祿大夫): 중국 고대의 관직 이름. 한나라 무제 때에 전국시대 이래의 중대부(中大夫)를 고쳐 광록대부(光祿大夫)를 설치하고 황제의 고문을 담당하거나 조정에서의 의논을 관장하게 하였다. 곽광(霍光)·김일제(金日磾)의 경우처럼, 한대에는 황실의 국척이나 조정 대신에게 일종의 명예직으로 내려지다가 당대 초기에 좌광록대부와 우광록대부로 구분되었다. 정관 연간 이후로는 광록대부·금자(金紫)광록대부·은청(銀靑)광록대부로 구분되고, 품계는 종2품으로 조정되었다.

165) 왕인공(王仁恭, 558~617): 수나라의 장수. 자는 원실(元實)로, 천수(天水) 상규(上邽, 지금의 감숙성 천수시) 사람이다. 여러 차례의 대외 정벌에서 전공을 세워 문제와 양제의 신임을 받아 대장군·좌광록대부를 거쳐 표기대장군·위주자사(衛

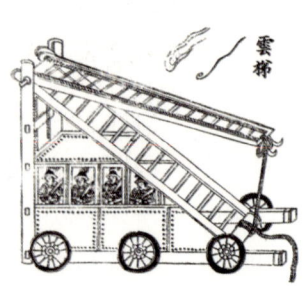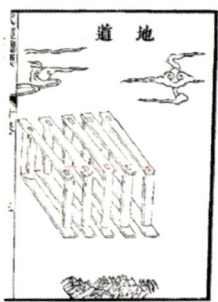

송대의 병서 《무경총요》에 소개된 당거(좌)와 운제(중)와 지도(우). 당거는 때로는 '충거(衝車)'로 불리기도 하였다.

[왕]인공이 진군하여 신성166)에 이르니 고려군 수만 명이 맞서 싸우는 것이었다. [왕]인공은 강한 기병 일천 명을 거느리고 [고구려군을] 쳐서 무찌르니 고려는 성을 장벽 삼아 굳게 지킬 뿐이었다.

○ 左光祿大夫王仁恭出扶餘道。仁恭進軍至新城, 高麗兵數萬拒戰, 仁恭帥勁騎一千擊破之, 高麗嬰城固守。

• 050

[황제는 장수들에게 요동[성]을 공격하도록 이르면서 [장수들이] 상황에 따라 대응하는 것을 윤허하였다. [이리하여] 비루167)·깃대·운제168)·지도를 써

州刺史)·급군태수(汲郡太守) 등을 역임하였다. 그러나 마읍태수(馬邑太守)를 지낼 때 이재민 구제를 소홀히 하여 원성이 자자해지자 부하에게 죽음을 당하였다.
166) 신성(新城):《자치통감》《수기》 "대업 9년(613)"조에서 호삼성은 주석을 붙이고 "【신성】 남소성의 서쪽에 있었다【新城】在南蘇城之西"라고 소개하였다.
167) 비루(飛樓): 중국 고대에 성을 공격하는 데에 사용한 군사 장비. 적진의 동태를 정찰하거나 군대를 지휘하는 데에 주로 사용되었으며, 때로는 노궁과 돌을 쏨으로써 성 안 적군들을 제압하고 아군의 공성을 엄호하기도 하였다.
168) 운제(雲梯): 중국 고대에 성을 공격하는 데에 사용한 군사 장비. 성벽을 타고 올라가 성 안의 적군을 공격하기 위하여 사다리를 여러 개 연결하여 만들었는데 그

서 사방에서 일제히 공격하기를 밤낮으로 그치지 않았다. 그런데 고려는 상황에 맞추어 그들에게 맞서니 스무 날이 넘도록169) 함락되지 않아 쌍방에서 죽은 이가 무척 많았다.170)

○ 帝命諸將攻遼東, 聽以便宜從事。飛樓橦雲梯地道四面俱進, 晝夜不息, 而高麗應變拒之, 二十餘日不拔, 主客死者甚衆。

• **자치통감 02**

충거와 운제는 장대 길이가 열다섯 장171)이었는데 교과군인 오흥172) 출신의 심광173)이 그 끝에 올라 성 위로 타고 가서 고려군과 싸웠다.

사다리들을 다 펴면 하늘까지 닿는다고 해서 '운'제로 불렸다. 때로는 '구원(鉤援)'으로 일컬어지기도 하였다.

169) 스무 날이 넘도록[二十餘日]: '20여 일'은 20일을 넘는 기간을 가리킨다. 이것이 정확한 숫자라면 수 양제가 요수를 건넌 5월 21일(경오일)로부터 20일이 지난 6월 10일 이후로 추정된다.

170) 쌍방에서 죽은 이가 무척 많았다[主客死者甚衆]: 《자치통감》《수기》 "대업 9년"조에서 '주객(主客)'과 관련하여 호삼성은 주석을 붙이고 "지키는 쪽이 '주'이고 공격하는 쪽이 '객'이다(守者爲主, 攻者爲客)"라고 하였다.

171) 장(丈): 중국 고대의 길이를 재던 단위사. 1장의 경우, 역사적으로 삼국시대에는 2.42m 정도, 남북조시대에는 2.58m 정도였다. 수나라가 남북조시대에 북조의 마지막 왕조인 점을 감안할 때, 여기서의 "15장"은 얼추 38.7m 정도 되었을 것이다.

172) 오흥(吳興): 지금의 절강성 호주시에 해당한다. 호삼성은 《자치통감》《수기》 "대업 9년"조에서 이와 관련하여 "《수서》《지리지》에서는 '【오군의 오정현】 옛날에는 오흥군이 설치되었기 때문에 사서에서 옛 군[의 이름]을 적은 것이다(隨志, 【吳郡烏程縣】 舊置吳興郡, 史以舊郡名書)"라고 소개하였다.

173) 심광(沈光, 591~618): 수나라 장수. 자는 총지(總持)로, 오흥 사람이다. 용맹스럽고 말 달리기를 잘 하여 천하에서 으뜸으로 일컬어졌다. 고구려 정벌과정에서 공성전에 공을 세우자 양제가 조청대부(朝請大夫)로 임명하고 보검과 명마를 하사하였다. 그 뒤로 양제의 신임을 받아 절충낭장에 임명되어 경호를 담당하였다. 의녕 2년(618)에 양제가 우문화급에게 살해되자 복수를 모의했으나 사전에 발각

KBS 역사스페셜 〈고구려 수나라 전쟁편〉에 소개된 수나라 군사장비인 전호피차와 소차. 그러나 역사스페셜의 고증은 문제가 많다. 전호피거는 적의 접근을 차단하는 해자를 메우는 데에 사용됐고 소거는 이동식 망루일 뿐이었으며 무엇보다도 둘 다 당대부터 사용되었다.

[그가] 무기를 든 적병들을 맞닥뜨리자 십수 명을 죽이니 고려군들이 앞 다투어 그를 공격해 떨어뜨렸다. [그런데 그가] 땅에 닿기도 전에 다행스럽게도 장대에 드리워진 밧줄이 [손에] 닿자 [그것을 쉬]광이 잡고 도로 [성위로] 올라갔다.

[그러자 그 광경을] 황제가 멀리서 보더니 장하게 여겨 그 자리에서 조산대부로 제수하고 늘 [자기] 곁을 지키게 하였다.

○ 衝梯竿長十五丈, 驍果吳興沈光升其端, 臨城與高麗戰, 短兵接, 殺十數人, 高麗競擊之而墜。未及地, 適遇竿有垂絙, 光接而復上。帝望見, 壯之, 卽拜朝散大夫, 恒置左右。

• 자치통감 03

황제는 고려 정벌에 나설 때에 양현감으로 하여금 여양174)에서 [군수물되는 바람에 미처 갑옷도 입지 않은 상태에서 우문화급의 부하 사마덕감(司馬德戡)의 기병대가 쏜 화살들을 맞아 전사하였다.

174) 여양(黎陽): 중국 고대의 지명. 지금의 하남성 준현(浚縣) 서남쪽에 해당한다. 고대부터 군량을 비축하는 군량기지로 사용되어서 삼국시대에는 하북의 군벌 원소

재] 수송을 감독하도록 일렀다.

양현감은 호분낭장 왕중백, 급군찬치175) 조회차 등과 함께 상의하여 일부러 조운을 지연시켜 제때에 출발시키지 않음으로써 요수를 건너 간 군대들로 하여금 군량이 부족하게 만들려 하였다.

○ 帝伐高麗, 命玄感於黎陽督運, 遂與虎賁郎將王仲伯汲郡贊治趙懷義等謀, 故逗遛漕運, 不時進發, 欲令渡遼諸軍乏食.

• 자치통감 04

[이에] 황제가 사자를 파견하여 [수송을] 재촉했지만 [양]현감은 '수로에는 도적들이 많아서 당장은 출발할 수가 없다'고 둘러대는 것이었다.

[양]현감의 동생 [양]현종과 응양낭장 [양]만석은 둘 다 양제를 수행해 요동에 와 있었는데 양현감이 은밀히 사람을 보내 두 사람을 불러들였다. [그러자] 두 사람 모두 [요동에서] 도망쳐 그곳으로 귀환하였다. [그러자 양]만석은 고양176)까지 갔다가 감사이던 허화에게 붙잡혀 탁군에서 사형

(袁紹)가 군량을 비축한 바 있다. 수나라 때에는 전국의 양곡을 모아 도읍으로 수송하는 곳이어서 번번이 농민 봉기군의 공격을 받았다.

175) 급군찬치(汲郡贊治): 수나라의 관직명. '찬치(贊治)'는 각 군에서 문서 작성을 담당하던 하급 관원을 말한다. 호삼성은 《자치통감》《수기》 "대업 9년"조에서 이와 관련하여 "따져 보건대, 《수서》《지리지》에서는 '황제(양제)가 주를 고쳐 군으로 삼았다. 군에는 태수를 설치했으며, 장사와 사마는 철폐하는 대신 찬무 1명을 설치하여 그를 보좌하게 하였다'고 하였다. 찬무는 바로 찬치이다.《수서》는 당나라 신하들에 의하여 완성된 탓에 고종의 이름을 피하기 위하여 '치'를 '무'로 고친 것이다(按隋志, 帝改州爲郡, 郡置太守. 罷長史' 司馬, 置贊務一人以貳之. 贊務, 即贊治也. 隋書成於唐臣, 避高宗名, 故改治爲務)"라고 하였다.

176) 고양(高陽): 중국 고대의 현 이름. 인터넷 〈국편위판〉 주218에서는 "出東省 臨緇 縣 西北쪽으로 비정된다", 〈동북아판2〉 주40(제150쪽)에서는 "지금의 중국 山東 省 臨淄이다"라고 소개했으나 잘못된 설명이다. 고양은 지금의 하북성 중부 보정 시(保定市) 일대에 대한 옛 이름이기 때문이다.

에 처해졌다.

○ 帝遣使者促之, 玄感揚言水路多盜, 不可前後而發。玄感弟虎賁郞將玄縱, 鷹揚郞將萬石, 並從幸遼東, 玄感潛遣人召之, 二人皆亡還。萬石至高陽, 爲監事許華所執, 斬於涿郡。

• 자치통감 05

이에 앞서 [양]현감은 은밀히 집에서 부리던 동자를 장안까지 보내어 이밀177)과 동생 [양]현정을 불러 여양까지 오게 하였다. 군사를 일으켰을 때에 이르러 [이]밀이 마침 당도했기에 [양]현감이 몹시 기뻐하면서 책사로 삼았다. [양현감이 이]밀에게 말하였다.

"그대는 늘 만물을 구제하는 일을 자신의 사명으로 여겼는데 이제 그 때가 되었구려! 계책을 장차 어떻게 내어야 되겠소?"

○ 先是, 玄感陰遣家僮至長安, 召李密及弟玄挺赴黎陽。及擧兵, 密適至, 玄感大喜, 以爲謀主. 謂密, 曰, 子常以濟物爲己任, 今其時矣。計將安出。

• 자치통감 06

[그러자 이]밀이 말하는 것이었다.

"천자가 정벌을 나가 먼 요수 너머에 있지요. 유주에서만 해도 일천 리나 떨어져 있습니다. [그 일대는] 남으로는 큰 바다가 있고 북으로는 강한 오랑캐가 버티고 있지요. 그 사이에 길이 하나 있다고는 하지만 이치

---

177) 이밀(李密, 582~619): 수나라 때의 농민봉기군 지도자. 자는 현수(玄邃) 또는 법주(法主)이며, 경조(京兆)의 장안(長安, 지금의 서안시) 사람이다. 자세한 내용은 《수서》〈말갈전〉의 "이밀" 주석을 참조하기 바란다.

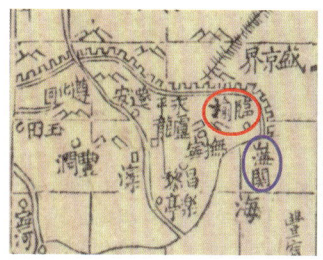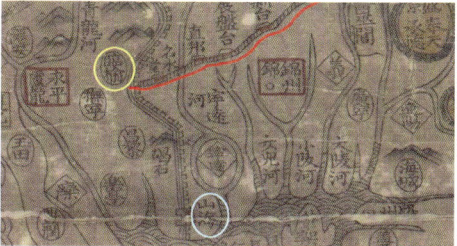

청대 중기 18세기에 제작된 중국 지도에 표시된 임유관의 위치. 두 쪽 모두 산해관과는 상당한 거리가 떨어져 있다. 수나라군은 임유관에서 빨간표시 된 길을 따라 요동으로 향했을 것이다.

상으로는 몹시 험하고 위태롭습니다.

공께서 군사를 이끌고 저들이 예상도 하지 못한 틈을 타서 곧바로 달려가 계주로 들어가 임유관의 험지를 거점으로 삼고[178] 그 목을 차단하십시오. [그러면] 귀환할 길이 끊기는 것은 물론이고 고려가 그 사실을 전해 듣는다면 그 뒤를 추격할 것이 분명합니다. [그러면] 한 달이 되기도 전에 물자와 군량이 모두 바닥나서 그 무리는 항복하지 않으면 궤멸되어 싸우지도 않고 사로잡을 수가 있으니 이거야말로 상책이지요!"[179]

○ 密曰, 天子出征, 遠在遼外, 去幽州猶隔千里。南有巨海, 北有强胡,

---

178) 임유관의 험지를 거점으로 삼고[據臨渝之險]: 호삼성은 이 대목에 주석을 붙여 "임유관은 수나라 때에는 평주 노룡현에 속해 있었다. 바로 '노룡의 험준함'이라고 하는 경우이다(臨渝關, 隋屬平州盧龍縣, 卽所謂盧龍之險也. 顔師古曰, 渝音喩, 今多讀如榆)"라고 소개하였다. 노룡현의 경우, 북부는 연산산맥에 속한 고도가 높은 산지, 그 남쪽은 그로부터 쏟아져 내린 토사들이 오랜 기간 퇴적되면서 선상지(扇狀地, alluvial fan)를 기반으로 하는 광대한 평지가 형성되었다. '평주'라는 이름도 그래서 붙여졌다.

179) 이거야말로 상책이지요[此上計也]: 이밀의 이 계책을 통하여 양현감이 반란을 일으키면 고구려도 그 기회를 타고 수나라 군사를 협공해 줄 것을 염두에 두고 있었음을 알 수가 있다.

中間一道, 理極艱危。公擁兵出其不意, 長驅入薊, 據臨渝之險, 扼其咽喉。歸路旣絶, 高麗聞之, 必躡其後, 不過旬月, 資糧皆盡, 其衆不降則潰, 可不戰而擒, 此上計也。

• 자치통감 07

[오월, … 기묘일180), …] 요동성이 오래도록 함락되지 않자 황제는 ^[사자를] 파견하여 부대 백여 만 자루를 만들고 흙을 가득 채우게 한 다음 ^[그것들을] 쌓아서 물고기 둑과도 같은 큰 길을 만들게 하였다. ^[그 다리는] 너비가 서른 걸음이나 되었는데 높이가 성과 같아지자 전사들로 하여금 올라가 적들을 공격하게 하였다.

○ 遼東城久不拔, 帝遣造布囊百餘萬口, 滿貯土, 欲積爲魚梁大道, 闊三十步, 高與城齊, 使戰士登而攻之。

• 자치통감 08

이어서 바퀴가 여덟 개 달린 누거를 만들게 하니¹⁸¹⁾ ^[그] 높이가 성보다 높았다. ^[그래서] 물고기 둑 같은 길을 끼고 ^[세워서 병사들이] 성을 굽어보면서 ^[성 안의 적군들에게 활을] 쏘고자 하였다.

○ 又作八輪樓車, 高出於城, 夾魚梁道, 欲俯射城。

• 자치통감 09

고려는 바로 상황을 눈치챘다. 그러나 ^[성을] 나올 엄두를 내지 못한 채

---

180) 오월, … 기묘일[五月, … 己卯]: 양력으로는 613년 5월 30일에 해당한다.
181) 바퀴가 여덟 개 달린 누거[八輪樓車]: 호삼성은 여기에 주석을 붙여 "누거 아래에 바퀴를 여덟 개 달았다(樓車下施八輪)"라고 설명하였다.

성 안에서 북을 울리며 고함만 질러 대더니 이튿날 오시[182]가 되어서야 차츰 밖으로 나오기 시작하였다. [고구려군은] 사방으로 멀리 정찰하고 나서도 '수나라군이 속임수를 쓰는 것은 아닌가' 의심하였다. [그렇게] 이틀이 지나고 나서야 수천 명의 군사를 내어 추격에 나섰으나 수나라군의 [압도적인] 무리를 두려워하여 몰아붙일[逼] 엄두를 내지 못한 채 번번이 팔구십 리씩 거리를 두곤 하였다.

○ 高麗卽時覺之, 然不敢出, 但於城內鼓譟。至來日午時, 方漸出外, 四遠覘偵, 猶疑隋軍詐之。經二日, 乃出數千兵追躡, 畏隋兵之衆, 不敢逼, 常相去八九十里。

• 자치통감 10

[그렇게] 요수에 당도할 즈음이 되어서야 황제의 군대가 [요수를] 다 건넌 사실을 알고 후군[183]을 몰아붙였다. 이때에 후군은 [요수를 미처 건너지 못한 인원이] 그래도 수만 명이나 되었는데 고려군이 수시로 기습하는 바람에 마지막에는 허약한 군사 수천 명이 그들에게 죽음을 당하였다.

○ 將至遼水, 知御營畢渡, 乃敢逼後軍。時, 後軍猶數萬人, 高麗隨而抄擊, 最後羸弱數千人爲所殺略。

---

182) 오시(午時): 정오 11~13시. 동양에서는 고대에 하늘과 땅의 우주원리를 방위와 시간을 나타내는 데에 적용하였다. 특히, 시간의 경우 '12간지(十二干支)'를 적용하여 12개 시간대로 구분했는데, '오시'는 그 일곱 번째 시간대로 정오 11~13시에 해당하였다.

183) 후군(後軍): 중국 고대의 군사 편제. 춘추시대에는 나라마다 상군-중군-하군 또는 좌군-중군-우군으로 구성하고 중군에 최정예부대를 배치하였다. 나중에는 이것이 '전군(前軍)-중군(中軍)-후군(後軍)'으로 대체되었으며, 당대 이후로 일상적인 군사 편제로 굳어졌다. 일반적으로 중군에는 해당 군대의 주장(主將)이 직접 통솔하는 주력군이 배치되었으며, 행군·작전 과정에서 전군은 전방을 측후·엄호하고, 후군은 후방을 경계·엄호하는 임무를 각각 수행하였다.

• 051

유월, 을사일184)에 예부 상서인 양현감185)이 여양에서 반란을 일으켰다.

병진일186)에 [양]현감이 동도로 압박해 왔다. [이에] 하남 찬무187)이던 배홍책이 그에 맞섰으나 되려 적군에게 패하고 말았다. [＊188)]

무진일189)에 병부 시랑190)인 곡사정191)이 고려로 도주하였다.192)

---

184) 유월, 을사일[六月乙巳]: 양력으로는 613년 6월 25일에 해당한다.
185) 양현감(楊玄感, ?~613): 수나라 대신. 홍농(弘農) 화음(華陰) 사람으로, 수나라 대신 양소(楊素)의 아들이다. 대업 9년(613)에 양제의 명령으로 여양(黎陽)에서 군량 수송을 감독하였다. 그러나 전국에서 농민들이 봉기하자 양제의 폭정에 불만을 품고 6월에 군사를 일으켜 반기를 드니 그 무리가 10만을 넘을 정도였다.
186) [유월] 병진일[丙辰]: 양력으로는 613년 7월 6일에 해당한다.
187) 하남찬무(河南贊務): 수나라 때의 관직명. '찬무(贊務)'는 원래 '찬치(贊治)'로 불렸던 관직으로, 주·군(州郡)의 수장을 보좌하여 그 직무를 처리하였다. 양제 때에 주(州)를 군으로 대체하면서 그 수장을 보좌하는 장사(長史)와 사마(司馬)를 폐지하고 찬무를 새로 설치하였다. 그 품계는 도읍이 있는 경조(京兆)·하남(河南)에서는 종4품, 군의 경우에는 정5품부터 정6품까지 다양하였다.
188) ＊:《자치통감》〈수기〉"대업 9년(613)"조에는 이 자리에 다음의 내용이 들어 있다. "황제가 [양]현종 등의 무리를 모조리 응징하려 하자 [곡사]정은 안에서 마음을 놓지 못하였다.(帝將窮治玄縱等黨與, 政內不自安)"
189) [유월] 무진일[戊辰]: 양력으로는 613년 7월 18일에 해당한다.
190) 병부시랑(兵部侍郞): 중국 고대의 관직 이름. 지금으로 치면 국방부 차관 정도에 해당한다. '시랑(侍郞)'의 경우, 처음에는 궁정의 근시(近侍)였으나 후한대 이후로는 상서(尙書)의 속관(屬官)으로 굳어졌다. 당대에 이르러 시랑을 중서성(中書省)·문하성(門下省)·상서성(尙書省)의 수장인 상서(尙書)의 부관으로 삼았으며, 나중에 '6부(六部)' 제도가 확립되면서 각 부 상서의 업무를 보좌하였다.
191) 곡사정(斛斯政, 590~670): 수나라 관원. 하남 사람으로, 북위의 선비족 출신 상서령(尙書令)인 곡사춘(斛斯椿)의 손자이다. 유능하여 양제의 신임을 받았으나 나중에는 의동(儀同)에 제수되면서 조정 중신이던 양소의 눈에 들면서 그 아들 양현감 형제와 가까워졌다. 고구려 정벌 당시 유능하다 하여 양제가 병부시랑에 제수하고 대단히 신임하였다. 그러나 요동에 종군하면서 양현감과 내통하다가 양

○ 六月, 乙巳, 禮部尙書楊玄感反於黎陽. 丙辰, 玄感逼東都. 河南贊務裴弘策拒之, 反爲賊所敗. 戊辰, 兵部侍郞斛斯政奔于高麗.

• 052

경오일[193)]에 주상이 군사를 되돌렸다. [＊[194)]] [이에] 고려가 후군을 공격하자[195)] 칙명을 내려 우무위대장군[196)]이던 이경을 후거[197)]로 삼았

제가 양현감의 붕당을 숙청하자 고구려로 망명하였다.

192) 곡사정이 고려로 도주하였다[奔于高麗]:《통전》〈변방 2〉"고구려"조에서 두우는 이 사건과 관련하여 "병부시랑 곡사정은 [양]현감의 도당으로, 도망쳐 고려로 들어갔다. 고려는 [그를 통하여 수나라의] 실정을 모두 알고 정예병력을 동원해 추격하니 전군 다수가 패하였다(兵部侍郞斛斯政, 玄感之黨, 亡入高麗, 高麗具知事實, 悉銳兵來追, 殿軍多敗)"라고 기술하였다. 고구려에서 양현감 등의 반란을 일으킨 사실을 알고 안심하고 수나라 군을 공격했던 것이다. 이와 관련하여《수서》〈염비전(閻毗傳)〉에서는 "병부시랑 곡사정이 요동으로 도망쳤다. 황제가 염비로 하여금 기병 2천을 이끌고 추격하게 했으나 따라잡지 못하였다. 곡사정은 고려의 백애성에 머물렀다(兵部侍郞斛斯政奔遼東, 帝令毗率騎二千追之, 不及. 政據高麗柏崖城)"라고 기술하였다. '백애성(柏崖城)'은 곧 백암성을 말한다. 이로써 고구려로 망명한 곡사정이 백암성에 머물고 있었음을 알 수가 있다.

193) [유월] 경오일[庚午]: 양력으로는 613년 7월 20일에 해당한다.

194) ＊:《자치통감》〈수기〉"대업 9년(613)"조에는 이 대목에 다음의 내용이 들어 있다. "[그러자] 경오일(7월 20일) 새벽 2경(밤 11~1시) 나절에 황제는 비밀리에 장수들을 소집하여 군사를 이끌고 [본국으로] 귀환하도록 일렀다. [귀환할 때에는 황제의 명령에 따라 군수물자·장비·공성도구 등을 산더미처럼 쌓아 놓고, 병영·보루·막사를 그 자리에서 건드리지도 않은 채 모두 다 내팽개치고 떠났다. 수나라군은 놀랍고 두려운 나머지 더 이상 소속도 나누지 않은 채 각 방면군이 [저마다 뿔뿔이] 쪼개져 흩어졌다(庚午, 夜二更, 帝密召諸將, 使引軍還. 還從宣軍資器械攻具, 積如丘山, 營壘帳幕按堵不動, 皆棄之而去. 衆心恟懼, 無復部分, 諸道分散)"

195) 고려가 후군을 공격하자[高麗犯後軍]: 이와 관련하여 〈양제본기 하〉"대업 9년"조에서는 고구려가 [망명해 온 곡사정을 통하여?] 수나라의 상황을 낱낱이 알고 정예 병력을 총동원해 추격하는 바람에 전군이 대부분 패했다고 기술하였다.

196) 우무위대장군(右武衛大將軍): 수·당대의 무관직 이름. 정식 명칭은 우교위대장군

다.

[한편,] 좌익위대장군198) 우문술과 좌후위장군199) 굴돌통 등을 파견하여 속히 [어명을] 전하여 병력을 동원해서 [양]현감을 토벌하게 하였다.

○ 庚午, 上班師。高麗犯後軍, 勅右武衛大將軍李景爲後拒。遣左翊衛大將軍宇文述左候衛將軍屈突通等馳傳發兵, 以討玄感。

• 053

가을, 칠월, … 계미일200)에 여항201)의 평민 유원진이 군사를 일으켜 양현감에게 호응하였다. …

때는 바야흐로 양제가 재차 삼오202)의 군사들을 징발하여 고려 정벌

(右驍衛大將軍)으로, 수 양제의 대업(大業) 3년(607)에 우비신부(右備身府)를 우교위(右驍衛)로 개칭하고 '12위 대장군'의 하나로 설치했으며, 품계는 정3품이다. 당나라 무측천(武則天)의 광택(光宅) 원년(684)에 '우무위대장군', 중종의 신룡(神龍) 원년(705)에 다시 우효위대장군으로 개칭되었다.

197) 후거(後拒): 뒤에 배치되어 추격하는 적군에 맞서는 부대를 말하는데, 후거(後距)로 쓰기도 한다. 이를 통하여 고구려군이 엄청난 기세로 수나라 대군을 추격해 왔음을 짐작할 수 있다.

198) 좌익위대장군(左翊衛大將軍): 중국 수·당대의 무관직. 원래 명칭은 '좌위대장군(左衛大將軍)'으로, 황궁의 경비를 관장하는 한편 섭장위(攝仗衛)를 감독하였다. 양제의 대업 3년(607)에 '좌익위대장군'으로 개칭했다가 당대에 들어와 고종 무덕 5년(622)에 '좌위부대장군(左衛府大將軍)', 용삭 2년(662)에 '좌위대장군'으로 개칭되었다.

199) 좌후위장군(左候衛將軍): 중국 고대의 무관직. 수 양제의 대업 3년(607)에 좌무후(左武候)를 고쳐 좌후위를 설치하고 '12위 장군(十二衛將軍)'의 하나로 종3품의 좌후위장군 2명을 배치하여 좌후위대장군의 직무를 보좌하게 하였다. 당대에는 그 제도를 인습하면서 고종의 용삭 2년(662)에 좌금오위장군(左金吾衛將軍)으로 개칭하였다.

200) 칠월, … 계미일(七月, … 癸未): 양력으로는 613년 8월 2일에 해당한다.

201) 여항(餘杭): 중국 고대의 지명. 지금의 절강성 여항시에 해당한다.

202) 삼오(三吳): 중국 고대의 지역명. 원래 진(晉)대에는 강소성의 오흥(吳興)·오군(吳郡) 및 절강성의 회계(會稽)를 가리키는 지역명이었다. 그러나 나중에는 장강

에 나선 참이었다. 삼오의 병사들은 한결같이 서로 둘러대었다. "과거에 천하가 태평할 때에도 우리 부형들 중에 고려 정벌에 징용되었던 이들조차 태반이 돌아오지 못했지. 이번에는 [나라개] 피폐해진 상황인데 다시 이런 일을 벌인다면 우리는 살아남는 사람이 없을 거야!" 이리하여 다수가 도망치자 [해당] 군현들에서는 그들을 다급하게 잡아들였다. [그러다가 유]원진이 군사를 일으켰다는 소식을 듣고 도망친 사람들이 구름처럼 모여 드니 한 달도 되지 않아 그 무리가 수만 명으로 불어났다.

○ 秋, 七月, 癸未, 餘杭民劉元進起兵, 以應玄感. … 會帝再發三吳, 征高麗。三吳兵皆相謂, 曰, 往歲天下全盛,吾輩父兄征高麗者猶太半不返, 今已罷弊, 復爲此行, 吾屬無遺類矣。由是多亡命, 郡縣捕之急。聞元進擧兵, 亡命者雲集, 旬月間, 衆至數萬。

•054

팔월, 임인일203)에 좌익위대장군 우문술 등이 문향204)에서 양현감을 무찔렀다. [＊205)]

> 하류의 강남지역을 두루 일컫는 이름으로 그 지리적 범위가 확장되었다. 여기서도 '강남지역'으로 이해하면 좋을 듯하다.

203) 팔월, 임인일[八月壬寅]: 양력으로는 613년 8월 21일에 해당한다.
204) 문향(閺鄕): 중국 고대의 지명. 북주(北周)의 명제(明帝) 2년(558)에 설치되었으며, 지금의 하남성 영보시(靈寶市) 서남쪽에 해당한다.
205) ＊:《자치통감》에는 이 자리에 거사에 실패한 양현감의 최후가 이렇게 소개되어 있다. "임인일에 [양]현감은 … 가로수에 이르렀을 때에는 홀로 아우 [양]적선과 도보로 가다가 체포를 피할 수 없다고 여겨 적선에게 말하였다. '나는 남의 칼을 맞는 수모는 당할 수 없으니 네가 나를 베어라!' 적선은 칼을 뽑아 그를 베어 죽이고 내쳐 자신을 찔렀다. 그러나 죽지 않는 바람에 추격병들에게 사로잡혀서 현감의 머리와 함께 [황제의] 행재소로 보내졌다. [그러자 황제는] 현감의 시신을 동

○ 八月, 壬寅, 左翊衛大將軍宇文述等破楊玄感於閿鄉。

• 055

구월, … 갑오일206)에 [황제의] 어가가 상곡207)에 멈추었다.

[그러나 군수] 물자의 공급에 차질이 빚어지자 주상이 크게 진노하며 태수 우하 등의 관리를 파면하였다.

○ 九月, … 甲午, 車駕次上谷, 以供費不給, 上大怒, 免太守虞荷等官。

도의 저잣거리에서 거열형에 처하고 사흘이 지나자 다시 토막을 낸 다음 불태웠다. … 신유일에 … 이리하여 준엄한 법으로 그 무리를 다스려, 죽인 자가 3만이 넘었다. [그들은] 한결같이 그 가솔들의 호적을 박탈하고 재산을 몰수했는데 억울하게 죽인 이가 태반이나 되고 귀양살이를 한 이가 6천 명이 넘었다. [양]현감이 동도를 포위했을 때 곳간을 열어 백성들을 구제했었는데 그 쌀을 받은 이들까지 모조리 도성 남쪽에 생매장하였다.(壬寅, 玄感 … 至葭蘆戍, 獨與弟積善徒步走, 自度不免, 謂積善曰, '我不能受人刃辱, 汝可寢我.' 積善抽刀斫殺之, 因自刺, 不, 爲追兵所執, 與玄感首俱送行在所. 磔玄感尸於東都市, 三日復臠而焚之. … 辛酉, … 由是峻法治之, 所殺三萬餘人, 皆籍沒其家, 枉死者太半, 流徙者六千餘人. 玄感之圍東都也, 開倉賑給百姓, 凡受米者, 皆阬之於都城之南)"

206) 구월, … 갑오일[九月, … 甲午]: 양력으로는 613년 10월 12일에 해당한다.
207) 상곡(上谷): 중국 고대의 지명. 호삼성은《자치통감》의 이 대목에 주석을 붙이고 "《수서》《지리지》에서는 '개황 원년에 역현에 역주를 설치했는데 황제(양제)가 고쳐 상곡군으로 삼았다'고 하였다. 따져 보건대, 진나라가 설치한 상곡군은 본래 저양을 치소로 삼았다. 왕은의《진서지도지》에서는 '군이 골짜기 꼭대기에 자리잡고 있어서 그것을 계기로 상곡이라고 명명하였다. 수나라의 역현은 한대의 탁군이어서 그것을 계기로 상곡이라고 명명한 것이다'라고 하였다. [그런데] 수나라의 역현은 한대의 탁군 고안현 땅이므로 옛날의 상곡이 아니다(隋志, '開皇元年, 以易縣置易州, 帝改爲上谷郡'. 按, 秦置上谷郡, 本治沮陽. 王隱晉書地道曰, '郡在谷之頭, 故因以上谷名焉, 隋之易縣, 則漢涿郡, 故因以上谷名焉.' 隋之易縣, 則漢涿郡故安縣地也, 非古上谷)"라고 소개하였다.

•056

겨울, 시월, ⋯ 임진일²⁰⁸⁾에 ⋯ 제²⁰⁹⁾ 땅 사람인 맹양 · 왕박 등의 십만이 넘는 무리가 장백산²¹⁰⁾을 거점으로 삼아 여러 군들을 공격하고 약탈하였다.

○ 冬, 十月, ⋯ 壬辰, ⋯ 齊人孟讓王薄等衆十餘萬, 據長白山, 攻剽諸郡。

•057

청하²¹¹⁾의 도적 장금이 "무리가 수만"이라고 주장하는가 하면²¹²⁾, 발해의 도적 두목 격겸은 '연왕²¹³⁾'을 자처하고 손선아는 '제왕'을 자처하면서 그 무리가 각각 십만이나 되어 산동 지역이 그들로 말미암아 고

---

208) 시월, ⋯ 임진일[十月, ⋯ 壬辰]: 양력으로는 613년 12월 9일에 해당한다.
209) 제(齊): 중국 고대의 지역명. 지금의 산동(山東)지역에 해당한다.
210) 장백산(長白山): 중국의 산 이름. 지금의 산동성 빈주시(濱州市)와 제남시(濟南市)와 치박시(淄博市)의 접경지대에 자리 잡고 있으며, 산봉우리가 늘 흰 구름에 둘러싸여 있다고 해서 '늘 희다'는 뜻에서 '장백산'으로 일컫게 되었다고 한다.
211) 청하(淸河): 중국 고대의 지명. 지금의 하북성 형태시(邢台市) 관할하에 있는 청하현에 해당한다.
212) 주장하는가 하면[稱]: '칭(稱)'은 일반적으로 '일컫다(insist)'의 의미를 나타내지만 때로는 사실 여부와는 상관없이 어느 한쪽이 객관적으로 검증되지 않은 사실을 일방적으로 주장하는 것을 가리키는 동사로 사용되기도 한다. 여기서도 그런 어감을 내포하고 있다는 점에 유념하기 바란다.
213) 연왕(燕王): 연 지역의 왕. '연(燕)'은 역사적으로 하북성 [동]북부를 일컫는 지역명이었다. 실제로 중국 역사에서 '연왕'의 왕호를 일컬은 인물들은 오대(五代) 시기의 남당(南唐)의 이경달(李景達)과 이홍기(李弘冀, ?~959)를 제외한 수십 명이 모두 그 연고지·근거지·활동지를 하북성 동북부의 유주(幽州)와 평주(平州) 일대에 둔 것으로 확인된다.

거열의 예시. 거열되는 진나라 승상 상앙(商鞅)

통을 당하였다.

○ 清河賊張金稱衆數萬, 渤海賊帥格謙自號燕王, 孫宣雅自號齊王, 衆各十萬, 山東苦之。

• 058

십이월, 갑신일214)에 [양]현감의 아우인 조청대부215) [양]적선 및 그 도당 십여 명을 거열형216)에 처하고, 시체를 불로 태워 [그 가루를 바람에] 날

---

214) 십이월, 갑신일[十二月甲申]: 양력으로는 614년 1월 30일에 해당한다.

215) 조청대부(朝請大夫): 수·당대의 관직명. 수 양제 때에 정5품으로 처음 설치되었으며 당대에도 종5품상의 품계로 인습되었다. 공식 직무가 있는 것은 아니고 일종의 명예직으로 부여되었다.

216) 거열형[車裂]: 중국 고대의 형벌. 글자 그대로 직역하면 '수레로 찢는다'는 뜻이다. 죄인의 머리와 사지를 연결한 수레나 말을 서로 다른 방향으로 달리게 하여 찢어 죽이는 방식으로 처형이 이루어졌다. 역사적으로 시대나 지역에 따라서 '환열(轘裂)·환형(轘刑)·책형(磔刑)·탁형(矺刑)·고형(辜刑)·고책(辜磔)·지해(肢解)·이(胣)·오마분시(五馬分屍)' 등의 다른 이름으로 불렸다. 남북조시대까지는 합법적으로 시행되었으며 수나라의 개국군주인 문제 양견이 너무 잔혹하다 하여 폐지하였다. 그러나 그 아들이 양제가 도로 부활시킨 이래로 후세의 폭군들 중에 더러 시행한 경우가 있었으나 법제상으로는 더 이상 시행되지 않았다.

려 버렸다.

○ 十二月, 甲申, 車裂玄感弟朝請大夫積善及黨與十餘人, 仍焚而揚之。

○ 대업 10년 (갑술, 614)

• 059

봄, [*217)] 이월, 신미일218)에 [황제가] 문무백관에게 조서를 내려 고려 정벌을 논의하게 하였다. [그러나] 며칠이 지나도록 진언할 엄두를 내는 이가 없었다.

○ 春, 二月, 辛未, 詔百僚議伐高麗, 數日無敢言者。

---

217) *: 호삼성은 《자치통감》의 이 자리에 다음과 같은 주석을 붙였다. "《자치통감고이》에서 이르기를, 《잡기》에서는 '이 해 정월에, 이번에는 허공 우문술을 원수로 삼아 군사 16만을 거느리고 압록수에 당도하였다. [그러자] 을지문덕이 사자를 파견하여 거짓으로 항복을 자청하면서 아군의 진격을 늦추었다. 이어서 우문술과 만날 것을 요청함으로써 아군의 형세를 살피려 하였다. [그런데도] 우문술은 그와 즐겁게 술을 마시니 한참 지나서야 [을지문덕이 그 자리를] 떠나는 것이었다. [그렇게] 닷새를 멈춘 동안에 황제의 군사는 군량이 바닥나서 갑옷 찰갑을 태워 끼니 삼아 먹는 바람에 병이 들어 몸조차 일으킬 수가 없었다. [그러자 을지]문덕이 이에 군사를 풀어 대규모로 전쟁을 벌이니 참패하여 죽은 이만 해도 10만이 넘었다'고 하였다. 이는 아마 앞의 [개업?] 8년의 일인데 실수로 여기에 넣어 버렸구나! (考異曰, 雜記, 是年正月, 又以許公宇文述爲元帥, 將兵十六萬刻到鴨綠水. 乙枝文德遣行人偽請降以緩我師, 又求與述相見, 以觀我軍形勢. 述與之歡飲, 良久乃去, 停五日, 王師食盡, 燒甲札食之, 病不能興. 文德乃縱兵大戰, 敗績, 死者十餘萬. 此蓋序八年事, 誤在此耳, 誤在此耳)" 을지문덕이 거짓으로 항복한 것이 수나라군의 군량을 바닥나게 만들기 위한 치밀한 계책이었다는 주장은 이 사마광의 《자치통감고이》에서만 확인되는 흥미로운 이야기이다. 《자치통감고이》에서 전하는 일들이 역사적 사실이라고 전제할 때, 을지문덕이 거짓으로 항복하고 우문술의 진영으로 찾아간 것은 수나라군의 고구려 침공을 지연시킴으로써 군량을 소진시키려는 목적으로 치밀하게 이루어진 일이었던 셈이다.

218) 이월, 신미일[二月辛未]: 양력으로는 614년 3월 18일에 해당한다.

• 060

무자일219)에 [양제가] 이렇게 조서를 내렸다.

"군왕의 노역에 온 힘을 다하여 전쟁에 몸 바치니 그 모두가 정의를 따르고자 함이리라. [누구 하나] 근면하고 충성스럽지 않은 이가 없이 [다들] 목숨을 풀 무성한 늪지에 내던지고 들판에 시신을 버리니 그 일을 생각하면 매번 걱정과 슬픔을 가지게 된다. 왕년에 어가가 직접 나서 [고구려왕의] 죄를 따지러 곧 요수 기슭으로 가고자 태묘에서 필승의 방략을 점치매 [아군의] 진퇴의 법도를 확신하게 되었다.

○ 戊子, 詔曰, 竭力王役, 致身戎事, 咸由徇義, 莫匪勤誠, 委命草澤, 棄骸原野, 興言念之, 每懷慇惻。往年出車問罪, 將屆遼濱, 廟算勝略, 具有進止。

• 061

[양]량220)은 아둔하고 흉악하여 [국가대사의] 성패를 깨우치지 못했고, 고경221)은 오만하고 고집스럽다 보니 애초부터 지혜나 모략이 없어 삼

---

219) [이월] 무자일[戊子]: 양력으로는 614년 4월 4일에 해당한다.

220) 량(諒): 수나라 문제 양견의 다섯째 아들 양량(楊諒, 575~605)을 말한다. 제1차 고구려 정벌에 실패하고 문제 사후에 양제에게 반기를 들었다가 서인(庶人)으로 강등되어 감옥에서 죽었다.

221) 고경(高熲, 541~607): 수나라의 재상. 자는 소현(昭玄)으로, 발해(渤海) 수현(蓨縣, 지금의 하북성 경현) 사람이다. 북주 시기에 나중의 문제 양견의 참모로 있다가 수나라 건국과 함께 상서좌복야(尙書左僕射)로 중용되었다. 진(陳)나라를 정벌할 때에는 원수장사(元帥長史)의 신분으로 원수인 양광(나중의 양제)을 보좌하였다. 그러나 개황 19년에 독고황후(獨孤皇后)의 무고로 파직되었다가 양제가 즉위하면서 태상경(太常卿)으로 복귀하였다. 그러나 나중에 정적의 밀고로 양제에게 살해되었다.

군222)을 지휘하는 일을 아이들 장난처럼 여기고 사람의 목숨을 하찮은 풀처럼 여기며 관례를 준수하지 않는 바람에 결국 패퇴당하는 낭패가 벌어지고 급기야 사망자가 많아져 미처 매장할 수조차 없게 되었다.

○ 而諒闇凶, 罔識成敗, 高熲愎很, 本無智謀, 臨三軍猶兒戲, 視人命如草芥, 不遵成規, 坐貽撓退, 遂令死亡者衆, 不及埋藏。

• 062

지금은 사자를 파견해 길을 나누어 [시신들을] 수습해 매장하고 요서군223)에 제단을 마련하고 도량224)을 한 곳 세움이 마땅하다. [그러면 그] 황은이 구천에까지 닿아 어쩌면 오지에서 죽은 넋의 원한을 풀어 주고 그

수나라의 개국공신 고경 초상

---

222) 삼군(三軍): 중국 고대의 군사 편제. 《주례(周禮)》〈하관·사마(夏官司馬)〉에 따르면, 주나라 천자는 6군(六軍)을 거느렸으며, 제후들 중에서 대국은 '중·상·하' 또는 '중·좌·우'의 3군을 거느렸는데 그 규모는 1군이 1만 2,500명이었다고 한다.

223) 요서군(遼西郡): 중국 고대의 행정구역. 한대에는 행정적으로 유주자사부(幽州刺史部)에 속하였다. 나중에는 관할 지역이 차츰 축소되었으며, 그 치소는 16국시기에는 전연(前燕)은 영지(令支, 지금의 하북성 천안현 남쪽), 북연(北燕)은 비여(肥如, 지금의 하북성 노룡현 북쪽)으로 이전되었다. 북제 때에는 철폐되어 북평군(北平郡)에 편입되고 북주 때에는 고보녕(高寶寧)의 본거지가 되었다가 고보녕의 멸망과 함께 수나라에 귀속되었다. 당대에는 그 자리에 동이도호부(東夷都護府)가 설치되었다. 국내외 학계에서는 그 위치를 요녕성 서부까지로 보기도 하지만 요수(遼水)를 지금의 요하로 본 데서 빚어진 오류이다.

224) 도량(道場): 불교에서 거행하는 성대한 법회. 불경을 암송하고 염불하면서 불재를 지내 물과 뭍의 원혼들을 제도한다고 해서 '수륙도량(水陸道場)' 또는 '수륙재(水陸齋)'라고 부르기도 한다.

황제와 성탕의 초상(삼재도회)

은택이 메마른 해골에까지 미쳐 인을 선양하는 이의 은혜를 누릴 수 있을지도 모르느니라."

○ 今宜遣使人分道收葬, 設祭於遼西郡, 立道場一所。恩加泉壤, 庶弭窮魂之冤, 澤及枯骨, 用弘仁者之惠。

• 063

신묘일[225]에 [양제가] 이렇게 조서를 내렸다.

"황제[226]는 쉰두 번이나 전쟁을 치르고 성탕[227]은 스물일곱 번이나 정

---

225) [이월] 신묘일[辛卯]: 양력으로는 614년 4월 7일에 해당한다.

226) 황제(黃帝): 중국 고대 신화에 등장하는 제왕. '삼황(三皇)'을 이어 중국을 다스린 '오제(五帝)' 중 첫 번째 임금이다. 전설에 따르면, 본래 성씨는 공손(公孫)인데, 나중에 희씨(姬姓)로 바꾸어서 '희헌원(姬軒轅)'으로 일컬어지게 되었고, 헌원의 동산에 살아서 '헌원씨(軒轅氏)'로 불렀으며, 유웅(有熊)에 도읍을 정해서 '유웅씨(有熊氏)'로 불렀다고도 한다. 재위기간 동안 누런 용이 나타났기 때문에 토덕(土德)의 상서로운 징조를 지닌 성인으로 간주하여 '황제'로 일컬어졌다.

227) 성탕(成湯, BC1670?~BC1587~): 상(商)나라의 개국군주. 성은 자(子), 이름은 리(履) 또는 천을(天乙)이며, 상구(商丘) 사람이다. 박(毫)에서 하(夏)나라의 방백(方伯)으로 있으면서 정벌을 담당하였다. 하나라의 걸왕(桀王)이 무도하게 폭

벌을 벌였다. 그러고 나서야 그 은덕이 제후들에게 미치고 그 호령이 천하에 시행될 수 있었다. 노방[228]은 좀도둑이었지만 한조[229]는 그래도 몸소 토벌에 나섰으며, 외효[230]는 잔당에 불과했지만 [후]한나라 광무[제][231]는 그래도 스스로 농서[676] 토벌 길에 올랐다. 그것이 어찌 포

정을 일삼자 군사를 일으켜 정벌하고 상나라를 세웠다.

228) 노방(盧芳, 1세기): 후한대의 지방 군벌. 자는 군기(君期)로, 안정(安定) 삼수(三水, 지금의 영하회족자치구) 사람이다. 왕망이 신나라를 세우자 한 무제의 증손자를 사칭하면서 삼수의 서강(西羌)·흉노 귀족들과 함께 군사를 일으켜 상장군(上將軍)·서평왕(西平王)을 거쳐 황제로 추대되었다. 후한 광무제의 건무(建武) 5년(29)에 흉노의 지지로 오원(五原)·삭방(朔方)·안문(雁門) 등지에서 할거하다가 한나라에 투항하고 대왕(代王)에 봉해졌다. 나중에 흉노의 지지로 흉노 땅에 머물다가 죽었다.

229) 한조(漢祖): 한나라를 세운 개국군주 고조(高祖) 유방(劉邦, BC247?~BC195)을 말한다. 자는 계(季)로, 패군(沛郡) 풍읍(豐邑) 사람이다. 농민 출신으로 진 시황(秦始皇)이 죽은 이듬해에 군사를 일으키고 항우(項羽)와 함께 진나라에 맞서 싸웠다. 진나라의 도읍 함양(咸陽)을 점령하고 한왕(漢王)이 된 후 항우를 멸망시키고 천하를 통일하였다. 다만, 노방과는 연대가 달라서 마주칠 수가 없는데 여기에 언급된 것을 보면 착오가 아닌가 싶다.

230) 외효(隗囂, ?~33): 신(新)나라 말기의 군벌. 자는 계맹(季孟)으로, 천수(天水) 성기(成紀, 지금의 감숙성 진안현) 사람이다. 처음에는 천수군의 속관(屬官)이었는데 농서지역에서 명성이 높자 천수군의 평양성(平襄城)을 점령하고 '상장군(上將軍)'을 자처하였다. 경시제(更始帝) 때 조정에 귀순하여 우장군(右將軍)에 임명되더니 친척들의 반란 모의를 밀고하여 어사대부(御史大夫)로 중용되고 '삼공(三公)'의 예우를 받았다. 그러나 광무제(光武帝)가 즉위하자 낙향하여 '서주대장군(西州大將軍)'을 자처하다가 명장 마원(馬援)의 건의로 광무제에게 투항하였다. 나중에는 공손술(公孫述)과 연합해 반란을 도모하다가 토벌에 나선 광무제에게 죽음을 당하였다.

231) 광무[제](光武): 후한의 초대 황제 유수(劉秀,BC5~AD57)의 시호.자가 문숙(文叔)으로 호북의 채양(蔡陽) 사람이다. 한 고조 유방의 9세손으로, 왕망이 전한을 멸망시키고 신나라를 세우자 형 유연(劉縯)과 함께 거병하여 신나라를 무너뜨리고 낙양에 도읍을 정하였다. 그로부터 10년 동안 각지의 군벌들을 평정하고 건무 12년(36)에 천하를 통일하였다. 그 뒤로 왕망의 구체제를 철폐하고 중앙집권체제를 공고하게 다지는 한편 유학을 장려하고 선비를 우대하는 등 예교주의(禮敎

학한 자를 없애고 전쟁을 멈춤으로써 당장은 고달프더라도 나중에 편안코자 한 것이 아니겠는가?

○ 辛卯, 詔曰, 黃帝五十二戰, 成湯二十七征, 方乃德施諸侯, 令行天下。盧芳小盜, 漢祖尙且親戎, 隗囂餘燼, 光武猶自登隴, 豈不欲除暴止戈, 勞而後逸者哉。

• 064

짐은 고귀한 [선황의] 대업을 계승하여 군왕으로 천하를 다스리나니 해와 달이 비치는 곳들과 바람과 비가 이르는 곳들 치고 나의 신하이기를 거부하고 홀로 [천자의] 교화를 막는 이 그 누가 있으리오?

○ 朕纂成寶業, 君臨天下, 日月所照, 風雨所沾, 孰非我臣, 獨隔聲敎。

• 065

보잘것없는 고려는 후미진 야만의 땅 너머에 처박힌 채로 새매처럼 활개를 치고 이리처럼 집어삼키며 오만하고도 불손하게도 우리의 변방을 노략질하고 훔치는가 하면 우리의 성채와 도시들을 침범하고 공격하고 있다. 이 일로 말미암아 지난해에 군사를 내어 요수와 갈석[233)

主義) 문화정책을 폈다.

232) 농서(隴西): 중국 고대의 지역명. 농산(隴山) 서쪽에 있는 땅이라고 해서 그렇게 부르기 시작했으며, 대체로 지금의 감숙성(甘肅省) 농서현 일대를 말한다. 전국시대 진(秦)나라의 소양왕(昭襄王) 28년(BC279)에 처음으로 군이 설치되었고, 그 뒤로 위주(渭州)로 개칭되었다가 수나라 양제의 대업 연간에 다시 농서현으로 환원되었다.

233) 갈석(碣石): 지금의 하북성 동북부 창려현(昌黎縣)에 자리 잡고 있는 산을 말한다. 당대 중기의 두우(杜佑)는 통전 변방2 "고구려"조에서 【갈석산】 한나라 낙랑군의 서숭현에 있다. [만리]장성이 이 산에서 시작된다. 지금 확인해 보건대 장성

사이에서 그 죄를 따지고 현토[234] 땅에서 그 큰 뱀을 죽이고 양평[235] 땅에서 그 멧돼지를 도륙하려 한 것이다.

○ 蕞爾高麗, 僻居荒表, 鴟張狼噬, 侮慢不恭, 抄竊我邊陲, 侵軼我城鎭。是以去歲出軍, 問罪遼碣, 殄長蛇於玄菟, 戮封豕於襄平。

• 066

[이리하여] 부여의 뭇 군대가 바람처럼 치닫고 번개처럼 달려 도망치는 적을 추격하고 패주하는 적을 몰아내며 곧장 패수[236]를 넘고, 창해(발

은 동쪽으로 요수를 가로질러 고려 땅으로 들어가 있으며, 그 터가 아직도 남아 있다(【碣石山】在漢樂浪郡遂成縣, 長城起於此山. 今驗長城東截遼水而入高麗, 遺址猶存)"라고 하였다. 수·당대의 중국 정사들에서는 고구려의 강역을 언급할 때 항상 "발해와 갈석 사이[渤碣之間]" 식으로 발해와 함께 거론되었다. 이로써 고구려의 서쪽 경계(서계)가 만리장성이 끝나는 산해관 인근, 즉 지금의 하북성 동북부 인근에 있었음을 짐작할 수 있다.

234) 현토군(玄菟郡): 한 무제가 위만조선 자리에 설치한 군의 하나. 그 좌표와 관련하여 크게 ① 함흥을 중심으로 한 함경도 일대(한진서·안정복·정약용·김정호·이케우치 히로시), ② 압록강 중류에서 함흥에 이르는 교통로를 따라 동서로 길게(와타 기요시·양수경), ③ 압록강 중류 일대(이병도), ④ 압록강을 넘어 옥저에서 요산(遼山, 지금의 길림성 흥경·노성 일대)에 걸쳐 설치되었다는(양수경) 등의 주장이 제시되었다. 그러나 이 주장들은 조선시대의 반도사관을 토대로 이루어진 고증들이어서 재고가 필요하다.

235) 양평(襄平): 국내외 학계에서는 지금의 요녕성 조양시(朝陽市) 일대로 비정하고 있다. 그러나 장회태자 이현(李賢)은 《후한서》〈원소전(袁紹傳)〉에서 "【양평】 지금의 평주 노룡현 서남쪽에 있었다(【襄平】在今平州盧龍縣西南)"라고 하였다.

236) 패수(浿水): 중국 고대에 조선과 한나라의 국경지대를 흐르는 하천. 국내에서는 조선시대 이래로 그 위치와 관련하여 ① 대동강설, ② 청천강설, ③ 압록강설 등과 함께 ④ 난하설, ⑤ 혼하설 등이 제기되었다. 이 중에서 지구과학적으로 가장 유력한 후보지는 하북성 동북부를 흐르는 난하이다. 무엇보다도 결정적인 근거는 《사기》·《한서》의 편찬시점과 가장 가까운 후한대의 지리학자 상흠(桑欽, 2~3세기)이 《수경(水經)》에서 찾을 수 있다. 패수가 "동쪽으로 흘러 바다로 들어간다"라고 분명하게 언명했기 때문이다. 한반도와 중국 북부에서 동쪽으로 흘러 바다

한중일 학계에서는 양평현을 지금의 요양시(검은 네모)로 비정하고 있다. 그러나 《후한서》 (남감본 1595) 〈원소전〉 이현 주석에는 평주 노룡현(빨간 동그라미)이라고 명시되어 있다. 따라서 양평현과 요동군의 좌표는 일률적으로 빨간 동그라미 쪽으로 이동시켜야 옳다.

해)에 배를 띄워 적의 심장부로 돌진하여 그 성곽들을 불태우고 그 궁실들을 유린하였다.

○ 扶餘衆軍, 風馳電逝, 追奔逐北, 徑踰浿水, 滄海舟楫, 衝賊腹心, 焚其城郭, 汙其宮室。

• 067

[그러자] 고원은 [요참용] 작두 위에 엎드리고 얼굴에 흙칠을 한 채[237] 군영

로 유입되는 하천은 기껏해야 하북성의 난하와 요령성 서부의 대릉하(大凌河) 정도가 고작이다. '동고서저'의 특징을 지닌 한반도의 경우 압록강을 위시하여 대동강·청천강 등은 모두 서쪽으로 흘러 서해 바다로 들어가므로 상흠이 소개한 패수와는 무관한 셈이다. 《한서음의(漢書音義)》에서는 '패'의 발음이 '방(bhɑn)과 패(pɑi)의 반절[傍沛切]'이라고 했으니 그 발음은 '배(bhɑi)'에 가까웠을 것이다.

앞으로 와서 투항하면서 곧 [우리 조정에] 입조할 것을 자청하고 사구[238]의 관청에서 처분을 내려 줄 것을 자청하였다.

[이에] 짐은 그가 과오를 고치는 것을 윤허하고 그제야 [우리] 군사를 되돌리라는 조서를 내렸던 것이다. 그러나 내내 악행을 고치지 않은 채로 술자리 짐독을 마시는 일조차 서슴지 않으니 이것을 참을 수 있다면 어느 것인들 참지 못하겠는가?

○ 高元伏鑕泥首, 送款軍門, 尋請入朝, 歸罪司寇。朕以許其改過, 乃詔班師。而長惡靡悛, 宴安鴆毒, 此而可忍, 孰不可容。

•068

그러니 즉시 육군[239]에 각자 명령을 하달하여 전방위로 일제히 진격함이 옳다. 짐은 몸소 병부[240]를 쥐고 직접 전군을 통솔하여 환도[241]에서 말을 먹이고 요수에서 군사를 사열하였다. 바다 너머에서 하늘의

---

237) 얼굴에 흙칠을 한 채[泥首]: 고대 중국에서 얼굴에 진흙을 바름으로써 자신의 죄를 인정하고 용서를 빌던 행동. 나중에는 땅바닥에 머리를 조아리는 것을 가리키는 말로 사용되기도 하였다.

238) 사구(司寇): 중국 고대에 형법을 관장한 관리. 여기서는 관청에 자수하는 것을 가리킨다.

239) 육군[六師]: 중국 고대의 군사 편제. 황제가 직접 지휘하며 평소에 황제를 경호하고 대궐을 경비하는 금군(禁軍, 금위부대)을 말한다. '육군(六軍)'으로 쓰기도 한다.

240) 병부[武節]: 중국 고대에 군사 지휘관이 황제로부터 부여 받은 군사 동원권·통수권·지휘권을 상징하는 신표를 말한다. 일반적으로 '병부(兵符)'라고 부르는 것이 보통이다. "병부를 쥐었다"는 것은 군사 지휘권을 쥐고 있다는 뜻으로 해석된다.

241) 환도(丸都): 고구려 초기의 도읍. 김부식의 《삼국사기》에 따르면, 산상왕(山上王) 2년(198)에 축조했고 209년에 이곳으로 도읍을 옮겼다고 한다. 동천왕(東川王) 19년(245) 관구검의 침공으로 파괴되었으며 고국원왕(故國原王) 12년(342) 전연(前燕)의 침공에 대비하여 성을 보수하고 국내성에서 환도성으로 왕성을 옮겼다.

한대 현토군 태수의 봉니(좌)와 병부(우). 봉니에 현토군의 '토'가 '토끼 토'로 새겨져 있다.

응징을 실천하고 [거꾸로 매달리는] 고통으로부터 궁지에 몰린 백성들을 구할 것이다. 정벌로 그 죄를 바로잡고 밝은 덕으로 그를 응징할 것이나 그 원흉만 제거할 뿐 남은 자들에게는 [그 죄를] 추궁할 일이 없느니라.

○ 便可分命六師, 百道俱進。朕當親執武節, 臨御諸軍, 秣馬丸都, 觀兵遼水, 順天誅於海外, 救窮民於倒懸, 征伐以正之, 明德以誅之, 止除元惡, 餘無所問。

• 069

만약 [자신의] 존망의 운명을 깨우치고 [자신의] 안위의 시기를 깨달아 마음을 바꾸고 신하의 도리를 지킨다면 스스로 많은 복을 누리게 될 것이다. 그러나 기어이 [고원과] 악행을 함께 벌이고 서로 거들며 황제의 군사에 맞선다면 마치 불이 들판을 태우듯이 [짐이 내리는] 형벌은 사면이 없을 것이다.

[이상을] 해당 관청에서 적절한 시점에 선포하여 만인이 [짐의 뜻을] 알게 하라."

○ 若有識存亡之分, 悟安危之機, 翻然北首, 自求多福。必其同惡相濟, 抗拒王師, 若火燎原, 刑茲無赦。有司便宜宣布, 咸使知聞。

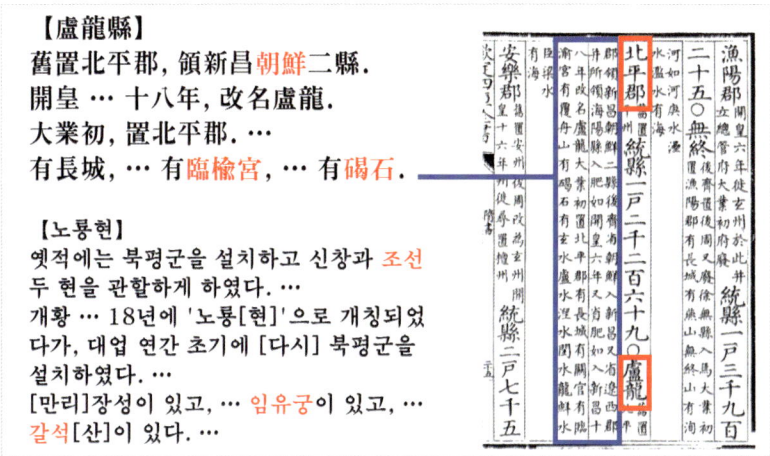

《수서》〈지리지〉에 따르면 수 양제가 머물렀다는 임유궁은 하북성 노룡현에 있었다. 임유관(유관)의 좌표도 그 근방에서 찾아야 한다는 뜻이다.

• 070

삼월, 임자일[242]에 행군하여 탁군에 멈추었다.

계해일[243]에 임유궁[244]에서 어가를 멈추고 직접 융복을 입고 황제에게 마제[245]를 올린 다음 전장에서 반란을 일으킨 자들을 참수하고 그

---

242) 삼월, 임자일[三月壬子]: 양력으로는 614년 4월 28일에 해당한다.
243) [삼월] 계해일[癸亥]: 양력으로는 614년 5월 9일에 해당한다.
244) 임유궁(臨渝宮): 호삼성은 《자치통감》의 이 대목에 주석을 붙이고 "《수서》〈지리지〉에서는 '북평군 노룡현에 임유궁이 있다'고 하였다(隋志, 北平郡盧龍縣有臨渝宮)"라고 소개하였다. 노룡현은 지금의 하북성 동북부의 노룡현에 해당한다.
245) 마제(禡祭): 중국 고대에 행군하는 군대가 주둔하는 곳에서 지내던 제사. 호삼성은 이 대목에 다음과 같이 주석을 붙였다. "정현이 '마는 군대가 지내는 제사이다. [묘당이 아닌] 들판에서 지내서 마라고 한다'고 하였다. 응소는 '황제가 판천에서 전쟁을 치름으로써 천하를 평정하였다. 그래서 제사를 지내고 복과 행운을 빌었다. …(鄭玄曰, 禡, 師祭也, 在野曰禡. 應劭曰, 黃帝戰于阪泉以定天下, 故祭以求福祥. …)"

피를 북에 발랐다.[246)

○ 三月, 壬子, 行幸涿郡。癸亥, 次臨渝宮, 親御戎服, 禡祭黃帝, 斬叛軍者以釁鼓。

• 071

여름, 사월, … 갑오일[247)에 어가가 북평[248)에 멈추었다.

○ 夏, 四月, … 甲午, 車駕次北平。

• 072

가을, 칠월, 계축일[249)에 어가가 회원진[250)에 멈추었다.[251) [*252)]

---

246) 피를 북에 발랐다[釁鼓]: '흔고(釁鼓)'는 중국 고대에 제사를 지낼 때 제물을 죽여 그 피를 북에 바른 것을 말한다. 허신은 《설문해자》에서 "'흔'이란 피로 제사를 지내는 것을 말한다(釁, 血祭也)"라고 소개하였다. 두예(杜預, 222~285) 역시 《좌전(左傳)》 "성공(成公) 3년"조에 주석을 붙여 "피를 북에 바르는 것을 '흔고'라고 한다(以血塗鼓爲釁鼓)"라고 설명하였다.

247) 사월, … 갑오일[四月, … 甲午]: 양력으로는 614년 6월 9일에 해당한다.

248) 북평(北平): 중국 고대의 지역명. 서진대에 우북평군(右北平郡)을 고쳐 설치한 군으로, 치소는 서무현(徐无縣), 즉 지금의 하북성 준화시(遵化市) 동쪽이었다. 관할 지역은 하북성 흥륭(興隆), 천진시(天津市) 계(薊) 운하 하류 이동, 준화·풍윤(豊潤)·당산(唐山) 등지 이서에 해당한다. 북위의 태평진군(太平眞君) 7년(446)에 잠시 철폐되었다가 나중에 요서군을 쪼개어 다시 설치하고 치소를 신창(新昌, 지금의 노룡현)으로 정하였다. 수나라 초기에 잠시 철폐되었다가 양제의 대업 연간에 평주(平州)를 고쳐 북평군으로 삼았다. 그래서 호삼성도 이 대목에 주석을 붙이고 "황제(양제)는 평주를 고쳐 북평군으로 삼았다(帝改平州爲北平郡)"라고 하였다.

249) 칠월, 계축일[七月癸丑]: 양력으로는 614년 8월 27일에 해당한다.

250) 회원진(懷遠鎭): 중국 고대의 지명. 국내외 학자들은 그 위치를 대체로 지금의 요녕성 북진시(北鎭市) 부근으로 비정해 왔으며, 최근에는 중국 학계에서 요녕성 요중현(遼中縣) 인근으로 비정하였다. 유감스럽게도 고구려-수나라 전쟁과 관련된 한·중·일 학자들의 기존의 지리고증들은 대부분 반도사관에 대입하여 산출된

갑자일[253)]에 고려가 사신을 보내어 항복을 요청하면서 곡사정을 [함거에 태워] 압송해 오니[254)] 주상이 크게 기뻐하였다. [*[255)]]

결과물이어서 역사적 사실에 부합된다고 하기 어렵다. 실제로 중국의 각종 사서·연혁지의 기사들을 종합해 볼 때, 회원진은 영주 경내에 있었음을 알 수가 있다. 그 근거들에 관해서는 《수서》의 "회원진" 주석을 참조하기 바란다.

251) 회원진에 멈추었다[次懷遠鎭]: 《수서》〈관덕왕양웅전(觀德王楊雄傳)〉에서는 "요동의 전쟁 때, 검교좌익위대장군으로 요[동]도를 나와 노하진에 멈추었을 때 병을 얻어 죽었다(遼東之役, 檢校左翊衛大將軍, 出遼道. 次瀘河鎭, 遘疾而薨)"라고 하였다. 이와 관련하여 청대 학자 고염무는 《영·평2주 지명기(營平二州地名記)》에서 "[노하진]《자치통감》"대업7년(611)"조에 '황제가 고려를 토벌하려고 백성들을 징발하여 쌀을 수송하여 노하·회원 두 진에 비축하였다.'【주,《신당서》〈지리지〉에서는 '수나라가 영주의 지경인 여라 옛 성에 요서군을 설치하고, 요서·노하·회원 세 현을 관할하게 했다'고 하였다】《수서》〈관왕웅전〉에서는 '요[동]도를 나와 노하진에서 멈추었다', '【회원진】《수서》〈설세웅전〉에서 황제가 유성에 이르러 설세웅을 동북도대사·행연군태수로 삼아 회원에 주둔하게 했다고 하였다. 〈고려전〉에서는 고려가 사신을 파견하여 항복을 빌자 황제가 윤허하고 회원진에 멈추어 그의 항복을 받아들였다고 하였다. 《당서》〈고조기〉에서는 양제가 요동을 정벌할 때에 고조(이연)를 파견하여 군량을 회원진까지 수송하는 것을 감독하게 했다고 하였다(【瀘河鎭】通鑑大業七年, 帝將討高麗, 發民夫運米, 積于瀘河懷遠二鎭【註, 新唐志曰, 隋于營州之境汝羅故城置遼西郡, 領遼西瀘河懷遠三縣】隋書觀王雄傳, 出遼道. 次瀘河鎭, '【懷遠鎭】隋書薛世雄傳, 帝至柳城, 以世雄爲東北道大使行燕郡太守, 鎭懷遠. 高麗傳, 高麗遣使乞降, 帝許之. 頓于懷遠鎭, 受其降欸. 唐書高祖紀, 煬帝征遼東, 遣高祖督運糧于懷遠鎭)"라고 소개하였다.

252) *: 《자치통감》에는 이 자리에 다음의 내용이 들어 있다. "당시에 천하는 이미 어지러워져서 징용한 병력은 다수가 때가 지나서도 당도하지 않았다. 고려 역시 곤궁하고 피폐해졌다. 내호아가 필사성에 이르매 고려가 군사를 일으켜 맞서 싸웠으나 내호아가 그들을 무찌르고 평양성까지 달려갈 태세였다. [그러자] 고려왕 [고]원이 두려워하였다(時, 天下已亂, 所徵兵多失期不至. 高麗亦困弊. 來護兒至畢奢城, 高麗擧兵逆戰, 護兒擊破之, 將趣平壤, 高麗王元懼)" 호삼성은 '필사성'과 관련하여 주석을 붙여 '바로 비사성이다. 등주·내주로부터 바닷길로 평양성로 향하면 먼저 비사성에 닿는다. 당나라 정관 연간 말기에 정명진 역시 이 길로 갔다(即卑沙城. 自登萊海道趨平壤, 先至卑沙城. 唐貞觀末, 程名振亦由此道)"라고 하였다.

253) [팔월] 갑자일[甲子]: 양력으로는 614년 9월 7일에 해당한다.

254) 곡사정을 압송해 오니[囚送斛斯政]: 두우《통전》〈변방2〉에는 이와 관련하여 "[대

팔월, 기사일[256)에 [주상이] 군사를 되돌렸다. 257)

업] 10년에 또 전국의 군사들을 일으켰다. [그러나] 때마침 도적들이 봉기하여 주둔지가 차단되는 바람에 군대 다수가 약속된 때를 놓치고 요수까지 당도한 사람이 적었다. 거기다가 기근까지 닥치는 바람에 전군이 서로 약탈을 벌이고 다수가 질병에 걸렸다. [그래서] 황룡으로부터 동쪽으로는 해골들이 잇따랐다. [이에] 머무는 곳마다 군인들이 저마다 시체를 쌓아 비바람을 막는데 죽은 이가 열에서 8~9명이나 되었다. 고려는 고려대로 지키고 막느라 곤궁하고 피폐해진지라 사신을 파견하여 항복을 빌면서 곡사정을 압송하여 사죄하였다(十年. 又發天下兵. 會盜賊蜂起, 所在阻絶, 軍多失期, 少至遼水. 又屬饑饉, 六軍遞相掠奪, 復多疾疫. 自黃龍以東, 骸骨相屬, 止泊之處, 軍人皆積屍以禦風雨, 死者十有八九. 高麗亦困弊於守禦, 遣使乞降, 囚送斛斯政以贖罪)"라고 하였다.

255) *:《자치통감》에는 이 자리에 다음의 내용이 추가되어 있다. "갑자일에 [고려가] 사신을 파견하여 곡사정을 가두어 압송하였다. 황제가 몹시 기뻐하면서 사신을 파견하여 정절을 지니고 [내]호아를 불러 귀환하게 하였다. [그러자 내]호아는 무리를 집합시켜 놓고 말하였다. '대군이 세 번이나 출병하고도 여태껏 놈들을 평정하지 못했소. 이번에 귀환하면 다시 오기 어려울 게요. 고생만 하고 공이 없으니 내 그것을 부끄럽게 생각하는 바이오. 지금 고려는 사실상 곤경에 처했으니 이 무리로 그들을 친다면 얼마 지나지 않아 이길 수 있소. 내 군사를 진격시켜 곧바로 평양성을 포위하여 고원[의 목]을 가져다 바치고 개선하여 귀환한다면 얼마나 좋겠소?' [그러고는 황제의] 표에 답하고 행군할 것을 자청하면서 황제의 명령을 따르려 하지 않았다. [그래서] 장사이던 최군숙이 한사코 언쟁을 벌였으나 [내]호아는 안 된다고 고집을 부렸다. … [그래서] 군숙이 무리에게 말하였다. '만약 원수를 좇아 조서의 뜻을 거역했다가는 분명히 그 일을 아실 테고 [그러면] 모조리 처벌을 받을 것이오!' 장수들은 두려워하면서 모두 [내호아에게] 귀환할 것을 호소하였다. 그제야 황제의 명령을 받드는 것이었다(甲子, 遣使乞降, 囚送斛斯政, 帝大悅, 遣使持節召護兒還. 護兒集衆曰, '大軍三出, 未能平賊. 此還不可復來, 勞而無功, 吾竊恥之. 今高麗實困, 以此衆擊之, 不日可克. 吾欲進兵徑圍平壤, 取高元獻, 捷而歸, 不亦善?' 答表請行, 不肯奉詔. 長史崔君肅固爭, 護兒不可. … 君肅告衆曰, '若從元帥違拒詔書, 必當聞奏, 皆應獲罪.' 諸將懼, 俱請還, 乃始奉詔)" 호삼성은 이 대목에서 곡사정과 관련하여 "곡사정은 지난해에 고려로 도주했다(斛斯政去年奔高麗)"라고 주석을 붙였다.

256) 팔월, 기사일[八月己巳]: 양력으로는 614년 9월 12일에 해당한다.

257) 군사를 되돌렸다[班師]:《자치통감》의 이 대목에서는 "기사일에 황제가 회원진에서 군사를 되돌렸다(己巳, 帝自懷遠鎭班師)"라고 하였다.

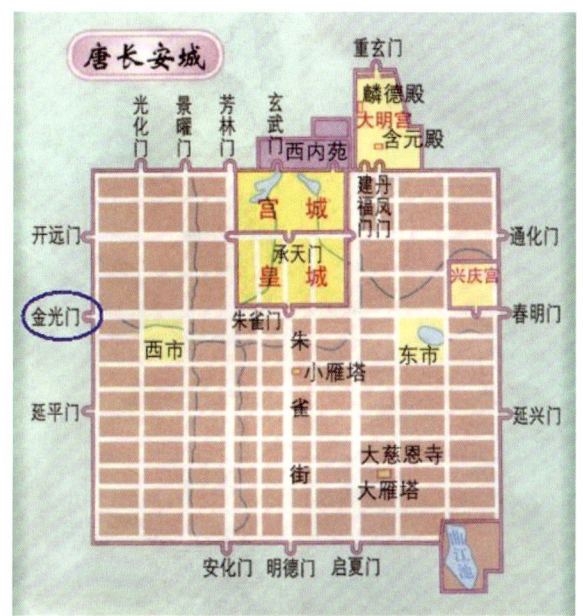

수나라 장안 황성의 금광문(왼쪽 동그라미)

○ 秋, 七月, 癸丑, 車駕次懷遠鎭。… 甲子, 高麗遣使請降, 囚送斛斯政。上大悅。八月, 己巳, 班師。

• 073

겨울, 시월, 정묘일[258]에 주상이 동도에 당도하였다.

기축일[259]에 [마침내] 도읍으로 귀환하였다.[260]

---

258) 시월, 정묘일[十月丁卯]: 양력으로는 614년 11월 9일에 해당한다.

259) [시월] 기축일[己丑]: 양력으로는 614년 12월 1일에 해당한다.

260) ＊:《자치통감》"대업 10년(614)"조에는 이 부분이 다음과 같이 기술되어 있다. "기축일에 서경(장안)으로 귀환하였다. 고려의 사자 및 곡사정을 끌고 와 태묘에 고하였다. 그리고 고려왕인 [고]원이 입조하도록 소환했으나 [고]원이 끝내 오지 않았다. [이에] 조서를 내려 장수들로 하여금 철저하게 군장을 꾸려 후일의 거병

십일월, 병신일[261)]에 금광문[262)] 밖에서 곡사정의 사지를 찢어발겼다.[263)]

○ 冬, 十月, 丁卯, 上至東都。己丑, 還京師。十一月, 丙申, 支解斛斯政於金光門外。

• 자치통감 11

황제가 동도로 행차하려 하는데 태사령[264)]이던 경질이 직언을 하였다.

을 도모하게 했으나 끝내 [목적을] 실현하지 못하였다. … 당초, 개황 연간 말기에 나라가 풍요롭고 번창하자 조야에서 저마다 고려[침공]를 마음에 두었다. 그러나 유현만 '안 된다'고 여기고 오랑캐를 안무해야 한다는 논리를 펴며 비판하였다. 이때가 되어서야 그의 말이 입증되었다(己丑, 還西京. 以高麗使者及斛斯政告太廟. 仍徵高麗王元入朝, 元竟不至. 敕將帥嚴裝, 更圖後擧, 竟不果行. … 初, 開皇之末, 國家殷盛, 朝野皆以高麗爲意, 劉炫獨以爲不可, 作撫夷論以刺之, 至是, 其言始驗)"

261) 십일월 병신일[十一月丙申]: 양력으로는 614년 12월 8일에 해당한다.
262) 금광문(金光門): 수나라 개황 2년(542)에 도읍 장안(지금의 서안시)에 지은 외성(外城, 대흥성)에 난 대문. 호삼성은 이 대목에 주석을 붙여 "【금광문】 대흥성 서면에 난 3개의 대문 중 가운데에 난 문.(【金光門】 大興城西面三門之中門)"이라고 소개하였다.
263) 사지를 찢어발겼다[支解]:《자치통감》"대업 10년"조에는 이 부분이 이렇게 기술되어 있다. "곡사정을 금광문 밖에서 죽이고 양적선의 전례에 의거하여 그 살을 삶아 문무백관에게 먹게 하였다. 간사한 자들 중에는 더러 배가 부를 정도로 그 살을 먹는 자도 있었다. [그리고 나서] 그 남은 뼈들을 거두어 불사르고 바람에 날렸다.(殺斛斯政於金光門外, 如楊積善之法, 仍烹其肉, 使百官噉之, 佞者或噉之至飽. 收其餘骨, 焚而揚之)"
264) 태사령(太史令): 중국 고대의 관직명. 서주(西周)·춘추(春秋)시대에 문서 작성이나 역사 편찬 등의 업무를 주로 관장하면서 때로는 중요한 전적이나 천문·역법·제사를 관장하기도 하였다. 진·한대부터는 그 직무가 주로 천문·역법을 관장하는 쪽으로 집중되었다.

"해마다 요동을 정벌하시어 백성들이 참으로 고되고 피폐해졌나이다. 폐하께서는 관내를 어루만져 백성들로 하여금 농사에 전념하게 해 주심이 옳습니다. [그렇게] 몇 년이 지나면 천하가 그런 대로 넉넉하고 알차게 될 것입니다. 그런 다음에 순행하시며 [민정을] 살피시는 것이 사리에 맞나이다!"
[그러자] 황제는 언짢아하였다. [그런데 경]질이 병을 핑계로 [자신을] 수행하지 않자 황제가 성을 내면서 경질을 감옥에 가두는 바람에 결국 감옥에서 죽고 말았다.

○ 帝將如東都, 太史令庚質諫, 曰, 比歲伐遼, 民實勞弊, 陛下宜鎭撫關內, 使百姓盡力農桑, 三五年間, 四海稍豐實, 然後巡省, 於事爲宜. 帝不悅. 質辭疾不從, 帝怒, 下質獄, 竟死獄中.

○ 대업 11년 (615, 乙亥年)

• 074

봄, 정월, 갑오일, 초하루265)에 [문무] 백관에게 크게 연회를 베풀었다. [이때] 돌궐·신라·말갈·필대사·하돌·전월·오나갈·파랍·토화라·구려건·홀론·말갈·하다·패한·구자·소륵·우전·안국·조국·하국·목국·필·의밀·실범연·가절·거란 등의 나라에서 나란히 사신을 파견해 [중국에] 입조하고 공물을 바쳤다.

○ 春, 正月, 甲午, 朔, 大宴百僚. 突厥新羅靺鞨畢大辭訶咄傳越烏那曷波臘吐火羅俱慮建忽論靺鞨訶多沛汗龜玆疏勒于闐安國曹國何國穆國畢衣密失范延伽折契丹等國, 並遣使朝貢.

---

265) 정월, 갑오일, 초하루[正月甲午朔]: 양력으로는 615년 2월 4일에 해당한다.

• 자치통감 12

가을, 팔월, … 계유일266)에 … 내사시랑267) 소우268)가 의견을 내었다.

"돌궐의 습속을 따져 보건대, 가하돈269)은 군사회의에 참석할 수가 있

---

266) 팔월, … 계유일[八月, … 癸酉]: 양력으로는 615년 9월 1일에 해당한다.

267) 내사시랑(內史侍郎): 중국 고대의 관직명. 진대(晉代)에 중서성(中書省)의 수장인 중서감(中書監) 또는 중서령(中書令)을 보좌하는 중서시랑(中書侍郎)이 처음 설치되었다. 수 양제 때에 '내사(內史)' 또는 '내서시랑(內書侍郎)'으로 개칭되었다. 당대 초기에 서대시랑(西臺侍郎)·봉각시랑(鳳閣侍郎)·자미시랑(紫薇侍郎) 등으로 불리다가 고조의 무덕 3년(620)부터 도로 중서시랑으로 환원되었다. 당·송대에는 중서령은 여간해서는 임명하지 않았기 때문에 중서시랑이 중서성의 수장과 같은 역할을 수행하였다.

268) 소우(蕭瑀, 575~648): 수·당대의 대신. 자는 시문(時文)으로, 본관은 남난릉(南蘭陵, 지금의 강소성 상주시 서북)이다. 남조 양(梁)나라의 왕족 출신이자 수 양제의 부인 소후(蕭后)의 동생이다. 수나라에서 내사시랑·하지군수(河池郡守)를 역임하였다. 나중에 이연(李淵)이 당나라를 세운 뒤인 무덕 연간 초기에는 내사령(內史令)에 임명되어 황제의 신임을 받았다. 태종이 즉위하자 상서좌복야(尙書左僕射)로 기용되었으나 봉덕이(封德彝)·방현령(房玄齡) 등의 동료들과 사이가 좋지 못했다. 나중에는 태종의 뜻을 거역하는 바람에 상주자사(商州刺史)로 좌천되었다가 죽었다.

269) 가하돈(可賀敦): 중국 고대에 북방민족 사회에서 가한(可汗, 칸)의 부인을 부르던 호칭. 북송 초기에 편찬된 《구당서(舊唐書)》〈돌궐전(突厥傳)〉에서는 "'가한'이란 옛날의 선우와 같은 것이다. [그] 부인은 '가하돈'으로 부르는데, 옛날의 알지와 같은 것이다(可汗者, 猶古之單于. 妻號可賀敦, 猶古之閼氏也)"라고 소개하였다. 이 기사 때문에 얼핏 돌궐(튀르크) 사회에서만 이 호칭이 사용된 것으로 여기기 쉽지만 흉노·선비·유연·회흘(回紇, 위구르)·몽골 등의 집단에서도 사용된 것으로 보인다. 사서에 따라서는 때로 '각존(恪尊)·가손(可孫)·가돈(可敦)·하돈(賀敦)·합돈(哈敦)·합둔(哈屯)·합둔(合屯)' 등으로 표기되기도 했는데 한자는 서로 다르지만 모두가 같은 명칭을 표기한 것이다. 이 명칭은 동아시아에서만 관찰되는 것이 아니다. 페르시아어의 카툰(Khātūn), 튀르크어의 '하툰(hatun)'에서도 '황후' 또는 '여왕' 등의 의미를 나타내는 호칭으로 사용된 것으로 보인다. 어원적으로는 그 기원이 인도-유럽어족의 한 갈래인 소그드어에 있다는 주장도 있다. 그렇다면 소그드어가 튀르크·몽골·만주어 등의 알타이어에 차용어로 정착한 셈

습니다. 게다가 의성공주[270]는 황녀의 지체로도 외국 오랑캐에게 출가했으니 대국의 후원에 의존함이 마땅합니다. 만약 사자를 파견해 공주에게 알린다면 보탬 되는 일이 없다지만 손해될 일은 또 어디 있겠습니까?

○ 秋, 八月, … 癸酉, … 內史侍郎蕭瑀以爲, 突厥之俗, 可賀敦預知軍謀. 且義成公主以帝女嫁外夷, 必恃大國之援. 若使一介告之, 借使無益, 庸有何損.

• 자치통감 13

또한, 장병들의 입장에서는 '폐하께서 돌궐이라는 후환을 없애고 나면 고려 정벌에 투입시킬까' 싶어 두려워하고 있습니다. 만약 분명하게 조서를 내리시어 '고려[의 죄]는 사면하고 오로지 돌궐 토벌에만 집중하겠다'고 깨우치신다면 장병들의 마음도 모두 편안해져서 사람들이 자진해서 싸우려 할 것입니다!"

이다. '가하돈'의 경우, 후음(喉音, 목청소리) 'ㅎ(x)'를 표기하는 방식이 서로 달라서, '살수'와 '살하수'의 경우처럼, '가돈 ⇒ 가하돈' 식으로 음절이 늘어난 것이다.

270) 의성공주(義成公主): 수나라 종실인 양해(楊諧)의 딸. 개황 19년(599)에 돌궐의 계민가한(啓民可汗, 자미 카간)이 수 문제에게 신붓감을 보내 줄 것을 요청하자 '의성공주'로 봉하고 계민가한에게 출가시켰다. 양제의 대업 4년(608)에 계민가한이 죽자 돌궐의 전통에 따라 계민가한의 아들 시필가한(始畢可汗, 시비르 카간)에게 다시 출가하였다. 대업 11년에 양제가 북방 변경을 순시할 때 시필가한이 수십만 기병을 이끌고 양제를 공격하려 하자 사전에 그 일을 알리기도 하였다. 당 고조의 무덕 2년(619)에 시필가한이 죽은 뒤에는 그 동생 처라가한(處羅可汗, 출라 카간)과 힐리가한(頡利可汗, 일릭 카간)에게 차례로 출가하였다. 태종 정관 4년(630)에 돌궐을 공격한 당나라 장수 이정(李靖)에게 죽음을 당하였다.

수당대의 대신 소우의 초상

소우는 [소]황후의 동생이었다. [그리고 나서] 우세기271) 역시 황제에게 '[장병들에게] 크게 상을 내리고 요동에서의 전쟁을 중단하겠다는 조서를 내릴 것'을 설득하였다. [그러자] 황제가 그 요청을 따랐다.

○ 又, 將士之意, 恐陛下旣免突厥之患, 還事高麗, 若發明詔, 諭以赦高麗, 專討突厥, 則衆心皆安, 人自爲戰矣。瑀, 皇后之弟也。虞世基亦勸帝重爲賞格, 下詔停遼東之役。帝從之。

• 자치통감 14

겨울, 시월, 임술일272)에 … 황제가 동도에 행차하였다. 때마침 고려 정벌을 다시 상의하였다. 그 바람에 장병들 치고 분노하고 원망하지 않는 이가 없을 정도였다.

○ 冬, 十月, 壬戌, … 帝至東都。會仍議伐高麗, 由是, 將士無不憤怨。

---

271) 우세기(虞世基, ?~618): 수·당대의 대신. 자는 무세(茂世)로, 여요(餘姚, 지금의 절강성 여요현) 사람이다. 동생 세남(世南)과 함께 문자학자 고야왕(顧野王)에게서 학문을 배웠다. 진(陳)나라에서 중서자(中庶子)·산기상시(散騎常侍)·상서좌승(尙書左丞)을 지내고 수나라에서는 내사사인(內史舍人)·내사시랑(內史侍郎)에 임명되어 양제의 신임을 받았다. 대업 8년(612)에 양제를 수행하여 고구려 정벌에 종군한 공으로 금자광록대부(金紫光祿大夫)에 제수되었다. 대업 14년에 양제와 함께 우문화급에게 살해되었다. 수나라의 연혁지인 《구우도지(區宇圖志)》를 저술하였다.

272) 시월, 임술일[十月壬戌]: 양력으로는 615년 10월 30일에 해당한다.

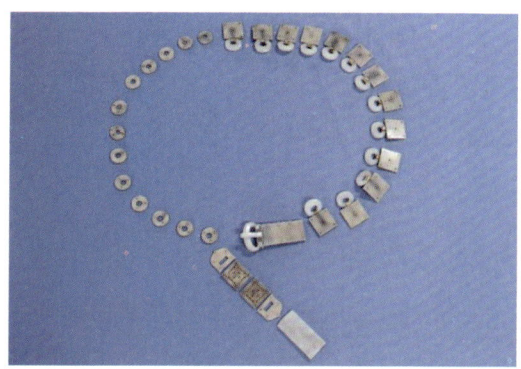

강소성 양주시의 수 양제 묘에서 출토된 은제 허리띠 장식

• 자치통감 15

[…] 양현감의 반란으로 용주와 수상 궁전들이 모조리 불에 타 버리자 조서를 내려 강도에서 다시 만들게 하였다. [그렇게 만든 것이] 무릇 수천 척이나 되었으며, 규모는 예전 것들보다 더 커졌다.

○ … 楊玄感之亂, 龍舟水殿皆爲所焚, 詔江都更造, 凡數千艘, 制度仍大於舊者。

○ **대업 12년** (616, 丙子年)

• 자치통감 16

오월, 임오일273)에 … 황제가 시중을 드는 신하에게 도적들[의 상황]에 관하여 물었다. [그러자] 좌익위대장군 우문술이 "차츰 줄고 있나이다" 하고 말하기에 황제가 "과거보다 얼마나 줄었는가?" 물었더니 [우문술이] "[과거보다] 열에서 하나도 안 됩니다" 하고 대답하였다.

---

273) 오월, 임오일[五月壬午]: 양력으로는 616년 5월 17일에 해당한다.

[그때] 납언 소위가 몸을 빼서 기둥 뒤에 숨으니 황제가 앞으로 불러 [같은 것을] 물었다. [그러자] 대답하는 것이었다.

"신은 담당 관원이 아닌지라 [도적들이] 많은지 적은지 알지 못하오나 [그] 근심거리가 [도성까지] 차츰 가까워지고 있나이다!"

○ 五月, 壬午, … 帝問侍臣盜賊。左翊衛大將軍宇文述曰, 漸少。帝曰, 比從來少幾何, 對曰, 不能什一。納言蘇威引身隱柱, 帝呼前問之, 對曰, 臣非所司, 不委多少, 但患漸近。

• 자치통감 17

[그래서] 황제가 "어째서 그러는가?" 하니 [소]위가 말하는 것이었다.

"예전에는 도적들이 장백산을 거점으로 삼았었는데 지금은 가까운 사수274)에 있습니다. 더욱이 왕년의 조세나 부역이 지금은 모두 어디에 있습니까? 그 사람들이 모조리 도적으로 변한 것이 아닙니까? 근래에 보자니 [주상께] 올라오는 도적들의 상황들은 한결같이 사실이 아닙니다. [그렇다 보니] 대책을 제대로 세우지 못하여 [적기에] 제대로 근절하지 못하는 것입니다.

○ 帝曰, 何謂也。威曰, 他日賊據長白山, 今近在汜水。且從日租賦丁役, 今皆何在。豈非其人皆化爲盜乎。比見奏賊皆不以實, 遂使失於支計, 不時翦除。

• 자치통감 18

또, 이전에 안문719)에 있을 적에 요동 정벌을 중단하겠다고 윤허하셔

---

274) 사수(汜水): 중국 고대의 하천 이름. 지금의 하남성 사수현(汜水縣) 서남쪽을 흐르는 하천으로, 북쪽으로 흘러 황하로 유입된다.

놓고 지금 도로 [군사를] 징발을 재개하겠다고 하시니 도적들이 어떻게 잦아 들 수가 있겠나이까?"

[그러자] 황제가 언짢아하면서 [논의를] 멈추었다.

○ 又, 昔在鴈門, 許罷征遼, 今復徵發, 賊何由息。帝不悅而罷。

• 자치통감 19

얼마 뒤에 오월 오일이 되자 문무백관들 다수가 진귀한 보물들을 진상했는데 [소]위만 《상서》276)를 바쳤다. [그러자] 어떤 자가 그를 헐뜯어 말하였다.

"《상서》에는 〈오자의 노래〉277)라는 것이 있지요. [소]위의 의도가 몹시 불손합니다!"

[그러자] 황제는 더욱 [소위에게] 성을 내었다. 얼마 지나서 황제가 [소]위에게 고려를 정벌하는 일을 물었더니 [소]위는 황제가 도적들의 상황을 일깨울 요량으로 이렇게 대답하였다.

○ 尋屬五月五日, 百僚多饋珍玩, 威獨獻尚書。或譖之, 曰, 尚書有五

---

275) 안문(鴈門): 중국 고대의 관문인 안문관(雁門關)을 말한다. 지금의 산서성 대현(代縣) 서북쪽에 자리 잡고 있는 안문산(雁門山)에 있었다. 당대에 그 일대에 안문군이 설치되었다.

276) 《상서(尚書)》: 중국 고대의 유가 경전 '사서(四書)'의 하나인 《서경(書經)》의 다른 이름. 우서(虞書)·하서(夏書)·상서(商書)·주서(周書) 등, 당우(唐虞) 이래로 하·상·주 세 나라의 역사·사상·사건 등을 비교적 자세하게 소개한 사서로, 일설에는 당시의 사관(史官)들이 기록한 것을 공자(孔子)가 정리해 편찬했다고 한다.

277) 〈오자의 노래[五子之歌]〉: 《서경》《하서(夏書)》의 한 대목. 하나라 태강(太康)이 정사를 게을리하자 그 형제 다섯 명이 선조인 대우(大禹)의 가르침으로 그를 깨우치기 위하여 지었다고 한다. 여기서 다른 신하들은 《상서》를 바친 소위를 무고하기 위하여 그의 의도와는 무관한 〈오자의 노래〉를 거론하며 불손하다고 비난한 것이다.

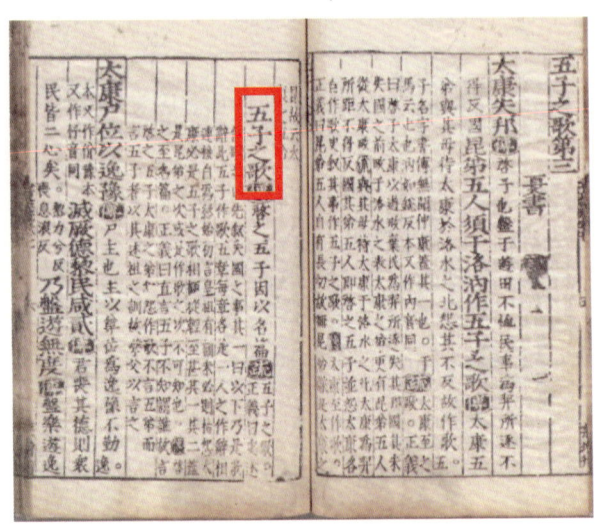

《상서》의 〈오자의 노래〉 대목 (명대 판본)

子之歌, 威意甚不遜。帝益怒。頃之, 帝問威以伐高麗事, 威欲帝知天下多盜, 對曰,

• 자치통감 20

"이번의 이 전쟁은 [주상께서] 군사를 일으키지 않으시기를 바라나이다. 그러나 도적떼를 사면하시면 절로 수십만 명을 얻어서 그들을 요동 정벌에 파견할 수 있게 되겠지요. 그들이야 죄를 면제 받는 것을 기뻐하면서 다투어 공을 세우려 할 테니 고려를 멸망시킬 수가 있겠군요."
[그러자] 황제가 언짢아하는 것이었다.

○ 今茲之役, 願不發兵, 但赦群盜, 自可得數十萬, 遣之東征。彼喜於免罪, 爭務立功, 高麗可滅。帝不懌。

• 075

[소]위가 나가자 어사대부[278] 배온이 이렇게 아뢰었다.

"이 자는 너무도 불손합니다. 천하의 어디에 그렇게 도적이 많다는 것입니까?"

[그러자] 황제가 말하였다.

"늙은 것이 몹시 간교하다. 도적을 거론하면서 나를 협박하다니! 그 주둥이를 치고 싶지만 일단 더 참아 봅시다." [...]

○ 威出, 御史大夫裴蘊奏, 曰, 此大不遜。天下何處有許多賊。帝曰, 老革多姦, 以賊脅我。欲批其口, 且復隱忍。…

• 자치통감 21

[...] 애초에 황제는 고려 정벌을 도모하면서 병기·장비·물자를 모두 탁군에 비축해 두었다. 탁군은 인구와 물자가 풍부한 데다가 주둔하는 병력도 수만 명이나 되었다. 거기다가, 임삭궁[279]에는 진귀한 보배들이 많은 탓에 도적들이 앞다투어 몰려와서 약탈을 벌였다.

---

278) 어사대부(御史大夫): 중국 고대의 관직 이름. 황제를 대표하여 문무백관(文武百官)의 상소를 받고 나라의 중요한 도서·전적들을 관리하며 조정을 대신하여 칙서·명령·공문 등의 문안을 작성하는 업무를 전담하였다. 진(秦)나라 때 설치되었지만 한대에도 그대로 인습되었으며 승상(丞相)·태위(太尉)와 함께 '삼공(三公)'으로 일컬어졌다. 성제(成帝)의 수화(綏和) 원년(BC 8)에는 (어사)대부를 '대사공(大司空)'으로 개칭하고 후한대에는 '사공(司空)'으로 개칭했으며, 서진(西晉) 이후로는 어사대부를 두지 않는 경우가 많았다. 당대에 이르러 다시 설치되었으나 그 업무가 백관의 법 집행 상황을 감찰하는 데에 편중되었다.

279) 임삭궁(臨朔宮): 수나라의 행궁 이름. 계성(薊城, 지금의 북경시 서남쪽)에 세워졌으며, 대업 7년(611) 4월 고구려 정벌 때에 양제가 머물렀으며, 12월에는 서돌궐(西突厥)의 처라가한(處羅可汗)이 양제를 방문하기도 하였다.

담기양이 그린 수나라 지도. 임삭궁(빨간 표시)은 탁군(지금의 북경) 계성(薊城)의 서남쪽에 있었다고 한다.

○ … 初, 帝謀伐高麗, 器械資儲, 皆積於涿郡。涿郡人物殷阜, 屯兵數萬。又, 臨朔宮多珍寶, 諸賊競來侵掠。

• 076

[이에] 유수관[280]이던 호분낭장 조십주 등은 [그들을] 막아 낼 방법이 없었으며, 오로지 호분낭장으로 운양[281] 출신인 나예[282]만 혼자 나가서 싸

---

280) 유수관(留守官): 중국 고대에 순행·전쟁 등의 이유로 황제가 도읍을 비울 때에 황제의 명령에 따라 도읍에 남아 지키던 관리. '유수'는 글자 그대로 직역하면 '남아서 지킨다'는 뜻이다. 일반적으로 황제의 계승자인 황태자나 조정 대신에게 위임되었다.

281) 운양(雲陽): 중국 고대의 지명. 지금의 사천성 중경시(重慶市)의 동남쪽과 호북성 이천시(利川市) 서북쪽 사이에 있는 운양현에 해당한다.

282) 나예(羅藝, 7세기): 당대 초기의 장수. 자는 자연(子延)이며, 양주(襄州) 양양(襄陽, 지금의 호북성 양번) 사람이다. 수나라 말기에 호분낭장(虎賁郎將)에 임명되어 탁군(涿郡, 유주)에 주둔하였다. 무덕 원년(619)에 당나라에 귀순하여 국성인 이씨 성을 하사받고 '연공(燕公)'에 봉해졌다. 그러나 정관 원년(627)에 조정에

워 그 전후로 쳐서 무찌른 도적들이 무척 많았다. [이렇게] 나예의 명성이 날로 높아져 가자 십주 등은 속으로 그를 기피[하기 시작]하였다.

○ 留守官虎賁郎將趙什住等不能拒, 唯虎賁郎將雲陽羅藝獨出戰, 前後破賊甚衆, 威名日重, 什住等陰忌之.

• 자치통감 22

나예는 반란을 일으키더니 우선 선언하여 그 무리[의 감정]를 자극하였다.

"우리는 도적들을 토벌하는 데에 여러 차례 공을 세웠다. 성 안의 곳간에는 양식이 산처럼 쌓여 있건만 모두 다 유수관의 손아귀에 쥐어져 있지. 그런데 조금 베풀어서 가난하고 어려운 백성들을 구제하는 데에 쓰려고 들지 않으니 장차 무엇으로 장병들을 독려한단 말인가!"

[그러자] 사람들은 한결같이 극도로 분노하고 원망하는 것이었다.

○ 藝將作亂, 先宣言以激其衆, 曰, 吾輩討賊數有功, 城中倉庫山積, 制在留守之官, 而莫肯散施以濟貧乏, 將何以勸將士. 衆皆憤怨.

• 자치통감 23

[나예의] 군사가 귀환하자 군승283)이 성을 나와 [나]예를 맞이하는지라 [나]예가 그를 사로잡고 줄을 지어 [성 안으로] 들어갔다. 십주 등은 두려워하면서 다들 와서 그 명령을 따랐다. [그래서 나예는] 창고의 물건들을 내어

반기를 들었다가 패하고 부하에게 살해되었다.
283) 군승(郡丞): 중국 고대의 관직명. 진(秦)나라 때에 비롯되었으며 한대에 이르러 군수(郡守, 태수) 아래에 [군]승(丞) 및 장사(長史)를 두고 군수의 업무들을 보좌하게 하였다.

전사들에게 하사하는 한편 곳간을 열어 가난하고 어려운 백성들을 구제하니 [탁군] 경내에서 모두들 [그를] 따르는 것이었다. [나예는] 자신과 [입장이] 다른 발해태수 당위 등 여러 사람을 죽였다. [그리고 그] 위세가 연 땅에서 [크게] 떨치니 유성284)과 회원[사람들]이 나란히 그에게 귀순하였다.

○ 軍還, 郡丞出城候藝, 藝因執之, 陳兵而入。什住等懼, 皆來聽命, 乃發庫物以賜戰士, 開倉廩以賑貧乏, 境內咸服。殺不同己者勃海太守唐禕等數人, 威振燕地, 柳城懷遠並歸之。

• 자치통감 24

[나]예는 유성태수 양임보를 폐출시키고 [유성]군을 고쳐 영주285)로 삼았다. [*286)] [그러고는] 양평태수 등고를 총관287)으로 삼고, [나예는 유주

---

284) 유성(柳城): 중국 고대의 지명. 한대의 요서군에 속한 현으로, 나중에 모용씨(慕容氏)가 세운 전연(前燕)·후연(後燕)의 근거지가 되었다. 인터넷 〈국편위판〉 주 214에서는 "隋代의 熱河省 朝陽縣을 말한다. 唐代에는 이를 營州라고 불렀다"라고 소개하였다. '유성(한) ⇒ 유성(수) ⇒ 영주(당) ⇒ 조양'이라고 주장한 셈이다. 그러나 실제로는 요녕성 조양시가 아닌 하북성 창려현 인근으로 보아야 옳다. 그 좌표에 관한 상세한 논증은 《수서》의 "유성" 주석을 참조하기 바란다.

285) 영주(營州): 중국 고대의 지역명. 인터넷〈국편위주〉090에서는 "지금의 朝陽"이라고 하면서 《위서》〈지형지〉 "영주"조의 기사를 근거로 그 좌표를 "대략 지금의 河北省에서 遼寧省에 이르는 지역"으로 소개하였다. 그러나 앞의 "유성"의 경우처럼, 그 좌표는 요녕성이 아닌 하북성 동북부에서 찾아야 옳다. 상세한 설명은 《수서》의 "영주" 주석을 참조하기 바란다.

286) *: 호삼성은 이 자리에 주석을 붙여 《수서》〈지리지〉에서는 '유성현은 요서군에 속한 곳으로, 양평군와 함께 아마 둘 다 황제(양제) 때 설치했을 것이다. 군을 고쳐 주로 삼았는데, 개황 연간의 제도로 되돌린 것을 시사한다(隋志, 柳城縣帶遼西郡. 與襄平郡蓋皆帝所置. 改郡爲州, 示復開皇之舊也)"라고 하였다.

287) 총관(總管): 중국 고대의 고급 무관직 이름. 그 명칭은 남북조시대 말기인 북주(北周) 때에 비롯되었으며, 수나라를 거쳐 당대 초기에 각 주(州)에는 총관, 규모

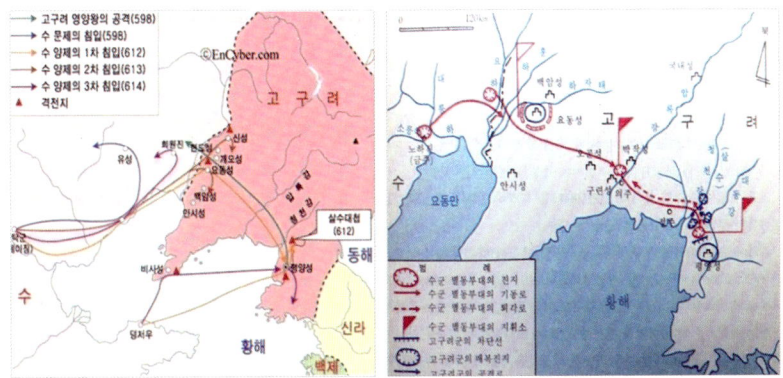

국내 국사 교과서와 국방부에서 펴낸 《고구려 대수당전쟁사》에 소개된 수 양제의 고구려 정벌 경로도. 국내 주류 학자들은 거의 모두 고구려 영토가 요동반도에서 시작되고 수, 당은 그 맞은편까지 진출해 있었다고 믿고 있다.

총관을 자처하였다.

○ 藝黜柳城太守楊林甫, 改郡爲營州, 以襄平太守鄧暠爲總管, 藝自稱幽州總管。

• 077

사관은 [이렇게] 논평하였다.

"양제는 약관의 나이일 때부터 이미 [좋은] 명망을 가지고 있었다. 남으로는 오회288)를 평정하고 북으로는 흉노289)를 물리쳤다. [그래서] 형제가 큰 주나 변방의 군사도시인 진(鎭)에는 대총관을 각각 설치하고 해당 지역의 군정을 총괄하게 하였다.

288) 오회(吳會): 중국 고대의 지역명. 진·한대에 설치된 회계군(會稽郡)과 그 치소인 오현(吳縣)을 아울러 일컬은 이름으로, 대체로 지금의 강소성 남부와 절강성 북부 일대에 해당한다. 후한대에는 회계군을 쪼개어 오군(吳郡)과 회계군으로 삼고 '오·회'로 줄여 불렀다.

289) 흉노(匈奴): 중국 고대의 북방민족. 원래 기원전 5세기부터 기원후 5세기까지 주로 몽골 및 중국 북부지역에서 활동하다가 기원전 3세기 무렵 세력을 확장하여

중에서는 유독 명성과 공적이 두드러졌건만 이제는 사리에 맞지 않는 행동을 하고 외형에만 집착하며 간특한 짓을 멋대로 저질렀다. [그렇게] 헌후290)의 총애를 얻으매 문황291)이 생각을 바꾸어 하늘이 동란[의 시대]을 열더니 급기야 후계자의 지위에 올라 가장 존귀한 자리에 앉고 하늘의 위대한 천명을 받들기에 이르렀다.

○ 史臣曰, 煬帝爰在弱齡, 早有令聞, 南平吳會, 北却匈奴, 昆弟之中, 獨著聲績。於是, 矯情飾貌, 肆厥姦回, 故得獻后鍾心, 文皇革慮, 天方肇亂, 遂登儲兩, 踐峻極之崇基, 承丕顯之休命。

• 078

[수나라는] 영토가 삼대292)보다 넓어져 그 위세가 온 누리에 떨치니 선우

전성기에는 시베리아 남부, 만주 서부, 중국의 내몽골 자치구와 감숙성(甘肅省)·신강(新疆) 위구르 자치구 일대까지 지배하였다. 중국의 한족과는 전쟁·무역·혼인 등 시대와 상황에 따라 복잡한 관계를 가졌다. 흉노에 대한 기록은 극히 빈약하며 남아 있는 기록의 대부분은 중국과의 군사적 충돌 관계에 대한 것으로 적대국에 의해 기록된 것이기 때문에 민족적·문화적 편견이 내재되어 있을 가능성이 지적되기도 한다. 이에 관한 자세한 소개는 《북사》의 "흉노" 주석을 참조하기 바란다.

290) 헌후(獻后): '문헌황후(文獻皇后)'를 줄여 부른 이름으로, 독고가라(獨孤伽羅)를 말한다. 하남 낙양 사람으로, 선비족 출신으로 북주(北周)의 대사마(大司馬)를 지낸 독고신(獨孤信, 503~557)의 딸이다. 북주의 중신이던 양견(楊堅)에게 출가했으며, 나중에 수나라가 건국되고 양견이 황제로 즉위하자 황후로 책립되었다. 검소하면서도 정사에도 밝아 양견조차 몸을 삼갈 정도였다. 중신이던 고경(高熲)을 축출하고 태자 양용(楊勇)을 폐립하고 나중의 양제 양광(楊廣)이 득세하는 데에도 큰 역할을 하였다. 사후에 '문헌'이라는 시호를 받았다.

291) 문황(文皇): '문황제(文皇帝)'를 줄여 부른 이름으로, 수나라의 개국군주 양견을 말한다. 양견에 관해서는 《수서》의 "고조" 주석을 참조하기 바란다.

292) 삼대(三代): 중국 고대의 왕조인 하(夏)·상(商)·주(周)를 아울러 일컫는 이름.

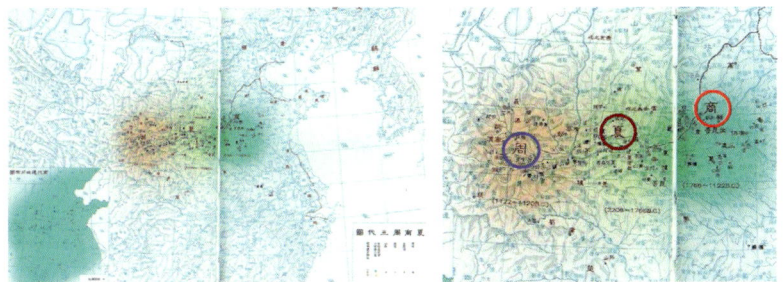

대만의 문화대학에서 제작한 하은주 3대 지도

293)마저 머리를 조아리고 월상294)조차 여러 단계나 통역을 거치며 조공을 왔다. [그래서 한나라] 적측의 엽전이 도읍에 넘쳐흐르고 [오래되어] 변색된 조가 변방에까지 쌓여 갔다. [그렇게] 그 나라의 부유하고 강력한 국력에 따른 재화를 믿고 물리지도 않는 욕망을 떨칠 요량으로 은·주의 제도를 경시하고 진·한의 규모를 숭상하였다.295)

---

293) 선우(單于): 중국 고대의 북방민족인 흉노(匈奴)의 수장에 대한 존칭. 한대의 역사가인 반고(班固)는 《한서》〈흉노전〉에서 "선우는 성이 연제씨인데, 그 나라에서는 그를 '탱리고도 선우'라고 한다. 흉노는 하늘을 '탱리'라 하고 아들을 '고도'라고 하며, '선우'란 광대무변한 모습을 형용하는데, 하늘을 닮은 그 모습이 선우 같다고 해서 하는 말이다(單于姓攣鞮氏, 其國稱之曰撐犁孤塗單于. 匈奴謂天爲撐犁, 謂子爲孤塗, 單于者, 廣大之貌也, 言其象天單于然也)"라고 소개하였다. 반고의 이 주장을 따른다면 흉노 수장에 대한 존칭은 '천자', 즉 황제라는 뜻의 '탱리고도'이고 '선우'는 '위대한' 정도의 수식어였을 가능성이 높다. 일반적으로 흉노족이 사용하는 것으로 알려져 있으나 선비(鮮卑)·오환(烏桓) 등의 수장들의 호칭에도 등장하는 것을 보면 흉노만의 전유물은 아니었던 것으로 보인다.

294) 월상(越裳): 중국 고대에 남방에 있었다는 나라.《상서대전(尙書大傳)》에서는 "교지의 남쪽에 월상국이 있다(交阯之南有越裳國)"라고 하였다. 교지국은 일반적으로 지금의 베트남 북부로 비정되므로 그보다 남쪽에 있는 나라라면 라오스나 캄보디아·태국 정도가 아닌가 싶다. 때로는 '월상(越常)' 또는 '월상(越嘗)' 등으로 표기하기도 하였다.

295) 은·주의 제도를 경시하고 진·한의 규모를 숭상하였다[狹殷周之制度, 尙秦漢之規摹]: 인문주의 전통을 숭상한 은나라와 주나라를 하찮게 여기고 오히려 무력으로

○ 地廣三代, 威振八紘, 單于頓顙, 越裳重譯。赤仄之泉, 流溢于都內, 紅腐之粟, 委積於塞下。負其富强之資, 思逞無厭之欲, 狹殷周之制度, 尙秦漢之規摹。

• 079

[양제는] 재주를 믿고 자만하고 인덕을 지닌 이들에게 방자하게 행동하였다. 안으로는 사악하고 경박한 마음을 품으면서도 밖으로는 점잖고 소박한 모습을 보이면서 화려한 모자와 복장으로 그 간교함을 감추고 간언하는 관원을 제거함으로써 자신의 과오를 감추었다.

○ 恃才矜己, 傲狠明德, 內懷險躁, 外示凝簡, 盛冠服以飾其姦, 除諫官以掩其過。

• 080

[거기다가] 주색에 빠져 국정을 전폐함이 도가 지나친 데다가 법령이 날로 복잡해지고 많아지면서 [황제의] 교화가 사방에서 단절되고 말았다. [그리하여] 형률로 잔혹한 형벌들296)을 동원하여 골육을 주살하고 충신을 도륙하니 상을 받는 이는 자기 공로를 알지 못하고 도륙되는 이는 자기 죄를 알지 못할 정도였다. [그리하여 남에게] 교만하고 성난 군사를 몇 번이나 일으키고 토목에 쏟아 붓는 노력이 끝이 없어서 몇 번이나 북

나라를 넓히는 데에만 몰두한 진나라와 한나라를 본받으려 한다는 뜻으로 한 말이다.

296) 잔혹한 형벌들[五虐]: '오학(五虐)'은 중국 고대의 다섯 가지 잔혹한 형벌로, ① 목숨을 끊거나 ② 코를 베거나 ③ 귀를 자르거나 ④ 성기를 베거나 ⑤ 이마에 경을 치는 것을 가리킨다. 여기서는 통치자(양제)가 온갖 잔혹한 형벌들을 남용함으로써 백성들을 괴롭히는 것을 두고 한 말이다.

방으로 나서고 몇 번이나 요동으로 출정하였다.
- ○ 淫荒無度, 法令滋章, 敎絶四維, 刑參五虐, 鋤誅骨肉, 屠勦忠良, 受賞者莫見其功, 爲戮者不知其罪。驕怒之兵屢動, 土木之功不息, 頻出朔方, 三駕遼左。

• 081
[그때마다] 군대의 깃발은 만 리나 이어지고 세금의 징수는 별별 명목을 다 붙였으며, 교활한 관리들이 그 사이에 끼어 들어 이득을 챙기니 사람들이 그 고통을 견딜 수가 없을 지경이었다. 그렇게 되자 다급한 법령과 포학한 형률로 사람들을 당혹하게 만들고 가혹한 형벌과 준엄한 법률을 그들에게 들이대는가 하면 군사의 위력으로 그들을 통제하기에 이르렀다. 이리하여 나라²⁹⁷⁾가 소란스러워지고 백성들은 편히 생업을 이어갈 수 없게 되고 말았던 것이다.
- ○ 旌旗萬里, 徵稅百端, 猾吏侵漁, 人不堪命。乃急令暴條以擾之, 嚴刑峻法以臨之, 甲兵威武以董之, 自是海內騷然, 無聊生矣。

• 082
[그러다가] 어느새 [양]현감이 여양에서 반란을 일으키고 흉노가 안문에서 [아군을] 포위하니 천자가 급기야 중원 땅을 팽개치고 멀리 양·월²⁹⁸⁾ 땅

---

297) 나라[海內]: '해내(海內)'란 글자 그대로 직역하면 '바다 안쪽'이라는 뜻으로, 여기서는 중국의 동쪽에 있는 바다인 '발해의 안쪽', 즉 중원지역을 가리킨다.
298) 양·월(揚越): 중국 고대에 중원 남쪽에 살았던 남방민족. 그 구체적인 위치에 관해서는 ① 옛 양자(揚州, 강소성 양주시) 지역, ② 한수(漢水, 호북성 무한시) 유역, ③ 영남(嶺南, 광동·광서지역) 등의 주장이 있다. 그러나 수 양제는 이때를 전후하여 당시의 강도(江都), 즉 지금의 강소성 양주시로 내려와 있다가 우문화급

《수서》〈양제 본기 하〉 335

까지 도망치고 말았다. [이에] 간사한 무리는 그 틈을 타서 강자와 약자가 서로 능욕하니 관문이며 나루는 폐쇄되어 오가지 못하고 어가는 [강도에 한번] 가더니 돌아올 줄 몰랐다.

○ 俄而玄感肇黎陽之亂, 匈奴有鴈門之圍, 天子方棄中土, 遠之揚越. 姦宄乘釁, 強弱相陵, 關梁閉而不通, 皇輿往而不反.

•083

거기다가 군대의 정벌이 더해지고 그로 말미암아 기근이 뒤따라 길바닥을 헤매거나 구덩이에 널브러져 죽은 이가 열 명 중에 팔구 명이나 되었다. 이리하여 [도적들은] 숲 속에 서로 모여 들어 고슴도치 털처럼 일어서니 큰 도적은 [세력이] 주와 군을 넘어 황제니 왕이니 일컫고 작은 도적들은 천 명, 백 명씩 떼를 지어 성들을 공격하고 도시들을 약탈하였다.

○ 加之以師旅, 因之以饑饉, 流離道路, 轉死溝壑, 十八九焉. 於是, 相聚萑蒲, 蝟毛而起, 大則跨州連郡, 稱帝稱王, 小則千百爲群, 攻城剽邑.

•084

[급기야] 흐른 피가 시내와 습지를 이루고 죽은 사람들이 삼대처럼 어지럽게 널브러져 있는 바람에 음식을 만들려 해도 미처 [땔감으로 쓸?] 시체를 쪼갤 겨를이 없고 인육을 먹으려 해도 미처 [바꿔 먹을?] 자식을 바꿀 틈이 없을 지경이었다.

에게 살해되었으므로 "양·월"을 특정한 종족 이름이 아닌 지역 이름으로 이해하는 편이 합리적이라고 본다.

○ 流血成川澤, 死人如亂麻, 炊者不及析骸, 食者不遑易子。

•085

아득한 아홉 지역이 한결같이 노루·사슴 노는 장소 돼 버리고 막막한 평민·백성들이 저마다 뱀·돼지들 먹이 돼 버렸다. 사방의 만 리 밖에서는 죽간·서찰 잇따르건만 그래도 '자잘한 도적들 걱정할 것도 없다' 하고, 윗사람 아랫사람 [할 것 없이] 서로 속이며 난리를 염두에 두려 들지 않고 하루살이 같이 날개 나부끼며 긴 밤의 환락에 몰두하였다.

○ 茫茫九土, 並爲麋鹿之場, 懍懍黔黎, 俱充蛇豕之餌。四方萬里, 簡書相續, 猶謂鼠竊狗盜, 不足爲虞, 上下相蒙, 莫肯念亂, 振蜉蝣之羽, 窮長夜之樂。

•086

[그러나] 땅이 꺼지고 물고기가 문드러지듯 엽전 꾸러미처럼 죄악이 넘쳐나니 원수지간 아닌 이가 없고 주위 사람들이 온통 적국으로 변했건만 [그래도] 끝까지 깨우치지 못한 채 저 망이궁의 주인299)이 마침내 만승의 존귀한 지체로서 한 사내 손에 죽은 것과 같은 격이었다. 억조나 되는 백성들 그 누구도 [그] 은혜에 감동한 사람이 없고 아홉 지역이나

---

299) 망이궁의 주인[望夷]: 중원을 통일한 진나라 시황제(始皇帝) 영정(嬴政)의 아들 호해(胡亥)를 말한다. 시황제가 죽자 측근 환관 조고(趙高)가 조서(詔書)를 위조하여 호해를 2세 황제로 옹립하고 승상 이사(李斯) 등 수많은 정적들을 제거하고 조정의 실권을 장악하였다. 나중에는 자신의 비리들을 들킬 것을 두려워한 조고가 사위 염락(閻樂)을 시켜 자결을 강요하면서 즉위 4년 만에 최후를 맞았다. 역사적으로는 이를 '망이궁 정변'이라고 부른다. "만승(萬乘)"은 고대 중국에서는 제후는 천 승의 수레를 보유한 데 비하여 천자는 만 승을 보유할 수 있었기 때문에 후대에 제왕의 대명사로 사용되곤 하였다.

되는 천하에 ^[그] 제왕을 지키려는 군대가 없었다.

○ 土崩魚爛, 貫盈惡稔, 普天之下, 莫匪仇讎, 左右之人, 皆爲敵國. 終然不悟, 同彼望夷, 遂以萬乘之尊, 死於一夫之手. 億兆靡感恩之士, 九牧無勤王之師.

• 087

[결국] 자제가 함께 주살당하고 시신은 버려져 아무도 덮어 주지 않으니, 사직은 무너지고 집안은 대가 끊어져 버렸다. 문자가 만들어진 때로부터 지금에 이르기까지 우주가 다 무너지고 쪼개져 만물이 도탄에 빠지니 개인이 죽고 나라가 멸망함이 여지껏 이다지도 극심한 적이 없었다.

진이세(秦二世) 묘(섬서성 서안시)

○ 子弟同就誅夷, 骸骨棄而莫掩, 社稷顚隕, 本枝殄絶, 自肇有書契以迄于茲, 宇宙崩離, 生靈塗炭, 喪身滅國, 未有若斯之甚也.

• 088

《상서》에서는 "하늘이 재앙을 내리면 그래도 피할 수 있으나 자신이 재앙을 만들면 피할 수 없다"[300]고 하였다.

---

300) 하늘이 재앙을 내리면~[天作孼猶可違, 自作孼不可逭]: 중국 고대의 유가 경전인 《서경》의 〈태갑 중(太甲中)〉에서 은나라 임금 태갑이 스스로 경계하면서 한 말. 모든 불행은 자신이 몸가짐을 제대로 하지 못한 데서 비롯된다는 뜻이다.

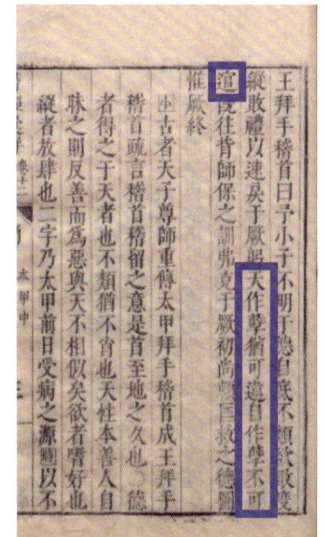 

《상서》〈태갑 중〉과 《좌전》〈은공 4년〉의 해당 대목 (명대 판본)

《좌전》에서는 "행복과 불행은 사람 하기에 달린 것이니 요물도 함부로 설치지 않는다"[301]고 하는가 하면, "전쟁은 불과 같은 것이어서 멈추지 않으면 자신을 태우고 만다"[302]고도 하였다.

수나라 왕실의 존망을 보건대, 이 말들이 확실히 근거가 있다고 하겠다!"

---

301) 행복과 불행은 사람 하기에 달린 것이니~[吉凶由人, 祅不妄作]: 원문에는 "《좌전》에 가라사대(傳曰)"라고 소개되어 있으나 착오가 아닌가 싶다. 이 뒤에 이어지는 "전쟁은 불과 같은 것이어서 멈추지 않으면 자신을 태우고 만다"와는 달리, 이 부분의 두 구절은 《좌전》에 보이지 않기 때문이다. 참고로, 두 구절은 《북사》의 〈경광전(景光傳)〉에서 확인된다.

302) 전쟁은 불과 같은 것이어서[兵猶火也, 弗戢自焚]: 중국 고대의 사서인 《좌전(左傳)》의 "은공(隱公) 4년"조에 나오는 말. 원문은 "무릇 전쟁이란 불과 같은 것이다. 멈추지 않는다면 자신을 태우게 될 것이다(夫兵, 猶火也. 弗戢, 將自焚也)"로 되어 있다.

○ 書曰, 天作孽, 猶可違, 自作孽, 不可逭。傳曰, 吉凶由人, 祆不妄作。又曰, 兵猶火也, 不戢將自焚。觀隋室之存亡, 斯言信而有徵矣。

《수서》〈예의지 3〉

• 001

[수나라] 대업 7년[303]에 요동을 정벌할 때에 양제는 장수들을 파견하여 계성[304] 남쪽의 상건하[305] 기슭에 사단과 직단[306]을 쌓고 사방으로 낮은 담을 세운 다음 의사[307]의 의례를 거행하게 하였다.

○ 大業七年, 征遼東, 煬帝遣諸將, 於薊城南桑乾河上, 築社稷二壇, 設方壝, 行宜社禮。

• 002

황제는 [황제대로] 임삭궁의 회황전에서 재계하면서 미리 관원과 시종들에게 일러 각자 자신의 처소에서 [마찬가지로] 재계[308]하도록 일렀다. [이

---

303) 대업 7년(大業七年): 서기 611년으로, 고구려 기년으로는 영양왕(嬰陽王) 22년에 해당한다.
304) 계성(薊城): 중국 고대의 지명. 지금의 북경시 서남쪽에 해당한다.
305) 상건하(桑乾河): 중국 고대의 하천. 산서성에서 발원하여 하북성을 흐르는 위·진 대에는 '탑수(㶟水)'로 불렀으며 수·당대부터 상건하(Sangqianhe)로 부르기 시작하였다. 근대에는 노구수(盧溝水)로 불렀고 지금은 일반적으로 영정하(永定河)로 부르기도 하지만 사실은 그 상류지역을 말한다.
306) 사단과 직단[社稷二壇]: 중국 고대에 제사를 지내던 제단. 토지의 신에게 제사를 지내는 제단을 '사단(社壇)', 오곡의 신에게 제사를 지내는 제단을 '직단(稷壇)'이라고 불렀다.
307) 의사(宜社): 중국 고대에 전쟁에 나가기 전에 토지신에게 지내던 제사를 말한다. 고대에는 전쟁의 원인이 대부분 영토 내에서의 분규이며, 전쟁의 목적은 영토의 안녕을 보장하는 데에 있다고 믿었다. 그래서 전쟁에 나가기 전에 영토를 상징하는 사신(토지신)에게 그 일을 알림으로써 신의 보우를 빌었다고 한다.
308) 재계[齋]: 몸과 마음을 정결히 하고 하늘에 정성껏 기도하는 것을 말한다.

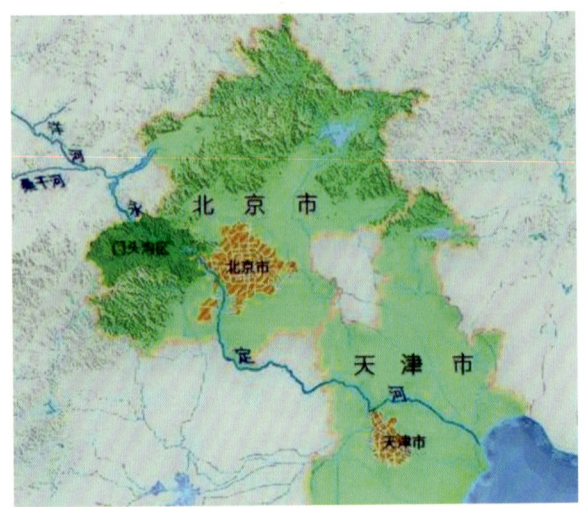

수나라 계성과 상건하의 위치

때] 열두 위309)의 병사들도 일률적으로 재계하였다.

○ 帝齋於臨朔宮懷荒殿, 預告官及侍從, 各齋于其所。十二衛士並齋。

• 003

황제는 곤의와 면류관310)을 착용하고 옥로311)에 탄 채로 법가312)를

---

309) 열두 위[十二衛]: 수·당대에 황제를 호위하는 임무를 수행한 금위군(禁衛軍, 친위대)를 가리킨다. 좌·우익위(左右翊衛), 좌·우교기위(左右驍騎衛), 좌·우무위(左右武衛), 좌·우둔위(左右屯衛), 좌·우어위(左右御衛), 좌·우후위(左右候衛)의 12개 위가 금위군을 통솔하였다. 당대에도 대체로 그대로 인습되었으나 그 명칭은 수시로 변동이 있었다.

310) 곤의와 면류관[袞冕]: 중국 고대에 황제가 착용하던 예복의 일종. 일반적으로 조정에서 조회 등의 행사가 거행되면 황제는 곤의(袞衣)를 입고 면류관(冕旒冠)을 쓴 채로 참석하였다.

311) 옥로(玉輅): 중국 고대에 황제가 타던 수레. 옥으로 장식했다고 해서 '옥로'로 불렸다. '옥련(玉輦)'으로 불리기도 하였다.

312) 법가(法駕): 중국 고대에 황제가 타던 수레. 황제가 도성 밖으로 출행할 때에 타

곤의와 면류관 차림의 수 문제(좌)와 통천관을 쓴 수 양제(우). 가운데는 황제가 타던 옥로

준비하였다. 의례를 마치자 [황제는] 금로313)를 타고 통천관314)을 착용한 다음 황궁으로 귀환하였다.
이어서 황궁 남쪽에 상제[에게 올리는 제사]를 흉내 내어 요단315)에 장작을 쌓고 고조의 신주를 안치하였다.

○ 帝袞冕玉輅, 備法駕. 禮畢, 御金輅, 服通天冠, 還宮. 又, 於宮南類上帝, 積柴於燎壇, 設高祖位於東方.

•004

[이어서] 황제는 대구760)에 면류관을 착용한 다음에 옥로를 타고 옥백761)

는 수레로는 크기가 가장 큰 대가(大駕), 중간 크기의 법가, 가장 작은 소가(小駕)의 세 가지가 있었다.

313) 금로(金輅): 중국 고대에 황제가 타던 수레. 금칠을 해 놓았다고 해서 '금로'로 불렀다.

314) 통천관(通天冠): 중국 고대에 황제가 착용하던 관. 주로 태묘·교외 등지에서 제사를 거행할 때에 착용했다고 한다.

315) 요단(燎壇): 중국 고대에 제사를 지내던 제단. 두우는 《통전》〈예2(禮二)〉에서 "태위가 요단을 상서로운 자리에 설치하고, 의례가 끝나면 [제사에 쓴] 기물과 돗자리 따위를 해당 관청에서 불사르고 묻었다(太尉設燎壇於丙地. 禮畢, 器席有司燒埋之)"라고 소개하였다.

을 써서 제사를 지내되 일률적으로 의사의 예법에 맞추도록 하였다.

○ 帝服大裘以冕, 乘玉輅, 祭奠玉帛, 並如宜社。

• 005
각 군의 장수들이 제물로 바친 고기를 [황제로부터] 건네받으면 황제는 자기 자리에 앉아 장작을 태워 요제를 지내는 광경을 지켜보고 나서 [그 자리를] 나섰다. 그러고 나면 계성 북쪽에 제단을 세우고 그 위에서 마조318)에게 제사를 지내고 역시 [장작을 태워] 요제를 거행하였다.
이어서 그날에 해당 관청의 관원들로 하여금 동시에 목신과 마신에게 제사를 지내게 하되 종과 북을 사용한 음악은 연주하지 않았다.

316) 대구(大裘): 중국 고대에 황제가 하늘에 제사를 지낼 때에 착용하던 갖옷. 선진시대부터 검은 양의 가죽으로 지었는데 제사에 착용하는 예복이라는 점을 감안하여 문양을 쓰지 않고 소박함을 강조했다고 한다.

317) 옥백(玉帛): 왕실의 표식인 '도철문(饕餮紋)'을 새긴 옥기와 흰색 명주천을 말한다. 중국 고대에는 이 두 물건을 큰 제사에 제물로 바치거나 천자-제후 또는 제후-제후 사이에 예물로 주고 받곤 하였다.

318) 마조(馬祖): 말의 신. 청대 《오례통고(五禮通考)》의 주석에 따르면, "마조는 천사이다. 《효경》에서는 '방[성]은 용마이다'라고 하였다.(馬祖, 天駟也. 孝經說曰, 房爲龍馬)" 마조는 용마, 즉 천마인 셈이다. 고대 중국에서 군대는 군마(軍馬)를 보호하는 말의 신을 일종의 군신(軍神)으로 숭배하여 제사를 지내곤 하였다. 《고금도서집성(古今圖書集成)》에 따르면 주(周)나라 때부터 1년에 춘하추동 4번에 걸쳐 마조에게 제사를 지냈으며, 수나라에 이르러 그 제도가 더욱 강화되면서 양제의 대업 7년에도 고구려 정벌에 앞서 마조에게 제사를 지냈다. 당·송대에도 그 제도가 그대로 인습되었다. 《천지서상지》에 인용된 당대의 《군령(軍令)》에 따르면, 중국에서는 "늘 기축일에 말과 소에게 제사를 지낸다. 말은 병기의 으뜸이며 소는 군대와 농사에 쓰이는 가축이다. [그래서] 삼가서 정결한 제물·기장·백주(탁주)로 경건히 바치며, 돼지 한 마리, 쌀과 술을 각각 5되씩 쓴다. 혜성이 나타난 날은 피한다(常以己丑日, 祭馬牛也. 馬者, 兵之首, 牛者, 軍農之用, 謹潔牲黍稷白酒而敬薦之, 豚一頭, 米酒各五升. 辟星)"라고 하였다.

○ 諸軍受胙畢, 帝就位, 觀燎, 乃出。又, 於薊城北設壇, 祭馬祖於其上, 亦有燎。又, 於其日, 使有司幷祭先牧及馬步, 無鐘鼓之樂。

• 006
군사들이 출발할 때에 황제는 임삭궁에 행차하여 직접 ^[군사] 병부를 하사하였다.
각 군대는 대장과 아장319)이 각각 한 명씩이었다. 기병은 사십 개 부대로 구성되었는데 부대마다 백 명마다 큰 깃발을 설치하였다. [기병은] 열 개의 부대를 한 단320)으로 삼고, 단마다 편장321)을 한 명씩 두었다.

○ 衆軍將發, 帝御臨朔宮, 親授節度。每軍, 大將亞將各一人。騎兵四十隊。隊百人置一纛。十隊爲團, 團有偏將一人。

• 007
[그중에서] 제1단은 모두 푸른색 실로 엮은 명광갑322) · 철구장767) · 청

---

319) 아장(亞將): 중국 고대의 무관 명칭. 글자 그대로 '버금가는 장수'라는 뜻처럼, 대장의 직무를 보좌했기 때문에 '부장(副將)'으로 부르기도 하였다.
320) 단(團): 중국 고대의 군사 편제. 《신당서》〈병지(兵志)〉에 따르면, 당대에는 "병사들의 경우 300명을 '단'으로 삼았는데, 단에는 교위를 두었다(士以三百人爲團, 團有校尉)"라고 하였다. 수나라 때에도 그 규모에는 큰 차이가 없었을 것으로 보인다. 여기서 "10개의 부대가 1단"이라고 한 것을 보면, 각 부대는 30기씩으로 구성되었던 것으로 보인다.
321) 편장(偏將): 중국 고대의 무관 명칭. 의미는 '아장' 또는 '부장'과 같다.
322) 명광갑(明光甲): 중국 고대의 갑옷 종류. 글자 그대로 직역하면 '밝게 빛나는 갑옷' 정도로 해석된다. 당대의 법제를 소개한 《당육전(唐六典)》의 경우, 당시 사용하던 13가지 갑옷 중에서 첫 번째로 명광갑을 꼽으면서 "지금의 명광·광요·세린·산문·오추·쇄자는 모두 철갑이다(今明光光要細鱗山文烏鎚鎖子皆鐵甲也)"라

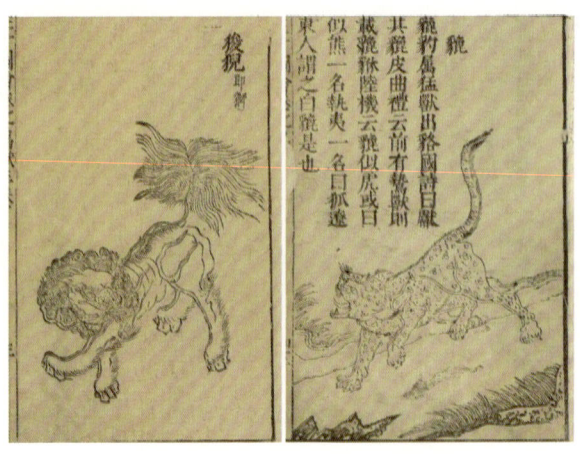

산예(좌)와 피휴(우) 상상화 (삼재도회)

영불324)을 갖추고 산예325)가 그려진 깃발을 들었다.

제2단은 진홍색 실로 엮은 주서갑326) · 수문구장327) · 적영불을 갖추고 비휴772)가 그려진 깃발을 들었다.

고 소개하였다. 이로써 명광갑이 철갑에 옻칠을 하여 빛이 나게 만든 갑옷이었음을 알 수 있는 셈이다. 때로는 '명광개(明光鎧)'로 부르기도 하였다.

323) 철구장(鐵具裝): '구장'은 정식 명칭인 '구장개(具裝鎧)'를 줄인 이름으로, 중국 고대에 말에게 씌우던 말 갑옷, 즉 마갑(馬甲)을 말한다. 여기서는 그 재질이 철제였기 때문에 '철구장'이라고 표현한 것이다.

324) 청영불(靑纓拂): '영불(纓拂)'은 모자 끈(영)과 관인 끈(불)을 아울러 일컫는 이름이다. 여기서는 투구와 관인의 끈이 파란 색이어서 '청영불'이라고 한 것이다.

325) 산예(狻猊): 중국 고대의 전설상의 동물.

326) 주서갑(朱犀甲): 중국 고대 갑옷의 일종. 글자 그대로 직역하면 '붉은색의 뿔소 뿔 갑옷'이라는 뜻이므로, 뿔소 뿔을 찰갑으로 가공하고 붉은 칠을 해서 만든 갑옷임을 알 수가 있다.

327) 수문구장(獸文具裝): 글자 그대로 직역하면 '괴수 문양으로 장식된 마갑'이라는 뜻이다. 말의 가슴이나 등자 쪽 마갑에 괴수 문양이 들어가 있었음을 짐작할 수 있다.

박(좌)과 벽사(우)

○ 第一團, 皆靑絲連明光甲鐵具裝靑纓拂, 建狻猊旗。第二團, 絳絲連朱犀甲獸文具裝赤纓拂, 建貔貅旗。

• 008

제3단은 하얀색 실로 엮은 명광갑·철구장·소영불을 갖추고 벽사[329]가 그려진 깃발을 들었다.

제4단은 검은색 실로 엮은 현서갑·수문구장·치영불[330]을 갖추고 육박[331]이 그려진 깃발을 들었다.

○ 第三團, 白絲連明光甲鐵具裝素纓拂, 建辟邪旗。第四團, 烏絲連玄犀甲獸文具裝緇纓拂, 建六駁旗。

• 009

앞 부대는 고취대 한 조를 배치하여 큰북·작은북 및 비[332]·장명

---

328) 비휴(貔貅): 중국 고대의 전설상의 동물.
329) 벽사(辟邪): 중국 고대의 전설상의 동물.
330) 치영불(緇纓拂): 투구와 관인의 끈이 검은색이라는 뜻이다.
331) 육박(六駁): 중국 고대의 전설상의 동물.
332) 비(鼙): 중국 고대에 군대에서 사용한 작은 북의 일종.

비(좌)와 북제 고분 벽화 속에 묘사된 장명(우) (중국악기대사전)

333)·중명 등 각 열여덟 개, 강고334)·금정335)을 각각 두 개씩 갖추었다.

○ 前部鼓吹一部, 大鼓小鼓及鼕長鳴中鳴等各十八具, 掆鼓金鉦各二具。

• 010

뒷 부대는 요취대 한 조를 배치하여 동발 두 개, 가소336) 및 가337)를

---

333) 장명(長鳴): 중국 고대에 군대에서 사용한 관악기의 일종. 뒤에 '중명'이 나오는 것을 보면 중명보다 좀 더 길이가 긴 악기였던 것으로 보인다.
334) 강고(掆鼓): 중국 고대에 사용한 북의 일종. 길이가 3자이며 위에 덮개가 덮여 있었다고 한다. 양제가 연회에서 사용했다고 하는데, 음악이 연주될 때 강고를 먼저 두드리면 큰 북[大鼓]이 그 뒤를 이어 연주되었다고 한다.
335) 금정(金鉦): 중국 고대에 사용한 금빛 징.
336) 가소(歌簫): 중국 고대에 사용한 관악기의 일종. 그 이름을 따져 볼 때 노래를 부를 때 반주에 사용된 통소가 아닌가 싶다.
337) 가(笳): 중국 고대에 사용한 관악기의 일종. 서북방의 북방민족으로부터 중원으로 전래되었기 때문에 '호가(胡笳)'로 일컬어졌다. 처음에는 갈대 잎을 말아서 불었으며, 나중에는 피리처럼 대롱으로 모양을 갖추었다고 한다. 겉모습은 필률(篳篥, 피리)과 비슷하다.

송대 악서(좌)와 요대 벽화(우)에 그려진 강고 (중국악기대사전)

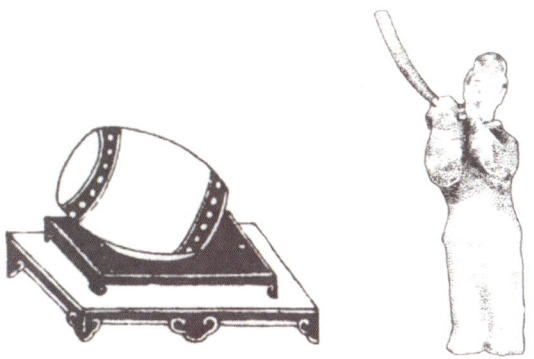

절고(좌)와 북위 도용의 대각(우)

각 네 개, 절고338)를 한 개, 오취필률·횡적339)을 각각 네 개, 대각340)

---

338) 절고(節鼓): 중국 고대에 사용한 북의 일종. 겉모습은 바둑판을 닮았는데 가운데에 둥근 구멍이 나 있어서 북을 담기에 딱 맞다. 그것을 두드려 장단을 맞추는 데에 사용한다.
339) 횡적(橫笛): 중국 고대에 사용한 피리의 일종. 연주할 때에 가로로 비껴서 분다고 해서 '횡적'으로 불렸다.
340) 대각(大角): 중국 고대에 사용한 관악기. 《신당서》〈백관지(百官志)〉에 따르면, "금위군의 병사 600명이 대각수를 맡았고, … 대각을 불어 날이 저물고 동이 트

탕번 예시. 청계천의 《정조능행반차도(正祖陵行班次圖)》에 그려진 번(좌)과 기(우)를 든 의장대

을 열여덟 개씩 갖추었다.

○ 後部鐃吹一部, 鐃二面, 歌簫及笳各四具, 節鼓一面, 吳吹篳篥橫笛各四具, 大角十八具。

• 011

또, 보졸은 팔십 개 부대를 나누어 네 단으로 편성하고 단마다 편장을 한 명씩 두었다.

제1단의 경우, 부대마다 파란 새매가 그려진 탕번[341]을 한 개씩 지급하였다. 제2단은 부대마다 누런 새매가 그려진 탕번을 한 개씩 지급하였다.

는 신호로 삼았으며, 각 병영에서는 그 소리를 기다려 진군하거나 퇴각했다(衛士六百爲大角手, … 吹大角爲昏明之節, 諸營壘候以進退)"라고 한다.

341) 탕번(盪幡): 중국 고대에 사용한 의장. 일반적으로 깃대에 달아 바람에 나부끼게 하는 깃발과는 달리 장대에서 길게 아래로 늘어뜨려 사용하곤 하였다.

제3단은 부대마다 하얀 새매가 그려진 탕번을 한 개씩 지급하였다. 제4단은 부대마다 푸른 새매가 그려진 탕번을 한 개씩 지급하였다.

○ 又, 步卒八十隊, 分爲四團。團有偏將一人。第一團, 每隊給靑隼盪幡一。第二團, 每隊黃隼盪幡一。第三團, 每隊白隼盪幡一。第四團, 每隊蒼隼盪幡一。

• 012

장창·방패·노궁 및 갑이³⁴²⁾ 같은 것들은 각각 병졸의 숫자에 맞게 지급하였다. 수항사자는 한 명으로, 말 두 마리가 끄는 초차³⁴³⁾를 한 대, 하얀 맹수가 그려진 번 및 부절을 각각 한 개씩 지급하였다.

[그리고] 기리³⁴⁴⁾ 세 명, 거복백종³⁴⁵⁾ 열두 명을 배치했으며, 황제의 칙명을 받든 위무관³⁴⁶⁾은 대장의 통제를 받지 않고, 교전하거나 대진할 때에는

초차의 예시. 중국 감숙성에서 출토된 후한대의 목제 초차. 용도에 따라 말의 수를 늘였다.

---

342) 갑이(甲耳): 중국 고대에 투구 꼭지에 장식으로 꽂던 술이나 깃털.
343) 초차(軺車): 중국 고대에 사용한 수레의 일종. 말 한 마리가 끄는 경량급 마차로, 조정의 칙명을 전하는 사자가 타곤 해서 '사신'의 대명사로 사용되기도 하였다.
344) 기리(騎吏): 중국 고대의 관직명. 이름에서 짐작할 수 있듯이, 지금의 종군기자처럼, 말을 타고 황제나 군대를 수행하는 관리를 가리킨다.
345) 거복백종(車輻白從): 이름을 글자 그대로 따져 보면 마차에 탑승하여 황제의 시중을 드는 종복을 가리키는 것으로 보인다. '백종'은 그 종복들이 흰 옷을 착용했기 때문에 붙여진 이름이다.

감군[347]으로 삼았다.

○ 長槊楯弩及甲矟等, 各稱兵數。受降使者一人, 給二馬軺車一乘, 白獸幡及節各一, 騎吏三人, 車輻白從十二人。承詔慰撫, 不受大將制。戰陣則爲監軍。

• 013

군대가 출발할 때에는 대각을 한 차례 불기를 기다려 보졸의 제1단이 병영의 동문으로 나가서 동쪽을 바라보고 진을 치고, 제2단은 병영의 남문으로 나가서 남쪽을 바라보고 진을 치고, 제3단은 병영의 서문으로 나가서 서쪽을 바라보고 진을 치고, 제4단은 병영의 북문으로 나가서 북쪽을 바라보고 진을 쳤다.

각 진은 사면에서 병영을 둘러싸고, 그러고 나서 단들은 대열을 갖추고 도열하였다.

명광갑의 예시. 동위시기의 무인상. 명광갑으로 무장한 무인이 방패를 짚고 서 있다 (하북성 자현 문물보관소)

○ 軍將發, 候大角一通, 步卒第一團出營東門, 東向陣。第二團出營南門, 南向陣。第三團出營西門, 西向陣。第四團出營北門, 北向陣。陣四面團營, 然後諸團嚴駕立。

---

346) 황제의 칙명을 받든 위무관[承詔慰撫]: '위무(慰撫)'는 군사나 백성들을 어루만지고 보살펴 민심을 안정시키는 직무를 수행하는 관리(위무관)를 말한다.

347) 감군(監軍): 중국 고대의 관직명. 군사지휘관의 작전·동태를 감독하는 직무를 수행하는 관원. 일반적으로 환관(宦官)에게 부여되었다.

자금성 지붕 위의 쪼그려 앉은 괴수들. 고대 중국에서 이 괴수들은 어처구니나 군기 등 다양한 기물에 주인을 보호하는 상서로운 동물로 그려졌다.

• 014

대각을 세 차례 불면 동발과 북을 일제히 울리면서 기병 제1단이 길잡이를 서서 행군하되 부대의 간격은 서로 각각 열다섯 걸음씩 두었다.

그다음은 제2단이, 그다음은 앞 부대 고취대가, 그다음은 활과 화살을 지닌 부대 총 이백 기가 행군하되, 쪼그려 앉은 맹수가 그려진 깃발과 박삭348) 두 개를 세우고 대장은 그 아래에 섰다.

그다음은 안장을 얹지 않은 말 스무 필, 그다음은 대각, 그다음은 뒷부대의 동발, 그다음은 제3단, 그다음은 제4단, 그다음은 수항사자가 뒤따랐다.

○ 大角三通, 則鐃鼓俱振, 騎第一團引行。隊間, 相去各十五步。次第二團, 次前部鼓吹, 次弓矢一隊, 合二百騎。建蹲獸旗, 爬槊二張,

---

348) 박삭(爬槊): 중국 고대에 사용한 의장의 일종. 나중에는 '금과추(金瓜槌)'로 불리기도 하였다.

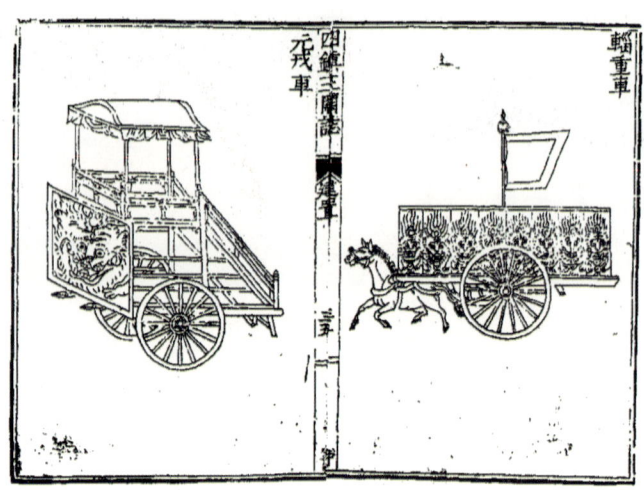

명대에 간행된 《사진삼관지(四鎭三關誌)》 속의 융거와 치중

大將在其下。次誕馬二十匹，次大角，次後部鐃，次第三團，次第四團，次受降使者。

• 015

그다음으로 치중349) · 융거350) · 잡병 등의 경우도 마찬가지로 네 단으로 편성하였다.

제1 치중대는 [병영 문을] 나서면 동쪽 진에 붙되 두 줄로 해쳐서 [본진을] 끼고 행군하였다. 제2 치중대는 [병영 문을] 나서면 남쪽 진에 붙되 [본진을] 끼고 행군하였다. 제3 치중대는 [병영 문을] 나서면 서쪽 진에 붙되 [본진을]

---

349) 치중(輜重): 중국 고대에 군대에서 사용한 짐수레. 이름을 글자 그대로 따져 보면 원래는 '치차(輜車, 짐수레)에 실은 짐' 정도의 뜻이다.

350) 융거(戎車): 중국 고대에 군대에서 사용한 수레. '치중'과는 달리, 전쟁에 사용된 수레이기 때문에 '융거'로 불린 것이다.

끼고 행군하고, 제4 치중대는 [병영 문을] 나서면 북쪽 진에 붙되 [본진을] 끼고 행군하였다.

아장은 [기병] 오백 기를 인솔하여 도약하는 표범이 그려진 깃발을 세우고 전군의 후미에 붙었다.

○ 次及輜重戎車散兵等, 亦有四團。第一輜重出, 收東面陣, 分爲兩道, 夾以行。第二輜重出, 收南面陣, 夾以行。第三輜重出, 收西面陣, 夾以行。第四輜重出, 收北面陣, 夾以行。亞將領五百騎, 建騰豹旗, 殿軍後。

• 016

병영에 당도하자 제1단의 기병들은 동쪽에 진을 치고, 제2단의 기병들은 남쪽에 진을 쳤다.

고취대는 대장을 중심에 두고 둘러싼 채로 말을 세우고 남쪽을 향하였다. 제3단의 기병들은 서쪽에 진을 치고, 제4단의 기병들은 북쪽에 진을 침으로써 [네 단이] 방진을 만들었다.

○ 至營, 則第一團騎陣於東面, 第二團騎陣於南面, 鼓吹翊大將居中, 駐馬南向。第三團騎陣於西面, 第四團騎陣於北面, 合爲方陣。

• 017

[그리고] 네 단이 바깥쪽을 향하면 보졸들은 치중을 둘러싼 채로 진지 안으로 들어갔다. [그렇게] 차례대로 병영을 구축하되, 병영이 완성되면 사면으로 진을 쳤던 군사들은 기병들을 이끌고 병영으로 들어갔다.

[그러면] 아장은 정예 기병들을 인솔해 [주위를] 돌면서 [병영의 상황을] 점검·시찰하였다.

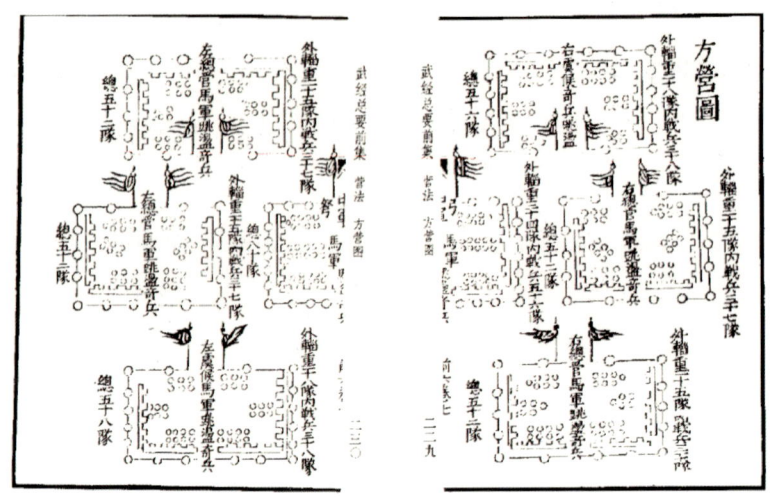

중국 고대의 병영 구축 방식을 소개한 송대 병서 《무경총요(武經總要)》의 〈방영도(方營圖)〉

○ 四團外向, 步卒翊輜重入於陣內, 以次安營。營定, 四面陣者, 引騎入營。亞將率驍騎遊弈督察。

• 018

병영을 구축하는 방법은, 수레를 외곽에 포진시키되 그 사이에는 말과 창을 배치하였다. 그런 다음에 병막을 덮고 안에 여러 가축들을 배치하였다.

이 작업이 완료되자 대장 · 아장 등은 각자 [자신들의] 막사로 들어갔다. [기병단의] 보병부대와 군영 내의 잡병들은 각각 두 번씩 번을 서면서 닷새마다 [한 번씩 역할을] 교대하였다.

○ 其安營之制, 以車外布, 間設馬槍, 次施兵幕, 內安雜畜。事畢, 大將亞將等各就牙帳。其馬步隊與軍中散兵, 交爲兩番, 五日而代。

• 019

이런 식으로 날마다 한 군씩 출발하면서 서로 사십 리씩 거리를 두되[351] 병영을 이어가면서 차례로 진군하였다. [그리고] 스무나흘 동안 계속해서 출발하는 식으로 [상황이] 종료되었다. [이렇게] 선두와 후미를 서로 이으면서 북과 호각 소리가 들리게 하니 그 깃발의 대열이 구백육십 리나 이어졌다.

[그리고] 천자의 육군[352]이 이어서 출발하여 두 부대의 선봉대와 후발대를 우선 배치하니 마찬가지로 팔십 리나 이어졌다. [이런 식으로] 각 도(방면)를 다 합치니 삼십 군[353]으로, [그 대열이] 일천사십 리[354]나 이어졌다.

○ 於是, 每日遣一軍發, 相去四十里, 連營漸進。二十四日續發而盡。首尾相繼, 鼓角相聞, 旌旗亘九百六十里。天子六軍次發, 兩部前後先置, 又亘八十里。通諸道合三十軍, 亘一千四十里。

---

351) 사십 리씩 거리를 두되[相去四十里]: 당대 초기의 1리는 대체로 452m 정도였다. 따라서 "40리"라면 대체로 1,880m, 즉 1.9km 정도 되는 셈이다. 따라서 뒤의 "80리"는 3,760m, 즉 3.8km 정도라고 할 수 있겠다.

352) 육군(六軍): 중국 고대에 황제가 직접 통솔하던 금위군. 뒤에도 나오는 것처럼, 일반적으로 내·외·전·후·좌·우의 여섯 군대로 편성되었다.

353) 삼십 군(三十軍): 좌익 12로군과 우익 12로군에 금위군 6군을 합친 숫자인 것으로 보인다.

354) 일천사십리[一千四十里]: 수나라 때에는 1리가 대체로 540m 정도였다. 따라서 "2,040리"라면 대체로 1,101km 정도 되었을 것이다. 참고로, 고고 유물로 발견된 이 시기의 자로 따지면 1리는 530m 정도이다. 따라서 "1,040리"라면 551.2km 정도 되는 셈이다. 다만, 100년 전만 해도 고속도로나 터널 같은 근대적인 교통 인프라는 기술적으로 건설이 불가능하였다. 따라서 수나라군의 행군거리를 계산할 때 이 거리는 직선거리가 아니라 산이나 하천을 돌아가는 우회거리임에 각별히 유념할 필요가 있다.

명대 후기에 이탁오가 지은 희곡 《이탁오선생비평 옥합기》에 묘사된 호각을 부는 북방인의 모습

•020

전군은 각자 흰 명주천을 띠로 둘렀는데 길이가 한 자 다섯 치, 너비가 두 치[355]였으며, 각 군대의 번호를 써서 표지로 삼았다.

[황제 직속의] 어영 내부의 경우, 다 합치면 열두 위, 세 대 다섯 성, 아홉 시[356]나 되었다. [이들은] 일률적으로 나누어 내·외·전·후·좌·우의 육군에 소속하게 하고, 역시 각자 그 부대의 번호를 [표지로] 쓰되 [이들이]

---

355) 길이가 한 자 다섯 치, 너비가 두 치[長尺五寸, 閣二寸]: 수나라 때에 1척(尺)은 29.6cm, 1촌(寸)은 2.96cm였다. 따라서 1척 5촌은 44.4cm, 2촌은 5.92cm 정도인 셈이다.

356) 시(寺): 중국 고대의 중앙 관서를 뜻하는 접미사. 진(秦)나라 때에 관원들이 공무를 보는 장소를 '시(寺)'라고 하였다. 허신은 《설문해자》에서 "'시'란 궁정을 말한다. 법제를 갖춘 경우를 가리킨다. … '상과 리의 반절[si]이다(寺, 廷也, 有法度者. … 祥吏切)"라고 설명하였다. 우리나라에서는 이 한자의 발음을 '사'로 새기는데 그것은 '시'의 중국식 발음인 '쓰'를 'ㅅ'로 표기하면서 빚어진 착오이다. 참고로, 당초에 '관청·관서'를 뜻하던 '시'는 나중에는 '불교 사찰'을 뜻하기도 하였다. 송대의 조언위(趙彦衛)가 저술한 《운록만초(雲麓漫鈔)》에 따르면, "[사찰의 경우] 수대에는 '도장(도량)', 당대에는 '시'로, 우리 왕조(송)에서는 큰 것은 '시', 작은 것은 '원'이라고 불렀다(隋曰道場, 唐曰寺, 本朝則大曰寺, 次曰院)"라고 하였다.

안악 3호분 고구려 벽화에 묘사된 번을 든 의장병들. 뒤의 의장병은 국왕의 의장인 '성상번(聖上幡)'을 들고 있다.(문화재청)

'대성357)'을 자처하는 일이 없도록 하였다.

○ 諸軍各以帛爲帶, 長尺五寸, 闊二寸, 題其軍號爲記。御營內者, 合十二衛三臺五省九寺, 並分隷內外前後左右六軍, 亦各題其軍號, 不得自言臺省。

• 021

친왕·대신으로부터 병정·잡부에 이르기까지 모두 흰 명주천을 띠로 두르되 [그 끝을] 옷깃에 꿰매게 하고 '군기대358)'라고 불렀다.

전군에게는 일률적으로 번을 수백 장 지급하되, 상황이 발생하면 사람을 교대로 서로 오갈 때 들고 다니게 하였다. [만약에] 번을 들지 않고 자

---

357) 대성(臺省): 중국 고대의 중앙 관서. 황제의 명령을 출납하는 중추적인 기관인 한대의 상서대(尙書臺)와 삼국시대 위나라의 중서성(中書省)을 아울러 일컫는 이름. 나중에는 조정의 중앙기구를 부르는 이름으로 사용되는 경우가 많았다. 앞에서 "세 대 다섯 성[三臺五省]"이라고 한 것은 양제가 상서대와 중서성 내에 둔 부서의 숫자를 들어 한 말로 보인다.

358) 군기대(軍記帶): 글자 그대로 직역하면 '군용 기호를 적은 띠' 정도의 뜻으로 해석할 수 있다.

약수리 고구려 고분의 벽면에 그려진 휘날리는 번을 든 의장대의 모습 (문화재청)

기 군대를 이탈할 경우, 다른 군대는 군기대를 확인하되 자기 부대의 병사가 아님이 확인되는 즉시 그 자리에서 목을 베도록 하였다.

○ 王公已下, 至于兵丁冢隷, 悉以帛爲帶, 綴于衣領, 名軍記帶。諸軍並給幡數百, 有事, 使人交相去來者, 執以行。不執幡而離本軍者, 他軍驗軍記帶, 知非部兵, 則所在斬之。

《수서》〈우중문전〉

• 022

우중문은 자가 차무로, 건평공 [于]의의 형의 아들이다. … 인수 연간 초기[359]에 태자우위솔[360]에 배수되었으며, 양제가 즉위하자 우익위대장군으로 승진하여 문·무신을 선발하는 일에 참여·관장하였다. 황제를 좇아 토욕혼[361] 토벌에 종군하여 광록대부로 승진하고 [황제의] 신임을 무척 많이 받았다.

○ 于仲文, 字次武, 建平公義之兄子。… 仁壽初, 拜太子右衛率。煬帝卽位, 遷右翊衛大將軍, 參掌文武選事。從帝討吐谷渾, 進位光祿大夫, 甚見親幸。

---

359) 인수 연간 초기[仁壽初]: '인수'는 수나라 개국군주인 문제 양견이 601~604년까지 사용한 연호이다. 인수 연간 초기라면 대체로 601~602년에 해당하는 셈이다.

360) 태자우위솔(太子右衛率): 중국 고대의 관직명. 서진의 무제(武帝) 태시(泰始) 5년(269)에 태자위솔(太子衛率)을 나누어 설치하였다. 태자의 처소인 동궁(東宮)에서 숙위를 섰으나 정벌에도 종군하는 등 지위가 높았다. 그 뒤로 남북조에 모두 설치되었는데, 북위와 북제에서는 품계가 종3품이었다. 수나라에 이르러 정4품으로 조정되고 궁중의 금위군을 관장했으며, 양제의 대업 3년(607)에 우시솔(右侍率)로 개칭되었다.

361) 토욕혼(吐谷渾, 313~663): 중국 고대의 선비계 북방민족. 모용선비의 한 갈래로 원래 요수 서쪽의 창려(昌黎) 극성(棘城) 북쪽에서 유목생활을 하던 모용토욕혼(慕容吐谷渾)이 지금의 감숙(甘肅)·청해(靑海) 지역에 정착하면서 수립되었으며, 나중에 그 손자인 엽연(葉延)이 조부의 이름을 종족 이름으로 일컫기 시작하였다. 동진 안제(安帝)의 의희(義熙) 원년(405)에 그 지도자 수락간(樹洛干)이 '대선우(大單于)·토욕혼왕(吐谷渾王)'을 자처하면서 송·제·북위에 예속되었다. 양나라 대동(大同) 원년(535)에 그 왕 과려(夸呂)가 '한(汗, 칸)'을 일컬으면서 동위·수나라와 통혼 관계를 유지하였다. 당대 초기에는 두 세력으로 분화되어 서부는 토번(吐蕃)에, 동부는 당나라에 복속하였다.

• 023

요동 정벌 당시에 [우]중문은 군사를 이끌고 낙랑도로 출정하였다.[362] 군사가 오골성[363]에 멈추었을 때에 [우]중문은 허약한 말과 나귀를 몇 천 마리 추려서 군대 후미에 배치하였다. 그러고 나서 군사를 이끌고 동쪽으로 지나가다가 고려군이 군사를 내어 갑자기 치중을 습격하자 [우]중문이 반격하여 [고구려군을] 크게 무찔렀다.

---

362) 낙랑도로 출정하였다[指樂浪道]: 두우《통전》《병9(兵九)》"이적취승(餌敵取勝)" 조에는 이 구절이 "수나라 장수 우중문이 군사를 이끌고 낙랑도로 출병하였다(隋將于仲文率軍從樂浪道)"로 되어 있다.

363) 오골성(烏骨城): 고구려의 성 이름. 중국 학계에서는 "필사적으로 오골성을 함락시키고 압록수를 건너 곧바로 평양성으로 향하였다(拼力拔烏骨城, 渡鴨淥水, 直取平壤)"라는《자치통감》의 기사를 근거로 그 위치를 지금의 요녕성 봉성현(鳳城縣) 동남쪽 10리 지점의 봉황산(鳳凰山) 옛 성으로 비정하였다. 그러나 '압록수'는 지금의 압록강과는 다른 하천이기 때문에 정확한 지리고증이라고 보기 어렵다. 가탐(賈耽)이《도리기(道里記)》에서 "등주에서 바닷길로 가서 요동에 이르면 오골강이 있다(登州海行至遼東, 有烏骨江)"라고 한 것이 그 증거이다. 오골성은 요동지역(지금의 난하 북동쪽)에 있었을 가능성이 높다는 뜻이다. 참고로, 근대의 오승지(吳承志)·김육불(金毓黻) 등은 당대 장초금(張楚金)《한원(翰苑)》에 인용된《고려기》의 기사를 근거로 오골강을 압록강 바로 위의 애하(靉河)로 비정하였다. 그러나 해당 인용문에 따르면, "【언골산】 나라(고구려) 서북쪽에 있다. 그 나라 말로는 '옥산'이라고 하는데, 평양성 서북쪽으로 700리 지점에 자리 잡고 있다. 동서 두 산맥은 벽처럼 천 길이나 우뚝 서 있는데 발에서 산꼭대기까지 온통 푸른 바위뿐이다. 멀리로 깎아지른 바위가 보이는데 그 모습은 형문·삼협과 비슷하다. 그 위에는 따로 풀이나 나무는 없고 푸른 소나무만 나 있을 뿐이다. … 고려는 남북으로 난 협곡 어귀에서 [그 협곡을] 끊어 성을 쌓았는데, 이곳이 바로 그 나라에서 군사적으로 요충지인 것이다(【焉骨山】在國西北, 夷言屋山, 在平壤西北七百里. 東西二嶺壁立千仞. 自足至巔, 皆是蒼石, 遠望巉岩, 狀類荊門三峽. 其上別無草木, 唯生靑松, … 高麗於南北峽口, 斷築爲城, 此卽夷藩樞要之所也)"라고 되어 있다. 오골강이 애하라는 증거가 없는 것이다. 이와 관련해서는 그 위치를 고구려 강역의 서북계로 소개한《고려기》에 주목할 필요가 있다. '고구려 서계는 요동반도까지'라는 학계의 기존 통설을 따르더라도 그 좌표는 심양-장춘 연선에서 찾아야 하기 때문이다. 압록강이나 애하일 수 없다는 뜻이다.

청천강을 살수로 인식한 명대 문헌들 중 하나인 《조선기사(朝鮮紀事)》의 살수 언급 대목. 중국인들의 이 같은 살수 인식은 자체적인 연구로 밝혀진 '사실'이 아니라 사행 길에 조선의 관리와 학자들로부터 주입된 '관념'일 뿐이다.

○ 遼東之役, 仲文率軍指樂浪道。軍次烏骨城, 仲文簡羸馬驢數千, 置於軍後。旣而率衆東過, 高麗出兵掩襲輜重, 仲文迴擊, 大破之。

• 024

압록수364)에 이르렀을 때, 고려 장수 을지문덕이 거짓으로 항복하고

---

364) 압록수(鴨綠水): 중국 고대의 하천 이름. 국내외 학계에서는 한·중 국경선을 흐르는 지금의 압록강(鴨綠江)으로 비정하고 있다. 그러나 앞의 "오골성" 주석을 따져 볼 때 양자는 서로 다른 하천으로 보아야 옳다. 또, ①《신당서》〈지리지〉에서는 가탐의 《도리기》를 인용하여 영주로부터 요수를 건너서 "남쪽으로 압록수에 이르며, 북으로는 박작성에 이른다(南至鴨淥水, 北泊汋城)"라고 하였다. ②《신당서》〈고려전〉에서는 "마자수가 있어 말갈의 백산에서 발원한다. 물빛이 [청둥]오리 대가리 같아서 '압록수(오리 대가리 빛처럼 부른 물)'라고 부른다. 국내성 서쪽을 거쳐서 염난수와 합쳐지며, 또 서남쪽으로 안시에 이르러 바다로 들어간다(有馬

접근하여 그의 병영으로 들어왔다. 365) [원래 위]중문은 앞서 [황제의] 은밀한 어명을 받들어 '만약 고원과 문덕을 마주치면 반드시 사로잡으라'고 일렀다. [그런데] 이때에 이르러 [을지]문덕이 [제 발로] 온지라 [위]중문이 [그를] 붙잡으려 하였다.

[그런데] 그때 상서우승인 유사룡이 위무사를 맡고 있었는데 한사코 그 일을 말리는 바람에 [위]중문은 결국 [을지]문덕을 놓아 주고 말았다.

○ 至鴨綠水, 高麗將乙支文德詐降, 來入其營. 仲文先奉密旨, 若遇高

訾水出靺鞨之白山, 色若鴨頭, 號鴨淥水, 歷國內城西, 與鹽難水合, 又西南至安市, 入於海)"라고 소개하였다. ③ 당대 중기에 두우가 저술한 《통전》《변방2》에서는 "마자수는 압록수라고 부르기도 한다. 수원은 동북방인 말갈의 백산에서 시작되는데 물빛이 오리 대가리 빛을 닮아서 민간에서 그렇게 명명하였다. 요동으로부터 500리 떨어져 있는데 국내성 남쪽을 거쳐 다시 서쪽에서 한 하천과 합쳐지는데 바로 염난수이다. 두 하천은 물줄기가 합쳐져서 서남쪽으로 안평성에 이르러 바다로 들어간다. 고려에서는 이 하천이 가장 큰데, 물결이 맑고 투명하며 지나는 나루마다 한결같이 큰 배가 몰려 있다. 그 나라는 이 하천을 천혜의 해자라고 자부하는데 하천의 너비가 300보이며, 평양성에서 서북쪽으로 450리, 요수로부터 동남쪽으로 480리 떨어져 있다(馬訾水, 一名鴨淥水, 水源出東北靺鞨白山, 水色似鴨頭, 故俗名之. 去遼東五百里, 經國內城南, 又西與一水合, 即鹽難水也. 二水合流, 西南至安平城, 入海. 高麗之中, 此水最大, 波瀾淸澈, 所經津濟, 皆貯大船. 其國恃此以爲天塹, 水闊三百步, 在平壤城西北四百五十里, 遼水東南四百八十里)"라고 하였다. 전반적으로 따져 볼 때, 압록수는 지리적으로 지금의 압록강으로 보기 어렵다는 뜻이다.

365) 그의 병영으로 들어왔다[來入其營]: 호삼성은 이 대목에서 을지문덕의 내력과 관련하여 이렇게 소개하였다. "'을지'는 동이의 두 글자 성씨이다. 《자치통감고이》에서는 《혁명기》에서는 위지문덕으로 소개하였다. 여기서는 《수서》 및 《북서》의 표기를 따랐다(乙支, 東夷複姓. 考異曰, 革命記作尉支文德, 今從隋書及北史)" 이로써 당대의 사서인 《수계혁명기》에서는 을지문덕의 성씨를 '을지'가 아닌 '위지'로 소개했음을 알 수가 있다. ① '위지(尉支)'는 수·당대의 선비계 성씨인 '위지(尉遲)'와 음운상으로 거의 대응된다. 게다가 ② 수·당대의 명장으로 같은 성씨를 쓴 위지공(尉遲恭, 585~658)도 선비족 출신이다. ③ 고구려는 모용씨·탁발씨 등 선비계 국가들과 오랜 기간 동안 교섭하면서 인적 교류가 있었으며, ④ 을지문덕의 내력이 불분명하다는 점 등을 감안하면 그 개연성은 높다고 할 수 있다.

元及文德者, 必擒之。至是, 文德來, 仲文將執之。時, 尙書右丞劉士龍爲慰撫使, 固止之。仲文遂捨文德。

• 025

[그러나] 이내 후회하고 사람을 [을지]문덕에게 보내어 일렀다.

"따로 의논할 말이 있으니 다시 오도록 하시오."

[그러자 을지]문덕은 [그 말을] 따르지 않고 결국 [압록수를] 건너갔다. [그래서 우]중문이 기병을 선발하여 압록수를 건너 그를 쫓아가서 싸울 때마다 적을 무찔렀다.[366)]

○ 尋悔, 遣人紿文德, 曰, 更有言議, 可復來也。文德不從, 遂濟。仲文選騎渡水追之, 每戰破賊。

• 026

[그러자 을지]문덕은 [우]중문에게 이런 시를 남겼다.

"신묘한 계책은 하늘의 이치를 꿰고 있고,

절묘한 계교는 땅의 이치를 통달했구려.

싸움에 [번번이] 이겨 공로가 높아졌으니,

만족함을 깨닫고 '멈추자' 말하기를 바랄 뿐이오!"

[그래서 우]중문이 답장을 써서 깨우치려 하는 사이에 [을지]문덕은 [수나라군

---

366) 싸울 때마다 적을 무찔렀다[每戰破賊]:《수서》양의신전(楊義臣傳)〉에는 이렇게 기술되어 있다. "그 뒤에 [양의신은] 다시 요동 정벌에 나섰는데 군사를 거느리고 숙신도로 향하였다. 압록수에 이르렀을 때에 을지문덕과 싸웠는데 번번이 선봉을 서서 하루 만에 일곱 번을 이겼다. [그러나] 나중에는 다른 군대들과 다 같이 패했는데 결국 그 죄로 파면되었다(其後復征遼東, 以軍將指肅愼道。至鴨綠水, 與乙支文德戰, 每爲先鋒, 一日七捷。後與諸軍俱敗, 竟坐免)" 이를 통하여 양의신이 연전연승한 것이 사실은 을지문덕의 치밀한 전술에 속은 결과였음을 알 수가 있다.

의?] 성책을 불사르고 자취를 감춘 뒤였다.

○ 文德遺仲文詩, 曰, 神策究天文, 妙算窮地理。戰勝功旣高, 知足願云止。仲文答書諭之, 文德燒柵而遁。

한국은행에 소장된 을지문덕의 표준 영정(김기창 그림)

• 027

그때 우문술은 군량이 바닥나서 [본진으로?] 돌아가려던 참이었다. [그런데 위]중문은 상의하여 '정예부대로 [을지]문덕을 쫓아간다면 공을 세울 수 있다'고 하는 것이었다. [그래서 우문]술이 한사코 말리자 [위]중문이 성을 내며 말하였다. "장군은 십만의 무리를 거느리고도 하찮은 놈들조차 제대로 무찌르지 못하다니 무슨 염치로 황제를 뵐 작정이오? 보아하니 [위]중문이 이번 걸음에는 참로 [세울] 공이 없나 보오!"

○ 時, 宇文述以糧盡欲還, 仲文議以精銳追文德, 可以有功。述固止之, 仲文怒, 曰, 將軍仗十萬之衆, 不能破小賊, 何顔以見帝。且仲文此行也, 固無功矣。

• 028

[그러자 우문]술이 그 말에 목청을 높이더니 말하였다. "공이 없을지 무엇으로 안단 말이오?"

[그러자 위]중문이 말하는 것이었다. "옛날에 주아부367)가 대장으로 있을

---

367) 주아부(周亞夫, ?~BC143): 전한대의 명장. 패현(沛縣) 출신으로, 한나라 개국공

적에는 천자를 뵈어도 군대의 진용이 바뀌지 않았소. 그것은 결정권이 [그] 한 사람에게 쥐어져 있었기 때문이오. 그래서 공을 이루어 명성을 얻었던 것이오. 이번에는 사람마다 그 마음이 제각각이니 무슨 수로 적에게 맞설 수 있겠는가!"

주아부 초상

○ 述因厲聲, 曰, 何以知無功。仲文曰, 昔周亞夫之爲將也, 見天子, 軍容不變。此決在一人, 所以功成名遂。今者人各其心, 何以赴敵。

• 029

처음에[368] 황제는 [우]중문 때문에 [나름대로] 생각한 바가 있어서 군대들로 하여금 '[작전할 때마다] 장계를 올리고 나서 지휘하도록' 지시했었다. 그래서 이런 말을 한 것이었다. 이리하여 [우문]술 등은 하는 수 없이 그의 말을 좇아 결국 [추적에] 나섰다.

○ 初, 帝以仲文有計畫, 令諸軍諮稟節度, 故有此言。由是, 述等不得已而從之, 遂行。

신 주발(周勃)의 아들이다. 문제(文帝) 때에 흉노가 침범하자 세류(細柳, 지금의 섬서성 함양 서남쪽)에 방어선을 구축하고 대적하였다. 경제(景帝) 때에는 태위(太尉)에 임명되어 황제로부터 전권을 위임받고 오(吳)·초(楚) 7국의 반란을 평정하였다. 그 뒤에 승상으로 기용되었으나 아들이 죄를 지어 감옥에 갇히자 단식하다가 죽었다.

368) 처음에[初]: 양제가 고구려 정벌에 나설 때를 가리킨다.

• 030

[*369)] [그런데] 동쪽으로 살수370)까지 이르렀을 때였다. 우문술이 '군사들이 굶주렸다'는 핑계로 [군대를] 물려서 귀환해 버리는 바람에 [수나라] 군사가 결국 참패하고 말았다.371)

황제가 이리하여 관리들에게 [우중문의] 처리를 맡기니 장수들이 한결같

369) *:《자치통감》《수기》"양제 대업 8년"조에는 이 자리에 다음의 내용이 들어 있다. "장수들과 압록수를 건너 [을지]문덕을 쫓아갔다. 문덕은 우문술의 군사들에게 굶주린 기색이 보이는 것을 발견하였다. 그래서 그들을 지치게 만들 작정으로 싸울 때마다 도주하는 것이었다. 우문술은 하루 사이에 일곱 번을 싸우고도 한결같이 다 이기자 싸움에서 이긴 데에 도취된 데다가 사람들의 성화에 휩쓸리고 말았다. 이리하여 결국 진격하여 동쪽으로 살수를 건넜다(與諸將渡水追文德. 文德見述軍士有飢色, 故欲疲之, 每戰輒走. 述一日之中, 七戰皆捷, 旣恃驟勝, 又逼群議, 於是遂進, 東濟薩水)"

370) 살수(薩水): 고구려 명장 을지문덕이 우문술이 이끄는 수나라 대군을 공격해 대첩을 거둔 하천. 그 이름인 '살(薩)'의 발음과 관련하여 원대의 호삼성은《자치통감》에서 "살은 상과 갈의 반절(薩, 桑葛翻)"이라고 소개하였다. 그렇다면 대체로 '삿(sat)' 정도였던 셈이다. 〈실제로 당대에 번역된 불교 경전들의 경우, 산스크리트어의 '삿' 또는 '사트'를 '살(薩)'로 표기하고 있다.〉 그런데 여기서 종성 '-ㅅ'가 약화/탈락되면서 실제로는 '삿 ⇒ 사'로 읽혔을 것이다. 송대의《신당서》와 명대의《대명일통지》에서는 연남건이 이적에게 패한 장소인 '살하수(薩賀水)'를 살수라고 보았다. 살하수는 살수를 또 다른 한자와 방식으로 달리 표기한 경우인 셈이다. 곽석량에 따르면, '하(賀)'의 고대음은 '가(ghɑ)' 정도이므로, '살하'는 '삿가(sat-ghɑ)' 정도로 재구된다. 실제로는 '삿가' 또는 '사가' 정도로 읽혔을 것이다. 만약 살하수의 정확한 표기가 살수라고 한다면 여기서의 '하', 즉 '가'는 고구려어의 후음(喉音, 목청소리)를 반영한 음가(音價)일 가능성이 높다. '살하수'의 실제 발음은 '삿ㅎ수' 또는 '사ㅎ수' 정도였다는 뜻이다. 살수의 지리적 고증에 관해서는 앞의 "살수" 주석을 참조하기 바란다.

371) 군사가 결국 참패하고 말았다[師遂敗績]:《자치통감》《수기》"양제 대업 8년"조의 이 대목에 대하여 호삼성은 "내호아의 군사로 하여금 패하지 않고 미리 퇴각하게 했더라면 평양성 밖에 병영을 세웠을 것이니 우문술의 군대들도 내쳐서 함성을 지르며 서로 호응했더라면 살수에서의 낭패스러운 장면은 생기지 않았을 것을!(使來護兒之師不敗而先退, 則營於平壤城外, 與宇文述諸軍猶聲拔相接, 不致有薩水之狼狼也)"이라고 주석을 붙였다.

박각순 살수대첩도(한국 기록유산 Encyves)

이 [위]중문에게 책임을 돌렸다.

[그러자] 황제는 버럭 성을 내더니 장수들을 다 풀어 주고 [위]중문만 처벌하였다. [이에 위]중문은 착잡하고 분한 나머지 병이 생기더니 [병세가] 위독해져서야 [감옥에서] 내보내어 집에서 죽으니 당시 나이가 예순여덟이었다.372) …

○ 東至薩水, 宇文述以兵餒退歸, 師遂敗績。帝以屬吏, 諸將皆委罪於仲文。帝大怒, 釋諸將, 獨繫仲文。仲文憂恚發病, 困篤方出之, 卒於家, 時年六十八。…

---

372) 집에서 죽으니 당시 나이가 예순여덟이었다[卒於家, 時年六十八]: 《자치통감》〈수기〉 "양제 대업 8년"조에서 호삼성은 우중문의 최후와 관련하여 주석을 붙이고 "《자치통감고이》에서는 '《약기》에서 우중문 이하[의 장수]가 저잣거리에서 참수되었다고 하였다'고 되어 있지만 여기서는 《수서》를 따랐다(考異曰, '略記, 于仲文以下斬於市', 今從隋書)"라고 하였다.

《수서》〈우문술전〉

• 031

우문술은 자가 백통으로, 대군[373] 무천 사람이다. 본래 성씨는 파야두이며, 선비족의 사두귀에게 부역하며 종속되어 있다가 나중에 그 주군[374]을 따라 우문씨가 되었다. … 고려를 정벌할 때에 이르러 [우문]술은 부여도[방면]군의 장군으로 임명되었다.

○ 宇文述, 字伯通, 代郡武川人也。本姓破野頭, 役屬鮮卑俟豆歸, 後從其主爲宇文氏。… 及征高麗, 述爲扶餘道軍將。

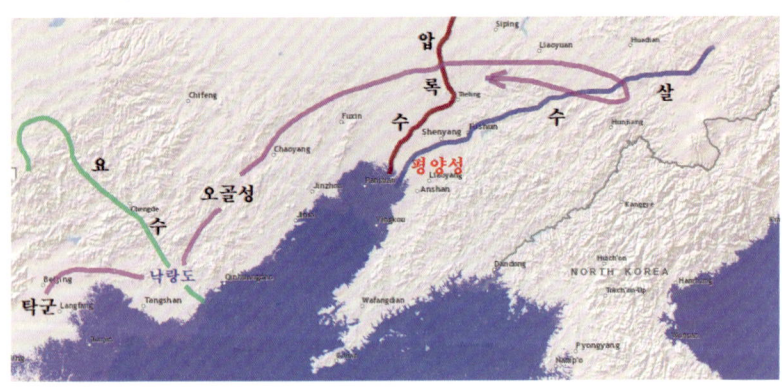

우중문 출병 추정도. 우문술은 부여도로 출병하여 압록수에 이르지만 그 좌표는 단정하기 어렵다.

---

373) 대군(代郡): 중국 고대의 지역명. 지금의 하북성 서쪽과 산서성 동쪽 일대에 해당한다.

374) 그 주군[其主]: 우문선비의 지도자인 우문사두귀(宇文俟豆歸)를 말한다. 자신이 부리는 종복에게 자신의 성씨를 쓰게 했다는 것은 우문술이 일두귀를 위하여 큰 공을 세웠음을 시사해 준다.

항우와 우희의 사별을 극적으로 표현한 그림

• 032

출병할 때에 황제는 [이렇게 우문]술에게 말하였다.

"예법에서는 '[나이가] 일흔이 되면 군역을 수행할 때에 여인을 데리고 종군한다'고 했소. [그러니] 공은 가솔로 하여금 수행하게 함이 옳소. 옛말에 '여인은 군대에 들어가지 않는다'고 했지만 [그것은] 싸움을 벌이고 있을 때를 말한 것뿐이오. 병영이나 보루를 지킬 때라면 다칠 일이 없지. 항적과 우희375)의 경우가 바로 그 옛 사례외다."

○ 臨發, 帝謂述, 曰, 禮, 七十者行役以婦人從, 公宜以家累自隨. 古稱婦人不入軍, 謂臨戰時耳. 至於營壘之間, 無所傷也. 項籍虞姬, 卽其故事.

---

375) 항적과 우희[項籍虞姬]: 진 시황제가 죽고 나서 유방과 패권을 다투었던 초나라 출신 군벌 항우(項羽, BC232~BC202)와 그 애첩 우(虞)를 말한다. 항우는 본명이 적(籍)으로, 애첩인 우희를 몹시 사랑한 나머지 전쟁에 나갈 때마다 늘 데리고 다녔다. 나중에 유방과의 경쟁에서 밀려 해하(垓下)에서 포위당했을 때 절망한 항우가 "… 우여, 우여, 그대를 어이 할꼬!(虞兮虞兮奈若何)" 하고 〈해하가(垓下歌)〉를 부르며 슬퍼하자 스스로 목숨을 끊었다고 한다. 나중에 중국에서는 두 사람의 애틋한 사랑을 다룬 희곡·소설이 많이 지어졌는데 대표적인 작품이 경극(京劇)의 인기 레퍼토리인 〈패왕별희(覇王別姬, 패왕이 우희를 여의다)〉이다.

• 033

[우문]술이 구군376)과 더불어 압록수에 이르렀을 때였다. 군량이 바닥나서 의논 끝에 군사를 되돌리려 하는데 장수들 다수가 의견이 엇갈리는 데다가 [우문]술 또한 황제의 뜻을 예측할 수가 없었다.

[그러다가] 때마침 을지문덕이 와서 그의 병영을 방문하자 [우문]술은 먼저 우중문과 함께 [황제의] 은밀한 어명을 받들어 [우중문으로 하여금 을지]문덕을 꼬드겨 사로잡도록 지시하였다. [그러나] 그러고 나서 방심하는 바람에 [을지]문덕이 도주하여 [본진으로] 귀환하고 말았던 바, 그 일은 [우]중문의 열전에 나와 있다.

○ 述與九軍至鴨綠水, 糧盡, 議欲班師。諸將多異同, 述又不測帝意。會乙支文德來詣其營, 述先與于仲文俱奉密旨, 令誘執文德。旣而緩縱, 文德逃歸, 語在仲文傳。

• 034

[우중문의 말을 들은 우문]술은 속으로 마음을 놓지 못하고 결국 장수들과 함께 압록수를 건너 그를 쫓아갔다. 그때 [을지]문덕은 [우문]술의 군사들 다수가 굶주린 기색을 발견하고 [우문]술의 무리를 지키게 만들 생각으로 맞붙어 싸울 때마다 패해 달아나는 척하였다. [우문]술은 하루 사이에 일곱 차례나 싸워서 그때마다 크게 이기자 연거푸 이긴 데에 도취된 데다가 내심 사람들의 [열화 같은] 성화에 휩쓸리고 말았다.

---

376) 구군(九軍): 대군을 말한다.《북사》의 〈우문술전〉에는 "처음에 요수를 건널 때 구군은 30만 5,000명이었다(初度遼, 九軍三十萬五千人)"라고 기술되어 있다. 같은 시기, 같은 정사의 기록임을 감안할 때에 여기서의 '구군' 역시 30만 5,000명 정도임을 짐작할 수 있다.

○ 述內不自安, 遂與諸將渡水追之。時, 文德見述軍中多飢色, 欲疲述衆, 每鬪便北。述一日之中七戰皆捷, 旣恃驟勝, 又內逼群議,

• 035
이리하여 결국 군사를 전진시켜 동쪽으로 살수를 건너더니 평양성으로부터 삼십 리 떨어진 곳까지 왔을 때에 산세를 따라 병영을 세우게 하였다. [그러자 을지]문덕은 이번에도 사자를 보내어 거짓으로 항복하면서 [이렇게 우문]술에게 요청하였다.
"만약 군사를 되돌리신다면 당연히 고원을 [수나라] 조정의 행재소377)에 바침이 옳지요!"

○ 於是, 遂進, 東濟薩水, 去平壤城三十里, 因山爲營。文德復遣使僞降, 請述, 曰, 若旋師者, 當奉高元朝行在所。

• 036
[그러자 우문]술이 병사들을 보니 지치고 피폐해져 더 이상 싸우기 어려운 상황이었다. 거기다가 평양[성]은 [지세가] 험하고 [수비가] 견고한 까닭에 당장은 집중(투입)하기 어려운지라 결국 그의 속임수에 걸려 들자 귀환하기로 하였다.378) [*379)]

---

377) 행재소(行在所): 중국 고대에 황제가 순행·전쟁을 수행하기 위하여 외지에 행차했을 때에 지내기 위하여 임시로 세운 행궁(行宮)을 말한다.
378) 그의 속임수에 걸려들자 귀환하기로 하였다[因其詐而還]: 호삼성은 《자치통감》〈수기〉"양제 개업 8년"조의 이 부분에 주석을 붙이고 사마광의 《자치통감고이》에서 인용한 당대의 사서 《수계혁명기(隋季革命記)》의 기사를 소개하였다. 《자치통감고이》에는 이렇게 기술되어 있다. "《혁명기》에는 '허공 집이 평양성이 당도하니 성 위에 바로 백기가 내걸렸다. [그래서] 닷새 째 되는 날 [평양성의] 장부·문서·도서들을 점검·등기한 다음 성문을 열고 [황제의] 명령을 기다리기로 약속하

○ 述見士卒疲敝, 不可復戰, 又, 平壤嶮固, 卒難致力, 遂因其詐而還。

• 037

[그런데] 무리가 [살수를] 중간까지 건넜을 때였다.[380) 적군이 수나라군의 후미를 공격했고, [*381)] 그렇게 되자 [대열이] 크게 무너지면서 막을 수도 멈출 수도 없게 되는 바람에 구군이 참패하고 하룻낮 하룻밤 사이에 압록수로 퇴각할 때까지 사백오십 리를 달렸을 정도였다.[382) [*383)]

였다. 약속한 닷새가 지났지만 [평양성에서] 아무 말이 없기에 허공이 몇 번이나 재촉했지만 끝까지 아무 대답이 없었다. 다시 십수일이 지났기에 배의 군량이 다하고 군사가 멀리 물러갔는데 그대는 지금 더 무엇을 기다리는 거냐고 따졌다. 그런데 그때부터 깃발을 세우고 [수나라군에] 맞서 성을 지키고 군사를 나누어 요충지를 고수하는 것이었다. 허공은 속은 것을 깨닫고 바로 갑옷을 귀환하면서 날마다 방진을 펼치며 행군했으나 사방에서 그때마다 적의 공격을 당하는 바람에 사상자가 많은 데다가 군량까지 바닥나서 요수를 건넌 이는 열 명 중에 두셋도 되지 않았다'고 되어 있다.(革命記云, 許公集至平壤, 城頭即樹降幡. 約至五日, 檢錄簿籍圖書, 開門待命. 期過五日, 無一言, 許公頻催, 竟無報答. 又十數日, 乃云, 船糧敗卻迴, 公今更欲何待. 然始抗旌拒守, 分兵以捉險要. 許公知被欺, 即卷甲歸, 每日當設方陳而行, 四面俱時受敵, 傷殺既眾, 糧食又盡, 過遼水者什無二三)"

379) *:《자치통감》《수기》 "양제 개업 8년"조에는 이 자리에 다음의 내용이 들어 있다. "우문술 등은 방진을 짜고 행군했으나 고려군이 사방에서 에워싸고 기습해오자 우문술 등은 싸우면서 행군을 계속한 끝에 가을 7월 임인일에 살수에 이르렀다.(述等爲方陳而行, 高麗四面鈔擊, 述等且戰且行. 秋, 七月, 壬寅, 至薩水)"

380) 중간까지 건넜을 때였다[衆半濟]: 여기서의 '반 반(半)'은 수나라군의 '절반'이 아니라 살수의 '중간'을 말한다.

381) *:《자치통감》《수기》 "양제 개업 8년"조에는 이 자리에 다음의 내용이 추가되어 있다. "우둔위장군 신세웅이 전사하였다.(右屯衛將軍辛世雄戰死)"

382) 사백오십 리를 달렸을 정도였다[行四百五十里]: 두우《통전》《변방2》 "고구려(高句麗)"조에는 이 구절이 "400~500리를 행군하였다(行四五百里)"로 나와 있다.

383) *:《자치통감》《수기》 "양제 개업 8년"조에는 이 자리에 다음의 내용이 추가되어 있다. "장군인 천수 출신의 왕인공이 전군을 맡아 고려를 쳤다가 퇴각하였다. 내

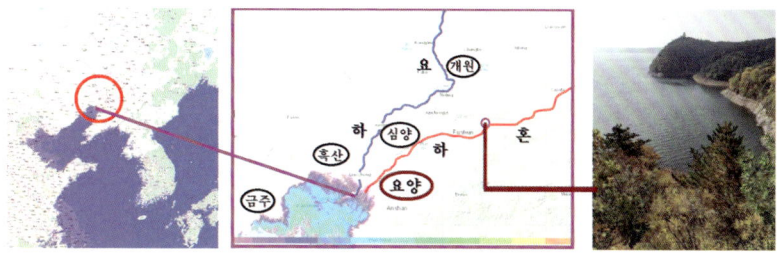

을지문덕이 대첩을 거둔 살수는 어디쯤일까. 지금의 요양시가 고구려의 평양성이라면 심양-무순을 가로지르는 혼하(渾河)일 가능성이 높다. 오른쪽은 살수의 유력한 후보지인 살이호(薩爾滸, 사르후)

○ 衆半濟, 賊擊後軍, 於是, 大潰不可禁止, 九軍敗績, 一日一夜, 還至鴨綠水, 行四百五十里。

• 038

[고구려 정벌] 처음에 요수를 건넌 것은 구군 삼십만 오천 명이나 되었다.[384] 그런데 퇴각해 요동성에 이르렀을 때에는[385] 겨우 이천칠백 명뿐이었다.[386] [그러자] 황제는 버럭 성을 내면서 [우문]술 등을 [담당] 관리

호아는 우문술 등이 패했다는 소식을 듣고 마찬가지로 [군사를] 돌려 귀환하였다. 오직 위문승의 군대만 온전하였다.(將軍天水王仁恭爲殿, 擊高麗, 卻之. 來襲兒聞述等敗, 亦引還, 唯衛文昇一軍獨全)”

384) 구군 삼십만 오천 명이었다[九軍三十萬五千人]: 두우《통전》〈변방2〉 "고구려"조에는 이 구절이 "요수를 건넌 것은 9군 30만 5,000명이었다(渡遼九軍三十萬五千人)"로 나와 있다. 5,000명의 편차가 있는 것이다.

385) 퇴각해 요동성에 이르렀을 때에는[還至遼東城]: 사마광은 "군대들은 이긴 기세를 타고 진군하여 요동성을 포위하니 바로 한대의 양평성이다.(諸軍乘勝進圍遼東城,即漢之襄平城也)"라고 하였다. 양평은 지금의 평주 노룡현 인근이다.

386) 겨우 이천칠백 명 뿐이었다[唯二千七百人]:《자치통감》〈수기〉 "양제 개업 8년"조에는 이 부분이 이렇게 기술되어 있다. "겨우 2,700명이고, 물자·병기·장비는 만만 개에 이르렀지만 거의 모두 분실하거나 잃어버렸다.(唯二千七百人, 資儲器械巨萬計, 失亡蕩盡)" 호삼성은 이 대목에 주석을 붙이고 "'거만'은 만만을 말한다

《수서》〈우문술전〉

에게 처리를 맡기고[387], 동도에 이르자 군적에서 제명하여 평민으로 만들었다.

○ 初, 渡遼九軍三十萬五千人, 及還至遼東城, 唯二千七百人。帝大怒, 以述等屬吏。至東都, 除名爲民。

• 039

이듬해[388]에 황제는 요동[을 정벌할] 일이 생기자 [우문]술의 관작을 회복시키고[389] 그를 처음처럼 대해 주었다.

[우문술은] 종군하여 요동에 이르렀을 때에 장군 양의신과 함께 군사를 이끌고 이번에도 압록수를 마주하기에 이르렀다. [그러나] 때마침 양현감이 반란을 일으키자 황제는 [우문]술을 불러 군사를 되돌리게 한 다음

(巨萬, 萬萬也)"라고 하였다. '만만(萬萬)'은 억(億)과 같은 말이다. 무엇을 어떻게 센 것인지는 알 수 없으나 아마 이루 셀 수조차 없을 정도로 많은 것을 두고 한 말로 보인다.

387) 관리에게 처리를 맡기고[屬吏]:《자치통감》〈수기〉"양제 개업 8년"조에는 이 부분이 이렇게 기술되어 있다. "황제는 벌컥 성을 내면서 쇠사슬로 우문술 등을 묶었다. 계묘일에 [군사를] 돌려 귀환하였다.(帝大怒, 鎖繫述等. 癸卯, 引還)" 호삼성은 이 대목과 관련하여 주석을 붙여《자치통감고이》의 기사를 소개하였다. 해당 기사에 따르면, "《잡기》에서는 '7월에 황제가 탁군으로부터 동도로 귀환하였다. 11월에 우문술 등은 군량이 바닥나자 도망쳐 귀환했으나 고려가 군사를 내어 요격하는 바람에 [군사가] 도망치거나 잃고 남아나는 것이 없을 지경이었다. 황제가 성을 내며 관련 관청의 주둔 장수에게 어명을 내려 수행하게 하였다. 얼마 지나지 않아 [황제가] 유사룡 등을 군사들 앞에서 참수하고 우문술만 특별히 사면해 주었다(雜記, '七月, 帝自涿郡還東都. 十一月, 宇文述等糧盡遁歸, 高麗出兵邀截, 亡失蕩盡. 帝怒, 敕所司鎖將隨行. 無幾, 斬劉士龍等於軍市, 特赦述')"라고 하였다.

388) 이듬해[明年]: 대업 9년(613, 계유년)에 해당한다.

389) [우문]술의 관작을 회복시키고[復述官爵]:《수서》〈양제본기〉에 따르면, 2월 임오일(양력 4월 3일)의 일이다.

그로 하여금 전속력으로 역참들을 내달려 하양390)까지 달려가 각 군의 군사를 징발하여 [양]현감을 토벌하도록 일렀다.

○ 明年, 帝有事遼東, 復述官爵, 待之如初。從至遼東, 與將軍楊義臣率兵復臨鴨綠水。會楊玄感作亂, 帝召述班師, 令馳驛赴河陽, 發諸郡兵以討玄感。

• 040

그때 [양]현감은 동도를 압박하고 있었는데, '[우문]술이 곧 당도할 것'이라는 소식을 듣자 두려워서 서쪽으로 도주하여 관중391) 쪽을 도모하려 하였다. [이에 우문]술은 형부상서 위현392), 좌어위장군 내호아, 무위장군 굴돌통393) 등과 더불어 [서둘러] 그를 쫓아갔다.

---

390) 하양(河陽): 중국 고대의 지역명. 글자 그대로 직역하면 '황하의 북쪽 땅'이라는 뜻으로, 황하 북쪽 기슭에 자리 잡고 있는 지금의 하남성 맹주시(孟州市) 서남쪽에 해당한다. 낙양은 맹주시의 맞은편인 황하의 서남쪽 기슭에 자리 잡고 있다.

391) 관중(關中): 중국 고대의 지역명. 중국 섬서성의 위하(渭河) 유역 지역을 말한다. 동으로는 함곡관(函谷關), 남으로는 무관(武關), 서로는 산관(散關), 북으로는 소관(蕭關)이 마주하면서 네 관문의 복판에 자리 잡고 있어서 '[네] 관문의 복판'이라는 뜻에서 그렇게 부르게 되었다고 한다.

392) 위현(衛玄, 541~617): 수나라의 장수. 선비족 출신으로, 자는 문승(文昇)이며, 하남(河南) 낙양(洛陽) 사람이다. 북주 말기에 경조윤(京兆尹)을 지내고 수나라가 건국되자 문제의 인수(仁壽) 연간에 자주자사(資州刺史)에 임명되고 양제 초기에 위군태수(魏郡太守)가 되었다. 대업 9년에는 대왕(代王)이던 양유(楊侑)를 도와 장안을 지키는 한편 함곡관을 나가 양현감을 쳐서 낙양을 지켜 냄으로써 우광록대부에 제수되었다.

393) 굴돌통(屈突通, 557~628): 수·당대의 장수. 해(奚)족 출신으로, 옹주(雍州) 장안(長安) 사람이다. 수 문제의 개황 연간에 우무후(右武候)·거기장군(車騎將軍)을 지내고 양제의 대업 말기에는 우문술과 함께 양현감의 반란을 진압하였다. 나중에 장안에 주둔하면서 당국공이던 이연(李淵)에 맞섰으나 곧 항복하고 당나라에서 병부상서·장국공(蔣國公)에 봉해졌다. 이세민을 따라 종군하여 큰 전공을

○ 時, 玄感逼東都, 聞述軍將至, 懼而西遁, 將圖關中。述與刑部尙書衛玄左禦衛將軍來護兒武衛將軍屈突通等躡之。

•041

문향의 황천원394)에 이르렀을 때에 [우문술은 양]현감과 마주쳤다. [우문]술은 내호아와 함께 진을 치고 그 앞에 나서더니 굴돌통으로 하여금 기습부대를 이끌고 그 배후를 공격하게 하였다. [마침내] 그를 크게 무찌르고 결국 [양]현감의 목을 베어 그 머리를 행재소에까지 전달하니 [황제가] 비단 수천 단을 내렸다.

[우문술은] 다시 [어가를] 좇아서 요동을 정벌하고 회원[진]에 이르러 귀환하였다.

○ 至閺鄕皇天原, 與玄感相及。述與來護兒列陣當其前, 遣屈突通以奇兵擊其後, 大破之, 遂斬玄感, 傳首行在所。賜物數千段。復從東征, 至懷遠而還。

세우고 섬동대행대(陝東大行臺)·우복야(右僕射)·공부상서 등을 역임하여 그 초상이 능연각(凌煙閣)에 봉헌되었다.

394) 황천원(皇天原): 중국 고대의 지명. 지금의 하남성 영보시 서북쪽에 해당한다. '동천원(董天原)'으로 불리기도 하였다.

《수서》〈내호아전〉

• 042

내호아는 자가 숭선으로, 강도 사람이다. … 양제가 즉위하면서 우교위대장군으로 승진했는데 황제가 그를 몹시 신임하였다. 대업 6년[395]에 강도까지 어가를 수행하자 비단 일천 단을 내리고 [그로 하여금] 조상의 산소를 방문하고 [고향] 어른들에게 잔치를 베풀어 주게 하니 온 고을 사람들이 그를 자랑스러워하였다. [그리고] 몇 해가 지나 우익위대장군으로 승진하였다.

○ 來護兒, 字崇善, 江都人也。… 煬帝卽位, 遷右驍衛大將軍, 帝甚親重之。大業六年, 從駕江都, 賜物千段, 令上先人塚, 宴父老, 州里榮之。數歲, 轉右翊衛大將軍。

• 043

요동 정벌 때에는 [내]호아가 누선[396]을 이끌고 곧바로 창해로 향하였

---

395) 대업 6년(大業六年): 서기 610년으로, 고구려 기년으로는 영양왕 21년에 해당한다.

396) 누선(樓船): 중국 고대의 전선.《사기》〈남월열전(南越列傳)〉에 응소(應劭)가 붙인 주석에 따르면, 조선 정벌 직전인 전한의 원정(元鼎) 5년(112) "당시 남월을 공격하려 했으나 수로로는 갈 수가 없어서 대형 선박을 건조하고 그 배에 누각을 세워 '누선'이라고 불렀다(時欲擊越, 非水不至, 故作大船, 船上施樓, 故號樓船也)"라고 한다. 참고로, 정벌활동이 활성화되는 진·한대에는 창·방패 등의 공수 설비를 모두 갖춘 대형 전선이 수전에 자주 사용되기 시작했는데, 이때 갑판 상부가 복층 구조로 지어져 외관이 마치 누각처럼 웅장하다고 해서 '누선(樓船)'으로 불렸다. 실제로 무제가 양복을 최초의 누선 장군에 임명하여 남월국을 정벌할 때 만들어진 전선은 상부구조가 3~4층이나 되고 높이가 10장(丈), 즉 대략 27.6m나 되는 대형 선박으로, 한 척에 한꺼번에 1,000명을 태울 수 있을 정도로 컸다

다.

○ 遼東之役, 護兒率樓船, 指滄海。

• 044

[그리고] 패수를 따라 진입하다가 평양[성]으로부터 육십 리 떨어진 곳까지 이르렀을 때 고려군과 마주치자³⁹⁷⁾ 진군하여 [고구려군을] 공격하고 크게 무찔렀다. [그리고] 그 이긴 기세를 타고 곧바로 성 아래까지 달려가 그 성곽을 함락시켰다. [*³⁹⁸⁾]

고 한다. 그러나 많은 병력을 태우고 적들에게 위압감을 줄 만큼 거대한 누선은 정작 작전이나 항해에는 상당히 취약하였다. ① 무게중심이 상부에 있기 때문에 ② 해상의 파도·해류·태풍에 휩쓸리면 배가 뒤집힐 가능성이 컸다. ③ 이 같은 위험 요소들을 감안하고 내호아가 인솔한 전선들이 누선들이라고 전제할 경우, 내호아가 창해(발해)를 항해한 경로는 기존의 학계 주장과는 달리 해안선을 따라 항해하는 연안항법에 따라 '동래 ⇒ 창해(발해) ⇒ 요동반도'로 이동했다고 보아야 옳다. 누선의 구조적 취약성과 연안항법에 관해서는 문성재,《한사군은 중국에 있었다》, 제70~73쪽을 참조하기 바란다.

397) 고려군과 마주치자[與高麗相遇]: 다른 열전 등에는 내호아의 수군의 이동 경로를 동래에서 바로 [황해를 횡단하여] 평양성으로 향한 것으로 요약해 놓았지만 실제로는 이처럼 창해를 통하여 이동하였다. 창해는 지금의 발해의 별칭이므로, 이때까지는 황해를 횡단하거나 묘도군도를 거치지 않고 '동래 ⇒ 발해 ⇒ 평양성' 식으로 연안항법으로 해안선을 따라 이동했음을 알 수가 있다. 심지어 내호아의 수군은 기본적으로 대규모의 인원과 물자를 적재한 누선이어서 언제 어디서 어떻게 침몰될지 모르는 바람과 파도가 요동치는 바다 한가운데로 나간다는 것은 상상조차 할 수 없었을 것이다.

398) *:《자치통감》〈수기〉 "양제 개업 8년"조에는 이 부분이 다음과 같이 기술되어 있다. "호아는 이긴 기세를 타고 그 성까지 직행하려 했으나 부총관 주법상이 그를 말리면서 '다른 군대들이 당도하기를 기다려 함께 진격하자'고 설득하였다. [그러나] 호아는 듣지 않고 무장한 정예병 4만 명을 추려 곧바로 성 아래까지 달려갔다. 고려는 성곽 안의 빈 절에 군사를 매복시켰다가 군사를 내어 호아와 접전을 벌이더니 일부러 져 주었다. [그러자] 호아는 그들을 쫓아 성 안으로 들어가더니 군사를 풀어 마구 약탈을 자행하느라 대열이 흐트러져 버렸다. [그때 고구려의]

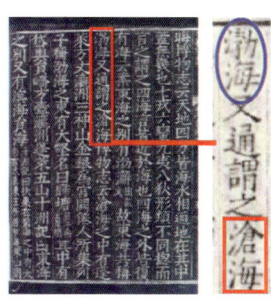

'창해'는 발해의 별칭이고, 산동의 묘도군도는 발해와 황해를 나누는 기준점이다. 따라서 〈내호아전〉의 '지창해(指滄海, 창해로 향했다)'는 내호아의 수군이 발해 쪽으로 항해했다는 뜻으로 해석된다. 요동반도나 황해 횡단은 없었다는 뜻이다.

○ 入自浿水, 去平壤六十里, 與高麗相遇。進擊, 大破之, 乘勝直造城下, 破其郛郭。

• 045

그렇게 되자 군사를 풀어 대규모로 약탈을 벌이는 바람에 차츰 대오가 흐트러져 버리자 고원의 아우 [고]건무가 결사대 오백 명을 모집하여 그 무리를 도중에 요격하였다. [내]호아는 그러자 퇴각하여 갯가399)에 병

매복했던 군사들이 공격하는 바람에 호아는 크게 패하고 가까스로 빠져 나오니 병졸들 중에 귀환한 이는 몇 천 명을 넘지 않을 지경이었다. 고려군은 전선들이 있는 곳까지 쫓아오니 주법상이 진지를 정비하고 기다리고 있었다. 고려군은 그제야 퇴각하니 호아는 군사를 이끌고 돌아가 해포(개펄?)로 돌아가서 다시 [그 자리에] 남아 [아군] 군대들을 맞이할 엄두를 내지 못하였다.(護兒欲乘勝趣其城, 副總管周法尙止之, 請俟諸軍至俱進. 護兒不聽, 簡精甲四萬, 直造城下. 高麗伏兵於羅郭內空寺中, 出兵與護兒戰而偽敗, 護兒逐之入城, 縱兵浮掠, 無復部伍. 伏兵發, 護兒大敗, 僅而獲免, 士卒還者不過數千人. 高麗追至船所, 周法尚整陳待之, 高麗乃退. 護兒引兵還屯海浦, 不敢復留應接諸軍)"

399) 갯가[海浦]: '해포(海浦)'는 글자 그대로 직역하면 '바닷 개펄'을 뜻한다. 여기서 "퇴각하여 갯가에 병영을 세웠다"는 것은 애초에 평양성으로 진격할 때 거슬러 올라간 패수(패강) 물줄기에서 도로 하류로 내려와 물줄기가 바다로 흘러드는 바

송대의 병서인 《무경총요》에 소개된 누선의 모습. 누각이 있어서 무게중심이 윗쪽으로 쏠린 탓에 항해에 불리하였다. 물결이 약한 운하가 아닌 바다를 횡단하는 것은 거의 불가능했다.

영을 세우고 접전을 벌일 때를 기다렸다. [그러다가] 나중에 우문술 등이 패한 사실을 알고 그제야 군사를 되돌렸다.

○ 於是, 縱軍大掠, 稍失部伍, 高元弟建武募敢死士五百人邀擊之。護兒因却, 屯營海浦, 以待期會。後, 知宇文述等敗, 遂班師。

•046

이듬해[400]에 다시 창해도로 출병하게 되었는데, 군사가 동래에 멈추었을 때에 때마침 양현감이 여양에서 반역을 일으켜 진군하여 공현[401]·낙양까지 압박하고 있었다. [그러자 내]호아는 군사를 이끌고 우문

다 어귀까지 와서 병영을 구축했다는 뜻으로 해석된다.

400) 이듬해[明年]: 수 양제의 대업 9년(613)으로, 고구려 기년으로는 영양왕 24년에 해당한다.

401) 공현[鞏]: 중국 고대의 공현(鞏縣)을 말한다. 지금의 하남성 중서부의 공의시(鞏義市) 일대에 해당하며, 낙양이 바로 서쪽에 있어서 '공·낙(鞏洛)'으로 함께 일컫

술 등과 더불어 그를 공격해 무찔러서 영국공에 봉해지는 한편 이천 호의 식읍을 하사받았다.

○ 明年, 又出滄海道, 師次東萊, 會楊玄感作逆黎陽, 進逼鞏洛, 護兒勒兵與宇文述等擊破之. 封榮國公, 邑二千戶.

• 047

[대업] 10년에 이번에도 군사를 이끌고 바다(창해)를 건넜다. 비사성[402]기도 하였다.

402) 비사성(卑沙城): 수·당대의 고구려 성 이름. 그 이름은 문헌에 따라 '비사(卑奢)' 또는 '사비(奢卑, 沙卑)'로 소개되기도 하였다. 《당대조령집(唐大詔令集)》에 수록된 당 태종의 정관 19년 10월자 〈고려반사조(高麗班師詔)〉에는 '은산(銀山)[성]'으로 소개되어 있다. 이 조서는 당시에 태종이 직접 작성한 글이므로 오자가 있을 확률이 낮다. 그 위치의 경우, ①《요사》〈지리지〉"동경도(東京道)"조에 따르면, "[해주]남해군절도. 본래 옥저국 땅으로, 고려 때에는 사비성이었으며, 당나라의 이세민이 이곳을 공격한 바 있다. 발해 때에는 '남경남해부'로 불렀다. 돌을 쌓아 성을 만들었으며 규모는 9리에 이르는데 옥주·청주·초주 세 고을을 도독하였다(【海州】南海軍, 節度. 本沃沮國地, 高麗爲沙卑城, 唐李世民嘗攻焉. 渤海號南京南海府. 疊石爲城, 幅員九里, 都督沃晴椒三州)"라고 하였다. ② 청대의 연혁지인 《흠정성경통지(欽定盛京通志)》〈고적(古迹)〉"해주"조에서는 "따져 보건대, 《요사》〈지리지〉에서는 '이곳은 본래 옥저국의 땅으로, 고려 때에 사비성이 되었다'고 하였다. 《후한서》를 고찰해 보건대, '동옥저는 고구려 개마대산 동쪽에 있다'고 하였다. 한대의 개마는 당대의 개모로, 바로 지금의 개평현이다.(按遼志州, 本沃沮國地. 高麗爲沙卑城. 考後漢書, 東沃沮在高句麗蓋馬大山之東. 漢之蓋馬, 唐爲蓋牟, 即今蓋平縣也)", ③《대청일통지》"요양주(遼陽州)"조에서는 "《성경통지》에서는 '해성현에 사비성이 있는데, 고려가 옛 옥저 땅에 설치하였다'라고 하였다(通志云, 海城縣有沙卑城, 高麗置故沃沮地也)"라고 각각 소개하였다. 고조우의 《독사방여기요》〈산동8〉"해주위(海州衛)"조에서도 "북위 말기의 옥저국 땅으로, 고려의 사비성이다. 발해에서는 '남경남해부', 요나라는 '해주남해군', 금나라는 '징주'라고 불렀다(後魏末, 爲沃沮國地. 高麗爲沙卑城, 渤海號南京南海府, 遼爲海州南海郡, 金曰澄州)"라고 소개하였다. 그 좌표를 지금의 요령성 해성현에서 구한 셈이다. 다만 이상의 기사들은 조선의 반도사관에 근거하여 좌표를 잡은 것임에 유념할 필요가 있다.

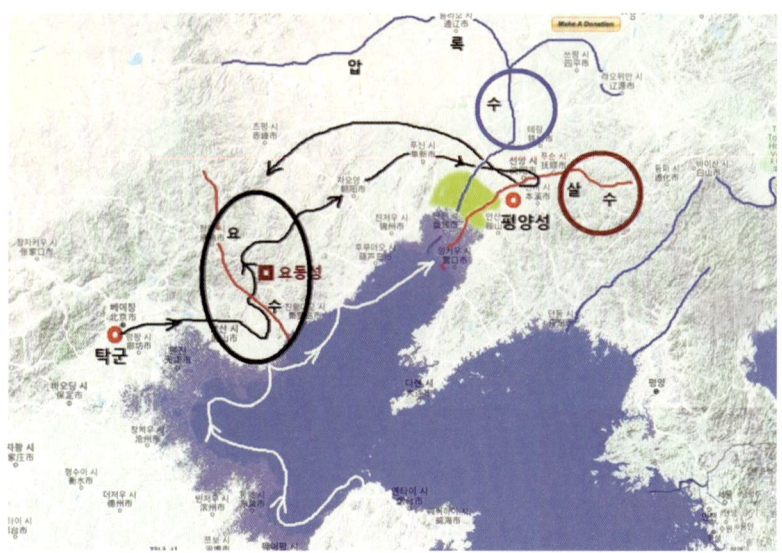

다시 그린 수 양제의 고구려 정벌 경로도(추정). 이처럼 고수전쟁에서 주요 전선이 형성되었던 요동은 하북성 북부로 옮겨져야 옳다.

에 이르러 고려가 총력을 다 기울여 싸웠다.

○ 十年, 又帥師度海, 至卑奢城, 高麗擧國來戰。

• 048

[내]호아는 그들을 크게 무찌르고 일천 급이 넘는 목을 베었다. [이어서] 평양[성]으로 달려가려 하자 고원이 두려워 떨면서 사자를 파견하여 역적 곡사정을 붙잡아 요동성 아래로 예방하고 표를 올려 항복할 것을 자청하였다.

○ 護兒大破之, 斬首千餘級。將趣平壤, 高元震懼, 遣使執叛臣斛斯政, 詣遼東城下, 上表請降。

•049

[그래서] 황제가 그 요청을 받아들여 사람을 파견해 정절을 지니고 가서 황제의 명령을 전하고 [내]호아로 하여금 군사를 돌리게 하였다. [그러자 내]호아는 무리를 모아 놓고 이렇게 말하였다.

"세 차례나 출병하고도[403] 여태 놈들을 평정하지 못했소. 이번에 귀환하면 다시 오기 어렵소. 지금 고려는 궁지에 몰리고 피폐해져 들판에는 푸른 풀 하나 없으니 우리 군사로 싸우면 머지않아 놈들을 이길 수가 있소이다! 나는 군사를 전진시켜 그 길로 평양[성]을 포위하고 그 나라 임금을 사로잡아 승전 소식을 고하고 나서야 돌아가겠소!"

○ 帝許之, 遣人持節詔護兒旋師。護兒集衆, 曰, 三度出兵, 未能平賊。此還也, 不可重來。今高麗困弊, 野無靑草, 以我衆戰, 不日剋之。吾欲進兵, 徑圍平壤, 取其僞主, 獻捷而歸。

•050

[그렇게] 답표를 올려 [계속] 행군할 것을 자청하면서 황제의 명령을 받들려 하지 않는 것이었다. [그래도] 장사 최군숙이 한사코 언쟁을 벌이며 허락하지 않자 [내]호아가 말하였다.

○ 答表請行, 不肯奉詔。長史崔君肅固爭, 不許。護兒曰,

---

403) 세 차례나 출병하고도[三度出兵]: 역사적으로 수나라는 총 네 차례에 걸쳐 고구려를 침공하였다. ① 문제의 개황 18년(598, 무오년)을 시작하여 ② 대업 8년(612, 임신년), ③ 대업 9년(613, 계유년), ④ 대업 10년(614, 갑술년) 연거푸 이루어진 양제의 세 차례에 걸친 침공이 그것이다. 그런데 여기서 내호아가 "세 차례나 출병했다"라고 한 것은 대업 10년의 일이다. 그 서막을 연 수 문제 개황 18년의 고구려 침공은 포함시키지 않은 셈이다.

• 051

"놈들의 세력이 와해되었소. [조정에서] 전권을 위임하셨으니 혼자서 처리해도 충분하오! 나는 조정 밖에 있는 몸이니 일 처리는 직접 처리하는 것이 옳지요. 어찌 천 리 넘게 떨어진 곳에서 기정의 규칙에 따를 수가 있겠소! 짧은 순간에 자칫 좋은 때를 놓쳐 고생만 하고 [세운] 공이 없다면 그거야 그럴 수밖에 없겠지요. 나는 차라리 정벌에 나서 고원을 사로잡은 다음 귀환하여 벌을 받을지언정 공을 이룰 이 기회를 버리는 짓은 할 수가 없소이다!"

○ 賊勢破矣, 專以相任, 自足辦之。吾在閫外, 事合專決, 豈容千里稟聽成規。俄頃之間, 動失機會, 勞而無功, 故其宜也。吾寧征得高元, 還而獲譴, 捨此成功, 所不能矣。

• 052

[그러자 최]군숙404)은 무리에게 일렀다.

"만약 원수를 좇아 황제의 명령을 어기고 거역했다가는 분명히 황제께서 아시어 모조리 벌을 받게 될 것이니라!"

[그래서] 장수들이 두려워하면서 다들 [내호아에게] '귀환하자'고 달래니 그제야 그 명령을 받드는 것이었다.

○ 君肅告衆, 曰, 若從元帥, 違拒詔書, 必當聞奏, 皆獲罪也。諸將懼, 盡勸還, 方始奉詔。

---

404) 최군숙(崔君肅, 7세기): 수나라의 재상. 양제가 즉위하자 사조알자(司朝謁者)에 임명되었으며, 대업 4년(608)에 서돌궐에 사신으로 파견되어 처라가한(處羅可汗, 출라 카간)에게 수나라에 복종할 것을 설득하였다. 대업 10년 고구려 정벌 당시에는 장사(長史)의 신분으로 내호아를 수행하였다.

북사-열전

이당(李唐) 태종 문황제(太宗文皇帝) 이세민(李世民) 어찬(御撰)

이당(李唐) 사공(司空) 방현령(房玄齡) 감수(監修)

주명(朱明) 국자감 제주(國子監祭酒) 방종철(方從哲) 등교(等校)

북위(北魏) 도무제(道武帝) 탁발규(拓跋珪)의 등국(登國) 원년(386)으로부터 수(隋) 공제(恭帝) 양유(楊侑)의 의녕(義寧) 2년(618)까지 북위·서위(西魏)·동위(東魏)·북주(北周)·북제(北齊) 및 수나라까지 북조의 6개 왕조 233년간의 역사를 다룬 기전체(紀傳體) 통사(通史). 당대의 이대사(李大師)가 시작한 북조 통사 편찬작업을 그 아들 이연수가 계승하여 선행 정사인 《위서》·《북제서》·《주서》·《수서》를 참조하여 4~7세기 233년간의 북조의 역사를 〈위본기〉 5권·〈제본기〉 3권·〈주본기〉 2권·〈수본기〉 2권으로 구성하는 등, 네 정사를 〈본기(本紀)〉 12권과 〈열전(列傳)〉 88권 등, 총 100권으로 완성하였다.

　이연수(李延壽, 581?~676?)는 서량(西涼) 무소왕(武昭王) 이고(李暠)의 9세손으로, 자는 하령(遐齡)이며, 상주(相州, 지금의 하남성 안양시) 사람이다. 태종의 정관(貞觀) 연간에 숭현관 학사(崇賢館學士)·어사대 주부(御史臺主簿)·부새랑 겸 수국사(符璽郞兼修國史)를 역임했으며, 저작랑(著作郞) 경파(敬播)와 함께 《수서(隋書)》의 '10지(十志)'를 집필하였다.

　그 과정에서 각종 조서·상소·격문·책문의 내용이나 교섭·전쟁의 과정 등은 간단하게 처리되고, 〈지(志)〉·〈표(表)〉 부분은 거의 생략되었다. 반면에, 《진서》〈재기(載記)〉의 체제를 모방한 〈참위부용전(僭僞附庸傳)〉을 신설하고 정통으로 인정받지 못한 하(夏)·연(燕)·후진(後秦)·서진(西秦)·북연(北燕)·북량(北凉)·후량(後梁) 등 7개 할거정권까지 함께 다루었다. 〈열전〉 부분의 경우, 시대 순서로 배치되어 있으나 각 왕조의 존속 기간이 짧아 기술대상이 복수의 왕조에서 활동한 경우가 많아 조·손·부·자·형·제·자·매를 모두 한 열전에서 다루는 파격적인 방식을 채택하였다.

　주요 판본으로는 원대의 대덕구로본(大德九路本), 명대의 남경국자감본(南京國子監本, 남감본)·북경국자감본(북감본)·급고각본(汲古閣本), 청대의 무영전본(武英殿本, 전본), 근대의 백납본(百衲本)·금릉서국본(金陵書局本), 현대의 중화서국본(中華書局本) 등이 있다. 주석서로는 청대 초기에 이수(李遂)의 《남북사 합주(南北史合注)》가 유명하다.

고려전(高麗傳)[1]

• 001

고구려[2]는 그 선조가 부여[3]에서 나왔다.[4]

---

1) 고려전(高麗傳): 이 열전에는 주몽(추모)이 고구려를 건국한 한대 초기로부터 수나라 말기까지 포착된 고구려의 내력·역사·제도·풍속 등이 소개되어 있다. 그 내용은 부분적으로 남조계 정사인 《양서》를 차용했지만 북조계 정사 《삼국지》·《위서》를 위주로 하면서 당 태종의 정관 10년(636)에 완성된 《북제서》·《주서》·《수서》를 참조한 것으로 보인다. 다만, 고구려의 조세제도나 신라와의 군사 분쟁, 동위 사신 최류의 일화 등은 기존의 정사들에 소개되지 않은 새로운 내용들이다. 동위·서위·북제·북주 시기의 고구려 관련 기사들 역시 다른 정사들에는 소개되지 않은 것들이 다수여서 한·중 고대사 연구에 중요한 정보들을 제공한다. 그러나 주몽 설화는 물론이고 고국원왕·장수왕까지 고구려 역사 관련 기사들은 대부분 선행 정사의 기사들을 거의 그대로 옮겨 놓은 수준으로 기존 내용에 대한 수정이나 새로운 해석은 찾기 어렵다. 그런 점에서 특기할 대목이 《수서》 차용 부분이다. 고구려 관련 기사가 주로 중국과의 교섭·책봉·전쟁 사실들을 중심으로 기술되어 있는데, 분량면에서 선행 정사들을 압도할 정도로 많이 반영된 것은 물론이고, 구성면에서도 자료의 출처인 《수서》보다 훨씬 치밀하고 체계적이다. 이 열전은 《수서》와는 달리 '고구려[전]'이지만 본문에서는 원래의 국호('고구려')와 중국식 국호('고려')가 뒤섞여 언급되는 양상을 보인다. 국호를 '고구려'로 소개한 《삼국지》·《위서》와 '고려'로 소개한 《양서》·《주서》·《수서》의 기사를 기계적으로 차용·소개하면서 빚어진 혼선으로 보인다.

2) 고구려(高句麗): 인터넷 〈국편위판〉 주004에서는 고대 돌궐의 퀼테긴 비석에 등장하는 '뵈클리(Bökli)'와 당대의 산스크리트어 해석서인 《범어잡명(梵語雜名)》의 '무구리(畝俱里)'를 근거로 "高句麗는 원래 句麗에 해당하는 土着語의 音에서 비롯하는 단어에 '高'字가 美稱으로 덧붙여진 것이며, 때로는 그 種族名에 따라 '貊'字를 冠하기도 한 것"으로 해석하고 '무구리'의 발음을 '모쿨리(Mokuli)'로 재구하였다. 실제로 북경대 중문과 교수 곽석량(郭錫良, 1930~)의 《한자고음수책(漢字古音手冊)》에 따르면, '무(畝)'는 '머(mə)', '구(俱)'는 '교(gĭwo)', '리(里)'는 '리ㅓ(lǐə)', '맥(貊)'은 '멕(meɑk)'으로 재구되어 고대음이 대체로 '머교리' 정도로 읽힌다. 덧붙여, 인터넷 〈국편위판〉 주004에서는 '구려(句麗)'의 어원과 관련하여 "城 또는 谷·洞·邑 등을 뜻하는 고구려어 '溝漊'에서 비롯하였다는 說이 유력하다. '忽'을 이와 같은 말로 보기도 한다"라고 소개했는데 여기에는 부연 설명이 필요하다. 고구려어의 '구루'와

○ 高句麗, 其先出夫餘。

'홀'은 비슷한 의미를 나타내지만 언어적 계통은 다소 다르다. '구루'는 만주-퉁구스계 언어의 '구룬(gurun)'인 반면, '홀'은 몽골계 언어의 '홋(xoт)'이기 때문이다.

3) 부여(夫餘): 한민족의 한 갈래인 부여족이 기원전 1세기경에 세운 나라. 때로는 '부여(扶餘)'로 적기도 한다. 일찍부터 발달된 문명을 갖고 있었으나 3세기 말 선비족의 침입으로 크게 쇠퇴하고 대부분의 영토가 고구려에 편입되었다. 그 위치는 대체로 지금의 길림성과 흑룡강성 일대라는 주장이 거의 정설처럼 받아들여지고 있다. 그러나 그 좌표에 관해서는《사기(史記)》의〈화식열전(貨殖列傳)〉을 주목할 필요가 있다. 사마천(司馬遷, BC145?~?)이 전한대에 작성한 해당 기사에는 "대체로 연국 또한 발해·갈석 사이의 도회지이다. 남으로는 제국·조국과 연결되고 동북으로는 흉노와 접하고 있다. … 북으로는 오환·부여와 이웃하면서 동으로는 예맥·조선·진번의 이익들을 주무른다"라고 되어 있기 때문이다. 부여의 좌표는 예맥·조선·진번 쪽이 아닌 오환 쪽에서 구해야 한다는 뜻이다. '부여'의 어원학적 논의에 관해서는 문성재,《정역 중국정사 조선·동이전1》, 제134쪽의 해당 주석을 참조하기 바란다.

4) 부여로부터 갈라져 나왔다[出自夫餘]: 이 구문을 통하여 5세기 당시 북위(北魏) 왕조는 '고구려의 뿌리가 부여에 있다'고 인식하고 있었음을 알 수 있다. 물론, 이 같은 고구려 식은 고구려를 "부여의 또 다른 갈래(夫餘別種)"로 본《삼국지》·《후한서》의 시각과 대체로 일치한다. 일본 학자 와다 세이(和田淸, 1890~1963)는《구당서》에서 "발해말갈의 대조영이라는 자는 본래 고려의 별종이다"라고 한 점을 근거로 "'別'자를 붙이고 있는 것을 보면 그는 高句麗와는 同族이 아니다"라면서 "韓國史에서 高句麗를 除外시켜야 한다"라고 주장한 바 있다. 그러나 그것은 한문을 제대로 깨우치지 못한 데서 비롯된 무지의 소치이다. 후한의 허신(許愼, 58?~147?)은《설문해자(說文解字)》에서 '별'은 쪼갠다는 뜻이다(別, 分解也)"라고 설명하였다.《고훈회찬(古訓匯纂)》역시 '별'의 첫 번째 의미로 "나눈다는 뜻이다(分也)"라고 소개하면서 원대 학자인 호삼성(胡三省, 1230~1302)이《자치통감》《송기(宋紀)》 "태조(太祖) 원가(元嘉) 24년(447)"조에 붙인 "호와는 시조가 같지만 파가 나누어진다" 등을 예로 들었다. 이처럼 '별종'에서의 '별'의 의미를 한마디로 요약하면 '쪼개[지]다(cut)', '나누[어지]다(divide)'인 것이다. 쪼개거나 나눈다는 것은 분리를 뜻하며 그 분리는 곧 분리의 근원이 되는 본체의 존재를 상정한다. 즉, 본체로부터의 분리인 것이다. 그래서 중국의 대표 검색 사이트인 빠이뚜(百度)를 위시한 거의 모든 사이트가 '별종'을 "동일한 종족의 갈래(同一種族的分支)"라는 뜻으로만 새기고 있다. 고구려와 대씨 발해의 관계는 정치적으로 분단된 이래로 70년이 흐르는 사이에 언어·습속이 서로 많이 달라져 있는 대한민국과 북한의 관계와 일치한다. 처음에는 같다가 나중에 갈라지면서 서로 달라졌다고 해서 다른 족속으로 간주하는 것은 어불성설이다.

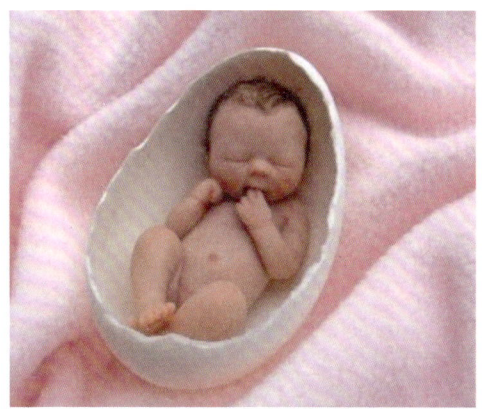

난생 모티브. 고대의 난생 모티브는 은-진-고구려-백제-가야-신라[김씨]-인디언 등, 주로 퉁구스계 종족들에서 공통적으로 공유되는 양상을 보인다. 카밀 알렌(Camille Allen) 작품 사진

• 002

[부여]왕이 일찍이 하백5)의 딸6)을 얻었다. 그래서 방 안에 가두어 놓았는데 햇빛을 받자 몸을 빼서 [그것을] 피하였다. [그런데] 햇빛이 그래

---

5) 하백(河伯): 고대 중국의 전설에 등장하는 물의 신. 중국 집안(集安)에서 발견된 〈모두루 묘지명(牟頭婁墓誌銘)〉에는 '하박(河泊)'으로 적혀 있다. 인터넷 〈국편위판〉 주 006에서는 "牟頭婁墓誌銘에는 河伯으로 되어 있어 고유어에 대한 音借로 보고 '해붉' 즉 '태양 광명'의 뜻으로 보는 예도 있다" 식으로 특별한 의미를 부여하고 있다. 그러나 '박(泊)'은 '백(伯)'을 잘못 적은 것일 뿐이다. 한문에서 '하박'은 하천과 못을 아울러 부르는 이름이기 때문이다. 본문의 내용과는 앞뒤가 맞지 않는다는 뜻이다. 《위서》는 물론이고 〈광개토대왕비〉나 435년에 고구려를 방문하고 귀국한 북위의 사신 이오(李傲)가 모두 '하백'으로 소개한 것도 그 증거이다.

6) 하백의 딸[河伯女]: 주몽(추모)의 생모. 《위서》 이래의 중국 정사들에서는 그 생모가 "하백의 딸"이라는 사실만 소개했을 뿐이며, '유화(柳花)'라는 이름이 처음 등장하는 것은 왕씨 고려 중기인 12세기부터이다. 김부식(金富軾, 1075~1151)의 《삼국사기》, 이규보(李奎報, 1168~1241)의 《동국왕 시편(東國王詩篇)》, 일연(一然, 1206~1289)의 《삼국유사》 등이 그 증거이다. 주몽의 탄생설화가 최초로 소개된 《위서》로부터 500여 년 뒤인 고려 중기까지 민간에서 전승되는 과정에서 등장한 이름이라는 뜻이다.

도 쫓아오는 것이었다. 그리고 나서 태기가 들더니 알을 하나 낳았는데, 크기가 닷 되만 하였다.[7]

○ 王嘗得河伯女, 因閉於室內, 爲日所照, 引身避之。日影又逐, 旣而有孕, 生一卵, 大如五升。

• 003

부여 왕이 그것을 버려 개에게 주었는데 개가 먹지 않기에 돼지에게 주었더니 돼지도 먹지 않았다. [그래서] 길가에 버렸는데 소와 말들이 [그것을] 피하기에 들판에 버렸더니 새들이 깃털로 그 알을 품는 것이었다.

○ 夫餘王棄之與犬, 犬不食, 與豕, 豕不食。棄於路, 牛馬避之, 棄於野, 衆鳥以毛茹之。

• 004

[그래서] 왕이 그것을 쪼개려 했으나 부술 수가 없자 결국 그 어미에게 돌려 주었다. [그래서] 어미가 물건으로 [알을] 싸서 따뜻한 곳에 두었더니 사내아이 하나가 [껍질을] 깨고 나오는 것이었다.[8]

---

7) 알을 하나 낳았는데, 크기가 다섯 되만 하였다[生一卵, 大如五升]:《위서》의 기사를 차용한 것으로 보인다. 알의 크기와 관련하여《위서》〈고구려전〉에서는 "크기가 다섯 되만큼이나 되었다(大如五升)"라고 구체적으로 소개하였다. 우리나라의 경우, 1되는 대체로 1.8리터에 해당하므로 5되라면 부피가 9리터 정도 되는 셈이다.《수서》〈고려전〉에는 "큰 알을 하나 낳았다(生一大卵)"라고 되어 있을 뿐이다.

8) 사내아이 하나가 깨고 나오는 것이었다[有一男破而出]:《수서》〈고려전〉의 인터넷〈국편위판〉주007에서 "卵生의 要素는 新羅의 朴赫居世 및 金閼智, 加耶의 金首露 등의 탄생설화와도 상통하는 바가 있다"라고 한 것처럼, 한국고대사에서 난생 모티브는 고구려(백제)-가야-신라(김씨)의 건국설화에 공유되는 북방적 특질이다. 학계 일각에서는 태양신 모티브는 북방계로 보는 반면, 난생 모티브를 남방계로 해석하는 경우가 있다. 그러나 ① 난생 모티브를 공유하는 고구려(백제)-가야-신라(김

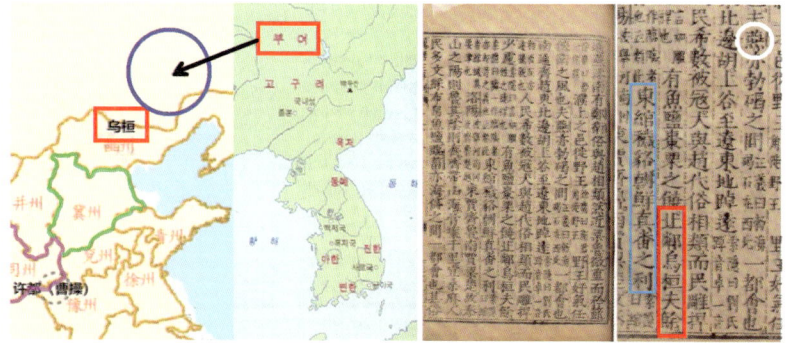

《사기》〈화식열전〉에서는 예맥-조선-진번은 동쪽에 있고 오환-부여는 북쪽에 있다고 하였다. 그렇다면 부여는 국내외 학계가 비정한 위치에 있을 수 없다.

○ 王剖之不能破, 遂還其母. 母以物裹置暖處, 有一男破而出.

• 005

장성하고 나서 그에게 '주몽9)'이라는 자10)를 지어 주었다. 그 나라 민

씨)가 한결같이 그 기원을 북방에 두고 있다는 점에 유념할 필요가 있다. 이와 관련하여 흥미로운 주장을 한 것은 미국의 중국계 학자 주학연(朱學淵)이다. ② 그는 《진시황은 몽골어를 하는 여진족이었다》(제115~137쪽)에서 난생 모티브가 중국의 동이계 집단이었던 은(殷)나라, 전통적으로 중국사에서 융족의 후예로 여겨진 진(秦)나라, 그리고 만주족의 푸쿠리 옹순 설화 등, 주로 만주-퉁구스계 종족의 건국 설화에서 공통적으로 확인된다고 주장하였다. ③ 이와 함께 난생 모티브와 새 토템 신앙이 보편적인 아메리카 인디언 역시 종족적으로 만주-퉁구스계로 분류되어 그 기원이 북방에 있다는 점 역시 주목할 만하다.

9) 주몽(朱蒙): 고구려의 시조인 '동명성왕(東明聖王)' 추모(鄒牟, BC58~BC19)의 북위식 표기. 《수서》와 《북사》에서 동명성왕의 본명을 추모가 아닌 '주몽'으로 소개한 것은 두 정사가 본질적으로 북조계 사서이며, 공통적으로 《위서(魏書)》를 참조했기 때문이다. 해모수(解慕漱)의 아들로 전해지는 추모는 동부여의 왕 금와(金蛙)의 아들인 대소(帶素)의 위협을 피해 졸본(卒本)으로 남하해 나라를 세우고 이름을 '구려(句麗)'라고 정하였다. 그 이름은 출전이나 시대·지역에 따라 각각 달리 표기되고 있다. 예를 들어, 《주서(周書)》·《남사(南史)》·《북사(北史)》·《수서(隋書)》 등의 중국 정사 및 고려시대의 삼국 역사서 《삼국사기》·《삼국유사》는 《위서》의 예를 좇아 '주몽'으

간에서 '주몽'이라는 말은 [활을] 잘 쏜다는 뜻이었다. 11)

로 소개하였다. 반면에,《삼국사기》나 광개토대왕 비·모두루왕 비는 '추모(鄒慕)', 일본의《신찬성씨록(新撰姓氏錄)》는 '도모(都牟, 일본식 독음으로 쭈모)'로 소개했으며, 이 밖에도 추몽(鄒蒙)·중모(中牟, 仲牟)·중해(衆解) 등으로 표기되기도 한다. 그렇다면 동명성왕의 본명은 '추모' 또는 '주모'였으며 '주몽'은 어디까지나 북위 사람들이 자신들의 표기방식에 따라 소개한 셈이다. 참고로,《위서》·《삼국사기》에서 "'주몽'이란 활을 잘 쏘는 것을 말한다(朱蒙者, 善射也)"라고 소개했고,《흠정 만주원류고(欽定滿洲源流考)》에서도 '주몽'을 '탁림망아(卓琳莽阿)', 즉 '[활] 명사수'라는 뜻으로 소개하였다.

10) 자(字): 고대 중국에서 성인이 되면 지어 주던 정식 이름.《주례(周禮)》의 기록처럼 고대인들이 "아기가 태어난 후 석 달이 지나면 이름을 붙여 준 것"은 바로 그 같은 높은 사망률 때문이었다. 그렇다 보니 생후 3개월째 되는 날 붙여 주는 이름도 제대로 된 것이 아니었다. 언제 죽을지 알 수가 없기 때문에 아기의 이름은 신체적 특징이나 생년월일에 따라 대충 짓는 일이 많았다. 자를 지어 주는 시점은 성별에 따라 차이가 있었다.《예기》〈곡례(曲禮)〉에서는 남자는 관례를 치르는 20세에, 여자는 그보다 빨라서 출가해서 비녀를 꽂는 15세가 되면 지어 주었다. 여기서도 자가 생겼다는 것은 곧 추모가 20세가 되었음을 시사해 준다. 자의 유형과 이름과의 관계에 관해서는 문성재,《처음부터 새로 읽는 노자도덕경》, 제179~180쪽을 참조하기 바란다.

11) 그 나라 민간에서 '주몽'은 잘 쏜다는 뜻이었다[其俗言朱蒙者, 善射也]: 이 부분을 이해하는 데에는 주의가 필요하다. 고구려어에서 '주몽' 또는 '추모' 자체에 활을 잘 쏜다거나 명사수라는 뜻이 들어 있는 것은 아니기 때문이다. 주몽(추모)이 하도 활을 잘 쏘아서 고구려인들 사이에서 '주몽'이라는 이름이 명사수의 대명사로 각인되었다는 뜻이다. 쉽게 설명하면, 손흥민 하면 축구, 골프 하면 박세리를 떠올리는 것과 비슷한 경우인 것이다. 그런데《삼국사기》〈고구려본기〉 "동명성왕"조에서는 "부여 민간의 말에 활을 잘 쏘는 것을 '주몽'이라고 하였다. '그래서 그것을 이름으로 삼았다'고 한다(扶餘俗語, 善射爲朱蒙, 故以名云)" 식으로 사뭇 다른 어감으로 소개하였다. 즉,《북사》에서는 주몽을 명사수의 대명사로 불렀다고 했지만《삼국사기》에서는 명사수를 주몽이라고 부르기 때문에 그 의미로 이름을 지었다고 한 것이다. 〈동북아판2〉 주4(제114~115쪽)에서는 추모의 자를 설명하면서 "그에 비하여《三國史記》에서는 '年甫七歲, 然異常, 自作弓矢射之, 百發百中, 扶餘俗語善射爲朱蒙, 故以名云'이라고 하여 7세에 이미 '주몽'이라는 호칭이 붙여진 것처럼 기술되어 나타난다"라고 보았다. 그러나 해당 대목은 문맥상 ① '나이가 겨우 일곱이었지만 보통사람과는 다르게 스스로 활과 화살을 만들었는데 쏘기만 하면 백발백중이었다(年甫七歲, 然異常, 自作弓矢射之, 百發百中)'와 ② '부여에서는 민간에서 활

표기	한자	국가	출전	연대	음운 변동
추모	鄒牟	고구려	광개토대왕비	4-5세기	고구려 발음
도모	都牟	일본	일본서기	8세기	'도'의 일본음은 '쭈(つ)' ⇒ '쭈모'
주몽	朱蒙	북위·수·당	위서 수서 당서	6-7-10세기	'몽'은 '모'의 선비식 발음습관
중모	中牟	고려	삼국사기	12세기	'중'은 '몽'과 유사한 발음현상
중해	衆解				'해'는 '모'의 착오
상해	象解				'상'은 '중'의 착오

주몽-추모-도모 등은 모두 같은 이름('추모')을 서로 다른 한자, 방식으로 표기한 것이다.

○ 及長, 字之曰朱蒙. 其俗言朱蒙者, 善射也.

• 006

부여의 사람들은 '주몽은 사람이 낳은 것이 아니다'라고 여겨서 [왕에게] 그를 없앨 것을 요청하였다. [그러나 그 요청을] 왕은 받아들이지 않고 그에게 명하여 말을 기르게 하였다.
주몽은 남몰래 [말들을] 시험하면서 [그중에] 좋은 말과 나쁜 말이 있는 것을 깨달았다. [그래서] 빠른 말은 먹이를 줄여 야위게 만들고 느린 말은 잘 길러 살이 오르게 만들었다. [그러자] 부여의 왕은 살이 찐 말을 자신

을 잘 쏘는 것을 '주몽'이라고 한다(扶餘俗語善射爲朱蒙)', ③ '그래서 그렇게 이름을 붙였다고 한다(故以名云)' 이 세 가지 상황의 발생 시점은 시간적으로 조금씩 간격이 벌어져 있기 때문이다. '주몽'이라는 자는 7세 때에 붙여진 것이 아니라 성년이 된 20세 때에 붙여졌다는 뜻이다.

이 타고 야윈 말을 주몽에게 주었다.

○ 夫餘人以朱蒙非人所生, 請除之。王不聽, 命之養馬。朱蒙私試, 知有善惡, 駿者減食令瘦, 駑者善養令肥。夫餘王以肥者自乘, 以瘦者給朱蒙。

• 007

나중에 들판에서 [불을 놓고] 사냥을 하게 되었는데[12), 주몽은 활을 잘 쏜다고 여겨 [그에게는] 화살을 한 대씩만 주었다.

주몽은 아무리 화살이 한 대뿐이었지만 잡은 짐승이 무척 많았다. [그래서] 부여의 신하들은 이번에도 그를 죽이려고 계략을 꾸몄는데 그의 어미가 [그 일을] 주몽에게 일러 주었다.

○ 後狩于田, 以朱蒙善射, 給之一矢。朱蒙雖一矢, 殪獸甚多。夫餘之臣, 又謀殺之, 其母以告朱蒙。

---

12) 들판에서 [불을 놓고] 사냥을 하게 되었는데[狩于田]: 고대 한문에서 '사냥'을 나타내는 글자로는 '사냥 수(狩)'와 '사냥 렵(獵)'이 있으나 그 의미나 용법에는 미묘한 차이가 존재한다. 중국 고대에는 움직이는 짐승을 쫓아가서 활을 쏘아 잡는 통상적인 사냥을 '렵'이라고 하였다. 그러나 '수'의 경우는 다소 다르다. ① 북송의 학자인 손석(孫奭, 962~1033)이 한대의 백과사전인 《이아(爾雅)》《석천(釋天)》에서 "'수'는 불을 놓아 풀을 태우고 그 바람이 부는 쪽을 지킨다(狩, 放火燒草, 守其下風)"라는 주석을 붙인 것이나, ②《백호통(白虎通)》《전렵(田獵)》에서 "겨울[사냥]을 '수'라고 부르는 이유가 무엇인가? 땅을 지키고 있다가 짐승을 잡기 때문이다(冬謂之狩何, 守地而取之也)", ③《설원(說苑)》《수문(修文)》에서 "'수'란 지키고 있다가 짐승을 잡는 것이다(狩者, 守留之)"라고 설명하였다. 이상의 설명들을 종합해 볼 때, '수'는 겨울철에 수확이 끝난 농지나 들판에 불을 지르고 각자 정해진 자리에 대기하고 있다가 매운 연기를 참지 못하고 튀어 나오는 짐승을 그 자리에 선 채로 활을 쏘아 잡는 사냥을 말하는 셈이다. 이는 '수'에서 그 주된 뜻을 나타내는 몸글자로 '지킬 수(守)'를 쓴 것을 보아도 짐작할 수가 있다. 지금 사용되는 한자어 '수렵'은 이 두 가지 사냥의 방식을 통틀어 일컫는 복합동사이다.

중국 집안시의 고구려 고분 오회분(五盔墳) 4호묘 천정 모퉁이의 벽화. 두꺼비가 깃든 달을 든 월신은 여신(여와, 좌)으로, 삼족오가 깃든 해를 든 일신은 남신(복희, 우)으로 그려져 있다.

•008

주몽은 그래서 언위 등 두 사람13)과 함께 [부여의] 동남쪽으로 도주하였다.14)

13) 언위 등 두 사람[焉違等二人]: 《위서》에는 "오인·오위 등 두 사람(烏引烏違等二人)"으로 소개되어 있으나 《수서》에는 동행자에 대한 언급이 전혀 보이지 않는다. '언위(焉違)'의 경우, '까마귀 오(烏)'와 '어찌 언(焉)'의 필사체 모양이 얼핏 비슷하여 《위서》의 '오위(烏違)'를 잘못 적은 것이다. "언위"의 경우, 〈동북아판2〉(제115쪽)에서는 "언·위 등 두 사람", 유자민(劉子敏)·묘위(苗威) 《중국정사 고구려전 상주 및 연구》(제195쪽)에서는 "오인·오위의 착오"라고 보았으나 둘 다 잘못된 해석이다. 참고로, 추모의 동행자에 관해서는 문헌마다 편차가 있다. ① 여기서는 오인·오위의 2인이라고 했지만 ② 《삼국사기》〈고구려본기〉 "동명성왕"조에는 조이(烏伊)·마리(摩離)·협보(陝父)의 3인이라고 했고, ③ 이규보의 《동명왕시편》의 주석에는 오이(烏伊)·마리·협보의 3인이라고 했으며, ④ 《삼국유사》에서는 "오이 등 3인"이라고 하였다. 다만, 《위서》·《동명왕 시편》·《삼국유사》를 참조할 때 '조이'의 '새 조(鳥)'는 '오이'의 '까마귀 오(烏)'를 잘못 적거나 잘못 판각한 것으로 보인다. 동행자의 숫자와 이름이 문헌마다 달리 소개된 것은 오기·오독·오각 탓이기도 하지만 추모의 설화가 민간에 전승되는 과정에서 새로 추가되었을 것이다.

○ 朱蒙乃與焉違等二人東南走。

•009

[그는] 가는 길에 어떤 큰 [강]물15)을 만났는데 건너려 해도 다리가 없었다. 16) [그런데] 부여 사람들이 그를 무척 급박하게 추격해 오자 주몽은

---

14) 동남쪽으로 도주하였다[東南走]: 이 구절이 역사적 사실을 반영하고 있다는 전제 하에서 말하자면, 고구려의 위치는 부여의 동남쪽이고, 부여의 좌표는 고구려의 서북쪽에서 구해야 할 것이다. 뒤집어 말하면, 고구려의 위치에 대한 기존의 고증들이 정확한 것이라면 부여의 좌표에 대한 기존의 고증은 저절로 무너지게 된다. 이 구절이 제시한 좌표에 따르면, 부여는 고구려의 서북쪽에 있을 수밖에 없기 때문이다. 부여의 정확한 위치에 관해서는 사마천이 《사기》〈화식열전〉에서 이미 밝힌 바 있다. ("부여" 주석 참조) 요동·요수·한사군 등의 위치에 대한 고증 결과들을 교차·비교해 볼 때, 부여의 가장 이상적인 좌표는 중원의 북쪽인 몽골 고원 방면에서 구해진다.

15) 큰 물[大水]: 고대사에 등장하는 하천. 그 이름의 경우, 후한대 학자 왕충(王充, 27~97?)의 《논형(論衡)》에는 '엄체수(掩㴲水)', 《삼국지》〈고구려전〉의 《위략》 인용 기사에는 '시엄수(施掩水)', 〈광개토대왕비(廣開土大王碑)〉에는 '엄리대수(掩利大水)', 《후한서》로부터 100여 년 뒤인 당대에 편찬된 《양서(梁書)》와 《수서(隋書)》에는 각각 '엄체수(淹滯水)'와 '엄수(淹水)'로 소개되어 있다. 복수의 자료들을 교차·비교해 볼 때, '엄체' 또는 '엄리'가 바르며 '시엄'은 '엄체'를 '체엄(㴲掩/滯掩)' 식으로 뒤집어 표기한 것임을 알 수 있는 셈이다. 여기서 '막힐 체(滯)'는 '물이름 체(㴲)'의 별자(別字)일 가능성이 높다. 중국 서예의 초서(草書)에서는 '범 호(虎)'를 '지닐 대(帶)'와 비슷하게 써서 서로 혼동되는 경우가 많기 때문이다. 《동명왕시편》의 '엄체(淹㴲)'는 《후한서》·《통전》·《삼국사기》의 '엄체(淹㴲)'를 잘못 적은 것으로 보는 편이 합리적이라는 뜻이다. 당 고종의 아들인 장회태자 이현(李賢, 655~684)은 엄체수와 관련하여 《후한서》〈고구려전〉에 【엄체수】 지금의 고구려에는 개사수가 있는데 이 강이 그것이 아닌가 싶다"라는 주석을 붙였다. 인터넷 〈국편위판〉 주009에서는 이 엄체수에 대하여 "《三國史記》 註記에는 一名 蓋斯水로 지금의 鴨綠 東北이라고 하고 있다"라고 소개하였다. 그러나 고려 중기의 김부식이 말한 압록수를 조선시대 이래의 압록강과 동일시하는 것은 곤란하다. 그 문헌·지리·논리적인 근거들에 관해서는 《수서》의 "큰 물" 주석을 참조하기 바란다.

16) 건너려 해도 다리가 없었다[欲濟無梁]: 《수서》〈고려전〉에는 이 부분이 "깊어서 건널 수가 없었다(深不可越)"로 기술되어 있다. '량(梁)'은 일반적으로 어떤 곳에 길

그 물에 일러 말하였다.

○ 中道遇一大水, 欲濟無梁。夫餘人追之甚急, 朱蒙告水, 曰,

• 010

"나는 태양의 아들17)이요 하백의 외손이다. 지금 추격하는 군사가 곧 따라잡을 텐데 어떻게 해야 건널 수가 있겠는가?"

○ 我是日子, 河伯外孫, 今追兵垂及, 如何得濟。

• 011

이리하여 고기와 자라들이 그를 위하여 다리를 만들어 주니 주몽이 [물을] 건너갈 수가 있었다. [그리고 나서] 고기와 자라들이 흩어져 버리는 바람에 추격하던 기병들이 [물을] 건너지 못하였다.

○ 於是, 魚鼈爲之成橋, 朱蒙得度。魚鼈乃解, 追騎不度。

게 가로질러 걸쳐져 있는 물체를 아울러 일컫는 글자로, 여기서는 '다리'를 가리킨다.

17) 태양의 아들[日子]: 이 존호의 경우 문헌에 따라 다양하게 표현되어 있다. ①〈광개토대왕비〉에는 '거룩한 하늘님의 아들[皇天之子]', ②〈모두루 묘지명〉에는 '하백의 손자요 해와 달의 아들[河泊之孫, 日月之子]', ③ 이《위서》에는 '태양의 아들[日子]', ④《삼국사기》·《삼국유사》에는 '천제의 아들[天帝之子]', ⑤ 이규보《동명왕시편》에는 '하늘님의 자손[天孫]'으로 표현한 것이 그것이다. 이 존호들을 비교해 볼 때 원래 고구려에서는 샤머니즘의 태양숭배사상의 영향으로 '하늘님의 아들'로 일컬었던 것으로 보이며, '하백의 손자요 해와 달의 아들' 식으로 일컬은 것은 도교 신선사상의 영향이 아닌가 싶다. 〈동북아판2〉 주9(제115쪽)에서는 이 구절과 관련하여 "〈集安高句麗碑〉에는 '□□□子'만 확인된다"라고 하였다. 그러나 한·중 학계가 연대상으로 광개토대왕비를 앞서는 고구려 최초의 비석이라고 주장하는 이른바 '집안고구려비'는 금석·어휘상으로 따져 볼 때 위조일 가능성이 있어서 참고 자료로는 부적절하다. 이 문제에 관해서는 문성재(2013),〈집안 마선비의 건립 연대 및 비문 단구 문제〉《단군학연구》(제29호)를 반드시 참조하기 바란다.

• 012

주몽이 마침내 보술수[18]에 이르렀을 때[19] 세 사람과 마주쳤다.[20] 하나는 삼베옷을 입었고 하나는 누더기옷[21]을 입었으며 하나는 물풀

---

18) 보술수(普述水): 고대사에 등장하는 하천 이름. 정성수,《고금음대조수책》에 소개된 고대음에 따르면, '보(普)'는 '푸(p'u)'이고 '술(述)'은 '줏(dzĭuĕt)'이어서 고대음이 '푸줏' 정도로 재구된다. 그런데 종성(終聲)이 '-ㅅ(ㄹ) 받침'으로 끝나는 한자는 통상적으로 발음과정에서 그 종성이 약화/탈락되면서 중성까지만 발음되는 경우가 많다. '보술'이 '푸줏 ⇒ 푸쥬' 식으로 변했을 가능성이 높다는 뜻이다. 인터넷〈국편위판〉주012에서는 "《三國史記》의〈高句麗本紀〉에서는 毛屯谷이라 되어 있다. 그런데 普述水는 廣開土王陵碑文에는 '沸流谷'으로 되어 있는데, 그 音으로 보아 馬訾・婆猪・泊珠・蒲洲 등으로 불리어 오던 것으로 지금의 渾江으로 비정되고 있다",〈동북아판2〉주12(제116쪽)에서는 "[이병도(1977)는] 普述이 馬訾・蒲洲・婆猪・泊珠 등과 음이 통한다고 보면서 普述水를 지금의 渾江으로 보기도 한다"라고 하였다. 그러나 음운학적 견지에서 볼 때, '비류곡'과 '모둔곡' 어느 쪽도 '마자・파저・박주・포주'와는 대응관계가 성립되지 않는다. 참고로, 고구려계 지명에서 '골 곡(谷)'은 얼핏 '골짜기(valley)'를 뜻하는 것처럼 보이지만, 실제로는 '물, 하천'을 뜻하는 몽골어 '골(гол)'을 발음대로 한자로 표기한 경우이다. 비류곡과 모둔곡은 의미상으로 비류수와 모둔수의 뜻으로 해석해야 한다는 뜻이다.

19) 보술수에 이르렀을 때[至普述水]: 이 부분은《위서》〈고구려전〉을 차용한 것이며《수서》에는 보이지 않는다. 국내외 학계에서는 추모가 고구려를 건국한 장소를 지금의 중국 요녕성 환인현(桓仁縣) 경내의 오녀산성(五女山城)으로 비정하고 있다. 그러나 이 대목에서의 보술수의 존재는 역설적이게도 고구려 건국의 현장이 환인현이 아니며, 그 직전에 건넌 큰 강 역시 압록강이 아님을 반증하는 중요한 단서이다. 환인현과 압록강은 부여가 지금의 길림성 장춘 방면에 존재했다는 기존의 학계 통설과 배치되는 자리에 있기 때문이다.

20) 세 사람과 마주쳤다[遇見三人]: 이 부분 역시《위서》〈고구려전〉을 차용한 것으로 보인다. 김부식의《삼국사기》〈고구려본기〉에서는 이 세 사람의 이름을 "재사(再思)・무골(武骨)・묵거(黙居)"로 소개하였다. 중국 정사 쪽의 경우, 한대는 물론이고 당・송대까지 세 사람의 이름이 언급된 적이 없는 것을 보면 아마 나중에 민간에서 전승되는 과정에서 새로 추가되고 이름이 붙여진 경우로 보아야 할 것이다.

21) 누더기[衲]: '기울 납(衲)'의 경우, 인터넷〈국편위판〉에서는 '들일 납(納)'으로 쓰고 "무명"으로 번역하였다. 그러나 그것은 글자 모양이 비슷한 두 글자를 혼동하여 잘못 쓴 결과이다. 따라서 여기서는 글자 원래의 의미를 살려 "누더기옷"으로 이해해야 옳다.

로 된 옷을 입고 있었다.

○ 朱蒙遂至普述水, 遇見三人, 一著麻衣, 一著衲衣, 一著水藻衣。

• 013

[세 사람은] 주몽과 함께 흘승골성22)에 이르렀을 때 드디어 그곳에 머물렀다. [주몽은 나라 이름을] '고구려'라고 부르고23), 내친 김에 '고'를 [자신의

---

22) 흘승골성(紇升骨城): 고구려의 첫 번째 도읍. 〈광개토대왕비〉에는 '비류곡 홀본(沸流谷忽本)'으로, 《삼국사기》에는 '졸본천(卒本川)'으로 소개되어 있다. 《광운(廣韻)》에 따르면, '흘(紇)'은 고대음이 '것(ɣət)'으로 재구된다. 또, 정성수 《고금음대조수책》의 고대음에 따르면, '승(升)'과 '골(骨)'은 각각 '셩(ɕĭəŋ)'과 '궷(kuət)'으로 재구된다. 《주서(周書)》에는 '흘승골'이 '흘두골(紇斗骨)'로 나와 있다. 그러나 이 지명의 둘째 글자가 이보다 편찬 시기가 이른 《북사》·《위서》·《통전》·《한원》을 비롯하여 그 이후의 《책부원구》·《문헌통고》 등, 여러 채널을 통하여 편찬된 각종 사서·문헌들에서 공통적으로 '승'으로 나와 있는 것을 보면 '두(斗)'는 오기가 확실해 보인다. 흘승골성 위치의 경우, 시라도리 구라키치(白鳥庫吉)가 요녕성 환인현의 오녀산성(五女山城)으로 비정한 이래 국내외 학계가 그 주장을 인습하고 있다. 그러나 ① 부여의 중심을 장춘시(長春市) 일대로 볼 때 환인현은 남서쪽에 해당한다. ② 한대 이래의 중국 정사들에서 제시한 주몽의 남하경로인 '부여 ⇒ 동남쪽 ⇒ 흘승골'과는 방향이 정반대인 것이다. ③ 이는 곧 부여(장춘시?)와 흘승골(환인현?) 둘 중에서 최소한 하나는 그 좌표에 문제가 있다는 말이 된다. ④ 음운학적으로 '홀본/졸본'과 '흘승골' 사이에 전혀 대응관계가 성립되지 않는다는 점에도 각별히 유념할 필요가 있다. 〈동북아판2〉 주15(제116쪽)에서는 "《北史》에는 '紇斗骨城'으로 되어 있다"라고 했으나 《주서(周書)》의 '흘두골성'과 혼동한 것으로 보인다.

23) '고구려'라고 부르고[號曰高句麗]: 2016년에 중국에서 출판된 《고구려 역사편년(高句麗歷史編年)》에는 고구려의 역사 편년이 왕망(王莽) 신(新)나라의 시건국(始建國) 원년, 즉 기원후 9년에 시작된 것으로 소개되어 있다. 이 같은 편년 계산은 중국 학계의 고구려인식을 반영한다. 그러나 주몽이 고구려를 건국한 시점이 기원전이라는 사실은 초기 중국 정사들을 보면 바로 확인할 수 있다. ① '고구려'라는 국호는 개국군주인 추모가 처음 사용한 것이다. ② 반고의 《한서》〈지리지〉 "현토군"조에 【현토군】 무제 원봉 4년에 개설되었으며 … 현은 셋으로, 고구려·상은태·서개마이다"라고 되어 있다. ③ 한 무제의 원봉 4년은 서기로는 기원전 106년이다. ④ 현토군의 고구려현은 추모의 고구려에서 유래한 것이라고 보아야 옳다.

성씨로 삼았다.24)

○ 與朱蒙至紇升骨城, 遂居焉。號曰高句麗, 因以高爲氏。

• 014

그가 부여에 있을 때 아내가 임신을 하고 있었다. 주몽이 도주하고 나서 아들을 낳았는데, 처음에는 [자개] '여해25)'였다.

⑤ 그렇다면 추모가 고구려를 건국한 시점은 오히려 현토군이 설치되기 이전이라는 추론이 가능한 것이다. ⑥ 고구려 편년의 시작을 중국 측 주장보다 최소한 120년 정도는 더 위로 끌어올려야 한다는 뜻이다.

24) 내친 김에 '고'를 성씨로 삼았다[因以爲氏焉]: 이 구절을 뒤집어 해석하면 추모의 원래 성씨는 고씨가 아니라는 뜻이 된다. 《삼국유사》〈왕력편(王曆篇)〉의 고구려 왕계표에서는 추모에 대해서는 "성은 고씨(姓高氏)"라고 소개하면서도 그 아들인 제2대 유리왕으로부터 손자인 제3대 대무신왕, 증손자인 제4대 민중왕까지는 모두 "성은 해씨(姓解氏)"라고 소개하였다. 이 기사 때문에 많은 학자가 고씨인 초대 국왕 추모가 죽자 2대부터는 권력투쟁을 통하여 해씨가 왕권을 찬탈하는 '역성혁명'이 발생했다고 여기는 경향이 있다. 게다가 그다음 왕부터는 성씨를 생략한 탓에 마치 해씨가 고구려가 멸망할 때까지 왕위를 세습한 것으로 여긴다. 그러나 분명한 것은 유리왕은 추모의 친아들이고, 대무신왕은 유리왕의 아들, 민중왕은 대무신왕의 아들이라는 사실이다. 추모와 성씨가 다를 수 없다는 뜻이다. 추모 역시 '해씨'인 것이다. 다소 신화적 요소가 강하기는 하지만, 이 점은 《삼국사기》와 《삼국유사》에서 공통적으로 '추모의 아버지는 해모수(解慕漱)'라고 분명히 밝혀 놓은 데서도 충분히 눈치챌 수 있는 일이다. 두 사서의 기록이 사실이라는 전제하에서 정리하자면, 원래 해씨이던 추모가 고구려를 건국하면서 그 국호의 첫 글자를 따서 성씨를 '해 ⇒ 고'로 바꾼 것이다. 새로운 나라를 세우면서 이름이나 성씨를 바꾼 사례는 적지 않으며, 대표적인 경우가 건국과 함께 성씨를 '해(추모) ⇒ 부여'로 바꾼 백제와 '탁발 ⇒ 원'으로 바꾼 북위 왕조이다.

25) 여달(閭達): 고구려 개국군주 추모의 아들. 부여로부터 내려왔다고 한 것을 보면 고구려 제2대 국왕인 유리왕(琉璃王)의 이름임을 알 수 있다. 인터넷 〈국편위판〉 주015에서는 "《三國史記》〈高句麗本紀〉에서는 琉璃王의 諱를 類利 또는 孺留라고 한다고 전하고, 《三國遺事》〈王曆〉에서는 累利라고 한다고 하며, 여타 문헌에서도 마찬가지로 閭達은 물론 本書에서 그의 始名으로 나오는 閭諧와도 전혀 음이 다르다"라고 보았다. '여달' 또는 '여해'가 음운상으로 '유리'와는 편차가 큰 데에 의문

그가 장성했을 때에 이르러 주몽이 [고구려의] 국왕이 된 것을 알고 즉시 어미와 함께 도망쳐 그에게 귀순하니, '여달'이라는 이름을 지어 주고 그에게 나랏일을 맡겼다.

○ 其在夫餘妻懷孕, 朱蒙逃後, 生子始閭諧。及長, 知朱蒙爲國王, 卽與母亡歸之。名曰閭達, 委之國事。

• 015

[나중에] 주몽이 죽자 [여달이 옹립되었고 그가 죽자 그] 아들 여율[26]이 옹립되었다.[27] [그리고] 여율이 죽고 아들 막래[28]가 옹립되

천남생 묘지명. 현토의 '토(菟)'가 '토끼 토(兔)'로 소개되어 있다.

을 품은 셈이다. 그러나 이 문제의 해결에는 발상의 전환이 필요하다. 조선의 제4대 국왕의 경우를 단적인 예로 들어 보자. 그는 이름이 '도(祹)'이지만 성년이 되어서는 '원정(元正)'이라는 자로 불렸다. 그리고 이방원이 왕위에 오르면서 왕자가 된 뒤에는 '충녕군(忠寧君)'으로 일컬어지다가 국왕으로 즉위했고 사후에는 '세종(世宗)'이라는 묘호로 존숭되었다. '여달'과 '유리'의 관계 역시 이 같은 맥락에서 이해해야 한다. ① '여해'는 유복자로 태어난 추모의 아들이 성년이 되자 모친이 되는 대로 붙여 준 초기의 이름인 반면, ② '여달'은 고구려로 남하한 뒤에 부친 추모가 제대로 지어 준 정식 이름이라는 뜻이다. 마찬가지로, 세종의 경우에서 이미 보았듯이, ③ '유리'는 주몽의 뒤를 이어 왕위에 오른 뒤나 사후에 제3자가 그의 인품·업적에 걸맞게 붙여 준 존칭 즉 '시호(諡號)'로 이해해야 옳다. 현재까지 알려져 있는 고구려 국왕들의 왕호가 사후에 붙여진 것으로, 중국의 '시호'에 해당한다는 사실을 방증하는 증거들은 많다. 국강상광개토태왕(國岡上廣開土太王)·산상왕(山上王)·고국원왕(故國原王)·장수왕(長壽王) 등은 그 전형적인 사례들이다. 유리왕이 '유리명왕(瑠璃明王)'이라는 별칭으로도 불린 점을 감안하면, 사후에 신민들이 '유리처럼 밝은 지혜를 가진 임금'이라는 뜻으로 붙여 준 시호로 이해하는 데에는 전혀 무리가 없어 보인다.

더니 부여를 병합하였다.

○ 朱蒙死, 子如栗立。如栗死, 子莫來立, 乃并夫餘。

---

26) 여율(如栗): 여달의 아들. 고구려 제3대 국왕인 대무신왕(大武神王)에 해당한다. 다만, 국내 사서들에서는 그 이름과 관련하여 이설이 보인다. 인터넷 〈국편위판〉 주017에 따르면, "《三國史記》〈高句麗本紀〉에서는 大武神王의 諱를 無恤"이라고 했고, 《三國遺事》〈王曆〉에서는 大武神王의 諱가 無恤 또는 味留"라고 전하고 있다. 여률이라는 이름은 전혀 보이지 않는 것이다. 다만, 《위서》가 소개한 여율의 '같을 여(如)'와 《삼국사기》가 소개한 미류의 '맛 미(味)' 둘 중의 하나가 모양이 비슷한 한쪽 글자를 잘못 적은 것이라고 가정할 경우, '밤 률(栗)'과 '머무를 류(留)'가 음운상으로 유사한 점이 있으므로 동일 인물로 볼 여지가 생긴다.

27) 주몽이 죽자 아들 여율이 옹립되었다[朱蒙死, 子如栗立]: 이 부분은 《북사》 편찬자의 착오로 보인다. 바로 앞에서 추모 아들의 이름이 여달이라고 소개했기 때문이다. 여율(如栗)은 추모의 손자, 즉 여달의 아들이라는 뜻이다. 앞 구절 "주몽이 죽자"의 '주몽'은 '여달'과 혼동하여 잘못 적은 것으로 보인다. 실제로 선행 정사인 《위서》의 〈고구려전〉에서는 이 부분을 "주몽이 죽자 여달이 대신 옹립되었다. 여달이 죽자 아들 여율이 옹립되었다(朱蒙死, 閭達代立. 閭達死, 如栗立)"라고 기술하였다.

28) 막래(莫來): 고구려 제3대 국왕인 대무신왕(大武神王)의 아들로 추정된다. 학계에서는 고구려 왕계(王系)에 근거하여 그 동생으로 제4대 국왕인 민중왕(閔中王, ?~48), 그 아들로 제5대 국왕인 모본왕(慕本王, ?~53)을 지목하곤 한다. 실제로 대무신왕 다음 대의 국왕은 민중왕이다. 인터넷 〈국편위판〉 주018에서는 "莫來와 慕本이 그 字形이 유사함을 들어 同一人으로 보는 예도 있다"라고 소개하였다. 반면에, 〈동북아판2〉(제069쪽)에서는 모본왕 당시에는 부여를 정벌한 일이 없다는 점을 들어 막래를 모본왕으로 보는 데에 유보적인 입장을 보이고 있다. 그러나 ① 대무신왕의 동생 민중왕은 재위기간이 44~48년까지 4년에 불과한 데다가 ② 《위서》에 '막래'가 "여율의 아들"로 소개된 점, ③ 글자를 놓고 보더라도 '모본'과 '막래'가 대체로 모양이 유사한 점을 감안할 때, ④ 문서·금석에 기록되었던 글자가 마모되면서 '모본 ⇒ 막래'로 또는 '막래 ⇒ 모본'으로 오독되었을 가능성을 배제할 수 없다. 또, ⑤ '막래/모본'이 서기 1세기의 사람이었던 반면 《위서》의 편찬시점은 6세기 이후여서 500년 이상의 시차가 발생한다. ⑥ 초기 고구려의 역사 사건이나 인물이 중국에서 회자되는 과정에서 혼동되어 전해졌을 개연성도 고려할 필요가 있다는 뜻이다. 이상의 단서들을 종합해 볼 때, '막래'는 '모본(왕)'과 동일 인물로 보는 편이 합리적이다.

• 016

[＊29)] [그에 앞서] 한나라 무제30)의 원봉31) 4년에 [위만]조선을 멸망시키고 현토군32)을 두었을 때에 고구려를 현으로 삼아 [현토]군에 귀속시켰

---

29) ＊: 여기서부터 위나라 정시(正始) 3년(409) 기사 앞까지의 내용은 주로 선행 정사인《양서》〈고려전〉의 기사들을 차용한 것으로 보인다.

30) 무제(武帝): 중국 전한의 제7대 황제인 유철(劉徹, BC156~BC87)의 시호. 10세 때 황제로 즉위한 후 찰거제도(察擧制度)를 시행하여 인재를 선발하는 한편, '추은령(推恩令)'을 반포하여 책봉국들의 권력을 축소시키고 염철(鹽鐵)과 화폐의 제조권을 중앙정부에 귀속시켰다. 아울러 문화적으로는 "백가를 파출하고 오직 유가만 존숭하자.(罷黜百家, 獨尊儒術)"는 유학자 동중서(董仲舒, BC179~ BC104)의 건의에 따라 유가사상을 국가 통치이념으로 선포하였다. 재위기간 동안 대외적으로 조선·백월(百越)·흉노·대완(大宛) 등을 상대로 정벌·전쟁을 빈번하게 벌여 강역을 크게 확장하였다. 이처럼 다방면의 혁신과 업적으로 인하여 그 치세는 '중국 역사상의 3대 성세(盛世)'의 하나로 꼽힐 정도이다. 그러나 빈번한 대외정벌과 토목공사로 국고를 탕진하고 '무고(巫蠱)'의 내란으로 태자를 희생시켜 나라를 위기로 몰고 갔다. 급기야 정화(征和) 4년(BC89)에는 자신의 잘못을 공개적으로 참회하는〈죄기조(罪己詔)〉를 내는 수모를 자초하였다.

31) 원봉(元封): 한 무제 유철이 사용한 여섯 번째 연호. 기원전 110~기원전 105년까지 6년 동안 사용하였다. 여기서 "원봉 4년"은 서기로는 기원전 107년에 해당한다.

32) 현토군(玄菟郡): 한 무제가 위만조선에 설치한 군의 하나. 〈국편위판1〉(제262쪽 주석6)에 따르면, 현재까지 그 좌표와 관련하여 크게 ①《삼국지》〈동옥저전〉을 근거로 오늘날의 함흥을 중심으로 한 함경도 일대로 본 주장(한진서·안정복·정약용·김정호·이케우치 히로시), ② 압록강 중류에서 함흥에 이르는 교통로를 따라 동서로 길게 설치되었다는 주장(와타 세이·양수경), ③ 압록강 중류 일대에 설치되고 고구려를 군의 치소로 삼았다는 주장(이병도) 등이 있다. 그러나 이 세 주장은 모두 조선시대의 반도사관를 토대로 이루어진 고증들이어서 재고가 필요하다. 현토의 위치와 관련하여 주목할 것은 후한의 학자 응소(應劭, 153~196)가《사기》〈조선열전〉에 붙인 주석이다. 그 주석에서 "현토는 본래의 진번국이다(玄菟本眞番國)"라고 소개했기 때문이다. 현토군의 자리가 바로 과거의 진번국이었다는 것이다. 응소의 주석은 현토군이 존재하던 후한대의 기록이자 진번의 좌표에 관한 가장 오래된 기록이어서 사료적 가치가 대단히 높다. 그동안 국내외 학계에서는 현토군과 진번군의 좌표를 각자 다르게 인식하고 있었다. 응소의 주석이 역사적 사실에 근거한 것이라면, 현토와 진번은 한 자리 또는 서로 가까운 위치에 존재했던 셈이

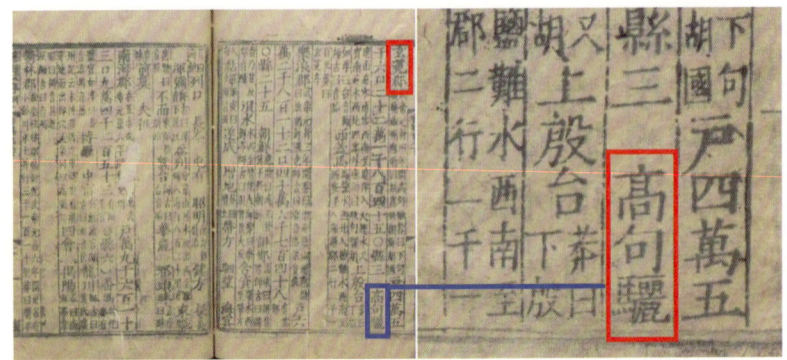

《한서》〈지리지〉의 '현토군'조에는 고구려현이 소개되어 있다. 현토군은 기원전 107년에 설치되었다. 고구려현의 존재는 고주몽의 고구려 건국이 이보다 이전에 이루어졌다는 뜻으로 해석된다.

다.33)

다. 현토군의 관할지역은 압록강을 넘어 옥저에서 요산(遼山, 지금의 길림성 흥경·노성 일대)에 걸쳐 설치되었고, 치소는 요산의 고구려현이었다는 양수경(楊守敬)의 고증이 그나마 선진적인 주장이지만, 그조차 현토군의 위치를 요서지역이 아닌 요동반도 동쪽으로 보았다. 고증이 정확하다고 할 수 없는 것이다. 그런데 유송(劉宋)의 역사가 배송지(裴松之, 372~451)는 《삼국지》〈오서(吳書)〉 "공손연"조에서 "현토군은 요동 북쪽에 있는데 서로 200리 떨어져 있었다(玄菟郡在遼東北, 相去二百里)"라고 소개하여 그 대체적인 좌표를 제시하였다. 〈동북아판2〉(제018쪽)에서는 해당 주석에서 '略二國以屬己'를 "2國을 침략하여 다스렸다"라고 번역했으나 오역이다. 여순은 연나라가 두 나라를 침략해 그 땅을 점거한 일만 지적했을 뿐 다스렸다고 말한 적이 없기 때문이다.

33) 고구려현 현령[高句麗令]: 원문이 '고구려령(高句麗令)'으로 되어 있는데, 이는 고구려의 왕이 아니라 현토군의 속현인 고구려현의 현령으로 해석된다. 〈국편위판1〉(제247쪽 주19)에서는 이 대목에서 한나라가 고구려에 고취기인(鼓吹技人)을 내린 일을 소개하면서 "비록 기원전 75년 이후 고구려가 漢郡縣의 직접적인 지배하에서는 벗어났으나"라면서 고구려가 현토군 즉, 한나라의 직접적인 지배를 받은 것으로 해석하였다. 그러나 중국 정사에 등장하는 '소속 속(屬)'을 해석할 때에는 주의가 필요하다. 현토·요동·낙랑·대방 등 한나라 변방의 군현들은 일종의 기미정책(羈縻政策)으로 현지의 동이들을 통제하면서 그들이 군·현을 드나들면서 동이 관련 업무들을 관장했을 뿐이지 그 영토를 점령하고 직접 지배한 것은 아니었다는

○ 漢武帝元封四年, 滅朝鮮, 置玄菟郡, 以高句麗爲縣以屬之.

• 017

한나라 때34)에는 [한나라 조정에서] 의책·조복·악대를 하사하면 [그들은] 어김없이 현토군을 통하여 그것들을 받았다. [그러나] 나중에 차츰 교만해지더니 다시는 [현토]군을 찾지 않았다. 그저 [군의] 동쪽 경계에다 작은 성을 쌓고 [거기서 그것들을] 받았기 때문에 나중에는35) 이 성을 '책구루36)'

뜻이다. 《삼국지》나 《후한서》의 기사들에서 고구려 태조왕이 때로는 현토군에 귀속되기도 하고 때로는 요동군에 귀속되기도 한 것은 그 대표적인 예들이다. 그런 경우는 고구려의 영토가 현토군과 요동군에 번갈아 점령되었다는 뜻이 아니라 태조왕이 한나라의 동이 관련 대외 창구 또는 교섭 상대를 때로는 현토군 때로는 요동군 식으로 변경했다는 뜻으로 이해해야 옳은 것이다. 이를 제대로 이해하지 못한 채 한나라 군현과 동이 사이의 책봉과 조공을 직접 지배로 해석하면 자칫 낙랑군이 수시로 그 치소와 관할지역을 변경하고 도처를 전전했다고 곡해하고 심지어 '교치(僑置)'라는 소설이 나올 수밖에 없다.

34) 한나라 때[漢時]: '한시(漢時)'의 두 번째 글자의 경우, 《북사》의 명대 남경국자감본·급고각본과 청대 무영전본·백납본 등에는 '밝을 소(昭)'로 되어 있다. 이는 《북서》가 편찬될 때부터 '소'로 기재되었다는 뜻으로 해석된다. 그러나 《삼국지》《위지·고구려전》, 《양서》《고려전》에는 '때 시(時)'로 되어 있다. 《북서》보다 적어도 수백 년 전에 편찬된 중국 정사들에는 일률적으로 '시'로 기재되었다는 뜻이다. 그렇다면 원래는 '시'였던 것이 《북서》를 편찬하는 시점에서 '시 ⇒ 소'로 바뀌었다는 결론을 얻을 수 있는 셈이다. 실제로 '시'를 초서로 쓰면 '소'와 비슷해 보인다. 여기서도 '한시'로 새기고 "한나라 때"로 번역하였다.

35) 나중에는[後]: 《양서》에는 "오늘날에 이르러"라고 하여 남조시기에 그렇게 전해진 것으로 보았다.

36) 책구루(幘溝漊): 한대에 현토군에서 동이들을 회유하기 위하여 선물용 의관을 비치하던 작은 성. '책(幘)'은 한대에 쓰던 모자의 일종이다. 《급취편(急就篇)》에 따르면 머리카락을 가지런히 감싸는 수건으로 보통은 관(冠) 밑에 받쳐 썼다고 한다. 중국의 책은 이마 부위를 둘러싼 헝겊을 기본으로 하여 앞면 헝겊을 톱니 모양으로 잘라 앞머리를 가리면서 머리띠 뒷면 아래쪽에도 헝겊을 늘어뜨려 뒷머리를 가린 반면에 고구려의 것은 뒤에는 헝겊이 없었다고 한다. '구루(溝漊)'는 고구려어로, 때로는 '구루(溝婁)·구루(溝樓)' 등으로 쓰기도 하였다. 호증익(胡增益)의 《만

한대 화상석에 묘사된 악대

라고 부르게 되었다. '구루'라는 것은 [고]구려의 성 이름이다.37)

○ 漢時賜衣幘朝服鼓吹, 常從玄菟郡受之。後, 稍驕, 不復詣郡, 但於東界築小城受之, 遂名此城爲幘溝漊。溝漊者, 句麗城名也。

한대사전(滿漢大詞典)》(제360쪽)에 따르면, '마을·성(책)·조정·국가'를 뜻하는 만주어 '구룬(gurun)'을 한자로 표기한 것이다. '책-구루'가 '모자(책)를 비치해 놓은 성(구루)'이라는 의미를 가진 〈한자어+고구려어〉 구조의 합성어였다는 뜻이다. 덧붙여 말하자면, 김부식《삼국사기》〈지리지〉에 소개된 고구려계 지명들을 살펴볼 때, 고구려는 두 가지 이상의 언어가 통용되었던 것으로 보인다.《삼국사기》의 고구려계 지명의 경우, 그 뒤에 접미사 성분인 '-홀(忽)'이 사용된 경우가 많은데, 이것은 '마을·도시·성채'를 뜻하는 몽골어 '홋(хот)'을 유사한 발음의 한자로 표기한 것이다. 서로 계통이 다른 '구루'와 '홀'의 존재는 5부로 구성된 고구려가 적어도 몽골어와 만주-퉁구스어를 함께 사용하는 이중언어(bi-lingual)의 다민족제국이었음을 시사해 주는 셈이다.

37) '구루'라는 것은 [고]구려의 성 이름이다[溝漊者, 句麗城名也]: '구루'를 고구려의 성 이름, 즉 고유명사로 해석한 셈이다. 그러나 이 대목을 처음 소개한 선행 정사인《삼국지》〈위서·고구려전〉에는 "'구루'라는 것은 고구려에서 '성'을 부르는 말이다(溝漊者, 句麗名城也)"로 기술되어 있다. 고유명사가 아니라 고구려어에서 '성'을 뜻하는 명사, 즉 일반명사로 소개한 것이다.《북사》편찬자가《삼국지》의 기사를 잘못 이해했거나 잘못 베꼈다는 뜻이다. 이 부분의 경우, 인터넷 〈국편위판〉에서는 "幘溝란 [고]구려말로 城이라는 뜻이다", 〈동북아판2〉(제117쪽)에서는 "'구루'라는 것은 고구려의 성 이름이다"라고 각각 번역하였다. 그러나 전자의 '책구(幘溝)'는 '구루'의 오기이다. 후자에서는 '구루'를 성의 이름 즉 고유명사로 보았으니 그것이 아니라 '성채(castle)'를 뜻하는 일반명사이므로 유념할 필요가 있다.

• 018

왕망38)[의 신나라] 초기39)에 고구려 군사를 징발해 흉노40)를 정벌하려 하였다. 그런데 [고구려군이 전장으로] 가지 않으려 해도 [왕]망은 억지로

---

38) 왕망(王莽, BC45~AD23): 신(新)나라의 초대이자 마지막 황제. 황문랑(黃門郎)·신야후(新野侯)를 거쳐 기원전 8년 38세의 나이로 당시의 재상인 대사마(大司馬)가 되었다. 신흥 외척의 압박으로 한때 정계에서 물러났다가 정변을 일으켜 대사마로 복귀했으며 9세의 평제(平帝)를 옹립하고 자신의 딸을 왕후로 삼았다. 기원후 5년에는 평제를 독살하고 두 살배기 유영(劉嬰)을 옹립했다가 아예 한나라를 멸망시키고 황제가 되었다. 주(周)나라 시대의 정전법(井田法)을 모방하여 토지 개혁을 단행하고 노비 매매를 금지시키는 등의 정책을 폈다가 실패하고 신나라 건국 15년 만에 미앙궁(未央宮)에서 부하의 손에 죽음을 당하였다.

39) 왕망 초기[王莽初]: '오행참위설(五行讖緯說)'을 이용하여 한나라를 멸망시킨 왕망이 신(新)나라를 세우고 황제가 된 기원후 8년 무렵에 해당한다.

40) 흉노(匈奴): 중국 고대의 북방 기마민족. 기원전 5세기부터 기원후 5세기까지 주로 몽골 및 중국 북부지역에서 활동했으며, 기원전 3세기 무렵 몽골 고원에서 세력을 확장하기 시작하여, 전성기에는 시베리아 남부, 만주 서부, 중국의 내몽골 자치구와 감숙성(甘肅省)·신강(新疆) 위구르 자치구 일대까지 지배하였다. 중국의 한족과는 전쟁·무역·혼인 등 시대와 상황에 따라 복잡한 관계를 가졌다. '흉노'라는 이름은 종족·풍속상의 특징에 따른 이름이 아니다. 원래 중국에서는 하우(夏禹) 시기에는 순유(淳維), 당우(唐虞) 이래로는 산융(山戎)·험윤(獫狁)·훈육(獯鬻), 한대에는 흉노, 유럽에서는 훈(Хун)·후니(Хуни)·후누(Хуну) 등으로 일컬어졌지만, 그 이름의 의미를 구체적으로 설명한 기록은 없다. 그러나 그 이름을 자세히 분석해 보면 적어도 언어적으로는 그들이 어떤 계통의 족속이었는지 대체로 추정할 수가 있다. 역자의 판단에 따르면 위의 다양한 이름들은 '사람(human)'을 뜻하는 몽골어 '훙/훈(хун)'을 서로 다른 한자로 표기한 음사(音寫)의 사례들일 뿐이다. 해당 발음을 기록하거나 구전하는 주체가 속한 집단·지역·시대에 따라 같은 발음이 다른 형태로 옮겨진 것일 뿐이라는 뜻이다. 실제로 허신의 《설문해자》에서는 흉(匈)을 "소리이다. '쌀 포'의 의미를 따르고 '흉'의 소리를 따랐으며, '허'와 '용'의 반절이다(聲也, 從勹凶聲, 許容切)"라고 소개한 것을 보더라도, 한자의 뜻보다는 소리를 빌려 쓴 것임을 알 수 있다. 한대부터 사용되기 시작한 흉노라는 이름은 '훙/훈'과 상대를 비하하는 뜻을 가진 '노(奴)'가 결합된 복합어로서 그 자체가 다분히 중화주의적 세계관의 산물이라고 할 수 있다. 이처럼 타자(他者)로서의 주변 민족을 '노'로 부른 사례는 역시 비슷한 시기에 한나라 조정이 일본의 통치자에게 옥새를 내리면서 일컬은 '와노(倭奴)'에서도 확인할 수 있다.

왕망 시기 화폐

그들을 위협해 파견했더니 전부 [우리] 변경 너머로 나가서 [중국의 군현을] 노략질하는 것이었다.

○ 王莽初, 發高句麗兵以伐胡, 而不欲行, 莽强迫遣之, 皆出塞爲寇盜.

• 019

[그래서 신나라의] 주와 군들이 그 허물을 구려후 41)이던 추 42)에게 허물을 돌리매 [왕망의 재촉을 받은] 엄우 43)가 그를

---

41) 구려후(句麗侯):《한서》〈왕망전〉에 따르면, 신나라 황제가 된 왕망은 주변 지역·국가의 정치세력들이 한나라 조정으로부터 부여받은 작호(爵號)를 일률적으로 한 계급씩 강등한 인장과 인끈을 보냈다. 여기서의 "[고]구려 후"는 ① 왕국인 고구려를 후국으로 격하할 당시 신나라의 정치적 수사법을 반영한 것일 뿐이다. ② 실제로 이 대목 바로 뒤에는 엄우가 추를 죽이자 왕망이 그 칭호를 '고구려왕 ⇒ [하?]구려후'로 격하하는 조치를 취했다고 기술되어 있다. ③ 이는 왕망의 격하 직전까지는 고구려는 물론 중국에서조차 고구려의 지배자를 '[고구려]왕'으로 불렀다는 뜻으로 해석된다. 따라서 ④ 여기서의 "구려후이던 추에게"는 원래 "[고]구려왕이던 추에게"가 되어야 논리적으로 앞뒤가 맞는 셈이다.

42) 추(騶): 진수《삼국지》에는 왕망 당시(AD9)의 고구려왕의 이름이 '말 이름 도(駒)'로 되어 있다. 그러나 그보다 300년 뒤에 편찬된 범엽의《후한서》는 물론이고 그보다 200여 년 전에 편찬된 반고의《한서》에도 '말치기 추(騶)'로 나와 있는 것을 보면 여러 사람들에 의해 전사되는 과정에서 '추 ⇒ 도'로 잘못 베낀 것으로 보인다. 이병도 등 일부 학자는 Ⓐ '추'를 당시 고구려왕의 이름(고유명사)으로 인식하고 고구려 시조 주몽(朱蒙)의 고구려식 이름인 추모(鄒牟)의 '추(鄒)'와 같은 것으로 해석하기도 하고, Ⓑ 불특정 다수의 '명사수'를 두루 부르는 호칭(일반명사), 나아가 Ⓒ '추모'를 시조 주몽뿐만 아니라 유리왕 등 고구려왕을 두루 가리키는 대명사일 가능성이 있다고 보기도 하였다. 그러나 '추'를 주몽의 고구려식 표기인 추모(鄒牟)로 해석하는 것은 고구려의 역사를 제대로 검토하지 않은 데서 빚어진 참사이다. ① 중국 정사에서 최초로 '고구려'라는 이름이 언급된 것은 범엽《후한서》〈고구려전〉에서부터이다. 해당 기사에서는 "무제(武帝) 때에 조선(朝鮮)을 멸망시키고 나서 고구려를 현(縣)으로 삼고 현토[군]에 귀속시켰다"라고 소개하였다. ② 반

꾀어내어 목을 베었다. [그러자 왕]망은 몹시 기뻐하면서 고구려의 이름을 바꾸고44) 고구려후로 [격하]하였다.

고 《한서》의 〈군국지〉에서도 고구려는 현토군의 관할하에 있는 현의 이름으로 열거되어 있다. 그렇다면 ③ 고구려가 존재하기 시작한 것은 무제 유철이 한사군을 설치한 전후이므로 대체로 기원전 107년 무렵이었던 셈이다. 또, ④ 주몽의 고구려 집단은 무제가 '고구려현'이라는 한나라의 행정단위로 재편하기 전부터 이미 존재하고 있었다는 의미로 해석된다. 반면에, ⑤ 구려후 '추'의 이름이 등장하는 시점은 왕망이 황제로 재위한 서기 8~22년 사이이다. ⑥ 기원전 107년과 서기 8~22년 사이에는 최소한 120년의 시간적 간극이 존재한다. 그렇다면 왕망 당시의 이른바 '구려후 추'는 물리적으로 고구려의 개국군주 추모일 수가 없다. ⑦ 《삼국사기》에서도 이때는 추모가 죽고 31년이 지난 유리왕(琉璃王) 31년(12)에 해당하여 연대가 일치하지 않는다. 이상의 문헌적 근거들을 종합해 볼 때, ⑧ 추모가 고구려를 건국한 시점은 무제 유철이 한사군을 설치하기 전, 즉 기원전 107년 이전으로 추정할 수 있는 셈이다. 실제로 고구려의 건국 시점이 100년 이상 상향 조정되어야 한다는 근거는 중국 정사를 통해서도 찾아볼 수 있다. 《신당서》〈고려전〉에서 당나라의 대신인 가언충(賈言忠)이 《고려비기》의 예언을 언급하면서 "고씨가 한대에 나라를 세운 이래 오늘까지 900년이 되었다(高氏自漢有國, 今九百年)"라고 한 것이 그 증거이다.

43) 엄우(嚴尤, 1세기): 왕망 신나라 때의 대신. 신나라의 시건국(始建國) 2년(10)에 왕망이 자신의 권위를 과시하기 위하여 12명의 장수에게 봉작을 내리고 군사를 10로(路, 방면)로 나누어 흉노 정벌에 나섰다. 이때 수맥장군(洙貊將軍) 양준(陽俊)과 군사를 거느리고 어양(漁陽, 지금의 북경시 회유현)을 통하여 국경을 나가서 흉노를 정벌하게 하자 정벌을 중단하라는 간언을 하였다. 신나라 4년에 왕망의 명령에 따라 고구려후이던 추(騶)를 주살하여 천봉(天鳳) 3년(16)에 대사마(大司馬)를 거쳐 무건백(武建伯)에 봉해졌다. 그러나 그 뒤로도 계속 흉노에 대한 정벌을 만류하다가 파직되자 낙향하였다. 지황(地皇) 4년(23)에 신나라의 대사공(大司空) 왕읍(王邑) 등과 함께 봉기군을 진압하다가 유수(劉秀)의 지원군에 대패하고 얼마 뒤에 전사하였다.

44) 고구려의 이름을 바꾸고[更名高句麗]: 이 부분의 경우, 이 일을 최초로 소개한 《삼국지》에는 "천하에 널리 알리고 고구려의 이름을 바꾸어 '하구려'로 부르니 이때에 이르러 [제]후국으로 전락하였다(布告天下, 更名高句麗爲下句麗, 當此時爲侯國)"라고 소개되어 있다. '하구려'는 '높은(위대한) 구려'라는 뜻의 고구려를 '낮은(비천한) 구려' 식으로 폄하한 이름이다. 《북사》의 이 부분은 전후 맥락을 따지지 않고 임의대로 축약하는 바람에 "고구려와 고구려후로 이름을 바꾸었다" 식으로 알듯 모를듯한 문장으로 변해 버렸다.

고려전(高麗傳)

같은 사서에 '주몽'과 '추'라는 서로 다른 이름이 동시에 등장한다는 것은 그것만으로도 양자가 서로 다른 사람임을 방증한다. 학계 일각에서는 구려후 추의 이름이 추모와 발음이 비슷하다 하여 동일인물로 보기도 한다. 그러나 구려후 추의 활동시점은 기원후 8~22년이다. 한서 군국지에 따르면 고구려현은 기원전 107년에 설치되었다. 양자 사이에 120년의 시차가 발생하므로 동일인물일 수 없는 것이다.

○ 州郡歸咎於句麗侯騶, 嚴尤誘而斬之. 莽大悅, 更名高句麗, 高句麗侯.

• 020

[후한의] 광무[제]의 건무45) 8년에 고구려가 사신을 보내어 [후한에] 입조하고 공물을 바쳤다. [*46)]

---

45) 건무(建武): 후한의 초대 황제인 광무제(光武帝) 유수(劉秀, BC5~AD57)가 32년 동안 사용한 연호. "건무 8년"은 서기로는 32년에 해당하는데,《양서》에는 '건무 8년'이 '광무 8년(光武八年)'으로 되어 있다.

46) * : 선행 정사인《삼국지》《위지·고구려전》에는 이 자리에 "[이때가 되어서야] 비로소 '왕'으로 일컬어지기 시작하였다(始見稱王)"라는 구절이 들어 있었다. 그보다

당대 화가 염립본이 그린 광무제 초상

○ 光武建武八年, 高句麗遣使朝貢。

• 021

[후한의] 상제47)·안제48)의 치세에 이르러49) [고구려는] 막래의 후손인

뒤에 편찬된《후한서》〈고구려전〉에서는 이 부분이 "광무제가 그 나라의 왕호를 회복시켜 주었다(光武復其王號)"라고 소개되어 있다. 이에 관하여 북송대의《책부원구》〈외신부·봉책〉에서 "이에 앞서 왕망이 고구려후로 호칭을 바꾸었다. 그러자 맥인(고구려)들이 변방을 더욱 극심하게 노략질하다가 이때에 이르러 사신을 파견해 조공하매 황제가 그 나라의 왕호를 회복시켜 주었다(先是, 王莽更名高句驪侯. 于是, 貊人寇邊猶甚. 至是, 遣使朝貢, 帝復其王號)"라고 했으며, 송·원대의 호삼성은《자치통감》〈한기(漢紀)〉"세조(世祖) 건무 8년(32)"조의 같은 대목에 붙인 주석에서 "왕망이 고구려[의 통치자]를 '후'로 폄하했는데 이때에 이르러 그 나라의 왕호를 회복시켜 주었다(王莽貶高句麗爲侯, 今復其王號)"라고 보다 구체적으로 부연하였다. 원래는 고구려에서 '왕'으로 부르던 것을 왕망이 '후'로 격하시켰다가 광무제에 이르러 '왕'으로 환원되었음을 알 수 있는 것이다. 이에 관해서는 앞의 "구려후" 주석을 참조하기 바란다.

47) 상제(殤帝): 후한의 제5대 황제인 유융(劉隆, 105~106)을 가리킨다. 태어난 지 100일 만에 황제로 즉위하고 다음해인 106년에 요절하였다.

48) 안제(安帝): 후한의 제6대 황제 유호(劉祜, 94~125)를 가리킨다. 106~125년까지 재위하면서 영초(永初)·원초(元初)·영녕(永寧)·건광(建光)·연광(延光) 등의 5개의 연호를 사용하였다. "상제와 안제가 재위한 시기"는 105~125년까지의 21년

고려전(高麗傳) 413

[고]궁50)이 빈번하게 요동을 노략질하였다. [그래서] 현토태수이던 채풍51)이 그들을 토벌했으나 [노략질을] 막을 수가 없었다.

○ 至殤安之間, 莫來裔孫宮, 數寇遼東. 玄菟太守蔡風討之, 不能禁.

• 022

[고]궁이 죽자 [* 52)] 아들 백고가 옹립되었다.

동안에 해당한다.
49) 상제·안제의 치세에 이르러[至殤安之間]: 《후한서》의 〈안제기(安帝紀)〉 "영초(永初) 5년(111)"조에는 "2월에 부여 오랑캐가 변경을 침범하여 관리들을 살상하였다(二月, 扶餘夷犯塞, 殺傷吏人)", 〈부여전〉에는 "부여왕 시가 보병·기병 7,000~8,000기를 거느리고 낙랑을 침범하여 노략질을 벌이고 관리와 백성들을 살상하였다(扶餘王始將步騎七八千人寇鈔樂浪, 殺傷吏民)"라고 하여 고구려와 마찬가지로 부여에서도 한나라를 공격했다고 소개하였다.
50) 막래의 후손인 [고]궁(宮): 고구려 제6대 국왕 태조왕(太祖王)의 이름. 《삼국사기》 〈고구려본기〉 "태조대왕"조에 따르면, "'국조왕'이라고도 불렸으며, 이름은 궁, 어릴 때 이름은 어수로, 유리왕의 아들로 고추가이던 재사의 아들이다.(或云國祖王, 諱宮, 小名於漱, 琉璃王子古鄒加再思之子也)" 《후한서》의 〈안제기〉와 함께 원초(元初) 6년(119)에 안제의 명의로 내려진 〈한사예주자사풍환조(漢賜豫州刺史馮煥詔)〉 《보각총편(寶刻叢編)》 또는 《예석(隷釋)》 권15)에 따르면, 안제 원초 연간에 태조왕의 요동·요서 공략이 얼마나 빈번하게 이루어졌는지 짐작할 수가 있다. 이와 함께, 《자치통감》〈한기〉 "안제 건광(建光) 원년(121)"조에는 "11월에 선비족이 현토를 침범하고, 12월에는 고구려왕인 궁이 마한·예맥의 기병 수천을 이끌고 현토[군성]를 포위하였다(十一月, 鮮卑寇玄菟, 十二月, 高句驪王宮率馬韓濊貊數千騎圍玄菟)"라고 기술되어 있다. 참고로, 학계의 기존 지리고증에 따를 경우, 현토는 선비와 마한은 지리적으로 접근할 수 없는 위치에 있다. 기존 고증에 문제가 있다는 뜻이다.
51) 채풍(蔡風, 1~2세기): 후한대의 무관. 《후한서》〈고구려전〉에는 이름자가 '풍자할 풍(諷)'으로 나와 있다. 양양(襄陽, 지금의 호북성 양양시) 사람으로, 명대 소설 《삼국지연의(三國志演義)》에도 등장하는 후한의 군벌 채모(蔡瑁)의 부친이다. 누이가 당시의 태위(太尉) 장온(張溫)에게 출가했으며, 장녀가 제갈량의 장인인 황승언(黃承彦)에게, 차녀가 형주의 군벌이던 유표(劉表)의 후처로 출가하였다.
52) *: 《삼국지》〈고구려전〉에는 이 자리에 제7대 국왕 차대왕(次大王) 수성(遂成)의

순제[53)] · 화제[54)]의 치세에 [고구려는] 또다시 빈번히 요동을 침범하여 노략질을 벌였다.[55)]

○ 宮死, 子伯固立。順和之間, 復數犯遼東, 寇抄。

• 023

[후한] 영제[56)]의 건녕[57)] 2년에 현토태수이던 경림[58)]이 [그들을] 토벌하

일화가 소개되어 있다.
53) 순제(順帝): 후한의 제8대 황제인 유보(劉保, 115~144)를 가리킨다. 슬하에 아들이 없던 염황후(閻皇后)가 수렴청정을 할 욕심으로 유보를 폐하고 그보다 어린 유의(劉懿)를 황제로 세웠으나 7개월 만에 죽자 조등(曹騰) 등 환관들이 염태후를 몰아내고 유보를 황제로 옹립하였다. 심성이 부드럽고 나약한 탓에 환관과 외척들이 국정을 농단하는 바람에 민심이 흉흉해지는 원인이 되었다.
54) 화제(和帝): 후한의 제4대 황제인 유조(劉肇, 79~105)의 시호. 건초(建初) 7년(82)에 황태자로 옹립되었으며 황제로 즉위한 초기에는 외척인 두헌(竇憲)이 북흉노를 대파하였다. 두헌이 주살된 뒤에는 친정(親政)에 나서 반초(班超)를 발탁하여 서역을 평정하였다. 재위기간의 경우, 화제는 서기 89~105년, 순제는 115~144년이어서 순서가 맞지 않는다. 여기서의 '화'가 순제의 연호인 '영화(永和)'를 가리키는 말일 가능성도 있다는 뜻이다. '영화'는 순제의 세 번째 연호로, 136~141년까지 6년 동안 사용되었기 때문이다. 다만, 이보다 연대가 수백년 앞선 《삼국지》〈위지·고구려전〉에는 '환제(桓帝)'로 소개되어 있는 점에 유념할 필요가 있다. '화'를 '환'의 오기로 보는 편이 합리적이라는 뜻이다. 환제는 후한의 제11대 황제 유지(劉志, 132~168)를 가리킨다. 본초(本初) 원년(146) 제10대 황제 질제(質帝)가 세상을 떠나자 대장군 양기(梁冀)의 옹립으로 황제가 되었다. 그러나 환관들의 발호로 매관매직과 부정부패가 만연해지고 본인도 궁녀를 5,000~6,000명이나 둘 정도로 방탕한 생활을 하다가 죽었다. 고구려의 요동 공략은 이처럼 중원의 정국이 불안정한 시기에 집중적으로 이루어졌다.
55) 노략질을 벌였다[寇抄]: 이 부분의 경우, 《삼국지》〈고구려전〉에는 원래 "신안·거향[등의 현]을 노략질하고, 이어서 서안평을 공략하였다(寇新安居鄕, 又攻西安平)"라는 내용이 소개되어 있었다.
56) 영제(靈帝): 후한의 제12대 황제인 유굉(劉宏, 157~189)를 가리킨다. 영강(永康) 원년(167)에 당숙인 환제가 세상을 떠나자 외척인 두(竇)씨의 옹립으로 13세의 나이로 즉위하고 이듬해에 연호를 건녕(建寧)으로 정하였다. 문학적인 재능은 남

고 수백 명을 목 베거나 사로잡았다. [그러자 신대왕] 백고는 그제야 항복하고 요동[군]에 속하였다.59)

○ 靈帝建寧二年, 玄菟太守耿臨討之, 斬首虜數百級, 伯固乃降, 屬遼東.

• 024
공손도60)가 [발]해동[쪽]에서 할거할 때에 이르자 백고는 그와 내왕하

달랐으나 정치에는 무능하여 환관 '십상시(十常侍)'가 국정을 농단하면서 나라가 어지러워지더니 184년에 결국 황건적(黃巾賊)의 난이 발발하였다. 반란이 진정된 뒤에는 후계자 문제와 척족간의 권력투쟁에 시달리다가 죽었다. 결국 군웅이 할거하는 시대가 도래하면서 한나라 멸망의 단초를 제공하였다.

57) 건녕(建寧): 후한의 제12대 황제인 영제(靈帝)가 사용한 첫 번째 연호. 168~172년까지 5년 동안 사용되었다. "건녕 2년"은 서기로는 169년이며 고구려 기년으로는 신대왕 5년에 해당한다.

58) 경림(耿臨, 2세기): 후한대의 정치가. 현토 태수로 있던 169년에 군사를 이끌고 고구려를 공격하매 신대왕이 항복하고 요동군에 귀속되기를 요청하였다.

59) 현토에 속하기를 간청하였다[乞屬玄菟]: 고구려가 요동·현토 등의 한나라 군에 속하기를 원했다는 것은 그 영토가 해당 군에 합병되었다는 의미가 아니라 교섭·왕래를 관장하는 한나라 측 창구를 해당 군으로 선택했다는 의미로 이해해야 한다. 고구려의 신대왕이 건녕 2년(169)에 현토군의 토벌을 피해 요동군에 귀속되기를 요청했다가 그로부터 몇 년 후인 희평 연간에는 현토군에 귀속되기를 요청한 일 등은 동이 집단의 한나라 군현 귀속이 정치적 통합이나 영토적 병합이 아니었음을 잘 보여 준다.

60) 공손도(公孫度, 150~204): 후한 말기의 군벌. 요동군 양평현(襄平縣) 출신으로, 현토군의 관리로 있다가 중앙 정부의 추천으로 상서랑(尙書郞)이 되었고, 동탁(董卓)이 정권을 장악한 뒤에 요동군 태수에 제수되었다. 그러나 황건의 난으로 나라가 어지러워지자 스스로 '요동후(遼東侯)'로 일컬으면서 자신의 관할지역인 요동군을 요서군(遼西郡)과 중료군(中遼郡)으로 나누고 자체적인 태수를 임명하면서 요동지역에서 독자적인 정치세력을 형성하였다. 아울러 새로 평주(平州)를 두고 '평주목(平州牧)'을 자처하는가 하면, 그 세력을 발해 건너의 산동반도까지 확장하여 동래(東萊) 등의 현들을 복속시키고 영주(營州)에 자사(刺史)를 두기도 하였다.

면서 우호관계를 유지하였다.

○ 公孫度之雄海東也, 伯固與之通好。

• 025

백고가 죽자 아들 이이모가 옹립되었다.⁶¹⁾

[산상왕] 이이모는⁶²⁾ 백고 때부터 이미 요동[군]을 여러 차례 노략질 한 바 있었는데, 이어서 도망쳐 온 흉노를 오백 호 넘게 받아들였다.⁶³⁾

그의 출신지인 양평현의 경우, 중국 학계에서는 그 위치를 요령성의 요양시(遼陽市)로 비정하고 있다. 그러나 16~18세기에 조선과 명·청대에 간행된 《후한서》〈원소전(袁紹傳)〉을 보면, 당대 초기의 장회태자 이현이 붙인 "【양평】요동군의 옛 성에 속했으며, 지금의 평주 노룡현 서남쪽에 있다"라는 주석이 붙어 있다. 7세기의 중국인들은 양평군의 좌표가 하북성 동북부 또는 산해관(山海關) 이서지역에 있다고 확신했던 셈이다. 100여 년 전부터 제기된 요양설은 재고되어야 한다는 뜻이다.

61) 아들 이이모가 옹립하였다[子伊夷摸立]: 이 부분의 경우, 《삼국지》〈고구려전〉에는 원래 "두 아들이 있었는데 맏아들이 발기, 작은아들이 이이모였다. 발기는 어질지 못하여 나랏사람들이 이이모를 옹립해 왕으로 삼았다(有二子, 長子拔奇, 小子伊夷摸. 拔奇不肖, 國人便共立伊夷摸爲王)"라고 소개되어 있었다.

62) 이이모는[伊夷摸]: 여기서는 '이이모' 세 글자가 들어가 있어서 이 뒤 모든 상황들의 주체가 이이모로 제시되어 있다. 그러나 선행 정사인 《삼국지》〈고구려전〉에는 이 세 글자가 보이지 않는다. 여기서의 '이이모' 부분은 《북사》 편찬자가 실수로 끼워 넣은 것이라는 뜻이다.

63) 망명한 흉노를 500가 넘게[亡胡五百餘家]: 서역과의 교류가 활발해지는 당대가 도래하기 전까지는 중국사에서 '호(胡)'는 일반적으로 중원 북부에서 활동하던 흉노를 일컫는 이름으로 사용되었다. 《후한서》〈남흉노전〉에 따르면, ① 영제 희평 6년(177, 신대왕 13), 한나라가 남흉노 용병을 동원해 병주(幷州)·안문(雁門) 방면으로 나가 선비족 단석괴(檀石槐)를 공격했다가 대패하고, ② 영제 중평 4년(187, 고국천왕 9), 선비족과 연계하여 유주에서 반란을 일으킨 장순(張純, ?~189) 등을 토벌하기 위해 한나라가 남흉노 용병을 동원했는데, 이에 반발한 흉노인들이 반란을 일으켜 선우 강거(羌渠)를 살해하는 사건이 발생하였다. 두 사건 모두 흉노 용병들이 고구려로 망명했을 개연성을 내포하고 있다. 당시 고구려의 활동무대와 결부시켜 볼 때 후자의 상황이었을 가능성이 훨씬 높다. 영제의 중평 4년(187)에 유

○ 伯固死, 子伊夷摸立。伊夷摸自伯固時, 已數寇遼東, 又受亡胡五百餘戶。

• 026

[후한의] 건안64) 연간에는 공손강913)이 군사를 동원하여 그를 공격하여 그 나라를 격파하고 읍락들을 불태웠다. [그러자 고구려에] 항복했던 흉노는 흉노대로 [고구려에 대하여] 반란을 일으켰다. [결국] 이이모는 다시 새로

주 중산국(中山國)의 상(相)이던 장순은 조정 대신 장온(張溫)이 서량(西涼) 군벌인 마등(馬騰)·한수(韓遂) 등을 토벌할 때 장수로 자원했다가 거절당한 데에 앙심을 품고 계(薊) 땅에서 반란을 일으켰다. 이어서 당시 호오환교위(護烏桓校尉)·우북평(右北平)태수·요동태수 등을 살해하고 10만이 넘는 무리를 모아 비여(肥如, 지금의 노룡현 인근)에 주둔하면서 유주와 기주를 약탈하였다. 중평 5년(188)에는 기도위(騎都尉) 공손찬(公孫瓚)을 대파하는 등 기염을 토하였다. 결국 유주목(幽州牧)으로 당시 유주 지역에서 명망이 높던 한나라 종친 유우(劉虞, ?~193)가 상금을 걸고 체포에 나서면서 그 부하에게 죽음을 당하였다. 당시 남흉노의 선우이던 강거(羌渠)는 아들이자 좌현왕(左賢王)이던 어부라(於夫羅)로 하여금 군사를 이끌고 가서 토벌하게 하였다. 그러나 이 일을 계기로 하여 한나라 조정에서 자신들을 징용하는 일이 빈번해질 것을 우려한 남흉노 10만 명이 강거를 공격해 죽이고 수복(須卜) 골도후(骨都侯)를 새 선우로 추대하였다. 이 사건으로 돌아갈 곳이 없어진 어부라는 결국 한나라의 하동군(河東郡), 즉 지금의 산서성 운성시(運城市) 일대에 정착하게 된다. 여기서의 "망명한 흉노 500여 가"는 아마 남흉노 내부에서의 권력투쟁에서 밀려난 강거 지지세력의 일부였을 가능성이 있다. 참고로, 비여를 점거한 장순이 유주와 기주를 공격한 사건은 한대에 유주의 동쪽 경계가 어디까지였는지를 잘 증명해 준다. 장순이 주둔한 비여는 지리적으로 유주의 동쪽에 있었기 때문이다. 유주는 그 동쪽 경계가 한반도까지 이어진 것이 아니라 비여(노룡현) 인근에서 끝난다는 뜻이다.

64) 건안(建安): 후한의 제13대이자 마지막 황제인 헌제(獻帝) 유협(劉協, 181~234)이 196~220년까지 25년 동안 사용한 세 번째 연호. 역사소설인 《삼국연의(三國演義)》에도 생생하게 묘사된 관도(官渡)·적벽(赤壁)·위남(渭南)에서의 싸움이 모두 이 시기에 치러졌다. 고구려의 기년으로는 고국천왕(故國川王) 18년에서 산상왕(山上王) 23년까지에 해당한다.

운 나라를 만들었다.

○ 建安中, 公孫康出軍擊之, 破其國, 焚燒邑落, 降胡亦叛。伊夷摸更作新國。

•027

그 뒤로 이이모가 또다시 현토[군]를 공격하자, 현토[군]에서는 요동[군]과 힘을 합쳐 반격하고 [그들을] 크게 무찔렀다.

○ 其後, 伊夷摸復擊玄菟, 玄菟與遼東合擊, 大破之。

•028

이이모가 죽고 아들 [동천왕] 위궁[66]이 옹립되었다.

처음에 위궁의 증조부인 [태조왕 고]궁은 태어나면서부터 눈을 뜨고 [사람을] 볼 줄 알았기 때문에 나랏사람들이 그를 싫어하였다. [그가] 장성했을 때에 이르러서는 [심성이] 흉악하고 잔인하여 나라가 무참하게 파괴당하

---

65) 공손강(公孫康, 2~3세기): 공손도의 아들로, 건안 9년(204)에 공손도가 세상을 떠나자 요동에서의 그의 지위를 그대로 승계하였다. 건안 12년(207)에는 조비(曹丕)로부터 양평후(襄平侯) 및 좌장군(左將軍)의 작호를 받음으로써 요동에서의 기득권을 인정받았다. 나중에는 자신이 영유하고 있던 낙랑군의 둔유현(屯有縣) 이남의 황무지를 떼어서 새로 대방군(帶方郡)을 두었다. 《후한서》《원소전》의 이현 주석을 근거로 삼을 때, 공손씨의 출신 지역이자 주요 거점이었던 양평의 자리는 지금까지 요령성 금주시(錦州市) 또는 요양시(遼陽市) 인근으로 비정해 온 학계의 통설과는 달리 하북성 동북부 노룡현 일대였다. 둔유현이나, 그것이 확장되어 설치된 대방군, 나아가 요동속국 역시 좌표를 그 일대에서 찾아야 옳다는 뜻이다.

66) 위궁(位宮): 고구려 제11대 국왕 동천왕(東川王, 209~248)의 이름. 《삼국사기》 "동천왕" 조에서는 "이름은 우위거이며 어릴 때 이름은 교체였다(諱憂位居, 小名郊彘)"라고 하였다. 만약 《삼국사기》의 기사가 역사적 사실을 반영한 것이라면, '주몽'이 추모의 북위식 표기인 것처럼, 위궁 역시 '위거'를 북위식으로 표기한 결과일 가능성도 배제할 수 없다.

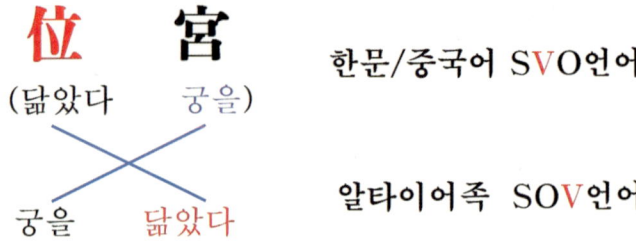

'궁을 닮았다'는 뜻의 위궁은 언어구조상 고구려어가 아닌 중국어이므로 유념해야 한다.

고 말았다. [그런데] 위궁에 이르러서도 마찬가지로 태어나자마자 사람을 볼 줄 알았다.

○ 伊夷摸死, 子位宮立。始位宮曾祖宮, 生而目開能視, 國人惡之。及長, 凶虐, 國以殘破。及位宮, 亦生而視人。

• 029

고려에서는 서로 닮은 것을 일컬어 '위'라고 하는데, [그가] 그 증조부인 궁과 [경우가] 비슷하다고 여겨 이름을 '위궁'이라고 지어 주었다.67)

---

67) 이름을 '위궁'으로 지어 주었다[名爲位宮]: 동천왕의 이름의 경우, 고구려인들이 궁의 증손이 '궁을 닮았다'는 의미에서 붙여 준 이름이 '위궁'이라고 소개하였다. 그러나 《삼국지》로부터 비롯된 이 설명은 사관의 착각이거나 임의로 지어내었을 가능성이 높다. ① '위궁'이 '궁을 닮았다'는 뜻이라면 〈동사 + 목적어〉 구조인 셈이다. 그런데 ② 고구려어는 백제어·신라어 등과 마찬가지로 〈주어 + 목적어 + 동사〉식으로 배열되는 전형적인 SOV형 언어에 속한다. 그렇다면 ③ SOV형 언어 사용자인 고구려인들이 '궁을 닮았다'는 의미를 가진 이름을 짓자면 '궁위(OV)'가 되어야 정상이다. 그런데 정반대인 '위궁(VO)'으로 지었다는 것은 그 이름이 SVO형 언어에 속하는 중국어 사용자(중국인)에 의하여 임의대로 붙여진 이름으로 이해할 수밖에 없다. 예컨대, '한류(韓流)'는 우리 문화를 뜻하는 말이지만 일본에서 만들어진 단어인 것과 같은 이치이다. ④ '위궁' 자체는 본질적으로 고구려어의 중국식

[그 증조부가 그랬듯이] 위궁 역시 용맹하고 기운이 센 데다가 말을 잘 타고 활쏘기와 사냥도 잘 하였다.

○ 高麗呼相似爲位, 以爲似其曾祖宮, 故名位宮。位宮亦有勇力, 便鞍馬, 善射獵。

• 030

[조] 위나라의 경초[68] 2년에 태부[69]이던 사마선왕[70]을 파견하여 무

번안(飜案)이며, 순수한 고구려어로 보기 어렵다는 뜻이다.

68) 경초(景初): 중국의 삼국시대 위나라 명제(明帝) 조예(曹叡, 204~239)가 237~239년까지 3년 동안 사용한 세 번째 연호. "경초 2년"은 서기 238년이며 고구려 기년으로는 동천왕 12년에 해당한다.

69) 태부(太傅): 중국 고대의 관직 이름. 서주(西周)시대에 태사(太師)·태보(太保)와 함께 '삼공(三公)'의 하나로 설치되었으며 서열은 태사보다 낮고 태보보다 높았다. 태사·태보와 함께 국정에 참여하면서 천자를 보필하였다. 진대(晉代)에는 국정에 참여했으나 보통은 직책 없이 일종의 명예직으로 원로들에게 부여되었다. 북위와 북제에서는 품계가 1품(一品)으로, 태사·태보와 함께 '3사(三師)'로 일컬어지기도 하였다.

70) 사마선왕(司馬宣王): 삼국시대 위나라의 군사전략가이자 서진(西晉) 왕조의 기초를 다진 사마의(司馬懿, 179~251)를 말한다. 자는 중달(仲達)이며, 하내군(河內郡) 온현(溫縣) 사람이다. 조조(曹操)·조비(曹丕)·조예(曹叡)·조방(曹芳) 4대에 걸쳐 보필하는 동안 무군대장군(撫軍大將軍)·대장군(大將軍)·태위(太尉) 등의 요직들을 역임하면서 정치적 입지를 다졌다. 명제가 세상을 떠나면서 사마의와 조상(曹爽)에게 어린 조방을 보필해 줄 것을 부탁하였다. 그러나 정시(正始) 10년(249)에 고평릉(高平陵)에서 정변을 일으켜 정적이던 조상 세력을 축출하고 권력을 장악함으로써 서진 왕조 개창의 기초를 다졌다. 73세의 나이로 세상을 떠난 뒤에 '선문(宣文)'이라는 시호를 받았고, 진왕(晉王)에 책봉된 차남 사마소(司馬昭)가 '선왕(宣王)'이라는 시호를 추서했으며, 그 손자 사마염(司馬炎)이 서진의 초대 황제로 즉위한 뒤에는 '선황제(宣皇帝)'로 추존되었다.

리를 이끌고 공손문의[71]를 토벌하게 하였다. [이때] 위궁은 주부[72] · 대가[73]를 파견하여 군사 수천 명을 거느리고 [위나라] 군사를 돕게 하였다.

71) 공손문의(公孫文懿, ?~238): 삼국시대의 요동 군벌. 공손강의 아들로, 이름은 '연(淵)'이며, '문의'는 자(字)이다. 《삼국지》·《양서》에는 '공손연'으로 소개했으나 당 태종 때에 편찬된 《북사》에서는 부황 이연(李淵)의 이름자를 피하기 위하여 자로 소개한 것이다. 공손강이 죽었을 때 나이가 어려서 숙부인 공손공(公孫恭)이 그 지위를 승계했으나 228년에 장성한 공손연이 그 지위를 도로 빼앗았다. 정치적으로 위나라와 오나라 사이에서 등거리 외교를 펼쳐 232년에는 오나라로부터 '연왕(燕王)'에, 233년에는 위나라로부터 대사마·낙랑[군]공·지절(大司馬樂浪公持節)에 각각 봉해져 요동에서의 자신의 기득권을 다졌다. 같은 해에 오나라에서 1만의 군사와 엄청난 금은·물자를 보내었으나 위나라의 눈을 의식하여 그들을 섬멸시키고 사신들을 억류하였다. 237년에는 위나라의 유주자사(幽州刺史) 관구검(毌丘儉)의 군대를 물리치고 위나라의 영향력에서 벗어나 '연왕'을 자처하면서 기염을 토했으나 이듬해에 사마의의 토벌군에 대패하고 죽음을 당하였다. 오나라가 그를 '연왕'으로 봉한 일이나 위나라의 영향력에서 벗어나 스스로 '연왕'을 일컬은 일은 공손씨가 그 정치·군사적 기반을 요녕지역[遼]이 아닌 하북지역[燕]에 두고 있었음을 간접적으로 증명한다. 담기양(譚其驤, 1911~1992) 등의 중국 학계에서는 그동안 요동만(遼東灣) 안쪽 요동반도 서쪽 일대를 공손씨의 '요동속국' 자리로 비정해 왔다. 그러나 윤순옥·황상일 등(2017, 제56쪽)의 지구과학자들의 연구를 통하여 '요동속국' 자리로 당연시되었던 지역이 2,000년 전에 거의 전부 바닷물에 잠겨 있었다는 사실이 과학적으로 확인되었다(문성재, 《한국고대사와 한중일의 역사왜곡》, 제276~283쪽) 요동속국 및 양평의 좌표는 이곳이 아닌 다른 지역에서 새로 찾을 수밖에 없다는 뜻이다. 지구과학적으로 따져 볼 때, 요동속국의 최고의 적지는 장회태자 이현이 1,300여 년 전에 암시를 준 대로, 옛 요동, 즉 산해관 인근뿐이다.

72) 주부(主簿): 고구려의 관직명. 한대에도 같은 이름의 관직을 두었는데, 공문이나 장부의 작성·보관 등의 업무를 관장하였다. 그래서 인터넷 〈국편위판〉 주023에서는 "中國의 영향을 받은 명칭으로, 왕의 측근에서 행정을 주관하던 직위"라고 보았다. 《한원》의 인용문에서는 주부의 또 다른 이름을 '울절(鬱折)'로 소개하였다.

73) 대가(大加): 부여에서 마가·우가·저가·구가 등 최고의 벼슬을 가진 통치귀족을 이르던 말. 대가들은 중앙의 상층 귀족을 형성하면서 그들의 근거지 거주인 수천 호의 주민을 지배하고 있었다. 즉 원래 대가들은 연맹왕국 수립 이전 족장 층에 해당하는 사람들로서 왕국 정비과정에서 중앙 귀족으로서 고위관료로 자리 잡게 되는 사람들을 지칭한 것으로 보인다. 고구려에서 가(加) 계급으로는 상가·고추가·대가·소가 등이 있는데, 그중에서도 대가는 최상층 귀족으로, 직속된 사자·조의·선

○ 魏景初二年, 遣太傅司馬宣王率
衆討公孫文懿, 位宮遣主簿大加
將數千人助軍。

사마의 초상

• 031

[조위의] 정시74) 3년에 위궁이 요[동]75)
의 서안평[현]76)을 노략질하였다.

인 등의 관리들을 거느리고 있었다.

74) 정시(正始): 삼국시대 위나라의 제왕(齊王)이던 조방(曹芳, 232~274)이 240~249년의 10년 동안 사용한 연호. "정시 3년"은 서기 242년, "정시 5년"은 244년이며, 고구려 기년으로는 동천왕 16년과 18년에 해당한다.

75) 요동의[遼]: 이 부분의 경우,《북사》에는 "서안평" 앞에 '멀 요(遼)'자가 붙어 있다. 그래서 학계에서는 이 부분을 "요서안평"으로 끊어야 할지 "요서안평"으로 끊어야 할지, 만약 전자라면 그 '요'는 '요서'인지 '요동'인지를 놓고 논란이 분분하다. 그러나 《삼국지》〈고구려전〉과 《양서》〈고려전〉에는 '요'자 없이 '서안평'만 나와 있다. 다만, ① 편찬 연대로 볼 때, 《삼국지》와 《양서》가 《북사》보다 수백 년 앞서 편찬되었다는 점, ② 편찬 주체로 보더라도 서로 시대·지역이 다른 《삼국지》와 《양서》 등, 복수의 정사에 똑같이 '요'자가 없다는 점, ③ 반고의 《한서》〈군국지〉 및 범엽의 《후한서》〈군국지〉를 보면 '서안평'은 똑같이 요서가 아닌 요동군 관할하의 현으로 소개되어 있는 점 등을 종합해 볼 때 ④ 이 부분은 "요서안평"으로 끊고 '서안평'은 요동군의 현으로 이해해야 옳다.

76) 서안평(西安平): 한대의 현 이름. 〈동북아판2〉 주43에서는 그 위치와 관련하여 중국 학자 조신(曹汛, 1980)의 주장을 인용하여 "丹東市 동쪽으로 靉河가 압록강에 합류하는 곳의 靉河尖村에는 애하첨 고성으로 불리는 토성이 있다. 이곳에서 '安西樂未央'銘의 와당 등이 나왔기에 서안평 현성으로 본다"라고 하였다. 그러나 ① 서안평현을 단동시로 비정한 것은 반도사관에 충실하게 좌표를 구했기 때문이며, ② '안서낙미앙(安西樂未央)'은 글자 그대로 직역하면 '안서에서의 즐거움이 끝이 없기를!'이라는 통상적인 기원의 문구일 뿐으로 서안평현과는 상관이 없다는 점, ③ 백 번 양보해서 '안서'가 '서안평'이라고 치더라도 휴대가 가능한 유물은 얼마든지 공간 조작이 가능하다는 점 등을 종합적으로 고려할 때, ④ 한대의 요동군 서안평현의 좌표를 요녕성 단동시에서 찾는 것은 상식적이지 못하다. 이 문제에 관해서는 문성재, 《한국고대사와 한중일의 역사왜곡》, 제401~404쪽을 참조하기 바란다.

이른바 '관구검기공비'와 탁본. 숙신의 강역 남쪽에서 바위에 전공을 새겼다는 중국 정사의 기록과 달리 비석의 형태를 띤 데다가 산산조각이 날 정도로 손상되었는데도 글자가 너무 또렷하게 남아 있어서 의문을 자아낸다.

[그리고 정시] 5년에는 유주[77)]자사이던 관구검[78)]이 [군사] 만 명을 거느리

77) 유주(幽州): 중국 고대 행정구역의 하나.《상서(尙書)》〈우공(禹貢)〉에 따르면, 우순(虞舜)이 기주(冀州) 지역에 설치한 12개 목(牧)의 하나이다. 주 무왕(周武王)이 은(殷)나라를 멸망시키고 소공(召公)을 유주지역에 책봉하면서 연(燕)나라가 세워졌고 전국시대에 연 소왕(燕昭王)이 동호(東胡)를 격파하고 그 자리에 어양(漁陽)·상곡(上谷)·우북평(右北平)·요서(遼西)·요동(遼東)의 5개 군을 설치하였다. 한나라에 들어와서 고조(高祖) 유방(劉邦)이 상곡군을 쪼개어 새로 탁군(涿郡)을 설치하는 한편, 책봉국인 연국(燕國)을 설치하였다. 무제 때에는 유주자사부(幽州刺史部)를 두고 경내의 군·국(郡國)을 관할했으며, 조선을 멸망시킨 뒤에는 새로 현토·낙랑 등의 군을 설치하고 유주에서 관할하게 하였다. 위·진대에는 관할 군·국이 23개까지 증가했으나 각지 군벌들의 발호와 북방민족들의 남하로 영역이 차츰 축소되었다. 중국 학계에서는 요령성 남부와 한반도 서북부까지 그 관할 지역으로 끼워 넣었다. 그러나 이 같은 고증은 ① 연·진 만리장성이 양평에서 시작되고, ② 그 양평이 평주, 즉 지금의 하북성 노룡현 일대이며, ③ 요동과 요서를 가르는 하천인 요수가 요령지역의 요하가 아닌 하북지역의 난하임을 간과한 것이다. ④ 그 설명대로라면 일개 주(州)의 면적이 제국만큼이나 거대해지기 때문에 논리적으로 설득력이 떨어진다.

78) 관구검(毌丘儉, ?~255): 중국 삼국시대 위나라의 장수. 하동군(河東郡) 문희(聞喜) 출신으로, 형주 자사(荊州刺史)를 지내고 233년에 사지절·유주자사·호오환교위(使持節幽州刺史護烏桓校尉)에 임명되어 위나라가 요동을 경략하는 과정에서 중요한 역할을 담당하였다. 일본 학자 다나카 도시아키(田中俊明)는 《위서》의 '무구검'을 근거로 그 성씨가 '무'라고 주장하기도 하였다. 그러나 그것은 고문자를 본 적이 없는 수백 년 뒤의 사관들이 '관'을 '무'로 잘못 읽으면서 빚어진 해프닝일 뿐

고 현토[玄菟]를 나가 위궁을 토벌하였다.

○ 正始三年, 位宮寇遼西安平。五年, 幽州刺史毌丘儉將萬人出玄菟, 討位宮。

• 032

비류[沸流]에서 큰 싸움을 벌였으나 [위궁이] 패하여 달아났다.

[관구]검이 추격하여 혁현79)까지 이르렀으며, 수레를 달아매고 말을 묶어 올리면서80) 환도산81)을 올라가82) 그 나라가 도읍으로 삼고 있던

이다. 관구검과 '관'에 대한 문자학적 설명은 문성재, 《정역 중국정사 조선·동이전 1》, 제236~237쪽의 "관구검" 주석을 참조하기 바란다.

79) 혁현(覗峴): 고구려의 지명. 유자민·묘위, 《중국정사 고구려전 상주 몇 연구》, 제198쪽에서는 이른바 '관구검 기공비'가 발견되었다는 이유로 그 좌표를 지금의 길림성 집안시 서북쪽 90여 리 지점의 판석령(板石嶺)으로 단정하였다. 그러나 ① '관구검 기공비'는 근대에 왕국유(王國維) 등이 일방적으로 붙인 이름일 뿐 ② 관구검의 기공비라는 증거가 없으며, ③ 그 발견 경위나 장소도 의심스러운 구석이 많다. 이에 관해서는 문성재, 《정역 중국정사 조선·동이전2》, 제355~356쪽, "바위에 새겨 공로를 기렸다" 주석을 참조하기 바란다.

80) 수레를 달고 말을 묶어[懸車束馬]: 이 구절은 고구려의 환도성이 깎아지른 산 위 또는 산 너머에 자리 잡고 있었음을 시사해 준다. 〈동북아판2〉(제121쪽)에서는 이 부분을 "힘한 산길을 헤치면서" 식으로 번역하였다. 그러나 이 두 구절은 '드리울 현(懸)'에서 알 수 있듯이 수평이동이 아니라 고도가 상당히 높은 환도성(환도산)까지의 수직이동을 묘사한 것이어서 정확한 번역이라고 보기 어렵다.

81) 환도산(丸都山): 고구려의 초기 도읍인 환도성(丸都城)이 있는 산. 김부식(金富軾)의 《삼국사기(三國史記)》에 의하면, 산상왕(山上王) 2년(198)에 축조했고 209년에 이곳으로 도읍을 옮겼다고 한다. 동천왕(東川王) 19년(245) 위나라 장수 관구검(毌丘儉)의 침공으로 파괴되었으며 고국원왕(故國原王) 12년(342) 전연(前燕)의 침공에 대비하여 성을 보수하고 국내성에서 환도성으로 왕성을 옮겼다. 곽석량에 따르면, '환도(丸都)'는 고대음이 '관따(ɣuan-tɑ)' 정도로 재구된다.

82) 환도산을 올라가[登丸都山]: 과거의 정사 기록에서는 고구려의 도읍인 환도성이 산 아래에 자리 잡고 있다고 알려져 있었다. 그런데 여기서는 관구검의 군대가 환도산을 올라간 다음에 고구려 도읍(환도성)에서 학살을 벌인 것으로 나와 있다. 이

성에서 학살을 벌였다. 위궁은 혼자서 처자식만 데리고 멀리 달아나
버렸다.[83]

○ 大戰於沸流。敗走，儉追至峴峴，懸車束馬登丸都山，屠其所都。位
宮單將妻息遠竄。

• 033

[정시] 6년[84]에 [관구]검이 또다시 그를 토벌하였다.
위궁은 가벼운 차림으로[85] 제가[86]만 데리고 옥저[87]로 달아났다. [그러

> 를 통하여 환도성이 [환도]산의 동쪽 산자락에 자리 잡고 있었음을 짐작할 수가 있
> 다. 환도산의 지형은, 관구검 등 위나라 군이 있는 서쪽이 험준한 반면에 그 반대쪽
> 인 고구려 방향인 동쪽은 상대적으로 낮고 완만하여 그곳에 도읍이 자리 잡고 있
> 었을 것이라는 뜻이다. 그래야 "환도성이 산 아래에 자리 잡고 있었다"라는 중국
> 정사의 기존 기록과 "관구검의 군대가 수레와 말을 매달아 환도산을 올라간 다음
> 에 도읍에서 학살을 벌였다"라는 이 기사 속의 정황이 모순 없이 부합될 수 있기
> 때문이다.

83) 처자식만 데리고 멀리 달아나 버렸다[單將妻息遠竄]: 인터넷 〈국편위판〉에서는
'단장처식(單將妻息)'을 "홀로 처자식을 거느리고"로 번역하였다. 위궁 가족만 탈
출한 것으로 이해한 셈이다. 물론, '홀 단(單)'은 '혼자서(alone)', 즉 행위 주체의
단일성을 나타내는 경우도 있다. 그러나 여기서는 행위객체의 단일성을 나타내는
부사인 '그저, 단지(only)'의 의미를 나타내는 것으로 이해해야 옳다. 위궁 가족 말
고도 다른 수행원이나 동행인들도 포함되었을 가능성도 있다는 뜻이다.

84) 6년(六年): 정시(正始) 6년을 말한다. 서기 245년이며, 고구려 기년으로는 동천왕
19년에 해당한다. 이병도는 《삼국지》〈고구려전〉의 "그 5년에 유주자사 관구검에
게 격파되었는데 그 일이 〈관구검전〉에 있다(其五年, 爲幽州刺史田丘儉所破, 語在
儉傳)"에 대하여 "魏의 田丘儉의 入寇는 正始 5년(東川王 18年) 秋冬間에 시작하
여 다음 해에 丸都가 함락되었으니, 《三國志》의 年代는 잘못된 것인데, 《三國史記》
에서 東川王 20年條에 기록한 것은 《三國志》의 기록에 의거한 때문"(《역주 삼국사
기》, 제263쪽)이라고 보았다.

85) 가벼운 차림으로 제가만 데리고[輕將諸加]: 인터넷 〈국편위판〉에서는 이 부분을
"황급히 제가를 데리고" 식으로 번역하였다. 그러나 '가벼울 경(輕)'에는 '황급히'
식의 부사로 작동하는 용법이 없다. 오히려 제대로 된 무장도 하지 않은 허술한 옷

자 관구)검은 장군 왕기88)를 보내어 [위궁 일행을] 추격하게 하였다.

차림을 한 것으로 이해하는 편이 합리적이다.

86) 제가(諸加): '가(加)'는 고구려의 부족 집단 또는 [부]족장을 일컫는 이름이다. 그리고 '제(諸)-'는 그 뒤에 오는 대상의 범위를 설정하는 관형어로, 예외 없는 전부(all)를 나타낸다. 그렇다면 '제가'는 부여의 지배층을 구성하는 마가·우가·저가·구가의 네 가를 아울러 일컫는 통칭인 셈이다. 의미상으로는 '부족장들'로 해석되므로, 중국식으로 표현하자면 '후작(영주)들'이라는 뜻의 '제후(諸侯)'에 해당한다고 할 수 있다. 〈국편위판1〉(제226쪽, 주15)에서는 '제가'를 네 가를 포함하는 "部族長 전체를 의미하는 汎稱"이며 "그들이 다스렸던 部族集團은 廣開土王碑의 鴨盧에 해당하는 것이 아닐까" 추정하였다. 그러나 그것만으로는 제가와 압로 사이에 필연적인 인과관계를 입증하기 부족하다.

87) 동옥저(東沃沮): 〈국편위판1〉(제261쪽, 주2)에서는 '옥저(沃沮)'의 어원과 관련하여 '숲'을 뜻하는 만주어 '워지(weji, 한자로는 窩集)'와 어원이 같다는 《흠정 만주원류고》의 주장을 근거로 들었다. 실제로 유후생(劉厚生)이 엮은 《간명 만한사전(簡明滿漢辭典)》(제416쪽)에는 '워지'를 '밀림(密林)·총림(叢林)'으로 번역하고 있다. 따라서 '옥저' 또는 '워지'는 '숲에 사는 사람들' 정도로 이해할 수 있겠다. '워지'는 언어적으로 만주-퉁구스어계에 속하는 말이다 보니 중국 정사에 기록될 때 시대별·지역별로 각자 다른 한자로 표기되곤 하였다. 《흠정 만주원류고》의 '와집(窩集)'은 물론이고, 명대 문헌들에 등장하는 이른바 '동해여진(東海女眞)' 부족의 한 갈래인 와집(窩集)·악집(渥集)·오계(烏稽)·와계(窩稽), 《삼국지》의 '옥저' 등은 만주어 '워지'를 시대별·지역별로 다른 한자로 표기한 경우이다. 청대의 문헌들에 등장하는 혁철(赫哲, 허저)·혁차(赫車, 허처) 역시 자음 'ㅇ[w]'가 'ㅎ[h]'로 강화된 경우로, 음운상으로 서로 대응된다. 중국 학계에서는 명대 여진의 한 갈래인 올적합(兀狄哈)·올적개(兀的改)·오적개(烏的改)·오저개(烏底改) 등도 '옥저' 또는 '워지'와 어원이 같은 것으로 보지만 확실하지 않다. 이상의 언어적 추적을 통하여 '워지' 또는 '옥저'가 종족을 근거로 붙인 이름이 아니라 거주지역이나 생활환경을 근거로 중원왕조에서 일방적으로 붙인 이름임에 유념할 필요가 있다.

88) 왕기(王頎, 3세기): 삼국시대 위나라의 무장. 자는 공석(孔碩)이며, 청주(青州) 동래(東萊), 즉 지금의 산동성 래주시 사람이다. 정시(正始) 5년(244)에 행비장군·영현토태수(行裨將軍領玄菟太守)의 신분으로 관구검의 고구려 정벌에 종군하였다. 이때 관구검의 명령에 따라 군량 확보를 위하여 부여에 사자로 파견되기도 하였다. 정시 6년(245)에는 고구려에 대승을 거두고 옥저의 땅 천여 리를 지나 숙신 땅 남쪽까지 가서 바위[산?]에 정벌의 업적을 기록한 글을 새겼다. 전사한 궁준(弓遵)에 이어 대방태수가 된 정시 8년(247)에는 왜(倭)의 여왕 비미호(卑彌呼)가 사신을 보내어 구노국(狗奴國)과의 분쟁을 해결해 줄 것을 요청하자 황제의 명령에

○ 六年, 儉復討之, 位宮輕將諸加奔沃沮。儉使將軍王頎追之。

• 034

[왕기는] 옥저의 천 리 넘는 땅을 주파하여 숙신[89]의 남쪽 경계에까지 이르렀는데 바위에 [글자를] 새겨 [자신들의] 공로를 기렸다.[90] 이어서 환도산 [의 암벽]에 [글자를] 새기고[91] 부내성[92]에도 글귀를 남기고 귀환하였

따라 중재에 나서기도 하였다. 경원(景元) 4년(263)에는 천수태수(天水太守)의 신분으로 등애(鄧艾)를 수행해 촉(蜀)나라를 정벌했고, 사마염의 서진 왕조에서는 여남태수(汝南太守)를 지냈다.

89) 숙신(肅愼): 중국 고대에 만주 북동쪽에서 수렵생활을 한 것으로 전해지는 북방민족의 한 갈래. 자세한 설명은 《진서》〈숙신씨전〉의 해당 주석을 참조하기 바란다.

90) 바위에 새겨 공로를 기렸다[刻石紀功]: 이 구절을 통하여 위나라 군이 관구검의 공로를 기리는 글을 남긴 곳이 비석이 아니라 바위임을 확인할 수 있다. 현재 중국의 요령성 박물관에는 20세기 초인 1906년에 봉천성(奉天省, 지금의 요령성) 집안현(輯安縣, 지금의 지안시) 판석령(板石嶺)에서 도로공사를 하는 과정에서 발견된 것으로 알려져 있는 이른바 '관구검기공비(毌丘儉紀功碑)'라는 비석 조각이 소장되어 있다. 조각은 길이가 25.8㎝, 너비가 26.4㎝, 글자 크기는 2.7㎝ 정도로, 전형적인 한대 석비 형태인 규형(圭形)를 띠고 있다. 문제는 ① 공로를 새긴 지점이 "숙신의 강역 남쪽"이라고 했는데 발견된 지점은 한참 남쪽인 압록강 북안의 집안이라는 점, ② 공로를 새긴 곳이 "바위(자연석)"라고 했는데 발견된 것은 석비라는 점, ③ 1913년 일본인이 제2회 사료조사 당시 찍었다는 '관구검기공비' 발견 현장 사진(국립중앙박물관 e뮤지엄)을 보면 주변이 암석이 노출되지 않은 토산이어서 글자를 새길 만한 바위가 보이지 않고 입지조건 역시 비석을 세울 만한 장소가 아닌 점, ④ 재질 역시 적갈색의 규암(硅岩, quartzite)이어서 노천에서 쉽게 구할 수 있는 돌이 아니라는 점, ⑤ 이 비석 조각을 일본인들 및 친일 성향의 중국 근대 학자 왕국유(王國維, 1877~1927)가 '관구검기공비'로 명명했지만 정작 관구검에 관한 내용은 전혀 없다는 점, ⑥ 산산조각으로 깨졌음에도 불구하고 글자가 새겨진 면은 2,000년을 지나도록 별 손상이 없어서 글자가 너무 또렷하게 남아 있는 점 등, 여러 면에서 그 진위에 의문을 품게 된다.

91) 환도산에 새기고[刊丸都山]: 이 부분의 경우, 인터넷 〈국편위판〉에서는 〈동사+목적어〉 구조로 이해하여 '환도산을 깎아서'라고 번역하였다. 그러나 문법적으로는 〈동사+보어〉 구조에 해당하기 때문에 "환도산에 새기고" 식으로 번역해야 옳다.

다.⁹³⁾

그 뒤로 [고구려는] 다시 중국과 내왕하였다.

---

92) 부내성(不耐城): 중국 삼국시대 무렵의 예국(濊國)의 도읍. 선행 정사인《삼국지》〈관구검전〉과〈예전〉에도 '부내(不耐)'로 나와 있다. 그러나《한서》〈지리지〉"낙랑군"조에 '부이(不而)'로,《한원》〈번이부(藩夷部)〉"고려"조 주석에서도 "《고려기》에서는 【부내성】 지금은 국내성이라고 부른다. 나라 동북방 670리 지점에 있는데, 본래 한대의 부이현'이라고 하였다(高麗記曰, 不耐城, 今名國內城, 在國東北六百七十里, 本漢不而縣也)"라고 소개한 것을 보면 '내(耐)'는 '이(而)'의 한대식 표기법으로, 실제의 이름은 '부이'일 가능성이 높다. 학계에서는 과거에 그 위치를 함경도 안변(安邊)·원산(元山) 일대로 비정했으나 관련 흔적이 발견되지 않아 나중에는 발음이 비슷한 불내(弗奈)·불눌화(佛訥和) 등을 근거로 두만강 유역이나 호이합하(瑚爾哈河) 연안으로 비정하였다.

93) 부내성에도 글귀를 남기고 귀환하였다[銘不耐城而還]: 인터넷〈국편위판〉에서는 '명부내성(銘不耐城而還)'을 "不耐城이라 새겨두고 돌아왔다"라고 번역하였다. 그러나 그렇게 번역하면 부내성이라는 이름이 위나라 장군 왕기에 의해서 붙여졌다는 의미로 왜곡된다. '부내'라는 이름은 이미 왕기나 관구검으로부터 수백 년 전으로, 동부도위(東部都尉)가 설치되던 한 무제 때부터 존재하고 있었다. 따라서 '부내성'이라는 글자를 새긴 것이 아니라 '부내성[문?]에' 자신들의 전공을 기리는 글귀를 새긴 것이다. 그렇다면 환도산에 이르러 부내성에 글을 새겼다고 했으므로 ① 환도산 안에 ② 부내성이 있고 ③ 거기에 그들이 남긴 글귀가 적혀 있었다는 뜻이 된다. 이는 그 앞의 구절인 '刊丸都之山'이 문법적으로 같은 구조를 공유하고 있는 것을 통해서도 쉽게 알 수 있다.〈동북아판2〉주47(제121쪽)에서는 이 부분은 "끊어읽기에 따라서 환도산과 부내성의 관계, 기공비의 수 및 위치가 달리 이해된다. 즉, Ⓐ '至肅慎南, 刻石紀功. 刊丸都之山, 銘不耐之城'으로 읽기도 하였고, Ⓑ '至肅慎南, 刻石紀功, 刊丸都之山, 銘不耐之城'과 같이 끊어 읽기도 하였다. 기공비의 건립 위치는 숙신씨 남쪽, 환도산, 부내성의 세 곳이 후보지로 거론되었다. 세 곳 모두에 해당하는지 아니면 일부에 해당하는지에 이견이 있을 수 있다"라고 하였다. 그러나 문법적으로 따져 볼 때, ① '刊丸都山'은〈동사+목적어〉구조가 아니라〈동사+(於)+보어〉구조이다. 따라서 '환도산에 글을 새기다' 식으로 번역해야지 '환도산을 깎았다'는 정확한 번역이라고 볼 수 없다. 또, ② 동북아판의 설명과는 달리 어떻게 끊든 간에 의미에는 큰 변동이 없다. 이 네 구절을 정확하게 번역하면 "숙신의 남쪽 경계에까지 이르렀는데 바위에 [글자를] 새겨 [자신들의] 공로를 기렸다. 이어서 환도산[의 암벽]에 [글자를] 새기고 부내성에도 글을 남기고 귀환하였다"가 된다. ③ 환도산과 부내성의 좌표가 모두 숙신의 남쪽에 있는 것이며, ④ 바위에 글을 새겨 공로를 기린 장소는 환도산과 부내성 두 곳인 것이다.

○ 絶沃沮千餘里, 到肅愼南, 刻石紀功。又刊丸都山銘不耐城而還。其後, 復通中夏。

•035
[서]진나라의 영가[94] 연간의 난리 때에 선비 출신의 모용외[95]가 창려[96]의 대극성[97]에서 할거하였다.

---

94) 영가(永嘉): 서진의 제3대 황제인 회제(懷帝) 사마치(司馬熾, 284~313)가 307~312년까지 6년 동안 사용한 연호. 고구려의 기년으로는 미천왕 8~13년에 해당한다. 서진에서는 이 시기에 여덟 왕의 반란으로 국력이 피폐해지면서 흉노·선비 등의 북방민족들이 경쟁적으로 중원으로 남하하여 정권을 세운다. 312년에 남흉노 출신의 유연(劉淵)이 세운 한국(漢國)이 낙양을 공략하여 황제를 포로로 잡아가는 바람에 진 왕조는 유명무실해지고 중원의 한족들은 난리를 피하여 대거 강남으로 이주하게 된다. 역사적으로 이 시기의 혼란을 '영가 연간의 난리[永嘉之亂]'라고 부른다.

95) 모용외(慕容廆, 269~333): 서진 말기의 선비족 군벌. 자는 혁락괴(弈洛瑰), 또는 약락외(若洛廆)이며, 창려군(昌黎郡) 극성(棘城) 사람이다. 5호 16국의 하나인 전연(前燕)의 토대를 마련한 모용부(慕容部) 족장 모용섭귀(慕容涉歸)의 아들이자 토욕혼(吐谷渾)의 개국군주 모용토욕혼(慕容吐谷渾)의 동생이며 전연의 개국군주 모용황(慕容皝)의 부친이다. 진나라 회제의 영가 원년(307)에 [대]극성으로 천도하고 '대선우(大單于)'를 자처하면서 농업을 장려하고 인재를 등용하자 사대부와 백성들이 앞다투어 귀순했다고 한다. 당시 세력이 강하던 부여(扶餘)·우문선비(宇文鮮卑)·단부선비(段部鮮卑)·고구려 등 주변의 북방민족들과 각축을 벌이면서도 동진(東晉) 조정에 충성하였다. 동진 원제(元帝)의 태흥(太興) 4년(321), 산기상시(散騎常侍)·거기장군(車騎將軍)·도독유평이주동이제군사(都督幽平二州東夷諸軍事)·평주목(平州牧)에 임명되고 요동군공(遼東郡公)에 봉해졌다. 사마씨가 강남으로 천도하고 중원이 무주공산으로 변한 뒤로 동이교위(東夷校尉)이던 최비(崔毖)가 고구려·단부·우문부와 연합해 모용외를 공격하자 그들을 격파하고 세력을 확장하였다. 사후에 동진 조정에서 대장군(大將軍)·개부의동삼사(開府儀同三司)의 벼슬을 추증하고 '양(襄)'이라는 시호를 내렸다. 목제(穆帝)의 영화(永和) 8년(352), 그 손자인 모용준(慕容儁, 319~360)이 전연을 세우고 황제가 되자 황제로 추봉되면서 '무선(武宣)'이라는 시호와 함께 '고조(高祖)'라는 묘호를 받았다.

96) 창려(昌黎): 삼국시대 위나라의 군 이름.《진서》〈지리지〉"평주(平州)"조에는 당시

14세기 조선 초기에 제작된 《혼일강리역대국도지도》(모사본). 지도 설명에는 영평부(하북성 노룡현)가 북연 모용씨의 발상지인 창려군이라고 밝혀 놓았다. 창려군을 조양시로 보는 기존의 고증은 잘못된 것이라는 뜻이다. 파란 동그라미는 지금의 조양시 자리

○ 晉永嘉之亂, 鮮卑慕容廆據昌黎大棘城。

의 창려군은 "속현이 2개, 민호가 900호(統縣二, 户九百)"라고 소개되어 있다. 900호라면 세대당 7명씩으로 계산하더라도 인구가 6,000명 정도에 불과했던 셈이다. 물론, 당시에 진나라는 자국의 역사책조차 수백 년 뒤인 당대(648)에 이르러서야 편찬작업이 완료되었을 정도로 내우외환으로 대단히 어지러운 상황이었다. 따라서 이 시기의 통계는 신뢰도가 높다고 보기 어렵다. 물론, 혼란스러운 정세 속에서 선비·고구려·백제 등 주변 이민족들이 번갈아 침탈하면서 그 영역이 축소되거나 포로·유랑 등의 원인으로 인구가 급감했을 개연성도 높다. 창려군의 위치와 관련하여, 국내외 학계에서는 "遼寧省 義縣 西北", 유자민·묘위,《중국정사 고구려전 상주 및 연구》, 제200쪽에서는 "遼寧省 錦縣 북쪽"으로 비정하고 있다. 그러나 역대 중국 정사들에서는 요수의 좌표를 발해·갈석 사이에 두었다. 창려는 요서, 즉 요수 서안에 있는 것이다. 그 위치가 발해·갈석의 서쪽에 있다는 뜻이다. 기존의 고증들은 '요수'라는 첫 단추를 끼우는 바람에 요동·요서·창려의 좌표까지 왜곡되었기 때문에 신뢰하기 어렵다.

97) 대극성(大棘城): 진(晉) 왕조 당시 모용씨의 근거지. 《위서(魏書)》〈지형지(地形志)〉"창려군"조에는 "현은 셋으로 용성【진군 8년에 유성·창려·그성을 합쳐 이 현에 귀속시켰다】, …(縣三. 龍城【眞君八年并柳城昌黎棘城屬焉】, …)"라고 소개되어 있다. 중원으로 남하한 뒤로 창려의 대극성에서 할거하던 모용외가 동진의 황제로부터 '평주자사'에 임명되었다는 사실은 진대에 모용외가 거점으로 삼았던 창려군이 평주, 즉 지금의 하북성 동북부인 창려현 인근이었음을 방증해 준다. 유자민·묘위(같은 책, 제200쪽)는 그 위치로 요녕성 금주시 북쪽 또는 의현 서북쪽을

• 036

[이에 그에게] 원제98)가 평주99)자사를 제수하였다. 100)

제안했으나 신뢰하기 어렵다.

98) 원제(元帝): 동진의 개국 황제인 사마예(司馬睿, 276~323)의 시호. 자는 경문(景文)으로, 하내군(河內郡) 온현(溫縣, 지금의 하남성 온현) 사람이다. 낙양현에서 태어나 낭야왕(琅邪王)을 세습하고, 영가 원년(307)에는 안동장군(安東將軍)·도독양주강남제군사(都督揚州江南諸軍事)에 임명되었다. 당시 도읍이던 장안(長安, 서안시)이 흉노에게 함락되자 강남으로 남하하여 건강(建康, 강소성 남경시)에서 진나라를 중흥시키니 이것이 바로 동진(東晉)이다. 《북사》 원문에는 '원제'가 '원년(元年)'으로 되어 있으나 '년(年)'의 모양이 '제(帝)'와 비슷한 데서 빚어진 착오이다.

99) 평주(平州): 중국에서는 역사적으로 '북평주(北平州)'라는 지역명이 사용된 일이 없었다. 실제로 《북사》보다 23년 전에 편찬된 《양서》〈고려전〉이나, 11년 앞선 《진서》〈지리지〉에는 같은 대목에도 모두 '평주(자사)'로 소개되어 있다. 해당 대목을 필사한 편찬자가 '평주 ⇒ 북평주'로 잘못 베꼈다는 뜻이다. 《진서》〈지리지〉 "평주" 조에 따르면, "한대에는 우북평군에 속했던 것을 후한 말기에 공손도가 '평주목'을 자처했고, … 위나라 때 동이교위를 두고 양평을 치소로 삼아 요동·창려·현토·대방·낙랑의 5개 군을 나누어 평주로 삼았다. … 공손연이 멸망한 뒤에는 호동이교위가 설치되고 양평을 치소로 삼았으며, … 함녕 2년(276) 10월에는 창려·요동·현토·대방·낙랑 등의 5개 군·국을 나누어 평주로 삼았는데 속현이 26개, 인구가 1만 8,100호였다(漢屬右北平郡. 後漢末, 公孫度自號平州牧. … 魏置東夷校尉, 居襄平, 而分遼東昌黎玄菟帶方樂浪五郡爲平州, … 及文懿滅後, 有護東夷校尉, 居襄平. 咸寧二年十月, 分昌黎遼東玄菟帶方樂浪等郡國五置平州. 統縣二十六, 戶一萬八千一百)" '양평'의 경우, 1,300여 년 전에 장회태자 이현은 《후한서》〈원소전(袁紹傳)〉에 "지금의 평주 노룡현 서남쪽에 있었다(在今平州盧龍縣西南)"라는 주석을 붙였다. 양평이 요녕성이 아닌 하북성 동북부의 노룡현 경내에 있었다는 뜻이다. 유자민·묘위(같은 책, 제200쪽)는 양평을 요녕성 요양시 구 시가지로 비정하면서 "동북대륙(만주)과 조선반도의 민족들을 관할했다"라고 주장했으나 사실무근이다. 1,300년 전에 이현이 이미 그 위치를 "평주 노룡현 서남쪽"으로 분명하게 밝혀 놓았기 때문이다.

100) 원제가 평주자사를 제수하였다[元帝授平州刺史]: 이 대목을 통하여 진나라 초기에는 '부여국의 존립을 위태롭게 했다' 하여 무제 사마염으로부터 "괘씸한 오랑캐"로 매도되었던 모용외가 이때에 이르러서는 진 왕조에 충성하고 있었음을 짐작할 수 있다. '영가'라는 연호는 307~313년까지 7년 동안 사용되었다. 모용선

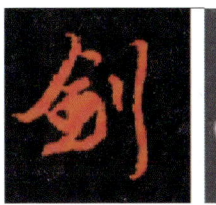 

'쇠(釗)'와 '유(劉)' 두 글자는 외형상 혼동하기
쉬우나 양서의 유는 쇠를 잘못 읽은 결과이다.

[그런데 당시] 위궁의 현손인 [미천왕] 을불리[101]가 요동을 빈번히 침범했으나 [모용]외가 제대로 막지 못하는 것이었다.[102]

○ 元帝授平州刺史. 位宮玄孫乙弗利頻寇遼東, 廆不能制.

• 037

[을]불리가 죽자 [그] 아들 쇠[103]가 대신 [왕으로] 옹립되었다.

비의 귀순이 이 무렵에 이루어졌다는 뜻이다.

101) 을불리(乙弗利): 고구려 제15대 국왕인 미천왕(美川王)의 이름. 국내 사서들에서 전하는 이름에는 다소 차이가 있어서, 《삼국사기》에는 '을불(乙弗)' 또는 '우불(憂弗)', 《삼국유사》에는 '우불(漫弗)'로 나와 있다. 곽석량에 따르면, '을불리'는 '옛 뼛렛(ĭet-piwət-liet)' 정도로 재구되는데, 종성이 약화/탈락되면서 '예뻐례' 식으로 읽혔을 것이다.

102) 외가 제대로 막지 못하는 것이었다[廆不能制]: 《진서》〈모용외전(慕容廆傳)〉과 《위서》〈고구려전〉에도 관련 내용이 소개되어 있다. 이 대목이 사실에 기초해 작성된 것이라면 모용외 당시만 해도 고구려는 모용씨가 맞설 수 없을 정도로 막강한 군사력을 보유하고 있었던 셈이다.

103) 쇠(釗): 고구려 제16대 국왕인 고국원왕의 이름. 《삼국사기》에서는 "고국원왕['국강상왕'이라고도 부른다]은, 이름이 사유['유'라고도 한다]이다(故國原王[一云國岡上王], 諱斯由[或云劉])"라고 소개하였다. 그 이름의 경우, 남조의 《양서》를 제외한 《진서》·《위서》·《북사》·《자치통감》 등, 복수의 북조계 사서들에는 '쇠'로 소개되어 있다. 이 중국 정사들 중 '쇠'로 소개한 《위서》가 6세기에 편찬되었고 유일하게 '유'로 소개한 《양서》는 7세기의 것이다. 원래는 '쇠'인 것이 글자 모양이 비슷한 탓에 후대에 '유'로 잘못 베꼈을 가능성이 높다는 뜻이다.

○ 弗利死, 子釗代立。

• 038
[북]위나라의 건국104) 4년105)에 모용외의 아들 [모용]황106)이 그 나라를 정벌하였다.

---

104) 건국(建國): 중국의 5호 16국 시대에 대국(代國)의 개국군주인 탁발십익건(拓跋什翼犍, 320~376)이 338~376년까지 39년 동안 사용한 연호.

105) 건국 4년에[建國四年]: "건국 4년"은 고국원왕 12년이며, 서기로는 342년에 해당한다. 《위서》와 《삼국사기》에서는 전연의 모용황이 고구려를 침공한 시점을 건국 4년으로 소개하였다. 그러나 《양서》에는 서기 344년으로 소개되어 있어서 2년의 편차를 보인다. .

106) 모용원진(慕容元眞): 전연의 모용황(慕容皝, 297~348)을 말한다. 선비족 군벌 모용외의 셋째 아들. 창려[군](昌黎) 극성(棘城) 사람으로, '원진(元眞)'은 자이다. 서진의 건무(建武) 연간 초기에 관군장군(冠軍將軍)·좌현왕(左賢王)·망평후(望平侯)로, 태녕(太寧) 말기에는 평북장군(平北將軍)·조선공(朝鮮公)으로 배수되었다. 함화(咸和) 8년(333), 모용외가 죽자 요동군공을 세습하는 한편 평북장군·평주자사에 제수되어 요동지역을 실질적으로 지배하였다. 함화 9년(334)에는 군사를 파견해 선비의 목제(木堤)와 오환(烏丸)의 실라후(悉羅侯)를 공격해 죽이고, 동진의 함강(咸康) 2년(336)에는 얼음이 언 해변길을 통하여 정적이던 모용인(慕容仁)을 공격해 죽였다. 이듬해에 중신이던 봉혁(封弈)의 권유로 '연왕(燕王)'을 자처하고 전연 왕조를 개창하였다. 함강 7년(341), 동진 조정에 의하여 연왕으로 책봉되는 한편 사지절·대장군·도독하북제군사·유주목·대선우(使持節·大將軍·都督河北諸軍事·幽州牧·大單于)에 제수되었으며, 이듬해(342)에 용성(龍城)으로 천도하였다. 나중에 황제로 추봉되어 '문명(文明)'이라는 시호와 '태조(太祖)'라는 묘호를 받았다. 국내외 학계에서는 '용성'을 지금의 요녕성 조양시 일대로 비정하고 있다. 그러나 ① 역사적으로 모용씨의 발상지와 근거지가 하북의 동북방에 집중되어 있었고, ② 모용외와 모용황이 평주자사·조선군공·연왕 등의 작호를 받은 사실, ③ 모용씨와 관련된 평주·유평주·조선·창려[군]·연 등의 지역명들이 지금의 하북성 동북부와 정확하게 겹쳐진다는 점 등을 종합적으로 고려할 때 그 좌표는 하북지역에서 구하는 것이 옳다. '용성'의 경우, 인터넷 〈국편위판〉 주에는 '동성(童城)'으로 소개하였다. '용 용(龍)'의 또다른 약자인 '용(竜)'을 '동(童)'으로 잘못 옮긴 경우일 것이다.

[모용황은] 남협107)으로 진입하여 목저108)에서 전투를 벌여 [고국원왕 교]쇠의 군사를 크게 무찔렀다. [그리고] 환도까지 추격하매 쇠가 혼자서 달아났다.

○ 魏建國四年, 慕容廆子晃伐之, 入自南陜, 戰於木底, 大破釗軍, 追至丸都, 釗單馬奔竄。

• 039

[모용]황은 쇠의 아버지 무덤을 파헤치고109), 그의 어머니와 부인 그리고 진귀한 보화와 남녀 오만 명 넘게 약탈하고 그의 궁실을 불살라 환도성을 파괴한 뒤 귀환하였다.

쇠는 나중에 백제군에게 살해되었다.

○ 晃掘釗父墓, 掠其母妻珍寶男女五萬餘口, 焚其室, 毁丸都城而還。

---

107) 남협(南陜): 고구려의 성 이름. 인터넷 〈국편위판〉에서는 '남협'을 "남쪽 길"로 해석하여 이 부분을 "남쪽 길로 쳐들어가서"로 번역하였다. 그러나 '협(陜)'은 '골짜기'라는 뜻만 나타낼 뿐 '길'의 뜻으로서는 사용되지 않으므로 고유명사로 보아 '남협'으로 새기는 것이 옳다. 여기서는 글자 그대로 고유명사로 보아 "남협 방면으로"로 번역하였다. 곽석량에 따르면, '남협(南陜)'의 고대음은 '넘삼(nəm-ɕĭam)' 식으로 읽혀졌을 것이다.

108) 목저(木底): 고구려의 성 이름. 곽석량에 따르면, '목저(木底)'는 목뎨ㅣ(mok-diei)' 식으로 읽혀졌을 것이다. 〈동북아판2〉 주52(제122쪽)에 따르면, 일본 학자 야나이 와타리(箭內亘)는 "遼寧省 新賓縣 木奇鎭이 明代의 요충지였고 '목저'와 음이 유사하다는 점에서 이곳에 목저성이 있었다고 보았다. 그러나 음운상으로 따져 볼 때, 목저와 '목기'는 ① 앞 글자만 발음이 같다는 것 뿐 뒤 글자는 ② 자음(ㅈ-ㄱ)이 서로 다르며 ③ 모음(ㅓ-ㅣ)도 유사한 데가 없다. 같은 곳이라고 단정하기 어려운 것이다. 또, ④ 북위에서 명대까지 1,000년이나 시간이 흐르면서 그 사이에 발음·문법에 상당한 변동이 있었을 것을 감안한다면 같은 곳으로 단정하는 것은 대단히 무모한 일이 아닐 수 없다.

109) 쇠의 아버지 무덤을 파헤치고[掘釗父墓]: 《위서》에는 '아버지의 시체를 실어 갔다'고 기술되어 있다.

釗後爲百濟所殺。

•040

[동]진나라 효무제110)의 태원111) 10년에 이르러 [고]구려가 요동[군] · 현토군을 공격하였다. 112) 후연113)의 모용수114)는 그 아우115) [모용]농116)

---

110) 효무제(孝武帝): 동진의 제9대 황제인 사마요(司馬曜, 362~396)의 시호. 자가 창명(昌明)으로, 함안(咸安) 2년(372)에 11세의 나이로 황제가 되었다. 영강(寧康) 원년(373)에 자신을 보필하던 대사마(大司馬) 환온(桓溫)이 죽자 형수이던 숭덕태후(崇德太后) 저산자(褚蒜子)의 수렴청정을 거쳐 태원(太元) 원년(376)에 정식으로 친정에 나섰다. 태원 8년(383), 사안(謝安) 등의 보좌로 비수(淝水) 대전에서 전진(前秦)의 대군을 격파하고 대첩을 거두었다. 그 뒤로는 귀족들의 문벌정치를 타파하고 사마씨의 권력을 회복함으로써 동진의 중흥 이래 최고의 권력을 누린 군주로 성장하였다. 그러나 사치와 주색에 탐닉하다가 총애하던 장귀인(張貴人)의 사주를 받은 나인에게 살해되었다.

111) 태원(太元): 효무제가 376~396년까지 21년 동안 사용한 두 번째 연호. "태원 10년"이라면 서기로는 385년이며, 고구려 기년으로는 고국양왕 2년이다.

112) 요동군과 현토군을 공격하였다[攻遼東玄菟郡]: 4세기에 요동과 현토 두 지역은 영토를 확장하려는 고구려와 후연의 각축의 장소였다. 이때 고구려가 요동·현토를 점령하고 얼마 뒤에 다시 후연이 두 군을 탈환하는 공방이 벌어졌다는 것은 이 두 군이 두 나라의 경계지역에 자리 잡고 있었음을 방증하는 셈이다. 여기서 문제는 학계에서 현토군의 마지막 위치를 지금의 요녕성 무순시(撫順市) 일대로 비정하고 있다는 데에 있다. 현재 국내외 학계에서는 4세기 고구려 강역의 서계(西界)를 요동반도까지로 보고 있는데 무순시는 정반대쪽인 동계(東界)에 자리 잡고 있다.

113) 후연(後燕, 384~407): 5호 16국 시대에 선비족인 모용씨가 세운 나라의 하나. 개국군주는 모용황(慕容皝)의 아들인 모용수이다. 형양(榮陽)에서 '연왕(燕王)'을 자처하면서 중산(中山)에 도읍을 정한 그는 처음에는 동진과 전진(前秦)을 격파하고 서연(西燕)을 멸망시킬 정도로 세력이 강성하였다. 그러나 395년에 참합피(參合陂) 싸움에서 북위의 도무제(道武帝)에게 참패하고 396년 도읍이던 중산을 잃으면서 나라가 둘로 분열되었다. 결국 모용씨의 발상지인 용성(龍城, 화룡)으로 도읍을 옮기고 재기를 노렸으나 내란에 시달리다가 개국 24년 만에 고운(高雲)의 북연(北燕)에 대체되었다.

114) 모용수(慕容垂, 326?~396): 후연의 개국 군주. 처음에는 이름이 패(覇), 자가 도

을 파견하여 [고]구려를 정벌하여 두 군을 회복하였다.117)

업(道業)이었으나 나중에 이름을 수(垂), 자를 도명(道明)으로 바꾸었다. 모용황의 다섯 번째 아들로, 선비식 이름은 아륙돈(阿六敦)이다. 13세이던 함강(咸康) 5년(339)에 모용황을 따라 고구려를 침공해 신성(新城)까지 진격했다가 고국원왕과 강화를 맺고 귀환하였다. 건원(建元) 2년(344)에는 우문부(宇文部)를 멸망시키고, 영화(永和) 5년(349)에는 유주(幽州)를 빼앗은 공로로 '오왕(吳王)'에 봉해졌다. 건희(建熙) 6년(365)에는 낙양(洛陽) 공략을 도와 정남대장군(征南大將軍)·형주목(荊州牧)에 배수되었으며, 건희 10년(369)에는 환온(桓溫)이 이끄는 동진의 군사를 격파하였다. 그러나 태부(太傅) 모용평(慕容評)과 태후(太后) 가족혼(可足渾)이 자신을 해치려 하자 전진의 부견(苻堅)에게 투신해 관군장군(冠軍將軍)·빈도후(賓都侯)를 지냈다. 태원 7년(382)에는 부견의 동진 정벌에 종군했다가 비수(淝水)에서 대패하였다. 그 뒤로는 전연의 부활을 꿈꾸며 전진·동진과 각축을 벌이는 한편 고구려·정령(丁零)과의 전쟁에서도 대승하였다. 386년에 중산(中山)에서 후연을 세운 뒤로 적위(翟魏)와 서연(西燕)을 멸망시키고 전성기를 구가하였다. 그러나 건흥 11년(395), 북위 정벌에 나서 도무제를 격퇴하고 귀환하다가 70세의 나이로 병사하였다.

115) 그 아우[其弟]: 《진서(晉書)》〈모용수재기(慕容垂載記)〉에 따르면, 모용농(慕容農)은 모용수의 셋째 아들이다. 따라서 이 대목에서 그가 모용수의 아우라고 한 것은 착오임이 분명하다.

116) 농(農): 후연의 장수인 모용농(?~398)을 말한다. 건원 20년(384), 모용수가 하내(河內)에서 군사를 일으키자 부비(苻丕)의 통제를 벗어나 모용해(慕容楷)와 함께 업성(鄴城) 아래에서 모용수와 합류하였다. 표기대장군(驃騎大將軍)에 임명되어 건원 21년(385), 고구려를 격퇴하고 평주자사(平州刺史)로 임명된 뒤에 용성에 주둔하였다. 건흥 원년(386), 모용수가 황제가 되자 요서왕(遼西王)에 봉해졌으며, 건흥 4년(389)에는 중원으로 남하해 적위·동진을 공격하였다. 영강(永康) 원년(396), 태자이던 모용보를 따라 두 차례 북위 정벌에 종군하였다. 같은 해에 모용보가 즉위하자 병주목(并州牧)·도독6주군사(都督六州軍事)에 임명되어 북위와의 전쟁에 대비했으나 도무제에게 격파되자 용성까지 도주하였다. 영강 3년(398)에는 남조 정벌에 나섰으나 병변(兵變)이 일어나자 모용보와 함께 용성까지 도주했다가 반군에게 살해되었다.

117) 두 군을 회복하였다[復二郡]: 이 사건과 관련하여 《진서》〈모용수전〉에서는 "고구려가 요동을 침범하매 모용수의 평북장군 모용좌(대방왕!)가 사마학경을 파견해 군사를 거느리고 구원하게 하였다. 그러나 고구려군에 패하는 바람에 요동군과 현토군을 결국 빼앗기고 말았다. … 건절장군 서암이 무읍에서 반란을 일으켜 4,000명 넘는 사람을 끌고 북쪽의 유주로 달아났다. … 모용농은 영지를 공격해

5세기 광개토-장수왕대 전성기의 고구려-북위 강역 추정도. 4세기에 고구려는 이미 요동 현토를 사실상 장악하고 있었다.

서암 형제의 목을 베었다. 그리고 이때 고구려를 정벌하여 요동·현토 두 군을 도로 회복한 뒤 용성으로 돌아와 주둔하였다(高句驪寇遼東, 垂平北慕容佐遣司馬郝景率衆救之, 爲高句驪所敗, 遼東玄菟遂沒. … 建節將軍徐岩叛于武邑, 驅掠四千餘人, 北走幽州. … 慕容農攻克令支, 斬徐岩兄弟. 時伐高句驪, 復遼東玄菟二郡, 還屯龍城)"라고 하였다. 《자치통감》《진기(晉紀)》 "효무제 태원(太元) 10년(385)"조 에서도 "5월 윤달 … 경술일(6월 27일), 연왕 모용수가 … 대방왕 모용좌에게 명령을 내려 용성을 지키게 하였다. 6월, 고구려가 요동을 침범했을 때 모용좌가 … 고구려군에게 패하는 바람에 고구려가 마침내 요동·현토를 함락시켰다. … 연주 모용수는 … [업중에서!!] 모용농을 파견하여 열옹새(거용관)로 나가 범성(평천현)을 지나 용성으로 달려가 군사를 모아 여암을 토벌하게 하였다. … 겨울 10월, … 모용농은 용성으로 가서 군사를 열흘 넘도록 쉬게 하였다. … 이윽고 모용농이 보병·기병 3만을 거느리고 영지로 가니 서암은 계책이 다하자 성을 나와 항복하였다. 모용농은 그의 목을 베고 [그 길로] 고구려로 진격하여 요동·현토 두 군을 도로 회복하고 용성으로 귀환하였다(閏月 … 庚戌, 燕王垂 … 命帶方王佐鎭龍城. 六月, 高句麗寇遼東, 佐 … 爲高句麗所敗, 高句麗遂陷遼東玄菟. … 燕主垂 … 遣慕容農出蠮螉塞, 歷凡城, 趣龍城, 會兵討餘巖 … 冬十月, … 慕容農至龍城, 休士馬十餘日. … 頃之, 農將步騎三萬至令支, … 巖計窮出降, 農斬之, 進擊高句麗, 復遼東玄菟二郡, 還至龍城)"라고 소개하였다. 이에 관해서는 《삼국사기》《고구려본기》 "고국양왕 2년"조에도 "겨울 11월에 연나라의 모용농이 군사를 거느리고

○ 及晉孝武太元十年, 句麗攻遼東玄菟郡。後燕慕容垂遣其弟農伐句麗, 復二郡。

• 041

[이때 모용]수의 아들 [모용]보118)는 [고]구려의 국왕 [광개토대왕 고]안119)을 평주목으로 삼고, 요동[국]120)·대방[국]121) 두 속국122)의 왕으로 책봉하

[고구려를] 침범하여 요동·현토 두 군을 회복하였다(冬十一月, 燕慕容農將兵來侵復遼東玄菟二郡)"라는 관련 기사가 보인다.

118) 보(寶): 후연의 제2대 황제 모용보(慕容寶, 355~398)를 가리킨다. 모용수의 넷째 아들로, 자는 도우(道祐)이다. 전진의 부견(苻堅)을 섬기다가 후연이 건국되면서 건흥 11년(396)에 황제가 되었으나 형벌이 가혹하여 민심이 이반되면서 내우외환을 자초하였다. 영강 3년(398)에 상서(尙書)이던 난한(蘭汗)을 따라 용성으로 갔다가 살해되었다.

119) 안(安): 고구려 제19대 국왕 국강상광개토호태왕(國岡上廣開土好太王) 고안(高安, 374~412)을 말한다.《삼국사기》《고구려본기》 "광개토왕"조에는 "이름이 담덕으로, 고국양왕의 아들이다(諱談德, 故國壤王之子)"라고 되어 있는 것을 보면 '담덕'은 고구려식 이름이고 '안'은 중국식 이름으로 보인다.

120) 요동(遼東): 후연의 국명. 원래 후한의 안제(安帝, 107~125) 때에 요동군과 요서군의 땅을 떼어 속국(屬國)을 설치하고 창려현(昌黎縣)에 치소를 두었다. 후한 말기에 철폐되었다가 삼국시대 위나라 정시(正始) 5년(244)에 다시 설치되었으나 곧 '창려군'으로 개칭되었다. 모용보 시기의 북위의 영토 현황을 담고 있는《위서》《지형지》에는 앞서《진서》에서는 8개 현을 거느렸던 요동국이 다시 군으로 재편되면서 태평(太平)·신창 2개 현에 인구도 2,634명 수준으로 대폭 축소·해체되는 수순에 이른 것을 확인할 수 있다. 국내외 학계에서는 요동군의 치소 창려현을 지금의 요녕성 의현(義縣)으로, 속국의 영역을 지금의 요령성 서부 대릉하(大凌河) 중하류 일대로 비정해 왔으나 재고가 필요하다. (문성재,《한국고대사와 한중일의 역사왜곡》, 제262~283쪽) 중국의 검색 사이트 빠이두의 소개에 따르면, 동진을 전후한 시기에 진 왕조의 유주는 범양(范陽)·연(燕)의 2개 국과 북평(北平)·상곡(上谷)·광녕(廣寧)·대(代)·요서(遼西)의 5개 군만 거느렸을 뿐이며 요동군은 여기서 빠져 있다. 요동지역은 그 이름이 변경되거나 진 왕조가 아닌 제3의 정치세력에 점령되어 있었음을 알 수 있는 셈이다. 이 기사에서 '모용보가 고구려 국왕을 요동국과 대방국 두 속국의 왕으로 책봉했다'고 한 것을 보면 5세기

였다.123)

의 고구려가 이 두 지역을 실정적으로 지배하고 있었다고 해석할 수밖에 없다.

121) 대방(帶方): 후연의 국명. 원래는 낙랑군의 25개 속현들 중의 하나였다. 그러다가 낙랑군에 남부도위(南部都尉)가 설치되면서 7개 현을 관할할 정도로 규모가 커졌으며, 후한의 건안(建安) 연간(196~220)에 요동 군벌 공손씨가 둔유현(屯有縣) 이남의 황무지까지 합쳐 [대방]군을 설치하였다. 이병도는 지금의 황해도 봉산군(鳳山郡) 사리원시(沙里院市) 일대를 대방군으로 보고 당 토성(唐土城) 부근을 그 치소로 보았다. 그러나 '요동'의 좌표를 지금의 산해관 인근에서 구할 경우, 대방군의 자리 역시 그 인근에서 찾는 것이 합리적이다. 참고로, 전연의 모용수는 조카 모용좌(慕容佐)·모용온(慕容溫)을 대방왕(帶方王)·낙랑왕(樂浪王)으로 봉한 바 있다. 이 역시 대방·낙랑의 좌표를 중국에서 찾아야 한다는 사실을 방증하는 유력한 증거이다.

122) 속국(屬國): 한대 이래로 중원 왕조에 귀순한 흉노·강(羌) 등 북방민족을 안치하기 위해 설치했던 일종의 중국 내 자치구역. 그 영역은 중원 왕조에서 임의로 설정했으며, 각 민족이 고유한 풍속을 유지하게 해 주었다. 때로는 이보다 포괄적으로 사용하여 '속국노수호(屬國盧水胡)·속국황중월지제호(屬國湟中月氏諸胡)' 등과 같이, 한나라에 내속(內屬)해 온 부족들을 일컫거나 조정에서 임명한 속국도위(屬國都尉)를 가리키기도 하였다. 한 무제의 원수(元狩) 2년(BC121)부터 후한 말기까지 정안(定安)·천수(天水)·상군(上郡)·서하(西河)·오원(五原)·금성(金城)·북지(北地)·건위(犍爲)·광한(廣漢)·촉군(蜀郡)·장액(張掖)·거연(居延)·요동(遼東) 등, 북·서·동 세 방면의 군들에 속국이 설치되었는데, 규모가 큰 것은 5~6개의 성(城)을 영유했고 작은 경우에도 1~2개를 영유하였다. 큰 군들은 변두리의 현들을 떼어서 속국을 설치했는데, 광한 북부도위의 관할지를 떼어서 광한속국, 촉군 서부도위의 관할지를 떼어서 촉군속국, 건위 남부도위의 관할지를 떼어서 건위속국, 요동 서부도위의 관할지를 떼어서 요동속국, 낙랑 동부도위의 관할지를 떼어서 낙랑속국을 설치한 것이 그 예이다. 반면에 작은 군들은 속국을 해당 군의 경내에 설치하면서도 별도의 명칭을 부여하지 않았는데, 상군(上郡)에 속한 현의 하나로 존재한 구자속국(龜玆屬國)이 그 예이다. 속국에서는 공통적으로 도위(都尉)·승(丞)·후(侯)·천인(千人) 등의 관리들을 두었으며, 때로는 구역령(九譯令)·속국장사(屬國長史)·속국차거(屬國且渠)·속국기(屬國騎)·속국호기(屬國胡騎)·속국현군(屬國玄軍) 등의 관직을 운영하기도 하였다.

123) 요동과 대방 두 속국의 왕으로 책봉하였다[封遼東帶方二國王]: 이 대목을 통하여 요동과 대방이 당시에는 군현이 아닌 '속국'의 형태로 존재하고 있었음을 알 수가 있다. 그리고 후연의 황제 모용보가 고구려 국왕을 요동속국과 대방속국의 왕으로 책봉했다고 소개한 이 기사는 ① 요동국과 대방국이 4세기에 후연의 영토였으

○ 垂子寶以句麗王安爲平州牧, 封遼東帶方二國王。

• **042**

[고안은 이때에 이르러] 처음으로 장사[124]·사마[125]·참군[126] 등의 관직을 설치했으며, 나중에는 요동군을 공략해 점유하였다.[127]

며, ② 해당 지역을 실정적으로 지배하고 있던 고구려에 정식으로 양도되었음을 시사해 준다. ③ 요동국이든 대방국이든 그 이전에는 고구려의 영토가 아니었다는 뜻이다. 그동안 국내외 학계에서는 대방군의 좌표를 지금의 황해도·경기도, 심지어 경기도·충청도 일대에서 찾아왔다. 그러나 4세기 고구려에서 지금의 황해도나 경기도가 고구려의 영토였다는 것은 학계 내부에서조차 보편적인 지지를 받는 통설이다. 4세기는 물론이고 그 이전이더라도 대방군을 황해·경기·충청 일대로 비정하려는 시도는 재고되어야 한다는 뜻이다.

124) 장사(長史): 중국 고대의 관직 이름. '관리들의 수장[諸史之長]'이라는 뜻으로, 원래는 중국의 진(秦)나라에서 처음으로 두었던 관직이다. 자세한 내용은 《송서》의 해당 주석을 참조하기 바란다.

125) 사마(司馬): 중국 고대의 관직 이름. 서주(西周) 때에 설치되어 춘추·전국시대에도 그대로 인습되었는데 군정과 군부(軍賦, 군사 목적의 부역)를 관장하였다. 한나라 무제 때 태위(太尉)를 폐지하면서 대사마(大司馬)를 두고 궁정의 실권을 장악하게 되었다.

126) 참군(參軍): 중국 고대의 관직명. 후한 말기에 승상(丞相)이던 조조(曹操)가 군정을 총괄하면서 그 막료가 '참승상군사(參丞相軍事)'라는 이름으로 군정을 참모했는데 이를 줄여서 '참군'으로 불렀다. 자세한 내용은 《남제서》의 해당 주석을 참조하기 바란다.

127) 나중에는 요동군을 점유하였다[後略有遼東郡]: 인터넷 〈국편위판〉에서는 '약유(略有)'를 '경략하다(conquer)'로만 번역했으나 글자 그대로 풀이하자면 '공략해 점유하다(conquer and occupy)'로 번역해야 옳다. 고구려가 해당 지역을 실정적으로 영유했다는 뜻이다. 모용수의 아들 모용보가 광개토대왕에게 평주목과 함께 '요동·대방2국왕'이라는 봉호를 부여했다는 것은 앞서 모용농에게 요동·현토 두 군을 상실했던 고구려가 요동·대방에 대한 영유 및 지배의 권리를 실질적으로 확보했음을 의미한다. 그렇다면 이 기사에 근거할 때, 광개토대왕이 개척한 영토 역시, 기존의 주장과는 달리, 그 서계(西界, 서쪽 지경)를 하북성 동북부 일대까지로 조정해야 하는 셈이다. 이 시기에는 진 왕조가 쇠락하면서 북방의 이민족들이 대거 남하했으며, 그 결과 무주공산이 돼 버린 중원의 많은 지역이 그

○ 始置長史司馬參軍官。後, 略有遼東郡。

• 043

[북위] 태무[제]128) 때에는 쇠의 증손인 [장수왕 고]련129)이 [비로소 다시?] 처음으로 사신을 파견하여 안동을 예방하여130) 표를 올리고 특산물을 바

들에게 정복되었다. 모용보가 고구려 국왕에게 부여한 일련의 작호들은 광개토대왕이 당시에 중원의 동북방이던 평주·요동·대방 등지를 실질적으로 점유하고 있었음을 보여 주는 간접적인 증거들로 해석된다.

128) 태무(太武): 북위의 제3대 황제인 세조(世祖) 탁발도(拓跋燾, 408~452)의 시호. 명원제(明元帝) 탁발사(拓跋嗣)의 장자로, 즉위하자마자 최호(崔浩) 등의 사대부를 기용하여 대대적인 개혁을 단행하였다. 군사적으로는 기병부대를 강화하여 유연(柔然)을 격파하는 한편 하국(夏國)·북연(北燕)·북량(北涼)을 차례로 멸망시키고 유송의 호뢰(虎牢)·활대(滑臺) 등을 장악함으로써 화북지역을 통일하였다. 태평진군(太平眞君) 11년(450)에 대군을 일으켜 양회(兩淮)를 점령하고 과보(瓜步)까지 진격함으로써 유송을 압박하였다. 정복한 화북지역에 대해서는 현지의 실정에 맞게 다스리는 방법을 채택하여 민심을 안정시키려 노력하던 중에 환관 종애(宗愛)에게 살해되었다.

129) 련(璉): 고구려의 제20대 국왕인 장수왕(長壽王) 고련(高璉, 394~491)을 말한다. 《삼국사기》〈고구려본기〉에서는 그 "이름이 거련이며['련'으로 쓰기도 한다], [광]개토왕의 장자이다"라고 소개하였다. 약 80년 동안 재위하면서 대내적으로는 국내성(國內城)에서 평양성(平壤城)으로 천도하고 적극적으로 남진정책을 펼치는 한편, 대외적으로는 중원의 북조(북위)와 남조(유송·남제) 사이에서 등거리 외교를 통하여 실리를 챙겼다. 실제로 그는 진 왕조로부터는 고구려왕·낙랑군공, 북위로부터는 도독요해제군사·정동대장군·영동이중랑장·요동군[개국]공·[태부]·고구려왕, 유송으로부터는 사지절·산기상시·독평영이주제군사·정동대장군(거기대장군)·의동삼사·고구려왕·낙랑공, 남제로부터는 사지절·산기상시·독영평이주제군사·표기대장군·의동삼사·고구려왕·낙랑공의 작호를 차례로 챙김으로써 요동·낙랑 및 영주(營州)·평주(平州) 두 지역에 대한 영유권을 확보하였다.

130) 처음으로 사신을 파견하여 안동을 예방하여[始遣使者詣安東]: 이 부분의 경우, 인터넷 〈국편위판〉에서는 "사신을 파견하여 안동에 이르러", 〈동북아판2〉(제123쪽)에서는 "처음으로 사신을 보내 안동에 이르러"로 번역하였다. 그러나 문법적으로는 안동을 인명으로 보아 "처음으로 사신을 파견하여 안동을 예방하여" 식으로 번역해야 한다. 《북사》보다 105년 앞서는 《위서》에는 이 대목이 "비로소 사자

북위시대의 각종 도용

치는 한편 국휘¹³¹⁾를 [알려 줄 것을] 요청하였다.

안동을 파견하여 표를 올리고 특산물을 바쳤다(始遣使者安東奉表貢方物)"라고 되어 있다. 이로써 ① 이 부분에서 《위서》의 '사자'와 '안동' 사이에 타동사 '방문할 예(詣)'가 잘못 들어간 것임을 알 수 있다. ②《북사》 편찬자가 《위서》〈고구려전〉 기사를 차용하는 과정에서 오류를 범한 것이다. ③ '안동'이 고구려 사신의 이름이지 북위의 유력 인사나 지명이 아니라는 뜻이다. ④ 무엇보다도, 지명으로서의 '안동'은 고구려 멸망 이후인 당 고종의 총장(總章) 원년(668)에 안동도호부를 설치하면서 비로소 중국 사서에 등장하기 시작한다. 그보다 수백 년 이전의 북위의 역사에 등장할 리가 없는 것이다.

131) 국휘(國諱): 고대 중국에서는 통치자가 공권력을 동원하여 신민(臣民)들이 황제의 7대 이내의 황제들의 이름[諱]을 직접 언급하는 것을 금지하였다. 이를 황제들의 이름을 피한다는 뜻에서 '피휘(避諱)'라고 불렀다. 물론, 이 같은 원칙은 황제 본인도 예외 없이 지켜야 하였다. '국휘'란 황제 본인 및 그 부황·조황 3대의 이름자를 가리키는데 때로는 군휘(君諱)·공휘(公諱) 등으로 부르기도 하였다. 나중에는 피휘의 범위가 확대되어 황제의 이름자는 물론이고 황후와 그 3대의 이름자, 전대의 연호, 황제와 황후의 시호, 황제의 능침 이름, 황제의 성씨나 생년 띠[生肖]까지 언급을 금지시켰다. 이 같은 원칙은 외교무대에서도 그대로 적용되어 상대 국가의 '국휘'를 쌍방이 존중하는 것이 보통이었다.

○ 太武時, 釗曾孫璉始遣使者詣安東, 奉表貢方物, 并請國諱。

•044

태무[제]가 그의 정성을 갸륵하게 여겨 조서를 내리고 그 나라에 황실의 이름자를 내렸다.132) [아울러] 원외산기시랑133)인 이오를 파견하여 [고]련을 도독요해제군사134)·정동장군135)·영동이중랑장136)·요동군공

---

132) 황실의 이름자를 내렸다[下帝系名諱]: '제계(帝系)'란 글자의 의미대로 풀면 황제의 부계(父系) 종실(宗室)을 가리키는 것으로 해석된다. 여기서는 북위 황실의 황제·부황·조황 3대의 이름자를 가리키는 것으로 보인다. 자세한 설명은 앞의 '국휘(國諱)' 주석을 참조하기 바란다. 〈동북아판2〉(제072쪽)에서는 '제계명휘(帝系名諱)'를 "제왕 계보와 이름"으로 번역했으나 "제왕 계보 속의 이름자", 즉 '국휘'의 다른 표현으로 이해하는 것이 합리적이다.

133) 원외 산기시랑(員外散騎侍郎): 북위의 관직명. 진대에 무제(武帝)에 이르러 처음 설치되었으며, 남조는 물론 북조의 역대 왕조들에도 인습되었다. 북위에서는 산기성(散騎省)에 소속되어 있었으며, 주로 귀족이나 공신의 자제들로 충원되었다. 참고로, '원외(員外)'는 나라에서 정한 인원과는 별도로 상황에 따라 추가로 발탁한 인원을 가리킨다. 따라서 '원외산기시랑'을 글자 그대로 직역하면 '정원 이외의 산기시랑'이라는 뜻으로 해석할 수 있다.

134) 도독요해제군사(都督遼海諸軍事): 북위의 관직명. 여기서 '요해(遼海)'는 요동의 바다, 즉 발해 동쪽에서 요동만(遼東灣)에 이르는 범위의 바다, 즉 고구려의 영해를 가리키는 말이다. 더 나아가 그 바다와 맞닿은 지역까지 두루 일컫는 말로도 해석이 가능하다. 고구려 국왕이 이 관직을 북위 황제로부터 제수받았다는 것은 곧 요동의 바다에 대한 고구려의 제해권(制海權), 나아가 그 지역에 대한 지배권을 북위 조정으로부터 인정받았음을 의미한다. 이 문제와 관련하여 ① 중국의 검색 사이트 빠이뚜에서는 "지역명. 요하 유역 이동으로부터 바다까지에 이르는 지역을 두루 가리킨다(地區名. 泛指遼河流域以東至海地區)"라고 소개하였다. 요동반도 북쪽의 바다만 가리키는 것으로 본 셈이다. 그러나 여기서는 '요동 또는 요수 동쪽의 바다'라는 뜻으로 이해하여, 발해 동북쪽으로부터 요동반도 서안까지의 바다를 가리키는 것으로 이해해야 옳다. 요하는 무관하다는 뜻이다. ② 인터넷 〈국편위판〉 주033에서는 "遼는 遼河, 그리고 海는 渤海의 略稱"으로 해석하였다. '그러나 정말 그런 의미로 사용되었다면 애초부터 '요·해'가 아니라 '요·발(遼渤)'로 표시했을 것이다. ③ 〈동북아판2〉 주59(제123쪽)에 따르면, 일부 학자는 "북

137) · 고구려왕에 배수하였다.

위의 동방, 遼河以東 세계" 또는 '서수(西垂)'·'연해(緣海)' 등을 근거로 '요해'를 "막연한 범위를 가리키는" 일반명사로 추정하였다. 그러나 중국의 역대 정사에서 "도독□□제군사" 식의 관직명들에서 '□□' 부분에는 황제가 군사적 통제권을 허용한 행정지역을 구체적으로 한정한 고유명사만 올 수가 있다. ④ '요해'가 요 하나 그 이동지역과는 별개의 지리개념이라는 사실은 "병영과 보루를 성대하게 조성하고 망루와 전망대를 몇 십 군데에나 세웠는데 역하를 마주보고 요해를 오 갔다(盛修營壘, 樓觀數十, 臨易河, 通遼海)"라고 한 《후한서》〈공손찬전(公孫瓚傳)〉이나 "요해를 개척할 즈음에 이르러 화룡에 군사거점을 설치하였다(及開遼海, 置戍和龍)"라고 한 《위서》〈고막해전(庫莫奚傳)〉의 기사만 보더라도 확인할 수가 있다.

135) 정동장군(征東將軍): 중국 고대의 관직명. 후한 말기 헌제(獻帝) 때 설치한 것을 시작으로 방위에 따라 정동·정서(征西)·정북(征北)·정남(征南)의 '4정장군(四征將軍)' 체제로 확립되어 후대에까지 인습되었다. 위나라의 경우, '4정장군'은 품계가 제2품(第二品)으로 그 지위가 삼공(三公) 다음이었으며, 이 직함을 지닌 무장들이 탁월한 업적을 이루면 '-대장군'으로 직함을 높여 주었다. 정동장군의 경우, 병력을 수춘(壽春)에 주둔시키고 청주(靑州)·연주(兗州)·서주(徐州)·양주(揚州) 등 네 주의 자사(刺史)를 통솔하였다. 정북장군의 경우는 병력을 계(薊)에 주둔시키고 유주(幽州)·기주(冀州)·병주(幷州) 등 세 주의 자사를 통솔하였다.

136) 영동이중랑장(領東夷中郞將): 북위의 무관직 이름. 《위서》〈고구려전〉에는 중간에 '지킬 호(護)'가 추가된 '영호동이중랑장(領護東夷中郞將)'으로 소개되어 있다. 북위에서는 사방의 이민족들을 복속시키는 장군에게 내리는 관직들 중에서 '제3품 중(第三品中)'에 해당하는 것들로는 호흉노(護匈奴)·호강(護羌)·호융(護戎)·호이(護夷)·호만월(護蠻越) 등의 중랑장을, '제3품 하(第三品下)'에 해당하는 것들로는 호강(護羌)·호융(護戎)·호이(護夷)·호만(護蠻)·호월(護越) 등의 교위(校尉)를 각각 두었는데, 나중에는 품계를 모두 '종 제3품(從第三品)'으로 통합했다고 한다. 참고로, 여기서 '영(領)-'은 중국 고대의 관직제도의 일종으로, 고위 관직자 또는 특정한 직함을 가진 관원이 황제의 명령에 따라 잠시 다른 관직 또는 직함을 겸임하거나 해당 직무를 대리하는 경우를 말한다. 위·진·남북조시대에는 대부분 '잠시 관여한다'는 취지에서 언제나 품계가 낮은 관리가 그보다 높은 직함을 달거나 관직을 하지 않은 자가 특정한 보직을 맡곤 하였다. 당·오대에 이르러서는 황족인 친왕(親王)이나 재상(宰相)이 경조윤(京兆尹)·하남목(河南牧)·대도독(大都督)·대도호(大都護)·절도사(節度使) 등의 요직을 맡는 경우, 직함 앞에 '영-' 또는 '요영(遙領)-'을 붙였다.

137) 요동군공(遼東郡公): 북위 시기의 봉호. 《위서》〈고구려전〉에는 봉호가 '요동군 개

○ 太武嘉其誠欵, 詔下帝系名諱於其國。使員外散騎侍郎李敖, 拜璉 爲都督遼海諸軍事征東將軍領東夷中郎將遼東郡公高句麗王。

•045
[나중에 이]오는 그들이 사는 평양성138)까지 가서139) 그 나라의 여러 곳

국공(遼東開國公)'으로 나와 있다. 서진으로부터 수·당대까지 사용된 '개국군공(開國郡公)·개국현공(開國縣公)'을 줄여 부른 이름으로, 여기서는 앞에 "요동군"이 붙은 것을 보면 개국'군'공을 가리키는 셈이다. 처음에는 조정에서 작호를 받는 공작들 중에서 독자적인 국명·관리·식읍(영지)를 가지는 경우만 해당되었으나 나중에는 작호만 주어졌다. 식읍은 통상적으로 군(郡)을 내렸기 때문에 여기서처럼 보통은 '-개국군공' 앞에 식읍으로 받는 군의 이름을 덧붙이곤 하였다. 북위에서는 태화 23년(499)에 품계를 1품(一品)으로 정했으며 식읍은 1/3을 보장받았다. 북위 조정에서 "요동군개국공"의 작호를 장수왕에게 부여했다는 것은 이미 그 이전부터 해당 지역을 군사적으로 장악하고 있던 고구려의 실질적인 영유·통치를 북위 왕조가 공식적으로 인정 또는 묵인했다는 뜻으로 이해할 수 있다.

138) 평양성(平壤城): 장수왕 재위 이래의 고구려의 도읍. 국내외 학계에서는 지금의 평안도 평양시로 비정하고 있다. 그러나 ① 당대의 장회태자 이현(李賢, 655~684)은 이 대목에서 "【개마】그 산은 지금의 평양성 서쪽에 있다(【蓋馬】其山在今平壤城西)"라는 주석을 붙였다. 여기에 언급된 '평양성'이 이현 당시(7세기)의 고구려 도읍인 것이다. 문제는 국내에서는 통상적으로 '개마[대]산'을 백두산으로 비정한다는 데에 있다. 지금의 평양시가 아니라는 뜻이다. ② "그 산은 지금의 평양성 서쪽에 있다"라고 한 것은 그 또 다른 증거라고 할 수 있다. 한반도는 지형적으로 '동고서저(東高西低)'의 특징을 지니고 있어서 평양시 서쪽에는 드넓은 평야지대가 형성되어 있을 뿐 거대한 산줄기는 존재하지 않는다. ③ 그 지형적 특징 등을 교차·검증해 볼 때 고구려 평양성의 소재지로는 평안도 평양시보다는 중국 요녕성의 요양시 일대가 더 적합해 보인다. 이 문제는 문성재, 《한국고대사와 한중일의 역사왜곡》, 제72~87쪽을 참조하기 바란다.

139) 평양성까지 가서[居平壤城]: 이 부분의 경우, 인터넷 〈국편위판〉에서는 "敖至其所, 居平壤城"으로 끊고 "[李]敖는 高句麗에 이르러 平壤城에 있으면서"라고 번역하였다. 그러나 실제로는 "[李]敖는 그 왕이 머무는 平壤城에 이르러" 식으로 번역해야 옳다. '소'는 그 뒤에 동사가 붙으면서 "~하는" 식의 동사구를 이루면서 평양성을 소개하는 관형어로 작동하기 때문이다. '기소'로 끊으면 얼핏 문제가 없

을 둘러보고 나서 [황제에게 이렇게] 보고하였다.

"[고구려는] 요동에서 남쪽으로 일천 리 넘게 떨어져 있습니다. [동쪽으로는] 책성140)까지 이르고141), 남쪽으로는 작은 바다까지142), 북쪽으로는

는 것 같지만 '소'는 '국'과는 달리 공간이 한정된 좁은 장소를 뜻하는 글자여서 적합하지 않다. 〈동북아2〉 주83(제124쪽)에서는 평양성의 위치를 "평양시 동북쪽의 大城山城과 安鶴宮, 청암리 토성 일대"로 추정했으나 반도사관에 근거한 비정이어서 정확하다고 할 수 없다.

140) 책성(柵城): 고구려의 지명. 그 위치의 경우, 《신당서》〈발해전〉에는 "맥의 옛 땅은 동경으로 '용원부'라고 하며 '책성부'라고도 하는데, 경주·염주·목주·하주 네 곳을 관할한다. … 용원[부] 동남쪽은 바다를 마주하고 있으며 일본도 방면이다(貊故地爲東京, 曰龍原府, 亦曰柵城府, 領慶鹽穆賀四州. … 龍原東南瀕海, 日本道也)", 《요사(遼史)》〈지리지〉에서는 "본래 책성 땅은 고려의 용원현으로 경주의 치소였다. 발해가 그 제도를 인습하고 거란 초기에 철폐되었다가 나중에 다시 설치되었다(本柵城地. 高麗爲龍原縣, 慶州治焉. 勃海因之, 契丹初廢, 後復置)"라고 각각 소개하였다. 국내에서는 조선의 정약용이 함경도 종성(鍾城)으로 비정한 바 있다. 반면에 중국과 국내 일각에서는 "용원부를 '책성부'라고 부르기도 한다"라는 《신당서》의 기록을 근거로 지금의 길림성 훈춘(琿春) 인근으로 비정하기도 한다. 그러나 훈춘이 책성의 자리인지에 대해서는 아직도 논란의 여지가 많다.

141) 책성까지 이르고[至柵城]: 이 부분의 경우, 《북사》 판본들 중에서 명대의 남경국자감본·급고각본, 청대의 무영전본·백납본에는 "책성까지 이르고(至柵城)"로 소개되어 있다. 그러나 ① 선행 정사인 《위서》에는 그 앞에 '동녘 동(東)'이 들어가서 "동쪽으로는 책성까지 이르고(東至柵城)"로 되어 있다. ② 그 뒤에도 작은 바다와 예전의 부여의 좌표를 소개하면서 '남쪽, 북쪽' 식으로 방위사가 들어가 있는 것을 보면 이 대목에서 '동'자가 누락된 것이 분명하다.

142) 남으로는 작은 바다까지[南至小海]: 인터넷 〈국편위판〉 주038에서는 여기서의 '작은 바다[小海]'를 《위서》〈백제국전〉의 "其口北去高句麗千餘里 處小海之南" 대목을 근거로 "대체로 京畿灣을 지칭하는 것"으로 추정하였다. "작은 바다"를 경기만 또는 아산만 앞바다로 보는 기존의 주장들은 장수왕 시기의 평양성을 지금의 평양시로 비정함으로써 도출된 결과물이다. 그러나 그렇게 보게 되면 전체적인 좌표가 헝클어지고 만다. ① 이오는 "동으로는 책성에 이른다"라고 증언했는데 지금의 평양시에서 동쪽은 대체로 함경도 원산시(元山市) 일대에 해당하기 때문이다. ② 문제는 책성의 경우 국내외 학계에서 그 위치를 훈춘시 인근으로 비정하는 것이 통설이라는 데에 있다. ③ 훈춘시는 평양시에서 북동쪽에 있으므로 이오의 증언과는 어긋난다. 게다가 ④ 학계에서 '요동'으로 보는 요동반도로부터 평양

예전의 부여까지 이릅니다. 민호는 [그 수개] 이전의 [조]위나라143) 때보다 세 갑절이나 됩니다.144)"

○ 敎至其所, 居平壤城, 訪其方事, 云, 去遼東南一千餘里, 東至柵城, 南至小海, 北至舊夫餘, 人戶參倍於前魏時。

• 046
나중에는 공물을 바치는 사신들이 찾아왔는데145) 해마다 황금 이백 근

까지의 거리가 넉넉히 쳐도 350km밖에 되지 않는 것도 문제가 된다. 그렇다면 ⑤ "작은 바다"는 경기만·아산만보다 북쪽인 요동반도 동쪽과 평안남북도 사이의 바다로 보는 것이 훨씬 합리적이다.

143) 이전의 위나라[前魏]: 조조의 아들 조비(曹丕)가 세운 삼국시대의 위나라를 말한다. 《위서》의 편찬자가 선비족인 탁발씨가 세운 남북조시대의 위나라와 구분하기 위하여 전자를 '전위(前魏)'라고 일컬은 것이다. 탁발씨의 위나라는 나중에 세워진 위나라라고 하여 '후위(後魏)', 남조의 유송(劉宋)과 대비시켜 '북위(北魏)' 등으로 일컫는 것이 보통이다.

144) 이전의 위나라 때보다 세 갑절이나 됩니다[參倍於前魏時]: 인터넷〈국편위판〉주039에서는《삼국지》《고구려전》에 소개된 "삼만 호[三萬戶]"를 근거로 그 3배인 9만 호로 보았다. 중국 정사 기록들에서 1호는 대체로 7명 정도에 해당한다. 그렇다면 장수왕 당시 고구려의 민호가 대체로 63만 명 정도였다는 소리가 되는데 정확한 수치인지는 알 수가 없다. 이와 관련하여 참고해야 할 것이《삼국사기》《최치원전(崔致遠傳)》의 기록이다. 그 기록에 따르면, 최치원(857~908?)은 "고려와 백제의 전성기에는 강병이 100만으로, 남쪽으로 오와 월을 침공하고 북으로는 유·연·제·로 땅을 어지럽혀 중국의 크나큰 해악이 되었습니다(高麗百濟全盛之時, 强兵百萬. 南侵吳越, 北撓幽燕齊魯, 爲中國巨蠹)"라고 언급하고 있기 때문이다. 이것은 당나라 조정에 바친 글이므로 최치원이 숫자를 부풀리거나 사실을 왜곡했을 리가 없다. 고구려의 전성기라면 의심할 것도 없이 광개토대왕·장수왕이 재위하던 5세기이므로《위서》《고구려전》에 소개된 고구려의 상황과 거의 부합된다. 최치원의 진술이 사실에 입각한 것이라면 5세기 고구려의 인구는 최소한 300만 이상이었다는 뜻이 된다.

146) · 백은 사백 근을 바쳤다.

○ 後, 貢使相尋, 歲致黃金二百斤白銀四百斤。

•047
당시147) 풍홍148)이 무리를 데리고 그 나라(고구려)로 도망하였다.〔그래

---

145) 사신들이 찾아 왔는데[貢使相尋]: 인터넷 〈국편위판〉에서는 "자주 왕래했는데" 식으로 번역했으나 원문에는 '자주'에 해당하는 부사는 보이지 않는다. 그 이전의 《위서》 역시 마찬가지이다.

146) 근(斤): 중국의 전통적인 도량형(중량) 단위. 지금은 500g으로 통용되고 있으나 고대에는 시대별로 다소 편차가 있었다. 《한서》 율력지(律曆志)에 따르면, 진·한대에는 1근이 258.24g 정도였고 후한·위·진·남북조시대에는 1근이 222.73g 정도였던 반면 수나라 때에는 668.19g, 당대부터 청대까지는 지금과 비슷한 596.82g 정도에서 고정되었다고 한다. 고대에는 250g 정도이던 것이 중세에 600g 정도에서 지금의 500g으로 굳어진 셈이다. 따라서 여기서의 "황금 이백 근"은 대략 44.6kg, "백은 사백 근"은 대략 89.2kg 정도였을 것이다. 인터넷 〈국편위판〉에는 '백은 사백 근'이 "白金 400근"으로 되어 있는데 잘못이다.

147) 당시[時]: 풍홍이 고구려로 망명한 시점은 북위가 북연에 공세를 취한 태흥(太興) 6년(436)이다. 〈동북아판2〉(제075쪽)의 주74에서는 북위의 태무제가 이보다 5년 전인 태흥 2년(432)에 북연 정벌에 나서 북연의 영구(營丘)·성주(成周)·요동·낙랑·대방·현토의 6개 군을 점령한 일을 소개하였다. 국내 학계에서는 낙랑군이 313년에 멸망한 것으로 알려져 있지만 ① 여기서 보듯이 5세기에도 건재하고 있었음을 확인할 수 있다. 또, ② 북위가 점령한 지역들 중에 요동군은 논외로 치더라도 낙랑·대방·현토 세 군은 한반도에 존재했던 것으로 믿어져 왔지만 역시 이를 통하여 북위와 북연의 경계지역에 자리 잡고 있었음을 확인할 수 있다. ③ 이들 지역의 좌표를 한반도가 아닌 중국 하북 또는 요서에서 찾아야 한다는 증거는 국내외 학계가 정설로 주장하는 4세기 고구려 강역만 대조해 보아도 금방 확인할 수 있다. ④ 세 군의 자리로 비정되어 온 평안·황해·경기 세 지역은 4세기에 엄연히 고구려의 영토, 그것도 후방에 해당했으므로 북연의 영토도 아니거니와 물리적으로도 북위가 공격할 수가 없다.

148) 풍홍(馮弘, ?~438): 북연(北燕)의 제2대 천왕(天王). 자는 '문통(文通)'이며, 풍발의 동생이다. 430년에 풍발이 죽자 그 아들 풍익(馮翼)을 죽이고 왕위를 찬탈하였다. 그러나 때마침 날로 강성해지던 북위의 압박에 위협을 느껴 유송에 번신(藩臣)을 자처하면서 해마다 공물을 바치고 '연왕'의 봉작을 받았다. 436년에 북

북위가 중원으로 진출하기 전인 평성 시기에 조성된 운강석굴

서] 태무[제]는 산기상시149)이던 봉발을 파견하여 [고]련에게 조서를 내리고 '[풍]홍을 보내라'고 명령하였다.

○ 時, 馮弘率衆奔之, 太武遣散騎常侍封撥詔璉, 令送弘。

• 048
[그런데 고]련은 글을 올리고 '[풍]홍과 함께 명령을 받들겠다'고 하면서도 [풍홍을] 끝내 보내지 않았다.

[그래서] 태무[제]는 성을 내면서 가서 그 나라를 토벌하려 하였다. [그러자]

위의 공격을 피하여 고구려로 피신했으나 결국 장수왕에게 살해되었다.

149) 산기상시(散騎常侍): 중국 고대의 관직명. 삼국시대에 위나라에서 산기(散騎)와 상시(常侍)를 합쳐 새로 운영한 관직으로, 그 직책은 이전처럼 황제의 곁에서 고문이나 파견 등의 방식으로 시중을 드는 일이었다. 서진에 이르러서는 원외 산기상시(員外散騎常侍)·통직산기상시(通直散騎常侍)가 운영되었으며 지위는 시중(侍中)보다도 높았다. 그러나 남북조시대에는 차츰 그 의미가 퇴색되고 일종의 명예직으로 운영되는 경우가 많았다.

악평왕150) [원]비151) 등이 논의 끝에 '나중에 군사를 일으키자'고 하자 태무제도 그제야 논의를 중단하였다. [그런데 풍]홍도 [풍홍대로] 얼마 뒤에 [고]련에게 죽음을 당하였다.

○ 璉上書稱當與弘俱奉王化, 竟不遣。太武怒, 將往討之。樂平王丕等議待後擧, 太武乃止。而弘亦尋爲璉所殺。

• 049

나중에 문명태후152)가 '헌문[제]153)의 육궁154)이 제대로 갖추어지지 못

---

150) 악평왕(樂平王): 북위의 봉호. '악평'은 후한대 건안(建安) 연간에 처음 설치된 군으로, 탁발비 사후인 태평진군 9년(448)에 철폐되었다. 수나라 때에는 태원군(太原郡)에 속했으며, 당대에는 태원부(太原府)에 귀속시키고 치소를 지금의 석양현(昔陽縣)으로 치소를 이전하였다.

151) 탁발비(拓跋丕, ?~444): 북위의 황족이자 대신. 대군(代郡) 평성(平城, 지금의 산서성 대동시) 사람이다. 태무제 탁발도의 배다른 동생으로, 태상(泰常) 7년(422)에 악평왕으로 봉해지고 거기대장군(車騎大將軍)·표기대장군(驃騎大將軍)에 임명되었다. 연화(延和) 원년(432)에 태무제가 북연의 화룡(和龍)을 공략할 때 기양군(冀陽郡)을 점령하였다. 나중에는 태무제의 고구려 정벌을 만류하기도 하였다. 태연(太延) 5년(439)에는 태무제가 유연(柔然) 정벌에 나서자 표기대장군의 신분으로 종군하였다. 그러나 나중에는 유결(劉潔)·장숭(張嵩)의 모반에 연루되어 구금되었다가 태무제의 태평진군(太平眞君) 5년(444)에 죽었다.

152) 문명태후(文明太后): 북위의 풍태후(馮太后, 441~490)를 말한다. 제5대 황제 문성제(文成帝) 탁발준(拓跋濬, 440~465)의 황후이자 효문제(孝文帝) 원굉(元宏)의 조모이다. 북연 왕실인 장락(長樂) 풍씨 출신인 요서군공(遼西郡公) 풍랑(馮朗)의 딸로, 장락군(長樂郡) 신도현(信都縣, 지금의 하북성 형수시(衡水市)) 사람이다. 북연이 멸망한 뒤에 북위 태무제의 황궁에 노비로 충당되었다가 정평(正平) 2년(452) 문성제의 귀인(貴人)을 거쳐 태안(太安) 2년(456)에 황후로 책봉되었다. 헌문제(獻文帝)가 즉위하고 황태후가 되자 수렴청정을 하였다. 헌문제 사후에는 손자인 효문제 탁발굉(拓跋宏, 467~499)이 즉위하자 태황태후(太皇太后)가 되어 다시 15년 동안 수렴청정을 하면서 효문제를 도와 대대적인 개혁을 단행하였다. 나중에 중원의 낙양(洛陽)으로 천도한 효문제는 국성을 '원(元)'으로 바꾸고 용문석굴(龍門石窟)에 고양동(古陽洞)을 조성하여 풍태후의 업

했다'고 여겨 조칙으로 [고]련에게 그의 딸을 추천하라고 명령하였다.

○ 後, 文明太后以獻文六宮未備, 敕璉令薦其女.

• 050

[그러자 고]련은 표를 올리고 이렇게 고하였다.

"딸은 이미 출가했으니 아우의 딸로 조칙을 받들기를 원합니다!"

[그래서] 조정에서도 그것을 허락하였다. 이리하여 안락왕155) [원]진과 상

적을 기렸다.

153) 헌문제(獻文帝): 북위의 제6대 황제인 탁발홍(拓跋弘, 454~476)의 시호.《위서》〈고구려전〉에는 고대에 조부를 높여 부르던 호칭인 '현조(顯祖)'로 소개되어 있다. 문성제의 장자로, 자는 제두윤(第豆胤)이며, 대군(代郡) 평성(平城, 대동시) 사람이다. 화평(和平) 6년(465)에 황제로 즉위하여 선정을 베풀었으나 풍태후의 장기 섭정에 불만을 품어 황흥 5년(471)에 아들 탁발굉에게 양위하고 자신은 태상황(太上皇)이 되어 불교 수양에 전념하였다. 연흥(延興) 2년(472)에 유연이 침범했을 때에는 직접 정벌에 나서기도 했지만 승명(承明) 원년(476)에 23세의 나이로 급사하였다. 인터넷 〈국편위판〉에는 '도드라질 현(顯)'이 '걸 현(懸)'으로 나와 있는데 오자이다.

154) 육궁(六宮): 중국 고대에 황후의 침궁(寢宮) 또는 황후·비·빈(皇后妃嬪)이 기거하는 곳, 즉 후궁(後宮)을 일컫던 말. 여기서 "현조의 육궁이 제대로 갖추어지지 못하였다"라고 한 것은 헌문제 탁발홍이 불교 수양 때문에 여자를 멀리 한 일을 두고 한 말이다. 당시 고구려와 북위는 줄곧 우호관계를 유지하였고 양국의 정략결혼은 고구려의 입장으로서는 나쁠 것이 없는 일이었다. 그런데도 장수왕이 북위의 제안을 거절한 것은 당시 풍태후가 실권을 장악한 데다가 헌문제는 정사를 멀리 한 채 불교와 도교에만 탐닉하고 있었기 때문에 정략결혼의 실익이 없다고 판단해서였을 것이다.

155) 안락왕(安樂王): 문성제의 둘째아들이자 헌문제의 동생인 탁발장락(拓跋長樂, ?~479)을 말한다. 헌문제 황흥 4년(470)에 건창군왕(建昌郡王)에 봉해졌으며, 정서대장군(征西大將軍)·정주자사(定州刺史)를 거쳐 안락군왕(安樂郡王)에 봉해졌다. 그러나 호족들을 매질하고 사대부들을 모욕하여 백성들의 원성을 사는 바람에 효문제의 명령으로 곤장을 맞는 수모를 당하기도 하였다. 태화 3년(479)에는 내행장(內行長) 을사호(乙肆虎)와 반란을 도모하다가 발각되어 효문제의 명령에 따라 자결하였다.

서156) 이부157) 등을 파견해 국경까지 가서 폐백을 전달하게 하였다.

○ 璉奉表, 云, 女已出, 求以弟女應旨。朝廷許焉, 乃遣安樂王眞尙書李敷等至境送幣。

• 051

[그러나 고]련은 그 측근 신하들이

"[북위] 조정에서는 과거에 풍씨와 혼인을 맺었지만158) 얼마 되지 않아서 그 나라를 멸망시켰습니다. 은나라의 교훈159)이 멀지 않으니 핑계

---

156) 상서(尙書): 중국 고대의 관직명. 글자대로 직역하면 '문서를 관장하다'는 뜻으로, 궁중에서 문서·상소문을 담당한 일종의 서리 또는 비서였다. 전국시대에 처음 설치되었으며 진(秦)나라에서는 소부(少府)에 속하였다. 한대에는 진나라의 제도를 인습하는 한편, 성제(成帝) 때부터 상서를 5명으로 정하고 도서·비망록·상소·조서 등의 문서 업무를 분담하게 했으며, 후한에 이르러 정식으로 황제를 보필해 정무를 처리하는 관원으로 격상되었다. 위·진대 이후로는 나라의 규모가 커지고 업무가 번잡해지면서 당대에는 이부(吏部)·호부(戶部)·예부(禮部)·병부(兵部)·형부(刑部)·공부(工部)의 '6부(六部)'가 그 직무를 분담하였다.

157) 이부(李敷, ?~470): 북위의 대신. 고평 선왕(高平宣王) 이순(李順)의 아들로, 자는 경문(景文)이며, 조군(趙郡) 평극현(平棘縣), 즉 지금의 하북성 조현(趙縣) 사람이다. 태평진군(太平眞君) 2년(441)에 중서성(中書省)에 기용되어 태자의 시중을 들었으며 비서중산(秘書中散)·전군장군(前軍將軍)·산기상시(散騎常侍)·남부상서(南部尙書)·중서감(中書監) 등의 요직과 평극현자(平棘縣子)·고평군공(高平郡公)의 작호를 받았다. 나중에는 모함을 받아 헌문제에게 주살되었다.

158) 과거에 풍씨와 혼인을 맺었지만[昔與馮氏婚姻]: 대흥(大興) 4년(434) 윤3월에 풍홍이 북위와 악화된 관계를 정상화할 목적으로 작은 딸(문명태후의 고모)을 태무제의 후궁으로 보낸 일을 말한다. 그러나 풍홍의 이 같은 노력은 태무제가 이와 함께 태자인 풍왕인(馮王仁)을 북위의 인질로 삼으려 하는 것을 거부하면서 허사가 되고 결국 북연에 대한 북위의 대대적인 공세가 시작된다. 학계 일각에서는 북연의 북위와의 정략결혼이 망국의 단초가 된 것으로 해석하는 경향이 있다. 그러나 그것은 여러 가지 이유들 중 하나일 뿐이며 직접적인 이유는 태자를 인질로 보내라는 태무제의 요구를 풍홍이 거절한 데서 찾아야 옳다.

159) 은나라의 교훈[殷鑑]: 중국의 고전 《시경(詩經)》 《대아·탕(大雅·蕩)》의 "은나라의

중국 산서성 대동시에서 발견된 평성시기 북위 해흥석당(解興石堂)의 벽화. 좌우로 갑옷을 입은 북위 병사가 그려져 있다.

를 대고 그 요청을 거절함이 옳습니다."
라고 하는 말에 현혹되었다.

○ 璡惑其左右之說, 云, 朝廷昔與馮氏婚姻, 未幾而滅其國。殷鑒不遠, 宜以方便辭之。

• 052

[고]련은 결국 글을 올리고 '[조카?]딸이 죽었다'고 경솔하게 거짓말을 하였다.
[그러자] 조정에서는 '그가 [황후를] 속이고 있다'고 의심하고 다시 임시의 가산기상시160)이던 정준1009)을 파견하여 그를 준엄하게 책망하고,

---

교훈이 멀지 않으니 바로 하후 시대에 있노라(殷鑒不遠, 在夏后之世)"에서 유래한 말이다. 은나라의 탕왕(湯王)이 하나라를 멸망시킨 일을 가리키며, 원래는 은나라의 자손들이 그 일을 교훈으로 삼을 것을 호소한 말이다. 여기서는 풍씨가 북위 멸망의 단초를 제공한 것을 두고 한 말이다.

160) 가산기상시(假散騎常侍): 중국 고대의 관직명. '산기상시(散騎常侍)'는 삼국시대에 위나라에서 산기(散騎)와 상시(常侍)를 합쳐 새로 운영한 관직으로, 황제의 곁

"[조카]딸이 정말 죽었다면 새로 종실의 참한 숙녀라도 간택해 보내는 것을 허락한다"라고 하였다. [그러자 고]련은
"만약 천자께서 이전의 허물을 용서해 주신다면 [이번] 조칙을 받드는 것이 옳습니다!"라고 하였다. [그러다가] 때마침 헌문[제]가 붕어하매 162)
[그 논의도 그제서야] 중단되었다.

○ 璉遂上書, 妄稱女死。朝廷疑其矯拒, 又遣假散騎常侍程駿切責之, 若女審死, 聽更選宗淑。璉云, 若天子恕其前愆, 謹當奉詔。會獻文崩。

에서 고문이나 파견 등의 방식으로 시중을 드는 일을 맡았다. '가(假)-'의 경우, 《여씨춘추(呂氏春秋)》〈심대(審臺)〉에서 "'가'란 일을 처리하는 것이다(假, 乃理事也)"라고 했고, 고유(高誘)는 "'가'는 다룬다는 뜻이다(假, 攝也)"라는 주석을 붙였다. 이처럼 진·한대의 인사제도에서 '가-'는 조정에 발탁된 관리가 정식으로 임명되기 전에 잠시 특정한 직무를 대행하는 것을 가리켰다. 《사기》〈항우본기〉의 "[초나라 회왕이] 항우를 세워 상장군의 일을 보게 하였다(立項羽爲假上將軍)"에 대하여 장수절(張守節)이 《사기정의(史記正義)》에서 "미처 회왕의 명령을 받지 못했기 때문이다. '가'는 '다룬다'는 뜻이다(未得懷王命也. 假, 攝也)"라고 한 것이 그 예이다. 청대의 학자 조익(趙翼)이 《해여총고(陔余叢考)》 "가수(假守)"조에서 "진·한대에는 관리가 일을 다루는 것을 모두 '가'라고 했는데, 아마 [해당 직무를] 빌리는 것을 말한 것이었으리라(秦漢時, 官吏攝事者皆曰假, 蓋言借也)"라고 했는데 여기서 '빌린다'고 한 것은 잠시 대리한다는 뜻이다. '가산기상시'는 산기상시로 발탁된 관리가 정식으로 발령장을 받기 전에 해당 직무를 미리 담당하는 경우나 당사자를 두고 하는 말로 이해할 수 있는 셈이다.

161) 정준(程駿, 414~485): 북위의 대신. 선비족 출신으로, 자는 인구(麟駒)이며, 광평군(廣平郡) 곡안현(曲安縣), 즉 지금의 하북성 한단시(邯鄲市) 사람이다. 태연(太延) 5년(439), 사도참군(司徒參軍)을 지내고 문성제가 즉위한 뒤로 저작랑(著作郎)·안풍현남(安豊縣男)·고밀태수(高密太守)를 거치면서 청렴하고 신중하게 처신하여 문명태후의 호감을 샀다. 사후에는 관군장군(冠軍將軍)·연주자사(兗州刺史)·곡안현후(曲安縣侯)·진류군왕(陳留郡王)에 추증되었다.

162) 때마침 헌문제가 붕어하매[會獻文崩]: 헌문제(탁발홍)가 승명 원년(476)에 23세의 나이로 급사한 일을 말한다. 정략결혼을 놓고 북위와 고구려 사이에 지루하게 이어지던 시소게임이 이때에 이르러 끝난 셈이다.

북위 광주의 위치. 이를 통하여 고구려-남조 사신들이 연안항법으로 이동했음을 짐작할 수 있다.

•053

효문[제]163) 때에 이르자 [고]련은 이전부터 갑절이나 되는 공물을 바쳤으며, 그에 대한 보답으로 내리는 물건도 마찬가지로 차츰 늘어났다.

○ 至孝文時, 璉貢獻倍前, 其報賜亦稍加焉.

•054

당시 광주164)의 관청은 [고]련이 파견한 예제사 [부]여노 등을165) 해상에

---

163) 효문[제](孝文): 북위의 제7대 황제인 탁발굉(拓跋宏, 467~499)의 시호. 헌문제 탁발홍의 장자로, 5세 때 즉위하고 490년부터 친정에 나서면서 고강도의 개혁을 단행하였다. 태화 19년(495)에 도읍을 평성(平城)에서 중원의 낙양(洛陽)으로 옮기고 나서 솔선해서 원래의 성씨인 탁발을 버리고 중국식 성인 '원(元)'으로 바꾸는가 하면 한족과의 혼인을 독려하는 등, 선비족의 전통을 혁파하고 풍습·언어·의복 등 전방위적으로 한족과의 혈통적·문화적 통합에 전념하였다. 묘호는 고조(高祖)이다.

164) 광주(光州): 북위의 지역명. 황흥(黃興) 4년(470)에 청주(靑州)를 분할해 설치했으며, 치소는 액현(掖縣), 즉 지금의 산동성 내주시(萊州市)에 두었다. 수나라 개황(開皇) 5년(585)에 내주(萊州)로 개칭되었다. 인터넷 〈국편위판〉 주052에서는 "지금의 山東城 掖縣"이라고 했으나 그것은 20세기 초기의 일이며, 지금은 행정적으로 내주시가 옳다.

서 체포해 대궐로 압송해 왔다.¹⁶⁶⁾ [그래서] 효문[제]는 조서를 내려 [고련을] 이렇게 꾸짖었다.

○ 時, 光州於海中得璉遣詣齊使餘奴等, 送闕. 孝文詔責, 曰,

• 055

"[제나라의 소]도성¹⁶⁷⁾은 직접 자신의 군주를 죽이고 강동¹⁶⁸⁾에서 '천자'의

---

165) 예제사 부여노 등[詣齊使餘奴等]: 원문에는 '遣詣齊使餘奴等'로 되어 있는데 《위서》에는 "璉所遣詣蕭道成使餘奴等"으로 나와 있어서 세부적인 내용에 편차가 보인다. 인터넷 〈국편위판〉에서는 이 부분을 "璉이 파견하여 [南]齊로 가던 사신 餘奴 등을" 식으로 번역하였다. 그러나 위서에는 앞서 소개한 '소'의 용법에서 보듯이 '소견'이 '파견한 바의~' 식의 관형구가 되므로, "고련이 파견해 소도성을 예방하려던 사신 [부]여노 등을" 식으로 번역하게 되어 있다. 그러나 《북사》에서는 이 부분이 "遣詣齊使餘奴等"로 편집되어 있다. 참고로, '예제사(詣齊使)'는 글자 그대로 직역하면 '[남]제나라에 파견한 사신'이라는 뜻이다.

166) [부]여노 등을 체포해 대궐로 압송해 왔다[使餘奴等送闕]: 여기서의 "대궐"은 평성이 아닌 낙양을 가리킨다. '광주'의 치소 액현은 지금의 내주시이다. 고구려 또는 양나라의 사신이 수시로 북위의 해상방위대에게 붙잡힌 일을 소개한 기사들을 통하여 당시만 해도 고구려에서 남조의 양나라로 사신을 보내려면 북위의 영해를 지나야 했음을 짐작할 수 있다. 물론, 황해 횡단은 고구려가 화북을 거치지 않고 강남으로 직행할 수 있는 최고의 항로이다. 그러나 중국 학자 손광기(孫光圻) 등 해당 분야의 학자들이 동의하고 있듯이, 당시까지만 해도 횡단은 기술적으로 불가능했다(《한사군은 중국에 있었다》, 제99~110쪽 참조). 다만, 여기서 유념해야 할 점은 이 무렵이 효문제가 평성에서 낙양으로 천도하면서 북위의 중심이 중원으로 남하한 시점이었다는 사실이다. 따라서 영해의 치안에 대한 북위 당국의 제해권(制海權) 행사도 자연히 과거보다 더욱 강화되고, 고구려와 남조의 교류 역시 차츰 제한되고 신중해질 수밖에 없었을 것이다.

167) [소]도성(蕭道成, 427~482): 남제의 개국 군주인 고제(高帝)의 이름. 전한의 재상이던 소하(蕭何)의 24세손으로, 자는 소백(紹伯)이다. 유송에게 좌군 중병참군(左軍中兵參軍)으로 있을 때 별동대를 이끌고 북벌에 나서 장안 동쪽 80리 지점까지 진격했으나 병력이 부족한 데다가 문제(文帝)가 죽자 본국으로 철수하였다. 나중에 유송의 황족들 사이에서 내전이 벌어지자 그 틈을 타서 군권을 장악하고 후폐제(後廢帝)를 죽이고 479년에 제나라를 세웠다.

칭호를 방자하게 일컫고 있어서 짐이 그렇지 않아도 망해 버린 [송]나라를 그 옛 땅에서 일으킴으로써 끊어져 버린 유씨169)의 대를 이어 주려던 참이었소.
그런데 경은 [우리] 국경을 넘어 외교를 [시도]하고 [제위를] 찬탈한 역적과 멀리서부터 오가고 있으니, [이것이] 어찌 절개를 지켜야 할 번신170)으로서의 도리이겠소?

제나라 고조 소도성의 초상(삼재도회)

○ 道成親殺其君, 竊號江左, 朕方欲興滅國於舊邦, 繼絶世於劉氏。而卿越境外鄕, 交通篡賊, 豈是藩臣守節之義。

---

168) 강동[江左]: 중국 고대의 지역명으로, 강동(江東), 즉 지금의 강남을 가리킨다. 고대 중국에서는 황제가 '북좌남면(北坐南面)', 즉 남쪽을 바라보고 앉는 것이 관례였다. 북쪽에서 보았을 때 장강 하류인 강남은 왼쪽 방향이었기 때문에 '장강의 왼쪽'이라는 뜻에서 '강좌(江左)'로 부르곤 하였다.

169) 유씨(劉氏): 남북조시대에 북조의 북위와 적대적인 입장에 있던 남조의 유송을 낮추어 부른 말. 유송은 유유(劉裕, 363~422)가 동진(東晉)의 공제(恭帝)로부터 황위를 선양(禪讓)받아 장강 남쪽에 세운 나라로, 건강(建康, 지금의 남경시)에 도읍을 정하고 8대 59년 동안 존속되었다.

170) 번신(藩臣): 중원 왕조의 입장에서 이민족 또는 이방의 군주를 자의적으로 일컫는 명칭. 글자 그대로 직역하면 "변방을 지키는 신하"라는 뜻이다. 《시경》〈대아·판(大雅·板)〉에서 "갑옷 입은 사람들이 울타리가 되어 주네(价人維藩)"라고 한 것이나, 후한대의 허신(許愼)이 《설문해자》〈초부(艸部)〉에서 "'번'은 담이라는 뜻이다(藩, 屏也)"라고 한 것에서 볼 수 있듯이, '번'은 울타리 또는 담장을 뜻한다. 중원 왕조의 입장에서 사방의 오랑캐들의 공격과 위협으로부터 지켜 주는 울타리나 담장과도 같은 역할을 해 주는 우호적인 신하라는 뜻으로 그렇게 부른 것이다.

•056

[그러나] 이에 [이] 한 번의 과오를 들어 [경의] 그동안의 정성을 덮지 않고 171) [잡혀 온 자들을] 즉시 호송해 귀국으로 귀환시키는 바이오. [그러니 짐이] 용서해 주는 것을 감사히 여기고 [경의] 허물을 성찰하며 [짐의] 현명한 깨우침을 받들어 그대가 다스리는 나라를 평화롭고 안정되게 이끌되, [수시로 경의] 동정을 보고하도록 하시오."

○ 今不以一過掩舊欵, 卽送還藩. 其感恕思愆, 祗承明憲, 輯寧所部, 動靜以聞.

•057

태화172) 15년에 [고]련이 죽었다. 나이는 백여 살이었다.
효문[제]는 [도읍의] 동쪽 교외에서 추도의식을 거행하였다. 173)

---

171) 한 번의 과오를 들어 그동안의 정성을 덮지 않고[不以一過掩舊欵]:《위서》〈고구려전〉에는 "한 번의 과오를 들어 경의 그간의 정성을 덮지 않고(不以一過掩卿舊款)"로 되어 있다. 어느 쪽이든 의미상으로는 별로 차이가 없어서, 이번의 잘못을 빌미삼아 그동안의 정성을 없는 것으로 돌리지 않겠다는 뜻을 나타낸다. 마지막 글자의 경우, 여기에는 '欵'로 나와 있는데 '정성 관(款)'의 또 다른 글자이다.

172) 태화(太和): 북위의 효문제 원굉(元宏, 탁발굉)이 477~499년까지 23년 동안 사용한 세 번째 연호. 이 기간 동안 효문제는 조모 풍태후(馮太后)의 지지에 힘입어 대대적인 개혁을 단행하는데 중국 역사에서는 이를 '태화개제(太和新制)'라고 부른다. "태화 15년"은 서기로는 491년이며, 고구려 기년으로는 장수왕 79년에 해당한다.

173) 추도의식을 거행하였다[擧哀於東郊]:《위서》〈예지(禮志)〉에 따르면, "이 해(491)에 고려 왕이 죽자 12월(양력 492년 1월)에 이렇게 조서를 내렸다. '고려왕 련이 … 이번에 불행한 일을 당하여 그 나라에서 사신이 곧 올 것이니 그를 위한 추도의식을 거행하겠다. … 창졸간에 상복을 지을 수 없으니 일단 소위모를 쓰고 흰 베로 지은 심의를 입은 채 도성 동쪽에서 그를 위하여 정성껏 추도함으로써 그 나라 사신에게 보이고자 한다. 짐은 비록 그 왕을 본 적이 없지만 깊게 애도하고 안타까워 하는 바이다. 관련 관청에서는 내 뜻을 전하고 빠짐없이 준비하도록 하

○ 太和十五年, 璉死, 年百餘歲。孝文擧哀於東郊。

•058

[그리고] 알자복야¹⁷⁴⁾ 이안상¹⁷⁵⁾을 파견하여 [그를] 거기대장군¹⁷⁶⁾·태부¹⁷⁷⁾·요동군공¹⁷⁸⁾·고구려왕으로 추증하고 시호¹⁷⁹⁾는 '강¹⁸⁰⁾'으로 하라'(是年, 高麗王死, 十二月詔曰, '高麗王璉 … 今旣不幸, 其赴使垂至, 將爲之擧哀. … 不可卒爲之哀, 且欲素委貌, 白布深衣, 於城東爲盡一哀, 以見其使也. 朕雖不嘗識此人, 甚悼惜之. 有司可申敕備辦.')" 소위모(素委貌)는 물을 들이지 않은 비단으로 만든 모자, 심의(深衣)는 고대에 제왕들이 입던 정장을 말한다. 장수왕의 부음을 들은 북위의 고조, 즉 효문제가 상복을 지을 틈이 없자 임시로 색깔만 흰색으로 맞추어 소위모와 심의를 착용했음을 알 수 있다.

174) 알자복야(謁者僕射): 북위의 관직명. 황명을 출납하고 의례를 주관하고 빈객을 접대하고 사신으로 출행하는 업무를 관장하는 알자대(謁者臺)의 수장을 말한다. 남조의 제나라에서는 "알자복야를 1명, 알자를 10명(謁者僕射一人, 謁者十人)" 두었으며, 북위에서는 품계가 종5품 중(從五品中)이다가 태화 23년에 9품으로 조정되었다.

175) 이안상(李安上): 북위의 관리. 부친은 이효백(李孝伯), 모친은 적씨(翟氏)이며, 거록태수(鉅鹿太守)를 지냈다.

176) 거기대장군(車騎大將軍): 중국 위·진대 이래의 무관직 이름. 표기(驃騎)·거기(車騎)·위(衛)의 세 장군은 여타 장군들보다 중요한 위상을 가지고 있어서 본래는 굳이 '대-'를 붙일 필요가 없었다. 그러나 나중에 직무가 갈수록 분화되자 '대장군'을 증설하고 존경의 뜻에서 중신이나 원로들에게 하사했는데 품계는 1품으로 막료나 병력은 두지 않았다. 그 뒤로도 남북조시대까지 그대로 인습되었다. 양나라 무제의 천감(天監) 7년(508)에는 무직 24반(武職二十四班) 중 최고반 24반, 대통(大通) 3년(529)에는 무직 34반 중 최고반 34반으로 제정하고 품계는 1품, 녹봉은 중 2천 석(中二千石)을 내렸다. 《위서》〈고구려전〉에는 이 관직 이름이 보이지 않는다.

177) 태부(太傅): 중국 고대의 관직명. 서주(西周)시대에 태사(太師)·태보(太保)와 함께 '삼공(三公)'의 하나로 설치되었으며 서열은 태사보다 낮고 태보보다 높았다. 태사·태보와 함께 국정에 참여하면서 천자를 보필하였다. 진대(晉代)에는 국정에 참여했으나 보통은 직책 없이 일종의 명예직으로 원로들에게 부여되었다. 북위·북제에서는 품계가 1품(一品)으로, 태사·태보와 함께 '3사(三師)'로 일컬어졌다.

였다.

○ 遣謁者僕射李安上策贈車騎大將軍太傅遼東郡公高句麗王, 諡曰康。

•059

아울러 대홍려181)를 파견해 [고]련의 손자 [고]운182)을 사지절183)·도독

---

178) 요동군공(遼東郡公): 북위의 작호. 《위서》〈고구려전〉에는 '요동군 개국공(遼東郡開國公)'으로 나와 있다. 일반적으로 특정한 지역의 초대(제1대) 군공에게는 '□□군 개국공(□□郡開國公)' 식으로 높여 불러 예우하였다. 서진으로부터 수·당대까지 사용된 '개국군공(開國郡公)·개국현공(開國縣公)'을 줄여 부른 호칭이다. 여기서 앞에 '요동군'이 붙은 것을 보면 '개국군공'을 가리키는 셈이다. 자세한 설명은 앞의 "개국공" 주석을 참조하기 바란다.

179) 시호(諡號): 중국 고대에 조정에서 제왕·제후·경대부·대신의 일생과 업적을 한두 글자로 평가해 붙이던 별명. 시호를 내리는 법도인 시법(諡法)은 서주(西周) 중기 이후에 제정되었다. 주나라 문왕(文王)·무왕(武王)·의왕(懿王)까지는 본인이 직접 지어 붙였으며, 효왕(孝王) 이후로는 시법에 의거하여 부여하였다. 시호는 크게 좋게 평가한 '미시(美諡)', 동정의 의미를 내포한 '평시(平諡)', 나쁘게 평가한 '악시(惡諡)'로 구분되는데, 일반적으로 문(文)·무(武)·명(明)·예(睿)·강(康)·경(景)·장(莊)·선(宣)·의(懿)는 미시, 회(懷)·도(悼)·애(哀)·민(閔)·상(殤)은 평시, 려(厲)·령(靈)·양(煬)은 악시에 해당한다. 시법은 진시황 때에는 잠시 폐지되었다가 한대에 다시 시행되었으며, 스스로 왕·공·후를 자처하는 경우를 제외하면 보통은 당사자 사후에 예부(禮部)에서 대신들의 의논을 거쳐 결정되었다.

180) 강(康): 장수왕이 북위로부터 받은 시호. 후한대 학자인 채옹(蔡邕, 133~192)의 《독단(獨斷)》〈제시(帝諡)〉에 따르면, "백성들을 편안하고 즐겁게 다스렸을 때 부여되는 시호가 강(安樂治民曰康)"이다. 북송의 정치가 소순(蘇洵, 1009~1066)은 '강'의 의미와 관련하여 "물이 순조롭게 흐르는 것 같은 경우(淵源流通)", "따뜻하고 부드러우며 편안함을 좋아하는 경우(溫柔好樂)", "편안하고 즐거우면서 백성들을 어루만진 경우(安樂撫民)", "온 백성들을 편안하고 즐겁게 만들어 준 경우(合民安樂)" 식으로 해석하였다. 역대 제왕들에 대한 시호에서 '강'은 언제나 좋은 의미로 사용되었던 셈이다.

181) 대홍려(大紅臚): 중국 고대의 관직명. 진나라를 거쳐 한대 초기까지는 '9경(九卿)'의 하나로 '전객(典客)'으로 일컬어졌으며 주로 제후 및 번국 관련 업무들을 관장하였다. 그 뒤 경제(景帝)의 중원(中元) 6년(BC144)에 '대행령(大行令)'을 거쳐, 무제의 태초(太初) 원년(BC104)에 '대홍려'로 개칭되었다. 나중에는 예악

요해제군사 · 정동장군 · 영호동이중랑장 · 요동군왕184) · 고구려왕으

(禮樂)을 관장하는 쪽으로 직무가 변경되면서 왕망 때에는 '전악(典樂)', 후한대에는 '대홍려경(大鴻臚卿)'으로 일컬어졌다. 그 속관(屬官)으로는 행인(行人) · 역관(譯官) · 군저장승(郡邸長丞) 등이 있었다.

182) 운(雲): 고구려의 제21대 국왕인 문자명왕(文咨明王) 고운(高雲, ?~519)을 가리킨다. 그 이름의 경우, 《양서》에서도 '운'으로 소개했으나 《삼국사기》에는 "문자명왕('명치호왕'이라고도 불린다)은 이름이 나운(文咨明王[一云明治好王], 諱羅雲)"이라고 하였다. 장수왕 고련의 경우처럼, '나운'이 본명이라는 전제하에서 '운'은 중국식 이름이었을 가능성도 있다.

183) 사지절(使持節): 중국 고대의 관직명. 글자 그대로 풀이하면 '사절의 신분으로 정절(旌節)을 지닌 자'라는 뜻이다. 《주례(周禮)》《지관·장절(地官·掌節)》에서 "하사품으로는 인장 부절을 쓰고 사절을 파견할 때는 깃대 부절을 쓴다(貨賄用璽節, 道路用旌節)"라고 한 것을 보면, '정절'이란 깃대 형태로 제작된 부절로 해석된다. 후한대의 정현(鄭玄, 127~200)은 〈지관·장절〉에 붙인 주석에서 "'정절'이란 오늘날 사자들이 지니는 신표가 그것이다(旌節, 今使者所擁節是也)"라고 설명하였다. 또, 청대 말기의 손예양(孫詒讓, 1848~1908)은 《후한서》〈광무기〉에서 이현은 주석을 붙여 '절은 신표로 쓰는 것이다. 대나무를 그것으로 쓰는데 자루는 길이가 8자이고, 소꼬리를 그 장식으로 다는데 세 겹이다'라고 하였다(後漢書光武紀李注云, 節, 所以爲信也. 以竹爲之, 柄長八尺, 以旄牛尾爲其眊, 三重)"라고 소개하였다. 반면에 같은 당대의 안사고(顔師古)는 《한서》에 붙인 주석에서 "부절의 경우, 털로 그것을 만드는데 위아래가 서로 포개져 있는 것이 대나무 마디에서 형상을 땄기 때문에 그것(대나무)으로 이름을 붙인 것(節, 以毛爲之, 上下相重, 取象竹節, 因以爲名)"이라고 소개하였다. 대나무로 만든 것이 아니라 대나무 형상을 본 뜬 것이라는 것이다. 정절을 지니는 것[지절]은 황제가 파견하는 칙사의 특권으로 그 권한이 상당히 컸다. 후한대 중기 이후로는 지방 행정이 불안정해지고 전쟁이 빈번해지자 조정의 통제권을 강화하기 위하여 전장에서 군사를 지휘하는 장군(도독)에게 병부(兵符)와 정절을 지니게 하였다. 삼국시대에는 도독에게 병부와 정절을 내리는 방식과 지위가 사지절(使持節) · 지절(持節) · 가절(假節)의 세 가지로 세분되었다.

184) 요동군왕(遼東郡王): 인터넷 〈국편위판〉 주029에서는 이를 "蕃王에 대한 封册으로 당시 高句麗가 실제 중국인의 인식으로 遼河 以東인 遼東 지방을 지배하였음에서 연유한 封王"이라고 소개하였다. 다만, 지역명인 '요동'을 "遼河 以東인 遼東 지방"이라고 소개한 것은 잘못이다. '요동'이 요동반도 이동지역을 가리키는 지리개념으로 굳어진 것은 100~200년 정도밖에 되지 않았기 때문이다. 그 이전인 청대 중기 이전에 저술된 중국의 역대 정사·연혁지·지도·자료들에서는 한결같

로 배수하고, 의관과 복장 및 수레·깃발 따위의 의장물들을 하사하였다.

○ 又遣大鴻臚拜璉孫雲使持節都督遼海諸軍事征東將軍領護東夷中郎將遼東郡公高句麗王。賜衣冠服物車旗之飾。

• 060

또 조서를 내려 [문자명왕 고]운에게 세자를 파견해 [위나라에] 입조하여 교구185)에서 지내는 [제천]의식에도 참석하도록 일렀다. [그러자 고]운은 [황제에게] 글을 올려 [세자가] 병을 앓고 있다는 핑계로 거절하고 그의 종숙186)인 승우만 파견해 사신을 따라 대궐에 예방하게 하매 [효문제가] 그를 준엄하게 책망하였다.187)

[고운은] 이때부터 해마다 빠짐없이 공물을 바쳤다.

이 '요동'의 기점을 요동반도가 아닌 산해관 이동지역으로 잡고 있다.
185) 교구(郊丘): 중국 고대에 천자가 제천의식을 거행하던 제단. 교외에 세운 제단이라고 해서 '교구', 제단이 원형을 이루고 있다고 해서 '원구(圜丘)' 또는 '환구(圜丘)'로 부르기도 하였다.
186) 종숙(從叔): 자신의 부친보다 나이가 적은 종조부의 아들, 즉 부친의 사촌동생[從父弟]을 말한다.
187) 그를 준엄하게 책망하였다[嚴責之]: 이때 효문제가 문자명왕을 질책한 조서는 당 고종의 현경(顯慶) 3년(658)에 편찬된 고대 문집인《문관사림(文館詞林)》에〈후위의 효문제가 고구려왕 운에게 보낸 조서(後魏孝文帝與高勾麗王雲詔)〉라는 제목으로 수록되어 있다. 효문제가 문자명왕이 세자 대신 승우를 보낸 일을 질책하면서 번신의 예의를 지킬 것을 촉구하는 것이 주된 내용이다. 그 내용에서 주목할 부분이 고구려가 계속 번신으로서의 의무를 성실히 이행하지 않으면 정벌에 나서겠다고 위협하는 대목에 등장하는 "[짐의 명령을 거부하면] 창해 해변에서 영토를 넓히겠다(廣疆畿於滄濱)"이다. 이는 효문제가 고구려와의 국경선(창해 해변) 너머로 영토를 확장하겠다는 뜻이다. '창해'는 발해의 또 다른 이름이므로, 이를 통하여 고구려의 서계(西界)가 발해 인근, 즉 요서지역까지였음을 짐작할 수 있다.

중국 산서성 대동시 교외 사령촌(沙嶺村)에서 2005년에 발견된 7호묘 벽화(부분). 가운데에 평성시기 북위의 막사(텐트)가 여러 개 보인다(산서청년보 사진).

○ 又詔, 雲遣世子入朝, 令及郊丘之禮. 雲上書辭疾, 遣其從叔升于隨使詣闕. 嚴責之. 自此, 歲常貢獻.

• 061

정시[188] 연간에 선무[제][189]가 동당[190]에서 그 나라 사신 예실불을 불

---

188) 정시(正始): 북위의 제8대 황제인 선무제(宣武帝) 원각이 504~508년까지 4년 동안 사용한 두 번째 연호. 고구려의 문자왕 13~16년에 해당한다.

189) 선무[제](宣武帝): 북위의 제8대 황제인 원각(元恪, 483~515)의 시호. 효문제 원굉(元宏)의 둘째아들로, 하남(河南) 낙양(洛陽) 사람이다. 태화 23년(499)에 노양(魯陽)에서 황제로 즉위하였다. 재위기간 동안 낙양성(洛陽城)을 확장하고 '한화(漢化)'의 기초를 다지는 한편, 북으로는 유연(柔然)을 격퇴하고 남으로는 남조에 지속적으로 공세를 취하여 한중(漢中) 지역을 확보하였다. 독실한 불교도로 아들이 존귀해지면 그 생모를 죽이는 북위 황실의 악습을 철폐하는 등 개혁에 전념하였다. 그러나 말기에는 충신들을 의심하고 외척인 고조(高肇)가 전횡을 일

러들여 접견하였다. [이에 예]실불이 [이렇게] 진언하는 것이었다.

○ 正始中, 宣武於東堂引見其使芮悉弗, 進曰,

• 062

"고려는 [북위에] 하늘만큼 지극한 정성으로 여러 대에 걸쳐 [천자께] 참된 충성을 다하면서 [우리] 땅에서 특산물들이 나면 황제께 공물을 바치는 소임을 게을리 한 적이 없었습니다. 다만, 황금은 부여에서 나고 흰 옥돌191)은 섭라192)에서 나는 것입니다.

삼면서 국력이 크게 약해졌다.
190) 동당(東堂): 위·진·남북조시대에 '정전(正殿)'이던 태극전(太極殿)의 동쪽 건물을 부르던 이름. 조정에서 공식적인 국가행사를 거행하는 공간이었다. 《자치통감(資治通鑑)》의 "진 애제(晉哀帝) 흥녕(興寧) 3년(365)"조에서 "2월 병신일에 … 황제가 서당에서 붕어하였다(二月丙申, … 帝崩于西堂)"라고 한 데 대하여 원대의 호삼성은 "서당은 태극전의 서쪽 건물이다. 건강의 태극전에는 동당과 서당이 있는데, 동당은 신하들을 접견하는 데에 사용되었고 서당은 휴식을 취하는 곳이었다(西堂, 太極殿西堂也. 建康太極殿有東西堂, 東堂以見群臣, 西堂爲卽安之地)"라고 주석을 붙였다.
191) 흰 옥돌[珂]: '가(珂)'는 여러 가지 의미를 나타내는 글자이다. 인터넷 〈국편위판〉에서는 이 대목을 "黃金은 夫餘에서 생산되고, 珂玉은 涉羅의 소산물"이라고 번역하였다. 다른 주석에서 '가'를 '珍珠'로 해석한 것이나 '섭라'를 제주도로 해석한 것을 보면, 여기서의 '가' 역시 조개의 일종으로 해석한 것으로 보인다. 〈동북아판 2〉 주92(제128쪽)에서도 "玉 혹은 소라의 일종"으로 추정하였다. 그러나 허신은 《설문해자》에서 "'가'는 옥이다(珂, 玉也)"라고 하였다. 《광아(廣雅)〈석지(釋地)〉에서도 "'가'는 돌 중에 옥에 버금가는 것들이다(珂, 石之次玉)"라고 했으며, 《옥편(玉篇)》에서는 "돌 중에 옥에 버금가는 것이다. 또는 마노 중에 눈처럼 깨끗하고 흰 것을 말한다(石次玉也. 亦瑪瑙潔白如雪者)"라고 하였다. 또, 중국 학자 범상옹(范祥雍)은 《낙양가람기 교주(洛陽伽藍記校注)》에서 "'가'는 말을 장식하는 옥으로 귀족들이 사용하였다(珂是飾馬之玉, 貴族所用)"라고 설명하였다. 각종 자전·사서·문헌들을 분석해 본 결과, '가'는 고대부터 '옥돌'의 의미로 사용되었음을 알 수가 있다. '조개'의 의미로 사용된 사례는 송·명대에 이르러 보이기 시작한다. 원대의 호삼성이 《자치통감》에 붙인 주석에서 "'가'는 소라 종류로 바닷속

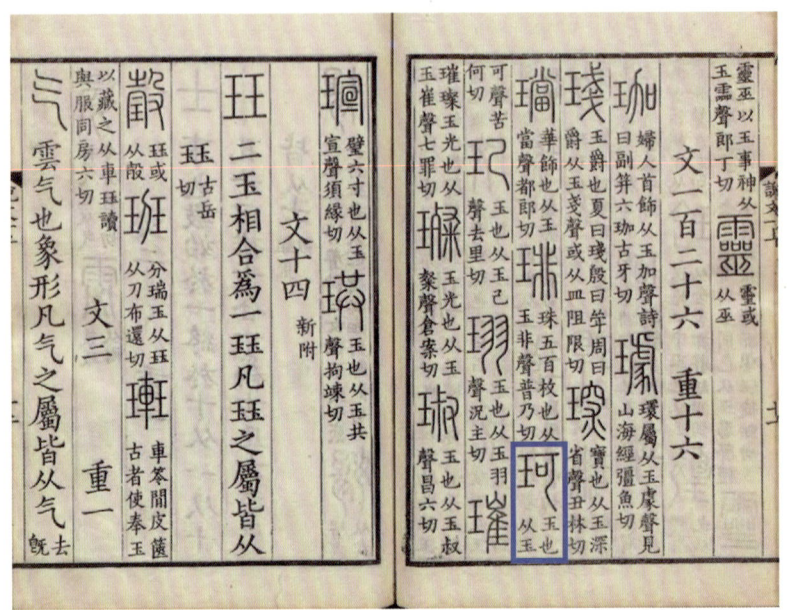

한대 허신의 《설문해자》에 소개된 한자 '가(珂)'. 옥돌과 관련된 의미를 나타내는 글자들을 열거한 대목에 소개된 것을 보면 고대에는 조개가 아니라 '옥돌'의 뜻으로 사용되었음을 알 수 있다.

○ 高麗係誠天極, 累葉純誠, 地産土毛, 無愆王貢. 但黃金出夫餘, 珂則涉羅所産.

에서 나는데 깨끗하고 희기가 눈빛 같다. 통속문에서는 '말고삐 장식이 가'라고 하였다. … 이런 장식들은 그 모양을 취한 것일 뿐만 아니라 그 소리까지 취한 것이다(珂, 螺屬, 生海中, 潔白如雪色. 通俗文曰. 馬勒飾曰珂. … 此等飾非特取其容, 兼取其聲)"라고 한 것이 그 예이다. 따라서 호삼성보다 수백여 년 전의 고대 문헌들에 등장하는 '가'는 흰빛을 띠는 옥돌이나 그 가공품의 의미로 이해해야 옳다.

192) 섭라(涉羅): 고대의 동이계 국가. 곽석량에 따르면, '섭(涉)'은 '잡(ziap)', '라(羅)'는 '라(la)'로, 고대음이 '잡라' 정도로 재구된다. 인터넷 〈국편위판〉 주059에서는 그 발음과 "百濟에 倂合되었다"는 기술 내용을 근거로 《三國史記》에 전하는 耽羅 또는 耽牟羅 즉, 지금의 濟州島'로 비정하였다. 그러나 '즐길 탐(耽)'은 고대음이 '단과 침의 반절[端侵切, dəm]'이다. '잡라'와 '덤라'는 음운적으로 대응된다고 보기 어려운 것이다.

- **063**

[그런데] 지금 부여는 물길[193]에게 밀려나고 섭라는 백제에 합쳐졌습니다.

[고구려의] 국왕인 신 [고]운은 오로지 [명맥이] 끊어진 나라를 계승시키겠다는 의리만 염두에 두면서 [부여와 섭라의 유민들을] 모두 [우리나라] 경내로 이주시켰습니다. 두 특산품을 왕궁에 바치지 못하는 것도 사실은 [물길과 백제] 두 도적이 그런 짓을 벌인 탓입니다."

○ 今夫餘爲勿吉所逐, 涉羅爲百濟所幷。國王臣雲惟繼絶之義, 悉遷于境內。二品所以不登王府, 實兩賊之爲。

- **064**

[그러자] 선무[제]가 말하였다.

"고려가 대대로 상장[군][194]의 직함을 지니고 바다 너머에서 [다른 세력들

---

193) 물길(勿吉): 남북조시대 북방민족의 한 갈래. 만주–퉁구스계 족속으로, 한·진대에는 '읍루'로 불리다가 남북조시대의 '물길'을 거쳐 수·당대부터 '말갈(靺鞨)'로 불리기 시작하였다. 중국 정사 기사들에 따르면 처음에는 그 세력이 수십 부(部)이다가 나중에 속말(粟末)·백산(白山)·백돌(伯咄)·안거골(安車骨)·불열(拂涅)·호실(號室)·흑수(黑水)의 7대 부족으로 발전하였다. 중국 학계에서는 '물길'의 현대음인 '우지(wuji)'를 근거로 '옥저(沃沮)'와 같은 집단으로 보는 경향이 있다. 그러나 ① 곽석량에 따르면, '물길'의 고대음은 '몓꼣(mǐwət-kǐět)'인 반면에 ② '옥저'는 '옥챠(auk-tsʼia)'이다. ③ 물길의 현대음 '우지'가 비슷할 뿐이지 고대음은 '몓꼣'과 '옥챠'로, 음운상으로 전혀 대응되지 않는다. 양자를 동일한 집단으로 보는 중국의 주장은 음운학·어원학적으로는 근거가 없다는 뜻이다.

194) 상장(上將): 중국 고대의 고급 무관인 상장군(上將軍)을 줄여서 적은 것이 아닌가 싶다. '장군'은 글자대로 풀이하면 '군권[軍]을 쥐고 있는[將] 사람'으로 번역되므로, '상장'은 그 장군들 중에 업적과 자질이 남다른 장군, 즉 대장군에 해당하는 셈이다. 이 대목에서도 여느 장군들보다 지위가 더 높은 장군이라는 의미로 사용되었다.

을] 제압하며 구이 [195] 땅의 교활한 오랑캐들을 아주 잘 정벌해 왔소. [196] [...]

○ 宣武曰, 高麗世荷上將, 專制海外, 九夷黠虜, 實得征之。

• 065

예전에는 특산물을 바치는 소임을 저버리면 그 책임을 연솔 [197] 에게 물었소. [198] [경은] 짐의 뜻을 경의 주군에게 전달하고 기필코 위엄과 회유의 방략을 다하여 [...] 두 나라로 하여금 옛 터전으로 귀환해 [나라를] 회복하게 해 주고 [그곳의] 특산물들도 늘 바치던 공물에서 빠지는 일이

---

195) 구이(九夷): 고대 중국에서 동방의 이민족들을 아울러 일컫던 이름. 춘추시대의 사상가·교육자인 공자(孔子)의 어록을 모아 놓은 《논어(論語)》〈자한(子罕)〉의 "[공]선생님께서는 구이의 땅에 살려고 하셨다(子欲居九夷)"에 처음으로 등장한다. 이에 관한 상세한 설명은 문성재, 《정역 중국정사 조선·동이전1》, 제387~388쪽을 참조하기 바란다.

196) 구이 땅의 교활한 오랑캐들을 아주 잘 정벌해 왔소[九夷黠虜, 實得征之]: 변방의 이민족들을 정벌하는 데에 혁혁한 공로를 세웠다는 뜻이다. 《위서》〈고구려전〉에는 이 뒤에 "술병이 비면 술동이가 민망스러워지는 법이니 그것이 누구의 허물이 겠소?(瓶罄罍恥, 誰之咎也)" 부분이 생략되어 있다.

197) 연솔(連率): 왕망(王莽)의 신(新)나라 때의 관직명. 《한서》〈왕망전〉에서 "왕망은 《주관》·《왕제》의 기록에 따라 졸정·연솔·대윤을 설치했는데 그 직무는 태수와 같았다(莽以周官王制之文, 置卒正連率大尹, 職如太守)"라고 한 것을 보면 태수에 해당하는 관직이었던 셈이다. "마원의 형 마원이 당시 증산의 연솔이었다(援兄員, 時爲增山連率)"라고 한 《후한서》〈마원전(馬援傳)〉의 기사에 대하여 당대의 이현 역시 "연솔 역시 태수에 해당한다(連率亦太守也)"라고 주석을 붙였다. 여기서 물길과 백제를 가리키는 말로 사용된 것을 보면 남북조시대에는 외국의 군주를 일컫는 말로 사용되기도 했음을 알 수 있다.

198) 그 책임을 연솔에게 물었소[責在連率]: 인터넷 〈국편위판〉에서는 이 부분을 "지난날 朝貢이 빠뜨려졌던 것은 그 책임이 連率에게 있소"라고 번역하였다. 그러나 '연솔'은 왕망 시기의 관직명이므로 이 대목은 북위 등 남북조시대의 일이 아니라 그 이전의 관례를 예시한 것으로 이해하는 편이 합리적이다.

《봉니고략(封泥考略)》에 소개된 '예장남창연솔(豫章南昌連率)' 봉니

없도록 [유념]하시오!"

○ 昔方貢之愆, 責在連率。宜宣朕旨於卿主, 務盡威懷之略, 使二邑還復舊墟, 土毛無失常貢也。

• 066

신구[199) 연간에 [고]운이 죽었다.

영태후[200)는 동당에서 [그를 위한] 추모의식을 거행하였다. [그리고] 사신을 보내 [책문으로 고운에게] 거기대장군·영호동이교위[201)·요동군공·고려왕

---

199) 신구(神龜): 북위의 효명제(孝明帝) 원후(元詡)가 518~520년까지 3년 동안 사용한 연호. 고구려의 문자왕 27년으로부터 안장왕 원년까지에 해당한다.

200) 영태후(靈太后): 북위의 호태후(胡太后, ?~528)를 말한다. 안정(安定) 임경(臨涇), 즉 지금의 감숙성 진원(鎭原) 출신이며, '영(靈)'은 시호이다. 아들 효명제가 즉위하자 황태후가 되어 수렴청정하였다. 불교에 탐닉하여 사찰과 불탑을 대대적으로 조성하느라 6년 치 세금을 미리 징수하는 바람에 백성들의 원성을 샀다. 정광(正光) 원년(520)에 영군(領軍)이던 원차(元叉)에 의해 연금되었으나 다시 실권을 쥐면서 국정이 더욱 문란해지더니 결국 정변을 일으킨 거기장군(車騎將軍) 이주영(爾朱榮, 493~530)에게 살해되었다.

201) 영호동이교위(領護東夷校尉): 북위의 관직명. 한대 이래로 요동지역의 최고위 군

으로 추증하였다. 아울러, 그의 세자 [고]안202)을 진동장군203)·영호동이교위·요동군공·고려왕으로 배수하였다.

○ 神龜中, 雲死, 靈太后爲擧哀於東堂。遣使策贈車騎大將軍領護東夷校尉遼東郡公高麗王。又拜其世子安爲鎭東將軍領護東夷校尉遼東郡公高麗王。

• 067

정광204) 연간 초기에 광주[관청]에서는 이번에도 바다에서 양나라가 [안장왕 고]안에게 주는205) 영동장군206)의 의관과 검·장식물, 그리고 사신

사 장관이던 '호동이교위(護東夷校尉)'의 직무를 대리한 것을 말한다. 호동이교위는 녹봉이 2,000석으로, 선비족 관련 업무를 위하여 호오환교위(護烏桓校尉)에서 쪼개어 설치하였다. 이에 관한 상세한 설명은《정역 중국정사 조선·동이전 1》의 "호동이교위" 주석을 참조하기 바란다.

202) 안(安): 고구려 제22대 국왕인 안장왕(安藏王)의 이름.《삼국사기》에서 "이름이 흥안으로 문자명왕의 맏아들이다(諱興安, 文咨明王之長子)"라고 한 것을 보면, 본명은 두 글자의 흥안이던 것을 중국식(한 글자)으로 바꾼 것으로 보인다.

203) 진동장군(鎭東將軍): 중국 고대에 운영된 '사진장군(四鎭將軍)'의 하나. '사진장군'은 진압·평정이 필요한 상대가 존재하는 방위에 따라 진동·진서·진남·진북의 네 장군으로 구분되었다. '사진장군'이 처음으로 가동된 것은 후한대로, 조조(曹操)가 진동장군, 유표(劉表)가 진남장군, 한수(韓遂)가 진서장군에 임명된 바 있다. 나중에는 그 지위가 차츰 낮아져 유송에 이르러서는 일반 장군 수준으로 간주되었다. 북위 때부터는 '-장군'을 '-대장군(大將軍)'으로 격상시켰는데, 그 지위는 상서령(尙書令) 다음이었다. '사정장군'과 비교할 때 지위가 다소 낮기는 했지만 녹봉은 거의 같았다.

204) 정광(正光): 효명제 원후(元詡, 510~528)가 520~525년까지 5년 동안 사용한 세 번째 연호. 고구려의 안장왕 2~6년에 해당한다.

205) 양나라가 고안에게 주는[梁所授]:《위서》〈고구려전〉에는 이 부분이 "[양나라 군주] 소연이 주는(蕭衍所授)"으로 되어 있다. 소연(蕭衍, 464~549)은 남북조시대 양나라의 개국군주인 무제(武帝)의 이름이다. 남난릉군(南蘭陵郡) 동성리(東城里), 즉 지금의 강소성 단양시(丹陽市) 사람으로, 자는 숙달(叔達)이다. 제나라에

강법성 등을 붙잡아 도읍으로 압송하였다.

○ 正光初, 光州又於海中執得梁所授安寧東將軍衣冠劍珮, 及使人江法盛等, 送京師.

•068

[고]안이 죽고 [왕으로는 그] 아들 [고]연이 옹립되었다.

효무제 초기207)에 조서를 내려 [안원왕 고]연에게 사지절·산기상시·거기대장군·영호동이교위·요동군공·고구려왕[의 작위들]을 더하여 제수하였다.

서 단양윤(丹陽尹)을 지낸 소순지(蕭順之)의 아들로, 난릉 소씨(蘭陵蕭氏)의 후광으로 벼슬을 시작하여 제나라 명제(明帝) 때 옹주자사(雍州刺史)에 임명되어 북위의 남침에 대응하였다. 나중에 남강왕(南康王) 소보융(蕭寶融)을 황제로 추대하더니 중흥(中興) 2년(502)에 그의 선양으로 양나라를 세우고 유송·남제의 폐정을 바로잡는 데에 전념하였다. 군사적으로는 북위의 남하에 맞서 종리(鍾離) 싸움에서 승리하고 그 여세를 몰아 북벌에 나서기도 하였다. 시호는 무황제(武皇帝)이며, 묘호는 고조(高祖)이다.

206) 영동장군(寧東將軍): 양나라의 관직명. 무제의 천감(天監) 7년(508)에 설치되었으며, 방위마다 영동·영서·영북·영남의 '4녕장군(四寧將軍)' 체제로 운영되었다. 국외의 무관이나 외국 군주에 대한 작호로 주로 사용되었는데 그 지위는 진동장군(鎭東將軍)에 해당하였다.

207) 효무제 초기에[孝武帝初]: 《위서》에는 "출제 초기에(出帝初)"로 되어 있다. 출제(出帝)는 북위의 마지막 황제인 효무제 원수(元修, 510~535)를 가리킨다. 자는 효칙(孝則)으로, 하남 낙양 사람이다. 중흥 2년(532)에 대장군 고환(高歡, 496~547)의 추대로 황제가 되었으나 영희(永熙) 3년(534)에 그의 전횡에 불만을 품고 장안으로 천도하고 우문태(宇文泰)에게 의탁했다가 26살의 나이로 그에게 살해되었다. 시호는 서위에서는 '효무제', 동위에서는 '출제'로 불렸다. 〈동북아판2〉 주100(제129쪽)에서는 효무제의 이름을 '탁발원수(拓拔元修)'로 소개하였다. 그러나 북위는 선비족과 한족의 동화를 위하여 황실이 솔선해서 수범을 보이기 위하여 성씨를 원래의 '탁발(拓跋)'에서 중국식 성씨인 '원(元)'으로 바꾸었다. 〈동북아판〉에서는 '원수'를 이름으로 착각한 것으로 보인다.

중국 산서성 대동시(평성) 동가만(匇家灣)에서 2015년에 발견된 형합강(邢合姜) 묘 석곽 북벽(좌)과 동벽(우)의 불화. 묘는 평성시기인 북위 황흥(皇興) 3년(469)에 지어진 것이다.

○ 安死, 子延立。孝武帝初, 詔加延使持節散騎常侍車騎大將軍領護東夷校尉遼東郡公高句麗王。

• 069

천평[208] 연간에 조서를 내려 [괴]연을 시중[209]·표기대장군[210][의 작위들]을 더하여 제수하고, 나머지[작위]는 모두 이전과 같이 하였다.
[괴]연이 죽고 [그의] 아들 [괴]성[211]이 옹립되었다.

---

208) 천평(天平): 동위(東魏)의 효정제(孝靜帝) 원선견(元善見, 524~552)이 534~537년까지 4년 동안 사용한 연호. 고구려의 안원왕 4~7년에 해당한다.

209) 시중(侍中): 중국 고대의 관직명. 진·한대에 천자를 시종한 하급 관리로, 한 무제 이후로는 시랑(侍郞)보다 서열이 높아졌다. 남북조시대 이후로는 문하성(門下省)의 대신(大臣)으로서, 상서성(尙書省)의 상서령(尙書令), 중서성(中書省)의 중서령(中書令)과 함께 국정을 주재하였다.

210) 표기대장군(驃騎大將軍): 중국 고대의 무관직 이름. 전한대에 처음으로 설치되었으며 그 뒤로도 역대 왕조에서 인습되었다. 그 품계는 당·송대에 종1품(從一品)으로 무관직 중에서 가장 높았다. 이 명칭의 경우,《북사》의 판본들에는 첫 글자가 모두 '수레 거(車)'로 되어 있다. 그러나 ① 선행 정사《위서》에는 '날랠 표(驃)'로 나와 있는 데다가, ② 바로 위에서 거기대장군은 이미 배수받은 것으로 소개하였다. 거기대장군이 아니라 '표기대장군'이 옳다는 뜻이다.

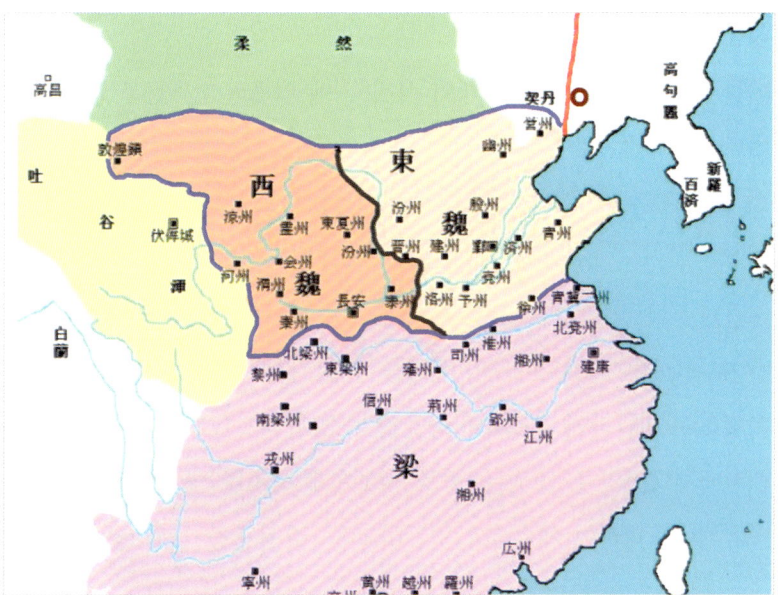

동위와 서위의 형세도. 중국에서는 영주를 지금의 조양시(갈색 동그라미)로 비정하지만 잘 못된 고증이며, 실제로는 동위의 영역인 하북성 동북부에 있었다.

○ 天平中, 詔加延侍中驃騎大將軍, 餘悉如故. 延死, 子成立.

• 070

무정212) 연간 말기까지213) 그 나라에서는 공물을 바치는 사신이 오지

---

211) 성(成): 고구려 제24대 국왕인 양원왕(陽原王) 고성(高成)을 말한다. 《삼국사기》에서 "양원왕['양강상호왕'으로 부르기도 한다]은 이름이 평성이다(陽原王[或云陽崗上好王], 諱平成)"라고 한 것을 보면 본명인 평성을 중국식으로 일컬은 이름으로 보인다.

212) 무정(武定): 동위의 효정제 원선견이 543~550년까지 8년 동안 사용한 네 번째 연호. 고구려의 안원왕 13년으로부터 양원왕 5년까지에 해당한다.

213) 무정 연간 말기까지[訖於武定已來]: 문법적으로 따져 볼 때 ① '흘어□□(訖於□□)'는 특정한 상황이 종결되는 것을 나타내어 'X까지'라는 의미로 사용된다. 반면에 ② '□□이래(□□已來)'는 특정한 상황이 시작되는 것을 나타내어 '□□로

고려전(高麗傳) **473**

않은 해가 없었다.

대통214) 12년에 사신을 보내어 서위215)에 이르러 입조하고 공물을 바쳤다.

○ 訖於武定已來, 其貢使無歲不至。大統十二年, 遣使至西魏朝貢。

•071

[북]제나라216)가 [동]위나라의 선양을 받은 해에 이르러 [고구려는] 사신을 파견하여 제나라에 입조하여 공물을 바쳤다.

[이에 북]제나라의 문선[제]는 [양원왕 고]성에게 사지절·시중·표기대장군 [의 작호들]을 더하여 제수하고 영동이교위·요동군공·고려왕은 이전과

부터'라는 의미로 사용된다. ③ 따라서 이 둘을 함께 사용하여 '흘어□□이래(訖於□□已來)' 식으로는 사용할 수가 없다. 실제로 ④《위서》의 같은 대목에는 '흘어무정말(訖於武定末, 무정 연간 말기까지)'로 되어 있다. 《북사》의 '래(來·来)'는 모양이 비슷한 '말(末)'을 잘못 베낀 것이며, '이미 이(已)'는 잘못 들어간 글자라는 뜻이다.

214) 대통(大統): 남북조시대 서위(西魏)의 문제(文帝) 원보거(元寶炬, 507~551)가 535~551년까지 16년 동안 사용한 연호. "대통 12년"이라면 고구려의 양원왕 2년으로 서기 546년에 해당한다.

215) 서위(西魏, 534~556): 중국 고대의 왕조 이름. 권신 고환(高歡)을 제거하는 데에 실패한 북위의 효무제 원수(元修, 510~535)가 관서대도독(關西大都督) 우문태(宇文泰)의 도움으로 장안에서 건국하였다. 그러나 나중에 그 아들 우문각(宇文覺)이 제위를 찬탈하고 북주(北周)를 건국하였다.

216) 제나라[齊]: 북조의 제나라, 즉 '북제(北齊)'를 두고 한 말이다. 탁발씨의 북위가 동위와 서위로 분열된 뒤에 동위의 권신이던 고환의 둘째아들 고양(高洋, 526~559)이 동위를 멸망시키고 서기 550년에 세웠다. 도읍은 업(鄴), 즉 지금의 하남성 안양현(安陽縣)이었으며 대체로 지금의 산동·산서·하남지역을 점유하였다. 초기에는 국력이 북주(北周, 557~581)를 압도했으나 고양 이후의 황제들이 무도하고 간신들이 득세하는 바람에 건국한 지 28년 만에 결국 북주에 멸망하였다.

북주와 북제의 형세도. 중국에서는 영주를 조양시로 보아 북제의 국경선을 요동반도 인근까지 그린다. 그러나 중국 정사에 따르면 영주는 검은 네모 지점이어서 수정이 필요하다.

같이 지니게 해 주었다.

O 及齊受東魏禪之歲, 遣使朝貢于齊。齊文宣加成使持節侍中驃騎大將軍, 領東夷校尉遼東郡公高麗王如故。

• 072

천보[217) 3년에 문선[제]는 영주[218)에 행차했을 때에 박릉[219)[출신]의 최

---

217) 천보(天保): 북제의 문선제 고양이 550~559년까지 9년 동안 사용한 첫 번째 연호. 천보 10년(560) 10월에 폐제(廢帝) 고은(高殷)이 즉위할 때까지 사용되었다. 《북제서》에는 천보 연간에 최류가 고구려에 사신으로 파견된 일이 보이지 않는다. "천보 3년"은 서기 552년이며, 고구려 기년으로는 양원왕 8년에 해당한다.
218) 영주(營州): 중국 고대의 지역명. 그 위치의 경우, 유자민·묘위(같은 책, 제205쪽)는 지금의 요녕성 조양시, 인터넷 〈국편위판〉 주008는 《위서》〈지형지〉 기사를 근거로 "지금의 河北省에서 遼寧省에 이르는 지역"으로 소개하였다. 그러나 역대

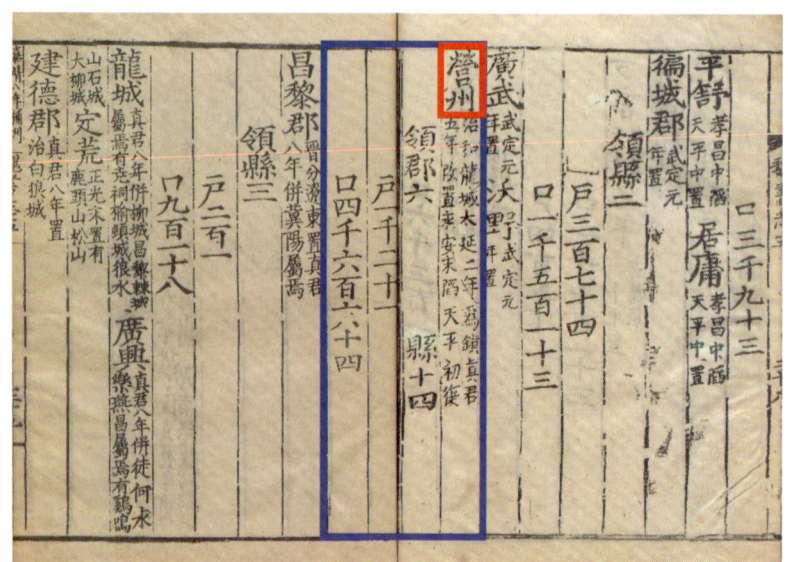

남북조 북위 시기의 영주. 관할 군이 6개, 현이 14개이지만 인구가 4,664명인 것을 보면 규모는 작았음을 알 수 있다. 그 치소인 화룡성 역시 지금의 산해관 안(관내)이었을 것이다.

류를 고려에 사신을 보내어 [동]위나라 말기에 [고구려로] 흘러 들어간 백성들[의 송환]을 요구하게 하였다.220) [이때 최]류에게 이렇게 조칙을 내렸

정사 원문을 확인한 결과, 어디에도 그 좌표를 조양시 일대에서 찾은 일이 없었다. 더욱이 《수서》《지리지》에는 수나라 때의 요서군은 관할 현이 이전(북위)의 비여·양락·해양의 3개에서 유성의 1개로 줄어든 "1현 751호" 상태를 유지했다고 기재되어 있다. 영주는 요녕지역이 아닌 하북지역에서 좌표를 찾아야 옳다는 뜻이다. 그 좌표에 대한 자세한 논증은 《수서》의 "영주" 주석을 참조하기 바란다.

219) 박릉(博陵): 중국 고대의 지명. 후한대 본초(本初) 원년(146)에 처음으로 박릉군이 설치되었으며, 서진(西晉) 때에는 제후국이 설치되면서 안평(安平)을 치소로 삼았다. 지금의 하북성 안평현(安平縣)·심주시(深州市)·요양(饒陽)·안국(安國) 등지에 해당한다. '박릉'은 역사적으로 여러 시기에 여러 군데에 존재했기 때문에 어느 한 곳이라고 확정할 수는 없으나 중국에서는 일반적으로 지금의 하북성 정현(定縣)으로 비정하고 있다.

220) 위나라 말기에 흘러 들어간 백성들을 요구하게 되었다[求魏流人]: 이 구절을 통하여 북위 말기와 동위·서위가 각축을 벌이는 과정에서 중원의 중국인들이 난리

다.

"만약에 [고구려가 내 뜻을] 따르지 않으면 상황에 맞추어 [적절히] 대응하도록 하라."

○ 天保三年, 文宣至營州, 使博陵崔柳使于高麗, 求魏末流人。敕柳曰, 若不從者, 以便宜從事。

• 073

[고구려에] 이르러 [국왕이 그 요구를] 받아들여 주지 않자 [최류는] 눈을 부릅뜨면서 [왕을] 질책하고 주먹으로 [괴]성을 쳐서 용상 아래로 떨어뜨렸다. [그러자 괴]성 곁의 신하들은 숨을 죽인 채 움직일 엄두도 내지 못하더니 곧 사죄하고 복종하는 것이었다. [이리하여 최류는 오천 호[221]를 인도받

를 피하여 고구려로 흘러 들어간 경우가 많았음을 짐작할 수가 있다.

221) 호(戶): 중국 고대의 편제 단위.《진서(晉書)》〈지리지(地理志)〉에 따르면, 전한대 초·중기인 문·경(文景)~평제(平帝)의 원시(元始) 2년(AD2)까지 민호(民戶)는 12,233,062호, 인구는 59,594,978명(1:4.9)이고, 후한대 후기인 환제(桓帝)의 영수(永壽) 3년(157)에는 민호가 10,677,960호, 인구가 56,486,856명(1:5.3)이었다. 또, 삼국시대의 경우, 촉(蜀, 장무 원년)에는 200,000호, 900,000명(1:4.5)이고, 오(吳, 적오 5년)에는 523,000호, 2,400,000(1:4.6)명이었으며, 중원을 통일한 서진의 태강(太康) 원년(265)에는 2,459,840호, 16,163,863명(1:6.6)이었다. 또,《송서(宋書)》〈주군지 2(州郡志二)〉"기주(冀州)"조에 따르면, 평원군(平原郡)은 5,913호, 29,267명(1:4.9)이고, 청화군(淸和郡)은 3,794호, 29,274명 (1:7.7)이며, 악릉군(樂陵郡)은 3,103호, 16,661명(1:5.4)이고, 위군(魏郡)은 6,405호, 33,682명(1:5.3)이었다.《구당서(舊唐書)》〈지리지2·하북도(地理志二·河北道)〉'유주(幽州)'조에 따르면, 천보(天寶) 연간(742~756)의 경우, 계주(薊州)는 5,317호, 28,521명(1:5.4)이고, 단주(檀州)는 6,054호, 30,246명(1:5)이며, 평주(平州)는 3,113호, 25,086명(1:8)이고, 귀덕주(歸德州)는 1,037호, 4,469명(1:4.3)이었다. 이처럼, 중국 고대사에서 '호'의 규모는 시대·지역·환경·밀도에 따라 조금씩 편차를 보인다. 다소 불완전한 통계이기는 하지만, 이상의 통계 수치들에 근거할 때, 고대 중국에서 한 '호'는 평균 5(~6)명 정도로 수렴되는 셈이다. 〈동북아판3〉(제065쪽)에서는 '호'를 설명하면서 "'初元

아 [귀환하여 황제에게] 복명하였다.

[고]성이 죽자 [그의] 아들 [고]탕이 옹립되었다.

○ 及至, 不見許。柳張目叱之, 拳擊成墜於牀下, 成左右雀息不敢動, 乃謝服, 柳以五千戶反命。成死, 子湯立。

•074

건명222) 원년에 [북]제나라의 폐위당한 황제223)가 [평원왕 고]탕224)을 사

4년 호구부' 간독에 의하면 군치 조선현이 자리한 1구역의 호당 평균 구수는 5.60명으로 전체 평균 6.85명보다 낮았다"라는 윤용구의 주장을 인용하였다. 그러나 ① 해당 '호구부'는 근대에 위조되었을 가능성이 높으며, ② 군치(조선현) 일대의 호구 평균치가 외곽·산지보다 더 낮다는 것은 상식적이지 않다. 위조 의혹에 관해서는 문성재,《한사군은 중국에 있었다》, 제325~341쪽을 참조하기 바란다.

222) 건명(乾明): 북제의 폐위 당한 황제 고은(高殷)이 560년 정월부터 8월까지 반년 동안 사용한 첫 번째 연호. "건명 원년"은 서기 560년이며, 고구려 기년으로는 평원왕 2년이다. 인터넷〈국편위판〉주024에서는 건명 원년을 559년으로 보았다.

223) 제나라의 폐위 당한 황제[齊廢帝]: 북제 문선제 고양(高洋)의 장자인 고은(545~561)을 말한다. 자는 정도(正道)이며, 천보 원년(550)에 황태자로 옹립되었다. 천보 9년(558)에 고양이 진양(晉陽, 산서성 태원시)에 주둔할 때 업성(鄴城, 지금의 하북성 업진)에 남아 감국(監國)을 맡았다. 이듬해에 고양이 죽자 황제로 즉위했으나 건명 원년(560) 3월에 황족과 선비계 귀족들이 정변을 일으키자 폐위되어 제남왕(濟南王)에 봉해졌다가 이듬해에 고연이 보낸 자객에게 살해되었다.

224) [고]탕(湯): 고구려의 제25대 국왕인 평원왕(平原王)의 이름으로 보인다. 같은 해에 편찬된 것으로 알려져 있는《수서》〈고조기(高祖紀)〉에는 '넘어질 탕(湯)'이 아닌 '볕 양(陽)'으로 소개되어 있으며, 국내 사서인《삼국사기》〈고구려본기〉에는 '양성(陽成)'으로 나와 있다. '탕'과 '양'은 몸글자가 같으므로 둘 중 하나가 잘못 표기된 것으로 보이는데, 어느 쪽이 맞는지는 알 수가 없다. 다만, ①《수서》와《삼국사기》에 '양'으로 나와 있고, ②《삼국사기》에 이름이 '양성'으로 소개된 것을 보면 ③ 실제의 이름은 '탕'이 아니라 '양'이며 ④ 원래는 '양성'이었는데 중국식으로 '양'으로 불렀을 가능성이 높다.

지절·영동이교위·요동군공·고려왕으로 삼았다.

[북]주나라의 건덕225) 6년에는 [고]탕이 사신을 파견하여 [북]주나라에 이르렀다. 무제226)는 [고]탕을 상개부의동대장군227)·요동군공·요동왕으로 삼았다.

○ 乾明元年, 齊廢帝以湯爲使持節領東夷校尉遼東郡公高麗王。周建德六年, 湯遣使至周, 武帝以湯爲上開府儀同大將軍遼東郡公遼東王。

---

225) 건덕(建德): 남북조시대 북주의 제3대 황제인 우문옹(宇文邕)이 572~578년까지 6년 동안 사용한 연호. "건덕 6년"은 고구려의 평원왕 19년이며 서기로는 577년에 해당한다.

226) 무제(武帝): 북주의 황제 우문옹(宇文邕, 543~578)을 가리킨다. 서위(西魏)의 선비계 대신이던 우문태(宇文泰)의 아들로, 자는 이라돌(禰羅突)이다. 12세 때 서위에서 보성군공(輔城郡公)에 봉해지고 나중에는 포주자사(浦州刺史)·대사공(大司空)을 거쳐 노국공(魯國公)에 봉해졌다. 천화(天和) 7년(572)에 국권을 농단하던 사촌형을 죽이고 권력을 장악했으며, 건덕 6년(577)에 북제를 멸망시키고 화북지방을 통일하였다. 묘호는 고조(高祖)이다.

227) 상개부 의동대장군(上開府儀同大將軍): 중국 고대의 관직명. '개부 의동대장군'은 글자대로 풀이하면 "독자적인 집무 관청과 함께 대장군에 준하는 의전 특혜를 누린다" 정도로 해석된다. 북주 무제의 건덕 4년(575)에 설치되었으며, 지위가 개부의동대장군보다 높아서 맨 앞에 '위 상(上)'자가 추가되었다. 품계는 구명(九命)으로, 장사(長史)·사마(司馬)·사록(司錄)·중랑(中郎)·연(掾)·속(屬)·참군(參軍) 등의 속관(屬官)을 두었다. 주로 전장에서 공로를 세운 공신 또는 북제에서 투항한 관리들에게 부여되었으며, 정해진 직무는 없었다. 이 작호를 하사받는 사람에게는 '사지절·대도독·표기대장군·시중(使持節大都督驃騎大將軍侍中)'의 직함이 추가되곤 하였다. 수 문제의 개황 원년(581)에 철폐되었다.

• 075

수나라 문제[228]가 [북주의 황제로부터 황위를] 선양 받으매 [고]탕이 사신을 파견하여 대궐까지 예방하였다. [이에 문제가 고탕을] 대장군으로 격상시키고 고려왕으로 고쳐 책봉하였다. 이로부터 해마다 사신을 파견하여 [수나라에] 입조하여 공물을 바치는 행렬이 끊이지 않았다.

○ 隋文帝受禪, 湯遣使詣闕, 進授大將軍, 改封高麗王。自是, 歲遣使朝貢不絕。

수 문제 양견 초상(삼재도회)

---

228) 수나라 문제[隋文帝]: 수나라의 개국군주인 양견(楊堅, 541~604)을 말한다. 서위(西魏)·북주(北周)의 군벌이던 양충(楊忠)의 아들로, 홍농군(弘農郡) 화음(華陰, 지금의 섬서성 화음현) 사람이다. 선비족 식 성씨는 보륙여(普六茹), 어릴 적 이름은 나라연(那羅延)이다. 북주에서 대장군·대사마(大司馬)로 제수되고 부친의 봉호를 계승하여 수국공(隋國公)이 되었다가 북주 황제 우문천(宇文闡, 573~581)을 강제로 퇴위시키고 수나라를 건국하여 중원을 통일하였다. 3성 6부제(三省六部制) 및 과거제(科擧制)를 시행하고 '개황률(開皇律)'을 제정하는 등 업적을 많이 세웠으나 재위 24년 만에 아들 양광(楊廣)에게 시해되었다. 〈동북아판2〉 주86(제162쪽)에는 "諡號는 高祖"라고 했으나 '고조'는 묘호(廟號)이다. 이 대목에는 우문천으로부터 선양받았다고 미화해 놓았으나 양견이 어린 우문천에게 퇴위를 강요했으며 자신이 황제가 된 뒤에도 자객을 보내어 살해하기까지 하였다.

• **076**

그 나라는 동쪽으로는 신라에 이르고[229] 서쪽으로는 요[수][230]까지 넘어서 [동서로] 이천 리이며, 남쪽으로는 백제와 경계가 맞닿아 있고 북쪽으로는 말갈과 이웃해 있어서 [남북으로] 일천 리가 넘는다.[231]

○ 其國, 東至新羅, 西度遼, 二千里, 南接百濟, 北鄰靺鞨, 一千餘里。

• **077**

[그 나라] 사람들은 모두가 그 땅에 정착해 사는데, 산골짜기를 따라 [집을 짓고] 지낸다.

베·흰 깁 및 가죽을 옷으로 [지어] 입는다.

---

229) 동쪽으로는 신라에 이르고[東至新羅]: 주나라의 시점이기는 하지만 이를 통하여 고구려가 신라와 경계가 맞닿아 있는 방향이 동쪽임을 알 수가 있다. 여기서 특기해야 할 점은 백제에 대해서는 '고구려 남쪽에 자리 잡고 있다'고 소개했다는 사실이다. 기존의 반도사관에 입각하여 좌표를 구하면 백제와 신라는 고구려의 위치에서 모두 남쪽이 있는 것으로 소개되어야 정상이다. 다만, 고구려의 남쪽에는 백제가 있고 고구려의 동쪽에는 신라가 있다고 한 것을 보면 백제와 신라의 지리적 위치나 지정학적 영역에 변동이 있었음을 짐작할 수 있다. 신라가 진흥왕(540~576) 때에 확장한 함경도까지 확장한 영토를 이 당시(7세기)까지 계속 유지하고 있었다는 뜻이다. 신라의 영토가 고구려의 동쪽에 자리 잡고 있으려면 적어도 압록강 이북까지 진출해 있을 때에나 가능해지기 때문이다(서문, 제20쪽 지도 참조). 물론, 이 상황은 백제와 고구려가 연합하여 신라를 협공하고 수십 개의 성을 장악하기 직전의 상황일 것이다.

230) 요(遼): 중국 고대의 하천인 요수(遼水)를 말한다. 참고로, 여기서의 '요수'란 요동반도 인근의 '요하(遼河)'가 아니라 ① 고대의 요수로, 근세부터 등장하는 요하와는 엄연히 다른 하천이다. ② 그 좌표 역시 요하와는 다르다. 따라서 ③ '요수'로 번역하고 그 좌표도 하북지역에서 구해야 옳다. 그에 관한 상세한 논증은 우리 책의 서문을 참조하기 바란다.

231) [동서로는] 이천 리 … [남북으로는] 일천 리가 넘는다[二千里 … 一千餘里]:《양서》〈고구려전〉에는 이 부분이 "영토가 사방으로 이천 리 정도(地方可二千里)", 즉 동서로 이천 리, 남북으로 이천 리라고 소개되어 있다.

토지는 척박하며, 누에를 치고 농사를 짓기는 하지만 자급자족하기에는 모자란 편이다. 그래서 그 나라 사람들은 음식을 절약한다.

○ 人皆土著, 隨山谷而居, 衣布帛及皮。土田薄瘠, 蠶農不足以自供, 故其人節飮食。

• 078
그 나라 국왕은 궁실을 조성하기를 좋아한다.[232]

평양성[233]을 도읍으로 삼고 있는데, '장안성[234]'이라고 부르기도 한다. [도성의 규모는] 동서로는 여섯 리[235]이며, 산의 형세를 따라 구불구불

---

[232] 그 나라 왕은 궁전을 조성하기를 좋아한다[其王好治宮室]: 이 구절은 "그들의 습속에서 먹는 것은 아끼지만 궁전을 조성하는 것은 좋아한다(其俗節食, 好治宮室)"라고 한 《삼국지》〈고구려전〉의 기사를 차용한 것이다. 따라서 6~7세기 고구려의 상황과는 다소 편차가 있음에 유념할 필요가 있다.

[233] 평양성(平壤城): 이 기사에는 그 연대가 명시되지 않았지만 《삼국사기》〈고구려본기〉에 따르면, "[장수왕] 15년에 평양으로 도읍을 옮겼다(十五年, 移都平壤)"라고 적고 있다. 인터넷 〈국편위판〉 주013에서는 "高句麗의 平壤城이나 長安城은 모두 지금의 平壤 地域에 비정되고 있다"라고 하였다. 그러나 이 같은 주장은 '요동'이라는 지리개념을 요동반도 이동으로 국한시킬 때에나 해당된다. 반도사관에 대입하여 도출해 낸 결론이라는 뜻이다. 만약 '요동'의 서쪽 경계를 지금의 산해관 이동까지로 확장시키면 평양성의 좌표는 당연히 그에 정비례하여 지금보다 서북방에 가 있어야 할 것이다. 이 문제에 관해서는 문성재, 《한국고대사와 한중일의 역사왜곡》, 제222~239쪽을 참조하기 바란다.

[234] 장안성(長安城): 인터넷 〈국편위판〉 주036에서는 "수도를 平壤으로 옮긴 것은 長壽王 15年(427)이다. 당시 都城은 지금 平壤市의 東北쪽에 있는 大城山城의 安鶴宮址이다. 陽原王 8年(552)에 長安城을 수축하고, 平原王 28年(586)에 그곳으로 수도를 옮기니 곧 현재의 平壤市로 비정된다"라고 하였다. 그러나 앞의 "평양성" 주석에서도 설명한 것처럼, 고구려 평양성이 지금의 평양시가 아닌 이상 장안성의 좌표 역시 조정이 불가피하다고 본다.

[235] 동서로는 여섯 리[東西六里]: 남북조시대에는 남조와 북조가 서로 다른 자[尺]를 사용하였다. 남조는 25.8cm 정도, 북조(북위)는 30.9cm 정도였다. 그렇다면 1리(里)의 경우, 남조에서는 464.4m이고 북조에서는 556.2m 정도였던 셈이다.

산세를 따라 지어졌다면 평양성은 산을 끼고 지어진 산성이었을 가능성을 배제할 수 없다. 사진은 산세를 따라 지어진 명대 장성

이어져 있으며236) 남쪽으로는 패수237)를 마주하고 있다.

수나라는 북조에 해당하므로 동서로 6리라면 대체로 3.34km 정도 되었을 것이다. 참고로, 《북사》의 판본들에는 이 부분이 "서로는 여섯 리(西六里)"로 소개되어 있으나 선행 정사인 《주서》·《수서》에는 모두 "동서로는 여섯 리"로 되어 있어서 '동(東)'자가 빠졌다는 것을 알 수 있다.

236) 산의 형세를 따라 구불구불 이어지는데[隨山屈曲]: 이 부분을 통하여 고구려의 평양성이 본질적으로 산의 형세를 따라 구불구불 축조된 일종의 산성이었음을 확인할 수 있다. 아울러 산을 타고 내려간 남쪽에 패수가 있는 것이다. 그런데 ① 지금의 평양시에는 금수산이 자리 잡고 있기는 하지만 가장 높은 곳인 최승대(最勝臺)가 95m여서 산이라고 할 수도 없을 정도이다. 게다가 ② 경내의 평양성은 북면만 산지와 마주하고 있을 뿐 해발 고도가 낮은 산지가 평지에 고립된 형세로 산세가 몇 리에 걸쳐 형성된 것도 아니어서 언덕 수준의 북면을 제외한 동·서·남의 3면은 평지인 평지성이다. 따라서 한 방향만 6리라는 고구려 평양성과는 규모나 지형적으로 상당히 편차가 큰 셈이다. 그 좌표를 평양시와는 다른 곳에서 찾아야 한다는 뜻이다.

237) 패수(浿水): 한중 고대사에 등장하는 하천의 이름. 인터넷 〈국편위판〉 주014 및 〈동북아판2〉 주18(제157쪽)에서는 "高句麗의 首都 平壤城의 南쪽에 임한 浿水는 곧 지금의 大同江"이라고 보았다. 국내에서는 조선시대 이래로 그 위치와 관련하여 ① 대동강설, ② 청천강설, ③ 압록강설 등과 함께 ④ 난하설, ⑤ 혼하설 등이 제기되었다. 그러나 이 중에서 지구과학적으로 가장 유력한 후보는 하북성

[늘 그곳에서 지내는 것]은 아니다

'불상거지'는 부분부정으로 이해해야 옳다.

○ 其王好修宮室, 都平壤城, 亦曰長安城, 東西六里, 隨山屈曲, 南臨浿水。

• 079

성 안에는 양식과 무기만 비축해 놓고 있다가 적들이 침범할 때에만 [성 안으로] 들어가서 굳게 지키곤 한다. 국왕의 경우는 그 옆에 따로 거처를 지어 놓았으나 늘 거기서 지내는 것은 아니다.[238]

동북부를 흐르는 난하(灤河) 또는 그 인근의 하천으로 추정된다. 그 결정적인 근거는 《사기》·《한서》의 편찬시점과 가장 가까운 후한대의 지리학자 상흠(桑欽)이 《수경(水經)》에서 패수가 "동쪽으로 흘러 바다로 들어간다"라고 분명하게 언명한 데에서 찾을 수 있다. 이에 대한 보다 상세한 논의는 문성재,《한국고대사와 한중일의 역사왜곡》, 제32~38쪽을 참조하기 바란다.

238) 늘 거기서 지내는 것은 아니다[不常居之]: 인터넷 〈국편위판〉에서는 "평상시에는 거처하지 않는다", 〈동북아판2〉(제093쪽)에서는 "평소 거주하지는 않는다"라고 각각 번역하였다. 그러나 어감에서는 실제와 편차가 있으므로 유념할 필요가 있다. 고대 한문에서 빈도부사인 '늘 상(常)'이 부정사인 '아니 불(不)' 앞에 와서 〈常+不+V〉 구조가 되면 '언제 ~하지 않는다'라는 완전부정(complete negation)의 의미를 나타낸다. 반면에 '상'이 '불' 뒤에 와서 〈不+常+V〉 구조에서는 '언제나 ~하는 것은 아니다'라는 부분부정(partial negation)의 의미를 나타낸다. 여기서 말하고자 하는 것은 빈도상의 문제이므로, "항상 그곳에 머무는 것은

○ 城內唯積倉儲器, 備寇賊至日, 方入固守。王別爲宅於其側, 不常居之。

• 080

그곳 말고도 국내성239) 및 한성240)이 있는데, [이 두 곳] 역시 [비상시를 대비한] 또 다른 도읍이다.241) [그래서 이 세 성을] 그 나라에서는 '삼경(三京)242)'

아니다" 식으로 번역해야 옳다.

239) 국내성(國內城): 고구려의 초기 도읍. 《삼국사기》〈고구려본기〉 "유리왕"조에서는 "28년에 國都를 國內로 옮겼다"라고 했으며, "고국원왕"조에서는 "12년에 王이 丸都城에 移居하였다"라고 하였다. 그렇다면 국내성은 유리왕 때부터 고국원왕 때까지 고구려의 도읍이었던 셈이다. 국내성의 좌표와 관련하여 〈국편위주〉038 에서는 ① 올랄산성(兀剌山城, 도리이 류조), ② 집안현성(輯安縣城, 세키노 타다시), ③ 집안 산성자 산성(山城子山城, 시라도리 구라키치·이케우치 히로시) 등 세 가지 주장을 소개하면서 그 좌표를 대체로 "현재의 通溝 輯安縣城"에서 구하였다. 그러나 모두가 100여 년 전에 반도사관에 대입하여 도출해낸 결과여서 정확하다고 보기 어렵다.

240) 한성(漢城): 고구려의 성 이름. 조선시대 초기에 편찬된 《고려사》의 〈지리지〉 "서해도(西海道)·안서대도호부(安西大都護府)"조에는 "【안주】 본래 고구려의 식성군[일설에는 '한성군'이라고 하고, 일설에는 일설에는 '한홀', 일설에는 '내홀'이라고 한다]이다"라고 소개되어 있다. 역시 조선 초기의 연혁지인 《신증동국여지승람》 "황해도 재령군"조에도 같은 소개가 보인다. 인터넷 〈국편위판〉 주039에서는 이를 근거로 "대체로 지금의 載寧"으로 비정하였다. 나아가 〈동북아판2〉 주20(제157쪽)에서는 재령군 상류인 신원군 아양리 및 월당리 일대에서 발견된 남북 4.5km, 동서 4km의 도시 유적을 근거로 그 일대를 고구려의 한성으로 기정사실화 하였다. 그러나 그 정확한 위치는 단정하기 어렵다.

241) 역시 또 다른 도읍이다[亦別都也]: 《수서》에는 이 부분이 "모두 그 나라의 도회지로서[並其都會之所]"로 되어 있다.

242) 삼경(三京): 고구려 중기의 3대 도읍. 《주서》〈고려전〉에도 "그곳 말고도 국내성 및 한성이 있는데, [이 두 곳] 역시 또 다른 도읍이다"라고 소개되어 있다. 이로써 고구려 중기에 평양성을 중심으로 하면서 국내성과 한성을 보조적인 역할을 담당하는 별도의 도읍으로 삼는 3경 체제가 구축되어 있었음을 확인할 수 있다. 참고로, 비슷한 시기에 백제는 '5방(五方)' 체제, 신라의 경우는 삼국통일 이후에 '5

이라고 부른다.

○ 其外, 復有國內城及漢城, 亦別都也。其國中呼爲三京。

[여기에] 더하여 요동·현토 등 몇 십 개의 성들이 있는데, 한결같이 관청을 두고 서로 총괄해 다스린다.
신라와는 번번이 서로 침공하거나 [땅을] 탈취하면서 전쟁이 끊이지 않는다.

○ 復有遼東玄菟等數十城, 皆置官司以統攝。與新羅每相侵奪, 戰爭不息。

•081
[고구려의] 관직으로는 대대로[243]·태대형[244]·대형[245]·소형[246]·경후

경(五京)' 체제로 가동되었다. 중원에서는 한·당대에 장안(長安)을 도읍으로 하면서 동쪽의 낙양(洛陽)을 별도의 도읍으로 삼는 '2도(二都)' 체제가 인습되었으며, 북방민족의 경우 요나라와 금나라에서는 신라와 마찬가지로 '5경' 체제가 가동되었다.

243) 대대로(大對盧): 고구려의 관직명. 두우의 《통전》에는 "대당 무덕 4년, … 그 나라는 관직이 9등으로 나뉘어 있는데, 그 으뜸이 토졸로, 옛 이름은 대대구인데, 나랏일을 총괄하였다(大唐武德四年, … 其國建官有九等. 其一曰吐捽, 舊名大對盧, 總知國事)"라고 하였다. 《한원》 역시 《고려기》를 인용하여 "토졸은 [중국의] 1품에 해당하는데 예전에는 '대대로'라고 불렀다(吐捽, 比一品, 舊名大對盧)"라고 소개한 것을 보면 품계가 중국의 1품에 해당하며 나중에 '토졸'로 불렸던 셈이다.

244) 태대형(太大兄): 고구려의 관직명. 《한원》의 《고려기》 인용문에 따르면, 품계는 2품이며, '막하하라지(莫何何羅支)'로 불리기도 했다고 한다. '태대형'을 '막하하라지'로도 불렀다면 '막하'는 '태'에 대응되어 '크다(great)'라는 의미를 나타내는 셈이다. 문제는 여기서의 '막하하라지' 또는 최소한 '막하'는 고구려어라고 보기 어렵다는 데에 있다. 이 문제에 관해서는 《수서》의 "태대형" 주석을 참조하기 바란다.

245) 대형(大兄): 고구려의 관직명. 《한원》의 《고려기》 인용문에 따르면, 품계가 정5품

사247) · 오졸248) · 태대사자249) · 대사자250) · 소사자251) · 욕사252) ·

(正五品에 해당하며 '힐지(纈支)'로 불리기도 했다고 한다.

246) 소형(小兄): 고구려의 관직명.《한원》의《고려기》인용문에 따르면, 품계가 정7품에 해당하며 '실지(失支)'로 불리기도 했다고 한다.

247) 경후사(竟侯奢): 고구려의 관직. 인터넷 〈국편위판〉 주047 및 〈동북아판2〉(제157쪽)에서는《한원》의《고려기》인용문에서 ① "奢가 흔히 使者와 대응되고 있어 使者系 官位의 하나"이며, ② "意俟는 고유어의 위를 의미하는 것"이므로, ③ "意俟奢는 上位使者의 異稱"이라고 추정하였다. 그러나 그 같은 추론을 뒷받침해 줄 만한 근거는 박약하다. 특히, '의사'가 고유어의 '위'를 뜻한다는 주장은 두 단어의 발음이 음운상으로 대응되지 않아서 설득력이 없어 보인다. 이 관직의 이름의 경우,《수서》에는 '의후사(意俟奢)',《주서》에는 '의사사(意俟奢)',《북사》에는 '경후사(竟侯奢)'로 나와 있지만 그 정확한 명칭은 '의후사'일 가능성이 높다. ① 첫 글자의 경우《수서》와《주서》에 근거할 때 그보다 22년 뒤에 편찬된《북사》의 '경'이 오자이다. ② 둘째 글자의 경우, 행서(行書)에서 '후'와 '사'의 모양이 흡사하고, ③《수서》와《북사》에는 '후'로 나와 있다는 것이 그 증거이다. 두 글자가 모양이 비슷한 데서 비롯된 오독 또는 오기의 사례인 셈이다.

248) 오졸(烏拙): 고구려의 관직명.《주서》에는 '조졸(鳥拙)'로 나와 있다. 인터넷 〈국편위판〉의 경우, 번역문에서는 '오졸(烏拙)', 원문에서는 '조졸(鳥拙)'로 서로 다르게 표기하고 주석에서는 "그 音을 보아 他書에서 보이는 鬱折의 異稱"으로 추정하였다. 그러나 사실은 동일한 고구려어를 각자 다른 한자로 표기한 것일 뿐이다. 만약 이 관직명이 '울절(鬱折)'과 동일한 것이라면 그 이름은 '조졸'이 아니라 '오졸'이어야 옳다. 음운상으로 '울절'과 대응되는 쪽은 '오졸'이기 때문이다. 곽석량에 따르면, '오(烏)'는 '아(ɑ)', '울(鬱)'은 '웟(ĭwət)'이다. 고대음이 '어'와 '웟(⇒워)'으로 음운상으로 대응되는 것이다. 반면에 '조(鳥)'는 '뚜(tieu)' 정도여서 대응관계가 성립되지 않는다.

249) 태대사자(太大使者): 고구려의 관직명.《한원》에서는 〈고려기(高麗記)〉를 인용하여 "그다음의 대부사자는 정3품에 해당하는 것으로, 명칭을 '알사'라고 하기도 한다"라고 소개하였다. 인터넷 〈국편위판〉 주041에서는 이와 관련하여 "大夫使者는 他書에 나오는 예로 볼 때 太大使者에 해당되는 것"으로 추정하였다. 그러나 '대부사자'는 '태대사자'의 단순 오기일 가능성이 높다.

250) 대사자(大使者): 고구려의 관직명.《한원》에서는 〈고려기〉를 인용하여 "다음의 대사자라는 것은 정4품에 해당하는 것으로, '대사'라고 부르기도 한다(次大使者, 比正四品, 一名大奢)"라고 소개하였다.

251) 소사자(小使者): 고구려의 관직명. 그 이름은《주서》·《수서》·《구당서》·《신당

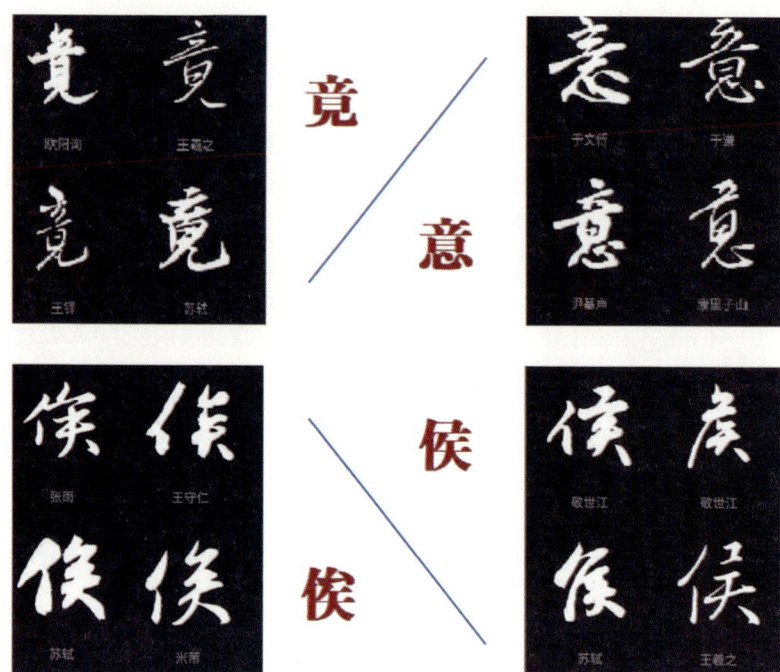

'경(竟)'과 '의(意)', '사(俟)'와 '후(侯)'는 글자 모양이 비슷해서 서둘러 읽거나 쓸 경우 자칫 혼동될 수도 있다.

서》·《문헌통고》에도 보인다.

252) 욕사(褥奢): 고구려의 관직명. 곽석량에 따르면, '욕(褥)'은 '뇩(nǐwǒk)', '사치할 사(奢)'는 '샤(ɕia)'이므로 욕사는 '뇩샤' 정도로 재구된다. 다만, '뇩'의 경우, 시간이 흐르면서 종성인 '-ㄱ'은 약화/탈락된 채로 '뇨샤' 식으로 읽혀졌을 것이다. 우리가 이불 밑에 까는 요가 원래 한자음은 '욕(褥)'인데 '요'로 부르는 것과 같은 이치이다. 《한원》의 《고려기》 인용문에서는 종5품의 발위사자(拔位使者)를 "'유사'로 부르기도 한다(一名儒奢)"라고 소개하였다. 〈국편위주〉052에서는 이와 관련하여 "褥과 儒는 상통하는 것이며, 褥奢는 곧 拔位 者를 의미하는 것"으로 추정하였다. 실제로 '욕사'는 '유사'와 음운상으로 서로 대응된다. '선비 유(儒)'는 '뇨(nǐwo)'로, 종성 '-ㄱ'가 탈락된 '뇩'와 발음이 유사하기 때문이다. 따라서 '욕사'와 '유사'는 사실상 같은 이름을 서로 다른 한자로 표기한 경우로 이해하는 편이 합리적이다.

예속[253)·선인254) 등, 모두 열두 관등255)이 있는데, 안팎의 일들을 나누어 담당한다.

○ 官有大對盧太大兄大兄小兄竟侯奢烏拙太大使者大使者小使者褥奢翳屬仙人, 凡十二等, 分掌內外事。

• 082

[그중에서] 대대로의 경우는 [세력이] 강한 자와 약한 자가 서로 경쟁을 하는데, [이기면] 그 벼슬을 빼앗아 스스로 차지하며 국왕의 임명에 따르지 않는다.

또 내평256)[＊257)]·오부258) 욕살259) 등이 있다.260)

---

253) 예속(翳屬): 고구려의 관직명. 곽석량에 따르면, '예(翳)'는 '예(ʔei)', '속(屬)'은 '죡(zĭwok)' 또는 '뚝(tʲwok)'이어서 '예죡' 또는 '예뚝' 정도로 재구된다. 다만, '죡/뚝'의 경우, 종성 '-ㄱ'이 약화/탈락된 채로 '예죠' 또는 '예뚀' 식으로 읽혔을 가능성도 고려할 필요가 있다. 《한원》의 《고려기》 인용문에서는 "제형은 '예속'이라고 부르기도 한다(諸兄, 一名翳屬)"라고 하여 종7품 제형의 별칭으로 보았다.

254) 선인(仙人): 고구려의 관직명. 《양서》에는 '선인(先人)'으로 소개되어 있다. '선(仙)'과 '선(先)'가 각자 의미가 다르면서도 발음이 같은 것을 볼 때 '선인'은 고구려어를 비슷한 발음의 한자로 다르게 표기한 경우일 것이다.

255) 열두 관등[十二官等]: 인터넷 〈국편위판〉 주055에서는 "《北史》·《新·舊唐書》에도 역시 12등으로 되어 있다. 《周書》에는 13등으로 되어 있다"라고 했으나 그것은 《주서》를 편찬한 사관의 착오이다. 《수서》나 《북사》의 〈고려전〉에서는 "무릇 열두 개의 관직이 있고, 추가로 내평·외평·5부 욕살이 있다"라고 소개되어 있다. 말하자면, ① 고구려의 관등제도는 욕살을 제외한 12개 관직을 원칙으로 하며, ② 경우에 따라서 내평·외평·5부 욕살이 추가되기도 했다는 이야기이다. 따라서 ③ 욕살은 12관등과는 구분하여 이해해야 옳다.

256) 내평(內評): 고구려의 관직명. 인터넷 〈국편위판〉 주057에서는 "그 읍락들의 경우, 안에 있는 것을 '탁평'이라고 한다. … 나라 안에는 여섯 군데의 탁평이 있다"라는 《양서》〈신라전〉의 기사를 근거로 "評의 의미는 분명히 전하는 바가 없다. 다만 內·外로 구분되고 다음에 五部가 이어짐을 보면 일종의 행정구역"이라고 보았다. 그 취지에는 동의하지만 고구려의 관등제도를 소개한 대목에서 신라의 사례

욕살은 5부에 속한 성주에 해당했던 것으로 보인다. 그림은 서양 장기에서의 성장(城將) 루크(Rook)

를 대입시키는 것은 확대해석이 아닐까 싶다.

257) ＊: 《수서》〈고려전〉에는 이 자리에 "외평(外評)"이 소개되어 있다. 북송대의 《책부원구》〈외신부·관호(官號)〉에서는 이 대목에서 "이 밖에도 내평과 외평이 있어서 내외의 업무를 각각 관장한다(復有內評外評, 分掌內外事焉)"라고 소개하였다. 복수의 사서에서 내평과 외평으로 소개하고 있고, 《책부원구》에서 "'내외'의 업무를 '각각' 관장한다"라고 한 것을 보면 《북사》 편찬자가 "외평"을 누락시킨 것으로 보아야 옳다.

258) 오부(五部): 고구려의 지방행정 편제. 여기서는 설명이 없어서 구체적인 내용을 알 수가 없다. 다만, 초기 정사인 《삼국지》와 《후한서》의 〈고구려전〉 해당 대목에서 당대 초기의 장회태자 이현은 "따져 보건대, 지금의 고려에는 5부가 있다. 하나는 내부로, '황부'라고도 하는데 바로 계루부이다. 둘째는 북부로, '후부'라고도 하는데 바로 절노부이다. 셋째는 동부로, '좌부'라고도 하는데 바로 순노부이다. 넷째는 남부로, '전부'라고도 하는데 바로 관노부이다. 다섯째는 서부로, '우부'라고도 하는데 바로 소노부이다"라고 소개한 바 있다. 이현은 7세기 사람이므로, 《수서》나 《구당서》에 기술된 고구려의 상황에 대하여 잘 알고 있었을 것이다. 그렇다면, 고구려의 '5부'는 계루부(내부)·절노부(북부)·순노부(동부)·관노부(남부)·소노부(서부)로 이해할 수 있겠다.

259) 욕살(褥薩): 고구려의 관직명. 곽석량의 《한자고음수책》에 따르면, '요 욕(褥)'은 '녹(ŋjwŏk)', '보살 살(薩)'은 '삿(sat)'이어서 '녹삿' 정도로 재구된다. 다만, '녹삿'에서 두 글자의 종성인 '-ㄱ'과 '-ㅅ'가 약화/탈락되면서 '뇨사' 식으로 변형되었을 수도 있다. 《한원》의 《고려기》 인용문에서 "大城에는 褥薩을 두었는데 都督

○ 其大對盧則以強弱相陵, 奪而自爲之, 不由王署置。復有內評五部褥薩。

• 083

[그 나라] 사람들은 한결같이 머리에는 절풍261)을 쓴다. 그 모양은 변(弁)262)을 닮았는데263), 병사는264) [거기에] 추가로 두 대의

에 비견된다"라고 소개한 것을 보면 각 지방의 군정장관에 해당하는 셈이다.
260) 내평·외평·오부욕살[內評·外評·五部褥薩]: 이 부분의 경우, 인터넷 〈국편위판〉 주060에 따르면 일본 학자 이노우에 히데오는 "褥薩이 五部 뿐만 아니라 內評·外評에도 걸리는 것"(제170~171쪽)으로 보았다. 즉, '내평욕살·외평욕살·오부욕살' 식으로 해석한 셈이다. 그러나 전후 맥락을 따져 볼 때, 이 부분은 '내평·외평'과 '오부[의] 욕살'로 분리해서 이해해야 옳다.
261) 절풍(折風): 고구려인들이 쓰던 모자. 주로 소가(小加)가 착용했으며, 외형은 고대 중국의 모자의 일종인 변(弁)과 비슷했다고 한다. 《북사》〈고려전〉에 따르면, "병사들은 거기에 추가로 새깃을 2개 꽂았고, 존귀한 자의 경우는 그 모자를 '소골'이라고 한다"라고 한다. 당대의 역사가 두우(杜佑)는 자신이 저술한 《통전(通典)》〈악지·사방악(樂志·四方樂)〉 "고려악"조에서 "고구려의 악공은 새깃으로 장식한 자주색 비단모자와, 노란 색 큰 소매의 옷과 자주색 비단 띠에 통 넓은 바지를 입었으며, 붉은 가죽신을 신고 오색의 끈을 매었다"라고 고려악 예인들의 복장을 묘사한 바 있다. 여기서의 "새깃으로 장식한 자주색 비단 모자"가 새깃을 꽂은 절풍이라면 고구려의 절풍은 자주색 비단으로 만들어졌던 셈이다. 〈국편위판 1〉(제250쪽 주25)에 따르면, 일부 학자는 위의 《북사》〈고려전〉 기록을 근거로 "귀인의 관이라는 소골을 절풍과 동일한 것으로 보는 견해"도 있는 것 같다. 그러나 소골은 귀족이 착용한 모자로 절풍과는 별개의 모자로 이해해야 옳다. 《북사》〈백제전〉에서 "그들의 음식이나 의복은 고구려와 얼추 같아서 조정에서 절을 하거나 제사를 지내는 경우에는 그들의 모자 양쪽에 새깃을 추가한다(其飲食衣服, 與高麗略同 若朝拜祭祀 其冠兩廂加翅)"라고 한 것이나, 신라에서 모자에 새깃을 꽂은 유물들이 보이는 것을 보면 새깃으로 모자를 장식하는 풍습은 삼국에서 공통적이었던 것으로 보인다.
262) 변(弁): 중국 고대에 관원들이 착용하던 모자의 일종. 일반적으로 '고깔'로 번역하지만 모양은 많이 다른 편이다.
263) 인터넷 〈국편위판〉에서는 '여'를 '같다'로 번역했으나 엄밀하게 말하면 '닮다, 비

새깃을 꽂는다.265)

[반면에 신분이] 존귀한 이들의 경우 그 관모를 '소골'266)이라고 하는데, 자주색 비단으로 만들어 쓰며267), 금이나 은으로 장식하는 경우가 많다.

숫하다' 정도의 의미로 이해하는 것이 합리적이다. 즉, 변과 비슷하지만 같지는 않다는 뜻이다.

264) 병사는[士人]: 《주서》에는 '벼슬을 사는 사람(其有官品者)'으로 되어 있다.

265) 사신들은 추가로 새깃을 꽂는다[使人加揷鳥羽]: 《위서》에서는 "머리에 절풍을 쓰는데, 그 모양이 변을 닮았으며, 옆에는 새깃을 꽂는다", 《북사》에서는 "병사들은 거기에 추가로 새깃을 2개 꽂았고, 존귀한 자의 경우는 그 모자를 '소골'이라고 한다"라고 소개하였다. 이와 관련하여, 당나라 승려 의정(義靜, 7세기)의 《대당서역구법고승전(大唐西域求法高僧傳)》 "아난야발마(阿難耶跋摩)"조의 주석에서는 "'계귀'란 산스크리트어로 '쿡쿠때쉬바라(Kukkuṭeśvara)'이다. '쿡쿠따(kukkuṭa)'는 [수]탉, '이쉬바라(Īśvara)'는 귀인(수장)으로, 바로 고려국을 말한다. 전하는 말에 따르면, 그 나라는 닭의 신을 경외하며 존귀하여 여겨서 깃을 꽂아 장식으로 삼는다고 한다. … 서역에서는 고려를 쿡쿠때쉬바라라고 부른다"라고 설명하였다. 인도를 포함한 서역에서 고구려를 '쿡쿠때쉬바라(쿡쿠따+ㅣ+쉬바라)'라고 부른 것은 고구려에서 닭의 신을 숭배해서라기보다는 수탉의 깃을 모자에 꽂고 다녔기 때문이라고 보는 편이 합리적이다. 다음 세기인 8세기 당대의 두우(杜佑)는 《통전(通典)》〈악지·사방악(樂志·四方樂)〉 "고려악"조에서 "고구려의 악공은 새깃으로 장식한 자주색 비단모자와, 노란 색 큰 소매의 옷과 자주색 비단 띠에 통 넓은 바지를 입었으며, 붉은 가죽신을 신고 오색의 끈을 매었다"라고 고려악 예인들의 복장을 묘사한 바 있다. 이를 통하여 고구려인들은 절풍을 착용할 때 새깃과 함께 때로는 금 등의 귀금속으로 만든 꽃 등의 장식물을 꽂아 멋을 부렸음을 짐작할 수 있다. 참고로, 《주서》〈백제전〉에서는 "만약 조정의 의례나 제사가 있을 때에는 그들의 관[모] 양쪽 옆에 새깃을 꽂는데, 전시에는 그렇게 하지 않는다"라고 하였다. 《북사》〈백제전〉 역시 비슷하게 소개하였다. 이를 통하여 고구려와 백제의 남성 복장 예절이 대체로 동일했음을 알 수 있다.

266) 소골(蘇骨): 고구려 관모의 일종. 《북사》를 위시하여 《문헌통고》·《태평어람》 등의 사서에는 '소골'로 소개되어 있지만 《주서》에는 '골소(骨蘇)'로 나와 있다. 그러나 ①《수서》의 기록에 오류가 많은 것, ②《북사》 등 복수의 문헌들에 '소골'로 되어 있는 점, ③《태평어람》·《문헌통고》에는 이 부분을 '소골다(蘇骨多)'로 끊어 읽은 점 등을 감안할 때 '소골' 쪽이 옳다고 보아야 한다.

267) 자주색 비단으로 만들어 쓰며[多用紫羅爲之]: 《수서》에는 "관모에 자주색 비단을 사용하며"로 되어 있다. 그러나 《구당서》와 《신당서》에서는 "관리들 중에 존귀한

황해도 덕흥리 고구려 고분 벽화에 그려진 유주 13군 태수의 알현 모습. 묘주인 진(鎭)은 진나라에서 유주자사를 지내다가 포로가 되어 고구려 후방에 안치되었던 것으로 보인다 (문화재청 사진).

○ 人皆頭著折風, 形如弁, 士人加揷二鳥羽。貴者, 其冠曰蘇骨, 多用紫羅爲之, 飾以金銀。

• 084

[그 나라에서 사내는] 소매가 큰 저고리에 통 넓은 바지, 흰 가죽 띠, 누런 가죽신을 착용한다.

경우에는 푸른 비단으로 관을 짓는다. 다음은 진홍색 비단을 쓴다"라고 소개하였다. 고구려 고관이 착용하는 모자의 색깔이 수나라 때에는 자주색이었을 가능성도 있는 셈이다.

고려전(高麗傳) 493

부녀자들은 치마와 저고리를 입으며, [옷자락이나 소매에는] 테를 두른다.268)

○ 服大袖衫大口袴素皮帶黃革履. 婦人裙襦加襈。

• 085

서적으로는 '오경269)'·'삼사270)'·《삼국지》·《진양추》271)가 있다. 병기는 중국과 대체로 동일하다.272)

---

268) 테를 두른다[加襈]:《주서》에는 "옷자락이나 소매에 테를 둘렀다(裾袖皆爲襈)"라고 소개되어 있다.

269) 오경(五經): 중국 유가의 대표적인 경전들을 아울러 일컫는 이름으로, 시대에 따라 조금씩 차이가 있지만, 대체로 《역경(易經)》·《서경(書經)》·《시경(詩經)》·《예기(禮記)》·《춘추(春秋)》의 다섯 가지를 가리킨다.

270) 삼사(三史): 중국 위·진·남북조시대에 사마천(司馬遷)의 《사기(史記)》, 반고(班固)의 《한서(漢書)》, 반고 등의 《동관한기(東觀漢記)》를 아울러 일컫던 이름. 《동관한기》가 실전된 당대 중기 개원(開元) 연간(713~741) 이후로는 그 대신 《사기》·《한서》와 함께 범엽(范曄)의 《후한서(後漢書)》를 추가하여 '삼사'로 불렀다.

271) 진양추(晉陽秋): 진(晉) 왕조의 역사를 다룬 편년체 단대사(斷代史). 총 32권으로, 동진(東晉)의 역사가 손성(孫盛, 302?~374?)이 편찬하였다. 서진과 그가 생존해 있을 때인 동진 애제(哀帝) 사마비(司馬丕, 341~365)까지의 역사를 편년체로 기술하였다. 당시의 권신이던 환온(桓溫)이 전연(前燕)에 공세를 펼칠 때 방두(枋頭)에서 참패한 일을 기술하자 환온이 그 일을 알고 삭제할 것을 강요하자 따로 판본을 엮어서 요동 땅에 보관했다고 전해진다. 지금은 원본은 사라지고 《광아서국총서(廣雅書局叢書)》로 수록된 청대 학자 탕구(湯球, 1804~1881)의 편집본 3권만 전해진다. 일설에는 원래 제목은 《진 춘추(晉春秋)》였는데 그 나라 사람들이 자국의 선정태후(宣鄭太后)의 어릴 적 이름인 아춘(阿春)을 피하기 위하여 비슷한 의미의 '볕 양(陽)'으로 고쳤다고 한다. 손성은 자가 안국(安國)으로, 태원(太原) 중도(中都), 즉 지금의 산서성 평요(平遙) 사람이다. 조부 손초(孫楚)는 풍익태수(馮翊太守), 부친 손순(孫恂)은 영천태수(穎川太守)를 지낸 명문가 출신으로, 여러 관직을 거쳐 장사태수(長沙太守)·비서감 가급사중(秘書監加給事中)에 이르렀다.

272) 병기는 중국과 대체로 동일하다[兵器與中國略同]: 여기에는 고구려 병기가 간단

《수서》〈경적지〉에 소개된 《진양추》와 《삼국지》

봄·가을이 되면 사냥 대회를 여는데[273] 국왕이 직접 그 자리에 참석한다.

○ 書有五經三史三國志晉陽秋。兵器與中國略同。及春秋校獵, 王親臨之。

•086
[그 나라에서 인두]세는 베 다섯 필·곡식 다섯 섬이다. [호구가 없는?] 떠돌이

히 언급되었으나 《주서》〈고려전〉에서는 이 부분이 "병기로는 갑옷·쇠뇌·활·화살·미늘창·큰 창·장창·작은 쇠자루 창이 있다(兵器有甲弩弓箭戟矟矛鋋)"라고 상세하게 소개해 놓았다.

273) 사냥 대회를 여는데[校獵]: '교렵(校獵)'은 나무 울타리를 짜서 사냥터에 세우고 짐승들을 몰아 부친 다음 활로 쏘아 사냥하는 것을 말한다. '교(校)'는 그때에 세우는 나무 울타리를 말한다. 여기서는 편의상 "사냥 대회"로 의역하였다.

들274)은 세 해에 한 번 세를 내는데 열 사람이 올이 가는 베 한 필을 낸다.

[농작]세로는 [형편이 넉넉한] 집은 한 섬을 내며, 다음은 일곱 말, 그다음은 다섯 말을 낸다.

○ 稅, 布五疋穀五石, 遊人則三年一稅, 十人共細布一疋。租, 戶一石, 次七斗, 下五斗。

• 087

그 나라의 형법에서는 반란을 일으키거나 반역을 꾀한 경우에는 기둥에 묶고 불로 태운 다음 그 목을 베고 그 가솔들은 호적을 박탈하였다.275) 도둑질을 한 경우에는 [훔친 물건의] 열 갑절276)을 배상해야 한다.

---

274) 떠돌이들[遊人]: '유인(遊人)'의 해석과 관련하여 〈동북아판2〉 주42(제159쪽)에서는 ① 빈민·소작민, ② 한시적 일반호, ③ 외국인 포로집단, ④ 유목·수렵민 등의 해석들을 소개하였다. 그러나 글자 그대로 직역하면 '떠도는 사람들'이라는 뜻이어서 떠돌이, 즉 유랑자나 유민들을 일컫는 말임을 알 수가 있다. 물론, 이 두 글자만으로는 이 떠돌이들의 성격이 화전민·유목민처럼 직업적인 이유에 따른 것인지 유민처럼 사회적인 이유(혼란·전쟁 등)에 따른 것인지 단정하기 어렵다. 이 대목에서 이들에 대한 세금 징수를 1년마다 1번이 아닌 3년마다 1번씩으로 정한 것도 이들이 붙박이(정착) 생활을 하지 않고 수시로 이동했기 때문일 것이다. 그럼에도 불구하고 세금을 매겼다는 것은 이들이 원래의 터전으로 되돌아오곤 했기 때문일 것이다.

275) 호적을 박탈하였다[籍沒]: 원래 '적몰(籍沒)'은 글자 그대로 직역하면 '호적을 말소한다' 정도로 번역된다. 그러나 이와 함께 특정인의 재산이나 가솔을 관청의 장부에 기재한 다음 그것들을 관청에서 몰수하여 공적인 용도에 충당하는 모든 과정을 아울러 일컫기도 한다. 여기서는 편의상 원래의 의미 그대로 "호적을 박탈하였다"로 번역하였다.

276) 열 갑절[十倍]: 배상의 규모에 관해서는 사서마다 다소 편차를 보여서 《주서》〈고려전〉에서는 '열 갑절 넘게(十餘倍)', 《구당서》〈고려전〉에서는 '열갑절(十二倍)'로 기술되어 있다.

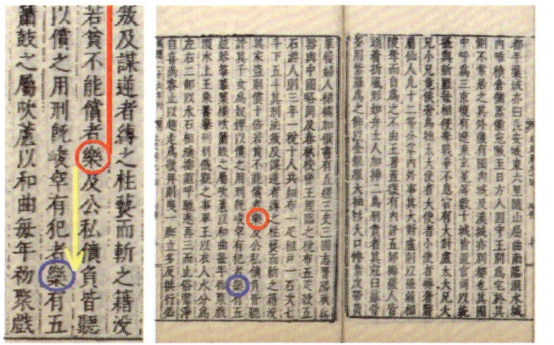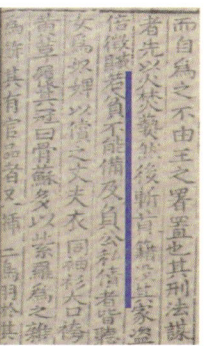

마지막 글자 '락(樂)'은 《북사》(좌)에 보이지만 선행 정사인 《주서》(우, 파란줄)에는 보이지 않는다.

○ 其刑法, 叛及謀逆者, 縛之柱, 爇而斬之, 籍沒其家, 盜則償十倍。

• 088

만약에 가난하여 [그 비용을] 배상할 수 없을 경우에는[277) 공적·사적 빚을 지게 되는 경우에는 한결같이 그 자녀들[의 등급]을 평가한 결과에 따라 노비로 삼아서 변상하였다.

가하는 형벌이 가혹하기 때문에 [국법을] 범하는 자가 드물다.

○ 若貧不能償者樂及公私債負, 皆聽評其子女爲奴婢以償之。用刑旣峻, 罕有犯者。

---

277) 만약에 가난하여 배상할 수 없는 경우에는[若貧不能償者樂]: 마지막 글자 '즐거울 락(樂)'은 《북사》의 남경국자감본·급고각본, 무영전본·백납본에 보이지만 그보다 연대가 앞선 선행 정사인 《주서》에는 보이지 않는다. 게다가 문법적으로도 '락'이 들어가면 앞뒤 구절의 문리가 통하지 않게 된다. 《북사》 편찬자가 기사를 작성하는 과정에서 그 뒤에 나오는 '음악 악(樂)'을 여기에 잘못 베껴 놓은 것으로 보인다. '락'은 잘못 들어간 글자라는 뜻이다.

• 089

악기로는 오현[278]·금[279]·쟁[280]·필률[281]·횡취[282]·소[283]·북 같

278) 오현(五絃): 중국 고대 현악기의 일종. 정식 이름은 '오현비파(五弦琵琶)'이다. 두우의 《통전(通典)》과 《구당서》〈음악지(音樂志)〉에는 "오현비파는 [일반 비파보다] 좀 작은데, 북방의 나라에서 유래한 것으로 보인다"라고 하였다. 5~6세기에 북조를 중심으로 유행했으며, 당대에는 좌부기(坐部伎, 앉아서 연주)·입부기(立部伎, 서서 연주) 계열의 음악에서 자주 사용되다가 송대에 실전되었다.

279) 금(琴): 중국 고대 현악기의 일종. '요금(瑤琴)·옥금(玉琴)'으로 불리기도 했으며, 지금은 '고금(古琴)·칠현금(七弦琴)'으로 불린다. 춘추전국시대부터 사용되었으며, 공자(孔子)로부터 사마상여(司馬相如)·채옹(蔡邕)·혜강(嵇康) 등도 금의 달인으로 유명하였다. 〈동북아판2〉 주45(제160쪽)에서는 "五絃은 현악기 五絃琴을 의미하므로 하나의 단어로 번역하였다. 五絃琴은 오현으로 된 거문고이며 舜임금이 만들었다고 한다"라고 했으나 오해이다. 금은 고대로부터 사용된 중국의 전통 악기이지만 오현은 기원후 5~6세기가 되어서야 북방에서 전래된 외래 악기이기 때문이다. 외형에 있어서도 오현은 현이 5줄인 반면에 금은 7줄이며, 연주 방법도 전자는 기타처럼 손으로 연주하지만 후자는 나무채로 튕기면서 연주해서 많이 다르다.

280) 쟁(箏): 중국 고대 현악기의 일종. 전국시대 진(秦)나라의 재상 이사(李斯, ?~BC208)가 〈간축객서(諫逐客書, 객경들을 추방할 것을 건의하는 글)〉에서 "무릇 옹기를 치고 장군을 두드리며 쟁을 연주하고 허벅지를 두드리면서 떠들썩하게 노래 부르며 귀와 눈을 즐겁게 하는 것이야말로 참된 진나라 음악입니다"라고 한 데서 볼 수 있듯이, 전국시대부터 진나라(섬서지역)를 중심으로 유행하여 '진쟁(秦箏)'으로 불리기도 하였다.

281) 필률(篳篥): 중국 고대 관악기의 일종. 대롱에 구멍을 9개 뚫고 그 끝에 갈대 속으로 된 떨림판을 끼워서 분다. 때로는 '필률(觱篥)·필률(必栗)·비률(悲篥)' 등으로 표기하지만 발음과 내용은 모두 동일하며, '핏릿 ⇒ 피뤼 ⇒ 피리' 식의 음운변화를 거쳐 지금의 한국어 '피리'로 굳어졌다. 당나라 단안절(段安節, 9세기)의 《악부잡록(樂府雜錄)》에서 "'필률'이라는 것은 본래 구자국의 악기이다. '비률'이라고도 하는데 '[호]가'와 비슷하다"라고 소개하였다. 《구당서》〈음악지〉에서는 "오랑캐들이 그것을 불어 중국의 말들을 놀라게 만들곤 하였다"라고 소개하였다. 서역에서 중국으로 전래된 것임을 알 수 있는 셈이다.

282) 횡취(橫吹): 중국 고대 관악기의 일종. 글자 그대로 직역하면 '가로로 분다'는 뜻으로, 횡적(橫笛)을 말하며, '단소(短簫)'로 불리기도 하였다. 송대의 곽무천(郭茂倩)이 저술한 《악부시집(樂府詩集)》에 〈횡취곡사(橫吹曲辭)〉라는 제목으로 여러

돈황 벽화 속의 쟁(좌)과 금(우)

은 것들이 있으며, 갈대[떨개]를 불어 [반주] 가락에 맞추기도 한다.284)

○ 樂有五絃琴箏篳篥橫吹簫鼓之屬, 吹蘆以和曲。

• 090

해마다 연초에는285) [사람들이] 패수 기슭에 모여 논다. [이때는] 국왕도 요여286)를 타고 나가 깃으로 장식된 기치를 든 의장대287)를 늘어세워 놓

단원이 있을 정도로, 군대의 군악에 자주 사용되었다.

283) 소(簫): 중국 고대 관악기의 일종. 중국의 전통적인 악기로, 하나의 대롱을 세로로 부는데, 동소(洞簫, 퉁소)·금소(琴簫) 등이 있다. 구멍 개수에 따라서 '6공소(六孔簫)·8공소(八孔簫)' 등으로 불리기도 하였다.

284) 가락에 맞추기도 한다[和曲]: '화곡(和曲)'은 음악에 맞추어서 악기를 연주하는 것을 말한다. 인터넷 〈국편위판〉에서는 이 부분을 "曲調에 맞추어 … 합주한다"라고 번역했는데, 반주와 혼동한 것이 아닌가 싶다.

285) 해마다 연초에는[每年初]: 여기서의 '연초'는 음력 1~2월이므로 양력으로 따지면 대체로 2~3월에 해당하는 셈이다.

286) 요여(腰轝): 중국 고대의 가마의 일종. 탑승했을 때의 가마 높이가 허리까지 온다고 해서 그렇게 불렀다고 한다. 호삼성도 《자치통감》에서 "요여는 사람이 들게 하는데 그 높이가 허리까지 온다"라고 하였다. 실제로 《구당서》〈왕방경전(王方慶傳)〉에 따르면, "측천무후가 만안산의 옥천사에 행차했을 때에 산길이 가파른 탓에 요여를 타고 올라가려고 하였다"라고 한다.

287) 깃으로 장식된 기치를 든 의장대[羽儀]: '우의(羽儀)'는 새깃으로 장식한 화려한

황해도 안악 3호분에 그려진 고구려 행렬도. 고구려 군대의 기본 편제를 엿볼 수 있다(문화재청).

고 그 모습을 구경한다. [그리고] 놀이가 끝나고 국왕이 [자신의] 옷을 물에 넣으면 [사람들은] 좌·우 두 패로 나누어서288) 서로 물을 뿌리거나 돌을 던지면서, 떠들썩하게 소리를 지르고 쫓아가는데 [그렇게] 두세 차례 하고 나서야 그친다.289)

○ 每年初, 聚戲浿水上, 王乘腰輿, 列羽儀觀之. 事畢, 王以衣入水, 分爲左右二部, 以水石相濺擲, 諠呼馳逐, 再三而止.

깃발로, 천자나 황후·비빈이 대궐 밖으로 행차할 때에 대열 앞에 앞세웠다. 북송대 사서인《자치통감》《진기(晉紀)》 "성제(成帝) 함강 2년(336)"조에서도 "우의를 잡고 취타를 연주하였다"라고 한 것을 보면 행차 때마다 우의와 함께 어김없이 음악을 연주했음을 알 수 있다.

288) 좌·우를 두 패로 나누어서[分左右爲二部]:《북사》에는 이 부분이 '분위좌우2부(分爲左右二部)'로 되어 있으므로 "[사람들은] 좌·우 두 패로 나누어서" 식으로 번역해야 된다. 그런데《수서》에는 이 부분이 '분좌우위2부(分左右爲二部)'로 되어 있다. 이 경우에는 '[자신의 신하] 좌우를 나누어 두 패로 삼아서' 식으로 번역되어서 어감이 좀 다르다.

289) 두세 차례 하고 나서야 그친다[再三而止]: 인터넷〈국편위판〉주071에서는 ""豊年을 기원하는 행사로 물의 呪術的인 효과를 높이는 목적이 있다는 이해가 있다"라고 해석한 이노우에 히데오의 주장을 소개하였다. 그러나 돌을 던지거나 물을 뿌리고 노는 행위에까지 종교적 의미를 부여하는 것은 지나친 확대해석이 아닌가 싶다.

'흔들 요'와 '꽂을 삽'은 글씨로 쓸 경우 혼동되기 쉽다. 여기서는 전후 맥락을 따져 볼 때 팔을 흔들고 다닌다는 뜻의 '요'로 이해하는 것이 합리적이다.

• 091

[그 나라의] 민간에서는 깨끗한 것을 좋아하고 몸가짐이나 행동거지를 높게 치며 잰걸음으로 걸음으로써 [상대에 대한] 존경의 뜻을 나타낸다. 절을 할 때에는 한쪽 다리를 뻗으며, 서 있을 때에는 뒷짐을 지는 경우가 많은데290), [걸음을] 걸을 때에는 어김없이 [소매에] 손을 꽂고 다닌다.291)

○ 俗潔淨自喜, 尙容止, 以趨走爲敬。拜則曳一脚, 立多反拱, 行必揷手。

---

290) 뒷짐을 지는 경우가 많은데[立多反拱]: 《수서》에는 "저마다 뒷짐을 지는데(立各反拱)" 식으로 나와 있다. 그런데 ① 문법적으로 따지더라도 '각기 각(各)'은 자연스럽지 못한 데다가, ② 초서(草書)로 한자를 쓸 때에는 '각기 각(各)'의 글자 모양이 '많을 다(多)'와 비슷하다. 따라서 ③ 두 번째 글자는 《수서》의 '각'이 아닌 《북사》의 '다'로 해석해야 옳다.

291) 걸을 때에는 어김없이 손을 꽂고 다닌다[行必揷手]: 이 부분이 《수서》에는 "걸을 때에는 어김없이 팔을 흔든다(行必搖手)"로 되어 있다. 인체공학적으로 따질 때 《수서》 쪽이 더 자연스럽다는 것은 논외로 치더라도, ① 《수서》가 《북사》보다 30년 이상 앞서 편찬된 점에 유념할 필요가 있다. 따라서 ② 《북사》 편찬자들이 그 선행 사서인 《수서》를 수시로 참조했을 것은 자명하다. 게다가 ③ '요(搖)'와 '삽(揷)'은 글자 모양이 비슷하므로 《수서》를 필사하는 과정에서 잘못 베꼈다고 보아야 옳다.

• 092

[그 나라 사람들의] 기질은 남을 속이거나 속을 드러내지 않는 경우가 많다.292) 말이나 표현은 저속하다.

[대인관계에서는] 가깝고 멀고를 가리지 않아서293), 아버지와 아들이 한 시냇물에서 몸을 씻거나 한 방에서 잠을 자곤 한다.

○ 性多詭伏, 言辭鄙穢, 不簡親疏。父子同川而浴, 共室而寢。

• 093

노래 부르고 춤추는 것을 즐긴다.

언제나 시월이 되면 하늘에 제사를 지낸다. 그들이 공식적인 자리에서 입는 의복은 한결같이 비단옷에 수를 놓고 금과 은으로 꾸미곤 한다.

○ 好歌舞, 常以十月祭天, 其公會衣服, 皆錦繡金銀以爲飾。

---

292) 남을 속이거나 속을 드러내지 않는 경우가 많다[多詭伏]: 글자 그대로 직역하면 이런 의미이지만 다른 의미로는 자신의 속내를 쉽게 드러내지 않는다는 뜻으로 이해할 수 있겠다. 이 부분은 《수서》에 새로 추가된(?) 내용으로, 이전의 정사 기록에는 보이지 않는다. 그렇다면 외교관계가 경색된 수나라의 고구려에 대한 복잡한 정서를 반영하고 있음을 염두에 둘 필요가 있다고 본다. 참고로, 인터넷 〈국편위판〉에서는 "[사람들의] 성격은 간사한 점이 많다"라고 오역했으나 문법에 맞추어 번역하자면 "간사한 경우가 많다"가 되어야 옳다.

293) 가깝고 멀고를 가리지 않아서~[不簡親疏,]: 이 부분의 경우, 인터넷 〈국편위판〉에서는 "親疎를 구별하지 아니한다. 父子간에도 한 시냇물에서 목욕하며 한 방에서 잔다", 〈동북아판2〉(제135쪽) 역시 이 부분을 "친소를 가리지 않아 심지어 한 냇물에서 목욕하고 같은 방에서 잔다"라고 번역하였다. 그러나 아버지와 아들 사이는 가까운 사이이기 때문에 "가깝고 멀고를 가리지 않고" 식의 상황은 아무 의미가 없다. 반면에, 언어의 경우에는 존댓말과 예삿말, 존칭과 비칭(卑稱)의 관계처럼 나와의 관계가 가까우냐 머냐에 따라 표현이 달라지며, 관례에서 벗어난 표현을 쓰면 비난의 대상이 되기도 한다. 따라서 이 네 글자는 그 앞의 "말은 비속하고 거칠며"에 연결시켜 이해하는 편이 자연스럽다.

• 094

쪼그리고 앉기를 좋아한다.[294)]

[음식을] 먹을 때에는 조와 궤를 사용한다. [키가] 석 자 정도 되는 말이 나는데 '본래 주몽이 탔던 말 종류'라고 한다. 바로 과하[마][295)]이다.

---

294) 쪼그리고 앉기를 좋아한다[好蹲踞]: '준거(蹲踞)'는 기마 자세나 배변 자세처럼 두 다리를 세우고 엉덩이를 띄운 채 '쪼그려 앉는 것(squat)'을 가리킨다. 지금은 그렇지 않지만 북방의 영향을 덜 받은 한·진·남조만 해도 중국에서는, 지금의 우리나라나 일본처럼, 두 무릎을 꿇고 앉는 것을 예의바른 자세로 여겼다. 반면에 다리를 뻗고 앉거나 쪼그려 앉는 것은 대단히 무례하고 불경스럽게 여겼다. 전국시대 사상가 맹자(孟子, BC372~BC289)가 자기 아내가 쪼그려 앉았다는 이유 때문에 이혼하려 했다는 이야기는 유명하다. 《회남자(淮南子)》〈설산훈(說山訓)〉에서 "무례한 짓을 예의 바르다고 여기는 경우를 예로 들면 벌거벗고 뛰어서 미친 사람을 쫓아간다거나 … 쪼그리고 앉아 경전을 외우는 경우 등이다"라고 한 것도 그 예이다. 쪼그려 앉는 것이 배변하는 자세와 비슷하기도 하고 치부를 드러내는 경향도 있다 보니 앞에서 보든 뒤에서 보든 상당히 불미스럽다고 여긴 탓이었을 것이다. 물론, 이 같은 선입견은 바지로 일차적으로 하반신을 덮는 북방계(동이)의 투피스 문화와는 달리 하나의 긴 두루마기로 하반신을 가리기만 하는 중원의 원피스 문화 사이의 문화적 차이에서 기인한 것이다. 중국에서도 이민족들과 똑같이 쪼그려 앉기 시작한 것은 북방민족의 영향을 심대하게 받은 북조·수·당 무렵부터이다. 〈동북아판2〉 주51(제160쪽)에서는 '준거(蹲踞)'를 "걸터앉다(perch)"라고 번역했지만 쪼그려 앉는 것과는 전혀 다른 자세이므로 유념할 필요가 있다. 〈동북아판2〉에서는 또 이노우에 히데오(1974)가 무릎을 꿇고 두 손을 땅에 댄 자세의 하니와(埴輪) 토용을 근거로 '준거'를 "양 무릎을 꿇고 허리를 낮추는 것"으로 해석했다고 소개하였다. 이노우에가 정말 그런 주장을 했는지는 확인할 수 없지만 그 해석은 잘못된 것이다.

295) 과하[마](果下馬): '과하마(果下馬)'에 관한 소개는 유송(劉宋)의 역사가 범엽(范曄, 398~445)의 《후한서》〈동이열전〉 "예(濊)"조에 처음으로 보인다. 배송지(裴松之, 372~451) 역시 《삼국지》에 "높이가 세 자여서, 말을 타더라도 과일나무 아래를 지나갈 수가 있을 정도이다(高三尺, 乘之可於果樹下行)"라는 주석을 붙였다. 그 뒤로 《후한서》에 주석을 붙인 당대의 이현(李賢, 655~684) 역시 배송지의 주석을 그대로 반복해서 달고 있다. 이를 통하여 고구려 특산물로서의 과하마의 명성과 인식은 2세기 이래로 당대 초기인 7세기까지도 전승되고 있었음을 알 수가 있다. 그런데 이처럼 중국의 역대 정사에서 '과하마'는 원래 추모도 애용했을 정도로 고구려의 대표적인 마종으로 소개되어 왔다. 그런데 당나라 무덕(武

각저총 벽화에 묘사된 고구려의 식문화. 바지 차림의 무인 곁에 음식이 든 각종 그릇과 가구들이 보인다 (문화재청)

○ 好蹲踞。食用俎机。出三尺馬，云本朱蒙所乘馬種，卽果下也。

• 095

풍속은 분방한 것을 높게 쳐서 [그것을] 부끄러워하지 않는다.

민간에는 떠돌이 여자가 많으며, [그녀의] 남편은 정해진 사람이 없다.

[그래서] 밤이 되면 남자와 여자가 무리를 지어 모여서 노는데, [거기에는] 존귀하고 미천한 데에 따른 법도[의 구별]는 없다.

○ 風俗尙淫，不以爲愧，俗多遊女，夫無常人，夜則男女群聚而戱，無有貴賤之節。

德) 4년(621)·7년(624)에 백제의 무왕이 당나라에 과하마를 바쳤다는 기사가 보이는 것을 보면 백제 집단이 고구려에서 갈라져 나오면서 부여 고유의 마종인 과하마가 백제 땅에까지 유입·전파되었음을 짐작할 수 있다.

• 096

혼인을 하고 아내를 맞이할 때의 예법에 있어서는 남녀가 서로 좋아하는 쪽을 고르면 바로 부부로 맺어 준다.

남자 집에서는 돼지[고기]와 술만 보낼 뿐으로, 재물이나 폐백 같은 [것을 보내는] 예법은 없다. 혹시라도 [여자 집에서] 재물을 받기라도 하면 남들이 다 같이 그를 수치스러워 하며296) '[딸을] 계집종으로 판다'고 여긴다.

○ 有婚嫁, 取男女相悅卽爲之. 男家送猪酒而已, 無財聘之禮, 或有受財者, 人共恥之. 以爲賣婢.

• 097

[사람이] 죽으면 [시신을 담은 관을] 집 안에 안치해 두는데 삼 년이 지나면 좋은 날을 잡아서 장례를 치러 준다. 부모 및 남편의 상을 치를 때에는297) 기간이 한결같이 삼 년이며, 형제인 경우에는 석 달이다.

---

296) 재물을 받기라도 하면 남들이 다 같이 그를 수치스러워 한다[或有受者, 人共恥之]: 〈동북아판2〉 주58(제161쪽)에서는 이 대목과 관련하여《삼국지》〈고구려전〉의 "… 이렇게 두세 번 하고 나면 여자의 부모는 곧바로 [요구를] 받아들여 작은 집으로 가서 동침하게 해 주는데, [신랑이 가져온] 돈과 예단은 [작은 집] 옆에 놓아둔다" 부분을 인용하면서 "[《삼국지》의] 이른바 壻屋의 혼인풍속과 비교해 보면 5~6세기 이후의 변화가 생각된다. 이때(《삼국지》시기)는 신랑 측에서 신부 측에 錢帛을 주었다고 하였다" 하여 고구려 초기에는 재물을 주고받는 것을 자연스럽게 여기다가 5~6세기에 이르러 그런 행위를 수치스러운 행위로 인식하게 되었다고 해석하였다. 그러나《삼국지》를 보면 대목 중간에 "[서옥] 옆에 돈과 명주천을 재어 놓는다"라고만 되어 있을 뿐이어서 그것이 신랑 측의 예물인지 신부 측의 지참금인지 분명히 알 수가 없다. 그 구절 하나만으로는 고구려의 혼인 습속이 몇 세기만에 바뀌었다고 단정하기 곤란하다는 뜻이다.

297) 부모 및 남편의 상을 치를 때에는[居父母及夫喪]: 유자민·묘위《중국정사 고구려전 상주 및 연구》, 제165쪽에서는 이를 중원의 유가사상의 영향으로 해석하였다. 실제로 중국에서는 전통적으로 부모나 남편이 죽으면 3년상을 치렀다. 그러나 실제로는 공자(孔子)의 제자들이 공자의 상을 치른 때를 제외하고는 춘추·전국시

○ 死者, 殯在屋內, 經三年, 擇吉日而葬。居父母及夫喪, 服皆三年, 兄弟三月。

• 098
임종을 맞은 직후에는 곡을 하면서 눈물을 흘리지만 장례를 치르고 나면 북 치고 춤추고 풍악을 울리면서 망자를 [장지로] 떠나보낸다. [이어서 땅에] 안장하고 나면 망자가 살아 있을 적에 썼던 의복·장난감·수레·말 같은 것들을 가져다가 무덤 옆에 놓아두는데, 장례에 모인 사람들이 다투어 [그것들을] 가지고 간다.
○ 初終哭泣, 葬則鼓舞作樂以送之。埋訖, 取死者生時服玩車馬置墓側, 會葬者爭取而去。

• 099
불법을 믿고 귀신을 섬기며 법도를 벗어난 제사[298]가 많다.

대부터 한대 초기까지 상주가 3년을 다 채운 적이 없으며, 입관해 매장하면 모든 장례 절차가 끝난 것으로 간주되었다. 그래서 중국 화중사대(華中師大) 교수인 오천명(吳天明)은 〈공맹이 창도한 '3년상'의 정치적 목적과 문화적 의도〉,《호북사회과학》, 2018년 제3기에서, 유자민·묘위의 주장과는 정반대로, 3년상이 원래는 동이(은나라)지역의 문화전통이었는데, 그 후예인 공자를 필두로 맹자 등 유가에서 주나라의 전통 부흥이라는 정치적 목적으로 적극적으로 창도하면서 중원지역까지 확산되었다는 주장을 개진한 바 있다. 고구려의 3년상을 중원문화의 영향으로 단정하는 것은 지나친 확대해석이라는 뜻이다.

298) 법도를 벗어난 제사[淫祀]:《예기》〈곡례(曲禮)〉에서는 "제사를 지낼 대상이 아닌데도 제사를 지내는 것을 '음사'라고 한다. 음사로는 복 받을 일이 없다"라고 하였다. 여기서는 나라에서 국법으로 규정하여 천지·사직에 지내는 공적인 제사나 조상에 대한 제사를 제외한 나머지 제사의식들을 가리키는 것으로 이해할 수 있겠다.

신을 모시는 사당이 두 군데 있다.[299] 하나는 '부여신[300]'으로, 나무를 깎아 여인의 형상으로 만들며, 하나는 '고등신'[301]으로, '그들의 시조이

---

299) 신을 모시는 사당이 두 군데 있다[又有神廟二所]: 인터넷〈국편위판〉주043 및 〈동북아판2〉주157(제137쪽)에서는 이 기사와 관련하여《고려도경(高麗圖經)》〈사우(祠宇)〉"숭산묘(崧山廟)"조의 숭산 (崧山神) 및 "동신사(東神祠)"조의 동신성모(東神聖母)를 소개하여 숭산신과 동신성모가 각각 주몽과 하백녀인 것으로 추정하면서 "夫餘神의 전통은 高麗期까지 이어져 간 것"으로 보았다. 그러나 역자가 확인한 결과, '숭산신'은 상부(祥符) 연간 즉 송나라 진종(眞宗)이 재위한 시기인 1008~1016년 사이의 거란(契丹)의 내침과 관계가 있는 신으로 밝혀졌다. '동신'의 경우, 해당 대목에서 "어떤 사람은 [동신성모가] 부여[왕]의 아내인 하백의 딸로, 그녀가 주몽을 낳아 고려의 시조가 되었기 때문에, 그를 사당에 모셨다'고 하였다(或云, 乃夫餘妻河神女也. 以其生朱蒙爲高麗始祖, 故祠之)"라고 소개되어 있다. 그래서 얼핏 동신성모가 주몽의 생모인 하백의 딸과 동일 인물인 것처럼 보인다.〈동북아판2〉(제097쪽)의 번역 역시 마찬가지이다. 그러나《삼국유사》〈감통편(感通篇)〉에서 일연(一然)이 상세하게 소개하고 있듯이, ① 그 이야기에 등장하는 여신은 본래 중국 황실의 딸이고, ② 도착한 곳이 고구려가 아니라 진한이며, ③ 그녀가 낳은 성스러운 아들도 추모(주몽)가 아니라 혁거세라고 한다. 해당 기사가 고대사 연구에 또 다른 흥미로운 단서를 제공한다는 점에서는 긍정적이지만 하백의 딸 또는 그 아들 추모와는 무관한 설화라는 뜻이다.

300) 부여신(夫餘神): 인터넷〈국편위판〉에서는 "나무를 깎아 부녀자 모습으로 만든다(刻木作婦人之象)"라고 한 구절에 착안하여 "朱蒙의 母인 河伯女神"으로 추정하였다. 그러나 '부여신'이라면 고구려는 물론이고 부여에서도 신봉하는 신이어야 하므로 부여에서 추방되다시피 한 추모(주몽)의 생모를 신격화해 숭배할 리가 없다. 이는 예수를 구세주로 숭배해 그 생모인 마리아를 '성모(聖母)'로 신격화 하는 기독교와는 달리 그보다 더 유서가 깊은 유대교에서는 예수와 마리아를 평범한 인간으로 폄하하는 것과 비슷한 경우라고 하겠다.

301) 고등신(高登神):《주서》《고려전》에는 '등고신(登高神)'으로 나와 있다. 인터넷〈국편위판〉주842에서는 "高句麗의 始祖 朱蒙神"으로 추정했으나 확실하지는 않다. 인터넷〈국편위판〉에서는 바로 다음에 이어지는 "其始祖夫餘神之子" 부분을 "그들의 시조이며 夫餘神의 아들"로 번역하였다. 그러나 그 구절은 "그 시조인 부여신의 아들"로 번역할 수도 있다. 전후 맥락을 따져 보면 '고'추모(주몽)가 고씨의 시조이므로 '등고신'보다는 '고등신' 쪽이 더 가능성이 높다. 실제로 '등고신'으로 언급한 사서는《주서》뿐이며《북사》·《문헌통고》·《삼국사기》등에서는 한결같이 '고등신'으로 소개되어 있다.

며 부여신의 아들'이라고 한다. [이 두 사당에는] 나란히 [관련] 관청을 두고 사람을 파견하여 지키게 하는데, '[그 두 신은] 아마 하백의 딸과 주몽일 것'이라고 한다.

○ 信佛法, 敬鬼神, 多淫祠。有神廟二所, 一日夫餘神, 刻木作婦人像, 一日高登神, 云是其始祖夫餘神之子。並置官司, 遣人守護, 蓋河伯女朱蒙云。

• 100

수나라가 진나라를 평정하고 나자 [평원왕 고]탕은 [수나라를] 크게 두려워하면서 군사를 배치하고 식량을 비축함으로써 [나라를] 지키며 [수나라에] 맞설 대책으로 삼았다.

○ 及隋平陳後, 湯大懼, 陳兵積穀, 爲守拒之策。

• 101

[수나라] 개황302) 17년303)에 주상304)은 [고구려 국왕에게] 국서를 내려 이렇

---

302) 개황(開皇): 수나라 문제(文帝) 양견(楊堅)이 581~600년까지 19년 동안 사용한 연호. "개황 17년"은 서기로는 597년이며, 고구려 기년으로는 영양왕 8년에 해당한다.

303) 17년(十七年): 이 연도의 경우, 명대의 남경국자감본(남감본)과 청대의 무영전본에는 '70년(七十年)'으로 되어 있다. 그러나 ① 양견은 재위기간이 24년인 데다가, ② 죽을 때의 나이도 64세였다. '70년'은 잘못임을 알 수 있다. ③ 문제는 수문제의 국서를 받는 대상인 평원왕은 재위 32년 만인 서기 590년에 죽었다는 데에 있다. 수나라의 국서를 받은 사람이 정말 평원왕이라면 시기를 590년보다 앞당겨야 한다는 뜻이다. ④ 유자민·묘위(같은 책, 제208쪽)는 그 시점을 개황 10년(590), 즉 평원왕이 죽은 해로 보았다.

304) 주상[上]: 수나라의 개국군주 양견(楊堅, 541~604)을 말한다. 양견에 관해서는 앞의 "고조" 주석을 참조하기 바란다.

게 책망하였다.[305]

"[고구려는] 사신을 파견할 때마다 해마다 어김없이 입조해 공물을 바쳐 왔소. [그러나] 말로는 '번신'이라고 일컬으면서도 충성과 절개는 다하지 않는 것 같구려. 말갈을 몰아내고 핍박하는가 하면[306] 거란[이 중국과 교류하는 짓]을 굳게 막고 있으니[307] 말이오. 지난번에는 은밀히 재물을 써서 잇속으로 [우리 나라의] 소인배들을 끌어들이고 움직여[308] 멋대로 노궁수를 데리고 [여러 곳을] 우회해서 그대의 나라로 도망치게 만들었소. [이 같은 행태들이] 어찌 불순한 의도로 의도적으로 도둑질을 벌인 것이 아니겠는가?

○ 開皇十七年, 上賜璽書, 責以每遣使人, 歲常朝貢, 雖稱藩附, 誠節未盡。驅逼靺鞨, 禁固契丹。昔年潛行貨利, 招動群小, 私將弩手, 巡竄下國, 豈非意欲不臧, 故爲竊盜。

---

305) 국서를 내려 이렇게 책망하였다[賜璽書責]: 이때에 내린 국서의 내용 전문은 《수서》〈고려전〉을 참조하기 바란다.

306) 말갈을 몰아내고 핍박하는가 하면[驅逼靺鞨]: 여기서의 "말갈"은 당시 고구려와 접경지역에 있었던 흑수말갈을 가리킨다. 《수서》〈말갈전〉의 흑수말갈 추장 도지계(돌지계)에서 보듯이, 고구려에 복속하던 다른 말갈집단과는 달리 흑수말갈은 당시까지도 고구려의 통제에서 벗어나 있었다. 유자민·묘위, 《중국정사 고구려전 상주 및 연구》(제161쪽)에서는 이 부분을 "고구려가 말갈과 작당하여 요서를 침범한 일을 가리킨다"라고 보았으나 맥락을 잘못 이해하였다.

307) 거란을 단단히 막고 있구려[固禁契丹]: 중원과 북방의 중간에 자리 잡은 고구려가 지리적 이점을 이용하여 수나라에 조공하려는 거란을 번번이 가로막은 일을 가리킨다. 이를 통하여 고구려의 지배를 받고 있던 거란 집단이 중원 왕조와의 교류를 지속적으로 시도하고 있었음을 알 수가 있다. 중국 학계에서는 거란의 당시 위치를 수나라와 고구려 사이에 있다고 주장하지만 잘못된 해석이다. 이 문제에 대해서는 《수서》의 해당 주석을 참조하기 바란다.

308) 소인배들을 끌어들이고 움직여[利動小人]: '소인배[小人]'란 고구려의 뇌물에 매수된 수나라의 관리들, 특히 각 분야의 장인들을 관장하는 태부의 관리들을 두고 한 말이다.

●102

[더욱이 우리 나라의] 사신을 텅 빈 객관에 앉혀 놓고 삼엄하게 막고 지키는가 하면, 수시로 기병들을 파견하여 [우리나라의] 변방 사람들을 죽이고 해쳤소. [그러면서] 항상 [짐을] 의심하면서 비밀리에 [우리나라의] 소식을 염탐해 왔소. [이에 그대를] 정성을 다하여 깨우치며 그대에게 스스로 새 사람이 될 기회를 주겠소. [＊309)]"

○ 坐使空館, 嚴加防守, 又數遣馬騎, 殺害邊人。恒自猜疑, 密覘消息。殷勤曉示, 許其自新。

●103

[고]탕은 국서를 받더니 놀랍고 두려운 나머지 표를 갖추어310) 사죄의 뜻을 표명하였다. [그러고는] 공교롭게도 병이 들어 죽는 바람에[고탕의] 아들 [고]원311)이 [왕위를] 계승하였다.

○ 湯得書惶恐, 將表陳謝。會病卒, 子元嗣。

●104

문제는 사신을 보내어 [영양왕 고]원을 상개부의동삼사312)에 배수하고

---

309) ＊:《수서》에는 이 뒤에도 수 문제의 조서 내용이 계속 이어져 있다. 그 조서 전문은 《수서》 부분을 참조하기 바란다.

310) 표를 갖추어[將表]: 이 부분의 경우, 《수서》에는 "표를 바쳐(奉表)"로 기술되어 있다. 고대 한문에서, '받들 봉(奉)'은 공손한 표현으로 '바치다(dedicate)'로 번역되는 반면, '지닐 장(將)'은 예삿 표현으로 '지니다(carry)'의 의미로 번역되는 것이 일반적이다. 중국에서 이처럼 '장'을 동사로 사용하는 용법은 수·당대부터 관찰된다. 편의상 여기서는 "갖추다"로 의역하였다.

311) 고원(高元): 고구려 제26대 국왕인 영양왕(嬰陽王)을 말한다. 자세한 내용은 《수서》의 해당 주석을 참조하기 바란다.

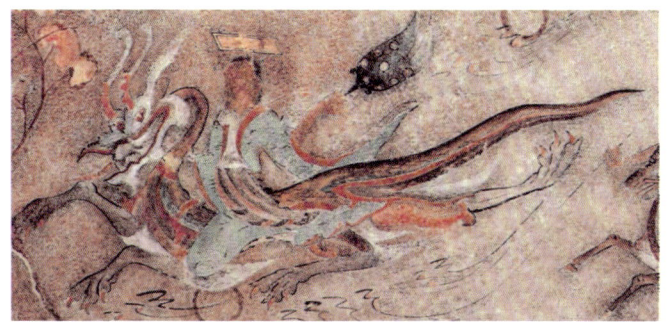
고구려 오회분 5호묘에 그려진 용을 탄 신선(문화재청)

요동[군]공의 작호를 세습하게 하는 한편 의복도 일습313)을 하사하였다.
[이에 고]원이 표를 올려 황은에 감사하면서 아울러 상서로운 징조를 축하하고 [그 일을 계기로 고구려]왕으로 책봉해 줄 것을 요청하는 것이었다. 문제는 [그에게] 책서를 내려314) 왕으로 봉하였다.

---

312) 상개부 의동삼사(上開府儀同三司): 위·진·남북조 시기의 고위 훈작. 글자대로 풀이하면 "독자적인 집무 관청과 함께 '삼사'에 준하는 의전 특혜를 누린다"는 뜻으로, 엄밀하게 말하면 관직이라기보다는 의전의 범위를 설정하고 있다. 지위가 개부의동삼사보다 높다고 하여 맨 앞에 '위 상(上)'자가 추가되었다. 수나라 때에 종3품 명예직으로 시행되다가 대업 3년(607)에 철폐되었으며 당대에 다시 설치되고 무덕 7년(624)에 상·경거도위(上輕車都尉)로 개칭되었다.

313) 일습(一襲): '습(襲)'이란 일종의 단위사(單位詞)로, 중국 고대에 상의·하의와 함께 모자·허리띠·신·장신구 등까지 모두 포함하는 복장을 세는 데에 사용했으며, 영어의 '셋(set)'에 해당한다. 인터넷 〈국편위판〉과 〈동북아판2〉에서는 각각 "한 벌", "1벌"로 번역했으나 상·하로 된 의복만 가리키는 '벌'과는 의미상으로 거리가 있다.

314) 책서를 내려[優冊]: 인터넷 〈국편위판〉과 〈동북아판2〉에서는 '우(優)'를 '특별히'로 해석하였다. 그러나 여기서 '책(冊)'은 임명장이라는 뜻으로 사용된 명사이다. 반면에, '우'의 경우, 동사가 아닌 명사('책') 앞에 사용되었으므로 부사로 해석해서는 곤란하다. '우'는 타동사로 '예우하다, 우대하다'는 의미를 나타낸다는 뜻이다. '우책원(優冊元)'은 "고원을 임명장(국왕 인증서)을 내림으로써 예우하였다"

○ 文帝使拜元爲上開府儀同三司, 襲爵遼東公, 賜服一襲。元奉表謝
恩, 并賀祥瑞, 因請封王。文帝優冊爲王。

• 105

이듬해315)에 [고원은] 말갈 기병을 만 기 넘게 이끌고 요서316)를 침범하
였다. [그러자] 영주317) 총관318)이던 위세충319)이 그들을 공격하여 물리

정도의 뜻인 셈이다.

315) 이듬해[明年]: 인터넷 〈국편위판〉 주088에서는 "여기서 明年은 … 開皇 17년의 明年 즉, 18년으로 보아야 할 것"이라고 보았다. 영양왕이 수나라의 요서군을 공략한 시점이 개황 18년(598)이라고 본 것이다. 실제로 북송 초기의 역사가인 사마광이 편찬한 《자치통감》《수기(隋紀)》 "고조 개황(開皇)"조에는 "[개황] 18년 2월 갑진일(3일)에 고구려왕 고원이 말갈의 무리를 만 기 넘게 이끌고 요서를 침범하였다. 영주총관 위충이 이를 공격해 몰아내었다. 주상이 그 소식을 듣고 크게 성을 내었다"라고 기술되어 있다.

316) 요서(遼西): 중국 고대의 군 이름. 요서(遼西): 중국 고대의 군 이름. 그 관할 현과 민호의 추이를 보면, 진대 이래로 그 규모는 관할 현뿐만 아니라 민호도 "3현 2,800호(진대) ⇒ 3현 537호(북위) ⇒ 1현 751호(수대)"로 대폭 줄어들고 있다. 유자민·묘위 《중국정사 고구려전 상주 및 연구》, 제209쪽에서는 요서군 치소가 양락현(陽樂縣)에 있었는데 "지금의 요녕성 의현 서쪽"이라고 하면서 삼국시대 위나라 때에 "군 치소를 양락현과 함께 지금의 하북성 노룡현 동남쪽으로 이전했다(將郡治連同陽樂縣一起移至今河北省盧龍縣東南)"라고 주장하였다. 그러나 역대 중국 정사에서는 그렇게 주장한 적이 없다. 중국 학계에서 요서군의 치소가 '의현 서쪽 ⇒ 노룡현 동남 ⇒ 의현 동남 ⇒ 조양시'로 여러 번 이전했다고 주장하는 것은 좌표의 첫 단추를 잘못 끼웠기 때문에 발생한 혼란이다. 이 문제에 관해서는 《수서》의 "요서" 주석을 참조하기 바란다.

317) 영주(營州): 중국 고대의 지역명. 《수서》《지리지》에서 "요서군"에 관하여 "예전(북위)에는 영주를 설치하였다. 개황 연간 초기에 총관부를 설치했다가 대업 연간 초기에 철폐되었다(舊置營州, 開皇初置總管府, 大業初, 府廢)"라고 하였다. 그런데 이 기사에서 요서를 침범한 고구려 말갈 기병대를 격퇴한 위충의 직함이 '영주'총관인 것을 보면 문제의 개황 연간까지는 '영주[총관부]'로 일컫다가 양제의 대업 연간에 '영주총관부 ⇒ 요서군'으로 개칭했음을 알 수 있다. 《자치통감》에서도 호삼성은 이 자리에 주석을 붙여 "요서군의 치소는 유성으로, 수나라 때에는

안악 3호분 벽화에 그려진 고구려의 군대. 중무장을 하고 방패를 든 창병(좌), 중무장한 말을 탄 기병(우), 환두대도와 도끼를 멘 경무장 전투병(하)이 좌우로 줄 지어 행진하고 있다.

쳤다. 320)

영주총관부를 설치하였다(遼西郡治柳城 , 隋置營州總管府)"라고 확인해 주었다. 수나라 당시의 요서군이 곧 영주의 영역이라는 뜻이다.

318) 총관(總管): 중국 고대의 고급 무관직 이름. 그 명칭은 남북조시대 말기인 북주(北周) 때에 비롯되었으며, 수나라를 거쳐 당대 초기에 각 주(州)에는 총관, 규모가 큰 주나 변방의 군사도시인 진(鎭)에는 대총관을 각각 설치하고 해당 지역의 군정을 총괄하게 하였다. 나중에는 '도독(都督)'으로 개칭했으나, 이때에도 군사를 이끌고 정벌에 나서는 장수는 원래대로 총관으로 일컬었다.

319) 위세충(韋世冲): 수나라의 장수 위충(韋冲)을 말한다. 경조(京兆) 두릉(杜陵, 지금의 서안시 동남쪽) 사람으로, '세충(世冲)'은 자이다. 북주에서 예조참군(禮曹參軍)·분주자사(汾州刺史)를 지냈고, 양견이 수나라를 건국한 뒤로는 산기상시(散騎常侍)를 겸하고 고안현후(固安縣侯)에 봉해졌다. 석주자사(石州刺史)를 지낼 때에는 북방민족들의 환심을 얻기도 했으나 남녕주 총관(南寧州總管)을 지낼 때에 그 형이 범한 죄에 연루되어 면직되었다. 나중에 검교괄주사(檢校括州事)로 복귀한 데 이어 영주총관이 되었으며 딸이 예장왕(豫章王)의 왕비가 되면서 호부상서(户部尚書)가 되었다.

320) 영주 총관이던 위세충이 그들을 공격하여 물리쳤다[營州總管韋冲擊走之]: 고구려 영양왕의 요서 공략에 대응한 군사가 영주의 주둔군이었다는 것은 곧 수·당대의 요서가 영주 총관의 관할하에 있었다는 사실을 방증한다. 앞서 언급했듯이, 요서는 산해관 안쪽인 하북성 동북부이며, 요서와 요동을 구분하는 척도가 되는 지형지물은 난하이다. 따라서 영주의 좌표 역시 산해관 이서지역에서 찾을 수밖에 없는 것이다.

황제(문제)는 크게 성을 내면서 한왕 [양]량321)을 원수로 임명하고 수군과 육군을 총동원하여322) 고구려 토벌에 나서는 한편 조서를 내려 그의 작호를 박탈하였다.

○ 明年, 率靺鞨萬餘騎寇遼西, 營州總管韋世沖擊走之。帝大怒, 命漢王諒爲元帥, 總水陸討之, 下詔黜其爵位。

• 106

[그러나] 이때 군량의 수송이 원활하지 못하였다.323) [그래서] 육군324)은

---

321) 량(諒): 문제 양견의 다섯째 아들 양량(楊諒, 575~605)을 말한다. 문제의 총애로 한왕에 봉해졌으며, 상주국(上柱國)·좌위대장군(左衛大將軍)의 신분으로 병주총관(并州總管)에 임명되면서 관동(關東)의 52개 주를 지배하였다. 문제 사후에 양제 양광에게 반기를 들었으나 신하들의 충언을 듣지 않고 작전을 지체하는 바람에 싸움에 패하고 서인(庶人)으로 강등되어 감옥에서 죽었다.

322) 수군과 육군을 총동원하여[總水陸]:《수서》〈제기(帝紀)〉"고조 개황(하)"조에는 "18년 2월 을사일(양력 3월 16일)에 한왕 양을 행군원수로 삼아 수군과 육군 30만으로 고려를 정벌하였다"라고 기술되어 있다. 그러나 사마광의《자치통감》"고조 개황"조에는 "18년 2월 을사일에 … 수군과 육군 30만으로 고려를 정벌하게 하면서 상서우복야 고경을 한왕의 장사로 삼고 주라후를 수군총관으로 삼았다"라고 상세하게 소개되어 있다.

323) 군량의 수송이 원활하지 못하였다[餽運不繼]: '불계(不繼)'란 중단되었다기보다는 수송이 이루어졌다 끊어졌다 하는 상황, 즉 군량 등 군수 물자의 수송이 원활하지 못한 것을 뜻한다.

324) 육군(六軍): 중국 고대의 군대 편제. '황제가 직접 지휘하며 평소에 황제를 경호하고 대궐을 경비하는 금군(禁軍, 금위부대)을 말한다. 당대의 경우, 금군은 남아(南衙)와 북아(北衙)로 편성되었다. 특히, 남아의 금군은 12개 위(衛)에서 통솔하는 부병(府兵)들이 번갈아 담당하여 주로 조회(朝會)가 열리는 현장에서 의장을 들거나 궁성 남면의 대문과 관서를 수위하였다. 반면에, 북아의 금군은 '원종금군(元從禁軍)'이라 하여 당나라 건국 당시 이연(李淵)이 태원(太原)에서 거병할 때에 그를 추종한 군사와 그 자손들로만 편성된 친위대로, 주로 궁성 북면의 대문을 수위하거나 황제가 사냥을 나갈 때 직접 수행하였다. 그래서 당대의 금군은 일반적으로 북아 금군을 말한다. 태종의 정관 12년(638)에 현무문(玄武門)에 좌우 둔

명대에 지어진 산해관. 옆의 중국지도(1933년)에서 보듯이 만리장성의 동쪽 끝 산과 바다가 맞닿는 자리에 있다고 해서 '산해관'으로 불린다. 서쪽에 고대의 유관(임유관)이 보인다.

식량이 부족한 상태로 군사가 임유관325)을 나섰고326), [＊327)] 거기다

    영(屯營)을 설치했으며, 용삭 2년(662)에는 좌우 둔위(屯衛)를 위위(威衛)로 개칭하고, 좌우 둔영은 좌우 우림군(羽林軍)으로 개편하였다.

325) 임유관(臨渝關): 중국 고대의 관문 이름. 수나라 개황 3년(583)에 설치되었다. 때로는 유관(渝關)으로 부르기도 하는데, 글자 그대로 직역하면 '유수를 마주한 관문'이라는 뜻으로, '연산(燕山) 동쪽 자락에서 발원한 유수(渝水)의 급한 물줄기를 따라 지어서 그렇게 명명되었다. 후대 사서·연혁지들 중에는 '유관(榆關)·임유관(臨榆關)'으로 표기하는 경향이 적지 않다. 그러나 어원상으로는 잘못 붙인 이름이다. 이 문제에 대해서는 《수서》의 "임유관" 주석을 참조하기 바란다.

326) 임유관을 나섰고[出臨渝關]: 여기서 임유관은 중원과 동이지역을 나누는 랜드마크(landmark)를 상징한다. "임유관을 나갔다"는 것 자체가 임유관이 바로 수나라 강역의 동쪽 끝, 즉 동계(東界)임을 시사하는 표현이다. 이는 임유관을 기준으로 그 안쪽(서쪽)이 수나라인 반면 그 바깥쪽(동쪽)은 수나라 영역 너머, 즉 고구려의 영토(요동)라는 뜻으로도 해석이 가능하다. 요서와 영주(유성)가 모두 임유관 안쪽(중원), 즉 하북성 동북부에 자리 잡고 있었음을 확인할 수 있는 셈이다. 만약에 유서나 영주(유성)의 위치가 지금의 요녕성 조양시 일대에 있었다면 이 대목의 기사에서 해당 지[역]명들이 모두 수나라 군이 임유관을 나선 뒤에 언급되었을 것이다.

327) ＊: 《수서》에는 이 대목에 수나라 대군이 임유관을 나온 뒤에 겪은 역경들이 구체적으로 소개되어 있다. 《수서》의 〈고조본기(高祖本紀)〉에서는 "개황 18년 6월 병인일에 한왕 [양]량의 군사가 임유관을 나갔다. 때마침 큰 물이 부는 바람에 군량

가 돌림병까지 만나는 바람에 황제의 군사가 위엄을 떨치지 못하였 다.328)

○ 時, 餽運不繼, 六軍乏食, 師出臨渝關, 復遇疾疫, 王師不振。

• 107

[황제의 군사가] 요수에 이르렀을 때였다.329) [✱330)] [이에 괴원은 놀라고

수송이 원활치 못하여 군영에 식량이 부족했으며 거기다가 돌림병까지 만났다 (開皇十八年六月丙寅, 漢王諒軍出臨渝關, 值水潦, 餽運不繼, 軍中乏食, 復遇疾 疫)"라고 했고,〈고경전(高熲傳)〉에서도 "[고경은] 한왕을 좇아 요동 정벌에 나섰 는데 큰 비와 큰 물로 인한 돌림병을 만나는 바람에 불리하자 귀환하고 말았다 (從漢王征遼東, 遇霖潦疾疫, 不利而還)"라고 하였다. 여기서 '장마 림(霖)'은 굵은 비가 장기간에 걸쳐 쏟아지는 것, '큰 물 료(潦)'는 큰 비로 물이 넘치고 땅이 잠 기는 것을 각각 뜻한다. 그렇다면 한왕 양량이 이끄는 수나라 육군은 장기간에 걸 쳐 큰 비와 홍수에 시달리고 그로 말미암아 군량 공급에 차질이 빚어지는 한편 이질 등 수인성 전염병에 시달린 끝에 결국 본국으로 철수한 셈이다. 이를 통하여 수나라 대군이 고구려 정벌에 나선 시점이 남태평양에서 태풍이 북상하고 폭우· 홍수가 빈번하게 발생하는 양력 8~9월이었음을 짐작할 수가 있다. 실제로 개황 18년의 6월 병인일은 양력으로 8월 4일이다.

328) 황제의 군사가 위엄을 떨치지 못하였다[王師不振]: ① 출병 당시부터 군량이 부 족한 데다가, ② 태풍의 영향으로 폭우와 홍수에 큰 피해를 당하고, ③ 돌림병까 지 창궐하면서 수나라 군대가 고구려와 전쟁을 벌이기도 전에 지리멸렬된 것을 두고 한 말이다.

329) 요수에 이르렀을 때였다[及次遼水]:〈동북아판2〉주167(제139쪽)에서는《수서》 〈왕세적전(王世積傳)〉의 "요동의 전쟁이 일어남에 이르러 [왕]세적과 한왕 [양] 량은 나란히 행군원수에 임명되어 유성에 이르렀다가 돌림병을 만나는 바람에 귀환하고 말았다" 기사를 인용하여 "수의 육군이 영주총관부의 치소인 柳城에 머 물다가 회군"한 일을 소개하였다. 여기서 우리가 주목해야 할 부분이 바로 유성 (柳城)의 좌표이다. 이 대목과 바로 앞 대목을 통하여 유성이 임유관과 요수 사이 에 자리 잡고 있었음을 알 수가 있기 때문이다.

330) ✱ :〈고려전〉에는 언급되지 않았으나 수나라 대군은 요수에 이르렀을 때 이미 수 군과 육군이 모두 다음의 곤경들에 직면하게 된다. 관련 기사가 먼저 보이는 수군 의 경우,〈주라후전(周羅睺傳)〉에서는 "18년에 요동의 전쟁이 일어나자 수군총

두려워졌던지[331] 사신을 보내어 [자신의] 죄를 빌면서 표를 올리고 "요동 비루한 땅의 신 [고]원" 운운 하고 일컫는 것이었다.

주상은 이리하여 전쟁을 멈추고 그를 처음과 같이 대해 주었다. [그러자 고]원은 해마다 [사신을] 파견하여 입조하고 공물을 바쳤다.

○ 及次遼水, 元亦惶懼, 遣使謝罪, 上表稱 遼東糞土臣元云云。上於是罷兵, 待之如初。元亦歲遣朝貢。

•108

양제[332]가 [고조의] 황제 자리를 계승하였다.

관으로 징용되어 동래로부터 바다를 넘어 평양성으로 달려갔으나 바람(태풍)을 만나 배가 대부분 쓸려가고 침몰하는 바람에 공도 세우지 못한 채 귀환하였다"라고 하였다.《자치통감》〈수기〉"고조 개황"조에서도 "18년 6월 병인일(8월 4일)에 주라후가 동래로부터 바다를 넘어 평양성으로 달려갔으나 마찬가지로 바람(태풍)을 만나 배가 대부분 쓸려가고 침몰하였다"라고 하였다. 고대의 6월은 양력으로는 7~8월이므로, 남태평양에서 태풍이 수시로 북상하는 시기이다. "배가 대부분 쓸려 가거나 침몰했다"는 것은 이때 그만큼 태풍 피해가 컸음을 방증한다. 이 같은 상황은 이어지는 육군 쪽도 마찬가지였다.《수서》〈고조본기〉"개황"조에서는 "18년 9월 기축일(10월 26일)에 한왕 [양]량이 돌림병을 만나는 바람에 군사를 돌렸다. 죽은 자가 10명 중에서 8~9명이나 되었다"라고 하였다.《자치통감》〈수기〉"고조 개황"조도 마찬가지이다. 이를 통하여 당시에 고구려 정벌에 나선 수나라의 육군과 수군이 한결같이 고구려와 전쟁을 시작하기도 전에 이미 치명적인 피해를 입은 상태였음을 알 수가 있다.

331) 고원은 고원대로 놀라고 두려워졌던지[元亦惶懼]: 영양왕이 이 무렵 문제에게 사죄의 표를 올린 것을 보면 육군과 수군이 동시에 출병했다는 첩보만 받고 이 같은 내막은 알지 못한 상태에서 이루어졌을 가능성이 높다. 앞서 언급했듯이, 6월에 출격한 수나라 수군과 9월에 행군 중이던 수나라 육군은 생소한 기후와 풍토로 인하여 함대가 거의 전몰되고 돌림병까지 퍼지면서 고구려와 정식으로 전투를 벌이기도 전에 사기가 땅에 떨어져 있는 상태였다. 만약 영양왕이 이때 수나라와 전쟁을 벌였더라면 전황이 크게 불리하지는 않았을 것이다.

332) 양제(煬帝): 수나라 제2대 황제인 양광(楊廣, 569~618)을 말한다. 본명은 양영(楊英)이며, 홍농(弘農) 화음(華陰, 섬서성 화음시) 사람이다. 문제 양견과 문헌

[이때] 천하가 두루 창성하매 고창[국]왕333)과 돌궐334)의 계인가한335)이 나란히 직접 [수나라] 대궐을 예방하고 공물을 바쳤다. 이리하여 [양제가 고]원을 소환하여 입조하게 했으나336) [고]원은 두려워하면서 번신으로서의 도리를 상당히 소홀히 하였다.

○ 煬帝嗣位, 天下全盛, 高昌王突厥啓人可汗並親詣闕貢獻。於是, 徵元入朝。元懼, 蕃禮頗闕。

당대의 염립본이 그린 수 양제 양광의 초상

황후(文獻皇后) 독고가라(獨孤伽羅)의 둘째아들로, 외모가 수려하고 젊어서부터 총명하였다. 처음에 안문군공(雁門郡公)에 봉해지고 개황 원년(581)에 진왕(晉王)으로 책립되어 남조의 진(陳)나라 정벌에 공을 세워 개황 20년(600)에 황태자로 책립되었다. 인수(仁壽) 4년(604)에 문제가 죽자 7월에 황제로 즉위하였다. 그러나 국력을 낭비하고 백성들을 혹사시키자 견디다 못한 농민들이 전국에서 봉기하더니 결국 대업 14년(618)에 강도(江都, 지금의 강소성 양주시)에서 우문술의 아들로 우둔위장군이던 우문화급(宇文化及)에게 살해되었다. 사후에 '명제(明帝)'라는 시호와 '세조(世祖)'라는 묘호를 받았으나 당나라 고조 이연(李淵)이 그를 비판하는 뜻에서 '양제(煬帝)'라는 시호를 내렸다.

333) 고창왕(高昌王): 국씨(麴氏) 고창국(高昌國)의 제8대 국왕인 국백아(麴伯雅, ?~623)를 말한다. 양제를 따라 고구려 정벌에 종군한 뒤로 돌궐의 풍습을 버리고 중원 문화 수입에 적극적이었다. 자세한 내용은 《수서》의 해당 주석을 참조하기 바란다.

334) 돌궐(突厥): 중국 고대의 북방민족의 하나. '돌궐'은 '튀르크(Türk)'를 한자로 표기한 것이다. 6세기 중엽에 알타이산 지역의 유목부락에서 시작되었으며, 그 뒤로 중국의 북방·서북방에서 튀르크어를 사용하는 종족을 일컬었다. 552년에 유연(柔然)을 멸망시키고 돌궐 한국(突厥汗國, 튀르크 칸의 나라)을 세웠으며, 알타이산을 경계로 동·서 한국으로 구분되었다. 그러나 630년에 동돌궐 한국을 격파한 당나라가 657년에 위구르(回紇)와 합세하여 서돌궐 한국을 멸망시키고 그 판도를 장악하였다. 682년에는 북방에 안치되었던 동돌궐의 무리가 당나라에 반기

• 109

대업 7년[337)]에 황제는 [영양왕 고]원의 죄를 따지기로 하였다.[338)] [이리하여] 어가가 요수를 건너 요동 땅[339)]에서 멈추어[340)] 군영을 세우기에 이

를 듣고 후돌궐 한국을 세웠다가 평정되고 당나라로부터 회인가한(懷仁可汗)으로 봉해진 위구르 지도자 골력배라(骨力裴羅)가 그 자리에 위구르 한국을 세웠다. 8세기 중후기에 와해된 돌궐은 서쪽의 중앙아시아로 이동하는 과정에서 현지 민족들과의 융합을 통하여 지금의 백인계 튀르키예 민족으로 거듭났다.

335) 계인가한(啓人可汗): 동돌궐의 제10대 칸인 자미 카간(Jamï qaγan, ?~609)의 중국식 이름. 사발략가한(沙鉢略可汗, 이시바르 카간)의 아들로, 성은 아시나(Ashina, 阿史那), 이름은 '센간(染干)'이다. '계인가한'은 '슬기롭고 강인하신 칸'이라는 뜻의 '엘 이둑 자미 카간(El ïduk jamï qaγan, 意利珍豆啓民可汗)'을 줄여 부른 것이다. 《수서》《돌궐전》에서 '계인가한'으로 소개한 것은 당대에 《수서》 편찬자들이 태종 이세민(李世民)의 이름자를 피하기 위하여 고쳤기 때문이다.

336) 고원을 소환하여 입조하게 했으나[徵元入朝]: 《수서》《양제본기》 "대업 3년(607) 8월 을유일(양력 9월 5일)"조에는 "계민은 장막을 꾸미고 길목을 청소한 뒤에 어가를 기다렸다. 황제가 그의 장막에 행차하매 계민이 술을 바치고 장수를 빌자 [황제가 그에게] 주연을 몹시 후하게 베풀었다. [이 자리에서] 주상은 고려의 사자에게 말하였다. '[본국으로] 돌아가 너희 왕에게 일러라. 일찍 와서 [짐을] 알현함이 옳다. 그렇게 하지 않는다면 내 계민과 함께 그곳까지 달려가게 될 것이다!'"라고 기술되어 있다. 여기서 '입조하게 했다'고 한 것은 바로 이때의 일을 두고 한 말로 보인다. 여기서는 양제가 고구려 사신과 대면하는 장면을 소략하게 다루었다. 그러나 〈돌궐전〉에는 비교적 상세하게 기술되어 있다.

337) 대업 7년(大業七年): 서기로는 611년이며, 고구려 기년으로는 영양왕 22년에 해당한다.

338) 황제는 고원의 죄를 따지기로 하였다[帝將討元之罪]: 수나라의 고구려 정벌과 관련하여 《수서》《배구전(裴矩傳)》에서는 "[영양왕] 고원이 칙명을 받들지 않자 비로소 요동 정벌의 책략을 마련하였다"라고 밝히고 있다. 영양왕이 양제의 압박에 무시로 일관하자 응징 차원에서 고구려를 정벌하기로 결심한 셈이다. 《수서》《식화지(食貨志)》에는 양제의 정벌 준비과정이 비교적 상세하게 기술되어 있다. 해당 기사는 《수서》의 주석을 참조하기 바란다.

339) 요동 땅[遼東地]: 《수서》에는 "요동성(遼東城)"으로 되어 있다. 그러나 문법적으로나 맥락상으로나 '요동 땅' 쪽이 '요동성'보다 자연스럽다. 정황상으로도 요동성은 고구려 경내에 있는 고구려의 성이었으므로 양제가 요동성 안에 군영을 구

르렀다. [그리고] 길을 나누어 군사를 출동시키매341) 저마다 그 나라의 성 아래에 병력을 주둔시켰다.

고려는 [그 성을] 나와서 싸웠으나 여러 면에서 불리하자 한결같이 성에 의지하여342) 굳게 지키는 것이었다. [이에] 황제는 전군에 명령을 내려 그 성을 공격하게 하였다.

○ 大業七年, 帝將討元罪, 車駕度遼水, 止營於遼東地, 分道出師, 各

축했다고 보기는 어렵다. 따라서 양제와 수나라 대군은 요동성을 공격하는 입장이었으므로 그 위치를 요동성 바깥, 즉 '요동성 아래' 또는 '요동성 가까이'로 이해하는 편이 합리적이다. 실제로 《수서》〈우작전(虞綽傳)〉에서는 "'대업 8년 임신년 여름 4월 병자일(4월 27일)에 황제가 요수·갈석 일대를 평정하기에 이르매, … 행궁이 유성현의 임해돈에 멈추었네 …'"라고 하였다. 양제가 군영을 세운 곳이 요동성 안이 아니라 유성현의 임해돈이라고 분명히 밝힌 것이다.

340) 멈추어[止]: 이 글자의 경우, 여기에는 '멈출 지(止)'로 되어 있으나 《수서》에는 '위 상(上)'으로 나와 있다. 어느 쪽이든 의미상으로는 큰 문제가 없다. 다만, ① 앞에서 이미 대주어 '황제[帝]'가 제시된 데다가, ② 전후 문맥을 따져 보더라도 '요수를 건너고 ⇒ 멈추어 ⇒ 병영을 세우다' 쪽이 훨씬 자연스럽다. 즉, ③ 원래는 뒤의 '영(營)'과 결합되어 "멈추어 병영을 세우다" 식의 복합동사로 사용된 것을 ④ 후대의 《수서》 필사자들이 이 대목을 필사하는 과정에서 '멈출 지'를 모양이 비슷한 '상'으로 잘못 베꼈을 가능성이 높다.

341) 길을 나누어 군사를 출동시키매[分道出師]: 《수서》〈양제본기〉에 따르면, 양제는 고구려 정벌을 위하여 좌 12군(左十二軍)과 우 12군(右十二軍)의 총 24개 군대를 24개 방면으로 발진시킨 것으로 소개되어 있다. 구체적인 군대 구성 및 행군 상황은 《수서》〈양제본기〉와 《자치통감》〈수기〉 "양제 대업 7년(611) 봄 4월"조에 비교적 자세하게 소개되어 있다. 본서의 〈양제본기〉 역주 부분을 참조하기 바란다.

342) 성에 의지하여[嬰城]: 성벽을 방패 삼아 농성했다는 말이다. 한대 학자 허신이 《설문해자》에서 "'영'은 목 장식이다(嬰, 頸飾也)"라고 한 것처럼, '영'은 원래 목걸이 같이 목에 둘러 꾸미는 장식품을 가리키는 명사이지만 때로는 '두르다(wrap [a]round)'라는 의미의 동사로 사용되기도 하였다. 《한서》〈괴통전(蒯通傳)〉의 '영성(嬰城)'에 대하여 안사고(顔師古, 581~645)가 맹강(孟康, 3세기)의 설명을 인용하여 "'영'은 성으로 자신을 둘러싸는 것이다(嬰, 以城自繞)"라고 한 것이 그 증거이다. 여기서는 편의상 "성에 의지하여"로 번역하였다.

頓兵於其城下。高麗出戰多不利, 皆嬰城固守。帝令諸軍攻之。

• 110

그러고는 장수들에게는 이렇게 조칙을 내렸다.

"고려가 만약에 항복하면 즉시 끌어안아 받아들임이 옳은 바, 함부로 군사를 풀어 [성 안으로] 들어가게 해서는 안 될 것이다!"

○ 又敕諸將, 高麗若降, 卽宜撫納, 不得縱兵入。

• 111

[그렇게 하여 요동]성이 함락되[려 해]기만 하면 적들은 그때마다 ["항복하겠다"라]고 둘러대는 것이었다.343) [그러면] 장수들은 [당초의] 어명을 받들어 그 기회를 노릴 엄두를 내지 못하고 일단 [황제에게] 신속히 달려가 아뢰게344) 하였다.

○ 城將陷, 賊輒言降, 諸將奉旨, 不敢赴機。先馳奏。

---

343) 성이 함락되기만 하면 적들은 그때마다 말하는 것이었다[城陷, 賊輒言]: 이 대목의 경우, 《북사》보다 25년 앞서 편찬된 《수서》에는 "성이 함락되려 하기만 하면 적들은 그때마다 '항복하겠다'고 말하는 것이었다"로 기술되어 있다. 《북사》 편찬자들이 기사를 축약하는 과정에서 오류를 범한 것으로 보인다.

344) 일단 신속하게 달려가 아뢰게[先令馳奏]: 양제가 머무는 군영으로 파발을 보내어 보고했다는 말이다. 《수서》〈우작전(虞綽傳)〉에는 양제의 군영에 관하여 다음과 같이 묘사하였다. "[황제를] 따라 요동 정벌에 나섰다. 황제는 임해돈에 머물 때에 큰 새를 발견하고 신기하게 여기고 우작에게 황제의 명령을 내려 명문을 새기게 하였다. 그 기사는 이렇다. '대업 8년 임신년에 … 유성현의 임해돈에 멈추었네. …' 황제는 그것을 보고 잘 지었다고 여겨 관련 관서에 명하여 바다 위에 새기게 하였다. 그리고는 요수를 건너는 데에 공을 세웠다 하여 건절위를 제수하였다"라고 하였다.

- ●112

[그러나 그] 보고가 당도할 때가 되면 적들은 적들대로 수비를 정비하고 다시 [성을] 나와 [수나라 군사에] 맞서 싸우곤 하였다. 그렇게 하기를 세 차례나 했는데도 345) 황제는 [상황을] 깨닫지 못하였다.

○ 比報, 賊守禦亦備, 復出拒戰。如此者三, 帝不悟。

- ●113

이로 말미암아 식량이 바닥나고 군사들이 지친 데다가 수송조차 원활하게 이루어지지 못하는 바람에 전군이 [싸움에서] 패하는 경우가 많아지니, 이때에 이르러 군사를 되돌리고 말았다.

이번 출정의 경우, 고작해야 요수 서쪽에서 적측의 무려라346)를 확보하고347) [그 자리에] 요동군 및 통정진을 설치하고348) 귀환한 데서 그쳤

---

345) 그렇게 하기를 세 차례나 했는데도[如此者三]: 《수서》에는 이 부분이 "그렇게 하기를 두세 차례나 했는데도[如此者再三]"로 되어 있다.

346) 무려라(武厲邏): 요수 서쪽 기슭에 구축된 고구려 군사 거점의 하나. 그 이름의 경우, 《수서》《이경전(李景傳)》에는 "무려성(武厲城)", 《통전》《변방2》 "고구려"조에는 "무열라(武列邏)"로 조금씩 다르게 소개되어 있다. 원대의 호삼성은 《자치통감》《수기》 "양제 대업 8년(612) 7월"조에 대한 주석에서 "고구려가 요수 서쪽에 나소를 설치하여 요수를 건너는 자들을 경계하고 살핀 것"이라고 설명하였다. 그런데 바로 뒤에서 요서에 있는 무려라 자리에 "요동군과 통정진을 설치하였다"라고 한 것을 보면 상당한 면적을 유지하고 있었다는 뜻으로 해석된다. 무려라는 통상적인 성채(castle)가 아니라 우리나라의 DMZ처럼 특정 지역을 순찰·수비하는 경비구역(Security Area) 정도의 의미로 이해하는 편이 합리적이라는 뜻이다.

347) 요수 서쪽에서 적의 무려라를 확보하고[遼水西拔賊武厲邏]: 《고훈회찬》(제871쪽)에 따르면, "'발'이란 성읍을 격파하여 차지하는 것이다[拔者, 破城邑而取之]." 여기서도 "적측의 무려라(賊武厲邏)"라고 한 것을 보면 양제가 요동 정벌에 나설 시점에 고구려가 자국 영토인 요수 이동지역은 물론이고 그 맞은편인 요수 이서지역의 일부도 자국의 거점으로 확보하고 있었음을 유추할 수 있다. 유자

안악1호분에 그려진 기린(좌). 중국의 경우 한대(중)나 후대(우)의 기린은 뿔이 하나이며 날개가 없다. 날개가 달린 고구려의 기린은 유니콘처럼 서역과의 교류의 증거이다.

을 뿐이었다. [＊349)]

○ 由是, 食盡師老, 轉輸不繼, 諸軍多敗績。於是, 班師。是行也, 唯於遼水西拔賊武厲邏 置遼東郡及通定鎭而還。

민·묘위(같은 책, 제212쪽)는 그 위치를 요녕성 신민현(新民縣)의 요빈탑(遼濱塔) 옛 성으로 비정하였다. 그러나 이는 요동과 요서를 나누는 기준점인 요수를 요하(遼河)로 본 데서 빚어진 착오이므로 수정이 필요하다.

348) 요동군 및 통정진을 설치하고[置遼東郡及通定鎭]: 양제는 이 해의 고구려 정벌에 실패하고 요동성을 함락시키지도 못한 상태에서 회군하였다. 그런 상황에서 요동군과 통정진을 설치했다는 것은 곧 고구려의 요동성 이서지역을 점령하는 정도에서 그쳤다는 뜻으로 해석된다. 국내외 학계에서는 통정진을 신민현 서북쪽인 요하(遼河)의 서쪽 기슭으로 비정하는 것이 통설이다. 그러나 통정진의 좌표에 관해서는 《책부원구》〈제왕부·사유2(帝王部·赦宥二)〉에 수록된 〈평요동대사조(平遼東大赦詔)〉가 참고할 만하다. 그 조서에서 지명들은 '[중원 ⇒] 탁군 ⇒ 임유관 ⇒ 유성 ⇒ 통정진 ⇒ 요수[⇒ 요동]'의 순서로 나열되어 있으며, 통정진은 요수를 건너기 전의 위치에 소개되어 있다. 통정진이 요수와 유성 사이에 있는 곳임을 알 수 있는 셈이다. 양제가 이때 설치한 요동군과 통정진의 좌표는 요수 이동(요동)이 아니라 요수 이서(요서)에서 찾아야 한다는 뜻이다.

349) ＊:《자치통감》《수기》"양제 대업 8년"조에는 이 자리에 다음의 내용이 추가되어 있다. "8월에 어명을 내려 여양·낙양·낙구·태원 등지의 곳간의 양곡을 수송하여 망해돈으로 향하게 하였다(八月, 敕運黎陽洛陽洛口太原等倉穀, 向望海頓)" 호삼성은 "망해돈은 요서의 지경에 있어야 옳다(望海頓, 當在遼西界)"라고 하였다.

● 114

[대업] 9년350)에 황제가 다시 [고구려] 정벌에 직접 나섰다. [황제는] 조칙을 내려 전군이 상황에 맞추어 [적절하게] 대응하도록351) 일렀다. [그러자] 장수들은 길을 나누어 성들을 공격하니 적들의 기세가 날이 갈수록 위축되어 갔다.

○ 九年, 帝復親征, 敕諸軍以便宜從事。諸將分道攻城, 賊勢日蹙。

● 115

[그러나] 공교롭게도 양현감352)이 반란을 일으켰다. 황제는 크게 두려워하면서 [보고가 당도한] 당일 바로 육군을 일제히 귀환시켰다.

[이때] 병부 시랑353)이던 곡사정354)이 도망쳐 고려로 들어갔다.355) [결국] 고려가 [수나라의] 상황을 낱낱이 알고 정예 병력을 총동원해 와서 추격하는 바람에 전군이 대부분 패하고 말았다.

○ 會楊玄感作亂, 帝大懼, 即日六軍並還。兵部侍郎斛斯政亡入高麗, 高麗具知事實, 盡銳來追, 殿軍多敗。

수나라 무인 석상(안휘성 합비시 출토)

350) 9년(九年): 양제의 대업 9년을 말한다. 서기 613년이며, 고구려 기년으로는 영양왕 24년에 해당한다.

351) 상황에 맞추어 대응하도록[便宜行事]: '편의행사(便宜行事)'란 임기응변(臨機應變)과 같은 뜻으로, 지휘관이 최고 군 통수권자(황제)의 명령을 기다리지 않고 자신의 판단에 따라 상황에 맞게 적절하게 대응하는 것을 말한다.

• 116

[대업] 10년에 [양제는] 이번에도 천하의 군사를 동원하였다. [그러나] 공교롭게도 도적들이 [각지에서] 벌떼처럼 일어나는 바람에 [*356)] [… 군사가] 집결한 곳과 [연락이] 두절되어 군사가 [작전과정에서] 적기를 놓치는 일이 많았다.357)

○ 十年, 又發天下兵, 會盜賊蜂起, 所在阻絶, 軍多失期.

352) 양현감(楊玄感, ?~613): 수나라 대신. 홍농(弘農) 화음(華陰) 사람으로, 수나라 대신 양소(楊素)의 아들이다. 대업 9년(613)에 양제의 명령으로 여양(黎陽)에서 군량 수송을 감독하였다. 그러나 양제의 폭정에 불만을 품고 6월에 반기를 드니 그 무리가 10만을 넘을 정도였다. 처음에는 낙양을 포위할 정도로 기세가 등등했으나 한 달이 넘도록 함락시키지 못하자 서쪽의 관중(關中)을 점령하려고 이동하다가 추격해 온 우문술(宇文述)의 관군에게 패하고 죽음을 당하였다.

353) 병부시랑(兵部侍郞): 중국 고대의 관직 이름. 지금으로 치면 국방부 차관 정도에 해당한다.

354) 곡사정(斛斯政, 590~670): 수나라 관원. 하남 사람으로, 북위의 선비족 출신 상서령(尙書令)인 곡사춘(斛斯椿)의 손자이다. 고구려 정벌 당시 유능하다 하여 양제가 병부시랑에 제수하고 대단히 신임하였다. 그러나 요동에 종군하면서 양현감과 내통하다가 양제가 양현감의 붕당을 숙청하자 고구려로 망명하였다. 이듬해에 양제가 다시 요동 정벌에 나서자 고구려에서 항복의 대가로 그를 쇠사슬로 묶고 함거에 태워 수나라로 송환시키는 바람에 기둥에 묶인 채로 수나라 문무 백관이 난사한 화살에 맞아 비참한 최후를 맞았다.

355) 도망쳐 고려로 들어갔다[亡入高麗]: 이와 관련하여《수서》〈염비전(閻毗傳)〉에서는 "병부시랑 곡사정이 요동으로 도망쳤다. 황제가 염비로 하여금 기병 2천을 이끌고 추격하게 했으나 따라잡지 못하였다. 곡사정은 고려의 백애성에 머물렀다"라고 기술하였다. '백애성(柏崖城)'은 백암성을 말한다. 이로써 고구려로 망명한 곡사정이 백암성에 머물고 있었음을 알 수가 있다.

356) *:《수서》에는 이 자리에 "사람들이 유랑하거나 도망치는 경우가 많아져(人多流亡)"라는 구절이 들어가 있다.

357) 적기를 놓치는 일이 많았다[多失期]: 24개 방면으로 편성된 수나라 군대가 각지 농민들의 봉기로 수시로 연락이 두절되거나 제때에 도착·합류하지 못하는 바람에 병력을 총집결하여 고구려를 상대로 원만하게 작전을 수행하지 못했다는 뜻으로 해석된다.

강서 대묘 북벽에 그려진 현무(玄武)의 모습. 서로 뒤얽힌 거북과 뱀이 생생하게 묘사되어 있다(문화재청).

• 117

[수나라 군이] 요수에 이르렀을 즈음에는 고려는 고려대로 [국력이] 궁핍하고 피폐해진 상태였다. [그래서] 사신을 파견하여 항복을 요청하면서 곡사정을 [함거에] 가두어358) 보내 줌으로써 지은 죄를 갚으려 하였다.

황제는 그것을 허락하고 나서 회원진359)에서 행차를 멈추고 그의 항

---

358) 가두어[囚]: 원문에는 '말미암을 인(因)'으로 나와 있으나 전후 맥락상 '가둘 수 (囚)'가 옳다.

359) 회원진(懷遠鎭): 중국 고대의 지명. 그 위치의 경우, 국내외 학자들은 ① 과거에는 지금의 요녕성 북진시(北鎭市) 부근, ② 최근 중국 학계는 요녕성 요중현(遼中縣) 인근, ③ 유자민·묘위(같은 책, 제212쪽)는 지금의 조양시로 각각 비정하였다. 그러나 고구려-수나라 전쟁과 관련된 한·중·일 학자들의 이 같은 지리고증들은 반도사관에 대입하여 얻어진 결과물이라 해도 과언이 아니다. 역사적 사실에 부합된다고 보기 어렵다는 뜻이다. 실제로 ①《구당서》〈지리지〉"하북도 영주 상도독부(河北道營州上都督府)"조에는 【연주】수나라 때의 요서군으로 … 요서·노하·회원의 3개 진을 관할하였다", ②《신당서》〈지리지〉"하북도 영주(河北

복[문서?]을 받았으며, 나아가 포로와 노획한 물자들을 가지고 귀국하였다.

○ 至遼水, 高麗亦困弊, 遣使乞降, 因送斛斯政贖罪。帝許之, 頓懷遠鎭受其降, 仍以俘囚軍實歸。

• 118

[황제는] 도읍에 당도하자 고려의 사자를 끌고 태묘360)에 [그간의 경위를] 직접 고하고 나서 그 사자를 억류하였다.

나아가 [고]원을 소환하여 입조할 것을 종용했으나 [고]원은 끝까지 [도읍으로] 오지 않았다. [이에] 황제는 [칙명을 내려] [*361)] 또다시 뒤이은 정벌을 도모하였다. [그러나] 공교롭게도 천하의 사람들이 죽고 어지러워지자362) 결국 다시는 진행하지 않았다.363)

道營州)"조에는 "【유성군】 … 이와 함께 여라·회원·무려·양평의 네 수착성이 있다"라고 하였다. ③ 북송대의 연혁지인 《태평환우기》의 〈하북도〉 "연주(燕州)"조에도 같은 내용이 소개되어 있다. 이상의 기록들을 종합해 볼 때, 회원진은 요녕성이 아니라 하북성(동북부) 경내에 있었음을 알 수가 있다.

360) 태묘(太廟): 중국 고대에 황제의 조상들을 봉안하고 중대사가 발생하거나 외지로 출행하거나 제사를 지낼 때 출입한 묘당. 여기서 "태묘에 직접 고한" 주체는 고구려 사신이 아니라 수나라 양제 자신이다. 인터넷 〈국편위판〉에서는 이 부분을 "高[句]麗의 使者로 하여금 친히 太廟에 告하도록 한 뒤" 식으로 번역했으나 기사를 잘못 이해하였다. 태묘는 언제나 황제만 출입할 수 있는 어용 공간이며 '몸소 친(親)' 역시 황제를 염두에 두고 쓴 글자이기 때문이다.

361) *: 《수서》에는 이 뒤에 "군사들에게 군장을 단단히 갖추게 하고(勅諸軍嚴裝)" 구절이 들어 있다.

362) 천하의 사람들이 죽고 어지러워지자[天下喪亂]: 《수서》에는 이 부분이 "천하가 크게 어지러워지는 바람에(天下大亂)"로 되어 있다.

363) 다시는 진행하지 않았다[不復行]: 자국의 혼란으로 정벌 계획이 무산된 것을 말한다. 이와 관련하여 《자치통감》〈수기〉 "양제 대업 11년(615)"조에서는 "8월에 … 내사시랑 소우는 '… 고려를 사면하고 돌궐만 토벌한다는 명령을 내리신다면

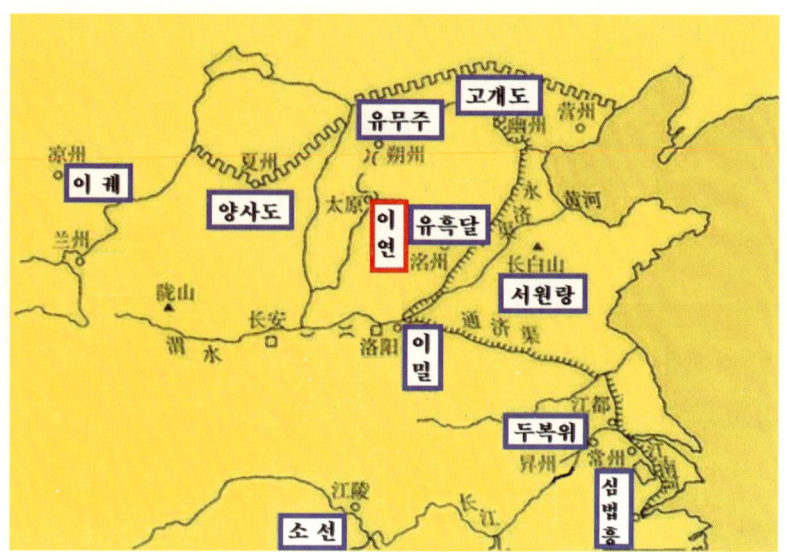

수나라 말기의 군웅 할거도. 빨간 네모의 이연이 훗날 당나라를 건국하고 황제가 된다.

○ 至京師, 以高麗使親告太廟, 因拘留之. 仍徵元入朝, 元竟不至. 帝更圖後擧, 會天下喪亂, 遂不復行.

사람들이 평안해져 다들 자진해서 싸우려 할 것입니다'라고 하였다. … 우세기 역시 황제에게 포상을 각별히 내리고 요동 정벌을 중단하라는 조서를 내리기를 권하였다. 황제가 그 주청을 따랐다"라고 하였다. 이처럼 농민들의 봉기와 반란이 잇따른 데다가 만리 이역인 고구려 정벌에 집착하기보다 돌궐 토벌에 집중하라는 것이 조정 여론의 대세를 이루었다. 게다가 "대업 12년"조에 따르면 양제에 납언(納言) 소위(蘇威)에게 다시 고구려 정벌에 나서도 되겠냐고 물었지만, "소위는 황제로 하여금 천하에 도적들이 얼마나 많은지 깨우치기 위하여 이렇게 대답하였다. '지금 이번 정벌에는 군사를 징발하실 것 없이 그저 도적떼들을 사면하기만 하시면 수십만을 얻을 수 있습니다. 그들을 요동 원정에 파견하신다면 놈들도 죄를 사면 받는 것을 기뻐하면서 다투어 공을 세우려 들 테니 고려를 멸망시킬 수 있겠지요' 하고 대답하였다. 그러자 황제가 언짢아 하였다"라고 한다. 한마디로 국내의 민심이 불안하고 도적떼들이 수십만이 넘게 준동하는 상황에서 무슨 전쟁이냐는 비아냥인 셈이다. 이렇게 해서 양제도 결국 마지막 정벌을 포기하고 만다.

백제전(百濟傳)[364]

• 001

백제[365]의 나라는 [그 선대개] 대체로 마한에 속했던 나라[366]로, 색리국

---

364) 백제전(百濟傳): 이 열전에는 색리(고리)국 출신으로 부여를 건국한 동명의 자손인 구태(온조)가 대방에서 나라를 세운 후한대로부터 수나라 말기까지 포착된 백제의 내력·역사·제도·풍습 등이 소개되어 있다. 동명설화 등 백제의 내력은 남조계 정사《양서》를 차용한 것으로 보인다. 그러나 제도·지리·풍습 및 중국과의 교섭·책봉 등에 관한 내용들은 대부분 북조계 정사인《위서》《주서》《수서》를 주로 참조했음을 알 수 있다. 백제가 북위와 남조 사이에서 등거리 외교를 펼친 일이나 동위·북제·북주 등의 북조 국가들과의 교섭·책봉 사실 등, 기존의 정사들에 소개되지 않은 내용들이 새로 추가되었다. 그러나 거의 모든 내용은 선행 정사들의 내용들을 거의 그대로 옮겨 놓은 수준에서 그쳤다. 특히, 수나라 전선의 표류를 계기로 이루어지는 위덕왕과 문제의 교섭, 요동의 패권을 둘러싼 고구려와 수나라의 격돌과정에서 어부지리를 도모하는 무왕과 양제의 교섭 등은 거의 모두《수서》의 기사를 그대로 옮겨 놓았다고 해도 과언이 아니다. 그럼에도 불구하고 당시의 상황들을 간단명료하게 축약해 놓아서 남북조시대의 한·중 교섭사를 부담 없이 살펴보기에는 유용하다.

365) 부여국(夫餘國): 인터넷〈국편위판〉주004에 따르면, 학계에서는 진대의 부여가 이웃한 고구려와 모용 선비의 침공에 시달리다가 4세기 말 모용황(慕容皝)에게 북부여가 멸망하고 고구려에 통합되는 한편, "夫餘族의 일파가 건국한 東夫餘만이 高句麗의 보호속에 5세기까지 존속하다가 文咨王 때에 이르러 勿吉의 흥기로 그 왕족이 高句麗에 투항함으로써 만주지역의 夫餘는 소멸"되었다고 보고 있는 듯하다. 부여의 어원에 관한 논의는 문성재,《정역 중국정사 조선·동이전1》, 제134쪽, "부여" 주석을 참조하기 바란다.

366) 마한에 속했던 나라[馬韓之屬]: 인터넷〈국편위판〉에서는 이 네 글자를 "馬韓의 족속이며"로 번역했으나 오역이다. ① 문법적으로 따져 볼 때 '속할 속(屬)'은 '소속하다(belong to)' 또는 '귀속되다(vest in)' 등의 의미를 나타낸다. 만약 ② '족속(tribe)'의 의미를 나타내려면 '속'이 아니라 '동종(同種)·별종(別種)' 등과 같이 '씨 종(種)'을 쓰는 것이 보통이다. 따라서 ③ '마한지속'은 당연히 '마한에 속해 있었던 집단' 식으로 이해해야 하는 것이다. ④ 실제로 연대가 빠른《주서》〈백제전〉에는 "마한의 속국이다(馬韓之屬國也)"으로 나와 있다. ⑤ 종족적으로도 백

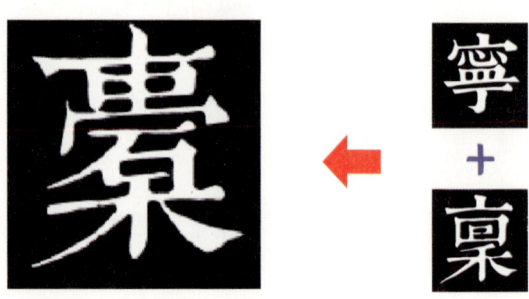

'녕품'은 세로쓰기로 적힌 '탁'을 두 글자('녕'과 '품')로 잘못 읽은 오독의 결과물이다.

367)으로부터 유래하였다.

○ 百濟之國, 蓋馬韓之屬也, 出自索離國。

제는 부여에서 남하한 고구려의 한 갈래이므로 토착집단, 즉 이전부터 그 지역에 정착해 있던 마한과는 같은 계통이라고 보기 어렵다.

367) 색리국(索離國): '색리(索離)'는 탁리(槀離)를 잘못 쓴 것이다. 고구려 국호의 경우, 《논형(論衡)》·《양서》·《한원》에는 '탁리(槀離)', 《위략》·《수신기》에는 '고리(槁離)', 《태평어람(太平御覽)》에는 '고리(膏離)', 《법원주림》에는 '영품리(寧槀離)'로 나와 있다. 여기서 '탁(槀)·고(膏)'는 '마를 고(槁)'를 잘못 적은 것이며, '영품(寧槀)'은 세로로 씌어진 '자루 탁(槖)'을 그 두 글자로 오인한 결과물이다. 인터넷 〈국편위판〉에서는 "가장 이른 시기의 기록인 《論衡》의 '槀離'가 후대에 자형이 근사한 '槁離'로 오기되거나 음을 빌린 '索'으로 표시된 것이 아닌가" 하고 추정하였다. 그러나 《논형》의 '탁'은 앞서 여러 곳에서 누차 말한 것처럼, ① 한대의 학자들 사이에서 전사되는 과정에서 고려의 '높을 고(高)'가 '마를 고(槁)'로 필사된 것을 ② 후대의 학자들이 다시 '자루 탁'으로 오독한 결과이다. 색리·탁리 모두 '고리'의 오기라는 뜻이다. 《위략》의 '고리'가 고려임이 분명하다면 고구려의 '려'는 고대음으로는 '려'가 아니라 '리'였음을 알 수 있다. 인터넷 〈국편위판〉에서는 시라도리 구라키치(白鳥庫吉)의 주장에 따라 '탁'은 그 발음을 빌린 '색'으로 표시된 것이며, '색'도 몽골어에서 '경계'를 뜻하는 '사하(sacha)'와 같은 말로 보아 '색리(索離)'로 해석하고 퉁구스어의 '흑국(黑國)'의 의미로 보았다. 그러나 '색(索)'은 모양이 비슷한 '탁(槀)'을 잘못 읽은 결과이다. 시라도리의 모든 주장은 첫 단추를 잘못 끼운 경우라는 뜻이다.

• **002**

그 나라 왕이 [도읍을] 나가서 [국토를] 순행하는 동안 그의 시녀가 그 뒤에[368)] 아이를 배었다. [그래서] 왕은 [왕궁으로] 귀환하자 그녀를 죽이려 하였다. [그러자] 시녀가 말하는 것이었다.

"지난번에 하늘을 보니 하늘에서 큰 달걀만한 기운이 내려오더니 감응이 있었는데 그 일을 계기로 아이를 배었습니다."

[그러자] 왕이 그녀를 풀어 주었다.

○ 其王出行, 其侍兒於後姙娠, 王還, 欲殺之。侍兒曰, 前見天上有氣如大鷄子來降, 感, 故有娠。王捨之。

• **003**

[그 시녀는] 나중에 아들을 낳았다.

왕이 그 아이를 돼지우리[369)]에 갖다 놓았더니 돼지가 그 아이를 입김으로 불어 준 덕분에 죽지 않았다. 나중에는 마구간으로 옮겨 놓았더니 [말] 역시 지난번과 똑같이 하는 것이었다. [그러자] 왕은 [그 아이를] 신령스럽게 여겨 그 아이를 기르도록 이르고, '동명'이라고 이름을 지어 주

---

368) 그 뒤에[於後]: 인터넷 〈국편위판〉과 〈동북아판4〉(제124쪽)에서는 '어후(於後)'를 각각 "後[宮]에서", "후[궁]에서"로 번역했으나 오역이다. 여기서는 "그 뒤에", 즉 '색리국왕이 국토를 순행하기 위하여 도성을 나간 뒤에'라는 뜻으로 해석하는 편이 합리적이다.

369) 돼지 우리[豕牢]: 고대 한문에서 '우리 뢰(牢)'는 가축을 한정된 공간에 가두어 두는 우리를 가리킨다. 기존의 번역서들의 경우 주몽의 탄생과정에서 돼지가 있는 공간을 '변소'로 번역하는 경우가 더러 있다. 그러나 이 '돼지우리'라는 표현을 통하여 그것이 잘못된 번역임을 확인할 수 있는 셈이다. 돼지우리를 측간으로 오해하게 된 이유에 관해서는 문성재, 《정역 중국정사 조선·동이전1》, 제273~275쪽의 "뒷간" 주석을 참조하기 바란다.

었다.

○ 後, 生男, 王置之豕牢, 豕以口氣嘘之, 不死。後, 徙於馬闌, 亦如之。王以爲神, 命養之, 名曰東明。

• 004

[그가] 장성하고 나서도 [활을] 잘 쏘자 왕은 그가 용맹스러운 것을 꺼려서 이번에도 그를 죽이려 하였다. 동명이 그래서 도망쳐 달아났다.

○ 及長, 善射, 王忌其猛, 復欲殺之, 東明乃奔走。

• 005

[그가] 남쪽으로 엄체수370)까지 이르렀을 때였다.
활로 물을 치자 물고기와 자라들이 모두 [떠오르더니] 다리를 만드는 것이었다.

---

370) 엄체수(淹滯水): 고대사에 등장하는 하천 이름. 그 이름의 경우, 후한대 학자 왕충(王充, 27~97?)의 《논형(論衡)》에서는 '엄체수(掩㴲水)', 《삼국지》〈고구려전〉의 《위략》 인용 기사에는 '시엄수(施掩水)', 〈광개토대왕비(廣開土大王碑)〉에는 '엄리대수(掩利大水)', 《후한서》로부터 100여 년 뒤인 당대에 편찬된 《양서(梁書)》와 《수서(隋書)》에는 각각 '엄체수(淹滯水)'와 '엄수(淹水)'로 되어 있다. 그렇다면 복수의 자료들을 통하여 '엄체' 또는 '엄리'가 바르며 '시엄'은 '엄체'를 '체엄(㴲掩/滯掩)' 식으로 뒤집어 표기한 경우인 셈이다. … 그 위치의 경우, 인터넷 〈국편위판〉 주113에서는 "이 '掩㴲水'는 夫餘 建國說話로 보면 대체로 松花江을 지칭하는 것"이라고 보았다. 그러나 확실한 것은 아니다. 당대 초기의 장회태자 이현은 엄체수에 대하여 《후한서》〈고구려전〉 주석에서 "지금의 고구려에는 개사수가 있는데 이 강이 그것이 아닌가 싶다"라고 하였다. 인터넷 〈국편위판〉에서는 이현이 언급한 '개사수'를 "지금의 鴨綠 東北" 또는 "一說에는 그 지리적 조건으로 보아 松花江"으로 비정하였다. 그러나 추모의 남하는 장수왕이 평양으로 천도하기 이전이라는 점에 유념해야 한다. 그 점에 주목할 때 지리적으로 그 하천이 압록강일 가능성은 제로에 가깝다.

'체'와 '체'의 몸글자인 '대(帶)'와 '호(虎)'. 두 글자 모양이 비슷해서 서둘러 읽거나 쓸 경우 자칫 혼동될 수도 있다.

[그러자] 동명은 그것을 타고 물을 건너는 데에 성공하고 [드디어] 부여에 이르러 [그 나라의] 왕이 되었다.

○ 南至淹滯水, 以弓擊水, 魚鼈皆爲橋, 東明乘之得度, 至夫餘而王焉。

• 006

동명의 자손371)으로 구태372)라는 이가 있었는데, 인덕과 신의[를 지키는

---

371) 동명의 자손[東明之後]: 여기서 '뒤 후(後)'는 문법적으로 두 가지 해석이 가능하다. ① 시간적으로 앞의 대상(동명)보다 '나중(later)'이라는 뜻으로 해석하거나 ② 계보상으로 앞의 대상의 '자손(descendant)'이라는 뜻으로 해석하는 것이 이 중에서 어느 쪽으로 번역하더라도 동명 뒤에 구태가 그 정통성을 계승했다는 점 자체에는 변동이 없다.

372) 구태(仇台): 백제의 시조이자 건국자의 이름. 인터넷 〈국편위판〉 주114에는 '백제의 건국 시조가 누구냐'와 관련하여 대체로 ① 온조설(삼국사기), ② 비류설(삼국사기), ③ 도모설(속일본기), ④ 구태설(주서/수서) 정도로 소개하였다. 실제로, 국내 학계에서는 온조[왕](BC18~AD27)과 구태를 서로 다른 인물로 간주하는 경향이 지배적이다. 그러나 그 같은 구태인식에는 문제가 매우 많다. 일단 추모의 일본식 표기인 도모(都慕, 쭈모≒추모)는 논외로 치고, ① '온조(溫祚)'는 '광개토(廣開土)·장수(長壽)·무녕(武寧)·무열(武烈)' 등과 같이 그 왕을 규정하는 특징과 업적들을 함축한 시호(諡號)이자 왕호(王號)이며, '구태'야말로 아무 수식 없는 오롯한 이름이기 때문이다. ②《북사》《수서》에서 구태를 소개하면서

데]에 전념하더니 마침내 대방 옛 땅에 나라를 세웠다.373)

○ 東明之後有仇台, 篤於仁信, 始立國于帶方故地。

•007
[후]한나라의 요동태수이던 공손도374)가 딸을 그에게 아내로 주었는데

"동명[성왕]의 자손으로 구태라는 자가 있다"라고 한 것이 그 증거이다. ③ 두 사서에서 "[백성들에 대한] 사랑과 [국정에 대한] 성실함이 각별하였다(篤於仁信)"라고 한 것도 또 다른 증거이다. ④ 중국의 전통적인 시법(諡法)에서 자상함[仁]과 성실함[信]은 언제나 '따뜻함[溫]'과 동반되는 개념이었기 때문이다.

373) 마침내 대방 옛 땅에 나라를 세웠다[始立國于帶方故地]: 이 내용의 경우, 연대가 빠른《주서》에는 "대방에서 나라를 시작하였다",《수서》에는 "비로소 그 나라를 대방의 옛 땅에 세웠다"로 기술되어 있다. 구태가 처음으로 백제를 세운 장소가 대방[의 옛] 땅이라는 뜻이다. 이 부분의 경우, ① 그 뒤에 바로 "차츰 번창하여 동이 땅의 강한 나라로 성장하였다", "당초에 '백가가 [바다를] 건너왔다'고 하여 그 일을 계기로 '백제'로 부르게 되었다" 등의 내용이 이어지는 것을 볼 때, ② 나라를 세운 상태에서 백가를 거느리고 바다를 건넜다면 당초 발상지와 현재의 나라는 엄연히 좌표가 다르다고 보아야 옳다. 그렇다면 ③ 온조왕(구태)이 처음에 옛 대방 땅에 나라를 세웠으나 모종의 이유로 말미암아 ④ '바다 넘어' 동이 땅으로 '건너와서' 왕통을 계속 이어 갔다는 해석이 가능해진다. 즉, 하북지역(대방고지)에서 나라를 세우고 나서 바다를 건너 제3의 땅(한반도)로 와서 정착했다고 볼 수도 있다는 뜻이다. ⑤ 당대의 문헌인《당회요(唐會要)》"백제"조 및《책부원구》〈외신부·종족〉"백제"조에서도 "백제라는 나라는 본래 부여의 또 다른 갈래이다. 마한(대방)의 옛땅을 점유하고 있었는데 그 뒤에 등장한 구태가 고구려에 패하여 백가를 데리고 바다를 건넜으며 그래서 '백제'로 일컫게 되었다"라고 교통정리를 분명하게 해 주고 있다. 즉, '마한에 복속 ⇒ 구태 등장 ⇒ 고구려와의 경쟁에서 실패 ⇒ 백가를 데리고 바다 건넘'의 과정을 거쳐 한반도에 정착한 셈이다. ⑥ 실제로《삼국사기》의 초기 백제 기사들에 '낙랑(樂浪)·말갈(靺鞨)'과의 분쟁·교섭 사실들이 수시로 소개된 것도 그 같은 가능성을 방증해 준다.

374) 공손도(公孫度, 150~204): 후한대의 대표적인 군벌. 요동군 양평현(襄平縣) 사람으로, 처음에는 현토군의 관리이다가 조정에 발탁되어 상서랑(尙書郞)을 지냈으며, 동탁(董卓, 132~192)이 정권을 장악하자 요동태수에 제수되었다. 황건적의 난으로 나라가 어지러워지자 '요동후(遼東侯)'를 자처하면서 자신의 관할지역이던 요동군을 요서(遼西)·중료(中遼) 두 군으로 나누고 스스로 태수를 임명하면

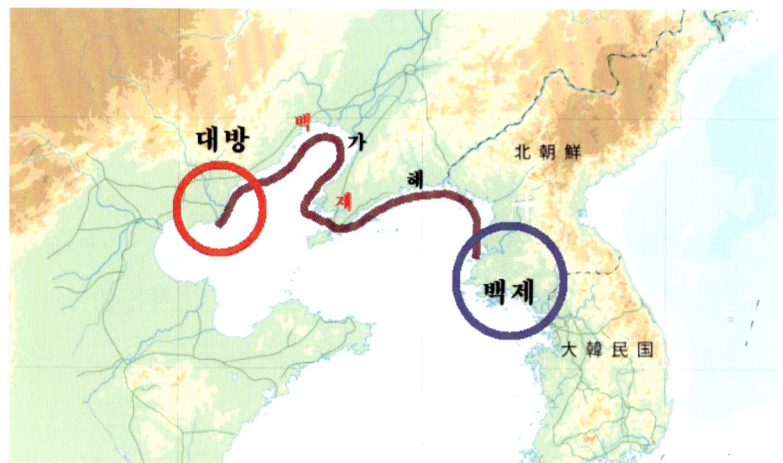

백제는 발상지와 정착지가 다르다는 점에 유념해야 한다. 대방은 한반도가 아닌 하북성 동북방의 평주이다. 백가가 바다를 건넌 것이 지금의 경기·충청·전라의 백제 땅인 것이다.

마침내 동이 땅의 강한 나라로 성장하였다.

[그 나라는] 당초에 '백 가를 거느리고 [바다를] 건넜다' 하여 그 일을 계기로 [나라 이름을] '백제'로 부르게 되었다.375)

서 요동지역에서 독자적인 정치세력을 형성하였다. 이어서 평주(平州)를 설치하고 '평주목(平州牧)'을 자처하는 한편, 발해 너머 산동반도까지 세력을 확장하여 동래(東萊) 등의 현들을 복속시키고 영주(營州)에 자사(刺史)를 두기도 하였다. 중국의 학계에서는 그 출신지인 양평현을 요녕성 요양시로 비정해 왔다. 그러나 당대의 장회태자 이현은 1,300여 년 전에 이미 『【양평】 요동군의 옛 성에 속하며, 지금의 평주 노룡현 서남쪽에 있다"라고 그 좌표를 분명하게 밝혀 놓았다.

375) '백 가를 거느리고 건너왔다' 하여 그 일을 계기로 '백제'로 부르게 되었다[以百家濟, 因號百濟]: 이보다 연대가 앞선《수서》〈백제전〉에는 "'백가가 바다를 건너왔다' 하여 그 일을 계기로 '백제'로 부르게 되었다"라고 되어 있는 것을 보면 여기서는 '바다 해(海)'가 생략되었음을 알 수 있다. 참고로, 김부식의《삼국사기》〈백제본기〉"온조왕"조에는 "10명의 신하가 [자신을] 보좌한다는 점을 들어 나라를 '십제'라고 불렀다. 이때가 전한 성제 홍가 3년(BC18)이었다. 나중에 [바다를 건너] 올 때에 백성들이 기꺼이 [자신을] 따랐다 하여 '백제'로 고쳐 부르기에 이르렀다"라고 기술되어 있다. 말하자면 온조왕이 처음에는 국호를 '십제'로 쓰다가

○ 漢遼東太守公孫度以女妻之, 遂爲東夷强國。初以百家濟, 因號百濟。

• 008

그 나라는 동쪽으로는 신라 · [괴]구려에서 끝난다.[376)

[그 나라는] 서쪽과 남쪽이 모두 큰 바다에 막혀 있고[377) 작은 바다의 남쪽에 자리 잡고 있는데,[378) [그 규모가] 동서로는 사백오십 리이고 남북으로는 구백 리가 넘는다.[379)

나중에 '백제'로 고쳤다는 뜻이다. '십제 ⇒ 백제'의 개명의 진실 여부를 확인할 수는 없으나 중국 정사에는 '십제'에 대해서는 언급이 보이지 않는다. 중국 고대의 호구 편제 단위인 '가(家)'에 관해서는 《정역 중국정사 조선 · 동이전2》, 제50쪽의 주석을 참조하기 바란다.

376) 그 나라는 동쪽으로는 신라 · 고구려에서 끝난다[其國東極新羅句麗]: 《북사》의 현존 판본들에는 모두 이렇게 소개되어 있다. 그런데 인터넷 〈국편위판〉과 〈동북아판4〉(제126쪽)에서는 이에 앞서 편찬된 《주서》〈백제전〉과 송대인 태평흥국(太平興國) 2년(977)에 편찬된 《태평어람(太平御覽)》〈사이부(四夷部)〉 "백제"조의 기사에 의거하여 "其國東極新羅, 北接高句麗"로 수정하고 "그 나라는 동쪽으로는 新羅에 닿고 북쪽으로는 高句麗와 접한다" 식으로 번역하고 있다. 우리 책에서는 《북사》의 원문에 충실하게 번역하였다.

377) 서쪽과 남쪽이 모두 큰 바다에 막혀 있고[西南俱限大海]: 인터넷 〈국편위판〉에서는 이 부분을 "서남쪽으로는 모두 大海로 경계 지어져 있고"로 번역하였다. 그러나 고대 한문에서 '함께 구(俱)'는 그 앞에 제시되는 대상이 단수가 아니라 복수임을 전제하는 부사로 사용된다. "서남쪽 모두"가 아니라 "서쪽과 남쪽 모두" 식으로 번역해야 논리적으로 옳다는 뜻이다.

378) 작은 바다의 남쪽에 자리 잡고 있는데[處小海南]: 이 부분의 경우, 《구당서》〈고려전〉에는 "큰 바다의 북쪽, 작은 바다의 남쪽에 자리 잡고 있다(處大海之北小海之南)"로 소개되어 있다. 그러나 《북사》의 같은 대목과 대조해 볼 때, "서쪽과 남쪽이 모두 큰 바다에 막혀 있고"를 "큰 바다의 북쪽 … 에 자리 잡고 있다" 식으로 잘못 이해했을 가능성이 높다.

379) 동서로는 사백오십 리이고 남북으로는 구백 리가 넘는다[東西四百五十里, 南北九百餘里]: 인터넷 〈국편위판〉 주053에 따르면, "千寬宇는 扶餘時代 百濟의 北

○ 其國東極新羅句麗, 西南俱限大海, 處小海南, 東西四百五十里, 南北九百餘里。

• 009
그 나라에서는 도성을 '거발성'이라고 하는데 '고마성'으로 부르기도 한다.380)

○ 其都曰居拔城, 亦曰固麻城。

界인 牙山~天原·木川線이 扶餘에서 대략 300里, 그 南界인 珍島~海南線이 夫餘에서 대략 1,000里 이상이므로, 百濟 全域의 南北은 대략 1,300里 이상이 되는데, 이것을 900餘里라고 한 것은 五方의 管割地域만을 말한 것"이라고 보았다. 그러나 여기서의 백제의 영토는 전성기인 한성백제(漢城百濟) 시기가 아니라 고구려의 남진으로 충남까지 밀려난 사비백제(泗沘百濟) 시기의 것임에 유념할 필요가 있다.

380) 그 나라에서는 도성을 '거발성'이라고 하는데 '고마성'으로 부르기도 한다[其都曰居拔城, 亦曰固麻城]:《북사》의 이 대목은 '거발'과 '고마'가 고유명사이냐 일반명사이냐에 대하여 대단히 중요한 단서를 제공해 준다. 이홍식은 '거발'이 바로 '고마'라는 《북사》의 이 대목에 대하여 "《周書》百濟傳 以來의 기사를 답습하여 固麻城이 곧 熊津城이라는 것을 인식치 못한 데서 나온 소산"이라고 보았다. 그러나 유감스럽게도 그 같은 주장은 '고마'와 '거발'의 본질과 의미를 제대로 이해하지 못한 데서 빚어진 오해이다. '거발'과 '고마'는 서로 별개의 이름과 좌표를 가진 도시의 이름(고유명사)이 아니다. 사실은 둘 다 모두 '서울(capital)'이라는 의미를 나타내는 일반명사라는 뜻이다. (문성재,《정역 중국정사 조선·동이전2》, 제389쪽) 남조의 정사들에서 '[고]마'이던 것이 북조의 정사에서 '[거]발'로 표기된 것은 5~6세기 남조의 중국인과 북조의 중국인의 발음체계나 방식에 편차가 존재했음을 간접적으로 시사해 준다. 송·제·량 등의 남조의 중국인들이 'ㅁ(m)'로 읽는 것을 북제·수 등의 북조의 중국인들은 'ㅂ(b)'로 인식했다는 뜻이다. 언어학에서는 이처럼 비음(鼻音)인 'ㅁ(m)'이 본래의 성질을 잃으면서 유성 파열음(有聲破裂音)인 'ㅂ(b)'로 발현되는 것을 '비비음화(非鼻音化, Denasalization) 현상'이라고 한다. 일본어의 경우를 예로 들면, '말 마(馬, ma)'를 '바(ba)', '아름다울 미(美, mi)'를 '비(bi)', '춤 출 무(舞, mu)'를 '부(bu)'로 발음하는 것이 그것이다.

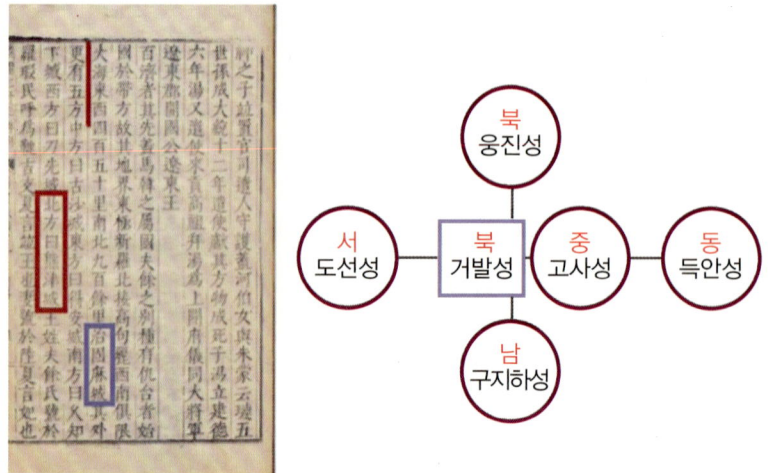

사비백제에는 거발성 이외에도 5방성이 있었다. 선행 정사 《주서》에서 도성 이름이 '고마' 이던 것이 북사에 '거발'로 바뀌었다. '고마'와 '거발'이 한자가 다를 뿐 같은 이름이라는 뜻이다. 오른쪽은 5방성의 개념도

• **010**

그 나라[의 도성] 밖에는 다시 다섯 방[381]이 있다.

중방은 고사성[382], 동방은 득안성[383], 남방은 구지하성[384], 서방은 도

---

381) 그 바깥으로는 다시 오방이 있는데[其外更有五方]: 이 대목은 당시 백제의 도읍 및 웅진성의 관계와 관련하여 중요한 단서를 제공한다. ① 바로 앞에서 '도읍이 고마성'이라고 한 데 이어 ② '그 바깥에 따로 5방이 있다'고 하였다. 따라서 중국 정사인 《주서》에 소개된 백제의 지리정보들이 역사적 사실이라는 전제하에서 ③ 고마성은 5방과는 별개의 도시인 셈이다. 고마성 주변에 5방이 존재했다는 뜻이다. 따라서 ④ 마지막에 소개되는 '북방의 치성인 웅진성'은 고마성과 별도로 설치된 성이므로 도읍일 수가 없다. 그렇다면 ⑤ 고마성의 유일한 대안은 5방의 하나인 웅진성이 아닌 제3의 도시(사비?)뿐이다. ⑥ '고마'를 '곰'과 결부시켜 '웅진성'으로 해석하고 다시 '공주시'로 비정한 기존의 주장들은 《주서》의 기사를 제대로 이해하지 못한 오독·오해의 산물인 셈이다.

382) 고사성(古沙城): 사비백제 5방의 하나인 중방의 치성(治城). 당대 초기 태종의 아들이던 위왕(魏王) 이태(李泰, 620~652) 등이 엮은 지리서인 《괄지지(括地志)》에서는 "국성의 남쪽 260리 지점에 있으며, … [크기는] 사방으로 150보(國南

二百六十里, … 方百五十步"라고 하였다. 곽석량에 따르면, '고사(古沙)'는 '까센(kɑ-ʃen)' 정도로 재구된다. 학계에서는《삼국사기》〈지리지〉에서 "고부군은 본래 백제의 고묘부리군이다(古阜郡本百濟古眇夫里郡)"라는 기록과《동국여지승람(東國輿地勝覽)》에 '애꾸눈 묘(眇)'자가 '모래 사(沙)'로 나와 있는 것을 근거로 "지금의 全羅北道 古阜郡"으로 비정하는 것이 통설이다. 그러나 ① '고사부리군'으로 소개한《동국여지승람》보다 시기적으로 앞선《삼국사기》에는 '고묘부리군'으로 되어 있다는 점, ② 곽석량에 따르면, '묘'는 '먀우(miau)'인 반면 '사'는 '센[ʃen]'이므로 대응되지 않는다. ③ 기존의 고증이 현실과 동떨어진 주장이라는 데에는 정약용(丁若鏞)도《아방강역고(我邦疆域考)》〈팔도연혁총서(八道沿革總叙)〉에서 다음과 같이 인정한 바 있다. "신이 삼가 따져 보건대,《북사》에 기술되기로는 백제에는 5부가 있고 그 중부를 고사성이라고 하는데 어떤 자들은 지금의 고부군[본래의 고사부리]과 비슷하다고 합니다. 그러나 그들(사관들)이 은진을 동부로, 금구를 남부로 보는 이상 고부는 중부가 될 수가 없습니다(臣謹按, 北史所載, 百濟五府其中府曰古沙城, 或似今古阜郡[本古沙夫里], 然彼旣以恩津爲東府, 金溝爲南府, 則古阜不得爲中府也)". ④ 한진서(韓鎭書) 역시《해동역사(海東繹史)》〈백제〉"성읍(城邑)"조에서 "진서가 삼가 따져 보건대, 고사성이 중방의 성이라면 당연히 부여 인근의 땅일 것입니다. 어떤 자들은 지금의 고부현[본래의 백제 고사부리군]으로 비정하지만 그것은 아님이 분명합니다. 고부는 바닷가에 외져 있으니 중방의 성이라고 할 수 없습니다(鎭書謹按, 古沙城爲中方城, 當是扶餘近地也, 或以今古阜縣[本百濟古沙夫里郡], 當之非也. 古阜, 僻在海濱, 不可謂中方城也)"라고 말한 바 있다. 지리학적으로 접근할 때 웅진성을 공주시로 비정하면 다른 5방의 좌표까지 헝클어지고 만다는 뜻이다.

383) 득안성(得安城): 사비백제의 동방 치성.《괄지지》에서는 "국성의 동남쪽 100리 지점에 있으며, … [크기는] 사방으로 1리이다(國東南百里, … 方一里)"라고 하였다. 곽석량에 따르면, '득안(得安)'은 고대음이 '떡안(tək-an)' 정도로 재구된다.《삼국사기》〈지리지〉"백제도독부 13현(百濟都督府十三縣)"조에는 "득안현은 본래 덕근지이다(得安縣, 本德近支)"라고 소개되어 있을 뿐이다. 득안현을 충청도 은진(恩津)으로 비정한 것은 조선시대부터로,《동사강목(東史綱目)》·《아방강역고》·《해동역사》등에서는 모두 "득안현은 본래의 덕근지로 … 지금의 은진이다(得安縣, 本德近支, … 今恩津)"라고 보았다. 이 같은 지리고증은 지금도 학계에서 통설로 받아들여지지만 중방인 고사성의 좌표부터가 정확하지 않으므로 동방 득안성을 은진으로 비정하는 것도 무리이다.

384) 구지하성(久知下城): 사비백제의 남방 치성.《괄지지》에서는 "국성 남쪽으로 360리 지점에 변성이 있는데 성이 사방으로 130보이며 이 성이 백제의 남방이다(國南三百六十里有卞城, 城方一百三十步, 此其南方也)"라고 하였다. 여기서의 구지

선성385), 북방은 웅진성386)이라고 한다.

○ 其外更有五方, 中方曰古沙城, 東方曰得安城, 南方曰久知下城, 西方曰刀先城, 北方曰熊津城.

하성이 '변성(卞城)'인 셈이다. 정약용은 '구지하'를 '구지지(仇知只)[산]'으로 보아 전라도 김제(金堤)의 금구(金溝)로 비정하였다. 그러나 '구지-'까지는 음운상으로 양자가 서로 대응되지만 세 번째 글자는 '하(下)'가 '갸(ɤea)'인 반면 '지(只)'는 '뗴(tǐe)'여서 초성-중성-종성 모두 대응관계가 성립되지 않는다. 이 밖에도 전라도 장성설(이마니시 류), 전라도 구례설(이기동) 등의 주장이 있으나 그 정확한 좌표는 확인할 길이 없다. 곽석량에 따르면, '구지하(久知下)'는 고대음이 '끼ᅲ뗴갸(kǐwə-tǐe-ɤea)' 정도로 재구된다.

385) 도선성(刀先城): 사비백제의 서방 치성.《괄지지》에서는 "국성 서쪽 350리 지점에 역광성이 있는데 사방으로 200보이며, 이것이 백제의 서방이다(國西三百五十里, 有力光城, 城方二百步, 此其西方也)"라고 하였다. 정약용은 〈팔도연혁총서〉에서 "도선성은 지금의 옥구 해상에 있는 것이 아닌가 싶다(刀先城, 疑在今沃溝海上)"라고 보았으나 확실하지는 않다. 곽석량에 따르면, '도선(刀先)'은 고대음이 '따우션(tau-siən)' 정도로 재구된다.

386) 웅진성(熊津城): 사비백제의 북방 치성. 일반적으로 충청남도 공주시(公州市)로 비정하는 것이 통설이다.《괄지지》에서는 "국성의 동북방 60리 지점에 웅진성이 있는데 '고마성'이라고도 하며, 성은 사방 1리 반이다(國東北六十里有熊津城, 一名固麻城, 城方一里半)"라고 하였다. ①《괄지지》는 황제의 아들(이태)이 당대 최고의 학자들과 그들을 통해 얻어진 최신의 정보들을 활용해 완성한 지리서이다. ② 편찬 시점은 당 태종의 정관(貞觀) 16년(642)으로, 백제가 멸망하기 18년 전에 해당한다. 그런데 그보다 100년 전인 성왕(聖王) 16년, 즉 서기 538년에 성왕은 사비성으로 천도하고 국호를 '남부여(南扶餘)'로 바꾼다. ③ 그렇다면《괄지지》에 소개된 당시 백제의 국성은 웅진성이 아닌 사비성일 수밖에 없다. 물론, 그렇다고 오류가 없는 것은 아니다. ④ 웅진성의 또 다른 이름이 '고마성'이라고 하여 두 지역이 동일한 도시인 것처럼 소개한 것이 그것이다. 그런데 ⑤《양서》에서 "도읍을 '고마'라고 하고 읍락은 '염로'라고 한다"라고 한 것을 보면, '고마'는 고유명사가 아니라 일반명사, 즉 그 의미가 '도성(capital)'이라는 뜻이다. ⑥ 이보다 이른《북사》·《주서》에서는 웅진성이 도읍인 고마성을 제외한 5방의 하나이며 '북방의 성'이라고 소개하였다. ⑦ 그렇다면 고마성은 웅진성과 동의어일 수가 없다. 그 남쪽의 사비성이라는 뜻이다. 곽석량에 따르면, '웅진(熊津)'은 '귱젠(ɤǐwəŋ-tsǐen)' 정도로 재구된다. 참고로, 일제시대 일본 학자들이 백제어 '고마(goma)'를 '웅진(熊津)'에 결부시켜 '곰(bear)'으로 해석한 계기는 이와 발음이 비슷한 일본어 '쿠마(くま, 곰)'를 기계적으로 대입한 데서 비롯된 촌극으로 우리 국어와는 무관한 일종의 착시(錯視)이다.

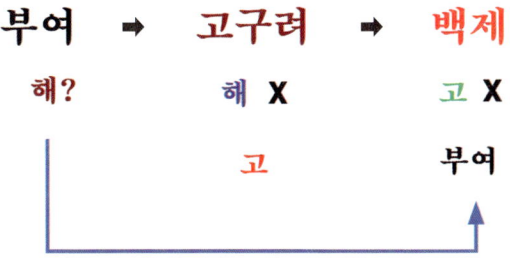

부여는 원래 국호이며 국성은 해였다. 당초 부여의 국성을 썼던 주몽은 고구려 건국과 함께 '고'로 창씨하였다. 백제 역시 고구려와 뿌리가 같으나 고구려와 결별하면서 '해'나 '고'를 버리고 '부여'로 창씨했을 가능성이 높다.

• 011

[그 나라] 국왕은 성이 '[부]여씨387)'이다.

[국왕을] '어라하388)'라고 부르고 백성들은 '건길지389)'라고 부르는데, 중

---

387) 여씨(餘氏): 급고각본 《주서》에는 '대여씨(大餘氏)', 《북사》에는 '여씨(餘氏)'로 나와 있다. 의심할 것도 없이 ①《북사》의 '여씨'는 중원 왕조가 백제의 국성(國姓)인 '부여'를 외자로 줄여 '여(餘)'로 일컬은 경우이다. 또, ② 급고각본의 '대여씨'는 '부여씨'를 잘못 새긴 경우이다.

388) 어라하(於羅瑕): 백제에서 '왕'을 부르던 호칭. 이병도 등 학계에서는 대체로 사비 백제에서 왕을 일컫는 칭호가 '어라하'와 백성들이 왕을 일컫는 '건길지'의 두 가지가 존재하는 것을 근거로 당시의 백제어가 언어적으로 이중구조를 이루고 있었다고 보았다. 즉, "百濟語는 夫餘-高句麗系의 支配族言語(於羅瑕·於陸)와 土着馬韓系統인 被支配族言語(鞬吉支)로 구성되었다"라는 것이다. 이 같은 인식은 〈동북아판3〉(제092쪽)에도 그대로 반영되고 있다. 그러나 단순히 왕에 대한 두 가지 호칭법을 근거로 백제어가 이중구조로 가동되었다고 단정하는 것은 곤란하다. 물론, '어라하'와 '건길지'의 관계는 '왕(王)'과 '킹(king)' 식의 서로 다른 두 가지 '언어'의 조합으로 볼 수도 있으나 '과인(寡人)'과 '전하(殿下)', 즉 겸칭(謙稱)과 존칭(尊稱)이라는 서로 다른 두 가지 '호칭법'의 조합일 가능성이 높기 때문이다. 곽석량에 따르면, '어라하'는 대체로 '야라갸(ĭa-la-ɣɛa)' 정도로 재구된다.

국말로는 [두 경우] 모두 '왕'이라는 뜻이다. 국왕의 아내는 '어륙[390)]'이라고 부르는데, 중국말로 '왕비'라는 뜻이다.

○ 王姓餘氏, 號於羅瑕, 百姓呼爲鞬吉支, 夏言並王也。王妻號於陸, 夏言妃也。

• 012

[백제의] 관직으로는 열여섯 품계가 있다.

좌평[391)]은 다섯 명으로 제1품, 달솔[392)]은 서른 명으로 제2품, 은솔[393)]

---

389) 건길지(鞬吉支): 백제에서 백성들이 왕을 일컫던 존칭. 곽석량에 따르면, '건길지'는 고대음이 대체로 '깐껫뗴(kĭan-kĭĕt-tĭe)' 정도로 재구된다. 다만, 여기서 '껫'의 경우 종성인 '-ㅅ'이 약화/탈락되면서 '깐꼐뗴' 식으로 읽혀졌을 것으로 추정된다. 백제에서 '왕'을 부르는 호칭에 백성용과 임금용이 구분되어 있었다는 것은 곧 전자가 존칭('전하'), 후자가 겸칭('과인')으로 각자 다른 층위(層位)로 사용되었음을 시사해 준다고 본다.

390) 어륙(於陸): 백제에서 왕비를 부르던 호칭. 곽석량에 따르면, '어륙'은 '야륙(ĭa-lĭəuk)' 정도로 재구된다. 〈동북아판3〉(제092쪽)에 따르면, 김방한(1982)은 《일본서기》에서 백제의 '왕비'에 대한 훈독(訓讀)이 '오리쿠(おりく)' 또는 '오로쿠(おろく)'임에 착안하여 '어(於)'를 '오리(ori-)' 또는 '오로(oro-)'로 읽은 것으로 보인다. 그러나 그것은 착오가 아닌가 싶다. '오리쿠'나 '오로쿠'에서 '어'에 해당하는 부분은 '오(o-)'까지이며 '륙'이 '리쿠(-riku)'나 '로쿠(-roku)'로 읽혀야 하기 때문이다.

391) 좌평(左平): 백제의 고위 관직 이름.《수서》의 선행 정사인《주서》에 따르면 "좌평은 5명으로, 1품이다(左平五人, 一品)" 그 명칭은 시대나 사서에 따라 편차가 있어서, 당대 초기에 편찬된《주서》·《북사》·《괄지지》와 북송대의《책부원구》에는 '좌평(左平)', 고려·송대의《구당서》·《신당서》·《삼국사기》·《일본서기》에는 '좌평(佐平)', 당대 중기의《통전》〈변방〉 "백제"조에는 '좌솔(左率)'로 소개되어 있다. 그 직무의 경우,《구당서》·《신당서》에서는 "[그 나라에] 설치된 내관은 '내신좌평'이라 하는데 왕명의 출납을 관장하며, '내두좌평'은 국고 업무를 관장하고, '내법좌평'은 의례 업무를 관장하고, '위사좌평'은 숙위 업무를 관장하고, '조정좌평'은 형옥 업무를 관장하고, '병관좌평'은 도성 밖 병마 관련 업무를 관장하였다"라고 소개하였다. 또,《삼국사기》 "전지왕 4년"조에서는 "부여신을 상좌평으로 배수

은 제3품, 덕솔[394]은 제4품, 한솔[395]은 제5품, 내솔[396]은 제6품이다.

하여 군사·내정의 정사를 위임하였다. 상좌평의 직함은 이때 비롯되었는데 지금의 가재(집사?)와 같다"라고 하였다. 그렇다면 주로 궁내의 업무를 관장한 일종의 내관임을 알 수가 있다.

392) 달솔(達率): 백제의 관직 이름.《수서》와《책부원구》에는 '대솔'로 소개했으나 당대의《주서》·《북사》·《괄지지》·《통전》과 고려의《삼국사기》, 일본의《일본서기》권20 등에는 '달솔(達率)',《문헌통고》에는 '좌솔(佐率)'로 소개되어 있다. 다만,《책부원구》의 주석에서 "'달솔'이라고 하기도 한다(一名達率)"라고 한 것을 보면 '대'와 '달'의 차이는 내용(직무)상의 구분이라기보다는 같은 발음을 서로 달리 표기한 경우인으로 보인다.《북사》·《한원》에서는 "달솔은 30명으로, 2품이다. … 5방에 각자 방령이 1명씩 있는데, 달솔을 임명한다(達率三十人, 二品. … 五方各有方領一人, 以達率爲之)"라고 하였다. 좌평 다음의 관직으로, 그 명칭은 사서마다 편차를 보인다. 〈동북아판3〉(제093쪽)에서는《수서》와《책부원구》에는 달솔이 '대솔(大率)'로 소개되어 있는 점에 착안하여 "'달솔'은 '크다'는 뜻의 백제어를 소리 나는 대로 한자로 옮겨 적은 것이고, '대솔'은 뜻을 살펴 한자로 번역한 것"이라고 보았다. 그러나 실제로는 '대'와 '달'은 똑같이 동일한 발음을 한자로 표기한 음차(音借)의 사례에 해당한다. 그 고대음의 경우, '대(大)'는 '닷(dat)', '달(達)'은 '닷(dɑt)'으로 각각 재구되는데, 이 중에서 '닷'은 종성(終聲) '-ㅅ'이 약화/탈락되면서 '다'에 가깝게 나는 경향이 있고, 실제로 현대음에서는 둘 다 '다(da)'로 발음된다. '솔(率)'은 '시ᄫᆞᆯ(ʃiwət)'인데 종성 '-ㅅ'이 약화/탈락되면 '다시ᄒᆔ' 정도로 재구될 것이다.

393) 은솔(恩率): 백제의 관직 이름.《주서》·《일본서기》에도 그 명칭이 보인다.

394) 덕솔(德率): 백제의 관직 이름.《주서》에서는 "덕솔은 4품이다. … 방마다 10개의 군이 있는데 군의 장수는 3명이며 덕솔을 임명한다(德率, 四品. … 方有十郡, 郡將三人, 以德率爲之)"라고 하였다.《일본서기》에도 그 명칭이 보인다.

395) 한솔(扞率): 백제의 관직 이름. 그 명칭의 경우,《수서》와《북사》에서는 "우솔은 5품(扞率, 五品)"이라고 하였다. 그러나《주서》에 "한솔은 5품(捍率, 五品)",《책부원구》에는 "다음은 간솔로, 5품(次杆率, 五品)", 국내 사서인《삼국사기》〈백제본기〉"무왕 8년(607)"조에는 "저솔 연문진(杵率燕文進)" 식으로 첫 글자가 '잔 우(杅)', '막을 한(扞·捍)', '박달나무 간(杆)', '절굿공이 저(杵)' 등으로 서로 다르게 소개되어 있다. 문자학·음운학적 견지에서 볼 때, ① 이 중에서 관직명의 첫 글자로 가장 가능성이 큰 글자는 '간(杆)' 또는 '한(扞·捍)'이다. ② '우(杅)'나 '저(杵)'는 모양이 비슷한 '간(杆)'을 잘못 베낀 경우이기 때문이다. 음운학적으로 보더라도, ③ '간'과 '한'의 초성(자음)이 'ㄱ(g)'와 'ㅎ(h)'로, 중성(모음)과 종성(받침)이 모두 '안(an)'으로 서로 거의 일치한다. 아마도 초기 편찬 단계에서 종

扞率　　(扜率)　　杅率

한솔–간솔–우솔. '한'과 '우'는 '간'을 잘못 읽거나 베낀 것이므로 간솔이 옳다.

[제6품] 이상의 관리는 관모를 은[으로 만든] 꽃397)으로 장식하였다.

○ 官有十六品, 左平五人, 一品, 達率三十人, 二品, 恩率, 三品, 德率, 四品, 扜率, 五品, 奈率, 六品。已上, 冠飾銀華。

이에 필사하거나 송대 이후에 목판에 판각하는 과정에서 잘못 새겨졌을 가능성이 높다.

396) 내솔(奈率): 백제의 관직 이름.《주서》에서는 "내솔은 6품이다. 이 위로는 관모를 은제 꽃으로 장식한다(奈率, 六品. 已上冠飾銀華)"라고 하였다. 정덕본·옥산서원본 등《삼국사기》의《북사》기사 인용 부분에는 "이 위로는(已上)"이 "이 아래로는(已下)"으로 되어 있다. 그러나 김부식이 인용한《북사》원문에는 "이 위로는"으로 되어 있는 데다가 다른 중국 정사들 역시 그렇게 소개되어 있으므로 "이 아래로는"은 글자를 잘못 적은 것으로 보아야 옳다.《일본서기》권21 등에는 '나솔(那率)'이라는 관직명이 보이는데 '내'는 음운상 '나'와 대응되므로 같은 이름이다.

397) 이상의 관리는 관모를 은꽃으로 장식한다[已上冠飾銀華]:《수서》에는 "내솔 이상은 은꽃으로 장식한다(奈率以上, 飾以銀花)"라고 기술되어 있다. 정덕본·옥산서원본《삼국사기》에는《북사》기사를 인용하여 "내솔 이하는 관모를 은꽃으로 장식한다(奈率以下, 冠飾銀華)"라고 소개하였다. 그러나《북사》원문에는 "내솔 이상"으로 되어 있으므로 김부식 또는 후대의 목판 판각공이 글자를 잘못 새긴 것을 알 수가 있다.《책부원구》에서는 같은 내용이 "내솔 이상은 은꽃으로 장식하는 것을 허용하였다(准奈率以上飾以銀花)" 식으로 첫 글자 '오직 유(唯)'가 '인준할 준(准)'으로 되어 있다.

- **013**

장덕398)은 제7품으로 자주색 띠를 두르고, 시덕399)은 제8품으로 검은색 띠를 두르며, 고덕400)은 제9품으로 붉은색 띠를 두르고, 계덕401)은 제10품으로 파란색 띠를 둘렀다.402)

○ 將德, 七品, 紫帶。施德, 八品, 皁帶。固德, 九品, 赤帶。季德, 十品, 靑帶。

- **014**

대덕403)은 제11품, 문독404)은 제12품인데, 둘 다 누런색 띠를 둘렀다.

---

398) 장덕(將德): 백제의 관직 이름.

399) 시덕(施德): 백제의 관직 이름.

400) 고덕(固德): 백제의 관직 이름.

401) 계덕(季德): 백제의 관직 이름. 앞 글자의 경우,《수서》에는 '오얏 리(李)'로 되어 있다. 그러나《한원》에 인용된《괄지지》및 송대의《책부원구》에도 '계덕'으로 나와 있는 것을 보면 '리'는 '계'를 잘못 적은 것임을 알 수가 있다.

402) 파란색 띠를 둘렀다[靑帶]: 〈동북아판3〉(제093쪽)에서는 이 색깔과 관련하여 "조선시대에 코발트 염료가 수입되기 전에는 靑色이 녹색(green)을 가리켰으나 조선 후기부터 점차 파란색(blue)을 가리키는 쪽으로 바뀌었다. 고대 그림 및 벽화 속의 청룡은 모두 녹색으로 그려져 있다"라고 소개하였다. 그러나 〈동북아판3〉이 간과한 것은 백제의 복식제도를 소개한 주체가《주서》편찬자, 즉 당나라 사람들이라는 사실이다. 중국에서는 검푸른 색, 즉 남색(藍色)을 가리킬 때 일반적으로 '청색(靑色)'이라는 표현을 쓴다. 여기서도 파란색은 녹색이 아니라 남색으로 이해하는 편이 합리적이다. 고대의 그림이나 벽화에 그려진 청룡이 녹색을 띠는 것은 천년이라는 긴 세월을 거치는 동안 남색이 바래져서 녹색으로 변했을 가능성도 염두에 두어야 옳다.

403) 대덕(對德): 백제의 관직 이름.

404) 문독(文督): 백제의 관직 이름. 글자 그대로 직역하면 '문신을 감독하다' 정도여서 중국의 '어사(御史)'에 해당하는 관직이었던 것으로 추정된다. 다만,《한원》에 인용된《괄지지》기사 및《삼국사기》에서는 "문독 제12품, 무독 제13품 아래로는 모두 흰색 띠를 두른다"라고 다르게 설명하고 있다. 그러나《주서》·《북사》·《통

무독405)은 제13품, 좌군은 제14품, 진무는 제15품, 극우406)는 제16품
인데, 모두 흰색 띠를 둘렀다.

○ 對德, 十一品, 文督, 十二品, 皆黃帶。武督, 十三品, 佐軍, 十四
品, 振武, 十五品, 剋虞, 十六品, 皆白帶。

• 015

[그리고] 은솔 이하의 관원에는 정해진 인원[의 제한]이 없다.407) 각자 [해당]
부서와 관청이 있어서 여러 가지 업무들을 나누어 관장한다.

○ 自恩率以下, 官無常員。各有部司, 分掌衆務。

• 016

[왕궁] 내관408)으로는 전내부·곡내부409)·내략부410)·외략부411)·마부

전·《책부원구》·《문헌통고》·《태평어람》 등 다수의 사서·문헌들에서 모두 문독
까지 누런색 띠를 두른다고 소개하였다. 연대가 앞서거나 복수의 사서에 기록된
내용이 보다 정확하다고 전제한다면 제13품인 무덕부터 흰색 띠를 둘렀다고 보
는 것이 옳다.

405) 무독(武督): 백제의 관직 이름. 글자 그대로 직역하면 '무신을 감독하다' 정도여서
중국의 '도독(都督)'에 해당하는 관직이었던 것으로 추정된다.

406) 극우(剋虞): 백제의 관직명. 그 명칭의 경우,《주서》에는 '극우(克虞)'로 표기되어
있으나《수서》에는 '극우(剋虞)',《책부원구》에는 그 명칭 옆에 "'상우'로 적기도
한다(一作喪虞)"라는 주석이 붙어 있다. '극우'는 음차(音借)이므로 글자는 다르
지만 '이길 극(克)'과 '잘할 극(剋)'은 같이 혼용되었던 것으로 보인다. 다만, '죽을
상(喪)'은 '극'과는 발음이 완전히 달라서 대응되지 않는다. '상'은 '극'을 잘못 읽
거나 잘못 적은 글자라는 뜻이다.

407) 정해진 인원이 없다[無常員]: 은솔은 품계가 3품이다. 따라서 이 구절을 통하여
사비백제 시기에는 3품 이하의 관리들에 대해서는 정원에 제한을 두지 않고 필요
에 따라 탄력적으로 임용했음을 짐작할 수 있다.

408) 내관(內官): 사비백제의 행정조직 명칭. 궁내의 업무를 관장하는 관청들을 두루
일컫는 이름으로 추정된다. 인터넷 〈국편위판〉 주067에서는 "內官 12部, 外官

412) ·도부·공덕부413)·약부414)·목부415)·법부416)·후궁부417)가 있

10部의 行政官署에서 內官은 宮中事務를, 外官은 府中의 一般庶政을 담당"한 것으로 이해하였다. 그러나 뒤에서 내관으로 소개하는 관서들을 보면 외략부(外掠部)·마부(馬部)·도부(刀部)·약부(藥部)·목부(木部)·법부(法部) 등과 같이 단순한 궁중 나인들보다는 그 성격이나 직무의 범위가 광범했음을 확인할 수 있다.

409) 곡내부(穀內部): 백제의 관청명. 그러나 이 부분의 경우, 선행 정사인《주서》에는 '곡부·육부(穀部肉部)'로,《한원》에 〈괄지지〉 기사에는 '곡부·내부(穀部內部)'로 소개되어 있다. 만약 이 부분을 '곡내부'라는 단일한 부서로 보면 백제 내관의 부서 수가 11개 부가 되어서《주서》·《괄지지》등, 복수의 사서들에 소개된 내용와 편차가 발생하게 된다. '고기 육(肉)'은 필사과정에서 '안 내(內)'를 잘못 베낀 것이다. 여기서의 '곡내부'는 '곡부·내부'로 해석해야 옳다는 뜻이다.

410) 내략부(內掠部): 백제의 관청명. 두 번째 글자의 경우, 여기에는 '빼앗을 략(掠)'으로 되어 있지만《한원》에는 '푸조나무 량(椋)',《삼국사기》에는 '곳간 경(椋)'으로 나와 있다.《삼국사기》의 '경'이 정확한 글자라면《한원》의 '량'은 역시 '곳간'을 뜻하는 '서울 경(京)'을 한대의 필사 관례에 따라 임의로 별개의 부수인 '나무 목(木)'를 추가하여 '경(椋)'으로 읽은 것이 분명하다. 그렇다면 여기서의 '략'은 모양이 비슷한 '경(椋)'을 잘못 쓴 경우로 보아야 옳다. '내경부(內椋部)'는 글자대로 풀이하면 궁내의 살림을 관장하는 관청이었을 것이다.

411) 외략부(外掠部): 백제의 관청명. 앞의 내경부에서 보았듯이, 두 번째 글자는 '곳간 경(椋)'을 잘못 적은 것이므로 '외경부(外椋部)'로 읽어야 옳다. 실제로 〈동북아판3〉(제094쪽)의 소개한 박태우(2009)의 연구에 따르면, 충남 부여군 쌍백리에서 2008년에 '외경부'라는 글씨가 적힌 목간이 출토되었다고 한다. 궁내의 살림을 관장한 것이 내경부라면 '외경부'는 중앙정부(조정)의 살림을 관장한 관청이었을 가능성이 높다.

412) 마부(馬部): 백제의 관청명. 글자대로 풀이하면 뒤의 '도부(刀部)'와 함께, 지금의 국방부 정도에 해당할 것으로 보인다.

413) 공덕부(功德部): 백제의 관청명. 글자대로 풀이하면 지금의 보훈처 정도에 해당할 것으로 보인다.

414) 약부(藥部): 백제의 관청명. 글자대로 풀이하면 지금의 보사부 정도에 해당할 것으로 보인다.

415) 목부(木部): 백제의 관청명. 글자대로 풀이하면 지금의 건설부 정도에 해당할 것으로 보인다.

416) 법부(法部): 백제의 관청명. 글자대로 풀이하면 지금의 법제처 정도에 해당할 것으로 보인다.

다.

○ 內官有前內部穀內部內掠部外掠部馬部刀部功德部藥部木部法部後宮部。

• 017

[왕궁의] 외관⁴¹⁸⁾으로는 사군부⁴¹⁹⁾ · 사도부⁴²⁰⁾ · 사공부⁴²¹⁾ · 사구부⁴²²⁾ · 점구부⁴²³⁾ · 객부⁴²⁴⁾ · 외사부⁴²⁵⁾ · 주부⁴²⁶⁾ · 일관부⁴²⁷⁾ · 시부⁴²⁸⁾

---

417) 후궁부(後宮部): 백제의 관청명. 내관(內官)의 맨 앞 전내부(前內部)와 의미상으로 서로 대응된다. 그 전제하에서 본다면 후관부가 아니라 후궁부로 보는 편이 옳다. 즉, 전내부는 이씨조선의 궁내부(宮內府), 즉 궁궐의 관련 업무들을 총괄하는 부서로, 후궁부는 왕후비빈으로부터 궁녀들까지 후궁의 관련 업무들을 총괄하는 부서였을 것으로 추정된다.

418) 외관(外官): 사비백제의 행정조직 명칭. 중앙정부(조정)의 행정조직을 두루 일컫는 이름으로 추정된다.

419) 사군부(司軍部): 백제의 관청명. 글자대로 풀이하면 '군사 업무를 관장하는 부처'라는 뜻이므로, 당대 이래의 '6부'의 하나인 병부(兵部), 즉 지금의 국방부 정도에 해당할 것으로 보인다.

420) 사도부(司徒部): 백제의 관청명. 글자대로 풀이하면 당대 이래의 예부(禮部), 지금의 문화교육부 정도에 해당할 것으로 보인다.

421) 사공부(司空部): 백제의 관청명. 글자대로 풀이하면 당대 이래의 공부(工部), 지금의 건설부 정도에 해당할 것으로 보인다.

422) 사구부(司寇部): 백제의 관청명. 글자대로 풀이하면 지금의 법무부 정도에 해당할 것으로 보인다.

423) 점구부(點口部): 백제의 관청명. 글자대로 풀이하면 당대 이래의 호부(戶部), 지금의 경제기획처 정도에 해당할 것으로 보인다.

424) 객부(客部): 백제의 관청명. 글자대로 풀이하면 지금의 외교부 정도에 해당할 것으로 보인다.

425) 외사부(外舍部): 백제의 관청명. 이병도는 이를 왕실의 외척(外戚)을 관리하는 부처로 보았으나 확실하지는 않다. 일부 학자는 이 관청에서 인사를 담당했다고 보기도 하는데 그렇다면 당대 이래의 이부(吏部), 지금의 내무부에 해당하지 않을까 싶다.

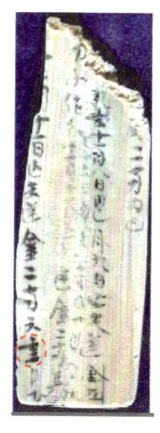

2022년 3월에 충남 부여군 동남리에서 출토된 백제 목간들

가 있다.

수장인 관리[429]는 삼 년마다 한 번씩 교체한다.

---

426) 주부(綢部): 백제의 관청명. 글자대로 풀이하면 지금의 조달청 정도에 해당할 것으로 보인다.

427) 일관부(日官部): 백제의 관청명.《북사》에는 '일궁부(日宮部)'로 나와 있으나 '궁'보다는 '관(官)'이 더 가까워 보인다. '일관부'를 글자대로 풀이하면 지금의 기상청 정도에 해당했을 것이다.

428) 시부(市部): 백제의 관청명. 이 명칭의 경우, 선행 정사인《주서》에는 '도시부(都市部)'로 소개되어 있다. 고대 한문에서 '저자 시(市)'는 상업적 거래가 이루어지는 시장(market)이나 길거리(street)를 뜻하는 글자이다. 또,《주서》의 '도시(都市)' 역시 '[국내의] 시장들을 총괄한다'는 의미로 해석이 가능하다. 그러나《북사》·《통전》·《한원》·《삼국사기》에는 모두 '시부'로 소개되어 있는 것을 보면《주서》 '도시부'의 '도읍 도(都)'는 그 앞에 열거된 '일관부'의 '거느릴 부(部)'를 잘못 베낀 결과임이 분명하다.

429) 수장인 관리[長吏]: '장리(長吏)'는 글자 그대로 직역하면 '우두머리 관리'라는 뜻이다.《책부원구》〈외신부·관호(外臣部·官號)〉에서도 '장리'로 소개하였다. 문제는 선행 정사인《수서》의 판본들에는 '장사(長史)'로 소개되어 있다는 데에 있다.

○ 外官有司軍部司徒部司空部司寇部點口部客部外舍部綢部日官部市部。長吏三年一交代。

• 018
도성 안에는 일만 가가 사는데⁴³⁰⁾, 다섯 부⁴³¹⁾로 나누어 '상부·전부

《송서》에서 백제의 전지왕(腆支王)이 유송(劉宋)에 "장사 장위를 파견하였다(遣長史張威)"라고 한 것을 보면 이미 5세기 초부터 백제에 '장사'라는 관직이 있었던 것으로 보인다. 그러나 이 대목에 등장하는 관직이 '장사'인지는 단정하기 어렵다. 반면에 《한원》에 인용된 《괄지지》 기사에는 "관리들의 수장은 재임기간이 모두 3년마다 1번씩 교체된다(官長在任皆三年一伐[代])"라고 소개되어 있다. 단어가 다르기는 하지만 의미상으로는 '장리'와 유사한 셈이다.

430) 일만가[萬家]: '가(家)'는 중국 고대의 호구 편제 단위이다. "10분의 1을 세금으로 걷으면 [백성들이] 칭송하는 소리가 자자해질 것이다(什一行而頌聲作矣)"라는 《공양전(公羊傳)》 "선공 15년(宣公十五年)"조의 기사에 대하여 후한의 학자 하휴(何休, 129~182)는 "5명이 1가이다(五口爲一家)"라고 주석을 붙인 바 있다. 그의 주장이 동시대 사람들의 인식에 근거한 것이라면 "수천 가"는 1만~4만 정도에 해당하는 셈이다. 이와는 별도로, '집 가'가 '가문(lineage)'의 개념으로 사용되었을 가능성도 상정해 볼 필요가 있다. ① 《수서》·《북사》에서 백제의 어원으로 소개한 "100가를 거느리고 바다를 건넜기 때문에 그 일이 계기가 되어 '백제'라고 일컫게 된 것이다(以百家濟海, 因號百濟)"라는 기사나, ② 양나라 무제 소연(蕭衍)이 귀족들을 등용할 목적으로 엮은 '만성보(萬姓譜)'의 제목이 《백가보(百家譜)》였던 점 등을 따져 보면 '가'가 단순히 '세대(home)'보다 규모가 훨씬 큰 '가문(lineage)'의 개념이었을 가능성도 있다. 한 가지 분명한 사실은 인원 규모를 놓고 볼 때 '가'가 '호(戶)'보다 상대적으로 큰 개념이었을 것이라는 점이다.

431) 다섯 부[五部]: '오부(五部)'는 백제 도읍의 5개 구역(district)을 아울러 일컫은 이름으로, 상부(上部, 동부), 전부(前部, 남부), 중부(中部, 중앙), 하부(下部, 서부), 후부(後部, 북부)를 말한다. 인터넷 《국편위판》 주127에서는 이마니시 류의 주장을 근거로 "諸貴族을 首都에 定住시키고 部名을 官名에 冠하여 大小貴族의 住居地 또는 住處地를 표시케 함으로써 貴族들에 대한 지역적 통제를 용이하게 하고자" 했다는 주장을 소개하였다. 물론, 5부제의 시행에는 나름의 이유가 있었을 것이 분명하다. 그러나 이마니시 류의 해석은 일본 근세에 도쿠가와(德川) 막부(幕府)가 전국의 지방 영주(다이묘)들 가족을 에도(江戶, 지금의 도쿄)에 인질로 억류함으로써 영주들을 통제한 '산킨교다이(參勤交代)' 제도에서 착안한 것으

사비백제의 5부는 그 개념에 있어 지금의 '구(區)'와 유사해 보인다. 명칭은 조금 다르지만 광주광역시의 행정구획은 백제 5부와 가장 비슷한 모습을 보인다.

· 중부 · 하부 · 후부'라고 한다. 부마다 다섯 항[432](이 있는데, 관리와 평민[433](이 그곳에 산다. 부마다 군사를 오백 명씩 거느린다.

○ 都下有萬家, 分爲五部, 曰上部前部中部下部後部。部有五巷, 士庶居焉。部統兵五百人。

로 보인다. 그러나 백제 5부제의 실체가 밝혀지지 않은 상태에서 양자를 결부시키는 것은 지나친 일반화의 오류가 아닌가 싶다.

432) 다섯 항[五巷]: '항(巷)'은 원래 골목(alley)을 가리키는 명사이다. 그런데 여기서는 관리들이 거주하는 곳으로 소개된 것을 보면 일종의 구간(block)의 개념으로 사용된 것으로 보인다.

433) 관리와 평민[士庶]: 《수서》에는 '관리들[士人]'로 소개되어 있다.

• 019

다섯 방[434)]에는 저마다 방의 수령[435)]을 한 명씩 두는데, 달솔을 그 자리에 임명한다. [또] 방좌가 그를 보좌한다.

방마다 열 개의 군을 두고, 군마다 장수를 세 명씩 두는데, 덕솔을 그 자리에 임명하였다.[436)]

[군마다] 일천 이백 명 이하 칠백 명 이상의 군사를 거느린다. [또]성 안팎의 백성들 및 그 밖의 작은 성들은 모두 각자 나뉘어 여기에 배속된다.

○ 五方各有方領一人, 以達率爲之, 方佐貳之。方有十郡, 郡有將三人, 以德率爲之。統兵一千二百人以下, 七百人以上。城之內外人庶及餘小城, 咸分隸焉。

---

434) 다섯 방[五方]: 조선시대의 정약용(丁若鏞)은《여유당전서(與猶堂全書)》《강역고(疆域考)》에서 "백제의 5부는 아마 그 나라 도읍을 둘러싸고 있는 것으로, 지금의 광주나 화성의 경우와 비슷한 것이었을 것이다. 모두 다 부여의 근교에 있었을 것이며, 지금의 전라남도 나주·남원 등은 5부의 지경 안에 있지 않았을 것"이라고 보았다. 그러나 여기서의 '방'은 지방 행정단위의 일종으로, 지금의 '도(道)'나 '성(省)'에 해당하는 개념(province)으로 이해하는 편이 합리적이다. 참고로, 천관우는《양서》·《주서》·《수서》 등에서 "그 도읍은 거발성으로, 고마성이라고도 한다. 그 밖에 별도로 5개의 방이 있다"라고 한 데 대하여 "종래의 史書에 보인 兩都의 混同을 文脈上으로 合理化"했다고 보았다. 그러나 거발성과 고마성은 '서울(capital)'이라는 뜻의 백제어를 서로 다른 한자로 표기한 사례(일반명사)일 뿐이다. 이에 관해서는 문성재,《정역 중국정사 조선·동이전2》, 제389~390쪽, "고마" 주석을 참조하기 바란다.

435) 방의 수령[方領]: 인터넷〈국편위판〉에서는 '방령(方領)'을 고유명사로 해석하였다. 그러나 본서에서는 일반명사로 해석하여 "방의 수령"으로 번역하였다. 지금으로 따지면 대체로 각 지역의 지역[군] 사령관에 해당하는 것으로 보인다.

436) 덕솔을 그 자리에 임명하였다[以德率爲之]:《한원》의《괄지지》 인용문에는 이 부분이 "일률적으로 은솔을 그 자리에 임명한다(皆恩率爲之)"로 되어 있다. '은(恩)'은 '덕'의 또 다른 글자인 '덕(悳)'을 잘못 읽거나 적은 것이 아닌가 싶다.

무녕왕릉 부장 유물 배치 재현 사진(공주국립박물관)

• 020

그 나라 사람들로는 신라·고려·왜 등이 섞여 있으며, 중국 사람도 있다.

○ 其人雜有新羅高麗倭等, 亦有中國人。

• 021

그[나라 사람들의] 음식과 의복은 고려와 대체로 동일하다.[437]

---

437) 의복은 고려와 대체로 동일하다[其衣服與高麗略同]: 이미 5세기 북위의 역사를 다룬 《위서》에서 "그들의 의복·음식은 고구려와 같다(其衣服飲食與高句麗同)",

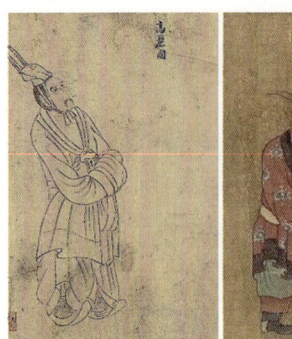

고구려(좌)와 백제(우)는 의복이 같았다. 그림은 남당 시기의 화가 고덕겸의 《번객입공도(蕃客入貢圖)》(대만국립박물원)와 당대 염립본의 《직공도(職貢圖)》

[그러나] 조정의 의례나 제사가 있을 때에는 그들의 관모 양쪽 옆[438]에 새깃을 꽂는데, 전시에는 그렇게 하지 않는다.[439]

○ 其飮食衣服, 與高麗略同. 若朝拜祭祀, 其冠兩廂加翅, 戎事則不.

> 《주서》에서도 "그들의 의복은 남자의 경우 고려와 대체로 같다(其衣服男子略同於高麗)", 《북사》에서도 "그들의 음식·의복은 고려와 대체로 같다(其飮食衣服, 與高麗略同)"라고 소개하였다. 그런데 《양서》〈고구려전〉에서 "그들의 공식 모임에서의 의복은 한결같이 비단에 수를 놓고 금·은으로 자신을 꾸몄다(其公會衣服, 皆錦繡金銀以自飾)", 〈백제전〉에서 "모자를 '관', 저고리를 '복삼', 바지를 '고'라고 한다(呼帽曰冠, 襦曰複衫, 袴曰褌)"라고 한 것을 보면 백제 및 고구려의 대체적인 의복체제를 이해할 수 있을 듯하다.

438) 양쪽 옆[廂]: '곁 상(廂)'은 '옆·측면(side)'의 의미를 나타낸다. 백납본에는 이 글자가 '상자 상(箱, box)'으로 나와 있으나 전후 맥락을 따져 볼 때 '곁 상'이 되어야 옳다.

439) 전시에는 그렇게 하지 않는다[戎事則不]: 〈동북아판3〉(제097쪽)에서는 이와 관련하여 "좋은 일[吉事]에는 모자에 새 깃털을 달지만 전쟁은 사람을 죽이는 나쁜 일[凶事]이므로 모자에 새 깃털을 달지 않는다는 뜻"이라고 해석하였다. 그러나 그것보다는 전시에는 모자에 깃털을 꽂고 다니는 것이 거동하는 데에 여러 모로 불편해서였을 개연성도 배제할 수 없다. 그것이 아니면 지금의 군인들이 평소에는 전투모를 착용하다가 전시에는 철모를 착용하는 것처럼, 평소에는 깃털을 꽂은 모자를 쓰지만 전시에는 투구를 쓰기 때문에 이렇게 말했을 가능성도 있다.

•022

절을 하고 알현할 때의 예법은 두 손으로 땅을 짚음으로써 [상대에 대한] 예의를 나타낸다.

부녀자들은 분을 바르거나 눈썹을 그리지 않으며, [출가하지 않은] 여자일 때에는 머리를 땋아440) 뒤로 늘어뜨리는데 출가하고 나면 [그 머리를] 두 갈래로 나누어 머리 위로 틀어 올린다.

옷은 두루마기441)와 비슷하면서도442) 소매가 약간 큰 편이다.

○ 拜謁之禮, 以兩手據地爲禮。婦人不加粉黛, 女辮髮垂後, 已出嫁, 則分爲兩道, 盤於頭上。衣似袍而袖微大。

---

440) 머리를 땋아[編髮]: 동사 '엮을 편(編)'의 경우,《수서》에는 동사가 '땋을 변(辮)'으로 되어 있으나 의미상으로는 큰 차이가 없다. 〈동북아판3〉(제097쪽)에서는 '編髮盤於首, 後垂一道'를 "머리카락을 묶어 머리 뒤에서부터 한 갈래로 늘어뜨려" 식으로 번역하였다. 그러나 여기서 '반석 반(盤)'은 머리를 틀어 올리는 것을 가리키므로 "머리를 땋아 머리 위로 틀어 올린 다음 한 가닥만 뒤로 늘어뜨려 장식으로 삼는다" 식으로 이해해야 옳다.

441) 두루마기[袍]: 인터넷 〈국편위판〉과 〈동북아판4〉(제127쪽)에서는 '포(袍)'를 '도포(道袍)'라고 번역하였다. 그러나 역사적으로 볼 때, 도포는 한참 후대에 도학자 또는 도사가 입는 두루마기를 가리키므로 유념할 필요가 있다.

442) 두루마기와 비슷하면서도[似袍]: 여기에는 '써 이(以)'로 되어 있지만 《북사》나 《통전》에는 '닮을 사(似)'로 되어 있다. 문법적으로 따져 볼 때 이 글자는 이 구문에서 동사로 사용되었다. 그런데 '이'에는 특정한 행위를 지시하는 동사 용법이 존재하지 않는다. 반면에, '사'에는 '닮다(resemble), 비슷하다(similar)'라는 동사적 의미와 용법이 존재한다. 이로써 '써 이'는 '닮을 사'와 모양이 비슷한 데서 비롯된 오자임을 알 수가 있다. 〈동북아판3〉(제097쪽)에서는 이 부분을 '婦人衣以袍, 而袖微大'로 끊고 "부인은 도포를 입는데 소매가 조금 크다"라고 번역했으나 '사'가 옳으므로 '婦人衣似袍而袖微大'로 보아 "부녀자의 옷은 두루마기와 비슷하면서도 소매가 약간 큰 편이다"라고 번역해야 옳다.

• 023

병기로는 활·화살·칼·큰 창이 있다. [그 나래] 민간에서는 말타기와 활쏘기443)를 높게 치지만 고전과 역사책도 똑같이 즐긴다.

그들 중에서 우수하고 특출한 경우는 제법 글월을 지을 줄 알며444) 관리로서의 업무도 잘 해낸다. 마찬가지로 의학·약학은 물론이고 거북점·톱풀점과 관상술445)·음양오행법도 안다.446)

비구와 비구니가 있고 절과 탑은 많지만 도사는 없다.447)

---

443) 말타기와 활쏘기[騎射]: '기사(騎射)'는 때로는 말을 탄 채로 활을 쏘는 행위를 일컫는 말로 사용되기도 하지만 고대 한문에서는 거의 예외 없이 '말타기[騎]'와 '활쏘기[射]'를 아울러 일컫는 말로 사용되었다.

444) 제법 글월을 지을 줄 알며[頗解屬文]: 이를 통하여 사비백제 시기의 백제인들이 한문을 이해하고 구사하는 능력이 탁월했음을 짐작할 수 있다. '속(屬)'은 일반적으로 자동사로 사용되어 '속하다(belong)'라는 의미를 나타내지만 여기서는 타동사로 전용되어 '짓다(write)'라는 의미를 나타낸다.

445) 의학·약학·거북점·톱풀점·점성술·관상술[醫藥卜筮占相]: 인터넷 〈국편위판〉에서는 이 부분을 "醫藥·卜筮 및 점치고 관상보는 법도 알고 있었다"라고 번역하였다. 그러나 여기서는 한 글자씩 풀어서 '의(醫)'는 의학, '약(藥)'은 약학, '복(卜)'은 거북껍질로 치는 점, '서(筮)'는 톱풀[蓍草]로 치는 점, '점(占)'은 점성술, '상(相)'은 관상술로 이해해야 옳다.

446) 거기다가 음양과 오행의 이치까지 알 정도이다[又解陰陽五行]: 인터넷 〈국편위판〉에서는 앞의 "제법 글월을 지을 줄 알며"와 이 구절을 2개의 독립된 구문으로 분리하여 "… 뛰어난 사람은 제법 문장을 엮을 줄도 알았다. 또한 陰陽·五行도 이해하였다" 식으로 번역하였다. 그러나 '또 우(又)'는 여기서 '덩달아, 거기다가(moreover)' 식으로 상황의 연결을 나타내는 접속사이다. 따라서 실제로는 일종의 복문(複文)으로 이해하여 앞뒤 구절을 연결하여 "뛰어난 사람은 제법 문장을 엮을 줄도 알고, 거기다가 陰陽·五行까지 밝았다" 식으로 번역하는 것이 바람직하다.

447) 도사는 없다[無道士]: 《수서》에는 이 부분이 보이지 않는데, 편찬과정에서 삭제한 것으로 보인다. 이로써 백제에서는 도교보다는 불교에 더 관심이 많았음을 짐작할 수 있다. 인터넷 〈국편위판〉 주081에서는 《삼국사기》 "근구수왕 원년(375)" 조에서 근구수(近仇首)에게 부하 장수 막고해(莫古海)가 "만족을 알면 수모를 당

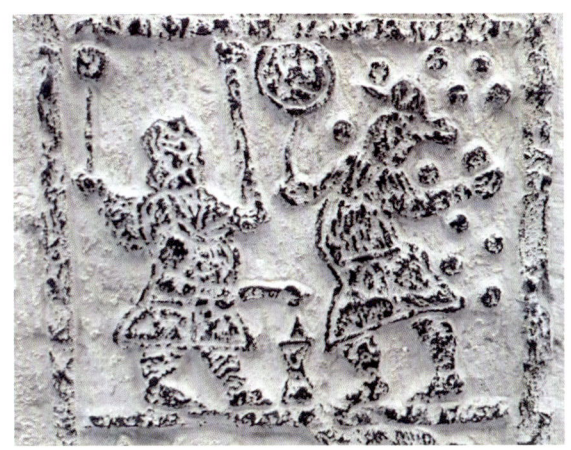

서역에서 유래한 구슬놀이(농주). 접시 돌리는 사람 옆에 오른손으로 수레바퀴를 돌리고 왼손으로 구슬을 노는 사람이 보인다.

○ 兵有弓箭刀矟。俗重騎射，兼愛墳史，而秀異者頗解屬文，能吏事。又知醫藥蓍龜，與相術陰陽五行法。有僧尼，多寺塔，而無道士。

•024

북과 뿔피리[448] · 공후[449] · 쟁[450] · 우[451] · 호[452] · 적[453] 따위의 악기

하지 않고, 멈출 줄 알면 위태로운 일을 당하지 않는다(知足不辱, 知止不殆)"라고 설득한 일을 근거로 백제에 "4C 중엽 이전에 道家思想이 알려져 있었다"라고 보았다. 물론, 노자(老子)의 《도덕경(道德經)》을 제외하고도 "방장선산(方丈仙山)", "산경전(山景塼)", 부여에서 발굴된 봉래산(蓬萊山)을 형상화한 박산로(博山爐) 등, 도가적 오브제나 아이콘들이 백제에서 많이 확인됨에도 불구하고, 불교와는 달리, 도사의 존재가 드러나지 않는 것은 백제가 신선사상과 도교문화를 신앙으로 받아들이기보다는 일종의 문화상품 트렌드로 소비했다고 이해할 수 있지 않을까 싶다.

448) 북과 뿔피리[鼓角]: 중국 고대의 악기. 군대에서 명령을 전달하거나 시각을 알리거나 군사들에게 주의를 환기시키거나 군세를 과시하는 데에 사용하였다. 원대의 마단림(馬端臨, 1254~1340)은 자신이 편찬한 백과전서인 《문헌통고(文獻通考)》〈악고11(樂考十一)〉"경각(警角)"조에서 "군대가 지키는 성 및 외지에서 야

영하거나 행군할 때에는 일출·일몰 때마다 북을 1,000번 치는데, 333번을 1통으로 친다. 호각은 12마디를 부는 것을 1질이라고 한다. 호각을 3번 북을 3번 치면 날이 저물고 밝아지는 일이 끝난다"라고 소개하였다.

449) 공후(箜篌): 중국 고대의 현악기의 일종. 때로는 '공후(空侯), 감후(坎侯)' 등으로 불리기도 하였다. 외형은 슬(瑟)과 비슷하지만 좀 작으며, 현은 5줄에서 많을 때에는 25줄까지 사용되었다. 일본 나라현(奈良縣)의 왕실 수장고인 정창원(正倉院)에는 백제에서 전해진 공후가 '백제금(百濟琴)'이라는 이름으로 소장되어 있다.

450) 쟁(箏): 중국 고대의 현악기의 일종. 가야금과 마찬가지로 장방형의 울림통을 몸체로 삼는다. 그 현은 고대에는 5줄, 한·진(漢晉) 이전에는 12줄이었으며 수·당대에는 13줄로 늘어났다. 한대 학자 응소(應劭)는《풍속통(風俗通)》《성음(聲音)》"쟁"조에서 "삼가《주례》《악기》를 따져 보건대, '쟁은 5줄에 축의 몸체로 되어 있다'고 하였다. 그런데 지금 병주·양주 두 고을의 쟁은 외형이 슬을 닮았는데 누가 고쳐 만들었는지 모르겠다"라고 소개하였다. 또,《구당서(舊唐書)》《음악지2(音樂志二)》에서는 "'쟁'은 본래 진나라 악기이다. 전해지는 바에 따르면 '몽염이 만들었다'고 하지만 그렇지 않다. 체제는 슬과 같지만 현이 적다. 생각해 보건대 '경방이 오음준을 만들었는데 슬과 비슷하며 13줄이다'고 했는데 이것이 바로 쟁이다"라고 하였다.

451) 우(竽): 중국 고대의 관악기의 일종. 한대 허신(許愼)의《설문해자》에서는 "대롱이 36개이다(管三十六簧也)"라고 하였다. 그러나 1972년에 호남성 장사시(長沙市) 마왕퇴(馬王堆)에서 출토된 것은 대롱이 22개여서 그 개수가 가변적이었던 것으로 보인다.《풍속통》에 따르면 크기는 4자 2마디였으니 지금의 1m 정도에 해당하는 셈이다. 전국시대 사상가인 한비(韓非)는《한비자(韓非子)》《해로(解老)》에서 "'우'라는 것은 악기들의 으뜸이다. 그래서 우를 먼저 불어야 종·슬 등의 악기들이 일제히 그 뒤를 따르며, 우가 울려야 다른 악기들이 일제히 화답한다"라고 하였다. 인터넷〈국편위판〉주136에서는 "모양은 뒤얽혀 있어 새(鳥)의 침(唾)을 본떴다"라고 했는데 무슨 뜻인지 알 수가 없다.

452) 호(箎): 중국 고대의 관악기의 일종. '지'는 '피리 지(篪)'의 오자이다. 송대 진양(陳暘, 1064~1128)의《악서(樂書)》에서는 "지는 [한쪽 끝이] 막힌 피리이다. 가로로 분다(篪, 有底之笛也, 橫吹之)"라고 소개하였다. 원래는 민간에서 유행했으며, 당·송대부터는 궁정 아악으로만 전해졌다. 편종(編鐘)·편경(編磬)·생황[笙]·퉁소[簫]·슬 등과 함께 제사나 연회에서 주로 연주되었다. 소리를 내는 구멍 개수는 10개·8개·7개·6개 등으로, 시대·문헌마다 조금씩 편차를 보인다.

453) 적(笛): 중국 고대의 관악기의 일종. 일반적으로 대나무로 만들며 가로로 부는 피리이다. 허신은《설문해자》《죽부(竹部)》에서 "'적'은 구멍이 7개인 통이다. 대나

들이 있으며, 투호454)·저포455)·농주456)·악삭457) 따위의 여러 가

무의 뜻을 따르며 발음은 '유'이다. 강족의 적은 구멍이 3개이다(笛, 七孔筒也. 从竹由声, 羌笛三孔)"라고 소개하였다. 이로써 '적(笛)'의 원래 발음은 '유(由)'이며, 구멍도 일반적으로 7개이지만 종류에 따라서는 차이가 있었음을 알 수 있다.

454) 투호(投壺): 중국 고대의 놀이의 일종. 글자대로 직역하면 '항아리에 던진다' 정도로 번역된다. 술자리에 참석한 손님과 주인이 차례로 화살을 던져 항아리 안에 들어간 개수로 승부를 겨루었으며, 이긴 사람이 따른 술을 진 사람이 벌로 마셨다고 한다. 고대에는 투호가 놀이인 동시에 술자리 예절이기도 해서, 노는 방법과 절차는《예기(禮記)》〈투호(投壺)〉에 상세하게 소개되어 있다.

455) 저포[樗蒲]: 중국 고대의 도박의 일종. '저(樗)'는 가죽나무를 뜻하며, '포(蒲)'는 '놀이'를 뜻하는 '박(博)'을 다른 한자로 표기한 것이다. 한대 말기에 서방에서 전래되어 유행하기 시작했는데, 놀 때 던지는 나무 조각을 가죽나무로 만들어서 '저포'라고 부르게 되었다고 한다. 우리나라의 윷처럼 한쪽 면에 색을 칠한 5개의 나무막대를 던져 나오는 색깔에 따라 점수를 매기고 승부를 겨루는 식으로 놀이가 진행되었다. 나중에는 나무막대가 주사위로 변형되고 도박으로 전용되는 일이 많았기 때문에 도박의 대명사로 일컬어지기도 한다. 우리나라의 윷놀이는 저포가 오랜 세월을 거치면서 변형되고 간소화되면서 나타났을 것이다. 인터넷〈국편위판〉주141에서는 "도박의 일종으로 博弈·袁玄道라고도 불렸다"라고 소개하였다. 그러나 '박혁(博弈)'은 놀이나 도박을 아울러 일컫는 이름이지만 '원현도(袁玄道)'는 잘못된 설명이 아닌가 싶다.

456) 농주(弄珠): 중국 고대의 놀이의 일종. 두 손을 일정한 순서와 리듬에 맞추어 연속적으로 놀리면서 둘 이상의 구슬[또는 공]을 공중에 던지고 받는 저글링(juggling)을 말한다. 글자대로 직역하면 '구슬을 논다'로 번역되는데, 시대·지역에 따라서는 '농완(弄丸)·도완(跳丸)·포완(抛丸)' 등으로 불렸다. 전국시대의 문헌인《장자(莊子)》〈서무귀(徐無鬼)〉에서 "저잣거리 남쪽의 의료가 구슬을 놀았다"라고 한 것을 보면 이미 전국시대 이전에 서방(서역)에서 전래된 것으로 보인다. 진·한대에 이르면 구슬(공) 대신 단도를 사용하는 경우도 확인된다. 산동 기남(沂南)의 한대 고분에서 출토된 화상석(畫像石)을 보면 두 손으로 단도를 놀리면서 두 발로는 구슬 5개를 노는 모습이 묘사되어 있다. 여기에는 백제의 놀이로 소개되었지만 고구려 벽화에도 이 놀이가 그려져 있어서 삼국에 모두 전파되었다고 보아야 옳다. 인터넷〈국편위판〉주143에서는 '농완주(弄椀珠)'도 소개했는데, 이는 구슬과 함께 [나무]주발[椀]을 노는 것도 함께 일컬은 것이다.

457) 악삭(握槊): 중국 고대의 놀이의 일종. 남북조시대에 서방(서역)에서 전래된 것으로, 뼈를 정육면체로 깎고 검은색과 붉은색 점을 찍어 사용하였다.《위서(魏書)》〈술예전(術藝傳)〉에 따르면, "이는 [서역]오랑캐의 놀이인데 근래에 중국으로 전

부여 능산리에서 출토된 백제 최고의 걸작 금동 박산 향로. 봉래산 부분에는 배소(좌상), 금(좌하), 완함(우상), 공후(우하) 등 백제 악기를 연주하는 악사들이 묘사되어 있다(부여국립박물관 소장).

지 놀이가 있는데, 특히 바둑을 높게 친다.

○ 有鼓角箜篌箏竽篪笛之樂, 投壺摴蒱弄珠握槊等雜戱。尤尙奕棊。

• 025

[위]송나라의 원가 연간에 제정된 역법458)을 쓰기 때문에 인월459)을 한

래되었다. 그 오랑캐 나라 왕에게 죄를 지은 아우가 하나 있었는데 그를 죽이려 하자 그 아우가 감옥에서 이 놀이를 만들어 바쳤는데, … 세종 이후로 당시에 크게 성행하였다." 명대의 방이지(方以智, 1611~1671)는 《통아(通雅)》에서 "악삭·장행국·파라새·쌍륙은 같은 것일 것"이라고 보았다.

458) 원가 연간에 제정된 역법[元嘉曆]: 남북조시대 유송(劉宋)의 천문학자 하승천(何承天, 370~447)이 창안한 역법. 문제(文帝)의 원가(元嘉) 20년(443)에 제정되었다 하여 '원가력(元嘉曆)'으로 불린다. 인터넷 〈국편위판〉 주144에 따르면 "百濟에서 採用되고 있었음은 本文의 句節 및《隋書》·《北史》에도 보이거니와 武寧王陵의 買地券銘文에서 確認되었다." 백제에 전래된 뒤로 554년에 일본에까지 전해졌으며, 백제가 멸망한 뒤인 661년까지 사용된 것으로 알려져 있다.

459) 인월(寅月): 음력 정월, 즉 양력 2월을 가리킨다. '세수(歲首)'는 한 해가 시작되는 달로, 정월과 같은 의미를 가지고 있지만 '인월'과 구분하기 위하여 '한 해의 첫 달'로 번역하였다.

해의 첫 달로 삼는다.

조세의 경우, 베·비단·명주·삼베 및 쌀 따위를 부과하는데, 그 해가 풍년인지 흉년인지를 따지고 등급을 나누어서 납부하게 한다.

○ 行宋元嘉曆, 以建寅月爲歲首。賦稅以布絹絲麻及米等, 量歲豐儉, 差等輸之。

•026

그 [나라의] 형벌로는 반란이나 반역을 저지르거나 전장에서 후퇴하거나 사람을 죽인 경우에는 목을 벤다.

[물건을] 훔친 경우에는 귀양을 보내는데, 그가 훔친 물건의 갑절을 징수한다.

부녀자가 간통을 저질렀을 때에는 호적을 박탈하고 남편 집에 편입시켜 여종으로 부리게 하였다.

혼인을 하고 아내를 들이는 예법은 중국의 습속과 대체도 동일하다.

○ 其刑罰, 反叛退軍及殺人者, 斬, 盜者, 流, 其贓兩倍徵之, 婦犯姦, 沒入夫家爲婢。婚娶之禮, 略同華俗。

•027

부모 및 남편이 죽었을 때에는 삼 년 동안 상을 치르고[460], 나머지 친

---

460) 상을 치르고[居服]: '거복(居服)'은 글자 그대로 직역하면 '머물며 의무를 진다' 식으로 번역된다. 고대 한문에서 '옷 복(服)'은 동사로 사용될 경우 '복무·복역·복상'처럼 특정한 임무를 이행하는 것(serve)을 가리킨다. 마찬가지로, '지복(持服)'은 자신이 있는 자리를 지키며 상주로서의 역할을 이행하는 것을 말한다. 고구려의 경우,《주서》에서는 "부모나 남편의 상을 당했을 경우, 그 나라에서 상을 치르는 제도는 중국과 같지만 형제인 경우에는 석 달로 제한한다(父母及夫喪, 其服制同於華夏. 兄弟則限以三月)"라고 하여 3년상을 원칙으로 했음을 알 수가 있

충남 부여군 외곽에 남아 있는 백제 나성 유적(동면)

척[의 상]일 경우에는 안장을 마치면 상복을 벗는다.

O 父母及夫死者, 三年居服, 餘親則葬訖除之。

• 028

땅과 밭은 [지대가] 습하며⁴⁶¹⁾ 기후는 따뜻하여 사람들이 모두 산[지]에서 산다.

굵은 밤이 나며, 그 나라의 오곡과 여러 가지 과일·채소 및 술·안주 같은 것들은 중원지역⁴⁶²⁾과 같은 경우가 많다. 다만, 낙타·노새·당

다. 백제 역시 "부모 및 남편이 죽었을 때에는 3년 동안 상을 치르고 나머지 친척일 경우에는 안장을 마치면 상복을 벗는다(父母及夫死者, 三年治服, 餘親, 則葬訖除之)"라고 하였다. 백제의 장례 풍속이 고구려와 대체로 동일했던 셈이다.

461) 땅과 밭은 습하며[土田濕]: 이 부분의 경우, 《위서》에는 "땅은 다수가 낮고 습하다(地多下濕)", 《주서》에는 "땅과 밭은 낮고 습하다(土田下濕)", 《수서》에는 "그 밭은 낮고 습하다(厥田下濕)"로 조금씩 다르게 기술되어 있다.

462) 중원지역[內地]: '내지(內地)'는 글자 그대로 직역하면 '나라 안(inner land)'이라는 뜻으로, 여기서는 중원지역을 가리킨다.

나귀[463]·양·거위·오리 같은 짐승은 없다.

○ 土田濕, 氣候溫暖, 人皆山居。有巨栗, 其五穀雜果菜蔬及酒醴肴饌之屬, 多同於內地。唯無駝騾驢羊鵝鴨等。

• 029

나라에는 [세력이] 큰 성씨로 여덟 씨족이 있는데, 사씨[464]·연씨[465]·협씨[466]·해씨[467]·진씨[468]·국씨[469]·목씨[470]·묘씨[471]이다.

---

463) 노새·당나귀[騾驢]: '라(騾)'는 노새, '려(驢)'는 당나귀를 가리킨다. 〈동북아판4〉(제127쪽)에서는 이 두 글자의 순서를 바꾸어 "나귀·노새"로 번역했는데 착오가 아닌가 싶다.

464) 사씨(沙氏): 백제 8대 씨족들 중 하나. 유력 씨족들 중에서 '사(沙)'를 사용한 경우는 2009년 미륵사 서석탑에서 수습된 〈금제사리봉안기(金製舍利奉安記)〉(기해년(639년) 정월 29일)의 '사탁(沙乇)', 《일본서기》의 '사택(沙宅)', 《사택지적비(砂宅智積碑)》의 '사택(砂宅)', 그리고 《구당서》·《신당서》·《자치통감》 등 중국 정사들 속의 '사타(沙吒)' 정도이다. 그렇다면 여기서의 '사씨'는 두 글자 성씨인 사택·사타를 중국식으로 한 글자로 줄인 경우임을 알 수 있다. 실제로 《삼국사기》《백제본기》 "동성왕(東城王) 6년(484)"조의 "내법좌평이던 사약사(沙若思)를 남제에 보내어 입조하고 공물을 바치려 하였다. 약사는 서해에 이르러 고구려군을 마주치는 바람에 더 이상 가지 못하였다" 대목에도 '사씨'로 소개되었다. 탁(乇)·택(宅)·타(吒)는 국내에서는 발음을 각자 달리 읽지만 종성 'ㄱ'이 약화되면 음운상으로 대체로 대응된다.

465) 연씨(燕氏): 백제 8대 씨족들 중 하나. 이홍식은 《삼국사기》에 등장하는 연신(燕信)·연돌(燕突)·연문진(燕文進)·연막(燕謨) 등의 경우를 근거로 "燕氏는 中國系 漢民族의 姓氏로서 帶方郡이 百濟에 沒入할 때 百濟에 귀화한 姓氏"라고 추정하였다. 그러나 단순히 '연'자만을 근거로 해당 씨족이 중국계 성씨라고 단정하기는 어렵다.

466) 리씨(劦氏): 백제 8대 씨족들 중 하나. 중국 정사에는 성씨만 소개되었을 뿐 구체적인 이름은 언급된 적이 없다. 국내의 경우 《삼국사기》 "개로왕(蓋鹵王) 21년"조에 "문주왕은 이에 목협만치·조미걸취와 함께 남쪽으로 갔다"라는 기사에 착안하여 '목협만치(木劦滿致)'를 '목리만치(木刕滿致)'로 보아 '목리씨'의 근거로 삼았다. 국편위판 《삼국사기》 "개로왕 21년"조의 주17에 소개된 것처럼 일본 측 사서인 《일본서기》에는 '목리불마갑배(木刕不麻甲背, 516)·목리금돈(木刕今敦,

백제전(百濟傳) 563

522)' 등과 같이 목리씨 인물이 몇 군데에 소개되어 있다. 이에 비하여 《수서》에서는 '목리'를 '목·리' 두 성으로 구분해 소개하고 있어서 논란을 야기한다. 이 문제에 관해서는 《삼국사기》를 편찬한 김부식조차 "《수서》에서는 '목'과 '리'를 2개의 성씨로 보았는데 어느 쪽이 옳은지는 알 수가 없다"라고 유보적인 입장을 취하였다. 그러나 이 대목만 놓고 따져 볼 때, ① 목씨와 리씨가 잇따라 제시되었다면 '목리씨'의 착오일 가능성이 있겠지만, ② 리씨를 세 번째로 언급한 반면 목씨는 일곱 번째로 언급한 점, ③ 그 같은 씨족 정보의 출처가 당시 수나라와 교류가 비교적 많았던 백제에서 나왔을 것이라는 점을 감안하면 ④ '리씨'와 '목씨'는 서로 별개의 씨족으로 이해하는 편이 합리적이지 않을까 싶다. 덧붙여, 노중국(1994)은 "'劦'과 '刕'는 자형이 유사하고, '刕'와 '羅'는 음운이 상통하므로 '木劦'·'木刕'·'木羅'는 동일 실체에 대한 다른 표기"라고 보았다. 문자학적 측면에서 볼 때 '협'과 '리'의 모양이 유사한 것은 맞다. 다만, '리'와 '라'가 음운상으로 대응된다고 보기는 어렵다.

467) 해씨(解氏): 백제 8대 씨족들 중 하나. 《삼국유사》의 소개가 역사적 사실이라는 전제하에서, ① 유리왕이 추모의 친아들이고, 대무신왕이 유리왕의 아들, 민중왕이 대무신왕의 아들인 점, ② 추모의 아버지로 해모수(解慕漱)라는 인물이 제시된 점, ③ 추모가 고구려를 건국한 뒤에 자신의 성씨를 '고'로 바꾼 점 등을 종합해 볼 때 ④ 추모의 아들·손자·증손자가 '해씨'이므로 그 원래의 성씨는 '해'일 수밖에 없다. 백제 해씨는 고구려의 전신인 부여계 성씨였을 개연성이 높다는 뜻이다.

468) 정씨(貞氏): 백제 8대 씨족들 중 하나. 《수서》와 《신당서》에는 '정씨'로 소개되어 있다. 반면에 《북사》와 《괄지지》·《통전》·《삼국사기》 등에는 '진씨(眞氏)'로 소개되어 있다. 문자학적 견지에서 볼 때 '정'과 '진'은 모양이 비슷해서 혼동되는 경우가 많다. 어느 쪽이 정확한 성씨인지 단정하기 어렵다는 뜻이다. 다만, ① '정씨'로 소개한 《수서》의 편찬시점이 당 태종의 정관 10년(636)으로 상대적으로 빠르기는 하지만, ② 태종의 4자인 이태(李泰, 620~652)가 《괄지지》를 저술한 점, ③ 《북사》가 비슷한 정관 17년(643)에 편찬된 점, 다소 연대가 늦기는 하지만 ④ 당나라 헌종(憲宗)의 정원(貞元) 17년(801)에 편찬된 《통전》이나 ⑤ 김부식의 《삼국사기》 등 복수의 사서·문헌들의 상호 교차·검증을 통하여 ⑥ '진씨'가 맞으며 ⑦ 해당 대목이 오독되면서 '진 ⇒ 정'으로 와전되었을 가능성이 높다.

469) 국씨(國氏): 백제 8대 씨족들 중 하나. 《수서》 등 중국 정사에는 성씨만 소개되어 있으나 국내 사서인 《삼국사기》《고구려본기》 "영양왕 23년(612)"조에서는 "[백제왕 부여]장이 그 신하인 국지모를 파견하여 수나라로 들어가게 하여 출병 날짜를 알려 줄 것을 요청하였다"라고 하였다. 이로써 백제 조정에서 대단히 중요한 위치에 있는 씨족이었음을 알 수 있다. 노중국(1999)은 《일본서기》에 등장하는

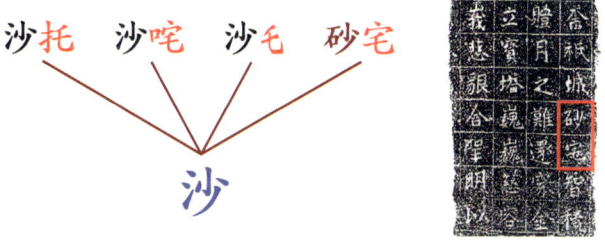

사씨는 백제의 대표적인 성씨인 사택씨를 중국식으로 줄인 것으로 보인다. 사택은 때로 '사탁–사타' 등으로 적기도 하는데 지금은 발음이 달라졌지만 고대에는 '탁–타–택'의 발음이 같았을 것이다. 오른쪽은 부여에서 발견된 백제《사택지적비(砂宅智積碑)》의 탁본

이다.

○ 國中大姓有八族, 沙氏燕氏刕氏解氏眞氏國氏木氏·苗氏。

'국사리(國沙利)'를 근거로 국씨의 내력을 가야에서 찾았다. 그러나 백제의 8대 씨족은 본질적으로 부여·고구려에서 건너온 건국집단이므로 가야계로 단정하기에는 무리가 따른다.

470) 목씨(木氏): 백제 8대 씨족들 중 하나. 동북아판의 주40(제107쪽)에서는 《일본서기》의 4~5세기 기사에 등장하는 목라근자(木羅斤資)·목리만치(木㒿滿致) 등을 근거로 이들을 목씨로 보았다. 그러나 두 인물의 경우 '목라'와 '목리' 식의 두 글자 성씨[複姓]일 가능성이 높기 때문에 원래부터 목씨였다고 단정하기는 어렵다.

471) 묘씨(苗氏): 백제 8대 씨족들 중 하나인 '백씨(苩氏)'를 잘못 적은 것으로 보인다. 이 성씨의 경우, 연대가 이보다 빠른《수서》및《통전》에는 '꽃 백(苩)', 이태의 《괄지지》에는 '머리 수(首)' 등으로 달리 표기되어 있다. 문자학적 견지에서는 정답을 찾기가 어렵다는 뜻이다. 다만, ①《통전》의 이 대목에서 저자인 두우(杜佑, 735~812)가 '발음은 백이다(音白)'라는 주석을 붙인 점, ② '백'이라는 발음에 대응되는 글자는《통전》의 '꽃 백'뿐이라는 점, ③ 문헌적으로도 국내 사서인《삼국사기》"동성왕(東城王)"조에 '백가(苩加)', "무녕왕(武寧王)"조에 '백기(苩奇)' 등의 인물이 등장하는 점 등을 종합해 볼 때 문제의 성씨는 '묘'나 '수'가 아닌 '백'임을 분명히 알 수가 있다.

- **030**

그 나라의 국왕은 [해마다 각 철의] 네 둘째 달472)에 하늘 및 오제 같은 신들473)에게 제사를 지낸다.

그 시조인 구태의 사당은 도읍에 세웠는데, 해마다 네 차례 그 신에게 제사를 지낸다.474) 나라 서남쪽에는 사람이 사는 섬이 열다섯 군데 있는데, 한결같이 성을 두른 읍락이 있다.

○ 其王每以四仲月祭天及五帝之神。立其始祖仇台之廟於國城, 歲四祠之。國西南, 人島居者十五所, 皆有城邑。

- **031**

[북]위나라의 연흥475) 2년에 그 나라 왕인 [개로왕 부]여경476)이 처음으로

---

472) 둘째 달[仲月]: 각 계절의 두 번째 달. 두 번째 달이 그 계절의 중간이라고 해서 '중월(仲月)'이라고 부르고 계절마다 '중춘(仲春)·중하(仲夏)·중추(仲秋)·중동(仲冬)'으로 일컬었다. 일반적으로 음력으로 2월·5월·8월·11월에 해당한다.

473) 오제 같은 신들[五帝之神]: 중국 고대 전설에 '동·서·남·북·중'의 다섯 방향을 주관하는 것으로 믿어진 신들. 인터넷 〈국편위판〉 주085에서는 "5帝를 《史記》〈五帝紀〉에서는 黃帝·顓頊·帝嚳·堯·舜이라 하였다"라고 했는데, 오제신은 전설상의 '삼황오제(三皇五帝)'와는 관계가 없다. 자세한 내용은 《수서》의 해당 주석을 참조하기 바란다.

474) 해마다 네 차례 제사를 지낸다[每歲四祠]: 이 부분의 경우, 《수서》·《북사》와 《삼국사기》에는 "해마다 네 차례 그 신에게 제사를 지낸다"로, 《주서》·《통전》·《문헌통고》 등에는 "해마다 그 시조 구태의 묘당에서 네 번 제사를 지낸다"로 소개되어 있다. 반면에, 《한원》에 인용된 《괄지지》 기사에서는 "백제 도성에서는 그 시조 구태의 묘당을 세우고 철마다 그 신에게 제사를 지낸다"라고 소개하였다.

475) 연흥(延興): 북위의 제6대 황제인 헌문제(獻文帝) 탁발홍(拓跋弘, 454~476)이 471~476년까지 6년 동안 사용한 연호. "연흥 2년"은 서기 472년이며, 백제 기년으로는 개로왕 18년에 해당한다.

476) [부]여경(餘慶): 백제 국왕의 이름. 《삼국사기》 "개개로왕(蓋鹵王)"조에는 "개루왕['근개루'라고 부르기도 한다]은 이름이 경사이다. 비유왕의 맏아들이다"라고

[그 나라] 관군장군477) · 부마도위478) · 불사후479) · 장사480)인 여례481)

소개되어 있다. 이를 근거로 할 때 [부]여경은 [부]여비의 뒤를 이어 즉위한 제21대 국왕인 개로왕일 가능성이 높은 것이다.《일본서기》 "웅략천황 5년(461)"조에는 '가수리군(加須利君, 카수리노키미)'으로 소개되어 있다. 그 이름들의 경우, '경사'는 백제식 이름, '경'은 중국식 이름이며, '근개루·근개로'는 왕호, '가수리군'은 일본어로 풀이한 왕호로 보인다.

477) 관군장군(冠軍將軍): 중국 고대의 관직명. 후한 말기에 설치되어 군사를 지휘해 정벌을 하는 일을 관장했으며 삼국시대의 위·오를 거쳐 5호 16국 시대의 후조(後趙)·전진(前秦)·후연(後燕)·남연(南燕)·서진(西秦) 등, 후대의 여러 왕조에서도 그대로 인습되었다. 진대의 관군장군은 병영의 군사를 지휘했는데 품계는 3품(三品)이었다. '행관군장군'은 다른 관직을 가진 무관이 관군장군의 직함을 대행 또는 겸임한 경우이므로 '관군장군 대행' 정도에 해당한다.

478) 부마도위(駙馬都尉): 중국 고대의 관직명. 한나라 무제 때 처음 설치되었다. 한대에 황제가 출행할 때 황제가 타는 어가, 즉 정거(正車)를 봉거도위(奉車都尉)가, 황제의 시중을 맡은 측근들의 수레인 부거(副車)는 부마도위가 각각 관장하였다. 공주와 혼인하는 사람에게 명예직으로 이 벼슬을 내린 것은 위·진대 이후부터이다.

479) 불사후(弗斯侯): 백제의 봉호. 동성왕(東城王)이 재위 12년인 영명(永明) 8년(490)에 남조의 제나라에 보낸 국서에도 보인다. 인터넷〈국편위판〉주087에 따르면, 사카모토 요시타네(坂本義種)는 국서에 등장하는 면중왕·팔중후·불사후 등을 '대왕'인 백제왕이 거느린 왕후들로 보았다. 천관우는 이들을 "'二十二檐魯'의 一部"로 추정하였다. '불사'의 경우, ① 스에마츠 야스카츠·사카모토 요시타네는 각각 '비사벌(比斯伐)'로 보아 전북 전주로, '부사(夫沙)'로 보아 승주 낙안 일대로 각각 비정하였다. ② 천관우는 '벌수지(伐首只)'로 보아 충남 당진으로 비정하였다. 다만, 곽석량이 재구한 고대음에 따르면, '불사'는 '뿇셰(pyiɑt-sie)' 정도로 읽히는 반면에 '비셰벌'은 '비셰뱟(bi-sie-byiɑt)', '벌수지'는 '뱟셔ㅜ제(byiɑt-sjiəu-tsjie)' 정도로 재구된다. 종성 '-ㅅ'가 약화/탈락되어도 '뿌셰'와 '비셰뱌', '뱌셔ㅜ제' 식으로 읽히므로 음운상으로 따져 보더라도 서로 간에 전혀 대응관계가 성립되지 않는다.

480) 장사(長史): 중국 고대의 관직 이름. '관리들의 수장[諸史之長]'이라는 뜻으로, 원래는 중국의 진(秦)나라에서 처음으로 설치하고 역대 왕조에 대대로 인습되었다. 관장하는 직무는 다양하지만 대부분 비서 또는 막료의 역할을 담당한 경우가 많았다. 남북조시대에는 각 주·군의 행정관 휘하에, 당대에는 자사(刺史) 휘하에 두었다.

481) 여례(餘禮): 백제의 왕족. 사카모토 요시타네는 "百濟王의 女壻"로 추정하였다.

와 용양장군482) · 대방태수483) · 사마인 장무484) 등을 파견하여 표를 올리고485) 자신[의 내력]을 이렇게 소개하였다.

그러나 백제의 국성인 부여씨인 것을 보면 사위가 아니라 왕족의 일원으로 보아야 옳다. 중국 정사들을 살펴볼 때 백제에서 신라처럼 한 씨족 안에서 동성동본의 근친혼을 맺었다는 증거는 어디에도 보이지 않기 때문이다. 앞의 주석에서 소개한 것처럼, 부마도위의 관직은 위·진대 이후로 황제의 사위에게 주로 내려졌지만 언제나 그랬다는 의미는 아닐 것이다. 국왕의 사위가 아니더라도 부마도위에 임명될 수 있었다는 뜻이다.

482) 용양장군(龍驤將軍): 북위의 관직명. '솟구치는 용처럼 용맹스럽다'는 뜻으로, 삼국시대에 위나라에 처음으로 설치되었다. 지위는 높은 편으로, 위·진과 유송에서 품계가 모두 제3품(第三品)이었으며, 북위의 효문제(孝文帝) 태화(太和) 17년(493)에는 품계가 제3품 상(第三品上)이었다가 23년에 종3품(從三品)으로 조정되었다.

483) 대방태수(帶方太守): 북위의 관직명. 이 관직명과 관련하여 ① 실제의 관직이 아닌 명예직으로서의 작호일 것(천관우), ② 그 관할지역이 중국의 조선·낙랑·대방일 것(방선주), ③ 장무가 중국인일 것(이기백) 등의 주장이 제시되었다. 엄밀하게 말하자면, 백제는 과거에 요서와 진평 두 군을 실제로 영유한 일이 있었다. 그 점을 염두에 두고 조선·낙랑·대방의 좌표를 기존의 평양 일대가 아니라 지금의 평주 일대로 상정할 경우, 이 시기까지만 해도 백제가 중국 조정으로부터 정식 직함을 받지 않았을 뿐 해당 지역들을 실질적으로 점유하고 있었을 가능성도 배제할 수 없다. 백제가 자신들이 확보하지 않은 지역에 대한 기득권으로서의 관직을 요구했을 리가 없기 때문이다.

484) 장무(張茂): 〈동북아판3〉(제078쪽)에서는 "황해도 鳳山郡 松山里에서 대방군 태수인 張撫夷의 무덤이 발견되었고 《송서》〈백제국전〉에는 구이신왕 5년 송나라에 사절단으로 파견된 張威가 보이기 때문에 대방 지역에 연고를 가진 인물 또는 대방 출신으로 추정된다"라는 윤용구의 주장을 인용하였다. 그러나 ① 장무이가 대방태수이고 장위가 장무이와 동성이니 장위는 대방 출신이라는 논리 자체가 황당한 데다가, ② '장무이'라는 이름과 그 유물에도 조작의 흔적들이 역력하다. ③ 《삼국지》·《후한서》의 〈왜전(倭傳)〉에서 대방-구야한국의 바닷길 거리가 7,000리라고 한 것 역시 대방이 중국에 있었다는 움직일 수 없는 증거이다. 장무이 조작 의혹과 대방군의 위치에 관해서는 문성재, 《한국고대사와 한중일의 역사왜곡》의 제500~524쪽과 제340~371쪽을 참조하기 바란다.

485) 표를 올리고[上表]: 이때 올린 표는 선행 정사인 《위서》〈백제전〉의 해당 대목에 전문이 소개되어 있다. 여기에 소개된 표문은 그중 일부만 요약해 놓은 것이므로

○ 魏延興二年, 其王餘慶始遣其冠軍將軍駙馬都尉弗斯侯·長史餘禮·龍驤將軍帶方太守司馬張茂等上表自通, 云,

• 032

"신은 고려와 마찬가지로 그 뿌리가 부여에서 비롯되었기에[486] 선대에는 왕년의 인연[487]을 몹시 고귀하게 여겼습니다.

○ 臣與高麗, 源出夫餘, 先世之時, 篤崇舊款。

• 033

[그러나] 저들의 할아비인 [고국원왕 괴]쇠[488]가 이웃 나라[로서]의 우애를 경솔하게 저버리고 직접 군사를 거느리고 신의 [나라] 강역을 짓밟았습니다.[489]

유념할 필요가 있다.

486) 고구려와 마찬가지로 뿌리가 부여에서 비롯되었습니다[與高句麗源出夫餘]: 당시 백제 국왕이던 개로왕의 입을 통하여 백제와 고구려가 부여로부터 갈라져 나온 사실을 잘 알고 있었음을 확인할 수 있다. 부여에서 고구려가 갈라져 나오고, 고구려에서 다시 갈라져 나온 것이 백제라는 뜻이다. 물론, 뿌리가 같다는 것이 부여와 고구려와 백제가 모두 동일한 씨족이라는 뜻은 아니다. 고구려와 백제는 왕실이 같은 씨족에서 유래했지만 부여에서는 왕족이 아니었으므로 서로 계보가 다르기 때문이다.

487) 왕년의 인연[舊款]: 백제가 혈통적으로 고구려와 마찬가지로 부여에서 갈라져 나온 동족임을 가리키는 말이다.

488) 저들의 선조인 쇠[其祖釗]: 고구려의 제16대 국왕인 고국원왕(故國原王)을 말한다. 《삼국사기》《고구려본기》"고국원왕"조에서 "고국원왕은['국강상왕'으로 부르기도 한다] 이름이 사유[어떤 이는 '유'라고 부르기도 한다]이다(故國原王[一云國岡上王], 諱斯由[或云劉])"라고 하였다. 고국원왕과 그 이름에 대한 음운학적 분석에 관해서는 《정역 중국정사 조선·동이전2》(제207쪽)의 "쇠(釗)" 주석을 참조하기 바란다.

백제전(百濟傳) **569**

○ 其祖釗, 輕廢隣好, 陵踐臣境.

• 034

[이에] 신의 조부인 [근수구왕 부여]수490)가 군대를 정비하고 번개처럼 내달려 [괴]쇠의 머리를 베어 매달매491) 그때부터는 함부로 남쪽을 넘보지

489) 신의 강역을 짓밟았습니다[陵踐臣境]: 《삼국사기》 "고국원왕 39년(369)" 조에서 "가을, 9월(양력 10~11월), 고국원왕이 병력 2만으로 남쪽으로 백제를 정벌하여 치양에서 싸웠으나 패하였다", 〈백제본기〉 "근초고왕 24년" 조에서 "가을 9월, 고구려왕 사유가 보병·기병 2만을 이끌고 와서 치양에 주둔하면서 병력을 나누어 민호들을 약탈하였다. 왕은 태자를 파견해 군사를 거느리고 곧장 치양까지 가서 서둘러 적들을 격파하게 하였다"라고 한 것을 보면 치양(雉壤) 싸움을 가리키는 셈이다.

490) 신의 조부 수[臣祖須]: 백제의 제14대 국왕인 근구수왕(近仇首王)을 가리킨다. 그 이름은 문헌에 따라서 달리 기록되어 있다. ① 이 대목과 《삼국사기》에는 '수(須)'로 소개되어 있는 반면, ② 일본의 사서인 《신찬성씨록(新撰姓氏錄)》에는 '귀수(貴首)' 또는 '근귀수(近貴首)', ③ 《속일본기(續日本紀)》에는 '귀류(貴流)' 또는 '구소(久素)'로 나와 있다. 곽석량에 따르면, '수(須)'는 '쇼(sǐwo)', '수(首)'는 '셔우(ɕǐəu)', '구(仇)'는 '겨우(gǐəu)', '귀(貴)'는 '끼닛(kǐwət)', '구(久)'는 '끼뉴(kǐwə)', '소(素)'는 '사(sɑ)'이다. 음운상으로 '□수-구수-귀수-구소'는 서로 대체로 대응된다. 다만, '귀류'의 경우는 '귀수-구소'와 음운상으로 서로 대응되지 않는데, 두번째 글자는 아마도 '흐를 류(流)'와 모양은 비슷하면서도 발음이 다른 '트일 소(疏)'를 잘못 적었을 가능성이 높다. '소'는 '샤(ʃɑ)'여서 '수' 또는 '소'와 대응되기 때문이다. 또, 이병도는 근구수왕의 왕호에 '원수 구'가 들어가 있는 것에 대하여 "百濟人 자신이 王名에 '仇'字를 사용하지는 아니하였을 것이므로 아마도 新羅人의 改作일 것"이라고 보았다. 자국 국왕을 높여 부르는 왕호에 '원수'라는 의미를 집어넣을 리가 없다는 것이다. 그러나 그것은 오해이다. ① 애초부터 '[근]구수'라는 왕호 자체가 의미와는 상관없이 발음만 빌린 음차(音借)인 데다가, ② 고대 한문에서 '구'는 '원수'보다는 '짝·반려자'라는 의미로 많이 사용되었기 때문이다. 《시경》〈국풍·주남(國風周南)〉 "토저(兎罝)" 편의 "씩씩한 저 무사, 공후들의 좋은 짝이로다(赳赳武夫, 公侯好仇)" 등이 그 대표적인 예이다.

491) 쇠의 머리를 베니[梟斬釗首]: 김부식은 《삼국사기》에서 "백제의 개로왕은 북위에 바친 표에서 '쇠의 머리를 베었다'고 했는데 과장된 표현이다(百濟蓋鹵王表魏曰 梟斬釗首, 過辭也)"라고 하였다. 실제로 《삼국사기》 "고국원왕 41년(371)" 조에

못하는 것이었습니다.

○ 臣祖須, 整旅電邁, 梟斬釗首。自爾以來, 莫敢南顧。

• 035

[그러나 나중에] 풍씨⁴⁹²⁾의 천운이 다하여 그 남은 병력이 [고구려로] 도망쳐 숨으면서 [그] 추악한 놈들이 차츰 강성해지매⁴⁹³⁾ 급기야 [놈들로부터] 수모와 핍박을 당하기에 이르렀습니다.

[그렇게 그] 원한이 얽히고 [전쟁의] 불행이 이어진 지가 서른 해가 넘었습니다.⁴⁹⁴⁾

> 서는 "겨울, 10월(양력 11월), 백제왕이 군사 3만을 거느리고 와서 평양성을 공격하매 왕이 군사를 내어 맞서다가 화살을 맞아 그 달 23일에 세상을 떠나니 고국의 들판에 안장하였다"라고 당시 상황을 전하였다. 목이 잘려 죽은 것이 아니라 화살을 맞아 중상을 입고 그 상처가 덧나는 바람에 하순쯤에 병으로 죽은 것이다.

492) 풍씨(馮氏): 북연(北燕)의 제2대 황제인 풍홍(馮弘)을 말하지만 그 나라인 북연의 대명사로 사용된 것으로 이해해도 무방하다. 풍홍에 관해서는《정역 중국정사 조선·동이전2》(제225~226쪽)의 "풍문통(馮文通)" 주석을 참조하기 바란다.

493) 추악한 놈들이 차츰 번성하기에 이르렀습니다[醜類漸盛]: '추악한 놈들[醜類]'은 고구려를 가리킨다. 이병도는 개로왕의 이 발언을 "北魏의 敵愾心을 일으키려는 煽動的 語句에 불과하다"라고 보았다. 그러나 근구수왕(375~384 재위) 전후로 풍씨 북연의 잔여 세력을 흡수한 고구려는 공교롭게도 소수림왕(小獸林王)-고국양왕을 거쳐 광개토대왕-장수왕의 극성기를 맞으면서 영토를 최대로 확장하게 된다. 반면에 백제는 근수구왕 이후로 고구려의 공세에 밀려 자구책을 마련하기 위해 신라 및 중원 왕조에 연합을 호소하는 처지에까지 내몰린다. 따라서 개로왕의 표현에 선동적인 어감이 담겨 있는 것은 사실이지만 북연 세력을 흡수한 고구려가 차츰 번성하기 시작하는 상황 자체는 허구로 치부할 이유가 없다고 본다.

494) 원한이 얽히고 불행이 이어지기를 삼십 년이 넘는 바람에[構怨連禍, 三十餘載]: 백제의 개로왕이 북위 황제에게 표를 보낸 것은 연흥(延興) 2년, 즉 서기 472년이다. 그런데 이 대목에서 북연이 멸망하고 풍홍의 잔여 세력이 고구려에 귀순하여 국력이 강해진 고구려가 백제에 도전하면서 30년 넘게 치열한 공방을 벌였다고 했으니 북연이 멸망한 438년을 기준으로 할 때 양국의 전쟁이 본격화된 시점

○ 自馮氏數終, 餘燼奔竄, 醜類漸盛, 遂見陵逼, 構怨連禍, 三十餘載。

• 036
만약 천자의 자애와 극진한 연민[의 마음]이 외국[의 백성들]조차 가리지 않고 멀리까지 미친다면 서둘러 장수를 한 사람 파견하시어 신의 나라를 구하러 와 주십시오. 그러시면 기꺼이 신의 딸을 바쳐 [천자의] 후궁에서 비질을 시키는 것은 물론이요495), 아들과 아우들까지 보내 [천자의] 마구간에서 말을 먹이게 하면서, 한 자의 땅 한 명의 사람조차 신의 것으로 여길 엄두를 내지 않겠나이다!496)

○ 若天慈曲矜, 遠及無外, 速遣一將, 來救臣國。當奉送鄙女, 執掃後宮, 并遣子弟, 牧圉外廏, 尺壤匹夫, 不敢自有。

• 037
지난 경진년497) 이후로, 신의 [나라] 서쪽 바다 가운데에서498) 시체가

은 대체로 440년 전후였던 셈이다. 그렇다면 고구려는 장수왕(413~491 재위), 백제는 개로왕의 선대인 비류왕(比流王, 427~455) 때부터 소모적인 전쟁이 쉴 새 없이 지속된다는 이야기가 된다.

495) 후궁에서 비질을 시키는 것은 물론이요[執掃後宮]: '집소후궁(執掃後宮)'은 〈동사1(+목적어)+동사2+보어구〉 구조로, "[비를] 들고 후궁을 쓸다" 정도의 의미로 해석된다. 목적어 자리에는 일반적으로 '비 추(帚)'가 오게 되어 있으나 여기서는 생략된 것으로 보인다.

496) 신의 것으로 여길 엄두를 내지 않겠나이다[不敢自有]: 여기서 '자유(自有)'란 문법적으로는 '자기 것으로 삼다' 또는 '자기 것으로 여기다' 정도의 의미로 해석된다. 그래서 불가능을 나타내는 조동사인 '불감(不敢)'과 함께 사용되어 '자기 것으로 여길 생각조차 가질 엄두를 내지 못하다' 정도의 의미로 해석할 수가 있다.

497) 지난 경진년[去庚辰年]: 서기 440년을 말한다. 북위 태무제(太武帝)의 태연(太延) 6년이자 태평진군(太平眞君) 원년, 유송 문제(文帝)의 원가(元嘉) 17년이며, 고구려 기년으로는 장수왕 28년에 해당한다.

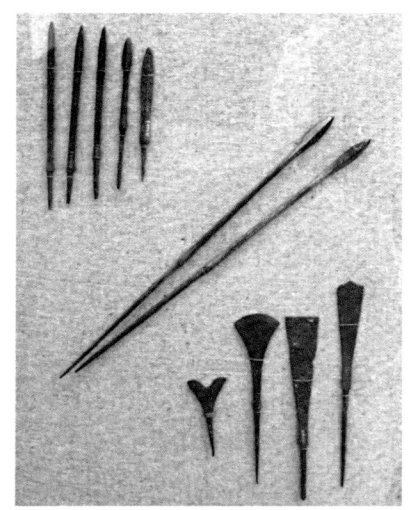

고구려 지역에서 출토된 살촉들(중국군사박물관 소장)

열 구 넘게 발견되었고, 아울러 옷·기물·안장·굴레 등을 얻었습니다. [그런데] 그것들을 살펴보니 고려의 물건들이 아니었습니다.

○ 去庚辰年後, 臣西界海中, 見尸十餘, 幷得衣器鞍勒。看之, 非高麗之物。

---

498) 신의 서쪽 경계[臣西界]: 선행 정사인 《위서》에는 이 뒤로 '소석산 북국(小石山北國)'의 다섯 글자가 추가되어 "西界小石山北國海中"으로 되어 있다. 개로왕이 이 표를 올린 시점은 북위의 연흥 2년(472)으로, 고구려 기년으로는 장수왕 60년, 백제 기년으로는 개로왕 18년에 해당한다. 이때는 문주왕(文周王) 원년(475)의 웅진성 천도가 있기 4년 전으로 백제의 도읍이 한성(漢城)이던 시점이다. 게다가 "서쪽 경계[西界]"의 "북쪽 나라의 영해[北國海中]"라고 했으니 시체와 물건들이 발견된 지점이 백제와 고구려의 접경지역 해상인 셈이다. 학계에서는 한성을 지금의 서울시 일대로 보고 있다. 만일 이 지리고증이 정확한 것이라는 전제하에서 서울의 서녘 북쪽 바다라면 지금의 인천 백령도 방면 해상에 해당될 것이다. 이 표를 올리고 4년째 되던 해인 475년 9월에 개로왕은 고구려 장수왕이 이끄는 3만의 고구려군의 공격에 한성을 함락당하고 죽음을 맞는다. 이 부분의 해석에 관해서는 문성재, 《정역 중국정사 조선·동이전2》, 〈위서·백제전〉(제264쪽)의 "소석산" 주석을 참조하기 바란다.

• 038

나중에 듣자니 [그것들은] '바로 폐하의 [명령을 받든] 사람들이 신의 나라로 왕림하려다가 긴 뱀[같은 고구려놈들]이 길을 가로막는 바람에499) [그들이] 바다에 가라앉은 것'이라는 것이었습니다.500) [✱501)] 이에 [당시에] 얻은 안장 하나를 바치오니 [그것을] 산 증거502)로 삼으시기 바랍니다."

---

499) 긴 뱀이 길을 가로막는 바람에[長蛇隔路]: 여기서 '긴 뱀[長蛇]'은 고구려를 두고 한 말로, 백제가 중원 왕조에 사신을 보내는 일을 고구려가 번번이 방해한 것을 가리킨다. 이 부분을 통하여 북위에서 백제로 또는 백제에서 북위로 사행을 다닐 때에는 반드시 고구려의 영해(영토)를 거쳐 가야 했음을 확인할 수 있는 셈이다. 5~6세기까지만 해도 백제이든 고구려든 간에 해안을 따라 이동하는 연안항법(沿岸航法, coastal navigation)으로 중국을 내왕했다는 뜻이다. 백제에서 곧바로 황해를 횡단해 중국 동남부의 남조로 직행하는 것은 기술적으로 불가능했던 것이다. 고대의 연안항법과 한·중 양국의 이동 경로에 관해서는 문성재, 《한국 고대사와 한중일의 역사왜곡》, 제350~352쪽을 참조하기 바란다.

500) 바다에 가라앉은 것[以阻于海]: 이 부분의 경우, 선행 정사인 《위서》와 나중의 《삼국사기》에는 '바다에 가라앉혔다(以沉于海)'로 기술되어 있다. 문법적으로는 양자 모두 별로 문제가 없다. 그러나 표문에서 전후 맥락을 따져 볼 때, '막을 조(阻)'보다는 '가라앉힐 침(沉)'이 더 근사(近似)해 보인다.

501) ✱: 《위서》와 《삼국사기》에는 원래 이 자리에 다음의 내용이 들어 있다. "비록 아직 분명하게 확인하지는 못했으나 [그 괘씸한 소행에] 분노를 뼈저리게 느끼는 바입니다. 옛날 송나라에서 신주를 죽이자 초나라 장왕은 맨발로 뛰쳐나갔으며, 날아온 비둘기를 매가 잡자 신릉(군)은 [밥을] 먹지 않았습니다. 적을 이겨 공명을 이루는 것은 더할 나위 없이 아름답고 성대한 일입니다. 무릇 [신은] 작디작고 외진 나라에서조차 변함없이 [천자의 나라의] 만대불변의 신의를 흠모하고 있나이다. 하물며 폐하께서는 하늘과 땅의 기운을 조화시키시고 위세는 산과 바다조차 기울게 할 정도이십니다. 그런데 어찌하여 가소로운 종놈으로 하여금 천자께로 향하는 길을 차지하고 앉아 가로막도록 [내버려] 두십니까!" 표문에 대한 상세한 주석과 설명은 문성재, 《정역 중국정사 조선·동이전2》의 해당 대목을 참조하기 바란다.

502) 산 증거[實矯]: 문법상으로 따져 볼 때, '실교(實矯)'는 의미가 통하지 않는다. 두 번째 글자 '고칠 교(矯)'의 경우, 선행 정사인 《위서》에는 '검증할 험(驗)', 송대에 저술된 《통지(通志)》에는 '의거할 거(據)'로 소개되어 있다. '교'는 '험' 또는 '거'를 잘못 베낀 글자일 가능성이 높다고 본다.

○ 後聞乃是王人來降臣國, 長蛇隔路, 以阻于海。今上所得鞍一, 以爲實矯。

•039

[북위의] 헌문[제]503)께서는 '그들이 외지고 먼 곳에 있으면서도 위험을 무릅쓰고 입조하고 [공물을] 바쳤다'고 여겨 각별하고 두텁게 예우하고 사신으로 소안을 파견해 그 나라 사신들을 모두 [백제로] 귀환시키게 하였다. [그리고 이렇게] 조서를 내렸다.

○ 獻文以其僻遠, 冒險入獻, 禮遇優厚, 遣使者邵安與其使俱還。詔曰,

•040

"[경의] 표를 받아 [그곳 소식을] 듣자 하니 아무 근심이 없다고 하더구려. […] 경이 고려와 사이가 좋지 못하여 번번이 유린되고 침범당하기는 했으나 실로 대의에 순응하여 인덕으로 그것을 지킬 수만 있다면 원수가 다 무슨 걱정이겠소?

○ 得表聞之無恙。卿與高麗不睦, 致被陵犯, 苟能順義, 守之以仁, 亦何憂於寇讎也。

---

503) 헌문(獻文): 북위의 제6대 황제인 헌문제 탁발홍(拓跋弘, 454~476)을 가리킨다. 이병도는 '현조'를 "北魏의 孝文帝"로 보았으나 착오이다. 탁발홍은 풍태후(馮太后)의 장기 섭정에 불만을 품고 아들 탁발굉에게 양위하고 제위에서 물러나기는 했지만 연흥 2년(472)에 유연(柔然)이 침범하자 직접 정벌에 나서는 등, 틈틈이 정사에 참여했고, 탁발굉이 정식으로 친정(親政)에 나선 것은 490년부터이기 때문이다. 앞에서 "현조가 붕어하시매 … 고조 때에 이르러"라고 한 것도 그 증거이다. 고조는 효문제 탁발굉의 묘호인데 그가 즉위하기 직전에 현조가 죽었다고 했으니 '현조'는 헌문제 탁발홍일 수밖에 없는 것이다.

중국 요녕성 무순(撫順)에서 출토된 고구려 투구(상)와 복제품
(하). 오른쪽은 황해도 안악의 동수묘에 그려진 고구려 기병 모습

• 041

이전에 [짐이] 파견한 사신들은 바다를 건너 변방 너머의 나라[504]를 어루만지게 함이었거늘 그로부터 [여러] 해가 거듭되도록 [한번] 가서 돌아오지 않는 바람에 살았는지 죽었는지 도착은 했는지를 미처 확인할 길이 없구려.

○ 前所遣使, 浮海以撫荒外之國, 從來積年, 往而不反, 存亡達否, 未能審悉.

• 042

[그런데] 경이 보내 온 안장을 [그 사신들이] 당시에 탔던 것과 대조해 보았으

---

504) 변방 너머의 나라[荒外之國]: '황외지국(荒外之國)'은 국왕이 사는 왕기(王畿)에서 2,500리 떨어진 황복(荒服) 너머에 있는 나라들을 가리킨다. 춘추시대의 것으로 전해지는 《국어(國語)》《주어 상(周語上)》의 "융적은 황복에 있다(戎狄荒服)"에 대하여 삼국시대 오나라의 위소(韋昭, 204~273)가 "융적은 왕성으로부터 4,500리 내지 5,000리나 떨어져 있다(戎狄去王城四千五百里至五千里也)"라는 주석을 붙인 것을 보면 그 거리가 절대적인 숫자가 아니라 다분히 관념적인 숫자였음을 짐작할 수 있다.

나 [우리] 중국의 물건이 아니었소. [그러니] '그럴 것 같다'고 의심되는 일을 가지고 '분명히 그렇다'고 단정해서는 안 될 것이오. [경이 나라를] 경략할 비결은 이미 다른 조서에 언급해 놓았소."

○ 卿所送鞍, 比校舊乘, 非中國之物。不可以疑似之事, 以生必然之過。經略權要, 已具別旨。

• 043
[황제는 다음과 같은 조서도] 이어서 내렸다.

"[*505)] 고려는 선대로부터506) [북위의] '변방을 지키는 신하'로 자처하면서 조공을 해 온 지가 오래되었소. [경이] 저들에게 예전부터 [감정의] 응어리가 있었다고는 하지만507) [짐의] 나라에는 여태껏 명령을 어기는 허물을 저지른 적이 없었소.

○ 又詔曰, 高麗稱藩先朝, 供職日久, 於彼雖有自昔之釁, 於國未有犯令之愆。

---

505) *: 《위서》에는 이 자리에 긴 내용이 들어 있다. 해당 내용에 관해서는 문성재, 《정역 중국정사 조선·동이전2》의 해당 대목을 참조하기 바란다.

506) 선대로부터[先朝]: 인터넷 〈국편위판〉 주118에서는 "北魏로 보낸 高句驪 使臣의 기록이 처음 나오는 것은 《魏書》〈世祖紀〉太延 元年(435) 6月 丙午條로 '高麗·鄯善國並遣使朝獻'이라 하고 있다"라고 하였다. "태연 원년(435)"이라면 태무제 탁발도(拓跋燾, 408~452)의 치세이며, 탁발도는 이 조서를 내린 헌문제의 증조부이다.

507) 저들에게 예전부터 응어리가 있었다고는 하지만[於彼雖有自昔之釁]: 인터넷 〈국편위판〉에서는 '저 피(彼)'를 '그대들'로, 중국의 〈대역판〉(1885)에서도 '對你們' 즉 "그대들에게"로 번역하였다. 그러나 전후 맥락을 따져 볼 때 '피'는 표를 올린 대화의 상대가 아니라 제3자를 가리키는 것으로 이해해야 옳다. 대상이 백제가 아니라 고구려라는 뜻이다. 뒤에 이어서 나오는 '속구피정(速究彼情)'이 그 증거이다.

• **044**

경이 사신을 처음으로 보내는 마당에 지금 당장 [고구려를] 정벌해 주기를 바라기에 이번 사태의 정황을 조사하고 따져 보았으나 이치상으로는 역시 [명분이] 충분하지 않은 것 같구려.

○ 卿使命始通, 便求致伐, 尋討事會, 理亦未周。

• **045**

[＊1336)] [이번에 경이] 바친 비단과 해산물이 비록 모두 도착한 것은 아니나 경의 지극한 마음을 알겠구려. 해서 지금 이런 저런 하사품들을 별도로 작성한 품목과 함께 내리는 바이오."

○ 所獻錦布海物, 雖不悉達, 明卿至心。今賜雜物如別。

• **046**

아울러 [고]련에게 조서를 내려 [소]안 등을 호송하게 하였다.

[그런데 소]안 등이 고려에 당도하자 [고]련은 '과거에 [부]여경과 원한이 있었다'고 주장하면서 [소안 일행이] 동쪽으로 넘어가게 해 주지 않는 것이었다. 509) [소]안 등이 이리하여 모두 [북위로] 귀환하니 [황제가 장수왕 고련에게]

---

508) ＊:《위서》에는 이 자리에 긴 내용이 들어 있다. 해당 내용에 관해서는 문성재,《정역 중국정사 조선·동이전2》(제272~277쪽)의 해당 대목을 참조하기 바란다.

509) 동쪽으로 넘어가게 해 주지 않는 것이었다[不令東過]: 여기서 "동쪽"은 백제를 뜻한다. 이를 통하여 백제가 고구려의 동[남]쪽에 자리 잡고 있었고, 북위와 내왕하자면 반드시 고구려의 바닷길을 거쳐 가야 했음을 알 수 있다. 동래군에서 출발한 북위의 사신 안이 고구려를 거쳐서 백제로 입국하려 했다는 것은 곧 장수왕/개로왕이 재위하던 5세기만 해도 백제의 해상 이동의 정식 노선은 해안선을 따라 이동하는 연안항법에 절대적으로 의존하고 있었음을 우회적으로 시사해 준다. 만약 당시에 '산동반도 ⇒ 황해 ⇒ 한반도' 또는 '산동반도 ⇒ 요동반도 ⇒ 한반도' 식의 해상 이동이 가능했다면 북위 사신들이 굳이 고구려까지 가서 구차한 모습을

덕흥리 고분에 그려진 견우(좌)와 직녀(우)의 모습(문화재청)

조서를 내려 그를 몹시 책망하였다.510)

○ 又詔, 璉護送安等, 至高麗, 璉稱昔與餘慶有讎, 不令東過。安等於是皆還, 乃下詔切責之。

보일 필요가 없었을 것이다. 고대의 연안항법에 관해서는 문성재,《한사군은 중국에 있었다》, 제99~110쪽을 참조하기 바란다.

510) 그를 몹시 책망하였다[切責之]: 북위의 황제(헌문제)가 백제 사신들이 백제로 귀국하는 것을 허용하지 않은 장수왕을 질책한 일을 말한다. 〈동북아판3〉(제085쪽)에서는 "그들을 준절히 꾸짖었다"라고 번역하여 백제 사신들을 귀환시키지 못하고 되돌아온 소안 등을 꾸짖은 것으로 해석하였다.

• 047

[연흥] 5년511)에 [소]안 등을 사신으로 보내 동래512)로부터 바닷길을 가서 [개로왕 부]여경에게 옥새를 찍은 국서를 내려 그의 정성과 절개를 표창하려 하였다. [그러나 소]안 등은 바닷가에 이르렀을 때 바람을 만나 떠밀려 간 끝에513) 결국 [백제까지] 가지 못하고514) [북위로] 되돌아오고 말았다.

○ 五年, 使安等從東萊浮海, 賜餘慶璽書, 襃其誠節。安等至海濱, 遇

511) 5년(五年): 연흥 5년을 말한다. 서기 475년이며, 백제 기년으로는 개로왕 21년에 해당한다.

512) 동래(東萊): 중국 고대의 지명. 전한의 고조(高祖) 때 군이 처음 설치되었다. 치소는 액현(掖縣)으로 지금의 산동성 내주시(萊州市) 일대에 해당하는데, 후한 이후로 그 위치가 여러 차례 변경되었다. 진대(晉代)에는 동래국(東萊國)으로 개칭되고, 남조시기에는 유송에서 다시 군으로 개칭되었다. 동래를 거쳐 바다[발해]를 건너갔다는 대목은 곧 남조와 고구려가 사신을 주고받는 해로를 추정하는 데에 유용한 단서를 제공해 준다.

513) 바람을 만나 표류한 끝에[遇風飄蕩]: 중국에서 한반도로 항해하다가 바람을 만나 표류했다는 것은 북위의 사신들이 남쪽에서 바람이 불 때 백제로 오려 했음을 뜻한다. 남쪽에서 북쪽으로 이른바 '남풍(南風)'이 부는 시기는 일반적으로 7월부터 9월까지의 여름철이다. 연흥 5년에 북위의 사신들이 고구려의 영해를 거쳐 백제로 사행을 나선 시점은 여름철이었을 것이며, 때마침 남쪽에서 북상하는 태풍의 영향으로 배가 중국 쪽으로 표류하면서 바다를 건너는 데에 실패했을 것이다.

514) 결국 가지 못하고 되돌아오고 말았다[竟不達而還]~:《위서》《백제국전》은 이 구절을 끝으로 마무리되고 있다. 반면에,《삼국사기》《백제본기》"개로왕 18년"조에는 이 구절 뒤에 "왕은 고구려 사람들이 여러 차례 변경을 침범한 일 때문에 표를 올려 위나라에 [고구려를 응징할] 군사를 요청했으나 들어 주지 않았다. 왕은 그것을 원망하여 결국 조공을 끊었다(王以麗人屢犯邊鄙, 上表乞師於魏, 不從。王怨之, 遂絶朝貢)"라는 내용이 추가되어 있다. 인터넷〈국편위판〉주120에서는 백제가 북위에 대한 외교관계를 단절한 것이 "蓋鹵王 18年 때의 일이 아니고 적어도 이 보다는 5年 후쯤의 일"이라고 추정하였다. 물론, 국교의 단절이 정확하게 5년 뒤에 발생했다고 단정할 수는 없겠지만 연흥 5년(475)을 전후하여 양국의 외교관계가 단절된 것은 확실하다.

여름에 중국에서 한반도로 항해할 때는 북상하는 태풍의 영향을 받을 가능성이 높다. 동래에서 연안항법으로 백제까지 오다가 바람을 만났다면 북위 사신들은 태풍철인 8~9월에 바닷길을 갔을 것이다(기상청 연합뉴스).

風飄蕩, 竟不達而還。

• 048

[백제는] 진·송·제·량[등의 왕조]515)이 강동516)에 할거할 때부터 사신을

---

515) 진·송·제·량(晉宋齊梁): 중국 남북조시대의 남조를 대표하는 네 왕조. 참고로 각 왕조의 존속기간을 살펴보면 317~418년까지 총 109년, 11대 동안 존속한 진(晉, 동·서진)을 제외하고는 유송(劉宋)이 420~479년까지 총 60년, 8대를, 제(齊)나라는 479~502년까지 24년, 7대, 양(梁)나라는 502~557년까지 56년 6대, 진(陳)은 557~589년까지 33년, 5대 등, 모두 100년을 넘지 못하였다.

516) 강동[江左]: 중국 고대의 지역명. 강동(江東), 즉 지금의 강남지역을 가리킨다. 여기서의 '강'은 장강(長江)을 가리킨다. 청대의 학자 위희(魏禧, 1624~1681)는 《일록잡설(日錄雜說)》에서 이와 관련하여 "장강의 동쪽은 '강좌', 장강의 서쪽은 '강우'라고 일컫는다. 아마 장강의 북쪽에서 보았을 때 장강 동쪽은 왼편에 있고 장강 서쪽은 오른편에 있기 때문일 것이다"라고 설명하였다. 〈국편위주〉에서는 이 대목에서 "江은 揚子江을 가리킨다. 일본의 학자인 모로하시(諸橋轍次)의 《大

초서로 쓴 '융(隆)'과 '엄(淹)'은 얼핏 같은 글자로 보일 정도로 모양이 비슷하다.

파견하여 '변방의 신하'를 일컬으면서 아울러 [관직의] 배수와 [작호의] 책봉을 받아 왔다. [그리고] 마찬가지로 [북]위나라와도 [사신의 왕래가] 끊이지 않았다.

○ 自晉宋齊梁據江左, 亦遣使稱藩, 兼受拜封。亦與魏不絕。

• 049

[북]제나라517)가 동위의 [제위] 선양을 받을 때에 이르러518) 그 나라 국왕

漢和辭典》에서는 이 '강(江)'과 관련하여 "① 揚子江을 稱한다. 예전에는 오직 江 혹은 江水라고만 稱했고, 後世에는 大江·長江이라 하였다"라고 하였다. 그러나 엄밀하게 말하면, '양자강(揚子江)'은 남경지역의 나루인 양자진(揚子津)에서 상해 황포강(黃浦江) 황해 어귀에 이르는 장강 하류 구간만 부르는 이름이므로 주의할 필요가 있다.

517) 제나라[齊]: 북조의 제나라, 즉 '북제(北齊)'를 두고 한 말이다. 탁발씨의 북위가 동위와 서위로 분열된 뒤에 동위의 권신이던 고환(高歡)의 둘째 아들 고양(高洋, 526~559)이 동위를 멸망시키고 서기 550년에 세운 나라이다. 도읍은 업(鄴), 즉 지금의 하남성 안양현(安陽縣)이었으며, 초기에는 국력이 서위의 권신 우문태(宇文泰)가 세운 북주(北周, 557~581)를 압도하였다. 그러나 고양 이후로 황제들이 무도하고 간신들이 득세하는 바람에 건국한 지 28년 만에 결국 북주에 멸망하였다. "중원의 동쪽에서 발호했다"라고 한 것은 이 기사를 작성한 사관의 나라인 북주가 북제의 서쪽에 자리 잡고 있었기 때문이다. 고양의 제나라를 '북제'라고 부르는 것은 그보다 앞서 남조에서 20여 년간 존속했던 소씨(蕭氏)의 또 다른

[무녕왕 부여]융519)도 [과거와] 마찬가지로 사신을 파견하였다. [그리고 부여]융이 죽자520) [그] 아들 [부]여창521) 역시 [북]제나라에 사절을 파견하였다.

제나라(479~502, '남제')와 구분하기 위해서이다

518) 제나라가 동위의 선양을 받았을 때에 이르러[及齊受東魏禪]: 동위의 효정제(孝靜帝) 원선견(元善見)이 목숨을 부지하기 위하여 고양에게 제위를 양보한 550년 전후를 가리킨다. 선양한 원선견은 중산왕(中山王)으로 강등되면서 목숨을 부지했으나 결국 고양에게 독살되어 업성(鄴城)을 흐르는 장하(漳河)에 버려졌다. 《삼국사기》〈백제본기〉에 따르면, 백제에서 제나라에 사신을 파견한 것은 위덕왕 17년인 570년부터이다. 그러나 이 뒤에서 "아들 여창 역시 제나라에 사절을 파견하였다"라고 한 것을 보면 백제가 제나라에 처음 사신을 파견한 시점은 위덕왕 이전인 성왕(聖王) 때임을 알 수가 있다.

519) 융(隆): 백제의 제25대 국왕인 무녕왕(武寧王) 부여융(扶餘隆, 462~523)을 말한다. 자세한 내용은 《송서》의 해당 주석을 참조하기 바란다. 인터넷 〈국편위판〉 주091에서는 무녕왕이 서기 523년에 죽었고 북제는 그보다 27년 뒤인 550년에 건국되었기 때문에 "그 나라의 국왕 융도 사신을 보내왔다"라고 한 이 기사에 중대한 착오가 있다고 보았다. 실제로 고양이 북제를 건국한 550년은 백제 제26대 국왕인 성왕 후반기인 재위 28년에 해당한다. 《북사》 편찬자가 북제의 사서를 베끼는 과정에서 착오를 범했을 가능성이 있다.

520) 융이 죽자[隆死]: 원문에는 '엄사(淹死)'로 기술되어 있는데 글자 그대로 직역하면 '[물에] 빠져 죽었다'는 뜻이 된다. 그렇게 되면 주체도 불분명하고 맥락상으로도 부자연스럽다. 인터넷 〈국편위판〉 주112에서는 '잠길 엄(淹)'이 '덮을 엄(掩)'을 차용한 경우로 "'淹'을 '掩'字로 본다면 갑자기 죽었다는 뜻이 되므로, 이는 餘明(聖王)의 戰死를 想起시킨다"는 사카모토 요시타네의 주장을 소개하였다. 그러면서 "왕이 신라를 습격하고자 직접 보병·기병 50명을 이끌고 밤중에 구천에 이르렀으나 신라의 복병이 일어나매 맞붙어 싸우다가 어지러운 군사들에게 피해를 당하여 승하하였다(王欲襲新羅 親帥步騎五十, 夜至仇川, 新羅伏兵發與戰, 爲亂兵所害薨)"라는 《삼국사기》 "성왕 32년"조의 기사를 근거로 "'淹'은 '敗也'라는 뜻도 있으니, 여기서는 '敗死'라는 의미로 보는 것이 더 타당"하다고 보았다. 그러나 ① '잠길 엄'과 '덮을 엄'에는 '갑자기'라는 뜻이 없으며, ② '질 패(敗)'는 '낡다' 또는 '손상되다' 등의 의미를 나타내기도 한다. 게다가 ③ 중국의 역대 정사에서 남의 나라 국왕 관련 기사들의 경우, 장수왕처럼 특별한 경우가 아니라면 '옹립되었다[立]'와 '죽었다[死]' 정도로 간략하게 기술되는 것이 고작이다. 지면이 한정되어 있어서 어떻게 죽었는지까지 기재하지 않는 것이다. ④ '잠길 엄'은 무녕왕의 이름자인 '융성할 융(隆)'을 잘못 읽거나 베낀 데서 비롯된 해프닝일

○ 及齊受東魏禪, 其王隆亦通使焉。淹死, 子餘昌亦通使命於齊。

• 050

무평522) 원년에 [북]제나라의 후주는 [위덕왕 부]여창을 사지절·시중523)·
거기대장군524)·대방군공·백제왕으로 전처럼 책봉하였다.
[무평] 2년에 이번에는 [부]여창을 지절·도독동청주제군사525)·동청주

뿐이라는 뜻이다. ⑤ 선행 정사인《주서》에는 그 자리에 '엄'이 아닌 '융'이 들어가 있는 것이 그 증거이다. ⑥ 문자학적으로도, 고대에 초서(草書)로 필사할 때 '융'과 '엄'은 모양이 비슷해서 자칫 오독·오기되기 쉽다. 따라서 이 부분은 '융사(隆死)'로 새기고 "[부여]융이 죽자"로 번역해야 옳다.

521) 그 아들 [부여]창[子昌]: 다음 국왕인 위덕왕(威德王) 부여창(扶餘昌, 525~598)을 말한다. 〈동북아판3〉(제098쪽)에서는 "무령왕[隆]은 성왕[明]의 아버지이자 위덕왕[昌]의 할아버지이다. 그러므로 '융의 아들 창'이라는 말은 틀린 것"이라고 지적하였다. 무녕왕 이후의 백제 왕계에 관해서는 인터넷〈국편위판〉 주091의 〈왕계표〉를 참조하기 바란다.

522) 무평(武平): 북제의 제2대 황제인 고위(高緯, 556~577)가 570~576년까지 6년 동안 사용한 연호. "무평 원년"은 서기 570년이며, 백제 기년으로는 위덕왕 17년에 해당한다.

523) 시중(侍中): 중국 고대의 관직명. 진·한대에 천자를 시종한 하급 관리로, 한 무제 이후로는 시랑(侍郎)보다 서열이 높아졌다. 남북조시대 이후로는 문하성(門下省)의 대신(大臣)으로서, 상서성(尚書省)의 상서령(尚書令), 중서성(中書省)의 중서령(中書令)과 함께 국정을 주재하였다.

524) 거기대장군(車騎大將軍): 중국 위·진대 이래의 관직명. 표기(驃騎)·거기(車騎)·위(衛)의 세 장군은 여타 장군들보다 중요한 위상을 가지고 있어서 본래는 굳이 '대-'를 붙일 필요가 없었다. 그러나 나중에 장군의 종류가 갈수록 늘어나자 세 장군의 직함에 '대-'를 추가한 1품 품계의 '대장군'을 증설하고 존경의 뜻으로 중신이나 원로들에게 하사했는데 남북조 시기에도 그대로 인습되었다. 위덕왕에 대한 작호의 경우, 이 기사와《삼국사기》에는 '거기대장군'으로 소개되어 있으나,《북제서》〈후주·유주기(後主幼主紀)〉·《북사》〈제본기(齊本紀)〉·《통지(通志)》에는 '표기대장군'으로 소개되어 있는데 후자일 가능성이 높다.

525) 도독동청주제군사(都督東靑州諸軍事): 북제의 관직명.《삼국사기》에도 같은 명칭으로 소개되었으나《북제서》〈후주·유주기〉와《북사》〈제본기〉에서는 '도독(都督)'

충남 부여의 백제 정림사 터. 멀리 정림사탑(화살표)이 보인다.

자사로 삼았다.

○ 武平元年, 齊後主以餘昌爲使持節侍中車騎大將軍帶方郡公百濟王如故. 二年, 又以餘昌爲持節都督東靑州諸軍事東靑州刺史.

• 051

[북]주나라의 건덕[526] 6년에 [북]제나라가 멸망하매 [부]여창이 비로소 사신을 파견하여 [북]주나라와 교류하기에 이르렀다.

선정[527] 원년에 다시 사신을 파견하여 [중국으로] 와서 [공물을] 바쳤다.

○ 周建德六年, 齊滅, 餘昌始遣使通周. 宣政元年, 又遣使來獻.

으로 소개하였다. '도독'에 관해서는 문성재, 《정역 중국정사 조선·동이전2》의 해당 주석을 참조하기 바란다.

526) 건덕(建德): 북주의 제3대 황제인 무제(武帝) 우문옹(宇文邕, 543~578)이 572~578년까지 6년 동안 사용한 연호. "건덕 6년"은 백제 위덕왕 24년으로 서기로는 577년에 해당한다.

527) 선정(宣政): 무제 우문옹이 578년 3월부터 12월까지 사용한 두 번째 연호. "선정 원년"은 서기 578년이며, 백제 기년으로는 위덕왕 25년에 해당한다.

•052

수나라의 개황 연간 초기528)에 [부]여창이 이때에도 [수나라에] 사신을 파견하여 특산물을 바쳤다. [이에 수나라에서는 부여창을] 상개부529) · 대방군공530) · 백제왕으로 제수하였다.

528) 개황 연간 초기[開皇初]: '개황초(開皇初)'는 글자 그대로 '개황 연간 초기'라는 뜻이다. '개황'은 581~600년까지 20년 동안 수나라에서 사용된 연호이므로, "개황 연간 초기"라면 대체로 서기 581~587년 전후에 해당하는 셈이다. 《삼국사기》〈백제본기〉 "위덕왕"조에 따르면, 백제에서는 위덕왕 재위 28년인 581년과 29년(582), 31년(584), 33년(586)에 차례로 수나라에 사신을 파견하였다. 이 중 581년에 고조가 조서를 내려 위덕왕을 백제왕·상부의동삼사·대방군공으로 배수한 것으로 기술되어 있으므로 역서의 "개황 연간 초기"는 개황 원년(581)을 말한다.

529) 상개부(上開府): 중국 고대의 작호. 정식 명칭은 '상개부의동대장군(上開府儀同大將軍)'으로, 개부·의동대장군보다 높다는 뜻에서 그 앞에 '윗 상(上)'자를 추가한 것이다. 자세한 내용은 앞의 〈고려전〉 "상개부의동대장군" 주석을 참조하기 바란다.

530) 대방군공(帶方郡公): 중국 남북조시대 이래로 중원왕조에서 사용된 봉호. 낙랑과 대방은 중국 동북방에 자리 잡은 지역이었기 때문에 북조에서 사용되었다. 역사적으로 4세기에는 선비족 출신인 모용씨(慕容氏)인 전연(前燕)의 모용온(慕容溫)과 후연(後燕)의 모용좌(慕容佐)가 각각 '대방왕(帶方王)'이라는 봉호가 있었으며, 후연의 모용보(慕容寶) 시기에는 고구려왕 고안(高安)에게 '평주목·요동대방2국왕(遼東帶方二國王)'의 봉작이 내려지기도 하였다. 그 뒤를 이은 북위 초기에도 태무제(太武帝)를 따라 정벌에 나선 공신 나자근(羅子斤)과 그 아들 나돈(羅敦, ?~?), 그 손자 나이리(羅伊利)이 차례로 '대방군공'에 봉해졌다. 효문제(孝文帝) 때에는 그 격을 '후(侯)'로 낮추고 나자근의 증손 나아노(羅阿奴), 현손 나살귀(羅殺鬼)이 차례로 대방후로 봉해졌다. 북위 고종(高宗) 문성제(文成帝)의 흥안(興安) 2년(453)에도 황제의 외척이던 상씨(常氏)들을 '공(公)'으로 봉했는데, 그들 중에서 상희(常喜, 453~?)가 잠시 대방군공에 봉해지기도 하였다. 또, 《원모묘지(元侔墓誌)》에는 황족인 원모의 외조부 질라흥(叱羅興)이 '대방정공(帶方靜公)'으로 봉해졌다고 소개하였다. 수·당대에는 백제국왕에게만 독점되었는데, 때로는 격을 높여 '대방군왕(帶方郡王)'으로 일컫기도 하였다. 당나라 무덕(武德) 4년(621)·7년(624)에는 백제 제30대 국왕인 무왕(武王) 부여장(扶餘璋)이 과하마를 진상하자 사신을 파견하여 '대방군왕·백제왕'으로 책봉한 일이 있다. 국내 학계에서는 '대방[군]'을 지금의 황해·경기 일대로 비정하고 있다. 그러

○ 隋開皇初, 餘昌又遣使貢方物, 拜上開府帶方郡公百濟王。

•053

[수나라가] 진나라를 평정한 해[531)에] [수나라의] 전선이 [파도에] 떠밀려서 바다 동쪽[너머?]의 탐모라국532)까지 이르렀다.
그 배는 무사히 귀환할 수 있었는데, 백제를 거쳐 갈 때에 부여창이 [소요] 물자들을 무척 후하게 전달해 왔다. 아울러 사신을 파견하여 [수나라 문제에게] 표를 올리고 진나라를 평정한 일을 축하하였다.

○ 平陳之歲, 戰船漂至海東躭牟羅國。其船得還, 經于百濟, 昌資送之

나 지금까지 살펴보았듯이, 봉호와 책봉 주체·대상들을 따져 볼 때 '대방'은 한반도가 아닌 중국 북방의 모 지역(하북성 동북부)으로 보는 것이 합리적이다.

531) 진나라를 평정한 해[平陳之歲]: 수나라 문제의 개황 9년, 즉 서기 589년을 가리킨다. 남조의 진(陳)나라는 마지막 군주인 진숙보(陳叔寶)의 폭정과 향락으로 국운이 기울고 민심이 흉흉하였다. 마침 북조를 통일한 문제 양견(楊堅)은 정월에 광릉(廣陵, 지금의 양주시)에서 대군을 이끌고 장강을 건너 진나라를 공략하여 도성인 건강(建康, 지금의 남경시)을 함락시키고 진나라를 멸망시켰다. 망국의 군주로 전락한 뒤에는 수나라의 도읍인 장안(長安)까지 끌려가서 장성현공(長城縣公)에 봉해지고 저택을 하사받아 후한 대우를 받다가 낙양에서 죽었다.

532) 탐모라국(躭牟羅國): 중국 고대에 중국 동쪽에 있었다는 나라 이름. 그 위치에 관해서는 학자들마다 이견이 분분하다. 〈동북아판4〉(제108쪽)에 따르면, 이 나라와 관련하여 ① 미시나 쇼에이(三品彰英, 1962)·이용현(1999)은 《일본서기》 "계체(繼體)천황 2년(508) 12월"조의 '탐라(耽羅)'에 근거하여 제주도로 비정하였다. 반면에 ② 이병도(1976)·노중국(2011)은 강진, ③ 이도학(1995)은 해남, ④ 김명심(2013)은 해남·강진 일대로 각각 비정하였다. 그러나 여기서 유념해야 할 점은 《수서》의 이 부분이 백제인들의 증언을 토대로 기사로 작성되었다는 사실이다. 역사적 사실을 반영하고 있다는 뜻이다. 실제로 이 국명의 경우, 23년 뒤에 편찬된 《북사》에는 '탐모라국(耽牟羅國)', 국내 사서인 《삼국사기》에는 '탐라(耽羅)'로 소개되어 있다. 신뢰도가 떨어지기는 하지만 《일본서기》에도 '탐라', '침미다례(忱彌多禮)'가 언급되어 있다. 따라서 여기서의 '모라국'은 《북사》와 《삼국사기》 두 정사의 기록을 참작할 때 '탐라국'으로 이해하고 지금의 제주도로 보는 편이 합리적일 것이다.

甚厚, 并遣使奉表賀平陳。

•054

[수나라] 문제는 그 일을 갸륵하게 여기고 이렇게 조서를 내렸다.

"그 나라는 [거리가] 너무도 멀리 떨어져 있어 오가기가 대단히 어려울 것이다. [그러니] 오늘 이후로는 해마다 따로 [우리나라에] 들어와 공물을 바칠 필요는 없느니라. [＊533)]"

[그러자 백제] 사신은 배무를 추고 나서534) [그 자리를] 물러갔다. 1383)

---

533) ＊: 《수서》〈백제전〉에는 이 자리에 "짐 또한 사신을 파견하지 않을 것이니 왕은 그 점을 알아주기 바라오.(朕亦不遣使往, 王宜知之)" 두 구절이 들어 있다.

534) 사신은 배무를 추고 나서[使者舞蹈]: 인터넷 〈국편위판〉과 〈동북아판4〉(제109쪽)에서는 "사신은 춤을 추며" 식으로 번역했으나 사실과 다르다. '배무(拜舞)'는 중국 중·근세에 신하가 황제의 은혜에 감사의 뜻으로 갖추었던 예절로, '배무례(拜舞禮)'로 불리기도 하였다. 원래 중국에 고유한 습속은 아니며 5호 16국시기를 거치면서 북방에서 중원으로 전래된 외래문화로 보이는데, 수나라를 거쳐 당대에 크게 유행하였다. 《신당서》·《자치통감》 등의 사서들은 위구르의 모우가한(牟羽可汗, 재위 759~780)이 당나라 덕종(德宗) 이괄(李适, 742~805)에게 배무를 추게 하여 갈등이 발생한 일을 소개한 것이 그 증거이다. 배무를 추는 방법의 경우, 중국에는 관련 기록이 보이지 않지만 일본에는 기록이 일부 남아 있다. 당나라와 비슷한 시기인 헤이안[平安] 시대(794~1185)에 일본 궁중에서 당나라의 배무를 모방하여 서훈·임관이나 녹읍을 하사할 때에 관작을 받는 쪽이 추었다는 하이무(拜舞, 또는 '하이부')의 경우가 그것이다. 이때 해당자는 상체만 움직여 왼쪽-오른쪽-왼쪽의 순서로 절을 했다고 한다. 이 경우 서거나 앉아 손을 움직이고 좌우를 돌아보는가 하면 기쁜 나머지 손을 흔들고 발을 구르며 기쁜 마음을 표현했다고 한다. 일본의 고전인 《슈가이쇼(拾芥抄)》《고오시코지 나이후쇼(後押小路内府抄)》에 따르면, 두 번 절을 하고 나서 선 채로 허리 이상을 왼쪽으로 향하게 하고, 두 손을 왼쪽으로 펴 소매를 맞추고, 이를 오른쪽 또는 왼쪽으로 향하게 하고, 또 무릎을 꿇어 왼쪽 무릎을 땅에 대고, 같은 식으로 절을 했다고 한다. 《고시다이쇼(江次第抄)》에서도 '처음에 두 번 절하는 것은 황제가 내린 명령을 삼가 받든다는 뜻이고, 나중에 춤을 추는 것은 황제의 은혜를 입은 것을 기뻐한다는 뜻'이라고 소개하였다. 물론, 그 방식에는 시대에 따라 변동이 있었다. 《세

○ 文帝善之, 下詔曰, 彼國懸隔, 來往至難, 自今以後, 不須年別入貢。使者舞蹈而去。

• 055
[개황] 18년536)에 [부]여창이 그 나라의 장사537)인 왕변나를 사신으로 보

> 조쿠센신히쇼(世俗浅深秘抄)》에 의하면, 조정의 조회나 천황이 행차할 때에 천황은 '왼쪽 ⇒ 오른쪽 ⇒ 왼쪽', 신하는 '오른쪽 ⇒ 왼쪽 ⇒ 오른쪽'의 순서로 절을 했던 것이 나중에는 반대로 천황이 '오른쪽 ⇒ 왼쪽 ⇒ 오른쪽', 신하가 '왼쪽 ⇒ 오른쪽 ⇒ 왼쪽'의 순서로 절을 했다고 한다. 중국의 경우 당대로부터 한참 지난 명대의 《태조실록(太祖實錄)》 "홍무 8년(1375) 2월 신묘삭일에 주상께서 역대 제왕에게 제사를 올리시다" 대목에서는 명대의 배무례의 절차·방법 등을 비교적 상세하게 소개해 놓았는데, 대체로 춤을 추면서 머리를 조아리고 '만세'를 외치는 식으로 진행되었다고 한다.

535) 그 자리를 물러갔다[去]: '거(去)'의 경우, 우리나라에서는 '갈 거'로 새기고 '가다(go)'로 번역하는 경향이 있다. 그러나 고대 한문에서 왕(往)은 '가다', 래(來)는 '오다(come)'인 반면에 '거'는 그 자리를 '떠나다(leave)'의 의미로 주로 사용되므로 맥락을 파악할 때에 유념할 필요가 있다.

536) 18년(十八年): 수 문제의 개황(開皇) 18년은 서기 598년에 해당한다. 《북사》 판본들에는 모두 개황 '8년(八年)'으로 소개되어 있다. 그러나 ① 선행 정사인 《수서》의 같은 대목에 "개황 18년(開黃十八年)"으로 소개되어 있는 데다가, ② 《삼국사기》〈백제본기〉 "위덕왕 45년"조에서도 "가을 9월에 왕이 장사 왕변나를 사신으로 보내 수나라에 들어가 조공하게 하였다"라고 하였다. ③ 개황 '8년'이 되면 백제가 개황 '9년'에 수나라에 진나라 평정을 축하하는 사신을 보낸 일과도 순서가 맞지 않게 된다. 장사 왕변나를 수나라에 파견한 시점은 위덕왕 45년, 즉 개황 18년(598)이라는 뜻이다. 《북사》의 모든 판본에 '8년'으로 기술되어 있다는 것은 《북사》를 편찬하는 단계에서 이미 '8년 ⇒ 18년'으로 잘못 기재되었음을 뜻한다.

537) 장사(長史): 중국 고대의 관직 이름. '관리들의 수장[諸史之長]'이라는 뜻으로, 원래는 중국의 진(秦)나라에서 처음으로 설치하고 역대 왕조에 대대로 인습되었다. 관장하는 직무는 다양하지만 대부분 비서 또는 막료의 역할을 담당한 경우가 많았다. 남북조시대에는 각 주·군의 행정관 휘하에, 당대에는 자사(刺史) 휘하에 두었다.

내어 [중국에] 와서 특산물을 바쳤다.

때 마침 [수나라가] 요동[에서]의 전쟁을 일으키자 [백제에서는 사신을] 파견하여 표를 올리고 [수나라] 군사의 길잡이가 되기를 자청하였다.538)

○ 十八年, 餘昌使其長史王辯那來獻方物。屬興遼東之役, 遣奉表, 請爲軍導。

• 056

황제는 조서를 내리고 [*539)] 그 나라 사신을 후하게 대접하고 나서 본국으로 [돌려]보내 주었다. [그러자] 고려에서 그 사실을 어느 정도 알고 군사를 동원하여 그 나라의 지경을 침공하였다.

[부]여창이 죽자 [⋯] [그] 아들 [무왕 부]여장이 옹립되었다.540)

○ 帝下詔, 厚其使而遣之。高麗頗知其事, 兵侵其境。餘昌死, 子餘璋立。

---

538) 군대의 길잡이가 되기를 자청하였다[請爲軍導]: 국내 사서인 《삼국사기》의 정덕본(1512)과 옥산서원본(1573) 두 판본에는 마지막 글자가 '이끌 도(導)'가 아닌 '길 도(道)'로 새겨져 있다. 그러나 전후 맥락을 따져 볼 때 '이끌 도'로 써야 옳다.

539) *: 《수서》에는 이 자리에 수나라 문제가 내린 조서의 내용이 소개되어 있다. 자세한 내용은 《수서》〈백제전〉을 참조하기 바란다.

540) [부]여창이 죽자 [⋯] 아들 [부]여장이 옹립되었다[昌死, 子餘璋立]: 이 대목의 경우, 《수서》에는 "[부여]창이 죽자 아들 [부]여선이 옹립되었으나 [그가] 죽는 바람에 [그] 아들 [부]여장이 옹립되었다(昌死, 子餘宣立, 死, 子餘璋立)"로 기술되어 있다. 그런데 부여창은 백제 제27대 국왕 위덕왕, 부여선은 제29대인 법왕(法王. 599~600), 부여장은 제30대 국왕인 무왕(武王, 600~641)의 이름이다. 무왕의 부왕은 법왕인데, 조부 항렬의 위덕왕을 부왕으로 소개한 셈이다. 이는 북조(439~581) 142년의 역사를 한정된 지면으로 축약하다 보니 《북사》 편찬자들이 상대적으로 덜 중요한 외국의 역사적 사실을 건성으로 처리한 데서 비롯된 착오이다. 또, 《수서》·《북사》·《책부원구》에서는 법왕을 위덕왕의 아들로 소개했으나 사실은 위덕왕의 동생이다. 이 문제에 관해서는 《수서》의 해당 주석을 참조하기 바란다.

• 057

대업 3년에 [부]여장이 사신 연문진541)을 [수나라로] 파견하여 입조하고 공물을 바쳤다.

그 해에 이어서 사신 왕효린542)을 파견하여 [중국에] 입조하여 공물을 바치고 고려를 토벌할 것을 요청하였다. [그러자] 양제는 그것을 윤허하고 [그 나라에] 명령하여 고려의 동정을 엿보게 하였다. 그랬더니 [부]여장은 비밀리에 고려와 내왕하여 우호관계를 유지하면서 [황제를] 속일 마음을 품고 중국[의 실정]을 엿본 것이었다.543)

○ 大業三年, 餘璋遣使燕文進朝貢。其年, 又遣使王孝隣入獻, 請討高

---

541) 연문진(燕文進): 백제의 고관. 중국 쪽 정사들에는 그 직함에 대한 소개 없이 간단히 '사신[使]' 또는 '사자(使者)' 정도로 소개되어 있다. 그러나 《삼국사기》 "무왕 8년(607)"조에는 "봄 3월에 저솔 연문진을 파견하여 수나라에 들어가 입조하고 공물을 바쳤다"라고 기술되어 있다. '저솔'의 '절굿공이 저(杵)'는 모양이 비슷한 '박달나무 간(杆)'을 잘못 베낀 것으로 '간솔(杆率)'로 적어야 옳다. 간솔은 백제의 16관등 중에서 제5등에 해당하는 고위직이었다.

542) 왕효린(王孝鄰): 중국 쪽 정사들에는 왕효린을 간단히 '사자(使者)' 정도로 소개되어 있다. 그러나 《삼국사기》 "무왕 8년(607)"조에는 "이어서 좌평 왕효린을 파견하여 입국하고 공물을 바치게 하면서 겸하여 고구려 토벌을 요청하였다" 식으로 그 직함을 분명히 명시해 놓았다. '좌평'은 백제의 16관등 중에서 제1등에 해당하는 최고위직이었다. 왕효린이 양제에게 고구려 토벌을 요청한 것은 그 직전에 고구려가 백제를 공격했기 때문이었다. 《삼국사기》 〈고구려본기〉 "영양왕 18년(607)"조 및 〈백제본기〉 "무왕 8년(607)"조에 따르면, "여름 5월에 군사를 파견해 백제 송산성을 공격하였다. 그러나 함락되지 않자 군사를 옮겨 석두성을 습격하여 남녀 3,000명을 사로잡아 귀환하였다." 그렇다면 왕효린이 수나라에 파견된 시점은 5월 이후였을 것이다.

543) 여장은 비밀리에 고려와 내통하고 우호관계를 유지하면서[璋內與高麗通和]: 이것은 양국의 관계를 알지 못한 수나라 양제의 착각이다. 백제는 이미 위덕왕 때부터 고구려와 국지전 수준의 군사 충돌을 이어가고 있었기 때문이다. 그래서 무왕 때에 왕효린·국지모 등 대신급 사신을 잇따라 수나라에 파견하여 고구려 정벌에 나서 줄 것을 호소한 것이다.

麗。煬帝許之, 命覘高麗動靜。然, 餘璋內與高麗通和, 挾詐以窺中國。

• 058

[대업] 7년544)에 황제가 직접 고려 정벌에 나섰다. [그러자 부]여장이 그 신하인 국지모545)를 사신으로 파견하여 [중국으로] 와서 [정벌] 출발 일자를 알려 줄 것을 요청하였다.

[그러자] 황제는 크게 기뻐하면서 상을 후하게 내리고 상서기부랑546)인 석률을 파견하여 백제를 방문하고 [그 일자를] 서로 알려 주게 하였다.547)

544) 7년[七年]: 수나라 양제의 대업(大業) 7년을 말한다. 대업 7년은 서기로는 611년에 해당한다. 《삼국사기》"무왕 12년"조에 따르면, 무왕은 이 해에 양제의 고구려 정벌에 발맞추어 "가을 8월에 적암성을 쌓고", "겨울 10월에는 신라의 가잠성을 포위하여 성주 찬덕을 죽이고 그 성을 함락시키고" 있다. 양제가 고구려를 공격하는 사이에 고구려에 대한 방비 강화와 함께 신라를 공격하여 자국의 실리를 챙긴 것으로 보인다.

545) 국지모(國智牟): 백제의 고관. 《삼국사기》에는 이름이 '국지모(國知牟)'로 소개되어 있다.

546) 상서기부랑(尙書起部郞): 중국 고대의 관직 이름. 서진·동진·남북조시대에 기부(起部)를 설치하고 건설(토목?)을 관장하게 하였다. 수·당대부터는 '공부(工部)'로 개칭되었다. 그러나 명대의 이일화(李日華)의 《관제비고(官制備考)》《칭호·경관(稱號京官)》에서 "공부의 상서와 시랑은 '기부'라고 부른다"라고 소개하고 있는 것처럼, 그 뒤로도 원래의 '기부'를 관례적으로 사용하는 경우가 많았다.

547) 서로 알려 주게 하였다[與相知]: 이 대목과 관련하여 《삼국사기》《고구려본기》"영양왕 23년(612)"조에는 을지문덕(乙支文德)의 살수(薩水) 대첩을 소개하면서 "처음에 백제왕 부여장은 [수나라에] 사신을 파견하여 고구려를 토벌해 줄 것을 요청하더니 … 부여장이 안으로는 우리[고구려]와 은밀히 내통하였다. … 수나라 군사가 요수를 건널 때에 이르자 백제 역시 [자국] 변경에 군기가 엄한 군사를 배치하고 '수나라를 돕는다'고 대놓고 말하면서도 실제로는 양단책을 구사하였다"라고 기술되어 있다. 백제가 수나라에게는 고구려 공략을, 고구려에게는 수나라 협공을 약속하고 실제로는 고구려와 수나라가 서로 맞붙어 혈전을 벌이는 사이에 어부지리(漁父之利)를 노릴 계산이었던 셈이다.

○ 七年, 帝親征高麗, 餘璋使其臣國智牟來請軍期。帝大悅, 厚加賞賜, 遣尙書起部郎席律詣百濟, 與相知。

• 059

이듬해[548)]에 [수나라] 육군[549)]이 요수[550)]를 건넜다. [이에 부]여장은 여장대로 [자국의?] 국경에 군사를 삼엄하게 배치하였다. [그러나] '[수나라] 군사를 돕겠다'고 공공연히 말하기는 했지만 사실은 임기응변을 노린 것이었다.[551)] 얼마 뒤에는 [백제가] 신라와 틈이 생겨 번번이 서로 전쟁을 벌였다.

---

548) 이듬해[明年]: 수 양제의 대업 8년을 말한다. 서기 612년이며, 백제 무왕 13년, 고구려 영양왕 23년에 해당한다.

549) 육군(六軍): 중국 고대의 군대 편제. 황제가 직접 지휘하며 평소에 황제를 경호하고 대궐을 경비하는 금군(禁軍, 금위부대)을 말한다. 자세한 내용은 《수서》의 "육군" 주석을 참조하기 바란다.

550) 요수를 건넜다[渡遼]: 이 부분의 경우, 〈동북아판4〉(제109쪽) 및 국편위판《삼국사기》〈백제본기〉 "무왕 13년(612)"조에서는 '요(遼)'를 '요하(遼河)'로 번역했으나 인터넷 〈국편위판〉처럼 '요수(遼水)'로 번역해야 옳다. 요수와 요하는 역사적으로 엄연히 서로 다른 하천이기 때문이다. 한대로부터 청대까지 중국의 역대 정사를 확인한 결과, '요하'라는 이름은 요나라의 역사를 소개한 14세기의 《요사(遼史)》에서부터이다. 이에 관해서는 반드시 문성재, 《한국고대사와 한중일의 역사 왜곡》, 제175쪽의 표를 참조하기 바란다.

551) 사실은 임기응변을 노린 것이었다[持兩端]: 이 부분의 경우, 인터넷 〈국편위판〉에서는 "兩端策을 쓰고 있었다", 〈동북아판4〉(제131쪽)에서는 "두 마음을 가지고 있었다"라고 번역하였다. 글자 그대로 직역하면 '양쪽 끝을 잡는다'라는 뜻으로, '양단간의 선택'과 비슷한 말이다. '임기응변(臨機應變)'이라는 말처럼, 서로 상반되는 두 상황을 상정하고 상황에 따라 입장을 바꾸어 대응하는 것을 가리킨다. 여기서는 수나라가 자국과 고구려 사이에서 기회주의자처럼 처신하는 백제를 비꼬는 말로 사용되었다. 그러나 이 같은 인식은 수나라의 착각이었다. 앞의 《삼국사기》〈고구려본기〉 "영양왕 23년"조 기사를 볼 때, 백제는 당시 수나라에는 고구려 정벌을, 고구려에는 수나라 협공을 설득하면서 두 나라가 맞붙어 혈전을 벌이면 그 사이에서 어부지리를 챙길 작정이었기 때문이다.

하천명	한서	삼국지	후한서	진서	북사	위서	송서	수서	당서	자치통감	신오대사	요사	금사	원사	명사	청사고
요수		+	+	+	+			+	+	+		+	+			
유수	(+)			+	+	+	+		+		+	+			+	+
난하								+		+	+	+		+	+	+
난수								+	+			+		+		
요하												+	+	+	+	+

〈표〉 중국 정사에 등장하는 하천명들. '요하'라는 이름은 원대에 편찬된 《요사》부터 보인다.

[대업] 10년[552])에 다시 사신을 파견하여 [중국에] 입조하고 공물을 바쳤다. [그러나] 나중에는 천하가 어지러워지면서 [그 나라] 사신도 결국 끊어지고 말았다.

○ 明年, 六軍度遼, 餘璋亦嚴兵於境, 聲言助軍, 實持兩端. 尋與新羅有隙, 每相戰爭. 十年, 復遣使朝貢. 後, 天下亂, 使命遂絶.

• 060

그 나라 남쪽 바다를 통하여 석 달을 가면 탐모라국이 있다.[553]) [그 나라

---

552) 10년(十年): 대업 10년을 말한다. 서기 614년이며 백제 기년으로는 무왕 15년에 해당한다.

553) 그 나라 남쪽 바다를 통하여 석 달을 가면 탐모라국이 있다[其南行三月, 有耽牟羅國]: '탐모라(耽牟羅)'의 경우, 고대음은 '탐뮤라(tham-mieu-lɑ, 타무라?)' 정도로 재구된다. 《수서》에는 이 나라와 관련하여 ① 그 나라로 가려면 "백제에서 남쪽으로 바다를 통하여 석 달을 가야 한다(其南海行三月)", ② 그 나라의 크기가 "남북으로 천여 리, 동서로 수백 리(南北千餘里, 東西數百里)"라고 명시하였다. 이 당시에 중국에서 '1리'는 지금의 미터법으로는 대략 460m 정도이므로 상당히 큰 땅인 셈이다. ③ 《수서》《외국전(倭國傳)》에서는 "이듬해(608)에 주상이 문림

학계 일각에서는 '탐모라'를 탐라로 해석하여 제주도로 비정하기도 한다. 그러나 '남쪽 바다를 통하여 석달을 가야 한다'고 했으므로 제주도라고 보기 어렵다.

는] 남북으로는 천 리가 넘고 동서로는 수백 리가 된다. 그 땅에는 노루와 사슴이 많으며, [정치적으로] 백제에 예속되어 있다.

[그곳에서] '서쪽으로 사흘을 가서554) 맥국555)까지는 [거리가] 천 리가 넘는

> 랑 배청을 사신으로 파견하였다. 백제를 건너 죽도에 이르러 남쪽으로 탐라국을 바라보며 도사마국을 거치니 망망대해였다. 더 동쪽으로 일지국에 이르고 다시 죽사국에 이르러 더 동쪽으로 가면 진왕국에 이른다. … 다시 10여 국을 거치면 해안에 당도한다. 죽사국으로부터 그 동쪽으로는 모두가 왜국에 부용하고 있다"라고 하였다. 음운을 따져 볼 때, 도사마국은 쓰시마 섬이며, 일지국은 잇키 섬, 죽사국은 츠쿠시(筑紫, 후쿠오카)에 대응된다. 위의 항해 경로나 소요 시간 및 그 지형적 조건을 기본적으로 충족시켜 줄 수 있는 곳은 일본의 규슈(九州) 지역 정도가 아닐까 싶다. ④ 한반도와 일본열도 사이에서 남북 길이가 동서 길이의 갑절이나 되는 큰 땅은 규슈 정도이며, 그 지역에는 꽃사슴·노루 등의 들짐승들이 서식하고 있다.

554) 백제에서 서쪽으로 사흘을 가면[百濟自西行三日]: 〈동북아판4〉(제110쪽)에서는 "백제 서쪽으로부터 3일을 가면"이라고 했으나 번역에 유념할 필요가 있다. 이

다⁵⁵⁶⁾'고 한다.

○ 其南, 海行三月有乇牟羅國, 南北千餘里, 東西數百里, 土多麞鹿, 附庸於百濟。西行三日, 至貊國千餘里云。

대목에는 '백제' 두 글자가 빠진 채로 "서쪽으로 사흘을 가면[西行三日]"으로 기술되어 있어서 문법적으로 '백제'가 들어가면 부자연스러워진다. 게다가, 여기서의 '백제'는 앞에 이미 언급된 "백제에 예속되어 있다[附庸於百濟]"의 '백제'가 중복되면서 잘못 들어간 것일 가능성이 높다.

555) 맥국(貊國): 중국 고대의 나라 이름. 백제에서 고구려를 비하한 표현이 아닌가 싶다. 참고로, '맥(貊)'의 경우,《일본서기》에서는 고구려를 '박(狛)'으로 적고 발음을 '코마(こま)'라고 붙여 놓았다. 이 글자는 현대음이 '박'이지만 고대에는 '백'으로 읽혀졌다.《설문해자》에서 "'박'은 늑대를 닮은 짐승으로, 양몰이를 잘한다. 개의 의미를 따르고 발음은 '백'을 따른다"라고 한 것이 그 증거이다. 문제는 이 한대의 자전에는 '백(狛)'만 나오고 '맥(貊)'이 보이지 않는다는 것이다. "狛 ⇒ 貊" 식으로 원래는 '백'이던 것이 글자와 발음이 비슷한 '맥'으로 변형되었을 가능성이 높다는 뜻이다.

556) 천 리가 넘는다[千餘里]:《수서》에는 이 부분이 보이지 않는다. 여기서는 맥국의 면적이 아니라 맥국까지의 거리를 가리키는 것으로 해석하였다.

신라전(新羅傳)[557]

• 001

신라[558]라는 나라는 그 선조가 본래 진한[559]의 종족이었다.[560]

---

[557] 신라전(新羅傳): 이 열전에는 《양서》·《위서》·《남사》·《수서》 등, 선행 정사들의 기사들을 토대로 신라의 내력·역사·제도·풍습 등이 주로 소개되어 있다. 그 내용은 크게 진한 시기 부분과 신라 시기 부분으로 구성되어 있는데, 앞부분에는 남조계 정사 《양서》에 소개된 내용들이 거의 그대로 반영되어 있다. 반면에, 신라 지배집단의 내력, 인적 구성, 백제에서 신라로의 이주과정, 관등제도·군사편제·민간풍습·입지환경 등, 뒷부분의 내용들은 거의 모두 북조계 정사인 《수서》의 기사를 그대로 옮겨 놓았다고 해도 과언이 아니다. ① 신라 건국세력의 발상지(한대의 낙랑지역), ② 그들의 신라 정착과정('낙랑 ⇒ 고구려 ⇒ 백제 ⇒ 가라'), ③ 신라 왕가의 내력(백제 출신) 등은 그 대표적인 예이다. 그럼에도 불구하고 신라 지배집단의 내력에 대한 해석에서 《수서》의 〈신라전〉과는 미묘한 편차를 보이는 것은 흥미롭다. 《수서》에서는 수나라 당시의 신라를 왕가의 내력을 소개하는 데에 집중했지만 여기서는 그 기원을 수백 년 전인 진한 시기에서 찾는 《양서》의 해석이 뒤섞이면서 일종의 착란을 야기하기 때문이다. 열전 집필자는 두 해석 사이에 존재하는 괴리에 대하여 해명하지 않았다. 논리적으로 따지자면, 《양서》에서는 박씨·석씨 집단, 《수서》에서는 김씨 집단을 주요 대상으로 삼고 있다는 점에 유념할 필요가 있다.

[558] 신라(新羅): 삼한시기 변·진한 24개국의 하나인 사로국(斯盧國)에서 유래한 나라. 역사적으로 '사로(斯盧)·사라(斯羅)·신라(新羅)·서나(徐那)·서나벌(徐那伐)·서라(徐羅)·서라벌(徐羅伐)' 등, 다양한 발음과 한자로 표기되었으나 사실은 이 모두가 '시라(sira)' 또는 '실라(sila)'라는 이름을 서로 다른 한자와 방식으로 표기한 것들이다. 그리고 '시라' 또는 '실라'에 대한 한자 표기가 '新羅'로 통일된 것은 지증마립간(智證麻立干, 437~514) 때이다. 일부 학자는 《삼국사기》〈신라본기〉 "기림이사금 10년(307)"조의 "나라이름을 다시 신라로 하다"를 근거로 신라에서 국호를 '新羅'로 정한 것이 기림이사금(基臨尼斯今)이라고 주장한다. 〈동북아판4〉(제58쪽)에서도 역사적으로 국호를 '신라(新羅)'로 쓴 사례로 ① 동진 효무제(孝武帝) 태원(太元) 2년(337)의 중국 사서 기록, ② 내물왕 6년(381)에 전진(前秦)에 사신을 파견할 때 등의 문헌 기록, ③ 414년에 세워진 것으로 알려진 호태왕비, ④ 5세기의 울진봉평신라비 및 충주고구려비 등의 금석 기록들을

○ 新羅者, 其先本辰韓種也。

소개하였다. 그러나 이 사례들은 3~4세기에 '신라'라는 표기가 앞서의 다른 표기들과 함께 혼란스럽게 사용되었음을 보여 줄 뿐이다. 그러다가 5세기 지증왕때에 이르러서야 자신의 정치이상을 담은 '신라'에 정치적 의미까지 부여함으로써 기존의 다른 표기들을 제치고 유일하고 배타적인 공식 국호로 확립된 것이다. 그 문헌적 증거가 《삼국사기》《신라본기》 "지증마립간 4년(503)" 조의 "'신'이란 덕업이 날로 새로워진다는 뜻이요, '라'란 온 누리의 백성들을 다 끌어안는다는 뜻이다"라는 기사이다.

559) 진한(辰韓): 인터넷〈국편위판〉주127에서는 진한 사회의 모태가, "진나라의 망명인(秦之亡人)"이라는 표현에서 보듯이, 북한(낙랑) 방면에서 남하한 유이민의 나라라고 보았다. 이병도는 진(辰)의 동북계에 있던 유이민 사회가 한왕 준 이래로 '한'으로 일컬으며 '진왕(辰王)'의 보호·지배하에 있었기 때문에 낙랑의 한족들로부터 '진한'으로 일컬어지게 되었다고 보았다. 사실 준(準)부터가 북방에서 남하했으니 '삼한' 역시 종족적으로는 한반도 남부의 남방계 토착 집단일 수가 없다. 다만, 위만에게 축출된 준이 망명길에 나선 출발지가 평양지역이라는 주장은 재고되어야 옳다. ① 산악지대가 발달하여 인구밀도가 극히 낮을 수밖에 없는 강원·함경 일대에는 현실적으로 78개국이 집중될 수 없다. 또, ② 진한의 경우, 《삼국지》 등의 기록에는 "마한의 동쪽에 있다"라고 소개되었다. 그렇다면 고조선의 좌표를 평양으로 설정한다면 '조선은 마한 서쪽'이라고 했으니 마한이 함경·강원도에 해당한다면, 마한의 동쪽인 진한은 함경·강원도의 동쪽이라는 뜻이 된다. 지리적으로는 현실과 편차가 크다는 뜻이다.

560) 그 선조가 본래 진한의 종족이었다[其先本辰韓種也]: 신라의 내력이 진한에 있다고 소개한 최초의 중국 정사는 《양서》이다. 실제로 이보다 편찬 연대가 앞선 《삼국지》〈한전〉에서는 마한에 복속하는 소국들의 하나로 사로국(斯盧國)을 소개하였다. 신라의 기원이 진한의 사로국에 있다는 것은 학계의 정설이다. 다만, 인터넷〈국편위판〉주127에서는 "《隋書》·《通典》·《文獻通考》 등에서는 新羅를 毌丘儉 侵略 때에 沃沮로 피난했던 자들이 남아서 세웠다"라고 소개하면서도 "북방의 영향이 컸다고는 하지만, 新羅와 高句麗의 사회적 차이를 고려할 때 高句麗 遺民이 곧 新羅의 조상이었다고 할 수 없다"라고 보았다. 신라의 북방기원설의 여지를 일축한 셈이다. 그러나 그 같은 신라인식은 절반은 맞지만 절반은 틀리다. 관구검의 정벌과정에서 특정 집단이 고구려를 이탈한 시점은 246년 이후이다. 그러나 기원전 57년에 건국된 신라는 그때 이미 300년 넘게 존속하고 있었다. 연대만 놓고 따져 보더라도 신라 전체가 아니라 신라 집단들 중의 한 갈래에 대한 이야기임을 알 수 있는 셈이다. 물론, 그 '한 갈래'란 바로 신라 제13대 국왕인 미추왕(味鄒王) 때부터 신라 왕권(권력)의 한 축을 담당하게 된 김씨 집단이다. 그렇다

• 002

[그 나라] 땅은 고려 동남쪽에 있는데561), [처음에는] 한나라 때의 낙랑 땅562)에 살았다.563)

면 《수서》·《통전》·《문헌통고》의 신라 관련 기사들은 주로 이들 사서들이 편찬되던 7~8세기 당시 신라의 주류 집단, 즉 김씨 왕가에 초점을 맞추어 작성되었다고 보아야 하는 것이다. 이에 대한 보다 자세한 설명은 앞의 《수서》《신라전》의 관련 주석을 참조하기 바란다.

561) 신라국은 고려 동남쪽에 있다[新羅國在高麗東南]: 전후 맥락을 따져 볼 때, 이 구문은 바로 뒤에 이어지는 내용과는 맥락상 구분되므로 각별히 유념할 필요가 있다. "고구려 동남쪽에 있다"는 것은 신라국의 좌표를 염두에 둔 소개가 맞다. 그러나 "한나라 때의 낙랑 땅에서 살았다"는 대목은 박(朴)·석(昔)·김(金) 등 신라의 3대 지배집단 중 한 갈래(김씨 집단)의 내력을 염두에 둔 소개라는 뜻이다.

562) 한나라 때 낙랑의 땅[漢時樂浪之地]: 이 부분은 신라의 초기 영토인 경상남북도가 '한나라 때의 낙랑군'이었다는 뜻이 아니라 신라 지배집단의 한 갈래가 '한나라 때의 낙랑 땅'으로부터 건너왔다는 뜻으로 이해해야 옳다. 신라의 발상지가 '한나라 때 낙랑의 땅'이라는 주장은 636년에 편찬된 《수서》에서 처음으로 언급되었다. 수나라는 589년에 건국되었고, 《수서》가 편찬된 것은 당대 초기인 태종의 정관 10년(636)이다. 또, 수나라와 당나라는 역사적으로 신라가 가장 활발하게 교류한 중원 왕조였다. 그렇다면 이 같은 주장은 6~7세기에 당나라를 드나들거나 머물고 있던 김씨를 주축으로 하는 신라 사람들의 증언과 검토를 통하여 진위 여부가 확인되었다고 보아야 옳다. 실제로 6~7세기에 신라를 지배한 것은 김씨 왕가였으며, 당시 사신·유학생·숙위(볼모)의 신분으로 당나라를 내왕한 사람들도 다수가 김씨 등 신라의 왕족·귀족 집단이었다. '신라의 발상지가 한나라 때의 낙랑 땅'이라는 주장의 최초 발신자는 김씨 집단이었을 것이라는 뜻이다.

563) 한나라 때의 낙랑 땅에 살았다[居漢時樂浪地]: 이 부분은 《북사》보다 30여 년 앞서 편찬된 《수서》《신라전》의 기사를 참조한 것으로 보인다. 이 대목은 신라의 위치를 소개한 것이라기보다는 중대 신라를 여는 신라 김씨의 내력을 소개한 것으로 보아야 옳다. ① 《사기》 등 역대 중국 정사들을 확인한 결과, 낙랑 등 한사군은 역사적으로 그 좌표가 지금의 하북성 동북부를 떠난 적이 없었다. ② 설사 '낙랑이 평안지역'이라는 기존 학계의 통설을 따르더라도 신라의 위치는 통상적으로 알려져 있는 낙랑군과는 상당히 멀리 떨어져 있다. 게다가 ③ '신라가 낙랑에 있다'는 명제를 충족시키려면 신라의 좌표는 평안지역에서 찾을 수밖에 없게 된다. ④ 신라 국왕이 중국 왕조로부터 '낙랑군공' 식으로 '낙랑' 관련 봉작을 받는 것은 선덕여왕의 부친인 진평왕 때부터이다. 따라서 ⑤ 여기서의 "한나라 때의 낙랑

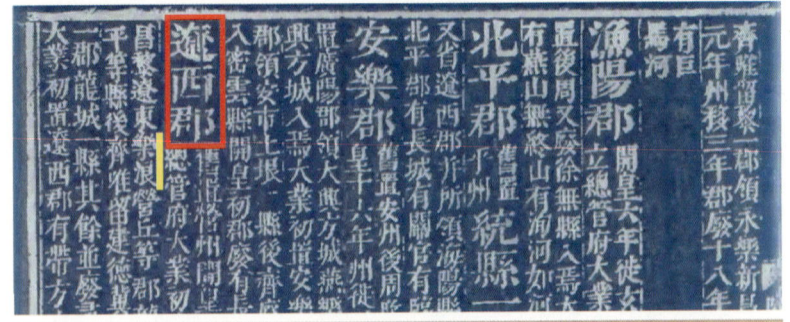

'낙랑'의 시대별 추이

- 북위: **영주**가 건덕-기양-창려-요동-영구-낙랑 **6**개 군 관할
- 북제: **영주**가 축소되어 건덕-기양 **2**개 군 관할
- 수 : **요서군**으로 축소, 개편되면서 건덕 **1**개 군 관할

《수서》〈지리지〉 "요서군"조. 위서에는 영주에 속했던 낙랑군이 수서에는 보이지 않는다. 이는 그 지역에 대한 지배권이 고구려 등 북방세력에 넘어가 있었기 때문이다.

○ 地在高麗東南, 居漢時樂浪地。

• 003

진한564)은 '진한'이라고도 한다.

땅에서 살았다"라는 주장은 《수서》 편찬자의 단순한 착각일 개연성을 배제할 수 없다. 만약 그것이 착각이 아니라는 전제하에서 말하자면, ⑥ 이 언급은 신라국의 한 축을 이루는 정치집단(김씨 집단)이 낙랑지역에서 한반도로 이주해 온 집단임을 방증해 주는 셈이다. ⑦ 다음 대목에서 신라 왕계를 소개하면서 박·석 두 왕가는 언급도 없이 처음부터 곧바로 김진평 즉 김씨 왕조만 소개한 것만 보아도 그렇다.

564) 진한(辰韓): 한·중 고대사에 등장하는 '3한(三韓)'의 하나. 국내외 학계에서는 일반적으로 지금의 경상도 지역에 해당하는 것으로 보고 있다. 당대 초기에 제작된 7세기의 《위지경덕(尉遲敬德) 묘지명》에는 "진한은 험한 형세를 믿고 유독 [황제의] 교화를 막는가 하면(辰韓負險, 獨阻聲敎) 환도에 의지하며 무기를 들었다"고 하여 '진한'을 고구려의 대명사로 사용되어 눈길을 끈다. 이와 함께 임길(林佶,

전해지는 말에 따르면565), '진나라 때에 도망 온 사람들이 [진나라의] 노역을 피해 와서 [마한으로] 가니 마한에서 그 동쪽 지경을 떼어 주고 그들을 살게 해 주었으며566), 그들이 진나라 사람이기 때문에 그 땅을 진

1660~?)의《전요비고(全遼備考)》, 양빈(楊賓, 1650~1740)의《유변기략(柳邊紀略)》, 낙운수(駱雲修, 17~18세기)의《개평현지(蓋平縣志)》등, 명·청대의 각종 연혁지들 역시 진한의 좌표를 지금의 요동반도에서 찾았다.《전요비고》의 경우만 해도〈변지리(邊地里)〉"금주(金州)"조에서 "【금주】주·진대의 조선의 지경으로, 본래는 진한의 땅이다. 한대에는 현토군에 속하고 진대에는 고구려에 속하였다. 당대 초기에 금주를 설치했고 통합한 뒤로 발해 때에는 삼로군에 속하였다. … 지금의 금주부에 속한다【金州】周秦朝鮮界, 本辰韓地. 漢屬玄菟郡, 晉屬高句麗, 唐初置金州. 統之後, 渤海屬杉盧郡. … 今屬錦州府)", "개평[현]"조에서는 "【개평】주대에는 조선에 속했는데 본래는 진한의 땅이다. 진나라 때 연 땅 사람인 위만이 거점으로 삼았고 한대에는 현토군에 속하였다. … 진대에는 고구려에 속하고 … 당대에는 개주로, 안동도호부에 속했으며, 발해 대씨가 진주로 개칭하였다. … [지금의] 봉천부에 속한다【蓋平】周屬朝鮮, 本辰韓地. 秦燕人衛滿所據, 漢屬玄菟郡, … 晉屬高麗, … 唐蓋州, 屬安東都護, 渤海大氏改爲辰州. … 屬奉天府)"라고 소개하였다. 진한의 위치를 지금의 요령지역 일대로 비정한 것이다. 청대의 금주부는 지금의 요녕성 금주시(錦州市), 봉천부는 요녕성 심양시(瀋陽市) 일대에 해당한다.

565) 전해지는 말에 따르면[相傳]: 진수(陳壽)의《삼국지》〈신라전〉의 기사를 말한다. 진한의 내력과 관련하여 진나라 사람들이 고된 노역을 피해 마한 동쪽으로 이주하고 '진한(秦韓)'을 세웠다는 주장을 처음으로 제기한 것은《삼국지》이다. 이 같은 주장은 범엽(范曄)의《후한서》등 후대 중국 정사의 〈동이전〉 기사에도 상당한 영향을 미쳤다.

566) 마한에서 그 동쪽 지경을 떼어 주고 살게 해 주었으며[馬韓割其東界居之]: 이를 통하여 진한의 좌표를 마한의 동쪽에서 찾아야 한다는 것을 알 수 있다. 진한이 마한 동쪽에 있다는 주장은 진수의《삼국지》에서 처음으로 소개된 이래로《진서》·《남사》·《북사》·《한원》·《책부원구》·《통지(通志)》·《태평어람》·《요동지》등에서 차례로 인용되었다. 여기에 착안하여 진한의 좌표를 경상남북도 일대에서 찾기 시작한 것은 진수로부터 1,000여 년 뒤인 이씨조선 때부터이다. "경상도는 삼한 땅에 있다. 진한으로, 삼국시대에 이르러 신라가 되었다(慶尙道在三韓, 爲辰韓, 至三國爲新羅)"라고 한《세종실록》〈지리지〉의 기사가 바로 그것이다. 이때부터《신증 동국여지승람(新增東國輿地勝覽)》의 "경상도는 본래 진한의 땅으로, 나중에 신라에 점유되었다(慶尙道本辰韓之地, 後爲新羅所有)" 등의 기사들이 잇따

한567)이라고 불렀다'고 한다.

○ 辰韓, 亦曰秦韓。相傳言, 秦世亡人避役來適, 馬韓割其東界居之, 以秦人故名之曰秦韓。

•004

그들의 언어와 명사들568)은 중국 사람들[이 쓰는 것]과 비슷한 데가 있다. 569) [예컨대,] 나라[國]를 '방'이라고 하고, 활[弧]을 '호'라고 하고, 도적[賊]을 '구'라고 하고, 술잔 돌리는 것[行酒]을 '행상'이라고 하며, 서로를 부를 때570)에는 한결같이 '도'라고 하는 식인데, 마한과 [언어가] 같지는 않다.

르기 시작하였다. 인터넷 〈국편위판〉 주128에서는 경상도를 진한 땅으로 기정사실화하면서 그 근거로 《三國史記》〈新羅本紀〉脫解尼師今條"를 들었다. 그러나 해류(海流)의 방향을 감안할 때 기사 속의 진한을 경상도 지역으로 단정하는 데에는 무리가 있다. 이와 관련하여 참고할 만한 것이 당대 초기인 7세기에 제작된 《위지경덕 묘지명》이다. 여기에는 특이하게도 '진한'이 고구려의 대명사로 사용되어 있기 때문이다.

567) 진한(秦韓): 글자 그대로 직역하면 '진나라 사람들이 사는 [마]한 땅' 정도로 해석된다.

568) 명사[名物]: '명물(名物)'이란 글자 그대로 직역하면 '특정한 물건을 명명하는 말'이라는 뜻이어서 언어학적으로는 '명사(名詞, noun)'에 해당하는 말이다. 〈동북아판4〉(제59쪽)에서는 이를 "사물의 이름과 형상"이라고 해석했으나 오해이다.

569) 중국 사람들과 비슷한 데가 있다[有似中國人]: 〈동북아판4〉(제59쪽)에서는 "중국 사람과 비슷하였다"라고 번역하였다. 그러나 부분적으로 유사한 점이 있다고 한 것이지 본질적으로 유사하다는 뜻은 아니다. 당나라 사람들의 이 같은 신라인식은 《북사》가 편찬되던 7세기 신라의 사회·문화를 근거로 한 것임에 유념할 필요가 있다.

570) 서로를 부를 때[相呼]: '상호(相呼)'는 글자 그대로 직역하면 '서로 부르다' 정도의 뜻이다. 상대방을 부르는 데 사용하는 말이므로, '2인칭 대명사'로 해석된다.

○ 其言語名物, 有似中國人。名國爲邦, 弓爲弧, 賊爲寇, 行酒爲行觴, 相呼皆爲徒, 不與馬韓同。

• 005
또, 진한의 왕은 언제나 마한 사람을 써서 맡게 했는데, [그 전통은] 대대로 계승되어서 진한 사람들이 스스로 왕을 추대할 수는 없었다.571) 그들이 [외지를] 떠돌다가 이주해 온 사람들임을 분명히 하였다. [그래서 진한은] 늘 마한의 견제를 받았다.572)

○ 又, 辰韓王常用馬韓人作之, 世世相傳, 辰韓不得自立王, 明其流移之人故也。恒爲馬韓所制。

• 006
진한 초기에는 여섯 나라가 있었다. [그러다가] 차츰 나뉘어 열두 나라로 되었는데573), 신라는 그중 하나였다.

---

571) 스스로 왕을 추대할 수는 없었다[不得自立王]: 이 부분은 진한의 이주민들이 개별적인 읍락의 추장·족장들은 존재했지만 그 집단 전체를 이끄는 대표적인 지도자는 가질 수 없었다는 뜻으로 해석된다. 고대 한문에서 '얻을 득(得)'은 동사 앞에 사용되면 행위나 상황의 가능을 나타내는 조동사로 작동한다. 그런데 이 경우처럼 '부득(不得)'으로 사용되면 강한 부정의 어감을 띠기 때문에 자신들의 왕을 자력으로 추대할 수 없는 것을 나타낸다. 따라서 진한의 왕에 해당하는 역할은 마한에서 파견한 왕족이나 관원이 일종의 도독이나 총독처럼 진한의 이주민들을 통치하는 방식으로 존속했다는 해석이 가능한 셈이다.

572) 늘 마한의 견제를 받았다[恒爲馬韓所制]: 마지막 글자 '제(制)'의 경우, 인터넷 〈국편위판〉과 〈동북아판4〉(제60쪽)에서는 '지배'라고 해석하였다. 그러나 '제'는 '지배'보다는 오히려 '견제(check)' 또는 '통제(control)'의 어감이 훨씬 강하다. 이 내용이 역사적 사실이라고 전제할 때, 진한은 마한으로부터 양도받은 진한에서 독자적인 지배(자치) 체제를 구축하고 있었지만 마한의 견제로 자신들의 왕을 스스로 추대할 수는 없었던 셈이다.

○ 辰韓之始, 有六國, 稍分爲十二, 新羅則其一也。

• 007

어떤 이들의 말에 따르면574), [조]위나라 장수인 무구검575)이 고려 토벌에 나서서 그들을 무찌르자 [고구려인들이] 옥저 땅으로 도망쳤다. 그 뒤에 도로 고국으로 귀환했지만576) [그들을 따라가지 않고 신라 땅에] 남은

---

573) 차츰 나뉘어 열두 나라가 되었는데[稍分爲十二]: 그 '열두 나라'는 기저국(已柢國)·부사국(不斯國)·근기국(勤耆國)·난미리미동국(難彌離彌凍國)·염해국(冉奚國)·군미국(軍彌國)·여담국(如湛國)·호로국(戶路國)·주선국(州鮮國)·마연국(馬延國)·사로국(斯盧國)·우유국(優由國)이다. 12개국의 국호 및 좌표의 경우, 인터넷 〈국편위판〉 주128에는 국내외의 다양한 주장들이 소개되어 있으나 그 신뢰도는 그다지 높다고 할 수 없다. 그 주장들이 시도한 언어고증은 전문적인 어원학·음운학 지식을 토대로 정밀한 접근과 정확한 표본을 통하여 도출된 것이 아니기 때문이다. 12개국의 국호에 대한 상세한 어원학·음운학적 분석은 문성재, 《정역 중국정사 조선·동이전1》, 제364~369쪽의 해당 주석을 참조하기 바란다.

574) 어떤 이들의 말에 의하면[或稱]: 고대 한문에서 '혹시 혹(或)'은 '어떤 사람(someone)'이라는 뜻으로 사용된다. 신라 지배집단[의 한 갈래]이 관구검의 정벌을 전후하여 남하하여 신라에 정착했다는 주장은 여기에서 처음으로 언급된 것이다. 진수가 《삼국지》〈한전〉에서 신라의 전신인 진한과 그 지역의 12개국을 처음으로 소개한 이래로 수백 년 뒤의 일인 셈이다. 그래서 이 같은 주장은 얼핏 후대에 억지로 끼워 넣은 내용으로 신뢰도가 그다지 높지 않은 것처럼 보인다. 그러나 만약 이 같은 주장의 발신자가 그 당시의 상황을 직접 겪고 신라에 정착한 당사자들이라면 상황은 달라진다. 수백 년 만에 《수서》와 《북사》에서 처음 언급된 내용이기는 하나 역사적 사실을 토대로 제시되었을 가능성이 높다는 뜻이다. 실제로 발신자의 범위를 신라 전체가 아니라 신라의 한 갈래로 좁히면 그 주장의 신빙성은 훨씬 높아진다.

575) 무구검(毌丘儉): 삼국시대 위나라의 장수인 관구검(田丘儉, ?~255)을 말한다. 첫 글자의 경우, 《북사》의 판본들 중에서 명대의 남경국자감본·급고각본에는 '어미 모(母)', 청대의 무영전본·백납본에는 '말 무(毋)'로 나와 있으나 모두 '꿸 관(貫)'의 옛 글자인 '관(田)'을 잘못 새긴 것이다. 관구검의 성씨 첫 글자에 대한 상세한 문자·음운적 분석은 《수서》〈신라전〉의 "무구검" 주석을 참조하기 바란다.

576) 도로 고국으로 귀환했지만[復歸故國]: 이 부분을 살펴보면 얼핏 이 기술의 대상

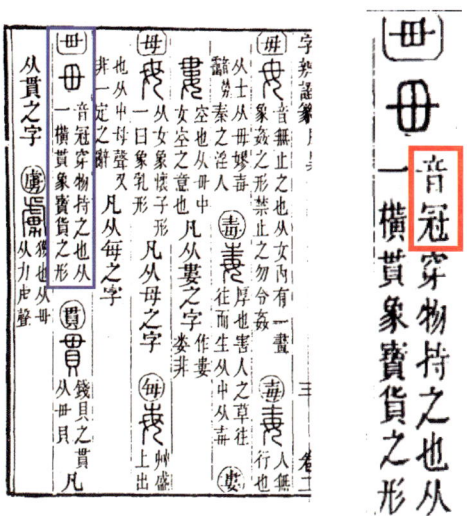

무구검은 관구검을 잘못 적은 것이다. 자전에 소개된 '꿸 관(毌)'. 발음이 '관'이라고 나와 있다.

이들이 있었는데 마침내 신라 사람이 되었다[577]'고 한다.

이 되는 집단이 고구려인들인 것처럼 여겨진다. 그러나 ① 여기에 언급된 신라인이 주류 고구려인이 아니라 고구려에 정착한 제3의 집단이며, 마찬가지로 ② 신라의 건국 주체가 아니라 신라 사회의 한 갈래로 나중에 신라의 한 축을 이루는 귀화집단으로 상정할 수가 있다. ③ 신라인 전체가 아니라 그 일부, 즉 한 갈래라고 이해해야 옳다는 뜻이다. 그런 점에서 ④ 여기에 소개된 관구검의 고구려 원정을 전후하여 고구려를 거쳐 신라에 정착하고 주류로 부상하게 되는 집단은 신라 김씨 왕족이었을 가능성이 높다.

577) 마침내 신라 사람이 되었다[遂爲新羅]: 이 부분의 경우, 인터넷 〈국편위판〉에서는 "마침내 新羅를 세웠다", 〈동북아판4〉(제76쪽)에서는 "마침내 신라가 되었다" 식으로 번역하였다. 관구검이 고구려를 정벌할 때 남하한 집단이 신라를 건국했다고 보고 있는 셈이다. 그러나 이 같은 신라인식은 역사적 사실과는 완전히 배치된다. 국내 사서인 김부식의 《삼국사기》와 일연의 《삼국유사》에 따르면, 역사적으로 신라의 건국은 관구검 당시보다 300여 년이나 앞선 기원전 57년 무렵에 박혁거세(朴赫居世)에 의하여 이루어졌다는 것이 정설이기 때문이다. 더욱이 ①《북사》에서 "신라의 왕통이 30대를 전해져 진평왕에 이르렀다"고 소개한 점이나 ② 역사적으로 진평왕이 신라의 제26대 국왕이었음을 고려하더라도, 이 대목에서의

○ 或稱, 魏將毌丘儉討高麗破之, 奔沃沮. 其後, 復歸故國, 有留者, 遂爲新羅.

• 008

[신라는] '사로578)'라고도 한다.579)

"신라가 되었다"는 신라의 건국을 가리키는 말이라고 보기 어렵다. 따라서 문법과 역사적 사실이라는 두 조건을 모두 충족시키자면 ③ 이 부분은 당연히 "신라 사람이 되었다", 즉 신라에 귀화했다는 뜻으로 이해해야 옳다. 아울러, "신라가 되었다"라는 표현은, 그 내용이 역사적 사실이라는 전제하에서, 신라의 건국을 가리키는 것이 아니라 ④ 고구려로부터의 이주집단이 신라 사회에 귀화·편입되는 과정을 가리키는 것으로 이해해야 옳다. 이는 곧 ⑤ 진한 당시의 사로국 건국집단과 관구검의 고구려 정벌 당시인 3세기의 신라 귀화집단은 서로 별개의 사안이라는 뜻이다. ⑥ 그 증거는 7~8세기 신라와 당나라의 금석 자료들에서도 객관적으로 확인된다. 7세기의 《문무왕 비문》과 8세기의 《대당 고 김씨부인 묘지명(大唐故金氏夫人墓銘)》 등이 그 증거이다.

578) 사로(斯盧): 신라의 또 다른 표기. 《수서》에는 '사라(斯羅)'로 되어 있는데, 표기방식만 서로 다를 뿐 그 내용(의미)은 동일하다. 〈동북아판4〉 주18(제62쪽)에서는 신라의 국호가 '사로(사라)'와 '신라'로 달리 일컬어진 것과 관련하여 "전자는 경주 일대의 작은 세력집단이었던 때의 경주 세력을, 후자는 상당한 광역을 차지한 큰 세력 국가를 표시하기 위한 것"이라고 해석하였다. 그러나 ① 양자는 표기방식이 다를 뿐 의미는 동일한 데다가, ②《북사》·《남사》에서 "[북]위 때에는 '신로', [유]송 때에는 '신라' 또는 '사로'라고 하였다(魏時曰新盧, 宋時曰新羅, 或曰斯盧)"라고 한 데서도 볼 수 있듯이 '신라'라는 국호 역시 이미 '초기부터 사로'와 함께 병용되었다. 그 같은 주장은 지나친 확대해석이라는 뜻이다.

579) '사로'라고도 한다[亦曰斯盧]: 이 부분은 '사로'가 '신라'의 또 다른 표기방식이라는 뜻으로 해석된다. 《수서》에는 '사라(斯羅)'로 소개되어 있다. 《삼국지집해(三國志集解)》에서 노필(盧弼)은 '사로'가 '신라'로 표기되기도 한 데 대하여 "사로는 바로 신라이다. 바로 [원어] 발음을 [한자로] 번역하는 과정에서 [발음이] 변형된 경우이다(斯盧, 卽新羅, 乃譯音之轉)"라고 해석하였다. 실제로 중국의 역대 정사들에서는 '신라(新羅) ⇔ 신로(新盧)', '사로(斯盧) ⇔ 사라(斯羅)' 식으로, 《사기》 이래로 중국의 역대 정사에서는 외국의 인물이나 지명을 한자로 옮기는 과정에서 발음이 비슷한 '로(盧)'와 '라(羅)'를 통용하는 경향을 보인다. 이는 남북조시대의 중국 정사들에서 백제의 지명(왕호)에서 '매라(邁羅)'와 '매로(邁盧)'를 혼용

토기에 묘사된 신라 악기(상)와 일본 정창원(正倉院)에 소장된 신라금(하). 중국에는 존재하지 않는 악기로, 광주 신창동에서도 비슷한 유물이 출토되었다.

○ 亦曰斯盧。

• 009

그 나라 사람들로는 중국[580]·고려·백제의 족속들이 섞여 있으며[581], 옥저[582]·부내[583]·한·예[584]의 땅들을 병합하여[585] 점유하였다.[586]

한 양상과 유사하다.
580) 중국[中華]: '중화(中華)'는 글자 그대로 직역하면 '세계의 중심에 있는 화려한 나라'라는 뜻으로, 중국을 미화하여 일컫는 이름이다. 이 부분에서 유념해야 할 것은 여기에 언급된 '중화' 또는 '중국'이 종족적 개념이 아니라 국가적 개념이라는 사실이다. 《북사》가 편찬되던 당 태종의 정관 연간에 당나라에 섞여 살고 있던 한족은 물론이고 선비·거란·토번 등의 이민족들도 아울러 일컫은 이름으로 이해해야 한다는 뜻이다.
581) 섞여 있으며[辯有]: 《북사》에는 이 구절의 앞 글자가 '말 잘할 변(辯)'으로 되어 있다. 그러나 《수서》에는 '섞일 잡(雜)'으로 나와 있는 데다가, 전후 맥락을 따져 보더라도 '변'은 '잡'을 잘못 읽거나 잘못 적은 경우로 보아야 옳다.
582) 옥저(沃沮): 중국 고대의 북방민족의 한 갈래. '옥저'는 특정 족속을 일컫는 고유명사가 아니라 '숲에 사는 사람들' 정도의 의미를 나타내는 일반명사였을 개연성

○ 其人雜有華夏高麗百濟之屬, 兼有沃沮不耐韓濊之地。

이 높다. 자세한 내용은 앞의 〈고려전〉의 "동옥저" 주석을 참조하기 바란다.

583) 부내(不耐): 중국 삼국시대 무렵의 예국(濊國)의 도읍.《한서》《지리지》에는 '부이(不而)'로 되어 있으나,《삼국지》《관구검전》과 〈예전〉에는 '부내(不耐)'로 소개되어 있다. 그 좌표의 경우, 학계에서는 과거에 지금의 함경도 안변(安邊)·원산(元山) 일대로 비정하였다. 그러나 현지에는 고고학적 흔적이 확인되지 않아서 일각에서는 부내와 발음이 비슷한 불내(弗奈)·불눌화(佛訥和) 등을 근거로 그 위치를 두만강 유역이나 호이합하(瑚爾哈河) 연안으로 비정하기도 한다. 그러나 적어도 음운상으로는 양쪽이 대응된다고 보기 어렵다.

584) 예(濊): 중국 고대의 북방민족의 한 갈래. 인터넷 〈국편위판〉 주130에 따르면, 그 종족적 계통과 맥(貊)과의 관계에 관해서는 양자가 동일 족속이라는 입장과 서로 다른 족속이라는 입장이 공존한다. 그러나 ① 중국 정사에서 예와 맥은 언어적으로 동일한 알타이 어족 내에서도 서로 다른 언어를 사용한 것으로 소개된다. ② 실제로 정사 기사에서는 부여 등 맥계 종족이 예의 땅으로 진출하여 지배층을 이루었다고 기술하였다. 또, ③ 춘추전국시대 중국에서는 맥이 중원 북쪽의 북방민족을 일컫는 이름으로 사용되었다. 이 같은 사실들을 감안할 때, 예는 중원지역 산해관 너머 지금의 요령·길림·흑룡강지역에 흩어져 분포하면서 수렵·농경에 종사하던 만주-퉁구스계 원주민이고, 맥은 중원지역 서북쪽 몽골지역에서 유목·정복활동에 종사하다가 차츰 동쪽으로 세력권을 넓혀 예의 땅을 공략·점유한 몽골계 이주민들로 구분하는 편이 합리적이라고 본다. 이를 고구려의 경우에 대입하여 설명하자면, 건국과정에서 북쪽(부여)으로부터 졸본(卒本)으로 남하해 소서노(召西奴) 집단을 흡수하고 고구려를 건국한 주몽이 이주·정복자로서의 맥족(부여계) 출신이라면, 고구려의 발상지 졸본 그 뒤로 고구려의 영역으로 편입되는 지역들은 예족의 땅으로 구분할 수 있겠다.

585) 병합하여[兼]: '겸(兼)'의 경우, 인터넷 〈국편위판〉에서는 따로 번역을 하지 않았고, 〈동북아판3〉(제77쪽)에서는 '아울러'로 번역하였다. 그러나 이 부분에서는 뒤의 '점유하다(ccupy)'라는 의미를 나타내는 '있을 유(有)'와 함께 복합동사로 작동하고 있다. 따라서 그 동사적 의미를 살려 '합치다, 병합하다(merge)'로 새겨야 옳다.

586) 옥저·부내·한·예의 땅을 병합하여 점유하였다[兼有沃沮不耐韓濊]: 이 기술 내용이 역사적 사실이라고 전제할 때, 이로써 7세기 신라의 강역이 상당한 규모로 확장되었음을 짐작할 수 있다. 실제로《구당서》에는 신라가 고구려와의 화친을 놓고 당나라에 중재를 요청하자 연개소문이 "신라가 고구려의 성 40개소를 빼앗아 갔다"라고 불만을 토로한 일이 소개되어 있다.

• 010

그 나라의 왕은 본래 백제 사람이었다.587)

[그런데] 바다로부터588) 도망쳐 신라로 들어가더니 마침내 그 나라에서 왕이 되었다.589)

---

587) 그 나라의 왕은 본래 백제 사람이었다[其王本百濟人]: 이 부분 역시 이해하는 데에 각별히 유념할 필요가 있다. '신라의 왕들은 종족상으로 백제인이 아니라 국적상으로 백제인'이라는 해석도 가능하다는 뜻이다. 문제는 이 내용이 〈신라전〉의 첫머리를 장식한 "이들이 ① 처음에 낙랑 땅에 살았으며, ② 관구검의 원정 때 신라로 피신한 고구려인들"이라는 명제와 정면으로 배치된다는 데에 있다. 그렇다면 ③ 이들은 종족적으로 백제계라고 보기는 어려우며, 고구려에서 백제로 이주하여 몇 세대에 걸쳐 동화되면서 백제 국적을 취득한 경우로 보아야 옳다. 여기에 언급된 상황들이 역사적 사실이라고 전제할 때, 신라 지배집단의 한 갈래가 관구검의 고구려 정벌을 계기로 (이 역시 종족적으로까지 고구려계라는 속단은 금물임) 백제에 정착했다가 과도한 군역으로 재차 신라로 이주했다는 해석도 가능해진다.

588) 바다로부터 도망쳐[自海逃]: 인터넷 〈국편위판〉에서는 '바다로 도망쳐'로 번역했으나 잘못된 번역이다. 고대 한문에서 '스스로 자(自)'는 명사 앞에 사용될 경우 '~로부터(from)'라는 뜻의 전치사로 작동한다. 따라서 '자해도(自海逃)'를 글자대로 직역하면 '바다 쪽으로부터 [신라로] 도망쳐' 식으로 번역된다. 그들의 이동 방향이 '내륙 ⇒ 바다'가 아니라 '바다 ⇒ 내륙'인 것이다. 동해 바다는 신라의 영역이므로 여기에 언급된 '바다'는 서해로 보아야 옳다. 이 기사가 역사적 사실이라는 전제하에서 말하자면, 문제의 이주집단은 '서해(충남) ⇒ 내륙(서경남) ⇒ 신라(동경북)' 식으로 서해 방향에서 육로를 통하여 신라 지경까지 이동했음을 확인할 수 있는 셈이다. 물론, 이 이주집단은 사서·유물·정황 등의 증거들을 고려할 때 김씨 집단으로 보아야 옳다.

589) 마침내 그 나라에서 왕이 되었다[遂王其國]: 이 부분에 따르자면 요동에서 '고구려 ⇒ 백제(⇒ 가야)'를 거쳐 최종적으로 신라에 정착한 이 이주집단이 일정한 기간을 거치고 나서 신라의 지배집단, 즉 왕가로 성장한 셈이다.《북사》의 경우, 여기까지는 문제의 이주집단이 어떤 무리인지 분명히 언급하지 않은 상태였다. 그러나 뒤에 바로 이어지는 "왕통이 전해져 진평에 이르렀다"라는 구절을 통하여 문제의 이주집단이 바로 김씨 집단임을 확인할 수 있다. 〈신라전〉 첫머리에서 "[처음에] 한나라 때의 낙랑 땅에 살았다"라고 한 것 역시 이 김씨 집단을 두고 한 말임이 확실해지는 셈이다.

흉노 김씨가 신라에 정착하는 대장정 경로 추정도 유주-고구려 평양성 (요동)-백제 한성-가라-신라 금성

○ 其王本百濟人, 自海逃入新羅, 遂王其國。

• 011

[김씨는] 처음에는 백제에 예속되어 있었다.590)

---

590) 처음에는 백제에 예속되어 있었다[初附庸于百濟]: 〈동북아판4〉 주26(제62쪽)에 서는 이 부분과 관련하여 "《삼국지》와 《후한서》·《진서》 등에 보이는 마한왕을 임 금으로 삼고 스스로 자립할 수 없었다는 기사에 근거한 것"으로 해석하였다. 그 러나 ① 이 같은 해석은 문제의 이주집단을 박혁거세, 즉 신라 초기의 왕가로 인 식한 데서 비롯된 오해이다. ②《북사》의 이 대목에서 이들과 관계하는 국가로 시 종일관 '마한'이 아닌 '백제'가 언급된 데다가, ③ 연대를 따져 보더라도, 이 이주 집단의 귀화는 삼한시대 이후인 삼국시대의 일이기 때문이다. 이에 관한 자세한 논의는《수서》〈신라전〉의 해당 주석을 참조하기 바란다.

[그러다가] 백제가 고려를 정벌할 때591)에 [＊592)] [과도한] 군역을 견디다 못하여 나중에는 서로 무리를 지어 그 나라에 귀순하매593) 마침내 강

---

591) 백제가 고려를 정벌할 때[百濟征高麗]: 《삼국사기》의 기사들을 살펴보면, 역사적으로 백제가 369년에 마한을 정복하는 틈을 타서 고구려의 고국원왕이 백제(치양)를 공격한 일을 시작으로 양국은 크고 작은 공방을 벌였다. 그중에서 백제가 고구려에 대규모 공세를 취한 시기로는 근초고왕·아신왕·비유왕·무녕왕 시기가 대표적이다. 그런데 여기에 소개된 신라 왕가가 김씨 집단이 맞다면 연대에서 문제가 생긴다. 김씨 집단에서 왕을 배출한 것은 석(昔)씨인 제11대 국왕 조분이사금(助賁尼師今, 재위 230~247)이 죽자 사위 신분으로 왕위를 승계하는 미추왕(味鄒王)이 최초이기 때문이다. 미추왕은 262~284년의 23년 동안 재위했으므로 3세기 사람이다. 김씨 집단이 백제의 징용을 피해 신라로 이주한 시점은 3세기 전후였다는 뜻이다.

592) ＊: 《수서》에는 이 자리에 그 주체로 "고려인(高麗人)"이라고 명시해 놓았다. 관구검의 244~246년 고구려 정벌 이후에 백제에 귀순했다가 그대로 정착한 고구려인들을 가리킨다. 이 사실은 《수서》에서 처음으로 소개되고 34년 뒤에 《북사》에도 언급되었다. 다만, 이 대목이 《북사》에서는 "백제가 고려를 정벌할 때에 군역을 견디다 못하여 나중에는 서로 무리를 지어 그 나라에 귀순하였다" 식으로 행위주체가 '백제 출신의 신라 왕가'로 일관되고 있는 반면, 《수서》에는 중간에 따로 소주어(小主語) '고려인'이 추가된 점이 특이하다. 행위주체로 '고려인'을 명시함으로써 신라 왕계의 한 갈래(김씨)가 '고구려로부터 유입된 고구려인들'임을 분명히 한 것이다.

593) 서로 무리를 지어 그 나라에 귀순하매[後相率歸之]: 이 부분을 통하여 김씨 집단이 신라의 토착 원주민이 아니라 나중에 어떤 이유로 말미암아 신라로 귀화한 도래인들임을 알 수 있는 셈이다. 〈동북아판4〉 주27(제63쪽)에서는 박남수(2004)의 주장을 인용하여 "고구려 영양왕 23년(612) 춘정월 임오 기사를 보면 조세의 번중함과 잇따른 흉년 및 전쟁, 요역 등으로 일반 백성들의 유망이 예상되는 시기였다. 따라서 당시 고구려의 유망민들이 신라 지역에 귀부하였을 가능성이 매우 높다"라고 보았다. 그러나 고구려 영양왕 23년이라면 서기로는 612년이다. 이때 신라에 귀화한 집단이 단 50년 만에 삼국의 통일을 도모하는 강력한 왕가로 성장한다는 것은 상식적이지 못하다. 그들이 신라에 귀화한 뒤에 가라(가야)에 붙었다고 한 것 역시 연대 계산에 문제가 있음을 방증한다. 가야는 고대국가로 진입하기도 전에 6세기 중기에 이미 신라에 흡수되었기 때문이다. 게다가 《수서》의 주석에서도 언급한 것처럼, 고분·유물·혼속·계급 등에서 갑자기 초기 신라와는 이질적인 흉노(匈奴) 등 북방문화적 요소들이 강하게 발현되기 시작하는 분수령이 5세기라는 점도 또 다른 증거가 될 수 있다고 본다.

성해지기에 이르렀다.

○ 初, 附庸于百濟, 百濟征高麗, 不堪戎役, 後相率歸之, 遂致强盛.

• 012
[그러나 나중에는] 백제를 습격한 일을 계기로 가라국594)에 예속되었다. 595)

○ 因襲百濟, 附庸於迦羅國焉.

---

594) 가라국(加邏國): '가라(加羅)'는 중국 정사에서 고대 국가의 하나인 가야(加耶)를 말한다. 그 국명이 처음으로 소개된 5세기의 중국 정사 《남제서》에 '가라(加羅)'로 표기되어 있고, 여기에도 '가라(加邏)'로 소개되어 있다. 비슷한 시기의 일본 측 사료들 역시 '가라(加羅)·가량(加良)' 식으로 소개되어 있다. 중국이나 일본에는 그 호칭이 '가라'로 알려져 있었던 셈이다. 반면에, 우리에게 익숙한 '가야(加耶·伽耶)'라는 이름은 그보다 500년 넘게 지난 고려의 《삼국사기》·《삼국유사》 전후부터이다. 사서들의 편찬 연대를 따져 볼 때, 당초의 이름은 '가라'이던 것이 전승되는 과정에서 '가라 ⇒ 가야'로 변형되었다는 추론이 가능한 셈이다. 곽석량에 따르면, '가라(加羅)'는 고대음이 '까라(ka-lɑ)'로 재구된다. 다만, '까라'가 원래에 발음에 가까운 것인지는 확인한 길이 없다.

595) 백제를 습격한 일을 계기로 가라국에 예속되었다[因襲百濟附庸於迦羅國]: 이 부분의 경우, 인터넷 〈국편위판〉에서는 "迦羅國을 附庸國으로 삼았다", 〈동북아판4〉(제77~78쪽)에서는 "가라국을 부용[종속]하였다"로 각각 번역하였다. 그러나 두 책 모두 잘못된 번역이다. 역사적 사실 여부는 접어 두고, 적어도 문법대로 따지면 이 구절은 〈동사+전치사+보어〉 구조로, '~에 부용하다' 식으로 해석된다. 두 번역서와는 정반대의 의미, 즉 "[이들이] 가라국에 예속되었다" 식으로 번역해야 옳다는 뜻이다. 이 점은 앞서 제시된 같은 구조의 "처음에는 백제에 부용하였다(初, 附庸於百濟)"와 대조해 보아도 쉽게 확인할 수 있다(보다 자세한 설명은 《수서》의 해당 주석을 참조하기 바란다). 여기서 정작 문제가 되는 것은 '그들이 가라국에 예속된 시점이 언제쯤인가' 하는 것이다. 〈동북아판4〉와 인터넷 〈국편위판〉에서는 역사적으로 "진흥왕은 재위 15년(554) 군사를 돌려 백제가 차지한 한강 하류지역을 빼앗았다. ⋯ 120년 동안 계속된 나제동맹은 깨지고 백제는 멸망 때까지 신라와 적대관계에 있게 되었다"라고 보았다. 신라가 가라(가야)에 예속된 시점을 6세기 중기로 본 셈이다. 그러나 이는 역사적 사실과는 크게 다르다. 이때 정확한 연대를 추정하는 단서가 되는 것이 바로 가라(가야)의 존재이다.

국호		광개토대왕비	송서	양서	북제서	남사	수서	북사	한원	통전	삼국사기	삼국유사	고려사	고려사절요	조선사략	조선실록
가라	加羅	●	●		●	●			●	●	●		●			
	伽羅			●												
	迦羅						●	●								
가야	加耶										◎	◎	◎			
	伽倻												◎		◎	
가락	駕洛												○	○		○
연대(세기)		5	7						8		12~13		15~16			

가라가 먼저인가 가야가 먼저인가. 국내외 사서 문헌들을 조사한 결과 처음에는 '가라', 다음으로는 '가야'와 '가락'이 차례로 사용되기 시작하였다.

• 013
[그들의] 왕통은 서른 대에 걸쳐 전해졌다.[596)]

---

596) 왕통이 서른 대에 걸쳐 전해졌다[傳世三十]: 《북사》보다 34년 앞서 편찬된 《수서》에는 이 부분이 "왕통이 전해져 [김]진평에 이르렀다(傳祚至眞平)"라고 간단하게 나와 있다. 국내외 학계에서는 진평왕이 제26대 국왕이라는 것이 통설이다. 그러나 여기에는 진평왕이 제30대 후손이라고 소개되어 있는 것이다. 역시 당대의 사서인 8세기(?)의 《한원(翰苑)》에도 "김씨 성이 계승된 것이 서른 대를 넘었다"라고 하여 김씨 왕가가 서른 대나 계승되었다고 소개하였다. 《삼국사기》의 편년에 따르면 신라는 기원전 57년에 박혁거세가 건국하였다. 만약 이것이 역사적 진실이라고 전제할 때 《북사》와 《삼국사기》 사이에는 4대 최소한 100년 이상의 편차가 존재하며, 신라의 건국 연대는 기존의 기원전 57년보다 100년 정도 상향 조정된 기원전 157년이 되는 셈이다. 만약 우리가 박혁거세의 기원전 57년 건국설을 역사적 진실로 받아들일 경우, 진평왕의 세계(世系)는 신라의 왕계와는 구분되는 역사를 가지고 있다고 볼 수밖에 없다. 진평왕을 제30대 후손으로 볼 수

[그리고 김]진평[597)]에 이르렀을 때에[598)] 수나라의 개황 14년[599)]에 사신

있는 집단은 김씨 집단밖에 없다고 본다.

597) 진평(眞平): 신라의 제26대 국왕인 김진평(金眞平, ?~632)을 말한다. 그 이름의 경우, ①《수서》및《북사》에는 '진평'으로만 소개되어 있다. 당대 중기 두우의《통전》에는 "성은 김이고 이름은 진평이다"라고 나와 있다. 이에 비하여 ② 국내 사서인《삼국유사》의 경우, 〈왕력(王曆)〉에서 "진평왕은 이름이 백정(白淨)이다", 〈기이(紀異)〉에서는 "제26대 백정왕은 시호가 진평대왕으로, 김씨이다"라고 하여 시호는 '진평'이고, '백정'은 이름이라고 소개하였다. 또, ③《삼국유사》의 일부 판본에는 이름이 '황지(皇地)'라고 소개되어 있다. 편찬 연대로는 6~8세기의《수서》·《북사》·《통전》이《삼국유사》보다 300년 이상 앞서므로 신빙성이 있어 보이기는 하지만 어느 쪽이 역사적 진실에 가까운지는 단정하기 어렵다.

598) [김]진평에 이르렀을 때에[至眞平]: 인터넷〈국편위판〉과〈동북아판4〉(제63쪽)에서는 이 구절을 앞 구절로 연결시켜 해석하였다. 그러나 전후 맥락을 따져 볼 때에 이 구절은 뒷구절과 연결시켜 해석해야 옳다.《수서》보다 33년 늦게 편찬된《북사》에는 이 대목이 "왕통이 서른 대에 걸쳐 전해졌으며(傳世三十)"라고 소개되어 있다. 두우 역시《통전》에서 수나라 때 저술된《동번풍속기(東蕃風俗記)》의 "김씨 성은 차례로 서른 대 넘게 계승되었다"라는 기사를 인용하고 있다. 그렇다면 이 부분은 백제에서 신라로 이주한 김씨 집단의 역사가 30대 넘게 이어져 진평왕에 이르렀다는 뜻으로 해석할 수 있는 셈이다. 여기서 "왕통이 30대를 전해져 김진평에 이르렀다"라는 부분은 두 가지 해석이 가능하다. ① 신라 전체의 박·석·김의 세 왕가의 역사까지 합쳐서 제30대에 해당하는 국왕이 진평왕이라는 해석과 ② 세 왕가 중에서도 김씨 혈통을 가진 국왕들 중에서 제30대가 진평왕이라는 해석이 그것이다. 국내외 학계의 연구에 따르면, 서기 579~632년까지 재위한 진평왕은 제26대 국왕이라는 것이 정설이다. 이 중에서 어느 쪽 해석이 역사적 진실에 부합하는지 단언하기 어렵다는 뜻이다. 참고로, 진평왕의 경우, 신라 전체의 역사에서는 제26대 국왕이지만 김씨 집단이 왕위를 계승하기 시작한 것은 제13대 국왕인 미추왕(味鄒王, 261~284) 때부터이다. 김씨 혈통의 국왕들만 놓고 따지면 제14대 정도에 해당하는 셈이다.《북사》의 기사가 역사적 사실을 토대로 작성되었다는 전제하에서 말하자면, 김씨 집단은 그 이전부터 독자적인 왕계를 유지하고 있었을 가능성이 높다. 이 같은 가능성은《문무왕 비문》·《김씨 부인 묘지명》등 당시의 금석 자료들에 보이는 독특한 세계(世系) 계산법을 통해서도 방증된다. 당대 초기인 660년경에 장초금(張楚金)이 저술한 일종의 백과전서인《한원(翰苑)》에 "김씨는 차례로 서른 대 넘게 계승되었다"라고 소개되어 있는 것도 그 증거이다.

을 파견하여 특산물을 바친 일을 계기로 문제[600]가 [김]진평을 상개부[601]·낙랑군공[602]·신라왕으로 제수하였다.

○ 傳世三十, 至眞平。以隋開皇十四年, 遣使貢方物。文帝拜眞平上開府樂浪郡公新羅王。

---

599) 개황 14년(開皇十四年): 서기 594년이며 신라 기년으로는 16년에 해당한다.
600) 문제(文帝): 수나라의 개국군주인 양견(楊堅)의 시호. 자세한 것은 〈고려전〉의 "문제" 주석을 참조하기 바란다.
601) 상개부(上開府): 중국 고대의 작호. 정식 명칭은 '상개부의동대장군(上開府府儀同大將軍)'이며, '개부·의동대장군'보다 서열이 높았다. 북주(北周) 무제(武帝)의 건덕(建德) 4년(575)에 처음으로 설치되었으며, 공신이나 북제(北齊)에서 귀순한 대신에게 일종의 명예직으로 부여되었다. 처음에는 이 작호와 함께 사지절(使持節)·대도독(大都督)·표기대장군(驃騎大將軍)·시중(侍中) 등의 직함이 추가되기도 하였다. 그 속관으로는 장사(長史)·사마(司馬)·사록(司錄)·중랑(中郞)·연(掾)·속(屬)·참군(參軍) 등을 두었다.
602) 낙랑군공(樂浪郡公): 중국 고대의 봉호. '낙랑군을 영지로 하사받은 공작'이라는 뜻이 된다. 처음에는 고구려의 장수왕과 문자명왕(文咨明王)이 '낙랑공'으로 봉해졌으나 나중에는 고구려가 아닌 신라 국왕에게도 부여되었다. 실제로 《북제서(北齊書)》〈무성제기(武成帝紀)〉 "하청(河淸) 4년(565)"조에서 "2월 갑인일에 조서를 내려 신라 국왕 김진흥을 사지절·동이교위·낙랑군공·신라왕으로 삼게 하였다"라고 한 것처럼, "진흥왕 이후 진지왕(眞智王)·무열왕(武烈王)·효소왕(孝昭王)을 제외하고는 성덕왕(聖德王)까지의 7왕"이 '낙랑군공' 또는 '낙랑군왕'에 봉해졌다. 진평왕 또한 재위 16년(594)에 수 문제로부터 '낙랑군공'에 봉해졌다. 인터넷 〈국편위판〉 주010에서는 이를 "낙랑군이 소멸된 후에도 중국의 여러 왕조가 낙랑을 그들의 동방 영역의 개념으로 사용한 데에서 온 것"이라고 해석하면서 "고구려왕에 대한 낙랑공의 봉작은 당대에 이르러 고구려의 수도였던 평양에 낙랑군의 중심지가 있었다는 설이 성립되는 것과 일정한 상관관계가 있는 것"으로 보았다. 그러나 정말 그렇다면 신라가 삼국을 통일하기 전에 그 국왕들이 '낙랑공'의 봉작을 받은 일이 제대로 해명되지 않는다. 고구려의 '요동군왕'이나 백제의 '대방군왕'처럼, 신라의 국왕들에게도 '낙랑군왕'이라는 봉작을 받을 만한 사유가 있었을 것이라는 뜻이다.

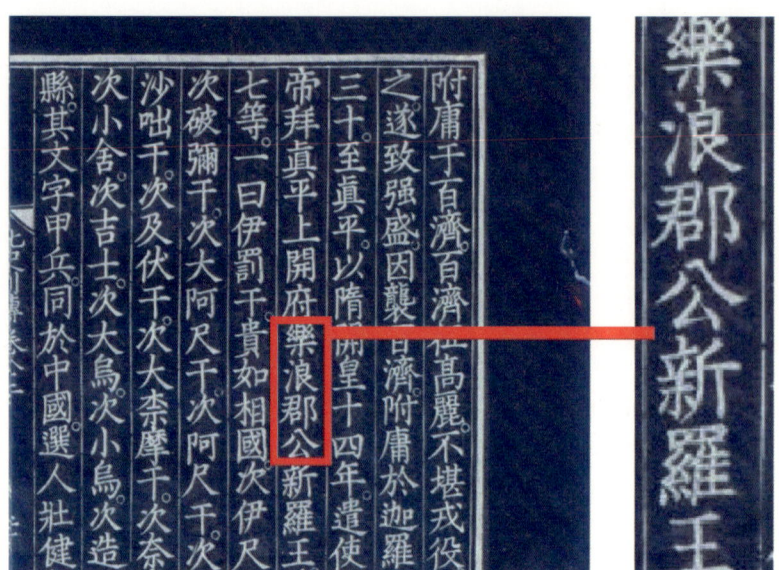

신라 왕들이 중대 이래로 중원 왕조로부터 여러 차례 '낙랑군공'에 봉해진 것은 김씨 집단이 낙랑(하북지역)에서 발상했기 때문이다. 그러나 만약 학계의 주장대로 '낙랑'이 지금의 평양이라면 신라가 이 무렵 평양지역까지 진출했을 가능성도 배제할 수 없다

• 014

그 나라의 관직은 열일곱 등급이 있다.[603)

제1등은 이벌간[604)이라고 하는데, 존귀하기가 [중국의] 상국[605)과 비슷

---

603) 그 나라의 관직은 열일곱 등급이 있다[其官有十七等]: 신라 관등의 경우, 이보다 앞서 편찬된 선행 정사인 《양서》에서는 "자분한지·제한지·알한지·일고지·기패한지가 있다(有子賁旱支齊旱支謁旱支壹告支奇貝旱支)"라고 했으며, 《남사》에서는 여기에 하나가 추가된 "자분한지·일한지·제한지·알한지·일고지·기패한지가 있다(有子賁旱支壹旱支齊旱支謁旱支壹告支奇貝旱支)"라고 하였다. 그런데 《수서》와 《북사》에 이르면 '17개 관등이 있다(有十七等)'고 소개되고 있다. '5등 ⇒ 6등 ⇒ 17등'으로 갑절이나 늘어난 셈이다. 이는 남북조시대를 지나 수·당대로 진입할 무렵에 신라가 사회적으로 급격한 변혁을 거치면서 국가의 규모가 커졌음을 산술적으로 방증하는 셈이다.

604) 이벌간(伊罰干): 신라 17관등 중에서 으뜸가는 관직의 이름. 《수서》·《북사》·《책부원구》·《통전》에는 '이벌간(伊罰干)', 《한원》에는 '이벌간(伊伐干)', 《삼국사기》

하다.[606)

○ 其官有十七等, 一曰伊罰干, 貴如相國。

• 015

다음은 이척간[607)], 다음은 영간[608)], 다음은 파미간[609)], 다음은 대아척

에는 '이벌찬(伊伐飡)', 《진흥왕순수비》·《창녕척경비》에는 '일벌간(一伐干)'으로 소개되었다. '벌(罰·伐)'은 '분(賁)'에 대응되고, '간(干)' 또는 '찬(飡)'은 '한(旱)'에 대응된다. '이(伊)' 또는 '일(一)'에 대응되는 글자는 '자'일 수가 없다는 뜻이다. 《양사》와 그 기사를 추린 《남사》에는 '자분한지(子賁旱支)'로 나와 있다. 그러나 앞서의 각종 사서들의 표기에 근거할 때, 첫 글자 '자(子)'는 모양이 비슷한 '우(于)'를 잘못 옮긴 것이다. 발음을 비교해 보아도 '자'는 너무 동떨어진 글자이기 때문이다. '자'와 '우'는 모양이 비슷해서 '우'로 적혀 있던 것을 '자'로 오독했을 가능성이 높다. 그 증거는 다른 정사들에서 쉽게 확인할 수가 있다.

605) 상국(相國): 중국 고대의 관직 이름. 관원들의 수장으로, 춘추전국시대에 초(楚)나라를 제외한 제후국에서 상국·상방(相邦)·승상(丞相) 등의 명칭으로 설치되었다. 진나라가 중원을 통일한 뒤로는 주로 재상(宰相)으로 일컬어졌으나 더러 별칭으로 '상국'을 쓰기도 하였다. 여기에도 '상국'으로 소개된 것을 보면 수·당대에 재상을 '상국'으로 일컫기도 했음을 알 수 있다.

606) 존귀하기가 상국과 비슷하다[貴如相國]: '여(如)'는 국내에서 일반적으로 '같다(same)'의 의미로 새기는 경우가 많다. 그러나 엄밀한 의미에서는 '같다'에 해당하는 글자는 '동(同)'이며, '여'나 '사(似)'는 '비슷하다(alike)' 또는 '유사하다(similer)'라는 의미에 가까우므로 그 어감에 각별히 주의할 필요가 있다.

607) 이척간(伊尺干): 신라의 관직명. 17관등 중에서 두 번째 관직으로, 상대등(上大等)이나 집사부(執事部)의 중시(中侍), 병부(兵部) 등 중앙 관청의 수장을 담당하였다. 사서에 따라서는 '이찬(伊飡)·이간(伊干)·예찬(翳飡)·일척간(一尺干)·이척간(伊尺干)' 등으로 표기되기도 했는데, 여기서 이찬·이간·예찬은 음운학적으로 '일한'과 대응된다. '일척간·이척간'도 글자수 때문에 다른 명칭 같지만 이때의 '척(尺)'은 일종의 촉음(促音, 사잇소리)이므로, 실제로는 '이ㅊ간', 즉 '잋간' 식으로 발음되었을 것이다. '방패 간(干)'은 '깐(kɑn)', '먹을 찬(飡)'은 '찬(ts'an)'이어서 '깐'과 '찬' 역시 초성(자음)을 제외한 중성(모음)과 종성(받침)이 음운적으로 대응된다. '찬'의 경우, 현재는 '찬'으로 읽힌다. 그러나 언제나 '간' 또는 '한(汗·旱)'과 대응되는 것을 보면 삼국·고려시대에는 그 발음이 '간' 또는 '한'에 가까웠을 가능성이 높다.

간610), 다음은 아척간611), 다음은 을길간612), 다음은 사돌간613), 다음

608) 영간(迎干): 신라의 관직명. 17관등 중에서 세 번째 관직. 《남사》에도 등장하는 이 관직명은 《진흥왕순수비》·《창녕비》·《마운령비》·《황초령비》 등의 금석과 《한원》에는 '잡간(迊干)', 《수서》·《통전》에는 '영간(迎干)'으로 표기되었으며, 《양서》에는 '제한지(齊旱支)'로 소개되어 있다. 물론, 여기서의 '맞을 영(迎)'은 '두를 잡(迊)'을 잘못 쓴 글자이다. ① 두 글자의 모양이 서로 비슷해서 '잡'을 '영'의 약자로 차용하기도 하기 때문이다. 그런데 ② 이 관직명을 '제한지'로 소개한 《양서》의 소개가 정확한 것이라는 전제하에서, '제'와 '잡'은 음운상으로 '영'보다 더 가깝다. '영'과 '잡'과 '제'에 대한 음운학적 분석은 《수서》의 해당 주석을 참조하기 바란다.

609) 파미간(破彌干): 신라의 관직명. 17관등 중에서 네 번째 관직이다. 신라시대 금석자료인 《울산천전리비》·《신라적성비》에는 각각 '피진간지(彼珍干支)'와 '파미간지(彼珎干支)'로 새겨져 있다. 반면에 중국 측 정사인 당대의 《수서》·《북사》, 송대의 《태평어람》에는 '파미간', 당대의 《한원》에는 '파진간(波珍干)' 등으로 되어 있다. 일본 측 사서인 《일본서기》에는 '미질기지파진간기(微叱己知波珍干岐, 미시코치하토리칸키)'로 소개되어 있다. 정식 명칭은 '파진간' 또는 '파진찬'으로 보는 편이 합리적인 셈이다.

610) 대아척간(大阿尺干): 신라의 관직명. 17관등 중에서 다섯 번째 관직. 신라 금석자료들 중에서 《마운령비》·《황초령비》에는 '대아간(大阿干)', 《신라봉평비》·《신라적성비》에는 '대아간지(大阿干支)', 《삼국사기》에는 '대아찬(大阿湌)' 등으로 표기되어 있다. 인터넷 〈국편위판〉 주138에서는 "眞骨과 六頭品 계열과를 구별짓는 관등으로서, 大阿湌 이상의 관등은 진골만이 될 수 있다"라고 보았다. 최치원(崔致遠, 857~?)이 발해 사신이 신라 사신보다 상석에 앉는 것을 부당하다고 여겨 올린 〈사불허북국거상표(謝不許北國居上表)〉에서 "[대조영이] 초기에는 신의 나라에서 제5품 대아찬의 품계를 받았다(始受臣藩第五品大阿餐之秩)"라고 한 것을 보면 '대아찬(大阿餐)'으로 쓰기도 한 것으로 보인다.

611) 아척간(阿尺干): 신라의 관직명. 17관등 중에서 여섯 번째 관직이다. 이 관직명은 《냉수리신라비》·《봉평신라비》·《적성신라비》에는 '아간지(阿干支)', 대구 《무술명오작비(戊戌銘塢作碑)》 및 《수서》·《통전》에는 '아척간(阿尺干)', 《양서》·《남사》에는 '알한지(謁旱支)', 《진흥왕척경비(眞興王拓境碑)》 및 《삼국유사》에는 '아간(阿干)'이 보이며, 《삼국사기》에는 '아찬(阿湌·阿粲)'과 '아척간'이 고루 확인된다. 이로써 '아간'·'알한'·'아척간'이 음운상으로 '아찬'과 대응된다는 것을 알 수 있다. 인터넷 〈국편위판〉 주120에서는 '알한'이 "아찬(阿湌)의 별칭"이라고 보았다. 그러나 정확하게 말하자면 '아찬'과 '아척간'과 '알한'은 한자 표기방식이 서로 다를 뿐 모두 동일한 이름이다.

은 급복간[614], 다음은 대내마간[615], 다음은 내마[616], 다음은 대사[617],

612) 을길간(乙吉干): 신라의 관직명. 17관등 중에서 일곱 번째 관직이다. 신라 금석 자료의 경우, 《냉수리신라비》에는 '일간지(壹干支)', 《봉평신라비》·《울진천전리비》에는 '일길간지(一吉干支)', 《창녕척경비》에는 '일길간(一吉干)' 등으로, 사서의 경우에는 《양서》에 '일고지(壹告支)', 《남사》에 '일길지(壹吉支)', 《수서》·《통전》·《한원》에 '을길간', 《삼국사기》에 '일길찬(一吉湌)', 《삼국유사》에 '일길간(一吉干)' 등으로 새겨졌다. 인터넷 〈국편위판〉 주139에서는 "일길지(壹告支)는 신라관등(新羅官等)의 제7위인 일길찬(一吉湌)의 별칭"이라고 하였다. 다만, ① 두 번째 글자의 경우, '알릴 고(告)'는 모양이 비슷한 '좋을 길(吉)'를 잘못 적은 것이다. 또, ② '알한'과 '아찬'처럼, 별칭이 아니라 신라에서 '일길찬'으로 적은 것을 《양서》 편찬자들이 다른 한자인 '일길지(壹吉支)'로 표기했을 것이다. ③ 어쨌든 모두가 실제로는 동일한 발음의 같은 이름이다.

613) 사돌간(沙咄干): 신라의 관직명. 17관등 중에서 여덟 번째 관직. 《중성리비》·《천전리비》에는 '사간지(沙干支)', 《창녕척경비》에는 '사척간(沙尺干)', 《마운령비》·《황초령비》에는 '사간(沙干)'으로, 사서인 《수서》·《한원》에는 '사돌간', 《삼국사기》에는 '사찬(沙湌)·살찬(薩湌)·사돌간' 등으로 표기되어 있다. '살찬'은 '삿찬(sat-tshan)' 정도로 재구된다. 종성 '-ㅅ'이 약화/탈락되면 '사찬'으로 읽힌다. 또, 사돌간의 '돌'은 사척간의 '척'과 마찬가지로 일종의 촉음(사잇소리)으로 사용된 것이며, 그 발음은 대체로 '사ㄷ간', 즉 '삳간'이어서 실제로는 '사칸' 식으로 읽혀졌을 것이다. 이상의 다른 곳의 표기들이 음운상으로 서로 거의 대응되는 것이다.

614) 급복간(及伏干): 신라의 관직명. 17관등 중에서 아홉 번째 관직이다. 신라 금석 자료의 경우, 《진흥왕순수비》에는 '급척간(及尺干)', 《냉수리비》·《봉평비》·《천전리비》에는 '거벌간지(居伐干支)', 《마운령비》·《황초령비》에는 '급간(及干)', 《적성비》에는 '급간지(及干支)'로 새겨졌다. 사서들의 경우, 《양서》·《남사》에는 '기패한지(奇貝旱支)', 《통전》에는 '급벌간(級伐干)', 《한원》에는 '급대간(級代干)', 《삼국사기》에는 '급벌찬(級伐湌)·급찬(及湌)·급벌우(及伐于)' 등으로 표기되었다. 물론, 한자나 표기 방식은 서로 다르지만 모두가 같은 이름을 적은 것이다. '급복간' 또는 '급찬'과 '기패한[지]'의 경우, 발음에 유사성이 없어서 얼핏 "급찬(級湌)의 별칭"이거나 별개의 관직명처럼 보인다. 그러나 '기패한'은 《양서》 편찬자들이 다른 한자로 표기한 경우일 뿐이다. 만약 앞서의 '돌'이나 '척'의 경우처럼, '패'를 일종의 촉음으로 상정하면 기패한은 '기ㅍ한', 즉 '깊한'이 되어서 '급한(급찬)'과 음운상으로 거의 대응된다. 여기서 존칭인 '-간[지], -찬'을 제외한 상태에서 어간(語幹)에 해당하는 '급복-, 급척-, 급벌-, 거벌-, 기패-'만 놓고 따져 보면 예외 없이 '급-'에 촉음이 추가된 구조를 공유하고 있음을 확인할 수 있다. 발음이

다음은 소사⁶¹⁸⁾, 다음은 길사⁶¹⁹⁾, 다음은 대오⁶²⁰⁾, 다음은 소오⁶²¹⁾,
모두 '급ᄇ간', 즉 '급칸'인 것이다.

615) 대내마간(大奈摩干): 신라의 관직명. 17관등 중에서 열 번째 관직.《봉평비》에는 '대내마(大奈摩)',《창녕척경비》·《마운령비》에는 '대내말(大奈末)',《북한산비》에는 '대내(大奈)'로, 사서의 경우《수서》에 '대내마간(大奈摩干)',《한원》에 '대내말(大奈末)',《태평어람》에는 '대내마간',《삼국사기》에는 '대내마(大奈麻)·대내말(大奈末)'로 되어 있다. 인터넷 〈국편위판〉 주142 "大奈摩干은 신라 관등 제10위인 大奈麻를 말한다. 大奈末(《昌寧碑》)·韓那末·大那末로 별칭되기도 한다." 이로써 '대내매간'을 제외한 나머지 표기들은 관리에 대한 존칭인 '-간'이 생략된 경우임을 알 수 있는 셈이다.

616) 내마(奈摩): 신라의 관직명. 17관등 중에서 열한 번째 관직.《중성리비》·《냉수리비》·《봉평비》·《천전리비》 등에는 '내마(奈摩)'로,《창녕척경비》·《마운령비》·《황초령비》·《북한산비》에는 '내말(奈末)'로 새겨져 있으며, 중국측 사서인《수서》에는 '내마',《한원》에는 '내말', 국내 사서인《삼국사기》에는 '내마(奈麻)'와 '내말(奈末)'로 표기되어 있다.

617) 대사(大舍): 신라의 관직명. 17관등 중에서 열두 번째 관직. 이 명칭은《창녕척경비》·《마운령비》·《황초령비》·《남산산성비》에는 '대사(大舍)',《천전리비》에는 '대사제지(大舍帝智)',《영천청제비》에는 '대사제(大舍第)'로 새겨졌다. 사서들의 경우,《수서》·《북사》·《한원》에 '대사',《삼국사기》에는 '대사'와 '한사(韓舍)'로 각각 표기되어 있다. 참고로, '대사'의 또 다른 표기인 '한사'를 통하여 신라에서 '크다, 위대하다(great)'라는 의미의 '큰 대(大)'에 대응되는 신라어가 '한(han)'이었을 것임을 시사해 준다.

618) 소사(小舍): 신라의 관직명. 17관등 중에서 열세 번째 관직. 이 명칭은《마운령비》·《황초령비》·《남산산성비》에는 '소사(小舍)',《봉평비》에는 '소사제지(小舍帝智)',《영천청제비》에는 '소사제(小舍第)'로 새겨졌으며, 사서의 경우《수서》·《북사》·《한원》에는 '소사',《삼국사기》에는 '소사'와 함께 '사지(舍知)'로 표기하였다.

619) 길사(吉士): 신라의 관직명. 17관등 중에서 열네 번째 관직.《마운령비》·《황초령비》에는 '길지(吉之)',《봉평비》에는 '길지지(吉之智)'로 새겨졌으며, 사서의 경우《수서》·《북사》·《한원》에는 '길사',《삼국사기》에는 '길사'와 함께 '계지(稽知)·길차(吉次)'로 표기하였다. 〈동북아판4〉 주52(제67쪽)에서는 "《주서》백제전에 보이는 腱吉支의 吉支와 통하며,《고사기》중권에 보이는 阿知吉師의 吉師와 같은 것"이라고 보았다. 그러나 ① 신라와 백제는 엄연히 서로 다른 나라인데 관직에 남의 나라 이름을 차용한다는 것 자체가 상식적이지 않다. ② 국왕에 대한 호칭을 고위직도 아니고 하위직에 사용한다는 것도 있을 수 없는 일이다. ③ '길사-길지'로 발음이 비슷하다고 해서 무조건 비슷한 개념으로 보는 것은 일반화의 오류이

다음은 조위⁶²²⁾이다.

[도성] 바깥으로는 군·현들이 있다.⁶²³⁾

○ 其官有十七等, 一曰伊罰干, 貴如相國, 次伊尺干, 次迎干, 次破彌

다. '사'는 '지'처럼 그 발음만 차용한 경우이기 때문이다. 또, ④《고사기》의 '아지길사(阿知吉師, 아치키시)'는 백제에서 일본으로 파견된 사신인 아직기(阿直岐·阿知吉, 아치키)를 높여 부른 것으로, '阿知-吉師(아지-길사)'가 아니라 '阿知吉-師(아직기-선생님)' 구조로 조합된 복합명사이므로 '길사'와는 전혀 무관하다.

620) 대오(大烏): 신라의 관직명. 17관등 중에서 열다섯 번째 관직.《적성신라비》에는 '대오지(大烏之)',《영천청제비》에는 '대오제(大烏第)'로 새겨졌으며, 사서에는《수서》·《북사》·《한원》에는 '대오',《삼국사기》에는 '대오'와 '대오지(大烏知)'로 표기되어 있다.《태평어람》에는 '소언(小焉)'으로 소개되어 있으나, '언(焉)'은 모양이 비슷한 '오(烏)'를 잘못 베낀 것이다.

621) 소오(小烏): 신라의 관직명. 17관등 중에서 열여섯 번째 관직.《영천청제비》에는 '소오',《봉평비》에는 '소오제지(小烏第智)'로 새겨졌으며, 사서에는《수서》·《북사》·《한원》에는 '소오',《삼국사기》에는 '소오'와 '소오지(小烏知)'로 표기되어 있다.《태평어람》에는 '소언(小焉)'으로 소개되었으나 '언'이 모양이 비슷한 '오'를 잘못 베낀 것임을 알 수 있다.

622) 조위(造位): 신라의 관직명. 17관등 중에서 열일곱 번째 관직. 신라 금석 자료인《봉평비》에는 '사족지(邪足智)'로 새겨졌으며, 사서의 경우《수서》·《북사》·《한원》에 '조위',《삼국사기》에는 '조위'와 함께 '선저지(先沮知)'로 소개되어 있다.《태평어람》에는 '달위(達位)'로 소개되었으나 '달(達)'은 '조(造)'를 잘못 베낀 경우이다. 〈동북아판4〉 주55(제67쪽)에서는 "《봉평비》의 사족지는 음운상으로 선저지와 같은 것으로 생각된다"라고 보았다. 그러나 음운상으로는 개연성이 없지 않지만 양자의 성격이 확인되지 않은 상황에서는 섣불리 예단할 수 없다.

623) 바깥으로는 군현이 있다[外有郡縣]: 인터넷〈국편위판〉주145에서는 "新羅에서 처음으로 郡縣制가 실시된 것은《三國史記》에 의하면 智證王 6年(505)의 일이지만, 이것은 어디까지나 초기적인 내용이었고 보다 뚜렷한 郡縣制는 法興·眞興王代에 이르러 발달했으리라 여겨진다"라고 하였다. 그러나 한국민족문화대백과사전에 따르면 "《삼국사기》의 기록에 의하면, 신라의 경우 파사왕(婆娑王, 80~112) 대에 음즙벌국(音汁伐國)을 취해 현을 설치하였고, 조분왕(助賁王) 2년(231) 감문국(甘文國)을 토벌해 군으로 삼았다고 하였다. 또 지증왕(智證王) 6년(505)에는 왕이 친히 주·군·현을 정하였다"고 하였다. 그러나 연구성과에 의하면 무열왕 이전의 중고시대(中古時代)에는 주·군은 있었지만 현은 설치되지 않았다고 한다.

경주 국립박물관에 소장된 금관총 신라 유물(문화재청)

干, 次大阿尺干, 次阿尺干, 次乙吉干, 次沙咄干, 次及伏干, 次大奈摩干, 次奈摩, 次大舍, 次小舍, 次吉士, 次大烏, 次小烏, 次造位。外有郡縣。

• 016

[그 나라의] 글자624)와 갑옷·병기는 중국과 같은 편이다.

사람들 중에서 건장한 [남]자를 선발하여 모두 군대에 편입시키며, 봉수·수변·순라[등의 병과들]의 경우 어김없이625) 군영을 세우고 주둔하

---

624) 그 나라의 문자와 갑옷·병기는 중국과 같다[其文字甲兵, 同於中國]: 《수서》보다 편찬 연대가 빠른 남북조시대의 정사인 《양서》와 그 뒤에 편찬된 《남사》에서는 신라에는 "글자가 없기 때문에 나무를 새겨 신표로 삼는다"라고 하였다. 그런데 《수서》와 그 뒤의 《북사》에는 모두 "글자 … 는 중국과 같다"라고 기술되어 있다. 이를 통하여 남북조시대를 거쳐 수·당대에 진입할 무렵 신라가 중원으로부터의 이주 집단 또는 중원 왕조와의 교류를 통하여 한자 등 중국의 선진 문물을 적극적으로 도입했음을 짐작할 수 있다. 물론, 김씨 집단은 그 이주 집단들 중의 한 갈래였을 것이다.

625) 봉수·수변·순라의 경우 어김없이[烽戍邏俱]: 이 대목의 경우, 인터넷 〈국편위판〉에서는 "건장한 남자는 선발하여 모두 군대에 편입시켜 烽燧·邊戍·巡邏로 삼았으며, 屯營마다 部伍가 조직되어 있다", 〈동북아판4〉(제79쪽)에서는 "봉(봉수)·수(변수)·라(순라)로 삼았으며, 둔(둔영)에는 대열(부오)이 갖추어져 있었다"라

는 부대를 갖추고 있다.626)

[그 나라의] 풍속 · 형벌627) · 의복은 고려 · 백제와 대체로 같은 편이다.

○ 其文字甲兵, 同於中國。選人壯健者悉入軍, 烽戍邏俱有屯營部伍。風俗刑政衣服, 略與高麗百濟同。

• 017

매달 초하루에는 서로 [안녕을] 빌어 준다.628) [이때] 왕은 연회를 베풀어

고 번역하였다. 그러나 고대 한문에서 '구(俱)'는 특정한 상황이 전개되는 범위를 설정하는 범위부사로 사용되었다. 따라서 이 구절은 그다음 구절과 연결시켜 해석해야 옳다. 봉수·경계·순라 등 각 병과가 예외 없이 저마다 군영과 부대를 갖추고 있었다는 뜻이다.

626) 군영을 세우고 주둔하는 부대를 갖추고 있다[屯管部伍]: 이 부분은 《수서》에는 '둔관부오(屯管部伍)', 《북사》에는 '둔영부오(屯營部伍)'로 되어 있다. 고대 한문에서 '관(管)'은 '관리하다(supervise)', '영(營)'은 '병영(camp)'이라는 뜻을 나타낸다. 따라서 네 글자를 직역하면, 《수서》는 '주둔하고 관장하는 부대', 《북사》는 '주둔하는 병영의 부대'여서 《수서》쪽이 더 자연스럽다. 인터넷 〈국편위판〉에서는 이 대목을 "건장한 남자는 선발하여 모두 군대에 편입시켜 烽燧·邊戍·巡邏로 삼았으며, 屯營마다 部伍가 조직되어 있다"라고 번역했으나 봉수-변수-순라는 문법적으로 뒤의 구절에 연결해야 옳다.

627) 형별[刑政]: '형정(刑政)'은 형사 행정이라는 뜻이지만 편의상 '형벌[제도]'로 번역하였다. 인터넷 〈국편위판〉 주180에서는 신라의 형벌을 언급하면서 "… 令(敎)은 상급법이며, 命(驅·制)은 하급법(시행규칙)이었다. 따라서 전자는 특정한 官府에 내리는 것이 아니었지만, 후자는 해당관청(有司)에 下命되는 시행규칙이었다"는 주장을 소개하였다. 물론, 역사적으로 '명'과 '령'을 실제로 구별해 사용했을지 모르지만 중국 정사에서는 두 글자가 혼용되는 경우가 많다. 양자의 용법이나 층위를 구분하여 사용했다고 보기 어렵다는 뜻이다.

628) 매년 정월 초하루에는 서로 축하해 준다[每正月旦相賀]: 이 부분의 경우, 《북사》에는 "매년 정월 초하루[每正月旦]"가 "매달 초하루[每月旦]"로 나와 있다. 그러나 전후 맥락을 따져 보거나 뒤에 '축하할 하(賀)'가 사용된 것을 보면 《북사》의 원문에서 정월을 가리키는 '바를 정(正)'이 누락된 것임을 알 수 있다. 달마다 그렇게 자주 축하인사를 한다는 것은 자연스럽지 않기 때문이다.

관원들에게 상을 내린다.629) [그리고] 이 날은 일신과 월신에게 절을 드린다.

팔월 열닷새에는 풍악을 베풀고 관원들로 하여금 활을 쏘게 하여 말이나 베를 상으로 내린다.

○ 每月旦相賀, 王設宴會, 班賚群官。其日, 拜日月神主。八月十五日設樂, 令官人射, 賞以馬布。

• 018

그 나라에 중대한 일이 일어나면 관원들을 소집하여 자세하게 의논하고 나서 결정을 내린다.630)

○ 其有大事, 則聚官詳議定之。

---

629) 관원들에게 상을 내린다[賚群官]: 인터넷〈국편위판〉에서는 "노고를 치하한다",〈동북아판4〉(제79쪽)에서는 "뭇 관원을 차례로 대접하였다"라고 번역하였다. 그러나 고대 한문에서 '뢰(賚)'는 제왕이 특정한 물건을 신하에게 '하사하다(bestow)' 또는 '선물하다(present)' 등의 뜻을 나타내는 경우가 많다.

630) 관원들을 소집하여 자세하게 의논하고 나서 결정을 내린다[聚群官詳議而定之]: 《신당서》〈신라전〉에는 여기서 한 걸음 더 나아가 "[나랏]일은 반드시 사람들과 의논하기 때문에, '화백'이라고 하는데, 한 사람이라도 [의견이] 다르면 [결정을] 중단하였다"라고 기술되어 있다. 이로써 신라가 수·당대(6~7세기)까지만 해도 특정한 사안에 대한 결정이 국왕 개인이 아니라 귀족집단으로 구성된 의결체인 화백을 통하여, 그것도 기본적으로 만장일치의 원칙에 따라 이루어졌음을 확인할 수 있는 셈이다. 중국 정사를 살펴볼 때, 이 같은 중의제도는 신라는 물론이고 부여·고구려 및 고대의 흉노·선비·오환, 나아가 중세의 돌궐·몽고·여진·만주 등 초원의 북방 민족 사회에서도 보편적으로 확인된다. 가장 전형적인 본보기는 바로 13세기 몽골제국의 후랄다이(Хуралдай)이다. 이를 통하여 신라, 특히 김씨 집단의 의결 전통의 기원을 유추할 수 있는 셈이다.

• 019

의복 색깔로는 염색하지 않은 색을 높게 친다.⁶³¹⁾

부녀자들은 머리를 땋아 목 주위로 두르고⁶³²⁾ 여러 가지 비단 내지는 구슬로 꾸미곤 한다.

○ 服色尙畫素。婦人辮髮繞頸, 以雜綵及珠爲飾。

• 020

혼인을 하거나 출가시키는 의례에는 술과 음식만 쓰이며, 차려 내는 음식의 적고 많음은 [당사자의 형편이] 가난한가 부유한가에 따라 결정된

---

631) 의복 색깔로는 염색하지 않은 색을 높게 친다[服色尙素]: 인터넷 〈국편위판〉 주 184에서는 이 부분과 관련하여 "흰색을 좋아하는 것은 夫餘의 '在國衣尙白'과 같다. 이로 미루어 보아 夫餘·高句麗·新羅도 크게는 한 종족이었던 듯하다"라고 해석하였다. 실제로 《삼국지》《부여전》에서는 "[부여인들이] 나라에서 옷을 입을 때에 흰 색을 높게 친다(在國衣尙白)"라고 소개한 바 있다. 다만, 유념해야 할 것은 〈부여전〉에서는 '흰 백(白)'을 직접 사용했으나 여기서는 '바탕 소(素)'를 사용했다는 사실이다. 국내에서는 전통적으로 '소(素)'를 '희다(white)'라는 의미로 새겨 '백(白)'과 혼용하는 경우가 많다. '소복(素服)'이라는 단어에서 '흰옷[白衣]'을 연상하는 것이 그 증거이다. 그러나 어원학적으로 따질 때, '소'는 염색을 하지 않은 천연[의 본질적인 색깔](raw)을 뜻한다. 이로써 신라인이 보통은 염색을 하지 않은 천으로 소박하게 옷을 지어 입었다는 것을 알 수 있는 셈이다. 《북사》에는 원래 '상'과 '소' 사이에 '그릴 화(畫)'가 들어가 있다. 그러나 소박하게 차려입는 것을 높게 치는 풍속을 가졌다고 소개한 대목에 화려한 무늬나 자수를 암시하는 글자인 '화'를 사용한다는 것은 앞뒤가 맞지 않는다. 게다가 문법적으로도 '화소(畫素)'는 의미상으로 상충되므로 '화'는 잘못 들어간 글자임을 알 수가 있다.

632) 머리를 땋아 목 주위로 두르고[辮髮遶頸]: 이 부분의 경우, 《수서》에는 "머리를 땋아 목 주위로 두르고(辮髮繞頸)"로 되어 있다. 북송대 초기에 편찬된 《오대사(五代史)》에도 "머리로 머리 주위로 두르고(以髮遶頭)"로 되어 있다. 그러나 머리를 목도리처럼 목 주위로 두른다는 것은 자연스럽다고 할 수 없다. 《북사》의 '목 경(頸)'은 사관들이 '머리 두(頭)'를 오독한 결과로 보는 것이 합리적이라는 뜻이다.

다. 신부의 저녁에[633], 신부는 먼저 시부모에게 절을 하고 그다음에는 맏형과 남편[634]에게 [차례로?] 절을 한다.

○ 婚嫁禮唯酒食而已, 輕重隨貧富。新婦之夕, 女先拜舅姑, 次卽拜大兄夫。

• 021

[사람이] 죽으면 [그 시신을] 널에 모시는 절차가 있으며[635], [땅에] 안장한 다음 봉분을 올린다.[636]

국왕 및 부모·처자식이 세상을 떠나면 한 해 동안 머물며 상을 치른

---

633) 신부의 저녁에[新婦之夕]: 이 부분의 두 번째 글자가 여기에는 '며느리 부(婦)'로 나와 있다. 그러나 《수서》에는 '혼인할 혼(婚)'으로 되어 있는 것이나 전후 문맥을 따지더라도 '부'는 잘못 들어간 글자이다.

634) 맏형과 남편[大兄夫]: 선행 정사인 《수서》에는 신부의 절을 받는 대상이 '남편'으로 되어 있다. 어느 쪽이 역사적 사실에 부합되는지는 단정할 수 없다. 다만, ① 《수서》가 《북사》보다 39년 앞서 편찬되었고, ② 《수서》의 내용을 발췌·요약한 것이 《북사》이므로, ③ 《수서》의 기록이 옳으며 '맏형[大兄]'은 잘못 들어간 내용일 가능성이 높다.

635) 죽으면 널에 모시는 절차가 있으며[死有棺斂]: 이 부분의 경우, 인터넷 〈국편위판〉에서는 "사람이 죽으면 斂襲하여 棺에 넣고", 〈동북아판4〉(제070쪽)에서는 "사람이 죽으면 염습(斂襲)하여 관(棺)에 넣고"라고 번역하여 염습(殮襲)과 입관(入棺)을 구분하였다. 그러나 '관렴(棺斂)'은 시신을 널 속에 모시는 과정, 즉 염습과 입관을 아울러 일컬을 것이다. 고대 한문에서 '렴(斂)'은 '거두다, 수습하다(lay in)'라는 뜻을 나타내는데, 이를 상례(喪禮)에 한정하여 사용할 때에는 '렴(殮)'이라고 쓴다.

636) 안장한 다음 봉분을 올린다[葬送起墳陵]: 원문에는 원래 '묻을 장(葬)' 다음에 '보낼 송(送)'이 추가되어 "안장하여 망자를 보내 드린 다음 봉분을 올린다(葬送起墳陵)"로 되어 있다. 그러나 선행 정사인 《수서》에는 '송'자 없이 "안장한 다음 봉분을 올린다(葬起墳陵)"로 소개되어 있다. 내용상으로는 큰 차이가 없지만 '송'은 잘못 들어간 글자이다. 여기서는 《수서》의 원문에 따라서 번역하였다.

경주 대능원의 천마총 외형과 내부. 적석목곽분은 5세기 신라에서만 관찰되는 이채로운 고분 형태이다.

다.[637)]

○ 死有棺斂, 葬送起墳陵。王及父母妻子喪, 居服一年。

• 022

[전답의 경우] 농지가 무척 좋고 기름져서 논으로도 밭으로도 겸하여 [곡식을] 심을 수 있다.[638)]

---

637) 한 해 동안 머물며 상을 치른다[居服一年]: 인터넷 〈국편위판〉과 〈동북아판4〉(제70쪽)에서는 이 부분을 "1년간 服을 입는다"라고 번역했는데 잘못된 번역이다. 고대 한문에서 '옷 복(服)'은 동사로 사용될 경우 '복무·복역·복상'처럼 특정한 임무를 '이행하는 것(serve)'을 가리킨다. 마찬가지로, '지복(持服)'은 자신이 있는 자리를 지키며 상주로서의 역할을 이행하는 것을 말한다. 그래서 《북사》에서는 이 부분을 '머물며 의무를 진다'는 뜻에서 '거복(居服)'이라고 표현하였다. 《주서》에 따르면, 고구려에서는 "부모나 남편의 상을 당했을 경우, 그 나라에서 상을 치르는 제도는 중국과 같지만 형제인 경우에는 석 달로 제한한다", 백제에서는 "부모 및 남편이 죽었을 때에는 삼 년 동안 상을 치르고 나머지 친척일 경우에는 안장을 마치면 상복을 벗는다"라고 하였다. 고구려와 백제의 장례 습속이 비슷했던 셈이다. 그런 의미에서 1년만 상을 치르는 신라의 경우는 상당히 이채롭다.

638) 논으로도 밭으로도 겸하여 심을 수 있다[水陸兼種]: 이 부분의 경우, 곡식의 종류를 나타내는 것이 아니라 토질이 워낙 비옥해서 농지의 용도를 변경하여 논으로든 밭으로든 전천후로 농사가 가능하다는 뜻으로 이해해야 옳다.

[그 나라에서] 다섯 가지 곡물639)·과일·채소·새·짐승·특산물은 대체로 중국과 동일하다.

○ 田甚良沃, 水陸兼種. 其五穀果菜鳥獸物産, 略與華同.

• 023

대업 연간640) 이래로 해마다 [수나라에 사신을] 파견하여 [대궐에] 입조하고 공물을 바쳤다.641)

신라는 지형적으로 산세가 험한 경우가 많다.642) [그래서] 백제와 아무리

---

639) 다섯 가지 곡물[五穀]: 오곡(五穀)의 종류에 관해서는 고대에도 지역이나 작자에 따라 여러 가지 구분법이 존재해 왔다. 그런데 은대 이래로 진·한대를 지나 5호16국시대에 이르기까지 고대 중국의 경제·문화의 중심지는 북방인 황하(黃河) 유역이었던 반면에, 벼의 주요한 생산지는 남방에 있었다. 그렇다면 처음에는 삼·메기장·차기장·보리·콩이 대표적인 '오곡'이었다가 나중에 강역이 남방으로 확장되면서 마는 빠지고 벼가 새로 추가된 것으로 이해할 수 있는 셈이다.

640) 대업 연간[大業]: 수 양제가 재위한 605~616년까지의 13년을 말한다.

641) 대업 연간 이래로 해마다~[大業以來歲遺]: 인터넷 〈국편위판〉 주186에서는 중원 왕조(수나라)에 대한 신라의 조공이 삼국 중에서 가장 부진했던 이유를 "地理的인 격리성도 있었지만, 무엇보다도 정치적 후진성에 있었다"라고 보았다. 그러나 신라의 중국과의 교섭이 고구려·백제보다 현저하게 늦어진 결정적인 이유는 그 입지조건에서 찾아야 옳다. ① 지리적으로 중국과는 방향이 정반대인 한반도 동남쪽에서 발상한 데다가, ② 중원의 역대 왕조와 교류할 때에는 반드시 백제·고구려를 경유할 수밖에 없는데 ③ 정치·외교적 풍향에 따라 번번이 그 의지가 좌절되는 경우가 많았기 때문이다. ④ 역사적으로 신라가 고구려·백제와 마찬가지로 중국과의 교섭과 선진 문물의 수입에 적극적이었던 점이 그 증거이다. 신라의 중국과의 교섭이 본격화되는 것은 진흥왕의 한강 유역 확보로 그동안의 지리적 약점을 극복하고 중국과 교류할 수 있는 통로를 확보하면서부터였다.

642) 지형적으로 산세가 험한 곳이 많다[地多山險]: 인터넷 〈국편위판〉에서는 이 부분을 "지리상 산이 많고 길이 험하므로" 식으로 번역했으나 오역이다. 해당 부분은 "신라지다산험"으로 끊어서 해석해야 옳다. 이때 '지(地)'는 부사로 보아 '지형적으로' 식으로, '많을 다(多)'는 뒤의 상황이 전개되는 범위를 한정하는 범위부사로 작동하므로 '대부분' 또는 '많은 경우' 정도의 의미로 번역해야 한다.

남당 시기의 화가 고덕겸의 《번객입공도(番客入貢圖)》(좌, 대만국립박물원)와 당대 염립본의 《직공도(職貢圖)》(우)에 묘사된 신라 사신의 모습

사이가 나빠도 백제로서는 그 나라를 도모하기가 여의치 않다.[643]

○ 大業以來, 歲遣朝貢。新羅地多山險, 雖與百濟構隙, 百濟亦不能圖之也。

---

643) 백제의 입장에서도 그 나라를 도모하기는 여의치 않다[百濟亦不能圖之]: 고대 한문에서 '불능(不能)'은 능력상으로 불가능한 것(can not)을 나타내는 것이 아니라 잘 해내지 못하는 것(not good enough)을 주로 나타내었다. 여기에서도 정벌하기가 쉽지 않다는 뜻에서 한 말로 이해해야 옳다.

물길전(勿吉傳)⁶⁴⁴⁾

• 001

물길국⁶⁴⁵⁾은 고구려 북쪽에 있다.¹⁴⁹⁴⁾

---

644) 물길전(勿吉傳): 중국의 역대 정사들 중에서 물길 관련 열전을 소개한 것은 《위서》가 처음이자 마지막이었다. 남북조시대의 북조계 정사들만 요약·소개한 《북사》에서는 열전을 집필하는 과정에서 《위서》〈물길전〉의 기사를 많이 차용하였다. 그 직전의 정사가 《수서》임에도 불구하고 제목을 '말갈전'이 아닌 '물길전'으로 정한 것도 바로 이런 이유 때문이다. 이 열전에는 《위서》〈물길전〉에 소개되지 않은 일곱 갈래의 종족 구성이나 추장 명칭, 수나라와의 교섭·책봉 및 돌지계의 행적 등의 정보들이 새로 추가되었다. 그 내용은 거의 모두 《수서》〈말갈전〉을 차용한 것이며, 나머지 기사들은 모두 《위서》의 기사를 그대로 반영한 것이다. 참고로, 인터넷 〈국편위판〉의 소개에서는 "勿吉과 靺鞨이 同一系인지 아닌지의 여부는 아직 확실치 않다"며 유보적인 입장을 견지하였다. 그러나 '물길'과 '말갈'은 한자는 서로 다를지언정 어원학·음운학적으로 완벽하게 대응된다. 게다가 양자는 종족·언어·지리·환경·풍습 등 모든 측면에서 서로 정확하게 부합된다. 양자를 동일 족속으로 보아야 옳다는 뜻이다. 《북사》 편찬자들이 이 열전의 첫머리에서 "물길국은 … 말갈이라고도 한다"라고 단정한 것이 그 증거이다.

645) 물길(勿吉): 남북조시대 북방민족의 한 갈래. 만주-퉁구스계 족속으로, 한·진대에는 '읍루'로 소개되었으며 남북조시대의 '물길'을 거쳐 수·당대부터 '말갈(靺鞨)'로 불리기 시작하였다. 중국 정사 기사들에 따르면 처음에는 그 세력이 수십 부(部)이다가 나중에 차츰 확장되어 속말(粟末)·백산(白山)·백돌(伯咄)·안거골(安車骨)·불열(拂涅)·호실(號室)·흑수(黑水)의 7대 부족으로 발전하였다. '물길'과 '말갈'의 경우, 지금은 발음이 달라져서 얼핏 다른 집단·지역으로 여기는 경향이 있다. 그러나 그 이름은 시대나 왕조마다 같은 이름을 다른 한자로 표기하면서 변형되었을 뿐 사실상 동일한 종족 집단을 일컫는 같은 이름이다. 인터넷 〈국편위판〉 주188에서는 그레벤스치코프(Grebenščikov)의 주장을 근거로 "… 靺鞨이란 말은 '물가에서 생활하던 사람들'을 가리키는 용어임에 틀림없다. 이것은 勿吉(Wu-tsi)이란 말이 '森林에서 生活하던 사람들'을 가리키는 것과 서로 對比된다"라고 보았다. 말하자면 '물길'은 숲에서 사는 사람들이고 '말갈'은 들판에서 사는 사람들이라고 이해한 셈이다. 그러나 그 같은 추론은 잘못된 것이다. ① 만주-퉁구스계 종족들은 주로 하천 유역을 중심으로 농사와 수렵을 생업으로 삼는다.

○ 勿吉國, 在高句麗北。

•002
'말갈'647)이라고[부르기]도 한다. 648)

그러나 역대 중국 정사에서는 말갈(물길)이 말을 방목하면서 수렵과 약탈을 일삼았다고 적고 있다. ② '말(靺)'과 '갈(鞨)' 두 이름자에 모두 '가죽 혁(革)'이 들어 있다는 것 자체가 말갈의 기마민족적 특질을 잘 보여 준다. 말갈과 만주족은 생활 방식이 전혀 다른 것이다. ③ 그레벤스치코프의 음운·어원적 분석 역시 당시의 고대음이 아닌 20세기의 현대음을 토대로 이루어진 것이어서 잘못된 것이다. ④ 애초에 '물길'과 '말갈'은 중원 왕조의 구성 종족 및 한자 표기 방식에 따라 북위까지는 '물길'로 표기하다가 수·당대부터 '말갈'로 표기한 경우일 뿐이다. ⑤ '물길'과 '말갈'은 같은 의미를 가진 명사를 다른 한자로 표기한 것인데 이를 두고 '전자는 숲에 사는 집단, 후자는 물가에 사는 집단'이라는 엉뚱한 의미를 부여하는 것 자체가 논리적 비약이다.

646) 고구려의 북쪽에 있는데[在高句麗之北]: "고구려의 북쪽"이란 고구려 강역 내의 북방이 아니라 고구려 국경선 이북을 말한다. 국내의 일부 고대사 지도를 보면 말갈의 일곱 갈래의 분포지를 고구려 경내에 표시하는 경우가 있다. 그러나 적어도 《구당서》〈말갈전〉에 소개된 말갈 부족들의 경우를 놓고 본다면 그 분포지는 고구려 강역 너머에 표시되어야 옳다. 해당 〈말갈전〉에서 속말부를 소개하면서 ① 고구려와 [국경이] 맞닿아 있었고, ② 번번이 고구려 땅을 침입하곤 했다고 기술한 것이 그 증거이다.

647) 말갈(靺鞨): 인터넷 〈국편위판〉 주188에서는 그레벤스치코프의 주장을 근거로 "靺鞨이란 原音이 Moxo, 또는 Moho로서 滿洲의 女眞語의 물(水)을 뜻하는 Muke에서 나온 것이라 생각된다"라고 보았다. 그러나 어원학적 견지에서 볼 때, 그레벤스치코프의 이 같은 주장은 근거가 상당히 박약하다. 참고로, 미국 학자 주학연은 668년에 고구려의 멸망으로 구심점을 잃은 말갈이 유럽으로 이동하여 헝가리를 세운 마갸르(Magyars)와 동일 족속이라고 보았다.(《진시황은 몽골어를 하는 여진족이었다》, 제231~245쪽) '말갈'과 '물길'과 '무커'에 대한 자세한 어원적·역사적 고찰에 관해서는 《수서》의 "말갈" 주석을 참조하기 바란다.

648) 말갈이라고 부르기도 한다[一曰靺鞨]: 북위시기까지 '물길(勿吉)'로 부르다가 수나라에 이르러 '말갈'로 불리기 시작하였다. 《북사》의 편찬자가 '물길은 말갈이라고 부르기도 한다'고 소개한 것 자체가 당시 중국인들이 양자를 한자 표기만 다를 뿐 사실상 동일한 집단이라고 인식하고 있었다는 증거이다. 인터넷 〈국편위판〉

勿mjət 吉gjit　　　　　mjə　gji

靺muat 鞨ghat　'-t(ㅅ)'음 약화/탈락　mua gha　☞　**Magyar**
　　　　　　　　　　　　　　　　　　　　　마갸르

'물길'과 '말갈'은 같은 이름을 다른 한자로 표기한 경우이다. '말갈'의 발음은 '모호(moxo)'가 아니라 '마갸르(magjiar)'이다. 헝가리인들이 스스로를 '마갸르'라고 하는 것은 말갈의 후예라는 증거라고 할 수 있다.

○ 一曰靺鞨。

• 003

[그 나라의] 읍락들은 저마다 수장이 있지만 서로가 단일하게 통합되어 있지는 않다.649)

주150에서 "《魏書》 등에는 勿吉傳이 있고, 그 뒤의《隋書》·《舊·新唐書》에는 靺鞨傳이 있는 것으로 보아,《北史》勿吉傳은 勿吉에서 靺鞨로 넘어가는 過程에 쓰여진 것 같다"라고 한 것은 '물길 ⇒ 말갈'의 시대적 추이를 파악했다는 뜻이다. 그럼에도 불구하고 "同一한 系統의 民族이 生活樣式에 따른 差異 때문에 이처럼 名稱이 달랐던 것이라 생각된다"는 이상한 결론을 내리고 있다. 물론, 그 같은 인식은 물길과 말갈을 별개의 종족 집단으로 보거나 "勿吉은 Wu-tsi로서 '森林의 居住民'을 뜻한다고 하고, 靺鞨은 Moxo로서 '江가의 居住民'"이라는 시로코고로프·미카미 츠키오 등의 이상한 주장에 오도된 데서 빚어진 해프닝이다. 이는 신라(新羅)를 '사로(斯盧)'로 적었다고 해서 또 다른 의미로 보려 들고, 고마(固麻)를 '거발(居拔)'로 적었다고 해서 별개의 두 지역으로 보려 드는 것과 같은 오류이다.

649) 서로가 단일하게 통합되어 있지는 않다[不相總一]: 이 부분은 그 읍락들을 총괄해 지배하는 중앙집권적인 통치자는 존재하지 않고 읍락마다 개별적으로 추대된 수장들이 해당 읍락을 독자적으로 지배하는 읍락국가의 면모를 지니고 있었다는 뜻으로 해석된다. 능순성이나 시로코고로프·짜하로프 등은 만주족·나나이족 집

주변 언어들과는 다른 물길어는 고립된 갈라파고스 섬처럼 언어적 종족적으로 이질적이었음을 시사해 준다.

그 나라 사람들은 굳세고 사나우며 동이 땅에서는 가장 강한데, 언어는 유독 [이들만] 다르다.[650)

단 연구를 토대로 물길의 민족지(民族志)를 재구하려 하였다. 그러나 두 집단 사이에 1,000년이 넘는 시차가 발생하는 데다가 물길의 전통을 온전히 계승했다는 증거가 박약한 상황에서 물길 읍락사회를 만주족 씨족사회와 동일시하는 것은 지나친 일반화의 오류가 아닌가 싶다.

650) 언어는 유독 다르다[言語獨異]: 이 구절을 통하여 당시의 물길(말갈)이 언어적으로 '섬'을 형성하고 있었음을 시사해 준다. 언어지리학에서는 갈라파고스처럼 주변 집단으로부터 고립된 이런 독특한 언어 환경을 '언어의 섬(言語島, language island)'이라고 하는데, 그 원인은 크게 세 가지를 꼽을 수가 있다. Ⓐ 특정한 언어[집단]과 주변 언어[집단]들이 오랫동안 교류가 차단된 상태를 유지하거나, Ⓑ 다른 언어집단이 대거 이주해 옴으로써 원래의 언어[집단]가 섬처럼 고립되거나, 반대로 Ⓒ 특정 언어[집단]가 대세를 이루는 지역에 이질적인 언어[집단]가 새로 유입된 경우가 그것이다. 인도-유럽어족의 바다인 유럽에서 유일하게 우랄어족

항상 두막루651) 등의 나라를 깔보기 때문에 여러 나라는 [그들대로] 이들을 우환거리로 여긴다.

○ 邑落各自有長, 不相總一。其人勁悍, 於東夷最强, 言語獨異。常輕豆莫婁等國, 諸國亦患之。

•004

[물길국의 도읍은] 낙양652)으로부터 오천 리 떨어져 있다.653)

으로 분류되는 헝가리어나, 루마니아에서 미에르쿠레아치우크 지역에만 섬처럼 분포하는 헝가리어, 튀르크계 위구르어가 주요한 언어인 신강의 이리(伊犁) 지역에 섬처럼 존재하는 만주어 등은 그 전형적인 사례이다. 물길의 경우, ① 토착세력인 물길 지역에 언어가 다른 부여·고구려·옥저 등의 집단이 대거 진출했거나, ② 원래 부여·고구려·옥저 등 집단의 본거지이던 곳에 물길 집단이 소규모 또는 일시적으로 유입되었을 가능성을 상정할 수 있을 것이다.

651) 두막루(豆莫婁): 예맥인이 옛 부여 땅에 세운 나라.《신당서》에는 '달말루(達末婁, 다모루)'로 소개되었다.《위서》〈두막루국전〉에서는 "두막루국은 물길 북쪽으로 1,000리 지점에 있는데, 옛 북부여로, 실위의 동쪽에 있다(豆莫婁國, 在勿吉北千里, 舊北夫餘也, 在室韋之東)"라고 소개하였다. 두막루가 부여국이 멸망한 뒤에 그 유민들이 그 자리에 새로 세운 나라임을 알 수 있다. 실제로 〈두막루국전〉에는,《삼국지》〈부여전〉과 똑같이, "산지와 넓은 택지가 많기는 하지만 동이들의 땅 치고는 가장 평탄하고 드넓은 편이다. 토질의 경우 다섯 가지 곡물이 자라기에는 적합하지만 다섯 가지 열매는 나지 않는다(多山陵廣澤, 於東夷之域, 最爲平敞. 地宜五穀, 不生五果)"라고 소개되어 있다. 이는 그 좌표가 부여국이 있었던 원래의 자리와 거의 변동이 없었다는 뜻으로 해석된다. 인터넷 〈국편위판〉 주127에서는 "《通鑑》에서는 '麗語謂復舊土爲多勿'이라 하였으니, 豆莫婁라는 國號도 바로 '다물(多勿)'을 나타내는 것"이라면서 '두막루'라는 국호가 고구려의 '다물'에서 비롯되었다고 보았다. 그러나 '다물'은《삼국사기》"동명성왕 2년"조에만 소개되어 있을 뿐이어서 두막루와의 연고를 뒷받침할 역사적·어원적 근거가 없다. 음운상으로도 마찬가지이다. 곽석량에 따르면, '두막루'는 고대음이 '도막로(do-mɑk-lo)' 정도로 재구되는 반면에, '다물'은 '따몃(tɑ-mĭwət)'으로 재구된다. '도막로 ⇔ 따몃'은 음운상으로 대응된다고 보기 어렵다는 뜻이다.

652) 낙양(洛陽): 중국 고대의 지명. 지금의 하남성 낙양시(洛陽市)에 해당한다. 한·당대에는 정식 도읍인 장안(지금의 서안)과 함께 그 동쪽에 자리 잡고 있는 낙양을

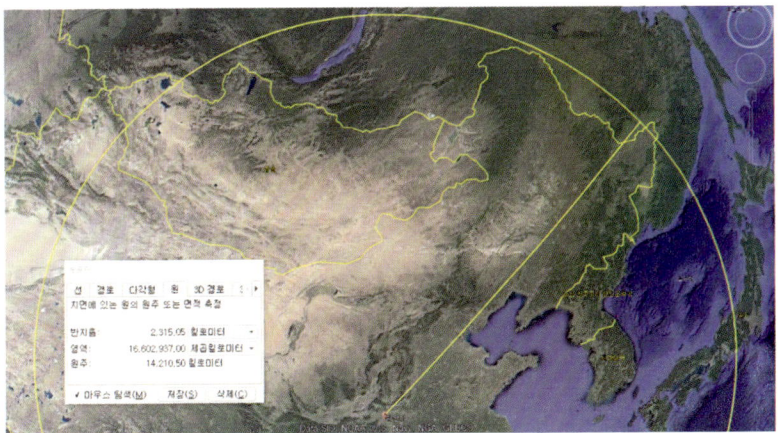

낙양에서 반경 5,000리에 해당하는 지역들. 단, 중간에 산악지대가 자리 잡고 있을 때에는 우회해야 하므로 실제 거리는 많이 줄어들 수도 있다.

○ 去洛陽五千里。

• 005

화룡654)에서 북쪽으로 이백 리 넘게 가면 선옥산655)이 있고, [ㄱ] 산에

임시 도읍으로 두었다. 그래서 장안을 기준으로 할 때 '동쪽에 있는 도읍'이라는 뜻에서 '동도(東都)', 또는 '동쪽에 있는 낙양'이라는 뜻에서 '동락(東洛)'으로 불렀다. 북위 효문제의 태화(太和) 19년(495)에 평성(平城, 지금의 산서성 운강시)에서 천도하였다.

653) 오천 리 떨어져 있다[去五千里]: 남북조시대에 한 자[尺]는 남조가 25.8cm, 북조 30.9cm 정도로 대체로 5cm의 편차가 있었다. 그렇다면 북조에서 1리(里)는 463m 정도이므로, "5,000리"는 2,315km 정도 되는 셈이다.

654) 화룡(和龍): 전연·후연의 근거지. 그 지리적 위치에 관하여 인터넷 〈국편위판〉 주128에서는 "遼西 지방의 大凌河 中流에 있는 지금의 朝陽縣"으로 보았다. 〈동북아판4〉 주2(제143쪽) 역시 "지금의 중국 요령성 朝陽이다. '柳城, 龍城, 黃龍城, 昌黎, 龍山, 營州' 등으로 불렸는데, 南北朝 시기에는 前燕·後燕·北燕의 도성 혹은 陪都로 역할 하였다"라고 하였다. 그러나 이 같은 지리인식은 요서와 요동을

서 북쪽으로 열사흘을 가면 기려산656)에 이른다. [거기서] 다시 북쪽으로 이레를 가면 낙괴수657)에 이르는데, 그 강은 너비가 한 리 남짓이

나누는 기준이 되는 요수(遼水)를 지금의 요하(遼河)로 비정한 데서 비롯된 오류이다. 우선, ① 그 위치와 관련하여 8세기의 두우는《통전》에서 백제의 요서 경략을 언급하면서 주석을 붙이고 "진대에 … 백제 또한 요서·진평 두 군[지금의 유성·북평 일대]을 점유하였다(晉時, … 百濟亦據有遼西晉平二郡[今柳城北平之間])"라고 하였다. ② 조선 초기 태종(太宗) 2년(1402년)에 대신 권근(權近)이 제작을 주도한 세계지도인《혼일강리역대국도지도(混一疆理歷代國都之圖)》의 서문에도 "【영평】바로 용성 창려이다. 북연의 모용성이 근거지로 삼은 곳으로, 풍발이 그 뒤를 이었다(【永平】卽龍城昌黎. 北燕慕容盛所據. 馮跋繼之)"라고 소개되어 있다. 영평은 하북성 노룡현(盧龍縣)의 옛 이름이다. 이로써 '용성'이 유성의 다른 이름이며, '영평'과 같은 곳임을 알 수 있는 것이다. 화룡, 즉 유성의 좌표는 요녕성이 아닌 하북성 동북부에서 구해야 옳다는 뜻이다. 이 문제에 관해서는 문성재,《정역 중국정사 조선·동이전2》의 "황룡" 주석을 참조하기 바란다.

655) 선옥산(善玉山): 중국 고대사에 등장하는 산 이름. 남북조시대에 중원의 동북방인 화룡으로부터 물길 땅으로 갈 때에는 이 산을 거쳐가야 했다고 한다. 어떤 학자는 그 좌표를 지금의 샤르모른 강(서요하) 남쪽 하천인 노합하(老哈河) 남쪽에서 찾기도 한다. 선옥산의 위치를 찾자면 물길(말갈)로의 여정에서 출발점이 되는 화룡의 정확한 좌표부터 먼저 구해야 한다. 현재 국내외 학계에서는 화룡을 지금의 요녕성 조양시로 보고 있다. 그러나 그럴 경우 ① 화룡-물길 사이의 이동구간이 너무 짧고, ② 조양-물길 사이는 산지가 별로 없는 고원 평야지대가 대부분이어서 재고가 필요하다. 반면에 앞서의 "화룡" 주석에서 보듯이, ③ 그 좌표를 지금의 하북성 동북부에서 구하면 화룡-물길의 구간이 길어지고 산지가 여러 군데 존재하기 때문에 훨씬 설득력이 높아진다.

656) 기려산(祁黎山): 중국 고대사에 등장하는 산 이름. 화룡에서 물길의 땅으로 갈 때 반드시 거쳐가야 하였다. 그래서 학계에서는, 선옥산과 마찬가지로, 샤르모른(Шар мөрн, 서요하) 강의 남쪽인 노합하 남쪽에서 그 좌표를 구하기도 한다. 그러나 정확한 좌표를 구하려면 그 기점이 되는 화룡의 정확한 위치부터 찾아내야 옳다.

657) 낙괴수(洛瓌水): 중국 고대의 변방 하천.《위서》에서는 '여락괴수(如洛瓌水)'로 소개한 것을 보면 여기서는 필사과정에서 첫 글자 '여(如)'가 누락된 것으로 보인다. 역사적으로 '요락수(饒樂水)·약락수(弱落水·弱洛水)·교락수(澆洛水)' 등으로 적기도 하였다.《후한서 집해》에서 심흠한(沈欽韓)은《통전》·《북사》등을 예로 들어 중국 정사들에 등장하는 '약수(弱水)'가 '약락수(弱落水·弱洛水)'를 줄여 쓴 말이라고 보았다. 중국 학계에서는《후한서》〈오환선비열전〉의 "[선비가] 음력 3

다.658)

◯ 自和龍北二百餘里有善玉山, 山北行十三日至祁黎山, 又北行七日至洛瓌水, 水廣里餘。

• 006

[거기서] 다시 북쪽으로 열닷새를 가면 태악로수659)에 이르며, 다시 동북

월이 되면 요락수에서 큰 모임을 가진다(以季春月大會於饒樂水上)" 대목을 근거로 요락수를 "지금의 내몽고 서요하 상류의 샤르모런(시라무렌) 강이며, 당대 이후로 황수·황하로 불렀다(卽今內蒙古西遼河上游西拉木倫河. 唐以後稱潢水潢河)"라고 보고 있다. 인터넷 〈국편위판〉 주153과 〈동북아판2〉 주7(제143쪽)에서는 일본 학자 쓰다 소키치(津田左右吉)의 언어고증을 소개했는데 "弱·饒·澆는 如와 같은 音의 接頭語로서 '희다(白)'는 뜻을 나타내는 土俗語"로 보았다. 그러나 ① '약·요·교·여'는 접두어가 아니다. 오히려 ② '요락-약락-교락-여락괴'는 모두 음운상으로 대응되는데 하천을 뜻하는 '-수' 앞에 사용되었으므로 그 하천의 특징을 나타내는 형용사나 동사일 가능성이 높다. 그렇다면 ③ 그 의미는 '황수·황하'의 '황(潢)'이나 '샤르모런(시라무렌)'의 '샤르(Шap, 누렇다)'와 마찬가지로 '누렇다'일 가능성이 높다. ④ 쓰다가 '약·요·교·여'와 몽골어 샤르모런(Шap мөрн)의 잘못된 발음인 시라무렌의 '시라'를 '희다(白)'로 해석한 것은 '희다'라는 뜻의 일본어가 '시라(しら)'인 데에서 착안한 것이다. 그러나 중국 지명 고증에 일본어를 대입했다는 것은 그 고증이 첫 단추부터 잘못 끼운 것임을 자인하는 격이다. 곽석량에 따르면, '여락괴'의 고대음은 '냐락꿔이(nʲa-lak-kuəi)' 정도로 재구된다.

658) 강은 너비가 한 리 남짓이다[水廣里餘]: 중국 학자 진몽가(陳夢家, 1911~1966)의 연구에 따르면, 남북조시대(북주)에는 1리가 대략 442m 정도였다. 따라서 "한 리 남짓"이라면 강폭이 대체로 442~450m 정도 되었던 셈이다. 이 뒤의 속말수는 너비가 "세 리 남짓"이라고 하니 강폭이 대체로 1,326~1,350m 정도 되는 큰 하천이었던 것으로 보인다. 참고로, 한강은 강폭이 평균 750m 정도라고 한다.

659) 태악로수(太岳魯水): 《위서》에 소개된 태로수(太魯水)를 말한다. 곽석량에 따르면, '태로'는 '탓라(t'at-lɑ)' 정도로 재구된다. 이 하천에 관하여 ① 인터넷 〈국편위판〉 주132에서는 《북사》《물길전》에 등장하는 '태악로수(太岳魯水)', 또는 을력지의 조공 여정에 나오는 '태려하(太㳎河)'로 추정하였다. 반면에, ② 이케우치

쪽으로 열여드레를 가면 그 나라에 도달한다.

[그] 나라에는 큰 강이 있는데, 너비가 세 리 남짓이며, '속말수'[660)]라고 부른다.

○ 又北行十五日, 至太岳魯水, 又東北行十八日, 到其國。國有大水, 闊三里餘, 名速末水。

•007

그 부족의 부류로는 통틀어 일곱 갈래가 있다.[661)]

그중 하나는 '속말부[662)]'라고 부르는데, 고려와 [국경이] 맞닿아 있다.

      히로시(池內宏)는 흥안령(興安嶺)에서 발원하여 눈강(嫩江)으로 유입되는 조아하(洮兒河), ③ 오가와 히로토(小川裕人)는 조아하가 역사적으로 태로수(太魯水)·태려수(太沴水)·타루하(他漏河/它漏河)·달로하(㺚魯河)·도이하(淘爾河) 등으로 표기되었고 그 의미는 현지 언어로 '푸르다[靑]'로 추정된다고 보았다.

660) 속말수(速末水): 중국 고대사에 등장하는 하천 이름. 인터넷 〈국편위판〉 주133에서는 "오늘날의 松花江"을 가리킨다고 보았다. 곽석량에 따르면, '속말'은 고대음이 '쇽맛(siok-muɑt)'이므로 종성 '-ㄱ'과 '-ㅅ'이 약화·탈락될 경우 '쇼와' 식으로 읽혔을 것이다. 《신당서》《북적전(北狄傳)》에도 '속말수(粟末水)'가 등장하는데, 음운상으로 서로 완벽하게 대응된다. 《신당서》《말갈전》에서는 "[태백산은] '도태산'이라고 부르기도 하는데, 고구려와 맞닿아 있으며, 속말수에 의지해 사는데, 그 하천은 산의 서북쪽에서 발원해 타루하로 유입된다"라고 하였다. 속말수가 발원하는 산이 바로 도태산이라는 뜻이다. 인터넷 〈국편위판〉 주155에서는 "末은 女眞語의 木克(Muke), 즉 물을 나타낸다"라고 추정하였다. 그러나 '말'의 고대음은 '맛(마)'여서 여진어 '무커'와는 대응관계가 성립되지 않는다. '말=물(=무커)'이라는 가정은 음운학·어원학적으로는 근거가 없다는 뜻이다.

661) 통틀어 일곱 갈래가 있다[凡有七種]: 물길(말갈) 7대 집단의 경우, 그 구분의 기준이 되는 것은 종족이 아니라 [분포]지역이 아닌가 싶다. 《신당서》《흑수말갈전》에는 위의 7대 집단 중에서 호실부가 빠진 여섯 집단만 소개되어 있다.

662) 속말부(粟末部): 수·당대에 속말수 유역에 분포한 말갈 부락. 《북사》의 판본들과 《수서》·《통지》에는 '속말'이 '율말(栗末)'로 소개되어 있는데 '율'이 '속'과 모양이 비슷해서 잘못 베낀 것이다. '속말(粟末)'은 '속말(涑末, 涑沫)'로 쓰기도 하는데, 고대음이 '쇽맛(siok-muɑt)'이므로 종성 '-ㄱ'과 '-ㅅ'이 약화·탈락될 경우 '쇼

정예 병력이 수천으로, 용맹하고 굳센 경우가 많아서 번번이[663) 고려 땅을 침입하곤 하였다.

○ 其部類凡有七種, 其一號粟末部, 與高麗接, 勝兵數千, 多驍武, 每寇高麗。

• 008

그 둘째가 백돌부[664)인데, 속말[부] 북쪽에 있으며, 정예 병력이 칠천이다. 그 셋째는 안거골부[665)인데, 백돌[부] 동북쪽에 있다.

○ 其二伯咄部, 在粟末北, 勝兵七千, 其三安車骨部, 在伯咄東北。

돠' 식으로 읽었을 것이다.《신당서》〈흑수말갈전〉에서 "속말부는 [말갈 집단 중에서] 가장 남쪽에 사는데 태백산[도태산이라고도 한다]에 이르러 고려와 [국경을] 접한다. 그 하천은 산 서쪽에서 발원하여 북쪽으로 타루하로 유입된다(粟末部, 居最南, 抵太白山, 與高麗接, 依粟末水以居. 水源于山西, 北注它漏河)"라고 하였다. 한 가지 분명한 것은 속말부가 말갈 집단들 중에서 가장 남쪽에 분포했다는 사실이다. 이는 속말부를 포함한 말갈의 7대 집단이 모두 '고구려의 국경을 넘어 그 북쪽에' 분포하고 있었다는 뜻이다.

663) 번번이 고려 땅을 침입하곤 하였다[每寇高麗中]: 인터넷 〈국편위판〉에서는 '매(每)'를 '항상(always)'으로 번역했으나 정확하게 표현하자면 '걸핏하면(frequently)' 정도의 의미로 이해해야 옳다.

664) 백돌부(伯咄部): 수·당대의 말갈 부락. '백돌(伯咄)'은 '멱돌(汨咄)'로 쓰기도 하는데, 그 고대음은 '빡뚓(pak-tuət)'이므로 종성 '-ㄱ'과 '-ㅅ'이 약화·탈락되면서 '빠둬' 식으로 읽었을 것이다. 중국 쪽에서는 이 "속말의 북쪽에 있다"를 근거로 지금의 제2 송화강의 납림하(拉林河) 유역으로 비정하기도 한다. 수·당대에 고구려에 복속하면서 고-당 전쟁 당시에는 고구려를 도와 당나라군과 맞서 싸웠다. 고구려가 멸망한 뒤에는 뿔뿔이 흩어졌으며, 근거지에 잔류한 무리는 나중에 대조영의 발해국에 흡수되었다.

665) 안거골부(安車骨部): 수·당대의 말갈 부락. 고대음은 '안꿰껏(an-kioe-kuət)' 정도로 재구된다. '안거골'의 두 번째 글자는 '살 거(居)'와 통용되기도 한다. 이로써 이름에 사용된 '車'의 발음이 '차 차('처')'가 아니라 '수레 거('쥐')'임을 확인할 수 있는 셈이다. 백돌부와 마찬가지로 고구려와 함께 당나라군에 맞서 싸웠고, 고구려가 멸망한 뒤에는 뿔뿔이 흩어지고 그 일부는 발해에 흡수되었다.

• 009

그 넷째는 불열부666)로서, 백돌[부] 동쪽에 있다.

그 다섯째는 호실부667)인데, 불열[부] 동쪽에 있다.

○ 其四拂涅部, 在伯咄東, 其五號室部, 在拂涅東.

• 010

그 여섯째는 흑수부668)로서, 안거골669)[부] 서북쪽에 있다.

---

666) 불열부(拂涅部): 수·당대에 불열주(拂涅州) 일대에 분포한 말갈 부락. 고대음은 '풋넷(phyiuət-net)' 정도로 재구된다. 고구려가 멸망한 뒤로 당나라에서 불열주를 설치하고 하북도(河北道)의 안동도호부에 귀속시켰다. 대조영이 발해를 건국한 뒤로는 차츰 북쪽으로 이주해 가서 독자적인 세력을 이루었다. 《신당서》〈흑수말갈전〉에 따르면, 나중의 흑수말갈 16부의 하나로 "또 불열·우루·월희·철리 등의 부락이 있다. … 불열은 '대불열'로 일컫기도 하는데, 개원·천보 연간에 중국에 여덟 차례나 와서 고래눈알·담비가죽·흰토끼가죽을 바쳤다"라고 하였다. 개원 6년(718)에는 당나라로부터 관작을 제수받았으나, 당대 말기인 발해 선왕(宣王) 대인수(大仁秀) 때에 발해에 병합되면서 동평부(東平府)가 설치되었다.

667) 호실부(號室部): 수·당대의 말갈 부락. 백돌·안거골의 경우와 마찬가지로 고구려와 함께 당나라군에 맞서 싸웠으며 고구려 멸망과 함께 뿔뿔이 흩어지면서 발해에 흡수되었다고 한다. 중국 쪽에서는 "불열부의 동쪽에 있다"는 소개에 근거하여 지금의 흥개호(興凱湖) 부근 및 수분하(綏芬河) 상·중류지역 일대로 비정하고 있다.

668) 흑수부(黑水部): 수·당대에 흑수 유역에 분포한 말갈 부락.《구당서》에서는 "안거골의 서북부에 있다(在安車骨之西北)"라고 하였다. 그 위치와 관련하여 중국의 빠이뚜 백과에서는 "안거골의 서북쪽에 있다. 안거골은 지금의 아십하이다. 전통적인 관점으로는 흑수는 흑룡강의 대명사이며, 그 방향은 대체로 아십하의 동북쪽이다. 그동안의 상당한 고고적 연구를 통하여 흑수부는 흑룡강 유역 및 송화강과의 합류지점에 이르는 광대한 지역에 있었을 것"이라고 하였다. 당대 초기에 흑수주(黑水州)가 설치되고, 개원 10년(722)에 그 추장인 예속리계(倪屬利稽)가 당나라에 입조하자 현종이 '발리주자사(勃利州刺史)'로 제수하였다. 개원 13년(725)에는 안동도호 설태(薛泰)의 요청으로 흑수부(黑水府)를 설치하고 부족장을 도독·자사로 삼았으며, 당나라에서는 장사(長史)를 두고 그들을 감시하였다. 16년(728)에는 흑수부 도독에게 국성(國姓)인 이씨 성과 이름 헌성(獻誠)을 내

마갸르의 유럽 이동을 묘사한 유화. 헝가리는 라틴어에서 유래한 이름으로, 훈(흉노)과는 직접적인 관계가 없다

그 일곱째는 백산부670)이며, 속말[부] 동남쪽에 있다.

리는 한편, 운휘장군 겸 흑수경략사(雲麾將軍兼黑水經略史)를 제수하고 유주도독(幽州都督)의 지휘를 받게 하였다. 나중에 발해가 강성해지자 결국 발해에 흡수되었다.

669) 안거골(安車骨): 《북사》의 판본들에는 '골(骨)'자가 누락된 '안거(安車)'만 나와 있다.

670) 백산부(白山部): 수·당대에 백산지역에 분포한 말갈 부락. 속말부·흑수부와는 달리 고구려가 멸망할 때까지 고구려에 복속했으며, 멸망 이후로는 고구려 유민 및 현지의 속말부 말갈과 함께 대조영이 발해를 건국하는 데에 힘을 모았다. 《구당서》에서는 그 위치를 "속말부의 동남쪽에 있다(在粟末東南)"라고 보았다. 중국 사이트 빠이뚜 백과에서는 "백산부는 말갈 7부 중에서 지역적으로 가장 남쪽에 있는 부락이었다"라고 보았다. 그래서 중국 학자들은 그 위치를 대체로 길림성 화룡시(和龍市)-훈춘시(琿春市) 일대로 비정하고 있다. 심지어 빠이뚜 백과에서는 이들이 "흑수부의 정남쪽으로, 태백산(지금의 백두산) 가까이에 있었기 때문에 그렇게 일컬어졌다. 활동지역은 대체로 지금의 중국 길림성 백산시와 북한 함경남북도에 해당한다"는 주장까지 하고 있다. 그러나 그것은 속말부와 혼동한 결과로서, '백산'을 지금의 백두산과 동일시하여 좌표를 잘못 잡으면서 빚어진 오류

○ 其六黑水部, 在安車骨西北, 其七白山部, 在粟末東南。

• 011

[속말부를 제외한 여섯 부족은] 정예 병력이 한결같이 삼천을 넘지 않는데[671) [그중에서는] 흑수부가 특히 강하고 튼튼하였다.[672)

○ 勝兵並不過三千, 而黑水部尤爲勁健。

• 012

불열[부]로부터 동쪽은 화살이 한결같이 돌촉[673)이다. 바로 옛날의 숙

이다. 여기서의 '백산'은 백두산이 아니라는 뜻이다.

671) 삼천을 넘지 않는데[不過三千]: 인터넷 〈국편위판〉에서는 이 부분을 "삼천 명에 불과한데"로 번역했으나 오역이다. 물론, 현대의 한국어·중국어에서는 '불과(不過)'가 '~에 지나지 않는다'라는 의미로 사용된다. 그러나 고대 한문에서는 "[규모가] ~를 넘지 않는다", 즉 '미만(未滿)'의 의미로 사용된다. '불과삼천(不過三千)'은 '삼천에 지나지 않는다(only 3,000)'가 아니라 '삼천도 되지 않는다(under 3,000)'로 이해해야 옳다는 뜻이다.

672) 강하고 튼튼하였다[勁健]: 《북사》의 판본들에는 원래 뒷글자 '튼튼할 건(健)'은 누락되어 있다.

673) 돌로 만든 살촉[石鏃]: 숙신이 살촉을 만드는 데에 사용된 돌이 어떤 종류인지는 알 수가 없다. 그러나 《삼국지》 및 《후한서》의 〈읍루전〉에는 "청석으로 살촉을 만들었다"라고 소개되어 있다. 《고훈회찬》(제2467쪽)에 따르면, 《상서(尙書)》〈우공(禹貢)〉의 "그 땅은 [검]푸르거나 검다(厥土青黎)", "어떤 데는 희게 만들고 어떤 데는 [검]푸르게 만들었다(或素或青)"는 기록들 속의 '푸를 청(青, blue)'자는 '검을 흑(黑, black)'의 의미로 해석된다고 한다. 〈국편위판1〉(제273쪽 주7)에서는 '청석'이 석영(石英) 계통의 돌일 것으로 보았다. 실제로 고대 유물들을 보면 검은색 석영 재질의 돌촉이 자주 확인되고 있다. 석영에는 여러 가지 종류가 있지만 대체로 검은색을 띠면서 푸른빛이 도는 경우가 많다. 《삼국지》·《후한서》의 '청석' 역시 푸른 돌이 아니라 검푸른 돌, 또는 검은 돌을 가리키는 것일 개연성이 높다는 뜻이다.

신씨674)[인 것]이다.

동이 지역에서는 강한 나라이다.675)

○ 自拂涅以東, 矢皆石鏃, 卽古肅愼氏也, 東夷中爲强國。

• 013

[물길 사람들은] 사는 곳이 산이나 물[의 형세]에 기댄 경우가 많다.

[그들의] 우두머리는 '대막불만돌'676)이라고 한다.

---

674) 숙신씨(肅愼氏): 중국 고대사에 등장하는 북방민족의 한 갈래. 그 이름이 중국사에 처음으로 등장하는 것은 춘추시대 좌구명(左丘明)의 《춘추좌전(春秋左傳)》에서부터이다. 그 "소공(昭公) 9년(BC533)"조에서는 춘추시대 주(周)나라의 대부(大夫) 첨환백(詹桓伯)이 "무왕께서 상나라를 정벌하실 적에 포고·상엄은 우리나라의 동쪽 땅이며, 숙신·연·박은 우리나라 북쪽의 땅"이라고 하였다. 그 이름은 그 이후에도 《국어(國語)》 등에 보이며, 《사기》에는 '식신(息愼)·직신(稷愼)' 등으로 소개되었다. 서천왕(西川王, 270~292) 때 그 일부가 고구려에 복속되었으며, 광개토대왕 8년(398)에 고구려에 완전히 흡수되었다. 나중에 일어난 읍루·말갈은 숙신의 후예로 추정되기도 한다. 인터넷 〈국편위판〉에서는 숙신이 한대에는 '주신(朱申)', 당대에는 '철아적(徹兒赤)'으로 일컬어졌다고 소개했는데 잘못된 설명이다. 이 문제에 대한 음운학·어원학적 분석은 《수서》의 "숙신씨" 주석을 참조하기 바란다.

675) 동이 지역에서는 강한 나라이다[東夷中爲强國]: 《수서》〈물길전〉에는 이 부분이 '대막불만돌' 뒤에 소개되어 있다.

676) 대막불만돌(大莫弗瞞咄): 부락의 지도자를 일컫는 말갈어. 이것이 '족장(head)' 식의 일반적인 호칭인지 '각하(lord)' 식의 존칭인지는 알 길이 없다. 청대의 《흠정 만주원류고》〈부족5〉 "말갈"조에서는 이와 관련하여 주석을 붙여 "따져 보건대, 만주어에서는 우두머리를 '다'라고 한다. 노인을 '삭-다마파'라고 하는 것이 그것이다. '대막불' 3자는 '다마파'일 것이다. '만돌' 2자는 '만주'와 발음이 비슷하다"라고 하였다. 청대 학자들은 이를 '만주족 추장'이라는 뜻으로 인식했던 셈이다. 그래서 인터넷 〈국편위판〉 주197에서는 "大는 肅愼語의 Da로서 수령, 두목을 뜻한다. … 莫弗은 肅愼語 Mafa를 나타내고 瞞咄은 Mandu를 나타내는데, 모두 酋長을 의미하는 말이다. … 渤海의 姓인 大氏도 이와 關係가 있는 것"이라고 주장하였다. 그러나 ① '달'과 '막불'과 '만돌'을 모두 수장의 뜻으로 본 것은 착오가 아닌가 싶다. 또, ② '다'나 '마파'는 만주어이지 숙신어가 아니다. 생활습관

○ 所居多依山水。渠帥曰大莫弗瞞咄。

• 014

[그] 나라 남쪽에는 종태산677)이라는 산이 있는데, 중국678) 말로 '아주 웅장하다679)'는 뜻이다.

으로 볼 때, 말갈은 여진·만주족과 차이가 많아서 동일 계통으로 단정하기는 어렵다. 수·당대 말갈어에서도 그렇게 발음되고 그런 의미를 나타냈다고 단정하기 어렵다는 뜻이다. ③ '다'를 확실한 근거도 없이 발해국의 국성인 '대'까지 결부시킨 것 역시 지나친 논리적 비약이다.

677) 종태산(從太山): 중국 고대사에 등장하는 산. 선행 정사인《위서》와《수서》에는 '도태산(徒太山)'으로 소개되어 있다.《북사》편찬자들이 '무리 도(徒)'를 모양이 비슷한 '따를 종(從)'으로 잘못 읽거나 베끼면서 빚어진 착오이다. 그 위치의 경우, 인터넷〈국편위판〉주141에서는 "오늘날의 白頭山을 말한다"라고 보았다. 그러나 ① 정작 '도태산'을 처음 소개한《위서》와 그 직후의《수서》에서는 그 산이 백두산이라고 이야기한 적이 없다. ② 북위 시기(5~6세기)의 고구려 강역에도 주목해야 한다. 이 시기에 말갈은 광개토대왕과 장수왕의 최전성기를 구가하고 있던 고구려의 북계(北界)는 백두산보다 훨씬 북쪽 너머에까지 확장되어 있었다. 도태산이 지리적으로 백두산보다 훨씬 북쪽에 있어야 정상인 것이다. ③ 그 좌표는 압록강 인근이 아니라 적어도 현재 학계에서 통설로 여겨지는 장수왕 시기의 고구려 북계(흑룡강성 인근?)에서 구해야 옳다는 뜻이다. ④ 이런 단서들을 종합해 보면, 고구려의 북계가 지금의 압록강이 아닌 이상,《위서》나《수서》·《신당서》에 소개된 도태산이 백두산일 수 없다는 데에는 의심의 여지가 없는 셈이다.〈동북아판4〉주6(제172쪽)에서는 "5~6세기 勿吉의 중심지에 대한 검토를 통해, 吉林省과 黑龍江省의 경계에 위치해 있는 張廣纔嶺 중심의 大禿頂子山일 가능성이 높다고 보기도 한다(김락기, 2009)"는 주장을 소개하였다. 위의 단서들을 근거로 그 좌표를 지리적으로 따져 볼 때 도태산의 자리로는 이 산이 훨씬 설득력이 높다.

678) 중국[華]: 여기에는 '화(華)'로 되어 있으나 선행 정사로 이 대목을 먼저 소개한《위서》에는 '[북]위(魏)'로 나와 있다. "중국말로 '아주 웅장하다'는 뜻이다"는 곧 "위나라 말로는 '아주 웅장하다'는 뜻이다"와 같은 의미라는 뜻이다. 그렇다면 여기서의 '중국말'은 중국어(SVO형 언어)가 아니라 알타이계 [탁발]선비어(SOV형 언어) 또는 선비어와 중국어의 '혼합어(pidgin language)'였던 셈이다.

679) 아주 웅장하다[太皇]: 두 번째 글자의 경우, 판본에 따라 차이를 보이는데, 남감

《북사》의 '종태산'은 도태산을 잘못 베낀 것이다.

○ 國南有從太山者, 華言太皇。

• 015

[그 나라] 민간에서는 그 산을 무척 공경하고 두려워한다. [그래서] 사람들은 산 위에서 대소변을 볼 수가 없다. 그 산을 거쳐 갈 때에는 [대소변을] 도구로 담아 가곤 한다.

본·무영전본《북사》및《태평어람》등에는 '클 황(皇)', 급고각본·백납본《북사》에는 '흰 백(白)'으로 나와 있다. 그래서 인터넷〈국편위판〉과 중국의〈대역판〉(제1887쪽)은 후자를 좇아 각각 "魏나라 말로는 '大白'으로 부른다", "위나라 사람들은 그 산을 '대백산'이라고 부른다"로 번역한 반면에,〈동북아판2〉(제085쪽)에서는 전자를 좇아 "위나라 말로는 '태황'이다"라고 다르게 번역하였다. 문법적으로 따져 볼 때, '황'과 '백'은 각각 '크다'와 '희다'로 의미상으로 상관관계가 성립되지 않는다. 두 글자가 의미가 유사해서 서로 빌려 쓴 것이 아니라 둘 중 한쪽이 잘못된 경우라는 뜻이다. ① 문자학적 견지에서 본다면, '백(白)'은 '황(皇)'의 윗부분에 해당하므로 필사되는 과정에서 '皇 ⇒ 白'으로 잘못 기록되었을 개연성이 있다. 또, ② 판본의 성격에 주목한다면, 남감본·무영전본·《북사》·《태평어람》이 모두 역대 왕조에서 비교적 엄격하게 교열을 거친 '검인정' 판본인 반면, 급고각본·백납본은 민간에서 판각되어 오자·탈자가 상대적으로 많다. 그렇다면 ③ '황'이 맞고 '백'은 잘못 들어간 글자일 가능성이 높은 것이다. 한문에서 '대(大)'는 '크다(big)', '황(皇)'은 '크다(great)'라는 뜻으로, 둘 다 주로 형용사로 사용된다. 그러나 '대황'처럼 두 글자가 나란히 사용되었을 때에는 '대-'가 '황'의 앞에서 '큰' 정도가 '아주(very)' 크다는 식으로 어감을 강조하는 부사로 작동한다. '대황'을 '아주 크다'나 '몹시 웅장하다(very grand)' 식으로 새겨야 한다는 뜻이다.

[그] 산에는 곰680)·큰곰·표범·이리가 있는데 한결같이 사람을 해치지 않으며681), 사람들 또한 [그들을] 죽일 엄두를 내지 못한다.

○ 俗甚敬畏之, 人不得山上溲汙, 行經山者, 以物盛去。上有熊羆豹狼, 皆不害人, 人亦不敢殺。

• 016

[그 나라는] 지대가 낮고 습기가 많다.682)

[그래서] 흙을 둑처럼 쌓거나 움집에 사는데1531), 출입구를 틀 때에는 위쪽을 향하게 해서 사다리로 드나든다.683)

---

680) 곰[熊]: 《북사》보다 105년 앞선 《위서》에는 '범[虎]'으로 되어 있는데, 단순한 오기일 개연성이 높다.

681) 사람을 해치지 않으며[不害人]: 선행 정사 《위서》에는 정반대로 "사람을 해친다(害人)"라고 소개되어 있다. 어느 쪽이 옳은지는 확인할 길이 없다. 다만, 《위서》에서 대소변과 결부시켜 이 짐승들을 언급한 것을 보면 전자로 이해하는 편이 합리적이다. 짐승들이 인간이 남긴 냄새를 따라 와서 습격하는 것을 방지하기 위하여 대소변을 챙겨 간 것으로 해석하는 편이 논리적이기 때문이다.

682) 지대가 낮고 습기가 많다[地卑濕]: 이를 통하여 물길(말갈)의 거주지역이 기본적으로 해발 고도가 낮은 초원·평원지대임을 추정할 수 있다. 더욱이 "습기가 많다"라고 한 것을 보면 그 주변에 하천 또는 호수나 늪처럼 물기가 많은 저습지(低濕地)임을 짐작할 수 있다. 마찬가지로, 바로 뒤에서 "움집에서 산다"라고 한 것을 통하여 그 지역이 지질학적으로 퇴적된 토층이 두텁고 암석층이 드문 곳임을 확신할 수 있다.

683) 움집에 사는데[穴居]: 여기에는 '혈거(穴居)'로만 간단하게 기술되어 있으나 선행 정사인 《수서》에는 "착혈이거(鑿穴以居)", 즉 '움을 파서 산다'고 소개되어 있다. 여기서의 '움집'은 천연의 동굴이 아니라 인공으로 땅을 파서 움의 형태로 만든 집을 가리키는 셈이다. 실제로 《구당서》〈말갈전〉에서는 말갈의 주거환경을 "집 건물이 없이 모두 산과 물[의 형세]에 따라 땅을 파서 움을 만들고 나무를 위에 얽은 다음 흙으로 그 위를 덮는데 모양이 중국의 무덤 같다"라고 소개하였다.

볼로다르스키 지역 니즈니 노브고로드의 청동기시대 움집
(출입구가 위쪽)

○ 地卑濕, 築土如堤, 鑿穴以居, 開口向上, 以梯出入。

• 017

그 나라에는 소는 없지만 말은 있다.

수레는 [사람이] 밀고 다니며 [두 사람이] 서로 짝을 지어 밭을 간다.[684]

땅에서는 조·보리·검은 기장이 많이 나고 채소로는 아욱[685]이 있

---

684) 서로 짝을 지어 밭을 갈고[相與偶耕]: '우경(偶耕)'이란 두 사람이 짝을 이루어 한 사람이 소처럼 쟁기를 끌고 다른 한 사람이 밭을 가는 원시적인 농경법을 말한다. 인터넷 〈국편위판〉 주135에서는 말갈에 말을 농사에 사용하지 않은 이유를 "유목사회의 성격이 강하여 말을 사냥하는 데만 이용하였기 때문"이라고 보았다. 그러나 유럽지역에서는 중세 이전에도 말을 사용한 농경의 흔적들이 많이 관찰되는 것을 보면 다른 이유가 있을 수도 있다고 본다.

685) 아욱[葵]: 현대 중국어에서 '규(葵)'는 보통 '해바라기'라는 의미를 나타낸다. 그러나 해바라기는 잎이 억세고 두꺼워서 식재료로 적합하지 않으므로 그 씨만 채취해서 먹거나 기름을 짜는 것이 보통이다. 허신이 《설문해자》에서 "'규'는 채소이다(葵, 菜也)"라고 한 것을 보면 여기서의 '규'는 우리가 '아욱'이라고 부르는 '동규(冬葵)'로 보인다. 《수서》에는 아욱 관련 기사가 보이지 않는다.

《신당서》〈흑수말갈전〉은 이 대목에서 소금물이 나는 샘이 있어서 수증기가 나무에 엉긴다고 소개하였다.

○ 其國無牛, 有馬, 車則步推, 相與偶耕 土多粟麥穄, 菜則有葵。

• 018
수증기에는 소금기가 있어서 나무껍질 표면에 소금이 엉긴다.[686) 소

---

686) 수증기에는 소금기가 있어서 나무껍질 표면에 소금이 엉긴다[水氣鹹, 生鹽於木皮之上]: 〈동북아판4〉 주9에서는 "나무껍질에서 소금이 생긴다" 부분과 관련하여 "木鹽樹를 말한다. 이 樹種은 黑龍江과 吉林省 접경지대에 분포해 있는데, 여름철에 배출된 水液이 마르면 소금이 된다"라고 주장하였다. 그러나 여기서 소금기의 원인은 나무가 아니라 수증기이다. 나무 자체에서 소금 성분이 생성되는 것처럼 이해하는 것은 잘못이라는 뜻이다. 이와 관련하여 주목해야 할 것이 "염천이 있어서 그 증기가 뿌옇게 끼는데 소금기가 나무 표면에 엉긴다"라고 한《신당서》〈흑수말갈전〉의 기사이다. 그렇다면 전후 맥락을 따져 볼 때, 해염·암염 또는 토양 속의 소금 성분이 기화(氣化)한 수증기가 나무 표면에 착상되면서 소금기를 띠게 된 셈이다. 고대 말갈(물길)의 거주지가 지질적·환경적으로 소금기가 많은 지대가 형성되어 있었다는 뜻이다. 이에 관한 상세한 설명은 《수서》〈말갈전〉의 해당 주석을 참조하기 바란다.

금기가 있는 못도 있다.

○ 水氣鹹, 生鹽於木皮之上, 亦有鹽池。

• 019

그 나라의 가축으로는 돼지는 많지만 양은 없다.[687]

쌀을 씹어서 술을 만드는데[688] [그것을] 마시면 [살짝] 취하기도 한다.[689]

---

687) 돼지는 많지만 양은 없다[多豬無羊]: 이것이 사실이라면 고대의 물길(말갈)이 양을 방목하면서 떠돌아다니는 유목집단이 아니라 한 곳에 정착해 돼지 등 가축들을 치면서 농경·수렵 위주의 생활을 영위한 집단이었음을 짐작할 수 있다. 《수서》에는 "양은 없다(無羊)" 부분은 보이지 않는다.

688) 쌀을 씹어서 술을 만드는데[嚼米醞酒]: 쌀을 타액으로 발효시켜 빚었다면 일종의 막걸리였던 셈이다. 물길의 양조법과 가장 유사한 경우가 잉카제국(1200?~1532)의 신성한 술인 치차(chicha)이다. 치차는 제국 전역에서 쿠스코로 모인 젊은 여성들이 옥수수를 씹어 그 타액으로 발효시킨 술이었다(미야자키 마사카쓰,《술의 세계사》, 제80~81쪽) 재료에서 쌀과 옥수수로 차이를 보이기는 하지만, 재료를 씹어 타액의 효소로 발효시키는 양조 방식 자체는 완전히 일치하는 셈이다. 《이종기 교수의 술 이야기》(제22~23쪽)에 따르면, 농경사회에서 곡물을 씹어 술을 빚는 양조법은 지금도 아프리카나 남태평양 군도 등지에서도 관찰될 정도로 널리 이용된다. 인터넷 〈국편위판〉 주137에서는 혁철족(나나이 족)의 양조법을 소개한 능순성의 연구를 인용하였다. 그러나 그것은 포도주를 만들 때처럼 재료가 대량으로 확보되었을 때에나 해당되는 방법이다. 물길의 양조법과 동일시하는 데에는 무리가 있다는 뜻이다.

689) 마시면 취하기도 한다[飮之亦醉]: 인터넷 〈국편위판〉 주205에서는 "그 술이 毒하여 마시면 몹시 취하여 인사불성이 되었다고 한다.《松漠紀聞》에 의하면 '술에 취하면 깨어날 때까지 나무에 매달아 둔다'라고 하였는데, 이것으로 이 地方의 술이 毒하였음을 알 수 있다"라고 하였다. 그러나 그것은 원문을 잘못 이해한 데서 빚어진 잘못된 해석이다. ① 중국사에서 도수가 높은 소주 계통의 '희석주'가 등장하는 것은 송·금대(12~13세기?)부터이다.《송막기문》은 북송 사신 홍호(洪皓)가 금나라에 사행을 갔다가 겪은 경험을 기술한 책이다. ② 문법적으로 보더라도, '음지취(飮之醉)'는 '술을 마시면 취한다'이지만 '음지역취(飮之亦醉)'는 부사 '또 역(亦)'이 들어가면서 '술을 마시면 취하기도 한다' 식으로 예외적인 상황을 상정한다. ③ 금나라 사람이 마신 술은 말갈의 발효주(막걸리)와는 달리 도수가 아주

○ 其畜多猪, 無羊。嚼米爲酒, 飮之亦醉。

• 020

혼인을 하거나 출가할 경우690), 부녀자들은 베로 만든 치마를 입는다. 남자는 돼지가죽으로 만든 갓옷을 입고 머리에는 용맹스러운 표범의 꼬리를 꽂는다.

○ 婚嫁, 婦人服布裙。男子衣猪皮裘, 頭揷武豹尾。

• 021

습속에는 오줌으로 손과 얼굴을 씻는 등691), [동쪽] 오랑캐들 중에서 가장 불결하다.692)

높은 희석주(소주)였다는 뜻이다.

690) 혼인을 하거나 출가할 경우[婚嫁]: 이 대목의 경우, 《위서》에는 '혼인을 하거나 출가할 때'라는 전제가 붙지 않았다. 그런데 《북사》에서는 이 전제를 붙임으로써 혼인을 전후하여 남녀가 이 같은 옷차림을 한 것으로 소개해 놓았다. 《위서》가 연대상으로 105년 먼저 편찬되었다는 점을 감안한다면 《위서》의 소개가 실제에 가깝다고 보아야 옳다.

691) 습속에는 오줌으로 손과 얼굴을 씻는 등[俗以溺洗手面]: 이와 관련하여 인터넷 〈국편위판〉 주206와 〈동북아판4〉 주11(제172쪽)에서는 "3~4世紀 挹婁에서 4~6세기의 勿吉·靺鞨, 그리고 7~8세기 黑水靺鞨에 이르기까지 東部地域에 살던 여러 民族은 人尿를 使用하는 傳統的 습관을 가지고 있었다"라고 단정하였다. 그러나 그것은 지나친 일반화의 오류이다. 중국의 역대 정사들 중에서 오줌으로 손과 얼굴을 씻는 습속을 최초로 소개한 것은 6세기(554)의 《위서》〈물길국전〉이다. 반면에, 그보다 200년 더 앞선 3~4세기 읍루 습속의 경우, 《삼국지》와 《후한서》의 〈읍루전〉에서는 "뒷간을 집 한가운데에 만들어 놓고 사람들은 그 바깥쪽에서 둥그렇게 모여서 산다"는 정도만 소개해 놓았을 뿐이다. 소변으로 몸을 씻는다는 언급은 어디에도 없다는 뜻이다.

692) 오랑캐들 중에서 가장 불결하다[於諸夷最爲不潔]: 이 부분은 말갈(물길) 등 북방 민족들의 생활 습속을 제대로 알지 못하는 중원 왕조의 종족적 편견의 일면을 보

○ 俗以溺洗手面, 於諸夷最爲不潔。

• 022

혼례를 치르는 첫날밤에 남자는 여자 집에 가서 여자의 유방을 잡았다 놓는다.[693)]

질투하여 그[들의] 아내는 외간 남자와 간통을 저지르는데[694)] 남이 그 남편에게 알려 줄 경우, 남편은 어김없이 아내를 죽이지만 나중에는 뉘우치고 반드시 그 알려 준 자를 죽인다.[695)] 그렇다 보니 간음하는 일은 끝까지 드러나지 않는다.

여 준다. 그러나 오히려 이로써 우회적으로 그들이 물을 구하기 어려운 환경에 노출되어 있었음을 눈치챌 수 있다.

693) 여자의 유방을 잡았다 놓는다[執女乳而罷]: 이 대목의 경우, 《위서》〈물길국전〉을 축약하면서 그 뒤의 "그러면 곧바로 정혼한 것으로 간주되어 그 길로 부부가 된다(便以爲定, 仍爲夫婦)" 부분은 생략하였다. 인터넷 〈국편위판〉에서는 "남자가 여자의 집으로 가서 여자의 유방을 만져 보는 것으로 끝낸다"라고 번역하면서 〈국편위판〉 주138에서는 이것을 "多産할 수 있는지를 살펴보는 것"이라고 보았다. 그러나 《위서》〈물길국전〉에서도 설명한 것처럼, '執女乳而罷'는 유방을 잡았다 놓는 것을 말하는 것뿐이다. 그런 행위만으로 다산 여부를 확인할 수도 없고 쌍방이 오래 대면했다는 근거도 없다. 단순히 형식적인 신체 접촉을 통하여 청혼하는 일종의 구애행위 정도로 이해해야 옳다는 뜻이다.

694) 질투하여 그 아내는 외간 남자와 간통을 저지르는데[妬, 其妻外淫]: 이 부분의 경우, 의미는 통하지만 문법적으로는 부자연스럽다. 《수서》에는 "그 나라의 풍속은 음탕하고 투기가 많다. 그 아내는 외간 남자와 간통을 저지르는데~(其俗淫而妬, 其妻外淫)"라고 소개되어 있다. 《북사》 편찬과정에서 《수서》 기사를 필사하던 편찬자가 표현을 바꾸다가 이도 저도 아닌 이상한 상태로 소개된 것이 아닌가 싶다.

695) 반드시 그 알려 준 자를 죽인다[必殺告者]: 이 풍속은 선행 정사들에는 전혀 보이지 않았던 사회현상으로, 《수서》에서 갑자기 튀어나왔으며 나중에 《통지》·《문헌통고》에까지 전재되었다. 따라서 7세기 수나라 당시의 물길(말갈)에서 새로 확인된 사회현상인지 《수서》 편찬자들이 편찬과정에서 잘못 소개한 것인지 알 수가 없다. 이 현상을 물길(말갈)의 전통적인 관습으로 단정하는 데에는 신중할 필요가 있다는 뜻이다.

○ 初婚之夕, 男就女家, 執女乳而罷。妬, 其妻外淫, 人有告其夫, 夫輒殺妻而後悔, 必殺告者。由是, 姦淫事終不發。

•023

[그 나라] 사람들은 한결같이 활을 잘 쏘아서 활로 사냥하는 것을 생업으로 삼는다. [쇠]뿔로 만든 활[696]은 길이가 석 자이고 화살은 길이가 한 자 두 치이다.[697]

[물길에서는] 어김없이 칠팔월이면 독약을 만들어 살촉에 바르는데[698] 새

---

696) 뿔로 만든 활[角弓]: '각궁(角弓)'은 나무로 된 활대 안쪽에 짐승 뿔을 덧대어 활의 강도와 사거리를 높인 일종의 합성궁(composite bow)을 말한다. 선행 정사인 《진서(晉書)》의 〈숙신씨전〉에는 '단궁(檀弓)'으로 소개되어 있는 것을 보면, 시간이 지나면서 '목궁 ⇒ 각궁(합성궁)'으로 진화한 것이 아닌가 싶다. 인터넷 〈국편위판〉 주208에서는 "靺鞨人들은 짐승의 뿔을 녹여서 활을 만든 것 같다"라고 설명하였다. 뿔은 녹는 물질이 아니므로 아교를 뿔과 혼동한 것이 아닌가 싶다.

697) 활은 길이가 석 자이고 화살은 길이가 한 자 두 치이다[角弓長三尺, 箭長尺有二寸]: 말갈(물길)의 활과 화살의 크기의 경우, 《진서》〈숙신씨전〉에서는 "석 자 다섯 치인 활과 한 자 몇 치의 호시"라고 했으며, 《위서》〈물길국전〉에서는 "활이 석 자, 화살은 한 자 두 치"라고 소개하였다. "3자"는 북위·수·당대는 평균 92~93cm 정도, "1자 2치"라면 평균 37cm 정도였다. 활은 93cm, 화살은 37cm 정도였다는 뜻이다. 〈위키백과〉에 따르면, 국궁(國弓)의 경우, 활이 116cm~130cm, 화살은 살촉부터 오늬까지가 80.30cm 정도이다. 국궁과 비교할 때, 말갈의 활·화살은 크기가 절반밖에 되지 않는 것이다. 통상적으로 크기가 93cm인 활은 시위를 당겼을 때 그 사이가 1m 정도까지 벌어진다. 37cm짜리 화살은 시위에 잴 수조차 없다는 뜻이다. 이런 점들을 종합해 볼 때, 말갈(물길)의 활은 눕혀서 쏘는 쇠뇌, 즉 노궁이었을 가능성이 높다.

698) 독약을 만들어 살촉에 바르는데[造毒藥傅箭鏃]: 중국 정사에서 독화살은 숙신·읍루·물길과 함께 거론되는 무기이다. 인류사에서 독화살은 이미 석기시대부터 세계적으로 널리 사용되었다. 그러나 사용하는 독의 종류는 지역마다 달라서, 시베리아에서는 투구꽃(오두), 동남아에서는 이포, 아프리카에서는 협죽도, 남미에서는 쿠라레의 독을 썼다. 이 중에서 투구꽃은 만주·연해주·시베리아 등 북반부의 온대지역에 주로 분포한다. 실제로 사람이나 동물이 이 독을 먹거나 맞으면 심

가죽옷에 눈가리개를 한 이누잇(에스키모) 원주민. 읍루는 음운상 이누잇과 대응된다 (Pinterest 사진)

나 짐승을 쏘아서 맞히면 즉사한다. [그] 독약을 끓이면 [달여서 나오는 그 독한] 기운 역시 사람을 죽일 수가 있다.

○ 人皆善射, 以射獵爲業。角弓長三尺, 箭長尺二寸, 常以七八月造毒藥, 傅矢以射禽獸, 中者立死。煑毒藥氣亦能殺人。

정지로 몇 시간 내에 죽게 된다. 민족지(民族誌) 학자들의 보고에 따르면, 홋카이도의 아이누는 그 뿌리와 줄기에서 추출한 독을 발라 사슴과 불곰을 잡았으며, 알래스카의 에스키모 역시 투구꽃 독화살을 사용한 사실이 보고되기도 하였다. 중국을 제외한다면 독화살에 투구꽃 즙을 발라 사용한 사례가 근현대까지도 시베리아·동북아에서 알래스카까지 두루 관찰되었던 셈이다.

- **024**

그 나라에서는 부모가 봄이나 여름에 죽으면 즉시 시신을 묻고[699] 무덤 위로는 집 건물을 지어 [무덤이] 비에 젖는 일이 없게 한다.[700]

○ 其父母春夏死, 立埋之, 冢上作屋, 令不雨濕。

- **025**

만약 [부모가] 가을이나 겨울에 죽으면 그 시신으로 담비를 사로잡는다. 담비는 그 살을 뜯어 먹다가 잡히는 경우가 많다.

○ 若秋冬死, 以其尸捕貂, 貂食其肉, 多得之。

---

699) 부모가 봄이나 여름에 죽으면 즉시 시신을 묻고[其父母春夏死, 立埋之]: 인터넷 〈국편위판〉에서는 이 부분을 "父母가 봄이나 여름에 죽으면 세워서 埋葬하고"라고 번역했는데 중대한 오역이다. 시신을 세워서 묻는다는 것은 곧 땅을 수직으로 2m 이상 파서 묻었다는 소리이다. 설사 가능하더라도 오랜 시간이 소요되는 고난이도의 작업이었을 것이다. 세워서 매장하는 것은 과학기술이 발달하지 않은 고대사회에서 그것은 현실적·기술적으로 불가능하다는 뜻이다. 고대 한문에서 '설 립(立)'은 '세우다(set up)'뿐만 아니라 '[지체 없이] 당장·즉시(immediately)'라는 뜻을 나타내기도 하였다. ① 중국의 한문 문법서인 《조자변략(助字辨略)》에 따르면, "'립'은 '바로'라는 뜻으로, '즉시'와 같은 말이다. 《사기》〈유후열전〉의 '그리하여 여택은 당장 밤중에 여후를 알현하였다.' … 환담(BC23~AD56)《신론》의 '유자준이 내 말을 듣더니 바로 좋다고 하는 것이었다'(立, 卽也, 猶云卽時也. 史記留侯世家, 於是呂澤立夜見呂后, … 桓譚新論, 劉子駿聞吾言, 乃立稱善焉)"라고 한 것이 그 증거이다. 이 점은 ② 인터넷 〈국편위판〉에서 《수서》〈말갈전〉의 "中者立死"를 "명중되면 즉사한다"라고 번역한 것만 보아도 쉽게 확인할 수 있다.

700) 무덤 위로는 집 건물을 지어 비에 젖는 일이 없도록 한다[冢上作屋, 不令雨濕]: 인터넷 〈국편위판〉에서는 이 부분을 "무덤 위에 지붕을 지어 비나 습기가 차지 않도록 한다"라고 번역하였다. 그러나 고대 사회에서는 비석이 비에 젖지 않게 하기 위하여 일반적으로 비각(碑閣)을 추가로 세우곤 하였다. 이 경우 역시 부모의 무덤이 비에 젖거나 상하지 않도록 가건물을 세운 것으로 이해하는 편이 좋겠다.

담비와 한대 마왕퇴 백서(帛書)의 '담비 초(貂)'

• 026

[북위 효문제의] 연흥 연간701)에 [북위에] 을력지702)를 파견하여 [중국에] 입조하고 공물을 바쳤다.

[효문제] 태화703) 연간 초기에 또다시 말 오백 필을 [공물로] 바쳤다.

701) 연흥 연간[延興中]: '연흥'은 북위의 효문제 원굉(元宏, 탁발굉)이 471~476년까지 6년 동안 사용한 연호로, 고구려 기년으로는 장수왕 59~63년에 해당한다. 인터넷 〈국편위판〉 주142에서는 《책부원구》《외신부(外臣部)》 "조공(朝貢)"조에서 "연흥 5년 10월에 … 물길국에서 사신을 보내 입조하고 공물을 바쳤다(延興五年 十月 … 勿吉國遣使朝獻)"라고 한 것을 근거로 을력지의 조공이 연흥 5년(475)에 이루어졌다고 보았다. 《위서》에는 '연흥' 앞에 '지난해'를 뜻하는 '갈 거(去)'자가 들어 있다.

702) 을력지(乙力支): 물길의 사신. 인터넷 〈국편위판〉 주144와 〈동북아판2〉 주24에서는 "물길국에 을력씨가 있었다(勿吉國有乙力氏)"라고 한 북송대 연혁서 《태평환우기(太平寰宇記)》의 기사를 근거로 "乙力이 姓이고 支가 이름"일 것으로 보고 "乙力支는 바로 乙力의 姓을 가진 氏族 또는 邑落의 首長이었을 것"으로 추정하였다. '씨(氏)'가 '지(支)'를 잘못 적은 것으로도 해석할 수 있는 셈이다. 다만, 뒤에 나오는 '후니지(侯尼支)'도 그렇지만, 중국의 역대 정사 기록들에서 삼한·고구려·신라 등, 동이계 국가들에서 '지탱할 지'가 '-지' 식으로 명사 맨 끝에 접미사로 사용되어 관직명을 나타내는 경우가 많다는 점에 유념할 필요가 있다. 특정 인물의 이름이라기보다 관직명일 개연성도 있다는 뜻이다.

703) 태화(太和): 북위의 효문제가 477~499년까지 23년 동안 사용한 세 번째 연호. 이 기간 동안 효문제는 조모 풍태후(馮太后)의 지지에 힘입어 대대적인 개혁을 단행하는데, 중국사에서는 이를 '태화 개제(太和新制)'라고 부른다. "태화 15년"

○ 延興中, 遣乙力支朝獻。太和初, 又貢馬五百匹。

• 027

[이에] 을력지가 [이렇게] 주장하였다.704)

"처음에 그 나라를 출발했을 때에는 배를 타고 난하705)를 거슬러 서쪽으로 올라가다가706) 태려하707)에 이르러 배를 물속에 가라앉혔다. [그

은 서기 491년으로, 고구려 기년으로는 장수왕 79년에 해당한다.

704) 주장하였다[稱]: '칭'은 일반적으로 '일컫다(call)'로 번역한다. 이와 함께, 고대 한문에서는 객관적으로 확인되지 않은 사실을 일방적으로 주장하는 것(insist)을 뜻하기도 한다. 을력지 주장의 진실 여부가 검증되지 않았다는 뜻이다.

705) 난하(難河): 물길의 하천 이름. 국내외 학계에서는 주로 지금의 눈강(嫩江) 및 동쪽의 송화강(松花江)으로 보고 있다. 특히, 화룡을 지금의 조양시(朝陽市)로 비정하는 중국에서는 조양시에서 강을 따라 서쪽으로 가면 조아하로 들어가는 하천은 송화강과 눈강밖에 없다는 점에 주목하여 ① "泝難河西上, 至太沵河"를 동쪽으로 흐르는 송화강을 거슬러 올라가 지금의 눈강 하류를 거쳐 조아하로 들어간 것이라고 보았다. 또, 《위서》〈오락후전(烏洛侯傳)〉에서 "그 나라 서북쪽에 완수가 있는데 동북쪽으로 흘러 난수에 합쳐진다(其國西北有完水, 東北流, 合于難水)"라고 한 데 대하여 ② 완수는 지금의 액이고납하(額爾古納河) 및 흑룡강이며, 흑룡강에 합쳐지는 난수 역시 동쪽으로 흐르는 송화강이어야 옳다고 주장한다. 그러나 ③ 화룡이라는 첫 단추가 처음부터 잘못 끼워졌기 때문에 난하와 을력지의 여정에 대한 전면적인 재검토가 요구된다.

706) 배를 타고 난하를 거슬러 서쪽으로 올라가다가[乘船泝難河西上]~: 을력지의 주장에 따르면 ① 물길을 출발해 배로 난하를 거슬러 서쪽으로 올라가서 ② 태려하까지 와서 배를 물속에 가라 앉히고, ③ 육로로 남하하다가 낙고수를 건너 거란의 서쪽 지경을 따라 화룡을 거쳐 낙양 방면으로 이동한 셈이다. … 인터넷〈국편위판〉에서는 "西喇木倫 유역을 점거하고 있던 契丹과, 松花江 일대의 勿吉·高句麗 등이 모두 和龍을 통하여 중국에 入朝했다"면서 북위시기 화룡을 조양시로 비정하였다. 그러나 화룡의 좌표를 조양시에서 찾을 수는 있겠지만 그 지점을 거란·고구려·물길이 모두 중국에 입조하는 데에 사용한 통로로 보기에는 무리가 따른다. 그 위치가 다소 동떨어져 있다는 뜻이다.

707) 태려하(太沵河): 물길의 하천 이름. 《신당서》에는 '타루하(它漏河·他漏河)' 식으로 다른 이름으로 소개되었으나 음운상으로는 서로 대응된다. 담기양 등 중국 학

러고 나서] 남쪽으로 육로를 걸어서 락고수708)를 건넌 다음 거란의 서쪽 지경을 따라 화룡까지 갔다. 709)"

계에서는 조아하의 위치가 태려하와 일치하며, '조아'의 고대음이 '태려'와 비슷하다는 점(?)을 들어 태려하를 "지금의 조아하(今洮兒河)"로 비정하였다. 그러나 그 언어분석에는 문제가 많다. ① '조(洮)'는 '타우(tʼau)', '아(兒)'는 '녜(nǐe)'인 반면 '태(太)'는 '탓(tʼat)', '려(涖)'는 '례ㅣ(lʼei)'이다. 고대음이 각각 '타우녜'와 '탓례ㅣ' 정도로 재구되는 셈이다. ② 그렇다면 '조아하'와 '태려하'가 비슷하다는 중국 측 주장은 설득력이 없는 셈이다. 무엇보다도 ③ '조아하'라는 이름 자체가 200년도 넘지 않는 청대 후기 사서인 《청사고(淸史稿)》에 와서야 등장하기 시작한다. 5~6세기의 태려하와 19세기 이래의 조아하 사이에서 양자가 같은 하천임을 뒷받침해 줄 만한 역사적·언어적·논리적 중간고리는 어디에도 존재하지 않는다는 뜻이다.

708) 락고수(洛孤水): 중국 북방의 하천 이름. 곽석량에 따르면, '락고(洛孤)'는 대체로 '락까(lɑk-kɑ)' 정도로 재구된다. 여락환수(如洛環水)·락환수(洛環水)로 불리기도 하며, 중국에서는 지금의 샤르모른(Шар мөрн, 시라무렌) 강인 것으로 보았다. 예전에는 '락환'과 '로합(老哈)'이 발음상 부합되며 '락고'는 와전된 발음으로, 일반적으로 지금의 샤르모른 남쪽의 하천인 노합하(老哈河) 또는 그 지류인 영금하(英金河)라는 것이다.

709) 거란의 서쪽 지경을 따라 화룡까지 갔다[從契丹西界達和龍]: 이는 화룡의 정확한 좌표는 거란의 서남쪽에서 찾아야 한다는 뜻으로 해석된다. 국내외 학계에서는 화룡을 요녕성 조양시로 비정하는 것이 통설이다. 인터넷 〈국편위판〉 주174에서는 "和龍은 오늘날 遼東지방에 있는 朝陽縣을 말하는데, 당시에는 契丹과 女眞으로 들어가는 東北 邊境의 요충지였다. 왜냐하면 시라무렌(西喇木倫) 유역을 점거하고 있던 契丹과, 松花江 일대의 勿吉·高句麗 등이 모두 和龍을 통하여 중국에 入朝하였기 때문이다"라고 하였다. 학계에서는 그러면서 '조양시가 수·당대의 영주(營州)'라고 주장한다. 그러나 이 대목의 존재 하나만으로도 기존의 화룡조양설은 저절로 무너진다. 지도를 펴 놓고 보면, 고대사에 등장하는 화룡은 병목처럼 그 길 말고는 전진하거나 후퇴할 여지가 없는 교통의 요충지이다. 반면에 현실의 조양시는 사방이 개방되어 있는 곳이다. 지리적으로 이미 교통·군사적인 거점으로 보기 어려운 곳인 것이다. 그런데 거란의 서쪽에서 남하했다면 중원이 위도상으로 거란의 남쪽에 있으므로 당시에 화룡(중국)은 자연히 지리적으로 그 서남쪽에 있었다는 뜻이 된다. 만약 기존의 통설대로 화룡을 조양시로 비정하면 거란은 그 북쪽에 있었다는 이야기가 된다. 거란의 좌표가 너무 북쪽에 치우치게 된다는 뜻이다. 따라서 화룡의 좌표는 조양시보다 더 서남쪽에서 구해야 옳다. 실제로 《위서》〈거란전(契丹傳)〉에서는 거란의 연혁을 소개하면서 "거란의 나라는 … 부

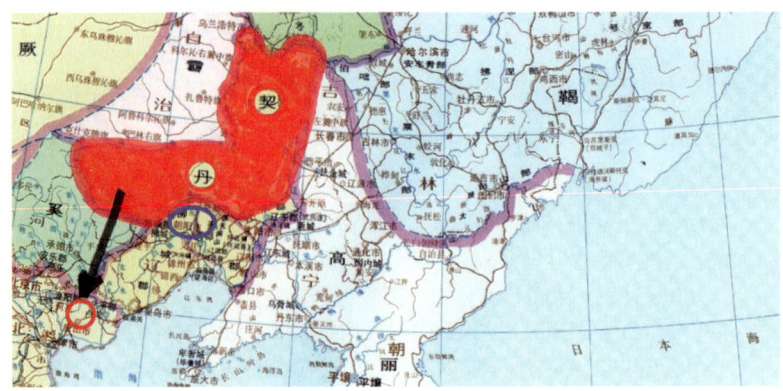

중국 역사지리학자 담기양이 그린 수나라 때의 거란 위치(빨간 표시). 중국 학계의 이 지도를 토대로 할 때 '거란 서계를 따라 화룡에 도착했다'면 화룡은 정확하게 화북지역일 수밖에 없다.

○ 乙力支稱, 初發其國, 乘船溯難河西上, 至太洂河, 沈船於水。南出陸行, 度洛孤水, 從契丹西界達和龍。

• 028

[을력지는 그러면서 또] 스스로 주장하였다.

"그 나라에서710) 먼저 고려의 부락 열 군데를 격파하고1559) 은밀히

락들이 있는데 화룡 북쪽으로 몇 백 리 떨어진 지점에 있는데 대부분 약탈과 도둑질을 일삼는다. … [그들은] 한결같이 화룡·밀운 일대에서 교역을 벌이는데 공물을 바치는 행렬이 끊이지 않는다(契丹國 … 有部落, 于和龍之北數百里, 多爲寇盜。… 皆得交市于和龍密雲之間, 貢獻不絕)"라고 하였다. 화룡이 거란의 본거지로부터 수백 리나 남쪽에 떨어져 있는 것으로 소개하고 있는 것이다. 화룡으로 와서 교역을 벌였다는 것 역시 밀운(密雲)과 함께 중원 경내의 도시였음을 시사해 준다.

710) 그 나라에서[其國]: 물길을 말한다. 뒤이어 언급되는 '대국(大國)'은 물론 을력지가 찾아 온 북위를 말한다. 백제와 함께 수로를 통하여 힘을 합쳐 고구려를 취한다고 한 대목은 물길과 백제의 지리적 위치를 가늠하는 데에 중요한 단서를 제공한다.

백제와 함께 수로를 통하여 힘을 합쳐 고려를 취할 생각으로 을력지를 대국에 사신으로 보낸 것이니 그 일이 가능할지 상의해 보고자 합니다."

○ 自云, 其國先破高句麗十落, 密共百濟謀, 從水道幷力取高麗, 遣乙力支奉使大國, 謀其可否。

• 029
[그래서 효문제가 이렇게] 조칙을 내렸다.

"세 나라는 모두가 [우리나라] 변방을 지키는 신하들이니, 서로 화목하고 공손하게 지내야 옳은바, 서로 침입하지 말라."

을력지가 그래서 [본국으로] 귀환하였다. [당시 그는] 그가 왔던 길을 따라 당초의 배를 찾아내서 [그것을] 타고 그 나라까지 [돌아]갔다.712)

○ 詔敕, 三國同是藩附, 宜共和順, 勿相侵擾。乙力支乃還。從其來道,

---

711) 먼저 고려의 부락 열 군데를 격파하고[先破高句麗十落]: 물길은 지리적으로 고구려 북쪽에 있었다. 여기서의 "고려의 부락 열 군데"는 고구려 북쪽 지경의 부락들이었을 가능성이 높다는 뜻이다.

712) 당초의 배를 찾아내서 타고 그 나라까지 갔다[取得本船, 汎達其國]: 을력지의 진술을 통하여 물길 사신들이 배를 숨긴 장소가 ① 물의 흐름이 멈추어져 있는 연못·습지이거나 ② 물이 흐르더라도 유속(流速)이 완만한 저지대의 하천이었을 가능성이 높다. ③ 유속이 빠른 대형 하천이나 황토물이 흐르는 하천은 아니었을 가능성이 높다는 뜻이다. 인터넷 〈국편위판〉 주146에서는 중국 학자 능순성의 연구를 길게 인용하고 물길 사신들이 사용한 배가 혁철족(赫哲族, 나나이)이 자작나무 껍질로 만든 '화피선(樺皮船)'이었을 것으로 추정하였다. 1인용 카누(canoe)나 카약(kayak)의 일종인 화피선은 혁철족뿐만 아니라 만주족·에벵크·오로촌 등 북방의 만주-퉁구스계 소수민족들이 도강·사냥·낚시·수송의 목적으로 널리 사용한다. 그 이름은 종족마다 달라서 만주족은 '위호(威乎, 워이후)', 에벵크족은 '가오(佳烏, 쟈우)', 혁철족은 '오말일침(烏末日沉, 우뭐르천)', 오로촌족은 '오모로흠(奧姆魯欽, 오무루친)' 등으로 부른다.

중국 산서성 대동시 교외 사령촌에서 발견된 평성시기 북위 고분의 《복희여와도(伏羲女媧圖)》(산서청년보 사진)

取得本船, 汎達其國.

• 030

[효문제의 태화] 9년⁷¹³⁾에 [물길에서] 또다시 사신 후니지⁷¹⁴⁾를 파견해 입조

---

713) 9년(九年): 북위 표문제의 태화 9년을 말한다. 서기 485년이며, 고구려 장수왕 73년, 백제 동성왕과 신라 소지왕의 7년에 해당한다.

714) 후니지(侯尼支): 물길국의 사신. '후니지'가 이름이 아닌 관직명일 가능성에도 주의를 기울일 필요가 있다. ① 고구려·신라 등 동이계 국가들에서 관직명에 명사성 접미사 '-지(支)'를 사용한 사례가 많다는 점, ② 발음이 이와 비슷한 몽골어 '호니치(хоньч)' 또는 '호니칭(хоньчин)'의 뜻이 '양을 치는 사람'이라는 점, ③ 그래서 '목양 관련 업무를 담당한 관리'라는 해석이 가능하다는 점 등이 그 증거이다.

하고 공물을 바쳤다. 이듬해에 다시 [중국으로] 들어와 공물을 바쳤다

○ 九年, 復遣使侯尼支朝。明年, 復入貢。

• 031

그 나라 근방에는715) 대막로국716) · 복종국717) · 막다회국718) · 고루국719) · 소화국720) · 구불복국721) · 필려이국722) · 발대하국723) · 욱우릉

---

715) 그 나라 근방에는[其傍]: 이 뒤의 나라들은 거란계 읍락국가들로 보인다. 빠이뚜의 소개에 따르면, 중국 동진(東晉)의 건원(建元) 2년(344)으로부터 수·당대 초기(618 전후)까지 존재한 거란의 '초기 8개 부락[古八部]'으로는 실만단부(悉万丹部) · 하대하부(何大何部) · 복불욱부(伏弗郁部) · 우릉부(羽陵部) · 일련부(日連部) · 필혈부(匹絜部) · 려부(黎部) · 토륙우부(吐六于部)가 있었다. 그런데 여기에 소개된 '구불복국'이 복불욱부, '필려이국'이 필혈부, '발대하국'이 하대하부, '욱우릉국'이 우릉부와 서로 대응된다. 〈물길전〉에서 물길 부락들이 '서북쪽으로는 거란과 경계를 접하고 있다고' 소개한 점을 감안할 때 이 나라들이 물길 서북쪽 변경에 자리 잡고 있었다는 추론이 가능해진다.

716) 대막로국(大莫盧國): 남북조시대에 물길 인근에 있었던 나라. 곽석량에 따르면, '대막로'는 고대음이 '닷막라(dat-mɑk-lɑ)' 정도로 재구된다. 학계에서는 '대막로'가 '두막루(豆莫婁)'로 음운상으로 대응되는 것으로 보아 '두막루'의 다른 이름으로 추정하기도 한다. 그러나 ① '막로'와 '막루'는 서로 대응되지만 ② 첫 글자 '대'와 '두'는 초성(ㄷ-)만 대응될 뿐 중성(-ㅐ ⇔ -ㅜ)은 서로 달라 대응되지 않는다. 또, 인터넷〈국편위판〉주147에서는 "大莫盧國과 豆莫盧國의 '모로' · '모루'는 모두 '물'을 의미하는 '무루(mur)'"라고 추정하였다. 두 나라를 친연성을 가진 나라로 인식하고 내린 해석일 것이다. 그러나 ③ '모로'와 '모루'가 동일한 의미를 나타내는 같은 이름이라는 증거가 없을 뿐만 아니라, ④ 그렇게 재구한 '무루'가 '물(water)'을 뜻한다는 증거도 없다.

717) 복종국(覆鍾國): 곽석량에 따르면, '복종'의 고대음은 '퓨종(pʼəuk-ĩwoŋ)' 정도로 재구된다.

718) 막다회국(莫多回國): 곽석량에 따르면, '막다회'의 고대음은 '막따궈이(mɑk-tɑ-ɤuəi)' 식으로 재구된다.

719) 고루국(庫婁國): 곽석량에 따르면, '고루'의 고대음은 '카로(kʼɑ-lo)' 정도로 재구된다. 인터넷〈국편위판〉주148에서는 '고루'를 만주어에서 "城을 의미하는 '구루(guru)'에서 나온 말"로 보았다. 그러나 현재는 물론이고 수백 년 전의 만주어에

국724)·고복진국725)·로루국726)·우진후국727)이 있는데, 그때를 전후하여 저마다 사신을 파견해 입조하고 공물을 바쳤다.

○ 其傍有大莫盧國覆鍾國莫多回國庫婁國素和國具弗伏國匹黎尒國拔大何國郁羽陵國庫伏眞國魯婁國羽眞侯國, 前後各遣使朝獻.

서도 '나라·성'을 뜻하는 단어들 중에 '구루(guru)'는 존재하지 않는다. 해당 의미를 나타내는 정확한 만주어는 '구룬(gurun)'이며, '구루'는 이방인인 고대 중국인들이 '구룬'을 자의적으로 한자로 표기한 것일 뿐이다. '고루'는 재구된 고대음이 '카로'로, '나라·성'을 뜻하는 만주어 '구룬'과는 음운상으로 초성·중성·종성 모두 대응되지 않는다는 뜻이다.

720) 소화국(素和國): 곽석량에 따르면, '소화'는 '사과(sɑ-ɣuɑ)' 정도로 재구된다.

721) 구불복국(具弗伏國): 곽석량에 따르면, '구불복'은 고대음이 '교뼛붝(gǐwo-pǐwət-bǐwək)' 정도로 재구된다. 만약 종성 '-ㅅ/-ㄱ'이 약화/탈락되면 '교뼈붜' 식으로 읽힌다.

722) 필려이국(匹黎尒國): 곽석량에 따르면, '필려이'는 '펫례ㅣ녜ㅣ(pʼǐĕt-liei-ŋǐei)' 정도로 재구된다.

723) 발대하국(拔大何國): 곽석량에 따르면, '발대하'의 고대음은 '봣닷가(boat-dat-ɣa)' 정도로 재구된다. 만약 종성 '-ㅅ'이 약화/탈락되면 '봐다하' 식으로 읽힌다.

724) 욱우릉국(郁羽陵國): 곽석량에 따르면, '욱우릉'은 '워과령(ǐwə-ɣǐwa-lǐəŋ)' 정도로 재구된다. 인터넷 〈국편위판〉 주148에서는 "'우릉'도 큰 강을 의미하는 '우라(Ula)'에서 나온 말"이라고 주장하였다. 그러나 앞서 본 것처럼, '우릉'은 '유령' 정도로 재구되는 반면 '하천'을 뜻하는 만주어는 발음이 '울라(ula)'이다. ① '울라'와 '유령'은 음운학적으로 초성(ㅇ-)만 대응될 뿐 중성과 종성은 전혀 대응되지 않는다. ② 두 단어가 서로 별개의 어휘로 어원학적으로도 '하천, 물'이라는 공통분모를 공유한다고 보기 어렵다는 뜻이다.

725) 고복진국(庫伏眞國): 곽석량에 따르면, '고복진'의 고대음은 '카붹뗀(kʼɑ-bǐwək-tǐĕn)' 정도로 재구된다. 만약 종성 '-ㄱ'이 약화/탈락되면 '카붜뗀' 또는 '캅뗀' 식으로 읽힌다.

726) 로루국(魯婁國): 곽석량에 따르면, '로루'는 '라로(lɑ-lo)' 정도로 재구된다.

727) 우진후국(羽眞侯國): 곽석량에 따르면, '우진후'는 '과뗀호(ɣǐwɑ-tǐĕn-xo)' 정도로 재구된다.

중국 산서성 대동시에서 발견된 평성시기 북위 고분의 내부(팽배신문 사진)

• 032

태화 12년[728)]에 물길은 다시 사신을 파견해서 [북위의] 도읍에 호시와 특산물을 바쳤다.

[태화] 17년에 다시 파비 등 오백 명 넘는 사신들을 파견해 입조하고 공물을 바쳤다.

○ 太和十二年, 勿吉復遣使貢楛矢方物於京師。又遣使人婆非等五百餘人朝貢。

---

728) 태화 12년(太和十二年): 서기 488년이며, 고구려 기년으로는 장수왕 76년에 해당한다. "태화 17년"은 서기 493년이다.《북사》의 판본들에는 원래 단단위 숫자가 '2(二) ⇒ 3(三)', 즉 "태화 13년"으로 소개되어 있으나 선행 정사인《위서》의〈고조기(高祖紀)〉"태화 12년"조에 "8월, 갑자일에 물길국에서 호시와 석노를 바쳤다(八月, 甲子, 勿吉國貢楛矢石砮)"라고 기술되어 있는 것을 보면《북사》편찬자들의 착오임을 알 수 있다.

• 033

[북위 선무제의] 경명729) 4년에 또다시 사신 후력귀730)를 파견해 [중국에] 입조하고 공물을 바쳤다.

이로부터 정광 연간까지731) 공물을 바치는 사신이 서로 찾아왔다.

○ 景明四年, 復遣使侯力歸朝貢。自此迄于正光, 貢使相尋。

• 034

그 뒤로는 중국이 어지러워지면서 [사신이] 한참 동안 오지 않았다.

[동위 효정제의] 흥화732) 2년의 6월에 석문운1581) 등을 보내어 특산물을 바

---

729) 경명(景明): 북위의 선무제(宣武帝) 원각(元恪)이 500~504년까지 4년 동안 사용한 연호. "경명 4년"은 서기 503년이며, 고구려 기년으로는 문자왕 12년에 해당한다.

730) 후력귀(侯力歸): 물길 사신의 이름. 《위서》에는 이름의 첫 글자가 '기다릴 사(俟)'로 나와 있다. 《북사》의 '제후 후(侯)'는 모양이 비슷한 '사'를 잘못 읽거나 베낀 것으로 보인다. '후력귀'는 '사력귀'로 보아야 옳다는 뜻이다.

731) 정광 연간까지[迄于正光]: 인터넷 〈국편위판〉에서는 이 구절을 "정광 연간이 끝날 때까지"로 번역했으나 어감에 다소 편차가 있다. 끝날 때까지가 아니라 이를 때까지이기 때문이다. 고대 한문에서 '흘(迄)'은 '흘(訖)'과 혼용되는데 《서경(書經)》〈우공(禹貢)〉의 "사해에까지 이르다(迄于四海)"에서 보듯이, 동사로 사용되었을 때에는 ① '이르다(arrive)' 또는 '미치다(reach)' 등의 의미를 나타내며, 때로는 ② 기간을 한정하는 의미를 담아 '~ 때까지(until)'라는 의미를 나타내기도 한다. 여기서는 후자의 의미로 해석해야 옳다. 인터넷 〈국편위판〉 주178에서는 '흘'을 '종결되다(end)'로 해석하여 이 구절을 "정광 연간이 끝날 때까지"라고 번역한 것으로 보인다. '정광(正光)'은 북위의 효명제(孝明帝) 원후(元詡)가 520~525년까지 5년 동안 사용한 연호로, 고구려의 안장왕 2~6년에 해당한다.

732) 흥화(興和): 동위(東魏)의 효정제(孝靜帝) 원선견(元善見)이 539~542년까지 3년 동안 사용한 세 번째 연호. "흥화 2년"은 서기 540년이며, 고구려 기년으로는 안원왕(安原王) 10년에 해당한다. 《북사》의 판본들에는 원래 연호가 '연흥(延興)'으로 소개되어 있다. 그러나 '연흥'은 ① 효문제가 사용한 연호로 주체가 다른 데다가 ② 편년체로 작성되는 것이 원칙인 중국 정사의 기술 순서로 보더라도 '정광(正光)' 연간 뒤에 올 수가 없다.

《남제서》에는 석문운이 석구운으로 소개되어 있다. 한자가 정형화되기 전인 고대에는 모양이 비슷한 '구(久, 상)'와 '문(文, 하)'은 혼동되기 쉬웠다.

쳤다.

[그로부터 북]제나라734) 때에 이르기까지 입조하여 공물을 바치는 [사신의]

---

733) 석문운(石文雲): 물길의 사신. 그 이름의 경우, 《북사》에는 '석문운'으로 소개되어 있으나 ① 〈물길전〉을 최초로 소개한 제1차 사료이자 《북사》 편찬자들이 주로 참조한 《위서》에는 '석구운(石久雲)'으로 되어 있는 점, ② 한자를 필사할 때 '오랠 구(久)'가 얼핏 '글월 문(文)'과 비슷하게 보이는 점 등을 감안할 때 ③ '석문운'은 '석구운'을 잘못 베낀 결과로 보아야 옳다.

734) 제나라[齊]: 남북조시대 후기의 나라 이름. 탁발씨의 북위가 동위와 서위로 분열된 뒤에 동위의 권신이던 고환(高歡)의 둘째아들 고양(高洋, 526~559)이 동위를 멸망시키고 서기 550년에 세운 나라이다. 도읍은 업(鄴), 즉 지금의 하남성 안양현(安陽縣)이었으며 대체로 지금의 산동·산서·하남지역을 점유하였다. 초기에는 국력에서 서위의 권신 우문태(宇文泰)가 세운 북주(北周, 557~581)를 압도했으나 고양 이후의 황제들이 실정을 거듭하는 바람에 건국 28년 만에 북주에 멸망하였다. 원래의 국호는 '제(齊)'이지만, 역사적으로 소(蕭)씨가 강남에 세우고 20여 년간 존속한 제나라(479~502, '남제')와 구분하기 위하여 '북제'로 부르기 시작하였다. 여기서 "중원의 동쪽에서 발호했다"라고 한 것은 이 기사를 작성한 편찬자의 모국인 북주가 방위상으로 제나라 서쪽에 있었기 때문이다.

행렬이 끊이지 않았다.

○ 爾後, 中國紛擾, 頗或不至。興和二年六月, 遣石文雲等貢方物。以至于齊, 朝貢不絕。

• 035
수나라의 개황735) 연간 초기에 [여러 부족이] 서로 이끌며 사신을 파견해 [중국에] 입조하여 공물을 바쳤다.
[그래서] 문제736)가 그 사신들에게 이렇게 조서를 내렸다.
"짐은 그 땅의 사람들이 용감하다고 들었다. 그런데 지금 온 사신들은 참으로 짐이 생각했던 바와 부합되는구나. [짐은] 너희들을 자식처럼 여기나니 너희도 짐을 아버지처럼 공경해야 할 것이니라."

○ 隋開皇初, 相率遣使貢獻。文帝詔其使, 曰, 朕聞彼土人勇, 今來實副朕懷。視爾等如子, 爾宜敬朕如父。

• 036
[그러자 사신들이] 이렇게 대답하였다.
"신들은 외진 한쪽 땅에 살고 있사온데 [⋯] '중국에 거룩한 분께서 계시다'고 들었습니다. 그래서 찾아 와서 입조하고 절을 올리게 된 것입니다. 이제 거룩한 용안을 직접 뵈었으니 오래도록 [폐하의] 노복이 되기를 바라나이다!"

---

735) 개황(開皇): 수나라의 개국군주인 문제 양견(楊堅)이 581~600년까지 19년 동안 사용한 연호.
736) 문제(文帝): 수나라의 개국군주 양견(541~604)의 시호. 자세한 것은 〈고려전〉의 "문제" 주석을 참조하기 바란다.

요나라 고분에 그려진 거란족의 모습

○ 對曰, 臣等僻處一方, 聞內國有聖人, 故來朝拜。旣親奉聖顏, 願長爲奴僕。

• 037

그 나라는 서북쪽은 거란737)과 국경을 마주하고 있어서738) 번번이 서로 침범해 약탈을 일삼곤 하였다.

[그러다가] 나중에 그 나라 사신이 오자 [수나라] 문제는 그들을 타이르고

---

737) 거란(契丹): 중국 고대·중세의 북방민족의 이름. 처음에는 8개 부락[八部]로 나뉘어 있다가 당대 말기에 야율아보기(耶律阿保機, 872~926)가 주변 부족들을 흡수하면서 왕권국가인 요(遼)나라로 발전하였다. 거란의 한자 표기('契丹')의 경우, 송대 초기(1039)의 음운학 참고서인《집운(集韻)》에서는 앞 글자를 "기와 흘의 반절로 발음이 '걸'(欺訖切, 音乞)"이라고 소개하였다. '걸'은 우리나라에서는 종성이 '-ㄹ(l)'이지만 중국에서는 '-ㅅ(t)'이어서 '컷(kiət)'으로 발음되는데 이 종성이 약화/탈락되면서 '컷단 ⇒ 킷딴 ⇒ 키딴'으로 변천한 것이다. 우리나라에서는 발음이 '계'여서 '계단'에서 둘째 글자 '단'이 '계단 ⇒ 계란 ⇒ 거란'으로 변형된 것으로 추정된다.

서로 공격하지 말도록 이르니[739] 사신들이 사죄하였다.

○ 其國西北與契丹接, 每相劫掠. 後, 因其使來, 文帝誡之, 使勿相攻擊. 使者謝罪.

• 038

문제는 그래서 그들[의 노고]을 후하게 위로하고 어전에서 연회를 베풀어 술을 마시게 해 주었다.

[그러자] 사신과 그 무리가 다 함께 일어나 춤을 추는데 몸을 구부리고 팔다리를 꺾는[740] 모습은 전투를 벌이는 상황을 묘사한 경우가 많았

---

738) 서북쪽은 거란과 국경을 서로 마주하고 있어서[西北與契丹相接]: 이 구절은 말갈(물길)의 존재가 거란의 좌표를 설정하는 데에 대단히 중요한 척도라는 점을 시사해 준다. 인터넷 〈국편위판〉 주211에서는 말갈과 거란의 각축을 소개하면서 거란의 좌표를 "靺鞨 7部가 滿洲 一圓을 차지하고 있을 때, 그 西北쪽의 外興安嶺 山脈의 東쪽 一帶에는 契丹族이 자리 잡고 있었다"라고 소개하였다. 그러나 외흥안령(外興安嶺)은 러시아의 스타노보이(Становой) 산맥의 중국식 이름이며, 그 동쪽 가까이에는 바로 사할린이 있는 오호츠크해가 있다. 말갈의 서북쪽이 거란이라고 했는데 방향이 정반대라는 뜻이다. 인터넷 〈국편위판〉에서 내몽골 자치구 동쪽에서 남북으로 뻗은 큰 산맥인 대흥안령(大興安嶺)과 혼동한 것으로 보인다.
739) 그들을 타이르고 서로 공격하지 말도록 이르니[使勿相攻擊]:《수서》〈말갈전〉에는 수나라 문제가 충고한 내용이 소개되어 있으니 참조하기 바란다.
740) 몸을 구부리고 팔다리를 꺾는[其曲折]: 수·당대 말갈족의 전통 무용 동작. 이 부분과 관련하여 인터넷 〈국편위판〉에서는 "몸놀림이 대개 전투를 하는 자세였다", 〈동북아판4〉(제174쪽)에서는 "그 동작에 전투의 모양이 많았다"로 각각 번역하였다. 고대 한문에서 '곡절(曲折)'은 지형이나 사물이 구부러지고 꺾이는 양상을 형용하는 표현이다. 두우《통전》의 〈주군13(州郡十三)〉 "파산 고한관(巴山古捍關)"조에서 "지금의 현 북쪽에 산이 있는데 구부러지고 꺾인 모습이 '巴'자처럼 생겼다"라고 한 것이 그 예이다. 여기서는 춤을 출 때 팔이나 다리를 관절에 따라 구부리고 꺾는 모습을 묘사한 말로 사용되었다. 실제로 팔·다리의 율동으로 말을 몰면서 칼싸움과 활쏘기로 전투를 벌이는 장면을 연출하는 무용 동작은 몽골·까자크(코사크) 등 기마민족의 전통 무용에서도 수시로 확인할 수 있다.

몽골의 전통무 동작. 팔다리를 많이 써서 상당히 역동적이고 흥겹다.

다.

○ 文帝因厚勞之, 令宴飮於前。使者與其徒皆起舞, 曲折多戰鬪容。

•039

[그래서] 주상이 고개를 돌려 시중을 드는 신하에게 말하였다.

"하늘과 땅 사이에 이런 경우가 다 있구나! [그래서] 언제나 군사를 쓸 마음을 가지는 게지."

그러나 그 나라들은 수나라와 아주 멀리 떨어져 있고 속말[부]와 백산[부]만 지척에 있을 뿐이었다. 741)

---

741) 속말과 백산만 지척에 있을 뿐이었다[唯粟末白山爲近]: 이 부분은 당시 수나라 (중원)의 관점에서 한 말이다. 다른 말갈 부락들과 비교할 때, 속말부와 백산부가 지리적으로 중원으로부터 가장 가까이 있었다는 뜻이다. 마찬가지로, ① 이 구절의 존재는 백산부의 본거지가 그동안 알려져 있던 백두산–두만강 인근이 아닐 가

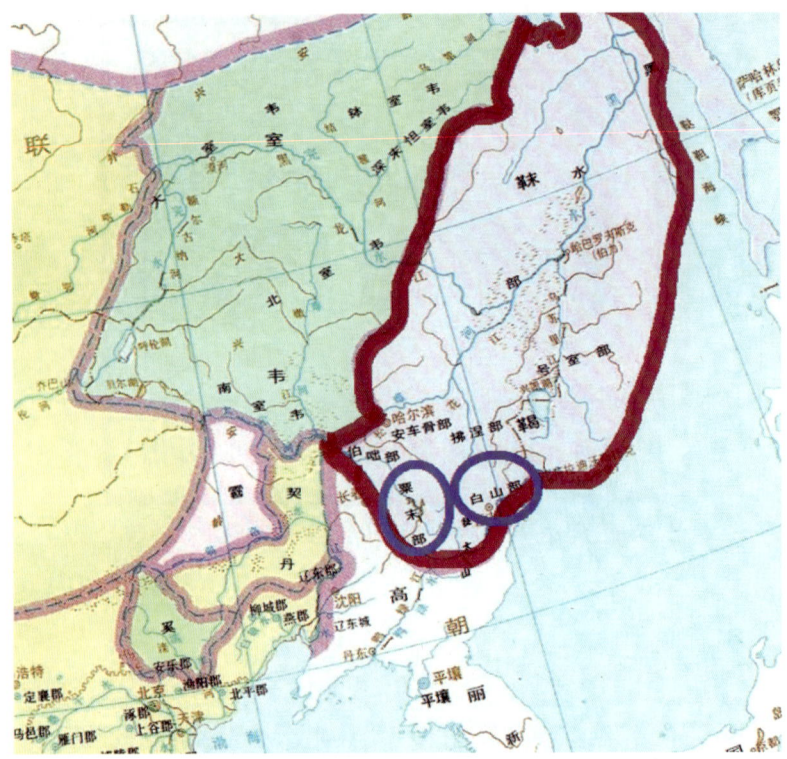

담기양이 그린 수대의 말갈 판도. 《수서》에서 '말갈은 거의 고구려 지배하에 있다'고 했는데 지도는 말갈이 고구려보다 2배나 큰 독립국가로 왜곡해 놓았다. 속말부 백산부의 위치도 틀렸다.

○ 上顧謂侍臣, 日, 天地間乃有此物, 常作用兵意。然其國與隋懸隔, 唯粟末白山爲近。

능성이 높다는 점을 시사해 준다. ② 백두산-두만강 지역은 지리적으로 수나라가 자리 잡고 있는 중원에서 북동쪽으로 한참 멀리 떨어진 곳이기 때문이다. 동시에 ③ 속말과 백산이 나란히 언급된 것 역시 두 부락이 지리적으로 서로 이웃해 있었다는 뜻으로 해석된다. ④ 학계에서는 속말부의 보수적인 좌표를 '요서'인 요녕성 서·중부에서 찾고 있는데, 그렇다면 그 이웃인 백산부는 자연히 그 인근에서 찾아야 옳다.

•040

[수나라] 양제 초기에 고려와 전쟁을 벌일 때 그 무리를 번번이 무찔렀다.[742)

[그 뒤로 흑수부 물길의] 우두머리 돌지계[743)가 그 무리를 거느리고 항복하였다.[744) [이에 그를] 우광록대부[745)로 배수하고 그를 유성[746)에 정착하게

---

742) 그 무리를 번번이 무찔렀다[頻敗其衆]: 이를 통하여 말갈족이 수 양제의 고구려 침공 당시에 수나라 대군을 상대로 한 여러 전투에서 고구려의 중요한 기동부대로 맞서 싸웠음을 알 수가 있다.

743) 돌지계(突地稽, 7세기): 수나라 때의 흑수부 말갈의 추장. 《수서》〈말갈전〉에는 '도지계(度地稽)'로 소개되어 있다. 그러나 '돌(突)'과 '도(度)'는 그 고대음이 각각 '뒷(duət)'과 '도(do)'이다. '뒷'에서 종성 '-ㅅ'이 약화/탈락되면서 '둬'로 읽히면 '도'와 음운상으로 서로 대응된다. 양자는 한자 표기 방식이 좀 다를 뿐이지 사실상 동일한 인물이라는 뜻이다. 돌지계에 관해서는 《수서》의 "도지계" 주석을 참조하기 바란다.

744) 그 무리를 거느리고 항복하였다[率其部降]: 〈동북아판2〉 주36에서는 돌지계의 귀화과정을 소개하면서 《태평환우기》〈하북도〉 "연주"조를 인용하였다. 해당 대목은 돌지계의 귀화과정을 상세하게 소개하는 동시에 유성의 좌표에 관해서도 중요한 단서를 제공한다. 그러나 〈동북아판2〉의 소개·번역은 너무 부실하여 이 자리에서 전문을 새로 번역·소개한다. "【연주】 … [여기서의] '말갈'은 본래 속래(속말)말갈 종족이다. 수나라의 《북번풍속기》에 따르면, '당초인 개황 연간에는 속래말갈이 고려와 싸워 이기지 못하였다. 궐계부의 수장으로 돌지계라는 이가 있었는데 … 모두 8개 부락의 용맹스러운 군사 수천 명이 부여성 서북쪽으로부터 전 부락이 [유]관 안으로 귀순해 들어왔기에 그들을 [유관 관내의] 유성에 안치했다'고 한다." 이에 따르면, ① 돌지계가 무리를 이끌고 부여성 서북부로부터 ② 하북지역인 유관(渝關, 임유관) 관내로 들어와 귀순했으며 ③ 수나라에서는 그들을 하북 관내의 유성에 안치했다는 것이다. 그렇다면 ④ 유성은 하북 경내에 있는 도시이므로 관외의 조양시일 수 없는 셈이다.

745) 우광록대부(右光祿大夫): 중국 고대의 관직 이름. 황제의 고문을 담당하거나 조정에서의 의논을 관장하게 하였다. 한 무제 때에 전국시대 이래의 중대부(中大夫)를 고쳐 광록대부를 설치했으며, 곽광(霍光)·김일제(金日磾) 등, 황실 국척이나 조정 대신에게 일종의 명예직으로 부여되었다.

746) 유성(柳城): 중국 고대의 지명. 한대의 요서군에 속한 현으로, 나중에 모용씨(慕容氏)가 세운 전연(前燕)·후연(後燕)의 근거지가 되었다. 인터넷 〈국편위판〉 주

《수서》〈지리지〉에 소개된 유성의 연혁. 북위의 영주 관할이던 유성은 여러 왕조를 거치며 존폐를 거듭하다가 수 양제의 대업 연간에 요서군에 귀속되었다. 그 주위로 하북의 지명인 낙랑·대방·양평이 보인다. 낙랑·대방은 7세기까지 존재했으며 그 자리 역시 한반도가 아닌 중국이었던 셈이다.

해 주었다.747)

○ 煬帝初, 與高麗戰, 頻敗其衆. 渠帥突地稽率其部降, 拜右光祿大夫, 居之柳城.

214에서는 "隋代의 熱河省 朝陽縣을 말한다. 唐代에는 이를 營州라고 불렀다"라고 소개하였다. 그러나 이는 요수(遼水)를 지금의 요하(遼河)로 비정한 데 따른 착시의 산물이어서 재고가 필요하다. 그 위치와 관련하여 ①《수서》〈지리지〉 "요서군"조에는 "【유성】 후위 때에 영주를 화룡에 설치하고 건덕·기양·창려·요동·낙랑·영구 등의 군과, 용성·대흥·영락·대방·정황·석성·광도·양무·양평·신창·평강·유성·부평 등의 현을 관할하게 하였다. … [수나라 때에는 요서군을] 개황 원년에는 건덕의 1개 군과 용성의 1개 현만 유지했으며 … [개황] 18년에는 [현 이름을 용성에서] 유성으로 개칭하였다. 대업 연간 초기에 [다시] 요서군을 설치하였다"라고 되어 있다. ②《수서》〈우작전〉에서 "행궁이 유성현의 임해돈에 멈추었네"라고 한 것도 그 증거이다. '임해돈'은 '바다를 마주한 군영' 정도로 직역되므로, 이를 통하여 유성현이 바다를 낀 도시였음을 짐작할 수 있는 셈이다. 그 좌표에 관한 상세한 논증은《수서》의 "유성" 주석을 참조하기 바란다.

747) 유성에 정착하게 해 주었다[居之柳城]: 인터넷 〈국편위판〉에서는 앞의 상황이 이 다음 문장까지 이어지는 것으로 번역하였다. 그러나 이어지는 "변방의 사람들과 내왕하는 동안 중국의 풍속을 좋아한 나머지~"는 맥락상 서로 별개의 상황이므로 여기에서 끊어야 옳다.

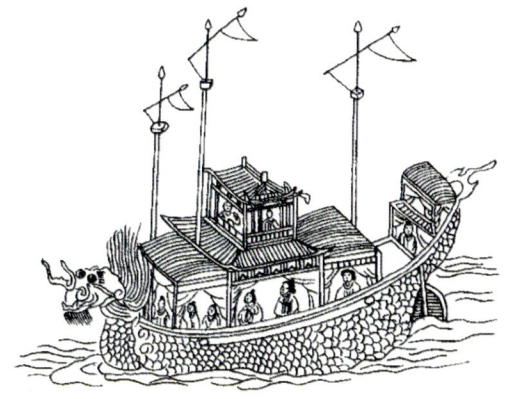

명대 후기의 《제감도설(帝鑒圖說)》에 소개된 수 양제의 용주(龍舟) 상상화

• 041

[그는] 변방의 [수나라] 사람들과 내왕하는 동안 중국의 풍속을 좋아한 나머지 [수나라의] 관모와 옥띠를 착용하기를 자청하였다. 황제는 그를 갸륵하게 여겨 화려한 비단을 상으로 내리고 그를 각별히 총애하였다.

○ 與邊人來往, 悅中國風俗, 請被冠帶, 帝嘉之, 賜以錦綺而褒寵之.

• 042

요동[에서]의 전쟁이 벌어지기에 이르러서는 돌지계가 그 무리를 거느리고 종군했는데, 전공을 세울 때마다 [황제가] 상을 아주 후하게 내렸다.

○ 及遼東之役, 突地稽率其徒以從, 每有戰功, 賞賜甚厚.

• 043

[대업] 13년[748)에 [돌지계가] 강도[749)로 행차하는 황제를 수행했으며, 얼마

---

748) 십삼 년(十三年): 대업 13년, 즉 서기 617년을 말한다.
749) 강도(江都): 중국 고대의 지명. 지금의 강소성 양주시(揚州市)에 해당한다.

뒤에 [황제는 그가] 유성으로 돌아가게 해 주었다.

○ 十三年, 從幸江都, 尋放還柳城。

• 044

[도중에] 이밀750)이 군사를 파견하여 그를 도중에 공격하매 [⋯] 가까스로 위기를 모면하였다.

[그리고 그가] 고양751)에 이르렀을 때 왕수발752)에게 [유성이?] 함락되매 얼

---

750) 이밀(李密, 582~619): 수나라 때의 농민봉기군 지도자. 장안(長安, 지금의 서안시) 사람으로, 선대의 본관은 요동 양평(襄平, 하북성 노룡현 인근)이다. 대업 9년(613)에 양현감(楊玄感)을 따라 봉기하여 수나라에 반기를 들었다. 대업 13년에는 낙구(洛口)에서 '위공(魏公)'을 자처하면서 연호를 '영평(永平)'으로 바꾸더니 맹주로 급부상하였다. 그러나 양제를 죽이고 10만 대군을 거느린 우문화급(宇文化及)에게 패하자 당나라에 투항하였다. 나중에는 당 고조(이연)의 명령에 반발하여 반기를 들었다가 참수되었다. 인터넷 〈국편위판〉 주217에서는 이밀의 관향인 '양평'을 "遼寧省 朝陽縣"으로 소개하였다. 그러나 《후한서》〈원소전〉에 당나라 장회태자 이현(李賢)이 붙인 주석에는 "【양평】지금의 평주 노룡현 서남쪽에 있었다"라고 소개되어 있다. (현대의 중화서국판에는 이 주석이 누락되어 있음) 조양시는 양평과는 전혀 상관이 없는 곳이라는 뜻이다.

751) 고양(高陽): 중국 고대의 현 이름. 인터넷 〈국편위판〉 주218에서는 "出東省 臨緇縣 西北쪽으로 비정된다", 〈동북아판2〉 주40(제150쪽)에서는 "지금의 중국 山東省 臨淄이다"라고 소개했으나 잘못된 설명이다. 고양은 지금의 하북성 중부 보정시(保定市) 일대에 대한 옛 이름이기 때문이다. 그 지역이 산동이 아닌 하북이라는 사실은 그 뒤에 나오는 왕수발의 행적을 통해서도 증명된다.

752) 왕수발(王須拔, ?세기): 수나라 말기의 농민봉기군 지도자. 상곡(上谷), 즉 지금의 하북성 역현(易縣) 사람이다. 양제의 대업 11년(615)에 하북에서 봉기하고 무리가 10만을 넘자 스스로 '만천왕(漫天王)'을 자처하면서 자신의 근거지를 감안하여 국호를 '연(燕)'으로 정하였다. 그 뒤로 하북·산서 일대 각지에서 관군과 싸움을 벌여 고양을 점령하기도 하였다. 대업 14년(618)에는 유주(幽州, 지금의 북경)를 공격하던 중 전사하였다.

마 되지 않아 도망쳐 나예753)에게 귀순하였다.754)

○ 李密遣兵邀之, 僅而得免。至高陽, 沒於王須拔。未幾, 遁歸羅藝。

수나라 이정(李靜)의 묘에서 출토된 목걸이(산서성 서안시)

753) 나예(羅藝, 7세기): 당대 초기의 장수. 양주(襄州) 양양(襄陽, 지금의 호북성 양번) 사람이다. 수나라 말기에 호분낭장(虎賁郞將)에 임명되어 탁군(涿郡, 북경)에 주둔하였다. 무덕 원년(619)에 당나라에 귀순하여 국성인 이씨 성을 하사받고 '연공(燕公)'에 봉해졌다. 나중에는 연군왕(燕郡王)에 봉해지자 당나라를 도와 유흑달을 격파하였다. 그러나 당 태종의 정관 원년(627)에 조정에 반기를 들었다가 관군에게 패하고 오지(烏氏, 경천현 북쪽)에서 부하에게 살해되었다.

754) 나예에게 귀순하였다[歸羅藝]: 인터넷 〈국편위판〉에서는 마지막 구절을 "얼마 안되어 羅藝로 도망쳐 갔다"라고 번역했으나 오역이다. 위의 주석에서 확인할 수 있듯이, '나예'는 지명이 아니라 인명이기 때문이다.

찬자평(撰者評)

• 001

[사관은] 이렇게 논평하였다.

'골짜기가 넓고 시냇물이 크다 보면 [양 편의] 제도도 다른 법'이듯이, 그 사이에서 사는 사람들도 다른 풍속의 영향으로[755] 좋아하는 바도 똑같지 않을 뿐더러 언어 역시 통하지 않는다. 거룩한 분은 때에 맞추어 가르침을 베풀었으며, 이로써 그의 의사를 전달하고 그의 풍속을 통하게 만드신 것이다.

○ 論曰, 廣谷大川異制, 人生其間異俗, 嗜欲不同, 言語不通, 聖人因時設敎, 所以達其志而通其俗也.

• 002

구이[756]가 사는 곳은 중국과는 아주 멀리 떨어져 있다. 그러나 천성이 부드럽고 순한 데다가 횡폭한 기풍이 없다. 그래서 아무리 산과 바다들로 아득히 멀리 떨어져 있어도 도의로 이끌기가 수월한 것이다. [그들은] 하나라·은나라 시절에도 때에 따라 이따금 임금을 알현하고자 찾

---

755) 골짜기가 넓고 개천이 크다 보면 제도가 다른 법~[廣谷大川異制, 民生其間異俗]: 《예기(禮記)》〈왕제(王制)〉에 나오는 말. 서로 거리가 많이 떨어져 있거나 격리되어 있는 지역들은 제도나 풍속도 조금씩 다른 양상을 보이기 마련이라는 뜻에서 한 말이다.

756) 구이(九夷): 고대 중국에서 동방의 이민족들을 두루 일컫던 이름. 그 내용에 관해서는 문성재, 《정역 중국정사 조선·동이전1》, 제387~388쪽을 참조하기 바란다.

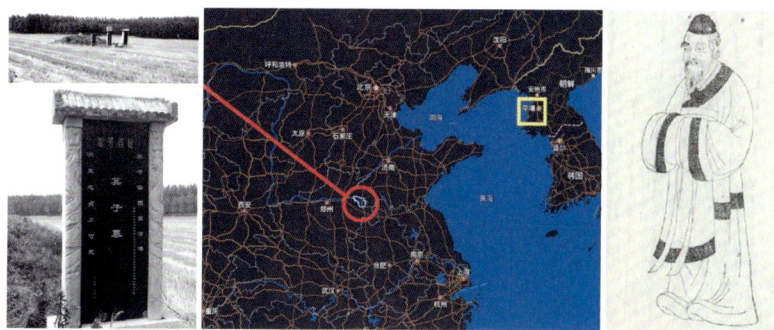

중국인들은 1,500년전인 서진대부터 북위-수-당-송-원-명대까지 일관되게 기자의 묘가 하남의 몽현(지금의 상구시) 또는 조현에 있다고 믿어 왔다. 기자가 한반도(평양)로 건너왔다는 것은 역사적 진실이 아니라는 뜻이다.

아왔다. 기자⁷⁵⁷⁾가 조선으로 피신하면서⁷⁵⁸⁾ 비로소 여덟 가지의 금지 사항⁷⁵⁹⁾을 두매 [그 법망이 아무리] 성글어도 [죄를 지은 자들을] 놓치지 않았고

---

757) 기자(箕子): 중국 역사상 3대 인자(仁者)의 한 사람. 은(殷)나라 주왕(紂王, BC1105~BC1046) 시기에 태사(太師)를 지냈다. 기자가 조선에 왔다는 이른바 '기자동래설(箕子東來說)'은 《사기》《미자세가(微子世家)》와 《한서》《지리지》, 복승(伏勝)의 《상서대전(尙書大傳)》 등에 소개되어 있다. 그러나 ① 그 내용에는 허구적인 설화의 요소들이 다분한 데다가, ② 기자가 망명했다는 '동방' 역시 그 좌표는 한반도가 아닌 요동에 있다. ③ 기자가 '한반도'로 건너가서 백성들을 교화시켰다는 주장은 역사적 진실이 아니라는 뜻이다.

758) 기자가 조선으로 피신하면서[暨箕子避地朝鮮]: 위만 조선을 정벌한 한 무제의 조부 문제(文帝, BC203~ BC157) 당시에 저술된 《상서대전》에서는 ① 기자가 "도망쳐 조선으로 갔고", 그 소식을 들은 ② 주나라 무왕이 "내친 김에 조선 땅에 그를 책봉했다"라고 기술하였다. 이 기사가 역사적 사실이라고 전제할 때, 이 구절은 기자가 무왕을 피하여 망명하기 전부터 '조선'이라는 나라 또는 정치집단이 중원의 동쪽에 이미 존재하고 있었다는 뜻으로 해석된다. ③ 무왕이 기자를 '조선후'로 책봉했다는 대목 역시 조선에서의 기자의 기득권을 '뒤늦게 추인해 준 것'으로 이해할 수 있다. 그 이전부터 '조선'으로 불리고 있어서 그 이름을 붙여 '조선후'라고 한 것이지 무왕이 '조선'이라는 이름을 만들어 붙인 것이 아니라는 뜻이다.

759) 여덟 가지의 금지 사항[八條之禁]: 《한서》《지리지》에 따르면, "은나라의 법도가

[그 법제가 아무리] 단촐해도 오래도록 이어 갈 수가 있었다. [이리하여] 교화로 감화를 미치는 바가 천년이 흐르도록 끊이지 않았[던 것이]다.

○ 九夷所居, 與中夏懸隔, 然天性柔順, 無橫暴之風, 雖綿邈山海, 而易以道御。夏殷之世, 時或來王。暨箕子避地朝鮮, 始有八條之禁, 疏而不漏, 簡而可久, 化之所感, 千載不絶。

• 003

이제 요동760)[너머]의 여러 나라들 중에서 어떤 나라는 입고 걸침에 있어 관모니 면류관 같은 모양을 갖추기도 하고 어떤 나라는 마시고 먹음에 있어 조나 두 같은761) 그릇을 갖추기도 하였다. [그리고] 경전과 학술을 즐기고 받들거나 문학과 역사를 사랑하고 즐기면서 도읍을 찾아

시들해지자 기자가 [나라를 떠나] 조선으로 가서 그곳 백성들에게 예절·도의·농사·양잠·방직 등을 가르쳤다. 낙랑과 조선의 백성들은 금지한 8개 조항을 범할 경우, 살인을 하면 당장 죽음으로 갚고, 상해를 가하면 곡식으로 갚으며, 도둑질을 한 경우에는 남자는 재산을 몰수하고 그 집안의 노비로 삼고 여자는 여종으로 삼았는데 자신의 죄를 면제받으려면 사람마다 50만[전]을 내었다." 앞에서는 "8개 조항"을 언급했으나 그중 살인·상해·절도만 소개되어 있을 뿐이다.

760) 요동(遼東): 중국 고대의 지역명. 중국의 대표 사이트 빠이뚜에서는 '요동'에 관하여 "전국시대에 연나라가 군을 설치하였다. 치소는 양평(지금의 요양시)이었으며, 관할지역은 지금의 요령성 대릉하 이동 및 장성 이남에 해당한다. 요수는 우리나라의 고대 6대 하천의 하나였다. 서진대에는 [요동]국으로 격상되기도 하였다"라고 소개하였다. 이 같은 요동인식은 국내외 학계를 지배하고 있지만 역사적 진실이 아니다. 그 이유에 관해서는 《수서》의 "요동" 주석을 참조하기 바란다.

761) 조나 두 같은[俎豆]: 중국 고대에 제물이나 음식을 담던 그릇의 일종. '조(俎)'는 제물로 바친 소·양 등을 올려놓는 데에 사용되었으며, 보통은 청동으로 만들어졌지만 나무로 만든 뒤 옻칠을 해서 쓰기도 하였다. 나무로 만들어진 '두(豆)'는 식혜 등 국물이 있는 음식을 담는 데에 사용되었다. 허신은 《설문해자》〈죽부(竹部)〉에서 "두'는 옛날에 고기를 먹을 때 쓰던 그릇(豆, 古食肉器也)"이라고 소개하였다. 은·주대와 춘추·전국시대에는 주로 청동기로 만들어졌으며 금·은이나 상감 장식이 더해지기도 했다고 한다.

수나라 때에 제작된 공후를 연주하는 여인상

학문을 닦는 이들이 오가면서 [그 행렬이] 끊어지지 않았다. [심지어] 어떤 경우에는 세상을 떠날 때까지도 [자기 나라에?] 돌아가지 않는 경우도 있을 정도였다. [이런 면면들이] 옛날의 철인들께서 남기신 기풍이 아니었더라면 그 누가 이 정도까지 [영향을] 미칠 수가 있었겠는가?

○ 今遼東諸國, 或衣服參冠冕之容, 或飮食有俎豆之器, 好尙經術, 愛樂文史, 遊學於京都者, 往來繼路, 或沒世不歸, 非先哲之遺風, 其孰能致於斯也 。

• 004

그래서 공자도 '말이 참되고 믿음직스러우며 행실이 두텁고 공손하다면762) 아무리 야만스러운 오랑캐의 나라에서일지라도 소통할 수가 있

---

762) 말이 참되고 믿음직스러우며 행실이 두텁고 공손하다면~[言忠信, 行篤敬, 雖蠻貊之邦行矣]: 공자가 '남들이 자신의 주장에 어떻게 수긍하게 만들 수 있는가'라는 제자 자장(子張)의 질문에 대답으로 한 말로, 《논어》〈위령공(衛靈公)〉의 "자장문행(子張問行)"장에 나온다. 말이 참되어 남들에게 믿음을 주고 행실이 두터워

수나라 벽화 속의 무인들

다'고 한 것이다. [이제 보니] 참되구나 그 말씀이! 그들의 풍속들 중에서 쓸 만한 것이 어찌 호시[763] 같은 공물뿐이겠는가?

○ 故孔子曰, 言忠信, 行篤敬, 雖蠻貊之邦行矣。誠哉斯言. 其俗之可採者, 豈楛矢之貢而已乎。

- •005

[북]위나라로부터 수나라에 이르기까지 그 세월 동안 네 왕조를 거치면서[764] 그때마다 한창 [내부적으로] 싸움을 벌이고 경쟁하다 보니 미처 외

남들을 공손하게 대하면 자기 동리뿐만 아니라 오랑캐의 나라에서도 보편적으로 인정받을 수 있다는 뜻으로 한 말이다.

763) 호시(楛矢): 고대에 숙신에서 사용한 화살. 인터넷 〈국편위판〉 주066에서는 살대의 재료와 관련하여 "楛矢가 싸리나무로 만든 화살대라고 斷定하기는 어렵다. … 楛木은 곧으며 습기나 건조함에 따라 휘어지지 않아 화살대로 적합하다. 만주 지역, 특히 밀림으로 덮여진 長白山脈의 山麓에서 많이 자라고 있다"라고 소개하면서도 정작 어떤 종류의 나무인지는 밝히지 않았다. 그러나 '호(楛)'는 북방에서 보편적으로 관찰되는 자작나무로 보아야 옳다.

764) 그 세월 동안 네 왕조를 거치면서[年移四代]: "네 왕조"란 남·북조 중에서 북조

국을 경략할 겨를이 없었다. [수나라의] 개황 연간 끝자락에 이르렀을 때765) 요동을 정벌하기에 이르렀으나 천시가 이롭지 못하여 [황제의] 군사가 결국 [전쟁에서 세운] 공이 없었다.

○ 自魏迄隋, 年移四代, 時方爭競, 未遑外略。洎開皇之末, 方征遼左, 天時不利, 師遂無功。

• 006

[수나라의 문제·양제] 양대766)에 걸쳐 [왕조의] 기업을 계승하자 우주조차 포용할 듯한 야망으로 번번이 삼한의 땅767)을 짓밟고 수시로 천 균768)이나 되는 쇠뇌를 쏘아 대었다. [그러자] 작은 나라(고구려)는 멸망할까 두려워하며 기꺼이 궁지에 몰린 짐승처럼 [결사항전에] 나섰다. [그러자 황제의] 군사는 [전쟁에서] 이기지 못하고 천하가 어지러워지더니 [급기야 수나라는]

(北朝)만 친 것으로, 동·서위(東西魏)를 포함한 북위(北魏, 386~556), 북제(北齊, 550~577), 북주(北周, 557~581), 수(隋, 581~618)까지 모두 네 왕조 228년 동안을 말한다.

765) 개황 연간 끝자락에 이르렀을 때[洎開皇之末]: '개황'은 수나라 문제가 사용한 연호로, 서기 581~600년까지 20년 동안 사용되었다. 개황 말기는 대체로 595~600년 무렵에 해당하며 수 문제는 598년에 고구려 정벌에 나선다.

766) 양대[二代]: 수나라의 개국군주인 문제(文帝)와 제2대이자 마지막 황제인 양제(煬帝) 두 사람의 재위기간(총 39년)을 말한다.

767) 삼한의 땅[三韓之域]: 글자 그대로 직역하면 '마한·진한·변한의 강역'이라는 뜻이지만 여기서는 고구려를 두고 한 말로 해석된다. 실제로 당대에 제작된 고구려 왕족·귀족의 묘지명에는 수시로 '삼한'이 언급된다.

768) 균(鈞): 중국 고대의 도량형 단위. 당대의 공영달(574~648)은 《상서(尙書)》〈오자지가(五子之歌)〉에 붙인 주석에서 "《율력지》에서는 '24수가 1냥, 16냥이 1근, 30근이 1균, 4균이 1석'이라고 하였다"라고 소개하였다. 1균은 30근(斤)에 해당하므로, 미터법으로 따지면 대체로 15kg에 해당한다. '1,000균'이라면 1만 5,000kg에 해당하는 셈이다. 여기에의 '1,000균'은 쇠뇌가 버틸 수 있는 하중(荷重)을 말한다.

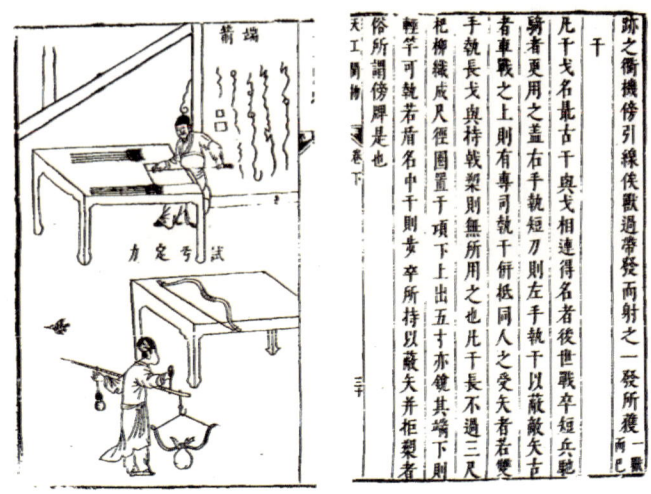

활이 버티는 인장력을 무게로 측정하는 모습(천공개물)

흙더미처럼 무너져 내려 [양제는] 목숨을 잃고 나라도 망하고 말았다.

○ 二代承基, 志苞宇宙, 頻踐三韓之地, 屢發千鈞之弩。小國懼亡, 敢同困獸, 兵不載捷, 四海騷然, 遂以土崩, 喪身滅國。

•007

병서에 이런 말이 있다.769)

"덕을 넓히는 데에 전념하면 번창하지만 땅을 넓히는 데에 전념하면

---

769) 병서에 이런 말이 있다[兵志有之曰]: 여기서 "병서[兵志]"는 진·한대의 병가 사상가인 황석공(黃石公, ?~BC195)이 지었다는 《황석공기(黃石公記)》를 가리키는 것으로 보인다. '고구려·오환·선비를 시켜 좌익을 공격하고 해서 4군·천수·농서의 강호(羌胡)를 시켜 그 우익을 공격하여' 흉노를 멸망시키자는 논의가 조정에서 일어나자 후한의 중흥군주인 광무제가 조서를 내려 그 논의를 중단시키면서 《황석공기》를 언급하고 있기 때문이다. 황석공은 진나라 말기에 유방(劉邦)을 보필하여 한나라를 세운 개국공신 장량(張良)을 세 번이나 시험해 보고 《태공병법(太公兵法)》을 전수했다는 일화로 유명하다.

멸망하고 만다.770)"

○ 兵志有之, 曰, 務廣德者昌, 務廣地者亡.

• 008
그러나 요동의 땅은 [중국의] 군·현에 포함되지 않게 된 지가 오래되었다. [그런데도 동이 지역의] 나라들은 새해를 축하하고자 입조하고 공물을 바치면서 [거의] 세시[의 조공]를 빠뜨린 적이 없었다.

○ 然, 遼東之地, 不列於郡縣久矣, 諸國朝正奉貢, 無闕於歲時.

• 009
[그럼에도 불구하고] 양대[황제]에 [국위를] 떨치자 거기에 자만하여 '남들이 자기만도 못하다'고 여기면서 문덕으로 끌어안지는 못하고 난데없이 전쟁을 일으켰다. [이리하여] 안으로는 부유하고 강한 것만 믿고 밖으로는 영토를 넓히는 데에만 집착하는 바람에 그 교만한 마음으로 말미암아 [그들의] 원한을 사고 그 [무모한] 분노로 말미암아 [무모한] 군사를 일으켰다.

○ 二代震而矜之, 以爲人莫己若, 不能懷以文德, 遽動干戈, 內恃富强, 外思廣地, 以驕取怨, 以怒興師.

• 010

---

770) 덕을 넓히는 데에 전념하면 번창하지만~[務廣德者昌, 務廣地者亡]: 남에게 덕을 베푸는 이는 번창하지만 남의 것을 빼앗기에만 급급하는 이는 자멸하고 만다는 뜻으로, 제왕이 정사에 임할 때에는 인덕을 베푸는 것을 최고의 덕목으로 삼을 것을 주문하는 말이다. 이 두 구절의 경우, 광무제의 조서 등, 한대의 문헌들에는 "땅을 넓히는 데에 전념하면 파멸하고 덕을 넓히는 데에 전념하면 강해진다(務廣地者荒, 務廣德者彊)" 식으로 순서나 글자에 변동이 있다.

[그러니] 그렇게 하고서도 멸망하지 않은 경우는 예로부터 들어 본 적이 없었다. 그러나 사방의 오랑캐들이 [중국에 남겨 준] 교훈을 어찌 깊이 곱씹어 보지 않을 수가 있겠는가?

○ 若此而不亡, 自古未聞也。然, 四夷之戒, 安可不深念哉。

• 011

[그 동이 땅의] 두막루771) · 지두간772) · 오락후773)의 경우, [북]제나라 · [북]

---

771) 두막루(豆莫婁): 예맥인이 옛 부여 땅에 세운 나라. 송대에 편찬된《신당서》에는 '달말루(達末婁)'로 소개되었다. "두막루국은 물길 북쪽으로 1천 리 지점에 있는데, 옛 북부여로, 실위의 동쪽에 있다(豆莫婁國, 在勿吉北千里, 舊北夫餘也, 在室韋之東)"라고 한《위서》〈두막루국전〉 기사에서 볼 수 있는 것처럼, 두막루는 [북]부여의 후신으로, 부여국이 멸망한 뒤에 그 유민들이 그 자리에 다시 세운 나라임을 알 수가 있다. 실제로〈두막루국전〉 원문을 보면《삼국지》〈부여전〉과 똑같이 "산지와 넓은 택지가 많기는 하지만 동이들의 땅 치고는 가장 평탄하고 드넓은 편이다. 토질의 경우 다섯 가지 곡물이 자라기에는 적합하지만 다섯 가지 열매는 나지 않는다(多山陵廣澤, 於東夷之域, 最爲平敞。地宜五穀, 不生五果)"라고 소개하고 있다. 부여국이 있었던 원래의 자리에서 거의 변동이 없다는 뜻이다.

772) 지두간(地豆干): 중국 고대의 북방민족 이름. '지두우(地豆于)'로 소개된 경우도 있는데, 어느 쪽이 옳은지는 알 길이 없다. 남북조시대에 실위(室韋) 이서, 조아하(洮兒河) 상류지역에 분포한 것으로 전해진다. 북쪽으로는 오락후와 접하고 서쪽으로는 유연(柔然)과 접하며 남쪽으로는 해(奚) · 거란(契丹)과 접해 있었다고 한다. 유목을 생업으로 삼아 소·양이 많고 명마가 많이 산출되었으며, 가죽옷을 입고 고기와 젖을 먹었는데 오곡은 나지 않았다. 북위를 시작으로 동위(東魏)를 거쳐 북제(北齊) 때에도 사신을 파견하고 공물을 바쳤다.

773) 오락후(烏洛侯): 중국 고대의 북방민족 이름. 중국 학계에서는 남북조시대에 지금의 눈강(嫩江) 서쪽에서 유목생활을 했으며, 남으로는 지두우, 동으로는 실위, 서로는 지금의 흥안령(興安嶺)과 유연(柔然)을 접하고 있었다고 주장한다. 정치적으로 '막불(莫弗)'이라는 추장이 부락마다 지배했으며, 종교적으로는 샤머니즘을 믿었다고 한다. 당대의 사서에서는 '오라혼(烏羅渾)' 또는 '오라호(烏羅護)'로 표기하고 실위의 한 갈래로 소개하였다. 다만, 그 고대음을 재구해 볼 때, 오락후는 '우락거우(u-lak-ghəu)', 오라혼은 '우라권(u-la-ghuən)', 오라호는 '우라고(u-la-gho)' 정도로 추정된다. '우락거우'에서 종성 '-ㄱ'이 약화/탈락되면 '우

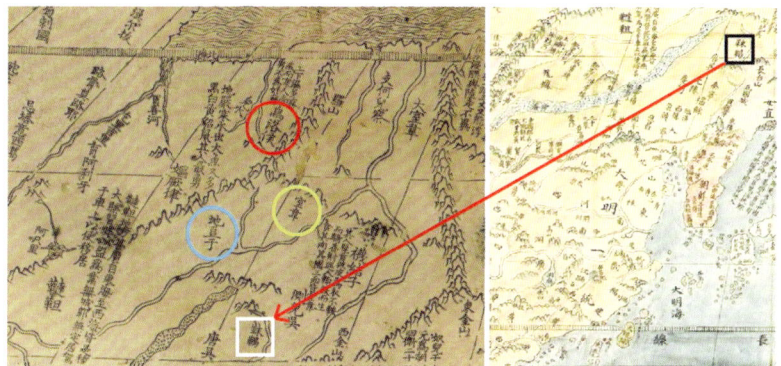
마테오 리치가 제작한 《곤여만국전도》(1580). 말갈과 그 위로 지두간(파란색) 오락후(빨간색) 실위가 표시되어 있다.

주나라를 거친 뒤로 수나라에 이르러 조공이 결국 끊어져 버리는 바람에 그들에 관한 [역사적] 사실들도 그리하여 거론하는 사람이 없게 되고 말았[던 것이]다!

O 其豆莫婁地豆干烏洛侯, 歷齊周及隋, 朝貢遂絶, 其事故莫顯云。

―――
라거우' 정도로 읽히므로 대체로 '우라고' 정도로 수렴할 수 있는 셈이다.

찾아보기

ㄱ

가(加) 422427
가(笳) 348
가(珂) 465
가(家) 550
가라 177, 612, 613
가라사국 245
가소(歌簫) 348
가언충(賈言忠) 411
가하돈(可賀敦) 320
각궁 213, 652
갈석 101, 253, 308
갈석도 265, 280
감군(監軍) 352
갑이(甲豍) 351
강(康) 460
강고(摑鼓) 348
강도 225, 246, 323, 379, 673
강동 457
강동[江左] 458, 581
강법성 471
강음 82
개국군공 446
개마 54, 267, 446
개마대산 383
개마도 261
개사수 43, 120, 532
개평 601
객부 548
거기대장군 469, 471, 584

거란(契丹) 76, 216, 241, 319, 509, 657, 667
거발성 129, 537
거복(居服) 561
거복백종(車輻白從) 351
거북점 139, 556
거열형 302
건길지 541
건안도 261
격겸 301
겸(兼) 171
경림 415
경사(京師) 114
경질 318, 319
경후사 486
계덕 545
계민(啓民) 243
계민가한 98
계성 341, 344
계인가한(啓人可汗) 98, 243, 518
계주 293
[고]건무 381
고경 304
고구려(高句麗) 44, 389, 401, 405, 409, 630
고구려령(高句麗令) 406
고구려왕 471
[고]궁(宮) 414
고덕 132, 545
고등신(高登神) 507
고려 37, 84, 104, 109, 111, 112, 114, 118,

129, 138, 155, 158, 163, 176, 196, 221, 238, 239, 241, 244, 279, 286, 288, 290, 293, 294, 296, 297, 298, 299, 303, 308, 321, 322, 325, 326, 380, 384, 420, 465, 476, 520, 521, 524, 526, 553, 569, 573, 590, 591, 592, 599, 604, 607, 611, 623, 638, 658, 659, 671

《고려기》 57, 58, 59, 61, 362, 429, 486, 487, 488, 489, 490

《고려도경(高麗圖經)》〈사우(祠宇)〉 507

〈고려반사조(高麗班師詔)〉 383

《고려비기》 411

고련(高璉) 50, 442

[고]련 450, 451, 452, 453, 454, 455, 456, 459, 461

고루국 661

고마성 537

고복진국 662

고사성 538

[고]성 472, 474, 477

고씨 402

고안(高安) 439, 441

[고]안 470

고양 226, 291, 674

[고]연 471, 472

고운(高雲) 462, 469

[고]운 461, 463, 467

고원(高元) 86, 100, 154, 239, 247, 271, 310, 364, 373, 381, 384, 386, 510

[고]원 87, 115, 510, 511, 517, 519, 527

고조 53, 87, 152, 216, 218, 231, 238, 480

고창[국] 518

고창[국]왕 97

고탕 53

[고]탕(湯) 51, 73, 478, 479, 480, 508, 510

곡(谷) 400

곡내부 546

곡사정 109, 112, 296, 316, 317, 318, 384, 524, 526

곡절(曲折) 218, 668

곤의(袞衣) 342

공덕부 547

공손강 418

공손도 124, 416, 534

공손문의 422

공자(孔子) 230, 505, 679

공후 140, 557

과의(果毅) 285

과하마(果下馬) 503

곽연 242

관구검(毌丘儉) 48, 422, 424, 426, 598

관구검기공비(毌丘儉紀功碑) 428

관군장군 567

관렴(棺斂) 192

관중 377

광무[제] 307

광무제(光武帝) 412

광주 456, 470

교과군 284, 289

교구(郊丘) 463

교렵(校獵) 63

구 375

구군(九軍) 281, 372, 374

《구당서(舊唐書)》〈돌궐전(突厥傳)〉 320

《구당서》〈지리지〉 112, 223, 526

구려 436, 437, 439

찾아보기 687

구려후(句麗侯) 410
구루 408
구룬 408
구불복국 661
구이 227, 468, 676
구지하성 538
구태(仇台) 122, 149, 533, 566
국내성(國內城) 56, 485
국서 74, 508, 510, 580
국씨 145, 563
국지모 158, 592
국휘(國諱) 443
군 329
군기대(軍記帶) 359, 360
《군령(軍令)》 344
굴돌통 298, 378
균(鈞) 233, 681
극우 134, 546
근(斤) 449
글자 187, 622
금 64, 498
금광문 318
금로(金輅) 343
금정(金鉦) 348
급복간 184, 619
기려산 636
기리(騎吏) 351
기사(騎射) 556
기자 228, 677
길사 185, 620
김씨 40, 163, 165, 166, 172, 173, 174, 175, 176, 177, 179, 188, 190, 597, 598, 599, 600, 605, 606, 609, 610, 611, 613, 614, 616, 622, 624
김진평(金眞平) 173, 614
김진흥 174, 615
깃대 288

ㄴ

나예 226, 328, 329, 675
낙괴수 636
낙랑 165, 599
낙랑공 615
낙랑군 615
낙랑군공 174, 599, 615
낙랑군왕 174
낙랑도 262, 280, 362
낙양 634
난생 모티브 392
난하(難河) 656
난하(灤河) 89, 484
남소도 261
남협(南陜) 435
내관 546
내략부 546
내마 184, 619
내솔 132, 543
내지(內地) 562
내평 60, 489
내호아 249, 315, 316, 377, 378, 379, 385, 386
노궁 78
노룡현(盧龍縣) 19, 52, 84, 94, 101, 125, 223, 225, 230, 248, 262, 293, 309, 432, 674

노방 307
농서(隴西) 308
농주 141, 559
누거 294
누방도 260
누선(樓船) 379

ㄷ

다루가치 204
단 350, 352, 355
단(團) 345
단궁 213
단동 423
단문진 250
달솔 542, 552
답돈도 264
《당육전(唐六典)》〈상서호부(尙書戶部)〉 90
당위 330
대가 422
대각(大角) 349, 353
대극성 430
대내마간 184, 619
대대로 486, 489
대덕 133, 545
대로 58
대막로국 661
대막불만돌 643
《대명일통지》 281, 368
대모불만돌 204
대방 439, 440, 534, 586
대방 옛 땅 123

대방군 265
대방군공 127, 584, 586
대방군왕(帶方郡王) 127, 586
대방도 265
대방태수 568
대사 184, 619
대사자 58, 487
대성(臺省) 359
대솔 131
대아척간 182, 617
대오 185, 620
대형 57, 486
대홍려(大紅臚) 461
덕솔 131, 543, 552
도독동청주제군사 584
도독요해제군사 444, 461
도량(道場) 305
《도리기(道里記)》 362
도모(都牟) 394
도사 556
도선성 538
도지계 221
도태산 205, 644
《독사방여기요》〈산동8〉 383
독화살 214, 652
돌궐 97, 241, 319, 320, 321
돌지계 671, 673
돌촉 202, 642
《동관한기》 264
동당 464, 469
동도 283, 286, 296, 317, 318, 322, 376, 377
동래 580

《동번풍속기(東蕃風俗記)》 614
동명 119, 531, 533
동발 348
동위 582
동이도 265
동청주자사 584
두막루 634, 684
득안성 538
떠돌이들[遊人] 63, 496

ㄹ

락고수 657
로 270
로루국 662
리(里) 54, 482
리씨 145
립(立) 654

ㅁ

마갸르 197, 631, 632, 641
마부 546
마자수 364
마제 313
마조(馬祖) 344
마한 529, 601, 602, 603
막다회국 661
막래 47, 403, 413
막하 57
만승(萬乘) 337
《만주원류고》 205

말갈 76, 89, 196, 256, 319, 481, 509, 512, 631
망이 337
맥국 161, 595
맥철장 276
맹금차 277
멱돌(汨咄) 199
면류관(冕旒冠) 342
명광갑(明光甲) 345
명물(名物) 602
〈모두루 묘지명(牟頭婁墓誌銘)〉 391
모라국 150
모용보(慕容寶) 439
모용수(慕容垂) 436
모용외(慕容廆) 430, 434
모용황(慕容皝) 434
[모용]황 435
목부 547
목씨 145, 563
목저(木底) 435
묘씨 563
무구검 168, 604
무독 133, 546
무려라 106, 522
무용(武勇) 285
《문관사림(文館詞林)》 463
문독 133, 545
문명태후(文明太后) 451
문선[제] 474, 475
문왕 252
문제 480, 510, 511, 588, 615, 666, 667, 668
문향 299, 378

문황 332
물길(勿吉) 467, 663
물길국 630
미 27
미추왕 598

ㅂ

바둑 141, 560
박(狛) 162, 596
박릉 475, 476
박삭(㟲槊) 353
발(拔) 106
발대하국 661
발해 253, 259, 268
방령(方領) 136, 552
방좌 136, 552
〈배구전(裴矩傳)〉 244
배무 152, 588
배송지 406
배온 327
배홍책 296
백 가를 거느리고 [바다를] 건넜다 125, 535
백고 414, 416
백돌부 199, 200, 639
백두산 205
백산 205, 364
백산부 202, 221, 641, 669
백씨 145
백애성(柏崖城) 297
백제 118, 125, 152, 171, 175, 245, 246, 467, 481, 529, 592, 595, 607, 609, 610, 611, 612, 623, 628, 659
번(幡) 359
번신(藩臣) 76, 458, 509, 518
번자개 286
법가(法駕) 342
법부 547
벽사 347
별종(別種) 38, 390, 529
병부 311
보술수(普述水) 43, 400
보졸 350352
복 270
복종국 661
봉발 450
부내 170, 607
부내성 428
부마도위 567
부여 37, 47, 259, 309, 389, 390, 392, 395, 402, 404, 432, 448, 465, 467, 533, 569
[부]여경(餘慶) 566, 580
[부]여노 456
부여도 262, 280, 287, 370
부여신(夫餘神) 507
부여씨 541
부여융(扶餘隆) 583
[부]여장 156, 590, 591
부여창 151, 587
[부]여창 126, 584, 585, 586, 589, 590
북 64, 140, 357, 498, 557
《북번풍속기(北蕃風俗記)》 221, 671
북연 636
북위(北魏) 448

북평 314
불과(不過) 202, 642
불능(不能) 195, 629
불사후 567
불열부 200, 640
불함산 205
비 347
비루 288
비류[수] 425
비비음화 537
비사성(卑沙城) 315, 383
비휴 346
뿔피리 140, 557

ㅅ

사공부 548
사구 272, 311
사군부 548
《사기(史記)》〈화식열전(貨殖列傳)〉 260, 390
사도부 548
사돌간 183, 618
사라 166
사로(斯盧) 606
사마선왕 421
사수 324
사씨 144, 563
사지절(使持節) 461, 462, 471, 474, 478, 584
산기상시 471
산예(狻猊) 346
산킨교다이(參勤交代) 136

《산해경》〈해내동경〉 84, 268
살수(薩水) 281, 283, 368, 373, 374
살하수(薩賀水) 368
삼경(三京) 485
《삼국사기》〈고구려본기〉 482
《삼국사기》〈최치원전(崔致遠傳)〉 448
《삼국유사》〈감통편(感通篇)〉 507
《삼국유사》〈왕력편(王曆篇)〉 45, 402
《삼국지》〈고구려전〉 505
《삼국지집해(三國志集解)》 167
삼대 332
삼사 494
삼십 군 357
삼오 298
삼한 232, 681
상개부 51, 127, 174, 586, 615
상개부 의동삼사(上開府儀同三司) 86, 510
상개부의동대장군 479
상건하 341
상곡 300
상국 180, 616
상부 135, 550
《상서》 338
상주국 242
새서(璽書) 74
색리국 529
샤르모른 84, 230, 636, 637
샤르무른 268
서안평 48
서위(西魏) 474
석구운 665
석률 158, 592

석문운 664
선무[제] 464, 467
선옥산 635
선우 332
선인 59, 489
《설문해자》 103, 520
설세웅 280, 283
섭라(涉羅) 465, 466, 467
성왕(成王) 251
성탕 306
소 64, 498
소골 492
소금 208, 648
소사 185, 620
소사자 58, 487
[소]안 580
소열제 49
소오 185, 620
소우 320
소위(蘇威) 116, 324
[소]위 325
소위모(素委貌) 460
소형 58, 486
소화국 661
속(屬) 406
속국(屬國) 439, 440
속말부 198, 221, 638, 669
속말수 638
손선아 301
《송막기문》 210, 649
쇠(釗) 433, 442
《수경(水經)》 55, 260, 309

수렵 396
수문구장(獸文具裝) 346
《수서》〈관왕웅전〉 315
《수서》〈배구전(裴矩傳)〉 519
《수서》〈설세웅전〉 315
《수서》〈식화지(食貨志)〉 100, 249
《수서》〈양의신전(楊義臣傳)〉 365
《수서》〈염비전(閻毗傳)〉 297
《수서》〈예의지7〉 280
《수서》〈오행지 상〉 282
《수서》〈와국전(倭國傳)〉 160, 594
《수서》〈왕세적전(王世積傳)〉 516
《수서》〈우작전〉 278
《수서》〈지리지〉 89, 90, 223, 256, 291, 300
수성도 280
숙신(肅愼) 203, 428
숙신도 265
습(襲) 86
승우 463
시(寺) 358
시덕 132, 545
시랑 296
시뮬레이션 홍수지도(flood map) 265
시부4 548
시중 472, 474, 584
시호(諡號) 460, 461
《신당서》 363
《신당서》〈고려전〉 363
《신당서》〈발해전〉 447
《신당서》〈지리지〉 113, 526
《신당서》〈흑수말갈전〉 209
신라 57, 129, 163, 195, 319, 481, 486,

찾아보기 693

553, 597, 603, 609, 628
신성 288
신세웅 280, 281, 374
《신찬성씨록(新撰姓氏錄)》 41, 394
심광(沈光) 289
심의(深衣) 460
십제 126, 535
십주 329

ㅇ

아욱 647
아장(亞將) 345, 355, 356
아척간 183, 618
악삭 141, 559
안거골부 200, 639
안동 442
안락왕 452
안문 324, 335
안서낙미앙(安西樂未央) 423
알자복야 460
압록강 364, 398
압록수(鴨綠水) 280, 363, 364, 365, 372, 374, 376, 398
약부 547
양달 278
양량(楊諒) 91, 95, 240, 304, 514
양의신 287, 376
양임보 330
[양]적선 302
양제 97, 221, 341, 361, 379, 517
양평 52, 84, 101, 124, 125, 225, 229, 230, 248, 268, 309, 432, 674

양평도 265, 280
양현감 109, 290, 291, 296, 298, 299, 323, 376, 524
어라하 541
어륙 542
언어의 섬 633
엄사(淹死) 583
엄수[淹水] 120
엄우 410
엄체수(掩滯水) 43, 398, 532
여달 46, 402
여례 567
여양 290, 296, 335
《여유당전서(與猶堂全書)》〈강역고(疆域考)〉 136, 552
여율 403
여장 158
여해 402
연 땅 274, 330
연문진 156, 591
연솔(連率) 468
연씨 144, 563
연안항법 269, 380, 574, 578
연왕 301
열두 위[十二衛] 342
염호 209
영간 182, 617
영동이교위 474, 479
영동이중랑장 444
영동장군 470
영불(纓拂) 346
영양왕 238
영주 89, 330, 475, 512, 672

영태후(靈太后) 469
영평 636, 674
《영·평2주 지명기(營平二州地名記)》 315
영호동이교위 469, 470, 471
영호동이중랑장 462
예 170, 607
예맥 253
예속 59, 489
예실불 464
〈예의지(禮儀志)〉 246
예제사(詣齊使) 457
오경 494
오곡(五穀) 628
오골성(烏骨城) 362
오녀산성 42, 400
오락후 684
오부(五部) 60, 489, 490, 550
〈오자의 노래〉 325
오제 148, 566
오졸 58, 487
오학(五虐) 334
오현 64, 498
오회 331
옥로(玉輅) 342
옥저 168, 170, 426, 428, 604, 607
옥저도 262, 280
와(倭) 137, 245, 553
와다 세이 390
왕기(王頎) 427, 428
왕망(王莽) 409
왕변나 154, 589
왕세적 91

왕수발 226, 674
왕인공 287, 374
왕중백 291
왕효린 156, 591
외관 548
외략부 546
외사부 548
외평(外評) 60, 490
외효 307
요 447
요[수] 481
요단(燎壇) 343
요동 11, 52, 154, 224, 229, 232, 234, 248, 253, 278, 324, 326, 335, 341, 362, 376, 378, 379, 414, 415, 416, 439, 486, 519, 590, 673, 678, 681, 683
요동군 86, 106, 436, 441, 522
요동군공 51, 444, 460, 469, 470, 471, 474, 479
요동[군]공 511
요동군왕 52, 462
요동도 261, 280
요동성 101, 294, 375, 384
요동속국 422
요동왕 52
요동전쟁 11
《요사(遼史)》 84, 159, 248, 268, 593
《요사(遼史)》〈지리지〉 262, 383, 447
요산(遼山) 406
요서 89, 256, 512
요서군 305
요수 11, 84, 95, 101, 103, 112, 159, 268, 274, 276, 279, 286, 287, 291, 292,

찾아보기 695

295, 304, 308, 311, 316, 364, 374, 375, 516, 519, 522, 526, 593
요양(遼陽) 13
요여(腰輿) 66, 499
요제 344
요취대 348
요하 52, 84, 159, 593
요해제군사 462
욕사 59, 487
욕살 60, 489
용병(傭兵) 176, 177
용성(龍城) 17, 434, 436, 438
용양장군 568
우(禹) 140, 251, 557
우경(偶耕) 647
우문개 276
우문술 105, 242, 280, 281, 283, 286, 287, 298, 299, 323, 366, 368, 370, 374, 375, 376, 382
[우문]술 367, 372, 373, 378
우부 490
우세기 322
우솔 131
우익 263
우중문 105, 280, 283, 361, 362, 372
[우]중문 366, 367, 369
우진후국 662
우하 300
욱우릉국 661
운제 288, 289
움 207
움집 646
웅무(雄武) 285

웅진성 540
원가력(元嘉曆) 144, 560
원문 271
〈원홍사전(元弘嗣傳)〉 244
월상 333
월왕 286
위궁(位宮) 48, 419, 420, 422, 423, 426, 433
위문승 280
《위서》〈거란전(契丹傳)〉 657
《위서(魏書)》〈지형지(地形志)〉 89, 90, 330, 431
위세충 512
위지경덕 묘지명 12
위지공 364
위지문덕 364
위충 89
유관(渝關) 93, 515
유림 243
유사룡 283, 364, 376
유성(柳城) 17, 221, 222, 225, 330, 516, 671, 672, 674
유수관 328, 329
유원진 298
유주(幽州) 258, 292, 424
유화(柳花) 39
육군(六軍) 93, 109, 159, 311, 357, 358, 514, 524, 593
육궁(六宮) 452
육박 347
육합성(六合城) 103, 280
융거(戎車) 354
은솔 131, 542, 546

을길간 183, 618

을력지 655, 656, 658, 659

을불리(乙弗利) 433

을지문덕 105, 363, 364, 372

[을지]문덕 373

읍루 650

의사 341

의후사 58

이경 297

이덕 133

이밀(李密) 225, 292, 674

이벌간 180, 616

이부(李敷) 453

이안상 460

이오 444

이이모 417, 418

이중언어(bi-lingual) 408

이척 617

이척간 182

이현 43, 54, 84, 120, 125, 225, 262, 264, 266, 267, 309, 398, 432, 446, 490, 503, 532, 674

인수궁 240

인월 144, 560

일관부 548

일습 86, 511

임둔도 264

임둔태수장 264

임삭궁 327, 341, 345

임유관(臨渝關) 93, 94, 221, 239, 293, 515, 516, 671

임유궁 313

임해돈 101, 223, 521, 672

ㅈ

자(字) 394

자유(自有) 572

《자치통감》〈수기〉 517

《자치통감》〈진기(晉紀)〉 438

《자치통감》〈한기〉 414

《자치통감고이》 286, 303, 364, 369, 373, 376

작은 바다[小海] 447

장(丈) 289

장강 82, 84

장근 280

장덕 132, 545

장명(長鳴) 348

장무 568

장백산 205, 301, 324

장사 135, 567

장안성 54, 482

장잠도 260

쟁 64, 140, 498, 557

저포 141, 559

적 140, 557

적몰(籍沒) 64, 496

적토 245

전부 135, 490, 550

전사웅 277

전위(前魏) 448

절고(節鼓) 349

절충(折衝) 285

절풍 491

점구부 548

점선도 263

정동장군 444, 462
정씨 145
정인보 165, 264
정준 454
제(諸)- 427
제가 426
제계(帝系) 444
제해도 264
조서 92, 152, 154, 216, 228, 239, 247, 250, 274, 303, 304, 306, 311, 317, 322, 444, 450, 457, 459, 463, 471, 472, 514, 575, 577, 578, 579, 588, 590, 615, 666
조선도 262
《조선사연구》 165, 264
조십주 328
조양 88, 94, 101, 223, 225, 266, 309, 330, 431, 434, 473, 475, 476, 515, 526, 636, 656, 657, 671, 674
조위 187, 621
조칙 103, 452, 455, 476, 521, 524, 659
조칙을 내려 전군이 상황에 맞추어 108
조회차 291
조효재 280
종태산 644
좌군 133, 546
좌부 490
좌익 260
《좌전》 339
좌평 130, 542
《주례(周禮)》〈지관·장절(地官·掌節)〉 462
주몽(朱蒙) 40, 43, 44, 46, 393, 394, 395, 396, 398, 399, 400, 402, 503, 508
주법상 380

주부 422, 548
주서갑(朱犀甲) 346
주아부 366
주학연(朱學淵) 40, 196, 197, 203, 393, 631
중부 135, 551
중화(中華) 254, 607
증지도 280
지 140
지도 288
지두간 684
지두우 684
지복(持服) 561
지절 584
진동장군 470
진무 134
《진서》〈모용수전〉 437
《진서》〈지리지〉 89, 256, 265
《진서지도지》 300
진숙보 82
《진시황은 몽골어를 하는 여진족이다》 196
《진양추》 494
진씨 563
진평왕 174
진한(辰韓) 597, 598, 600, 603
진한(秦韓) 601, 602

ㅊ

찬무 296
창려(昌黎) 223, 430, 636
창려군(昌黎郡) 17

창해 309, 379
창해도 269
채풍 414
책구루(幘溝婁) 407
책서 88
책성(栅城) 447
《천지서상지》 344
철구장(鐵具裝) 345, 346
청구(青丘) 257
청천강(清川江) 281
초차(軺車) 351
총관 89, 330, 512
최군숙 316, 385, 386
[최]류 476, 477
최홍승 280
추(騶) 410
출자(出自) 118
충거 289
치중(輜重) 354

ㅋ

쿡쿠때쉬바라 62, 492
큰 물[大水] 398

ㅌ

탁군 246, 248, 249, 284, 291, 313, 327
탁리(橐離) 530
탐모라(車羅) 160, 587, 594
탕번 350
태대사자 58, 487

태대형 57, 486
태려하 656
태묘(太廟) 114, 304, 317, 527
태백산 205
태부 78
태악로수 637
태양의 아들 399
태자하(太子河) 12
태집둔 264
《태평환우기》〈하북도〉 113, 221, 222, 671
토욕혼 361
톱풀점 139, 556
《통전》〈변방10(邊防十)〉 264
《통전》〈변방2〉 105, 297, 364, 374, 375
《통전》〈식화·조운(食貨·漕運)〉 249
통정진 106, 522
통제거 246
통천관(通天冠) 343
투호 141, 559

ㅍ

파미간 182, 617
파비 663
패강 269
패수(浿水) 55, 66, 309, 380, 483, 499
팽 270
편의행사(便宜行事) 108
편장(偏將) 345, 350
평양(平壤) 267, 269, 287
평양[성] 385
평양성 54, 364, 373, 380, 446, 482

〈평요동대사조(平遼東大赦詔)〉 107
평주(平州) 125, 432
표 87, 151, 384, 442, 452, 510, 511
표기대장군 472, 474
풍홍(馮弘) 449, 450, 451, 571
필려이국 661
필률 64, 498
필사성 315

ㅎ

하백 39, 391, 508
하부 135, 551
하양 377
한 170, 607
〈한사예주자사풍환조(漢賜豫州刺史馮煥詔)〉 414
《한서》〈괴통전(蒯通傳)〉 520
《한서》〈율력지(律曆志)〉 449
《한서》〈지리지〉 263, 264, 267, 401
《한서》〈흉노전〉 333
한성(漢城) 56, 485
한솔 543
한왕 238, 240
한조 307
함매 269
함자도 263
해내(海內) 84, 229, 268
해동(海東) 257
해명도 260
해모수(解慕漱) 45, 402
해성현 383
해씨 145, 402, 563

해포(海浦) 381
행재소(行在所) 373, 378
허화 291
헌문[제] 455
헌문제 452
헌후 332
혁현 425
현토 262, 309, 486
현토군(玄菟郡) 405, 407, 436
현토도 262, 280
협씨 563
형원항 280
형정(刑政) 623
호 557
호(楛) 231
호(戶) 477
호각 357
호구부 478
호삼 465
호삼성(胡三省) 38, 66, 90, 94, 106, 107, 196, 261, 263, 267, 280, 281, 284, 286, 288, 289, 291, 293, 294, 300, 303, 313, 314, 315, 316, 318, 330, 364, 368, 373, 375, 376, 390, 413, 466, 499, 512, 522, 523
호시 214, 231, 652, 663, 680
호실부 201, 640
혹(或) 604
혼미도 263
《혼일강리역대국도지도(混一疆理歷代國都之圖)》 18, 223, 636
화룡(和龍) 635, 656, 657, 658, 672
화백 624
화식(火食) 147

환도 49, 311
환도산 425, 428
황부 490
《황석공기(黃石公記)》 682
황수 268
황외지국(荒外之國) 576
황제 306
《회남자(淮南子)》〈설산훈(說山訓)〉 503
회원[진] 378
회원진 112, 314, 526
횡적(橫笛) 349
횡취 64, 498
효무제(孝武帝) 436, 471
효문[제] 456, 457, 459
효문제 463
후거 297
후군 295, 297
후궁부 547
후니지 655, 660
후랄다이 190, 624
후력귀 664
후부 135, 490, 551
후성도 264
후연(後燕) 436
후위(後魏) 50, 448
《후한서》〈군국지〉 264, 423
《후한서》〈남흉노전〉 417
《후한서》〈원소전(袁紹傳)〉 52, 84, 125, 225, 230, 248, 266, 268, 309, 417, 432
《후한서》〈효안제기(孝安帝紀)〉 262
훌룬보이르 209
훙(匈) 409

흉노(匈奴) 331, 335, 409, 417, 418
흑수부 201, 202, 640, 642
흔고(釁鼓) 314
흘승골성(紇升骨城) 401
《흠정 만주원류고》〈부족5〉 643
《흠정성경통지(欽定盛京通志)》 383
《흠정성경통지(欽定盛京通志)》〈산천4(山川四)〉 281

정역 중국정사 조선·동이전 3

2023년 1월 20일 1쇄 발행

지은이 | 이세민 외
옮긴이 | 문성재
펴낸이 | 이세용
펴낸곳 | 우리역사연구재단
주　간 | 정재승
교　정 | 배규호
디자인·편집 | 배경태
출판등록 | 2008년 11월 19일 제321-2008-00141호

주　소 | 서울시 서초구 서초동 1689-2번지 서흥빌딩 401호
전　화 | 02-523-2363
팩　스 | 02-523-2338
이메일 | admin@koreahistoryfoundation.org

ISBN | 979-11-85614-09-0　93910

잘못된 책은 구입하신 서점에서 바꾸어 드립니다.
이 책의 저작권은 우리역사연구재단에게 있습니다.
우리역사연구재단의 허락 없이 내용을 인용하거나 발췌하는 것을 금합니다.

정　가 | 35,000원